U0557308

中国社会科学院重点学科　近代中外关系史学科

近代中国：
思想与外交

Modern China: Thought and Diplomacy

栾景河　张俊义●主编

（上卷）

社会科学文献出版社
SOCIAL SCIENCES ACADEMIC PRESS (CHINA)

目　录

下　　卷

前　　言

　　由中国社会科学院近代中外关系史学科、杭州师范大学民国浙江史研究中心联合主办的第四届近代中外关系史国际学术讨论会，于 2012 年 11 月 9 ~ 11 日在杭州举行。本次会议的成功举办，是中国社会科学院近代中外关系史学科根据学科发展与建设的需要，与国内外相关研究机构合作，两年举办一届较大规模国际学术讨论会的延续，得到了国内外学术研究机构以及高校学者的鼎力支持与积极参与。

　　因近代中外关系史是个非常宽泛的学术概念，所涵盖的内容十分丰富，故如同以往几届一样，本次学术讨论会，仍未设特定主题，也未限定国别，是一次综合性的近代中外关系史学术讨论会，旨在全面、深入检讨近代中外关系的发展与变化等问题。来自中国内地、台港澳及日本等国家与地区的 80 余位学者与会，并提交会议论文 62 篇，几乎涵盖整个近代中国对外关系的全部内容。

　　从出席会议学者提交论文的内容看，本次会议重点关注的议题包括外交观念与制度的转型研究，晚清外交研究，北京政府的外交研究，外交关系中的经济、贸易与文化研究，南京国民政府的外交研究，抗战外交研究，新中国成立前后的外交研究七大主题。本着文责自负的原则，我们收录了绝大多数会议论文，并在此基础上编辑完成《近代中国：思想与外交》文集，以期在学术界及社会有更广泛的交流。

　　与以往一样，我们为本论文集拟定了一个主题"近代中国：思想与外交"，其目的主要有二：其一，我们希望借此展示部分学者在此专题研究上的最新研究成果；其二，也是更为重要的一个目的，我们希望以此来呼吁并推动近代中外关系史的研究，在深度与广度上能更加深入和有所突破，这也是我们与众多从事中外关系史研究的专家、学者屡次沟通后达成的一个共识。

　　从 1949 年中华人民共和国成立，到改革开放后的相当长一段时间里，近代中外关系史一直是受到众研究者高度重视的"显学"，曾涌现出一大批颇有影响的研究成果。近年来，由于受环境影响及学者兴趣的转移，近代中外关系史学科在史学界的地位与影响力有所下降，但在整个中国近代史研究中仍占有相当重要的一席之地，这点恐怕是毋庸置疑的。

过去一般意义上的中外关系史研究，主要侧重从政治史、外交史和国际关系史的角度，来考察与研究近代中国与外部世界沟通、交往的历史。近年来，随着近代中外关系史研究领域的不断拓展，许多学者开始尝试以跨学科的方法和多维视角来寻求研究上的突破，并且在研究上取得了一定的成绩，这也许会成为本学科未来发展中的一个研究取向。

中国社会科学院近代史研究所中外关系史研究室，是在原中国科学院近代史研究所 1953 年成立的《帝国主义侵华史》课题组基础上成立的。历经几代人的共同努力，学科的建设与发展取得了可喜的成绩，多项研究成果获得了国内外学界的好评，并荣获多项国家级、院级奖励。自 2004 年研究室建设被纳入中国社会科学院重点学科建设工程以来，本研究室积极扩大与海内外学术界的交流与合作，谋求共同发展，定期举办的"近代中外关系史""中俄关系的历史与现实"等系列国际学术讨论会和编辑出版的会议论文集在国内外学术界产生了良好的反响。

成立于 2006 年的杭州师范大学民国浙江史研究中心，是浙江省首批哲学社会科学重点研究基地。长期以来，该中心在袁成毅、陶水木、夏卫东等教授的领导下，基于杭州师范大学作为地方高校的定位，坚持差异化发展战略，将"民国浙江史"作为重点研究领域，研究方向有民国浙江政治军事研究、民国浙江社会经济研究、民国浙江思想文化史等。

该中心近年来陆续出版的《民国浙江政局研究》《浙江民国史研究通论》《民国浙江财政研究》《新式交通与社会变迁——以民国浙江为中心》《民国浙江乡镇组织变迁研究——以"新县志"为中心的分析》《民国时期浙江户政与人口调查》等学术专著，丰富了民国时期区域史的研究工作，引领了该领域的研究方向。近代中外关系史研究、抗日战争史研究近年来也是该中心特别关注的研究领域。我们希望通过双方联合主办本次国际学术讨论会，为杭州师范大学民国浙江史研究中心在扩大对外交流与合作等方面做出积极的努力。

本次学术讨论会的成功举办，得到了中国社会科学院近代史研究所中外关系史研究室及杭州师范大学人文学院历史系同人的大力支持。很多老师、同学，为本次会议的召开，事无巨细，做了大量的工作，付出了辛勤的劳动。在此，我们谨代表所有参会人员向他们表示由衷的感谢！

　　社会科学文献出版社是本学科的合作伙伴，长期以来一直秉承扶持学术出版的宗旨，对本学科的建设与发展给予了大力支持，为论文集的编辑出版提供了必要的技术保障，在此一并致谢。

编　者

2013 年 10 月 30 日

宗藩与独立

——壬午兵变的国际秩序原理论述

台北中研院近代史研究所　张启雄

一　序言

东方的国际体系称为"天下"，具体化后称之为"中华世界"；相对的，西方的国际体系，则称为"国际社会"。规范"天下"的国际秩序原理，原称为"天下秩序原理"，加以具体化后，名之为"中华世界秩序原理"；相对的，规范西方"国际社会"的国际秩序原理，则称之为"国际法秩序原理"。之所以有所不同，是因组成"天下"的主体是"帝国＋王国"，而组成"国际社会"的主体，乃是号称主权国家的"民族国家＋民族国家"（nation state＋nation state）。前者，形成阶层性"世界体系"，以具伦理性名分秩序的"中华世界秩序原理"为规范；后者，则形成"主权对等"的"国际体系"，以国际法为规范。

朝日关系，自朝鲜王朝开国以来，双方都因朝贡明朝并接受永乐帝册封，故基于"事大交邻论"而定位为对等的交邻关系，双方以通信使往来交聘，直到清末。至于中朝关系，因植根于封贡体制，故自始即为宗藩关系，双方往来频繁。相对的，中日宗藩关系则先因德川幕府取代室町幕府求贡于明未竟，后因清朝取代明朝入主中国，日本以中国沦为夷狄，自此封贡关系断绝。①

自西力东渐后，西方挟其坚船利炮所向披靡，列强除武力之外，又通过

---

① 张启雄：《中华世界帝国与近代中日纷争》，《近百年中日关系论文集》，台北，"中华民国"史料研究中心，1992，第31～33页。

国际法的法理论述，否定东方式的宗藩关系。明治维新以后的日本，开始聘雇西洋法律顾问，戮力学习国际法，并挟"洋夷"之道以制东方"恶友"，又挟其"铁壳船"、西洋炮向东亚邻国展示国威，另则适用国际法，展开"实效管辖领有论"的法理论述，以利否定东方传统的"中华世界秩序原理""以不治治之论"。从此，东方国家除应付西洋之外，尚得分力对付西化的东洋。

1868 年明治维新，公家政权取代武家政权执掌国政，日对朝递交"王政复古"国书。在"名分秩序论"下，双方为"交邻对等"关系；以示敬意起见，日朝在国书格式与用语上均订有"改行抬头"制度。当时，日本政府也依照往例修国书知会朝鲜日本已经改朝换代，由明治政府取代江户幕府统辖日本，但利用中华世界秩序原理的"名分秩序论"来撰写《先问书契》和《大修大差使书契》，以便暗藏玄机，故意使用"皇、敕"等"违格、碍眼"的僭越字眼，企图利用"Je > Jb = Kk"的名分秩序观，取得"Je > Kk（Je = 日本天皇，Jb = 日本幕府，Kk = 朝鲜国王）"的"上国"地位。以朱子学为国学的朝鲜政府，因深体"名分秩序论"原理，一眼识破日本的企图，遂拒绝接受其国书。明治政府则以朝鲜拒受国书为由，掀起"征韩论"。显然，此时的日本不但开始恶用中华世界秩序原理，而且恶用国际法，兵临东亚。1874 年，明治政府又制造"台湾番地无主论"，出兵台湾。它所使用的国际秩序原则就是国际法秩序原理下的"无主地先占"原则。从此，明治日本开始仿效西方帝国主义，露骨地四处侵略。

1875 年，明治政府又思扬威异域，乃派军舰"云扬号"至朝鲜沿海测量水路，因逼近江华岛而遭朝方炮击，日本则挟其坚船利炮摧毁江华岛炮台。翌年，继 1871 年《中日修好条规》之后，日本利用武力威吓迫使朝鲜签订《日朝修好条规》即《江华岛条约》。该条约中，第一款规定："朝鲜国为自主之邦，保有与日本国平等之权。"此时，日本主观认为"自主之邦"已达成"∵ J = K，J = C，∴ K = C（C = 中国，J = 日本，K = 朝鲜）"的"中朝对等"目的，斩断中朝宗藩关系，既可根除中国介入朝鲜事务，也能陷朝鲜于孤立无援之地，乃一石二鸟之妙计。相对的，在观念上，朝鲜并不因该条约而改变观点，仍视朝日关系为赓续朝鲜与德川幕府之"旧交"等于"交邻对等"。此种"交邻对等"的传统外交，可以简单加以归纳，图示如次："∵ C > K，C > J，∴ J = K。"友好的传统外交，何以演变成为反日的壬午兵变？其道理在于，《日朝修好条规》虽然立足于近代西式条约的"主权对等"原则，其实是不折不扣的不平等条约，而其"经济榨取"条款就是导火线，其"自主、平等"的规定其实只是企图斩断其中朝宗藩关系，避免朝鲜向中国求援，并让中国无法救援朝鲜的障眼法而已。

不过，本文的主要研究兴趣不在于壬午兵变的政治过程，因为本文的问题意识聚焦在中日两国处理朝鲜爆发壬午兵变问题时所表现的国际秩序原理论争上。就中国而言，中朝关系就是中华世界秩序原理下的宗藩关系。相对的，日本的主张应是西方近代国际法秩序原理下之"朝鲜国为自主之邦，保有与日本国平等之权"的条约关系。因此，"宗藩"与"独立"成为对立的观念，而前者是东方"天下与邦国"结合的超国家"宗藩共同体"概念，后者为西方以"自我民族"为中心之"民族国家"（nation state）概念。在认知不同的国际秩序原理指导之下，中、日、朝（中朝、中日、朝日）三方如何互动，如何展开外交交涉，如何展开国际秩序原理的论述以及进行国际秩序原理的论争，才是本文的研究核心。

二　日本渗透下的朝鲜开化党分裂

朝鲜开化派源于学习中国实学的北学派。近代初期，开化派大将金宏集、金允植、金玉均、朴泳孝、朴泳教、洪英植、徐光范、徐载弼、卓挺植、俞吉浚等人均拜于实学大师朴珪寿门下。他们在接受实学思想的同时，也开始阅览由吴庆锡从中国带回的魏源的《海国图志》、徐继畬的《瀛环志略》《中西见闻录》等书籍，既深受清末公羊学派的影响，也增广对新世界的见闻，于是在政治立场上逐渐淡化名分秩序，改采现实主义。

朴珪寿主政时期，首先以中朝宗藩关系为主轴，一面应对西力冲击，一面务实地推动朝日交涉，企图尽早解决因书契事件而引爆的朝日外交纷争。[①] 稳健派金允植继承了朴珪寿的外交路线，坚守以国家利益为优先的外交见解。1881 年 11 月，朝鲜政府派金允植为领选使率"军械学造"等技术生员赴天津学习，并参与以李鸿章为中心之《朝美通商修好条规》的起草工作。此时，金允植展开以中朝宗藩关系为主轴的外交战略，致力于将宗主国中国拉入对美开国交涉的朝美通商友好条约中，[②] 将朝美外交转化成宗主国中国外交战略的

[①]　张启雄：《国際秩序観の衝突—日韓外交文書論争における「皇」「勅」》，〔日〕平野健一郎等编《国際文化関係史研究》，东京，东京大学出版会，2013，第 66～67 页。

[②]　金允植：《阴晴史》下卷，首尔，韩国史学会，1958，高宗十八年辛巳十二月二十七日条。

一环，中国也将保护朝鲜国家利益视为中国外交战略的一环而进行整编，最后双方都希冀借此强化宗藩关系以御外侮。

1880 年 9 月，在朝鲜第二次派修信使金宏集前往东京之际，何如璋公使命黄遵宪撰写以"亲中国、结日本、联美国，以图自强"为外交主轴的《朝鲜策略》，除游说朝鲜通过门户开放来让列强相互牵制以求均势自保外，并力劝金宏集向日本提出修正不平等条约，务求关税自主以稳定朝鲜经济。不过，当金宏集、鱼允中等对日提出修正不平等条款的要求时，遭明治政府拒绝。①因此，基于对日不满，也为了保护国家利益，进而寻求宗主国保护并强化中朝宗藩关系的金宏集、金允植、鱼允中三人成为开化派稳健系的核心人物。

1881 年 5 月，朝鲜统理机务衙门派遣洪英植、鱼允中、朴定阳等 12 位朝士及随员共 62 人，以"绅士游览团"之名，组成日本考察团赴日考察。绅士游览团中，俞吉浚、柳完秀则留在庆应义塾大学接受福泽谕吉的指导，尹致昊则进入东京同人社大学留学。同年 12 月朝鲜政府再派同属师事朴珪寿的金玉均与徐光范前往日本考察。其后，金玉均因赴日考察，得以通过俞吉浚介绍而认识福泽谕吉，结果埋下开化派分裂的种子。

福泽谕吉为了让来日朝鲜官僚发挥作用，乃进一步介绍金玉均认识井上馨、后藤象次郎、大隈重信、伊藤博文以及财界的涩泽荣一等，并举行会谈。②因此，"金玉均乃萌以日本为模范之念，而到处奔走"。③直到 1882 年 7月回国之前，金玉均不断受到福泽谕吉等日本要人灌输脱中亲日的思想，终于产生借日朝互助合作，以废除中朝宗藩关系，图谋朝鲜独立自主的观念。其中，尤以福泽谕吉对金玉均、朴泳孝等人的影响为最。根据田保桥洁的记载，福泽谕吉教导他们政治学初步，让他们理解以日本为首的全世界文明国，都拥有完全的主权，唯独朝鲜虽有两千年文化，却甘于做老大国清朝之藩属；朴泳孝、金玉均等在接受福泽谕吉的思想灌输后，始明白独立自主之真义，乃有为实现而迈进之志。④据《金玉均传》记载，金玉均曾因对日抱无限憧憬而露骨表示：

---

① 彭泽周：《明治初期日韩清关系的研究》，东京，塙书坊，1969，第 123～128 页。
② 古筠记念会编《金玉均传》上卷，东京，庆应出版社，1944，第 141～142 页。
③ 徐载弼：《回顾甲申政变》，闵泰瑗编《甲申政变と金玉均》，首尔，1947，附录；转引自姜在彦《朝鲜の攘夷と开化》，东京，平凡社，1977，第 189 页。
④ 〔日〕田保桥洁：《近代日鲜关系の研究》上卷，东京，宗高书房复刻版，1963，第 909 页。

日本对朝鲜的根本概念并非开战、侵略、征韩，只有提携、合作，据此洞察其乃在排除支那之压制。又，日本国民尊重亲爱信谊，友爱正义，乃确信其国家与国民为援护朝鲜打开现状之唯一友邦，谋以为同志，并向国王奏言，坚信以此可尽祖国之改造。①

无疑的，福泽谕吉对近代朝鲜志士的"思想改造"，确有显著影响。但是，他带给朝鲜"独立自主的真义"又是什么呢？从他的"脱亚论"来看，福泽谕吉宣称中朝两国都是"东亚恶友"，日本以列强之道待之可也。再从《日朝修好条规》即《江华岛条约》来看，福泽的"朝鲜独立自主论"和明治政府的"日鲜平等自主论"，虽用字略有差异，但基本立场并没有不同，都是为了先让朝鲜摆脱中国，并于脱离属藩地位获得"独立自主"后，再以优势力量剥夺其"独立自主"，最终目的就是让朝鲜王国变成日本的属国或殖民地，朝鲜并不能与日本同享"独立自主"的成果。说穿了，这就是近代日本对朝"煽动反清"，倡导"朝鲜独立自主论"，麻痹开化派"急进系"的本质。

至此，朝鲜政府派出的赴日本考察的金玉均等人，完全忘记了《日朝修好条规》中的"不平等"条款，只专注日方离间中朝的"朝鲜为独立、自主之国"条文，遂决意将此"日韩平等"的纸面关系当成实施的基轴，一面向日本靠拢，一面以废除中朝宗藩关系为目标。至此，朝鲜留日派乃转化成开化派"急进系"。

金允植原本认为金玉均等人"皆同志之友"，②乃"约共扶国"。③换句话说，他们都是约定一起救国的同志好友。开化派的金允植与金玉均等，从此因为中国、日本的对立关系，突然分裂成亲中的"稳健系"与亲日的"急进系"。对此，姜在彦将他们分类为："如金宏集、金允植、鱼允中等人，将清国的洋务运动当作模范""像金玉均、洪英植等人，则师法日本的明治维新"，"前者为改良的开化党、后者为变法的开化党"。④此即两大派系的根本差异。此种基于史实进行的命名，要比以往仅依据好恶做价值判断而使用"事大党"

---

① 古筠记念会编《金玉均传》上卷，第142~143页。
② 《清季中日韩关系史料》第3卷，台北，中研院近代史研究所，1972，第520号文书，附件2。
③ 金允植：《附录：追补阴晴史》，《续阴晴史》（下），"清党、日党"条。
④ 姜在彦：《朝鮮の攘夷と開化》，第188页。

"独立党"① 等更客观。金允植与金玉均本身也曾将此党争命名为"清党""日党"。这是将中日对立和朝鲜开国以致引发党争所进行的命名，这种命名更富客观性和中立性。

> 初古愚〔金玉均〕游于瓛斋〔朴珪寿〕先生门下，颇晓宇内大势，尝与同志，忧叹国事。辛巳年间，余以领选使入天津，古愚等诸人，以游览东渡日本，约共扶国。余于壬午军变，随兵东还，自是清国多干涉我国事，而余得清党之目。古愚诸人，愤清国之侵我自主权，遂同日公使酿成甲申之变，遂得日党之目。②

金允植所以将依存清朝的开化派定名为"清党"，将依附日本的开化派取名为"日党"，其共通点就在于双方都是为了改革朝鲜，替朝鲜开拓得以独立自存的道路。③ 然而，由于金玉均等"急进"开化派，对于明治政府"进出"朝鲜的野心认识不足，非但在壬午兵变之际想趁机引入日本势力，更在甲申政变之际也谋以日本之军事力量为后盾。身为"同志之友"的金玉均，不仅没有善尽摸索、规划朝鲜的独立自存之道，而且也未与"稳健"开化派协调，甚至片面计划杀害政敌，非但于朝鲜之独立自存无益，而且对朝鲜之近代化伤害至大。同属"日党"的尹致昊曾批评他说："自经〔甲申政〕变，朝野俱曰：所谓开化党者，暗杀忠义，连结外人，卖国背宗，……恨哉！三四人之悖举也。"④ "古愚〔金玉均〕诸人，行事急燥（躁）可恨"。⑤

同样都是为了国家，开化派无不以谋朝鲜之独立自存为志，或因学习洋务运动，或因效法明治维新，而自此殊途。在分歧的见解下，或依存中国，或依附日本，因而分裂为"清党""日党"，或称"稳健系""急进系"。壬午兵变后，双方从此由"同志"转为"政敌"。1883 年之后，金玉均通过福泽谕吉

---

① "事大党""独立党"，是后来基于立场、价值观而命名的，其目的在于："以事大为非，独立为是。"这种命名，不仅将"急进派"杀害政敌的行为及其对外政策全面加以正当化，而且也刻意否定"稳健派"学习洋务运动的近代化过程，以及开拓朝鲜自主自存之道的事实，甚至隐含贬抑他们对朝鲜的忠诚心志。因此，笔者不采用此一价值观偏颇的命名方法。

② 金允植：《附录：追补阴晴史》，《续阴晴史》（下），"清党、日党"条。

③ 姜在彦：《朝鲜の攘夷と開化》，第 188 页。

④ 《尹致昊日记一》（首尔，探求堂，1973），高宗甲申十二月三十日（1885 年 2 月 14 日）条，第 136～137 页。

⑤ 《尹致昊日记一》，高宗甲申十月十八日（1884 年 12 月 5 日）条，第 118 页。

蓄意让徐载弼等44位学生进入日本陆军户山学校就读，该士官学生旋即化为金玉均之行动队，投入甲申政变。由于"急进系"在甲申政变中杀害"稳健系"政敌，从此"急进系"与"稳健系"势同水火，最后陷入政治旋涡而欲罢不能。

三　壬午兵变后中朝宗藩关系的展开

1. 壬午兵变

在中国主导下，朝鲜政府开始采取开国自强政策，改革政府机构。1881年初，开设具有近代职能的政治机构统理机务衙门，并录用开化派官僚。4月，朝鲜政府决定任用去年担任修信使金宏集的随员而同赴日本视察的尹雄烈（尹致昊之父）出面创设别技军。在日本驻朝公使花房义质的推荐下，聘请日本公使馆武官堀本礼造担任军事教官，开始训练日本式的朝鲜军队，进而培养士官学生，并享受传统军人所难望其项背之优厚待遇。相对的，传统的五营军队则被改编为武卫及壮御两营，其余多数旧军人均遭解雇。别技军因受优遇，薪资与津贴丰厚；相对的，旧式军队则经常领不到薪饷，并遭受差别待遇，于是累积不满，积久成怨。

1882年7月23日（光绪八年六月九日），宣惠厅堂上（出纳官厅长官）兼兵曹判书的闵谦镐，在拖欠13朔（月）的粮饷配给后，总算发放了一个月的军粮，然米恶斗小，且斤两不足，甚至掺杂砂糠。因之，旧军人爆发积怨，乃向大院君控诉闵氏派系行径，并且捕杀闵氏一族及重臣，进而闯入王宫意图杀害闵妃，闵妃因逃出宫外得免于难，但惊吓大妃致愤薨。此事件即壬午兵变。

不过，根据大院君与李鸿章、张树声笔谈之记录，大院君完全否认首谋之说，称："初九日夕始闻之。……米恶斗小，诸军呼冤，执政人闵谦镐称以无，捉头领淫杀，诸军闻即蜂起，成群作党，胁约无赖之民，先打闵谦镐家，谦镐避入王宫，诸军到阙门，请出谦镐及诸臣之误了国事者，竟入阙门逢人即杀，闹乱宫闱，王妃竟至愤薨。是夜下生身冒刀枪，处处晓谕，……姑安军民，不暇核实。"[1]

壬午兵变爆发后，其矛头旋即由内政转向外交。由于朝鲜人对掠夺粮食的

---

① 《清季中日韩关系史料》第3卷，第556号文书，附件10。

日本人早已蓄积怨愤，于是响应军队，发起暴动，在军队袭击王宫的同时，攻击下都监的别技军总部，杀害日本军事教官堀本礼造和陆军语学生冈内、池田以及自费语学生黑泽等人，并包围、攻击日本公使馆。①

由于日本在《江华岛条约》中，剥夺朝鲜关税自主权并且规定日本获得在开港地流通日本货币的权利，朝鲜的进出口完全遭日本商人垄断。日商以无用的货币大量换取朝鲜的谷物、铜钱等，谷物因过量输出日本，造成谷物价格高涨三倍，引发粮食危机。然而，更令朝鲜人不满的是，在朝不法日商却因不平等条约的领事裁判权而受到保护，因而对日积怨反感日深，终于激起朝鲜百姓对日的愤怒。此时，支配朝鲜思想界的儒学者，正从提倡"锁国攘夷"转向"卫正斥邪"，开始由消极的排斥，走向积极的文化护卫。因日本既压制朝鲜又挟洋自重，乃将日本归类为"夷"，与欧美同，均定位为"邪"类，在"倭洋一体"下，"倭洋"成为朝鲜儒学者之"卫正斥邪"对象。在儒学者的号召下，壬午兵变遂从反闵起义演变成反日侵掠暴动，进而包围日本公使馆。花房义质公使为了脱逃，乃于"半夜12点，在公堂纵火，翻扯国旗，各自挥剑呐喊，从正门突围而出"，② 从杨花津一路被追击到仁川，好不容易登上英国军舰"飞鱼号"（Flying Fish）逃回长崎后，便急电日本政府报告朝鲜兵变事件，候命处置。

壬午兵变从国内事件演为国际事件，遂一发不可收拾。最后，朝鲜国王请求大院君出面收拾反闵、反日的兵变乱局。大院君复出后迅速稳定局面，乃废统理机务衙门，恢复三军府，以长子李载冕为训练大将兼宣惠厅堂上，遂掌握财政与兵权。又分配粮食给军人及贫民，以收拾民心，进而释放遭闵氏压迫、流放的思想同志金平默、李晚孙等"卫正斥邪"派。③

重新掌握大权的大院君，因主张"锁国攘夷"政策，不但正好与宗主国清朝的朝鲜门户开放政策矛盾，而且也与朝鲜的新政改革冲突，因此开化派担心大院君的复出危及朝鲜新政。因此，开化派的"稳健系"与"急进系"都分别向中日要求出兵。

2. 中国出兵援朝的决策

1882年2月15日，接替何如璋出任驻日公使的黎庶昌，向日本政府呈递

① 〔日〕藤间生大：《「壬午軍乱」の構造》，《熊本商大論集》第31卷第3号，熊本，1985年5月，第36～41页。

② 《日本外交文书》第15卷，东京，日本国际联合协会，1951，第118号文书。

③ 姜在彦：《朝鲜近代史》，东京，平凡社，1986，第56页。

到任国书。① 7 月 23 日，爆发壬午兵变。7 月 31 日，日本政府通知黎庶昌公使，称：日本决定派遣军舰三艘前往朝鲜查办。② 黎庶昌乃于当日急电署理直隶总督兼北洋大臣张树声，③ 报告日本派遣军舰赴朝一事，并于 8 月 1 日（农历六月十八日）建议："日本兵船即赴高丽，中国似宜派兵船前往观变。"④ 张树声旋即建议总署，称："可借筹议中高（中韩）商务为名"，饬"北洋水师丁提督汝昌，预备快船两号，兵船一号"，配合"熟悉交涉事宜，能通权达变之文职大员"马建忠或深知"日人情伪"且在日待命回京的何子峨同往，"方可期周旋得法"。⑤

当时，因担任朝鲜领选使而滞留天津的金允植，于 8 月 1 日获津海关道（海关署）周馥（周玉山）通知，始知壬午兵变，迅于隔天（8 月 2 日），与主事（问议官）鱼允中同往拜访周玉山，并请求中国出兵，称：

> 日本人乘便下岸，名曰替我定乱，嗣后要挟，将无所不至矣。与其借手于日本，不如自中国主持扶护调停，事面正大，宜急派人往探敝邦事机，……乞即派兵船几只，载陆军千名，星夜东驶，毋在日人之后，机会甚急，恐不可缓。⑥

朝鲜使节之所以希望中国抢先在日本出兵朝鲜之前，派兵援朝的理由是，他们不信任日本，认为日本将乘机要挟。相对的，朝方认为传统的中朝宗藩关系才是值得信赖的。所以，鱼允中说："若于今日〔中国〕不呕呕调处，日人必大发报复，生民涂炭，宗社将覆。"⑦ 金允植也说：

> 日人之干预国事又未可知，此所以欲中国速派兵先出，毋在日人之后也。若中国兵出，不至打仗，自有善处之道，他国则不能也。⑧

① 《日本外交文书》第 15 卷，第 95 号文书。
② 《清季中日韩关系史料》第 2 卷，第 463 号文书。
③ 此时，李鸿章正因母丧丁忧回籍，其职务则由张树声代理。
④ 《清季中日韩关系史料》第 2 卷，第 463 号文书。
⑤ 《清季中日韩关系史料》第 2 卷，第 463 号文书，附件 1 ~ 2。
⑥ 中朝双方之笔谈用词，虽有差异，但旨意相同。请参照金允植《阴晴史》下卷，高宗十九年壬午六月十八日条、六月十九日条；《清季中日韩关系史料》第 2 卷，第 470 号文书，附件 2。
⑦ 《清季中日韩关系史料》第 3 卷，第 511 号文书，附件 8。
⑧ 金允植：《阴晴史》下卷，高宗十九年壬午六月二十二日条。

这是避免朝鲜内争扩大与日朝纷争越演越烈的策略，也是金允植向宗主国请求援兵的理由所在。

中国接到兵援请求之初，因无法确实掌握壬午兵变的具体状况，乃要求鱼允中与丁汝昌、马建忠一起前往义州探查情势；鱼允中建议：不如直向仁川，请调陵勇千人，随机进止。① 8月3日，接黎公使电称："日本军舰在〔阴历〕十七、十八日（阳历7月31日、8月1日）相继率领陆、海军各700名前往朝鲜。井上外务卿以监督为名，于昨日随军前往。"② 张树声接到电文后，知朝鲜情势严峻，乃急催总里衙门派遣军舰前往朝鲜，调查兵变情势。③

8月4日，总理衙门收到黎公使电，称："王宫、使馆同日被击，……中国亦应派兵镇压，责高丽惩办凶徒，以谢日本。"④ 总理衙门不但同意派兵前往朝鲜，而且强调，"兵力太单，不独援救无以助其威，即排解亦难壮其气"，决定以优势军力为后盾，吓阻日本，为朝鲜排纷解忧。8月5日，张树声获知总理衙门同意增派援兵，乃请鱼允中为向导，命北洋水师提督丁汝昌、候选道马建忠率兵前往朝鲜。⑤ 同日，急电黎公使照会日本政府，表示为调停朝鲜纷争，将派遣丁汝昌、马建忠前往朝鲜。⑥ 8月7日（六月二十四日），总理衙门上奏朝廷，请求南洋大臣左宗棠遣所属南洋陆军"添拨应用"，⑦ 光绪帝当即批准出兵援朝，上谕称：

> 朝鲜久隶藩封，论朝廷字小之义，本应派兵前往保护，日本为中国有约之国，既在朝鲜受警，亦应一并护持。庶师出有名，兼可伐其隐谋。⑧

就"名分秩序论"而言，中国派兵助朝平乱，兼伐日"隐谋"，以遏制日本挟兵威侵略属藩，化朝日纷争于无形。为达此目的，须把握先机，揭为属藩平乱之大义名分，以期师出有名，名正而后言顺，言顺而后属藩得以护持。清

---

① 鱼允中：《从政年表》第3卷，首尔，韩国史学会，1958，高宗十九年壬午六月十九日条。
　　金允植：《阴晴史》下卷，高宗19年壬午6月19日条。
② 《清季中日韩关系史料》第2卷，第470号文书。
③ 《清季中日韩关系史料》第2卷，第470号文书。
④ 《清季中日韩关系史料》第2卷，第471号文书。
⑤ 《清季中日韩关系史料》第2卷，第471号文书。
　　鱼允中：《从政年表》第3卷，高宗十九年壬午六月二十二日至二十七日条。
⑥ 《日本外交文书》第15卷，第102号文书。
⑦ 《清光绪朝中日交涉史料》第3卷，台北，文海出版社，1970，第30～31页。
⑧ 《清季中日韩关系史料》第2卷，第479号文书。

廷乃秉"字小之义"，护"久隶藩封"之实而援救朝鲜，这就是"中华世界帝国"以中华世界秩序原理，行"事大字小""兴灭继绝"之义。

出兵既定案，为求掌握先机，北洋大臣公署与总理衙门一奉上谕，迅即整兵备船，同时照会日本驻华代理公使田边太一。[①] 代理北洋大臣张树声更是立即命令北洋水师提督丁汝昌，于8月5日随同鱼允中自天津转赴山东芝罘接载马建忠赴朝。8月9日，马建忠在芝罘登船，偕丁军门乘威远先行，次超勇，次扬威，衔尾而东。8月10日（六月二十七日）下午至仁川口，[②] 泊船于济物浦月尾岛，旋即展开朝鲜情势调查。抵达时，日本金刚舰已于8月9日傍晚，先行抵达仁川。根据金允植、鱼允中对仁川地方官员的调查和回报，显示事件与大院君在背后策划有关，11日（六月二十八日）马建忠乃向张树声报告，如次：

> 夫朝鲜国王李熙者，固我中国大皇帝册封以为该国之主者。今昰应乃敢恃私亲之贵，杀其王妃，而幽囚之，其肆无忌惮之心，已可概见。……惟〔为〕今之计，莫如仰恳宪台权衡独断，一面出奏、一面檄调陆军六营……东来，乘迅雷之势，直趣〔趋〕王京，掩执逆首。[③]

总之，此役即使精通国际法如马建忠者，也不采用国际法，而以中华世界秩序原理"封贡体制论"为基础，列举大院君之罪状，建议急派陆军六营赴朝鲜，以优势军力取王都汉城（今首尔），并逮捕逆首大院君回京。马建忠又分析派兵迟速影响平乱大局，称：

> 所以为此亟亟者，一则恐乱党日久蔓延，骤难扑灭；一则以日本花房义质及井上馨等，不日将率领兵舶大集汉江，设其时中国仍无举动，彼必以重兵先赴汉城，自行查办，则朝鲜国内必至受其荼毒，而此后日本定乱有功，将益逞强邻之焰，中国相援弗及，或顿寒属国之心，藩服将由此愈衰，国威亦因之小损。……总之，今日之事，早一日则多收一日之功，迟一日则重受一日之弊。[④]

---

① 《清季中日韩关系史料》第2卷，第478号文书。
② 马建忠：《适可斋记行》第6卷，《东行三录》，台北，文海出版社，1995，第1页。
③ 《清季中日韩关系史料》第3卷，第505号文书。
④ 《清季中日韩关系史料》第3卷，第505号文书。

8 月 15 日，丁汝昌携带马建忠的紧急报告返回天津，并向张树声报告称，于抵达仁川时发现日本军舰金刚号等两艘已停泊于仁川，其海陆军力达 1200 人以上，何况仍有日舰正在入港。①

事实上，在丁汝昌、马建忠奉派赴朝鲜后的 8 月 8 日（农历六月二十五日），张树声紧急要求南洋大臣所辖驻屯山东登州的广东水师提督吴长庆所属淮军六营开赴朝鲜，并于隔天迅获南洋大臣左宗棠及吴长庆同意驰赴朝鲜回函。② 因此，在丁、马的调查报告送达之前，张树声即已将赴朝援兵备妥待命。虽然赴朝援兵已经备妥待命，那么如何出师镇压乱党才能恢复朝鲜旧有秩序，就成为北洋大臣的新课题。

8 月 12 日，北洋大臣幕僚薛福成在《上张尚书论援护朝鲜机宜书》中，提出解决策略。薛福成提议：对于乱党，应以较日本为优势之兵力，采先发制人之势，平定朝鲜内乱，尽速逮捕大院君，以军舰"载送来华，致之京师，听候朝命"。对于日本介入朝鲜内乱一事则建议：中国因已错失先发制人之机，故当以较日本优势之兵力与日本谈判，"告以中国属藩之事，不愿他国与闻"。③ 总之，中国应以中朝宗藩关系为基础，排除日本之干涉，待乱党平定后，再来应付日本的赔偿要求。薛福成的建议，旋获张树声之赞同并付诸实行。④ 金允植知情后，亦视为高见而赞叹不已。⑤ 8 月 17 日，吴长庆所属淮军六营在金允植的前导下，自登州出发，经烟台到朝鲜。相对的，日本的海、陆军早在 7 月 31 日、8 月 1 日出发，落后于日军抵朝的六营淮军，在战略上已丧失掌握行军战斗部署的先机，为了避开先在仁川港部署的日军，乃于 8 月 20 日在南阳府马山浦登陆。⑥

由以上出兵援朝的过程来看，显然中国无论出兵之理论或行动，不但建立在应金允植、鱼允中之救援请求上，而且完全植根于中朝宗藩关系的中华世界秩序原理之上。

3. 日本出兵朝鲜的决策

壬午兵变爆发之后，明治政府聘雇的法籍法律顾问波索纳德（Gustave

---

① 《清季中日韩关系史料》第 3 卷，第 505 号文书。

② 《清季中日韩关系史料》第 3 卷，第 526 号文书；《清光绪朝中日交涉史料》第 3 卷，第 34 ~ 35 页。

③ 薛福成：《庸庵文编》第 2 卷，台北，文海出版社，1973，第 56 ~ 61 页。

④ 薛福成：《庸庵文编》第 2 卷，第 60 页。

⑤ 金允植：《阴晴史》下卷，高宗十九年壬午六月三十日条。

⑥ 金允植：《阴晴史》下卷，高宗十九年壬午六月二十八日、七月四至七日条。

E. Boissonade）建议：为了救护日本人，应立即派兵。然此举绝非为了战争，当仅止于为了要求赔偿及保证而采取之措施。[①] 7月31日，井上外务卿以保护日本侨民为名，调派天城舰前往釜山，又以递送照会和护卫近藤领事返回驻朝任所为由，另派遣日新舰与金刚舰前往仁川。8月1日，波索纳德进一步建议日本政府对外宣称："日本帝国所以干涉朝鲜内政，乃因要以己力保护其公使馆之故。"[②] 2日，井上外务卿将日方"关于与朝鲜政府谈判内训之件"交付花房公使，令其对朝鲜提出9条要求，其内容为：以文书形式的谢罪、严厉惩处凶徒、赡恤遇难者、赔偿军费、公使馆驻军五年、在安边开港、割让巨济岛和松岛、罢免并处分参与官员、强偿处分的临机应变事宜等。[③] 井上外务卿为直接指挥花房公使对朝交涉，[④] 乃于当天搭乘"玄海丸"从横滨出发前往下关与花房公使研商对策。至于在东京的中日交涉则由留守的外务大辅吉田清成与中国公使黎庶昌针对中朝宗藩关系进行论辩。8月3日，日本以保护花房义质公使返朝为名，增派陆军赴朝。[⑤]

壬午兵变在中日两国传开后，立刻引起朝鲜在华、在日官员的震惊与关心。与在中国的领选使金允植与主事鱼允中立即向宗主国清朝请求出兵援护朝鲜的行为相同，在日本留学中的俞吉浚与尹致昊也于8月6日向日本太政官要求出兵镇压，称：

> 伏愿阁下以其兵借敝邦之人，……夫以问罪之举，兼复仇之义，则名正言顺，一举而两得也。……派送军舰，航于仁川近海，徐观时变，以救全敝国主上与东宫，以处安地，然后明正应之罪，则一以成贵国救乱之义，一以成生等复仇之忠，而可以保全君父于危乱之中，伏愿阁下谅察之，生等当前至马关，与朝士金玉均徐光范相议，而未知阁下之处分若何。[⑥]

8月7日，井上外务卿一抵达下关，即与花房公使研商对策，希望趁此时

---

① 金正明编《日韩外交数据集成》（2），东京，岩南堂书店，1966，第22号文书。
② 金正明编《日韩外交数据集成》（2），第22号文书。
③ 金正明编《日韩外交数据集成》（2），第24号文书；《日本外交文书》第15卷，第122号文书。
④ 彭泽周：《明治初期日韩清關係の研究》，第220页。
⑤ 《日本外交文书》第15卷，第119号文书。
⑥ 京都大学古文书馆：《吉田家文书》，第3147号；转引自彭泽周《明治初期日韩清關係の研究》，第229～230页。

机解决《江华岛条约》缔结以来的日朝通商悬案。为使日本之商业资本得以进出朝鲜市场，特别应日本"大政商之要求"，① 井上乃训令花房公使追加商务条款，计有四款。②

曾向日本政府请求出兵的俞吉浚、尹致昊亦南下至下关与金玉均、徐光范会面协商。此时，在返国途中得知壬午兵变的金玉均等人不仅在下关与花房公使会面，而且晋见井上外务卿进行协商：

> 获拜外务公大人，握手倾谈数刻，现在可行之事，稍稍有头绪，方拟同花房公使仍向仁津。③

金玉均等人所谓的"可行之事"到底何所指？由于没有清楚的记载，所以不易做出正确判断。据笔者推测，"可行之事"当指以日本之军力为后盾，打倒主张"锁国攘夷"的大院君派系，然后让主张开国通商的闵氏一派恢复掌权，既期盼日本采取宽大措施，也希望借用日本军力排除中国干涉。

8月9日傍晚，日本金刚舰因先抵达仁川部署，取得军事先机。至于在下关的花房公使，则于奉井上训令后，旋即返回朝鲜任所，至于金玉均等人因与花房合作而随行，也于8月12日在仁川进港，然后分头做工作。上陆后，花房公使旋即访问马建忠，并要求谒见朝鲜国王。④ 金玉均等人，则针对大院君所应采取之措施与鱼允中、金允植展开争论。

4. 针对中朝宗藩关系的中日论争

外交上，在壬午兵变爆发后的7月31日，外务大辅吉田清成即通知黎庶昌公使，日本决定派遣军舰赴朝交涉。黎公使立即报告署理北洋大臣张树声，张树声接到报告后，立即答应金允植出兵援朝，并派马建忠、丁汝昌随向导鱼允中前往朝鲜调查兵变情势。待安排妥当，于8月4日通知黎公使朝廷决定派兵援朝，并训令通知日方。

5日，黎公使以中国应属藩要求，"拟派马道台建忠，乘坐兵船二、三艘，

---

① 彭泽周：《明治初期日韓清關係の研究》，第225～228页。
② 金正明编《日韩外交数据集成》（2），第36号文书。
③ 京都大学古文书馆：《吉田家文书》，第3540号；转引自彭泽周《明治初期日韓清關係の研究》，第232页。
④ 《日本外交文书》第15卷，第125号文书。

前往为贵国调停"之事，通知吉田清成。① 8 月 6 日，吉田清成以"无需贵政府或他国挂虑烦忧之事"为由，答复黎公使，拒绝中国派遣军舰前往朝鲜调停。② 7 日，总理衙门一面以中朝两国具有宗藩关系之故，将以水师、陆军之实力护持属国为由，照会日本驻华代理公使田边太一，并表示，"高丽为中国属国，遇有此等情形，尤应实力护持，尽我应办之事"，所以"由北洋大臣调派水师并陆军，即日东驶，以资镇压调护"，并将朝廷派遣海陆军援护朝鲜事，通知黎庶昌。8 日上午 11 点，黎公使造访外务省，向吉田传达：中国政府以"不让激烈之徒颠覆朝鲜政府，乃中国以其为藩邦镇压其乱"的名分，出兵朝鲜。不过，吉田大辅"因黎公使话中言及属邦二字，大辅突如聋者，全都转而言他"以回避相关答复。③ 因此，黎公使乃于 9 日以总理衙门电文照会外务省，内称："本处现已奏请，调拨南北洋师船并陆军，前往援护，以尽字小之义，日本为我有约之国，使馆在我属邦受警，亦应一并护持。"④

在 8 日的黎吉会谈中，一时不知如何回答黎庶昌宣称"朝鲜为中国属邦"的吉田外务大辅，迅即向外务省顾问波索纳德求教，寻求见解，并要求其撰拟"致清国公使答复书方案及答议之件"。波索纳德当即表示意见，如次：

> 日本政府承认韩国为一独立国，并以此缔结条约。故韩国应对其行为负责，且日本政府之索偿应转对韩国。关于保护日本公使馆及日本国民，日本政府当以独力处理。⑤

另，对黎公使于 9 日之照会，波索纳德也向外务省提出建议，如下：

> 关于不要支那政府介入日本与朝鲜间之事，只要置之不理可也。然支那政府单为朝鲜政府行事，则可也。⑥

① 《日本外交文书》第 15 卷，第 102 号文书。
② 《日本外交文书》第 15 卷，第 103 号文书。
③ 京都大学古文书馆：《吉田家文书》第 86 号；转引自彭泽周《明治初期日韩清關係の研究》，第 221～222 页。
④ 《日本外交文书》第 15 卷，第 104 号文书；金正明编《日韩外交数据集成》（2），第 37 号文书。
⑤ 金正明编《日韩外交数据集成》（2），第 35 号文书。
⑥ 金正明编《日韩外交数据集成》（2），第 38 号文书；《日本外交文书》第 15 卷，第 107 号文书。

也就是说，前者是将朝鲜视为"独立国"看待，后者则将"中韩宗藩关系"局限于中朝二方，对于"日朝关系"则应拒绝中国调停。这样的见解，也是列强对付中国之宗藩关系的思考模式与抢夺中国属藩的一贯手法。当然，吉田也采纳波索纳德之意见，于8月11日对黎公使做出西方思考模式的反驳，如下：

> 我国与朝鲜立约，待以自主。关于此次兵变事件，仍当依据条约之明文规定处置。又如公使馆，各国各自加以护持，乃理所当然之事。……贵国派遣兵员等反而滋生葛藤，平添不少挂念。①

黎公使接到照会后，特别对"我国与朝鲜立约，待以自主"的用语，提出疑问。从中方看来，吉田的反驳无异暗示日本"否定"中朝宗藩关系。因此，黎庶昌乃于12日再加以反驳，如次：

> 查朝鲜之为我属邦，众所共晓，亦在贵外务卿洞鉴之中，无待本大臣赘述。贵国立约虽许以自主，而中国自待以属邦，此次派兵前往，为属邦正乱，自办己事，本无所谓葛藤。②

分析言之，日朝缔结对等自主的双边条约，其效力不及第三者，故不能限制中国出兵援护属藩。因援护朝鲜而引发中日纠葛的理由，不能成立。结果，因中朝宗藩关系而造成吉田与黎公使之论争，相持不下。日本外务省通译郑永宁，乃向吉田建议，如下：

> 即使揭橥国际公法逞口若悬河之滔滔雄辩，想要打破中方之属邦明文绝无效果，可以洞知。何以言之，即中方于清光绪二年正月十六日，照会森有礼表示，朝鲜修其贡献，奉我正朔，乃朝鲜对中国应尽之分也。收其钱粮，齐其政令，乃朝鲜自为之事，此属邦之实也。其国有难，我纾其困，解其纷，期其安全，乃中国对朝鲜自任之事。……请阁下为国熟虑，

---

① 《日本外交文书》第15卷，第105号文书；金正明编《日韩外交数据集成》（2），第42号文书。

② 《日本外交文书》第15卷，第106号文书；金正明编《日韩外交数据集成》（2），第43号文书；《清季中日韩关系史料》第3卷，第527号文书。

因命呈上照会摘要。①

就中华世界秩序原理而言，礼部辖下的属藩，在"以不治治之论"下，"属国"与"自主"并不矛盾。郑永宁虽知其然，但不知其所以然，不过为了提供吉田参考，乃将中国一向主张之中朝宗藩关系的照会加以摘要，上呈吉田大辅参考，同时指出要以国际公法说服中国之宗藩观，乃是不可能之事。于是，吉田乃以波索纳德于9日提出的建议为本，即日照会黎公使，② 称：

> 依据我国与朝鲜国之条约应处理之事，从无与贵国相关之处。然而双方如错误陈述，徒属多事，增添困扰。③

另外，在北京，田边代理公使于8月7日接到总理衙门照会后，亦将上述8月11日吉田致黎公使的同旨趣照会，于8月17日递送总理衙门。总理衙门为了反驳日本照会，引用朝鲜和欧美诸国在缔约前，朝鲜国王曾向美国等各缔约国递交《朝鲜国王致美国伯理玺天德照会》，内以"朝鲜为中国属邦"之事，"各国皆知，独贵国〔日本〕不视以为中国之属邦，殊为难解"，何况中国对朝鲜的"恤小扶危"与日本之"卫其使臣"，"系各办其事，又何谓节外生枝"，作为反驳。④

至此，有关中日交涉中朝宗藩关系的谈判，遂告中断。双方因交涉未收丝毫成果，于是各凭实力，自行其是，遂行其既定政策。

5. 逮捕大院君的宗主权论述

8月12日，从济物浦入港的花房公使，以陆海军1500人为后盾，⑤ 于13

① 京都大学古文书馆：《吉田家文书》，第87号；转引自彭泽周《明治初期日韓清關係の研究》，第223~224页。
② 黎公使记其当时心情，如次："本欲再驳，因念衙门有不宜轻露锋芒之戒（按指日方对何如璋强加"暴言事件"之事），忍耐而止。"《清季中日韩关系史料》第3卷，第527号文书；张启雄：《首任驻日公使何如璋——以"失言事件"为论题中心》，中琉文化经济协会编《第一届中琉历史关系国际学术会议论文集》，台北，联合报文化基金会国学文献馆，1987，第583页。
③ 《清季中日韩关系史料》第3卷，第527号文书；《日本外交文书》第15卷，107号文书；金正明编《日韩外交数据集成》（2），第44号文书。
④ 金正明编《日韩外交数据集成》（2），第44号文书；《日本外交文书》第15卷，第107号文书；《清季中日韩关系史料》第3卷，第507~508号文书。
⑤ 根据马建忠的调查，12日花房公使率领军队700余名乘日进舰入港，8月10日乘金刚舰入港之军队有七八百名，留守济物浦者有200余人，进入仁川者有500余人，计总1500名。马建忠：《东行三录》，《适可斋记行》第6卷，第6~7页。

日登陆，进入仁川府，与大院君所派代表赵宁夏、金宏集会面。接着，16 日进入京城，20 日谒见国王，当场递送 8 月 2 日和 9 日井上外务卿训令所追加之各条项清单，并"限三天内答复"，以胁迫朝鲜国王照办。① 21 日，朝鲜领议政向花房公使要求延期，花房进而以归国为辞，以逼朝鲜就范，称："贵国本无以此件妥商筹办之意，则驻京旷日，固属无益，拟于明日起程归国。"② 限朝鲜政府于三日内接受要求，否则承担一切谈判破裂责任。8 月 23 日晨，花房因未获满意答复，乃断然离开京城，返回仁川，朝鲜政府大为紧张。不过，花房为胁迫朝鲜政府而回到仁川之日，正是马建忠从水原向京城进发之时。大院君乃紧急向马建忠报告日朝交涉决裂之事，催其尽速入京。马建忠称：

> 接呈应昨午书，谓花房以其政府限满需回，拟诘旦出京，促于杨花津备舟以待，其意盖存决裂云云。③

马建忠旋入京城，唯因忧虑日韩决裂，乃先于八月十一日（9 月 22 日）到仁川与花房会面。马建忠表示：

> 朝鲜事，势必以能使国王自主为先务，国王一日不能自主，他国即一日不可与之议事。朝鲜国王现既不能自主，而贵公使贸贸然与之议事，无论所议不成，即令已有成议，他日国王复能自主，则所议者仍属空谈。且若以此时与之决裂，则将来恐不独朝鲜政府有所借口，吾国此次以兵前来，惟在惩办乱党。……〔日〕亟与乱党定议，吾恐日后自此多事矣。故吾不得不先为言之。④

马建忠忠告花房公使，唯有等待朝鲜国王复位之日，始有日朝交涉之理，并强调宗主国有为属国平乱定政之权。对此，花房公使之态度又是如何？据日

---

① 《清季中日韩关系史料》第 3 卷，第 534 号文书，附件 1；《日本外交文书》第 15 卷，第 110 号文书；彭泽周：《明治初期日韩清関係の研究》，第 235 页；〔日〕田保桥洁：《壬午政变的研究》，《青丘学丛》第 21 号，1935 年 8 月，第 61～62 页；马建忠：《东行三录》，《适可斋记行》第 6 卷，第 17 页；《清季中日韩关系史料》第 3 卷，第 534 号文书，附件 1。

② 《日本外交文书》第 15 卷，第 110 号文书，附属书 2。

③ 马建忠：《东行三录》，《适可斋记行》第 6 卷，第 15～16 页。

④ 马建忠：《东行三录》，《适可斋记行》第 6 卷，第 17～18 页；《清季中日韩关系史料》第 3 卷，第 534 号文书，附件 6、7、12、13、14。

方记录：

> 马建忠……来仁川，劝姑缓行期以共议，先整顿朝鲜国乱，后渐为善后之图。若容此议，则不仅特有旷日费时之患，且虑其在此间将干涉渐深，乃谢绝而别。①

由此可知，花房乃遵照井上外务卿于 8 月 20 日之训令行事，又称："我遵照我政府之训令旨趣，当与朝鲜政府直接协议，此际当不烦他国介入。"② 因不允中国介入日朝交涉，遂拒绝马建忠之提议。

遭花房拒绝的马建忠，痛感大院君排日导致日朝外交危机，乃决心尽早逮捕大院君，以破日本挟大院君以制朝之策。八月十二日（9 月 23 日）夜，马建忠与丁汝昌共赴吴长庆军营，策划逮捕大院君事。八月十三日（9 月 24 日）正午，依计划马、丁、吴三人赴大院君私宅访问。归营后，完成逮捕大院君部署，唯欠大院君答礼拜访。午后 4 时，大院君赴中国军营答访，并与马建忠进行笔谈。马建忠突然质问大院君，对答如下：

> 马建忠：君知朝鲜国王为皇帝册封乎。
>
> 大院君：知之。
>
> 马建忠：王为皇帝册封，则一切政令当自王出，君六月九日之变，擅窃大柄，诛杀异己，引用私人，使皇帝册封之王，退而守府，欺王实轻皇帝也。罪当无赦，徒以王有父子之亲，姑从宽假，请速登舆至马山浦，乘兵轮赴天津，听朝廷处置。③

一代权臣大院君，在中华世界秩序原理的"封贡体制论"下，因皇帝册封国王，故一切政令当自王出，陪臣违犯"职贡"陷邦国于险境时，则治以"欺王实轻皇帝也"之罪。它源于《论语》所称："天下有道，则礼乐征伐自天子出；天下无道，则礼乐征伐自诸侯出。"④ 这就是"中华世界帝国"的历史文化价值。据此，大院君不但违犯"封贡体制论"下的职责，而且违背历

---

① 《日本外交文书》第 15 卷，第 132 号文书。
② 《日本外交文书》第 15 卷，第 126 号文书。
③ 马建忠：《东行三录》，《适可斋记行》第 6 卷，第 18～19 页。
④ 《论语》，《季氏》。

史文化价值。因此，大院君遂遭宗主国逮捕，令其乘舆至马山浦，次日移搭北洋军舰"登瀛洲号"，押送保定。① 吴长庆乃逮捕大院君派系，将首谋处刑以镇压兵变，以避日方恃力挟持之借口而消灾弭祸于无形。

中国既然主张属国"政教禁令自主"等于"以不治治之"，那么清朝为何"干涉朝鲜内政"，逮捕大院君，岂非自我矛盾？事实上，从中华世界秩序原理来看，属国"政教禁令自主"原是以春秋大义的"人臣无外交"为前提。因此，清朝咸丰皇帝以前对朝鲜采取"锁国攘夷"政策，抵抗丙寅洋扰和辛未洋扰，并未责难，甚至嘉许。不过，当西力东渐后，列强开始强迫朝鲜开放门户，国力衰退的清朝，无论自保或保护属藩，日益困难，于是开始改弦更张，实行门户开放的自强运动。清朝想要保护属藩，固守"中华世界帝国"只能要求属邦终结锁国政策，转为实行开国自强政策，以便维系"宗藩外交一体"的战略目标。因此，属国"政教禁令自主"政策，遂逐渐被"强化宗藩关系＝实效管辖"的积极策所取代。

证诸1880年9月，修信使金宏集受何如璋、黄遵宪之托，携带《朝鲜策略》回朝鲜时，"亲中国、结日本、联美国，以图自强"策，已成为宗藩外交一体化的主轴，中国期待朝鲜通过门户开放来让列强相互牵制，以求均势自保。所以说，当属藩违反职约之时，就是宗主国干涉之际。

因此，追随宗主国中国之外交政策而采取开国自强政策的闵氏派系政权，符合宗藩外交一体化战略。相对的，主张"锁国攘夷"政策的大院君派系政权反而可能将朝鲜带往与列强爆发纷争以致陷宗藩外交于危机之中。简单来说，大院君的攘夷外交已将中朝置于险境之中。同时，中国的洋务派与朝鲜开化派"稳健"系也都一致认为，除非采取"锁国攘夷"政策的大院君派系退位，让采取开国自强政策的国王闵氏派系复位，否则朝鲜将无法抑制日本"藉端要挟"，而侵犯日本公使馆正是日本借以胁迫朝鲜的最佳借口。②

于是，为了压制日本"藉端要挟"，有必要采取断然措施，使国王复权。为了让大院君退位，在封贡体制下"欺王实轻皇帝"的大义名分，正是扭转现实政治最佳的宗藩体制论述。换句话说，"欺王实轻皇帝"的大义名分，是以侵犯皇帝的册封权为理由，来封锁以日本为首的列强侵朝借口，对中国而

---

① 关于马建忠逮捕大院君及朝中日交涉过程，持西方观点解释东方国际秩序见解的较新研究成果，请参阅〔日〕冈本隆司《属国と自主のあいだ—近代清韓関係と東アジアの命運》，名古屋，名古屋大学出版会，2004，第99～107页。

② 金允植：《阴晴史》下卷，高宗十九年壬午六月十八日条。

言，这是最便捷、最堂皇也是颇具可行性的理由。根据金允植的解说，也可窥知这是顾及列强干涉的不得已办法。他说：

> 盖今番兵变时与日本人构衅，大院君素力斥和洋，故各国人皆归咎于大院君。中国若无此举，则各国及日本皆有借口，势难调停，故不得已为此云。①

此外，日本方面的花房义质公使也有类似的看法。不过，这是否因清朝在朝拥有优势兵力而不得不如此的说法，无从查考。他说："发生那种事，实感幸运，吾等任务乃不动干戈回归和平。"②

然而，对于逮捕大院君的问题，金玉均之意见却与鱼允中、金允植等人大为不同。金玉均听到大院君遭中国逮捕押送天津，乃赴仁川拜访为商议中朝通商"使事"③ 正前往中国的鱼允中，两人对处置大院君之事发生争论。

金玉均反对鱼允中"借支那势力押送大院君赴天津的说法"，④ 并批评鱼允中为"欲救一时之急，将国权卖给清奴者也。不如另外招募有志之士，以图作为，继则讲求立国之策"，⑤ 甚至破口大骂，称其为"欺国父并押送之，乃蹂躏国土，侮辱国民，奴隶朝鲜王室，蹂躏国家面目者"。⑥ 相对的，金允植、鱼允中则表示"中国若无此举，则各国及日本皆有借口"，正因为有中国援兵才得以封住日本和列强的"藉端要挟"，乃万不得已下所采取之行动。其实，双方都同样为朝鲜之改革、自强与利益考虑；两者之差异则在于，金玉均将重点置于国家尊严，而金允植和鱼允中则更重视国家安全。此外，金玉均之立场偏日，但金允植和鱼允中则认为宗藩利害一体。

结果，金允植与鱼允中并不赞同金玉均之见解。金玉均又去游说赵宁夏与金宏集，他们也不予支持。为此，金玉均在愤慨之余，拔剑追杀意见不同的鱼允中。自此，朝鲜的开化派遂从见解对立转为分裂。金允植称：

---

① 金允植：《阴晴史》下卷，高宗十九年壬午七月十日条。
② 《子爵花房义质君事略》，东京，东京印刷株式会社，1913，第 142～143 页；转引自彭泽周《明治初期日韩清关系の研究》，第 238 页。
③ 鱼允中：《从政年表》(3)，高宗十九年壬午八月十二日至十四日条；张存武：《清季中韩关系之变通》，《中央研究院近代史研究所集刊》第 14 期，1985 年 6 月，第 107～111 页。
④ 〔日〕石河干明：《福泽谕吉传》第 3 卷，东京，岩波书店，1932，第 290 页。
⑤ 《时事新报》明治 18 年 3 月 17 日，附记。
⑥ 古筠记念会编《金玉均传》，第 147 页。

"余在政府，不能不同声诛讨，然两心相照，知其出于爱国，非有他图。"①
从前，意见纵使对立，为了朝鲜之开国自强，双方保持和平共存。以大院君被
逮捕为界，此后因金玉均性格过激，对立日趋深刻，最后变成势不两立。

6. 日朝重开交涉

中国逮捕对日强硬派的大院君后，开化派和闵氏派再度执政。朝鲜新政府
改变对日态度，重新开始对日交涉。8 月 27 日，任命李裕元为全权代表、金
宏集为副全权代表。28 日，在仁川济物浦举行谈判，李裕元等与花房展开交
涉。30 日，朝鲜接受日方的要求，缔结了《济物浦条约》及其续约。②

《济物浦条约》，乃以 8 月 2 日井上外务卿事前所规划之训令为本而提出的
条约，包括严惩凶徒，优礼埋藏受害者，抚恤罹难者，赔偿军费 50 万日元，
驻军公使馆一年朝鲜负担驻军费，以国书形式谢罪等事变善后措施六条。续约
则是依照 8 月 9 日井上外务卿追加训令所提出的新条件，扩大元山、釜山、仁
川各开埠地，另要求新开杨花镇为埠，准日本公使、领事、随员以及眷属游历
内地与撤废"洋夷侵犯碑"等条款，以及关于友好与通商等两大条项的规定。

《济物浦条约》虽是通过和平谈判所签订的条约，但其为炮舰政策的产
物，则无可否认。从此朝鲜成为明治政府日益积极宰割的对象。因为属藩逐一
被日本渗透甚至蚕食鲸吞，中国的宗藩体制逐渐崩解，于是东征日本、规复琉
球、重整宗藩体制的论述，骤然抬头。

四　东征以护持宗藩体制论述的抬头

1. 东征论的抬头

清朝自开国以迄近代都持续维持着属藩"政教禁令自主"的原则，而此
原则乃源于"以不治治之论"的中华世界秩序原理。不过，随着列强蚕食鲸
吞，属藩危亡情势日趋严重，因此强化宗藩关系以保护属藩的意识逐日高涨。
中国在危机意识高涨下，遂一面思考借用派员驻扎蒙藏的理藩院体制，一面参
酌西方管辖殖民地的"实效管辖体制"，开始强化介入属藩内政，干涉属藩外
交，因而为中国的属藩政策带来划时代的转变。

1880 年 11 月 18 日，驻日公使何如璋开风气之先，提出"主持朝鲜外交

---

① 金允植：《附录：追补阴晴史》，《续阴晴史》（下），"清党、日党"条。
② 《日本外交文书》第 15 卷，第 110 号文书，附属书 6。

议"，力主中国应于朝鲜设驻劄办事大臣，仿蒙古、西藏之例，凡内国之政治，及外国之条约，皆由中国为之主持，庶外人不敢觊觎，斯为上策。[①] 这就是宗藩体制在面临列强挑战的背景下，所产生之护持属藩的思考模式。其中，尤引人注目者，乃他们都站在为宗藩体制之久远未来而思考出路，甚至主张应趁此时机整军经武，宜假壬午出兵援护朝鲜达成国威伸张之际，乘机东征日本，一举光复琉球，重振中华宗藩体制。

1882 年 7 月 23 日，当汉城发生壬午兵变的急报传至北京时，清廷深恐列强借机干预朝鲜，为宗藩体制带来不测灾难，于是快速出兵援护，以为朝鲜定乱。壬午兵变中，张树声遇事果断，处置泰然，犹胜李鸿章之外交折冲，终于为中朝、中日、朝日外交带来和平，代理北洋大臣居功厥伟。8 月 30 日，《济物浦条约》缔结后，驻日公使黎庶昌旋即于隔日（31 日）向总理衙门提出朝鲜善后策，而开风气之先。

2. 黎庶昌《朝鲜善后策》的东征论

黎庶昌在壬午兵变后，曾思考中国对朝应有的宗藩政策，认为应仿效英国设置"总督"，实施"废藩置县"。他通过总理衙门提出《朝鲜善后策》上奏朝廷，如次：

> 此次朝鲜之役，于主持国权一节，……若能仿英人处印度之例，直废其王而郡县之，则以后事事应手。特我朝仁厚，未必肯如此措置耳。然论今日事势，则以此为宜。[②]

说穿了，这就是以西方国际法的"实效管辖领有论"来取代东方中华世界秩序原理的"以不治治之论"。其道理在于西洋的实力远强于中国，中国若不以西方的国际秩序原理来统辖属藩的话，那么将来在外交谈判上，将不仅因武力不如西方而丧失属藩，而且在属藩归属交涉的论述上也难免屈居下风。

黎庶昌为何提议在朝鲜废藩置县？当中国出兵朝鲜之际，他曾与日本外务大辅吉田争论中朝宗藩关系。由于日本外务省根据《日朝修好条规》的日朝对等条文，一面否认中朝宗藩关系，一面出兵朝鲜，并责中国出兵为制造麻烦

---

① 《清季中日韩关系史料》第 2 卷，第 342 号文书。
② 《清季中日韩关系史料》第 3 卷，第 527 号文书。

而企图阻止。根据黎庶昌的说法，基于上述情势发展，黎庶昌预测未来中日的关系，如次：

> 日本事事与中国为难，……决非曲意周旋、开诚布公，所可联络，恐将来不驯至于失和打仗不止。①

从黎庶昌的见解来看，未来中日两国将因属藩问题而不免开战，否则无法解决争夺属藩的对立关系。因此，必须乘此时机，估算中日未来在全面冲突时，应该如何釜底抽薪，提出彻底解决宗藩问题的办法。此时，中日不免一战的主张，跃然纸上。

然而，中国出兵朝鲜的理由，正如马建忠所言，乃在于"吾政府之意，不过欲朝鲜保有其国，不失寸土，且愿其内政外交得以自主耳"。② 换句话说，中国考虑的是如何解决迫在眉睫的属藩存续问题，而不是算计如何支配朝鲜的野心。此次，中国出兵援护朝鲜的目的不为久远的将来规划战略，而仅止于消极保住朝鲜，以维系宗藩体制。因此，黎庶昌的"废藩置县论"，对衰颓无力的中国政府而言，根本没有发挥的余地。

不过，犹如长江后浪推前浪，关于朝鲜善后的论述，日趋悲壮、积极、进取。

3. 张謇《朝鲜善后六策》的东征论

1882年9月，追随吴长庆率军入朝的幕僚张謇，因援护朝鲜而洞见情势发展，乃为提督吴长庆执笔撰《朝鲜善后六策》。吴长庆以朝鲜援兵长官之职，将《朝鲜善后六策》经署理北洋大臣兼直隶总督张树声上奏朝廷，其要点如下：

> 于朝鲜则有援汉元菟乐浪郡例，废为郡县，援周例置监国。或置重兵守其海口，而改革其内政，或令自改，而为练新军，联我东三省为一气。于日本则三道出师，规复琉虬。③

换句话说，张謇提出清朝应援引汉朝处分朝鲜之例，实施"废藩置县"，

---

① 《清季中日韩关系史料》第3卷，第527号文书。
② 《清季中日韩关系史料》第3卷，第534号文书，附件13。
③ 张季直：《政闻录》第3卷，《张季子九录》，台北，文海出版社，1965，第35～36页。

或援引周朝之例设置"监国",革新朝鲜内政,同时为光复琉球,中国应兴师东征,痛击兼并中国属藩的日本。

正当此时,李鸿章回任北洋大臣兼直隶总督,曾为李鸿章部将且主张强硬对日的张树声,将此奏折一并移交李鸿章。对此,李鸿章"嗤为多事,搁置不议"。① 不愿多事的李鸿章,为免进一步引爆中日纷争,乃加以搁置。

不过,清议派的翁同龢等却赞成张謇之《朝鲜善后六策》,推宝廷呈折上奏。然清廷饬下李鸿章议,仍遭李鸿章束之高阁。

4. 邓承修《高丽乱党粗平球案未结》的东征论

自壬午兵变中国出兵援护朝鲜收到军事成果以来,东征论风起云涌,主张乘出兵朝鲜气势高昂之机,征伐日本,规复琉球,彻底解决中朝宗藩问题。尤其在黎庶昌、张謇上奏后,更为热烈。

9 月 13 日,给事中邓承修以《高丽乱党粗平球案未结》为请,上奏清廷,称:"朝廷宜乘此声威,……特派知兵之大臣,驻扎烟台,相机调度","厚集南北洋战舰,……驻扎高丽之吴长庆水陆各军,乞饬暂缓撤回,以为犄角,布置既定,然后责以擅灭琉球,肆行要挟之罪",借以威服日本。结果,因"奉旨留中"而湮没。②

5. 张佩纶《朝鲜善后事宜六策》的东征论

9 月 27 日,翰林院侍读张佩纶主张在师出有名之下,奏请东征,称:"责问琉球之案,以为归曲之地。驳正朝鲜之约,以为激怒之端,……并简任大臣,专以东征之事,属之。"为恢复琉球、朝鲜之宗藩关系,应整顿战备,征伐日本。③ 10 月27 日,张佩纶更针对日本,以《朝鲜善后事宜六策》上奏朝廷。其要旨如下:

1. 理商政
中国应简派大员为朝鲜通商大臣驻扎朝鲜,理其外交之政,而国治之得失,国势之安倾,亦得随时奏闻。

2. 预兵权
由中国选派教习,代购洋枪,为之简练犄角。因参预朝鲜兵权,以便

---

① 张季直:《政闻录》第 3 卷,《张季子九录》,第 35～36 页。

② 《清光绪朝中日交涉史料》第 4 卷,第 1～2 页;邓承修:《请维藩属疏》,《语冰阁奏议》第 3 卷,台北,文海出版社,1967,第 1～2 页。

③ 《清光绪朝中日交涉史料》第 4 卷,第 12～13 页;张佩纶:《请密定东征之策折》,《涧于集奏议》第 2 卷,台北,文海出版社,1967,第 59～61 页。

建立共同安全体制。

3. 救倭约

倭约莫贪于索费，尤莫狡于驻兵。安知非借中帑以款东兵，应无庸筹借。倭兵屯扎王城，尤多隐患，应由吴长庆密谋钳制。因之，朝鲜将愈贫愈危，中国应否代谋创举经费，牵制日军。

4. 购师船

陆军护王都，不如水军护海口，应迅拨巨款，先造快船，由北洋选派将领，驻守仁川，较为活著（着）。

5. 防奉天

朝鲜日益多事，辽防亦宜豫筹。饬盛京将军抽练旗丁，归宋庆统之与所部常满万人，以备缓急。以奉天兵，固辽援韩。

6. 争永兴

朝鲜之永兴湾严寒不冰，俄人欲得其地驻船，应会同吴大澄妥筹，力争要害。既阻俄南下，也防日西进，兼守辽东。①

总之，《朝鲜善后事宜六策》正是待机"东征日本"所构想的策案，为了援朝先固辽，平时介入属藩政治外交，巩固要塞，强化战备，以谋非常之际进攻退守战机。故临战体制奠定于平时之整军经武，绝非临渴掘井，不教而战，所可成事。

此时，清廷认为朝鲜"变乱甫平，邻邦窥伺，自应力为护持，以昭字小之义，兼为固圉之谋"，乃对群臣之建议，"著李鸿章悉心酌度，妥议具奏"。然而，因李鸿章认为清朝海军力量仍不足于制日，乃称"慑服邻邦，先图自强"，强调要东征日本应先图自强，不但邓承修的东征论遭到搁置，② 甚至连张佩纶的东征论，也遭李鸿章以无必胜把握为由而拒绝。他表示："东征之事不必有，东征之志不可无"，③ 对其所陈六事，则宣称："有已经办定者，有欲筹而未及办者，但都在既定计划之中"，并逐一条陈。④ 至于其筹划情形，则

---

① 《清季中日韩关系史料》第3卷，第624号文书；《清光绪朝中日交涉史料》第4卷，第28～29页；张佩纶：《条陈朝鲜善后六事折》，《涧于集奏议》第2卷，第63～66页。

② 《清光绪朝中日交涉史料》第4卷，第13～15页。

③ 《清光绪朝中日交涉史料》第4卷，第16～17页。

④ 《清光绪朝中日交涉史料》第4卷，第31～34页；《清季中日韩关系史料》第3卷，第624号文书。

称："以上六事，皆臣近日筹划所及，但办理自有次第。" 总之，李鸿章对张佩纶的善后六策，表示大致赞同，但在强化中朝宗藩关系的核心问题上，则两人浮现根本差异。其中，有关派遣驻朝鲜通商大臣，李鸿章与张佩纶见解相同。不过，对于驻朝鲜通商大臣的权限，两者之见解则大有差异。

张佩纶主张，通商大臣不止掌管朝鲜通商事务，更重要的是应统辖交涉，称应有"理其外交之政，而国治之得失，国势之安倾，亦得随时奏闻"等权力。① 概括言之，驻朝鲜通商大臣，不但拥有干涉朝鲜内政、外交之权限，而且有上奏宗主国皇帝，报告属藩之"国治得失，国势安倾"的权力，即拥有"监国"或如"驻藏大臣、库伦大臣"般之"驻朝大臣"的权力与地位。相对的，李鸿章则反对赋予朝鲜通商大臣大权，他说：

> 理其外交并预其内政，职似监国，向来敕使有一定体制，通商大臣当与该国王平行，办事分际既难妥洽，以后各国与朝鲜交涉事件，必惟中国是问，窃恐朝廷与总署不胜其烦矣。②

所以，李鸿章认为朝鲜大政应仍由朝鲜国王调度指挥，其大权仍由国王掌握才好。这是因李鸿章将中国传统的宗藩关系和西洋近代国际法的殖民地宗属关系，加以明确区别所致。

至于东方的"宗藩关系"和西方的"宗属关系"到底有何不同，李鸿章表示：

> 泰西通例，凡属国政治不得自主，故与人结约，多由其统辖之国主政，即半自主之国可自立约，亦只能议办通商，而修好无与焉。③

这就是李鸿章认识之西洋近代国际法秩序原理下的宗藩关系。那么李鸿章认为与西洋近代国际法秩序原理相对的中华世界秩序原理又是什么？他一语带到，说："其国内政治，中国向不过问"，④ 这就是中华世界秩序原理的"以不

---

① 《清光绪朝中日交涉史料》第4卷，第28页。
② 《清季中日韩关系史料》第3卷，第624号文书；《清光绪朝中日交涉史料》第4卷，第32页。
③ 《清光绪朝中日交涉史料》第4卷，第32页；《清季中日韩关系史料》第3卷，第624号文书。
④ 《清光绪朝中日交涉史料》第4卷，第32页；《清季中日韩关系史料》第3卷，第624号文书。

治治之论"。换句话说，这就是宗藩体系对殖民体系之别。①

因李鸿章非常清楚地认识到朝鲜对中国之重要性，故说"朝鲜为东三省屏蔽，朝鲜危亡则中国之势更急"。但是他又坚持属藩"国内政治，中国向不过问"，所以对朝鲜只能有消极性的作为，不可越过"不完全以不治治之"或"不完全实效管辖"的界限。只有在这个基础上，中国才可以"乘此无事，派大臣往驻，以主持通商为名，藉与该国政府会商，整理一切，保朝鲜即以固吾圉，亦与泰西属国之例相符"。归纳言之，李鸿章坚持只能由"以不治治之"推进到"不完全以不治治之"或"不完全实效管辖"，并坚持以此为界。

不过，李鸿章也认识到，如果要维持中华世界秩序原理的宗藩体制架构，在现实上若不适用欧美近代国际法秩序原理的属国支配理论的话，最终中国的宗藩体制仍然无法获得列强的承认。于是，企图在对日强硬派抬头的基础上，通过强硬派的上奏建言，采用所谓的"阴寓操纵法"，要求开化派推动洋务改革以图自强，然后再派兵驻扎朝鲜，以武力为后盾来大幅提升对朝鲜的影响力，于是形成所谓的"阴寓强制法"。② 然后，据此徐图将"以不治治之"转变为"不完全以不治治之"或"不完全实效管辖"，达成将传统宗藩体制改变为"不完全以不治治之"或"不完全实效管辖"即宗属体制的目的。

五　结论

明治维新后的日本，通过聘雇西洋法律顾问，采用西方近代的国际法秩序原理，于是开始"文明开化"，从此自半文明半野蛮状态蜕变为西方式的文明国家。于是，学习西方以"无主地先占"原则向外扩张，以"实效管辖领有论"否定东方固有之"以不治治之论"的国际秩序原理，企图将国家领域扩充到中国及其周边的宗藩领域。因此，日本在朝鲜不断制造事端，先后有1868年的书契事件，1875年的"云扬号"事件，1876年订立不平等的《日朝修好条规》，以便通过国际法条约体制的《日朝修好条规》，将其国力延伸到朝鲜。于是，在原先北学系统的实学官僚中，将开化派分裂成"稳健系"与"急进系"。"稳健系"结合留中员生，"急进系"结合留日学生，成

---

① 张启雄：《东西国际秩序原理的差异——"宗藩体系"对"殖民体系"》，《中央研究院近代史研究所集刊》第79期，2013年3月，第47~86页。

② 〔日〕茂木敏夫：《李鴻章の屬國支配觀》，《中國》第2号，1987年6月，第111~112页。

为支配朝鲜晚期政治的两大派系。从此，日本通过"急进系"可以直接影响朝鲜政局。

1882年7月23日，朝鲜宣惠厅堂上兼兵曹判书的闵谦镐，在拖欠粮饷配给年余之后，开始发放军粮，因斤两不足，且掺杂砂糠，旧军人终于因不满而爆发，追杀闵氏一族及其重臣。之后，其矛头旋即由内政指向外交。由于朝鲜人对日本人的粮食收购、经济榨取早就蓄积怨愤，于是响应军队而群起暴动，在军队袭击王宫的同时，群众也攻击下都监的别技军总部，杀害日本军事教官和学生，进而包围、攻击日本公使馆，爆发壬午兵变事件。

日本公使为了脱逃纵火公堂，于半夜突围而出，在仁川登上英舰"飞鱼号"逃回长崎，向日本政府报告朝鲜兵变，候命处置。最后，朝鲜国王请求大院君出面收拾反闵、反日的兵变乱局。因大院君主张"锁国攘夷"，开化派担心危及朝鲜新政改革，"稳健系"与"急进系"乃各自分别向中日要求出兵。于是，日本政府通知黎庶昌表示日方决定派遣军舰前往朝鲜查办。金允植与鱼允中获知消息后，旋即请求中国出兵。署理北洋大臣张树声请鱼允中为向导，命北洋水师提督丁汝昌，候选道马建忠率兵前往朝鲜。相对的，留日学生俞吉浚与尹致昊也向日本太政官请求出兵。由于光绪皇帝批准出兵援朝，总理衙门除照会日本驻华公使之外，也令马建忠在芝罘登船，翌日抵仁川。

中日在各自出兵的过程中，双方也同时展开朝鲜属于"独立自主"国，还是属中国"宗藩关系"国的论辩。在东京，日本确立答辩的原则：根据《日朝修好条规》，规定朝鲜为独立国，因此中朝宗藩关系只局限于中朝双方之事；对日朝外交关系则以国家对等为辞，拒绝中国调停。因此，强调日本与朝鲜立约，待以自主，故此次兵变事件，仍当依据条约之明文规定处置；对于公使馆，则称各国各自护持，乃理所当然之事，中国派遣兵员反而滋生葛藤。相对的，总理衙门则定下以中朝宗藩关系为原则，指示驻日公使馆强调："此次派兵前往，乃中国为属邦正乱，自办己事，本无所谓葛藤。"另在北京，日驻华公使照会总理衙门表示："依据我国与朝鲜国之条约应处理之事，从无与贵国相关之处，故双方如有错误陈述，徒增事端。"总理衙门则答以"朝鲜为中国属邦各国皆知，独贵国不视以为中国之属邦，殊为难解"，何况中国对朝鲜的恤小扶危与日本之卫其使臣，乃"系各办其事，又何谓节外生枝"，以为反驳结论。

在中华世界秩序原理的"封贡体制论"下，因王为皇帝所册封，故一切政令当自王出，中国以"欺王实轻皇帝也"之罪名，逮捕朝鲜权臣大院君，押送保定。中朝在宗藩关系下，宗主国逮捕藩属国僭越权臣乃中朝双方之事，日本虽认朝鲜为独立自主，并与日本保有平等之权，但不能置喙。可是，日朝在仁川举行谈判会议，并缔结《济物浦条约》及其续约时，代表宗主国的马建忠在宗主权（suzerainty）下竟未参与谈判会议，也没有在背后襄助、指挥朝鲜谈判代表李裕元，这又代表什么？除中国无力过问外，其实也默认日方的说法，即此乃日朝两国之事，不容第三国置喙。可是，根据国际法，属国可分"非国际法人"与"不完整国际法人"。前者，完全不具独立对外关系的权力；后者，则具有相当大的对外关系权力。① 此时，在日本坚持、中方默认下，朝鲜实已沦为"不完整国际法人"。或许清廷的做法合乎"以不治治之论"等于"朝鲜虽隶中国藩服，其本处一切政教禁令，向由该国自行专主，中国从不与闻。今日本国欲与朝鲜修好，亦当由朝鲜自行主持"的原理。② 但绝对不合乎总理衙门所说："解其纷，期其安全，中国之于朝鲜，自任之事也，此待属邦之实也"的道理。③

再就朝鲜方面的见解而言，金允植与鱼允中对宗主国逮捕大院君事，认为：今番兵变时与日本人构衅，大院君素力斥和洋，故各国人皆归咎于大院君，中国若无此举，则各国及日本皆有借口，势难调停。相对的，金玉均则认为欲救一时之急，将国权卖给清人，不如招募有志之士，以图作为，然后讲求立国之策。又认为：欺国父并押送之，乃蹂躏国土，侮辱国民，奴隶朝鲜王室，蹂躏国家面目。前者，拟借东方的国际秩序原理之中朝宗藩关系以维系朝鲜之宗庙社稷与国家安全。后者，则从西方近代国际法的主权对等角度出发，企图引进日本力量以废除中朝宗藩关系。因其出发点不同，故救国之手段也就各异。

最后，当西方挟其坚船利炮来到东亚，中华世界秩序原理与西方近代国际法秩序原理爆发冲突，其势已不可避免。此时，中华世界秩序原理因没有相称之国力为支撑，显得岌岌可危。壬午兵变爆发时清廷掌握先机，以优势兵力为后盾，结果得以内平兵变，外和日本，成功达成宗主国援护属藩之目的。于是，乘平乱之势，实行"实效管辖"取代"以不治治之"来统治属藩并乘机东征日本的论述，适时浮上台面，故主张强硬的清议派应时抬头，高倡东征论，主张兴师东向日本，责其擅灭琉球，肆行要挟之罪，乘势威服日本，以规

---

① 丘宏达：《现代国际法》，台北，三民书局，1983，第175页。
② 《清季中日韩关系史料》第2卷，第213号文书。
③ 《日本外交文书》第9卷，第47号文书，附属书1。

复琉球。

壬午兵变之际，黎庶昌提倡"仿英人处印度之例，直废其王而郡县之"的"废藩置县论"。兵变结束后，中国因出兵援护朝鲜，成功压制日本而士气大振，不但东征论声势高涨，而且仿汉设"监国"，仿蒙藏置"驻藏大臣""库伦大臣"之议迭起，"废藩置县论"也风起云涌。此时此刻的国际秩序原理论述，仍主要围绕采用理藩院辖下"不完全以不治治之"或"不完全实效管辖"之治道来取代礼部辖下的"以不治治之"；至于"废藩置县论"则是仿"地方直隶中央"的统治方法来管辖属藩，以收保疆卫土之效。

换句话说，中国为了对抗列强侵略属藩，势非放弃传统实行之"以不治治之论"即不干涉属藩政教禁令的中华世界秩序原理，借用支持干涉蒙藏之传统统治制度，甚至改为中央直辖郡县体制，进而参酌、改造近代欧美支配殖民地之"实效管辖"的西洋近代国际法秩序原理，以管辖属藩。换句话说，是由"以不治治之论"，经"不完全以不治治之论"或"不完全实效管辖论"的转换过程，向具有中国特色之"实效管辖领有论"的统治方式迈进。或许它会与传统中国统治直辖领土的"实效管辖"一致，但也可能与西方帝国主义支配殖民地的手法大同小异。总之，为保护固有宗藩关系，必须采用西方列强承认之统治方式，始能自存。从此，"以不治治之论"逐渐转型，终不免为"实效管辖领有论"所取代。

归纳言之，壬午兵变时期，中国的国际秩序原理论述，于中朝之间实行中华世界秩序原理；中日之间原实行中华世界秩序原理，但因1871年订立《中日修好条规》，改采国际法秩序原理；朝日之间，原也实行中华世界秩序原理，也因1876年签订《日朝修好条规》，日本已片面改行国际法秩序原理。[1] 可是，在"天下"即"中华世界帝国"的中朝之间，对内双方都实行中华世界秩序原理，对外则因受制于列强，都必须实行国际法秩序原理。

因此，在国际秩序原理的适用上，中朝双方都是尹致昊所谓的两截体制。[2] 以图式扼要诠释中日对国际秩序原理之论述："'中'vs.'日'='天

---

[1] 张启雄：《国际秩序观の衝突—日韓外交文書論争における「皇」「勅」》，〔日〕平野健一郎等编《国际文化関係史研究》，第50~78页。

[2] 权赫秀：《晚清对外关系中的"一个外交两种体制"现象刍议》，《中国边疆史地研究》19卷，第4期，2009年12月，第70~83页。

下' vs. '国际' = '天下秩序原理' vs. '国际法秩序原理'"。其中，"天下秩序原理"的具体化，就是中华世界秩序原理。"天下"是"帝国＋王国""宗主国＋朝贡国"的组合，它是一种伦理性且内部互赖又自我完结的"世界"或"东方型联合国"；相对的，"国际"则是平行性主权对等的"主权国家＋主权国家"组合，依赖国与国间互动的交流与碰撞。因其基本性质不同，故其"国际秩序原理"也就大有差异。

记忆中的宗藩关系

—— 以跟日本亚细亚主义对应为主

东京大学大学院综合文化研究科　川岛真

一　前言

本文主要试图考察中国作为近代国家轮廓出现的 19 世纪末到 20 世纪初期间，清朝作为"天朝"的形态，特别是册封与朝贡是如何被理解。[①] 另外，此一问题也与中国如何在与亚洲关系中做自我定位的问题有关，而此问题在中国外交史上可能被忽略。

本文在讨论上述问题之际，将特别留意下列两点。

第一，从清末到民国时期，中国的恢复国权运动在近代国家建设下积极展开的过程中，故有的册封、朝贡国如何定位？在恢复国权运动之际，其课题设定是遭条例掠夺的国权，然后将之一一夺回，此时的资产损益为零，也就是说必须判定出"中国原貌"。然而，在近代中国的背景下，这个所谓的"中国原貌"未必是明确的。[②]

---

① 本文以拙文《代中国のアジア観と日本 – 『伝統的』対外関係との関連で》（高原明生等編，《越境》（現代アジア研究 1），東京，慶応義塾大学出版会，2008），第 415 ~ 441 頁和 Shin Kawashima，"China's Re-interpretatoin of the Chinese 'World Order'，1900 – 40s," in Anthony Reid and Zheng Yangwen eds.，*Negotiating Asymmetry：China's Place in Asia*（National University of Singapore Press，2009，pp. 139 – 158）为底稿删改而成。

② 拙文《近現代中国における国境の記憶 – 「本来の中国の領域」をめぐる》，《境界研究》第 1 号，2010，第 1 ~ 17 頁。

第二，这个中国内部有关册封、朝贡的讨论与日本亚洲主义的相互关系。① 如同孙文在 1924 年于神户的亚洲主义演讲中所见，日本围绕亚洲主义为主的讨论刺激中国国内的亚洲论，而那也有与册封、朝贡讨论产生关联的一面。汪晖曾经指出，中国内部的亚洲认识，与日本内部以"国家—民族"为轴的亚洲主义认识大相径庭，中国、朝鲜或是其他亚洲国家的知识分子或革命家对亚洲主义或许不抱关心。② 但是，从另一角度来看，在近代性国家建设进行的时代，中国该如何对清以前与周边诸国的关系重新给予定位；在此课题上，吾人也可以将这些复杂的讨论看作在与日本的亚洲论存在关联的状态下来展开的。

本文不直接讨论对外认识和外交政策的关系，但是张启雄教授以外蒙古和泰国等为案例对之进行不少探讨，因此笔者在拙著《中国近代外交的形成》（北京大学出版社，2012；日文版于 2004 年由名古屋大学出版社出版）的第二部的基础上，对这一问题进行略微讨论，以便参考。

二　中国被赋予的轮廓：围绕着宪法的问题

清王朝本来是一个满、蒙、汉的复合性质王朝，其所进行的并非一元式统治，科举官僚是只在"汉"空间以巡礼方式存在。不过，在 19 世纪末国界交涉相继进行，国界有一定程度划定，甚至在面临 19 世纪末"瓜分危机"时，其状况就有所不同。将中国比作一个"瓜"，这点就含有将诸般多元性一元化的意向性质。这样的认识，应该也与刊登在《新民丛报》封面，版面整体遍涂同一红色的地图，或与梁启超《中国史叙论》中有关国家名称的讨论③等有所关联。

那么，在日后中国的官定论述中又是如何认识、定义"国土"的呢？近代中国的疆域观念是否与近代国家的"国土"概念一般，或者"天朝"的观念是否对之还有影响？本文把宪法上的"国土"规定作为一个事例，做一考察。④

---

① 有关亚洲主义的研究甚多，笔者在此想举出〔日〕嵯峨隆《孫文のアジア主義と日本－「大アジア主義」の講演との関連で－》（《法学研究》，東京，慶応大学法学研究会，2006 年 4 月）作为近来研究的一例。

② 汪晖：《思想空間としての現代中国》，村田雄二郎、砂山幸雄、小野寺史郎译，東京，岩波書店，2006，第 140 页。

③ 《饮冰室合集》卷六，原文于 1901 年发表在《清议报》。

④ 吉開将人，〈歴史学者と国土意識〉，收於飯島涉等編，《近代性の構造》（シリーズ20 世紀中国史），東京，東京大学出版会，2009。

在 1908 年清朝的《钦定宪法大纲》中，虽无关于领土的规定，但在 1912 年中华民国成立后于 3 月制定的《中华民国临时约法》第三条中规定："中华民国领土为二十二行省、内外蒙古、西藏、青海。"但是，1913 年国会宪法起草会议所制定的宪法草案（即所谓"天坛宪章"）中，则于第二条规定"中华民国国土依其固有之疆域。国土及其区划，非以法律不得更变之"。1914 年在《中华民国约法》第三条中，又变更为"中华民国之领土依从前帝国所有之疆域"。接着，在 1923 年宪法（即所谓"曹锟宪法"）中"天坛宪章"的案文复活了。

南京国民政府成立后于 1931 年 5 月制定的训政时期的约法中，《中华民国临时约法》中"中华民国领土为各省及蒙古西藏"条文在第一条复活了。不过，在 1936 年 5 月 5 日《中华民国宪法（草案）》（所谓"五五宪草"）中，第四条规定"中华民国领土为江苏、浙江、安徽、江西、湖北、湖南、四川、西康、河北、山东、山西、河南、陕西、甘肃、青海、福建、广东、广西、云南、贵州、辽宁、吉林、黑龙江、热河、察哈尔、绥远、宁夏、新疆、蒙古、西藏等固有之疆域。中华民国领土，非经国民大会议决不得变更"，增添了"天坛宪章"的内容。然后，在 1946 年《中华民国宪法》的第四条（国土）中，规定"中华民国领土，依其固有之疆域，非经国民大会之决议，不得变更之"，更加接近"天坛宪章"。

由以上过程可知，中国的国土认识中存在着"各省与蒙古、西藏（或青海）"之认识，以及"固有疆域""帝国曾有的疆域"等两套系统。前者在空间上显得明确，相对于此后者则蕴涵扩大性/缩小性。即便两者最终被视为相同，但笔者在此还想特别留意它们在表现方式上的相异点。此外，有关领土的变更上，对"非经法律或议会等决议则不能为"这个手续的重要性认识，应该也可以说是这些宪法（案）的特征。

这般定义国家骨干宪法的叙述，以各式各样的形式与公共论述产生关联，有关此点也必须确认。清末引进学校制度，编纂教科书，在地理教科书中强调包围在国界中的国土，在国语（国文）或音乐中则涵养了国民意识。在历史教科书中，则可看到有关国界或疆界深具"兴味"的两点。[1] 第一，对有关国界线的认定是呈现由于列强的侵略造成缩小而决定的过程。其中可以看到自鸦

---

[1]　有关清末民初的教科书动向，参考〔日〕并木赖寿、大里浩秋、砂山幸雄编著《近代中国·教科书と日本》，东京，研文出版，2009。

片战争以来，在相继发生的战争中被夺去的国权以及领土的缩小等叙述。在那里所见到的叙述，不是过去那种流动性的一种灰色地带的疆域缩小，而是作为主权国家的国界后退。第二，周边诸国被殖民地化，从册封、朝贡体制脱离，是被作为《万国公法》意义上的属国丧失，这可以说是作为本国史一部分的与其他国权丧失同一系列的事件来描写的。

三　日本的亚洲主义言论与中国的亚洲论：以册封、朝贡论为中心

日本的亚洲主义言论，虽然绝未在中国普及，但具有引起对日本式论述的反弹——这个反论式的影响，也激起中国对亚洲一定程度关心的影响力。众所周知，李大钊自1917年开始就以呼应若宫卯之助《何谓大亚细亚主义》（大亜細亜主義とは何ぞや）（《中央公论》1917年2月号）的方式，发出了有关亚洲主义的言论，于1919年2月发表名为《大亚细亚主义与新亚细亚主义》这个有名的论见。根据其论，大亚洲主义是"并吞中国主义"，也是"大日本主义"的化名，是日本将亚洲纳入日本人的囊中为最终目的的，不过是一种"侵略主义""并吞弱小民族的帝国主义"，他将之批判为"不是亚洲的民主主义，而是日本的军国主义"。李所提倡的新亚洲主义，是强调亚洲民族主义自决论，在排除日本领导地位的同时，由亚洲诸国结成一大联合，与欧美的联合鼎立形成世界联邦。① 另外，高承元在《每周评论》中反对这个亚洲包含日本，② 李也又反驳这个见解，明确表示自己的新亚洲主义是与日本大亚洲主义相反的。在这些论争中，并未浮现以过去中国在亚洲的册封、朝贡为中心的议论。

与李大钊的这段议论相反的，应该是孙文的言论。首先，他在1924年3月围绕民族主义发表言论：

---

① 李大钊：《大亚细亚主义与新亚细亚主义》（原文发表于《国民杂志》1卷2号，1919），《李大钊全集》（人民出版社，1959），第127页。日译本为小岛晋治、伊东昭雄、光冈玄，《中国人の日本観一〇〇年史》（东京，自由国民社，1974）。

② 日本方面，前引嵯峨隆《初期アジア主義の政治史的考察－日本と中国の間－》曾探讨高的论述。高承元：《咄咄亚细亚主义》，《法政学报》第1卷第9期，1919年2月25日；高承元：《评守常君的新亚细亚主义》，《法政学报》第1卷第10期，1919年4月15日。

现在世界之中，英、美、法、日、意大利等不过五大强国，以后德、俄恢复起来，也不过六七个强国；如果中国能够学到日本，只要用一国便变成十个强国。到了那个时候，中国便可以恢复到头一个地位。但是中国到了头一个地位，是怎么样做法呢？中国古时常讲"济弱扶倾"，因为中国有了这个好政策，所以强了几千年，安南、缅甸、高丽、暹罗那些小国还能够保持独立。现在欧风东渐，安南便被法国灭了，缅甸被英国灭了，高丽被日本灭了。所以，中国如果强盛起来，我们不但是要恢复民族的地位，还要对于世界负一个大责任。如果中国不能够担负这个责任，那末中国强盛了，对于世界便有大害，没有大利。中国对于世界究竟要负什么责任呢？现在世界列强所走的路是灭人国家的；如果中国强盛起来，也要去灭人国家，也去学列强的帝国主义，走相同的路，便是蹈他们的覆辙。所以我们要先决定一种政策，要济弱扶倾，才是尽我们民族的天职。我们对于弱小民族要扶持他，对于世界的列强要抵抗他。如果全国人民都立定这个志愿，中国民族才可以发达。若是不立定这个志愿，中国民族便没有希望。①

孙文以抵抗帝国主义的论理为前提，又认为为了中国民族的发展，最重要的是扶助弱小民族，告诫中国不应走向和帝国主义同样的路途，又将过去中国与周边诸国的关系与帝国主义的做法做对置，在"济弱扶倾"之语下做积极评价。这样的议论在 1924 年 11 月 28 日于神户举行的所谓大亚洲主义演讲中也可见到：

用霸道的文化和王道的文化比较起来说，究竟是那一种有益于正义和人道，那一种是有利于民族和国家，诸君可以自己证明。我也可以举一个例子来说明：譬如从五百年以前以至两千年以前，当中有一千多年，中国在世界上是顶强的国家。国家的地位，好像现在的英国、美国一样。英国、美国现在的强盛，还是列强。中国从前的强盛，是独强。中国当独强的时候，对于各弱小民族和弱小国家是怎么样呢？当时各弱小民族和各弱小国家对于中国又是怎么样呢？当时各弱小民族和国家，都是拜中国为上邦，

---

① 孙文：《民族主义第六讲"三民主义"》（1924 年 3 月 2 日），《孙中山全集》第 9 卷，中华书局，1986。

要到中国来朝贡，要中国收他们为藩属，以能够到中国来朝贡的为荣耀，不能到中国朝贡的是耻辱。当时来朝贡中国的，不但是亚洲各国，就是欧洲西方各国，也有不怕远路而来的。中国从前能够要那样多的国家和那样远的民族来朝贡，是用什么方法呢？是不是用海陆军的霸道，强迫他们来朝贡呢？不是的。中国完全是用王道感化他们，他们是怀中国的德，甘心情愿，自己来朝贡的。他们一受了中国王道的感化，不只是到中国来朝贡一次，并且子子孙孙都要到中国来朝贡。这种事实，到最近还有证据。①

在此，孙文提到过去的朝贡行为是在周边诸国自发下进行的，系中国王道感化所致。他围绕着大亚洲主义，一方面批判日本的霸道，又提示中国以朝贡作媒介而形成的与周边诸国的关系，视作王道的理想状态。孙文的议论正如初濑龙平等人所指出的，在李大钊的主张之间，"有不能无视日本'王道'可能性的差异"。② 在孙文这边，他高度评价到清代为止与周边诸国的关系，然后下了一个中国自身的强盛较现在列强的强盛状态要来得好的判断。这也是一个将过去与西洋对峙中丧失朝贡国的过程，反逆性地用来批判西洋的论理。

孙文的这个大亚洲主义演说，引起了来自朝鲜半岛的反弹。孙文在神户的演讲中，有一位听众是《东亚日报》记者尹洪烈。尹在演讲结束后专访孙文，并将其内容与演讲内容同时刊登而被批判。③ 孙文的大亚洲主义演说可以说是将重点放在日、中，或是日、中、苏，而并非设想亚洲诸国、区域整体。有关这样一个在亚洲内部的阶层性，必须要再度确认它具有借过去朝贡关系来获得支持的面向，并且是作为肯定评价的一点。

四　国民党的亚洲论与册封、朝贡认知

在孙文的大亚洲主义演讲中，可以看到高度评价清代以前中国与周边诸国

---

① 孙文：《大亚洲主义》，《国父全集》，台北，"中央"文物供应社，1957，第507~519页；日译本参考外务省调查部编《孙文全集》（上）东京，原书房，1967，第1134~1135页。

② 初瀬龍平，《「アジア主義・アジア観」ノート》，《北九州大学　法政論集》（5-1），1977年7月。此外，孙文亚洲主义的渊源正如藤井升三所探讨的，可以回溯到辛亥革命以前，并那经过《中国存亡问题》（1917年刊行）等而变得明确。参考藤井昇三，《孙文の民族主義再論－アジア主義を中心に》，《歷史評論》第549号，1996年1月。

③ 孙文：《三民主義を力説》（1924年11月30日），陈德仁、安井三吉，《孙文・講演「大アジア主義」資料集》京都，法律文化社，1989。

的关系，以及中国的领导性，或将中国置于较其他亚洲诸国优越地位的倾向。不过，这样的倾向并非孙文固有的议论。例如，在 1923 年王正廷的议论中也可以看到同样的倾向。[①] 王的议论与孙文大亚洲主义演讲相似的一点，正如业经横田丰指出的，王与孙共同的论点是，中国逐次地教化、感化周边而扩大其领域，以及用王道重视弱者等。横田指出，"中国以文化力扩大其疆域"的这个对于文化力的强调，就是王论的特征。[②]

　　不过，在王正廷、戴季陶等在政治论述基础上更持系统性论述的其他中国知识分子的言论中，也可以看到将中国置于优位的亚洲论和相关议论。例如，1918 年曾琦与马鹤天在上海《救国日报》上的争执就是其一。曾琦是中国青年党的首脑人物，马鹤天则是国民党有关边疆论述的倡议者之一。以下探讨马在 1930 年的回顾。在此，马介绍了 1918 年与曾在《救国日报》上所做的论争。根据其论，曾的议论是以中国强盛时得到朝鲜、安南的归属，甚至指出中国努力奋斗成为第一强国时不仅要恢复朝鲜、安南、暹罗、缅甸等属国，还应以彼作为领土。接着，又叙述日本和南洋过去都接受中国的世代册封，因此系中国属地。曾将这称作"大亚洲主义"。马对此强烈抗拒，对其原稿加以修正，认为中国强盛时应支持朝鲜、安南、印度等地的独立，再由各民族联合起来对抗强权国家，将之称作"新亚洲主义"。曾对此一字句的变更颇为不满，与马爆发论争。[③] 曾的议论和孙文及李大钊的议论都不同，是一种包含日本在内的周边诸国皆为故有属地，应将安南、缅甸、朝鲜等地作为领土来收复的论

---

① 王正廷：《王道と覇道》，《東京朝日新聞》，1923 年 12 月 25～28 日。有关孙文的大亚细亚主义，在日本统治之下韩国也有一些批判，请参考〔日〕森悦子《孫文と朝鮮問題》（《孫文研究会会報》13 号，1991 年 12 月）、〔韩〕闵斗基《1920 年代の韓国人の孫文観》（日本孫文研究会編《孫文とアジア》，東京，汲古書院，1993）。另外，〔日〕米谷匡史《アジア/日本》（東京，岩波書店，2006）也在序文上检讨朝鲜知识分子的对亚细亚主义之认识。〔韩〕裴京汉《孫文と韓国——中华主义和事大主义之交差》（Hauul Academy，2007）也深入探讨孙文的世界观和韩国之间的关系。

② 横田豊，《王正廷のもうひとつの『大アジア主義』》，《歷史評論》第 521 号，1993 年 9 月。

③ 马鹤天：《关于「大亚细亚」与「新亚细亚」题名的回忆》，《新亚细亚》第 1 刊第 1 期，1930 年 10 月，第 139～140 页。然而，目前尚未见到以曾琦方面的史料来为马鹤天的这个回顾作佐证。沈云龙辑《曾慕韩（琦）先生日记选》（沈云龙主编《近代中国史料丛刊》第 2 辑，台北，文海出版社，1971）中虽然可以确认曾琦于 1918 年 8 月 17 日至上海救国日报社访问马鹤天，以及当时题为《中国之青年与共和之前途》的文章是受到德富苏峰等人影响才改以《国体与青年》为题的，但他与马的争执在 1918 年的日记中无法得到确认。陈正茂等编《曾琦先生文集》（上、中、下）（台北，中研院近代史研究所，1993）在卷头刊载了《国体与青年》，但在解说文中并未看到其与马交锋的相关记述。

断。这样的空间认识是否和《清史稿》中《邦交志》与《属国传》有关，为我们留下了可以讨论空间，但这确是一个极具特征的论议。

其后，到了1920年代，曾琦似乎也保持了同样的议论。在1925年的演讲记录《中华民族之使命与中国青年之责任——答上海孙文主义学会》中，亦认为中国在过去的汉唐时代征服周边，到了清代中叶这些国家也为藩属，中国并未虑及要占据他们的土地，奴化其人民，抢夺其生计，或是令其种族灭亡，这就是重视文化、不用武力的"大中华民族"优越之处。① 此外，追求此一和平，实践共和的中国民族，要与周边各国提携，建立"亚洲大共和国"，一同享受此一和平，永远不许强权国家的压制横行，不容专制帝国妨害进化。

但是，曾的这般言论，就算是在同一时代也受到批判性评价。有关此点，最重要的就是三民主义的官定化。先前举出的1924年的三民主义中，展开了意含中国对于亚洲诸国优越性的民族论。不过，1925年孙文死后，在三民主义官定化、解释一元化的过程中，在有关"三民"之一"民族"的议论方面，显示与册封、朝贡有关联的中国"优位性"议论就未再见到。正如过去研究所指出的，在这一过程中扮演重要角色的，就是胡汉民。② 不过，在"满洲事变"以前，孙文的大亚洲主义就已经开始有再解释的动向。其中一个事例可以在《新亚细亚》杂志中看到。这份杂志是以张振之为中心，于1930年由南京的新亚细亚社出版的，于右任为其题字，胡汉民、戴季陶以及方才所举的马鹤天为主要执笔。此一杂志所揭示的目标是"三民主义的亚细亚"，它成了一份批判日本式大亚洲主义的刊物。

另外，这正如久保纯太郎指出的，张振之或戴季陶等中心人物另外又于1931年5月在南京成立新亚细亚学会，故这份《新亚细亚》杂志被认为是该学会的机关刊物。③ 这本杂志所刊载的内容可以分为以下三类：第一是三民主义理论，第二是中国的边疆问题，第三是亚洲民族的解放问题。有关第三部分大概说明如下。以三民主义为原则研究亚洲民族的解放问题，中国在追求自身独立外，支持一切亚洲民族追求解放的运动，一同获得自由平等地位。④ 接

① 曾琦：《中华民族之使命与中国青年之责任——答上海孙文主义学会》，收于慕韩先生遗著编辑委员会编《曾慕韩先生遗著》，台北，中国青年党中央执行委员会，1954。

② 参考前引伊東昭雄《『大アジア主義』と『三民主義』－汪精衛傀儡政権下の諸問題について－》、前引藤井昇三，《孫文の『大アジア講演』と日本》、同藤井昇三，《孫文の民族主義再論－アジア主義を中心に》（《歴史評論》第549号、1996年1月）等。

③〔日〕久保纯太郎，《雑志『新亜細亜』論説記事目録》，《神户大学史学年报》第17号，2002。

④《本刊征稿内容》，《新亚细亚》第1刊第1期，1930年10月，无页码。

着，又个别列举印度、菲律宾、安南、朝鲜、朝鲜、琉球、南洋、土耳其各国及地区各自的历史、地理、政治，以及它们遭列强统治的状态、被侵略的过程、抵抗运动情况，还有独立后的将来等。然后，在《亚细亚之将来——创刊宣言》中，又指出总理为中国救星，同时亦为亚洲救星。总理诞生以后，为中国注入生命，亚洲民族也逐渐觉醒，世界风云也开始展现新的色彩。① 这里并未言及清代以前中国与周边诸国、区域的关系，甚至对关于孙文的大亚洲主义演讲，也定位为大亚洲主义并不较三民主义优越，而完完全全是三民主义中民族主义适用于国际的版本。也就是说，三民主义才是独立且单独的主义，大亚洲主义不过是将之加以运用的说明。当然，马鹤天批判日本的亚洲主义，断言那是"统一亚洲的迷梦"。这个日本亚洲主义与孙文亚洲主义不同，孙文的亚洲主义完完全全是三民主义式的亚洲主义。并且，孙文三民主义是救中国的救国主义，所以其亚洲主义也是救亚洲的救国主义。②

在此，孙文的大亚洲主义演讲被置换成"三民主义式的大亚洲主义"，令之明确与日本敌对。上述马与曾在 1918 年《救国日报》中的交锋，在《新亚细亚》中有所介绍。也就是说，是强调马鹤天否定曾琦那一套将册封、朝贡国作为属国并作为中国一部分的看法。观察那里所见到的有关"亚细亚"的论述，可以知道那是来自抵抗列强与支持独立运动以及对等的国际关系的连带观点。

类似这样的言论，不止出现在《新亚细亚》，在《新东方》这本刊行于 1930 年的杂志中也可以看到。其创刊号将孙文的大亚细亚主义揭于卷头，其次安排"本刊使命"的文章，此篇文章也将日本以外的"东方民族"视作被压迫的存在，指出东方诸国必须解放，世界诸民族必须平等存在。③

但是，《新亚细亚》《新东方》编辑者的这种议论似乎并未深及杂志整体。例如，印维廉在《亚细亚民族运动之进展》一文中，就主张亚洲诸民族联合面对帝国主义，并且在强调亚洲诸民族平等性的同时，认为亚洲民族中可能对帝国主义取得胜利的只有中华民族。有关其根据，他指出人口之多、民族优越

---

① 《亚细亚之将来——创刊宣言》，《新亚细亚》第 1 刊第 1 期，1930 年 10 月，第 9 页。
② 《亚细亚之将来——创刊宣言》，《新亚细亚》第 1 刊第 1 期，1930 年 10 月，第 12 ~ 13 页。
③ 这般将大亚洲主义定位在三民主义下的尝试，当然也是一种对日本的批判，但 1936 年 2 月 21 日松井石根会见胡汉民时，在听取胡对大亚洲主义说明时，他做了"有关吾等大亚洲主义，彼等说明自孙文时代起即有彼等自有之大亚洲主义，大体与吾等意见不相违"的理解。〔日〕田中正明编《松井石根大将の陣中日誌》（東京，芙蓉書房，1985），第 227 页。

性（民族道德、民族思想、民族能力）、信奉三民主义等事项。[①]

此外，在1930年代以后的如教科书等官方性质的印刷品中，也有强调中国优越性及过去朝贡关系的见解。很明显的，在1930年代内政部所制作的学校教育用地图中，可以看到"属国"是视作中国本身必须收复的领土来绘入版图的。[②]

如此，1930年代肯定地评价册封、朝贡的观点，或者是将过去册封国的疆域视作应加以收复的国权之一的中国领土的倾向虽然后退，即便在这样的背景下，曾琦的议论体系依然持续。尤其是在中日战争爆发后，受到日本"大东亚共荣圈"论述的刺激，将过去册封、朝贡国视作中国应收复领土的言论或意图又可以重新见到。[③]

近代中国，如何响应"所谓中国是甚么国家？应该成为甚么国家？"的提问，有许多想法。不过，在与亚洲诸国的关系上，关于如何自我定位一事，近代中国或许未必得到了一定的解答。

五　日本有关中国亚洲认识的言论

1924年孙文的大亚洲主义演讲，在日本是以肯定的意涵被接受，作为包容日本亚洲政策的文献，日后也成为"大东亚共荣圈"的一个思想支柱。那么，对1930年代中国的三民主义式亚洲主义又是如何理解呢？

1936年2月21日松井石根会见胡汉民时，在听取胡对大亚洲主义说明时，是做了"有关吾等大亚细亚主义，彼等说明自孙文时代起即有彼等自有之大亚细亚主义，大体与吾等意见不相违"的结论的。也就是说，就算胡说明了这个三民主义式的亚洲主义，松井的解释也认为与日本的亚洲主义没有差异。[④]

1936年，"岩波讲座东洋思潮"丛书收录了那波利贞的《中华思想》。这

---

① 印维廉：《亚细亚民族运动之进展》，《新亚细亚》第1刊第1期，1930年10月，第97页。

② 黄东兰：《清末·民国期地理教科書の空間表象 − 領土·疆域·国恥》，《中国研究月報》第593号，2005年3月。

③ 中国方面，如同在进入1940年代后于蒋介石《告印度人民书》（1942年2月21日）中所见的，公共言论中虽然有与亚洲诸国连携的主张，但也可以看到偏激的言论。国民党迁台以后，在《三民主义》教科书中高唱"济弱扶倾"的重要性，作为事例则列举在第二次世界大战中蒋介石向英美要求印度独立；在开罗会谈中要朝鲜独立并得到罗斯福赞同；有关越南也提出中美两国应支持其战后的独立；关于泰国，尽管其与日本同盟，仍将之视作因受日本胁迫所致，应助其回归国际社会；对于日本则述以"以德报怨"的态度临之；等等。

④ 〔日〕田中正明编《松井石根大将の陣中日誌》，第227页。

显示"中华思想"这个词组被定位为日本的学术对象。那波在"中华思想"三要素方面举出地理性、文化性，以及"支那君主以王道政治君临世界万邦，其德泽被于世界各隅"的政治性解释，作为数千年间始终存在的观念，认为它"至少传承到清末为止"。[①] 有关这个"中华思想"的将来，那波做如下叙述："其（"中华思想"——笔者注）将来究竟如何发展欤？吾欲反复申张。《清史》创辟邦交志、客卿列传篇目不啻在支那正史书法上属破天荒现象，于中华思想传统上不亦应谓其创造空前划期之新纪元乎？"[②] 这是一段注意到了《清史稿》中设置（非属属国的诸国）邦交志以及外国人列传的客卿列传，又令吾人留意到它正在脱却"中华思想"的启发性叙述。那波认为类似"中华思想"的观念虽然存续到清末，但逐渐变化，对于中国"传统"的连续论态度是慎重的。

但是，日本以"大东亚共荣圈"建设为目标，在战时动员体制强化中，日本本土或占领地中的"亚洲主义"或"亚洲论"令吾人看到新的开展。例如，汪精卫伪政权内部也试图标榜三民主义，将孙文的大亚洲主义放在日中提携的脉络下再做解释。有关这个汪伪政权内部的大亚洲主义，正如伊藤昭雄所阐明的，汪伪政权以"和平反共建国"为口号，不仅针对国民党，而且他以"东亚联盟中国总会"为基础，于"和平建国"的同时，作为其理论依据鼓吹大亚洲主义。[③] 在此扮演极重角色的是周化人。周作为汪伪政权内部亚洲主义的提倡者，将孙文的大亚洲主义与日本的"东亚新秩序"相连接，提倡日、中应趁欧洲的大战相提携。[④] 这点被认为是呼应了第二次"近卫声明"。汪精卫自身也阐发言论说明19世纪日本和中国都面临遭西方侵略的危机，其后日本虽然较早达成自由、平等，但不知何时又会遭到侵略，是故日中的危机感是相同的，并且双方都持有抵抗帝国主义的命运。[⑤] 在此，他们都并未虑及中国自身在清代以前的国际关系，而是将重点置于"日中提携"。

---

① 〔日〕那波利贞：《中华思想》，东京，岩波书店，1936，第53页、第67页。

② 〔日〕那波利贞：《中华思想》，第67页。

③ 前引伊东昭雄，〈『大アジア主義』と『三民主義』－汪精衛傀儡政権下の諸問題について－〉。

④ 参考周化人《大亚洲主义纲要》（大亚洲主义月刊社，1940）、《大亚洲主义论》（大亚洲主义月报社，1941年第2版）等。有关汪精卫伪政府的统治理念问题，韩国的裴京汉教授发表了不少研究，如《中日战争时期中国的东亚连盟运动与汪精卫政权》（《中国近现代史研究》，2004）。

⑤ 汪精卫：《民族主义与大亚洲主义》，《大亚洲主义月刊》第14号，1940年11月15日。

六　结语

本文针对近代中国自身的国家形象，或是在确定将来形象之际，如何确定立基于册封、朝贡"传统"性的关系，以其与日本的关联做了讨论。在中国自身与周边亚洲诸国的关系上，如何自我定位一事，虽然和抵抗帝国主义或重视收复国权运动等属于相异的脉络，但其实可以将之想作表里一体的联系。

本文所进行的虽然是一个完全而初步的检讨，但应可说明如下事项。

第一，在 19 世纪末到 20 世纪初中国轮廓出现之后，虽然有条约规定的国境，但是宪法上的"中国"定义有所暧昧之处（如"固有疆域""帝国曾有的疆域"等说法）。

第二，从中国内部的意见中，如在与亚洲对等"连携"或中国之于周边诸国的"优位性"等观点上看到相异处。有关这点，从孙文与曾琦的论说中虽可见到给"传统"肯定评价的类似性，但在将过去册封国看作中国领土一部分的论点上，曾的议论太过偏激，而且孙所追求的是中日"连携"，但曾则认为中日敌对，两者有所不同。对此，马鹤天的议论，或是在本文并未充分讨论的胡汉民的议论，则可以说并未触及"传统"式议论，但主张了与亚洲对等的"连携"。在战争期间，从蒋介石的议论也可以看到同样的意涵。整体而言，蒋的议论此后被作为官定言论固定下来。

只是，在"济弱扶倾"的言论中，对中国本身受扶助一事到底有多少设想，以及是否只设想中国扶助别国，这些则应作为今后的探讨课题。

光绪朝中朝关系研究

河南大学历史文化学院近代中国研究所　柳岳武

中国传统的宗藩体制是建立在天下一统理论之上的一种内外交往体制，该体制不仅体现中华独尊的自我情节，而且还体现以中国为中心、其他国家为外围的高下尊卑的体制构建特征。[1] 在传统的君临天下观念影响下，几千年来自诩为"天朝上国"的中国人在这一体制支配下同朝鲜、越南等周边国家[2]开展交往关系，并用宗属关系去构建它同这些国家之间的"君臣关系"。但是这一传统外交体制至近世以来却在不断发生演变，并先后遭受着多方面的冲击。其中尤其是清道咸同时期，在英法美为代表的西方国家的冲击下，中国传统宗藩体制开始遭受巨大创伤且日渐呈现崩溃的趋势。在此等背景下，朝鲜、越南等所谓属国也渐渐开始疏远宗主国中国。清廷为了维护"天朝"权威和挽救其传统体制，光绪朝时它曾对这一象征"和"之精神的传统体制进行了挽救，并期望借用近代条约体制等诸措施去达到强化中朝宗藩关系的目的。但是这些努力均无法改变大厦将倾的历史命运，这一传统关系最终彻底瓦解。就客观历史影响而言，这一关系的崩溃虽使双方在近代时期背负了历史的屈辱，但在客观上也为中朝双方重新结成平等的

---

[1]　John K. Fairbank ed. , *Chinese Thought & Institutions*, the University of Chicago Press, 1957, p. 12.

[2]　Mancall, Mark, *China at the Center*: *300 Years of Foreign Policy*, New York: Free Press; London: Collier Macmillan, 1984, p. 123.

近代国家关系提供了便利。① 基于以上观点，本文拟对光绪朝时期中朝宗藩关系进行研究，抛砖引玉，以鉴方家。

一　光绪朝清廷强化中朝宗藩关系的主要原因

光绪朝时期，清廷一改此前的传统做法，运用近代政治、经济、外交、军事等手段对中朝宗藩关系进行强化，其原因主要有以下方面。

首先，维护自身权威。自两次鸦片战争以来，清廷统治遭受着内外方面的严重冲击，其统治权威在西方和东方面前都遭到削弱。出于巩固严重受损的统治权威，清廷必须努力去维护即将崩溃的宗藩体制。因此，随着宗藩体制对西方世界以及东方世界的日本、暹罗、琉球等的不适用，如何通过强化清廷同朝鲜的宗藩关系，则成为体现"天朝"权威、巩固"天朝"统治的重要途径。② 也正是如此，自 19 世纪 80 年代开始，清廷的朝鲜政策一改传统做法，发生了所谓的"异变"。

其次，巩固清廷统治安全之需要。泰勒·丹涅特曾称："自从 1884 年阴谋时起，直到戮尸分送朝鲜各道时至，金玉均的这番事业和命运让日本、中国和朝鲜三国当局做了不少解释工作，……这就使人感觉到，在未来的战争中，除（处）无害于人而深受压迫的朝鲜人民的权利而外，没有其他的任何权利问题可说，可是朝鲜人民的权利却始终不是争执点。"③ 作者的此等批判固然合理，但就清廷而言，光绪朝时它积极地强化中朝宗藩关系与此时期某些国家的殖民做法是有区别的。清方密切关注朝鲜安危，不仅是历史之产物，而且也是两国唇齿相依之结果。④ 因为中国有赖朝鲜以保持其满洲安全，而满洲又直接影响北京的安全。⑤ 此点不仅被清廷统治者所重视，也被一般的士绅所重视。⑥

具体而言，光绪朝时的清廷加强与朝鲜的宗藩关系主要受两个国家刺激：

---

① 台北中研院近代史研究所藏《总理各国事务衙门全宗》，"朝鲜档"，馆藏号：01 - 25 - 050 - 01 - 005，"朝野愿与中国互派使节请定夺示知"。

② 《总理各国事务衙门全宗》，"朝鲜档"，台北中研院近代史研究所藏，馆藏号：01 - 25 - 012 - 01 - 046，"嗣后与他国议约当遵写中国年月以符属邦体制"。

③ 〔美〕泰勒·丹涅特：《美国人在东亚》，姚曾廙译，商务印书馆，1959，第 412 页。

④ 姚锡光：《尘牍丛钞》，中国史学会编辑《中日战争》（二），上海人民出版社，1957，第 355 页。

⑤ 林明德：《李鸿章对朝鲜的宗藩政策》，〔美〕刘广京、朱昌编《李鸿章评传》，陈绛译，上海古籍出版社，1995，第 217 页。

⑥ 《李鸿章全集·译署函稿》第 17 卷，海南出版社，1997，第 4805 页。

一为日本，二为俄国。① 对于日本，"它对近代外交概念的理解与接受均构成了其对东亚地区内仍发挥着作用的传统意识与体制的挑战。同时，日本力量的增长、扩张主义的抬头和日益渴求的（仿效西方殖民主义国家做法）掠夺政策，均对中国（在东亚世界中传统地位）构成严重威胁"。② 对于沙俄，晚清时人也清楚地认识到它对朝鲜和中国的威胁。如晚清时人袁宝龄曾称："因东藩几几不能存，倘竟不存，则初为倭有，终为俄踞，东三省何以自立，辽沈者圣朝之丰镐也，根本一摇，不可思议，其目前之患，视法若轻，而他日之患，岂越南、台湾所可比哉。"③ 正是出于此等认识，清廷在晚清时期力图强化中朝关系。

二　光绪朝清廷强化中朝宗藩关系的诸措施

出于以上目的，光绪朝时清廷通过条约体系之确立、经济交往之增强，外交方面之控制和军事行为之实施等措施进行强化中朝宗藩关系。具体言之，其详细内容如下。

1. 条约体系之确立

晚清时期，在特定的环境下，时人想借用近代西方的条约体制去加强中朝宗藩关系。这一主要体现在两个方面。

（1）引导朝鲜同西方各国立约

光绪朝时期，清廷利用近代条约体制强化中朝宗藩关系的第一种途径就是引导朝鲜同西方各国立约。就晚清时期清廷引导朝鲜与西方立约通商，在今人看来，无论如何也难以达到巩固中朝宗藩关系之目的；相反，这一行为不仅不能巩固，反而有进一步瓦解这一传统关系的可能。因此，王芸生就认为李鸿章等引导朝鲜同西方各国立约通商之政策"贻误朝鲜之深。所谓遵公法联美国可以排难解纷，各国不敢侵凌云云，都是痴人说梦"。④ 但就晚清时人而言，引导朝鲜与西方结约，确有不得不行之之"苦衷"。1876年《江华条约》"因

---

① 台北中研院近代史研究所藏《总理各国事务衙门全宗》，"朝鲜档"，馆藏号：01 – 25 – 011 – 02 – 032，"请及早遣使赴韩为该国经理定约"。

② Key-Hiuk Kim, *The Last Phase of the Eastern World Order Korea, Japan, and the Chinese Empire 1860 – 1882.* University of California Press, 1980, p. 169.

③ 丁振铎：《项城袁氏家集》，台北，文海出版社，1966，第4827页。

④ 王芸生编著《六十年来中国与日本》第二卷，三联书店，1980，第211页。

朝鲜被诱否认中国宗主权"，"中日之间已经建立了一个平衡"。① 不仅如此，日本在朝鲜半岛上已经取得了许多超越宗主国中国的"特权"。更为重要的是，日本凭借此条约所取得的优势是宗主国中国凭借传统宗藩体制所难能取得的。清廷为了制约日本针对朝鲜的这一优势，只能要么通过引导西方各国与朝鲜立约，利用所谓的均势或传统的"以夷制夷"原则去抵制日本，要么通过自身与朝鲜订立类近代式条约去强化中朝宗藩关系以对抗日本。

不仅如此，而且随着西方各国在东亚扩张，随着朝鲜大门被日本所洞开，西方各国对朝鲜半岛之关注也日胜一日。美国、沙俄、英国都想积极介入朝鲜事务，并在东亚巩固自身的影响。1880 年美国派薛斐尔（海军司令）来到长崎，"美国公使公平曾经奉命请日本政府给薛斐尔以介绍朝鲜当局的适当函件"，但日本人"踌躇不决"。薛斐尔认识到"日本并无开放朝鲜对世界通商的诚意，（而）日本人只是假借交涉以利于他们自己的企图（罢了）"。② 但是美国人的东来却给晚清清廷以巨大的压力。清廷认为，日本极有可能引导美国去开放朝鲜。果真如此，那么清廷在朝鲜的宗主权不但遭到严重的削弱，而且在朝鲜半岛上的优势也将一落千丈。因此，当时清廷驻日公使何如璋就提出朝鲜如与西方立约通商"成于日人之手，不如成于我之手"③ 的建议。受此建议后，李鸿章则想通过介绍薛斐尔与朝鲜立约通商，将"朝鲜置于中、美两国的保护之下"，并通过在条约中"叙明朝鲜为中国的属邦"④，从国际关系方面加深中朝宗藩关系。

正是在此等用心下，李鸿章等决定引朝鲜与西洋各国立约通商，以巩固清方宗主权及其在朝鲜半岛上的优势。⑤

光绪七年（1881）间，朝鲜国王委员李容肃向李鸿章吐露了朝鲜方面愿意与西洋各国缔约通商之事，并请求李鸿章"一一硕画"。李鸿章遂指派马建忠与郑藻如等代拟朝鲜与各国通商章程，准备引导朝鲜开放。但如何通过引导朝鲜缔约通商来巩固、加强中朝宗藩关系，李鸿章等颇费心机。因此，他特别要求朝鲜今后如"有报答日本及他国之书，自应仍用封号"，使其"不失中国

① 〔美〕泰勒·丹涅特：《美国人在东亚》，姚曾廙译，第 383 页。
② 〔美〕泰勒·丹涅特：《美国人在东亚》，姚曾廙译，第 388 页。
③ 温廷敬辑《茶阳三家文钞》，台北，文海出版社，1966，第 94 页。
④ 〔美〕泰勒·丹涅特：《美国人在东亚》，姚曾廙译，第 390 页。
⑤ 台北中研院近代史研究所藏《总理各国事务衙门全宗》，"朝鲜档"，馆藏号：01 - 25 - 003 - 02 - 016。

属邦之名"。① 他想以此来巩固中朝宗藩关系。

李鸿章等清方大员的原意是通过引导朝鲜与美国立约通商，以制衡日本、沙俄，并将朝鲜为中国属国这一条列入条约之中，通过条约的形式来进一步巩固中朝宗藩关系。正是如此，清廷在代拟朝鲜与美国的通商条约之草约的第一条就写有"中国属邦政治仍得自主"的字样。但是该条文遭到美方反对，② 薛斐尔认为该条"于两国立约平行体统有碍，他日国会绅员亦必议驳"。③ 而李鸿章等也无他法，只得"俟画押后，由朝鲜另备照会美国外部，声明朝鲜久为中国藩属"来弥补这一初衷。同时，他在致书朝鲜总理机务李兴寅时，一再要求朝鲜必须向美国申明其"中国属邦"身份。④ 同时他又要求于朝美条约结尾处，提明为"光绪八年"⑤ 字样。他想以此来表明朝鲜虽与美国已经立约通商，但仍奉中朝正朔，仍是中国的属国。而随后，朝鲜方在清廷的一再要求下，也单方面向美国做出了此类申明。⑥

清廷引导朝鲜与西方各国缔约通商之目的在于通过近代的条约体制来巩固中朝宗藩关系，并使这一关系得到国际社会的认可；但是美、英等国都不接受清廷的这一条款。因此，晚清清廷想通过引导朝鲜与西方立约通商的方式来赢得西方对中朝传统外交关系——宗藩关系的承认，在很大程度上落空。但是值得注意的一点是，晚清清廷引导朝鲜与西方各国立约通商在一定程度上也强化了清廷的宗主权，并巩固、强化了清廷与朝鲜的宗藩关系。这主要体现在以下两个方面。

第一，光绪朝清廷引导朝鲜与西方各国立约通商在一定程度上加强了清廷在朝鲜事务上的影响力。朝鲜与西方各国通商条约上虽未能写朝鲜为清朝属国之字样，但是西方各国还是明显地认识到清方在朝鲜半岛的影响力。正是如此，英国在考虑自身东亚利益与制约沙俄的前提下，才积极支持中朝宗藩关系；日本虽然一直没有停止侵并朝鲜半岛之野心，但在壬午兵变后的一段时间内也不得不承认清方对朝鲜的影响力，以致在某一段时间内虚假地打出支持中

---

① 《李鸿章全集·译署函稿》第 12 卷，海南出版社，1997，"光绪七年二月初二日"条。

② Robert R. Swartout, Jr., *An American Adviser in Late Yi Korea*, the University of Alabama Press, 1984, p. 72.

③ 《李鸿章全集·译署函稿》第 13 卷，海南出版社，1997，译署函稿，卷 13，"光绪八年三月初三日"条。

④ 《李鸿章全集·译署函稿》第 13 卷，"光绪八年三月初五日"条。

⑤ 《李鸿章全集·译署函稿》第 13 卷，"光绪八年三月初五日附"条。

⑥ 中研院近代史研究所：《清季中日韩关系史料》，台北，1972，第 617～618 页。

国的朝鲜宗主权幌子。

第二，光绪朝清廷引导朝鲜与西方各国立约通商也在客观上加强了中朝之间的宗藩关系。此点主要是针对清廷与朝鲜之间的关系而言的，即从历史上的纵向做一比较时所得出的结论。因为在传统的中朝关系中，清廷只要朝鲜遵循宗藩关系"以小事大"之礼仪就够了，而对于朝鲜的内政外交向不过问。但自19世纪80年代初以来，清廷开始改变这种做法，而是由过去的"不问"向近代的积极"过问"转变。

（2）中朝之间订立近代意义上的条约

光绪朝时期，清廷利用近代条约体制强化中朝宗藩关系的第二种途径则是中朝之间订立近代意义上的条约。① 与前者通过引导朝鲜与西方各国立约通商以增强中朝宗藩关系相比，清廷认为中朝之间订立近代条约体系，并通过此条约体系来巩固中朝传统宗藩关系所起的作用将比前者更为奏效。因此，当《朝美通商友好条约》签订后不久，在朝鲜方请求中朝之间在"已开口岸相互交易"，并请求"派使进驻京师"的情况下，清廷决定订立《中朝商民水陆贸易章程》，以进一步巩固中朝宗藩关系。②

清廷旨意是与朝鲜可以订立章程，实行通商，但属国体制不可废除；因此，它要求朝鲜朝贡附奏之事，仍照向例。而李鸿章在上奏清廷的《议朝鲜通商章程》中更加注意通过制定章程去体现中朝宗藩关系。③ 正是在强化中朝宗藩关系，而力图保护晚清中国和朝鲜的用意下，中朝所订立的《中朝商民水陆贸易章程》在体现近代条约特色的情况下也充斥着强化中朝宗藩关系的特征。不仅该章程如此，此后的《奉天与朝鲜边民交易章程》《吉林朝鲜商民贸易地方章程》也一样，都处处显露清廷强化中朝宗藩关系的痕迹。④

2. 经济交往之强化

经济上强化中朝经济交往也是晚清时期清廷强化中朝宗藩关系的重要手段。

就清廷而言，其强化对朝鲜的经济交往有以下几个目的。首先，强化清廷

---

① 中国第一历史档案馆藏《宫中朱批奏折》，"奏为留吉刑部候补郎中彭光誉奏前往会议朝鲜通商事宜事"，档案号：04-01-16-0213-095，光绪九年五月二十三日。

② 《清德宗实录》卷145，第14，中华书局，1987，"四月甲申日"条。

③ 《李鸿章全集·译署函稿》第13卷，"光绪八年八月二十九日"条。

④ 中国第一历史档案馆藏《宫中朱批奏折》，"奏为遵议朝鲜水陆通商章程沥陈边民交易丞宜严定限制事"，档案号：04-01-30-0278-026，光绪八年十一月初七日。

对朝鲜的经济贸易影响以巩固中朝宗藩关系。就近代以前的中朝宗藩关系而言，清廷并不注重巩固宗主国在属国方面的经济影响；而自 19 世纪七八十年代以来，在西方势力以及日本开放朝鲜的压力下，清廷才认识到加强自身与朝鲜经济交往的重要性。而且自 19 世纪 80 年代以来，晚清时人也已看出通商贸易在巩固宗藩关系上的重要作用。李鸿章等对此点就颇为注意，他在光绪九年向清廷奏报《照章派员前赴朝鲜办理商务》时就指出同朝鲜进行经济交往的重要性。他称："现在美国换约后，已派使往驻汉城。日本亦在仁川购地建屋，中国招商局拟即派船前往开拓码头，所有商民贸易章程既经定议，亟应派员前往察看地势，择要驻扎，以便照料华商，联络声气。"①

李鸿章在此所强调的是：在朝鲜已经被日本和西方打开大门后，中国如何通过加强同朝鲜的经济往来去巩固中国与朝鲜的宗藩关系。既然日本、美国等都在朝鲜派员驻扎和开辟通商口岸，那么作为朝鲜的宗主国更应该通过派商务委员驻扎朝鲜以从经济贸易的角度巩中朝这一传统的宗藩关系，以抵制日本、美国的影响。

其次，强化清廷在朝鲜的经济实力以抵制日本的影响。应该说晚清清方加强对朝鲜的经济贸易交往，强化清廷对朝鲜的经济影响，其主要目标是针对日本的。即清方一方面要抵制日本在朝鲜半岛所实行的经济殖民扩张行为，另一方面又要抵制日本对朝鲜的经济控制。前者主要指日本通过对朝鲜的开港、开辟通商口岸，从中获得巨大经济利益；后者则是指日本通过借款或开矿、开办电报等行为对朝鲜进行经济控制。而此时期诸多事实也证明了清方在朝鲜经济实力的增长与日本的相形见绌。

如朝鲜驻津陪臣金明圭批判外人在朝鲜京城开栈时就称："日洋一视中朝约章第四条有'汉城开栈'字样，大小中华转益敦涉。嘻彼日人竟苛摘章程中'均沾利益'之句作为话把，敢埒汉栈已有年矣。始也毫细，终成尾大。以高价强占街坊，理难户说。而随禁通衢民屋，浸人和卖之谷，满城栈房，客多于主，地无租界之画（划），货无卡厘之抽，居然为各国京城所无之变例。"② 而此时清方的情况却是"惟华商则残幕小栈，售卖不广，视日人不过十之二三，利源让与日本，吃亏实归韩廷"。③ 金明圭在此所做中日在朝商业情况的比较，其目的在于诉说清廷在朝开栈所诱导日本人得到巨利、中方无

---

① 中研院近代史研究所：《清季中日韩关系史料》，第 1172 页。
② 《李鸿章全集·译署函稿》第 19 卷，"光绪十五年十月二十六日附"条。
③ 《李鸿章全集·译署函稿》第 19 卷，"光绪十五年十月二十六日附"条。

利、朝鲜吃大亏的情况；并对清廷首开"汉城开栈"一事表示不满。但是清廷从他此段评论中所得出的结论则是：朝鲜被日本开国后，尤其是与西洋、中国立约通商后，中日对朝鲜经济影响之差距日益悬殊。清人在朝鲜开栈数量不及日本的"十之二三"。正是如此，晚清清方感觉有必要强化自身对朝鲜的经济影响，以弥补中日之间这一失衡。① 因此晚清清方一改过去对朝鲜经济上的"厚往薄来"政策，而是积极强化清廷对朝鲜的经济影响，限制朝鲜借用洋款，转向清廷贷款等，② 以求制约日本。也正是如此，中国派驻朝鲜的袁世凯不时地向清廷发出日本人与朝鲜人合谋，在朝谋取经济利益的警告。③

3. 限制朝鲜派使出洋

早在光绪十三年（1887）七月间，袁世凯就向清方报告了朝鲜向外派使情况。他在给李鸿章的电报中称："前有小人献策，须派公使分往各国，乃能全自主体面。德尼亦屡劝王，今已差朴定阳为全权大臣，往美驻扎，沈相学为全权大臣，往英、德、俄、义、法随便驻扎。然财力极绌，想一时未能行云。"④ 袁世凯所称德尼助朝鲜向外派使一事，在德尼致友人的书信中也得到了证明。他称："实际上，当我来到朝鲜后第一次见到国王时，他就向我询问关于向海外派遣大使的可行性。我回答称这样做看上去并不怎么明智，不是因为朝鲜没有权利选派他们，而是基于权宜的考虑。由于它不仅会惹起反对情绪，而且它将导致本应用于国内事业之发展的有限财力花费在这方面。"⑤ 但是不久后德尼的思想发生了转变，他称："在此之后的一年半时间内，目睹了袁世凯在他政府支持下犯罪、粗暴地对待朝鲜政府与国王行为和他对诸多琐碎之事的干预，我建议——作为唯一的现实可行方式可以将事实呈现，且其目的是敦促中国在它还不太晚之前尽可能地改变它的行为方式——选派全权大使出使美国与欧洲。如果这一行为有着设想的效果，它将是我为中国与朝鲜双方国家所能提供的最好服务。"⑥

---

① 中国第一历史档案馆藏《宫中朱批奏折》，"奏报借给朝鲜银两由华商出名订立合同限期拨还事"，档案号：04-01-35-0857-021，光绪十八年九月十三日。

② 中国第一历史档案馆藏《电报档》，"为袁世凯电韩王寻求中国贷款事"，档案号：2-02-12-015-0218，光绪十五年五月二十九日。

③ 《李鸿章全集·电稿》第14卷，海南出版社，1997，"光绪十八年十月初三日戌刻"条。

④ 《李鸿章全集·电稿》第8卷，海南出版社，1997，"光绪十三年七月初二日酉刻"条。

⑤ Robert R. Swartout, Jr., *An American Adviser in Late Yi Korea*, the University of Alabama Press, 1984, pp. 72-73.

⑥ Robert R. Swartout, Jr., *An American Adviser in Late Yi Korea*, the University of Alabama Press, 1984, pp. 72-73.

　　同时朝鲜拟向西方派使行为也被英国驻朝鲜使节所知道，英国出于巩固其在东亚之优势，尤其是控制中国、朝鲜海关，积极倡议清廷对朝鲜此行为进行阻挠。光绪十三年（1887）八月，袁世凯就向清廷报告了英国方面的秘密建议。英方使节称："此举西人均不谓然，中国宜禁其派往。如往，西人即谓非华属，在泰西以等次论，相处甚难。何中国名为属邦，毫不相关？如中立其间，将为安南之续。"①

　　在得到英国的支持下，袁世凯建议李鸿章给他发来如下电报："曰韩交涉大端，向与本大臣先商，近闻分派全权，并未预商，即将前往，且各国并无朝鲜商民，何故派往？徒益债累。该员往办何事？有何意见？望即照会韩政府查报等谕。"②

　　当袁世凯得到李鸿章这样的电报后，马上就去照会朝鲜政府，认为这样一来朝鲜谏臣就有辞可措了，而"韩交涉大端之权，亦可渐入中国"。③而且他推测，经过如此措施后，"赴美全权本定初七日启行今必中止"。④但是同月初六日，袁世凯又从告密人那儿得知，闵游翊又在进一步鼓动国王向外派使。⑤在此等情况下，清廷也出面干涉朝鲜向外派驻全权大使行为。光绪十三年（1887）八月七日，清廷谕军机大臣时称："电寄李鸿章，中国已允韩与各国通商，令派使亦同一律，但必须先行请示，俟允准后，再分赴各国，方合体制。现在自仍以停止派使为正办，留请示一层为转圜地步。"⑥

　　袁世凯在接到清廷谕旨后，马上进王宫要求朝鲜方面复示，但初八日清晨，朝方报称，赴美全权大使已于昨晚出城，"无可奈何"。袁世凯因此责以朝方三罪："不商而派一罪，宪电问仍不商二罪，奉旨仍派使出城三罪。"⑦后袁世凯得知，朝派美使，仍停城外。在袁世凯的责问恐吓下，朝方不得不召回出城美使朴定阳。⑧

---

①　《李鸿章全集·电稿》第8卷，"光绪十三年八月初二日午刻"条。

②　《李鸿章全集·电稿》第8卷，"光绪十三年八月初二日午刻"条。

③　《李鸿章全集·电稿》第8卷，"光绪十三年八月初四日辰刻"条。

④　《李鸿章全集·电稿》第8卷，"光绪十三年八月初四日午刻"条。

⑤　《李鸿章全集·电稿》第8卷，"光绪十三年八月初四日午刻"条。

⑥　《清德宗实录》卷246，中华书局，1987，第3～4页。

⑦　《李鸿章全集·电稿》第8卷，"光绪十三年八月初八日戌刻"条。

⑧　台北中研院近代史研究所藏《总理各国事务衙门全宗》，"朝鲜档"，馆藏号：01－25－021－01－013，"袁世凯密禀"。

　　袁世凯在阻挠朝方派使出洋取得初步胜利后，又向李鸿章献策，要求清廷乘朝鲜请旨派使出洋之际，在圣旨中申明"韩员赴泰西，凡一切交涉大端，仍应就近先商请于中国驻西各大臣核办"① 等内容。他认为此乃"维持藩封名义，尤为周密，亦防微杜渐之一法"。②

　　但是清方阻止朝鲜派使行为首先遭到了美国的反对，美国公使就此照会袁世凯，对清廷阻止朝鲜派使赴美行为提出抗议。同时，清廷总理衙门也认为一味阻止朝鲜派使驻外已经很难做到。因为朝鲜在与各国立约时，条约中就规定"均有派使互驻"之条，而且朝鲜已经向日本派驻了公使，而美国公使也将派出，且俄国又一再致电清廷，进行催促。因此总理衙门认为："既有条约在前，亦安能请旨罢斥？"正是基于此点考虑，总理衙门认为，清廷只能设法在朝鲜驻外使节与清廷驻外使节同驻某国的具体交往活动中用属国体制去加以规范，才有可能挽回一些失去的"体面"。③ 其结果是清方做出了三端限定："一、韩使初至各国，应先赴中国使馆具报，请由中国钦差挈同赴外部，以后即不拘定；一、遇有朝会公宴，酬酢交际，韩使应随中国钦差之后；一、交涉大事关系紧要者，韩使应先密商中国钦差核实。"④

　　朝鲜方面对于清方此种制约当然不满，因此清方规定之"三端"刚一到达朝鲜，朝鲜国王就让人告诉清廷，改朝鲜全权使为三等使，朝鲜方面很难做到。朝鲜方面称：清方"向已允我自主，此举将见议各国"。⑤ 而且朝鲜方派人"奏告"清廷，请求清廷去"三端"，以保存朝鲜国体。对于朝鲜方面要求删除"三端"中的第一端，李鸿章寄袁世凯称："已奉旨，休得反复，忽请删第一端，向来无此政令，韩使至各国，必应先谒华钦差商办。如华使云可，无庸挈同赴外部，临时或准通融。"⑥

　　但是此后朝鲜派往美国使臣朴定阳到美后，并没有遵循清方所定"三端"，而是托病不拜见清方使节，而且自行拜见了美方。清方对此既成之事实也无可奈何，只得要求朝鲜政府等朴定阳归国后，再做惩办。

　　综观光绪朝清方对朝鲜派使行为的干涉，其目的仍然是想通过此举来维系、

① 《李鸿章全集·电稿》第8卷，"光绪十三年八月十一日申刻"条。
② 《李鸿章全集·电稿》第8卷，"光绪十三年八月十一日申刻"条。
③ 中国第一历史档案馆藏《电报档》，"为袁世凯电朝鲜派使西国事"，档案号：2-02-12-013-0212，光绪十三年九月二十四日。
④ 朱寿朋编《光绪朝东华录》，中华书局，1958，第2333~2334页。
⑤ 《李鸿章全集·电稿》第9卷，海南出版社，1997，"光绪十三年九月初六日戌刻"条。
⑥ 《李鸿章全集·电稿》第9卷，"光绪十三年十二月初八日未刻"条。

巩固中朝宗藩关系，巩固清方之宗主权。清方对朝鲜"三端"之规定，就是体现清方宗主权的重要表现。其中改朝鲜全权使为三等使更是要表明清方高于朝鲜，为朝鲜宗主国之用心。因为在清方看来，清方所派西方各国使节均无全权，其"全权"只有清廷最高统治者才拥有，且其驻外大使实为"二等"；而朝鲜作为清方属国，其派驻西方各国驻使理应低于清方一等，只能是三等使。清方想通过此等措施来巩固自身在近代国际舞台上的地位与声望，以此来维护清朝统治。

4. 军事上加强对朝鲜的保护

自 19 世纪 80 年代以来，清方随着对朝政策从传统的"不问"方式向"问"的方式之转变，其对朝军事政策也在发生变化。此前清廷基于朝鲜还未受到西方及日本的实力侵占而对朝鲜不太予太多关注，但是 1876 年，日本在侵占台湾、吞并琉球后又对朝鲜发动了江华岛事件，促使清廷日益清楚地认识到日本对朝鲜所倾注的野心。特别是日本随着明治维新后实力之增强，更让清廷认识到，在不久之将来，日本必将扩张之矛头直指朝鲜。正是如此，所以晚清清方在 1870 年代末就开始从在军事上加强对朝鲜的保护。[①]

具体而言，光绪朝清方在军事上保护朝鲜体现在两个方面：一是帮助朝鲜自身军事力量之发展，二是对朝鲜实行直接的军事保护。到了近代，尤其是 19 世纪 70 年代以后，清方在西方各国以及日本的攻击下，自身难保，中朝双方在此等情况下都不得不重新思考朝鲜的安全防御问题。清方基于巩固朝鲜重要的战略地位和维护残存的"天朝"体制之目的，此时期努力督促朝鲜"自强"。光绪初年何如璋、黄遵宪、丁日昌等都提出过朝鲜需自强的建议，特别是在丁日昌所提出的朝鲜政策各节中，尤其要求朝鲜要"密修武备，慎固封守"，[②] 以牵制日本和防御沙俄。而朝鲜在清方的"劝谕"下，也开始从军事上寻求自强的努力。光绪六年（1880）九月间，朝鲜因清廷之建议，特向清方奏请"朝鲜讲求武备"之事，请求派遣朝鲜匠工学造器械于"天津厂"。[③] 李鸿章认为此举对于清廷巩固中朝宗藩关系、保护朝鲜之安全有利，可以答应朝鲜的请求。[④] 随后李鸿章决定通过三个方面来帮助朝鲜强化自身的军事力量：首先，让朝鲜挑选"匠工来厂学习，并选聪颖子弟来津，分入水雷电报

---

① 《李鸿章全集·朋僚函稿》，海南出版社，1997，"光绪八年九月二十八日"条。
② 中研院近代史研究所：《清季中日韩关系史料》，第 416 页。
③ 中国第一历史档案馆藏：《军机处录副奏折》，"奏为朝鲜咨录欲往天津厂学习器械事"，档案号：03 - 9378 - 025，光绪六年八月二十九日。
④ 中研院近代史研究所：《清季中日韩关系史料》，第 418 页。

各学堂，俾研西法，本末兼营，较有实际"。其次，练兵方面，"将来选派熟悉员弁往教，或由该国派队来从我兵操练"。最后，购买军备方面，"或乘中国订购之便，宽为筹备画（划）付，均应随时酌度情形，妥商办理"。① 以上清方所提出的帮助朝鲜强大自身军事力量之三端，在以后的时间内部分地得到施行。如朝鲜方面派人入天津局学习制造、工艺，清方派人帮助朝鲜练习军队等。②

光绪朝清方军事上保护朝鲜的第二种措施是清廷对朝鲜实行直接的军事保护。光绪八年（1882）壬午兵变可谓是清廷强化军事保护朝鲜的开始，学术界对此已有共识。③ 如光绪八年（1882）后，清廷不少人士提出对朝鲜实行直接的军事保护建议。郭嵩焘就建议称："调集天津水陆之军四五千，由海道进讨，使日本犹有顾忌以不至狡逞，即中国亦有自处。兵者，圣王所以诛暴乱，禁奸宄。是滇、粤各边无可用兵之机，而朝鲜在今日实有迫于不能不用兵之势。"④

在此建议下，吴长庆于光绪八年（1882）七月初七日带领头起营勇抵达朝鲜的南阳，从而开始了晚清时期清方军事保护朝鲜的开端。⑤

1882~1884 年，是清廷对朝鲜实行军事保护的重要时期，尤其是 1884 年甲申政变，更体现了清廷以军事保护朝鲜之举动。⑥ 此时期，清廷不仅要为保护属国朝鲜动用兵力，而且要为保护另一属国越南免遭法国的吞并而动用比朝鲜更多的兵力。但即使在如此恶劣的环境下，清廷仍然动用了较为优势的军事力量压制了朝鲜的开化党人与日本公使合谋的甲申政变。⑦ 政变平息后，李鸿章仍准备让防营"常为驻守"，⑧ 但是中法为越南事之冲突日益激化。如果清方继续在朝鲜留有大军，那么日本为均衡清方在朝鲜的军事实力也将留有大量的日本军队。基于此等考虑，清方于 1885 年同日本签订了"天津专条"，决

---

① 中研院近代史研究所：《清季中日韩关系史料》，第 419 页。

② 中研院近代史研究所：《清季中日韩关系史料》，第 976 页。

③ 林明德：《袁世凯与朝鲜》，台北，中研院近代史研究所，1970，第 93 页。

④ 郭嵩焘：《郭嵩焘奏稿》，杨坚点校，岳麓书社，1983，第 402 页。

⑤ 中国第一历史档案馆藏《军机处录副奏折》，"奏为续报朝鲜国乱党滋事情形等事"，档案号：03 -5669 -038，光绪八年八月二十九日。

⑥ 中国第一历史档案馆藏《军机处录副奏折》，"奏为公同商阅礼部奏朝鲜国王请派兵镇抚等折片单分别处置请圣裁事"，档案号：03 -5541 -105，光绪十一年。

⑦ 中国第一历史档案馆藏《军机处录副奏折》，"呈派李鸿章等办理朝鲜兵乱等情形单"，档案号：03 -5680 -050，光绪十年。

⑧ 《李鸿章全集·电稿》第 4 卷，海南出版社，1997，"光绪十年十二月初六日巳刻"条。

定同日本一道从朝鲜撤出军队。

光绪十一年（1885）后清方虽从朝鲜撤出了中国军队，但是清方并没有放弃以军事保护朝鲜的努力。光绪十一年（1885）六月间，李鸿章在上奏清廷时就称：清廷对待朝鲜"若不欲轻改旧章与闻属邦内政，亦必预筹劲旅驻东省边界，以防不测而备缓急"。① 因此，甲申政变后，中日《天津会议专条》之签订虽然使中日军队同时撤出朝鲜，但是清方对朝鲜实行军事保护活动仍在进行，清方仍不时派出北洋舰队巡视朝鲜各海港均是明证。而当光绪二十年（1894）朝鲜发生农民起义之时，清廷应朝鲜之邀请仍派兵进入朝鲜以保护属邦之安全，这同样是清方军事保护朝鲜、巩固中朝宗藩关系之明证。其结果虽在甲午战争中被日本军队击败，但它仍是清廷在晚清时期保护朝鲜的典型例证。因此，直到甲午战争清廷被日本打败，才结束了它对朝鲜的保护。

晚清时期，清廷对朝鲜的保护在术语表达上多偏重于通过保护朝鲜以维护残存的宗藩体制，但其实质意义在于通过保护朝鲜以避免晚清中国和朝鲜遭受殖民势力的蹂躏。② 具体而言，清廷所采取的途径是通过采取直接有效的军事行为将中国传统的宗藩体制中的属国"屏藩"和对属国的"字小存亡"最大限度地发挥于近代世界格局之下，为保护晚清中国、朝鲜之安全服务。当然不得不承认的一点是：清廷在运用这一政策时，在某种程度上忽视了朝鲜的自主意识，阻碍了朝鲜从清朝传统属国地位向近代独立自主国家之发展。同时我们也不得不承认，清廷对朝鲜的保护，在一定程度上也阻止了日本、沙俄对朝鲜的侵略进程。这一点当时西方时人赫德致信墨贤理信中就做了强调，他称："说中国是朝鲜的宗主国的必要性这一点不要忘记！只有承认这一点，朝鲜才能免于那种必然随着争夺领土而来的横暴待遇。"③ 而后来日本吞并朝鲜的事例也证明了这一点。

三　光绪朝清廷强化中朝宗藩关系之效果

光绪朝清廷强化中朝宗藩关系的各措施客观上达到了强化中朝传统宗藩关

---

① 《李鸿章全集·译署函稿》第17卷，海南出版社，1997，"光绪十一年六月二十七日"条。
② 《清光绪朝中日交涉史料》第1卷，故宫博物院，1932，第19页。
③ 〔美〕马士：《中华帝国对外关系史》第3卷，张汇文等译，"注①赫德致墨贤理函"，一八八六年十二月四日，三联书店，1960，第18页。

系之目的：清廷通过条约体系提升了它对朝鲜的宗主权。① 而清廷与朝鲜经济交往之加强，则有力地抵制了日本、沙俄等对朝鲜的殖民侵略，同时也将力求自主的朝鲜紧紧地束缚在清朝的宗藩体制之内，并使朝鲜不得不依靠清廷的帮助来处理其国内外的许多问题。在外交上，清廷限制朝鲜向外派出全权大使并且做出了"三端"规定，是清廷试图使中朝宗藩关系获得国际社会的承认与接受；而在国际社会不能接受的情况下，清廷迫使朝鲜单方面接受这一关系，并最终迫使朝鲜做出让步，改"全权大使"为"三等使"，从而对外强调了中朝宗藩关系。军事上，清廷一贯实行对朝鲜的军事保护政策，并在晚清时期将其特别强化。因此至甲午战争结束之前，朝鲜实则处于清廷保护之下；清廷对朝鲜的宗主权在军事力量的作用下，也得到实质性的增强。光绪朝时期，清廷的这一行为无疑伤害到朝鲜的独立情绪，不利朝鲜的自我发展，但通过以上四个方面，清廷在晚清时期，的确进一步强化了中朝宗藩关系，并使这一关系相对于传统中朝宗藩关系发生了某些变化。

四　甲午战后中朝宗藩关系之瓦解

　　晚清清廷自 19 世纪 80 年代起就日益强化中朝宗藩关系。它试图通过强化清廷对朝鲜的宗主权去巩固这一关系，并通过对这一关系的巩固去保护已经残缺不全的宗藩体制。但是近代世界形势的发展已经超出清廷的控制能力，诸多合力所导致的破坏力量足以迫使该体制走向毁灭。而 1894 年中日甲午战争的爆发与清廷的战败，最终证明了此点。

　　西方有学者称："1895 年日清战争，日本通过在朝鲜半岛实行着类似于西方各国在东南亚所实行的殖民扩张政策，显示了它作为西方殖民主义学生的技巧；相反，清帝国在 1850 年代前成功地抵制了英国和法国对属国朝鲜的扩张，但现在未能成功地抵制住日本。"② 然而问题不止如此，1895 年中日战争中清廷的战败宣示着中朝之间延续了成百上千年的传统关系至此终结。这一终结既有因中日战争清廷败的原因，也有其他方面的原因。但是甲午战争中，清廷战败刚好成为中国传统宗藩体制走向终结的聚焦点。光绪二十年（1894）七月二十三日，朝鲜方在日本的压力下正式照会清廷，要求废除中朝之间象征着宗

---

① 中国第一历史档案馆藏《电报档》，"为袁世凯电韩王依靠中国远离群小事"，档案号：2 - 02 - 12 - 012 - 0252，光绪十二年九月初六日。

② Mancall，Mark，*China at the Center*：*300 Years of Foreign Policy*，New York，Free Press，London，Collier Macmillan，1984，p. 149.

藩关系的几个章程。如朝鲜政府督办赵秉稷在给唐绍仪的照会中就称："为照会事，据本月十八日，接日本公使大鸟第八十四号来文内开，案照：'贵国与清国向订《中朝商民水路贸易章程》，……具系清国视贵国作藩封或属邦而自苴以君主之权订定者也……本公使查各该章程，既非具文，必须遇事遵行，则贵国自主独立之权为其侵损，不亦太甚耶。……因望贵政府，一面亟向清国政府宣明，将向订各章程一律废罢……'未及照复，嗣于本日，该使又将此案提及，啧言备至，所有三约作为废罢，兹将答照抄录一份誊呈，望贵代办转禀北京总理衙门可也。"①

日本是向朝鲜方面施加了压力，而朝鲜也存有借此机会来实现其独立自主之愿望。② 因此，在中日战争还未知晓结果的七月二十三日，朝鲜就以日本照会为理由，向清廷提出废除"三约"之要求，而且照会的语气已非昔日宗主国与属国之间的尊卑大小关系，而是以平等口气做论的。

而甲午中日战争的爆发也确实给了一向追求朝鲜自主身份的朝鲜国王以期望，他希冀能利用中日战争为契机，摆脱宗主国清朝之控制而使朝鲜成为东亚内的独立自主国家。因此，中日战争正式爆发的八月，朝鲜国王就下令让人拆毁了地处汉城西郊、象征着中朝宗藩关系的迎恩门。不仅如此，朝鲜国王还拟在原址上建造"独立门""独立馆"，③ 以此来标明朝鲜已下决心痛绝中朝宗藩关系，追求自身的独立自主。

同样，当光绪二十年（1894）十一月清廷已经败给日本后，朝鲜国王马上就在《保护清商规则》中明确亮出了"朕"的称谓。④ 朝鲜国王以此来表明他不愿再充当清廷传统宗藩体制内"属国之王"的身份，而是要当"独立"国家的"君主"。⑤ 而光绪二十年（1894）十二月十二日朝鲜国王的"独立宣言"，则从朝鲜方面正式宣布朝鲜脱离中朝宗藩关系，成为独立自主的国家。⑥

此上所列举几例，并非说朝鲜不应该追求独立自主的国家事业，而在说

① 《旧韩国外交文书》，高丽大学亚细亚问题研究所，卷9（清案2），第322页。
② 〔日〕陆奥宗光：《甲午战争》（原名《蹇蹇录》），陈鹏江译，台北，开今文化出版，1994，第35页。
③ 中研院近代史研究所：《清季中日韩关系史料》，第4869页。
④ 《高宗时代史》，探求堂翻刻本，第674页。
⑤ 台北中研院近代史研究所藏《总理各国事务衙门全宗》，"朝鲜档"，馆藏号：01-25-049-01-049，"韩王拟前僭称皇帝"。
⑥ 朝鲜科学院、中国科学院编《朝鲜高宗实录》，科学出版社出版，1959年影印，"高宗三十一年十二月十二日"条。

明，在中日战争这一契机下，在清方失败的影响下，朝鲜方面力图借助此机会破除传统宗藩体制之束缚，寻求自身近代平等国家身份。同时，它也表明，时至光绪二十年（1894），东方以中国为中心的传统宗藩体制随着朝鲜从该体制内走出，已经基本崩溃；朝鲜最终对该体制的摒弃，使该体制没有任何指代对象。同时，清廷在战败后，也被迫承认、接受中朝宗藩关系终结的命运，这一点可从清廷行为中得到印证。如早在光绪二十年（1894）十二月二十五日，清廷就正式宣布承认朝鲜为"独立自主"国。① 随后，1895 年 4 月 17 日《中日马关条约》第一款也载明："中国认明朝鲜国确为完全无缺之独立自主。"②至此，清廷对朝鲜独立自主之承认，以国际条约的形式加以确定，中朝宗藩关系也因此条约而宣告瓦解。

五　中朝宗藩关系瓦解之历史影响

1. 负面影响

甲午战争不仅导致了东亚的政治格局发生巨变，③ 而且它也标志着东方传统宗藩体制基本瓦解。④ 甲午战争后这一传统宗藩体制的解体在客观上也带来了某些负面影响。此处需要强调的是，文章所指清代宗藩体制瓦解所带来的负面影响，既不是出于对该不平等体制解体的惋惜，也不是为光绪朝清廷强化中朝宗藩关系之辩护，而是在于指出这一传统的、在中国历史长河中长久存在的封建体制基本解体后给宗属双方所带来的伤害，以此证明该体制本身固有的合理性。

首先，宗藩体制瓦解后，属国将遭受殖民势力的悲惨蹂躏。此点对于朝鲜而言，尤为痛切。有学者认为，甲午中日战争提供给朝鲜的是为其独立和国家身份的定义"提供了强有力的动机和聚焦点"，⑤ 但是甲午战争后，朝鲜并没有实现其独立的梦想。正如有学者所称："的确 1895 年的《马关条约》结束了这场战争，宣布了朝鲜为独立自主国家，朝鲜被迫与它有着数个世纪之久政

---

① 〔日〕东亚同文会编《对华回忆录》，胡锡年译，商务印书馆，1959，第 147 页。

② 王铁崖：《中外旧约章汇编》第二册，三联书店，1958，第 614 页。

③ 戴逸、杨东梁：《甲午战争与东亚政治格局的演变》，《抗日战争研究》1995 年第 1 期。

④ 〔韩〕高秉希：《晚清中朝定期航线的开设背景及其影响》，《史学月刊》2005 年第 8 期；谢俊美：《宗藩政治的瓦解及其对远东国际关系的影响》，《华东师范大学学报》（社科版）1999 年第 5 期。

⑤ Gordon Mark Berger., *A Diplomatic Record of the Sino-Japanese War, 1894 – 1895*, Published by University of Tokyo Press Kenkenroku, 1982, PXii.

治联系的国家——中国隔离开来了，但是它被带进了一个不安的、名义上是独立而实际上在日本与沙俄的相互竞争中丧失了任何独立意义的十年。"① 对于日本，它虽早在1876年《江华条约》中就宣称承认朝鲜为独立自主国家，但是1895年后，它不仅没能避免，反而是刻意地将朝鲜变成殖民地。② 正是如此，甲午战争后，日本对朝鲜之"独立"态度与此前相比已有所不同。此前它与中国开战的唯一借口就是破除中国传统的宗藩体制，支持朝鲜的独立事业；而当中国被日本打败、日本独占朝鲜后，日本对朝鲜之"独立""已不感兴趣"。③ 当1905年日本吞并朝鲜而将其设为保护国时，朝鲜作为独立国之身份已完全丧失；而当1910年日本将"作为东亚外交之癌的韩国，变为朝鲜，合并于"④ 日本后，朝鲜自此不仅没有任何独立国之名义，而且丧失了附庸国身份，至此朝鲜已经亡国。历史早已证明，中国之富强强大并不会给朝鲜国家带来威胁，相反，中国的衰弱却不利于朝鲜国家的存在与稳定。

其次，宗藩体制瓦解后，宗主国中国也遭受着殖民势力的蹂躏。就客观历史事实之发展而非单纯强调封建宗藩体制对宗属双方的保护作用，晚清中朝宗藩关系为代表的宗藩体制瓦解后，中国也遭受着被瓜分的命运。中朝宗藩关系瓦解后事态发展之严重性不仅仅是"意味着长达500年的中韩宗藩关系的终结"，也不仅仅是"标志着东亚延续了1000多年的华夷秩序的彻底崩溃"，⑤更为重要的是中国从此走向被瓜分、遭蹂躏的殖民道路。此前中国与西方各国之间虽有战争，有失败，有条约，有赔款，有租借土地，但还未沦落到被瓜分的地步，但是甲午战争、清代宗藩体制基本瓦解后，中国进一步陷入半殖民地之深渊。⑥

2. 正面影响

甲午战争清廷战败是中国传统宗藩体制瓦解的标志，这一体制之瓦解虽给宗属双方都带来了灾难，但是，它也给双方带来了积极的东西。

首先，这一体制的瓦解为双方今后平等关系之建立提供了前提条件。光绪二十年（1894）十二月间，清廷在战败的压力下已经宣布朝鲜为独立国，此

---

① Donald stone Macdonald，*The Koreans Contemporary Politics and Society*，George Town University West View Press，1990，p. 38.
② 〔日〕陆奥宗光：《蹇蹇录》，东京，岩波文库本，1983，第130页。
③ 王明星：《韩国近代外交政策研究》，博士学位论文，复旦大学历史系，1997，第106页。
④ 〔日〕东亚同文会编《对华回忆录》，胡锡年译，第137页。
⑤ 王明星：《韩国近代外交政策研究》，第98页。
⑥ 〔日〕东亚同文会编《对华回忆录》，胡锡年译，第140页。

则表明清廷承认了中朝之间的宗藩关系已经结束。虽然在《马关条约》签订之后，清廷在某些时候在对朝鲜行为上还心存暧昧，但是清廷最终还是与朝鲜结成了平等的近代外交关系。光绪二十四年（1898），清廷派遣翰林院编修张亨嘉充当驻朝鲜四等公使，① 随后因张亨嘉的辞退，清廷改换安徽按察使徐寿彭为驻朝钦差大臣。至此，中朝双方近代平等国关系得以建立。而光绪二十五年（1899），《中朝和好通商条约》之签订，则表明双方政府均承认这一平等关系。从此中国不再自认为是朝鲜的"上国"，而朝鲜皇帝也不用再对清朝皇帝纳贡称臣。② 它为此后中国与朝鲜建立平等的双边关系提供了前提。

其次，中国从"天朝上国"走入世界国家之丛林。两次鸦片战争以前，中国在东亚世界内把自己看成理所当然的"天朝上国"。但两次鸦片战争后，随着清朝的属国一个个从体系内消失，其宗藩不再有任何体系可言。尤其是以中朝关系为代表的宗藩体制的最终崩溃，可谓是对中华民族的一次痛苦的大洗礼；它使近代中国人开始考虑中国在世界民族国家丛林中的地位问题，并促使晚清时人走向觉醒。正如梁启超所称："故及其败，然后知其所以败之由，是愚人也。乃或及其败，而犹不知其败之由是死人也。"③ 此中说法最有见地，甲午战败，中国宗藩体制的瓦解，中国虽丧失了"上国"之威仪、体面，但是中国人开始认识到中国作为一个国家而不是"世界"更不是"天下"之实质。从此中国从无准确范围、无准确边界的"天下"，演变成为有固定地域、固定空间、固定国民的近代国家。因此中日战争，清廷之败，宗藩体制的瓦解却在客观上加速了中华民族的觉醒。

---

① 《清德宗实录》第 422 卷，中华书局，1987，第 10 页。
② 台北中研院近代史研究所藏《外务部全宗》，"朝鲜档"，馆藏号：02 - 19 - 001 - 02 - 002，"韩国现派驻华公使朴齐约随带各员恭帝国书赴都"。
③ 《清代野史丛书·李鸿章事略》（外八种），北京古籍出版社，1999，第 74 页。

史料《华夷变态》与"华夷变态论"的展开

—— 以《华夷变态》的研究史（1818~1945）为中心

九州大学大学院人文科学府　郭　阳

一　中华世界、朝贡册封体制和日本

如果把近代中外关系史看作传统中外关系进入近代后发展、嬗变的过程，那么中华帝国一直维系的"华夷秩序"所面临的挑战，则可以说是这一过程的重要内容。张启雄认为，只有基于"源生于东方，且归纳自东方，适合于东方"的传统"中华世界帝国"概念才能够更加准确地描述、分析近代以前中国处理对外关系时所秉持的理念和行事准则。在他的论述中，"中华世界帝国"由作为"华"的中国和作为"夷"的周边诸王国组成，并以中华世界秩序原理维持其秩序，而中华世界秩序原理以礼治主义的"名分秩序论""奉正朔论"以及"封贡体制论"为中心。[①] 川岛真在其著书中非常细致地梳理了自西屿定生以后有关朝贡册封体制研究的学术史，从他的整理中，我们可以明确地感受到"华夷论"和朝贡册封体制学说在政治、外交、经济、财政、贸易等各个方面凸显的复杂性与多样性。[②]

---

① 张启雄：《外蒙主权归属交涉 1911~1916》，台北，中研院近代史研究所，1995，第 9~19 页。

② 〔日〕川岛真：《中国近代外交的形成》，名古屋，名古屋大学出版社，2004，第 23~44 页。关于朝贡册封体制在理念和实际上的差距，已有〔日〕岩井茂树《帝国と互市－16~18 世紀東アジアの通交》（龙谷直人、协村幸平编《帝国とアジア・ネットワーク－長期の19 世紀》，东京，世界思想社，2009）等进行了叙述。中国方面，庄国土具体考察了古代中国与东南亚的交往，他认为"所谓以中国为中心的东亚朝贡体系，很大程度上是根据一厢情愿的中国文献演绎出来的传统东亚国际关系体系"。见庄国土《略论朝贡制度的虚幻：以古代中国与东南亚的朝贡关系为例》（《南洋问题研究》2005 年第 3 期）同《论郑和下西洋对中国海外开拓事业的破坏——兼论朝贡制度的虚假性》（《厦门大学学报（哲学社会科学版）》2005 年第 3 期）。因本文考察对象仅限思想意识，故此省略对朝贡体制论的具体讨论。

　　在上述中华世界帝国的"华夷秩序"所面临的挑战中，正如我们熟知的，以鸦片战争为代表的西方列强对中国的"冲击"及近代中国的"反应"曾经是近代对外关系史言说的主流。① 但是，近年来，把东亚作为一个世界区域，重视其传统与近代的连续性，并仅将西方因素作为参与东亚历史发展重要力量的观点亦为学界提起。② 滨下武志讨论了欧洲各国与东印度公司亚洲贸易的实际情况后指出，以英国商人为中心的欧洲商人，在加入亚洲沿海贸易时，利用了既有的亚洲沿海帆船贸易的网络，而以朝贡贸易为基础的亚洲区域贸易圈，即使到了近代，也规定着西方"进入"和"冲击"的内容。③

　　在来自西方的影响被相对化、被限制的同时，从东亚内部出发，追寻近代化动因的必要性开始受到重视。在东亚的历史进程中，相对于中国所自认的"华"，日本构建了以自己为中心的"日本型华夷秩序"，而越南、朝鲜等国家也针对满族建立的清朝，认为自身是保持中华正统的国家，各国在向中国朝贡的同时，又在各自的势力范围内保持着一种"卫星朝贡体制"。也就是说，华夷秩序的理念，并非中国独有，是东亚共有的世界观，东亚各国的民族主义，也以这种复杂的华夷意识为背景，并同时有着超越一国的地域性的色彩。滨下指出，如果用"华"和"夷"的关系来表示地域和国家关系的话，17 世纪初以明朝的视点形容明清鼎革的"华夷变态"，其所指代的变化就不仅体现为明清交替，还体现为在更长期的东亚历史中显现的地域主义和国家主义的交替，即地政和权政的交替。因此，这一概念可以用来表现东亚历史变动的原动力。④

　　15 世纪初期，室町幕府第三代将军足利义满（1358～1408）接受明朝册封，以日本国王的名义与中国保持了一个半世纪的通交关系。但是，此种册封关系背面，也暗伏着如四代将军足利义持（1386～1428）与明断交事件中所体现的，自圣德太子以来并经"元寇"侵袭后所强调的与中对等、善邻友好、独立不可侵犯的神国意识，但这种意识并非基于对 14～15 世纪东亚国际情势

---

① 费正清是这种看法的代表，经常为学界所提及。笔者参考费正清《第六章 西洋の衝撃》，市古宙三译，东京，东京大学出版会，1972。

② 〔美〕乔万尼·阿里吉、〔日〕浜下武志、〔美〕马克·塞尔登：《导言：从地区和世界历史的角度来理解东亚的复兴》，《东亚的复兴：以 500 年、150 年和 50 年为视角》，社会科学文献出版社，2006。

③ 浜下武志：《中国の銀吸収力と朝貢貿易関係》，浜下武志、川勝平太编《アジア交易圏と日本工業化》（新版），東京，藤原書店，2001；〔日〕浜下武志《近代中国的国际契机》，朱荫贵、欧阳菲译，中国社会科学出版社，1999 年，第 31～32 页。

④ 浜下武志：《地域研究とアジア》，溝口雄三、浜下武志、平石直昭、宮嶋博史编，《アジアから考える〔2〕地域システム》，東京，東京大学出版会，1993。

的准确把握，也不能称其为当时日本的对外思想。① 足利幕府崩溃后，成功统一日本的丰臣秀吉（1537~1598）在其发布的禁教令中宣称日本为"神国"，这种"神国"主张在其侵略朝鲜并意图获取东亚宗主国地位的战争中也得到了体现。② 德川家康（1543~1616）在拒绝菲律宾政厅的传教要求时也称日本为"神国"，③ 但是鉴于丰臣秀吉发动侵朝战争的失败，其外交政策变得更为现实。随着日明复交的挫折和排除葡萄牙、西班牙等旧教国家的成功，幕府于1630年代以朝鲜为"通信国"，琉球、虾夷地为朝贡国，荷兰、中国为通商国等构建了"日本型华夷秩序"。1644年明清更替后，幕府更是将蓄有辫发的中国商人视为"夷"，在"正德新例"引起的信牌纷争④和平解决后，"日本型华夷秩序"就此确立。⑤

但是，上述江户时代确立的"日本型华夷秩序"仅仅出于幕府单方面的设想，其内部还潜伏着如何处理天皇、将军关系的问题，⑥ 朝鲜、琉球等也并未甘愿承认这种日本以自身为顶点构建的"华夷秩序"。此外，中国在康熙后期政治稳定，社会经济得到了很大的发展，幕府将军德川吉宗（1684~1751）通过长崎来船获得同时代中国的情报，认为康熙帝为圣天子，其政治为仁政，也就是说，将"满清"视为夷狄的看法已经有了改变，虽然这种改变在幕府

---

① 佐々木銀弥，《東アジア貿易圏の形成と国際認識》，《岩波講座日本歴史7 中世3》，東京，岩波書店，1976，頁128~132。比如，宋朝被金、元所取代之时，日本就没有产生"华夷变态"的看法。岸本美緒认为，这是因为与宋代相比，明清时代东亚世界的一体化更加紧密的缘故。见岸本美緒、宮嶋博史，《世界の歴史12 明清と李朝の時代》，東京，中央公論社，1998，頁197。

② 佐々木潤之介，《東アジアと幕藩制》，歴史学研究会，日本史研究会編，《講座日本歴史5 近世1》，東京，東京大学出版会，1985，頁18~24。

③ 岩生成一：《日本の歴史14 鎖国》，東京，中央公論新社，2005，頁147（初版1974年）。

④ 关于"信牌"上所记日本年号在清朝引起的争论及其解决，可参见松浦章《康熙帝と正徳新令》，《江戸時代唐船による日中文化交流》，京都，思文閣出版，2007；岩井茂樹：《清代の互市と"沈黙外交"》，夫馬進編，《中国東アジア外交交流史の研究》，京都，京都大学学術出版会，2007，頁358~377。

⑤ 荒野泰典：《近世日本と東アジア》，東京，東京大学出版会，1988，頁33~38。

⑥ 纸屋敦之通过对幕府于1615年（元和元年）7月17日制定的《禁中并公家诸法度》等的分析指出，江户幕府初期对明复交交涉失败后，以"日本国王"为机轴在与朝鲜、琉球的外交中形成了"大君外交体制"，而此处的"日本国王"已经从指代武家政权的首长（将军）变为合指天皇、将军二人。其后新井白石于1710年（宝永七年）改订《武家诸法度》，试图将天皇与国王号分离，并建立以将军为唯一一国王的秩序体系，但1717年（宝永十四年）第八代将军德川吉宗时代，将军对外称号又恢复为"大君"。见氏著《大君外交と東アジア》，東京，吉川弘文館，1997，頁38、288~289。

当局和一般民众之间有着时间上的差异。①

如上所述，明清鼎革虽然给了江户幕府将中国夷狄化，并确立以自身为中心的"日本型华夷秩序"的契机，但是这种华夷秩序并不能经受内外的论证。对于很多大力汲取中国儒学的日本知识分子以及一部分统治者来说，如何对应"华夷观念"是他们在思想上的一个难题，使自身"中华化"也是他们"汲汲以求"的夙愿。当然，要达成此一愿望，首先要做的就是使中国"非中华化"。这时，西洋赋予了日本新的机会。兰学者们在对比中西医书时产生了中国书籍不可信的看法，由此，他们有意识地用荷兰语 China（"支那"）来代替中国、中华等用语。西方政治制度的输入也让日本人认为欧洲议会制度等更加符合三代遗意，也就是说，某种程度上西洋比中国更加中华。此外，西方的文明概念也被日本人认为和以实现"礼""公"为目标的"中华"概念非常协调，他们也通过自身已有的儒学理论来导入西洋文明开化的概念。因此，明治维新既可以看作日本西洋化的开始，也可以认为是江户时代以来中国化的完成。②

可以认为，历史上日本对外思想的最主要取向就是如何在中华世界体制中获取与中国对等或者超越中国的"华"的地位。③ 而明清鼎革和明治维新前后西学的传入是日本达成其设想的两次重大契机。在明治维新后日本导入西方文明开化概念的过程中，传统的知识体系也发挥了极其重要的作用。换言之，中华世界理论，作为一种思想装置，进入近代后并没有被弃之不用，而是改头换面，继续影响着日本的外交构想。

那么，明治维新以后，曾经赋予日本"中华化"契机的明清鼎革怎样被日本人重新认识、解读，中华帝国华夷秩序这一思想装置在明治维新以后还发挥了怎样的影响？本文即想通过整理明末清初中日关系基本史料《华夷变态》在幕末以后的研究史，借以揭示近代日本对传统"华夷秩序论"下历史资源利用之一斑。

---

① 川胜守，《韃靼国順治大王から清康熙大帝へ》，《日本近世と東アジア》，東京，吉川弘文館，2000。

② 渡辺浩：《「進歩」と「中華」—日本の場合》，溝口雄三、浜下武志、平石直昭、宮嶋博史編，《アジアから考える［5］近代化像》，東京，東京大学出版会，1994。

③ 韩东育认为，当中日之间围绕朝鲜半岛的几次大规模冲突发生后，日本已成为东亚地区唯一可与大陆政权进行公开抗衡的国家，他称此现象为传统东亚关系体系从"一极卓力"向"两极对立"局面的转移。见韩东育《关于前近代东亚体系中的伦理问题》，《历史研究》2010年第6期，第139页。

二 《华夷变态》与"华夷变态"

《华夷变态》是参与江户幕府对外事务的世袭儒官林春胜（恕，1618~1680）、林信笃（凤冈，1644~1732）父子，将历年由长崎地方长官（奉行）通过翻译（唐通事、兰通词）询问赴日华、荷商人后制作的上呈幕府反映日本海外动向的风说书，按照时间次序编纂而成的史料集。① 此书收入自1644年（崇祯十七年、日正保元年）至1717年（康熙五十六年、日享保二年）间两千两百余件风说书，分35卷，② 其内容主要为船员们在赴日之前耳闻目睹的各种消息以及商船航海的相关情况，其中还包括少数官方敕谕、咨文、檄文、论策和书简等。③

《华夷变态》自编纂之后，除受幕府之命担当拱卫长崎重任的大名岛原松平家因公务需要抄写过之外，④ 长期作为林家的私家藏本不为外界所知。1808年（文化五年），林家将《华夷变态》献给幕府的枫山文库，⑤ 明治维新后枫山文库为内阁文库（今日本国立公文书馆）所继承，以此，林家收藏的手抄本被称为"内阁文库本"（35卷本，3种），而岛原松平家代代流传的手抄本《华夷变态》则被称为"岛原松平家本"（37卷本）。"内阁文库本"因为深藏在日本统治机构中心，一直到1930年代都极难利用，⑥ 而"岛原松平家本"

---

① 有关《华夷变态》的文献学研究，可参考〔日〕浦廉一《华夷变态解题——唐船风说书的研究·华夷变态上册》，东京，东洋文库，1958。

② 其后1717~1722年的风说书被编入《崎港风说》（3卷本），长崎县岛原市松平家文库37卷本《华夷变态》收录了1674~1724年的风说书；此外，岛原松平家文库《唐人风说书》（3册）还收录了自1724年到1728年的风说书。这些风说书已被整理为活字出版，榎一雄编《华夷变态》（东京，东洋文库，1981）收录了上述所有风说书史料。

③ 刘序枫、孙文整理了中日两国与《华夷变态》相关的研究。见刘序枫《由〈华夷变态〉看清初东亚海域的海上交通情况——以船只的往来和人员的移动为中心（1674~1728）》，李庆新编《海洋史研究》第一辑，社会科学文献出版社，2010，第34~35页；孙文：《唐船风说书：文献与历史—〈华夷变态〉初探》，商务印书馆，2011，第6~21页。

④ 〔日〕纸屋敦之：《唐船风说书の编缀について》，《唐船风说书データベース1674~1728年》，2007年度早稻田大学特定课题研究助成费研究成果报告书，2010，第10页。福冈藩等因为警备长崎之缘故，亦收集了少量风说书，日本九州大学收藏的来岛文书中就收录了南明崔芝乞师的文书，参考〔日〕长沼贤海《日本海事史研究》，福冈，九州大学出版会，1976，第345~349页；〔日〕川添昭二：《中世九州地域史料の研究》，东京，法政大学出版局，1996，第52~54页。

⑤ 〔日〕福井保：《文化三年丙寅十二月以来新收书目》（翻印），《北の丸－国立公文书馆报－》第10号，1978，第36页。

⑥ 〔日〕石原道博：《浦廉一解说〈华夷变态〉》，《日本历史》第137号，1959，第102页。

的存在直到 1940 年代初才为学界所知。[①] 在此之前，从幕府末期开始，《华夷变态》（5 卷、2 种）的部分内容以手抄本的形式流传于日本社会，其抄本计有"宫内厅图书寮本""上野图书馆本""内藤湖南藏本""广岛大学本""静嘉堂文库本""东京教育大学本"等，这些抄本因流通于外，一般被称为"通行本"。[②]

《华夷变态》的序言非常清楚地表明了其命名意图，即"崇祯登天，弘光陷虏，唐鲁才保南隅，而鞑虏横行中原。是华变于夷之态也，云海渺茫，不详其始末。（中略）福漳商船来往长崎，所传说，有达江府者。其中闻于公件件，读进之，和解之。吾家无不与之。其草案留在返古堆。恐其亡失，故叙其次第，录为册子，号华夷变态。顷闻吴郑檄各省，有恢复之举。其胜败不可知焉。若夫有为夷变于华之态，则纵异方域，不亦快乎"。[③] 身为幕府儒官而熟习儒学的林春胜认为，鞑虏横行中原是华夷变态，看到吴三桂、郑经在三藩之乱时发出的檄书，他还强烈地期待其胜利能够反夷为华，若此将"不亦快乎"。文中，中国虽沦为"夷"地，但日本并未立时取得"华"之地位，"华"在这里指的还是吴、郑等反清势力。因此，此处的华夷变态并无任何日本要代替中国成为"华"的意思。

1906 年（光绪三十二年、明治 39 年），留日中国学生受革命思想影响，从通行本《华夷变态》中选取反映明清鼎革时期反清势力活动的史料编为册子，由印刷《民报》等革命派书刊的秀光社（店主藤泽外吉，位于东京神田区中猿乐四番地）印刷发行。在这本小册子里，上记《华夷变态》的序言被改动如下：

> 崇祯宾天，弘光陷虏。唐鲁仅保南隅，而鞑虏横行中原，促灭朱明，盗窃神器。是君天下者，夷也，非华也。变也，非常也。吾国与唐土仅隔一衣带水，而交通不甚频繁。遂若云海渺茫，不能详其始末。[④]

此处原文"是华变于夷之态也"被改为"是君天下者，夷也，非华也。

---

① 〔日〕浦廉一：《華夷変態に就て》，《史学杂志》第 53 编 7 号，1941，第 108～109 页。

② 〔日〕石原道博：《东洋文库丛刊　第十五》，林春胜、林信笃编《华夷变态》，《东洋学报》第 42 卷 2 号，1959，第 105 页。

③ 〔日〕榎一雄编《华夷变态》，东京，东洋文库，1981，第 1 页。

④ 〔日〕小林叟发编辑《华夷变态》，东京，源光鉴发行，4604（黄帝纪元），第 1 页。谢国桢：《增订晚明史籍考》（上海古籍出版社，1981，第 992 页）亦收录了此一改造过的序言。

变也，非常也"，在这里，清末留日中国学生宣传"反满"，为了强调"满清"入主中国的非法性、一过性而对此序言做了有意识的改变。除此之外，《华夷变态》这一题名，亦被学界做了如下解读。

"华夷变态"并非汉语的普通用法，① 1991 年何平亦曾用其表示明清换代，② 之后，日本学者对这一词语的使用被介绍到了国内，但是此时的"华夷变态"已经稍稍脱离了其本意。比如在汉译的沟口雄三论文中，就有如："关于东亚各国对于华夷观的改造，于满洲的女真族在中国建立清朝以后，在中国周围的国家里，已经出现了"华夷变态论"（例如日本的一种变态论，以日本为华、以清朝为夷）。"③ 在这里，华夷变态超越了中国国内的明清鼎革，成了日本与清朝间的国际的"华夷变态"。

有关日本作为中华世界一员，深受中华世界秩序原理洗礼，并遵循此原理以"征服王朝"之姿，对中华世界帝国遂行"华夷变态"的争天下历史，张启雄进行了十分绵密的考察。他讨论了由于明朝灭亡，日本遂以小中华自居，由争取"对华平等"发展为"中华日本，对夷优位"，进而提出"中华取代，天下一统"的过程；并提醒我们，近代以来日本对中国的侵略，在以西洋国际法解释的同时，也必须看到其潜在意识层面的中华世界秩序原理之一的"华夷变态式争天下论理"的存在。④

艾平⑤、李文⑥、孙歌⑦等也介绍了滨下武志对"华夷变态"一词的延伸性用法，即用此一词语来表现东亚地域体系内在的历史变动活力。⑧ 滨下在阐述"华夷变态"的新用法时明确地表示，此用语乃是站在明朝角度观察明清鼎革时产生的，但是后来有学者直接使用"华夷变态"表示中日在东亚的地

---

① 如笔者使用中研院汉籍电子文献资料库等键入"华夷变态"进行搜索，并无任一符合之语料。周一良先生也因为"变态"这一汉语固有词意（指万事万物变化的不同情状，见《汉语大词典》）对此命名产生误解，认为"华——指中国；夷——指东南亚各国；变态——意思是种种情况"，见周一良《〈华夷变态〉与东南亚史料》，《书生本色：周一良随笔》，北京大学出版社，2009，第 156 页。

② 何平：《瞿式耜略论》，《广东社会科学》1991 年第 2 期，第 55 页。

③ 〔日〕沟口雄三：《中国儒教的十个方面》，于时化译，《孔子研究》1991 年第 2 期，第 53 页。原文：《溝口雄三・中国儒教の10のアスペクト》，《思想》1990 年第 6 期。

④ 张启雄：《中华世界帝国"与近代中日纷争——中华世界秩序原理之一》，蒋永敬等编《近百年中日关系论文集》，台北，"中华民国"史料研究中心，1992，第 13～43 页。

⑤ 艾平：《日本 1993 年清史研究概况》，《清史研究》1995 年第 2 期，第 112 页。

⑥ 李文：《开创东亚现代化研究的新局面》，《社会学研究》1995 年第 2 期，第 13 页。

⑦ 孙歌：《亚洲意味着什么？—读〈在亚洲思考〉》，《读书》1996 年第 5 期，第 6 页。

⑧ 〔日〕滨下武志：《東アジア史に見る華夷秩序》，《国際交流》第 62 号，1993，第 35～36 页。

位变动。比如"对于近代以来的中国人来说，最难以理解的怕是江户日本人的'华夷变态'之说和李氏朝鲜以中华正统自居的姿态。前者自称自己是'中华'而清朝中国是'夷'，后者则认为中华文明的正统不在它的发祥地而在朝鲜半岛"。① 此一说法就是一个例子。

这种看法不断得到强化，甚至出现了这样的误解："17 世纪中国的明清更替对日本和朝鲜的独立意识形成过支援。这种独立意识的操作技巧是把'现实的中国'和'理念的、价值的中国中华'区别对待，而认为'现实的中国'已经是道统失落，从中华转化为蛮夷了。从而进一步，'中华'成了只是一个可以指称其他实体的符号，而非但就'现实中国'而言。"接下来的一句很说明问题："德川幕府的学者林春齐（齐应为"斋"，林春胜僧号为春斋——此处照录原文）曾经把明清交替时期的资料编纂成集，从以上观点出发把该资料集命名为《华夷变态》。"② 《华夷变态》序言中仅论及明清"华夷变态"，还未见有形成"'中华'是可以指称其他实体的符号"的思想，林氏编撰《华夷变态》的初衷也被误解。

但是，此种描述中日间地位变动的"华夷变态论"又与《华夷变态》有着紧密的关系。除了语词的借用外，韩东育的一系列论文就相当详细地叙述了《华夷变态》所记史料与"华夷变态"思想的联系。他论述道：江户幕府密切注视着明清交替的大陆诸般变化，聚焦点主要集中于明清更迭带来的"华夷秩序"变异及其连锁反应上，并有意夸大了这一反应。在寻访热河的朝鲜人朴趾源（1737～1805）的记录中，清朝除了衣装等个别地方外，在风物制度和道德文章上并没有和明朝有明显不同，但是日本仍然夸大了"华夷变态"的程度。"华夷秩序"本身所带有的"自我中心"和"文化优越感"，激发了日本试图自我建构同样体系的冲动，但此点显然无法凭自言自语来实现。其欲颠覆中国式"华夷秩序"的内在焦虑，由明亡遗民提供的"为恢复大业的策略性考虑"得到了消解。

韩东育认为，《华夷变态》记录的南明和郑氏势力的"日本乞师书"中，措辞显有三个特征：（1）将清朝与攻击过日本的元朝进行思想对接，渲染清人残暴。（2）褒奖日本，给以其与中华同类，有些地方甚至超过中华的"公开暗示"，大大提高了日本人的文化自觉与道德自信。（3）"称臣自小"——

---

① 孙歌：《亚洲论述与我们的两难之境》，《读书》2000 年第 2 期，第 52 页。
② 章益国：《日本亚洲观的近代转换》，《社会科学家》2006 年第 2 期，第 25 页。

崔芝称臣，郑成功执"甥礼"，朱舜水执自贬言说。在此反复刺激之下，日本发现自己不但已经完全摆脱"夷狄"身份，而且极可能成为使"夷变于华"的"攘夷"力量——"中华"的东方代表。日本全方位地利用了明遗民"乞师"的言论和行动，1715年的"正德新例"和1717年康熙接受"信牌"的事实，意味着在礼乐形式上清、日地位的主客逆转。近松门左卫门的《国姓爷合战》也推动了这种思想在民间的广泛流传。①

南明向日本"乞师"的史实被日本知识界及当局所利用，为他们构想中国为"夷"，日本为"华"的"华夷变态"提供了材料，而相关的史料，正好被收入了《华夷变态》之中。但是，正如上文所述，"幕府第四代将军和他以后的几代幕府将军都十分尊重中国，称其为'上国'，称康熙帝为'上国圣人'……1719年清顺治帝颁布的《六谕》经琉球传入日本，八代将军德川吉宗阅后十分欣赏和重视，命荻生徂徕附以训点，经室鸠巢译成日文，以《六谕衍义》的书名向全国发行。还命令把康熙的训谕《十六条》，以《圣谕广训》书名付梓刊行。1788年又把雍正帝对《十六条》训谕的敷衍译文附于书后再版，并称颂这些圣谕'是为万世不易的金言'"，② 除幕府的官方认识受清影响外，学者太田锦城亦受顾炎武等人的影响很大。他非常推崇清代人写的书，他说，"得明人书百卷，不如清人之书一卷"。③ 不可否认，日本一直有着强调自我归属感的"和魂汉才"意识和江户时代以来的"国学"思想，但是在面对实际存在的强大中国时，即使因明清更替而"华夷变态"，"日本型华夷秩序"也不能构筑在扎实的基础上，④ 真正的中日"华夷变态"的发生，还有待于明治维新以后。

---

① 韩东育：《关于东亚近世"华夷观"的非对称畸变》，《史学理论研究》2007年第3期，第12~14页；另见韩东育《"华夷秩序"的东亚构架与自解体内情》，《东北师大学报（哲社科版）》2008年第1期，第50~52页；有关朱舜水在华夷变态思想传播过程中的作用，见韩东育《朱舜水在日活动新考》，《历史研究》2008年第3期，第96~98页；韩东育《从〈脱儒〉到〈脱亚〉——日本近世以来〈去中心化〉之思想过程》，台北，台大出版中心，2009。有关《国姓爷合战》可参考〔日〕二宫一郎《日本郑成功研究的一个观察——日本型华夷意识与〈国姓爷合战〉》，厦门大学台湾研究所历史研究室编《郑成功研究国际学术会议论文集》，江西人民出版社，1989；苏民育：《〈国姓爷合战〉中对郑成功的戏剧化》，《国际关系学院学报》2000年第2期。

② 冯佐哲：《清代前期中日民间交往与文化交流》，《史学集刊》1990年第2期，第66页。

③ 冯佐哲：《清代前期中日民间交往与文化交流》，《史学集刊》1990年第2期，第67页。

④ 〔日〕佐藤诚三郎：《幕末・明治初期における対外意識の諸類型》，佐藤誠三郎、R.ディングマン編《近代日本の対外態度》，东京，东京大学出版会，1974。

三　江户幕府末期以后对《华夷变态》的利用

上文已经提到，《华夷变态》收录了南明向日本求援的书简等珍贵史料，虽有可能成为将中国"夷狄"化的思想资源，但是其一直珍藏于林家，外界极少有一窥其内容的机会。始见利用《华夷变态》所收史料的是曾任水户藩彰考馆总裁的川口长孺（号绿野，1772～1835）著的《台湾割据志》［书末见文政五年（道光二年，1822）年朱文］一书，其内容为明末郑成功一族兴衰之记录，对《华夷变态》所收郑芝龙、郑成功、郑经、郑克塽四代相关记录均有利用，其文末记："（此书）事虽专系郑氏，旁及华夷之隆替。凡一百有三年间，治乱兴废之故，天命人心去就之际，盖略有观省者云。"① 此书专记史实，文末所云"华夷之隆替"显然受《华夷变态》之影响，代指明清易代。此外，同为川口著作的《台湾郑氏纪事》［文政十一（道光八年，1828）年序］对《华夷变态》史料的引用亦随处可见，关于《台湾割据志》与《台湾郑氏纪事》的关系，可以认为前者为后者之底稿，后者为前者增损而成。②

《台湾郑氏纪事》由林衡作序，林衡（号述斋，1768～1841）乃是幕府儒官林家第八代当主，林家代代珍藏的《华夷变态》就是由他献给幕府枫山文库的，③ 序由林衡所作，可见川口极有可能通过他得以参阅并未外传的《华夷变态》。林衡在序中写道："初，成功之父芝龙流寓我边，娶妇生成功，则成功犹如吾民也，至其势蹙力穷，乞援于我，其志亦可悯焉！"④ 此处因郑成功母为日人而将其视为日本后代值得注意。除林衡的序之外，于川口之后继任彰考馆总裁的青山延于（号拙斋，1776～1843）也为此书作跋，他记道："盖成功母子虽其忠烈出于天性，亦非我神州风气之所使然欤？然则郑氏之有成功，不翅明国之光，亦我神州之华也。"⑤ 文中将受"神州"日本影响的成功母子与明朝降

---

① 〔日〕川口长孺：《台湾文献丛刊第一种·台湾割据志》，台北，台湾银行经济研究室编印，1957，第86页。

② 周宪文：《台湾文献丛刊第五种·川口长孺著·台湾郑氏纪事》，后记，台北，台湾银行经济史研究室编印，1958，第78页。

③ 〔日〕福井保：《文化三年丙寅十二月以来新收书目》（翻印），《北の丸－国立公文书馆报－》第10号，1978，第36页。

④ 〔日〕川口长孺：《台湾文献丛刊第五种·台湾郑氏纪事》，台北，台湾银行经济史研究室编印，1958，第1页。

⑤ 〔日〕川口长孺：《台湾文献丛刊第五种·台湾郑氏纪事》，第75页。

清之官员做了鲜明对比,"神州之华"和"明国之光"当然是交相辉映的。

19世纪初,随着俄罗斯船只在日本北方频繁出没,幕府于外交方面不得不更加注意,在积极搜集外部情报的同时,也就日本与外国交往的历史进行了回顾。文化五年(1808)到文政二年(1819)间担任幕府书籍管理官职书物奉行的近藤重藏(讳守重,1771~1829)编写了《外蕃通书》[文政元年(1818)呈献幕府],其中也收录了《华夷变态》所记南明乞援的书简。① 此外,林家第十一代当家林复斋在幕末西方不断要求开港的形势下,受幕府之命收集历史上日本对外交往史料编成《通航一览》(嘉永六年,1853,序)一书,其中第212卷"唐国福建省台湾府部八"至第214卷"唐国福建省台湾府部十",以《郑氏援兵愿等附风说》为标题,引用《华夷变态》史料,记述了郑氏向日本乞师的过程及幕府与相关大名的反应。② 对《外蕃通书》《通航一览》等对外关系文书集的编辑,体现了幕末日本当局就对外关系的回顾与反思,也为其后处理外交实务做了资料上的准备。明治4年(1871),外务省就向管理原幕府枫山文库的大史局请求借出《通航一览》和《华夷变态》等资料,③ 虽然目前还不清楚明治政府外务省官员具体在处理何种事务时须要参考《华夷变态》,但是,他们对历史史料的利用是毋庸置疑的。

如上所述,《华夷变态》深藏于日本统治机构书库中,除了官方人士外,外界很难利用。但是,幕府末期以后,《华夷变态》的前五卷通过某种途径以抄本的形式流出,一般学者的参阅亦为可能。其后,因"牡丹社事件"(1874,同治十三年、明治7年)和甲午战争(1894,光绪二十年、明治27年)的影响,有关南明、郑氏向"日本乞师"的事迹受到很大关注,④《华夷变态》作为基本史料亦被屡屡提及。

小仓秀贯于1891年(明治24年)在《史学会杂志》第15号(第2编)上发表题为《德川家光支那侵略の企图》一文,使用《华夷变态》及福岛藩板仓氏家臣富田氏所藏之文书,论述了南明崔芝向日本求援时江户幕府三代将军德川家光"图谋略取支那"的计划。在文末,作者写道:"家光企此鸿图,

① 〔日〕近藤重藏:《外蕃通书第十》,《近藤瓶城编改定史籍集览》第21册,东京,近藤活版所发行,1901;内将《华夷变态》记为《夏夷变态》。
② 〔日〕早川纯三郎编辑《通航一览第五》,东京,国书刊行会,1913,第390~438页。
③ 〔日〕木崎弘美:《近世外交史料と国际关系》,东京,吉川弘文馆,2005,第144、185页。
④ 〔日〕川胜守:《日本における郑成功研究をめぐって》,《中国研究月报》第47卷6号,1993,第27页。

盖因明清征战胜败未决，寄望突出奇兵以收渔翁之利，既闻福州败绩，终至断念，嗟乎惜哉！其时百战谏磨之士尚存，徒为髀肉复生之叹，以家光英迈，决行此举，则不啻于世界史册永留赫赫雄名，或一变锁国之策，同各国骈驰竞争，于东洋现出一大强国，亦未可知也。"① 作者对于德川家光未能趁明清鼎革之机出兵中国所抱有的遗憾显而易见。

1895 年（明治 28 年），日本侵占台湾，同年 10 月丸山正彦出版《台湾开创郑成功》一书。序言中，丸山由平户郑成功纪念碑石（1848 年建）谈及郑氏的日本出身，继而褒扬其抗清、开台之功绩，随后论道："抑我大东日本人武勇胜于万国，世所知也。匹夫以勇名驰于海外，单身以武威辉映天下，如滨田兄弟在台湾，山田长政在暹罗，其胆略素为钦慕也。然出身本邦为故国尽力，抱孤忠虽凛冽倒毙犹不止，显扬我义勇于邻邦者，唯独郑将军一人矣。"接着又谈及日本占领台湾之事云："将军遗恨透于骨髓，虽死不能释然之清朝，今不能抗我仁义之师，以媾和修好之结局，略整善邻旧交，将军终焉之地台湾，归于其生国大日本帝国之版图，匪徒镇定之期渐近，将军之灵魂亦喜悦翱翔于长空国土，仰我天皇高远之威光深厚之仁慈。啊，贤明之治世，啊，痛快之治世。"② 其利用《华夷变态》叙述郑氏请援事，文中批评幕府没有抓住时机乘机出兵，对南明乞师的拒绝暧昧无理，没有体现出"像男儿一般堂堂正正的日本"。③

其后，稻叶岩吉（君山）在其《清朝全史》中亦利用富田文书，说明幕府表面拒绝南明的请援，实际上却在准备出兵的情形，认为在福州郑芝龙兵败之前，日本一直都未放弃出兵准备。④ 鸟山喜一⑤、吉田东伍⑥同样在其论著中引用上述富田文书说明幕府的出兵意图。中村孝也亦以为幕府过于拘泥南明使节乞师书信的细枝末节，因而逸失大局。⑦ 辻善之助著《增订海外交通史话》中以《德川家光の支那侵略の雄図と国姓爺》［大正 3 年（1914）晚夏作］为

---

① 〔日〕小仓秀贯：《德川家光支那侵略の企図》，《史学会杂志》第 2 编第 15 号，1891，第 64～65 页。

② 〔日〕丸山正彦：《台湾開創鄭成功》，东京，嵩山房，1895，第 5 页。

③ 〔日〕丸山正彦：《台湾開創鄭成功》，第 59～66 页。

④ 〔日〕稻叶岩吉：《明末清初乞师日本始末》，《日本及日本人》第 572、574 号，1911～1912；《清朝全史》，东京，早稻田大学出版部，1914，第 431～443 页。

⑤ 〔日〕鸟山喜一：《明末遗臣の日本乞師に就きて》，《東亜研究》第 2 辑 11 号，1912。

⑥ 〔日〕吉田东伍：《倒叙日本史第六册》，織田豊臣氏編《江戸幕府初世編》，东京，早稻田大学出版部，1913，第 148 页。

⑦ 〔日〕中村孝也：《江戸幕府锁国史论》，东京，奉公会，1914，第 361 页。

题，引用《华夷变态》和上述富田文书以及立花宗茂①（1567～1643，筑后柳河藩主）的书信，来论证幕府当局应明朝的请援已经有了出兵的计划。文中强烈主张江户初期的"武人"具有乘机进取海外、伸张勃发之勇气的雄心，并对幕府最后没有出兵表示了极度的遗憾。文末提及郑成功抗清驱荷之事，认为郑成功"正气耿耿，永与天壤共存，其受吾邦人之血，亦为吾人之荣也"。②

大正 4 年（1915），中村久四郎以《明末の日本乞师及び乞資》为题，除使用《华夷变态》等日方资料以外，还参考了中国在辛亥革命后出版的黄宗羲（梨洲）《日本乞师记》《海外恸哭记》等资料，对南明向日本的请援做了详细的考证。其文末"结论一言"先叙述明朝因倭寇和丰臣秀吉的侵朝而对日本产生的厌恶，随后写道："然当亡国危机，古来妄自尊大之支那人对平生视为东海一小国之吾邦，亦忍嫌忘怨，乃至卑辞厚礼，其都督将军称臣请兵乞资，其心亦深可怜矣。而当时我国情竟不能断行出援出资，千里远来之使臣皆空手而还，沥血披衷之书亦未奏效，实为明人所悲。遥想当时明国君臣苦心，予亦心动感伤，暗自涌泪。更以本邦政治家对大陆政策之眼光视之，遗憾叹息之情亦深。"③ 此时正是在日英联合军攻占时为德国租借地的青岛之后，中村所发之议论自与此时代背景深切相关。

德富猪一郎亦对南明、郑氏的日本乞师做了详尽的叙述，他对幕府拒绝派兵的行为进行了严厉批评，认为幕府执政者为一众胆小怕事之徒，袖手旁观南明乞师而了局。他还指出，幕府不愿回应南明乞师的根本原因还在于幕府与天皇二重政权之弱点，幕府为了掩盖此弱点，继续其架空天皇而僭号日本国王之野心，因此尽量避免与国外势力接触。他更对郑成功不吝赞扬，认为其为唯一能够刺激德川时代日本人的海外思想人物。继承日人血脉并于海岛倡义的郑成功，与日本人之国民性"无上契合"。④

大正 11 年（1922），稻垣孙兵卫因参与《台湾全志》的出版，就台湾的

---

① 此文书实际上为宗茂养子忠茂所作，关于辻善之助搞错文书姓名的原因，ロナルド・トビ〔罗纳德・托比（Ronald P. Toby）〕认为 1914 年第一次世界大战爆发之时，日本想以此为契机占领德国在青岛周边的殖民地，并在山东半岛展开登陆作战，在此情势之下，辻善之助有意地将准备进攻大陆的忠茂写成以武勇著名的宗茂；ロナルド・トビ：《「明末清初日本乞師」に関する立花文書》，《日本歷史》第 498 号，1989，第 98 页。

② 〔日〕辻善之助：《增订海外交通史话》，东京，内外书籍株式会社，1930，第 659 页。

③ 〔日〕中山久四郎：《明末の日本乞師及び乞資》，《史学杂志》第 26 编第 6 号，1915，第 69 页。

④ 〔日〕德富猪一郎：《近世日本国民史德川幕府上期上卷锁国篇》，东京，民友社，1924，第 503～543 页。

历史故事及郑成功的事迹在《台湾经世新报社》上发表了一些文章，引起了台湾总督田健治郎（1855～1930）的注意。田健治郎通过警务局局长相贺照乡向稻垣传话，说如果写郑成功，就一定要记述郑成功向日本请求援兵的历史，以让本岛人熟知其事，总督官邸可以提供资料。但是总督府的资料即为上述川口长孺的《台湾郑氏纪事》，稻垣已经阅读过，所以没有借出此书。他深知记述郑氏乞师历史必要参考《华夷变态》，于是委托友人在日本各地寻找此书，但一直没有找到。大正14年（1925），稻垣在大阪的朋友通知他说，台北图书馆馆长在大阪购到此书，自己迟了一天，所以没有到手。于是稻垣到台北图书馆借出《华夷变态》（五卷本，即通行本）参阅，并于大正15年（1926）3月21日以《郑成功与日本》为题在《台湾经世新报》上发表连载，直至昭和3年（1928）6月，并于昭和4年（1929）1月以《郑成功》为题刊发单行本。① 从稻垣关于其书著作经纬的说明可知，他受台湾总督之命，以使台湾人知悉郑氏与日本之紧密关系为目的在报纸上连载。在其文章中，将幕府当时没有出兵中国作为"千载之遗憾"事，并对其"逸失好机"提出了批评，亦对郑芝龙与日本关系、成功母田川氏壮烈自尽的事迹等进行了详细的叙述。

木宫泰彦在其《日支交通史》中以《明末の乞師及び乞資》为题，引用《华夷变态》及相关史料说明虽然幕府没有出兵，但是在经济上对南明进行了资助。② 此外，石原道博在1936年第37次史学会大会上就南明的琉球请援③发表报告之后，围绕南明向外国的求援，利用《华夷变态》等材料进行了深入的研究。其发表的论文于1945年集为一书，命名为《日本乞师的研究》（东京，富山房）。在这本书中，作者在"乞师"的论述中多次强调"古代支那与我国唇齿辅车"（如第103、128页等）之关系，这一论点自与1940年代日本妄图实施的"东亚共荣圈""日满支"一体，以确立皇国自给自足经济政策的国策具有联系。再如此书将明末南明朝廷向罗马教皇的请援联系到了如"昭和13年（1938）1月26日，即'皇军'于前年12月12日占领南京的一个半月后，支那空军逆袭轰炸南京。但其时就被我雄鹰般的反击击落多架敌机。但是不料由其飞行员所带物品确定飞行员中有苏联的将官"④ 所记苏联等对我国抗日战争的支援。

① 〔日〕稻垣孙兵卫：《郑成功》，台北，台湾经世新报社，1929，第1~6页。
② 〔日〕木宫泰彦：《日支交通史》下卷，东京，金刺芳流堂，1927，第466~475页。
③ 〔日〕石原道博：《明末清初の琉球請援》，《史学雑誌》第47编第6号，1936，第104页。
④ 〔日〕石原道博：《日本乞師の研究》，东京，富山房，1945，第236页。

在石原于昭和 17 年（1942）7 月 7 日"支那事变五周年"时作序的另一本关于郑成功的书中，更能感受到其将明末历史与时局联系的意图。书中引用《华夷变态》及其他相关材料对郑氏的日本请兵进行了详细的叙述，又论及郑成功的南京攻略和郑成功以海外贸易筹措军饷之历史。[①] 与此同时，中田千畝也将以复明为己任并将荷兰人逐出台湾的郑成功作为承受日人血脉之英杰而大加赞赏。[②]

以上本文按照时间顺序粗略地考察了幕末以来日本人对《华夷变态》的利用和解读。以《华夷变态》为史料进行历史叙述的目的当然不容否认，但是很显然，从这种历史叙述中更可以看到日本人附加于这段历史上的另一种意图。与江户初期林春胜深切期待三藩反夷为华的愿望相比，江户后期水户藩的学者们已有了"神国"日本与明朝之华争光的意识。幕末以后日本当局整理回顾了日本的对外历史，而明治新政府的外交部门在处理外交事务时对传统的历史史料也进行了参考。甲午战争时期，幕府应南明乞师准备出兵大陆以及郑成功占台的历史得到了特别的注意。此一趋势在"一战"日本出兵山东时亦可以看到。另外，作为对"本岛民"进行思想统治的一环，台湾总督亦积极使用此一历史记录进行宣传工作。而"大东亚共荣圈"理论被提起之后，"日支唇齿辅车"的关系经南明乞师之历史被强调，同时郑成功攻击南京与抗击荷兰的历史亦被同日本的南京侵略和南进政策联系了起来。熊沛彪认为，近代以来日本在一个较长的时期中选定有限的局部目标对中华帝国的遗产进行攫取。[③] 笔者认为，从日本人对《华夷变态》的解读中也可以看到日本人在攫取中华帝国遗产时对自身行为的辩解。

四　余论

韩东育认为："在考察关于日本何以从中国文化的崇拜模仿者变为中国文化的质疑者、否定者乃至中国国家的打击者等问题时，日本自身发育谱系的长时段演变特征和中日两国间的前近代消长轨迹，反而成了被人为虚化成学术检讨的盲区。"[④] 如果日本自身发育谱系是确立权政乃至在地区政治中占据主导

---

① 〔日〕石原道博：《东洋文化丛刊·郑成功》，东京，三省堂，1942，第 209～210 页。
② 〔日〕中田千畝：《南方外交史话》，东京，研文社，1942，第 573～576 页。
③ 熊沛彪：《近现代日本霸权战略》，社会科学出版社，2005，第 15 页。
④ 韩东育：《"去中心化"的"中心化"》，《读书》2009 年第 8 期，第 49 页。

地位的过程的话，那么可以认为代表华夷秩序内部变动的"华夷变态"的确延续到了近代。在近代日本对东亚的侵略过程中，可以看到其背后存在传统"中华秩序"的影子，正如本文所整理的明清鼎革期"中华秩序"内追求共同安保的乞师故事，成了日本鼓动、解释其对外扩张行径的一种借口。而终生奉南明正朔的国姓爷——中日混血儿郑成功，也被当作了排斥西洋势力、驰骋东亚的日本人的代表。

本文通过整理日本江户幕府后期以来关于《华夷变态》的研究史，试图揭示近代以后"华夷秩序观"在日本嬗变、影响之一面。学力所限，行文多有谬误、不足之处，敬请各位方家批评指正。

晚清时期条约关系观念的形成

湖南师范大学历史文化学院　李育民

　　所谓条约关系，简单地说，是国际法主体之间以条约这一法律形式表现的一种国际关系。晚清时期，中国处于从传统到近代的演变之中，条约关系是近代中外关系乃至中国近代历史的枢轴，中国社会的深刻变化，国家地位的改变，与国际社会的关系等，或体现于其中，或与此密切相关。面对这一新的大变局，自视为"天朝上国"的清王朝在外国的强力压迫之下，逐步接受西方所设定的国际秩序，初步形成条约关系观念。这是一个艰难的蜕变过程，是其观念意识颇具根本性的转换。这种转换，折射了中外关系的深刻变革，即"天朝"体制下的对外模式为强权和西方主导的近代条约关系所取代。学术界对近代中外条约，尤其是不平等条约做了大量研究，涉及晚清时期中外条约的各个方面，但对条约关系观念的研究尚很薄弱，尚缺乏从清政府层面系统考察晚清条约关系观念的研究成果。政府是对外交往的主体，清王朝君臣对条约关系的认识和态度，实际在某种程度上反映了晚清政府的条约关系观念。本文以清王朝君臣为考察重点，对清政府的条约关系观念做一探析，以冀深入认识晚清时期中外关系的转型。

一　从"要盟不信"到"以为信据"

　　在西方传统国际法时代，强国用武力强迫弱国订立的条约，在法理上是成立的，需要双方信守。最初，清朝君臣没有条约观念和意识，考量这一新关系的参照物，除"天朝"体制意识之外，主要是中国古代的盟誓实践。遭受一系列的武力冲击之后，他们被迫逐渐放弃传统的盟誓意识，接受强权政治下的国际关系秩序，同时从国际法的角度对条约有了新的认识。

春秋时期盛行结盟立誓，在其发展变化过程中，曾出现两种相反的观念。一是主张讲求信义。"信"被称为"国之宝"①"德之固"，②等等。所谓"约结已定，虽睹利败，不欺其与"，如此，"则兵劲城固，敌国畏之；国一綦明，与国信之"。如齐桓、晋文、楚庄、吴阖闾、越勾践等"僻陋之国"，能够"威动天下，强殆中国，无它故焉，略信也，是所谓信立而霸"。③ 信义被视为立国根本，"盟誓之言，岂敢背之"。④ 二是认同背盟弃信。春秋盟誓的兴起，一定程度上又反映了世道风气的混乱败坏，所谓"世道交丧，盟诅滋彰"。⑤ 到春秋中后期，随着时局的变化，以及民智的进步和鬼神信仰的弱化，盟誓对各国的约束效力也越来越低。"背盟而克者多矣"，违背盟约而取胜的事例屡见不鲜，更助长了这一风气。"千乘之国，不信其盟"。⑥ 战国时，苏秦公然反对守信，对燕王说："臣之不信，是足下之福也。"他认为："夫信行者，所以自为也，非所以为人也，皆自覆之术，非进取之道也。"⑦ 如果说，正常订立的盟约都可违背，那么被逼订立的盟约，即"要盟"，更无遵守的必要。春秋时期有不少"唯强是从"的"要盟"，这就隐伏了背盟弃信的依据。所谓"要盟无质，神弗临也"，"明神不蠲要盟，背之，可也"。⑧ 孔子说："要盟也，神不听。"⑨ 也就是说，"要盟"不受神的保障，可以违背。

众所周知，晚清中外条约多系列强迫使清政府接受的城下之盟，相当于春秋时期的"要盟"。在传统国际法时代，强迫他国订立的"要盟"在西方是具有合法性的规则，与中国春秋战国时期认可背盟弃信的观念迥然有别。在罗马法系上，"由于勒索而产生的法律相互行为也不是根本无效的"。依据一般国际法，"在各国关系上，武力的威胁和使用（战争）不是非法的"。⑩ 国际法鼻祖格劳秀斯（Hugo Grotius）说，"人人都要尊重誓约的神圣"，"因为誓约是

① 杨伯峻编著《春秋左传注》第1册，中华书局，1981，第435页。
② 杨伯峻编著《春秋左传注》第2册，第516页。
③ 梁启雄：《荀子简释》，中华书局，1983，第139~140页。
④ 杨伯峻编著《春秋左传注》第3册，第971页。
⑤ 李学勤主编《十三经注疏·春秋穀梁传注疏》，北京大学出版社，1999，第26页。
⑥ 杨伯峻编著《春秋左传注》第4册，第1436、1671、1682页。
⑦ 刘向集录：《战国策》（下），上海古籍出版社，1985，第1047页。
⑧ 杨伯峻编著《春秋左传注》第3册，第971页。
⑨ 司马迁：《史记》（二），中华书局，1999，第1550页。
⑩ 凯尔森：《国际法原理》，王铁崖译，华夏出版社，1989，第273页。

以上帝的名义而立的，也因为上帝拥有强制履行义务的权威"。至于和约，根据"誓约保证的信义之神圣性"，"无论和约订立了何种条款，务当绝对遵守"。① 美国著名国际法学家惠顿（Henry Wheaton）亦谓："至于各国相待，有被逼立约者，犹必遵守。""倘不遵守，则战争定无了期，必至被敌征服尽灭而后已焉。"②

其时，清朝君臣不懂此类规则，当不得不接受西方强加的条约时，其据以应对的自然是中国传统的盟誓观念。他们一方面主张信守条约，如耆英根据传统的信义观，将条约视为"信守之凭"。③ 同时，又承袭了古代背盟弃信的权变之术，以及"要盟"可以背之的观念。鸦片战争中，耆英等便将议和视为"暂事羁縻"的"缓兵之计"。④ 订约之后，耆英等既注重"格之以诚"，即要求对方守约，又强调"尤须驭之以术"，即以权术应对条约关系。⑤ 这种权变意识在清朝君臣中非常普遍，奕经谓之"权宜办理"，⑥ 其后叶名琛也说是"一时权宜之计"。⑦ 怡良等将"驭夷"之法，归结于"不过责其恪守成约"，⑧ 而非自己守约。道光帝亦说，给予英人条约权利，"在当日本系一时羁縻"，"亦不过权宜之计"。⑨ 第二次鸦片战争中，桂良甚至提出，万不可将与英、法所签条约"作为真凭实据"，只是"假此数纸"，暂且诱彼退兵。将来若欲背盟弃信，只需将他等治罪，"即可作为废纸"。⑩ 咸丰帝更以"自古要盟不信"

---

① 格劳秀斯：《战争与和平法》，何勤华等译，上海人民出版社，2005，第213、214、217、499页。

② 惠顿：《万国公法》，丁韪良译、何勤华点校，中国政法大学出版社，2003，第163、164页。

③ 《耆英又奏应行添注各条已另列一册俟朴鼎喳盖戳后录呈折》，道光二十三年七月丁巳，齐思和等整理《筹办夷务始末·道光朝》（五），中华书局，1964，第2683页。

④ 《耆英等奏英船窜至乍浦现饬防守并示羁縻折》，道光二十二年四月壬辰，齐思和整理《筹办夷务始末·道光朝》（四），第1803页。

⑤ 《耆英又奏体察洋情不得不济以权变片》，道光二十四年十月丁未，齐思和整理《筹办夷务始末·道光朝》（六），第2891页。

⑥ 《奕经等奏尖山英船开赴外洋酌调兵勇赴省严防折》，道光二十二年四月壬寅，齐思和整理《筹办夷务始末·道光朝》（四），第1837页。

⑦ 《叶名琛奏覆英美要求三款实为无厌之求及法使来津意在庇护教士折》，咸丰五年八月十八日，贾桢等纂《筹办夷务始末·咸丰朝》（二），中华书局，1979，第413页。

⑧ 《怡良吉尔杭阿奏福州宁波关务情形片（抄件）》，1856年4月18日，太平天国历史博物馆编《吴煦档案选编》第6辑，江苏人民出版社，1983，第18页。

⑨ 《廷寄》，道光二十九年三月庚寅，齐思和整理《筹办夷务始末·道光朝》（六），第3174页。

⑩ 《桂良等奏英自定条约五十六款逼令应允折》，咸丰八年五月十六日，贾桢等纂《筹办夷务始末·咸丰朝》（三），第966页。

为据，认为订约"本属权宜"，① 明确提出不必信守。显然，清政府从一开始便显示了与传统国际法的信义观截然不同的趋向。

然而，清政府的"要盟不信"虽不无合理性，却缺乏实力支撑。在列强的武力逼迫下，清政府被迫接受传统国际法的这一规则，确认这些"要盟"的法律地位，承诺将其视为须遵守的法规，所谓"今日之约章，即异日之法守"。② 不过，由于中国被迫订约的现实没有改变，清政府的"要盟"意识亦未因此消除。"中国百官多不乐意"，③ 尤其是地方官员对条约有强烈的抵触情绪。其中一些人无视条约规定，公开对办理对外交涉的恭亲王奕䜣表示不满。如法国传教士文乃耳（Néel，Jean Pierre）携带盖有奕䜣印章的法国文凭来贵州开州传教，署开州知州戴鹿芝将其捕拿，并在堂讯时大呼："尔文凭乃法国文凭，并非清国文凭，不足据。至恭亲王乃久蓄异志，私通外洋之人，其人何足道哉！其印花又何足道哉！"遂将文乃耳及其随行教徒凌迟处死。④ 不少大吏怀着"徐图后举"之念，如署湖广总督的江苏巡抚李瀚章认为，与之订约，系"时势迫之使然"，此后要"时时存报敌之心"，筹"自强之谋"，如此"外攘之策，第可潜图"。⑤ 所谓"外攘之策"，也就是驱逐洋人于中国。惇亲王奕誴提出，应筹划"自强"，将洋人"驱之出境"。⑥ 醇郡王奕譞也认为，"将来必应决裂"，要"驱除洋人"，"如越之灭吴，唐之服突厥"。现在则要"设法激励乡绅，设法激励众民"，"焚其教堂，掳其洋货，杀其洋商，沉其货船"。⑦

第二次鸦片战争之后，清王朝抵制不平等"要盟"的意识仍较强。至光绪年间，各重臣大吏对中外条约的"要盟"性质仍耿耿于怀，直隶总督李鸿章谓："从前中国与英法两国立约，皆先兵戎而后玉帛，被其迫胁兼受蒙蔽。"⑧ 右庶子

---

① 《朱谕》（咸丰十年七月己未），贾桢等纂《筹办夷务始末·咸丰朝》（七），第 2270 页。

② 《署湖广总督江苏巡抚李瀚章奏》，同治六年十一月庚午，宝鋆纂修《筹办夷务始末·同治朝》第 52 卷，故宫博物院影印抄本，1930，第 31 页 b。

③ 《英使威妥玛为请将江省官宪殴逐英教士入奏事致奕䜣照会》，同治十一年正月初三日，中国第一历史档案馆等编《清末教案》第 2 册，中华书局，1998，第 1 页。

④ 《贵州法主教为教民被杀害致法使申陈》，同治元年五月，中国第一历史档案馆等编《清末教案》第 1 册，中华书局，1996，第 236 页。

⑤ 《署湖广总督江苏巡抚李瀚章奏》，同治六年十一月庚午，宝鋆纂修《筹办夷务始末·同治朝》第 52 卷，第 31 页 a。

⑥ 《惇亲王奏》，同治七年十二月辛未，宝鋆纂修《筹办夷务始末·同治朝》第 63 卷，第 93 页 b。

⑦ 《醇郡王奏》，同治八年正月乙亥，宝鋆纂修《筹办夷务始末·同治朝》第 64 卷，第 2 页 a—b、第 3 页 a、第 5 页 a。

⑧ 《直督李鸿章奏日本议结琉球案牵涉改约暂宜缓允折》，光绪六年十月初九日，王彦威纂辑，王亮编《清季外交史料》第 24 卷，外交史料编纂处，1935，第 3 页 b。

陈宝琛谓：“利害所关，形势所迫，虽信义之国不能保其必守盟约。”“自道咸以来，中国为西人所侮，屡为城下之盟，所定条约挟制欺凌，大都出地球公法之外。”① 粤督张树声等亦谓，与各国订立和约，“所定条款皆由欺诳挟制而成，盖多非理所有而束缚于势者”。② 海关总税务司赫德（Robert Hart）分析认为，由于条约从一开始便具有强权和不平等性质，“它们不是自愿交往而是恳求交往的产物，它们被接受是在被打败后而不是在协商后，它们从中国得到的是外国人认为他们需要的而不是中国愿意让与的”，③ 因此，中外条约关系就如同一幢建筑在“偏离了垂直线”基础上的楼房，“迟早会倒塌”。④ 长期以来，清政府与民众从不同的角度抵拒着条约关系，潜蓄酝酿，至义和团运动时期联成一气，促使“仇怨郁结”全面爆发。不少官吏始终坚守“攘外”和摆脱“要盟”的想法，这种潜意识在庚子事变中集中地体现。清廷在宣战上谕中谓：“三十年来，恃我国仁厚，一意拊循，彼乃益肆枭张，欺陵我国家，侵占我土地，蹂躏我民人，勒索我财物……我国赤子仇怨郁结，人人欲得而甘心，此义勇焚毁教堂屠杀教民所由来也。”朝廷“柔服远人，至矣尽矣！”然而，“彼等不知感激，反肆要挟”。“彼自称教化之国，乃无礼横行，专恃兵坚器利，自取决裂”。与其在“要盟”之下“苟且图存，贻羞万古”，孰若“大张挞伐，一决雌雄”。⑤

八国联军的炮火再次迫使清王朝放弃摆脱“要盟”的打算。经过这一次前所未有的创巨痛深，清政府不得不接受西方国际法体系中的条约观念。向来“痛恨一切外国人”的慈禧，⑥ 自认“做错了这一件事”。⑦ 光绪帝一再“颁自责之诏”，表示“痛心疾首，悲愤交深”，公开承认“罪在朕躬”。⑧ 对条约关

---

① 《右庶子陈宝琛奏琉案日约不宜遽订折》，光绪六年九月二十五日，王彦威纂辑，王亮编《清季外交史料》第 23 卷，第 20 页 b～21 页 b。

② 《粤督张树声等奏球案不必急议日约未便牵连折》（光绪六年十一月二十五日），王彦威纂辑，王亮编《清季外交史料》第 24 卷，第 25 页 a。

③ 〔英〕赫德：《中国、改革和列强》（1901 年 2 月）《这些从秦国来》，叶凤美译，第 123～124 页。

④ 〔英〕赫德：《义和团，1900》（1900 年 12 月），《这些从秦国来》，叶凤美译，第 106 页。

⑤ 《上谕》，光绪二十六年五月二十五日，国家档案局明清档案馆编《义和团档案史料》上册，中华书局，1959，第 162～163 页。

⑥ 德龄：《德龄忆慈禧》，顾秋心等译，中国广播电视出版社，1996，第 192 页。

⑦ 德龄：《清宫二年记》，顾秋心译，王树卿等主编《慈禧与我》，辽沈书社，1994，第 352 页。

⑧ 《德宗景皇帝实录》第 477 卷，光绪二十六年十二月壬戌、癸亥，《清实录》第 58 册，中华书局，1987 年影印本，第 292 页下栏、290 页上栏、294 页下栏。

系，清朝大吏们也逐渐有了更深的认识，更加重视"考究"条约和国际法。光绪三十一年（1905），直隶总督袁世凯指出，条约居国际法之主位，"盖操纵离合之故，成败得失之林，于是乎在"，东西各国法律专家，"童而习之，皓首而不辍"，而吾国"士大夫鲜所究心，其何以惩前毖后乎？"方今环球大通，"世变日亟，诘戎练武之实与讲信修睦之文，二者相为表里"。"前车已逝，来轸方遒，杜渐防微，阳开阴阖，讵复有常辙之可循"。① 管学大臣张百熙谓："条约者，国与国自表其权利义务，公认之以为信据者也。"② 山东巡抚杨士骧谓："今尺寸之儒，稍涉西人学说，辄执条约之文，较短量长以肆其讥议，此特事后之智耳。""有志之士欲究明中外之势，以裨补国家者，其为术固自有在，毋徒訾议旧约为也。"他认为编纂约章，可以揭示国家近百年来的"交涉大端""得失之林"和"成败之迹"，而"谨而持之，以谋其便，化而裁之，以会其通，异日国运之振兴，必有赖于是者"。③ 总之，"交涉一道，首重条约，虽一字亦不能删除，矧一款乎？"④ 上述各重臣的态度和认识，反映了条约关系观念的新变化。

光绪三十二年，清廷降谕严词要求守约，谓："从来敦笃邦交，端在讲信修睦，朝廷与东西各国通商立约，开诚布公，固已情谊交孚，毫无隔阂。"强调："团体原宜固结，而断不可有仇视外洋之心。权利固当保全，而断不可有违背条约之举。"⑤ 随着时局的变化，清政府放弃"要盟"意识，对外态度由此前的排外转衍为惧外和媚外。革命党人谓："满人排外之政策，一变为媚外。"⑥ 立宪派的《新民丛报》更做了大量披露，谓："戊戌以后，庚子以前之举动，皆原于排外之目的，排外之成见也。辛丑以后，则一变而为媚外之目的，媚外之成见。"⑦ 梁启超甚至说："外国人出一言，而政府辄唯唯从命，甚且先意承志，若孝子之事父母，岂有他哉，畏之而已。"⑧ 据《新民丛报》统

① 北洋洋务局纂辑《约章成案汇览》甲编，点石斋承印，光绪三十一年，"袁世凯序"，第1页a—b。

② 北洋洋务局纂辑《约章成案汇览》甲编，"张百熙序"，第1页a。

③ 北洋洋务局纂辑《约章成案汇览》甲编，"杨士骧序"，第1页b~第2页b。

④ 北洋洋务局纂辑《约章成案汇览》甲编，"例言"，第1页b~第2页a。

⑤ 《德宗景皇帝实录》第555卷，光绪三十二年二月戊申，《清实录》第59册，第363页下栏~第364页上栏。

⑥ 《清政府与华工禁约问题》，《民报》第1号，1905年11月26日，第116页。

⑦ 《论媚外之祸》，《新民丛报》第16号，光绪二十八年八月十五日，第97页。

⑧ 梁启超：《中国前途之希望与国民责任》，1911，张品兴主编《梁启超全集》第4册，北京出版社，1999，第2398页。

计，清廷回銮后的短短一个来月，"保护外人之懿旨，不下二三十次"。① 舆论亦认为，"今日媚外之政府，固昔时排外之政府"。②

二 从"怀柔远人"到"以求两益"

在西方近代国际关系中，条约不是单方面的，而是"缔约各方意在确立相互义务和权利的一种法律相互行为"。③ 清政府被迫订约之始，往往出于传统的"怀柔远人"观念，将订约视为给予对方权益的单方面赐予。在列强不断勒索条约特权的过程中，随着西方国际法的传入，清政府逐渐认识到条约不同于以往"盟誓"的特性，看到中外条约的不平等性，并试图在条约关系中维护自己的权益和平等地位。

清政府自视为至高无上的"天朝"，"怀柔远人"是它处理对外关系的基本理念之一。在其君臣看来，中国不需要与外国建立通商关系，因为"国家四海之大，内地所产何所不有"。允准洋人来华通商，"特系怀柔远人之道则然"。乾隆帝否认通商贸易"与天朝有益"，要求两广总督等"明切晓谕，使知来广贸易，实为夷众有益起见，天朝并不藉此些微远物"。④ 林则徐也认为此系"推恩外服，普示怀柔"。⑤ 出于这一观念，清朝君臣将应允英国的条约要求视为"怀柔"之举。道光帝谓："我朝抚驭外夷，全以恩义"，⑥ "中外一体，念切怀柔，不以其侵犯在先，诉辩在后，遽加屏绝"。⑦ 英法交涉修约，江苏巡抚吉尔杭阿视为"归命乞恩"，认为"因而抚之，并未失体"。待其或生异志，"再图绥辑之方，则不如早用怀柔之法"。⑧ 所谓"怀柔之法"，即同意彼方要求。

---

① 《奴隶与盗贼》，《新民丛报》第 8 号，光绪二十八年四月十五日，第 63 页。
② 《论中国民气之可用》，《时报》乙巳六月十三日，第 1 张第 2 页。
③ 吴昆吾：《条约论》，商务印书馆，1931，第 3 页。
④ 《高宗纯皇帝实录》第 649 卷，乾隆二十六年十一月辛亥，《清实录》第 17 册，中华书局，1985 年影印本，第 259 页下栏。
⑤ 《议复曾望颜条陈封关禁海事宜折》，道光二十年三月二十六日，《林则徐全集》第 3 册，海峡文艺出版社，2002，第 325 页。
⑥ 《上谕二》，道光二十一年正月辛卯，齐思和整理《筹办夷务始末·道光朝》（二），第 711 页。
⑦ 《上谕》，道光二十二年四月乙巳，齐思和整理《筹办夷务始末·道光朝》（四），第 1848 页。
⑧ 《吉尔杭阿奏关税未缴营饷难筹似可将贸易章程略为变通折》，咸丰四年九月十八日，贾桢等纂《筹办事务始末·咸丰朝》（一），第 349 页。

"怀柔远人"又须持平对待，即"抚绥中外，一视同仁"，"一秉至公"。[1]
耆英向来华订约的美国专使顾盛（Caleb Cushing）表示，"中国之待各国商人，
不能有所偏，偏则各国人心不服"。所以，"一切有益远商之事，大皇帝不待
各国请求，即通行一体照办"。[2] 道光帝亦谓："国家抚驭外夷，一视同仁，断
不使彼此稍分厚薄，致启争端。"[3]《南京条约》订立之后，根据这一传统政
策，清政府将给予英国的条约特权也同样给予其他国家。在外国人看来，"几
世纪来，中国人在贸易方面，对所有外国人向来都是一视同仁的，自然没有理
由臆测他们只是因为和英国签订了一项条约，便改变了他们对其他国家的态
度"。[4] 即使没有订约的国家，也可以享有同样的条约权益。道光二十五年
（1845），比利时驻印度支那总领事兰那（Lannoy，Monsieur）奉派到广州谈判
条约，道光帝降谕，"将五口贸易章程一体颁发，以示怀柔"，[5] 准许彼在现有
条约办法下通商。

对于各国的要求，清朝君臣使用的便是恩施之类的语言，如"求恩""恩
准""邀惠"等。这种"一视同仁"的"怀柔远人"心理及政策，在相当程
度上限制了他们的思维，造成他们不是采取积极的态度应对新的条约关系，而
是以羁縻之道单方面让与权益，给对方以恩惠，并无区别地"施恩"于各国。
"中国通商以来，与泰西各国立约，皆指洋人来华一面而言。"[6] 这种让与不免
会损害"天朝"体制和国家权益，这又是他们所不愿意的。在他们看来，条
约"经一次更改，即多一次要求"，[7] 即中国多受一次损失。清政府希望不要
改变已订条约，其考量的主要因素即在于此。

与中国的"怀柔"政策恰恰相反，列强"以条约为挟持之具"，无止境地

---

① 《致英国国王橄谕稿》，道光十九年六月二十四日，中国第一历史档案馆编《鸦片战争档案史
　料》第1册，天津古籍出版社，1992，第644页；《耆英照覆顾盛》，道光二十四年五月十四
　日，朱士嘉编《十九世纪美国侵华档案史料选辑》上册，中华书局，1959，第33页。

② 《耆英致顾盛函》，道光二十四年五月十二日，朱士嘉编《十九世纪美国侵华档案史料选辑》
　上册，第30页。

③ 《宣宗成皇帝实录》第408卷，道光二十四年八月庚子，《清实录》第39册，中华书局，1986
　年影印本，第110页上栏。

④ 莱特：《中国关税沿革史》，姚曾廙译，三联书店，1958，第65页。

⑤ 《廷寄》，道光二十五年六月，齐思和整理《筹办夷务始末·道光朝》（六），第2929页。

⑥ 《总署奏遵议中韩通商条约折》，光绪二十五年正月二十日，王彦威纂辑，王亮编《清季外交
　史料》第137卷，第4页a。

⑦ 《办理通商事务大臣薛焕奏》，同治元年六月甲戌，宝鋆纂修《筹办夷务始末·同治朝》第7
　卷，第40页a。

向中国索取。"故一事也，但使于彼有益，则必出全力以相争，不载入条约之内不止。"入约之后，"字字皆成铁案，稍有出入，即挟持条约，纠缠不已"。更"得步进步，不独于约内所已载者难稍更动，且思于约外未载者更为增添"。① 在列强通过条约屡屡攫取特权的现实中，同治年间便有不少官吏舍弃传统意识，开始认识到近代条约的某些性质，并由此产生维护国家自主权利的思想。美卸任驻华公使蒲安臣（Burlingame Anson）代表中国出使欧美，曾国藩等建议维护自己的权益，"于领海申明公法，于租界争管理权，于出洋华工谋保护，且预防干涉内治"等。② 随后与美国所签《中美续增条约》第1、5、8等条款的规定，也确实在一定程度上实现了这一意图。同任出使大臣的志刚认为，各条款"皆系有益应办之事"。③

同治六年（1867），为应对修约，清廷饬令内外大臣商讨对策。绝大多数人并未意识到可以通过修约来维护自己的权益，担忧又要做单方面的让与。在颇为紧张的气氛中，李鸿章等少数人提出了新的见解。他从国际法的角度剖析条约的性质，认为修约不是结束战争状态的城下之盟，"系条约而非议和"。根据条约规定，彼此双方均有同等权利，任何一方若要重修条约，须先行知照。"有一勉强，即难更改。"我可坚持自己的意见，"于其可许者许之，其不可许者拒之"，并可引《万国公法》"直言斥之"。④ 李鸿章将条约视为双方的权利，肯定己方的地位，表明他在某种程度上摒弃了片面"怀柔"的传统观念。在交涉中，清政府尽管未能完全消除这一意识，却以提出自己的要求作为抵制对方的策略。鉴于"惟彼有所求于我，而我一无所责于彼，虽足以示中国宽大，特恐彼视中国太易，更生非分之思"，奕䜣"亦拟数条向彼商办"。⑤ 其后中英签订的《中英新定条约》，尽管仍是一个不平等条约，但还是体现了中国权益要求的新理念。该约在形式上亦与以往大不一样，每一款均以"中国允"或"英国允"之类的语句，⑥ 明确规定双方的权利义务。这无疑体现了

---

① 《总理各国事务恭亲王等奏》，同治六年五月丁卯，宝鋆纂修《筹办夷务始末·同治朝》第49卷，第6页b。

② 《清史稿》第156卷《邦交四·美利坚条》，中华书局，1976，第4584页。

③ 志刚：《初使泰西记》，湖南人民出版社，1981，第26页。

④ 《湖广总督李鸿章奏》，同治六年十二月乙酉，宝鋆纂修《筹办夷务始末·同治朝》第55卷，第7页b～9页a。

⑤ 《恭亲王等奏》，同治七年十二月甲子，宝鋆纂修《筹办夷务始末·同治朝》第63卷，第5页b。

⑥ 《新定条约》，同治八年九月十九日，王铁崖编《中外旧约章汇编》第1册，三联书店，1957，第308～310页。

订约通例和规则。英贸易部也肯定说："中国也和英国一样在修订条约时有权提出适合它自己的要求。"而对于习惯于从中国单方面索取的英国商人而言，这"是退步的修改",① 因而反对该约，英国政府最终也未予批准。

在条约中表达自己的权利主张，是一个重要进步，说明清政府开始对条约关系有了新的认识。毋庸置疑，其时清政府尚缺乏明确的主动意识，其目的主要在于"杜要求而示限制"。② 在他们看来，中国向不以通商为务，"本不必似彼之极意要求，致蹈商贾行径"。③ 然而，这一观念正在发生变化。尤其是光绪即位之后，随着出使大臣的派遣，以及对不平等条约的危害、国际法和条约关系认识的加深，清朝君臣逐渐转变"怀柔"和"羁縻"观念，对条约的双边性有了较为清楚的了解。如光绪五年，曾纪泽认为通商章程"尽可商酌更改","以求两益"，列强"断无恃强要挟久占便利之理"。④ 也就是说，条约不能仅仅满足各国的单方面要求，必须体现中国的权益。翌年又上奏明确地揭示中外条约的片面性质，谓："中国自与西洋立约以来，每值修约之年，该公使等必多方要挟，一似数年修改之说专为彼族留不尽之途，而于中华毫无利益者。"⑤

与此相应，最体现"怀柔"意识的"一体均沾"，其弊害亦为清朝君臣所发见。同治八年，奕訢上奏指出：从前各国条约,"最难措手者，惟中国如有施恩利益，各国一体均沾等语"。他提出,"若不将此节辩明，予以限制，则一国利益，各国均沾，此国章程，彼国不守，其弊曷可胜言"。⑥ 至光绪年间，更多的人认识到此条约特权的危害。曾纪泽认为,"中国与各国立约，所急欲删改者，惟'一国倘有利益之事，各国一体均沾'之语，最不合西洋公法"。⑦ 其他人如薛福成、李鸿章等均提出类似看法。光绪六年，中德订立《续修条约》，在中外条约中第一次对最惠国待遇做了有条件的限定："德国允，中国如有与他国之益，彼此立有如何施行专章，德国既欲援他国之益，使其人民同

① 伯尔考维茨：《中国通与英国外交部》，江载华等译，商务印书馆，1959，第103、91页。
② 《恭亲王等奏》，同治八年五月丙子，宝鋆纂修《筹办夷务始末·同治朝》第66卷，第13页a。
③ 《恭亲王等奏》，同治七年十二月甲子，宝鋆纂修《筹办夷务始末·同治朝》第63卷，第5页b。
④ 《曾纪泽日记》（中），光绪五年三月廿八日，岳麓社社，1998，第866页。
⑤ 《使俄曾纪泽奏谨就收回伊犁事宜敬陈管见折》，光绪六年六月十五日，王彦威纂辑，王亮编《清季外交史料》第21卷，第21页a。
⑥ 《总理各国事务恭亲王等奏》，同治八年十一月壬戌，宝鋆纂修《筹办夷务始末·同治朝》第70卷，第39页a。
⑦ 《曾纪泽日记》（中），光绪五年闰三月初三日，第868页。

沾，亦允于所议专章一体遵守。"① 在谈判中，"中国大臣们根本不迁就"德国方面的要求，德国则"作了一个有一定意义的让步"，"愿意承认与这些权利有关联的施行细则"。② 其后，清政府更将这一范例推及到其他条约之中。

"以求两益"的观念还被贯注于新订条约之中。除了同治十年与日本订立的《中日修好条规》"与历办西洋条约不同"之外，③ 清政府与秘鲁、巴西、墨西哥等国订约均体现了这一思想。中秘交涉，秘使"必欲援照各国和约通例，不肯一语放松"。李鸿章"先将中国一面叙列"，某些条款"反复争论，几于舌敝唇焦，至往复数十次，该使始勉强遵允"。④ 中巴交涉，李鸿章坚持中方的权利，如"各国派来领事，我竟不能过问，中国派赴各国领事则须该国准认乃得充当，殊于体制有碍，今特于巴西约内添入"。再如最惠国待遇，也参用"互相酬报"之义。其他"凡紧要枢纽，勿任略有通融，冀可渐收利权"。⑤ 张树声说，"此次巴西立约亦多中国力占地步之处，此后各国修约辩论有据，未尝非返弱为强之本"。⑥ 又如中墨订约，以"为最持平"的中秘、中巴两约为底本，参之墨与各强国所订之约，"务期妥当"。并于约内声明："若中国将来与各国设立交涉公律，以治侨居中国之外国人民，墨国亦应照办，以为日后治外国人张本，则外人受治于我，此实权舆。"⑦

到清末，清政府对现存条约的片面性，更有清楚的认识。为应对即将开始的商约交涉，尽管处于战败国的不利地位，各大吏仍以维护己方权益作为交涉的基本方针，即："如彼此有益，或益于彼无损于我者，皆可允改。如一事益彼而损我，则我亦应求一益我之事相抵。"⑧ 须按照各国通商的"常法"修改，

① 《续修条约》，光绪六年二月二十一日，王铁崖编《中外旧约章汇编》第1册，第373页。

② 〔德〕施克丢尔：《十九世纪的德国与中国》，乔松译，三联书店，1963，第129、132页。

③ 《大学士直隶总督李鸿章奏》，同治十年八月辛酉，宝鋆纂修《筹办夷务始末·同治朝》第83卷，第3页a。

④ 《大学士直隶总督李鸿章奏》，同治十三年五月丙辰，宝鋆纂修《筹办夷务始末·同治朝》第94卷，第15页b～第17页a。

⑤ 《直督李鸿章奏与巴西使臣议立通商条约竣事折》，光绪六年八月初六日，王彦威纂辑，王亮编《清季外交史料》第22卷，第24页a～第25页b。

⑥ 《粤督张树声等奏球案不必急议日约未便牵连折》，光绪六年十一月二十五日，王彦威纂辑，王亮编《清季外交史料》第24卷，第25页b、第26页a。

⑦ 《使美伍廷芳奏遵旨与墨哥妥订约款定期画押折》，光绪二十六年正月二十日，王彦威纂辑，王亮编《清季外交史料》第142卷，第2页a、第3页a。

⑧ 《寄刘岘帅张香帅》，光绪二十六年十一月二十一日，盛宣怀著《愚斋存稿》第49卷，台北，文海出版社，1975年影印本，第1113页。

"亦必期彼此有益"。① 谈判中，他们力争自己的权利，反复与之"磋磨"，"实已不遗余力"，"于中国治权、利权，极力护持"。而给予对方的权益，"尚无凭空白送，较历来条约得体多矣"。② 他们坚持，"中国境内，无论何国，均断不容稍侵一切权利，致损自主之权"。③ 外务部总结以往的经验教训，谓："向来与各国所订条约，我多允许与各国利益，而各国鲜允许与我利益。按诸彼此优待之例，实非平允。惟光绪七年所订之巴西条约暨二十五年所订之墨西哥条约颇多持平之处。"基于这一认识，在与瑞典订约时，外务部更"注重此意，不使各项利益偏归一面"。其有益于我者，如加税、免厘之类，则以"中国与各国商允通行照办遵守等语浑括之，以免挂一漏万"。此外如派驻使、设领事及通商行船一切事宜等，则"始终不离彼此均照最优待国相待之意，以扼要领而示持平"。正是出于"持平"的理念，尽管瑞典远在欧洲北境，现尚无华商前往贸易，"其所许我利益未能遽沾实惠"，也"不可不预为地步"。④ 对于尤体现"怀柔"理念的片面协定关税制度，他们亦有深入的认识。驻意公使钱恂谓：协定关税的"要旨"，在于"有所求于人者，必预筹夫所报；有所允于人者，必还取夫所偿，利不独擅"。"互享懋迁有无之利，各有所失，亦各有所得也"。⑤

无疑，清政府逐渐摆脱了传统的"怀柔"观念，认识到自身权益是条约关系中的重要组成部分。他们开始从国际法和条约的视角，阐明自身权益的合理性。这一观念上的转变，与国际法的输入不无关系。在他们看来，国际往来虽"若家人之相与"，却并非是由"天下共主"的单方面施恩，而是"恩怨报施，各有其分，不相凌越"。⑥ 总之，在中外条约关系的发展过程中，清政府的诉求由单方面的"怀柔远人"转向"以求两益"，国家平等的观念逐渐形成，开始追寻平等的条约地位。

① 《寄江鄂督帅山东抚帅》，光绪二十六年十一月二十四日，盛宣怀著《愚斋存稿》第49卷，第1118页。
② 《致江宁刘制台，上海吕大臣、盛大臣》，光绪二十八年七月二十三日，苑书义等主编《张之洞全集》第11册，河北人民出版社，1998，第8906页。
③ 《致上海袁道台》，光绪二十八年九月初八日，苑书义等主编《张之洞全集》第11册，第8945页。
④ 《外部奏中瑞修改通商条约请旨派员画押折》，光绪三十四年六月初二日，王彦威纂辑，王亮编《清季外交史料》第215卷，第2页 a～第3页 a。
⑤ 《使义钱恂奏调查义国对于中国货物进口征税情形折》，宣统元年八月二十五日，《清宣统朝外交史料》第9卷，故宫博物院，1933，第38页 a。
⑥ 北洋洋务局纂辑《约章成案汇览》甲编，"杨士骧序"，第1页 a。

三 从"未便参阅"到"奉为圭臬"

近代意义的条约产生于西方，随着近代欧洲国际法的成长，"条约成为国际法公认的一个制度，被赋予法律的拘束力"。① 近代中外条约关系的建立，使中国开始涉入国际法领域；而对国际法的了解和态度，则是认识和应对条约关系的基本环节，反映了清政府这一观念的变化，清政府对它的态度，逐渐从"未便参阅"的犹疑转向了"不能不用"的考量，进而主张"奉为圭臬"。

起初，清政府关注国际法，是出于交涉的需要，试图运用其学说作为抵制外国侵略的武器。林则徐在广东禁烟之时，曾组织翻译18世纪瑞士著名国际法学家瓦特尔（Emmerich de Vattel）所著《国际法》部分内容，涉及货物禁运、属地管辖、海难救助、战争封锁等，② 并用以处理对外事务。这一主动引入西方国际法之举，尽管所译内容仅数款，但仍具有重要意义。它不仅是晚清时期国际法输入中国之始，且揭橥了清政府应对新的外交格局的重要趋向，可说是其条约关系观念产生的前奏。然其后一段时间，国际法又被忽略。直至中外条约关系确立之后，国际法再次受到关注，开始较为完整地传入中国。同治三年，经美驻华公使蒲安臣推荐，总理衙门资助刊印了丁韪良（William Martin）所译《万国公法》。但奕䜣对此颇有疑惑，担心彼"以书尝试，要求照行"，会取代"天朝"体制。同时，他又认为"其中亦间有可采之处"，并"暗采该律例中之言"，使在中国海面拿捕丹麦商船的普鲁士公使"即行认错"。③

《万国公法》的引入，促使清政府接受某些近代对外观念。如张斯桂序文谓："统观地球上版图，大小不下数十国，其犹有存焉者，则恃其先王之命，载在盟府，世世守之，长享勿替，有渝此盟，神明殛之，即此《万国律例》一书耳。"④ 董恂序文谓："今九洲外之国林立矣，不有法以维之，其何以

---

① 周鲠生：《国际法》下册，商务印书馆，1976，第590页。

② 林则徐后来将所译文稿交魏源编撰《海国图志》，其内容见陈华等点校注释《海国图志》（下），岳麓书社，1998，1992~1995页；参见《中国医务传教会一八三九年医院工作报告》，广东省文史研究馆编《鸦片战争与林则徐史料选译》，广东人民出版社，1986，第180页。

③ 《恭亲王等又奏》，同治三年七月丁卯，宝鋆纂修《筹办夷务始末·同治朝》第27卷，第25页b~第26页b。

④ 张斯桂：《万国公法序》，同治癸亥端午，惠顿著《万国公法》，丁韪良译，何勤华点校，第3~4页。

国?"① 两序在一定程度上肯定了国际法在各国交往中的作用，体现了各国平等的观念。但序文又充斥着传统思想，如"四海会同，万国来王"之类，无疑反映了以中华为中心的"天朝"观念。《万国公法》所具有的近代国家观念，如尊重各国主权、各国平等往来、遵守国际公约和双边条约等原则，在当时并未引起他们的重视，更未产生以此维护己方权益的主动诉求。

影响清政府接受国际公法的因素主要有二。其一，国际公法所揭示的西方近代交往规则，与中国传统的"天朝"体制及观念大相径庭。如奕䜣所说，"中国自有体制，未便参阅外国之书"，"衡以中国制度，原不尽合"。② 曾纪泽亦谓，"中国自有成法，与西洋各国刑律不同，而睦邻绥远之道，亦未必与公法处处符合"。③ 并认为，国际法构建的国际体系不如中国的宗藩体系，"列圣深仁厚泽，乃有远过于《公法》所载者"。④ 主持外交的"秉钧者"向西人表示，"我中国不愿入尔之公法。中西之俗，岂能强同"。⑤ 其二，西方列强奉行弱肉强食的强权政治，无视东方国家的应有权利，将国际法中相互尊重与主权平等的原则视若弁髦，这不能不引起时人的疑惑。列强公然将中国排斥在国际法之外，将外交视为"有武装实力的思考"，认为拘泥于国际法"去处理像中国这样一个亚洲国家，这简直是胡诌"，"对国际法中某些法规和原则有必要加以特殊的修改"。⑥ 正在试图脱亚入欧的日本亦步其后尘，如日驻华公使森有礼声称："国家举事只看谁强"，"万国公法亦可不用"。⑦ 正唯如此，驻美公使崔国因说，强者"但以法绳人，而不以自律也"。⑧

由于上述原因，尽管清政府肯定国际法某些原则的积极作用，却认为不足

---

① 董恂：《万国公法序》，同治三年十二月，惠顿著《万国公法》，丁韪良译，何勤华点校，第1页。

② 《恭亲王等又奏》，同治三年七月丁卯，宝鋆纂修《筹办夷务始末·同治朝》第27卷，第25页 b、第26页 a。

③ 《巴黎致总署总办》，庚辰六月十六日，喻岳衡点校《曾纪泽遗集》，岳麓书社，1983，第181~182页。

④ 《曾纪泽日记》（中），光绪五年五月十四日，第890页。

⑤ 《论中国在公法外之害》，1892，徐素华编《筹洋当议——薛福成集》，辽宁人民出版社，1994，第157页。

⑥ 《阿礼国爵士致斯坦利伯爵文》，1869年2月5日，中国第一历史档案馆等编《清末教案》第6册，中华书局，2006，第281、280页。

⑦ 《日本使臣森有礼署使郑永宁来直隶督署内晤谈节略》，光绪元年十二月二十八日，顾廷龙、戴逸主编《李鸿章全集》第31册，安徽教育出版社，2008，第340页。

⑧ 胡贯中、刘发清点注《出使美日秘日记》，光绪十八年十一月二十九日，黄山书社，1988，第525页。

为凭，当然也不愿用它改变"天朝"体制。总理衙门认为，"离合向背，全以中国之强弱为转移，公法要约殊不足恃"。① 曾纪泽看到公法在西方"保全小国附庸"，"俾皆有自立之权"，② 同时又认为难以真正实行。他提出，采用公法"须行之以渐，目下断不能锱铢必合者"。③ 两广总督张之洞一方面提出"博采"公法学等西学，"申明中国律条，参以泰西公法"，编为"通商律例"。并拟"募致"洋教师来粤任教，培养人才。④ 另一方面，张之洞又批评"笃信公法"和"公法为可恃"之说，是愚蠢的想法，认为"权力相等则有公法，强弱不侔，法于何有？"西方列强"奚暇与我讲公法哉？知弭兵之为笑柄，悟公法之为瞽言，舍求诸己而何以哉？"⑤ 诸如此类的看法，揭示了传统国际法中不合理的强权因素，但某种程度上又导致清政府长时期未能主动地将自己纳入国际公法体系，在对外关系中缺乏正确有效的应对之策，难免在矛盾白热化之时走向极端。义和团运动之初，总理衙门大臣许景澄等力陈"围攻使馆，实背公法"，端郡王载漪等"斥为邪说"，在很大程度上影响西太后和清廷做出攻打使馆的荒谬决策。⑥

随着中外交往的扩大，一些官员意识到国际法的多面性。至 19 世纪 90 年代，尤其是甲午战争后，一些人主张进入国际法体系，借以维护自己的权益，认为国际公法存在弊端，但两害相较取其轻。薛福成指出，"各国之大小强弱，万有不齐，究赖此公法以齐之，则可以弭有形之衅。虽至弱小之国，亦得藉公法以自存"。他列举种种事实，说明"公法外所受之害，中国无不受之"。虽然列强"悍然冒不韪以凌我"，但中国当今国势衰弱，"若势有不逮，曷若以公法为依归，尚不受无穷之害"。⑦ 御史陈其璋奏请"与各国订明同列万国公法"，将国际公法与中外条约联系起来，认为"条约屡换，而每事吃亏，指不胜屈"，其原因在于未与各国订明"同用公法"。强调公法"持论不偏"，

① 《总署奏法人吞越显背公法请筹饷备械以遏外侮折》，光绪九年十二月二十四日，王彦威纂辑，王亮编《清季外交史料》第 38 卷，第 25 页 b。
② 《曾纪泽日记》（中），光绪五年三月十四日，第 859 页。
③ 《曾纪泽日记》（中），光绪五年五月十四日，第 890 页。
④ 《增设洋务五学片》，光绪十五年十月十八日，苑书义等主编《张之洞全集》第 1 册，第 732 ~ 733 页。
⑤ 《劝学篇》，光绪二十四年，苑书义等主编《张之洞全集》第 12 册，第 9768 页。
⑥ "许景澄传"，赵尔巽等撰、周骏富辑《清史稿列传》（六），台北，明文书局，1985，第 12761 页。有学者考证，做出攻打使馆决策的是西太后，参见林华国《庚子围攻使馆事件考》，《历史研究》1991 年第 3 期。
⑦ 《论中国在公法外之害》，1892，徐素华编《筹洋当议——薛福成集》，第 156 ~ 157 页。

"乃世人之法，各国不可不服。无论何人何国，皆可恃以保护"。又将国内法与国际法予以区分，剖析了抵制国际公法的各种见解，指出：外交"则悉本公法为准绳"，"我既不能屏绝外交，自不能不用公法"。主张改变传统观念，"与各国立约"，"嗣后不得视中国在公法之外，一切事件，均照公法而行"。①

经过庚子事变，清政府的对外观念，尤其是对待国际法的态度，发生重大变化。其一，列强施以前所未有的暴力，迫使清政府不得不承认违反国际法的过错。它们指责中国"致罹穷凶极恶之罪，实为史册所未见，事殊悖万国公法，并与仁义教化之道均相抵牾"，② 压力之下，清政府表示"悔过认责"。③其二，列强对庚子事变及其他事例的处理，似乎在某种程度上树立了"文明"形象，使清朝君臣产生相信国际法的心理。山西补用知府曹廷杰禀称，各国"听从和议，不至侵我主权、割我土地者，则以渐尚仁义，禁止残虐，赖有公法维持其间"。④ 吉林将军长顺也认为，"所幸者各国文教渐开，能以仁义之道，革去凶暴之行，不至妄肆杀戮，割地侵权"。他举例说明英、美、法等强国，"莫不准情酌理，俯从公法"。⑤ 清廷对其"不侵我主权，不割我土地"，更是感恩戴德，"念列邦之见谅，疾愚暴之无知，事后追思，惭愤交集"。⑥ 他们甚至认为，由于"中国前此不讲公法，故酿成拳匪之祸"，导致八国联军入京。⑦ 如果早将律法公法"悉心考究"，"令诸生肄习"，"家喻户晓"，军民人等"知公法当重，无损外交。何至祯祥妖孽之不分，听民听神之不辨，酿成大患，震惊朝廷乎！""以今日事变言之，惩前毖后，肄习公法不綦重欤？"⑧

在这一背景下，清政府强调"公法当重"，进而对官吏提出相应的要求。光绪二十七年四月，清廷降谕，嗣后编检以上各官，"应专课政治之学"，如

---

① 陈其璋：《请与各国订明同列万国公法疏》，光绪二十二年二月十二日，于宝轩辑《皇朝蓄艾文编》第 13 卷，上海官书局，光绪二十九年，第 39 页 b ~ 第 40 页 b。

② 《议和大纲》，1900 年 12 月 22 日，王铁崖编《中外旧约章汇编》第 1 册，第 980 页。

③ 《议和大纲》（1900 年 12 月 22 日），王铁崖编《中外旧约章汇编》第 1 册，第 980 页。

④ 《呈送〈万国公法释义〉禀文》，光绪二十七年九月，丛佩远、赵鸣岐编《曹廷杰集》下册，中华书局，1985，第 411 页。

⑤ 《吉林将军长顺奏咨底稿》，光绪二十七年九月，丛佩远、赵鸣岐编《曹廷杰集》下册，第 412 ~ 413 页。

⑥ 《德宗景皇帝实录》第 477 卷，光绪二十六年十二月癸亥，《清实录》第 58 册，第 294 页上栏。

⑦ 《吉林将军长顺奏咨底稿》，光绪二十七年九月，丛佩远、赵鸣岐编《曹廷杰集》下册，第 414 页。

⑧ 《呈送〈万国公法释义〉禀文》，光绪二十七年九月，丛佩远、赵鸣岐编《曹廷杰集》下册，第 411 页。

条约公法等，"听其分门肄习"。其议论切实，确有见解者，"量予奖励"。① 上谕表明清廷态度的重要转变，"以此为变通政治之一端，中国此后自无不合公法之事"。② 外交、公法等还被纳入科举考试范围，光绪二十九年殿试，清廷将外交、公法等作为策试内容，制曰："两国交涉，若者为公法，若者为私法，试为区别。"③

国际公法还被抬升到儒家经典的地位。此前，不少人将西方公法与春秋时期的交往之道相比附，但意见不一。或认为前者不如后者，不是真正的公法。"《礼》与《春秋》乃真万国公法"，其内容"无事不备，无义不精"。而西方公法"斤斤聚讼"，"不审曲直"，"其词甚鄙，何堪称法"。④ 现在，国际公法则被视如儒家经典，李鸿章谓："西人之公法即中国之义理，今之为公法家其即古之礼家乎。""其事弥纶于性"，"条贯于经"，"常人得之以成人，国得之以立国"。其所论"享公法权利及调处免战"等事，"皆仁心为质"，"颇合中国礼家之言"。他提出将该书"悬之国门，推之海外"，为"以后办交涉者奉为圭臬焉"。⑤ 端方、孙宝琦等亦有类似看法。

随后倡议、讲习国际公法在官员中蔚然成风。曾反对"笃信公法"的张之洞认为，"欲救中国残局，惟有变西法一策"，然后可令"中国无仇视西人之心"，"各国无仇视华人之心"，"各国无仇视朝廷之心"。⑥ 他积极推动国际公法的普及，将湖北课吏馆易名为仕学院，聘丁韪良为公法教习，"集僚属数十人习焉"，"鄂中士夫翕然悦服"。⑦ 不少大吏深感国际公法，"苦无可读之书"，呼吁"宜亟译国际法书，以裨益外交"。⑧ 曹廷杰将《万国公法》"逐条注释"，名为《万国公法释义》，请吉林将军长顺"咨呈外务部核阅"，并"请

---

① 《德宗景皇帝实录》第 482 卷，光绪二十七年四月甲寅，《清实录》第 58 册，第 367 页上栏。
② 《吉林将军长顺奏咨底稿》，光绪二十七年九月，丛佩远、赵鸣岐编《曹廷杰集》下册，第 414 页。
③ 《德宗景皇帝实录》第 516 卷，光绪二十九年五月戊寅，《清实录》第 58 册，第 813 页下栏 ~ 第 814 页上栏。
④ 宋育仁：《公法》，《采风记》第 5 卷，光绪丁酉刻本，第 6 页 a、第 3 页 a、第 12 页 b、第 13 页 a。
⑤ 霍尔：《公法新编》，丁韪良、綦策鳌编译，上海广学会，光绪二十九年，"李鸿章序"；转引自刘禾《帝国的话语政治》，杨立华等译，三联书店，2009，第 183 ~ 185 页。
⑥ 《致西安鹿尚书》，光绪二十七年二月初五日，苑书义等主编《张之洞全集》第 10 册，第 8527 页。
⑦ 丁韪良：《邦交提要》，广学会刻本，光绪三十年，"端方序""李佳继昌序"。
⑧ "驻和国大臣陆征祥致外务部"，光绪三十二年十一月初七日，外务部档案号：02 - 21 - 002 - 01 - 043，台北，中研院近代史研究所档案馆藏。

旨饬部删定"，"颁发学堂"。①

条约编纂的指导思想亦有很大变化，突破了以往仅仅作为守约考量的局囿，更从国际公法的角度审视其重要性。此前，编纂条约的目的，或为"洋务之圭臬"，②或昭示朝廷"大信"，要求"奉行毋忒"，"以销内外之忧"。③光绪三十一年编撰的《约章成案汇览》，袁世凯、张百熙、杨士骧等各大吏所作序言，主要是从国际法的角度论析条约的地位和作用，其旨趣大不相同。④此外，传统的藩属观念几经挫折发生变化，亦在强力之下被纳入国际公法的范畴。学术界对此有所论及，这里不赘。

总之，经过庚子事变，清政府一改以往犹疑不决的态度，基本上认同了尚不很熟悉的国际法。这一观念的变化，既为列强巩固强权政治下的中外条约关系提供了条件，又促使清政府摒弃了传统的驭夷之道，更为主动地接受和运用近代交往规则。

四　从"一劳永逸"到"预筹修约"

在西方近代条约关系中，任何条约均非一成不变，可根据形势的变化进行修改。⑤中外条约关系建立伊始，清政府没有修约观念，其后随着对国际法了解的深入，在不断应对列强通过条约攫取特权的过程中，逐渐产生了挽回国家权益的修约思想。

《南京条约》订立，清政府认为这是一揽子解决争端的永久和约，即所谓"万年和约"。道光帝视此为"一劳永逸之计"，"从此通商，永相和好"。⑥耆英也认为，"可期一劳永逸，永杜兵端"。⑦善后条款前言亦谓，"以为万年和

---

① 《呈送〈万国公法释义〉禀文》，光绪二十七年九月，丛佩远、赵鸣岐编《曹廷杰集》下册，第 411 页。

② 劳乃宣编《各国约章纂要》，湖南善后局，光绪十七年，"凡例"，第 1 页 a。

③ 李鸿章：《通商约章类纂序》，张开运辑《通商约章类纂》，天津官书局，光绪十二年，第 1 页 a。

④ 参见北洋洋务局纂辑《约章成案汇览》甲编，"袁世凯序"，第 1 页 a；"张百熙序"，第 1 页 a、2 页 a；"杨士骧序"，第 1 页 a。

⑤ 李浩培：《条约法概论》，法律出版社，1987，第 445 页。

⑥ 《廷寄》，道光二十二年七月癸亥，齐思和整理《筹办夷务始末·道光朝》（五），第 2277～2278 页。

⑦ 《耆英等奏和约已定详议善后事宜折》，道光二十二年八月丙申，齐思和整理《筹办夷务始末·道光朝》（五），第 2335 页。

好之确据".① 在他们看来，《南京条约》及其附约已解决了中英两国争端，不需与他国订约，也不需修改。顾盛来华交涉订约，护理两广总督、广东巡抚程矞采答复说：中英"构兵连年"，"故立条约以坚其信"，中美通商二百年来，"毫无不相和好之处，本属和好，何待条约?"② 虽然最后仍与订约，却并非着眼于建立条约关系。中美《望厦条约》做了修约规定："各口情形不一，所有贸易及海面各款不无稍有变通之处，应俟十二年后，两国派员公平酌办。"③ 但把条约视为单方面让与的清朝大吏，并不懂得这一条款的意义，更不用说通过该条款提出自己的修约要求。咸丰四年（1854），英、美公使包令（John Bowring）和麦莲（Robert Milligan McLane）要求修约，两广总督叶名琛"颇觉秘密"，有些莫名其妙，经查询始知江南定约"有十二年后，再行重订等语"。叶名琛所指系《南京条约》，其实该约并无修约条款，可见这些大吏对条约的隔膜。他很不理解定约之后，"何又复以十二年为期?"④ 其时，条约关系意识的欠缺是普遍现象。在清朝君臣眼中，条约应永久不变。咸丰帝谓："既称万年和约，便当永远信守。"⑤ 桂良等谓："前立和约，既称万年，何得妄议更张。"⑥

英、法再次用战争打破清王朝"一劳永逸"的愿望。中英《天津条约》明确规定："日后彼此两国再欲重修，以十年为限"，"酌量更改"。⑦ 中法《天津条约》亦做了类似规定。这给清朝君臣上了生动的一课。随着国际法的传入，以及国际知识的增加，清朝君臣对条约的性质有了新认识，开始萌生修约意识。两江总督何桂清最早看到和约与商约的不同，并知道后者可以修改，谓：《南京条约》"谓之万年和约，系一成不变之件，在广东所定者，谓之通商章程，载明：十二年后，酌量更改"。他认为，由于未看到相关条约，以致

---

① 《五口通商附粘善后条款》，道光二十三年八月十五日，王铁崖编《中外旧约章汇编》第1册，第34页。

② 《照复顾盛》，道光二十四年二月己未，齐思和等整理《筹办夷务始末·道光朝》（六），第2808~2809页。

③ 《五口贸易章程：海关税则》，道光二十四年五月十八日，王铁崖编《中外旧约章汇编》第1册，第56页。

④ 《叶名琛又奏美使英使同时更易系据江南定约十二年后重订之语片》，咸丰四年五月二十八日，贾桢等纂《筹办夷务始末·咸丰朝》（一），第271页。

⑤ 《廷寄二》，咸丰四年九月初二日，贾桢等纂《筹办夷务始末·咸丰朝》（一），第326页。

⑥ 《桂良奏筹议与英美交涉办法并派员赴津会办折》，咸丰四年九月初二日，贾桢等纂《筹办夷务始末·咸丰朝》（一），第324页。

⑦ 《天津条约》，咸丰八年五月十六日，王铁崖编《中外旧约章汇编》第1册，第99页。

办理外交的官员不了解修约的条约规定。"历来办理夷务诸臣，但知有万年和约之名，而未见其文，以致误将通商章程，作为万年和约。"① 清政府一改此前的态度，开始重视修约问题，如前所述，同治六年就"预筹修约"组织了一场大讨论。虽然李鸿章主要着眼于如何拒绝对方要求，未能提出主动修约的主张，却为走向这一目标搭建了台阶。由于态度较为积极，清政府在修约谈判中有所作为，取得一定的成果。奕䜣认为，"将来别国修约时，似亦可援此为式"。②

一些大吏更进一步提出了收回某些条约特权的修约设想。例如，三口通商大臣崇厚主张收回外籍税务司条约特权，"于现修约内，无论何款，不可有责成税务司字样"，"则沿海利权，不致移于外国"。③ 此法旨在使外籍税务司丧失条约依据，以达到收回海关行政主权。江苏布政使丁日昌从另一角度提出类似主张，即：将同文馆熟习外国语言文字者，派往海关学习税务，俟事理通达，即授予税务司之任，"庶各关税务司一缺，亦不致专为洋人所占"。④

到光绪年间，由于国际法的传播，以及日、俄废约的影响，他们进一步产生了主动修约的期望和主张。光绪四年，总理衙门咨行各驻外公使，谓："条约每届十年准修一次，其如何增删改换，自系出于两国情愿"，"因思更修条约，贵将两国之意先行说明"，要求他们向驻在国外务大臣"诵听其颠末"。⑤ 一部分官员，尤其是驻外公使对此更有明确的认识。李鸿章谓："我与西约始由胁逼而成，各款多违万国通例，正思逐渐挽回。"⑥ 曾纪泽认为，"改约之事，宜从弱小之国办起。年年有修约之国，即年年有更正之条。至英、德、法、俄、美诸大国修约之年，彼亦迫于公论，不能夺我自主之权利。则中国收复权利而不著（着）痕迹矣"。⑦ 他区分两类不同的条约，认为通商条约

① 《何桂清奏缕陈洋务棘手情形折回常州再定进止折》，咸丰八年十月初九日，贾桢等纂《筹办夷务始末·咸丰朝》（四），第1194页。

② 《总理各国事务恭亲王等奏》，同治八年九月丁亥，宝鋆纂修《筹办夷务始末·同治朝》第68卷，第15页b。

③ 《三口通商大臣兵部左侍郎崇厚奏》，同治六年十一月乙亥，齐思和整理《筹办夷务始末·同治朝》第54卷，第22页b。

④ 《李鸿章附呈藩司丁日昌条款》，同治六年十二月乙酉，齐思和整理《筹办夷务始末·同治朝》第55卷，第20页a。

⑤ 《总理衙门咨行出使大臣》，光绪四年，海关总署《旧中国海关总税务司署通令选编》编译委员会编《旧中国海关总税务司署通令选编》第1卷附件，中国海关出版社，2003，第325、327页。

⑥ 《复沥署·论维护朝鲜》，光绪六年十一月二十一日，顾廷龙、戴逸主编《李鸿章全集》第32册，第639页。

⑦ 《曾纪泽日记》（中），光绪六年四月十三日，第981～982页。

"与时迁变，尽可商酌更改"。按照西洋通例，"虽蕞尔小邦欲向大国改约，大国均须依从，断无恃强要挟久占便利之理"。① 中国也要利用商约的这种性质，不能独为对方所用，"彼所施于我者，我固可还而施之于彼"。他们主张修约，主要是依据条约性质和条约规定，但已触及中外条约的不平等性质。如曾纪泽上奏说："酌量公法之平颇，则条约不善，正赖此修约之文得以挽回于异日夫，固非彼族所得专其利也。"② 并赴英外交部"谈商改条约之事"，"争辩良久"。③

　　他们的修约理由，除此前所依据的条约性质和修约规定之外，更有了新的考量。光绪十年，总理衙门向各国明确表达了修约的期望："前与各西国所立各约，其中原有中国未尽出于情愿，勉为允许者，谅各国大臣亦所素悉。中国则于明知各约内之有损于国，无益于民者，初未尝或有不行照办，不过期望各西国渐渐可以改为和平。"④ 光绪十二年，曾纪泽在《中国先睡后醒论》一文中将"重修和约"视为"中国目前所最应整顿者"，"以合堂堂中国之国体"，指出："战后所立和约未能平允，则其怨难消。盖所立和约系中国勉强设立，中间有伤自主之体统，今不能不设法改订。"并向国际社会表示，"中国决派钦使分诣诸国，往复妥议，必不隐忍不问"。⑤ 诸如此类，表明清政府的修约思想，比以前更进一步，已注重从条约的不平等性质和国家主权的角度置论。这一认识日益清晰和普遍。如驻美公使崔国因谓："东西各国与亚洲立约，向不公平。""骤然挽回，固难为力。然亦当步步留心，早为之计。"特别提出，"其中最不公平者，莫如两国入口之税"，"当徐思变计"。⑥ 不过，清政府此时并无修约的急迫心理。如曾纪泽认为，修约"事体重大，其整顿也自不免多延时日。然此一世界固非将近终穷，太阳又非行尽轨道之圈，为时尚永。中国

① 《曾纪泽日记》（中），光绪五年三月二十八日，第866页。
② 《使俄曾纪泽奏谨就收回伊犁事宜敬陈管见折》，光绪六年六月十五日，王彦威纂辑，王亮编《清季外交史料》第21卷，第21页 a。
③ 《曾纪泽日记》（中），光绪七年正月初四日，第1049页。
④ 《总署致各国公使请将法人违约之处转报各本国照会》，光绪十年六月二十二日，王彦威纂辑，王亮编《清季外交史料》第44卷，第14页 b～15页 a。
⑤ 曾纪泽：《中国先睡后醒论》，光绪十二年，《中国近代政治思想史参考资料》（上），中国人民大学中共党史系等编印，1981，第284～285页。
⑥ 《使美崔国因奏奉使任满谨陈办理使事各节折》，光绪十九年九月初四日，王彦威纂辑，王亮编《清季外交史料》第88卷，第2页 a—b。

尽为国之职分，正可以暇日行之，而无事亟迫也"。①

甲午战后，清政府更为积极筹划修约，尤注重关税利权和领事裁判权。户部尚书熙敬等奏请整顿关税，逐渐收回利权，谓："条约税则及通商各款，遇修约年分，原准酌量议改。"他以日本争得关税权与曾纪泽争得税厘并征为例，认为"利权所在，据理力争，未尝不可挽回万一"。为今之计，宜悉心了解现存关税制度的失平，"知我吃亏所在"，然后坚持不懈，"经年累月，反复申论，争得一分即得一分之益"，可与日本一样"磨砻而成"。② 光绪二十四年，因翌年届与英修约之期，总理衙门"奏请将英约修改，藉得早定加税之议"，奉旨允准。于是拟"与各国使臣妥议加税章程，列入条约，以冀保我利权，藉收得寸得尺之效"。③ 收回领事裁判权方面，由同治年间开始的改进谋划有了更清晰的思路，伍廷芳奏请"变通成法"，提出了较为完整的方案。④

经过庚子事变，清政府的修约意识更为清醒，体现了更多的主动性，而且从各个方面提出了具体方法，以维护中国的权益。

清朝大吏更明确地提出了修约要求。为应对修订商约交涉，安徽巡抚王之春提出抵制之法和"预筹修约"的建议。一方面，针对列强的要求，事先筹策。中外所订诸约，"其中不无亏损，而每届修改，辄有要求，屡烦支拄"。当今修约系"常行约章"，可以"反复驳辨"，"彼索利益，则此议抵偿"。他具体提出"议改税则必酌量相抵之法"，即"有一减必有一增"。又提出抵偿"添开口岸，展拓租界"的"要索"，并指出"日本常用此法以收回权利，成效昭然"。另一方面，"旧约失策之最甚者"，如"治外无权、制税无权"二端，"绸缪不容稍懈"。主张效法日本，派专员与外务部"考其害之重轻、争之难易，而因以筹补救之机宜"。虽然"效非一蹴可几，而事必以预而立"。⑤ 他们又充分利用条约规定，努力争取自己的修约权。交涉中，中方代表突破

---

① 曾纪泽：《中国先睡后醒论》，光绪十二年，《中国近代政治思想史参考资料》（上），第285页。

② 《户部尚书熙敬等奏整顿洋税逐渐收回利权片》，光绪二十一年六月初四日，王彦威纂辑，王亮编《清季外交史料》第116卷，第3页a—b。

③ 《总署奏遵议陈其璋请与各国开议酌加进口税折》，光绪二十四年五月十六日，王彦威纂辑，王亮编《清季外交史料》第132卷，第12页a。

④ 参阅拙文《晚清改进、收回领事裁判权的谋划及努力》，《近代史研究》2009年第1期。

⑤ 《皖抚王之春奏预筹和约抵制办法折》，光绪二十七年七月初六日，王彦威纂辑，王亮编《清季外交史料》第149卷，第13页a~15页a。

《辛丑条约》仅规定对方有权提出修约的限制，提出自己的要求，谓："既有商议二字，便是彼此可以商改。"① 盛宣怀等认为，"加税原非各国所愿，但期满修改税则，系条约所载"。② 也就是说，根据条约，中国完全有修改税则的权利。

他们更进而注重从根本上"商改条约"。驻俄公使杨儒提出"保权"，在税法、租界、司法等方面，改变"反客为主"的现状。③ 在关税问题上，以往主要是从"利柄"着眼，尚未提出收回关税主权的根本问题。至宣统年间，一些官员则有了明确的关税主权认识。驻意公使钱恂指出："各国税政均有独立自主之权"，中国却受条约约束，"不能自主"，仅实行片面协定关税，"大失持平"。他批评清政府仅知"免厘加税"，而不筹划收回关税主权。提出"断不能仅以加税作补苴之计"，当以日本为鉴，详细研究各国条约，"以预筹他日改约"，恢复中国的关税主权。并相信只要"坚忍以持，必有改正之一日"。④ 考察宪政大臣李家驹提出，"收回税关管理权"，"改正税率"，"亟应为改正之准备"。⑤

各大吏又主张整顿内政，广泛研究条约，为修约创造条件。两江总督刘坤一等称，和局大定之后，"即行宣示整顿内政切实办法，使各国咸知我有发奋自强之望、力除积弊之心，则筹议修约时尚可容我置词"。⑥ 杨儒提出，"非审酌时宜，更定律法，则外人断不肯就我范围，而约章终不可改"。"昔之日本，今之中国"，援照东邻成例，"时局之挽回可望"。⑦ 东三省总督锡良提出"改东三省通商条约"，认为"为今之计，可与各国密约以数年为限，为我预备开

① 《商约大臣盛宣怀致外部与英使订行轮传教诉讼通商各条电》，光绪二十八年正月初五日，王彦威纂辑，王亮编《清季外交史料》第152卷，第3页a。
② 《遵旨筹议增税事宜并拟税厘兼顾办法折》附"加税备问各节清单"，光绪二十六年二月，盛宣怀《愚斋存稿》第4卷，台北，文海出版社，1975影印本，第34页a。
③ 《使俄杨儒奏请变通成法补救时艰谨拟六策折》，光绪二十七年七月初一日，王彦威纂辑，王亮编《清季外交史料》第149卷，第6页a。
④ 《使义钱恂奏调查义国对于中国货物进口征税情形折》，宣统元年八月二十五日，《清宣统朝外交史料》第9卷，第37页b～39页a。
⑤ 《考察宪政大臣李家驹奏考察日本财政编译成书折》，宣统二年十二月十九日，《清宣统朝外交史料》第18卷，第39页a。
⑥ 《刘坤一张之洞盛宣怀致总署通商行船事应详思力筹拟具说帖以备修约电》，光绪二十六年十二月初一日，王彦威纂辑，王亮编《清季外交史料》第145卷，第11页b。
⑦ 《使俄杨儒奏请变通成法补救时艰谨拟六策折》，光绪二十七年七月初一日，王彦威纂辑，王亮编《清季外交史料》第149卷，第6页a—b。

放之期，届期之日收回治外法权，准其杂居内地"。① 张荫棠谓：列强"视吾国为半开化之国，未许同入于国际公法范围之内"。要收回关税主权和领事裁判权，"须于内政、外交——布局预筹，非旦夕可以收效"。②

总之，庚子事变之后，清政府更积极主动地筹划修约，形成较为完整的思路。从全面反思和批判传统的驭外之道，到重视国际公法中的近代意义上的国家主权意识，注重条约本身的规定，又进而筹划内政改革，创造收回主权各种条件，等等，这些表明清政府的对外观念和意识有了很大的改变和进步。不可否认，清政府仍缺乏坚定的决心，更谈不上废约意识，又无整体的修约筹划，且无法彻底摆脱传统观念的羁绊。这就使它所做努力成效甚微，不可避免地制约着修约的进程，实际上仍处于"预筹修约"阶段。纵观晚清时期，清政府艰难地走向历史的重大转折，既接受了以"要盟"为内核的国际关系秩序，又认同了各国平等的国际规则，并开始筹划以近代的方式改变自己的条约地位。在这一过程中，清政府产生了近代意义上的国家主权意识，逐渐离别了对外关系上的"天朝"体制，从传统走向近代，形成传统国际法意义上的条约关系观念。尽管存在种种局限和弊窦，但它为这个古老帝国的自新所付出的代价和所做的探寻，为民国时期条约认识的升华，打下了一定的基础，提供了弥足珍贵的经验和教训。

---

① 《东督锡良奏遵旨密陈东三省大局应行分别筹办情形折》，宣统二年十月十六日，《清宣统朝外交史料》第 18 卷，第 2 页 b ~ 第 3 页 a。
② 《使美张荫棠奏敬陈外交事宜并请开缺简授贤能折》，宣统三年九月初四日，《清宣统朝外交史料》第 23 卷，第 16 页 b ~ 第 17 页 a。

嘉庆时期中俄中段边境防务
体系及边境地方层面的交往

——以嘉庆十年戈洛夫金使团访华前后为中心的分析

中国社会科学院近代史研究所　陈开科

　　近代以来中国中俄关系史的研究无疑在许多方面取得了举世瞩目的成就，但由于时代及资料等局限也表现某些不足。地方层面[①]的中俄关系几乎完全被忽略，某些时段的中俄关系也似乎尚未纳入视野，而中俄关系史的真面目却绝非如此。比如，我们对清代中俄边境地方层面的双边交往情形就很不了解。事实上，边界一经确立，中俄两国就要建构各自的边境防务体系，然无论什么样的防务体系，都必由静态的边务地理布局和动态的边务官制、边境巡查制度等立体构成，且在此背景下，边境地区的一切人和群体都被纳入边境防务体系之中，由此，中俄边境地区双方的边官、边军、边民、边商之间势必发生地方层面的交往。这种地方层面的交往虽然极少可能上升到国家层面，但毫无疑义，这种边境地方的交往在某种程度上很容易影响两国的政治和贸易关系，同时在一定程度上也是中俄国家层面关系的晴雨表，它作为中俄两国官方关系的重要组成部分，显然十分重要。本文立足于中、俄文档案资料，挖掘嘉庆时期中俄中段边境地区[②]地方层面的交往情形，意图补研究之漏，并些微促进早期中俄关系史的研究。不当之处，敬请方家批评指正。

---

① 关于中外关系史研究中"地方层面"的概念，详见陈开科《俄总领事与清津海关道》，《中国社会科学》2012年第4期。

② 所谓中俄中段边境大致就是清代档案中所言"喀尔喀边界"（中国第一历史档案馆：《清代中俄关系档案史料选编》第1编，下册，中华书局，1981，第421页等），具体而言，以恰克图为中心，向东、西延展，指"由沙毕纳依岭至额尔古纳河岸"边界段（《中俄边界条约集》，商务印书馆，1973，第13页）。

一 点与线：中俄中段边境地区的防务体系

中俄边界的划定经历了一个缓慢的进程。1689 年的《中俄尼布楚条约》初步划定了中俄东段边界，但此时中俄中段边境由于俄罗斯的反对，未能划定。[①] 此后，俄罗斯不断蚕食蒙古地方，导致中俄边境地区纠纷不断。雍正年间，为形势所迫，俄国始同意谈判中俄中段边界问题，[②] 并于 1727 年签订了一系列边界双边条约，确立了中俄中段边界。[③] 随后中俄双方依据这些边界条约，确立了各自的边界防务体系。凡活动于边境地区的官员、军队、商人、宗教人员都被纳入边界防务体系，因此，边界防务体系是中俄边境地方层面交往的基础框架。

清朝在中俄边境中段的防务体系到嘉庆年间已经相当齐备，从静态的地理布局来看，大致可以概括为"两点一线"。所谓"两点"是指"库伦"和"买卖城"（恰克图）。库伦又称大呼勒，坐落于图拉河岸。姚莹谓："库伦者，蒙古语城圈也，有喇嘛木栅如城，故名。"[④] 这说明库伦的兴起全赖于蒙古喇嘛教。至于库伦的兴盛，则又主要依仗于中俄边境互市贸易的兴起和中俄中段边境的确立。康熙年间《中俄尼布楚条约》签署后，库伦一度成为中俄边贸点。由于有了经济基础，库伦遂慢慢发展为喀尔喀蒙古的宗教、政治、经济、文化中心。到 18 世纪中叶，库伦便成为清朝中俄中段边界防务体系的中心。"买卖城"在库伦往北约 350 公里处，清代文献也称为"恰克图"，[⑤] 是清朝中

---

① 中国第一历史档案馆：《清代中俄关系档案史料选编》第 1 编，上册，第 143 页。

② 〔俄〕尼古拉·班蒂什－卡缅斯基编《俄中两国外交文献汇编（1619～1792）》，中国人民大学俄语教研室译，商务印书馆，1982，第 136 页。

③ 这些条约主要有《中俄布连斯基界约》（1727 年 9 月 1 日）、《中俄阿巴哈依图界约》（1727 年 10 月 24 日）、《中俄恰克图条约》（1727 年 11 月 2 日）、《中俄色楞格界约》（1727 年 11 月 8 日）（《中俄边界条约集》，商务印书馆，1973 年，第 4～18 页）。其中，《中俄恰克图条约》于俄历 1728 年 6 月 14 日（公历 6 月 25 日）始换约（Сборник договоров России с Китаем 1689－1881гг. СПБ, 1889г. с. 50）。

④ 姚莹：《库伦记》，王锡祺编《小方壶斋舆地丛钞》第 2 帙，上海着易堂铅印本，1891，第 24 页。

⑤ 何秋涛：《朔方备乘》第 37 卷，《俄罗斯互市始末》，《中国边疆丛书》第 2 辑，台北，文海出版社，1964。但是，俄国文献一般只将属于俄国的部分称为"恰克图"，而属于中国的部分则称为"买卖城"（Г－Ю. Клапрот. Описание Кяхты. Сын Отечества. 1816г）。关于买卖城的具体情况，参见 См. Бичурин Н. Я. Записки о Монголии, сочиненные монахом Иакинфом. С приложением карты Монголии и разных костюмов. Т. I. СПб., 1828. с. 106, 124。

俄中段边境防务体系的前哨。库伦和恰克图两点之间则由 11 个驿站相联系。①

　　为了集中管理对俄商务、边务交涉，也为了加强管理当地喀尔喀蒙古事务，清廷于乾隆年间在库伦设两位办事大臣，②一位由当地喀尔喀蒙古王公担任，也即俄文档案中所称之"王爷"，另一位则由中央政府任命的满族官员担任，也即俄文档案中所称之"昂帮"。③何秋涛引《会典》云："置库伦办事大臣，以司俄罗斯边务，东西会两将军而理之。库伦办事大臣，一由在京满洲蒙古大臣简放，一由喀尔喀扎萨克内特派。所属库伦本院司官二人，笔帖式二人，恰克图本院司官一人，辖卡伦会哨之各扎萨克，以理边务。凡行文俄罗斯萨那特衙门，皆用库伦办事体制大臣印文。其东黑龙江境内，则由黑龙江将军、呼伦贝尔副都统经理，其西至近吉里克以西，则由定边左副将军、科布多参赞大臣经理，皆与库伦办事大臣会同酌办。"④根据何秋涛的这段记叙，我们可以推断：其一，作为掌管中俄中段边境边务的两位库伦办事大臣之间的权限并未做严格的划分，这样在处理边务的过程中，难免会出现一些体制上的矛盾。历史上，蒙古办事大臣其实早在乾隆二十二年就已履行职责，嗣后派遣的满洲大臣不过是为了加强清廷对中俄边务及蒙古喀尔喀事务的控制力而已，满洲大臣名为帮办，实握实权。⑤其二，库伦办事大臣并无处理边务的专断之权，除了须事事请示理藩院及清廷外，还要与黑龙江将军、呼伦贝尔副都统、定边左副将军、科布多参赞大臣等"会同酌办"。

　　根据清朝官制，库伦办事大臣所属有"印房章京，理刑司员，管理商民事务司员，笔帖式等官"，⑥但实际情形可能比官制成例要复杂一些。根据

---

① 自库伦至恰克图有 11 个驿站：库伊台、布尔噶勒台、博罗诺尔台、呼齐千台、他沙尔台、伯特格台、勒莫格特依台、库特勒那尔苏台、噶萨那台、努克图台、库都格诺尔台。何秋涛：《朔方备乘》第 37 卷，《俄罗斯互市始末》，《中国边疆丛书》第 2 辑，第 759 页。

② 关于库伦办事大臣设置的时间，史料未能统一。《清史稿》认为库伦蒙古大臣设于乾隆二十三年，而库伦满洲大臣设于乾隆二十七年（赵尔巽等撰《清史稿》第 47 册，第 521 卷，中华书局，1976，第 14401 页）；《钦定大清会典事例》（光绪重修本）则认为库伦办事大臣于雍正年间设立，乾隆四十九年始成定制［《钦定大清会典事例》（光绪重修本）第 543 卷，光绪十二年刻印本，第 114 页］。

③ АВПРИ ф. СПБ. Главный архив, 1 - 7, оп. 6, 1805г. д. № 1 - а, п. 25, л. 238. Русско-Китайские отношения в XIX веке. 1803 - 1807. М. 1995г. с. 291.

④ 何秋涛：《朔方备乘》第 37 卷，《俄罗斯互市始末》，《中国边疆丛书》第 2 辑，第 763 页。

⑤ 〔日〕冈洋树：《关于"库伦办事大臣"的考查》，《蒙古学信息》1997 年第 2 期。

⑥ 赵尔巽等撰《清史稿》第 12 册，第 117 卷，中华书局，1976，第 3400 页。

中俄文档案，库伦办事衙门的官制与当地喀尔喀蒙古的旗务官制有不同程度的重叠。1805 年 12 月，军机处在一份给库伦办事大臣的公文中，曾命库伦办事大臣派手下扎萨克、贝勒、贝子、台吉、梅勒章京等护送戈洛夫金（Ю. А. Головкин）使团前往北京。[①] 可见，清朝在中俄中段边境防务体系的主要力量仍然是当地喀尔喀蒙古盟旗。至于恰克图则由理藩院派出的司员（扎尔固齐）坐镇："隶库伦办事大臣管理，设书吏毕协齐、该班蒙古章京昆都玛拉奇等，每岁支给口粮赏需银二百十二两有奇。"[②]

所谓"一线"是指以恰克图为中心向东、西延伸的中俄中段边境卡伦线。根据雍正五年签署的中俄中段边界的一系列界约，由恰克图向西至沙毕纳依岭一段边界设立 24 处鄂博，由恰克图往东至额尔古纳河最高处设立 63 处鄂博。边境鄂博线确立后，清廷便开始沿边界围绕鄂博设立了 59 个边境卡伦（部分卡伦在康、雍时即已设置），以防卫领土安全。根据何秋涛的说法，其中归属库伦办事大臣节制的卡伦有 28 个：枯布勒哲库、蒙克托罗盖、哲格勒它音、孟格几各、华鄂博果、鄂凌图、托尔罗克、土尔克能、托克托尔、呼林纳尔素、托苏克、夥尔秦、博尔克、乌尔和特、巴彦阿都尔噶、阿喀楚、齐勒博尔、集尔浑、库木里、哈苏鲁克、阿仍乌、库野、明几、乌雅勒喀、库得里、齐克泰、奇兰、薄拉。[③] 前 14 卡伦具体归喀尔喀车臣汗部所辖，后 14 卡伦由喀尔喀土谢图汗部所辖，两部各设专管卡伦扎萨克一人，各卡伦

---

① ЦГИА Монголии，Ф. М－1，Д. № 639，Л. 485. Русско-Китайские отношения в XIX веке. 1803 － 1807. М. 1995г. с. 338.

② 清会典馆编，赵云田点校《乾隆朝内府抄本〈理藩院则例〉》，中国藏学出版社，2006，第 366 页。

③ 何秋涛：《朔方备乘》第 10 卷，《北徼卡伦考》，《中国边疆丛书》第 2 辑，第 246～247 页。然库伦办事大臣究竟节制多少卡伦，未必如何秋涛所记。姚莹说："钦差大臣辖土谢图汗车臣汗两部，总理恰克图贸易。每岁秋，轮调两部兵数百，于近地围猎习劳，凡四十七卡伦，恰克图东卡伦二十八，属土谢图汗车臣汗两部各十四，每部有专理卡伦札萨克一人，又有总理两部札萨克一人。恰克图西卡伦十九，属三音诺颜部者十二，属札萨克图汗者七，其专理总理之札萨克如东西两部库仑。"（姚莹：《库伦记》，王锡祺编《小方壶斋舆地丛钞》第 2 帙，第 24 页）当代也有学者认为库伦办事大臣实际节制 30 卡伦，因未见考释，实不知有何依据（宝因朝克图：《清代北部边疆卡伦研究》，中国人民大学出版社，2005，第 59～63 页）。根据第一历史档案馆"满文月折档"所藏嘉庆年间库伦的奏折，库伦办事大臣实际掌管着漠北 47 卡伦的巡查事务（其中包括何秋涛所记乌里雅苏台将军节制之 19 卡伦）（《清代中俄关系档案史料选编》第 2 编，未刊稿）。同样的记载亦见于俄文档案资料（ЦГИА Монголии，Ф. М－1，Д. № 651，Л. 10. Русско-Китайские отношения в XIX веке. 1803 － 1807. М. 1995г. с. 447）。显然，何秋涛所记有误。

设章京一员帅兵丁携家眷戍守。① 所属恰克图以西各卡伦驻兵 20 名，以东各卡驻兵 30 名。②

根据现有资料，库伦所属卡伦巡边制度的轮廓大致如下。

（1）春秋两季由库伦办事大臣派属员定期巡边。1806 年 10 月 19 日，库伦办事大臣在一份奏折中写道："据衙门档卷，每年春秋两季由我衙门委派得力干练台吉官员等，前往我国同俄国接壤边境我方一侧喀尔喀四部巡视卡伦。因今秋亦应派员巡查边界，奴才等已委派协理台吉恩克图鲁、伊登扎布，为彼等指定路线，着其分别巡视恰克图两翼喀尔喀 47 卡伦哨所。"③ 据一档馆所藏满文月折档，嘉庆四年，库伦办事大臣为进一步加强边境安全防卫，建议任命麾下台吉 8 人为卡伦常设巡查官，每年巡查卡伦次数亦增加到 4～5 次。然嘉庆皇帝在该折子上仅批"即有旨"，④ 相关谕旨迄今尚未发现。不过，从此后库伦的相关奏折来看，此议最终未能允行。

（2）嘉庆七年，库伦办事大臣之一的蒙古王公蕴端多尔济首次奏请亲自巡查中俄中段边界，且以后每届十年由满、蒙大臣轮流巡察边界一次。这个建议得到了嘉庆皇帝的首肯，并吩咐一定要将此事提前通告俄西伯利亚总督，以免俄方疑惧。但嘉庆十年不知为何又谕旨恢复旧例，即"将巡查鄂博之处，仍照旧由乌里雅苏台每年派札萨克一人巡查，不必亲往稽查"，为此，刘锦藻还大发一通议论，认为朝廷对边境的巡查太松懈了。⑤

（3）由于嘉庆十年（1805）俄国戈洛夫金使团的访华，导致清朝在中段中俄边界增加了临时巡边次数。如 1805 年 7 月 3 日，俄外务院驻恰克图主持边务特派员索科洛夫（А. И. Соколов）就报告："从明天即本月 4 日起，库伦

① 松筠：《绥服纪略》，王锡祺编《小方壶斋舆地丛钞》第 3 帙，第 550 页。又据清末库伦办事大臣三多的奏折："东西两路，各设总管一员，副管二员，或数卡伦设扎兰一员，每一卡伦设章盖昆都各一员，蒙兵二十名上下。"孟森：《明清史论著集刊续编》，中华书局，1986，第 440 页。
② 《蕴端多尔济奏报亲自查看卡伦及边境情形折》（嘉庆八年）、《蕴端多尔济奏为巡卡完毕返任视事并报所见东部各卡情形折》（嘉庆九年），译自《满文月折档》，《清代中俄关系档案史料选编》（嘉庆朝）第 2 编，未刊稿。
③ ЦГИА Монголии，Ф. М－1，Д. № 651，Л. 485. Русско-Китайские отношения в ⅪⅩ веке. 1803－1807. М. 1995г. с. 338.
④ 《蕴端多尔济等奏请简选八台吉不时巡查边界卡伦等事折》（满文月折档），《清代中俄关系档案史料选编》（嘉庆朝）第 2 编，未刊稿。
⑤ 刘锦藻撰《清朝续文献通考》第 341 卷，浙江古籍出版社，2000，第 10821 页；嘉庆七年库伦办事大臣确曾首次巡查边界，并行文通告俄伊尔库茨克省长。《故宫俄文史料》，王之相译，《历史研究》编辑部编印，1964，第 151 页。

的贝子诺木本率随员 30 人、官员 5 人将由布连斯奇哨所出发，沿蒙古边境各卡伦向东巡行，直至第一个索伦哨所。"① 尤其是后来戈洛夫金使团被逐后，清廷曾多次下令加强中段边界巡查，而库伦办事大臣也多次临时命人巡查边界卡伦。

（4）巡察的路线一般从库伦出发，经 11 驿站至买卖城，然后向东或向西顺边境卡伦巡察。

相对而言，俄方在中俄中段边境地区的防务体系要完整一些。就静态的地理布局来说，当时俄方中俄中段边境的边防体系可以概括为"两点两线"。所谓"两点"是指"伊尔库茨克"（Иркутск）和"恰克图 - 特罗伊茨科萨夫斯克"（Кяхта-Троицкосавск）②。伊尔库茨克，始建于 1661 年，当初只是一个军事要塞，此后经 18 世纪，它发展成为西伯利亚财富输往欧俄的经济贸易中心，同时也成为俄罗斯与东方诸国的通商、通使枢纽。18 世纪末 19 世纪初，伊尔库茨克的地位越来越显著，它不但成为俄国西伯利亚省的行政中心（西伯利亚总督与伊尔库茨克省长的驻节地），还是俄国东西伯利亚中俄边境防务体系的防务中心，当时其常住人口已差不多两万，是西伯利亚规模最大的城市。③ 可见，嘉庆时期正是伊尔库茨克的政治、经济地位急剧上升的时期。另外一个点就是伊尔库茨克省中俄边境地区的"恰克图 - 特罗伊茨科萨夫斯克"要塞，由主持签署《中俄恰克图条约》的俄方大使萨瓦伯爵筹建于 1728 年。其实，就地理布局来说，它实际上是两个地方即"特罗伊茨科萨夫斯克"要塞和"恰克图"商业城，它们之间相

---

① АВПРИ ф. СПБ. Главный архив, 1 - 7, оп. 6, 1805г. д. № 1 - а, п. 25, л. 2. Русско-Китайские отношения в Ⅹ Ⅸ веке. 1803 - 1807. М. 1995г. с. 173.

② 嘉庆朝以前，俄方边境防务体系中的"两点"主要指"伊尔库茨克"和"色楞格斯克（Селенгинск）"，他们之间相距 400 多俄里（〔俄〕特鲁谢维奇：《十九世纪前的俄中外交及贸易关系》，徐东辉、谭萍译，岳麓书社，2010，第 66 页）色楞格斯克城堡始建于 1665 年，在相当长时期内，色楞格斯克城堡一直是俄方在中俄中段边境地区最主要的防务前哨，嘉庆朝以前中俄边境事务一般都由色楞格斯克城防司令或者由伊尔库茨克省长临时任命的边防军官来处理（〔俄〕尼古拉·班蒂什 - 卡缅斯基编著《俄中两国外交文献汇编（1619~1792）》，中国人民大学俄语教研室译，第 286~288、337 页）。1770 年，弗拉索夫（Власов）少校被任命为俄边务办长官，他把边务办从色楞格斯克迁到了特罗伊茨科萨夫斯克。自 1797 年始，"边境的管理直接归伊尔库茨克民政省长所辖特罗伊茨科萨夫斯克边防办事处负责"，特罗伊茨科萨夫斯克要塞遂成为中俄中段边防的俄方防务前哨（〔俄〕А. П. 瓦西里耶夫：《外贝加尔的哥萨克》第 2 卷，中国人民大学清史研究所徐滨、许淑明、刘棠、张曾绍等译，商务印书馆，1979，第 261、275 页）。

③ Панюшина Л. П. РефератНа тему：《Иркутск в ⅩⅨ веке》Иркутск，2004. с. 6 - 9.

距约 4 俄里。[①] 但无论就当时俄国人的观念，还是俄文文献的表述，都没有把它们看作两个地方。根据相关档案资料，一般性的、地方层面的中俄边务均由恰克图－特洛伊茨科萨夫斯克边务部门具体承办，并对伊尔库茨克省民事省长负责，但国家层面的重要交涉则由管辖三省的西伯利亚总督节制。[②] 比如，凡是特别重要的以枢密院的名义发往清理藩院的国书，每次都指定由西伯利亚总督直接过问。[③] 他们对中俄边务拥有相当大程度的独立处置权。[④] 而清方的两位库伦办事大臣在权限分工上却有些模糊，且事事要受理藩院、军机处、皇帝本人的节制，他们在边务方面几乎没有独立处置权。此外，俄方边境防务体系中的两个点即"伊尔库茨克"和"恰克图－特罗伊茨科萨夫斯克"的职能也很明晰。伊尔库茨克是处理俄罗斯与中国外交经贸边务关系的枢纽，而"恰克图－特罗伊茨科萨夫斯克"只是前哨，且他们虽属一个整体，但实际上在职能方面也隐有分工。实际上，恰克图只是商人的贸易点，而特罗伊茨科萨夫斯克则是俄国政府的边务衙门和边境税务机关的驻扎地，[⑤] "为便于巡视，任命了司令。这里的边防部队有两连士兵，要塞中有两个炮垒"，[⑥] 其职能的军事防卫性质显然十分浓厚。

所谓"两线"是指俄方为加强边境的防务在中俄边境地区修筑的两条军事要塞线。一是内线，单涉及中俄中段边境，它大致从托博尔斯克到托木斯克、克拉斯诺亚尔斯克、伊尔库茨克、色楞格斯克、涅尔琴斯克，发展到 19 世纪初，这些要塞都已经变成相对较大的城堡城市，其中伊尔库茨克是这条要

① Бодянский О. Журнал дружеского свидания Иркутского гражданского губернатора, действительного статского советника Трескина, с Китайсими пограничными правителями, Ваном и Амбанем, с 19 – го Февраля по 13 Марта 1810 года. Чтения в императорском обществе истории и древностей Российских при Московском университете. 1860г. кн. 1, М. с. 167. 关于"特罗伊茨科萨夫斯克"和"恰克图"之间的距离，说法不一，另有 3.5 俄里说（〔俄〕阿·科尔萨克：《俄中商贸关系史述》，米镇波译，社会科学文献出版社，2010，第 239 页）和 4.5 俄里说（〔俄〕婆兹德奈夜夫：《蒙古及蒙古人》，北洋法政学会译，北洋法政学会，1913，第 2 页）等。

② 从 1724 年开始，西伯利亚总督就拥有了节制叶尼塞斯克（Енисейск）、伊尔库茨克和托波尔斯克（Тобольск）三省的权力。〔俄〕А. П. 瓦西里耶夫：《外贝加尔的哥萨克》第 2 卷，中国人民大学清史研究所徐滨、许淑明、刘棠、张曾绍等译，第 320～321 页。

③ АВПРИ ф. СПБ. Главный архив, 1 – 7, оп. 6, 1805г. д. № 1 – а, п. 1, л. 30. Русско-Китайские отношения в XIX веке. 1803 – 1807. М. 1995с. с. 50.

④ 〔苏〕米·约·斯拉德科夫斯基：《俄国各民族与中国贸易经济关系史（1917 年以前）》，宿丰林译，社会科学文献出版社，2008，第 139 页。

⑤ Воспоминания Ф. Ф. Вигеля о его поездке в составе посольства Ю. А. Головкина в Цинскую империю（1805 – 1806）. Там же с. 807.

⑥ Мартынов А. Е. Живописное путешествие от Москвы до китайской границы. СПБ. 1819г. с. 53.

塞线的重心，这些大城堡离边界较远，但都驻有重兵，成为俄国中俄中段边界防务体系的战略纵深。二是外线，由要塞和卡伦组成。其中，要塞炮垒是外线的中坚力量，如从阿穆尔河至通卡河段就建有 8 个要塞。[①] 这些要塞广布于边界线即前述系列中俄边境条约所规定的鄂博线附近，且都驻有哥萨克军。如特罗伊茨科萨夫斯克要塞的司令就能指挥 4 个阿达曼团的边防军。[②] 至于卡伦则是俄方边界防务体系的基础。中俄中段边界一确立，俄方就开始在边境顺鄂博一线建立自己的卡伦，前后一共建立了 36 个卡伦。以恰克图为起始，向东建立了 21 个卡伦：色拉果里任斯基（Шерогольжинский）、直金斯基（Чжиндинский）、乌斯季 – 乌尔鲁茨基（Усть-Урлуцкий）、缅济斯基（Мензинский）、巴尔日坎斯基（Балжиканский）、克尔库恩斯基（Кыркунский）、布库库斯基（Букукунский）、克林斯基（Кыринский）、上涅乌里洪斯基（Верхнеульхунский）、漫古特斯基（Мангутский）、下涅乌里洪斯基（Нижнеульхунский）、托克托尔斯基（Токторский）、莫果图耶夫斯基（Мойготуевский）、库博哈耶夫斯基（Кубухаевский）、库鲁苏塔耶夫斯基（Кулусутаевский）、奇丹茨基（Чидантский）、克柳切夫斯基（Ключевский）、察干 – 鄂鲁耶夫斯基（Цаган-Олуевский）、索克图耶夫斯基（Соктуевский）、凯伊拉苏塔耶夫斯基（Кайласутаевский）、老祖鲁海图耶夫斯基（Старо-Цурухайтуевский）；向西建立了 15 个卡伦：纳乌申斯基（Наушинский）、察干 – 乌孙斯基（Цаган-Усунский）、博辛斯基（Босинский）、热尔图林斯基（Желтуринский）、胡尔达茨基（Хулдатский）、采任斯基（Цежинский）、赫姆涅伊斯基（Химнейский）、察基尔斯基（Цакирский）、蒙东古里斯基（Мондокульский）、沙拉阿扎尔金斯基（Шараазаргинский）、哈拉察伊斯基（Харацайский）、图兰斯基（Туранский）、汉丁斯基（Хандинский）、纳林霍罗伊斯基（Наринхоройский）、鄂金斯基（Окинский）。卡伦的防务主要委托区域内当地部族来防守，并命部族头人随时巡查，仅安排少量哥萨克兵协防。卡伦的安危与当地部族的利益息息相关。卡伦官兵必须每天都要巡视自己的防卫地段。[③]

---

① АВПРИ ф. СПБ. Главный архив, 1 – 7, оп. 6, 1805г. д. № 1 – а, п. 1, л. 61. Русско-Китайские отношения в XIX веке. 1803 – 1807. М. 1995г. с. 65.

② 〔俄〕瓦西里·帕尔申：《外贝加尔边区纪行》，北京第二外国语学院俄语编译组译，商务印书馆，1976，第 46 页。

③ Баснин В. Н. Историческая записка о китайской границе, составленная советником Троицко-Савского пограничного правления Сычевским в 1846 году. 1875 г. М. с. 20 – 26.

此外，俄方还建立了比较积极的巡边制度，他们有专职的边境巡逻队，恰克图以东、以西各委任一名小贵族领队，经常在边界轮回巡逻，每次巡逻后，还要进行书面汇报。每月一次，一式两份：一份是内务处理情况，一份是外务处理情况。①

比较而言，中俄中段边界清朝边防体系的"两点一线"结构与俄国边防体系的"两点两线"结构，自不可同日而语。"两点一线"结构远不如"两点两线"结构安全，因为"两点一线"是一种扇形结构，没有广阔的战略纵深，一旦边境有事，短期内无法取得有效的防卫效果。当然，宏观地看，清朝整个中俄边境防卫体系并非没有内线，但主要集中于中俄东、西段边界的边境防卫体系内，②而真正属于中俄中段边境防卫体系由库伦办事大臣直接管辖的内线城市只有库伦一座孤城，勉强算上乌里雅苏台，也基本没有多大的战略纵深意义。中俄边界的边境卡伦情况也大致如此，中俄东段边界的边境卡伦有"内卡""外卡"之分，③中俄西段边界的边境卡伦也有"常设""移设""添设"之别，④而中俄中段边界的边境卡伦却未闻有此变化。之所以出现如此偏差，我们认为除了地理因素外，主要原因还在中段中俄边境的恰克图贸易。资料显示，至少在道光朝之前，俄国商务院—恰克图海关—一线的势力一直力挺恰克图贸易。⑤为此，恰克图海关关长瓦尼方季耶夫甚至不惜与有破坏中段边境安宁想法的戈洛夫金大使进行斗争。⑥保证恰克图贸易的顺利发展、努力维持中段边界地区的稳定，在相当长时期内一直是俄国对华政策的重心。事实上，嘉庆道光之交的时期正是中俄恰克图贸易达到顶点的时期。⑦由此可见，当时俄国在中俄中段边界地区的谨慎安分态度与清朝防务体系的结构单薄应该具有一定

① 〔俄〕А. П. 瓦西里耶夫：《外贝加尔的哥萨克》第 2 卷，中国人民大学清史研究所徐滨、许淑明、刘棠、张曾绍等译，第 39～40、60、263 页。

② 如东北中俄东段边界防务体系内线战略据点就有宁古塔、黑龙江城（瑷珲）、齐齐哈尔、墨尔根、布特哈、呼伦贝尔、呼兰；西北中俄西段边界防务体系内线战略据点则有科布多、乌里雅苏台、吐鲁番、乌鲁木齐、塔城、伊犁等。

③ 万福麟监修，张伯英总纂，崔重庆等整理《黑龙江志稿》卷 33，黑龙江人民出版社，1992，第 1469、1470 页。

④ 何秋涛：《朔方备乘》第 10 卷，《北徼卡伦考》，《中国边疆丛书》第 2 辑，第 256～257 页。

⑤ РГАДА，Ф. Гасударственные архив，разряд ⅩⅤ，1806г. д. №30 доп. л. 22－23. Русско-Китайские отношения в ⅩⅨ веке. 1803－1807. М. 1995г. с. 550－551.

⑥ АВПРИ ф. СПБ. Главный архив，1－7，оп. 6，1805г. д. № 1－а，п. 27，л. 396－401，Там же с. 575－577.

⑦ 〔苏〕米·约·斯拉德科夫斯基：《俄国各民族与中国贸易经济关系史（1917 年以前）》，宿丰林译，第 222 页。

程度的关联。

总之，中俄边境防务体系到嘉庆年间都已具规模，两国边境地区的内政、外交、经济都因防务纠合在一块，凡边境地区的各类人群如边官、边军、边商、边民等全部纳入了边境防卫体系，因而边境两国民人之间的交往都带有地方层面的官方交往的特性。由于恰克图是当时中俄边贸的唯一地点，加之贸易十分发达，因而中俄两国官民在此地的相互交往也就十分频繁，构成中俄关系的丰富内容。

二 来与往：中俄中段边境地区的官民交往模式

边境地区两国官民之间的交往由于情势的特别而具有自身的鲜明特征，那就是无论何种形式的交往都脱不了官方色彩，任何交往都附带有情报收集的使命，因为边境地区的任何人群都已被纳入了边境防务体系。边境地区的官民交往无小事，任何一件不起眼的官民交往小事都有可能瞬间演变成国家层面交涉的大事。同时，边境地区的官民交往还是国家层面关系态势的晴雨表。因此，边境地区的官民交往自有其相应的模式。

根据档案资料，嘉庆时期以恰克图为中心的中俄中段边境的官民交往由于俄国动议派遣访华使团而变得十分频繁，两国边境防务体系中的各种因素、各类人群都被调动起来，最显眼的就是两国信使携函往来，两国边防机构迎来送往，热闹非凡。据不完全统计，1805～1806年间俄方共派信使14次，而清方则达15次，详见表1、表2。

表 1 俄方向中方派遣的信使

时间	派遣人	信使	主要使命
1805年4月27日从伊尔库茨克出发，5月9日到达库伦，5月22日返回	伊尔库茨克副省长希什科夫	桑热哈耶夫大尉（随员不清楚）	通告俄国访华使团的组建及派出情况
1805年9月13日从伊尔库茨克出发，9月20日到达恰克图，9月23日到达库伦	伊尔库茨克副省长科尔尼洛夫和俄大使戈洛夫金	桑热哈耶夫大尉、一名哥萨克军官和三名哥萨克士兵	递送俄国枢密院就同意将使团与教团分开事致理藩院国书及相关信件

续表

时间	派遣人	信使	主要使命
1805 年 10 月 9 日从恰克图出发,10 月 13 日到达库伦	俄大使戈洛夫金	桑热哈耶夫大尉、民团军士一名、伍长一名、列兵二名	递送戈洛夫金关于同意缩减使团成员的信函
1805 年 10 月 20 日从恰克图出发,10 月 23 日到达库伦	俄大使戈洛夫金	宫廷低级侍从、五等文官、使团一秘巴伊科夫,满语翻译安东	递送戈洛夫金关于缩减使团人数的信函
1805 年 12 月 29 日从塔希尔驿站出发	俄大使戈洛夫金	使团一秘巴伊科夫	通报库伦办事大臣使团行进的情况
1806 年 1 月 6 日(库伦)	俄大使戈洛夫金	不明	通报库伦戈洛夫金不能行跪拜礼的原因
1806 年 1 月 12 日	俄大使戈洛夫金	不明	戈洛大金要求出示皇帝有关行跪拜礼的谕旨以及要求派使者直接去北京的信函
1806 年 1 月 12 日	俄大使戈洛夫金	使团一秘巴伊科夫	就礼仪问题直接致函清政府(未成功投递)
1806 年 1 月 16 日(库伦)	俄大使戈洛夫金	不明	通告库伦办事大臣将派一秘巴伊科夫作为信使直接去北京
1806 年 1 月 31 日(库伦)	俄大使戈洛夫金	巴伊科夫	戈洛夫金允诺到达北京后行叩头礼
1806 年 6 月 30 日从伊尔库茨克出发	俄国枢密院	桑热哈耶夫	枢密院就俄使团回国主要责任在清方致理藩院国书、俄枢密院为说明俄船至广州贸易并建议双方于广州开市而致清理藩院国书
1806 年 7 月 2 日从伊尔库茨克出发,7 月 9 日到达库伦	俄国枢密院	桑热哈耶夫	递送枢密院就俄布道团换届事致理藩院国书
1806 年 8 月 19 日从伊尔库茨克出发,9 月 1 日到达库伦	俄国枢密院	桑热哈耶夫	递送俄枢密院就布道团换届事致理藩院国书
1806 年 10 月 27 日从伊尔库茨克出发	伊尔库茨克新任省长特列斯金	不明	就伊尔库茨克新省长任职问题通告库伦办事大臣

表 2　中方向俄方派遣的信使

时间	派遣者	信使	主要使命
1805 年 6 月 14 日从库伦出发，24 日到达伊尔库茨克	库伦办事大臣	一等台吉孟古、协理台吉达西敦多布（随员若干）	递送理藩院拒绝同时接待使团和布道团的国书
1805 年 11 月 2 日从库伦出发	库伦办事大臣	协理台吉伊丹扎布、梅勒章京噶尔丹	递送理藩院退回俄枢密院国书及其他相关信件
1805 年 11 月 14 日从库伦出发，11 月 17 日到达特罗伊茨萨夫斯克要塞	库伦办事大臣	扎尔固齐、协理台吉达西敦多布、一等台吉哈尔恰噶	转呈库伦办事大臣就其与使团一秘巴伊科夫谈判内容致戈洛夫金大使的信
1806 年 1 月 1 日从库伦出发	库伦办事大臣	书办姆德克列奇克·土希梅勒	通告使团清方已派人协调旅途事务
1806 年 1 月 11 日（库伦）	库伦办事大臣	不明	库伦办事大臣致函戈洛夫金，如不行跪拜礼，使团将被驱逐
1806 年 1 月 23 日（库伦）	库伦办事大臣	不明	拒绝信使直接去北京
1806 年 1 月 30 日（库伦）	库伦办事大臣	不明	再次敦请俄国使团回国
1806 年 1 月 31 日（库伦）	库伦办事大臣	不明	敕令戈洛夫金增加信函内容
1806 年 2 月 1 日（库伦）	库伦办事大臣	不明	命令戈洛夫金使团回国
1806 年 2 月 3 日从库伦出发，2 月 14 日到达伊尔库茨克	库伦办事大臣	协理台吉明珠、扎兰章京达木丹	递送清理藩院就俄船至广州事致俄枢密院的国书
1806 年 2 月 26 日从库伦出发，3 月 7 日到达伊尔库茨克	库伦办事大臣	协理台吉达西敦多布、梅勒章京图门，另随员四名	递送理藩院就遣返戈洛夫金使团原因事致俄枢密院国书
1806 年 3 月 14 日从库伦出发，3 月 23 日到达伊尔库茨克	库伦办事大臣	一等台吉萌古、扎克鲁奇克噶尔丹	递送理藩院就拒绝俄国参与广州贸易事致俄枢密院国书（339 号）
1806 年 8 月 4 日从库伦出发，8 月 16 日到达伊尔库茨克	清理藩院	协理台吉恩克图鲁、伊登扎布	递送理藩院就遣返戈洛夫金使团及俄船至广州贸易事致俄枢密院国书
1806 年 10 月 17 日从库伦出发，11 月 15 日到达伊尔库茨克	清理藩院	协理台吉达西敦多布	递送清理藩院要求俄国明确布道团换届问题致俄枢密院的国书
1806 年 12 月 8 日从库伦出发	库伦办事大臣	不明	祝贺特列斯金荣任伊尔库茨克省长致特列斯金函

注：表格整理自 Русско-Китайские отношения в XIX веке. 1803 - 1807. M. 1995г.

　　从上述表格可见，由于嘉庆十年前后中俄两国商榷俄国使团访华事宜，因此，彼此之间信件往来较为频繁。上述这些信使，如果就其身负的主要使命即传递两国高层往来信件来说，无疑属中俄国家层面的交涉，但是信使们的任务不仅仅是送信，还附带有沿途收集情报的使命。① 这种附带使命的完成过程却是地方层面性质的。这些信使主要通过与对方边务官员的谈话及实地观察、询问等方式来获得情报，这种行为不直接受官方的制约，其所获得的情报大部分影响仅限于双方的边务部门，当然，也有少数重要情报影响国家层面。嘉庆年间，俄方常被派遣的信使是布里亚特人桑热哈耶夫（Санжихаев），每次来往，他都要尽力收集中方边务情报且详细报告给俄国边务衙门，有些情报甚至影响国家层面的外交决策。如 1805 年 9 月份，清廷坚决要求戈洛夫金大使缩减使团的成员并提前提供礼品清单，但俄方不买账，双方为此争吵不休。9 月 23 日，桑热哈耶夫信使到库伦送信，回去后就向戈洛夫金报告自己摸到的情报："自出境至库伦，以及在库伦期间和回到恰克图，一路上卑职没有看到任何为大使通过而做的准备。国境上也没有接到什么接待使团的命令，不过，库伦有几个官员及恰克图扎尔固齐肯定地说，虽然北京已经做了一切安排，但要等到他们缩减使团随员和提交礼品清单的最后要求得到俄方回答后才能公开。"② 清方边务体系的这种态度表明，如果俄方不答应清方的要求，那使团将绝无机会进入中国。随后不久，戈洛夫金的态度就开始软化，同意清方缩减使团成员并提前告知礼品清单等要求。根据当时的具体情况，俄国使团尚在恰克图，还未进入中国境内，俄国使团上上下下对中国边务部门的情况全无感性了解，因此，可以肯定，俄国使团外交态度的这种变化是与信使所汇报的这些情报有直接关系的。观之中方，情况也差不多。1806 年 11 月，清库伦办事衙门派协理台吉达西敦多布前往伊尔库茨克送信，回到库伦后便将所得情报汇报："收到国书后，省长按惯例留我们休息三天，余事绝口不提，送行时按例赏我们薄呢料、火狐狸皮等物。前任省长科尔尼洛夫（А. М. Корнилов）已升任其他职务。现任省长特列斯金（Н. И. Трескин）非常健谈，详细询问

---

① 比如，俄国边务办曾给信使下达训令，其中要求信使"从蒙古人那里探明：他们有多少军队、军队驻守在什么地方、蒙古人是否准备和谁打仗、他们对俄国的态度如何、他们是否想撕毁和约？"〔俄〕А. П. 瓦西里耶夫：《外贝加尔的哥萨克》第 2 卷，中国人民大学清史研究所徐滨、许淑明、刘棠、张曾绍等译，第 50 页。

② АВПРИ ф. СПБ. Главный архив，1－7，оп. 6，1805 г. д. № 1－a，п. 24，л. 128. Русско-Китайские отношения в X IX веке. 1803－1807. М. 1995 г. с. 253.

了我们王爷和昂邦的健康状况，表达了与我大清和平融洽相处的愿望。"① 这个消息对清方当时的边防体系非常重要，因为，清廷刚刚把戈洛夫金使团驱逐回国，俄国究竟会不会因此而在边境地区挑衅，尚属未知。正当清方忐忑不安时，信使带回来的这个消息是有些安定作用的。以后的事实也证明，信使所获得的这个消息是基本正确的。

在边境地区，除了信使往来外，中俄两国的边务官员之间也有往来。由于嘉庆年间恰克图为俄方的边务前哨中心、买卖城为中方的边务前哨中心，因此，双方边务官员往来的地点主要在恰克图（买卖城）。俄方的边务官员主要是外务院驻恰克图特派员和恰克图海关的关长，其中，海关关长直属于俄国商务院，而中方主要是理藩院派驻买卖城但受库伦办事大臣节制的扎尔固齐及其属下章京等。就资料来看，边境官员之间的双边往来有直接和间接两种方式。直接往来的方式就是扎尔固齐（或手下章京）与特派员、海关关长之间直接会面。这种直接会面大致有三种情况：一是中俄双方边务官受边务衙门的委派在恰克图（买卖城）会晤。如 1804 年初，俄国请求允许派使团访华，清廷随即回函表示欢迎。但是，一直等到 10 月份尚无任何消息。库伦办事大臣便指派扎尔固齐，前往恰克图打听消息。扎尔固齐于 10 月 12 日派人预先通知特派员索科洛夫，要求会面，索科洛夫表示随时恭候。于是，扎尔固齐马上赶到恰克图，索科洛夫就在自己家里招待扎尔固齐，双方交换了有关使团的消息。② 边境官员在家里招待对方，这表明当时边境双边关系十分融洽。二是中俄双方边务官员之间的私人会晤。即使没有公务，俄罗斯恰克图和中国买卖城的边务官员之间也会互相私访。就资料看，不定期，只需对方邀请便可。索科洛夫在 1805 年 9 月 11 日给外交副大臣恰尔托雷斯（А. А. Чарторыский）的一份报告中写道：（1）9 月 8 日，扎尔固齐认为是吉日，因此，派人邀请索科洛夫过访。索科洛夫觉得已有一个多月未与扎尔固齐见面，因此答应了邀请。（2）索科洛夫携带一名书办过访，扎尔固齐以茶和水果热情招待，并邀请索科洛夫次日到买卖城用餐，因为月前，扎尔固齐已经两次造访恰克图并用餐。（3）闲谈之余，自然也相互刺探或故意透露一些情报。扎尔固齐透露：此时库伦办事大臣按照惯例已去外地围猎，不过怕俄国使团突然到来，因此预先安排了一位贝子，还有北京来的两位扎尔固齐、四名军官及一般官员二十多人在

---

① ЦГИА Монголии，Ф. М－1，Д. № 651，Л. 463. Там же с. 661.
② АВПРИ ф. СПБ. Главный архив，1－7，оп. 6，1805г. д. № 1－а，п. 1，л. 102. Там же с. 74.

买卖城等候。而索科洛夫也答应，一旦使团到达伊尔库茨克，就立刻通知扎尔固齐，以免他手忙脚乱。① 由此可见，官员之间的往来，从形式上有公、私之别，但最终都不免带有某种政治目的。

至于间接往来则情况要复杂得多，买卖城扎尔固齐和外务院驻恰克图特派员（海关关长）往往为了弄清对方的企图，经常通过一些中间人打探消息。这些中间人包括低级官吏（如章京乃至甲长、十四等文官）、商人等。1806 年初，由于礼仪之争，清库伦办事大臣遵旨将戈洛夫金使团驱逐，中俄边境局势一度紧张起来。由于戈洛夫金及其手下的运作，恰克图和买卖城流言四起，都说俄国正在增兵，要惩罚中国。这些流言首先影响的就是俄国特别倚重的恰克图贸易，许多中国商人因此开始驻足观望。为此，恰克图海关关长瓦尼方季耶夫（П. Д. Ванифантьев）开始调查此事。根据他 6 月 14 日给商务大臣鲁缅采夫（Н. П. Румянцев）的秘密报告，当时扎尔固齐也对这种流言很上心，于是派买卖城的甲长前往恰克图打听。这位甲长本身也是商人，他与俄美公司的股东商人西佐夫（Сизов）是朋友，因而首先他就到了西佐夫的家，当面询问俄国增兵究竟是真是假。对此，西佐夫十分吃惊，立刻断定这只是流言，绝对不是俄国政府的意思，并立刻将此事报告了瓦尼方季耶夫。据瓦尼方季耶夫猜测，谣言可能是戈洛夫金留在恰克图的亲信七等文官伊古玛诺夫（А. В. Игумнов）、八等文官伊兹玛依诺夫（П. И. Измайлов）出于报复故意散布的，他们两人经常随便与扎尔固齐等私自见面。于是，为了不影响恰克图贸易，瓦尼方季耶夫立刻召集买卖城的甲长，以非常肯定地语气通告：俄国绝没有增兵，俄国对中国是友好的。甲长转身就告诉了扎尔固齐，于是谣言消失了，恰克图终于又恢复了昔日的平静。② 可见，在此种情况下，间接交往主要是为了证实某种传闻、流言，或者为了非正式地打听或故意透露情报。间接交往还有一种比较常见的情况，那就是处理边境日常纠纷。自从中俄开始接壤起，中俄边境地区便纠纷不断。康、雍、乾诸朝中俄数次边境条约的签署都与此息息相关。在相关界约签署后，中俄双方在边境地区建立了边境防务体系，边境纠纷虽然未见减少，但是至少有了双方都认可处理纠纷的法律依据。具体而言，这种法律依据主要是 1727 年签署的《中俄恰克图条约》及 1768 年签署的《中俄修改恰克图条约第十条》，条规主要涉及"逃人""越界""偷盗"

---

① Там же, п. 24, л. 71 – 72. Там же с. 220 – 222.
② Там же, п. 27, л. 496 – 501. Там же с. 586 – 587.

"失物"等，每种罪名都规定了相应的处罚。这些条例，直到嘉庆时期都一直沿用。其中，除了"逃人"问题完全属于国家层面性质的交涉外，其余纠纷基本上都属于地方层面。实际上，边境的类似纠纷一旦出现，就要比条例规定的情况复杂得多。比如一方控告另一方盗马或者是一方的牲畜走失到另一方，首先就要提供证据。而其所提供的证据最常见就是"蹄印"。一旦出现盗马或牲畜走失之类事件，边境卡伦官兵就要立即会同双方，追踪"蹄印"。对此，18 世纪初考察过中俄中段边境地区的克拉普罗特有精彩的描述：俄方卡伦官兵"一旦发现另一方的蹄印，便从马背上下来，小心翼翼地沿着印迹由中间地带往里走，小心翼翼，切勿教灰土把它盖住或是将它踏乱。如果发现马蹄印或牛蹄印，就在周围圈上树枝、石块或草，再着人看守，以免消失。还有一些人则骑着马到对面中国的蒙古卡伦去，向遇到的中国哨兵喊叫，要他派巡视员带几个人过来。然后双方都到发现蹄印的地方去会勘，仔细检查它是从何而来，通向何处"。① 1806 年 2 月 24 日，索科洛夫在给边境各边务段长官的密令中，有一条就涉及这种"蹄印"，即"一旦发现有印迹在边界松土区附近出现，务必按照边务衙门的命令严格准确地捉拿盗贼，即使有些印迹为当地警务人员所留，也须查明，不能松懈"。② 1806 年 3 月 2 日，中国商人从俄属布拉茨克牧人手中买了 7 头牛，但在越境时，这些牛突然四散奔逃，越过卡伦界山，进入俄国境内，不见踪影。于是，买卖城扎尔固齐立即派人知会俄方边务办，俄国卡伦官兵顺着牛蹄印追赶，逃走的牛被截住，并很快交还中国商人。③ 俄方之所以这么快就抓到逃跑的牛，这与俄方严密的卡伦巡查很有关系。反观清方，在态度上一点也不输于俄方。据俄国外务院驻恰克图特派员伊兹玛依洛夫 1806 年 4 月 1 日至 5 月 14 日期间与清买卖城扎尔固齐协同处理边务的日志，当时，有一位俄属通古斯人应中方一位蒙古居民的邀请过境，事后该通古斯人的一匹牲畜丢失，要求中方卡伦官兵寻找，但此人携带武器过境，也违反了法律。可是，过了一个多月，丢失牲畜仍未找到。于是，按条约规定，买卖城扎尔固齐于 4 月 19 日派协领和甲喇章京往见伊兹玛依洛夫，请求按律处以 5 倍罚金，即中方愿意赔偿俄方 5 匹牲畜。由于该通古斯人越境时曾

---

① Г-Ю. Клапрот. Замечание о Китайско-Русской границе. Северный архив. СПБ, 1823г. Июнь, № 11, с. 338.

② АВПРИ ф. СПБ. Главный архив, 1 – 7, оп. 6, 1805г. д. № 1 – а, п. 27, л. 128. Русско-Китайские отношения в XIX веке. 1803 – 1807. М. 1995г. с. 497.

③ АВПРИ ф. СПБ. Главный архив, 1 – 9, оп. 8, 1806 – 1819гг. д. № 2, л. 79. Там же с. 507.

私带武器，因此，俄方也请求中方接受一匹马、一副马鞍、一副笼头和一支枪的处罚。5 月 9 日，按照惯例，俄方派十二等文官、界务官伊古玛诺夫与买卖城蒙古斋桑交换罚物。① 需要说明的是，凡是涉及这种双边纠纷的案件，无论大小，具体处理部门虽然是两国边防体系的前哨——恰克图和买卖城的边务官（俄方为外务院特派员，清方为扎尔固齐），但是，处理的进程和结果都要汇报，俄方汇报给伊尔库茨克省长，清方汇报给库伦办事大臣。而且，如果所涉案件较大，清方甚至要直接向皇帝汇报，而俄方也偶尔直接向外务院汇报。② 可见，在边境地区的双边关系中，这类纠纷案件也有可能上升到国家层面，因此，在处理边境纠纷时双方都十分谨慎。

此外，边境卡伦官兵之间的交往也是边境官民交往的重要内容。如前所说，军队是边境防务体系中最核心的因素。但边防驻军一般不参与边境官民交往的，能参与边境交往的主要是卡伦守卫和巡边官兵：一是卡伦守卫之间的交往。清俄双方在国境线上的卡伦虽然不是一一对应的，但卡伦的设置都基本上围绕边境鄂博，所以，总有些卡伦是隔河（岭）相望的，就算不相望，各卡伦在巡视自己所管辖的鄂博时，也是有机会相见的。根据俄文资料，当时中俄两国的边防卡伦之间的会晤也有成例可依：（1）间接会晤，即通过边境居民互传信息，刺探情报；（2）直接会晤，每月两次，互报平安，处理事故，并且会晤时还互赠礼品。③ 二是巡边官兵之间的交往。据俄格尔必齐河边务段长官谢利勃连尼科夫（Серебренников）于 1806 年 7 月 12 日给外务院驻恰克图特派员伊兹玛依洛夫的密报：7 月 10 下午 4 时，清方巡逻队约 70 人，在协领博尔戈、章京察基姆波、哈桑图仁波和达延波等带领下，造访俄格尔必齐河哨所。他们请求哨所伍长伊萨科夫（Исаков）补足一些食物，为此，哨所花了 19 卢布 25 戈比买了一头猪送给了中国巡逻队。为了表示感谢，他们也给哨所送了礼物，包括一尺多长的黑缎子及白布各 1 段、4 个小铜旱烟筒、30 块茶砖。第二天上午，他们又邀请俄哨所 7 官兵去做客，用精美的点心和好茶招待。④ 可见，嘉庆时期中俄边界的双边关系还是十分和谐的，这一方面是由于

---

① Там же，л. 88 – 91；Там же с538 – 540.

② ЦГИА Монголии，Ф. М – 1，Д. № 651，Л. 482. Там же с. 666.

③ 〔俄〕А. П. 瓦西里耶夫：《外贝加尔的哥萨克》第 2 卷，中国人民大学清史研究所徐滨、许淑明、刘棠、张曾绍等译，第 249～250 页。

④ АВПРИ ф. СПБ. Главный архив，1 – 7，оп. 6，1805г. д. № 1 – а，п. 27，л. 550. Русско-Китайские отношения в ХIХ веке. 1803 – 1807. М. 1995г. с. 600.

此时俄国面临复杂的欧洲局势，暂时不得不收敛占地侵土的心思；另一方面，也是为了维持恰克图越来越强势的贸易局面。

商人当然是恰克图和买卖城居民的主要成分，恰克图（买卖城）的贸易虽然整年都存在，但最繁忙的还是12月至翌年的3月。在这段时间里，中俄商人自由往来贸易，监督官员亦不得横加干预，但从中俄双方边务部门对商人行为的有关规定看，商人之间的交往也多少具有些官方性质。如中方就规定：（1）商人们要及时把俄商的情报上报恰克图监督衙门；（2）要优礼招待俄商，尽量打听俄国的情报并及时上报；（3）不得泄露国家商业机密等。① 俄方的情况也差不多。商人们除了平日做生意接触外，有时也在双边防务长官的允许下聚会。据俄外务院驻恰克图特派员康德拉托夫（Кондратов）于1807年8月5日给西伯利亚总督佩斯捷尔（И. Б. Пестель）的密报称：8月3日，他们曾邀请买卖城23名中国大商人前往恰克图和特罗伊茨科萨夫斯克要塞聚会，他们受到俄国边务办和商人们的热烈欢迎，大家一块品酒、喝茶、用餐、欣赏音乐，宾主双方，其乐融融。② 这说明，在边境地区尤其是在边贸中心，民间商人之间的交往十分密切。

三　防与和：中俄中段边境地区的双边关系态势

本来，嘉庆年间的中俄关系是非常平静的。乾隆年间的边境贸易摩擦经过谈判到了此时已经烟消云散，恰克图贸易正平步青云，再过二十年，就要达到它平生的顶峰。为了进一步扩大对华贸易，为即将到来的欧洲战争储备军费，俄国政府在1804年就倡议派遣友好访华使团。只不过这个使团在清廷眼里却不是来谈贸易、外交的使团，而是一个朝贡使团，所以表示了前所未有的热情。可是，以戈洛夫金为首的俄国使团却在库伦拒不行跪拜礼，双方发生礼仪冲突，最终，俄国使团被驱逐。国家层面的外交冲突直接影响了边境地方层面的局势，本来平静的中俄边境因此变得非常微妙。中俄双方都开始采取措施防备对方，但由于各自国家所面临的复杂局势而终趋于和。所以，这个时期边境的复杂局势可以用"既防且和"来概括。

依一般情理，由于中国驱逐了俄国使团，自然担心俄国有可能在边境地区

---

① 〔俄〕阿·科尔萨克：《俄中商贸关系史述》，米镇波译，第222～224页。

② АВПРИ ф. СПБ. Главный архив, 1 – 9, оп. 8, 1806 – 1819гг. д. № 2, л. 32 – 33. Русско-Китайские отношения в XIX веке. 1803 – 1807. М. 1995г. с. 713 – 715.

制造事端，进行报复，因此，在边境的防范事务方面，清方是比较积极的。1806 年 1 月 21 日，当时已经决定驱逐俄国使团的嘉庆皇帝在给库伦的谕旨中就提醒：“然俄人或因之恼羞成怒，或有不可预料之荒唐轻率举动，故当俄人返回时，蕴端多尔济等应密令使团途径各哨所及边境卡伦，密切关注其行动。”① 尽管此时俄国使团尚在中国境内，但使团拥有 124 人，简直就是一个连队，防止其沿途生事，自不可稍有忽略。2 月 10 日，库伦办事大臣奏报：“早先奴才等所辖喀尔喀 47 处卡伦归四部扎萨克执掌。自有专折就此奏报后，各卡伦已由一等扎萨克二人执掌，每年春季巡视一次。今次奴才等已命古纳奇旺达西及贝子宁博多尔济共同执掌前述诸卡伦，于下月初开启印信，巡视所有下属哨所，且借此训示官兵，严命奉行职守，密为防范。秋季奴才等将再次巡视哨所，且命官兵诸人等与俄人保持友善，一如既往。奴才等同时又致函恰克图衙门章京克西克，若俄人稍有异动，即命其速速禀报。并发函萨哈连乌拉、乌里雅苏台、科布多、伊犁昂邦大臣等一体周知。”② 2 月 12 日，军机处转来谕旨：“俄使臣被驱回国，大失所望，甚感羞愧，故当防其寻找口实，再生事端，令费尔肯格、福海按前旨密令各卡伦官兵对俄国边界严加关注，预作防范。”③ 嗣后，库伦办事大臣立即命令卡伦总管贝子宁博多尔济、古拉齐旺达西等于雪融后各自带队赴卡伦视察，提高警惕，采取妥善的预防措施。④ 清军突然加强巡视卡伦一事，俄国边务报告也有体现。4 月 2 日，恰克图海关关长瓦尼方季耶夫曾报告：“中国特派官员日内曾在买卖城作短暂停留，之后前往东直至阿穆尔河，似为巡视卡伦，据卑职探知，实则想查看我方边境对他们是否有不利的行动。另一位官员不久也将沿边向西巡视。”⑤ 5 月 13 日，库伦办事大臣上奏：“鉴于积雪已融，奴才等特派贝子宁博多尔济、古纳奇旺达西前往巡视其属下喀尔喀 47 哨卡”，“卑职等为办好此项差遣，人人恪尽心力，巡查各自属下位于恰克图两翼之喀尔喀四部。据卑职所见，兵器、马匹、牲畜均完好，各哨卡官兵当差尽责尽力，行事小心谨慎。哨卡境外俄人未见些微滋扰，行为十分恭谨平和。奉王及昂邦训示，已向各哨官员下达指示，著彼等恪

---

① ЦГИА Монголии，ф. М－1，д. № 639，л. 679. Там же с. 416.

② Там же，д. № 651，л. 10－12. Там же с. 447.

③ Там же，д. № 651，л. 31. Там же с. 450.

④ Там же，л. 44. Там же с. 499.

⑤ РГАДА ф. Государственный архив，разряд ⅩⅤ，1806г. д. № 30 доп. л. 69，Там же с. 541.

尽职守，谨慎小心"。① 7 月 12 日，据俄国格尔必齐防务段长官谢列勃连尼科夫密报，清军约 70 人已巡查中俄边境卡伦；② 7 月 16 日，东段中俄边界长官戈尔布若夫（Д. Горбунов）也密报："本月即 7 月 3 日，中国普通边境巡逻队由一名协领率领，来到马列特卡小河口，5 日及 6 日到达老祖鲁海图哨卡对面。"③ 可见，清军虽然加强了边境巡视，但兵力有限，显然，清方加强边界防备是有分寸的，并非制造边境紧张局势。也许确实由于边境地区未见俄国方面有何举动，所以各边境官员一直没有相关报告，以致库仑办事大臣于 9 月 27 日致函买卖城扎尔固齐瑞春，责备他："在以前给你们下达的命令中，曾指示你等通过同俄国人会晤，了解彼方发生的新动向。而今我们依然确认，要尽一切可能探听他们是否在准备针对我大清的军事行动，各卡伦是否收到新的命令，这些卡伦演练的内容是什么，对待我国哨卡的态度如何，是好是坏？但上述命令中的各项迄未从你等处得到任何消息，可见你等工作并不勤勉。"④

然而，尽管清朝的巡逻队没有发现俄方有任何军事异动，但不等于俄方就没有任何企图。资料表明，俄国使团被驱逐后，戈洛夫金心怀怒火，确曾鼓吹军事报复，有意无意地采取了许多举措，给边境局势造成了某种程度的紧张气氛。2 月 19 日，戈洛夫金刚回到恰克图才两天就迫不及待地就俄中关系的前景给沙皇上奏，其中开篇就主张军事报复，"为了挽回俄国在中国面前丧失的政治尊严，为了使俄国贸易不再受到我们随心所欲的邻国的阻挠，俄国无须到帝国的其他地区去调拨力量。西伯利亚本身就有足够的力量"。⑤ 随后，戈洛夫金在他寄给俄国政府的《贸易领域中俄关系发展前景报告》里提出："（1）只要使用得明智合理，西伯利亚本身即足以提供资源，以保证面对中国所应该占有的地位，以保卫贸易这个当地福祉的唯一源泉。（2）如果计算起来，做这样的事，无论对国库还是对国家，花费都要比停止贸易带来的损失小得多。（3）只要增加不多的防御经费，就可以把防御性的措施转变为进攻性的，最后，不仅可以为俄罗斯带来整整一个世纪一直都在徒劳地张罗着要向中国政府索取的那些好处，而且还可以带来那些在总报告中已经表述过的好处，而它们的好处较之它们所带来的花费，实在不知要高出多少。（4）所谓同中国开战，

---

① ЦГИА Монголии, ф. М-1, д. № 651, л. 141. Там же с. 559.

② АВПРИ ф. СПБ Главный архив, 1-7, оп. 6, 1805 г. д. № 1-а, п. 27, л. 550. Там же с. 600.

③ Там же, л. 507. Там же с. 601.

④ Там же, л. 589. Там же с. 649.

⑤ Там же, п. 27, л. 114. Там же с. 477.

其实质不过是一次轻而易举的短期探险行动。（5）这种行动的成功可以说无可置疑，他将为俄罗斯带来辽阔富饶的土地，并在东方开辟贸易市场。（6）即使中国人同意在阿穆尔河自由航行，如果我们不占领该河左岸，这种好处也会比我们同他们之间的贸易更为不可靠"。① 在这里，戈洛夫金非常明确地鼓吹同中国开战。据戈洛夫金调查，俄国短期内在俄中边界总共可以动员的兵员达17745人。② 可见，至少戈洛夫金本人是有挑起中俄边界军事冲突想法的。

与清方在边境地区所采取的举措一样，俄方边务机关也密切关注清方边境的动静，加紧防范。2月22日，戈洛夫金在给新任命的外务院驻恰克图特派员伊兹玛伊洛夫的训令中就指示："你要督促所有边务官员在这方面加强努力，严密监视中国臣民的一切活动，命他们将情况向你报告。你要利用一切可以利用的手段在买卖城等地打探北京朝廷的消息和行动，以及库伦的动静。"③

不过，戈洛夫金及其同伙在边境地区的一些过激举措，与当地以恰克图海关负责人瓦尼方季耶夫为代表的注重商务利益的部分人发生矛盾，这些人为了不影响恰克图贸易及其给俄国国库带来的巨大利润，反对戈洛夫金对中国的敌视做法。因为戈洛夫金等人在边境地区的做法很有可能影响恰克图贸易的平稳发展。5月14日，瓦尼方季耶夫在给商务大臣鲁缅采夫的报告中就表现了这种担忧。④ 瓦尼方季耶夫的不满招致戈洛夫金的反感。5月31日，戈洛夫金派使团二秘兰伯特前往恰克图边境地区刺探情报，就曾命令他暗中监视瓦尼方季耶夫的行动，⑤ 在给皇帝亚历山大一世的奏报中甚至骂瓦尼方季耶夫为"叛徒"。⑥ 对此，瓦尼方季耶夫也毫不客气地向商务大臣鲁缅采夫状告戈洛夫金及其随从在边境地区的行为严重损害了恰克图贸易。⑦

其实，戈洛夫金所谓军事报复中国也不过是嘴里说说而已，并未付诸行动，不接到俄国政府开战的命令，他是不敢擅自行动的，瓦尼方季耶夫之所以反应如此剧烈，主要还是对戈洛夫金干预恰克图乃至西伯利亚事务的不乐意。就历史实际来说，当时中俄边境双方在加强互相防范的同时，也都在采取措

---

① Там же, л. 113. Там же c. 489 – 490.

② Там же, п. 43, л. 58 – 69. Там же c. 620.

③ Там же, п. 41, л. 203. Там же c. 494 – 495.

④ РГАДА ф. Государственный архив, разряд ⅩⅤ, 1806г. д. № 30 доп. л. 58, Там же c. 562.

⑤ АВПРИ ф. СПБ Главный архив, 1 – 7, оп. 6, 1805г. д. № 1 – а, п. 27, л. 399. Там же c. 575.

⑥ Там же, л. 427. Там же c. 591.

⑦ Там же, л. 497 – 499. Там же c. 586 – 587.

施，努力维持边境和局。俄国并未因使团遭到驱逐而准备挑起边衅，他们不但面临复杂的欧洲局势，也需要恰克图稳定增加的税收充实国库。而饱受苗事、河槽、吏治困扰的嘉庆朝廷更是不希望边界不宁。因此，双方都抱着息事宁人的态度，努力维持双边关系的和局。1806 年 2 月 22 日，戈洛夫金在给新任外务院特派员伊兹玛伊洛夫的训令中最后一条便是："你应向全体边境官员发布密令，令其避免两国臣民酿成纷争，致生不满。"① 2 月 24 日，外务院驻恰克图特派员伊兹玛伊洛夫命令各边防段长官及界务巡视员：要与边境地带的中国人友好相处，避免卡伦之间发生冲突；各卡伦长官要严密约束手下，避免滋生事端，否则，将严惩不贷。② 2 月 25 日，清库伦办事大臣亦上奏，说已遵旨命各边境卡伦官兵密切注意俄国动向，但绝不能滋生事端，"务须保持原有对俄友好关系"。③ 不独戈洛夫金、库伦办事大臣都从大局出发，维持边境和局，那些原本注重贸易利益如商务部、恰克图海关负责人瓦尼方季耶夫自然更加力主边境和睦。4 月 30 日，商务大臣鲁缅采夫在致瓦尼方季耶夫的信中写道："根据你在中国边境效力的这段时间来看，深知恰克图商人对你赞誉有加，我想，你同那位扎尔固齐的关系一定很好，这一点能给目前的政治局势带来好处。如能运用得当，方法巧妙，则更为可观，将为你博得君上的恩宠开辟道路。我要委托你运用相应的手段从你自己的角度说服扎尔固齐，要他坚信俄国宫廷对中国朝廷的和平意愿决不动摇。"④ 实际上，当时俄国政府对使团被逐没有产生很剧烈的反应，与商务部门的这种态度是有关联的。在他们看来，国家的贸易利润压倒一切。尤其是 5 月 2 日，内阁特别委员会在给亚历山大一世的建议报告中确立对华外交政策"和"的基调以后，维持中俄边境和局的做法就一边倒了。

基于中俄边防体系高层的这种理性态度，中俄双方的边防官兵也经常互相帮助、互赠礼品，在所有边务方面全面合作。这里，不碍摘录一份外务院驻恰克图特派员伊兹玛伊洛夫所记中俄边境的交涉日志（自 1806 年 4 月 1 日至 5月 10 日），从中我们大致可以看到戈洛夫金使团被逐后相当长一个时期内中俄边境和局的影像：

---

① Там же, п. 41，л. 204. Там же с. 495.

② Там же, п. 27，л. 127 – 128. Там же с. 496 – 497.

③ Там же，л. 132. Там же с. 504.

④ РГАДА ф. Государственный архив，разряд ХⅤ，1806г. д. № 30 доп. л. 22 – 23，Там же с. 550 – 551.

4月1日，中国买卖城扎尔固齐派两名章京来见我并祝贺我们的节日，请求按例收下面包、盐、茶叶一小箱、水果若干、酒和活羊一只。我赠给送礼者两名章京价值四卢布的狐皮各一张、两名蒙古人棉织头巾各一块。为了回礼，次日我派百人长纳吉莫夫和十三等文官利亚霍夫送去附件齐全的五味瓶一套、上等貂皮两张、一俄升装的维因酒和法国酒各一瓶、一俄升装白酒一瓶、十四俄磅重白糖一大块和屠宰好的羊一只，同时吩咐对他送来的礼物表示感谢。他收下了全部礼物，高兴地吩咐向我道谢，并赠给送礼的百人长纳吉莫夫绸缎一匹、十三等文官利亚霍夫纺绸一匹、随行三名哥萨克砖茶六块。

4月17日，据基兰斯基卡伦长官、军士苏耶京口头报告，当天早晨中方发生一起林火，在岔路口向基兰斯基卡伦以东窜去，当天即被我卡伦人员和当地土著扑灭。为此，我派一名官员去见扎尔固齐，请他严令边境哨所人员以及其他过路人员小心用火，因为草原大火会把上好的森林烧毁，而双方人员灭火又十分困难，令人疲惫不堪。扎尔固齐高兴地接受了这个建议，当着派去官员的面向所属各地下达了有关防火的命令，并吩咐派去的官员对我的提醒表示感谢，他保证沿边下属准确执行此令。

5月1日。我邀请中国买卖城扎尔固齐共进午餐，他带一名蒙古军官和一些服役人员共二十人前来赴宴。宴会中用小提琴演奏俄罗斯歌曲，扎尔固齐对此深表满意。餐后友好交谈了好一会，逗留到下午五时，他道谢后回国。次晨，他派了一名章京前来见我，对宴请表示感谢。

5月2日，收到伊尔库茨克民事省长阿列克谢·米哈伊洛维奇·科尔尼洛夫先生阁下的信件，其中附有上月26日写给库伦大臣王和昂邦的信，按照同扎尔固齐商定的惯常文件交换方式，由我方中尉在界桩旁通过常规手续交给对方的宰桑，以便送往库伦。

5月9日。我按常规派百人长纳吉莫夫和十三等文官利亚霍夫给新来的扎尔固齐送去一些食物：甜点心、野味、一俄升装的法国酒一瓶、十四俄磅重的白糖一块和活羊一只。他高兴地收下了所有这些食品，并吩咐派去的人向我道谢。为此，他还送给百人长纳吉莫夫丝织物半匹、十三等文官利亚霍夫纺绸一块，随他们同去的四名哥萨克砖茶十二块。次日，他又派一名甲喇、一名章京来见我，送来一匹单色粗织物、一箱茶和水果。为此，我赏给甲喇两张狐皮和两张海狗皮，章京两张海狗皮，四名蒙古人各一张海狗皮。①

实际上，这种边境地方层面双边关系中的"和"态也是两国高层对待双边关系的政策的反映。这一点，俄国人心知肚明。当时，俄国西伯利亚总督佩斯捷尔在 1807 年 5 月至 10 月给外交大臣布德别格（А. Я. Будберг）、商务大臣鲁缅采夫的系列密报中，屡次向俄国政府陈情：边境中国人现在的态度证明，清廷对俄国的态度是友好的。② 他建议商务大臣把恰克图地方层面中俄友好双边交往的事实在圣彼得堡的报纸上报道，并且建议也要在报纸上表达俄国政府对清廷的友好态度。③

总之，嘉庆时期中俄边境地区的总态势可概括为"既防且和"，而无论"防"或"和"，既是常态，也是异态。说它是常态是因为自雍乾至嘉庆年间长达百年，中俄边境确实未曾发生过大规模军事冲突事件，中俄边防体系仅止于互"防"而已；之所以称异态，是因为当时俄国访华使团被逐，中俄双方立足于各自所面临的特殊情势而有意摆出一种和解的姿态。然无论是常态，还是异态，最终保持了"和态"，这才是最重要的。

---

① ＡВПРИ Ф. СПБ，Главный архив，Ⅰ－9，оп. 8，1806－1818г. д. № 2，л. 88－91. Там же с. 538－540.

② Там же，1806－1819г. д. № 2，л. 22. Там же с. 936.

③ Там же，л. 40. Там же с. 937.

1839 年中英关于具结与
交凶的交涉

暨南大学历史系 张 坤

1839 年中英双方关于具结和交凶的交涉既是一个错综复杂的过程，又是一个几经搁置、充满冲突的过程。1839 年 9 月底至 10 月下旬是谈判的关键时期，其中具结问题在 9 月底已得到义律的初步同意，以 10 月 8 日林则徐形成的"具结和搜查合一"原则为最高和谐点，双方形成了昙花一现的协议假象；而交凶问题则在和谐温情的裹挟下，于 10 月 9 日达到谈判进程的顶点，义律送来"凶手查明，容将送出"的虚假说帖。然而和局在几日内便急剧扭转，10 月 24 日，具结和交凶谈判便全盘破裂。是什么导致了谈判的开启、进展和破裂？除了具结和交凶谈判外，还有哪些因素掺和进来，影响了中英交涉的进程？本文试从这两个问题入手，逐层揭示 1839 年中英在具结和交凶谈判中的来龙去脉。

一 具结和交凶问题的由来

1839 年（道光十九年）3 月，林则徐奉命作为钦差大臣来广州查禁鸦片。他下车伊始，即开始了雷厉风行的禁烟活动。3 月 25 日，林则徐切断英国贸易，撤出商馆仆役，两日后义律同意交出鸦片。28 日，义律向林则徐递交禀帖，保证交出英国人手中 20283 箱鸦片。在缴烟期间，林则徐要求外商订立甘结，以确保今后不带鸦片进口，具结问题就此浮出水面。

1. 甘结问题与具结的搁置

林则徐在缴烟期间要求外商缮写的甘结因涉及面广，处罚严厉，外商迟迟不肯签订，只是递交了一份保证书，声称日后断不敢带鸦片来中国。① 4 月 5 日，广州府奉林则徐之命将甘结样本送来，催促义律办理。这是第一份生死甘结样本，全文如下：

> 具甘结英吉利领事义律、副领事参逊率领英国夷商等、港脚夷商等、么鲁夷商等，为出具切结永断鸦片事：结得英吉利国及所属各国夷商，久在粤省贸易，渥沾天朝恩泽，乐利无穷。只因近年有等贪利之人私带鸦片烟土，存粤洋趸船，寄顿售（买）[卖]，有干天朝法纪。今蒙大皇帝特遣大臣来粤查办，始知禁令森严，不胜悚惧。谨将各趸船所有鸦片尽数缴官，恳求奏请大皇帝格外施恩，宽免既往之罪。其已经起空之趸船均令驶回本国。现在义律等禀明本国主严示各商，凛遵天朝禁令，不得再将鸦片带入内地，并不许制造鸦片。自本年交秋以后，货船来粤，如查有夹带鸦片者，即将其全船货物尽行入官，不准贸易，其人亦听天朝处死，愿甘伏罪。至现春夏两季到粤之船，其自本国来时尚未知查办严禁，如有误带鸦片者，随到随缴，不敢稍有隐匿，合并声明。所具切结是实。②

此份甘结强调外商一体签订，相互间负有连带责任，是一份生死甘结。义律拒绝具结，认为各国商人已共同签署了不再带鸦片来粤的保证书，这已是一件表示信用的举动："至取结其事，乃指后来者，或有嗣后不遵，安可当其重责。其祸又不止贻及出结者，而且连累他人，则依本国明例，虽在国主尊位，尚不能令其如此，而何况在远职乎！"③ 究其实，义律反对的是具结对他人、对后来者的连带责任，而结书中"现在义律等禀明本国主严示各商"一句显然无法落实。林则徐在 1839 年下半年中英谈判期间对该甘结进行了修改，废除了连带责任，成为第二版生死甘结（详见下文）。中文文书以及后人所论及林则徐要求外商签订的甘结主要指的是两个版本的生死甘结，但几乎所有的研

---

① 《信及录》，《鸦片战争》（二），上海人民出版社，1957，第 250~251 页。
② 陈锡祺主编《林则徐奏稿·公牍·日记补编》，中山大学出版社，1985，第 35~36 页。英译本见 Inclosure 1 in No. 148, Correspondence Relating to China, Presented to Both Houses of Parliament, by Command of Her Majesty, 1840, London: Printed by J. Harrison & Son. pp. 391 - 392.
③ 陈锡祺主编《林则徐奏稿·公牍·日记补编》，第 38 页。

究者模糊了这两个版本生死甘结的界限。①

1839 年 5 月主要鸦片贩子被驱逐前夕，林则徐还要求他们签具一种"永不再来"甘结。这种甘结由外商以个人名义签订，且不涉及生死，外商都欣然签订。5 月 10 日广州地方政府收到颠地的"不敢再来甘结"："英吉利国商人颠地，为遵谕出结事：现奉钦差大人林、两广总督大人邓宪谕速回本国，不准稍延，并令出具永远不敢再来甘结缴案。颠地今不敢违令，结得五日内，由省开行即去，嗣后不敢再来也。此实。"② 此时期被驱逐的鸦片商都签有此类甘结。③

由于文献对两个版本的生死甘结都曾以比较性的"新例"而论，造成很大的混淆。4 月林则徐令广州府传谕颠地具结时提到了"新例"："倘该夷革面洗心，仍思在内地正经贸易，即应遵照新例出具如有夹带鸦片，货则没官，人即正法切结送呈，以凭核办。"④ 这里所说的"新例"是指第一版生死甘结，后来以法律的形式经朝廷颁行。⑤

林则徐于 4 月 6 日再次催促义律令各国商人逐名具结，⑥ 义律断然拒绝。他一方面表示商人们保证以后不夹带鸦片，一方面声称签此保证书不符合本国的法律。⑦ 为了不激怒林则徐，义律表示因离本国较远，请宽限港脚船五个月、本土船十月时间，待各人都知道后，即可按新例办理。⑧

其后中方忙于鸦片收缴和硝烟诸事，具结问题暂时搁置了。随着鸦片上缴进程的推进，英商得以陆续乘坐舢板回澳居住，鸦片贩子在签订"永不再来"甘结后陆续被驱逐，趸船陆续开行。当所有鸦片被缴完之后，5 月 26 日，林

---

① 张馨保未看到第一版生死甘结的样本，只看到了第二版，并据此来阐述关于具结的交涉："简洁的词组'人即正法'一语引起了极大的误解。林的意思是仅对那些确实夹带鸦片的人处以死刑，可是，外国商人却把这一词语理解为包括全体船员。"见张馨保著《林钦差与鸦片战争》，徐梅芬等译，福建人民出版社，1989，第 174 页。另，杨国桢虽注意引用两版甘结内容，但并未关注其内容差异以及林则徐在第二版甘结中所进行的妥协，见杨国桢《林则徐大传》，中国人民大学出版社，2010，第 294 ~ 324 页。

② 《信及录》，《鸦片战争》（二），第 284 ~ 285 页。

③ 《信及录》，《鸦片战争》（二），第 289、296 页。

④ 《信及录》，《鸦片战争》（二），第 267 ~ 268 页。

⑤ "旋奉颁行新例，凡内地军、民开设窑口向外夷收买鸦片者，为首斩绝枭示，为从绞死，吸食者一年六个月限内拟流，限外亦绞。夷人带鸦片者，为首照开设窑口例斩决，为从者绞，所带货物概行入官。"《信及录》，《鸦片战争》（二），第 306 页。

⑥ 《信及录》，《鸦片战争》（二），第 263 页。

⑦ 胡滨：《英国档案有关鸦片战争资料选译》上册，中华书局，1993，第 399 ~ 400 页。

⑧ 《林文忠公政书》，《鸦片战争》（二），第 148 页。

则徐批准了义律要求回澳门调离身体的禀文，① 于是义律来到澳门。

义律之所以要求回到澳门可以理解为寻找一个安静思考解决当前问题的机会。义律在 1839 年 3 月至 5 月间寄回国的备忘录极力渲染禁烟期间英商在华所受的压迫和不公正待遇，在华英商也再一次联名向国会请愿，要求"把英国臣民的一般贸易置于安全的和永久的基础之上"。张馨保认为，外国人在商馆区被"拘禁"的痛苦被过分夸大了，② 这些文件促使英国政府做出了要报复中国的决定，③ 英国方面对战争的决定在 1839 年 10 月间做出，但根据英商的建议，军队要在次年贸易完后到达。④ 义律在此前后的一切活动可以看作一边等待本国关于战争的批复，一边见机行事维护在华英人的利益和安全。

义律到澳门后林则徐即开始在虎门销烟，期间进一步驱逐鸦片趸船并要求义律在澳门劝诫外商杜绝鸦片贸易。义律对此采取敷衍态度，⑤ 其真正的目的则是设想将对华贸易转移到澳门，遂于 6 月 5 日向林则徐递交禀帖提出要求，遭到拒绝后，义律再次改变策略，不再接受中方发来的谕令。⑥

2. 交凶问题的浮出

7 月 7 日，停泊尖沙咀的外船水手登岸，分属怡和洋行和颠地洋行两艘英船"卡纳蒂克"号和"曼格洛尔"号的水手与当地村民发生了一场骚乱。次日，村民林维禧因遭棍殴毙命。事发后中方随即令义律交凶，义律则做出了以下的反应。

他首先前往查看，悬赏查凶，并给家属一大笔抚恤金以平息民愤。⑦ 7 月 13 日，义律以说帖的形式知会中方其处理情况，并特别指出："其死人之亲叔，自皆以其死非故杀而为误杀，以其水手并无罪意也。惟义律不论系误杀，因思寡妇孤子无以养生，即应赐银以供养育，方为公义也。"⑧

林则徐指责义律的做法意在"掩饰事实"，他通过参与此事的通事刘亚三得到与该案有关的一系列证据，认为"凶手现已确定，岂用再作侦查"，"尔

① 《信及录》，《鸦片战争》（二），第 297 页。
② 张馨保：《林钦差与鸦片战争》，徐梅芬等译，第 152～153 页。
③ 胡滨：《英国档案有关鸦片战争资料选译》下册，第 521～522 页。
④ 胡滨：《英国档案有关鸦片战争资料选译》下册，第 523～525 页。
⑤ 胡滨：《英国档案有关鸦片战争资料选译》上册，第 415 页。
⑥ 《信及录》，《鸦片战争》（二），第 305 页。
⑦ 陈锡祺主编《林则徐奏稿·公牍·日记补编》，第 64 页。
⑧ 陈锡祺主编《林则徐奏稿·公牍·日记补编》第 63 页；胡滨：《英国档案有关鸦片战争资料选译》上册，第 436～437 页。

关于‘预谋杀人’、‘误杀’、‘赡养寡妇孤儿’之申辩，所有措辞皆回避与掩饰事实真相之借口，以图凶夷免遭极刑”。①

此时义律正设法躲避中方文书，林则徐于是措辞严厉逼其交凶。义律遂指责中方措辞，甚至把林维禧一案的责任推给中方，认为是中方发布告示“煽动英国人民不理睬义律的命令”才导致水手滋事。声称，若不能确保之后仍会发生“此类煽动性活动”，若不能接受“密封的信件，义律将不接受贵官员们的任何文件”。②

义律于 8 月 12、13 两日召集了治外法庭审判此案，并致函广州府邀请中方派员出席，③ 却没有得到回应。这次审判驳回对水手“蒂德尔”的杀人罪起诉，对涉嫌斗殴的五人分别处以三个月监禁劳改与十五英镑罚金、六个月监禁劳改与二十五英镑罚金的处罚。④ 义律将审判结果通报中方，声称已经按本国法律处理，但目前未发现罪犯，“倘若查出实在死罪之凶犯，亦拟诛死”。⑤

义律不交凶是出于英王训令，对此，美商报纸也予以旁证：“他的训令不允许他将英国臣民交给中国法律处置。”但这并不支持其做法：“这些训令建立的基础是这样一些臭名昭著的事实，即在该法庭上外国政府或证人被视为无效。”⑥

义律向林则徐陈明，交凶有一个前提，即在华英人得到平等待遇，并有申诉权，“如内地闾阎之民，一经亲诣部院衙门越诉，亲得在京控报进奏”。⑦ 林则徐对此并不理会，他兵压前山，亲往澳门巡视，令澳门葡人向义律追凶，并再次断绝英国贸易，切断给养。为避免澳门葡人受到更多牵连，义律离开澳门前往尖沙咀。⑧ 同时作为回应，义律再次公开拒绝和中方文书联系，而几乎同时，发生了英船“黑笑话”号遭劫案。

二 “黑笑话”号事件与追凶问题的搁置

英国纵帆船“黑笑话”（Black Joke）号从澳门驶出，8 月 24 日晚，在大

---

① 陈锡祺主编《林则徐奏稿·公牍·日记补编》，第 68 ~ 70 页。
② 胡滨：《英国档案有关鸦片战争资料选译》上册，第 437 ~ 438 页。
③ 胡滨：《英国档案有关鸦片战争资料选译》上册，第 438 页。
④ 胡滨：《英国档案有关鸦片战争资料选译》上册，第 430 页。
⑤ 《信及录》，《鸦片战争》（二），第 304 ~ 305 页。
⑥ Chinese Repository, Aug. 1839, pp. 180 – 182.
⑦ 陈锡祺主编《林则徐奏稿·公牍·日记补编》，第 73 页。
⑧ 胡滨：《英国档案有关鸦片战争资料选译》上册，第 430 页。

屿山附近遭到中方船只的劫掠。5 名以上水手死亡，1 人被严重致残。此案极少学者关注，张馨保虽曾注意，但只关注了其对英人迅速撤离澳门的推动作用。① 实际上，林则徐对待此案态度冷淡，在接到英方报案后第二天仍只顾催逼交出杀害林维禧的凶手。英方亦从多方面怀疑此案就是清朝官方所为，从而对其大为失望。该案导致双方进入为期一个月的仇视阶段。

1. "黑笑话"号事件悬疑

该案发生时义律已移居尖沙咀，中方此时断绝澳门英人给养并驱逐其离澳以追凶，"黑笑话"号此时正转运财物至尖沙咀。案发时船上贵重物资被劫掠，水手被杀死，匪徒原本准备炸掉该船，25 日凌晨时逢英国船"哈里特"号赶来，匪徒逃窜。对于该事件的描述主要来自两名幸存者，但由于事发时情势危急，所以仍然留下不少难以清晰化的问题。

通过对几分材料的对比来看，可以确认船上人数共 9 名，7 名印度水手，1 名英商，1 名水手长。这是幸存的水手长廷德尔（Hassan Tindal）所确认的，② 义律在中文禀帖中也确认此数目。③ 案发后获救的幸存者共 2 名，除了廷德尔趴在船底外，还有被严重伤害的英商茂斯（Mark Moss）。至于其他 7 名水手的状况，幸存者称全部被杀，④ 但随着时间的推移，这个说法被两次修正，义律在 9 月 2 日给中方的文书中称有 6 名水手死亡，⑤ 而英商 9 月 7 日针对此事写给外相巴麦尊的请愿书中称有 5 名印度水手被杀，⑥ 英人宾汉也持此说。⑦

另外难以明确的还有袭击者船只的数量，马地臣（James Matheson）称有

① 张馨保：《林钦差与鸦片战争》，徐梅芬等译，第 193 ~ 194 页。
② Diposition of Hassan Tindal of the Black Joke, before the Committe of Management at Macao, August 25, 1839. Inclosure 4 in No. 155, Correspondence Relating to China, Presented to both Houses of Parliament, by Command of Her Majesty, 1840, p. 437. 关于此人，在马地臣的报告中直接称之为印度水手长（Serang），见 Mr. Matheson to Captain Elliot, Inclosure 2 in No. 155, Correspondence Relating to China, Presented to both Houses of Parliament, by Command of Her Majesty, 1840, p. 436. 胡滨先生将其直译为"塞兰"，容易造成误解。参见胡滨《英国档案有关鸦片战争资料选译》上册，第 434 ~ 435 页。
③ 《信及录》，《鸦片战争》（二），第 308 ~ 309 页。
④ Diposition of Hassan Tindal of the Black Joke, before the Committe of Management at Macao, August 25, 1839. Inclosure 4 in No. 155, Correspondence Relating to China, Presented to Both Houses of Parliament, by Command of Her Majesty, 1840, p. 437.
⑤ 胡滨：《英国档案有关鸦片战争资料选译》上册，第 449 ~ 450 页。
⑥ 胡滨：《英国档案有关鸦片战争资料选译》上册，第 454 页。
⑦ 〔英〕宾汉：《英军在华作战记》，《鸦片战争》（五），第 43 页。

7 艘，廷德尔说有 5～6 艘，义律递禀时则称 3 艘。可以想象当时情势紧迫，目击者难以有准确的报告。

对于袭击者是中国海盗还是官方，英人下结论较为审慎。尽管事发后"船上留下一顶官帽和刀"，① 但英人保守地认为这是海盗所为。马地臣在给义律的信中写道："袭击者由七艘中国划艇组成，配备的人员和拥有的武器都很像是清朝官员们的船只，但我认为他们必定是海盗，他们相信目前的混乱状态将使他们不受惩罚。他们拿走了某些财产——贾斯特先生的一些钟表，但说来很奇怪，他们留下了一些银元。"② 义律也倾向于此，他在 9 月 2 日给中方的文书中称："此事本领事知系海盗匪民所为，而船上水手人等多以为官弁不度之行。是以万望早行查办，俾可安慰人心为美也。"③ 在向巴麦尊的汇报中也持同样观点。④ 尽管如此，"舱上遇着官兵暖帽一顶"⑤ 仍成为义律等人心中一个难解的结，并成为抗议中方驱逐行动的重要说辞。

但随着英人被驱逐到海上，尖沙咀附近饮用水遭投毒、官船频频烧毁供给英人食物的民船，以及后来"米巴音奴号"事件的发生，英人改变了看法，他们几乎坚信"黑笑话"号事件就是官方所为。

其实，这种担心早已透出。美商报纸在事发后直接报道："8 月 24 日，一艘从澳门开往香港的小型纵帆船'黑笑话'（Black Joke）号被中国政府登船检查。"⑥ 而在事发次日，英人即得知同日晚纵帆船"简"号也在大屿山附近受到清朝官员们的追击。⑦ 英商在 9 月 7 日写的回国请愿书则认为此事即使不是直接出于官方所为也是在官方影响下干的。⑧

到该年底，义律已得知"黑笑话"号事件就是官方所为，但仍持谨慎的态度："通过中国的各种情报渠道，最近透露出来，对英国客船'黑笑话'号所施加的暴行是根据钦差大臣阁下的明确命令干的，而且他给予了干这个暴行的清朝官员二百两白银的赏金。但我应当说，该说法主要依据的一名通事的证

① Diposition of Hassan Tindal of the Black Joke, before the Committe of Management at Macao, August 25, 1839. Inclosure 4 in No. 155, Correspondence Relating to China, Presented to Both Houses of Parliament, by Command of Her Majesty, 1840, p. 437.
② 胡滨：《英国档案有关鸦片战争资料选译》上册，第 434～435 页。
③ 陈锡祺主编《林则徐奏稿·公牍·日记补编》，第 76 页。
④ 胡滨：《英国档案有关鸦片战争资料选译》上册，第 431～432 页。
⑤ 陈锡祺主编《林则徐奏稿·公牍·日记补编》，第 75 页。
⑥ Chinese Repository, Vol. 8, No. 4, p. 222.
⑦ 胡滨：《英国档案有关鸦片战争资料选译》上册，第 435～436 页。
⑧ 胡滨：《英国档案有关鸦片战争资料选译》上册，第 454 页。

词是很少值得考虑的。"① 而在英人中更盛传此事出自当时的守备黄琮之手，并说他因此被钦差大臣提升为都司，"并加以表扬，使海军官员向他学习"。② 但这只是作为传言出现而已，并未被义律正式引用。

2. 英方撤诉与中英交恶

不管"黑笑话"事件是否官方所为，林则徐都有责任给义律一个说法。事发后，义律在 8 月 27 日向地方把总递禀，把总不敢接"夷书"，于是英人将信放在县营官赖恩爵手里。因听说事关人命，遂勉强接信。阅后疑窦丛生，因为上面未列出姓名，也未将证人"交出验伤"，怀疑"因林维禧命案，该夷理诎事穷，为此谎帖抵御"，于是一方面前往英船查访，一方面禀明林则徐。林则徐肯定了基层官员的意见，也认为这极有可能是为林维禧案开脱。③ 这显示这件英国命案在林则徐眼里同样是没什么分量的。

义律似乎对中方办案完全不抱希望，因为始终未见他将遇难者姓名报上，也没有带中方官员到事发现场，更没有把受重伤的茂斯送给官方验伤，而是多次推辞说已经伤愈不用报名和勘验。林则徐则认为这恰恰证明"前报之为谎捏"，"今核澳门同知暨香山协等节次禀报，凡出澳之英夷某名，在某船寄住，逐名皆有下落"，于是断言，"是并无一被盗之人，无怪乎该夷之不能开出事主姓名也"。④

林则徐做出的这个论断实在太草率。该事件的发生实有确据，义律的备忘录、中英交涉文书、英商关于此事的交流及给外相巴麦尊的请愿书、三位英国医生的鉴定书⑤和两位幸存者的证词、英美报纸的报道等都可证明。更有其带来的直接后果：事件发生时，正值林则徐驱逐英人离澳，事件发生后，英人遂决定果断离澳，"那个残暴的杀人事件使我们的情况恶化了"，⑥ 应"建议英国人士立即登船"。⑦

中方冷淡的接案态度和粗糙的审查手段使英人不再与中方交涉此事。在接

① 胡滨：《英国档案有关鸦片战争资料选译》上册，第 512 页。
② 〔英〕宾汉：《英军在华作战记》，《鸦片战争》（五），第 43 页。
③ 《信及录》，《鸦片战争》（二），第 308~309 页。
④ 《信及录》，《鸦片战争》（二），第 309~310 页。
⑤ 三名英国医生考克斯（Richard Henry Cox）、劳卡特（William Lockhart）、安德森（Alexander Anderson）分别撰写了对茂斯伤势的鉴定报告。Inclosure 7 in No. 155, Correspondence Relating to China, Presented to Both Houses of Parliament, by Command of Her Majesty, 1840, pp. 438 - 439.
⑥ 胡滨：《英国档案有关鸦片战争资料选译》上册，第 433 页。
⑦ 胡滨：《英国档案有关鸦片战争资料选译》上册，第 435~436 页。

到义律报案的第二天，林则徐仍下令要求英人交出"殴毙林维禧之凶夷"，①义律对此反唇相讥："敢问，欲令义律任意不论有无罪名混行交人，致使大宪督同领事并将无辜之人定死罪耶？再者，钦差大臣经出示谕，耸动内地民人，肆意妄行，猛害英国人民"，言及"黑笑话"号事件，"舱上遇着官兵暖帽一顶，想艇上必有兵弁行凶留下也"。② 在双方互有命案而英方涉及人数更多的情况下仍要求交凶，林则徐此举显然无法达到目的。

8 月底至 9 月底双方进入紧张时期，英人被逐出澳门，寄居于尖沙咀。林则徐此时加紧驱逐英人离开中国，施以切断给养、淡水投毒、烧毁接济民船等措施。义律则不断抗议，指出如此下去"必将经常发生冲突，贵官员们将对这些后果承担责任"。③ 9 月 4 日，饥肠辘辘的义律在费尽周折辛苦购买的食物被抢走之后率先开了第一枪，引发双方小规模冲突。④ 9 月 19 日，中方炮台在英船靠近的情况下主动开炮。9 月 23 日，经过一番交涉，中方取消了对英船给养的控制，中英关系进入另一段为期一个月左右的平和期。

三　具结和交凶谈判的开启

自 8 月底至 9 月下旬，在因切断给养所造成的中英冲突间隙，义律曾不止一次地向清政府表达和平愿望，这种态度成为谈判的契机。为了得到给养，义律在 9 月 2 日就曾表示不再拒绝中方文书，愿意配合中方的禁烟举措。⑤

在两次中英兵船小规模冲突之后，中方 9 月 23 日恢复供给英方给养，义律于 24 日在澳门葡萄牙总督的陪同下面见澳门同知蒋立昂，主动提出要配合中方区分非法与合法贸易，并对具结问题提出了自己的要求。

义律所提的禁烟和具结方式与林则徐的要求有很大差异。他说鸦片船都已开走，现在的船上已没有鸦片，可以请中方搜船，如果查出就没收。以后来的船就要"逐名出结，由义律加具印结，方准贸易"。也即此次就不用具结了，以后具结则以各英商统领其船上人员分别签名具结，再由义律加盖印章。这一方面是在推脱，另一方面试图废除第一版甘结中各船各人之间的连带责任。林

---

① 陈锡祺主编《林则徐奏稿·公牍·日记补编》，第 77 页。
② 陈锡祺主编《林则徐奏稿·公牍·日记补编》，第 75 页。
③ 胡滨：《英国档案有关鸦片战争资料选译》上册，第 447 页。
④ 胡滨：《英国档案有关鸦片战争资料选译》上册，第 449 页。
⑤ 胡滨：《英国档案有关鸦片战争资料选译》上册，第 449～450 页。

则徐对此并不深究，而是强调要按照新缮写的结式具结，否则"永不准其贸易"。① 至此，第一版生死甘结中的连带责任已不再构成障碍，剩下的是两个版本中都强调的"人即正法"问题。

1. 具结的进展与和谐假象

9 月 28 日，义律再次诚恳表示愿意配合中方禁烟，并提出自己认可的具结内容：其一，英商"各令伙计逐一签名，自行出结"；内容："实心实意，不肯与贩卖鸦片稍有相干，并不肯准雇佣者夹带，不敢知其有而纵容之。倘有失信，一经官宪及本领事明白访出，自知严例，随即驱逐"。其二，以后英船来到，由该船主及经纪商人出结声明："并未夹带鸦片，现时亦无装载，将来正在内海之际，又不肯载鸦片。"分写汉字英语，交义律连签，"转呈大宪"。② 义律在此更进一步，非但"人即正法"没有了，连"货即没官"也去掉了；非但去除原来各船各人之间的连带责任，甚至去除了同一船只和商人对自己日后不带鸦片的担保责任。

针对这些，林则徐反应并不强烈，而是继续做出让步。他虽然不承认义律船上"无一两鸦片"的说法，但表示等义律将现在船上所藏鸦片交完后，再派人"逐舱搜检查验，果无丝毫夹带，则正经贸易之货物自当公平保护"，甚至表示贸易地点也可以按英商的方便自由择取，不必拘泥在黄埔："仍令准照该领事前禀量予通融，除澳门永不许进货外，余由该领事自行酌量禀候示遵，总不使货主耽延受累。"然而对于义律所提出的甘结，林则徐只认可其彻底去除连带责任的表述，强调应在结书添写"遵照钦颁新例，如有夹带鸦片，人即正法，船货全行入官"③ 等字。

林则徐颁布的新版生死甘结结式如下：

　　具切结英吉利国货船主……夷商……率伙计及雇用人等今赴天朝大宪台前，结得本船装载……等货来广贸易，凛遵钦定新例，不敢夹带鸦片。倘查出本船有一两鸦片，愿将夹带之犯，听凭天朝官宪即行正法，船货全行没官。若查无夹带鸦片，应求恩准照常进埔贸易。良歹分明，情甘帖服。所具切结是实。

---

① 《鸦片奏案》，《鸦片战争》（二），第 112～113 页。
② 《信及录》，《鸦片战争》（二），第 312～313 页。
③ 《信及录》，《鸦片战争》（二），第 316～317 页。

道光　年　月　日具切结英商船主　　　夷商。①

　　该版生死甘结较之第一版显然简化了很多，也去除了连带责任。这时"人即正法"成为争议焦点，义律声称这要等候十二月国主的命令，②采取拖延态度。

　　林则徐却以为具结只是时间问题，障碍已经扫除。他次日即向道光帝上奏此大喜消息："即愈知其结之可靠，亦愈不能不向其饬取，是以设法办理，直使该夷计穷心慑，至今始克遵依。"③

　　为了推进具结，林则徐决定加快区分合法非法贸易。他在 10 月 8 日的谕令中说："查该领事本请逐船搜查，今将具结与搜查二事，合二为一，通融办理。其情愿遵照结式者，即准照常贸易，不必再行搜查。未具结者，须将该船提至沙角搜检。其搜检之法，应令该夷商将本船货物尽行盘至剥船，委员将剥船货物与本船空舱逐一搜验。如有鸦片，即将夹带本犯照例正法，船货全行入官。果无鸦片，仍准贸易。其本船若愿进埔，即不必另议，倘不进埔，亦须照例丈量完纳船钞。其货物或亲押进口，或托付洋商，悉听该夷目自责。……此次分别办理，实因各船耽搁日久，姑予格外通融……至嗣后再来货船，不论此次曾否出结曾否搜查，均须另行照式出结。来粤一次，必具一次之结，若不愿具结，或结不如式，万万不准贸易。违抗逗留之船，即行烧毁。"④

　　将具结与搜查合二为一，这是林则徐所做出的最大让步。关于具结问题所达到的这种一致性最高的协议，其和谐期之短暂正如昙花一现，与其说曾经达到，不如说这是双方含糊其辞所营造出来的错觉，因为双方在各自立场上都没有实质性的退让。

2. 交凶无果与义律的虚假妥协

　　8 月底至 9 月下旬，中英关系的紧张主要是由交凶问题而引起的，而义律试图和中方建立友好关系的切入点则是具结问题。因为对于英方而言，交凶本身并无谈判余地。表面上，英人不认可清朝法律处理外人案件的合理性，他们总是援引 1784 年"休斯夫人号"事件和 1772 年斯哥特案来证明中方对外人的法律原则的野蛮性：不区分误杀和故杀，"以命抵命"，外人无申诉的自由；

---

①　《信及录》，《鸦片战争》（二），第 320～321 页。
②　《信及录》，《鸦片战争》（二），第 321～322 页。
③　《林文忠公政书》，《鸦片战争》（二），第 184 页。
④　《信及录》，《鸦片战争》（二），第 322～323 页。

并因此设法逃避中方的司法制裁。

为了设法摆脱中方的追凶，义律在案发初期强调美国人也参与骚乱，这个节外生枝很快被乡邻、地方官员和美国领事澄清。为了设法摆脱中方的追凶，义律更以论据不足、不能误判作为理由。在"黑笑话"号事件之后，林则徐在接到义律报案的次日仍要求义律交凶，义律拒绝交凶的理由则更充足："敢问，欲令义律任意不论有无罪名混行交人，致使大宪督同领事并将无辜之人定死罪耶？"①

在双方关系紧张期，林则徐毫不放松追凶的步伐，表示义律既然在拘禁的五人中"不能审定正凶，何妨送请天朝官宪代为审明。只留一个应抵之人，其余仍即发回"。并逼迫义律交凶："若再违抗不交，在一人漏网之事小，而外夷坏法之罪难容。惟有声罪致讨，痛加缴办，以申天朝国法。"②

自9月28日，双方进入关系缓和期后，义律在交凶问题上仍然坚持原判，但措辞较为诚恳，表明自己已经"秉公严审"，一旦发现凶犯"自当一体按照本国律例审办，即如在本国杀毙英国人民一样，定以死罪"，并表明自己不敢做假，"俯念难情，公议立法，嗣后互为查察案件，俾得天朝法例及本国章程，各得相全"，③其后即告知中方已悬赏二千元查证凶手。④义律的这番表态暂时打动了林则徐，他的语气大为缓和，认为"其非有意匿凶"，将义律不交凶理解为其能力有限，劝说其"送请天朝官员，代为审明，只当办一应抵之人"，"如仍自审，则再限十日"。⑤

10月8日，正值双方在具结问题上达成最和谐局面，因规定在交凶日期已过，林则徐在催促中颇不耐烦，但仍保持了忍耐，愿意"再展限十日"，再次申明"以命抵命"的司法理念。⑥次日，义律向林则徐递来一份具有欺骗性的求和说帖，使中英交涉呈现前所未有的大功告成的假象："以凶手查明，容当送出，空趸奸夷即日俱行，货船三五日即进口，但闻官宪预备火船，人心疑惑，求为示慰……今有等多传讹语者，致使人心疑惑，是以谨请贵员出示安慰，俾免不幸。"⑦这份说帖令林则徐等错认为义律再次屈服于压力，随即示

---

① 陈锡祺主编《林则徐奏稿·公牍·日记补编》，第75页。
② 《信及录》，《鸦片战争》（二），第311页。
③ 《信及录》，《鸦片战争》（二），第312～313页。
④ 《鸦片奏案》，《鸦片战争》（二），第121页。
⑤ 《鸦片奏案》，《鸦片战争》（二），第114页。
⑥ 《信及录》，《鸦片战争》（二），第322～323页。
⑦ 《信及录》，《鸦片战争》（二），第325～326页。

以宽慰。义律的求和姿态也许是要避免过早到来的战争，也许是要把中方引入自己所预设的谈判思路里，便于其后的谈判。

可以说，当 9 月底开始新一轮谈判的时候，交凶是作为一个次要的问题进入双方视野的，虽然它是导致此前中英冲突的首因。当 10 月 8 日前后双方在具结问题上达成短暂和谐局面时，交凶问题也被裹挟于顺势之中，一切似乎大功告成。

四 "米巴音奴" 号事件及其对具结交凶的干扰

9 月 12 日，西班牙船 "米巴音奴" 号（Bilbaino）停泊在十字门，被官兵误认为是英国鸦片趸船 "丹时那" 号（Virginia）而烧毁，两人被逮捕，三人死亡。该船经理人通过澳门总督向中方申诉，被林则徐驳回。被逮捕者遭受了酷刑逼供，直至半年后西班牙菲律宾总督来华交涉，方得释放。此事交涉期间正值中英双方谈判之际，其所折射出清政府司法能力的低下加速了双方谈判的破裂。

1. 中方对 "米巴音奴" 号事件的误判

"米巴音奴" 号事件对具结谈判的干扰是在西班牙人多次申诉无果、被俘水手受到残酷逼供的情况下显现的。事发后该船的经理人哥耶拿①数次通过澳门葡萄牙理事官向中方递禀，都被拒收，直到一个多月后才将禀帖递到林则徐手里。禀帖称该船是澳门额船第四号，在 9 月 12 日停泊十字门期间被官船烧毁，失踪水手五名，并开列名单，望将其送回。②

林则徐接到此禀帖后，在 10 月 17 日答复如下：（1）只是烧毁了 "屡逐不去仍卖烟土之港脚丹时那空趸一船"，拿获二人，水手逃生。（2）丹时那趸船活动状况，引水和舟师俱识。（3）执法者香山右营守备黄琮报告，时该船正卖鸦片，"恐其再装鸦片，是以放火烧毁除害"。（4）被俘二人思面呢、烟奴星数③供称该船是 "本年七月内向英夷呈买丹时那趸船"，"因船价尚未交

---

① 哥耶拿（Don Gabriel de Yuretagoyena），见 Inclosure 1 in No. 5，No. IV，Additional Papers Relating to China，Presented to Houses of Parliament，by Command of Her Majesty，1840，London：printed by T. R. Harrison，p. 48。胡滨先生据英文译作 "伊鲁里托加耶纳"，见胡滨《英国档案有关鸦片战争资料选译》上册，第 514～515 页。

② 《信及录》，《鸦片战争》（二）第 330～331 页。

③ 思面呢（Frederico Jiminez；英文作 Federico Jimenez）、水手烟奴星数（Los Yngleses，英文作 ynocencio），见 Inclosure 1 in No. 5，No. IV. Additional Papers Relating to China，Presented to Houses of Parliament，by Command of Her Majesty，1840，pp. 49－52。胡滨先生据英文分别译作 "西门尼斯" 和 "罗萨里奥"，见胡滨《英国档案有关鸦片战争资料选译》上册，第 515～516 页。

清，未换旗号"。遂驳斥原禀：船主既是米巴音奴为何递禀人是哥耶拿？澳门第四号额船已往小吕宋，即便回来为何不进澳而停在十字门？林则徐认为这是"希图狡混"。①

西班牙商人哥耶拿收到批驳后递禀逐条解释。首先证明船的身份，"米巴音奴船，道光十五年在吕宋旁牙西囊屿被吕宋人建造"，"在澳门贸易，顶补第四号船"。该船之号为"米巴音奴"，名称约西马地亚，船主盾若瑟沫列大，哥耶拿则为本船经理人。其停泊十字门是因为澳门与广州贸易不通。再次申明与"丹时那"船无关，"丹时那船四月内开行回国"，被俘者称其是转买"丹时那"船"易于脱刑"。并附带"荷兰国总管""英国领事""西洋委利多""米利坚商人"等多国商人的证明以及船员名单和失物清单。②

但义律所开的凭证和西洋委利多凭票（同样根据义律的证明）中出现了一处易于引起歧义的地方：前者说丹时那船交完鸦片"于四月内开行归旁葛利地方，现今未曾回来"；后者则称该船"于三月二十一日自中国开往孟虾罅"。③

这使林则徐看出了"破绽"，于是再驳哥耶拿的禀帖，否认"丹时那"船四月回国，尤其质问："同一义律，忽云三月二十一日开往孟虾罅，忽云四月间开往旁葛利，前后异词，试问何者为准？"并称"丹时那"船五月份还在中国，当时曾派通事引水催促其回国，"据丹时那船上伙长架拉巴复称，其船已烂，不能回去，要在此变卖等语。经通事等开单，由洋商禀送府县，转禀各衙门"。他进而质疑开列的水手名单及人数前后不符，"禀内称六月初八日在澳回帆，亦与委利多所禀六月十八日开行之期不符"，④认为英葡在串通做伪。

林则徐的驳斥显然并非都有道理，其中折射出的信息不清晰是显然的。这种不清晰也正是"米巴音奴"号冤案发生的原因。

2. "米巴音奴"号事件对具结交凶的干扰

"米巴音奴"号事件的确是个冤案。对此事的证明，有西班牙人哥耶拿的禀帖，有被俘者给哥耶拿的信，有多国商人的证明，也有英美在华报纸的介绍和评论。英美商人一致认为此事应向中方提出抗议并要求赔偿，鉴于其最终无果，认为"它凸显与清政府建立自由与良好交往方式的极大必要性"。而澳葡

---

① 《信及录》，《鸦片战争》（二），第333~335页。
② 《信及录》，《鸦片战争》（二），第348页。
③ 《信及录》，《鸦片战争》（二），第348页。
④ 《信及录》，《鸦片战争》（二），第252~254页。

政府也采取果断措施以防后患，遂发布公告："皇家议事会将派出武装巡船在那个锚地及澳门水路巡逻，对在此停泊的鸦片船进行扣押和充公以避免发生类似的悲剧。"①

义律亦向巴麦尊报告此事："有一艘西班牙船完全没有任何破坏这个帝国法律的行为，在开放澳门贸易之前一直停泊在十字门；一大批兵船和纵火船以为它是英国船，在黑夜中对它进行野蛮的袭击。"② 义律后来在回忆录中写道："中国官员们对于无法挽回的错误以及随之而来的牺牲无辜人们生命所应承担的责任，最近已在对西班牙双桅船'米巴音奴'号所犯的暴行中表现出来，他们以为那艘西班牙船系英国船只'弗吉尼亚'号。"③

参与鸦片战争的英人宾汉写道："无疑地，中国方面以为这只船就是丹时那船（即窝金尼亚船）。该船当缴鸦片时，曾停于穿鼻洋，但这时已离去数月之久了。这次战斗的主角是黄琼，即是以袭击'黑笑话'号而恶名昭彰的。"④

而在中方文书中，"米巴音奴"号始终被称为"丹时那"船。林则徐在奏折中屡次提及对烧毁该船对于制服英人的意义，认为它是促成谈判的重要因素："……复将逗留卖烟之趸船烧毁一只，该夷领事义律急向澳门同知递字恳求，并托西洋夷目代为转圜。"⑤ 义律也的确准备乘此时机与中方展开谈判，理由却不是林则徐所说的"大挫夷锋"，而是他设想中方会借此弥补自己的错误。⑥ 林则徐还认为烧毁该船有助于形成 10 月 8 日前后的具结协议："相持数月以来，直至逐出澳门，断其接济，且值炮击火烧之后，该夷始愿具结。"⑦ 并且以为烧毁该船对驱逐趸船意义重大："迨八月间，巡洋舟师将丹时那趸船烧毁之后，该夷始觉惊慌，不敢再图久泊……计驶出老万山回国空船，共二十三只。"⑧

"米巴音奴"号冤案的辐射效应在于如下。

首先，英人认为这表明中方对英国鸦片商的一种极端敌对态度。义律甚至认为，清政府故意将这艘船当作鸦片船以威慑英人："中国人不认为他们毁坏

① Chinese Repository, Vol. 8, No. 5, Sep. 1839, p. 271.
② 《英国档案有关鸦片战争资料选译》上册，第 511～512 页。
③ 《英国档案有关鸦片战争资料选译》下册，第 654～655 页。
④ 〔英〕宾汉：《英军在华作战记》，《鸦片战争》（六），第 45～46 页。
⑤ 《鸦片奏案》，《鸦片战争》（二），第 112～113 页。
⑥ 《英国档案有关鸦片战争资料选译》上册，第 480 页。
⑦ 《鸦片奏案》，《鸦片战争》（二），第 115～117 页。
⑧ 《鸦片奏案》，"英国趸船现已驱逐并饬取切结情形折"，《鸦片战争》（二），第 116 页。

那艘船是由于该船本身从事非法活动，而是借口该船系英国船'弗吉尼亚'号，或该船最近曾经是一艘从事鸦片贸易的英国船。"他担心尖沙咀的英国船只将会面临同样的暴行："一艘载有男人、妇女和儿童的最宝贵的英国船只也许很容易遭到这个不幸事件。"义律更认为此举是对英国的严重侮辱，"中方打算对英人施加的一次暴行竟落到了其他外国人的身上"。他在事发后第二天即向哥耶拿表达了歉意，欲提供一切帮助找回其余的人，但对方认为应从澳门总督这个正当的渠道交涉，以免"增加他们的危险"。①

其次，被俘者被屈打成招，使义律对中方司法能力完全丧失信心。被俘者思面呢在给哥耶拿的信中详细描述了他们被逼供的过程，包括罚跪、捆绑、挨打、关土牢、不给衣服穿等，十三天后终于因不堪忍受威逼利诱而写下假供。②

义律向巴麦尊报告了被俘者遭逼供的情况："经过一系列无耻的欺骗和残酷行为之后——这些行为与其说是血淋淋的，倒不如说是卑鄙的，但仍令人极为痛苦，他们逼迫那位不幸的大副签署一份声明说：虽然那艘船在焚烧时不是英国人的，但它不久前曾经是英国人的船，刚刚被卖给西班牙主人。"③ 英人宾汉也在回忆录中复述了两人被拘禁和逼供的过程。④

1840 年 2 月 6 日，菲律宾总督特别代表阿尔孔（J. M. Halcorn，R. N.）上尉抵达澳门。3 月 24 日，他与广东官员交涉"米巴音奴"号事件，随后带走两名被捕者。⑤ 义律跟踪报告了他们的情况，二人皆精神失常，"不论是精神上或肉体上恢复的希望是很微小的"。⑥

应当说，中方对"米巴音奴"号事件的处置强化了义律不具结、不交凶的倾向。当林则徐于 10 月 17 日第一次驳斥哥耶拿的禀帖时，正是义律准备赴澳门与中方讨论具结、交凶问题之时，义律一改合作态度公开在会上号召英商不具结。由于义律对清政府的司法能力完全失望，因而拒绝把与英人有关的司法问题交给中方处理。"该国的高级官员们正在故意通过无耻谎言支持这个错误，或者是甚至在如此重大问题上他们不能够得到真实情况。无论哪项原因都提供了无可非议的理由，以便我们抵制签署一项同意按照他们的审批方式处以极刑的保证

---

① 《英国档案有关鸦片战争资料选译》上册，第 511～512 页。
② 《英国档案有关鸦片战争资料选译》上册，第 514～515 页。
③ 《英国档案有关鸦片战争资料选译》上册，第 511～512 页。
④ 〔英〕宾汉：《英军在华作战记》，《鸦片战争》（五），第 45～46 页。
⑤ Chinese Repository, Vol. 8, No. 11, p. 600; Vol. 8, No. 12, pp. 647－648.
⑥ 《英国档案有关鸦片战争资料选译》下册，第 644 页。

书。"亦即坚决不同意结书中"人即正法"内容,"交凶"则更不能同意,"至少在关于外国人的实施方面,我们决不能同意中国法律的危险理论"。①

义律表示,为了正义的目的,必须抵制具结和交凶的要求:"如果同意他们对英人普遍采取不分青红皂白的暴力措施,并同意他们制定那些为了或对或错的目的而蔑视一切克制和公正的责任,那不符合我的职责。我已经抵制了钦差大臣的实际要求,因为那些要求是完全不公正的。"义律指出具结只能"剥夺英国政府提出申诉"的权利,而且在提交给清政府高级官员的"有关外国人的百分之九十九的案件中",都是根据"腐化的下级官员提出的报告来做决定,高级官员们不能够发现错误或在发现时及时纠正。'米巴因奴'号事件提供了一个值得注意的证据"。②

义律甚至将其和"黑笑话"号事件一起看作对中方进行惩罚的部分理由:"在要求中国人撤出虎门要塞时,附带发表一项声明……因为对广东当局的忠实和公正的所有信心已经毁灭,这通常是由于无可比拟的而且无任何借口的强暴和劫掠行为所引起的……我说明其中的两件事就够了:一、身穿清朝官员制服的人们对英国客船'黑笑话'号进行了一次未加说明的袭击,而且据可靠报道,有一位清朝官员因此获得了奖赏。二、公然焚毁西班牙双桅船'米巴音奴'号的暴行,而且根据虚假的和侮辱性的借口为这个暴行进行辩护,说它是一艘英国船;这是一件最严重伤害西班牙和英国君主尊严的事情。"③

五 具结与交凶谈判的破裂

具结和交凶的谈判达到一个虚假的和谐局面,也几乎在同时走向谈判的破裂。

1. 具结谈判的破裂

10 月 14 日,英商弯喇独自具结进港,使已达成和解表象的中英谈判局面大乱。④ 此举置义律于被动局面,使"具结与搜检"同时进行的协议根基发生

---

① 《英国档案有关鸦片战争资料选译》上册,第 466 页。
② 《英国档案有关鸦片战争资料选译》上册,第 480~484 页。
③ 《英国档案有关鸦片战争资料选译》下册,第 654~655 页。
④ 张馨保认为:"引起 10 月份谈判破裂的直接原因,是两艘英船的挑战行动。"(见张馨保《林钦差与鸦片战争》,198 页)其所说两船即弯喇的"担麻士葛"号和另一艘英船"当啷"号的具结行动。其论断过于笼统,未言及其本质原因。

了动摇。因为此协议的达成，是在林则徐考虑到义律比较配合，但又不想因其"等待国主的命令方能具结"而拖延。现在弯喇爽快地具结，令义律的推诿之词变成谎言。而林则徐接受弯喇单独具结显然也违背了9月28日达成的各人"自行出结"、由义律"盖印连签"的具结方式。义律在弯喇准备请牌进港时特别提醒林则徐不要接受弯喇的单个具结，①林则徐刚抓住机会，对此怎能理会，遂将第二版结式送给义律。

10月19日义律接到结式，再次以未奉到国主批谕为理由，拒绝照式具结，并对林则徐所提出的"具结与搜检"同时进行的办法进行了断章取义的篡改和利用："大宪谕示……如不照式具结，即令各船赴沙角搜检……现应遵照大宪谕示，使令各船前往听候搜查。"对此，林则徐大为恼怒。遂在20日的谕令中对义律大加斥责，其中充分显示林则徐对具结一事的错误估计。

林则徐原本在义律答应出结（其认可的结书与林的不同）并令各船听候查搜的基础上提出："遵式具结之船，即许免搜，其未出结者，念此次停留日久，若搜检实无鸦片，亦准一体贸易。"②他想当然地以为大多数英商愿意具结，不愿具结的是少数，却完全没有设想当所有英船都不具结时他是否愿意全部搜船。义律随后利用了这种表述上的漏洞，令全部英船都不具结，要求中方搜船。于是，搜船将带来长达二百多天的巨大的工作量③就立时摆在了林则徐的面前，完全在其意料之外。

而在此基础上进一步提出的搜检之法带有更多想当然的成分，以为正当贸易的船基本都会开进黄埔贸易，只有个别船只不进埔，"倘不进埔，亦须照例丈量完纳船钞。其货物或亲押进口，或托付洋商，悉听该夷目自责"。这成为中英商人按照自己的意向加紧协商口外贸易的基础，因其有违林则徐的初衷，其胎死腹中亦是必然的了。④

可以说，对林则徐于10月8日颁布的关于"具结与搜检"同时进行这则

---

① 《信及录》，《鸦片战争》（二），第332～333页。
② 《信及录》，《鸦片战争》（二），第335～336页。
③ 《信及录》，《鸦片战争》（二），第342～344页。
④ 张馨保仅仅将这个情况做简要说明，未加深究："根据义律秘书叶穆斯利（Elmslie）报道，10月份达成了一个协议。根据这个协议，英国贸易可以在虎门外的亚娘鞋与穿鼻之间进行而不必具结，条件使船只必须接受检查。所谓的协议马上被废除了。"见张馨保《林钦差与鸦片战争》，徐梅芬等译，第198页。多数学者一般只是论及基层官员对林则徐的误解，如杨国桢《林则徐传》，第324页；罗耀九、郑剑顺在《林则徐在禁烟斗争中的策略得失》（《岭南文史》1985年第1期）一文中认为："余保纯等人误解了林则徐告示中说的'倍加体恤，通融办理'两句话，把林则徐的要求决宽了。"

谕令的内涵，非但义律容易曲解并加以利用，就连直接和义律打交道的广州巡抚余保纯等人也不清晰。就在林则徐批驳义律的当日及次日，即 10 月 20～21 日，广州知府余保纯等在行商的陪同下前往澳门与义律等人当面会议。其间，有一项"钦差大臣和两广总督对义律海军上校建议的答复"中明确提道："一旦交出船上鸦片，即将派员搜检。其时将订立一项修正的协议，以便在虎门而不通过澳门进行英国贸易。"① 他们甚至走得更远，10 月 22 日，中英商人以这则谕令为基础，讨论在沙角搜检并在此直接开展贸易的细节问题。② 显然，这并非林则徐谕令的原意，因为林则徐从没放弃具结这一要求，其在 10 月 20、22、23 日给义律的谕令完全是强调具结，淡化搜检，基本不提在口外贸易。

余保纯在其后向林则徐汇报了义律把持会议不许英商具结的情形，并请示发给英人牌照进口盘验。林则徐见后大为失望，责备余保纯等人领会错误，使具结谈判倒退至最初的情形，③（但事后他仍上奏皇帝对余保纯等人筹办夷务有功给予嘉奖④）吩咐余保纯等继续敦促具结，并特别指出若义律继续阻挠英商具结，定须将其"拿解本大臣行辕，听候严办"。⑤ 同时令澳葡总督驱逐趁机回澳居住的英商家庭。⑥

具结谈判迅速破裂。10 月 24 日林则徐已开始痛斥义律"忘却前词"，并强调："搜查二字，明是下策，何以来禀反作欣幸语气，而一再申言之乎？"责备义律不知好歹，舍易就难，"以水手夹带为词，预留走私地步"，并再次声明全部搜船费时费力之不可行。⑦

10 月 26 日有科光船遵式具结，令林则徐再次看到希望："可见夷人非不可教诲"，⑧ 转而批评余保纯等人在具结一事上不努力，"查彼时该夷已具夷字结稿，若非委员松劲，该夷何敢收回？"又听说尖沙咀英船集体签名不具结，更不肯在具结一事上放松，⑨ 他批评行商没有领会自己的意思，"如此劝导，何如不劝之为愈乎？""即夷人不晓文义，岂洋商亦不知解说？"⑩

① 胡滨：《英国档案有关鸦片战争资料选译》上册，第 463～470 页。
② 胡滨：《英国档案有关鸦片战争资料选译》上册，第 463～470 页。
③ 《信及录》，《鸦片战争》（二），第 337～338 页。
④ 陈锡祺主编《林则徐奏稿·公牍·日记补编》，第 10 页。
⑤ 《信及录》，《鸦片战争》（二），第 336～337 页。
⑥ 《信及录》，《鸦片战争》（二），第 337～338 页。
⑦ 《信及录》，《鸦片战争》（二），第 339～340 页。
⑧ 《信及录》，《鸦片战争》（二），第 340 页。
⑨ 《信及录》，《鸦片战争》（二），第 345 页。
⑩ 《信及录》，《鸦片战争》（二），第 346 页。

无论如何大势已去。10 月 27 日林则徐向义律发谕令，质问其日久不具结，并指责义律把持会议以及英人回澳居住，火药味已浓。① 其后义律对具结再不置一词，林则徐也加紧了军事部署。在此干戈即起之际，一幕戏剧化的场景出现了：英国当嘟船要求具结进口。这给林则徐带来另一层错觉："港脚当嘟船，既能遵式具结……可见夷商在尖沙嘴集议之说，亦不外恫吓之故智已耳"。② 但错觉归错觉，具结谈判绝无后音。当嘟船正在入口时，义律令英舰开炮将其挡回，随后中方为保护当嘟船向英船开炮，③ 新一轮的冲突到来了。11 月份，双方小规模开战六次，谈判彻底无望。

2. 交凶谈判的破裂

作为具结谈判过程中一个附带的问题，交凶谈判的进程同样呈现起伏之势，除却 10 月 9 日义律的虚假说辞外，始终并无进展。

10 月 14 日弯喇独自具结进口后，义律仍以良好态度表示"定随时加心搜缉"凶犯，并请求赴澳门与中方就具结和交凶逐条商议。④ 10 月 20 日，当林则徐得知义律不肯具结、请求搜船时，痛感义律没有诚意，对交凶一事更加不耐烦："总在此五人中审一正犯抵命，应催令将五人送出听审。若义律私将此五人释放，即将义律拿究。"⑤

在义律前往澳门与中方基层官员谈判时，他提到中方多次建议他在澳门购买一个奴隶或水手，作为杀害林维禧的凶手交出，还设法让其承认"几天前在香港发现的一个被淹死者就是杀人凶手"。义律认为："钦差大臣和两广总督急于了结一些事情，对真理、体面或理性不惜做出一切牺牲。"他拒绝交出任何一个人抵偿林维禧，理由是没有审出直接的凶手。义律指出，这正是"中国诉讼程序对外国人的不安全提供了一个引人注目的实际注释，因为外国人不能够向该国的高级法庭提出一切上诉"。⑥

随着具结和局困境的出现，林则徐在交凶措辞上再次激烈，责令将"所拘五人送审，若仍抗违延缓，只得移会水师提督，率带师船火船，与各口岸所驻之陆路官兵，会拿凶夷"。⑦ 10 月 27 日林则徐向义律发谕令，质问其日久不

---

① 《信及录》，《鸦片战争》（二），第 342~344 页。
② 《信及录》，《鸦片战争》（二），第 347 页。
③ 《鸦片奏案》，《鸦片战争》（二），第 121 页。
④ 《信及录》，《鸦片战争》（二），第 332~333 页。
⑤ 《信及录》，《鸦片战争》（二），第 335~336 页。
⑥ 胡滨：《英国档案有关鸦片战争资料选译》上册，第 480~484 页。
⑦ 《信及录》，《鸦片战争》（二），第 337~338 页。

具结并交凶事，并质疑最近英人在海上杀害中方民人事件，① 可见事态已陷入纷乱之中。

此时已到最后交涉时期，义律舍弃具结等问题，转就交凶问题送来说帖，似故意激起林的愤怒，也似宣告双方谈判的破裂："至殴毙林维禧者，并不知系何人，其犯乱攘之罪者五人，已有实据得确，早经审办，拟以坐囚罚银，解回本国，俾照所拟办理矣。"② 10 月 29 日当啷船具结进口使双方彻底走向冲突。12 月 6 日林则徐遵旨停止英国贸易，第三次断绝英人给养。12 月 13 日道光帝下令永远停止英国贸易，将具结和交凶问题一笔勾销。③

必须看到，林则徐要求义律交凶符合国家主权要求，其"以命抵命"司法理念的落后性也是显而易见的。这种落后性不仅在于程序的粗糙，也在于其对治外法权的不敏感。林维禧案以及以往的中英司法交涉都使我们看到，中方并不在意凶手是否由中国来审判，而仅仅着眼于要对方送一个人来偿命。这无异于授英人以口实，从而千方百计抵制中方的司法主权。

六　结语

1839 年，在中英具结和交凶谈判开启之际，具结是作为首要问题进入双方议题的，交凶只是一个从属的问题。在具结问题上，将其与搜查合二为一，这是林则徐做出的最大让步。关于具结问题所达到的昙花一现的协议，实际是双方在谋求和平过程中营造出来的错觉，因为双方在各自立场上都没有实质性的退让，"人即正法"是个死结。在交凶问题上，义律因有国王训令和长期中英司法交涉形成的惯例，基本没有回旋余地，清朝司法的落后性更助长了其司法的侵略性。

谈判的失败是中英沟通困境的一个突出表现。在英方看来，具结和交凶涉及的最本质问题，是外国人在华安全的问题。义律最初不肯具结，是因为第一版生死甘结中的连带责任，当这个问题通过谈判去除之后，"米巴音奴"号冤案的辐射效应又出现了，这使英人对中方司法能力彻底绝望，因而坚决抵制"人即正法"内容，抗拒具结。英人宾汉说，我们之所以不肯具结是害怕中国

---

① 《信及录》，《鸦片战争》（二），第 342～344 页。
② 《信及录》，《鸦片战争》（二），第 347 页。
③ 《鸦片奏案》，《鸦片战争》（二），第 119～120 页。

人栽赃，因为他们关于禁烟的新律中有一条专门谈到被执法者栽赃的问题。①因不信任中方的司法公正，从而拒绝将任何外国人的生命交到中方手中，具结和交凶在本质上是一个问题。

中方则持完全不同的态度。在林则徐看来，具结在其本质上是关于鸦片贸易的问题，只有英人甘愿将性命与鸦片贸易相关联时才能制止其后的鸦片贸易；只要不卖鸦片就没有性命之忧，何苦在"人即正法"一句上纠缠呢？对于义律在具结问题上先合作后拒绝，林则徐将其反复解释为"实因惯卖鸦片，奸夷利心不死"。②"黑笑话"号案和"米巴音奴"号事件对中英交涉产生的巨大冲击，完全不为中方所知；待其知道后，又完全不理解。义律在声明其不肯回国的原因时提及两案未得申冤。林则徐发问："至称大屿山受伤之案，曾据新安县禀，批令勘验，乃尔久不送验，凭何办理？若所烧丹时那趸船，确有凭证，岂能指东作西耶？"③

由于司法落后导致的涉外司法错误阻碍了中英双方的进一步沟通，这是显然的事实。当义律向林则徐提出交凶的前提，即在华英人得到平等待遇并有申诉权时，林则徐不屑一顾。殊不知，这正是具结和交凶问题的症结所在。时人对清朝司法的落后性浑然不觉，反欲引以为御敌之策："逆夷最畏我朝刑法，闻裙带路人回说云，'诸逆兵常相与语，若打败仗，宁可死于刀炮，不愿被获，中国刑法惨毒不堪。广人亦甚言刑烈以恐逆兵，逆兵即色怖震慑。'夫制人者必中其所畏，苟获得逆夷，无论兵头水手兵役，立即处以极刑，枭示海滨，一则以生逆夷之畏，二则以夺逆夷之气，此亦一制夷之策也。"④这段文字令今人读来，不胜慨叹。

也许，在具结的问题上，我们过多看到了英国利益集团不肯与鸦片贸易彻底了断的企图，而忽略了其背后的司法因素；在义律拒绝交凶的问题上，我们过多看到英人在华肆意推行"治外法权"的侵略目的，而忽略了其司法落后性。当我们看到"黑笑话"号事件后中方仍然催凶而英方则放弃诉求，"米巴音奴"号事件后中方用逼供维持误判而西人已对中方司法能力彻底绝望时，不得不重新思考这段谈判无果的深层原因。

---

① 〔英〕宾汉：《英军在华作战记》，《鸦片战争》（五），第21页。
② 《鸦片奏案》，《鸦片战争》（二），第121页。
③ 《信及录》，《鸦片战争》（二），第359~361页。
④ 《英夷入寇纪略》，《鸦片战争》（三），第23页。

赫德与中英滇案交涉再研究[*]

中国社会科学院近代史研究所　张志勇

1875 年 2 月 21 日英国驻上海领事馆翻译马嘉理（Augstus Raymond Margary）在云缅边境蛮允地方被杀，2 月 22 日柏郎（Horace Albert Browne）探险队也在此地受到攻击，史称滇案。自 1875 年到 1876 年中英双方就滇案问题进行了交涉，在此过程中赫德先后受英方和中方的邀请充当调停人，赫德一方面劝说清政府接受英方的条件，一方面借机提出有利于扩充海关权利的建议。赫德调停的结果是清政府派李鸿章赴烟台同英国驻华公使威妥玛（Thomas F. Wade）谈判。赫德在充当调停人的同时，还充当了中英交涉结果的执行者以及翻译的角色。虽然赫德与威妥玛在维护英国在华利益上立场一致，但是在某些具体问题上产生了分歧。他们间的矛盾使赫德在《中英烟台条约》谈判过程中只能作为中英双方的外交顾问，做有限的调停。

一　站在英国一边

滇案发生后，威妥玛于 3 月 15 日收到英印政府的电报，才得知马嘉理一行在云南边境被害的消息。他立即去找赫德商量处理此事的办法，他表示将竭

---

* 笔者曾在《中国社会科学院近代史研究所青年学术论坛 2006 年卷》（社会科学文献出版社，2007）发表《赫德与中英滇案交涉》一文，后从《赫德日记》中发现大量相关资料，不仅大大充实了原文，并纠正了原文中的一些错误论断，所以笔者以"赫德与中英滇案交涉再研究"为题，利用《赫德日记》中的相关资料重新对这一问题进行了梳理，希望对该问题的研究向前推进一步。

尽所能通过此案从中方获得尽量多的特权，以便改善将来两国的关系，而不是作为对以往过失的补偿。他让赫德仔细考虑一下这个问题。对于马嘉理被杀，赫德感到非常震惊与恼火，在当天的日记中，他认为对于将来最好的保证就是对以往过失索要大量补偿，而让未来自然发展。并表示如果按照他自己的意愿行事，他将使用武力，让中国为此付出代价。①

3月19日，威妥玛向总理衙门提出了解决滇案的5项要求：（1）中国政府要派特使前去进行调查，而且所有调查必须在英方所派官员的协助下进行，英印政府可能也将派员前往。（2）如果合适，印度政府将再次派使团进入云南。（3）交给威妥玛十五万两白银。（4）恭亲王与威妥玛立即商讨采取什么样的措施来使1858年中英《天津条约》第四款②生效。（5）恭亲王与威妥玛也要商讨怎样执行条约各款才能保证英国的贸易自由。③

3月22日，威妥玛拜访赫德，将向总理衙门所提条件告诉赫德，并表示如果总理衙门不同意他的要求，他将离开北京。赫德则将他对于威妥玛3月15日所说不想报复，而是希望将来事情转好的看法告诉他。赫德认为，谈论改善将来的关系没有用处，最应该做的就是向中国政府索取大量补偿，让其从中吸取教训。④

总理衙门大臣经过商论，全面否定了威妥玛所提5条要求。⑤但为了表示清政府也对此案十分重视，恭亲王奕䜣于3月22日函告威妥玛，总理衙门已于3月21日将滇案上奏，并奏请谕派云贵总督刘岳昭与云南巡抚岑毓英确切查办，同日奉旨：著岑毓英迅将此案确查究办，刘岳昭迅即回任会办。⑥

---

① "15 March, 1875," *Hart's Journals*, Vol 20. 藏英国贝尔法斯特女王大学，下同。

② 1858年的中英《天津条约》第四款规定："大英钦差大臣并各随员等，皆可任便往来……泰西各国于此等大臣向为合宜例准应有优待之处，皆一律行办。"（《天津条约，1858年6月26日》，王铁崖编《中外旧约章汇编》第一册，三联书店，1957，第97页）对于所谓的"优待"，威妥玛注称主要指觐见及与各部大臣交往等。

③ "Memorandum forwarded to the Tsung‐li Yamen, March 19, 1875," *Correspondence Respecting the Attack on the Indian Expedition to Western China, and the Murder of Mr. Margary*, Shannon：Irish University Press, 1971, p. 6.

④ "22 March, 1875," *Hart's Journals*, Vol 20.

⑤ "The Tsung-li Yamen to Mr. Wade, March 22, 1875," "Memorandum from the Tsung-li Yamen, March 22, 1875," *Correspondence Respecting the Attack on the Indian Expedition to Western China, and the Murder of Mr. Margary*, pp. 6, 7-8.

⑥ "The Prince of Kung to Mr. Wade, March 22, 1875," *Correspondence Respecting the Attack on the Indian Expedition to Western China, and the Murder of Mr. Margary*, p. 8；《总署奏英员马嘉理被戕英使词意叵测请加意边防海防折，光绪元年二月十四日》，王彦威纂辑，王亮编《清季外交史料》（一），卷一书目文献出版社，1987，第13页，总第26页。

　　威妥玛所提 5 条要求被回绝后，他于 3 月 24 日致函恭亲王奕䜣，将自己的要求减少为 3 条：（1）须候该国派妥协同审讯之员到滇后，始得将各犯提讯，并由总理衙门将护照盖印送交，以便遣员前往；（2）照上年成案缮备护照，由总理衙门盖印，交其转送印度，遣员往滇；（3）先将银十五万两送与收存，俟该国将全案核定，如此项银款不收，随即交还。① 即日威妥玛与赫德商谈此事，赫德对于他要求赔偿的数额不满，认为他应该索要一大笔钱或者不要，数额大了才能够起到惩罚的作用。②

　　赫德除了从威妥玛那里得到有关中英滇案交涉的进展情况外，还于 3 月 23 日电令金登干探询英国对于滇案的态度：是正式交涉，还是发动战争。③ 3 月 25 日金登干的答复是，英国政府在收到威妥玛的报告之前不能决定行动步骤。④ 即日，赫德又从另一渠道了解到，英国首相迪斯累利（Benjamin Disraeli，1804～1881）在议会将马嘉理被杀称为"国家的灾难"，并说威妥玛已经被指示要求中国"彻查"，并解释中国皇帝在边境的统治权是否有疑问。⑤

　　赫德一方面支持威妥玛向总理衙门提出各种条件，作为滇案的补偿；另一方面又不断将自己的看法和得到的相关信息告诉清政府官员，以此制造紧张气氛与压力，希望总理衙门能够答应威妥玛的要求。3 月 23 日，赫德告诉他的中国朋友谢隐庄，威妥玛要求再多补偿也不过分，其他国家不会发生这样的事情，中国将被作为国际社会的局外人对待。赫德认为谢隐庄会使这个事件看起来非常严重。⑥ 3 月 26 日准备赴任陕西巡抚的曾国荃拜访赫德，询问有关滇案的情况。赫德告诉他，马嘉理的死不能仅仅惩办凶手就算完事，不管威妥玛索要多么多的补偿，英国人都会认为非常少，而且英国首相迪

---

① 《总署奏英员马嘉理在云南被戕一案与该国使臣续行辩论折，光绪元年三月二十七日》，王彦威纂辑，王亮编《清季外交史料》（一），卷一，第 13～14 页，总第 26 页；"Mr. Wade to the Prince of Kung, March 24, 1875," "Memorandum, March 24, 1875," *Correspondence Respecting the Attack on the Indian Expedition to Western China, and the Murder of Mr. Margary*, Shannon：Irish University Press, 1971, p. 9

② "24 March, 1875," *Hart's Journals*, Vol 20.

③ 《赫致金第 4 号电，1875 年 3 月 23 日》，陈霞飞主编《中国海关密档》第八卷，中华书局，1995，第 36 页。

④ 《金致赫第 14 号电，1875 年 3 月 25 日》，陈霞飞主编《中国海关密档》第八卷，第 36 页。

⑤ "25 March, 1875," *Hart's Journals*, Vol. 20. 另参见 "The Earl of Derby to Mr. Wade, March 4, 1875," *Correspondence Respecting the Attack on the Indian Expedition to Western China, and the Murder of Mr. Margary*, p. 1.

⑥ "23 March, 1875," *Hart's Journals*, Vol. 20. 从赫德日记来看，谢隐庄与赫德保持着非常密切的关系，他经常向赫德汇报探听来的有关时局的一些情况。

斯累利已经在议会上将该事件称为"国家灾难"，英国政府肯定会认真对待这件事。①

为了使清政府接受自己的要求，威妥玛不断以断交撤使胁迫总理衙门做出让步，同时威妥玛还将中英滇案的交涉情况向各国公使通报，得到了各国公使的支持，而且各国公使还希望威妥玛借机能够将滇案和其他事务（公使地位、厘金等）一块提出解决。② 3月28日威妥玛拜访赫德，赫德再次表示他不喜欢威妥玛所提赔偿要求，数额太小，数额越大越好，那样才能起到惩罚的作用。③

3月29日总理衙门被迫答应了威妥玛所提的第1、第2两条，并表示愿意向马嘉理家人赔偿白银30000两。④ 威妥玛拒绝了总理衙门所提赔偿，并表示将把此问题向本国政府请示。⑤ 即日赫德拜访威妥玛，威妥玛将中英滇案交涉的进展情况告知赫德。赫德表示，出于某些原因，他希望总理衙门能够屈服，从而解决这个事情，而出于另一些原因，他又希望总理衙门不要这样。如果这样的话，威妥玛就会得到每个人的同情与支持，此前还没有人有这么好的机会解决各种问题。⑥

3月30日，总理衙门在威妥玛所要求的护照上盖印，同时恭亲王奕䜣向威妥玛保证滇案定案时，英国驻华公使所指派人员肯定会在现场观审。⑦ 接到总理衙门的盖印护照与恭亲王奕䜣所做保证后，威妥玛决定于4月3日离京赴沪，安排派员赴滇观审事宜。⑧ 至此，中英滇案交涉暂告一个段落。⑨

---

① "26 March, 1875," *Hart's Journals*, Vol. 20.

② "27 March, 1875," *Hart's Journals*, Vol. 20.

③ "28 March, 1875," *Hart's Journals*, Vol. 20.

④ "The Prince of Kung to Mr. Wade, March 29, 1875," *Correspondence Respecting the Attack on the Indian Expedition to Western China, and the Murder of Mr. Margary*, p. 25.

⑤ "Mr. Wade to the Prince of Kung, March 29, 1875," *Correspondence Respecting the Attack on the Indian Expedition to Western China, and the Murder of Mr. Margary*, p. 18.

⑥ "29 March, 1875," *Hart's Journals*, Vol. 20.

⑦ "The Prince of Kung to Mr. Wade, March 30, 1875," *Correspondence Respecting the Attack on the Indian Expedition to Western China, and the Murder of Mr. Margary*, pp. 20 – 21.

⑧ "Mr. Wade to the Prince of Kung, March 31, 1875," *Correspondence Respecting the Attack on the Indian Expedition to Western China, and the Murder of Mr. Margary*, p. 21.

⑨ 3月30日晚上，赫德在威妥玛家吃饭，威妥玛告诉赫德，事情（指滇案）可以被认为解决了——但是如果再让他重新来一遍的话，他就不会这样做了。（"31 March, 1875," *Hart's Journals*, Vol. 20）而4月1日公使团致函总理衙门，认为滇案已经解决。（"1 April, 1875", *Hart's Journals*, Vol. 21）

二　调停

因为中英修约的成果《新订条约》未得到英国政府的批准，英国政府所希望得到的在华商业利益并未实现；滇案发生后，英国在华的商业利益势必成为中英交涉的重要内容。1875 年 4 月 1 日威妥玛赴沪前向赫德告别，并谈论了自己关于口岸地区免厘等商业问题，赫德则告诉他如果英方同意鸦片在缴纳进口税的同时允许对其征收厘金，中方将考虑同意口岸地区免厘。① 翌日赫德向威妥玛表示支持口岸地区免厘。②

4 月 20 日赫德到达天津，受总理衙门之命与直隶总督李鸿章商讨购买炮舰事宜。③ 在津期间，赫德与李鸿章也商讨了滇案问题，对于英方势必要提出的云南通商问题，李鸿章答应将建议总理衙门同意通商，但是英国商品要像中国商品一样遇卡抽厘，因为云南依赖于厘金。同时赫德还强调了滇案的严重性，认为如果马嘉理是被中国官员所杀，那就麻烦了，没有人会容忍这件事，即使是他也不会善罢甘休。看到赫德完全站在英国的立场上讲话，李鸿章表示不解："但是你是我们的总税务司！"赫德的回答是："是的，但是我是英国人。"并表示英国想要的是防止类似事情再次发生的保证。④

威妥玛并不以总理衙门的让步为满足，他此次赴沪，既是安排派人员赴滇观审的需要，同时他也借机搜集有关滇案的情报，准备再次对总理衙门进行要挟。8 月份威妥玛自沪至津，与李鸿章就滇案进行了会谈。8 月 11 日威妥玛在给李鸿章的备忘录中提出了 7 条派格维讷（Thomas G. Grosvenor）赴滇观审的条件：（1）外国驻华代表可以与中国高官交往。（2）中国政府需认真执行有关港口与内陆的各商务条款。（3）恭亲王应立即做出书面保证，为格维讷提供一支卫队，以保证他安全抵达蛮允。（4）应给予来自印度的新探险队同样进行护送的保证。（5）恭亲王一接到威妥玛有关滇案的报告，就应立即进呈，并应颁发要求岑毓英奏陈为何滇案发生六个月后除上次奏折外再无详细信息。答复的奏折与谕令都应登在邸报上，凡涉英国政府与英国大臣处，只能使用与中国官员平行的格式。（6）应立刻派遣一高级官员去英国，表达中国政府对

---

① "1 April, 1875," *Hart's Journals*, Vol. 21.

② "2 April, 1875," *Hart's Journals*, Vol. 21.

③ "14 April, 1875," "20 April, 1875," *Hart's Journals*, Vol. 21.

④ "24 April, 1875," *Hart's Journals*, Vol. 21.

于所发生事件的惋惜之意，他应受命在去与回来时经过印度，自印度总督处确定印度政府希望看到中国政府将英缅商贸放在什么样的位置。（7）命这位大臣去英国的谕旨也应该登在邸报。①

威妥玛到达天津并准备与李鸿章进行交涉的消息很快为赫德所知，② 赫德随即于8月10日致函威妥玛，建议其在地方施加压力，在北京解决问题。③ 8月14日赫德收到威妥玛的回复，威妥玛表示他将派英国驻华使馆汉文参赞梅辉立（William Frederick Mayers，1831～1878）与总理衙门交涉，他不会和李鸿章谈判，不会送格维讷到云南，他自己也不会回北京，除非得到英国不会被戏弄的保证。即日赫德又回复威妥玛，充分阐述了自己"地方准备，中央解决"的观点。④

8月16日梅辉立应威妥玛的要求，向赫德介绍了中英滇案交涉的进展情形。首先威妥玛对李瀚章的调查不满；⑤ 其次，在天津接到总理衙门7月31日的照会，威妥玛对其不满意。其中一个照会称马嘉理去年12月确实通过蛮允。威妥玛大约一星期后要到烟台会见英国海军舰长。所以他派梅辉立来京，他自己暂不回京，除非总理衙门能够保证英国不会被戏弄。⑥ 8月18日赫德收到威妥玛的两封长信，再次确认威妥玛不会在天津谈判，除非总理衙门能够用行动来向他证明中国的诚意，他不会让格维讷到云南，他自己也不会来北京。即日梅辉立到总理衙门讨论威妥玛向李鸿章提出的7个条件，即威妥玛所说证明中国诚意的证据。⑦

英方将中英滇案交涉的情况告诉赫德，希望赫德能够帮助英方，同时中方也将有关情况告诉赫德，希望赫德能够帮助中方。8月24日赫德到总理衙门，询问中英滇案交涉的情况。赫德被告知总理衙门与梅辉立在8月23日的商谈情形。对于威妥玛所提要求，关于派员往英，当然可以，但是不能去印度；关于通商，并不反对，但是必须咨询地方大员的意见；关于公使地位，当然可以

---

① "Memorandum for the Information of his Excellency the Grand Secretary Li, August 11, 1875," *Correspondence Respecting the Attack on the Indian Expedition to Western China, and the Murder of Mr. Margary*, p. 52.

② "4 August, 1875," "7 August, 1875," *Hart's Journals*, Vol. 21.

③ "10 August, 1875," *Hart's Journals*, Vol. 21.

④ "14 August, 1875," *Hart's Journals*, Vol. 21.

⑤ 《英使致总署李瀚章查办滇案当经晤商意见不甚融洽照会，光绪元年七月十六日》，王彦威纂辑，王亮编《清季外交史料》（一），卷二，第21～23页，总第48～49页。

⑥ "16 August, 1875," *Hart's Journals*, Vol. 21.

⑦ "18 August, 1875," *Hart's Journals*, Vol. 21.

与各部大臣交往，但是体制不同。总理衙门对于各个要求的回答，并不直接说"不"，而是找出各种理由使其很难说"可以"。① 但是赫德更希望总理衙门能够答应威妥玛的要求。8月26日赫德直接向总理衙门大臣表示，他不能向总理衙门建议任何行动，威妥玛所提条件要比来自英国的任何官员所提要求都要轻，英国女王在讲话中提到此事，说明此事多么重要。赫德表示自己对此事的看法，一个中国人也会这么看：（1）持有护照，柏郎一行应该受到保护，不应该受到攻击；（2）英国听到柏郎一行受到攻击，一名英国官员被杀，自然非常生气；（3）英国说此事必须彻底调查，任何中国人也会这么说。总理衙门大臣非常赞同赫德的看法，并表示要彻底调查此事。赫德还告诉总理衙门大臣，他已经从梅辉立那儿得知有关中英滇案交涉的进展情形，并从威妥玛那儿收到来信，威妥玛不会与李鸿章谈判，只有总理衙门能够解决这件事情。②

赫德一方面向总理衙门施压，一方面向威妥玛建议下一步的行动。8月27日赫德致函威妥玛，他认为威妥玛应该提出商业方面的具体要求，应该说，作为公使，他要求获得公使在伦敦或巴黎一样的待遇，然后再分别列出各项要求。赫德认为，威妥玛现在所提要求，总理衙门肯定会非常认真对待的。③ 8月28日赫德又致函威妥玛，认为李鸿章不是与威妥玛解决滇案的合适人选，④并建议威妥玛不应该再咆哮威胁，而是应该攫取实际利益。⑤

9月2日赫德接到威妥玛的来信，威妥玛正在去往烟台的途中，李鸿章和丁日昌已被指定为钦差大臣来负责与威妥玛解决滇案。威妥玛告诉他们，他当然会与他们会谈，但是对于他来说，总理衙门是负责解决滇案问题的。⑥ 赫德则继续就威妥玛可能在中英滇案交涉中涉及的问题向其提出建议。9月3日，

---

① "24 August, 1875," *Hart's Journals*, Vol. 21. 另参见 "Memorandum from the Tsung-li Yamen in reply to Mr. Wade's Memorandum of August 11, addressed to the Grand Secretary, Li Hung-chang, August 22, 1875," *Correspondence Respecting the Attack on the Indian Expedition to Western China, and the Murder of Mr. Margary*, pp. 62 – 63。

② "26 August, 1875," *Hart's Journals*, Vol. . 21

③ "27 July（August），1875," *Hart's Journals*, Vol. 21.

④ 1875年8月25日津海关洋员屠迈伦（James Twinem）函告赫德，当李鸿章得知英国女王在讲话中提到滇案，他去拜访了威妥玛，但不是因为公务。从屠迈伦的信中来看，赫德推测总理衙门可能指望李鸿章来解决滇案。赫德认为李鸿章是最急于解决滇案的，但是另一方面，如果真让他来解决的话，他就会狂妄自大，让人无法忍受。（"25 July（August），1875," *Hart's Journals*, Vol. 21）

⑤ "28 July（August），1875," *Hart's Journals*, Vol. 21.

⑥ "2 September, 1875," *Hart's Journals*, Vol. 21.

赫德就中英滇案谈判中可能涉及的子口税和口岸地区免厘问题致函威妥玛。①
此时，英国在对华政策方面，因为领事经费问题，对于开放更多中国口岸并不
积极，这从中英修约时英方的表现可见一斑。但是中国多开口岸对于赫德来说
非常重要，所以为了进一步开放中国，使威妥玛消除领事经费方面的顾虑，赫
德向威妥玛提出了自己关于领事问题的设想。9 月 4 日赫德致函威妥玛，建议
只在天津、南京、汉口、福州和广州（这些地方都有总督）设立领事馆，而
在其他港口和地方只设商业领事代理。赫德认为现在英国害怕开放中国，因为
不能够增加领事经费，而他的计划将会消除这一困难。② 9 月 5 日赫德又为威
妥玛起草了一份关于领事问题的备忘录，计划设立 5 个领事区（天津、汉口、
南宁、福州和广州），经费 2.5 万镑，雇用商人在其他地方设立领事代理。而
当前各口岸都设立领事的办法则不利于领事事务的扩展，阻碍着中国的
开放。③

英方此时一方面希望从赫德那儿了解清政府的动向，另一方面也希望赫德
能够把英方在中英滇案交涉上的强硬态度和一些具体要求转达给清政府。同日
赫德应梅辉立的要求，来到英国公使馆，发现傅磊斯夫人等正在收拾行李，表
明如果威妥玛的要求得不到满足，英国公使馆将撤走。梅辉立向赫德询问清政
府方面的消息，如清政府谕旨的格式、总理衙门是否在考虑任何商业让步等。
赫德随即告之关于赴英使团秘书和翻译的谕旨。梅辉立对于谕旨中没有将
"英"字抬写表示不满。赫德告诉梅辉立，文祥已经表示等威妥玛来京后将安
排口岸地区免厘和云南通商事务。而梅辉立对此并不是非常感兴趣，他告诉赫
德，他们真正想要的是使中国全面开放。④

9 月 11 日，赫德将其在法国和英国使馆所见所闻告诉总理衙门，认为现
在英方所要求的比 3 月份所要求的多了，如果现在滇案还解决不了，英方将会
要求更多，如果英方要求被拒绝，威妥玛将撤使离京，而如果威妥玛走了，滇
案将不归其管，现在威妥玛比任何其他人都想解决滇案，一旦滇案不归其管，
就很难说中英滇案交涉会发展到什么地步。同时赫德还告诉总理衙门，英方认
为谕旨中没有将"英"字抬写，不啻为"火上浇油"，中英间真的有可能发生
战争。对于赫德所说，总理衙门的答复是，他们正在考虑威妥玛的要求，但是

---

① "3 September, 1875," *Hart's Journals*, Vol. 21.
② "4 September, 1875," *Hart's Journals*, Vol. 21.
③ "5 September, 1875," *Hart's Journals*, Vol. 21.
④ "10 September, 1875," *Hart's Journals*, Vol. 21.

对于公使与各部大员的拜访问题，他们不能强迫人们违反自己的意愿去接受拜访。对于"英"字没有抬写，总理衙门的解释是"中"字也没有抬写，他们只能将"天"和"祖先"抬写，这不仅仅是皇帝的体制，而且是国体，在这点上他们不能让步。他们将尽力做出让步，但是在某些方面，他们就不能让步了。对此赫德认为，当"国家"面对"国家"的时候，就不能考虑个人的困难了，如果问题是沈桂芬、文祥和董恂不能、不愿或没有足够的勇气来采取行动，"英国"就会对"中国"说："你必须用其他愿意采取行动的人来代替这些人。"总理衙门一向是依赖赫德向外国人解释自己的困难处境，对此，赫德解释称，他可以理解总理衙门的困难，并会将其告诉一百个人，但是另外一千个人永远不会听到他们的困难，只是让自己的"国家"采取行动。然后赫德又解释了自己的两难境地：很明显他有两个主人：一个说"帮助中国，解释他们的困难"；另一个说"但是我们所提要求不公正吗？"赫德深知食中国的俸禄，就应该全力为中国办事，但是如果是帮助中国反对公正的事情，他宁愿不食中国的俸禄。①

9月12日威妥玛自烟台回到北京，准备就滇案直接同总理衙门交涉。但此时威妥玛自己也没有确定向总理衙门提出什么样的要求。即日他拜访赫德，讲述了自己对滇案问题的态度。在威妥玛看来，马嘉理被杀，柏郎探险队受到攻击，中国对待外国问题的态度与令人讨厌的排外性，一个问题比一个问题严重，所以中方必须给他证据证明他们希望改变，希望保持友好关系。威妥玛说，他不会具体要求什么，因为中方或者给予了，但是以后又通过种种措施使其收效甚微，或者说英方是通过强力夺取的。中方必须自己说他们准备做什么，而威妥玛只能暗示一下方向：在商业关系上，可以给予以前没有给过的；或者在公使地位上，允许他们做以前不允许做的。这两个问题都需要中方来进行研究，提出给予什么。如果中方不能够提出满意的计划，他将在9月28日撤离使馆。随后威妥玛还简单地向赫德讲述了自己与李鸿章和丁日昌的会谈情况。②

9月16日，威妥玛派梅辉立去总理衙门询问：（1）皇帝接见他吗？（2）太后接见他吗？（3）亲王接见他吗？（4）尚书接见他吗？（5）中国在这方面准备采取什么措施？结果总理衙门对于梅辉立所说每件事都给予了否定的

---

① "11 September, 1875," *Hart's Journals*, Vol. 21.

② "12 September, 1875," *Hart's Journals*, Vol. 21.

回答。因为威妥玛一直将中英滇案交涉进行保密，没有向其他各国公使通报相关谈判情况，各国公使对威妥玛的做法不满。赫德怀疑总理衙门态度强硬可能和其他公使有关，所以他建议威妥玛将相关谈判信息告诉其他公使。①

因为总理衙门没有满足威妥玛的要求，威妥玛决定撤使。9 月 17 日晚威妥玛拜访赫德，将所拟给总理衙门的照会告诉赫德，并称要电告英国政府，没有对滇案取得外交上的满意解决，清政府也没有改善公使地位和商业关系，所以他要撤离使馆，并将北京、牛庄和天津的所有英国公民都撤走，这样他的政府就可以自由行动了。该照会已经翻译成中文，威妥玛准备翌日就交给总理衙门。② 赫德非常支持威妥玛对总理衙门采取强硬态度，他甚至建议威妥玛一旦将照会递交给总理衙门就不再讨论这件事，因为任何希望解决滇案的迹象都会削弱该照会的效果，威妥玛对此表示同意。威妥玛将该照会交给总理衙门后，接到总理衙门的回复，称恭亲王奕䜣与总理衙门大臣将于 9 月 21 日拜访威妥玛。9 月 19 日威妥玛将此告诉赫德后，赫德表示，如果总理衙门在 9 月 21 日不能制订任何确切的解决方案，威妥玛必须将上次照会的副本交给总理衙门。对此威妥玛答称："是的，但是使滇案取得外交解决是一个外交官的责任。"赫德认为从威妥玛的话里可以推断他准备接受任何解决方案。赫德对此非常失望，他认为现在的形势对威妥玛非常有利，如果他退缩的话，总理衙门将会前进，而他向前迈出一步，他们就会让出一点。他认为威妥玛应该利用这么好的机会取得清政府在许多问题上的让步。③

9 月 21 日奕䜣及其他总理衙门大臣拜访了威妥玛，④ 威妥玛与总理衙门大臣商讨了其所提第 1、第 2 两条，并商定翌日派梅辉立赴总理衙门，并应邀请总税务司赫德参加。⑤ 总理衙门大臣表示准备与赫德安排商业问题，威妥玛说他希望先与赫德谈谈，他们表示同意。即日威妥玛拜访赫德，表明他在商业问题上的态度：在口岸收取厘金违反条约，但是厘金对中国非常重要，因此或者

---

① "15 September, 1875," "17 September, 1875," *Hart's Journals*, Vol. 21.

② "18 September, 1875," *Hart's Journals*, Vol. 21. 另参见 "The Prince of Kung to Mr. Wade, September 22, 1875," *Correspondence Respecting the Attack on the Indian Expedition to Western China, and the Murder of Mr. Margary*, p. 77。

③ "19 September, 1875," *Hart's Journals*, Vol. 21.

④ "Mr. Wade to the Earl of Derby, October 20, 1875," *Correspondence Respecting the Attack on the Indian Expedition to Western China, and the Murder of Mr. Margary*, p. 76.

⑤ "Mr. Wade to the Prince of Kung, September 24, 1875," *Correspondence Respecting the Attack on the Indian Expedition to Western China, and the Murder of Mr. Margary*, p. 80.

取消厘金，遵守条约；或者给他更多的让步，他将允许对租界以外的所有商品征收厘金，并将起草对于鸦片的特殊税收，到达后在海关统一征收税厘。

9月22日上午11点45分，赫德来到总理衙门，商讨中英滇案问题。文祥的意见是：不能同意任何对中国有害的事情，不能同意海关办不动或地方不能办的事情。文祥对威妥玛非常不满，他认为威妥玛这样故意刁难中国，是为了有意给其继任者留下困难，在离任前使自己出名。赫德不赞成文祥的观点，提醒文祥不要忘记英国愤怒与所有这些困难的起因：中国人杀死一名英国官员。下午2点梅辉立来到总理衙门，主要讨论了公使地位问题。梅辉立坚持要求先解决公使地位问题再解决其他问题，而公使地位问题总理衙门也无法立即解决，所以双方陷入僵局。见此情形赫德出来打圆场说，虽然不能讨论商业问题，总可以说一说英方的要求，这样相互有所了解，等时机成熟可以对此做出安排。所以梅辉立就宣读了威妥玛的节略，他们希望得到的包括：（1）云南边界通商先各派员会查；（2）税单华洋人一律准执；（3）整顿厘税租界内先禁抽厘；（4）洋药收税各口需办划一章程；（5）沿江沿海沿湖添开口岸。总理衙门认为所请诸条多所窒碍，均非一时所能定议。总理衙门让赫德进行了翻译。之后赫德询问总理衙门开放口岸的问题，总理衙门大臣询问赫德的意见。赫德认为应该开放沿海的钦州和温州，长江沿岸的芜湖和汉口上游的某个口岸。总理衙门认为赫德所说3个口岸可能没问题，但是汉口上游或者沿湖的口岸就不行了。当日晚上，威妥玛拜访赫德，询问他在总理衙门商谈的情况。听完赫德的叙述后，威妥玛表示如果总理衙门在9月24日满足不了他的要求，他就撤离使馆。赫德认为，威妥玛这种威胁根本吓唬不了总理衙门，反而伤害了他们的感情，使他们更不愿意让步。[①]

9月23日威妥玛拜访赫德，商量中英滇案交涉的事情。此时赫德正准备将昨日文祥所说函告威妥玛，赫德随即将信件内容读给威妥玛，威妥玛听后表示将把该信寄给英国外交部大臣德比勋爵（Earl of Derby）。随后威妥玛告诉赫德，他决定采取完全不同的政策，他将派格维讷去英国而不是云南，他不再撤离使馆，而是留在北京，他不再向总理衙门提商业问题。赫德非常赞同威妥玛的政策，他认为商业问题不会马上解决，因为其他国家还没有同意，商业不只是英国的，而且9月20日与22日的商谈已经使他的处境完全不同于他9月18

---

① "22 September, 1875," *Hart's Journals*, Vol 21；《总署奏马嘉理案与英使往来辩论情形折，光绪元年十月初七日》，王彦威纂辑，王亮编《清季外交史料》（一），卷四，第7～8页，总第72页。

日将照会递交给总理衙门的时候，实际上他已经处于劣势，不足以保证他的撤离，而且这样的撤离很大程度上来说毫无意义。威妥玛表示他将于当日下午把他的新政策告诉总理衙门。①

本来威妥玛已经与赫德商定他不会离开北京，并于 9 月 24 日将此决定告诉了其他各国公使，但是 9 月 25 日他与总理衙门商讨中英滇案时又改变主意了。他告诉总理衙门，到 9 月 28 日，如果他们能够得到他想要的上谕，并满足他所提 5 款商业要求，他将留在北京，否则他就会离开北京。威妥玛将此告诉赫德后，赫德表示对他改变主意不解，他的决定影响着两个大国和许多个人，但是他必须记住，他的每次改变，将会削弱他下一次决定的影响力。赫德认为如果威妥玛再继续这样变来变去，他真的会损害英国在华利益，并使英国公使的地位非常尴尬。②

为了使总理衙门能够满足自己的要求，威妥玛不得不请赫德帮忙。9 月 26 日威妥玛派英国驻华使馆翻译学生禧在明（Walter Caine Hillier,）给赫德送去 9 月 22 日梅辉立带到总理衙门的节略，该节略包含 5 点商业要求，赫德表示他理解该节略，并会向总理衙门解释。即日威妥玛拜访赫德，讨论中英滇案交涉问题。赫德建议他确定自己真正的想法是什么，英国政府给他什么权限。并再次强调，虽然他能够理解威妥玛为什么显得犹豫不决、变来变去，但是他必须记住，他的这种做法削弱了他所做新决定的影响力。③ 其实赫德对威妥玛这种变来变去的做法很不满意，他于 9 月 27 日致函威妥玛，问他认为以这种形式和这种理由撤离是否正确。威妥玛为此拜访赫德，称这是从中国官员那儿学的，他们就是用这种方式对付他，如果他们不给他一个留下来的理由，他就要离开北京。作为一名外交官，必须充分利用当前形势。即日赫德到总理衙门讨论中英滇案交涉问题。总理衙门大臣文祥告诉赫德，总理衙门正在准备威妥玛所要求的奏折。随即赫德又来到英国驻华使馆，将此告诉威妥玛。但是威妥玛表示现在此事已无关紧要了，因为总理衙门无法及时将其准备好，他要离开北京。尽管威妥玛说要离开北京，还是希望赫德能够对中英滇案交涉有一个全面了解，以便伺机劝导总理衙门接受自己的要求，所以他将中英滇案交涉的有关

---

① "23 September, 1875," *Hart's Journals*, Vol. 21.

② "25 September, 1875," *Hart's Journals*, Vol. 21. 另参见 "Mr. Wade to the Prince of Kung, September 28, 1875," *Correspondence Respecting the Attack on the Indian Expedition to Western China, and the Murder of Mr. Margary*, p. 86。

③ "26 September, 1875," *Hart's Journals*, Vol. 21.

文件交给赫德阅看。①

9 月 28 日威妥玛拜访赫德，表示将尽快离开北京。虽然赫德不相信威妥玛已经下定决心离开北京，但是他认为威妥玛离开北京是正确的，因为如果威妥玛离开北京，他认为一周后他自己将紧随其后前往上海，总理衙门所做让步会比威妥玛自己在北京要求的还要多。而如果威妥玛不离开北京，他就会继续喋喋不休，最终收获会非常少。②

早在 8 月 31 日总理衙门已将威妥玛所要求的各国驻京公使应与各部院大臣往来的问题上奏，③ 9 月 28 日总理衙门又将此问题上奏，并请旨由总理衙门与各部院大臣商定往来节目，同时请旨宣示谕旨中于某国字样未经抬写并没有尊卑之分。同日奉旨依议。④ 即日奕䜣将谕旨与总理衙门的奏折都照知威妥玛。⑤ 在接到奕䜣的照会前威妥玛已经写好了给总理衙门的照会，该照会称，因没得到答复，格维讷也未被邀请去总理衙门，他准备断交撤使，并派格维讷回国。正在誊写此照会时，他看到邸报中刊有总理衙门关于中外交际问题的奏折及谕旨，因此决定等到 9 月 29 日晚上，如果再没有关于其他两问题的答复，他将撤使。⑥ 9 月 29 日奕䜣照会威妥玛称，货税问题应单独考虑，不应与滇案联系起来，前几日赫德已受命仔细考虑这一问题。中缅边境贸易问题，滇案了结后再处理。⑦

9 月 30 日早晨威妥玛拜访赫德，将刚刚收到的总理衙门奏折和照会交给赫德阅看。对于照会中所说已经命赫德考虑商业问题，赫德表示如果这里是指三四年前的命令，确实是这样，他收到了这样的命令，已经去过三次上海，并起草了文件，通过总理衙门送给各使馆。如果是指最近几天的命令，他没有收到任何这样的命令，只是文祥和他说过所决定的事情不能办不到。威妥玛表

---

① "27 September, 1875," *Hart's Journals*, Vol. 21.

② "28 September, 1875," *Hart's Journals*, Vol. 21.

③ 《总署奏驻京使臣与部院大臣往来礼节未便置之不议片，光绪元年八月初一日》，王彦威纂辑，王亮编《清季外交史料》（一），卷三，第 16~17 页，总第 62 页。

④ 《总署奏陈中外交际往来情旨明白宣示折，光绪元年八月二十九日》，王彦威纂辑，王亮编《清季外交史料》（一），卷三，第 24~26 页，总第 66~67 页。

⑤ "The Prince of Kung to Mr. Wade, September 28, 1875," "Memorial Regarding Intercourse with Foreign Ministers," *Correspondence Respecting the Attack on the Indian Expedition to Western China, and the Murder of Mr. Margary*, pp. 86 – 88.

⑥ "Mr. Wade to the Prince of Kung, September 28, 1875," *Correspondence Respecting the Attack on the Indian Expedition to Western China, and the Murder of Mr. Margary*, p. 86.

⑦ "The Prince of Kung to Mr. Wade, September 29, 1875," *Correspondence Respecting the Attack on the Indian Expedition to Western China, and the Murder of Mr. Margary*, p. 90.

示，他希望总理衙门能够同意两件事情，来表明他们在滇案上的诚意：公使地位和商业问题。最后时刻总理衙门才对公使地位做了最少的让步，而商业问题则没有让步，所以他应该离开北京，撤除使馆。之后赫德来到总理衙门，询问照会中所说已命赫德考虑商业问题什么意思，总理衙门对此给予了答复。然后赫德又找到威妥玛，将总理衙门的解释告诉他，威妥玛同意在再次从赫德那儿听到消息之前不会把威胁撤使的照会交给总理衙门。赫德希望总理衙门能够利用这次机会，做出让步，使威妥玛留在北京。[①]

在接下来的两天中赫德都在总理衙门讨论中英滇案问题。[②] 经过商谈，总理衙门做出让步，进口货物可以在租界免厘，但为了使利益均衡，重新禁止外国人在烟台与牛庄参与豆饼贸易。对于总理衙门的这一让步，威妥玛并不满意。[③] 为了挽救目前中英间的危机局面，总理衙门决定由赫德来负责研究威妥玛所提有关货税方面的要求。10 月 2 日文祥将此决定告知赫德，希望他提交既对中国来说可行的又能为所有条约国所接受的有关货税的方案。赫德答应将尽力而为，但他怀疑在目前威妥玛已决心撤使断交的时刻，这一方法能否起作用。[④] 10 月 3 日赫德到英国驻华使馆，听他的老朋友陆赐（William Armstrong Russel）主教布道。来到英国使馆后赫德见到了威妥玛，随即告诉威妥玛，文祥已经向他解释了总理衙门总办章京所犯的错误。但是威妥玛表示，这已经不重要了，原来的要求已经不算数了，现在他要提出新的要求，并给赫德阅看他正在写给其他公使和领事的信。他告诉赫德明天他要离开北京。赫德立刻劝阻他先不要离开北京，威妥玛答允。[⑤] 威妥玛委其告诉总理衙门，他已知道赫德已开始准备他曾提到过的货税方案。[⑥] 随即赫德到总理衙门继续商量中英滇案问题。[⑦] 即日总理衙门再次指示赫德就整个商务问题如何调整进行报告。[⑧]

---

① "30 September, 1875," *Hart's Journals*, Vol. 21.

② "1 October, 1875," "2 October, 1875," *Hart's Journals*, Vol. 21.

③ "Mr. Wade to the Prince of Kung, October 2, 1875," *Correspondence Respecting the Attack on the Indian Expedition to Western China, and the Murder of Mr. Margary*, pp. 92 – 93.

④ "Mr. Wade to the Earl of Derby, October 26, 1875," *Correspondence Respecting the Attack on the Indian Expedition to Western China, and the Murder of Mr. Margary*, pp. 91 – 92.

⑤ "3 October, 1875," *Hart's Journals*, Vol. 21.

⑥ "Mr. Wade to the Earl of Derby, October 26, 1875," *Correspondence Respecting the Attack on the Indian Expedition to Western China, and the Murder of Mr. Margary*, pp. 91 – 92.

⑦ "3 October, 1875," *Hart's Journals*, Vol. 21.

⑧ "Mr. Wade to the Earl of Derby, October 26, 1875," *Correspondence Respecting the Attack on the Indian Expedition to Western China, and the Murder of Mr. Margary*, pp. 91 – 92.

在随后的两天中赫德在总理衙门和威妥玛之间不断转达双方的意见，[①] 使中英激化的矛盾趋于平缓。10月4日威妥玛致函赫德，要求他向总理衙门转达，只有降旨让各省注意有关领有执照可以旅行的条约各款，才能更好地保障外国的利益。同时威妥玛要求两个照会：一个使其确信总理衙门真正想让赫德准备文祥所说的报告，另一个是关于中国政府同意以其所提方式考虑云南边境贸易。赫德根据威妥玛的要求与总理衙门进行了会谈，总理衙门同意威妥玛所提两个照会的草稿可以让其提前阅看的要求，条件是威妥玛也应将他答复的照会草稿提前给总理衙门阅看，但是对于威妥玛所要求的谕旨则没有解决。[②]

为了使赫德更明了自己的要求，10月5日早晨威妥玛又送给赫德一张便笺与一个备忘录。[③] 该便笺详细说明了威妥玛的要求，[④] 而该备忘录则回顾了滇案发生后的谈判进程，并强调了其两个照会与谕旨的要求，并称他会做一让步，即收到这三份文件后，他照复时会承诺滇案了结前不会派使团商讨云南贸易关系。[⑤] 即日赫德将威妥玛所要求的两个照会的草稿带给他，并将威妥玛答复的草稿转交给总理衙门。[⑥] 同时恭亲王奕䜣照会威妥玛，称将奏请降旨申述条约所提供的保护问题。[⑦]

10月6日威妥玛收到了总理衙门的正式照会，并相应地给予了答复。[⑧] 总理衙门的一个照会称中国将派员到云南边境调查贸易情形，同时英国政府也应派员去共同调查，之后再由总理衙门与英国驻华公使共同商讨订立章程及所要

---

① "4 October, 1875," "5 October, 1875," *Hart's Journals*, Vol. 21.

② "Mr. Wade to the Earl of Derby, October 26, 1875," *Correspondence Respecting the Attack on the Indian Expedition to Western China, and the Murder of Mr. Margary*, pp. 91 – 92.

③ "Sir T. Wade to the Earl of Derby, January 7, 1876," *China. No. 4 (1876)：Further Correspondence Respecting the Attack on the Indian Expedition to Westen China, and the Murder of Mr. Margary*, Shannon：Irish University Press, 1971, p. 16.

④ "Sir T. Wade to Mr. Hart, October 5, 1875," *China. No. 4 (1876)：Further Correspondence Respecting the Attack on the Indian Expedition to Westen China, and the Murder of Mr. Margary*, p. 16.

⑤ "Memorandum, October 4, 1876 (5)," *China. No. 4 (1876)：Further Correspondence Respecting the Attack on the Indian Expedition to Westen China, and the Murder of Mr. Margary*, pp. 16 – 18.

⑥ "Mr. Wade to the Earl of Derby, October 26, 1875," *Correspondence Respecting the Attack on the Indian Expedition to Western China, and the Murder of Mr. Margary*, p. 94.

⑦ "The Prince of Kung to Mr. Wade, October 5, 1875," *Correspondence Respecting the Attack on the Indian Expedition to Western China, and the Murder of Mr. Margary*, p. 94.

⑧ "Mr. Wade to the Earl of Derby, October 26, 1875, October 6, 1875," *Correspondence Respecting the Attack on the Indian Expedition to Western China, and the Murder of Mr. Margary*, p. 94.

采取的措施。[①] 威妥玛照复时表示接受该照会中的建议，因为它满足了其有关该问题的要求。同时他表示印度使团等到滇案调查结束后再派。[②] 总理衙门的另一照会称，关于条约口岸货税整顿问题，总理衙门在 9 月 21 日函请总税务司赫德到总理衙门阐述其有关该问题的观点，此后总理衙门交给他一份草拟的备忘录。现在总理衙门进一步给予他官方指示，希望他在此备忘录基础上准备一份详尽的报告。在考虑了这份报告后，总理衙门会就此问题与英国驻华公使讨论。[③] 威妥玛照复表示接受照会中所给承诺，因为它满足了其有关该问题的要求。[④] 这样威妥玛 9 月 25 日的三个要求就都得到了满足。

10 月 9 日奕䜣将威妥玛所要求的谕旨及总理衙门的奏折照知威妥玛。[⑤] 威妥玛对此非常满意。[⑥] 10 月 10 日威妥玛照复称，10 月 6 日接到英外交部的电报，希望他重申需对滇案进行彻查，他将赴上海令格维讷赴滇。[⑦] 至此中英滇案交涉中的一次危机在赫德的调停下得到了解决。

在此次危机的开端，赫德依然完全是站在英国的立场上，希望威妥玛能够离京撤使，借机迫使总理衙门答应英国在商业上的众多要求，这一点是非常明确的。威妥玛反而在撤使上并不坚定，只是作为威胁总理衙门的一个手段，而到最后威妥玛坚定撤使的时候，赫德又开始真的调停了。无论如何，赫德是不希望中英关系恶化的，其支持英国也只是想让总理衙门做出更多让步而已。

三 继续调停

清政府为了实现对威妥玛所做承诺，一方面命赫德拟定有关货税的报

---

① "The Prince of Kung to Mr. Wade, October 6, 1875," *Correspondence Respecting the Attack on the Indian Expedition to Western China, and the Murder of Mr. Margary*, p. 95.

② "Mr. Wade to the Prince of Kung, October 6, 1875," *Correspondence Respecting the Attack on the Indian Expedition to Western China, and the Murder of Mr. Margary*, p. 95.

③ "The Prince of Kung to Mr. Wade, October 6, 1875," *Correspondence Respecting the Attack on the Indian Expedition to Western China, and the Murder of Mr. Margary*, p. 95.

④ "Mr. Wade to the Prince of Kung, October 6, 1875," *Correspondence Respecting the Attack on the Indian Expedition to Western China, and the Murder of Mr. Margary*, p. 96.

⑤ "The Prince of Kung to Mr. Wade, October 9, 1875," *Correspondence Respecting the Attack on the Indian Expedition to Western China, and the Murder of Mr. Margary*, p. 96.

⑥ "9 October, 1875," *Hart's Journals*, Vol. 21.

⑦ "Mr. Wade to the Prince of Kung, October 10, 1875," *Correspondence Respecting the Attack on the Indian Expedition to Western China, and the Murder of Mr. Margary*, p. 98.

告，① 另一方面于 1876 年的春节实现了威妥玛与各部院大臣的相互拜访。② 但是赫德的报告完成后，总理衙门一直没有与威妥玛讨论此报告，并且当威妥玛要求阅看时，他得到的答复是，此报告很长，需要进行长时间的研究，并须咨询各省督抚。威妥玛意识到赫德所拟节略大多都不可行。③ 5 月 15 日赫德收到总理衙门来函，告诉赫德他可以将其商务报告的英文版交给威妥玛阅看，④ 赫德随即于 5 月 23 日将该报告交给威妥玛。⑤ 关于此报告，威妥玛认为，赫德努力公平对待摆在其面前的问题的两方，而对其所拟商务部分的优点，他保留其意见。对于进口贸易的条约权利，两人则持相似的观点，对此，威妥玛认为赫德的建议不会比自己的更受欢迎。⑥ 中英双方对赫德所拟有关货税方案都表示不满意，而与各部院大臣的来往也只春节时的一次，因此，威妥玛的结论是清政府并没有兑现自己在 1875 年秋所做的承诺。⑦

对于清政府对滇案的调查，威妥玛同样十分不满。⑧ 威妥玛接到总理衙门所递文件后，也曾屡次与总理衙门会晤，但始终没有结果，因此他决定前往上海，听取格维讷的报告，同时向英国外交部电请指示。⑨ 5 月 31 日恭亲王奕訢拜访威妥玛，威妥玛又乘机向其提出将岑毓英等提京审讯。⑩ 但这只不过是威

---

① 《布政使衔总理通商各口洋税事务总税务司赫德申覆，光绪元年十二月二十七日》，*Proposals for the Better Regulation of Commercial Relations*：*Being a Memorandum called for by the Tsungli Yamen*，*and Drawn Up by the Inspector Gerneral of Customs*（以下简称 *Proposals for the Better Regulation of Commercial Relations*），Shanghai：Statistical Department of the Inspectorate General of Customs，1876，p. ii.

② "Sir T. Wade to the Earl of Derby, February 5, 1876," *British Documents on Foreign Office Confidential Print*，Part I，Series E，Vol. 26，p. 16.

③ "Sir T. Wade to the Earl of Derby, July 22, 1876," *China. No. 3（1877）*：*Further Correspondence Respecting the Attack on the Indian Expedition to Western China and the Murder of Mr. Margary*，Shannon：Irish University Press，1971，p. 2.

④ "15 May, 1876," *Hart's Journals*，Vol. 23.

⑤ "23 May, 1876," *Hart's Journals*，Vol. 23.

⑥ "Sir T. Wade to the Earl of Derby, July 22, 1876," *China. No. 3（1877）*：*Further Correspondence Respecting the Attack on the Indian Expedition to Western China and the Murder of Mr. Margary*，p. 2.

⑦ "Sir T. Wade to the Earl of Derby, July 14, 1877," *China. No. 3（1877）*：*Further Correspondence Respecting the Attack on the Indian Expedition to Western China and the Murder of Mr. Margary*，p. 125.

⑧ "Sir T. Wade to the Earl of Derby, May 18, 1876," *China. No. 4（1876）*：*Further Correspondence Respecting the Attack on the Indian Expedition to Western China and the Murder of Mr. Margary*，p. 49.

⑨ "Sir T. Wade to the Earl of Derby, July 14, 1877," *China. No. 3（1877）*：*Further Correspondence Respecting the Attack on the Indian Expedition to Western China and the Murder of Mr. Margary*，p. 127.

⑩ "Sir T. Wade to the Earl of Derby, July 14, 1877," *China. No. 3（1877）*：*Further Correspondence Respecting the Attack on the Indian Expedition to Western China and the Murder of Mr. Margary*，p. 127.

妥玛所采取的一种策略而已，目的是迫使总理衙门接受其所提其他条件。几经议论，威妥玛于 6 月 2 日交给了总理衙门 8 条要求，包括：（1）由总理衙门奏述惋惜马嘉理，及该使臣愿请勿必将各犯承办，并保护洋人，晓谕各处，张贴告示，请旨后通行各省；（2）听英国派员前往各处查看所贴告示，中国派员同往；（3）中国人有伤害英人案件，准英国派员观审；（4）滇省边界商务派员会商；（5）英国派员在云南大理府或他处驻居，四川重庆府亦然；（6）请华洋各商均领税票，在沿海、沿江、沿湖多开口岸，如奉天大孤山，湖南岳州，湖北宜昌，安徽安庆、芜湖，江西南昌，浙江温州，广东水东、北海等处，未必处处洋商长住，唯宜昌须长住，且急需开办；各项洋货在本口完纳正税，可以销售，不再重征，如内地请领税单，再完半税；（7）钦派使臣前往英国，国书内声明滇案不无可惜之意；（8）偿款一节有马嘉理家属、柏乐文遗失行李、印度派兵护送之费，前后多调兵船等费，听本国核定数目。对于英方所要求各条，总理衙门认为除第 5 条不能允，第 6 条不能全允外，其他各条都可答允。但威妥玛对总理衙门只答应 6 条并不满意，此后英方又提出了划定口界与正子并交两款，总理衙门于 6 月 7 日表示除划定口界外其他各条都可答应。①

　　至此，威妥玛所提 8 条基本都为总理衙门接受，但他仍不满意，于 6 月 7 日遣梅辉立到总理衙门申请口界一层，总理衙门没能同意。② 此外威妥玛还要求将其所要求的第一条中的奏折在上奏前要先给他阅看，这同样遭到总理衙门的拒绝。③ 威妥玛遂照会总理衙门，称将立刻启程前往上海。见此情形，总理衙门忙于 6 月 8 日令赫德来见，将相关文件给赫德阅看，让其去见威妥玛，向他保证：虽然由于种种原因不能将奏折草稿让威妥玛阅看并与其安排奏折内容的承诺写下来，但总理衙门会与威妥玛提前商量奏折的内容。此外，总理衙门不是非常明白威妥玛对于商务条款的安排中限定"口界"的意思，如果代之以"同时正子并交，随后可以自由贸易"是否更好。赫德随即按照总理衙门的要求去拜访威妥玛，但是威妥玛外出不在使馆，赫德遂回到自己的住处，而威妥玛也随后赶到。赫德就把总理衙门的意思告诉了威妥玛。威妥玛在是否继

---

① 《总署奏英使对于办理马嘉理案均不同意折，光绪二年五月二十七日》，王彦威纂辑，王亮编《清季外交史料》（一），卷六，第 8～9 页，总第 111 页。

② 《总署奏英使对于办理马嘉理案均不同意折，光绪二年五月二十七日》，王彦威纂辑，王亮编《清季外交史料》（一），卷六，第 9～10 页，总第 111～112 页。

③ "Sir T. Wade to the Earl of Derby, July 14, 1877," *China. No. 3（1877）: Further Correspondence Respecting the Attack on the Indian Expedition to Western China and the Murder of Mr. Margary*, pp. 130 - 131.

续谈判的问题上犹豫不决，所以没有给赫德一个肯定的答复，而是让他去告诉总理衙门大臣董恂，威妥玛第二天早晨会告诉赫德是否同意重新谈判。赫德遂将此告诉了董恂。①

6月9日早晨8点赫德来到英国驻华使馆，见到了威妥玛，威妥玛交给赫德一份备忘录，让他读给总理衙门听。在该备忘录中，威妥玛声称他现在必须从5月31日的立场上重新谈判，要求立即下旨将岑毓英等提京，如果该要求被接受，他将向英国政府报告这一事实，直到在京审讯结束，不再提商业、赔款或任何其他问题。如果这一要求被拒绝，威妥玛将要求总理衙门给予拒绝的理由。然后威妥玛或者拒绝继续谈判，直到英国政府得到所有的相关文件；或者如果总理衙门接受其6月7日所提要求，他将向英国政府报告该案结束。关于其所提要求，威妥玛指出：第一，他准备或者将赔款问题由其政府来处理，或者接受其所提20万两的数额；第二，威妥玛坚持其他公使考虑或让其政府考虑他所提出有关厘金和内地税的两个计划，总理衙门亦应选择其一。下午1点赫德去了总理衙门，向其宣读了威妥玛的备忘录。对于威妥玛将岑毓英提京的要求，总理衙门告诉赫德恭亲王已经告诉威妥玛这是不可能的。而对于威妥玛7日所提要求，总理衙门告诉赫德他们不可能完全接受，他们怎么可能同意开放整个沿海、沿江和沿湖呢？随后赫德与总理衙门讨论了"口界"和"正子并交"的优劣，总的来说，"正子并交"更可能被接受，但是怎么能够开放整个海岸？总理衙门要求赫德就此给予建议。对此，赫德说，假如整个海岸被开放了，外国人也只会去最有收益的港口，从外国的角度讲，现在最好是开放整个海岸，而不是几个港口，但是从中国的角度讲，他知道这样做的困难，所以他认为最适当的做法是开放几个港口，开放得越多，威妥玛就会越认为与其开放整个海岸的要求一致。此外，赫德指出，因为威妥玛愿意安排解决该案，总理衙门应该尽力让步。总理衙门称将和恭亲王商议后再告诉赫德他们的决定。随后赫德将其与总理衙门会谈的内容告诉了威妥玛。②

6月10日赫德从上午10点半到下午1点半一直在总理衙门商讨中英滇案交涉事宜。总理衙门大臣沈桂芬已经将赫德所述告知恭亲王奕䜣，恭亲王的第一反应是对英方没有要求开放宜昌表示奇怪，并表示坚决反对全面开放港口。但是沈桂芬表示除宜昌外，还可开放温州。对于"正子并交"，总理衙门表示

① *Memorandum for the Negotiation from June 8 to 15*，*1876*，Fo. 17/725，英国国家档案馆藏。
② *Memorandum for the Negotiation from June 8 to 15*，*1876*，Fo. 17/725.

同意，但是商品仍然需要持有过境证。赫德表示"正子并交"计划中是不需要签发过境证，两种税交付后没有必要再签发过境证，商人们都会反对这一规定。但是总理衙门认为过境证不能放弃，所以只能放弃"正子并交"的计划。赫德向总理衙门指出，必须解决滇案，一方面需要让英国人同意他们的代表在解决滇案时的行动；另一方面必须增加让步，从而使其他政府也会接受。总理衙门的答复仍然是开放温州，接受"正子并交"，而不是"口界"，但是仍需签发过境证。

随后赫德见到威妥玛，将其在总理衙门的讨论情形告诉了他。威妥玛对总理衙门的态度很不满意，让赫德带给恭亲王一封信函，内容是要求清政府颁布谕旨将岑毓英提京，否则他将立即撤使。赫德按照威妥玛的要求去了总理衙门，但是他并没有将威妥玛的信交给总理衙门，而只是将威妥玛的意思告诉了总理衙门，总理衙门坚决反对将岑毓英提京，并坚持商品"正子并交"后仍需发放过境证。这样中英滇案交涉就陷入了僵局。①

赫德见此情形，从总理衙门出来后就致函威妥玛，建议他再直接与总理衙门会谈一次，撤使的信件至少保留到明天再发。② 威妥玛回复赫德同意他的建议。③ 随后赫德找到董恂，告诉他眼下中英滇案谈判形势严峻，请他尽力劝说恭亲王与其他总理衙门大臣做出一些让步，从而使威妥玛能够在北京安排解决滇案。

6月11日赫德致函威妥玛，提出自己的解决方案，即英方放弃关于取消厘金的要求，而中方则答允中外商人都可以持过境证将货物运入内地，同时开放宜昌、温州、北海和芜湖。④ 但是该方案为威妥玛所拒。⑤ 随后赫德来到总理衙门，将他向威妥玛所提方案又告诉总理衙门，总理衙门答允将其方案向恭亲王请示。但此时威妥玛已经决意要离开北京，但是不是撤使，而是要到上海向其政府报告滇案进展状况。但是如果总理衙门将李瀚章的奏折公布，他将撤使。威妥玛令梅辉立将以上内容的备忘录交给总理衙门。同时将此决定告诉了赫德。⑥

---

① *Memorandum for the Negotiation from June 8 to 15，1876*，Fo. 17/725.

② *Hart to Wade，June 10，1876*，Fo. 17/725.

③ *Wade to Hart，June 10，1876*，Fo. 17/725.

④ *Memorandum for the negotiation from June 8 to 15，1876*，Fo. 17/725.

⑤ *Wade to Hart，June 11，1876*，Fo. 17/725，英国国家档案馆藏。

⑥ *Memorandum for the Negotiation from June 8 to 15，1876*，Fo 17/725.

6月12日上午11点，赫德来到总理衙门，被告知恭亲王对其所提解决方案的意见，即恭亲王同意开放温州和北海。赫德认为还是应该不要失去任何做出友好安排的机会，所以他认为应该将中方的这一让步告诉英国驻华使馆。这样赫德就在下午3点来到英国驻华使馆，与威妥玛就中英滇案交涉会谈了3个小时。赫德将总理衙门所做新的让步告诉威妥玛，同时极力劝说威妥玛放弃商业问题，接受总理衙门所做让步，了结滇案。在赫德的劝说下，威妥玛授权他向总理衙门表示，如果总理衙门能够接受他备忘录中的其他各点，邀请所有有约国讨论和解决商业问题，之后开放宜昌和其他口岸，他将建议其政府接受这一安排，了结滇案。同时威妥玛将该解决方案写成备忘录让赫德带给总理衙门。①

6月13日上午11点半，赫德来到总理衙门，将威妥玛的解决方案告之，总理衙门完全同意威妥玛的这一解决方案。下午1点半，赫德拜访威妥玛，带给他总理衙门所做各种让步的照会草稿。威妥玛则要求梅辉立将其与6月7日的备忘录和其他文件进行对照，对于总理衙门所做让步表示满意。然后他同意将其启程推迟到明天。但是威妥玛并没有满足中方所做让步，他向赫德提出了另外的要求，即或者由太后接见他，对滇案表示遗憾；或者颁布谕旨，派各部大臣和总理衙门大臣到英国驻华使馆表示遗憾。但是威妥玛表示这一要求不宜由他提出，赫德表示会在与总理衙门的谈话中引出这个话题。随后赫德又回到总理衙门，告诉他们威妥玛认为所做安排不错，将建议其政府接受。之后赫德就寻找机会将话题引向威妥玛所提额外要求的方向，问总理衙门是否还能够想出其他让步来促使威妥玛宣布了结滇案。总理衙门给予了否定的回答，并问他有什么建议。这样赫德就乘机将威妥玛的意思讲了。虽然赫德千方百计想使总理衙门接受，总理衙门还是否定了这一建议，但表示会将这一建议向恭亲王请示。最后总理衙门让赫德告诉威妥玛，他们想让梅辉立第二天下午2点到总理衙门阅看和修改奏折和信件的草稿。晚上6点赫德来到英国驻华使馆，告诉威妥玛总理衙门不大可能做什么能够让他宣布滇案了结的事情，但是他们正在起草奏折，并希望梅辉立第二天下午2点到总理衙门去阅看和修改。威妥玛对于赫德在中英滇案交涉中给予他的帮助表示感谢。②

6月14日早晨威妥玛两次致函赫德，请他到总理衙门时帮助转告，他希

---

① *Memorandum for the Negotiation from June 8 to 15*，1876，Fo. 17/725.

② *Memorandum for the Negotiation from June 8 to 15*，1876，Fo. 17/725.

望梅辉立从总理衙门回来时能够知道总理衙门是否有能促使他宣布滇案了结的建议。① 上午 11 点赫德来到总理衙门，他被告知他昨天关于促使威妥玛宣布了结滇案的建议已经告诉了恭亲王，但是这些建议被否定了。赫德还想努力使总理衙门接受这一建议，但是最终还是被总理衙门否定。总理衙门将准备好的奏折草稿给赫德阅看，赫德建议将"申"字改掉，以免让威妥玛感觉比总理衙门地位低。之后总理衙门又将有关商务问题的信函给赫德阅看，赫德感觉有些太简单，告诉他们梅辉立来时可能会要求一份更详细的信函。离开总理衙门之前，赫德叮嘱总理衙门大臣在奏折与信函的修改上要谨慎，并警告他们如果再有任何差错，将很难再补救。下午 1 点半，赫德来到英国驻华使馆，见到威妥玛和梅辉立。赫德告诉他们自己在总理衙门的所见所说，并且告诉梅辉立现在一切就绪，总理衙门大臣准备进行任何他可能提出的修改。② 至此中英滇案交涉中的第二次危机在赫德的斡旋下出现了转机。

但是中英滇案交涉并没有按照赫德所努力的方向发展。6 月 14 日晚，赫德接到梅辉立来函，抱怨总理衙门与他在关于商业问题的信函和赔款问题上发生了严重分歧，威妥玛为此十分生气，除非总理衙门让梅辉立带回满意的信息，或者明确肯定接受上午所答应的一切，否则威妥玛将认为总理衙门在戏弄他。威妥玛让梅辉立告诉赫德，如果赫德有什么想说的，他将非常高兴收到赫德的来函。赫德立刻致函威妥玛，略述他在总理衙门讨论威妥玛所提第 6 条关于商务问题的情形，同时对赔款问题做了解释，并表示第二天早晨将去总理衙门把这些问题弄明白。但是 6 月 15 日早晨赫德并没有去总理衙门，而是与威妥玛信函往来，讨论中英滇案交涉的问题。赫德向威妥玛强调，在 6 月 13 日总理衙门已经答应了威妥玛的全部要求，此后就只剩下双方协商奏折和信函草稿。③ 但是威妥玛并没有等待赫德到总理衙门去把这些问题弄明白，再继续与总理衙门进行谈判，而是于该日要求总理衙门将其所提条件归还，并突然离京。④ 当天下午赫德被紧急召往总理衙门，商量中英滇案交涉事宜。总理衙门准备接受梅辉立所修改的奏折和信函，并让赫德去向威妥玛进行解释。但是赫德告诉总理衙门，在他来总理衙门之前，接到威妥玛向他告别的信函，威妥玛

---

① *Wade to Hart*, *June 14*, *1876*, Fo. 17/725，英国国家档案馆藏。

② *Memorandum for the Negotiation from June 8 to 15*, *1876*, Fo. 17/725.

③ *Memorandum for the Negotiation from June 8 to 15*, *1876*, Fo. 17/725.

④ "Sir T. Wade to the Earl of Derby, July 14, 1877," *China. No. 3* (*1877*): *Further Correspondence Respecting the Attack on the Indian Expedition to Western China and the Murder of Mr. Margary*, p. 132.

已经离开北京。总理衙门对威妥玛在中英滇案交涉问题即将解决之际突然离开北京很是不解。对此赫德的解释是，因为赫德与梅辉立对于总理衙门关于商业问题和赔款问题的解释不同，威妥玛感到被总理衙门愚弄了，所以他才愤然离京。[①]

四　赴上海调停

威妥玛离京后，赫德主张遣使赴英理论，但为总理衙门所拒，[②] 此时美国驻华公使西华（George Frederick Seward）向赫德表示愿意帮助解决滇案问题，[③] 西华建议中国建立铸币厂与邮局。[④] 7月2日赫德到总理衙门讨论建立铸币厂与邮局事宜，希望总理衙门将这两项包含在他们计划向威妥玛做出妥协的条件中，并表示愿意前往上海与威妥玛谈判滇案问题。[⑤] 赫德向总理衙门提出解决滇案的条件，包括：（1）允许中国人领取外国进口商品的子口税票并与外国人一样交纳子口半税；（2）中国人购买外国商品时允许交纳子口半税并领取子口税票；（3）开放宜昌、温州和北海；（4）条约口岸对外国商品征收的厘金应改为固定的从价税，如果将来要取消或减少，须提前几个月通知；（5）中国和外国商人一样可以领取中国出口商品的税票，可以到内地购买这样的商品，并且将其运往海口装船时按照子口税的有关规定征税；（6）在条约口岸及其邻近地方建立国家邮局，由总税务司掌管；（7）建立国家铸币厂，由总税务司掌管。[⑥] 7月3日总理衙门同意了赫德所提各条，并表示很高兴赫德愿意前往上海。除了赫德所提各条外，总理衙门还表示愿意赔偿威妥玛所说

①　*Memorandum for the Negotiation from June 8 to 15*，*1876*，Fo. 17/725.

②　*Memorandum for the Negotiation from June 8 to 15*，*1876*，Fo. 17/725.

③　"24 June, 1876," *Hart's Journals*，Vol. 23.

④　"G. F. Seward to Fish, Chefoo, 8/23/1876," Jules Davids ed.，*American Diplomatic and Public Papers*：*the United States and China*，Series II，*the United States*，*China*，*and Imperial Rivalries*，*1861 - 1893*，Vol. 3，*The Foreign Powers and China*：*Great Britain*（以下简称 *American Diplomatic and Public Papers*），Wilmington：Scholarly Resources Inc.，p. 251.

⑤　"2 July, 1876," *Hart's Journals*，Vol，23；另参见《总署奏中英交涉不能预料请整顿江海防务折，光绪二年闰五月二十三日》，王彦威纂辑，王亮编《清季外交史料》（一），卷六，第16页，总第115页。

⑥　"Seven Articles Proposed by Mr. Hart, on the 2nd of July," *American Diplomatic and Public Papers*，Vol. 3，pp. 246 - 247. 笔者未找到赫德向总理衙门所呈劝结滇案节略的原件，此处所列各条是从赫德送给美国公使西华的英文件翻译过来的；其中第3条原文为空白，此处根据赫德1876年7月3日的日记补齐（参见"3 July, 1876," *Hart's Journals*，Vol. 23）。

20万两或者由英国政府所定这个数目之内的一个数目，同时李鸿章将上奏让部院大臣去英国驻华使馆对滇案表示遗憾。赫德认为拿着这些条件，应该能够诱使威妥玛向其政府建议满意解决滇案问题。①

赫德遂准备带着这些条件赴沪劝说威妥玛商谈解决滇案。临走之前赫德拜访了美国公使西华，告诉他总理衙门已同意了其所提建立铸币厂与邮局的建议，并向其解释了他向总理衙门所提出的有关子口半税制度与厘金的建议。西华对其所提使厘金合法化的建议表示不满，赫德表示他可以再到总理衙门，对交给威妥玛的这些条件进行修改。② 7月5日赫德又向总理衙门呈递了解决滇案的补充条件，包括：（1）将厘金变为固定的从价税这一条可以用以下三种方法进行修改；（2）不提厘金，但是关于"中国人购买外国商品时允许交纳子口半税并领取子口税票"这一条，其税票将起两种作用：一是使进口商品避免在运输途中被征税，二是使已经交正子税的商品在同一口岸出售时避免再被征税；（3）按照最初计划的那样：照会几个外国公使，请他们与总理衙门商讨这一问题，中国和外国商品以及外贸有关的所有商品，即进口和出口商品，在口岸和内地应交纳什么税费，以便可以制订一个统一的章程，达成满意的共识；定下统一章程之后，宜昌和其他港口就可以按照总理衙门已经计划的次第开放；（4）照会威妥玛，通知他宜昌、温州和北海将立刻开放，其他需要讨论的问题将如上面解释的那样提交外国公使。将厘金变为固定从价税的计划，以及上面所提三条其他计划，并不是要一起讨论。制订四个计划，以便威妥玛拒绝其中一条，可以再交给他另一条计划进行商讨。③ 总理衙门也同意了赫德所提补充条件，即令赫德赴沪。④

总理衙门派赫德到上海，一是希望他能够从中调停，二是由他与威妥玛商讨商务问题。⑤ 赫德于7月15日到达上海，在随后的几天里，赫德与威妥玛互相拜访，并且赫德两次致函威妥玛解释总理衙门所提解决滇案的条件，但是出

---

① "3 July, 1876," *Hart's Journals*, Vol. 23.

② "G. F. Seward to Fish, Chefoo, 8/23/1876," *American Diplomatic and Public Paper*, Vol. 3, pp. 251–252.

③ "Additional articles proposed by Mr. Hart on the 5th of July," *American Diplomatic and Public Paper*, Vol. 3, pp. 248–249.

④ 《总署奏中英交涉不能预料请整顿江海防务折，光绪二年闰五月二十三日》，王彦威纂辑，王亮编《清季外交史料》（一），卷六，第16~17页，总第115页；"6 July, 1876," *Hart's Journals*, Vol. 23.

⑤ "Sir T. Wade to the Earl of Derby, July 14, 1877," *China*, No. 3 (1877)：*Further Correspondence Respecting the Attack on the Indian Expedition to Western China and the Murder of Mr. Margary*, p. 133.

乎赫德的意料，威妥玛对于赫德的到来与总理衙门所提条件反应非常冷淡。①
实际上威妥玛并不愿与赫德谈判滇案及商务问题。② 威妥玛的此种反应使赫德
难以下台，但是赫德在调停中英矛盾时非常灵活，无论是对中方或英方，可谓
反复开导，一计不成又生一计，不会因为碰壁而轻易放弃。此时威妥玛虽然拒
绝与赫德本人商谈，但是他并没有关闭谈判之门。赫德认为威妥玛或许希望与
别人商谈，随即告之总理衙门拟奏派两江总督沈葆桢到上海与之相商。正如赫
德所料，威妥玛此时正希望能够与清政府大员开谈，遂答称沈葆桢来亦甚好，
但要有专办此事权柄。后谈到威妥玛要到烟台避暑，赫德仍请派沈葆桢到烟台
相商。威妥玛则认为："烟台非南洋所属，是李中堂北洋辖境，此案情形亦
熟，若就近商办，亦无不可。"③ 这样，双方即商定由李鸿章到烟台与威妥玛
谈判。

7月16、17日赫德将了解到的情况与自己的意见相继函告李鸿章，赫德
极力主张赋予李鸿章全权，到烟台与威妥玛谈判，并劝清政府应尽力退让。④
李鸿章接到赫德的来信后，将信函内容函告总理衙门，并于7月28日将赫德
的来信内容上奏。当日奉上谕，总理衙门派李鸿章为全权大臣，赴烟台与威妥
玛会商一切事务。⑤

对于上海之行，赫德感到比较满意，在8月12日给金登干的电报中，赫
德称："李鸿章任特命钦差，在烟台会见威妥玛。我上海之行，至此尚属成
功，进一步结果难料。"⑥ 赫德前赴上海的调停，使中英双方又走到谈判桌前，
但是由于赫德与威妥玛在某些问题上的分歧，双方关系逐渐恶化，在以后的谈
判中，赫德的调停功能逐渐丧失。

---

① "15-18 July, 1876," *Hart's Journals*, Vol. 23；《译闻五月二十五日赫总税司来信，光绪二年
六月初二日到》，《李鸿章全集》第六册，译署函稿卷五，海南出版社，1997，第38页，总第
3044页。

② "Sir T. Wade to the Earl of Derby, July 14, 1877," *China. No. 3（1877）: Further Correspondence
Respecting the Attack on the Indian Expedition to Western China and the Murder of Mr. Margary*, p. 133.

③ 《与英国威使问答节略，光绪二年七月十一日》，《李鸿章全集》第六册，译署函稿卷六，第
10页，总第3054页。

④ 《译闻五月二十五日赫总税司来信，光绪二年六月初二日到》、《译闻五月二十六日赫总税司来
信，光绪二年六月初二日到》，《李鸿章全集》第六册，译署函稿卷五，第39~40页，总第
3044~3045页。

⑤ 《直督李鸿章奏英使因滇案要索不遂出京接据赫德由沪来函奏明请旨折，光绪二年六月初八
日》，王彦威纂辑，王亮编《清季外交史料》（一），卷六，第18页，总第116~118页。

⑥ 《赫致金第33号电，1876年8月12日》，陈霞飞主编《中国海关密档》第八卷，第85页。

五　与威妥玛的矛盾

威妥玛来上海之前，赫德与他的关系是非常密切的，在此前中英滇案交涉中，赫德两次充当双方的调停人。所以赫德来上海之前憧憬着自己用总理衙门答应的条件就会使威妥玛了结滇案。但是出乎意料的是，威妥玛对自己的态度异常冷淡。而此时更因为两人在镇江趸船案问题上意见不一，彼此的矛盾日渐突出。① 威妥玛离京后一再声称将岑毓英提京是解决滇案问题的唯一办法，② 但是赫德深知这只是威妥玛的一种策略，他更希望与李鸿章谈判解决滇案问题，以便得到更多权益。虽然明知威妥玛并不是真正地希望将岑毓英提京，赫德还是与上海道台冯俊光计划利用巡视长江各口岸的机会建议两江总督沈葆桢说服总理衙门通过将岑毓英提京来解决滇案问题，如果该项建议被付诸实施，中国政府同时应派遣使臣赴英以维护自己的利益。③ 虽然此项建议后来没有被沈葆桢采纳，④ 但是说明赫德此时已经有撇开威妥玛来处理滇案问题的想法了。此后赫德甚至认为威妥玛已经受强硬的梅辉立的影响，自己必须开始反对威妥玛的观点。⑤

威妥玛、赫德与李鸿章先后于 8 月 10 日⑥、8 月 17 日⑦和 8 月 19 日⑧到达烟台。此时赫德与威妥玛的关系已经十分冷淡，8 月 17 日赫德到达烟台登岸时遇见威妥玛，两个人只是礼貌性地握了握手就擦肩而过。⑨ 翌日赫德前往拜访威妥玛，但威妥玛不在寓所。⑩ 8 月 19 日赫德往拜李鸿章，告之："威使因

①　"24 July, 1876," *Hart's Journals*, Vol. 23.

②　"22 June, 1876," *Hart's Journals*, Vol. 23.

③　"26 July, 1876," *Hart's Journals*, Vol. 23.

④　"3 August, 1876," *Hart's Journals*, Vol. 23.

⑤　"6 August, 1876," *Hart's Journals*, Vol. 23.

⑥　"Sir T. Wade to the Earl of Derby, July 14, 1877", *China. No. 3（1877）*：*Further Correspondence Respecting the Attack on the Indian Expedition to Western China and the Murder of Mr. Margary*，p. 135. 而李鸿章则称威妥玛是 8 月 15 日回烟台（参见《述烟台初议，光绪二年七月初四日》，《李鸿章全集》第六册，译署函稿卷六，第 1 页，总第 3050 页）。

⑦　"17 August, 1876," *Hart's Journals*, Vol. 23.

⑧　"19 August, 1876," *Hart's Journals*, Vol. 23.

⑨　"17 August, 1876," *Hart's Journals*, Vol. 23.

⑩　"18 August, 1876," *Hart's Journals*, Vol. 23.

新关近事，颇与龃龉，此来未得晤谈。"① 可见赫德与威妥玛的关系已经恶化。到了 8 月 20 日赫德与威妥玛的矛盾表面化，威妥玛明显尽力回避与赫德碰面，即使见面也不理睬赫德。赫德认为威妥玛之所以如此，是因为他与李鸿章的谈话——包括他所说如果威妥玛不能在烟台就范，就遣使赴英理论等——被许钤身泄露给了威妥玛。② 赫德在当日给金登干的电报中说："我与威妥玛关系越来越冷淡。"③

赫德与英国驻华公使在维护英国利益这一大方向上是一致的，但是由于他们都有各自的利益需要维护，所以有时在某些问题上又会出现分歧，那么在这种情形下赫德又会怎样来对待正在由英国公使所参与的中英交涉呢？如上文所述他在从上海写给李鸿章的信中，还极力鼓动李鸿章赴烟台同威妥玛谈判，将滇案的解决寄希望于此次谈判，后来他就表现了撇开威妥玛自己独立处理滇案的倾向。8 月 21 日李鸿章拜访赫德，赫德建议立即派钦差前往英国理论，并表示自己愿意一同前往。虽然李鸿章拒绝了马上遣使的建议，但也认为，再经数番议论，如威妥玛执意要提岑毓英到京，此外无可商办，就只有迅速遣使赴英。④ 同日，赫德连续发给金登干两封电报，令其在报纸上发表，但不要公布他俩的姓名。⑤ 赫德希望通过这些电报的发表在英国国内产生对威妥玛不利的舆论。

中英双方在烟台开始谈判以后，由于威妥玛仍然坚持将岑毓英提京，此时的谈判前景并不明朗。由于同威妥玛的矛盾，赫德此时开始寻求独立解决滇案的办法。8 月 24 日赫德致函金登干，阐明了自己希望独立解决滇案的思想及原因。赫德在信函一开始就表明自己将有令金登干吃惊的举动，为了保密，赫德此处没有明说自己的计划。接着赫德向金登干解释了此举的原因：根据赫德的建议，李鸿章被派来烟台与威妥玛全权处理中英滇案问题，中方与赫德都希望滇案及相关各事在烟台商结，但是威妥玛不愿或不能解决问题，所以赫德就只有采取自己的秘密计划来解决问题了。赫德反复强调"这就迫使我做另一

---

① 《述烟台初议，光绪二年七月初四日》，《李鸿章全集》第六册，译署函稿卷六，第 2 页，总第 3050 页。

② "20 August, 1876," *Hart's Journals*, Vol. 23.
《赫致金第 34 号电，1876 年 8 月 20 日》，陈霞飞主编《中海关密档》第八卷，第 86 页。

③ 《赫致金第 34 号电，1876 年 8 月 20 日》，陈霞飞主编《中海关密档》第八卷，第 86 页。

④ 《述烟台初议，光绪二年七月初四日》，《李鸿章全集》第六册，译署函稿卷六，第 2 页，总第 3050 页。

⑤ 《赫致金第 35 号电，1876 年 8 月 21 日》、《赫致金第 36 号电，1876 年 8 月 21 日》，陈霞飞主编《中国海关密档》第八卷，第 86~87 页。

件事，而那些电报正是为那另一件事作准备的"，"因此，我们必须做我们准备做的事，也就是说，如果不能在这里使威妥玛就范，我们就必须那么办了"。① 很明显，这里的"另一件事"，"我们准备做的事"都是与解决中英滇案问题密切相关的。

那么赫德秘密计划的具体内容是什么呢？赫德此后再未提及，但是从其给金登干的信函与他的日记中，仍然可以推断出来。赫德告诉金登干，他收到的一些"电报"将会使他吃惊，并强调如果不能使威妥玛在"这里（烟台）"就范，他们就必须那么办了。实际上该计划就是指李鸿章亲自赴英理论。8 月 25 日赫德在日记中写道："对于德璀琳所说李鸿章自己将是去英国的最佳人选，他（李鸿章）说'我知道'，这说明我的计划正在被接受。"② 8 月 29 日赫德又在日记中写道："上午 8 点去见到李鸿章，安排了我们的计划，他将照着它去做，并且说如果有必要他将亲自去英国。"③

但是赫德的这一秘密计划最终未能付诸实施，金登干始终没有接到使其"吃惊"的电报。9 月 1 日赫德函告金登干："几日来，英国到上海的电报联系中断了，否则我就会电告您和谈已经开始了——但我耽心这种谈判弊多利少。"④ 此后中英谈判迅速取得进展，中英双方最终签订《烟台条约》，结束了历时近一年半的中英滇案交涉，从而使赫德的秘密计划未能付诸实施。

六　有限的调停与《烟台条约》的签订

因为与威妥玛的矛盾，赫德在烟台的中英滇案交涉中主要是充当中方的外交顾问。赫德来烟台之前，李鸿章就通过津海关税务司马福臣（A. MacPherson）向其表示他在烟台要依赖赫德。⑤ 8 月 19 日李鸿章到达烟台后就让赫德去见他，商谈中英滇案交涉问题。⑥ 此后赫德与李鸿章多次晤商中英滇案交涉问题，8 月 29 日两人共同制订了解决中英滇案的方案，李鸿章明确表示将会按照该方案行事。⑦ 同日李鸿章拜晤威妥玛，威妥玛的态度仍然十分强硬，对于

---

① 《赫致金函，1876 年 8 月 24 日》，陈霞飞主编《中国海关密档》第一卷，第 434～435 页。
② "25 August, 1876," *Hart's Journals*, Vol. 23.
③ "29 August, 1876," *Hart's Journals*, Vol. 23.
④ 《赫致金 A/89 函，1876 年 9 月 1 日》，陈霞飞主编《中国海关密档》第一卷，第 438 页。
⑤ "7 August, 1876," *Hart's Journals*, Vol. 23.
⑥ "19 August, 1876," *Hart's Journals*, Vol. 23.
⑦ "29 August, 1876," *Hart's Journals*, Vol. 23.

总理衙门办理滇案、优待以及商务各节都不满意。李鸿章试图以赫德所拟劝结滇案节略来解决与英方有关商务方面的矛盾，但为威妥玛拒绝。① 实际上威妥玛是想要求更多的特权，8 月 31 日威妥玛向李鸿章表示另提解决滇案办法。双方商定先由威妥玛将商办各情撮叙大略，写一信来作为彼此互商凭据，然后再将条款拟出送来。②

虽然此时威妥玛与赫德的矛盾已经公开化，但是因为赫德海关总税务司的地位，有些问题威妥玛还绕不过赫德，所以赫德在充当中方外交顾问的同时，又充当了英方的外交顾问，继续对中英滇案交涉做了有限的调停。9 月 1 日威妥玛函询赫德，问他可否与其见面讨论商务问题，因为他要向李鸿章提出条件，如果李鸿章接受，他就可以建议英国政府接受，从而结滇案。赫德本想拒绝威妥玛的要求，因为他不想再夹在总理衙门和威妥玛中间，③ 但是考虑再三，赫德还是于 9 月 2 日与威妥玛商谈了后者将向李鸿章提出的商务问题。④ 当日威妥玛将商定之信送交李鸿章。9 月 3 日下午 3 点赫德拜访李鸿章，商量中英滇案交涉事宜。⑤ 赫德将其与威妥玛商谈的内容告诉了李鸿章，并强调威妥玛比较注重增开口岸。9 月 4 日威妥玛持所要求各款的英文草稿与李鸿章商论，其所要求各条大大超出了原来的 8 条，李鸿章对于议定口界的要求坚决拒绝，对于其他问题只是略做辩论，其中洋药税厘等问题还须与赫德妥商。⑥ 翌日威妥玛将该草稿的汉文本送给李鸿章，双方辩论至 9 月 11 日各条才算议妥，其间李鸿章就口岸等问题两次召赫德密商。⑦ 9 月 12 日威妥玛送给李鸿章结案照会。⑧ 9 月 13 日李鸿章与威妥玛分别在《烟台条约》上画押，赫德也被邀请参加。⑨ 至此中英有关滇案的交涉结束。

---

① 《与英国威使问答节略，光绪二年七月十一日》，《李鸿章全集》第六册，译署函稿卷六，第 7～11 页，总第 3053～3055 页。

② 《与英国威使问答节略，光绪二年七月十三日》，《李鸿章全集》第六册，译署函稿卷六，第 15～18 页，总第 3057～3058 页。赫德在该日日记中写道："（晚上）9 点半拜访李鸿章，他说威妥玛又改变主意了"（"31 August, 1876", *Hart's Journals*, Vol. 23）。

③ "1 September, 1876," *Hart's Journals*, Vol. 23.

④ "2 September, 1876," *Hart's Journals*, Vol. 23.

⑤ "3 September, 1876," *Hart's Journals*, Vol. 23.

⑥ 《述会议略定三端，光绪二年七月十八日》，《李鸿章全集》第六册，译署函稿卷六，第 19～20 页，总第 3059 页。

⑦ "5 September, 1876," "7 September, 1876," *Hart's Journals*, Vol. 23.

⑧ 《烟台定议结案，光绪二年七月二十七日》，《李鸿章全集》第六册，译署函稿卷六，第 24～25 页，总第 3061～3062 页。

⑨ "13 September, 1876," *Hart's Journals*, Vol. 23.

在中英《烟台条约》的谈判过程中，赫德与威妥玛的关系恶化，他主要充当了李鸿章的外交顾问，但是由于其海关总税务司的地位，威妥玛在某些问题上还无法绕开赫德，所以赫德又充当了威妥玛的外交顾问，从而得以继续对中英谈判进行有限的调停，对《烟台条约》的签订产生影响。[①]

七　小结

赫德是英国人，又是中国的官员，这就决定了他在参与中英交涉过程中对中英双方的利益都要顾及，但是在中英矛盾尖锐，这种矛盾又威胁到英国在华的根本利益时，赫德就毫不犹豫地完全站在了英国的一方。这在中英滇案交涉的初期表现得尤为明显，赫德不仅不是在起调停作用，而且是在支持和鼓动威妥玛坚持对华强硬政策。但是赫德的中国海关总税务司的身份又决定了他并不是真正希望中英间发生战争，从而决定了他最终还是要回到调停者的角色上来。赫德对中英交涉能够进行调停是有前提的，那就是与中英双方负责谈判者都关系密切，而当与任何一方的关系破裂后，他就会弱化甚至失去这种调停功能。在与威妥玛的矛盾公开化后，赫德无法再像以前那样调停中英矛盾，而是主要充当中方的外交顾问，但是由于其海关总税务司的地位，威妥玛在某些问题上不得不咨询赫德的意见，他又充当了英方的外交顾问，从而得以继续有限地调停中英矛盾。

在中英滇案交涉过程中，赫德先后充当了调停者、中方翻译、中英交涉结果的执行者与中英双方的外交顾问，帮助化解了中英滇案交涉中的两次危机。赫德之所以对中英滇案的解决产生影响，主要是因为：首先，他是中国海关总税务司，中英交涉中所涉商务问题都须向他咨询。其次，他既是英国人又是中国官员，与两面都相熟。在中英滇案交涉过程中第一次危机发生时威妥玛主动向赫德寻求帮助，就是因为赫德是中国官员，和中方相熟，而在第二次危机中总理衙门向赫德寻求解决方案是因为赫德是英国人，和英方相熟。最后，赫德自身的才干与中英双方对他的信任与倚重，使他的建议与解决方案能够引起中英双方的重视。

在中英滇案交涉过程中，赫德首先维护的是英国的利益，所以他在马嘉理

---

① 1876 年 9 月 12 日李鸿章告诉德璀琳，中英滇案在烟台的了结完全依赖于赫德（"7 September, 1876", *Hart's Journals*, Vol. 23）。

案刚刚发生时就极力支持和鼓动威妥玛的对华强硬政策，并在第一次危机中以调停的姿态力劝清政府大大方方地接受英方的要求，在第二次危机中又力劝李鸿章赴烟台谈判。对于此点，当时清政府的官员都十分清楚，赫德本人也不讳言。

那么清政府明知赫德在中英外交中要维护英国的利益，为什么还会接受赫德的意见，并且还会主动寻求赫德的帮助呢？这是与当时清政府在中英外交中的被动处境密切相关的。在中英滇案发生后，清政府并不是积极主动地向英国政府商讨解决办法，而是坐等英国驻华公使威妥玛提出各种无理要求，在当时敌强我弱的形势下，显得被动无助。此种情形下，清政府只求明哲保身，牺牲点权益，以免发生战争，能够迅速了结滇案，维持自己的统治就达到目的。正是清政府当时这种"苟安"的心理与"羁縻"的外交方针，才给予赫德在中英滇案交涉中纵横捭阖的机会，他作为一个调停者，一方面可以明确地提出维护英国利益的建议与解决方案，并千方百计地劝说、敦促有时甚至威胁清政府接受，另一方面这种以损害中国利益为代价而换来的中英矛盾的暂时解决还被清政府视为解了自己的燃眉之急，风波过后赫德反而受到清政府的感激与进一步的信任。

其次，在中英滇案交涉过程中，赫德还需要维护清政府的统治，所以他才会在第二次危机中劝威妥玛满足中方的让步，并威胁称清政府有可能遣使赴英直接与英国政府理论。他不愿意威妥玛在将岑毓英提京的问题上坚持，不愿看到英国用武力解决滇案，并极力促成滇案以谈判的方式解决，甚至还向清政府建议遣使赴英理论。所以从这个角度看，赫德在中英滇案交涉中的调停确实帮助清政府解决了又一难题，度过了另一难关。这就是为什么在以后的中英交涉中，清政府经常将赫德奉为自己的救星，好像有了赫德一切外交难题都可以解决。

再次，赫德在中英滇案交涉中还需要维护自己的利益。赫德在维护英国利益与清政府的统治的同时就是在维护自己的利益，但是他自己的利益又有独立性的一面，所以他在中英滇案交涉过程中才会乘机提出一些扩大海关权利的方案，以英国为后盾，强迫中国接受。在中英滇案交涉过程中，赫德这种利益的独立性还突出地表现在他与威妥玛的矛盾上。两人在维护英国的利益上是一致的，但在处理中英矛盾的方式以及一些具体问题上存在分歧，这是由赫德需要维护其自身利益决定的。在中英滇案交涉过程中，赫德与威妥玛在遣使、是否对中国动武以及对中国提出什么样的要求等方面都存在分歧。在与英国驻华公使发生矛盾的情形下，赫德表现了要独立处理中英滇案的倾向。实际上在其后发生的中英"加第士"逐船案、"台湾"号虚假货单案的交涉过程中，赫德就与英国驻华使馆发生了矛盾，但赫德坚持了自己的意见并最终取得了胜利。①赫德因需要维护自己的利益而在中英滇案交涉过程中表现的独立处理中英外交的倾向，正是其以后在中英外交中不断抛出自己的解决方案并努力使中英交涉按照自己的方案来解决的序曲。

① 〔英〕魏尔德：《赫德与中国海关》下册，陆琢成等译，厦门大学出版社，1997，第1~25页。

宗方小太郎与近代中国

——上海社会科学院历史研究所藏宗方文书阅读札记

上海社会科学院历史研究所　戴海斌

一　几句题外的话

说起来，笔者与宗方小太郎文书有一点特别的渊源。2008 年，在博士研究生阶段，笔者有幸赴日本东京大学做短期访问，当时给自己设定的一个访学目标，就是努力搜寻晚清旅华日本人存世的相关书信、日记等资料。众所周知，中国与日本一衣带水，在政治、经济、文化等诸多方面关系紧密，研究中国史，尤其是中国近代史，藏在日本的中文图书以及用日语文献形式留存的史料，绝不容忽视。20 世纪 80 年代，汤志钧、杨天石两先生开拓性地在日本一些重要图书馆与学术机关展开"访史"工作，并且大有斩获，毕永年《诡谋直纪》等史料的新发现对国内晚清政治史研究有实际推动之功。稍后，李吉奎、桑兵、廖梅、茅海建、郑匡民、夏晓虹等学者，在各自研究领域都特别注意对日本所藏资料的追踪利用，在用中日两面文献互补重建史实方面，做了很好的示范。近年来，孔祥吉先生与日本学者村田雄二郎先生合作，推出多部研究中日关系史的力作，更将对日语文献中近代史料的发掘推上一个新高度。不过，尽管如此，相比于日本所存中国近代史料的实际总量，目前的研究可能还只是挖掘了宝库的一个角落。笔者有意追随研究先进的脚步，继续这方面的探索。根据自己的问题和兴趣取向，将当时计划研究的对象锁定为晚清时期曾经活跃于中国，或在中外关系史上起过特别作用的一些人物，包括近卫笃麿、根津一、佐佐友房、宗方小太郎、井上雅二、井手三郎、白岩龙平、福岛安正、宇都宫太郎、小田切万寿之助等，所涉背景时段约为 19 世纪 90 年代末至 20

世纪 10 年代。宗方小太郎（1864 ~ 1923）是其中颇具分量的人。① 在国立国会图书馆宪政资料室、东京大学法学部等处，笔者查阅了"宗方小太郎关系文书"及相关日文研究文献，在顺着这些线索爬梳过程中，却意外地发现有关宗方资料的一大部分竟然藏在中国国内，具体地点为上海社会科学院历史研究所（以下简称"上海历史所"）。而一年后笔者从北京大学毕业，恰有幸进入这一单位，正式成为其研究人员中的一分子。有了如此近距离接触宗方文书的得天独厚的便利条件，如果不能好好做一番研究，简直会让笔者觉得这不仅浪费资源，甚至是辜负了一段难得的缘分。尽管已经有了一些心理准备，但在对本所所藏宗方文书摸底后，其文献数量之庞大、所涉内容之广泛，还是让笔者感到惊讶。两年多来，笔者曾利用宗方日记等，对若干晚清政治史问题做过零星的考证，② 但总体研究进展非常缓慢，这当然与自己语言能力不足、研究精力不够集中有关系。本文尚谈不上对宗方的专题性研究，此处也不拟就某些个案具体展开，只能说以宗方文书为对象，做一粗浅的札记性质的报告，内容侧重于相关文献的梳理和介绍，并在此基础上对可能的研究面向，谈一些不尽成熟的看法。

二　史料与研究：宗方相关文献述略

1. 宗方文书的流转与保存状况

自明治 17 年（1884）首度赴华，至大正 12 年（1923）在沪病逝，宗方小太郎在华活跃了将近 40 年，其生前留下数量惊人的报告书、日记、书信、诗稿、在中国各地考察纪行等文书资料，后来一般统称为"宗方小太郎关系文书"。有意思的是，这一大宗文书资料现被一分为二，分存于日本东京、中国上海两地，而后者即上海历史所收藏的部分，而且占了大头。为什么会出现这种情

---

① 宗方小太郎，字大亮，号北平，元治元年（1864）7 月 5 日生于肥后宇土藩（今属熊本县）。幼年从藩儒草野石瀬学习，好文史，熟悉汉文典籍，后就读于佐佐友房举办之济济黉学校。1884 年 10 月赴华，以汉口乐善堂药铺为基地，历游北方九省，收集情报。1890 年，协助荒尾精在上海设立日清贸易研究所，任学生监督。同时受日本海军省委托，开始在华从事情报工作。甲午战争时充任日军翻译，以业绩卓著在广岛大本营获天皇召见殊遇。1896 年接办《汉报》，自任社长，后筹办《闽报》。1898 年参与发起东亚同文会，任汉口支部长。1901 年任上海同文书院代理院长。1914 年创设东方通讯社，任社长。1923 年 2 月 5 日病死于上海。关于宗方其人生平大要，参看東亜同文会编《对支回顧錄》下卷，东京，原書房，1968，頁 360 ~ 403。

② 戴海斌：《"题外作文、度外举事"与"借资鄂帅"背后——陈三立与梁鼎芬庚子密札补证》，《近代史研究》2011 年第 2 期；《1900 年李鸿章与佐佐友房会晤考论》，《安徽史学》2011 年第 6 期。

况呢？事情还要追溯到 20 世纪三四十年代。宗方小太郎去世后，相关文书资料被其夫人宗方由起子全部带回东京。约 1939 年，宗方的弟子、东亚同文书院毕业生、东方通讯社社长波多博为了编写宗方传记，又从遗属手中借用了大批资料，带到他当时活动的据点上海。波多博原计划将写完的传记及日记等资料汇编成书，公开出版，但因外部环境变化，此事不得不中途告停。他后来回忆说：

> 昭和十三年（1938）左右，我与海军方面谈及撰写先生传记的想法，海军省为了先生的关系，极愿大力协助，为预备作传，提供全部纸张及其它物资，由上海印刷会社亦予以配合……正在着手之际，东京方面也送来了相关资料，遭遇战败，日本投降，一切无能为力了。已完成近千页的传记原稿，无法带走，此时海军也无法为力。如此海量的重要资料，包括先生的日记、汉诗等等，只能留在了中国，真是遗憾……①

1945 年日本战败，波多博被引渡回国，这批文书及宗方传记草稿为上海当局没收。直至 1970 年代末，中日恢复邦交，宗方小太郎的女婿宗方丈夫还想方设法寻找这批资料，甚至通过原《朝日新闻》社长长谷部忠的关系，拜托时任文化部部长的郭沫若调查其下落，但也没有结果。② 宗方后人一度失望地认为，这部分文书已永久散失，不复存于霄壤间。

留在中国的宗方文书，一开始并未得到妥善保存，而是流散到了社会上。1957 年，中国科学院历史研究所（上海社科院历史研究所前身）的研究人员年子敏先生在苏州旧书肆发现了这批资料，并将它购回收藏。③ 当初购回时，文书已经全部打乱，只是混杂堆放在一起，后经整理、分类，装订为 24 册，包括：（1）日记（全十册）；（2）报告（全三册）；（3）事略资料（全二册）；（4）诗稿（一册）；（5）著作及杂记（一册）；（6）书籍（一册）；（7）书信（一册）；（8）北"支那"漫游记（一册）；（9）照片（全三册）；（10）条幅（一册）。这也就是今天我们在上海社科院历史所图书资料室所见的宗方文书的基本样貌（见表 1）。

---

① 〔日〕波多博：《宗方先生を語る》，〔日〕神谷正男编《宗方小太郎文书》，东京，原书房，1975，第 706 页。按波多博在"二战"期间曾任汪精卫政权顾问。

② 〔日〕宗方丈夫：《亡父宗方小太郎を偲びて》，〔日〕神谷正男编《宗方小太郎文书》，第 696 页。

③ 馮正宝：《評伝宗方小太郎：大陸浪人の歴史的役割》，東京，亜紀書房，1997，頁 2。

表 1　上海历史研究所藏宗方小太郎文书（全 24 册）编号

编号	内　容
B01	日记第一册（明治 21～26 年，1888～1893）
B02	日记第二册（明治 27～32 年，1894～1899）
B03	日记第三册（明治 33～37 年，1900～1904）
B04	日记第四册（明治 38～42 年，1905～1909）
B05	日记第五册（明治 43～44 年，1910～1911）
B06	日记第六册（明治 45～大正 3 年，1912～1915）
B07	日记第七册（明治 4～9 年，1915～1920）
B08	日记第八册（明治 9～12 年，1920～1923），以上为稿本
B09	日记第九册（明治 20 年，1887～1899）
B10	日记第十册（《富み登山纪行》[1904]、《北支漫游记》[1888]、《江苏省游记》[1887]、《山东省游记》[1887]、《欧米鸿爪记》[1910]），以上为抄本
B11	报告书第一册（明治 29～45 年，1896～1912）
B12	报告书第二册（大正元年至 10 年，1913～1922）
B13	报告书第三册（明治 26～大正 11 年，1893～1923）
B14	诗稿
B15	事略资料第一册
B16	《北支漫游记》（明治 20 年[1887]，稿本）
B17	著作及杂记
B18	书籍等
B19	小照片 84 张
B20	底片 27 张（玻璃底片 17 张）
B21	条幅一张
B22	大照片 17 张
B23	书信
B24	事略资料第二册

当时未为宗方弟子借走而仍保留在遗属手上的资料，于 1976 年 8 月转由国立国会图书馆宪政资料室保管，并设立"宗方小太郎关系文书"卷宗，总计 539 件，包括往来书信 403 通、日记 4 册（明治 21～28 年，1888～1895）及大量报告书（明治 28 年至大正 12 年，1895～1923）、调查资料、诗稿和照片（39 张）。①

此外，原东京大学法学部近代立法过程研究会（现东京大学法学部附属近代日本法政史料中心近代立法过程研究会）以缩微胶卷的形式也收藏有一

---

① 《宗方小太郎文书》，《国立国会图书馆月报》第 186 号，1976 年 9 月。

部分宗方文书，主要为其遗墨、诗稿和往来书信（约 200 通），有索引目录，内容与国会图书馆所藏有重复。

2. 宗方文书内容简介

现存于上海历史所的宗方文书，涉及文本种类繁多，包含信息量巨大。较早时候接触到这批资料的冯正宝先生，对它有一个基本估计："它的数量非常庞大，包括呈送海军军令部的报告书（定期报告及临时号外报告）、笔记、地志、剪报、宗方自绘地图、照片及汉诗、书信、日记等，其中数量最多的是宗方亲笔日记，其内容几乎囊括中国政治、军事、文化、经济、思想、风俗全部领域，尤其是在中国发生重大政治事件时期，日记中的记述非常详尽。"[①] 本节就宗方文书的几种类型，分别略做介绍。

（1）日记、游记

自 1884 年赴华后，宗方小太郎开始写日记，此后大体每日必记，极少间断。1923 年 2 月 3 日，他在上海去世，而日记结束于同年 1 月 15 日。除在华最初三年，即 1884～1886 年日记目前尚未发现外，[②] 其余日记差不多被完整地保存了下来，其中绝大部分都在中国，只有 1888～1895 年有少量日记现存于日本。也就是说，上海历史所藏宗方日记，几乎无所遗漏地反映了其人在华40 年的活动踪迹，史料价值极高。

这部分日记共十册，第一到第八册为稿本，末两册为抄本。日记稿本纸张的规格基本一致，均为小十六开纸大小，竖行，以毛笔书写，兼用行楷，总体而言字迹较为端正清晰。每年装订，封面标示以"○○日志"、"○○日乘"字样，每四至五年合为一册。各册中间有各地游历纪行，亦用日记形式，多为单独装订。抄本均用"宗方北平先生全传编纂所"稿纸，系波多博等为宗方作传所辑录的素材。第九册摘录 1887～1899 年日记，第十册抄录《江苏省游记》（1887）、《山东省游记》（1887）、《北支漫游记》（1888）、《欧米鸿爪记》（1910）等游记数种，其 1887 年部分，因原稿今已不存，故尤为珍贵。

各册日记封面或内页，粘贴、夹带有笔记字条，用铅笔书写，标明日记起止日期、经行地点、涉及人物等，用纸抬头为"中国科学院历史研究所稿

---

① 冯正宝：《評伝宗方小太郎：大陸浪人の歴史的役割》，页 1～2。

② 据大里浩秋推断："虽然无法断定宗方日记的起始之日，但明治 20 年（1887）之前没有记录，这一年年初之后的记录散见各处。据此，可以认为至少是从这一年开始以日记或游记的形式进行持续写作。"参见《关于上海历史研究所藏宗方小太郎资料》，上海中山学社编《近代中国》第 18 辑，上海社会科学院，2008，第 468 页。

纸"，此或为本所人员在最初整理时所加。据笔者推测，作者很可能是吴绳海先生。关于每册日记包含的日期、地点信息，冯正宝、大里浩秋也做了不少补充整理工作。表2、表3即据笔者所见日记原本，综合笔记、先行研究等列出目录。

表2　宗方日记目录（上海历史所藏，10册）

名称	内容备注
第1册（1888～1893）	1888. 5. 18～12. 31《往返日记》，上海、汉口、熊本、上海、天津、北京 1889. 1. 1～1890. 1. 1《燕京日记》，北京 1890. 1. 25～1. 30，北京、汉口 1891. 4. 18～1892. 8. 31，上海 1892. 9. 1～12. 31，上海、熊本 1893. 1. 1～5. 31，上海、熊本、东京 1893. 6. 1～12. 31，东京、熊本、上海、汉口、上海（附《岷江四日记》《武汉见闻随录》）
第2册（1894～1899）	1894. 1. 1～6. 26，上海、汉口 1895. 1. 1～3. 22，广岛 1895. 9. 1～12. 31，京都、东京、熊本、东京、熊本、上海 1896. 1. 11～8. 31，上海、汉口、上海 1896. 1. 1～10. 17,11. 4～12月31日 1896. 9. 1～1897. 1. 31，汉口（缺10. 18～11. 3） 1897. 2. 1～6. 27，上海、熊本 1897. 6. 28～10. 17，熊本、东京 1897. 10. 18～1898. 10. 16，台湾、熊本、上海、芝罘、胶州、即墨、上海、汉口、上海、汉口、上海、汉口、熊本 1898. 10. 17～12. 31，东京 1899. 1. 1～12. 31，熊本、东京、熊本、上海、苏州、上海、汉口、上海、东京、熊本、上海、湖南（附《潇湘泛槎日记》）
第3册（1900～1904）	1900. 1. 1～12. 31，湖南、汉口、上海、芝罘、天津、芝罘、上海、汉口、上海、熊本、上海、汉口 1901. 1. 1～12. 31，汉口、上海、熊本（附《苏州、湖州、杭州三府舟游日志》《杭州游日志》） 1902. 1. 1～12. 31，上海、汉口、大冶、汉口、上海、熊本、东京、京都、熊本 1903. 1. 1～12. 31，熊本、上海、汉口、上海、芝罘、大东沟、安东县、九连城、韩国义州、鸭绿江、龙严里、芝罘、青泥洼、旅顺、芝罘、青泥、奉天、辽阳、牛庄、山海关、天津、北京、天津、芝罘、长崎、熊本、东京、京都、熊本、上海、熊本 1904. 1. 1～12. 31，熊本、日奈久、东京、熊本、东京、熊本、东京、熊本、上海
第4册（1905～1909）	1905. 1. 1～12. 31，上海、熊本、福冈、东京、熊本、上海 1906. 1. 1～12. 31，上海、熊本、上海、熊本、东京、上海 1907. 1. 1～12. 31，上海、汉口、上海、熊本、上海（缺2. 9～28） 1908. 1. 1～12. 31，上海、汉口、上海、熊本、上海 1909. 1. 1～12. 31，上海、大连、上海

续表

名称	内容备注
第5册（1910～1911）	1910.1.1～3.26，上海、熊本、东京 1910.3.27～7.26《欧美鸿爪记》（一、二、三） 1910.7.27～12.31，熊本、广岛、上海、天津、北京、汉口、上海 1911.1.1～7.14，上海、熊本、苏州、上海 1911.7.15～12.31，熊本、东京、熊本、上海、汉口、上海
第6册（1912～1915）	1912.1.1～8.31，上海、熊本 1912.9.1～1913.5.9，熊本、上海、杭州、熊本、朝鲜、天津、北京 1913.5.10～12.31，北京、天津、济南、青岛、济南、泰安、曲阜、兖州、南京、上海、南京、镇江、上海、熊本 1914.1.1～8.31，熊本、上海、杭州、普陀、宁波、三都澳、罗源湾、福州、厦门、香港、广东、马公、上海、熊本、东京、京都、大阪、熊本、鹿儿岛 1914.9.1～1915.8.25，上海、熊本、东京、熊本、上海、杭州、上海、熊本、东京
第7册（1915～1920）	1915.8.26～1916.12.31，日光、白河、仙台、松岛、水户、东京、上海、熊本、东京、京都、芦屋、东京、上海 1917.1.1～1918.7.31，上海、杭州、东京、熊本、东京、上海、杭州、南京、东京、上海 1918.8.1～1920.8.31，上海、东京、上海、东京、上海
第8册（1920～1923）	1920.9.1～1921.8.16，上海、东京、熊本、东京 1921.8.17～1922.12.31，东京、上海、东京、上海 1923.1.1～15，上海
第9册	1887.1.3，2.11，2.19，4.9～10，12.1 1888～1899，摘录 1908《长江往复记》
第10册	1904《富み登山纪行》 1887.4.10～12.1《北支漫游记》 1887《江苏省游记》 1887《山东省游记》 1910《欧米鸿爪记》

表3　日本国立国会图书馆藏宗方日记（明治21～28年，4册）*

名　称	备　注
第1册	1888.4.17～5.9《江苏小游记》，镇江、常州、苏州
第2册	1890.3.3～7.31，汉口、上海、长崎、东京
第3册	1895.3.23～5.7《澎湖岛从军日记》
第4册	1895.5.9～9.1《台湾从军日记》

　　*上述四件皆记录于小型笔记本中，这与上海历史所藏日记形式不同。也许是当时宗方匆忙，将一些内容记于小册中，日后一直没有时间将它誊写在大小统一的用纸上的缘故。参看〔日〕大里浩秋《关于上海历史研究所所藏宗方小太郎资料》，上海中山学社编《近代中国》第18辑，第473页。

（2）报告书

宗方在华活动的另一隐蔽身份为日本海军省间谍。约自 1893 年始，受海军省军令部委托，开始在华从事情报工作，不定期向日本国内呈送报告书。1897 后，报告开始常规化，这一工作前后持续将近 30 年。据波多博的说法："先生一直为海军省异常重视，先生的报告只有海军大臣、次官、军令部长、次长等首脑人物才能看，对日本政府，尤其是日本海军制定对华政策发挥了重大影响。"[1] 截至去世前，宗方向军令部总计呈送报告将近 700 篇，其中有编号的定期报告 628 篇，其第 1 号标注日期为明治 28 年（1895）12 月 24 日，最后的第 628 号标注日期为大正 12 年（1923）1 月 12 日。另有部分报告书加"临时"或"号外"标记，以区别于定期报告。报告书多有附件，内容包罗广泛，涉及中国军事设施、海军要塞、矿山分布、兵工厂配置等情况。

日本国会图书馆藏报告书总计 526 篇，其中定期报告 466 篇，临时报告 3 篇，号外报告 57 篇。这部分资料经成蹊大学教授神谷正男选编整理，在 20 世纪 70 年代作为"明治百年史丛书"之一，以《宗方小太郎文书》正、续编相继刊行。[2] 这是目前最为人所知，也是最方便利用的一种宗方相关史料。不过其所收有限，尚非宗方文书的全璧。据前述报告书编号判断，定期报告总计 628 篇，今缺 162 篇。上海历史所藏报告书总计 96 篇，包括定期报告 65 篇，临时报告 31 篇。就稿纸种类而言，有原件、使用复写纸的复写稿，以及其弟子为撰写宗方传记而做准备之时的誊写稿三种。其内容与《宗方小太郎文书》正、续编收录者，亦有异同，可以相互补充。冯正宝专门制作了《既刊宗方小太郎报告书与上海历史所所藏稿本之对照目录》，极便利用。[3]

另据大里浩秋的观察，还有一部分论说文包含对当时形势的评论以及调查记录等，它们不以"报告"为名，较难判断是否须递交海军省。此类性质的文章国会图书馆亦有收藏，但执笔年代大多为中华民国成立前后（明治末至大正时期）。与此相对，上海历史所所藏者时代更早，多为明治二三十年代所写，在考察宗方早期的对华观方面，不失为宝贵资料。

---

① 〔日〕波多博：《宗方先生を語る》，《宗方小太郎文书》，第 701 页。

② 〔日〕神谷正男编《宗方小太郎文书》，东京，原书房，1975；《宗方小太郎文书》，东京，原书房，1977。

③ 馮正宝：《中国残留の宗方小太郎文書について——付，東京大学法学部および国会図書館憲政資料室所藏の宗方文書目録》，《法学志林》第 89 卷第 3~4 号，1992 年 3 月。同文收入氏著《評伝宗方小太郎：大陸浪人の歴史的役割》，頁 1~32。

（3）书信

宗方文书所存书信中，最为人所知的一件，可能是 1911 年 7 月 16 日孙中山致宗方的一通长函，盼日本人士启导舆论，游说当局，支持中国革命；其中有言："弟所交游者以贵国人为多，则日本人之对于支那之革命事业必较他国人为更关切，为吾人喜慰者必更深也。他日唇齿之交，将基于是。弟之视日本，无异第二母邦，独惜近日吾国少年志士，每多误会贵国之经营满洲为不利于中国，此种舆情殊非将来两国之福也……"① 此函原件现藏日本国立国会图书馆宪政资料室。全文收入了《孙中山全集》及各种选本，因话语意味特殊，在不同场合多被人引用。

其实，宗方文书中的书信类容量庞大，可称述者远不止此。简单分类的话，它包括去信和收信。前一类所存数量不多，收信人主要为日本人，时间集中在日本大正时期，即 20 世纪 10 年代以后。相对而言，后一类存量较大，时间跨度也更宽。据初步统计，信主总共约在 150 人以上，信件总数超过 200通。日本人姑暂不论，以中国人举例来说，有汪康年、王先谦、孙中山、文廷式、唐才常、郑孝胥、姚文藻、邹凌翰，等等。宗方相关书信目前大多数藏在日本国会图书馆，上海历史所只有少量收藏，几乎未经任何整理和利用。

（4）诗稿、著作、书籍、事略资料、照片等

宗方自幼熟读汉籍，学有根底，在华又多与文人、士大夫交游，吟咏涵养，俨然为"学问优裕之中国一流读书人"。② 其汉文水平很高，尤擅长作诗，日记常记载自作诗文，有时甚至是逐日一篇，连续成章。兹举一例，1888 年宗方由上海北上，后以北京为中心，遍游直隶、山东、山西、辽东各地，时有《将发天津向三晋赋七言古风一篇寄燕京诸君》诗，辞云：

> 落花时节辞歇浦，放浪今尚滞天涯。十年落拓君休笑，胸里常蓄一片奇。草鞋曾凌岱岭云，匹马遥饮鸭水湄。此行不知何所得，怀抱只有哲人知。君不见东洋今日事太多，邦家前途累卵危。先则制人后被制，毕竟此言不我欺。谁取禹域献君王，谁扫边尘绥四陲。君闻此言应大笑，我亦诵之自嬉嬉。今我再上冀北道，万里秋风吹吟髭。

---

① 中国社科院近代史研究所编《孙中山全集》第 1 卷，中华书局，1981，第 523～525 页。影印件可见于〔日〕神谷正男编《宗方小太郎文书》，卷首照片；王金昌编《辛亥革命名人墨迹》，国家图书馆出版社，2011，第 201 页。

② 〔日〕神谷正男编《宗方小太郎文书》，第 693 页。

宗方一生创作的诗歌数量，尚无准确的统计，但由目前所见，已相当可观。他在明治20年代至大正初年所作汉诗的手稿本，按年代顺序分十一卷，合为一册，题为《北平诗稿》，又有部分诗稿的抄本，系其弟子为编写其传记而录，目前均藏于上海历史所。

著作、杂记和书籍类，包含内容较庞杂。其中有宗方本人著述和函件，如《宗方藏书目录》、《中国古言集》、《方舆纪要摘抄》、《宗方读书录》、《宗方致熊谷直亮函（狂夫之言）》、《读书杂记》（1895年10月19日起）、《南州私学问答》、《教育私言》、《沪游闻见录》（1887年1月3日起）、《对支管见》（1893）、《对清迩言》（1895）、《清国大势の倾向》（1894）、《梁胡两氏应对始末》（1896年11月18日），等等。从文本性质看，有稿本（包括定稿和草稿），也有抄本，某些抄录的日记、游记、报告和论文的原件或已散佚，因此抄件就显得特别珍贵。此外，还有宗方生前个人收藏的文档和书籍，如《在华从事间谍活动之日人内死亡或去向不明者名单》《中日甲午战争期上海、烟台之间联络暗号》《根津山州先生言行录》《乙未会通告书》（1895）和《巨人荒尾精》（井上雅二著）等，均与其政治生活或人际交游相关，史料价值较高。

"事略资料"两册，主要是宗方弟子为编撰其传记所搜集的素材，包括文章、往来书信的一些抄件，各类新闻剪报、照片，葬仪前后相关文件，生前友好、各界人士所写回忆性文章等。另有少数杂件，如佐佐友房致宗方关于收买《字林汉报》的函件，孙中山、黄兴等与宗方合影及名录，甲午战争时期日军所出汉文布告（12通），荒尾精致宗方题"有关间谍活动之方法"的亲笔指示（1888）等。凡抄件用纸均用抬头为"宗方北平先生全传编纂所"的印刷稿纸。由波多博等编写的宗方传稿已初具规模，拟定名为《宗方北平先生全传》，惜未最终定稿。又有其妻宗方由起子、好友井手三郎的传记草稿，也保存在"事略资料"当中，同样值得留意。

上海历史所藏宗方文书，还包括珍贵的影像类资料。编号B19、B20、B22的三大捆包裹中，有照片总计101张，其中包括宗方个人照、家庭合影、与日中友人合影及时事照片等，另有玻璃底片多张。

3. 宗方研究述评

宗方生前已是日本国内公认的有名的"支那通"，在他去世后，日人主办的《上海日报》《上海日日新闻》等，对其生平及葬礼累日均有报道，评价非

常之高。① 有人认为他在华活动，落实于文、武两方面均为功绩卓著，推崇为
"日本兴隆期大陆经营最重要人物之一"。② 出版于昭和 10 年代即 20 世纪 30
年代的《对支回顾录》和《东亚先觉志士传记》，均录有宗方小传，尤以前者
记其生平最详。③ 虽未知作者为何人，但有一点非常清楚，两篇传记都旨在表彰
宗方作为"支那浪人"之先驱，关心东方问题兴亚大策，一生贡献于大陆扩张事
业。如大里浩秋指出："它是在日本对中国的军事攻势愈益加强的背景下，站在将
宗方当作曾经为此打下基础的功臣而加以称赞的立场写成，文中到处引用宗方的日
记和汉诗，更显示了这一立场。"④ 前述以波多博为首的宗方弟子为撰写其传记，
搜集大量文字及照片资料，此书预定名为《宗方北平先生全传》，如得以按照计划
付梓，对宗方研究必大有裨益。然而，随着 1945 年日本战败，波多博等被遣返归
国，这批资料全部留在了中国，原先设想的大部头宗方全传最终功败垂成。

　　在国内，最早对宗方小太郎着手研究的是上海历史所前辈学者吴绳海先
生。⑤ 早在 1957 年，他就对从苏州购回的宗方文书进行过整理，后因政治运动，
这一工作被迫中断，直至 1978 年才得以继续。据冯正宝介绍，他于 1980 年进入
上海历史所，即作为吴先生助手，在其指导下对宗方文书进行整理翻译。当时两
人合撰一系列相关论文，可谓国内宗方研究的奠基之作。⑥ 1986 年，冯先生赴日
留学，1996 年从法政大学毕业，获博士学位，其学位论文即以宗方研究为题，
并于 1997 年正式出版。冯先生自己承认："我的博士论文题目《宗方小太郎评

---

① 《今ゃ逝ひ亡し模范的国士の偲》、《呜呼宗方小太郎先生》（中村蘆舟寄书），《上海日报》大
　　正十二年二月八日；《故宗方小太郎の事》，《上海日日新聞》大正十二年二月十一日，〔日〕
　　神谷正男编《宗方小太郎文书》，第 706～716 页。
② 〔日〕岛田四郎：《宗方小太郎》，〔日〕神谷正男编《宗方小太郎文书》，第 695 页。
③ 東亜同文会编《对支回顧録》下卷，頁 360～403；黑竜会编《東亜先觉志士記伝》下卷，東
　　京，原書房，1974，頁 377～379。
④ 〔日〕大里浩秋：《关于上海历史研究所所藏宗方小太郎资料》，上海中山学社编《近代中国》
　　第 18 辑，第 466 页。
⑤ 吴绳海（1905～1985），云南保山人，1924 年以云南公费生赴日留学，1934 年京都帝国大学卒
　　业，1958 年入上海社科院历史所工作，"精熟日文，尤擅笔译"，译有日文史料多种，包括数
　　十万字的宗方小太郎资料。参见《通变知几：上海社会科学院历史研究所五十年历程》，上海
　　社科院历史所编印，2006，第 219 页。
⑥ 二人合撰论文有：（1）《中日近代关系史中值得注意的人物——宗方小太郎》，《史学月刊》
　　1985 年第 2 期；（2）《宗方小太郎与中日甲午战争》，《近代中国对外关系》，四川人民出版
　　社，1985；（3）《论辛亥革命时期的宗方小太郎》，《近代史研究》1986 年第 2 期；（4）《从义
　　和团运动时期宗方小太郎的活动看日本对华政策》，《中日关系史论丛》第 5 辑，1986 年
　　12 月。

传》，可以说是先期研究（在上海历史所六年的研究课题）的继续和发展。"①
此书可以说是在目前关于宗方的研究著述中，用力最深、内容最丰富的一种。
此外，冯先生还在日本专业期刊上发表论文，对国内所藏宗方文书进行介绍，
引起日本学界的注意。②

　　国内早期的宗方研究，特别强调从日本帝国主义长期侵华的脉络中来为其
人定位，关注面与前述日本方面的研究近似，但写作立场和评价口径刚好相
反。这一思路在冯正宝专著中仍有鲜明体现。大里浩秋评价说："这本书的优
势在于使用一直被藏在深闺的历史研究所的资料，加上在日本进行细致的调查
工作，弄清了宗方经历中一些不明之处；但由于过于从否定态度把握宗方的行
动，有将这些资料当作加强论点的补充材料之嫌，同时也忽视了日记及其他宗
方相关资料中所蕴藏丰富的有利于把握当时日中关系的内容。"③ 事实上，这
一研究取向为国内多数学者所共享。许多著作、文章提及宗方的场合，都集中
于甲午、辛亥时段，对所谓"日本特务""海军间谍"的身份津津乐道。④ 以
近代日本浪人为对象的研究，也将他与赞助革命、对华友好的宫崎寅藏、内田
良平等人相区别，贴上"侵略分子"的标签。⑤ 因宗方与《汉报》《闽报》及
东方通讯社的关系，他在近代新闻史研究中也有一席之地，刘望龄先生在相关
新闻史料的发掘整理方面最有成绩，⑥ 不过研究论文偏重揭露其舆论宣传的

①　馮正宝：《評伝宗方小太郎：大陸浪人の歴史的役割》，東京，亜紀書房，1997。
②　冯正宝发表日文论文有：（1）《日清戦争・辛亥革命期の宗方小太郎——「大陸浪人」の役割
についての一研究》，《日本歴史》第 494 号，1989 年 7 月；（2）《義和団運動期の宗方小太
郎の活動》，《日本歴史》第 505 号，1990 年 6 月；（3）《中国残留の宗方小太郎文書につい
て——付，東京大学法学部および国会図書館憲政資料室所蔵の宗方文書目録》，《法学志林》
第 89 巻第 3、4 号，1992 年 3 月；（4）《宗方小太郎と新聞事業》，《東瀛求索》第 8 号，1996
年 8 月。
③　〔日〕大里浩秋：《关于上海历史研究所所藏宗方小太郎资料》，上海中山学社编《近代中国》
第 18 辑，第 467 页。
④　王振坤、张颖：《日特祸华史——日本帝国主义侵华谋略谍报活动史实》第 1 卷，群众出版
社，1987，第 46 页；游国立：《日本特务与侵华战争》，关捷主编《日本侵华政策与结构》，
社会科学文献出版社，2006，第 267～345 页；雪儿简思：《宗方小太郎：洞察中国的日本间
谍》，《先锋国家历史》2008 年第 8 期。
⑤　赵金钰：《日本浪人与辛亥革命》，四川人民出版社，1988；赵军：《辛亥革命与大陆浪人》，
中国大百科全书出版社，1991。
⑥　《汉报》存世较少，不易见，刘望龄精心辑录了 1896～1900 年间《汉报》的主要社论与报道，
给研究者带来便利。参氏编《黑血・金鼓——辛亥前后湖北报刊史事长编（1866～1911）》，
湖北教育出版社，1991，第 10～50 页。

"侵略实质"，取径似仍嫌狭窄。①

　　较近的研究持论相对平实，论域亦有所拓宽。黄福庆研究近代日本在华文化机构的专著，特别注意到宗方经营新闻报纸所必需的政治条件，对他与中国官场，尤其湖广总督张之洞之间的周旋关系进行了探讨。② 中下正治讨论了宗方兴办《汉报》《闽报》的来龙去脉，有意从他投身对华事业的全过程中把握其新闻事业的特质，同时非常强调人际交往脉络的建立及影响。③ 翟新则指出，戊戌至庚子期间东亚同文会成员不同程度地卷入中国国内各政治派系的活动，在"联邦保全"理念下，在华日人的策略和实践层面均呈现驳杂的成色，宗方是他特别予以关注的一个。④ 李吉奎专文讨论了孙中山与宗方小太郎的关系，并由此检讨了过往对在华日本浪人研究的一个取向——"除了像宫崎寅藏、萱野长知等个别被作正面人物而加以评价外，中国方面对这个群体绝对是持否定态度的"，如宗方其人，涉及在华浪人活动的多样性和隐蔽性，"难于用一句话去做整体的结论"。⑤

　　另外，从宗方文书的整理刊布情况来看，尽管程度有限，但还是值得一提。据冯正宝介绍，他在上海历史所期间已翻译了相当数量的宗方资料，编为《辛亥革命时期的宗方小太郎文书》（30 万字）、《甲午战争时期的宗方小太郎文书》（30 万字），原计划交中华书局等出版。⑥ 但后来正式刊行的，只是与甲午战争、辛亥革命相关的少量部分，和原出版计划相比，已经大打折扣。⑦又，1980 年代汤志钧先生赴日访学，在《乘桴新获——从戊戌到辛亥》一书

① 刘望龄：《论〈汉报〉的舆论宣传及其侵略实质》，《华中师范大学学报》（哲学社会版）1985年第 6 期；《日本帝国主义利用报纸侵略中国之嚆矢——日人对〈汉报〉偷梁换柱始末》，《湖北新闻史料汇编》总第 11 辑，湖北省新闻志编辑室，1987；《日本在汉的舆论宣传与思想近代化——以〈汉报〉为中心》，《近代史研究》1992 年第 1 期。

② 黄福庆：《近代日本在华文化及社会事业之研究》，台北，中研院近史所，1997，第 251 ~252 页。

③ 〔日〕中下正治：《新聞にみる日中関係史：中国の日本人経営紙》，东京，研文出版，2000，第 61 ~ 87 页。

④ 翟新：《東亜同文会と中国：近代日本における対外理念とその実践》，東京，慶應義塾大学出版会，2001；中译版见《近代以来日本民间涉外活动研究》，中国社会科学出版社，2006。

⑤ 李吉奎：《孙中山与宗方小太郎》，《龙田学思琐言——孙中山研究丛稿新编》，中山大学出版社，2011，第 171 ~ 186 页。

⑥ 馮正宝：《評伝宗方小太郎：大陸浪人の歴史的役割》，页 425。

⑦ 《辛壬日记·一九一二年中国之政党结社》，冯正宝译，《近代稗海》第 12 辑，四川人民出版社，1988（中华书局，2007 年单行本再版）；《宗方小太郎日记（1894 ~ 1895）》，冯正宝译，吴绳海校，戚其章主编《中国近代史资料丛刊续编·中日战争》第 6 册，中华书局，1993，第 88 ~ 183 页。

中，对东京大学藏宗方文书的概况有所介绍，并辑录了若干通认为比较有价值的书信，同书附录《关于中国的政党结社》一文，系据国会图书馆藏原件翻译。① 总体而言，已译成中文、可供国内学界直接利用的宗方资料，仍然相当不足，相比于海量的现存宗方文书，可以说只是极小的一部分而已。

日本方面，冯正宝《宗方小太郎评传》一书中，用"附录"形式收入了上海历史所藏部分日记，内容系节录，时段为 1900～1917 年。② 必须指出的，也是冯先生本人承认了的，在选录这部分日记时，手头并无日记原文，他是根据原用中文抄录的笔记回译成日文，又因当时条件所限，无法一一核校。如与历史所藏日记原文对读，已刊日记不免有错漏，利用者须审慎对之。2002 年，日本神奈川大学大里浩秋教授利用在沪访学的机会，全面调查了上海历史所收藏的宗方文书，事后专门写成介绍文章，并整理部分日记，在《人文学研究所报》上连载刊出。③ 辛亥革命 110 周年纪念之际，大里教授来华参加"辛亥革命与上海"国际学术研讨会，提交的论文即以宗方小太郎为主题，同样利用了上海历史所藏宗方文书。④

三 起点、据点与终点：宗方小太郎与上海

明治 17 年（1884）中法战争之际，宗方小太郎与好友佐野直喜，随老师佐佐友房⑤渡海来华，是为与中国结缘之始。最初在上海停留时期，他进入广末重恭创立的东洋学馆，学习汉语并了解当地情况。不久，学馆关闭。为一逞"大陆雄飞之志"，宗方开始独自游历的行程，辫发华装，步行游遍北方九省，

---

① 汤志钧：《乘桴新获——从戊戌到辛亥》，江苏古籍出版社，1990，第 198～339 页。

② 《宗方小太郎日记 1900～1917》，馮正宝《評伝宗方小太郎：大陸浪人の歴史の役割》，頁279～423。

③ 〔日〕大里浩秋：《上海歴史研究所所藏宗方小太郎資料について》，神奈川大学人文学研究所编《人文学研究所报》第 37 辑，2004；《关于上海历史研究所所藏宗方小太郎资料》，薛明、孙攀河译校，上海中山学社编《近代中国》第 18 辑，第 464～500 页。截至 2012 年，明治 23～35 年（1890～1902）的宗方日记，分载于《人文学研究所报》第 37、40、41、44、46、47 辑。

④ 〔日〕大里浩秋：《辛亥革命与上海的日本人——以宗方小太郎为中心的研究》，薛明译，上海中山学社编《近代中国》第 21 辑，上海社会科学院，2011，第 204～220 页。

⑤ 佐佐友房（1854～1906），号克堂，熊本县人。1877 年以参与"西南之乱"获刑，后获释，鼓吹向大陆发展势力，1882 年建立"济济黉"学校，培养有志于东亚事业的青年子弟。1890 年当选第一届国会议员。1898 年任东亚同文会评议员。東亜同文会编《对支回顾録》下卷，頁353。

历时整三年。由于汉口乐善堂、《汉报》等关系，宗方在华时期前半段的事业重心主要落在汉口，但上海对他来说仍有非一般的意义。这里不仅是他往返中日之间的必经门户，而且是历次航海北上考察的首发站，同时还是个人事业的重要据点。1890～1892年，他协助荒尾精在沪创办日清贸易研究所，并出任学生监督，专门培训通晓中国内情的情报人才。甲午战争时，宗方向海军部提交报告《对华迩言》，提出战后日本对华策略，其中谈道：

> 战争结束后，我国应对中国施行之事业，兵略上、政略上均不遑枚举，迄今所棱巡踌躇不敢实行之事项，亦可乘战胜之威力，不误机会陆续断然实行……在中国则上海、汉口培养基础，在长江上下游通行轮船；一方面扩张占领地之民政事务，选俊杰为长官，宽猛兼济，恩威并施，大行仁政，怀庶民，来百工，隐然形成一国也。①

为事业奔忙，宗方时常往返于汉口、上海之间。至1900年8月16日，日记中写道："正午，船抵上海，余于沪鄂之间，沿长江上下，业已二十四回矣。"

20世纪10年代以后，宗方在华活动的重心渐转移至上海。1904年，在原东亚同文书院院长根津一的推荐下，出任院长代理一职，至1907年辞去该职为止，他几乎都留在上海。

1914年，值"一战"爆发之际，宗方在沪创办东方通讯社，并在北京、广州设分社。关于东方通讯社，《宗方小太郎文书》收录《中国の新闻》之"上海新闻调查"有如下介绍：

> 东方通讯社（日文、汉文、英文），拥护日本政策，介绍日本情事及支那问题通信。社主宗方小太郎。主笔波多博。②

东方通讯社的电报通信，除了供给上海的中、日文报纸外，还包括英文《上海泰晤士报》等欧美国家报社，并与北京《顺天时报》、奉天《盛京时报》、汉口《汉口日报》、福州《闽报》等建立广泛的业务联系，在当地设通信支社和通信员。对宗方来说，新闻社不仅是搜集情报之据点，还包含了通过

---

① 《宗方小太郎日记（1894～1895）》，《续编·中日战争》第6册，第142～143页。
② 〔日〕神谷正男编《宗方小太郎文书》，第160页。

报纸支配舆论、扩张日本国益国权的目的。据宗方的好友、同样擅长办报纸的井手三郎回忆：

> 明治二十年（1887），先生（佐佐友房）居住东京之际，余与宗方二人以先生为后援，共同拟议在支那发行报纸之计划，即以上海为中心，汉口一处，北京与天津一处，福建或广东一处，重庆一处，计划合计五处。[①]

初至上海，宗方、井手已设想在中国办报。在计划中，上述五个地点无一不是中国主要城市，后来也是宗方等人最为活跃的地点。1896 年 2 月，宗方收买《汉报》成功，为达成在大陆经营报纸之夙愿奠定基础。此后，在华活动始终与新闻经营相关联。如果说，初期的《汉报》《闽报》为其事业的起点，东方通讯社则是其顶点。另值得一提的是，《时报》自 1907 年开始，以宗方小太郎的名义在上海领事馆登记注册。这是因"苏报案"发生后，清政府加强了对出版物的管制，《时报》馆主狄葆贤出于安全考虑，拜托宗方出名登记，以避免政府干涉，该报形式上为日本报纸，但具体编辑务仍由中国人负责。宗方也以此为契机，开始介入《时报》事务。其日记 1907 年 10 月 16 日记记："午后，访村山正隆、永泷久吉（上海领事），呈告以予名义监督《时报》报道之事。"所谓借用名义，是指不涉《时报》实际经营，但对报道负有监督责任。当然，宗方也会定期从《时报》得到相应报酬。[②] 同时，通过《时报》的关系网，宗方得以结交各界人士，扩大活动范围。如 1911 年 4 月 15 日记记：

> 偕中岛乘电车至清和坊情别墅，出席《时报》举办之宴会。东主为狄平、狄南士二人及记者叶寿昌、杨景森、瞿绍伊等。

同年 6 月 26 日记：

> 七时至宸虹园，出席中国报纸记者之招待会。中国人有《时报》狄南士、《神州日报》经理张寅（号无尘，安徽人）、《民立报》朱葆康

---

① 佐々克堂先生遗稿刊行会编《克堂佐々先生遗稿》，东京，大空社，1988，第 586 页。

② 冯正宝：《評伝宗方小太郎：大陸浪人の歴史的役割》，页 154～155。按大正 9 年（1920），因当时排日运动的发生，《时报》改为在法国领事馆注册登记。

（号少屏）、《中外日报》总理兼总编辑章世保（号佩乙）、《中国商务日报》总理俞礼（号达夫）等。十二时散会。

　　宗方晚年基本都是在上海度过的。关于在沪日侨的生活，有成熟的研究著作可供参考。[①] 不过，宗方日记详细记录了家居、出行、宴饮、会友、吟咏、旅行等方方面面的情形，堪谓社会生活史研究的第一手史料。在他笔下，丰阳馆、东和洋行、四马路万年春、一品香、虹园、辛家花园……这些业已消逝的地名，如能重新串联，可以拼合复原当时人的生活蓝图。有意思的是，宗方长期浸淫于中国社会，其为人处世的方式已相当中国化，但日记中保留了大量对于中国士大夫生活的观察和批评。如1900年5月，也即义和团事变爆发前夕的几段日记就很值得玩味。5月17日记：

　　　　十二时，应根津一之约，赴东和洋行，协议创立南京同文书院事，午饭后辞归。午后，姚文藻来访，约今晚七时兆贵里胡同卿卿之家召宴。五时，姚、绪方招邀，马车至同文会。七时，与井手、绪方同赴姚氏之约。文廷式兄弟及另二人出席。姚氏招说书者数人、琵琶弹奏者一人，皆高手也。我辈座谈，有江州司马之感。

5月19日记：

　　　　与井手、绪方同赴文廷式之约。至普庆里谢斐君家，说书者数人陪席，一人名梅花者，容色无双，徐琴仙之说书琵琶，号为江南第一，果如浔阳遗韵，闻之令人断肠。**近年来中国士风日坏，每下愈况，每遇宴集，于寓所必有书场，绮罗纷杂，欢笑彻夜，豪奢已极，而谈论时势、讲究国是者，皆由此处而来，可慨哉**！（黑体为笔者所加，下同）

5月22日记：

　　　　姚文藻来约，午后于西郊辛家花园召饮。午前，文廷式、佐原、汪康

---

①　陈祖恩：《寻访东洋人：近代上海的日本居留民（1868～1945）》，上海社会科学出版社，2007。

年及浙江人高子衡等来访，谈话移时。午后，与根津、井手乘马车同至辛家花园，赴姚赋秋之约。该园系辛仲卿所建，亭榭池沼，搭配相宜，雅洁可爱。辛氏乃金陵富贾，于其藏宝之所，展示所有古今书画古董。五时开宴，美味珍馐如山海杂陈，其豪奢令人瞠目。姚氏做东主，与席者文廷式、汪康年、胡奇梅、辛仲卿、根津、井手及余八人。……夜八时，邹凌瀚做东，复于三马路金小宝家召饮。

1915 年，距宗方小太郎初抵上海，已满整三十年。据《对支回顾录》记述："当时青涩二十一岁少年，今日已为两鬓霜白之五十一岁老翁矣。君此间回顾于支那遭遇之时运变迁，几多报国之事迹，有俯仰今昔之感。"① 当年 10 月 31 日，宗方自赋诗一首，确可印证这种心绪：

> 客里光阴容易过，自惊两鬓新霜鲜。茫茫往事试回首，春风秋雨三十年。

1923 年 2 月 3 日，宗方小太郎病逝于上海，终年六十岁。2 月 10 日，葬礼在乍浦路本国寺举行，葬仪委员会代表佐原笃介、日本驻上海总领事船津辰一郎、东亚同文书院代表福冈禄太郎等分别致悼词，郑孝胥、岑春煊、殷汝耕、狄葆贤等中国友人出席葬礼。② 上海，这个城市是宗方在华生活的起点，也是生命历程的终点，而后一大批有关其生平的研究资料，几经辗转，竟然最终还是留在了这座城市，不能不让人感慨冥冥中似有一种缘分在。

宗方死后，海军授予其正五位勋三等爵，对于一介"支那浪人"而言，这样的恤典在当时非常稀见，可视作对其长年来为日本海军所做"功绩"的表彰。他的墓地位于熊本市黑髪町下龙田字小峰，墓碑正面"宗方小太郎君之碑"由郑孝胥所书，台座四周刻有碑文撮述其生平，出于井手三郎手笔，其文录下：

> 君通称小太郎，号北平，宇土之人也。君天资俊迈，夙有四方之志。弱冠就藩儒草野石濑修学，最好读史。后见知于佐佐克堂，明治十七年清佛开战，乃随克堂航于上海。辫发修语，欲以有所为。二十年变装拟清人，历游北方九省，如夫东三省雨节，旅行最极艰难云。君与荒尾东方斋相善。

---

① 東亜同文会编《对支回顾录》下卷，页689。
② 《壮严に行はれた宗方氏の葬仪》，《上海日报》大正十二年二月十一日，〔日〕神谷正男编《宗方小太郎文书》，第702页。

二十三年东方斋在上海开创日清贸易研究所，君助之，致力者不勘。二十六年毕业于研究所者一百三十余名，研究所亦即时解散。于是君回东京，历问朝野名流，披沥对清策，西乡海相最倾听君之言。二十七年征清之役兴，君冒万死入威海卫，报告敌舰队之出动，有殊勋。旋经上海还广岛大本宫，明治天皇以功破格赐谒。君感激不措，语知友曰：小太郎毕生之愿足矣。二十九年君在汉口，经宫汉字新闻汉报。三十一年近卫霞山与同志者创立东亚同文会，君与有力焉。三十三年拳匪之乱后，君有所感断发。三十七八年日露之役，君奔走南北视察形势有所贡献。四十三年君漫游欧米，归后在上海设立东方通讯社。大正十二年一月君在上海罹病，二月三日终溘焉逝世，春秋六十。病革，报达天听，特旨叙从五位赐勋三等。配内田氏由纪子。君逝既数年，友人胥谋树一碑于墓畔，勒君略历，垂之不朽，以表追慕之忱。

　　　　　　　　　　　　昭和二年丁卯秋，友人井手三郎撰并书①

　　最后，从城市史研究视角，还有一个有意思的话题可供展开。宗方故乡熊本县，古称肥后，是日本数一数二的农业县，民风厚朴，自古为武士、文人钟爱之地。明治维新时代，这里也是新旧思潮激烈冲撞的地方，因士族不满政府欧化政策而叛乱，变为内乱舞台，大量武士由社会脱序，演变为浪人。熊本是向中国输出"大陆浪人"的重镇，佐佐友房、宗方小太郎、井手三郎、宫崎寅藏、狩野直喜……都是其中代表性人物。② 他们中很多人来华后，常年活跃于上海，甚至视上海为第二故乡。上海和熊本，两座历史、风土、人情、气质均迥不相同的地方，因怎样一条纽带联系在一起？不同城市文化在接触、碰撞和融合过程中发生了怎样的变化？而作为承载城市精神的具体的人，又怎样从不同地方汲取养分，然后反哺于地方？这些都是可以思考的开放性问题。

四　几点思考：宗方小太郎与晚清政治

　　晚清时期，尤其在十九、二十世纪之交，中日关系处在一个很特殊的时期。既有研究中，治军事史、外交史的学者习惯将这段中日关系纳入日本帝国主义侵华的长期脉络中来考察，对"大陆政策""东亚雄飞""军国主义"等

---

① 宗方碑文草稿（抄件），B15《事略资料》第 1 册；宗方碑文照片，B24《事略资料》第 2 册，上海社科院历史所藏。

② 〔日〕井手三郎：《熊本人对支活动的源泉》，《克堂佐々先生遗稿》，第 586～587 页。

概念特别敏感；沾思想史、教育史的研究者，又偏重中国与一衣带水的邻邦之间源源不绝的文化交流，多见其"同文""睦谊"的一面。有海外学者率先提出的"被遗忘的黄金十年"说法，仍然是一个争议性话题，迄今未被国内学界真正接受。对同一段历史产生不同判断，而貌似对立的观点皆不乏证据可供佐证。如先不急于做非此即彼的选择，通过这一学术现象，恰可以发现这一阶段的中日关系有着多层面的丰富内容，要认识清楚，仍有深入研究的必要。至少可承认一点，在晚清多数国人的认知当中，日本的面目如果不至于清纯，恐怕也不像后来理解的那么可憎。日本在华建立丰富的政治人脉资源，中国官绅阶层对其普遍抱有的好感，都显得不同寻常。这与甲午战后日本政府、民间双重势力在华的长期经营密不可分，而相对于官方层面的工作，日本民间团体，如东亚同文会的触角活动更广，介入程度也更深。清末新政以降，外国势力影响中国政治的权重越来越大，而"旅华外人"是相当关键的一个因素，在这方面，旅华日本人的能量尤值得注意。

长期以来，晚清史研究一般被纳入近代史范畴，似一直缺少自主性，而后者注重的几条线索明显为革命史观所规定，现存研究多强调朝野的"对立"，研究重心则在清政府的对立面。与此相关联，对旅华日人的注意，也多落在了与革命派关系密切的如宫崎寅藏、内田良平这样的"日本友人"身上；而同时在华的其他日人，本身活动的历史意义可能并不次于宫崎等人，但由于"革命性"不够那么强，就很少受到关注。举个例子，东亚同文会编《对华回忆录》上下卷是非常有用的史料集，尤其下卷人物列传部分，搜罗广泛，资料翔实，远为中文文献所不及，其上卷早经译出，[①] 唯译者以为下卷"全是各类侵华分子的传记"，没有什么参考价值，故弃之不译，殊为可惜。

总括来讲，目前国内学界对晚清时期旅华日人的实际影响，可能估计不足；而这些日本人本身留存了大量文献，对其史料价值的认知及实际利用程度，也存在不足。近有日本学者指出，"在大陆浪人问题方面，不仅要求思想史式的研究，还应该用政治外交史式的方法解明其作为非正式接触者在外交上所起的作用"。[②] 这一说法突破了以往平面化的、简单定性研究的局限，通过对于实践行为的具体考察，给予人物准确定位，确给人以启发。如将旅华日本人或大陆浪人放至中国史语境中，因其在华亲历各种重大事件，且每每有在现

---

① 东亚同文会编《对华回忆录》，胡锡年译，商务印书馆，1959。
② 川岛真：《中国近代外交の形成》，名古屋大學出版會，2004，頁 47~48。

场的取材活动，其记载可以充"证言"（当然须在史料批判基础上使用），从而丰富对中国历史的理解。有必要说明的是，笔者对宗方文书的关注，目的并非为单纯的外语文献研究，而是中国史本身。笔者在接触日语文献过程中，意识到其中保存了极其珍贵的晚清政治史料，而这也可能是晚清史研究有所突破的一个方向。其实，道理浅显得近乎白话：对于羼入了大量的、无法绕开的外部因素的近代中国，内外两个视角绝不可以分开来研究。

就宗方小太郎个案而言，如粗略划分，甲午战争应是他涉入中国内部事务的分界岭。此前，其活动主要是通过游历搜集情报，通过办学培养知华人才，他在汉口乐善堂和上海日清贸易研究所，尽管也接触一些中国人，但人数不多，交往程度也不深。总的来看，他当时的交际对象还主要是日本人。宗方晚年作《忆八友》诗，其词云：

古鼎古鼎忆我无，我思故人歌乌乌。
同舟曾度海东水，臭味十年功此愚（原注：荒荷直顺号古鼎）。
至交云盖与默斋，与我相待如合符（原注：山内嵓号云盖，高桥谦号默斋）。
最此同州素行子，意气相投我忘吾（原注：井手三郎号素行）。
纯正如君今谁有，一日不见心不愉。
士统士统何处见，津门殉节声名敷（原注：石川伍一号士统）。
去年提携生死际，何计幽明忽悬殊。
浓州秀林真我友，两鬓霜雪老江湖（原注：中西正树号秀林）。
辛酸尝尽古风骨，茫茫乾坤寄丈躯。
有道最推月孙子，侧身天地拂吟须（原注：田锅安之助号月孙）。
高洁如君无今古，议论往往中机枢。
真雄与我相识晚，肺肝相照皆欢愉（原注：中岛真雄）。
奇识拔群君独往，胸宇不逼洋洋乎。
噫此堂堂八君子，德器严然百世模。
达观人世轻荣辱，先忧后乐老世途。
孤舟今夜岷江月，俯仰今昔客心孤。
一篇赋成忆友辞，沉吟遥望天一隅。①

---

① 東亜同文会编《对支回顾录》下卷，页403。

诗中提及的荒荷直顺、山内嵩、高桥谦、井手三郎、石川伍一、中西正树、田锅安之助、中岛真雄等人，都是他当时同志，这些人无一例外也都是晚清"进出"大陆的日本人中之佼佼者。

大约在甲午战争末期，宗方已开始思考战后如何处置中国的问题。在他看来，清朝气运将尽，为实现"东亚复兴"，日本应抓住时机，联合中国国内反对力量，有一番大作为。他在《对华迩言》一文中说：

> 今爱新觉罗氏之天下百弊丛生，已濒于阳九之末运，岌岌之势有如旧家败屋之将倾倒，殆已呈不可收拾之势。民间志士在言论中，在新闻中，不断喋喋非难政府之措施，扬言庙堂无人，甚至揭发重臣大吏之旧恶，历数施政之弊窦，丝毫无所顾虑，一旦城下之盟告成，割地赔款之时，政治之威信堕地，官民之间行将更形乖离，终于不可救药也。此无论证之既往或证以现在，爱新觉罗氏之已进入末运，不待智者而后知者。若彼爱新觉罗氏之天下覆亡，豪杰所在蜂起之时，东方亚洲之形势果如何乎？此应于今日考虑之问题也。①

作于 1896 年的第 17 号报告书《梁胡二氏应对始末》，未收入神谷正男编《宗方小太郎文书》，其抄件现存上海历史所。当年 10 月间，宗方赴河南光州，造访当地梁启元、胡庆焕两位在野名士，在谈话之际，揭出"中日提携共谋兴亚大业"宗旨，策动所谓草泽英雄"蜂起"，报告中有言"欲兴亚洲必先兴中国，欲兴中国者非广结英雄豪杰之士不可也"。② 大里浩秋注意到，同大批立场各异但都希望改革自己国家的中国人保持接触，是宗方自汉口乐善堂时期以来的目标，但开始付诸实践则要到 1896 年在河南与梁、胡会面之后，与中国士绅如此热烈地探讨有关对中国的看法及如何进行变革，可谓"前所未有的行动"。③

此后，以上海为中心，宗方与李盛铎、罗诚伯、梁启超、汪康年、文廷式、张通典、唐才常等人多有往来，商讨兴亚之策。1897 年 2 月 28 日记：

> 至广东路之新利洋行，与名士李盛铎、罗诚伯二人议兴亚大事。夜，《时务报》主笔梁启超、麦某会饮于四马路一品香，畅论东方时事。梁时

---

① 《宗方小太郎日记（1894～1895）》，《续编·中日战争》第 6 册，第 141 页。
② 《梁胡两氏应对始末》（报告 17 号，1896 年 11 月 18 日），B17《著作及杂记》，上海社科院历史所藏。
③ 〔日〕大里浩秋：《亥革命与上海的日本人——以宗方小太郎为中心的研究》，上海中山学社编《近代中国》第 21 辑，第 213 页。

年二十四岁，弱冠中举，学术文章冠于一世……现在清朝在上位者全数腐败，居下者皆无识愚蠢，不足与言，能与共事者，惟中间之士子耳。他日动天下者，必此辈也。故日清联合之事，为在野志士所热望，无论两国政府之方针如何，志士间互相提携，实乃当务之急。

戊戌至庚子之间，宗方深刻介入中国国内各政治派系的活动：随刘学询、庆宽使团访日，从事中日结盟的秘密联络；差不多同时，因宫崎寅藏介绍，与孙中山结识；戊戌政变后流亡海外的康、梁，也将宗方视为己助。1898 年 10 月 31 日记：

> 与柏原同至加贺町访问康有为，湖南南学会代表人唐才常在座。唐系湘中志士，声言因拟发动义兵，来日借兵并兼请声援。康有为频频乞求援助。余称：日本政府绝不轻易出兵，但如时机到来，不求亦将提供援助。目前，只有我辈能为义军增添力量，期望使诸君之志愿得以实现。

然而，以上只是宗方对于中国人的一面语。1898 年 4 月 5 日，致海军大臣西乡从道信中说出下面一番话，今人读来仍感到震惊：

> 以小生鄙见，收揽清国志士之心，待时机到来，助此辈成立一新国，我国或明或暗助长其势力，如同属国置于保护国的地位。极为必要。以使福建、浙江等沿海地区归我所有，助支那志士在与此二省相邻之江西起事，连同湖南、湖北、贵州、四川五省一举开立新国。[1]

信中露骨地表示日本政府为国家百年大计，不可错失良机，应速制大势之先机。他期待中国地方省份独立或建立新国，依附于日本，尤其对湖南瞩望最深。1899 年底，宗方赴湖南一行，目的在于联络王先谦等地方巨绅，以期使之入日本范围。其《潇湘泛槎日记》12 月 23 日记：

> 支那本部十八省之中，论其风俗人心之醇朴坚固，无出湖南之右者。总而言之，此地实为清国元气之根本，原动力之所在……故此，宜及早将

---

[1] 《号外·列国の中国侵略と日本の進路》，明治三十一年四月十五日，〔日〕神谷正男编《宗方小太郎文书》，第 33 页。

我势力向此内地转移，努力结交其士绅大夫，收揽其上下人心，一旦他年时局有变，我即可引而用之。观目下情形，我若欲于湖南着手经营事业，不必拘泥党派之新旧，待以公平无私，实现日清提携。就东方大局而论，务须致力于调和新旧党，使其全省成为一体。要之，其第一着手即令王先谦一派入我范围，对我无所妨碍，进而为我事业之助力。旧党一旦为我囊中之物，新党及其他团体与我早有默契，善为操纵，非为难事。

次年义和团事变爆发，宗方感到这是实现夙愿的最佳时机。他由上海急遽北上，抵达大沽，窥探时局。1900 年 7 月 26 日记：

以我之见，列国应乘此机会，事实上颠覆满洲政府，驱逐皇太后，将满员中顽劣者一概驱除。我日本以此衰朽腐败之大老屋为近邻，危险莫甚于此。故为自家安稳计，应适时将此老屋打坏，搜集新材改造之，如此或可防患于未然……扶植、保全支那，其事甚善。然依据日本的地位，我对待支那，既不可使其过强，亦不可使其过弱。不知感恩为支那人之特色。我若助其强大，反为我害。故维持不强不弱之支那存在，使其畏我、敬我，无力拒我，此为我帝国之至计。是以我待支那之道，应以恩威并施，七分威力用以挟制，三分恩惠借以羁縻。

综上观之，宗方提倡"中日提携"不过是阻遏西力东渐、维持欧亚均势的手段，所谓"兴亚"实质是指日本的兴起。他介入中国各政治派系，其实无所谓新旧分野，更多的是权宜性的为我所用。随着国际时局演变，中国国际地位低落，"兴亚思想"渐消失殆尽，所残存者仅为"我帝国立于列强争衡之间，扩张国权，拓展国利，折冲得宜，常制列国之机先，据有支那问题之主席位置……""我帝国不必徒然拘泥于保全扶植之名义，应争取与列强同等甚或超越之权利，为不落人后，不可不努力从事。此为我国应取之权道是也……"等国权主义理论。[①]《蔡元培日记》1901 年 7 月 17 日记：

悁斋（蒋智由——笔者注）示其子伯器函，言日本人于我国有三主义：一外交主义，面谀而阴掺之，如东亚同文会诸人是也。一□□主义，

---

①　冯正宝：《评伝宗方小太郎：大陸浪人の歴史的役割》，页 30～31。

见我国人则狎侮之。一社会主义，实心保全，然人数不多。悝斋又言：同文会诸人在我国者，佯与会党联络，而探其阴谋，以告会长，会长以告我国大员，为备以索酬，其事已屡暴矣。伯器言，我国号为新党者，多为外交主义所蒙。噫！人不自立，欲有所倚傍，难矣哉！①

日本当时大多数亚细亚主义者的共同倾向是，"中日提携"始终要以日本为主导，宗方以日本尺度来把握中国动向，殆无疑义。这种"外交主义"带有强烈现实主义性格，而中国的"新党"不明就里，把东亚同文会诸人拉为同志，往往难免一厢情愿，蔡元培的反思可谓清醒。也难怪，此后宗方与"新党"貌合神离，渐行渐远。这一点在辛亥革命时期，体现得最为明显。此时宗方不仅没有和革命同志站在一起，反而成为清朝的拥护者。清亡后，他与宗社党人往来密切，日记中不时记载与溥伟、升允、姚文藻、郑孝胥等人的互动，张勋复辟时他更是与遗民商讨因应之策。②

本文无意也无力总结、品评宗方小太郎复杂的一生。此处只是想指出，由于有了宗方文书这样具有"个人档案"性质的巨量史料丛集的存在，对于这一人物的研究，可以避免"寻词摘句"式的点评，或贴标签式的简单处理，而是尽量贴近史料的内在脉络，叙说一个有生活、有性格的、有内涵的历史故事。市古宙三曾说，以前日本的"支那通"或"支那浪人"，给人的印象非常刻板，喜欢饮酒，好做大言壮语……而宗方小太郎与之不同，极少有大陆浪人那种外在的东西，其性格可以概括为三个词：致密、细心、准确。③ 这是日本前辈学者对宗方的综合评价。现在我们有更多的可能，重新解读宗方，并以此为有效途径，通向更为丰富和深刻的历史认知。④

---

① 王世儒编《蔡元培日记》上册，北京大学出版社，2010，第179页。

② 林志宏：《民国乃敌国也：政治文化转型下的清遗民》，台北，联经出版事业股份有限公司，2009，第56页。

③ 〔日〕市古宙三：《解说》，〔日〕神谷正男编《宗方小太郎文书》，第721～723页。

④ 兹举一例：姚文藻是在以往中国近代史上很少被注意乃至提及的人物，最多只是在一些新闻报刊史著述中以一言半语标明其上海报人的身份，而关于他的史料也非常少见，笔者目前只看到孙玉声《报海前尘录·赋秋生大一山人侠事》对其生平有所介绍。然而，在宗方日记中，姚文藻的名字却是出现频次最高的几个之一，自1896年两人订交，彼此友谊维持了近三十年。据日记透露的信息，姚氏在历史中的地位和影响，又绝非简单以"报人"可以概括，在1896年收买《汉报》，1899年刘学询、庆宽使团赴日，辛亥后复辟运动等重要事件中，他都均居间联络，与宗方密切合作，发挥重要作用。发掘此类日语文献中保存的晚清政治实相，可以为中国史研究提供新的史料和思路。

宫岛诚一郎与中国首届
驻日使团交往关系的确立

——兼论宫岛对朝鲜问题的参与

中国社会科学院近代史研究所　戴东阳

中日甲午战争之前，中日各界颇存在中日同盟共同对抗西方的思想。围绕这一政治理念，众所周知，兴亚会等组织开展的活动，日本各界与中方人士尤其与中方在日人士进行的各种交流活动。然而，在中日同盟思想的大旗之下，有些日本人士却肩负"特殊使命"，借此获取情报，报告政府。宫岛诚一郎是其中一位很有特色的人物。

宫岛诚一郎（1838～1911）是旧幕时代人物，精通汉诗、汉文。明治维新后，他积极拥护新政府而来到东京，先后在明治政府左院及宫内省修史馆任职。无论是在旧幕时代，还是在明治时代，宫岛均算不上是重要的政治人物，甚至会被看作政治"闲人"。然而，从宫岛留下的数量可观的文书中可发现，他通过数十年与中国使馆的交往，曾深入涉及琉球案、朝鲜问题等当时中日外交关系的重大问题。时间之长，程度之深，影响之明显，均蔚然可观。

关于宫岛诚一郎的研究，因宫岛文书长期藏于私家，最初是从资料的整理和介绍开始的。早年，宫岛后人宫岛亮吉弟弟的友人铃木寿太先生曾受托整理宫岛诚一郎文书中的"汉诗歌文"和"书"部分。① 后大久保利谦首次介绍了在宫岛亮吉处看到的宫岛家自戊辰至明治 10 年约 52 种日记。② 此后，宫岛文

---

① 〔日〕安在邦夫：「宫岛誠一郎文書について」，井正臣编『幕末維新期の情報活動と政治構想』，第 314 页。

② 〔日〕大久保利谦：「宫岛誠一郎とその日記－1－（研究余録）」，『日本歴史』第 300 号，1973 年 5 月，第 190～194 页。

书逐渐受到关注，研究大致有以下几种情况。

首先是文学史的研究。如笕久美子利用《养浩堂诗集》中宫岛与黄遵宪的诗歌唱和，研究双方的交往，强调两者的友谊，并使用当时"未公刊资料"《养浩堂私记》揭示宫岛与使团交往的一些背景。① 一是资料性介绍。信广友江先后整理、影印和翻译了明治15年《黎莼斋与宫岛栗香笔谈》②《黄公度与宫岛栗香笔谈》③、明治16年《黎莼斋与宫岛栗香笔谈》④《黎莼斋笔谈 明治十七年⑤》⑥、明治15年宫岛与《杨守敬笔谈》⑦ 等4种笔谈。一是语汇学角度的研究。有学者根据信广友江整理的4篇笔谈资料，从语汇学的角度探讨了笔谈中语汇的使用特点，涉及书信用语、白话用语、日本语风格用语、近代日本汉语等的使用情况。⑧ 另外，有学者介绍了明治11年2月15日和2月27日宫岛与清朝使臣最初见面的二次笔谈的相关内容，⑨ 又从学术史的角度考察宫岛与使团首次笔谈的汉学部分内容的。⑩ 还有学者考察了明治12年黄遵宪与宫岛笔谈关于设立和文和语学校培养翻译人才的部分。⑪

① 〔日〕笕久美子：「黄遵憲と宮島誠一郎—日·清政府の官僚文人交遊の一軌跡」，『中国文学報』第50号，1995年4月，第118～129页。

② 信廣友江：「宮島家文書·駐日公使等筆談（1）」，『中国学論集』第21号，1998年11月，第26～35页；信廣友江（訳），小川恒男（訳），「「宮島家文書·駐日公使等筆談」訳注（1）」『中國學論集』第23号，1999年9月，第27～39页。

③ 信廣友江，「宮島家文書·駐日公使等筆談（2）」，『中國學論集』第22号，1999年3月，第34～42页；小川恒男訳，信廣友江訳，「「宮島家文書·駐日公使等筆談」訳注（2）」，『中國學論集』（通号25）［2000.03］，第45～53页。

④ 信廣友江，「宮島家文書·駐日公使等筆談（3）」，『中國學論集』第23号，1999年9月，第14～26页；小川恒男、信廣友江，「「宮島家文書·駐日公使等筆談」訳注（3）」，『中國學論集』第26号，2000年8月，第54～69页。

⑤ 据著者说明，《养浩堂私记》所记，此笔谈的时间为明治18年（第49页）。

⑥ 信広友江，「宮島家文書·駐日公使等筆談（4）」，『中国学論集』第24号，1999年12月，第49～56页；小川恒男、信廣友江訳，「「宮島家文書·駐日公使等筆談」訳注（4）」，『中國學論集』第27号，2000年12月，第75～83页。

⑦ 信広友江，「宮島家文書·駐日公使等筆談（5）」，『中国学論集』第31号，2002年3月，第49～79页。

⑧ 〔日〕小川恒男：「宮島誠一郎と清国駐日公使団との筆談について」，中国中世文学会編『中国中世文学研究 四十周年記念論文集』，東京，白帝社，2001，第411～420页。

⑨ 張偉雄，「文酒唯須らく旧好を修むべし—宮島誠一郎と清国公使団員との筆談考（1）」，2000年3月，第19～30页。

⑩ 張偉雄，「明治期日中文人の「修身治国」論—宮島誠一郎と清国公使団員との筆談考（2）」，2004年3月，第87～98页。张伟雄《文人外交官与明治日本》（東京，柏書房，1999，第109页）利用了何如璋与宫岛在明治11年12月1日的笔谈中的一段话。

⑪ 王宝平，『清代日中学術交流の研究』，東京，汲古書店，2005。

从历史学角度进行研究起步较晚。20 世纪 90 年代，早稻田大学从宫岛后人手中购入宫岛文书，组织了一个研究会，围绕幕末维新的政局与米泽藩、明治国家的形成与立宪构想，以及东亚情势的变动与对外构想三个方面加以考察研究。主要着眼于从近代日本政治史的角度，考察宫岛在幕末维新时期的活动，以及明治时期与立宪制确立的关系。有一篇论文涉及宫岛与晚清驻日使团关系，但该文对于宫岛相关文书，尤其对体现宫岛与中国使团交往非常重要的笔谈资料等，均有进一步利用的余地。① 宫岛与晚清历届使团均有交往，限于篇幅，本文试在充分利用笔谈及宫岛其他相关文书的基础上，就宫岛诚一郎与首届何如璋使团交往关系的确立及其这一时期在朝鲜问题上的作为做一新的考察，以求教于方家。

一　交往之始

有迹象表明，宫岛早在首届何如璋使团出使日本之前，就已与当时中国留居日本的人士有交往。其中一位后来成为中国使馆的翻译，名叫王治本。他是宫岛与使团来往的最初牵线者。

王治本（1835～?），号泰园，浙江慈溪人。明治 10 年到日本。明治 11 年 10 月 15 日，王治本在与日本人士交谈中曾称："仆到贵邦二年。"可知，在使团出使之前，他已在日本。当时，中国对日本的情形尚不周知，以为日本改从西法，官方尽用英语，使团带上英语翻译即可。抵达日本后，才发现情形全然不同，只能在日本当地临时寻找。使署临时找来的两名通事，有一位就是王治本。他约于 1878 年 9 月（光绪四年八月）后受雇使馆。王治本后"以事解职"，明治 13 年 5 月 10 日再去东京，暂寓居大河内邸中，不再任职使团。②

首届何如璋使团于 1877 年（光绪三年，明治 10 年）12 月下旬抵达东京，呈递国书。对于中国派遣使团来日，宫岛非常关注。在笔记本上，他详细记载了清政府派遣使团的缘由，首任使臣何如璋被任命、经北京启程到东京的过程，以

---

① 〔日〕大日方纯夫：「宮島誠一郎の対外認識と対外活動——一八八〇年前後の対清問題を中心に——」，由井政臣編『幕末維新期の情報活動と政治構想——宮島誠一郎研究』，东京，梓山出版社，2004。

② 〔日〕増田貢：『清使筆語　三』，特別買上文庫 3795 - 1；『清使筆語　四』，特別買上文庫 3795 - 2；実藤恵秀：「王治本の日本漫遊記録」，『武蔵野女子大学紀要』第 4 巻，1969，第 33～59 页；收入氏著『近代日中交渉史話』，东京，春秋社，1973。

及呈递国书的时间等。内称，使团"12月23日抵达横滨港，27日入京，趋谒宫中，开始向天皇陛下呈递国书。此为清国同盟，公使派来之始"。① 这里的记载，个别时间与史实略有出入。如使团实于12月16日（十一月十二日）上午抵达横滨，② 24日（二十日）何如璋偕同副使张斯桂入东京，会晤外务卿寺岛宗则和外务大辅鲛岛尚信，③ 28日（二十四）上午觐见天皇呈递国书。④ 尽管如此，上述记述充分体现了宫岛对中国使团的关切。

宫岛与使团初次见面是在使团抵任后次年（1878）2月15日，由王治本牵线。当日，宫岛在王治本的引领下，前来使馆临时租借的馆舍芝山月界院，拜见出使大臣何如璋和副使张斯桂，是为宫岛与使团交往之始。据宫岛当天日记记载：

> 今日前往芝⑤月界院。由王漆园（即王治本）引导，与清国正副公使何如璋张斯桂相见。甚感快乐。笔谈移时。……至黄昏归。笔谈在别纸。此为与清公使面会之始。⑥

宫岛与使团的初次笔谈，内容不多。除了寒暄，宫岛主要表达中日和好之意。寒暄一结束，宫岛即对副使张斯桂称："贵邦与敝国比邻，才划一带水耳。今两国皇帝互派使臣，以结交谊，则订盟之始，而两公适奉使命而来。尔后益亲睦，互谋两国洪福，何幸加之。"张斯桂相应作答，称日本与中国贴邻，同属东洋，不如西洋之疏，自然亲密。且衣服礼仪多有相同之处。但愿自今以后永远和好，非独中国之幸，亦日本之福。何如璋则先简单地询问了日本

---

① 『宫岛诚一郎文书』，早稻田大学特别资料室藏（以下资料编号以英文大写字母开头的，均为早稻田大学所藏，不一一注明），B39。

② 《何如璋等奏行抵日本呈递国书折》，光绪三年十一月二十七日，《清光绪朝中日交涉史料》第1卷，第22页；《使东述略》，第3～7页。

③ 《何如璋等奏行抵日本呈递国书折》，光绪三年十一月二十七日，《清光绪朝中日交涉史料》卷1，第22页；「清国钦差大臣一行来着の件に付外务省通知」，明治10年12月24日，レファレンスコード：C09112670400，日本防卫省防卫研究所藏（以下以"C"开头者同，不一一注明）；《清国钦差大臣一行到着参省二付上申》，明治10年12月24日，レファレンスコード：A01100165500。

④ 《何如璋等奏行抵日本呈递国书折》，光绪三年十一月二十七日，《清光绪朝中日交涉史料》第1卷，第22页；《使东述略》，第8页。

⑤ 原文如此，应为"芝山"。

⑥ 『宫岛诚一郎文书』，A54-1。

汉学的现状。当时使团正在寻找馆舍，何如璋又询问是否可以租借孔子圣庙为使团驻地。宫岛向何如璋表达了两国友好之意："贵邦与敝国唇齿相持，真兄弟之国也。近年泰西气运方极汪（原文如此）盛，火船火车与电线并通消息，才有衅端（隙），开兵事（端），以逞吞噬。今也，东洋幸无虞，岂可安逸怠惰，以喜一日无事哉。两大国宜以此时益厚交谊，以图他日也。"询问何如璋"以为如何"。何如璋回答"尊论是极"，并指出以亚细亚洲论，唯中国与日本形势相近，交往宜倍加亲近。并对日本的维新改革基本表示理解。① 可见，使团之志，也在于中日友好，维护亚洲大局。

除王治本，使团另一位日本友人青山延寿也曾为宫岛牵线搭桥。2 月 17 日，青山延寿拜访宫岛，帮忙转递预约见面的书信。② 但比较而言，王治本的作用更为显著。青山来访第二天和第三天，宫岛及相关人士开始频繁拜访曾为他初访使馆牵线的王治本。先是曾根俊虎和宫岛弟弟季四郎前往拜访。③ 次日，宫岛以酬谢删改文稿为由，给王治本赠送"谢礼"。④ 很显然，宫岛是把王治本看作与使馆交往的一个很重要的中间人的。使团首次回访宫岛就是王治本传递的消息。

2 月 26 日，王治本来信预告，次日副使张斯桂将到宫岛府上答拜。王治本因担心邮局寄送迟达，专门派一名走夫相告。27 日午后三四点，张斯桂、沈文荧、王治本、王琴仙访宫岛住宅。是为使团首访宫岛。

双方寒暄毕，宫岛自然又主动表达"两国之交谊"，希望彼此"肝胆相照，素无彼我之别"。沈文荧等表示同意。⑤ 这位沈文荧后来成为宫岛获取球案情报的重要途径。此次会访，宾主笔谈时间非常长，宫岛并以酒肴相待。曾根俊虎作为翻译人员被招呼过来。席间，宫岛父亲、72 岁高龄的宫岛一瓢也出来与众人相见，将自贺诗呈给何如璋和张斯桂两星使评价。宾主现场相互和诗，多达 10 来首。宫岛并将长子、时年 12 岁的宫岛大八向来客推荐，希望将来得到沈等指教，沈等纷纷给予夸奖。其时，宫岛已请张斯桂评定其诗稿，又请王治本作序。⑥ 可以说，在此后与使团的互访中，强调中日友好，探讨汉学

① 『宫岛诚一郎文书』，C7－1。
② 『宫岛诚一郎文书』，A54－1。
③ 『宫岛诚一郎文书』，A54－1。
④ 『宫岛诚一郎文书』，A54－1。
⑤ 『宫岛诚一郎文书』，C7－1。
⑥ 『宫岛诚一郎文书』，C7－1。

与西学之关系，表现对中国儒教的尊崇，是宫岛一直反复的话题。而请使团人员评定诗稿，请为贺父母寿辰赐诗评价，让儿子大八向中国使馆学习中文，则成为他日后与使馆交往的重要纽带。宫岛曾计划诗稿改定后，拟以《养浩堂集》为名刊行。不过直至首届使团回国前夕，诗稿刊行才"半成"。当时何如璋已赐序，宫岛又请副使张斯桂"赐一跋"。张以"此刻将归，忙整归装，无暇及此"为由婉绝。① 此为后话。

就在与使团初次见面次日，即 2 月 16 日，宫岛拜访吉井友实告知与使团笔谈之事。吉井表示了一个"厚意"，拟将前一天的笔谈代为上呈参议大久保利通。② 这样，宫岛与使团的笔谈一开始就担负了"特殊"的使命。

二　交往关系的确立及加深

使团第一次回访宫岛时，中国使馆随员沈文荧曾表示，"初来贵邦，诸事未谙"，希望"高人"宫岛"赐教"。③ 的确，通过宫岛了解日本的相关信息，也是使团的一个意愿。

2 月 28 日，继副使张斯桂等拜访宫岛之后，正使何如璋亲自造访宫岛，是为何如璋初访宫岛。会谈中，何如璋的话题主要围绕宫岛的职业展开。询问宫岛就职的史馆公事忙否，编辑使用日文抑或全用汉文，自戊辰以来的事务是否已编成发刻，馆中同事多少等。又就日本编史体例进行探讨。最后询问日本新近确立的取士之法，以及学者的"进身之阶"。宫岛一一相告。

就进身之阶而言，宫岛告知，明治维新以后，日本进身得官者，大抵是那些破旧弊、兴新法者，且日本以武建国，向来缺乏文学之才。宫岛以汉学见长，在新政府任官体制中显然不是优先被考虑的对象。何如璋也将宫岛看成文人。④ 宫岛任职于编史馆，何如璋，尤其参赞黄遵宪后来萌发撰写《日本国志》，非常需要向宫岛这样的人士请教。《日本国志》下限直至明治 13～14 年，所撰"皆详今略古，详近略远"，目的是"期适用也"。⑤ 而像日本戊辰以来的事务坊间就缺少可资参考的权威性资料，宫岛的信息显得非常重要。何此

---

① 『宫岛诚一郎文书』，C7－5。
② 『宫岛诚一郎文书』，A54－1。
③ 『宫岛诚一郎文书』，C7－1。
④ 『宫岛诚一郎文书』，C7－1。
⑤ 黄遵宪编《日本国志·凡例》。

次主动去访已经体现这种关切。《日本国志》是何如璋共同参与的工作，所以，包括宫岛在内的众多日本人士成为使团探访日本近史的重要途径。在日后的交往中，对于明治维新以来的历史，乃至日本当时的局势，使团都有关注。应该说，宫岛是使团与之交往的众多日本文人中的一位。

对于何如璋的首次来会，宫岛日记没有记录。但在另一个专门涉及外交机密的重要本子上，宫岛有记载。与何如璋会谈后，3 月 2 日，日本外务卿寺岛宗则亲自来到议官吉井友实家，读"清公使笔谈"。3 月 14 日，宫岛又接参议大久保利通回信，约他方便时前往，以阅看笔谈。

宫岛曾透露他与中国使馆交往的深层目的以及将来打算。他在明治初年曾就任左院，官至从六位。① 随着左院被废，宫岛被免官。② 明治 9 年 3 月，他曾作诗为自己被免官半年而叹息。③ 此后宫岛改在修史馆任职，不再拥有官位。如今与中国使团交往引起政府当局注意，为此宫岛对于是否重新回到政坛开始有所考虑。左院废院以来，他虽然一直非常关心时势，但他以为，贪图一时之荣利素非其所好。何况中国公使当时之谈话，仅是两国来往之始的"皮毛"之谈而已。究竟心术如何，只能以"闲人"的身份交往，才可进一步了解。现在如公然奉职于外务省，他日有事，难免会有嫌忌。一天，他拜访大久保家，逐一谈到事情的前因后果，尤其深入谋划此后的打算时，大久保的考虑正好与他一致。大久保告知，只管注意两国和谐，也应熟虑国家振兴之事。双方会谈后，大久保借用了一卷笔谈。④

继何如璋来访后，3 月 7 日，宫岛访问月界院，与副使张斯桂稍作笔谈。宫岛先询问清朝建立之初及道光时期的功臣，以及功臣们画像的放置处。随后和诗一组而别。⑤ 此后宫岛的再访月界院，基本确立了与使团的交往关系。

4 月 19 日，宫岛主动访问月界院，参赞黄遵宪和随员廖锡恩等出面接待。何如璋先外出不在，回来后也与宫岛笔谈。这是宫岛与黄遵宪的第一次会面。

会谈中，宫岛对于中国圣教的高度认同，一下子拉近了双方的距离。双方先是谈到中国与日本之间悠久的历史渊源。宫岛谦称"敝国本是东海孤岛，幸以贵邦之德，制度文章，聊以增国光"，强调中国制度文明对日本的影响，

---

① 『宫岛诚一郎文书』，A36－2。
② 『宫岛诚一郎文书』，F30－1，A47。
③ 『宫岛诚一郎文书』，A50－1。
④ 『宫岛诚一郎文书』，B39。
⑤ 『宫岛诚一郎文书』，C7－1。

且推崇皇权。双方进而深谈中学与西学的关系。黄遵宪认为，"西学，其富强之术，治国者诚不可不参取而采用之"，但他相信中国的孔孟圣贤之言是根本，"千秋万岁应无废时"，并举日本所倡导的尊王之举为一例。宫岛完全赞同黄遵宪的观点。他指出，日本敬神爱国，即千岁之国教。自入孔圣之学，"忠""孝"二字之大义益显著。他认为"今日之西学，唯取其各制以量事强耳"。黄遵宪进而自信地表示，欧罗巴富强之法近既及亚细亚，孔孟之说将来亦必遍及欧罗巴，并询问宫岛的看法。宫岛表示，他也听说欧罗人颇学孔孟之道，只是未知其名。他认为，"宗教之道，本以圣学为第一"。双方最后闲谈，谈赏樱花、茶花等，又作和诗。黄遵宪因有"他事"起身告辞，廖锡恩继而出来接待宫岛。经宫岛追问，何如璋最后也出来相见。与何如璋会谈时间不长，但宫岛向何如璋提出三个请求：一是为他年过七十的双亲请祝寿之作，二是邀请何、张两使偕同黄遵宪和沈文荧前往他家参加诗酒集会，三是请何如璋为他即将刊行的《养浩堂集》赐序。何如璋谦让一番之后，一一答应。宫岛最后表示，他少年时曾学习作诗，但此后十多年间"抛却笔砚"不曾触及，使团的到来，促使他重拾旧业。① 这次访问，宫岛与使馆交往的联系基本建立起来了。②

正当宫岛与使团关系顺利发展之时，5 月 14 日大久保利通被刺。③ 大久保被暗杀前一天，宫岛还在家里整理这些天来的笔谈准备上呈。④ 尽管如此，大久保的变故并没有影响宫岛的原定计划。⑤ 大久保对华的基本立场，此后也一直较明显地影响着宫岛与使团交往的基调。

6 月 2 日，大久保利通去世后宫岛首次访问月界院，主要与何如璋作谈。这次拜访，宫岛带去了何如璋曾答应赐序的诗稿，"特希"何如璋"痛删"。何如璋也颇热心，询问宫岛少时为诗师从何家，还当面对宫岛录呈的一首诗作评点。双方继而探讨了汉学的精神实质。何如璋大谈孔孟之道对于世道人心的重大意义，宫岛随声附和。何如璋非常关切大久保被刺后日本政局的变动，询问大久保和西乡隆盛的关系，以及大久保遭难后"谁执政府之主权"，宫岛一

① 『宫岛诚一郎文书』，C7-1。
② 『宫岛诚一郎文书』，C7-1。
③ 『宫岛诚一郎文书』，A53-1。
④ 『宫岛诚一郎文书』，A53-1。
⑤ 『宫岛诚一郎文书』，B39。

一相告。① 这次拜会增进了宫岛与使团的关系。宫岛自己后来也感到，中国使团对日本政治非常关心，不时向他询问。②

6月14日，宫岛如约在家首次设宴宴请何如璋一行。来会者包括何、张正副两使，参赞黄遵宪，随员沈文荧，及日方人士编集官重野成斋、监事三浦安，以及青山延寿、季卿、小森泽长政和一名翻译官。食间，宫岛的父亲一瓢先生也与来宾会见。③ 宴会后，27日，宫岛曾访使馆，黄遵宪因要事未及相见。不久，沈文荧、黄遵宪及何如璋和张斯桂先后给宫岛寄赠寿诗以贺其父寿辰。④ 7月12日，中国使馆何如璋以下设宴回请宫岛。因使馆地方狭小，加上厨师不能治日本菜肴，便选择在向岛千秋楼设宴，顺便观赏鸥灯。同席者有副岛种臣、松平庆永、有马、植村家壶、大河内正质、大河内辉声、中村正直、重野安绎、藤野正启、青山延寿、宫本小一、宫岛小森泽、三浦安、关义臣、伊藤圭双等人。宫岛预先得知了这些出席者。⑤ 他当天的日记简单提到这次宴会，特别提到见了副岛。⑥ 此次互宴之后，宫岛无疑成为中国使馆的乐于交往的日本友人。宴会也成为宫岛与使团之间交往的常规方式之一。

此后，宫岛开始频繁拜访中国使馆，并随时将笔谈整理送给日本政府相关人士。宫岛拜访的重要说头首先是请教评阅汉诗，其次是为其父亲祝寿事请使馆人员题词写字。

7月25日，宫岛访问中国使馆未获。次日，他写信给沈文荧，询问评阅自己诗稿的进展情况。⑦ 28日，宫岛收到使馆送来经沈文荧和黄遵宪删改的诗稿。⑧ 与此同时，使馆人员也前访宫岛，咨询建造新使馆所需地基及寻找新仆人等信息。双方谈得最多的是汉诗，使团人员主动热情答应为宫岛送诗集，选好诗。⑨

8月16日，应岩仓具视之约，宫岛前往拜见，谈汉学兴隆和中国公使来日以后的情形。⑩

① 『宫岛誠一郎文书』，C7－1。
② 『宫岛誠一郎文书』，B39。
③ 『宫岛誠一郎文书』，C7－1，A53－1。
④ 『宫岛誠一郎文书』，C7－1。
⑤ 『宫岛誠一郎文书』，C7－1。
⑥ 『宫岛誠一郎文书』，A53－1。
⑦ 『宫岛誠一郎文书』，A53－1。
⑧ 『宫岛誠一郎文书』，A53－1。
⑨ 『宫岛誠一郎文书』，C7－1。
⑩ 『宫岛誠一郎文书』，A53－2。

次日，他把美浓产的美浓纸托人分送给何如璋、张斯桂、黄遵宪和沈文荧，并分别附信。在致何如璋信中，宫岛在请何如璋使用美浓纸的同时，称他将"不日拜趋"。在致张斯桂信中，他提出不日将来使馆请张再为他老父作一篇长寿诗。在致黄遵宪信中，他在对黄此前惠寄的寿诗作一番赞谢之后，表示不日将携带白绢请黄遵宪挥毫。在致沈文荧信中，他同样提出将带绢布请沈挥毫。① 8 月 19 日，沈文荧收到礼物后立即回信致谢。② 20 日宫岛立即去信请沈文荧将二轴白绢转交给张斯桂和黄遵宪，沈文荧当天转交后作答。③ 黄遵宪稍后于 8 月 24 日回信，感谢宫岛赠送的美浓纸，并将评点后的一卷诗稿返回宫岛。信中，黄遵宪解释久未谋面的原因是他身体有所不适，且"心绪甚劣"。何如璋也因"近日颇忙"，没有完成宫岛索要的序言。④ 其实，何如璋等人此时正忙于应对琉球问题，拟将拜访日本外务卿寺岛宗则商谈琉球问题。

在黄遵宪回信前一天，即 8 月 23 日，宫岛带着整理成二卷的笔谈前往拜访日本驻华公使柳原前光不遇。归途他顺便拜访吉井友实，请吉井将笔谈转交柳原前光。⑤

8 月 29 日，宫岛访使馆与何、张两使笔谈移时，可惜目前留下的资料中没有看到笔谈稿，对于这次访谈的前因后果不得其详。⑥

9 月 6 日，宫岛拜访柳原前光询问中国事情。⑦

13 日，他再次以删改诗稿的名义拜访公使馆，既请何如璋等删改诗稿，也向沈文荧托付诗稿之事。⑧

这一时期宫岛与柳原、副岛和竹添进一郎等过从甚密。10 月 19 日，宫岛冒雨再访何如璋笔谈。⑨ 何如璋向宫岛谈到月内将搬迁到新使馆，又约宫岛一起到副岛家谈诗文。会谈中，何如璋谈到日本竹桥之变后纸币陡落，市上情形殊不佳，问是否有良法补救。⑩ 对于何如璋谈话所涉及的内容，引起宫岛关注

---

① 『宫島誠一郎文書』，A53-1，A53-2。
② 『宫島誠一郎文書』，A53-2。
③ 『宫島誠一郎文書』，A53-1，A53-2。
④ 『宫島誠一郎文書』C7-1，A53-2。
⑤ 『宫島誠一郎文書』A53-1，A53-2。
⑥ 『宫島誠一郎文書』，A53-2。
⑦ 『宫島誠一郎文書』，A53-2。
⑧ 『宫島誠一郎文書』，A53-2。
⑨ 『宫島誠一郎文書』，A53-2，A53-3。
⑩ 『宫島誠一郎文書』C7-1。

的主要是何如璋对于日本当时经济状况的评论。①

11月1日、2日，宫岛连日拜访中国使馆。先访正使何如璋，再访副使张斯桂，并和沈文荧晤谈。当时，使团刚刚搬迁到永田町新公使馆，宫岛恭贺使团乔迁之喜，谈论使馆地理位置，继而谈诗，和诗。宫岛并问张斯桂此前参观横须贺造船所的观感。张斯桂答以"制造局极好，其地势亦好，如遇有军事，该处颇可守"。未见宫岛对此有何评论。这次拜访，自午后至"夕阳归"。②

11月15日，即何如璋游目黑回来之次日，宫岛访何如璋。在谈楠公父子双轴之跋、王羲之墨帖外，宫岛又打听太平天国的起因，以及中国与越南的相互关系。③ 宫岛来访两天后，即17日，何如璋往访宫岛不遇。④ 其实，此时正值何如璋与日本外务省的琉球案交涉陷入僵局，即所谓的"照会事件"之后。何如璋主动往访宫岛，拟向包括宫岛在内的日方人士宣传中国在琉球案问题上的立场，困中求变。

从2月份宫岛初访使馆，到11月底，他与使团往来"十多回"，一次都没有提及他所关注的中日间的重要的外交问题。直到11月底以后，使团才开始与宫岛逐渐谈起他企盼已久的大问题。其中，使团与宫岛双方均公开不回避的一个重要问题是朝鲜问题。

三　共谋保护朝鲜事

1882年（明治15年）6月，宫岛在与继任的第二届出使大臣黎庶昌谈到他与何如璋使团的交往时曾称，他曾"与何公使谋"保护朝鲜抵御俄国之事。⑤ 的确，与敏感的琉球问题想比，朝鲜问题是宫岛公然关注的中日间的一个重要问题。他的相关活动也一定程度为日本政府提供了政策依据。

首先主动提及朝鲜问题的是驻日使团，时间是在与外务省的琉球案交涉陷入僵局之时。使团与宫岛谈朝鲜事，以格兰特调停为界，可分为前后两个时期。调停之前，使团主要从国际局势尤其东亚局势的角度谈论朝鲜，目的在于借此劝导日本能基于亚洲大局在琉球问题上继续和平协商。调停之后，由于琉

---

① 『宫岛诚一郎文书』，A53-3。
② 『宫岛诚一郎文书』，A53-3，C7-1。
③ 『宫岛诚一郎文书』，A53-3
④ 『宫岛诚一郎文书』，A53-3。
⑤ 『宫岛诚一郎文书』，C17-1。

球案交涉转移到北京，使团又奉命推行新的朝鲜策略，因此，朝鲜问题继琉球问题之后，被作为一个独立而重要的问题而提起。前一时期因琉球案问题凸现，宫岛在朝鲜事上用心不著。后一时期由于日本驻朝公使花房的介入，宫岛开始相当程度参与其中。

前一时期使团提到朝鲜事大概两次。第一次是在 1878 年 12 月 1 日，何如璋访宫岛。宫岛先询问中国新疆的局势，何如璋告知新疆之乱已平定，清政府已特派钦差大臣崇厚前往与俄国交涉，继而谈到局势问题。

何如璋指出，熟察亚洲大局，将来为大害者，非英非德非澳，唯有俄国，"俄真虎狼之国"。他认为俄国作祸先发端于朝鲜，而朝鲜一跌，中土则危，中土危，则日本也危，"不可不思"。宫岛追问朝鲜近状及防俄之策。何如璋指出，防俄之策并不是宫岛所说的将朝鲜"藉以为干城"，而在于劝其与英法通商，以牵制俄国，如此则"中东之祸，庶得少迟"。当时英国正开亚汗之战，在何如璋看来，其力难保不败。他认为，如果英国战败，则欧洲大局"立失平均"，俄国将纵强暴之势转向东方，亚洲必将陷入危险境地。宫岛进而追问假使亚洲陷于危地，应采用何种办法。何如璋答称，"无他，邻国相援，唇齿相持"。他认为，以前英法相合而威震欧洲，但如今英与法疏离，"忽失威"，所以若中国与日本能相合为一，则欧洲虽强，"未足畏"。应该说，何如璋此时谈国际局势及朝鲜问题，所关切的是琉球案。他借亚洲局势问题提示日本不应在琉球案上与中国为难。因此，会谈最后，他提到曾致照会给外务省试谈琉球事，但外务省"未有答"。他强调"中东比邻，素不可不唇齿相依"，称琉球在中国与日本之间还好，如果"谬落外人之手"，则为"东洋祸根"，应该寻找"两便之法"。这里的外人，主要指俄国等欧洲国家。宫岛却劝何如璋，"贵大国土地之广，人民之众，世界无比，琉球眇々[1]小岛耳，不足介意，置之度外如何？"何如璋则表示，他奉朝廷之命，"不能无言"。[2] 与何如璋一样，宫岛所关切的也在琉球案。这是使团首次提到朝鲜问题。

使团第二次谈到朝事，大约在日本试图改琉球为郡县前夕，也由琉球案而起。当时何如璋正努力与外务省交涉球案，但外务省来文不是"只有虚辞，无一实语"，就是不予回复，不但不论理之曲直，还要求何如璋"不必与闻"琉球案。为此，使团准备以回国作抗议。1879 年（明治 12 年）3 月，黄遵宪

---

① 原文如此。
② 『宫岛诚一郎文书』，B39，C3，C7 - 1，A53 - 3。

和沈文荧访宫岛，对外务省这种违背《中日修好条规》精神的做法表示气愤，更表示日本这种"失好"于中国的作为无疑会开启兵端，并详细分析日本难以战胜中国之多种理由。宫岛闻此，不免深深感叹"欧洲争乱之气今将波及亚洲"。黄遵宪于是谈到中国的亚洲大局观。他强调，自台湾问题以来，中国的立场一直坚持"为维持亚洲大局起见"，指出何如璋给李鸿章的报告也旨在防御俄国，"联络亚洲大局"。这使宫岛联想到此前何如璋与他谈到的俄国对中日两国的危险，黄遵宪并提到"朝鲜亦在其中"。由于双方急切关注琉球问题，因此均没有进一步深谈朝鲜问题。①

应该说，这一时期，使团主动提朝鲜问题，主要为推动琉球案的解决。但其实他们心中已有朝鲜事，而这与使团的时局观密切相关。从使臣何如璋的各种论述中可以看到，他心目中是有一幅明确的国际关系总图的。主轴是英国和俄国，所谓正当"英俄两国争雄海上"之时。② 法、美、德、英是一个阵营，俄国则是另一个阵营，其犹如战国时期的秦国，③ 前者时时注意牵制俄国在世界范围内的扩张。何如璋认为，英俄在欧洲争取的焦点是土耳其，在亚洲争夺的焦点首先是朝鲜："朝鲜之在亚细亚，犹欧罗巴之土耳其，为形势之所必争。"④ 而在他看来，随着俄国在土耳其的扩张受到遏制，其注意力已渐渐转移到亚洲，"朝鲜一国关系亚细亚大局比欧洲土耳其尤为要冲"。对于何如璋来说，他对英俄两国均无什么好感，认为："英如狐，俄如虎，一图利，一图土地，均宜防。"⑤ 然而对于图谋土地的俄国，何如璋认为首先需要防备。可以说，他对朝鲜问题的关切绝非一时兴起，实是稍后清政府对朝新政策的一个重要组成部分。只是，在琉球案问题胶着时期，朝鲜问题还没有提到议事日程。这一时期，宫岛对朝鲜事也还没有相应的关切，主要是被动受听，随声应和。

宫岛之深入参与朝鲜事，大约在1880年夏朝鲜修信使访日之时。对他产生重要影响的是日本驻朝公使花房义质。

其时，中国使团开始奉命推进新的对朝政策。1879年4月4日，日本废灭琉球改为冲绳县，清政府由此深感朝鲜地位之危机，决定劝导朝鲜开港通商

---

① 『宫岛诚一郎文书』，B39，C7 - 2，C9。

② 何如璋：《复总署总办论争球事书》，《茶阳三家文钞》卷2，第6页。

③ 何如璋：《上李相伯论主持朝鲜与各国通商书》，《茶阳三家文钞》卷3，第3页。

④ 何如璋：《主持朝鲜外交议》，附件一，《清季中日韩关系史料》第2卷，台北，中研院近代史研究所，1972，第437页（342之1）；《何少詹（如璋）文钞》卷1，页11 - 14。

⑤ 《问答节略》，附件一，光绪六年四月十三日，《清季中日韩关系史料》第2卷，第405页（332）。

以免重蹈琉球覆辙。1879 年 8 月，清政府指令李鸿章以个人名义致信朝鲜前太师李裕元转达清政府旨意，但几经"开导"，终难奏效，朝鲜只对派员到中国学习制器及练兵购器感兴趣。至 1880 年 1 月间，李鸿章最终认为"朝鲜既坚不欲与西人通商，中国自难强劝"，感到朝鲜开港一事，"殆非一朝夕之功"，要求总理衙门把他这一想法转达朝廷。① 在李鸿章等劝导朝鲜工作陷入困境时，驻日的何如璋使团承担起了劝导朝鲜开港这一重任。劝导的时机是 1880 年（光绪六年）夏天朝鲜礼曹参议金弘集（又译金宏集）为首的修信使团的日本之行。8 月，日本驻朝公使花房义质的来访，成为宫岛开始关注朝鲜事的直接动因。

13 日，花房拜访宫岛，直接透露内情。他说修信使此番来日，不到日本大臣参议家行通谊之礼，名为修信，其实破好。宫岛于是为花房出谋划策。他认为，鉴于朝鲜与中国的事大关系，修信使一定会与中国使臣联络，建议日本应乘中国公使驻扎之际，使中日鲜三国相聚，"修文酒之好"。花房闻此"大悦"。此后，26、27、28 日连续三天，宫岛先访花房；又偕同花房同车拜访何如璋，"叙述衷曲"，颇得何如璋认可；再为向导，带着花房去本愿寺会见朝鲜修信使正使金宏集和副使李祖渊，相约不日三国相会。② 29 日，花房做主，朝鲜正使金宏集、副使李祖渊、学士姜玮，中国使臣何如璋、参赞黄遵宪，以及日本文士数十名来会，诗歌酒唱酬，各个挥毫。席间，宫岛对金宏集说，当日之会，系三国交欢，"旷古所稀"，希望"以后永远和好，应有大益于两国"。金宏集称是。宫岛又说，他自何公使东来，"相共（原文如此）交尤厚且久"，意在专门联络三大国而兴起亚洲，金宏集此来，"若不异此志，则可谓快矣"。金宏集也附和。宫岛尤其重视何如璋对他的称赞："栗香先生深重同洲之谊，所虑深且远。今日之会，素非偶然。"在笔记本中，他在"深重"两字之下加注圈点。③ 飞鸟山庄之会，开启了宫岛与朝鲜修信使以及中国使团的联络。

9 月 1 日，宫岛在修信使回国前夕"特来"浅草本愿寺寓居拜访朝鲜修信使，先后与李容肃、李祖渊、姜玮和尹雄烈笔谈。他请李祖渊"挥毫"，表示将把李所写两首五言诗装饰起来"以悬座右"。最后他请正使金宏集在他因

---

① 《北洋大臣李鸿章函》，光绪五年十一月十五日、光绪六年二月初九日，《清季中日韩关系史料》第 2 卷，第 394、397 页。

② 『宫島誠一郎文書』，B39，A56 - 3。

③ 『宫島誠一郎文書』，B39，C7 - 4。

"清国使臣何公等来重修旧学"而整理的《养浩堂集》上"书写数字"。临别，宫岛又称，"自今两国之事，当把臂彼此竭诚"。[1] 9 月 2 日，宫岛给何如璋写了一封长信，寄上诗稿三卷请何如璋删定，接着对何如璋"奋临"飞鸟山庄聚会表示感谢。信中，他详述衷肠，希望"自是当谋亚洲之振兴"。[2] 何如璋在回信中谈改诗，未谈朝事。[3] 宫岛在修信使一行归国时，又前去东本愿寺告别。待黄遵宪到来，他才离开。[4]

朝鲜修信使的日本之行，是中国对朝关系上的一件大事。何如璋素知北洋大臣李鸿章屡次致书劝谕朝鲜开港，而南洋大臣刘坤一也主张此议，在修信使来之前，已"荷承总署指示"，"劝令外交"。8 月 23 日至 9 月 7 日，何如璋和黄遵宪与金宏集以笔谈形式，就朝鲜正在与日本商议的条约问题，远东的国际关系以及朝鲜开国等外交诸问题，反复多次进行深入交流。会谈之后，何如璋又因担心语言不通，靠笔谈不能"尽意""尽言"，命随从参赞黄遵宪写就《朝鲜策略》一文，由金宏集带回朝鲜。[5] 金宏集回国之后，将黄遵宪的《朝鲜策略》上呈朝鲜国王，最终促使朝鲜接受开港通商建议。朝鲜之议由此一变。

从现有资料看来，宫岛对于使团与修信使一行之间深入切磋开港问题并不详知。但在修信使回国后不久，他很快了解到清政府对朝政策的最新精神。

9 月 23 日，宫岛拜访黄遵宪。会谈中，黄遵宪指出，当前亚洲唯一的祸患是俄国。俄国蚕食东方，目标针对朝鲜。黄遵宪的这一认识前提与早先宫岛从何如璋口中所听到的完全一致。黄遵宪进而指出，在防俄的大前提之下，为保全朝鲜，也为保全亚洲，具体对策是中国与日本早日和谐，去除固陋弊习，同时与欧美通商，首先应与美国缔结条约。黄遵宪对美国多有赞词，称其为"仁爱之国"。[6] 清政府对朝鲜政策是劝其"亲中国，结日本，联美国"以防俄，这里黄遵宪与宫岛所谈论，正是稍后草就的《朝鲜策略》的基本精神。

次日，宫岛访吉井友实谈与黄遵宪的笔谈。吉井认为宫岛应该跟伊藤博文谈谈。[7] 25 日，宫岛去内阁，将黄遵宪的笔谈展示给伊藤，并谈论详细经过，伊藤"大悦"。伊藤认为黄的这种意见，实是日本的"幸福"。伊藤认为，从

---

① 『宮島誠一郎文書』，C7 - 4。

② 『宮島誠一郎文書』，B39，C7 - 4；按：B39 和 C7 - 4 两信内容不同。

③ 『宮島誠一郎文書』C7 - 4。

④ 『宮島誠一郎文書』B39。

⑤ 《出使大臣何如璋函》，光绪六年十月十六日，《清季中日韩关系史料》第 2 卷，第 438 页。

⑥ 『宮島誠一郎文書』，B39。

⑦ 『宮島誠一郎文書』，B39。

宫岛所报告的清政府的对朝政策来看，日本琉球案交涉的愿望"大抵可以达成"。① 只是，伊藤的预见最后并没有实现。

黄遵宪在琉球问题上虽参与机要但一直未透露只言，但在朝鲜策略上向宫岛和盘托出，这因与其"结日本"这一主张有一定关系。使团之提出"结日本"，主旨在于防俄，这可以说也是日本政府的意愿。其时，日本政府不断向使团表达急切的共同防俄的愿望，② 从亚洲大局出发主动提议中国应及早加强对朝筹划和保护，③ 同时还主动向朝鲜国王表达联合访俄的友好姿势。④ 何如璋使团是相信日本的诚意的。使团提议"结日本"，也基于对日本国力的看法，认为当时日本还没有能力对朝鲜构成足够的危险。这一点在《朝鲜策略》中有明确论述。

新的朝鲜政策的具体实施在北京、天津和汉城之间进行。修信使回国，使团也完成了历史使命。因此此后，宫岛在与何如璋使团来往笔谈中，详细谈论朝鲜问题的不多见。只是，使团试图通过联络亚洲各国抵御俄国的思想既已为宫岛所熟知，因此，宫岛在后来与使团笔谈，询问琉球事或者中俄伊犁交涉进展时，时不时会表达这一想法。⑤

四 小结

综上所述，可以得出以下几点结论：（1）宫岛与使团交往的思想基础，是他对孔孟圣教的高度认同，以及他真诚倡导的中日同盟思想。建立与使团常规联系的纽带，则是探讨汉诗、汉文。（2）宫岛与使团的交往，一开始就担负为日本政府提供情报的特殊使命。朝鲜问题是他公然关注的一大重要问题。他奉承日本驻朝公使花房义质之意，积极参与朝鲜修信使的访日活动，所获关于中国对朝新策略的情报，很受日本政要赞赏。（5）宫岛与首届使团建立的"友好"关系，充分奠定了他此后与历届使团交往的基础。

---

① 『宫島誠一郎文書』，B39。

② 《问答节略》，附件一，《出使大臣何如璋函》，光绪六年四月十三日，《清季中日韩关系史料》第 2 卷，第 405 页。

③ 《问答节略》，附件一，《出使大臣何如璋函》，光绪六年四月十三日，《清季中日韩关系史料》第 2 卷，第 405 页。

④ 井上馨：《别纸》，明治 13 年 9 月 7 日，郭廷以、李毓树主编《近代中韩关系史资料汇编》第 11 册，台北，中研院近代史研究所，1972，第 25 页。

⑤ 『宫島誠一郎文書』，C7 – 5。

乙未割台后中日间台民国籍问题研究

中国政法大学人文学院历史研究所　赵国辉

乙未年间，中国当时的清政府迫于甲午战争失败的现实，无奈地割让台湾及其附属岛屿给日本。虽然台湾领土让与日本可以通过战争的形式实现，但是台湾岛上的居民问题无法毕其功于一役。其间必然要面临急迫解决的一些问题，诸如台湾居民身份的交接、国籍的转移、不同国籍间交往的问题等。迄今为止，学界对于乙未割台后台湾岛内抗击侵略的研究成果卓著，同时，对于割台后围绕台湾籍民①问题②湾的研究可谓汗牛充栋，但是对于台民

---

① 《中村孝志教授论文集——日本南进政策与台湾》，卞凤奎译台北，稻乡出版社，2002，第 75 页。

② 〔日〕中村孝志：《台湾総督府の南支・南洋施設費について、大正 5 年度予算説明概要を中心に》，《南方文化》(6)，1979 年 11 月；《小竹徳吉伝試説—台湾のベスタロッチ》，《南方文化》(7)，1980 年 12 月；《東亜害院と東分学堂—台湾総督府華南教育施設の濫觴》，《天理大学学報》(124)，1980 年 3 月；《福州東瀛学堂と厦門旭瀛书院—台湾総督府华南教育施设の开始》，《天理大学学报》(128)，1980 年 9 月；《「台湾籍民」をめぐる諸問題》，《東南アジア研究》(18 - 3)，1980 年 12 月；《厦门の台湾籍民と三大姓》，《南方文化》(12)，1985 年 11 月；《厦门及び福州博爱会医院の成立—台湾総督府の文化工作》，《南方文化》(15)，1988 年 11 月。梁华璜：《台湾総督府の对岸政策と「台湾籍民」》，《岩波讲座・近代日本と植民地 5・膨张する帝国の人流》，1993 年 4 月；《日据时代台湾籍民在闽省的活动及处境》，《日据时期台湾史国际学术研讨会论文集》，1993 年 6 月。许雪姬：《1937 ~ 1947 年在北京的台湾人》，《长庚人文社会学报》第 1 卷第 1 期，2008，第 33 ~ 84 页；《日治時期台湾人的海外活动——在"满洲"的台湾医生》，《台湾史研究》第 11 卷第 2 期，2004，第 1 ~ 75 页；《日治时期赴华南发展的高雄人》，《2000 年高雄研究学报》，高雄，高雄市社区大学促进会，2001，第 44 页；《在中国东北的台湾人，1908 ~ 1945》，中国社会科学院台湾史研究中心编《日据時期台湾殖民地史学术研讨会论文集》，九州出版社，2010，第 324 ~ 332 页；《他乡的经验：日治时期台湾人的海外活动口述访谈》，收于当代上海研究所主编《口述历史的理论与实务——来自海峡两岸的探讨》，上海人民出版社，2007，第 177 ~ 212 页。钟淑敏：《台

国籍问题①的研究则是凤毛麟角。即便有之，也未曾出现对此进行系统研究的成果。然而，与此有直接关系的福建籍民②的国籍问题更是无法忽视，是学术史不得不关照的问题，非此不足以廓清当时问题的根源及其后的历史演变。对此问题的认识，对于当下两岸人员交往也有着巨大的现实意义，故此笔者不揣浅陋，仅以所能接触到的材料尝试性地进行阶段性的浅显讨论，以期促进此方面的学术关切，提升现实中两岸人员交往的顺畅程度。

一 纷乱的交接

中日马关媾和条约中，仅对割让地台湾人的国籍事项设定了大致的框架，见诸"第五款 本约批准互换之后，限二年之内，日本准，清国让与地方人民愿迁居让与地方之外者，任便变卖所有产业，退去界外。但限满之后尚未迁徒者，酌宜视为日本臣民"。③ 显而易见，此项规定，言语寥寥，不为详尽，需要时间和具体工作方能彻底解决此件问题。国际惯例承认割让地人民国籍选

总督府的"南支南洋"政策——以事业补助为中心》，《台大历史学报》第 34 期，第 149 ~ 194，1997 页；《明治末期臺灣總督府の對岸經營——「三五公司」を中心に》，《臺灣史研究》（臺灣史研究會，大阪）第 14 号，2004，第 32 ~ 42 页；《从台湾籍民问题谈日本外交史料馆之收藏》，发表于中研院近史所主办之"档案与近代史研究"学术研讨会，1999 年 5 月 6 日；《拡散する帝国ネットワーク——厦門における台湾籍民の活動》，石田憲編《膨張する帝国、拡散する帝国——第二次大戦に向かう日英とアジア——》，東京大學出版會，頁 121 ~ 161，2005 年 12 月；《台湾华侨与台湾籍民》，甘怀真、〔日〕贵志俊彦、〔日〕川岛真编《日治時期台湾人在厦門的活动及其相关问题》，《走向近代》，台北，东华书局，2004，第 399 ~ 452 页；黄俊凌：《抗战前后福建台湾籍民研究——以"亚细亚孤儿"意识为中心》，博士论文，厦门大学，2008；等等。

① 〔日〕栗原纯：《台湾籍民と国籍问题》《台湾文献史料整理研究学术研讨会论文集》，南投，台湾省文献委员会编印，2000，第 451 ~ 476 页；《台湾总督府公文类纂にみる、户口规则「户籍」、国势调查—明治 38 年の临时台湾户口调查を中心として—》，《东京女子大学比较文化研究所纪要》（65），2004 年 1 月，第 33 ~ 77 页；梁华璜：《日据时代台民赴华之旅券制度》，《台湾风物》第 39 卷第 3 期，1989 年 9 月；甘怀真、〔日〕贵志俊彦、〔日〕川岛真编《東亚视域中的国籍、移民与认同》，台北，台湾大学出版中心，2007，第 181 ~ 191 页。钟淑敏：《日本統治時代における臺灣籍民問題——國籍の「取り捨て」と「選擇」を中心として》，发表于「臺灣植民地統治史・再檢討」国际学术研讨会，1997 年 9 月 26 ~ 28 日；王学新：《日治时期台湾的漏籍问题》，大连，台湾殖民地史学术研讨会，2009 年 8 月；陈小冲：《档案史料所见之清末"归化"台湾籍民》，《台湾研究集刊》1992 年第 1 期。

② 《中村孝志教授论文集——日本南进政策与台湾》，卞凤奎译，第 83 页。

③ 桐城尹寿松编纂，抚顺王卓然校订《外交丛书・中日条约汇纂》，外交月报社发行，1924，第 3 页。

择权，故此《马关条约》规定，自领土割让主权转移之日起，可有两年时间为国籍选择的犹豫期。台湾人在两年犹豫期届满后，取得日本国籍。在此期间内可以任意变卖产业从割让地台湾退去。至 1897 年 5 月 8 日限满之日，尚未迁出界外者，则经一定法律程序，认为"停止条件"之完成，而取得日本之国籍。①

由于日本受让台湾是在一种非常状态下的国土转让行为，并非出自让与方的自愿，当然更不是出自让与当地人的心悦诚服的态度。虽然马关谈判中中国代表被日本逼到了绝境，毫无回天之力，但中国政府内及全国上下包括台湾人民在内的人士并未放弃外交努力，特别是三国干涉还辽的局面，仍然让清政府的官员及台湾士绅燃起了保台的一线希望。张之洞力主"远交近攻"之策，"以重利求大国力助"。1895 年 4 月 22 日，他致电唐景崧，提出"守口聘英将，巡海乞英船"的"庇英自立"②之策，当龚照瑗于 5 月 1 日会见金伯利商请保台时，金伯利便"坚以办不到辞"③之。求英国不成，又转而求法国。三国干涉还辽后，法国地位提高，中国朝野希望其将干涉范围扩大到台湾，主持其事者，即为张之洞、唐景崧等。4 月下旬至 5 月上旬，清政府通过赴俄专使王之春和驻英法公使龚照瑗与法国接洽，法方一度有意介入，表示愿派舰船前往基隆、淡水护商，并遣员与唐景崧等面商机宜。起初龚照瑗的态度很乐观。5 月 1 日，他致电唐景崧，告"法有保台澎不让倭意"。2 日，又致电总理衙门说："密商保台澎办法，现台湾吃紧，法已派人护商，先遣员晤台抚，面商机宜，有兵登岸。请电台抚晓谕地方勿惊疑。"④确实，法国有染指台澎之意，曾经研拟了禁止在澎湖建设作战要塞的具体提案，⑤并拉拢西班牙与之联合，使中国军民增强了法国保台的期待。

但此举遭到了德国的坚决反对，致使法国无法在三国干涉时提出保台提

---

① 关于此项条款的法律性质，日本法律学者有正反两说。山田三良等主张，以国土及人民并为国土主权的客体，随同领土主权的割让一并让与，其在期限内退去者，则解除因割让而享有的日本国籍，称为解除条件；山口弘一主张，停止条件。日本政府在实际处理上，采取停止条件说。参见〔日〕中村哲《殖民地统治法上的基本问题》，东京日本评论社，1943，第 40～41 页。

② 《张文襄公全集》，见《中日战争》第 5 卷，新知识出版社，1956，第 106、107 页。

③ 《节录龚大臣中英法往来官电》，蔡尔康等编《中东战纪本末三编》第 2 卷，广学会，1897，第 60 页。

④ 《节录龚大臣中英法往来官电》，蔡尔康等编《中东战纪本末三编》第 2 卷，第 60 页。

⑤ 转引自许世楷著《日本统治下的台湾》，李明峻、赖郁君译，台北，玉山社，2005，第 45 页。

案。① 德国外交大臣马沙尔竟代日本出谋划策，抵制法国。他对青木周藏说："如法兰西或西班牙致送照会，可以明确答复，日本将决心占领台湾及澎湖岛。"② 由于德国的反对，法国占领台澎的图谋也就无法实现。4 日，法国外交部部长阿诺托对龚照瑗说："保台一节，已联合西班牙和（荷）兰，正在筹划，适闻中日新约批准，事势既定，动多掣肘，一切布置，徒费苦心。"③ 借口条约批准而收回了原先的"保台"许诺，至 5 月 11 日，正式通知清廷干预之事作罢。④

台湾官绅看到反对割台无果，听到"以夷制夷"无望，只好开始筹划自主保台的办法，酝酿以自立民主政体的形式，反抗日本的占有。台湾绅民皆知让台之事已无可挽回。于是，5 月 15 日，丘逢甲等集议于台北筹防局，以丘逢甲为首的台湾绅民，连日会商固守之计。陈季同设计出一个依照国际法规则的保台策略，他援引《国际公法》第 286 章"割地须问居民能顺从否"，⑤"民必顺从，方得是为易主"等有关条文，提出了"以民政独立，遥奉正朔，拒敌人"⑥ 的策略。陈季同充分利用所学西学，积极筹划以民主国的形式抵制日本的占领，会议上众人皆认为："万国公法有'民不服某国，可自立民主'之条，全台生民百数十万，地方二千余里，自立有余。"⑦ 这是自主保台之议的初步酝酿。决定按照陈季同的策略，以台湾民主国的形式谋取台湾居民抵制日本统治的策略。

这时中日已互换和约，李经方奉旨到台湾办理交割事宜，为此 5 月 21 日李鸿章电告陈季同在台相候。同日台湾官绅决定建立民主国，推唐景崧为总统。次日，正式立国号，以俞明震为内政衙门督办，李秉瑞、陈季同为会办；陈季同为外务衙门督办，俞、李二人会办；李秉瑞为国务衙门督办，俞、陈会办。⑧ 第二天陈季同急电李鸿章，告以："抵台以来，见台民万亿同心，必欲竭力死守土地，屡请地方官主持，时集衙署，日以万计，绅富联谋，喧哗相接。本

---

① 转引自许世楷著《日本统治下的台湾》，李明峻、赖郁君译，第 45 页。
② 《日本外交文书》第 28 卷，第 812 号，日本外务省，1963。
③ 《节录龚大臣中英法往来官电》，蔡尔康等编《中东战纪本末三编》第 2 卷，第 60 页。
④ 黄秀政：《乙未割台与清代朝野的肆应》，《文史学报》第 17 期，1987 年 3 月。
⑤ 《公法会通》，1880 年同文馆聚珍版本，卷三，论辖地之权，第二百八十六章，第 4～5 页。
⑥ 陈衍撰《闽侯县志》第 69 卷，《陈季同传》。
⑦ 思痛子：《台海思恸录》，台北，台湾银行排印，1959，第 7 页。
⑧ 胡传：《台湾日记与启禀》，沈云龙主编《中国近代史料丛刊续辑》（843），第 263～264 页。关于台湾民主国机构官员名称，说法不一。胡传说不设专员，又系当事人，或较可信。

日有旨，令各官内渡，台民益甚张皇，绅民又蜂集，至今未散。似此情形，地方官恐难越雷池半步。使人到此，不特难于入境，且必血战无休，盖台民誓宁抗旨，死不事仇也。同意此事如可挽回万一，最妥；不然亦须暂缓倭来，另筹完善办法。"让李经方"千万勿来，或请收回成命，或请另派他人，切勿冒险"。

台湾绅民见运动英、法保台既无成效，呼吁清廷也无结果，不得已于 5 月 15 日电总理衙门及各省大吏，其文曰："台湾属倭，万民不服。迭请唐抚院代奏台民下情，而事难挽回，如赤子之失父母，悲惨曷极！伏查台湾为朝廷弃地，百姓无依，惟有死守，据为岛国，遥戴皇灵，为南洋屏蔽。……台民此举，无非恋戴皇清，图固守以待转机。"① 16 日，唐景崧亦电总理衙门称：台民"愿死守危区，为南洋屏蔽"，"此乃台民不服属倭，权能自主，其拒倭与中国无涉"。② 这表明，台湾人民在"事难挽回"的情况下，决心要自主拒日保台了。

在陈季同的策划与安排下，5 月 25 日，台北绅民拥至巡抚衙门，由丘逢甲等捧送民主总统印及国旗。唐景崧朝服出，望阙九叩首，北面受任，大哭而入。于是，改年号为"永清"，寓永远隶于清朝之意。正式宣告台湾民主国成立。时人有诗云："竞传唐俭是奇才，局面翻新自主裁。露布已令神鬼泣，玉书曾见凤麟来。"③ 又云："玉人镌印绶，戎仆制旗常。拥迎动郊野，宣耀照城闉。覆舟得援溺，黔首喜欲狂。"④ 表现了人民群众对成立台湾民主国的振奋心情。

台湾民主国成立后，将成立民主国之事布告中外，晓谕全台。台湾民主国成立的当天，唐景崧即致电总理衙门："台民前望转机，未敢妄动，今已绝望，公议自立为民主之国。……遵奉正朔，遥作屏藩。俟事稍定，臣能脱身，即奔赴宫门，席藁请罪。"⑤ 同时通电各省大吏，说明成立台湾民主国之缘由。并发布告示，晓谕全台："惟是台湾疆土，荷大清经营缔造二百余年，今须自立为国，感念列圣旧恩，仍应恭奉正朔，遥作屏藩，气脉相通，无异中土。"台民亦张贴布告称："今已无天可吁，无人肯援，台民惟有自主，推拥贤者，权摄台改。事平之后，当再请命中朝，作何办理。……台湾土地政令，非他人所能干预。设以干戈从事，台民惟集万众御之，愿人人战死而失台，决不愿拱

---

① 蔡尔康等编《中东战纪本末》，《中日战争》第 1 卷，第 204 页。
② 《台湾唐维卿中丞电奏稿》，《中日战争》第 6 卷，第 392 页。
③ 黄家鼎：《补不足斋诗钞》，蔡尔康等编《中东战纪本末续编》第 2 卷，广学会，1897，第 19～20 页。
④ 洪弃父：《台湾沦陷纪哀》，《民族英雄吴汤兴文献》，《台湾风物》第 9 卷，第 5、6 期，1959。
⑤ 王彦威纂辑，王亮编《清季外交史料》第 113 卷，书目文献出版社，1987，第 3 页。

手而让台。……因此槌胸泣血，万众一心，誓同死守。"①

这些台湾民主国的文献，反复说明的是一个意思，即在台湾成为"弃地"的情况下，台民"决不愿拱手而让台"，公议"自立为民主之国"，表明了台湾岛民的不屈服于强权政治所带来的政治安排，虽然还算不上明确的国籍意识，但也充分说明了心向"清廷"的坚定政治意识，在仍然以精英主宰的社会中，这无疑说明了台湾岛民坚持清王朝统治的意愿。

《马关条约》签署后，面对台湾岛内出现的新情况，1895 年 5 月 3 日，李鸿章致电伊藤博文，向其建议："台湾人民激愤动乱，应将台湾一事重为考虑。"② 但日本积极开始武力征服的准备。③ 5 月 7 日，日本大本营决定派遣近卫师团与常备舰队前往接受，④ 并迅速地在 5 月 8 日，交换了条约批准书。5 月 10 日，日本当局任命海军上将桦山资纪为台湾总督兼军务司令，负责接收台湾事宜，并指示："得以兵力强制执行"，⑤ 不惜武力为代价坚决实现占有台湾的目标。11 日，李鸿章再次致电伊藤博文，"台湾人民普遍非常激昂，推断终将引发内乱"，故"有必要考虑采取救济策略"。⑥ 日本对此给予了强硬的回应。日本外务大臣陆奥宗光通知中国，桦山资纪将于两周内前去接收，伊藤博文也复电李鸿章："我国已任命总督，则日本政府将负起维持和平秩序之责。"⑦ 否定了中国继续管理台湾的权利。15 日，因台湾以全台绅民名义发布死守台湾的电文，李鸿章再度致电伊藤博文："有必要尽快将台湾事态交付两国全权大臣会议商讨。"⑧ 希望以此迫使日本延后桦山资纪来台接收的决定。伊藤回应道："勿庸两国合议。"并表示桦山已于 17 日自京都出发前往台湾。⑨ 李鸿章打出台民反对割台这张牌，冀有一线之转机，对伊藤说："我接台湾巡

---

① 王彦威纂辑，王亮编《清季外交史料》第 113 卷，第 3 页。
② 《日本外交文书》第 28 卷，第二册，第 403～404 页。
③ 《日清战史》第七卷，东京，博文馆，1897，第 3 页。
④ 《日清战史》第七卷，第 2 页。
⑤ 《日本外交文书》第 28 卷，第二册，第 553～556 页。5 月 10 日，日本政府任命海军大将桦山资纪为第一任台湾总督，兼任台湾军备司令官及台湾接收全权委员。同时，发布了《施政大纲》的训令，规定了有关接收台湾、接收政府财产及有关清政府撤军的条款。"万一彼方于期限内不简派全权委员，或拒绝移交，或移交怠慢时，则条约上之割地，在批准换约之后，当然已在我主权之下，自应临机处理。遇有不得已之情事，可用兵力强制执行。"参见井出季和太《南进台湾史考》，东京，诚美阁，1943，第 4 页。
⑥ 《日本外交文书》第 28 卷，第二册，第 460、556 页。
⑦ 《日本外交文书》第 28 卷，第二册，第 557～559 页。
⑧ 《日本外交文书》第 28 卷，第二册，第 560～562 页。
⑨ 《日本外交文书》第 28 卷，第二册，第 563～564 页。

抚来电，闻将让台湾，台民鼓噪，誓不肯为日民。"伊藤的回答得很干脆："听彼鼓噪，我自有法。""中国一将治权让出，即是日本政府之责。""我即派兵前往台湾，好在停战约章，台湾不在其内。"① 日本强硬地坚持割台的要求，丝毫未给中国留有余地。

《马关条约》签署后，日本积极着手对台湾的军事占领，并以琉球的中城湾为基地准备行动。桦山资纪拟订的占据台湾的方针是：派遣军舰先行赴台侦察，本人随后率先发部队和常备舰队前往台北，再将近卫师团分成两批抵台，本人则从京都出发。② 1895 年 5 月 18 日，台湾总督、海军大将、子爵桦山资纪发布第一号命令如下："本官接收台湾岛以台北府城为驻扎地。若彼军队抗我，即以兵力攘击之。我海、陆两军之集合地点，定为冲绳县中城湾。"③ 5 月 23 日，将船舰集合地点改为台湾淡水港。先期开赴台湾的海军中将、征台舰队司令长官有地品之允向千代田、西京丸两舰传达了桦山总督变更集合地点的命令，并补充道："本官传达顷奉桦山总督之命令，着部下之一船去中城湾进港时，立即与陆军运送船径往淡水港外。……大岛及陆军运送船……立即径往台湾淡水港北方约九十海里（小基隆之海面）之位置……"④ 所率松岛、浪速、高千穗三艘军舰中的高千穗回到中城湾，松岛与浪速则仍以侦察为目的，留在淡水港外。⑤

25 日日舰在淡水港外，发现当地驻军有抵抗日军武力占据的情况，翌日，又从英国"福尔摩沙"轮船处获知"台湾民主国"成立的情报。⑥ 桦山根本不等交接手续完成，就急不可耐地开始了武力据台行动。5 月 26 日，近卫师团师团长北白川宫能久亲王，率领松山轮、萨摩轮、广岛轮、名古屋轮等运输船十艘，自旅顺出发，进入琉球的中城湾。桦山资纪等从京都由广岛、人字品，搭乘横滨轮，于 24 日出发。船上人员有：台湾民政局局长水野遵及其手下官员，大岛陆军少将，角田海军少校，高等官二十九名，判任官五十六名，宪兵队一百三十七名及搬运工、马夫、杂役等一百多人，在 27 日清晨，在中城湾抛

① 《马关议和中日谈话录》，马建忠等著《东行三录》，上海书店出版社，1982，第 238、245、252～253 页。
② 《日清战史》第七卷，第 4～5 页。
③ 《日清战史稿本》，《别记·海军台湾征讨》，第 46078 页，转引自吴天颖《甲午战前钓鱼列屿归属考——兼质日本奥原敏雄诸教授》，社会科学文献出版社，1994，第 116 页。
④ 转引自吴天颖《甲午战前钓鱼列屿归属考——兼质日本奥原敏雄诸教授》，第 118 页。
⑤ 〔日〕又吉盛清：《日本殖民下的台湾与冲绳》，魏廷朝译，台北，前卫出版社，1997，第 342 页。
⑥ 《日清战史》第七卷，第 7～8 页。

锚。① 5 月 27 日，桦山资纪与来自旅顺的近卫师团师团长北白川宫能久亲王会合于琉球中城湾。桦山随即向所有部队下达进攻台湾的集合地点："各运送船之集合地点，为北纬二十五度二十分，东经一百二十二度，即尖阁岛（钓鱼岛）迤南约五海里处，各官员到该地点待命。"② 日军随即起锚挥师南下，在尚未与李经方完成交接手续的情况下，就先期开始对台武力行动。当时近卫师团约 1.5 万人，海军由中将有地品之允和少将东乡平八郎等率领，出动 11 艘军舰。28 日，对近卫师团的另一部也指定了集中地点："近卫师团半部，经中城湾进航东经一百二十二度，北纬二十五度之地区，于明日即二十九日午前六时到达集合地点。"③ 29 日上午 9 时，桦山总督先到尖阁岛（钓鱼岛）南约五海里处预定集合地点。最后对攻台作战前的集合地点做了明确界定："在登陆过程中，若因风浪及其他原因，暂时离开本锚地时，即以北纬二十五度四分、东经一百二十三度五分（即三貂角正东约六十海里地）为集合地点……"④ 当日，日军首先发动进攻，主力近卫师团第二联队避开基隆、淡水，假意炮击金包里附近海面，制造登陆假象，但是在三貂角附近的澳底和盐寮一带登陆。30 日进至三貂岭，31 日，攻陷守备薄弱的九份，6 月 2 日日军主力抵达瑞芳，攻占后直逼基隆，这时桦山资纪才与中国的李经方，在基隆口外的日本军舰西京丸上签署了交接文据。⑤

---

① 〔日〕又吉盛清：《日本殖民下的台湾与冲绳》，魏廷朝译，第 341 页。
② 转引自吴天颖《甲午战前钓鱼列屿归属考——兼质日本奥原敏雄诸教授》，第 118 页。
③ 《日清战史稿本》，《别记·海军台湾征讨》，46078，转引自吴天颖《甲午战前钓鱼列屿归属考——兼质日本奥原敏雄诸教授》，第 119 页。
④ 《日清战史稿本》，《别记·海军台湾征讨》，46078，转引自吴天颖《甲午战前钓鱼列屿归属考——兼质日本奥原敏雄诸教授》，第 120 页。
⑤ 《交接台湾文据》文件内容："大清国大皇帝陛下简派二品顶戴前出使大臣李经方；大日本国大皇帝陛下简派台湾总督海军大将从二位勋一等子爵桦山资纪：各为全权委员，因两全权委员会同于基隆，所办事项如左：中、日两帝国全权委员交接光绪二十一年三月二十三日，即明治二十八年四月十七日，在马关两帝国钦差全权大臣所定和约第二款中国永远让与日本之台湾全岛及所有附属各岛屿，并澎湖列岛，在英国格林尼次东经百十九度起至百二十度止，及北纬二十三度起至二十四度之间诸岛屿之管理主权，并别册所示各该地方所有堡垒、军器工厂及一切属公对象，均皆清楚。为此两帝国全权委员愿立文据，即行署名盖印，以照确实。光绪二十一年五月初十 明治二十八年六月二日 订于基隆，缮写两份。台湾全岛及所有附属各岛屿并澎湖列岛所有堡垒、军器工厂及属公物件清单：一、台湾全岛澎湖列岛之各海口及各府县所有堡垒、军器工厂及属公物件。一、台湾至福建海线应如何办理之处，俟两国政府商定。"日本国立公文书馆：《帝国全权委员卜清国全权委员卜ノ间二记名调印シタル台湾受渡二関スル公文》，A01200801800。桐城尹寿松编纂，抚顺王卓然校订《外交丛书·中日条约汇纂》，第 9～10 页；《日本外交文书》，第 28 卷，第二册，《台湾受渡公文》，第 578～580 页；吴天颖：《甲午战前钓鱼列屿归属考——兼质日本奥原敏雄诸教授》，第 121 页。

桦山资纪从交割公文中否定台湾自设政府的现状，用强硬手段排除和抵制台湾人民自主的行动。最初李经方顾虑到安全问题，同时也唯恐再因台湾交割生出事端，要求在海上完成手续。桦山认为符合尽早完成交割公文形式的愿望，所以同意李经方的提议。但是对于中国政府提出公文草稿中的台民自设政府的内容，耿耿于怀，以"如将台湾岛内人民自设政府等文字列入两国代表的公文，就形同两国代表公开承认台湾的内乱及设立政府"，而提出回避此问题的新草案，从公文的内容上否定台湾人民自主抵抗的要求和现状。①

交接文据的签署虽然完成了台湾岛屿领土主权的转让，但是台湾岛上的居民管辖权问题因交接过程的纷乱，未能在文据中得以明确。国际法规定，两个主权国家间合法成立之条约中有关领土让与的规定，即产生领土移转的效果，在让与一方因割让而丧失，而在受让一方则以继受而取得，借此《马关条约》的生效。这意味着台湾岛领土主权的移转，直至光复为止，台湾领土辖于日本。但是未经条约确定的台湾人国籍问题，因交接过程的纷乱，致使台湾居民的国籍转移成为中日间的悬案。

二 国籍问题的凸显

一经占领台湾，如何开发台湾的资源便被殖民者提上日程，而移民开发得到了日本上下一致的认可。作为日本在台殖民统治的最高机构——台湾总督府从一开始就将移民开发台湾资源作为其施政急务之一。据台伊始，台湾总督府首任民政局局长水野遵即向总督桦山资纪提交了一份关于日本人移民台湾的报告，并具体阐述其经营台湾殖产事业的基本构想。在名为《台湾行政一斑》的报告中，他说："台湾土地广大，物产丰富，不过已开发之土地只不过全岛之小部分，未开发的资源仍多，不容怀疑。尤其东部山地（山胞地区）为然，……计划移住内地人（从日本来的人）以开办未兴辟之资源，为经营台湾之急务。"② 在时任外相陆奥宗光看来，日本占领

① 《日本外交文书》第28卷，第二册，《台湾受渡公文》，第578～580页。日本国立公文书馆：《帝国全権委员卜清国全権委员卜ノ间二记名调印シタル台湾受渡二关スル公文》，A01200801800。
② 台湾文献委员会编《台湾总督府档案中译本》第三辑，台北，台湾文献委员会编印，1994，第688页。

台湾的目的之一就是开拓台湾的丰富资源，移植日本工业，并垄断通商利权。① 日本的启蒙思想家福泽谕吉则认为："台湾地味丰饶，气候温暖，无比此更适宜殖产之地。" 他主张由政府积极主动地开发台湾的天然殖产潜力，使台湾成为日本内地过剩人口的海外移住地。对日本来说，占领台湾的最大意义，在于获得具有殖产潜力的新领地。② 日本占领台湾的时候，台湾已有约 300 万人口，而且"本岛西部之土壤已大为开发，今后已无余地移住我内地人"。③ 因此，要想实现移民台湾，必须首先解决好一个问题，即如何处置台湾岛上的居民。

据台之初，针对如何处理台湾居民，日本国内存在不同意见，其中一派就主张将台湾人全部放逐岛外，使台湾成为日本内地过剩人口的海外移住地。福泽谕吉认为，台湾的最佳状态，应该是一座可供日本人任意处置、设计开发的"无人岛"。④ 陆奥宗光也主张镇压台湾人，驱逐、减少台湾人，并奖励日本人移住。但考虑到"将数百万本岛居民悉数放逐，而以自国内移住代替时，徒酿岛内纷扰而已，实难冀求获得成效"。何况，"纵使以兵力与财力，亦难于一朝一夕之间移入足可与现住居民相匹敌之内地人"。⑤ 因此，日本政府并未采纳这一主张。

日本政府也希望通过国籍选择来吓退台湾人民，日本军队占领台湾后，日本政府针对台湾住民国籍问题曾召开过内阁会议商讨对策，之后伊藤博文首相，传达了内阁会议对台湾住民国籍处分的决定。按照日本内阁会议的决定要求，台湾总督府发布法令，对台湾住民迁移他处进行具体规定。1895 年 11 月 18 日，总督府发布府令 35 号《台湾及澎湖列岛住民退去条规》，其中规定：第一条，凡台湾及澎湖列岛居民不欲迁往他处者，无论是世代家族或是一时居留的住民，均得在 1897 年 5 月 8 日前，向台湾总督的地方政府所在，登记其全家族的籍贯、姓名、年龄、现住址、不动产等事项。第二条，户长年幼或出外旅行者，可由监护人或管理人、代理人，代提出退去证明。第三条，协助土匪暴动、扰乱治安、并抵抗日本军者，准许离开本岛。第四条，凡退去者，

---

① 钟淑敏：《日据初期台湾殖民体制的建立与总督府人事异动初探（一八九五——一九〇六）》（上），《史联杂志》第 14 期，第 84 页。
② 吴密察：《台湾近代史研究》，台北，稻乡出版社，1990，第 101 页。
③ 台湾文献委员会编《台湾总督府档案中译本》第三辑，第 217 页。
④ 吴密察：《台湾近代史研究》，第 101 页。
⑤ 台湾文献委员会编《台湾总督府档案中译本》第三辑，第 217 页。

所携带之家财，均可免除关税。①

台湾总督府在发布总督府府令 35 号《台湾及澎湖列岛住民退去条规》的同时，还发布告谕，通知全体台民。后来为了订立具体规定，又设置了归化法调查委员会，并于 1896 年 8 月，做成台湾住民的国民分限全案。清朝的户籍仅以税收为单一目的，而且不够准确，于是总督府制定了《台湾住民户籍调查规则》，② 日本警官及宪兵队于同年 9 月起至 12 月 31 日止，进行调查各辖区内所有户口之户长、家属姓名、年龄等而编成户籍。经常指派各街庄庄长及地保，巡回视察，提醒民众提出户籍移动的申告，同时告示此户籍的编成，是台湾总督府作为确认当地居民的资格证明，希望居民了解，并要求遇检察官临检时，应该充分合作，翔实申告，不得遗漏。③

1897 年 3 月 19 日，台湾总督府颁布《台湾住民分限手续》，明确了是非是日本臣民的判断标准。规定：第一条，明治 28 年（1895）5 月 8 日前，在台湾岛及澎湖列岛内有一定住所者，为台湾住民。第二条，明治 30 年（1897）5 月 8 日前未退出台湾总督府所管辖之外者，视为日本帝国臣民。第三条，因一时旅居而未住在台湾总督府所管辖区域内，于明治 30 年（1897）5 月 8 日后欲成为日本臣民者，也同样视为日本臣民。第四条，户长为日本国臣民时，其家族亦是日本国臣民。户长非日本国臣民者，其家族亦不可为日本国臣民。但明治 30 年（1897）5 月 8 日以前分家另立门户者，则不在此限。第五条，非日本国臣民之台湾住民可以除去户籍簿之登记。第六条，非日本国臣民之台湾住民其不动产之处分应依别项训示。④

台湾住民对于异族统治充满迷茫，对国籍事情也是处于懵懂之中，当时真正离开台湾的人数仅为 5460 人，按当时台湾人口 280 万计算，仅占总人口的 0.2% 弱，大多数台湾住民因此成为日本臣民。⑤ 迁出的原因大致有：（1）在中国大陆有财产者。（2）居所不定之季节性劳动者。（3）受谣言流言迷惑者。（4）逃避流行黑死病者。⑥

海峡两岸间的地缘关系决定了人员交往非常便利，特别是福建在两岸

---

① 《台湾总督府警察沿革志 第二篇 领台之后之治安状况》（上），台湾总督府警察局，1938，第 647～650 页。
② 台湾总督府训令 85 号，1896 年 8 月。
③ 《台湾总督府警察沿革志 第二篇 领台以后之治安状况》（上），第 661～663 页。
④ 《台湾总督府警察沿革志 第二篇 领台以后之治安状况》（上），第 653～654 页。
⑤ 《台湾总督府警察沿革志 第二篇 领台以后之治安状况》（上），第 667～668 页。
⑥ 《台湾总督府警察沿革志 第二篇 领台以后之治安状况》（上），第 668 页。

人员往来中成为主要的中转和必经地。厦门在清朝初期的唐山人进台湾潮流中即是主要的出发地。从康熙至乾隆年间，"无照渡台"即偷渡造成台湾人口从十几万增加到一百多万。① 偷渡来台，厦门是其总路。② 在闽台对渡贸易发展的过程中，往往是民间私口、私航兴起在先，清政府正式开港、设口在后。③ 早期清政府只开放厦门和台湾的鹿耳门对渡，其他港口不准通行。④ 后来厦门附近的同安、海澄、龙溪、诏安等地的偷渡者也需要通过厦门乘小船到"大担、帽口、白石头、湖下等处出口下船"。⑤ 即使指定单口对渡贸易，逐步发展到准厦门、蚶江、五虎门船只通行台湾三口，厦门始终是官方指定的首要赴台港口，因此，厦门在开埠以前就成为通商大埠，厦台间、中外间贸易发达。鸦片战争后，福州南台的泛船浦和仓山出现了外国人居留地，厦门更是设立了英租界和鼓浪屿公共租界。外国传教士、外交官、商人纷纷进入福州和厦门，给这两个城市带来了华洋杂处的特点。甲午战争后，此两地的日本人人数跃居首位，占外国人口的大多数，其中尤以台湾籍民增加最快。厦门是福建外国人数量最多的城市，也是全国外侨人数最多的城市。抗战前，在厦门的外国人数量仅次于上海、天津和青岛。其中日本人及日籍台民人口仅次于上海和青岛，居全国第三位。⑥ 据海关估计，1892 年厦门的日本人从三年前的 40 人增加到 200 人。1900 年厦门台湾籍民约有 3000 人。⑦ 进入民国后，厦门的日本籍人数有了较快增长，其中日籍台民又占绝大多数。据日本领事馆调查，1918 年在厦门的外国人总人数为 4023 人，而日籍就有 3140 人，约占在厦门外籍人总人数的 78%，其中日籍台民 2833 人。⑧

　　1918 年 12 月厦门日本领事馆调查，在 307 名有职业的日本人中，在日本

---

① 陈孔立：《清代台湾移民社会研究》（增订本），九州岛出版社，2003，第 117 页。
② 黄叔璥：《台海使槎录》卷 2，商务印书馆，1936；转引自陈孔立《清代台湾移民社会研究》（增订本），第 122 页。
③ 黄国盛：《论清代前期的闽台对渡贸易政策》，《福州大学学报》（哲学社会科学版）第 14 卷第 2 期，2000 年 4 月，第 56 页。
④ 陈孔立：《清代台湾移民社会研究》（增订本），第 123 页。
⑤ 台湾国学文献馆主编《台湾研究资料汇编》第一辑，第 3814 页，转引自陈孔立《清代台湾移民社会研究》（增订本），第 122 页。
⑥ 国民政府主计处统计局编《中华民国统计提要》，1940，第 27 页。
⑦ 戴一峰等译编《近代厦门社会经济概况》，鹭江出版社，1990，第 316～326 页。
⑧ 〔日〕日本外务省通商局监理：《福建省事情》，大正 10 年（1921 年）6 月，东京商业会议所发行，第 3 页。

领事馆、邮电局、居留民会的官吏有 62 人，在中国海关的有 13 人，在台湾银行、新高银行及川北、大阪商船和铃木商店等的职员有 37 人，另外省学校教师 6 人，医生护士等 19 人，传教人员 5 人，律师及其事务员 5 人，药商 2 人，杂货商 44 人，机械商 5 人，古董商 1 人，玩具商 2 人，移民业者 4 人，贸易业者 5 人，旅舍业者 15 人，代书业者 8 人，台湾总督府派遣的留学生 2 人，洗衣店业者 4 人，鞋店业者 7 人，理发业者 9 人，工匠 6 人，机械工 1 人，佣人 16 人，苦力 5 人，厨师 3 人，潜水员 2 人，记者 4 人，妾 7 人，视察者 1人。[1] 日本人和台湾籍民在厦门大多数是从事商业，其次是手工业和娱乐业，这也从一个侧面反映了厦门已是日本人及台湾人重要的经商城市和消费城市。[2]

在福建的日籍台民即是被编入日本籍而来到福建游历、经商的台湾本岛人。由于台湾籍民身份可以避开中国政府的管辖，可以违反中国法制而获取不菲回报，当时福州和厦门的一些人以托庇日本籍为荣，"一般心理，都不以托庇外籍为羞。上至社会闻人，下至烟蠹龟鸨，莫不以得作某国籍民为荣。且有假冒国籍，以济其恶的"。还在门上"大书某某国籍民，好像是乡村中悬挂匾额"。当时就有人评论道，所谓籍民，借外人势力欺侮国人，与人发生争执，动不动就引领事裁判权，而就质于领事。而外国领事亦利用籍民以作恶。故厦门、福州两地，悬挂外牌的烟厕不下千家。而杀人越货、作奸犯科之事，都是籍民所为，这不但是中华民族的耻辱，也是地方治安的一个很大障碍。[3]

台民在台湾处于二等公民的地位，但在中国大陆，他们同样享受不平等条约所赋予的权利，得到日本领事馆的保护，拥有一般中国人所没有的特权，其中在两个方面表现尤为明显：一是可以享受免除内地税的开港地厘金（税务）方面的优惠，只缴纳抵代税（子口税定额为从价的二分五厘），免去一切的苛税和人头税；[4] 二是可以不受中国法律管辖，反倒可以得到领事裁判权的保护。1896 年 7 月 21 日，张荫桓与林董在北京签订《中日通商行船条约》，其中第三款删掉中国领事在日的司法管辖权，而对日本

---

① 〔日〕日本外务省通商局监理：《福建省事情》，大正 10 年（1921 年）6 月，第 2~3 页。
② 厦门台湾居留民会：《厦门台湾居留民会报——三十周年纪念特刊》，1936，第 164 页。
③ 茅乐楠：《新兴的厦门》，厦门棋轩巷萃经堂印务公司，1934，第 83~84 页。
④ 《中村孝志教授论文集——日本南进政策与台湾》，卞凤奎译，第 85 页。

领事的此项权力却格外予以强调,[①] 日本对华获取了片面独享的领事裁判权,台湾岛民国籍转移后就可以像日本人那样在大陆享受此项特权。这使部分福建人颇为羡慕,于是在福建便出现了一批"假冒日籍台民",他们大致可分为两种类型:一是由真正的台湾人将自己的名义借给福建当地人使用,属于闽台人双方合作的产物;一是以各种非法手段获取台湾籍,其主要途径为购买台湾总督府下发的台湾人旅券。[②] 还有一种情况,即原为大陆公民但得到日本领事承认从而合法获取台湾籍的人,称为"归化"台湾籍民,他们与"假冒日籍台民"有所不同,但都凭借日籍特殊身份,为所欲为,不受中国法律约束。

"归化"籍民,指一些厦门人向日本驻厦门领事馆申请并取得台籍,所以也称为厦门籍民之特殊籍民。这些人"大部分是属于当地政界或经济界之有力人士,其资产以万计者不乏其数"。[③] 这些人为什么要"归化"为籍民,驻厦门的日本领事井上庚二郎曾如是说,"盖在中国之外国人所享受之领事裁判权之实惠,使中国人颇感取得外国国籍之难得可贵。厦门人经常眼看着他们的亲戚或邻居,只因割台当时因偶然因素在台居住而获得'台湾籍民'之身份后,其身体与财产便可享受日本帝国政府之保护,中国政府比之实有霄壤之差,于是一边责骂地方政府之苛敛诛求、贪多无厌,另一边则千方百计思虑计划如何取得台湾籍"。[④]

由此看来,"归化"籍民是一些为私利而谋求获得领事裁判权保护,使之不受中国法律约束的当地社会有权势的人物、不法之徒,甚至横行乡里的地痞流氓。这种人在厦门不少,在福州也有。对于这样的人,日本驻厦门、福州领

---

① 第三款规定:"大日本国大皇帝陛下酌视日本国利益相关情形,可设立总领事、领事、副领事及代理领事,往中国已开及日后约开通商各口岸城镇,各领事等官,中国官员应以相当礼貌接待,并各员应得分位、职权、裁判管辖权及优例、豁免利益,均照现时或日后相待最优之国相等之官,一律享受。大清国大皇帝亦可设立总领事、领事、副领事及代理领事,驻扎日本国现准及日后准别国领事驻扎之处,除管辖在日本之中国人民及财产归日本衙署审判外,各领事等官应得权利及优例,悉照通例,给予相等之官一律享受。"参见〔日〕东亚同文会调查编纂部《增补支那关系特种条约汇纂》,东京,东亚同文会调查编纂部,1922,第632页。

② 陈小冲:《档案史料所见之清末日籍台民问题》,《台湾研究集刊》1991年第3期。

③ 〔日〕井上庚二郎:《厦门的"台湾籍民"问题》(1926年9月),《闽台关系档案资料》,鹭江出版社,1993。

④ 〔日〕井上庚二郎:《厦门的"台湾籍民"问题》(1926年9月),《闽台关系档案资料》,鹭江出版社,1993。

事馆与台湾总督府，为了不可告人的目的，却乐于接纳。中国方面欲加管理，但日方不容中方插手，因为利用"归化"台湾籍民进行扩张活动，"正是日本政府和台湾总督府致力追求的重要目标"。① 日本政府庇护日籍台民的原因大致有二：（1）在对外交涉中，台湾人是日本籍民，"日本政府担心在日籍台民身上失去的东西，会同样波及并损害到日本人本身的利益"；（2）日本政府"也有意以日籍台民的特殊身份，组织台民集团，抗拒中国人民的排日运动，离间闽台人民的关系"。②

还有一些"假日籍台民"。有些台湾人"将自己一度使用之旅券不缴还，而让与他人者，或由本地厦门人以书信委托在台友人，以台民之名义申请旅券而后转寄厦门者，或又将旅券转卖他者等等乏事，……因此冒充国籍日本籍者颇多"。③ 不少政府官员虽知道其内幕，却以金钱成交旅券等事。④ 这种情况厦门、福州都有，以致台湾人的旅券在黑市上的价格不断上涨。

除此外，还有漏籍者，⑤ 这些人本来是台湾原居民，"只因在台户口调查时正在中国或南洋方面居住，致使改编国籍时无法证实其确属台籍，其后经严密调查之结果，确有割台当时在台居住之事实，于是编入台籍"。⑥ 井上庚二郎认为，这些人与新"归化"情况不同，这正如人出生后报户籍，更确切地说，与私生子认知相同。实际情况却并非如此，而往往是一些人为加入台籍编造的一种理由。由于 1900 年前后台湾警察只是调查现住者，仅仅是对现住者与户口簿相对比，户口簿却是居民申报上来的户籍结果，于是就出现了外出者被忽略的情况，⑦ 台湾统治者将"灼宜""归化"又扩展至"特别处理"。⑧ 由此出现一些以漏籍名义申请加入日本国籍的福建等地区的大陆居民。许多无赖之徒、经商失败者，畏罪潜逃至台湾，经过数日，则以日籍台民身份

① 陈小冲：《档案史料所见之清末"归化"台湾籍民》，《台湾研究集刊》1992 年第 1 期。
② 陈小冲：《日籍台民与治外法权——以光绪三十一年王协林案为例》，《台湾研究集刊》1992 年第 2 期。
③ 《台湾总督府外国旅行券规则及关系公文集》，梁华璜著《日据时代台民赴华之旅券制度》，《台湾风物》第 39 卷第 3 期，1989。
④ 〔日〕井出季和太：《台湾治绩志》，台北，台湾日日新报社，1937，第 24 页。
⑤ 王学新：《日治时期台湾的漏籍问题》，大连，"台湾殖民地史学术研讨会"，2009 年 8 月。
⑥ 〔日〕井上庚二郎：《厦门的"台湾籍民"问题》，1926 年 9 月，《闽台关系档案资料》，鹭江出版社，1993。
⑦ 王学新：《日治时期台湾的漏籍问题》，大连："台湾殖民地史学术研讨会"，2009 年 8 月。
⑧ 1898 年 10 月 28 日总督内训第 49 号"有关台湾住民户籍处理案"中，将 1897 年 5 月 8 日前离开台湾者视为漏籍，加以特别处理。公文类纂 V00248＼A039＼429。

携带旅券返国。这些人大都是以在决定归属时登记遗漏为理由而入籍的。[1]

以上三种类型的国籍特点，是国籍变化的主动趋向性，与正常的国籍转移完全不同，这在一定程度上反映了他们的阴暗心理与卑鄙目的。同时也与当时杂乱的客观现实及日本政府的扩张政策密不可分。

三　中日间台民国籍问题的交涉

日据时期，日籍台民大批移居福建，其类型主要有原台湾居民、"归化"籍民与新编入台籍者。原台湾居民，指"1895 年割台时，在台住民依《马关条约》之规定整体获得日本帝国国籍者，以及其子孙"。[2]

台湾被割让，即是所谓"让与地方"，居住在台湾的人民两年内可自由选择居住地，如果在条约批准换文之日起两年后仍居住在台湾的，即被视为日籍台民。本来正常的国籍转换在近代西方各国之间也不乏其例，本不应旁生枝节，但台湾领土的转让以非正常途径使然，加之交接过程的纷乱、中国当时管理水平的滞后，以及日本对岸政策的影响，促使籍民之间以及籍民与当地民众之间出现了诸多的纠纷。以闽浙总督许应骙向后藤新平提出抗议为肇始，[3] 中日两国间屡次为此进行交涉。

在晚清外务部成立之前，清朝地方的交涉体制大致是由关、道和督抚来制定的。由于列强势力侵入，很多引起交涉的活动实际是发生在地方，而清朝的督抚在自己辖区内统辖各种事务，交涉自然也包括其中，加上他们权位较高，又比较了解地方情况，因此很多地方的交涉实际由地方督抚来进行，总理衙门仅在督抚办理不妥时可以"札饬该督抚遵照施行"。[4] 在实际交涉中，地方督抚大事直接上奏，小事责成关道处理，只在遇到比较棘手和难以解决的问题时才咨询总理衙门，问题解决以后由总理衙门审核。地方督抚还常常接受委派，代表清廷进行交涉活动，甚至签订条约。这样，在很多情况下，交涉是绕过了总理衙门这个名义上的外交中枢来进行的。

清政府外务部成立于光绪二十七年六月（1901 年 7 月），外务部时期，

---

① 《中村孝志教授论文集——日本南进政策与台湾》，卞凤奎译，第 82 页。
② 〔日〕井上庚二郎：《厦门的"台湾籍民"问题》（1926 年 9 月），《闽台关系档案资料》，鹭江出版社，1993。
③ 《中村孝志教授论文集——日本南进政策与台湾》，卞凤奎译，第 205 页。
④ 贾祯等监修《筹办夷务始末·咸丰朝》第 72 卷，中华书局，1979。

有人主张："宜于各省设立交涉总局，直隶外务部，而仍受节制于该管督抚"，"置一道员或司员相当之官，总辖其事"，"如有要事，得随时由总局直察外务部"。① 这是建立直属中央外交机关的地方交涉机构的最初构想，但还是作为地方督抚的临时办事机构。真正和中央外交机关联系比较密切、并对地方督抚外交事权有所控制的地方交涉机构，是清末建立的交涉使司。

交涉使司的人员任用由督抚决定，没有直接指挥下属府道的权力，它与各司同署办公，"凡奏咨批割稿件，厅司皆以次呈督抚核定，总督在他省时，日行公事皆呈抚核，重要事件先呈抚核，电商总督定夺"，"厅司稿件，经督抚核定后，即用省印行下"。② 清政府在 1907 年厘定外省官制，其中很重要的一项内容就是厘定中央、地方权限："宜明定职权，划分权限。以某项属之各部，虽疆吏亦必奉行；以某项属之于督抚，虽部臣不能挽越。"③ 在这当中，并没有规定地方设专门的交涉官员。由于"交涉一切，关系綦重，皆地方大吏分内应办之事"，④ 所以规定督抚总辖地方外交、军政，总揽地方行政等事权。在随后的几年中，清政府有意在中外交涉较多的省份设立交涉使，借以制衡地方交涉事权。于是，在地方的对外交涉事务中，出现了地方督抚和洋务局、外务部的交涉使司共管的复杂情况。

明治 33 年（1900）4 月 1 日，台湾总督府民政长官后藤新平从淡水港出发，翌日抵达厦门港，8 点入住厦门日本领事馆。4 月 4 日，后藤新平开始拜访中国福建地方官员，他首先来到杨提督衙门，表明此行目的在于"增进与贵地诸官的交谊"。⑤ 但当后藤新平返回领事馆途中拜访的厦门道台延年时初次遭遇了"入籍问题"缠绕。当时，在延年的道台衙门里，延年举例性地向后藤新平提出"在本地犯罪后，逃往台湾，奸诈地利用入籍手段，我们对于此种贵国籍的犯罪人无法追查的情况，对于双方交往上不无障碍"的外交照会，实际上是要求日本及台湾总督府对于此种国籍问题予以相应的措施。⑥ 对于此种要求，后藤新平只是轻描淡写地将其归因于"两国官吏疏于往

① 《东方杂志》第 3 卷，第 11 期，外交，第 87 页。
② 《大清光绪新法令》第 4 册，第 34 页。
③ 故宫博物院明清档案部编《清末筹备立宪档案史料》，中华书局，1979，第 370 页。
④ 王彦威纂辑，王亮编《清季外交史料》（光绪朝）第 147 卷，第 3 页。
⑤ 〔日〕鹤见佑辅：《正传·后藤新平》（3），"台湾时代 1898～1906"，东京，株式会社藤原书店发行，2005，第 517 页。
⑥ 〔日〕鹤见佑辅：《正传 后藤新平》（3），"台湾时代，1898～1906"，第 519 页。

来之缘故",①"双方政府官员如能像人民一样亲密,此类事情绝对无需深虑",而且高傲地建议:"你们这样的官员,如果能来台湾,考察一下我们的制度与设施,不仅可以作为你们官员行政的参考,还可以对国际事务处理大有裨益。"② 4 月 7 日,后藤新平在拜访福州的闽浙总督许应骙时,再次听到台湾人入籍问题质询,③ 而且,就在此次拜访归途,后藤顺便前往了福建洋务局,又一次受到张布政使关于台湾人入籍问题的叮问。④

后藤此次来闽本并未将此事视作要事,在中国地方、洋务官员的一再申诉下,虽极不情愿,但最终无奈地以回头和丰岛领事协商来回应他们。⑤ 当时日本驻福州的领事是丰岛舍松,在其后他对此事所提出的意见书中明确地认识到这个问题的严重性。他说:"他们毫无忠君爱国思想,现在归化日本籍,不久后即归化其他国籍,甚至会一人拥有数个国籍。"⑥ 当时正值中国政府新定国籍条例之际,日本政府唯恐对台湾籍民形成冲击,于是开始着手调查台湾籍民情况,研究采取对策。日本外务省要求驻扎福建的领事等外交人员,以及台湾总督府派出的人员相继对福建的台湾籍民问题进行调查。据台总督府派遣至厦门的泽村繁太郎所言:1897 年 5 月 8 日后的来厦籍民"多半包藏野心,当涉及金钱借贷、房屋买卖、盗难诉讼等案件时,有时会向领事馆申诉一些虚构诈伪之事件,企图藉着日商之威势,向中国人谋取暴利。造成领事馆的极大麻烦"。⑦ 因此,日本外务省及其台湾总督府曾试图对假冒国籍及其因台民国籍而出现的问题进行处理。驻厦门日本领事上野专一建议台湾总督府发给旅券时,应要求附上照片,⑧ 但台湾总督府以照片尚未普及为由,而在旅券上附上"人相书"(描述持券人五官特征的纸片),但由于它仍不能将持券人完全描述清楚,常常有转让、假冒、买卖旅券情况发生,且程度相当严重。⑨ 1900 年 2 月,台湾总督府申请外务大臣训令福州、厦门等日本领事对逃犯实施逮捕或禁

---

① 〔日〕鹤见佑辅:《正传·后藤新平》(3),"台湾时代 1898~1906",第 519 页。
② 〔日〕鹤见佑辅:《正传·后藤新平》(3),"台湾时代,1898~1906",第 519 页。
③ 〔日〕鹤见佑辅:《正传·后藤新平》(3),"台湾时代,1898~1906",第 522 页。
④ 〔日〕鹤见佑辅:《正传·后藤新平》(3),"台湾时代,1898~1906",第 523 页。
⑤ 〔日〕鹤见佑辅:《正传·后藤新平》(3),"台湾时代,1898~1906",第 524 页。
⑥ 〔日〕《外务省文书·丰岛舍松》,1900,外机八号,《后藤民政长官来福二付演述之意见并二拙官卑见申诉一件》,《后藤台湾民政长官清国厦门及福州地方之出张一件》,日本外务省外交史料馆藏。
⑦ 《台湾总督府公文类纂》,V04556 \ A006。
⑧ 《台湾总督府公文类纂》,V00132 \ A025。
⑨ 《台湾总督府公文类纂》,V00132 \ A029,032。

止其居留。但外务大臣显得很为难地说："仅是台湾逃亡者或犯法者之缘故，而与该地安宁风俗无关时，实难以如拟处置。"① 1907 年 3 月，台湾完成户口调查，10 月份，台湾总督府令第 86 号颁布台湾"外国旅券规则"，规定不携带依此规定的旅券不能出境。但实际上台湾的外国旅券规则仅适用于台湾，日本本土无此规定，故台湾人如果绕到日本前往大陆时，则不需要旅券，因之沿用此法在福建者仍不在少数，更挡不住黑帮籍民的脚步。② 在台湾犯下罪行逃亡厦门者，为了躲避惩罚，不可能到厦门领事馆登记，领事馆当然也不可能掌握他们的详细情况，这类人数量不少，在 1910 年估计约有 200 人。③

1903 年，福建洋务局照会日本驻福州领事，要求其先行停发日籍台民护照，等待彼此间商定章程之后，再行办理，但遭到拒绝。④ 无奈的福建洋务局只好总结历年日籍台民在闽活动及与日本领事交涉经验教训，提出了对待台湾籍民的国籍问题的主张。在征询过闽浙总督意见后，借由闽浙总督上报外务部。其大致内容如下："查西人入内地游历，原因语言服饰显有不同，是以请给护照，以便保护。嗣中国人改隶洋籍，由厦门到内地游历，经英领事请给护照，声明如不改装，护照即作废纸有案。现在日本台湾属民，原籍多隶漳泉，由台回籍，本应照华民论，不能请给护照，日领事请给，厦道通融办理，间有发给，该商往往藉照揽运货物，不完税厘。""第给照保护"，原因是"中外籍贯不同，服饰互异，台民与中国百姓，籍贯服饰，一切皆同，往来内地，无从辨别，易启影射揽运货物之弊，应请商明嗣后台湾人民已隶日籍，贸易来华，服饰或改西服，或改东洋服式，不能仍照华民服色，如仍穿华服，即视作华民论，不能给照保护，以示区别，而免弊混"。⑤

闽浙总督在呈文中也提出了自己不同的看法，他认为："台民即隶日本，照约应得保护，未便以是否改易服色，强为区分，如果该民籍照揽运货物，不完厘税，自可随时执约禁阻。且台地外属，本非得已，若如局员所拟，既入洋籍，即应改服式，似非朝廷爱护侨氓，一视同仁之意。惟其中作奸犯科之徒，

① 《台湾总督府公文类纂》，V11117 ＼ A031。

② 黄呈聪：《支那渡航旅券制度の廃止を望む》，《台湾》第三年第九号，东方文化书局复刊，1922，第 19～29 页。

③ 《台湾总督府公文类纂》V06203 ＼ A005。

④ 外务部档："开埠通商，福建全省洋务总局记名特用道尽先特用道谨将商请日本领事印给游历护照如非真正台籍暂行停发照会并奉行原文照录清折呈送察鉴"，光绪二十九年五月。

⑤ 外务部档："开埠通商，福建全省洋务总局记名特用道尽先特用道谨将原拟日本人在闽贸易游历传教应商各节抄录清折呈送察鉴"，光绪二十九年五月。

恃洋籍为护符，藐法抗官，亦实为地方隐患，自应分别办理。"① 他请求外务部咨行赴日商约大臣，与日本政府商议对日籍台民来华，"分别良莠、酌定限制"，并载入商约，以便有法可依。

外务部对福建洋务局的报告和闽浙总督的意见，分别给予了回应。在给闽浙总督的复文中，同意其不必"改易服色、强为区分"的主张，认为日籍台民如有违犯清廷法令和中外章约精神，尽可随时执约照请日本领事禁止，强调"勿于约外苛求"。对于假冒日籍台民问题，外务部的意见是："该领事（指日本驻福州领事）照复所称台民游历通商出口，由台湾督抚给照为凭，到地时领事署验明存案，再给与入内地护照，如有中国人携带护照，查系确实冒混，自应由中国按律究办等语。彼已切实声明，即应凭此设法稽察，此等交涉细事洋务，各省分（份）所常有，领事有商办交涉之责，应由局员或地方官径向领事持平商结，未便概由本部照会使臣，转多争执，如果使臣来部晓晓，再当辩驳。"②

以上材料可知，对于日籍台民国籍问题，福建全省洋务局的认识不免局促。尽管出于事务人员的职业所在对规章制度有所自然偏爱，有利于加强对外侨的规范管理，但是其思路还是让人有食古不化之感，似乎与时代及内在要求实在相去甚远。所谓的给照亦即发给护照，按照近代国际法对国籍与护照的规定，护照是一国居民前往他国携带的身份证件，以此即可判明旅客之国籍与身份，海关人员及其外侨管理部门，完全可以借此对外侨实施有效管辖。至于凭借服饰辨别旅客国籍与身份的思维与方法，鲜明地暴露清朝涉外官员传统滞后的外交观念，同时，该报告也让我们感受到领事裁判权对清朝涉外人员的无形压力，以致他们误将外侨的护照直接等同于在华特权。外务部和闽浙总督部堂的意见则是不设定规范的做法，针对所发生的纠纷及问题，分别由涉及的主管单位依个案方式处理。对于福建洋务局的改变服饰之建议，自然是不予恩准了。其理由一方面是站在道德高地，即所谓"爱护侨氓，一视同仁"；另一方面，也是顾忌日本"约外苛求"③ 的反对，中央政府及决策人员对半殖民地的外交性质早已领会之深，无法独立做出明智之举。

面对福建台湾籍民的国籍问题，中日间虽有交涉，但是，难以见到日本外务省及其台湾总督府的积极应对，自然就会效果不彰。福建洋务局提出的台湾

---

① 外务部档："开埠通商，署闽督文一件"，光绪二十九年十一月二十九日。
② 外务部档："开埠通商，咨复闽督洋务局所拟节略应分别办理由"，光绪二十九年六月。
③ 外务部档："开埠通商，咨复闽督洋务局所拟节略应分别办理由"，光绪二十九年六月。

籍民国籍处理方案，最后固然没有得到清廷的批准，但从中可以窥出福建地方官、闽浙总督和清朝中央政府三方存在的不同看法。对外管理体系内部尚未达成一致，而且根本未曾出现有进步意义的处理方法，更加难以抵抗领事特权的扩张。

四 结语

乙未割台后，台民国籍问题并未因《马关条约》签署及台湾主权交接而结束，因为，纷乱的台湾交接，无法面对岛民的国籍意愿，单方面的国籍转移，反倒制造出更多问题，双方相悖的思维及方法，更难以解决复杂的国籍问题。日本既不遵守国际法对国籍转移的规定，又排斥让与国对国籍转移的参与，不得不在无奈的状况下重新和让与国进行国籍问题的交涉，可见，近代中日间国际法的实用状况，既不能忽略国民的意愿，也无法机械地套用国际法的国籍规定，因为这是国际体系及其规则转换过程中的国籍问题，必须经由当事双方共同应对，寻求通过共同努力达到问题的真正解决的目的。国际体系转型中的规则不是预先设置或是移植而来的，非经由双方共同建构无以达成。故此，单纯借用其他国际地域的规则，难以顺畅地开展地域外交，外交主体间的实践活动可以形成共有观念，共有观念可以产生共有规则，共有规则决定了行为体的身份、利益和行为。只有双方共同构筑的体系及其规则，方能成为双方的行为准则和共同行为规范。

近代中国和日本的"交错"与"分歧"

——关于领事裁判权问题[*]

日本亚细亚大学国际关系学院 青山治世

一 前言

关于日中两国的"近代化"过程，迄今为止双方的史学界进行了很多的研究与分析，其中有些学者采用了比较研究的手法。研究对象主要是关于日本明治维新与中国洋务运动的比较、日本明治维新对中国变法运动的影响等方面。[①] 在这些研究中，有很多学者指出，无论是洋务运动的成果，还是明治维新对变法运动的影响，都存在着局限性。另外，关于对"近代外交"的应对过程，也已经有研究成果分析了日中两国之间的差异。特别是关于日中两国与欧美诸国分别签订的"不平等条约"，加藤祐三所做的比较研究指出，日本的"不平等条约"是"交涉条约"，相对而言内容从属性较低；而中国的"不平等条约"则是"战败条约"，其从属性相当高。[②] 近些年，有些学者对于"不平等条约"的"不平等"性本身提出了一些质疑，也开始试图在以"日中韩"

---

[*] 此稿是在拙文《近代日中の"交错"と"分歧"の轨迹：领事裁判权をめぐって》（载《东アジア近代史》第15号，2012）基础上加以修改并由朱琳（日本神奈川大学）翻译成中文。

[①] 参见彭泽周《中国の近代化と明治维新》，京都，同朋舍，1976；〔日〕芝原拓自《日本近代化の世界史的位置：その方法论的研究》东京，岩波书店，1981；〔日〕依田憙家《再增补日中两国近代化の比较研究序说》，东京，龙溪书舍，1993；等等。

[②] 加藤祐三将日中两国的条约比较制成表。最新版是登载于〔日〕加藤祐三、川北稔《世界の历史25 アジアと欧米世界》，东京，中央公论社，1998，第374、387页。

三国为中心的"近代东亚"的框架中来重新思考这些问题。[①]

不过，关于这些"不平等条约"走向消解的历史过程，即所谓的"修约史"，在日本－欧美、中国－欧美及日本的框架中，作为毫不相干的事物分别进行了研究，[②] 但没有看到从日中两国的相互关系或相互作用的角度对双方的"修约史"所进行的研究。[③] 当然，日中两国各自所走过的废除"不平等条约"的道路，因时期、方法、国际环境等不同而存在着很大的差异，[④] 但有些研究已经阐明日中两国的"修约"过程并非毫不相关。例如，佐佐木扬认为，中国政府开始认识到领事裁判权的弊病及"治外法权""关税自主权"等概念，是通过 1880 年前后以何如璋、黄遵宪为代表的清朝驻日使馆从当时日本国内上演的"修约"论争中获得相关知识与信息，并将之传回本国而实现的。[⑤]

但是，对于围绕"修约"日中之间的相互作用这一方面，还没有将从近代日中关系确立的《日清修好条规》的签订时期至清政府开始迈出修约之路第一步的 20 世纪初期纳入视野，进而来探讨其变迁历程的研究。而且，即便在"不平等条约"研究中，关于其"平等－不平等"的状态、"单边性－双边性"的意思，很难说根据当时的脉络进行了充分的考察。[⑥] 这明显地反映在有关《日清修好条规》（1871）、《中韩通商条约》（1899）的叙述上。这两个条约，也包括领事裁判权的相互承认在内，几乎所有的条款都规定为双边的。然而，在以往的研究中，认为若规定是双边的则就是"平等"，而并不进行更进一步的考察，关于领事裁判权的相互承认的意味和背景、其在中国近代史甚至

① 参见登载于《东アジア近代史》第 13 号，《东アジアの国际秩序と条约体制：近世から近代へ》（2010 年特辑）。

② 〔日〕五百旗头薰：《条约改正史：法权回复への展望とナショナリズム》（东京，有斐阁，2010），是试图超越这样的框架，重新构建包括日清修约交涉在内的有关日本"条约改正史"的为数不多的研究成果。

③ 吕彩云、陈宾：《晚清中日两国修改不平等条约之比较》（中国文史出版社，2011）是比较和考察了日中两国"不平等条约"修改过程的为数不多的研究书，但是，书中看不到对两国的"修约"的相互作用与关联性的视点与考察。

④ 参见王建朗《中国废除不平等条约的历程》，江西人民出版社，2000；李育民：《中国废约史》中华书局，2005；唐启华：《被"废除不平等条约"遮蔽的北洋修约史（1912～1928）》，社会科学文献出版社，2010。

⑤ 〔日〕佐佐木扬：《清末の"不平等条约"观》，《东アジア近代史》第 13 号，2010。

⑥ 最近中国出版的侯中军《近代中国的不平等条约：关于评判标准的讨论》（上海书店出版社，2012）一书，综合性考察了近代中国的不平等条约的种类与特征，反映了中国现在有关近代条约研究的水准，十分有益。只是在有关《日清修好条规》和《清韩通商条约》的叙述中，看不到此处笔者切近"平等－不平等""单边－双边"的实情的考察（第 231 页、第 449～450 页）。

在东亚近代史中有着怎样的意味这些方面，完全没有纳入视野。关于这些课题进行深入考察，应该与切近东亚国际关系"近代化"的实情相关联。换言之，光问条约规定表面上的"平等－不平等"这一"不平等条约"的分析框架，是不能切近近代东亚国际关系的实情的。

因此，本文暂且抛开以往的"不平等条约"研究的框架，就日中两国对作为"修约"焦点之一的领事裁判权问题各自采取怎样的态度，以及在怎样的瞬间两者相互碰撞、相互作用这一问题，试图对从 19 世纪 70 年代至 20 世纪初期这一较长时期进行考察。由此我们可以认识到近代中国和日本两国的修约历程并非是两条不相交错的平行线，而是一条重复着"交错"与"分歧"的错综复杂的道路，这也是东亚近代史的一个片段。①

二 "分歧"之时（1871 年）
——日本开始着手"修约"与《日清修好条规》的签订

日本与清朝在 1871 年缔结了《日清修好条规》，由此确立了近代外交关系。其中包括了双边领事裁判规定（第 8 条），据此双方互派领事，在 1894 年日清开战之前，两国分别在对方国家行使领事裁判权。② 不过，日方在《日清修好条规》签订的第二年就已开始寻求修订，在清朝即将派遣领事之前，日方又进行交涉，试图要求清朝放弃行使《日清修好条规》中所规定的领事裁判权的念头，即便设置了驻日领事（1878 年）之后，这种交涉还在继续，但清朝方面对此完全不做回应。③

从以上的过程来看，人们会产生这样的疑问：在 1871 年，为何日本政府同意

---

① 本稿所试图描述的"交错与分歧"的轨迹，受到了三谷博论文中的一句话的启发，即围绕领事裁判权，日中"两国所走的道路发生了分歧"（〔日〕三谷博：《一九世纪における东アジア国际秩序の转换：条约体制を"不平等"と括るのは适切か》，《东アジア近代史》第 13 号，2010，第 7 页）。

② 参见〔日〕青山治世《领事裁判权を行使する中国：日清修好条规の领事裁判规定と清朝在日领事による领事裁判事例を中心に》，《东アジア近代史》第 13 号，2010。关于日本驻华领事以及包括领事裁判在内的日本领事的活动，参见〔日〕中网荣美子《明治期日本の中国、朝鲜に于ける领事裁判に关する基础的研究》，《早稻田大学大学院法研论集》第 80 号，1997；曹大臣：《近代日本在华领事制度：以华中为中心》，社会科学文献出版社，2009。

③ 参见〔日〕青山治世《领事裁判权を行使する中国：日清修好条规の领事裁判规定と清朝在日领事による领事裁判事例を中心に》，《东アジア近代史》第 13 号，2010；〔日〕五百旗头薫：《条约改正史：法权回复への展望とナショナリズム》，第 5 章第 3 节等。

在《日清修好条规》中规定双边领事裁判权，而随后又马上要求进行修订？为了探寻这方面的情况，我们必须关注 1871 年（明治 4 年）前后的动向，这一时期日本政府正式开始与欧美诸国进行"修约"，此时正好缔结了《日清修好条规》。

本来，在日本江户幕府末期就已出现要求修改与欧美诸国签订的一系列条约的动向，是以 1867 年末发生的"王政复古"和放弃"攘夷"为契机的。[①]"为了放弃"攘夷"政策，并确立还很脆弱的新政权的正统性，不得不认定前政权所签订的条约是错误的，并要求对此进行修改"，但是，当时"对于其弊病仅有模糊的认识"。[②] 这种状况开始转换是在 1869 年春天。其时岩仓具视撰写了一封意见书，列举出明治新政府应当采取的方针。他指出："夷人犯我邦之律，亦不许于我邦处置之事等，尤可谓国辱之甚、外侮之极。不可不断然更之，以立国威。"[③] 他明确指出不能处理本国国内所发生的外国人犯罪的领事裁判权是最大的"国辱"。但是，这并不意味着据此"恢复法权"就作为日本"修约"目标的不可动摇的方针确立了起来，其后，围绕领事裁判权的态度与方针，呈现诸多的曲折或分歧。

"修约"活动付诸具体实施，是在 1870 年 10 月"条约改正取调挂"（不久改称为"改正挂"）设置于外务省内以后的事情。[④]"改正挂"首先开始对以往与各国所签订的条约进行比较研究，制成了《各国条约异同沿革一览》。其中，在关于"外人罚律"的部分，用纸条添写上要求将领事裁判权改为双边的意见，这可能是看到《日俄通好条约》（即《下田条约》，1855 年签订）第 8 条对于双边领事裁判权的规定。[⑤] 规定相互承认领事裁判权的修正案，与上述岩仓具视的方针明显不同，但是，其实当时在外务省内对修改意见也存在意见上的分歧：是应该修改成让在留外国人服从于日本的法权，还是应该出于

①　参见〔日〕五百旗头《条约改正史：法权回复への展望とナショナリズム》，东京，有斐阁，2010，第 10 页。

②　〔日〕三谷博：《一九世纪における东アジア国际秩序の转换：条约体制を"不平等"と括るのは适切か》，《东アジア近代史》第 13 号，2010，第 5 页。

③　《会计外交等ノ条々意见》明治 2 年 2 月，《岩仓具视关系文书》（1），东京，东京大学出版会，1983 复刻，第 325 页。

④　日本外务省编纂《条约改正关系大日本外交文书》第 1 卷，1941，17~19 页。"条约改正取调挂"是为调查和研究修约工作而在外务省内设置的部门。

⑤　日本外务省记录《各国条约异同沿革一览 附条约改定稿本并异同辨》（日本外务省外交史料馆所藏，2 门 5 类 1 项；アジア历史资料センター，B06151019600），参见〔日〕稻生典太郎《条约改正论の历史的展开》，东京，小峰书店，1976，第 167~168 页。

"时势国情"尚未达到付诸实施的考虑，不要求恢复法权，而"因袭旧惯"。①1871 年 2 月，泽宣嘉外务卿作为"深虑熟议"这一法权问题的法律专家，决定让有留学荷兰经历的津田真道（刑部中判事）供职外务省，几乎与此同时，神田孝平（集议判官）也加入进来，这两人的加入试图强化"改正挂"。②

同年 5 月，日本修约史上最初的修正草案《拟新定条约草本》（以下简称《草本》）经"改正挂"制成而提交给政府辨官。③ 在这一《草本》中，关于裁判管辖，则贯彻"属人主义"；关于刑事，则规定基于"被告主义"的双边领事裁判（第 10、11 条）；关于民事，则规定双方列席审判（第 8 条）。也就是说，这意味着并不撤销在日本的欧美领事裁判权，而是日本也要求对欧美诸国行使领事裁判权。

那么，为什么"改正挂"要将这些条文加进来呢？已有研究指出，《草本》是以原幕府"外国奉行"的下层官僚、现为外务省实务家的这群人为中心，根据幕末以来的条约交涉以及处理外国事务的经验而制成的。④ 这里所见的"属人主义"式的条文，援用了《日俄通好条约》的双边规定。稻生典太郎认为，相当于"改正挂"的"议判"（课长级）的津田与神田、田边太一等虽"阅览了"《草本》，但"并未从事制作文书的实务"。⑤ 然而，这些人，特别是津田，为了"深虑熟议"法权问题而去外务省任职，因此很难想象成为法权问题核心的这些条文的决定会无视津田等人的意志。

实际上，在把完成了的《草本》呈交给泽宣外务卿之际，"改正挂"附上一封问询信（日期为辛未年四月），说明了制作的主旨。⑥ 信中列举了领事裁判权的弊病，诸如以往"条约上不合适之第一"为"内地在留之外民，可各自从其国之法度"，据此"各国平行之交际"受到阻碍，日本的"主权亦自然

---

① 日本外务省编纂《条约改正关系大日本外交文书》第 1 卷，1941，第 21 页。

② 日本外务省编纂《条约改正关系大日本外交文书》第 1 卷，1941，第 21~22 页。

③ 日本外务省记录《各国条约异同沿革一览 附条约改定稿本并异同辨》（日本外务省外交史料馆所藏，2 门 5 类 1 项，アジア历史资料センター，B06151019700）所收。关于《拟新定条约草本》，参见〔日〕稻生典太郎《条约改正论の历史的展开》第 8 章、第 9 章第 1 节；〔日〕下村富士男：《明治初年条约改正史の研究》，东京，吉川弘文馆，1962，第 3 章。另外，《拟新定条の草本》里没有关于税权的记载，关于最惠国待遇，写进了双互应负义务的规定。

④ 〔日〕稻生典太郎：《条约改正论の历史的展开》，第 8 章，第 9 章第 1 节。

⑤ 〔日〕稻生典太郎：《条约改正论の历史的展开》，第 188~189 页。

⑥ 《条约改定稿本并异同辨》（日本外务省记录《各国条约异同沿革一览 附条约改定稿本并异同辨》2 门 5 类 1 项，アジア历史资料センター，B06151019700）；参见〔日〕稻生典太郎《条约改正论の历史的展开》，第 173~174 页。

欠损"，"各港居留民亦殆齐彼方领属，领事官等亦与我地方长官同权者，百端不体裁"至极。然而，"改正挂"提交《草本》的旨趣在于，鉴于现今的"时势国情"，不该期望恢复主权，因修约要求本身为时尚早，应该对1872年这一修约时期进行延期，但是，即便如此，若此次想要求做一点修改的话，应该基于此《草本》。也就是说，《草本》中所体现出的"属人主义"式的领事裁判、列席审判的双边规定，因有《日俄通好条约》的先例，所以，这是为在形式上试图实现条约上"平行之交际"从而树立"国威"的新政府首脑的意向而设定的所谓"苦肉之策"。①

那么，对于欧美诸国允许此规定的可能性，"改正挂"是如何考虑的呢？当时欧美诸国开放了内地，而日本尚未开放，假定就那样实施这些规定的话，从领事裁判的适用范围来看，只有使在外日本人处于相当有利的状况。② 可以认为或许当时他们的认识并没有达到那个层面，但是，前面已有叙述，对于领事裁判权的存在与领土主权相抵触的认识已经十分明确，理应知道即便将这样的修正案提交给欧美诸国也不会被批准。如前所述，有意见提到依照《日俄通好条约》的先例，将领事裁判权在《草本》中作为"苦肉之策"暂且采用，但是对于"属人主义"式的法权的存在，新政府自不待言，外务省内部更是在不断摸索。

在"改正挂"呈交《草本》的第二个月（1871年6月），为准备日清间正式的缔约交涉，日方制成了正式草案，即所谓的"津田草案"（津田真道起草）。在这一草案中，对于领事裁判权，在内容上只规定了日本的在华领事裁判权，事实上否定了清朝的在日领事裁判权。③ 但是，在其后的日清交涉中，日方的草案被清朝拒绝，同年9月，缔结了以清朝草案为基础的《日清修好条规》。在该条规中，设定"被告主义"的领事裁判权以及混合诉讼的会审权为双方互负义务（第8条）。两国间的缔约交涉，虽然可以说是以未必须与日本缔约的清朝的

---

① 另一方面，对于"改正挂"未把"法权恢复"写进《草本》的理由，也有研究者从当时他们所接受的近代国际法理论的角度进行阐释（〔日〕稻生典太郎：《条约改正论的历史的展开》，第171页）。

② 〔日〕下村富士男：《明治初年条约改正史の研究》，东京，吉川弘文馆，1962，第90页。

③ 已经有研究指出津田《草案》与1861年清朝与普鲁士之间缔结的条约酷似。但是，藤村道生认为日本想从清朝获得与西方各国同等的权利。针对这一观点，森田吉彦予以否定，他认为当时日本欠缺这样明确的意图。两人在解释上出现分歧藤村道生：《日清战争前后のアジア政策》，（东京，岩波书店，1995，第82～85页；森田吉彦：《日清修好条规缔结交涉における日本の意图，1870～1872：藤村道生说へのいくつかの批判》，《现代中国研究》第11号，2002年9月）。

步调而推进的，日方几乎没有拒绝清朝草案的余地，但是，笔者想关注一下规定领事裁判权及会审权相互承认的条款与《草本》具有相似之处①。前文已经提及，《草本》中有关法权的"属人主义"式的双边规定，是在津田真道也同意的基础上加进去的，但是，在以伊达宗城为全权大使的日方使团中，作为法律专家加入其中的津田，于其而言，《日清修好条规》的这些规定在当时并非难以接受。关于清朝规定双边领事裁判权的经过，拙稿已有论述，②而就清末"不平等条约"观进行考察的佐佐木扬则指出："对于中方，与其说领事裁判权并非应该撤废的恶，不如说是应该争取的目标。由于作为邻国，且有很多中国人侨居，日本的订约要求为之提供了实现目标的机会。"③

缔结《日清修好条规》的翌月（10月），作为明治政府的法律顾问的美国法律学者史密斯（E. Peshine Smith）来到日本。日方使团的核心人物柳原前光、津田真道、郑永宁等就该条规向史密斯进行询问，除了对被列强怀疑为日清"攻守同盟"的第2条的问答之外，其他内容并不确定。④只是，看一下不久以后日方对清朝要求修订包含领事裁判权在内的《日清修好条规》的经过，就不难想象史密斯等外国顾问就双边领事裁判权的规定提出了否定性的建议。

另外，5月，外务省"改正挂"制成的《拟新定条约草本》在政府内进行了讨论，但是，7月，岩仓具视就任外务卿，他寻求包含撤废领事裁判权在内的更为强硬的修改案，于是，为了反映岩仓的意向，在10月末之前《草本》遭到废弃，取而代之为史密斯制成的修改草案。这就是岩仓使团所随行携带的修约案，它明确地规定了对法权与税权的恢复。⑤

1871年，关于应如何设定与外国的领事裁判权问题，成为日中之间的一个分歧点。日方围绕领事裁判权在撤废与相互承认之间存在着几个选择项，但是，以岩仓为中心的新政府外交首脑一旦废弃《草本》，明治政府寻求撤废领事裁判权的方针就基本确定。日方在进行这种摸索中所缔结的就是《日清修

---

① 原告和被告双方的地方官和领事共同进行审判的是会审，被告方所属国的地方官或领事进行审判，而原告方在那里同席的是列席审判，两者的性质当然不同。

② 〔日〕青山治世：《领事裁判权を行使する中国：日清修好条规の领事裁判规定と清朝在日领事による领事裁判事例を中心に》，《东アジア近代史》第13号，2010，第3节。

③ 〔日〕佐佐木扬：《清末の"不平等条约"观》，《东アジア近代史》第13号，2010，第22页。

④ 关于第2条的问答，参见外务省调查局编纂《大日本外交文书》第4卷，东京，日本国际协会，1938，第256～257页。

⑤ 以上参见〔日〕稻生典太郎《条约改正论の历史的展开》，第8章第7、8节，第9章第1、2节。

好条规》，由于清朝所寻求的双边领事裁判权在交涉当时对于日方而言也是对外条约的选择项之一，所以就同意了。如果日方围绕领事裁判权的摸索与选择的动向再早一年开始的话，那么，在交涉阶段，日本就无疑会更为强烈地反对清朝所要求的双边领事裁判权的条款。

以上所述，以1871年为中心对围绕领事裁判权的日方的动向进行了梳理，可以确认这里存在一个分界点，但是，实际上并非在这一年所有一切都发生了转换。这样就有必要从更长的时间段来把握法权从"属人主义"向"属地主义"的转换。①

对于1880年代中期的一个时段，日本在俄国领土内行使领事裁判权，小风秀雅总结后认为："从属人主义向属地主义转换这一视点来看，可以说是一种倒退，但是，在萨哈林行使领事裁判权，在当时的外务省，这被认为是保全国权的行为而受到肯定，由此可见，这是日本法权在俄国这一列强国内行使的稀有之例，作为在不平等条约体制下东亚地区基于国际法的管理方式，是个极为例外的事例。"②

可是日本持续对中国是双边领事裁判权，对朝鲜实行单边领事裁判权。如果说在1885年萨哈林领事裁判停止之前，日本实现了"法权由属人主义向属地主义的转换"的话，那么，作为保留举措，将之实行于与欧美诸国的关系，当然是必要的。这种双重标准不仅从现代来看可以如此指责，而且在当时的日本政府内，也有意见认为其间存在问题。关于这一点，将在下一节的最后部分提及。

---

① 关于这一点，参见〔日〕小风秀雅《法権と外交条約の相互関係：不平等条約体制下における日露間の領事裁判権問題と樺太千島交換条約の締結》，〔日〕贵志俊彦编著《近代アジアの自画像と他者：地域社会と"外国人"問題》，京都大学学术出版会，2011。该文认为只是在樺太和千島"有限的地域，但是实现了基于属地主义的支配权的确立＝治外法权的撤废"的《樺太千島交換条約》（1875），具有划时期的意义（上书第165页）。

② 〔日〕小风秀雅：《法権と外交条約の相互関係：不平等条約体制下における日露間の領事裁判権問題と樺太千島交換条約の締結》，〔日〕贵志俊彦编著《近代アジアの自画像と他者：地域社会と"外国人"問題》，京都大学学术出版会，2011，第167～168页。将"在萨哈林岛行使领事裁判权"视为"保全国权之策而予以评价"，1880年代前半叶日本外务省的这一态度与下一章所提及的1880年代后半叶的清朝（总理衙门大臣曾纪泽）相似。日本停止在萨哈林行使领事裁判权，也被认为是认识到同时期所进行的外务卿井上馨与欧美诸国的"修约交涉迎来最终局面后作出的决定"（同上书，第167页），但是，如果说日本关于领事裁判以及裁判管辖的看法在这一时期发生了变化的话，或许可以认为这是1880年代中叶中日两国的另一个"分歧"。关于这一点，笔者将根据日本学界的研究动向，作为今后的课题加以研究。

三　不相交之路（1886～1888 年）

—《日清修好条规》的修订交涉以及日清的领事裁判观

在签订《日清修好条规》的翌年（1872 年）后，日方已经开始提出修改，在 1873 年的条约批准交换、1877 年的特约交涉及 1879 年的所谓"分岛改约"交涉之时，对于清朝的领事裁判权的规定与运用，日清间都进行了反复交涉，但每次都被清朝拒绝。然而，到 1880 年代后半期，日本再次尝试与清朝交涉以撤废清朝的在日领事权裁判。这是与外务大臣井上馨当时所推进的与欧美的修约交涉相连动的。1886～1888 年，以北京为舞台，日清间进行了《日清修好条规》的修订交涉。也已有研究指出，这一交涉也以被清朝拒绝而告终。①

本稿之所以关注这一未取得任何成果的外交交涉，是因为通过此次交涉，可以确认 1880 年代后半叶清朝对领事裁判权的态度和认识。这里想考察一下最具典型意义的 1887 年 3 月 31 日进行的驻清公使盐田三郎与清朝总理衙门的交涉。

此前日本的修订要求之所以被不断拒绝，极端地说，是因为日方只撤废清朝在日的领事裁判，而想继续维持日本在华的领事裁判；而清朝重视通过互相承认领事裁判权来体现两国关系的"对等"，不理会日方的要求是理所当然的。

肩负着达成这一艰难交涉使命的盐田，也是在做好将来撤废日本在华的领事裁判的准备而参加交涉的。然而，清朝总理衙门大臣之一的曾纪泽对盐田大致做了以下反驳。

（1）与在华日本人相比，在日华人有数倍之多，即便修订条约，两国间的得失也无法平衡。

（2）若在中国的法庭上来审判在华日本人的话，就其处分会引起纷争。

（3）在日华人不置于日本的管辖下，而是用中国的法律来管理更好。

（4）因为双方互有困难，所以维持现状为好。②

这一发言如果就从字面上来理解的话，在 1887 年，清政府希望维持本国

---

① 关于该交涉的始末，参见〔日〕五百旗头薰《条约改正史：法权回复への展望とナショナリズム》，第 5 章第 3 节。

② 日本外务省调查局编纂《日本外交文书》第 20 卷，东京，国际联合协会，1947，第 130 页。

内的领事裁判权。这就与 1879 年以后包括曾纪泽在内的清政府外政负责人所抱有的对领事裁判权特异性的认识，① 以及 1887 年 1 月曾纪泽用英文发表的 "China, the Sleep and the Awakening"（中文译为《中国先睡后醒论》②）一文中所表现的希望修约的志向，则不具有整合性了。

可是，无论是 1879 年前后对领事裁判权特异性的认识，还是 1887 年《中国先睡后醒论》中所表现的希望修约的志向，在史料中均见不到将领事裁判权视为不当之物并要将其撤废的主张。③ 即便这时他们有因领事裁判权与国家主权相抵触而应撤废的认识，但是也认识到清朝与欧美的修约并不容易实现的现状。为此，曾纪泽等考虑避免因先行撤废清朝在日领事裁判而损害日清间的对等关系，而且考虑到拥护数量上多于在华日本人的在日华人的权益，从而优先维持在日领事裁判权。也就是说，清朝抛弃了理念，根据国家间关系以及维护在外华人权益的现实利害而进行了政策选择。

未获得清朝同意的井上外务卿，在焦躁感的驱使下给盐田发出训令（1887 年 4 月 11 日）。训令中，井上指出，"日清条约之性质，全起于两国绸缪异样关系之特殊条约"，"日清之共有领事裁判权，当初起因于平衡主义之两国之约定"，并且担心如果撤废了欧美诸国的法权，还保留在日本的清朝领事裁判权，将"表现甚为异样之体裁"，变成"一种卓越法权"。④

如果是在这种状况下，发生了在日华人为加害者或被告，而欧美人为被害者或原告的事件时，欧美人即便向日本提出诉讼，日本政府也不能将在日华人传讯或拘捕到法庭，所以欧美人自然会向清朝的领事馆提出诉讼。这样一来，清政府就有管理起住在日本的欧美人的权利了。井上害怕发生这样的事情。而且，井上指示盐田答复清廷说，以日本向在日华人开放内地为条件，换取清朝撤废在日的领事裁判权；如果清朝说，清朝也向日本人开放内地，从而要求日本也因此撤废在华的领事裁判权的话，那就回答，如果清朝不学习日本的经验

---

① 〔日〕佐佐木扬：《清末の"不平等条约"观》，《东アジア近代史》第 13 号，2010，第 27 页。

② "China, the Sleep and the Awakening," *The Asiatic Quarterly Review*, Jan. 1887. 汉文版《中国先睡后醒论》收录于何启、胡礼垣撰《新政真铨》（中国报馆，光绪二十六年）；于宝轩编《皇朝蓄艾文编》（上海官书局，光绪二十九年）卷一，通论一。

③ 然而，上海的英字报纸 *North China herald* 认为曾纪泽的看法是清朝要求撤废领事裁判权（李恩涵：《曾纪泽的外交》，台北，中研院近代史研究所，1966，第 277 页）。

④ 日本外务省调查局编纂《日本外交文书》第 20 卷，第 131 页。

根据西方的文明主义来修改法律、司法、行政的话将不予理会。①

从日本政府的这种姿态里几乎看不到在国内外地贯彻法权"属地主义"原则论的主张。然而，在当时的日本政府内，并非完全没有站在原则论上的意见。1888 年 10 月 5 日、6 日在元老院进行的对《清国并朝鲜国驻在领事裁判规则》案的审议中，一部分议官认为日本在华领事裁判制度不当。②

对日本在华领事裁判权提出异议的是曾参与津田真道制定《拟新定条约草本》的神田孝平，以及担任过驻英公使的井田让两人。也就是说，领事裁判制度原本是西方视东方为野蛮之地的产物，《日清修好条规》的领事裁判规定，虽说是根据清朝的希望而设定的，但是不能为日本对清朝持续行使这种歧视性制度而辩护，这是两人见解的旨趣。与之相对，直接参与《日清修好条规》的缔结、作为议官出席这一元老院会议的津田真道发言时认为，"总法律不在形，以适切于事实为可。……若做过于完美之法律，则后悔之事不少"。他反驳说，条约不应以形式而应以是否与现实相适来进行判读。

可以说，认为日本在华领事裁判制度不合适的神田和井田的见解成为当时日本政府主流观点的可能性，实际上极低。只是关于这种见解在当时的日本，对包括在野的人有多大程度的影响，今后有必要进一步探讨。

回顾以上历程可知，清朝虽然知晓领事裁判权的特异性以及日本所推进的与欧美的修约交涉，但是，其态度是与其为了撤废领事裁判权而实施必要的内地开放以及法制和司法改革从而导致国内混乱，不如优先维持欧美和日本的在华领事裁判，再尽可能维持在日本业已获得的领事裁判权。一方面，日本在与欧美进行修约交涉的最后阶段，由于有必要修改《日清修好条规》的双边领事裁判规定，所以开展交涉，试图维持日本的在华领事裁判权而只撤废清朝在日的领事裁判权。另一方面，日本政府内虽然有意见认为在华领事裁判权的行使实属不当，但是那种"过于完美"的理想论并没有成为主流。这时，围绕日清间的领事裁判权的认识和态度，仍未找到重合的接点。

---

① 日本外务省调查局编纂《日本外交文书》第 20 卷，第 131～132 页。
② 《元老院会议笔记》后期第 33 卷，元老院会议笔记刊行会，1988，第 39～40、43～44 页。参见〔日〕森田吉彦《津田真道と国际政治》，《社会システム研究》第 10 号，2007 年 2 月，第 21～22 页。

四 再次要求修改双边领事裁判规定

—— 《日清通商航海条约》的缔结交涉（1895~1896 年）

1894 年 7 月末的日清开战导致《日清修好条规》遭到废弃，1878 年以来持续进行的清朝在日领事权裁判停止了。其后，经过 1895 年 4 月的《马关条约》，1896 年 7 月 21 日签订的取代《日清修好条规》《日清通商章程》的新条约是《日清通商航海条约》（10 月 20 日交换批准书）。[1] 在该条约中，关于两国的领事设置和领事裁判权，在第 3 条中有所规定。其前半部分，明确记载了日本享有在清朝设置领事的权利以及对在华日本人的裁判管辖权；然而关于清朝在设置日领事，其后半部分是这样规定的：

> 大清国大皇帝亦可设立总领事、领事、副领事及代理领事，驻扎日本国现准及日后准别国领事驻扎之处，除管辖在日本之中国人臣及财产归日本衙署审判外，各领事等官应得权利及优例，悉照通例，给予相等之官一律享受。[2]

对于甲午战争前清朝所享有的在日领事裁判权，如引文中规定所示，予以明文否定，据此转换成只有日本的驻清领事享有领事裁判权的单边关系。这种关系的转换是基于《马关条约》第 6 条"其两国新订约章，应以中国与泰西各国（日文版称"欧洲各国"）现行约章（以下简称"欧洲条约"）为本"[3]的规定而来的。后来这被认为是日本将与欧美同样的"不平等"条约强加给清政府。当时清朝的交涉负责人也是这样认为的，但是日本未必认为这是"不公平"的，而且，清朝接受战败结果，给人无条件地接受条约关系转换的印象。但是，实际上，在条约交涉之际，清朝反复寻求维持在日的领事裁判权。在本节中，将通过《日清通商航海条约》的缔结交涉，来考察一下在这

---

① 有关该条约的专论，有〔日〕堀口修《〈日清通商航海条约〉缔结交涉について》（载《中央史学》第 7 号，1984）的研究。

② 王铁崖编《中外旧约章汇编》第 1 册，三联书店，1957，第 662~663 页；日文版是日本外务省编纂《日本外交年表并主要文书》上卷，东京，日本国际联合协会，1955，第 177 页。该条约有中、日、英文三个版本，若将来中、日版本之间产生差异时，准照英文版（第 28 条）。

③ 王铁崖编《中外旧约章汇编》第 1 册，第 615 页；日文版是日本外务省编纂《日本外交年表并主要文书》上卷，第 167 页。

一关系转换的背后，围绕领事裁判权以及条约上的"不公平"关系，日清两国的认识与意图有着怎样的差异。

《日清通商航海条约》的缔结交涉是从 1895 年 9 月到 1896 年 7 月以北京为舞台而断断续续进行的。日方是以驻清公使林董为全权代表，清朝方面初期以李鸿章为全权大臣负责交涉，但是，因后来由于李作为清政府代表参加俄国沙皇尼古拉二世的加冕盛典，因此从 1896 年 2 月开始由总理衙门大臣之一的张荫桓（户部左侍郎）代替李担任全权大臣。

条约交涉是从日方向清政府提出条约草案而开始的。由于日方的条约草案是依照《马关条约》第 6 条准照"欧洲条约"而制订的，其大多数的条款所规定的只有清政府负担义务的单边性的内容。① 与之相对，清朝提出的修正案（对案）则为多数条款根据相互主义的原则做双边规定。②

关于领事的设置与权限，日方的草案中只记载了日方的，关于清政府的则未做任何规定（第 4 条）。日方对其理由是这样说明的，领事的设置即便不基于约也只要接受国发给许可证就可以，《马关条约》中所说的现行"欧洲条约"都是单边条约，"未见附与于欧洲之清国臣民有关特权免除等最惠国待遇之条款"，因此，关于对清朝的驻日领事权没有规定。③ 清政府当然会对此提出反对意见，并在自己的修正案中，在日方草案第 4 条条文后，要求追加以下文字：

> 大清国大皇帝酌看中国商务情形，设立总领事、领事、副领事及代理领事等官，亦可驻扎日本现准及日后准各国领事驻扎之区。两国各领事官彼此一律优待，地方官员均以相当礼貌款接，其应得分位职权及优例除免利益，俱照现时或日后相待最优之国相等之官一律

① 《日清通商航海条约案并林公使ヘ御委任状案ヲ裁可セラル》，《公文类聚》第 19 编（明治 28 年）第 12 卷外事 2・通商・杂载（国立公文书馆所藏，アジア历史资料センター，A01200802200）。

② 日本外务省编纂《日本外交文书》第 28 卷，第 1 册，东京，日本国际联合协会，1953，第 269 ~ 283 页。

③ 日本外务省编纂《日本外交文书》第 28 卷，第 1 册，第 264 ~ 265 页。只是林董自身对外务省所准备的这一日方条约案抱有不满，持批判态度，认为特别是"'条约案'没有清国臣民保护与清国领事驻扎的规定等，其露骨的非相互主义"，在使条约成立上对日本而言也是"不利益"的。林向国内的陆奥宗光坦率地提出他一直以来的意见（〔日〕堀口修：《〈日清通商航海条约〉缔结交涉について》，《中央史学》第 7 号，1984，第 38 ~ 39 页）。

享受。①

这条款几乎与规定日方领事权的条款配成对。清政府追加有关本国领事的设置以及权限规定的根据是，在此前清政府与西方诸国，诸如俄（1860年）、美（1868年）、法（1886年）、德（1880年）、秘鲁（1874年）、巴西（1881年）缔结的条约中，存在有关领事设置与权限的同样条款。②

刚才提到几乎"配成对"的条款中，在有关日本的驻清领事以及清政府的驻日领事的文字中有一处不同。那就是，日本的驻清领事应享有的最惠国待遇权限中包括"裁判管辖权"，而关于清朝的驻日领事，却特意去掉了这一点。这是清朝考虑到当时日本已与欧美的主要国家之间实现了有关撤废领事裁判权的修约而这样做的。只是，这一条文中有给予清朝驻日领事最惠国待遇的文字。据此，日本在实施内地开放停止欧美领事裁判之前，清政府的领事也可以在日本行使领事裁判权一事上享受均沾。③

对于清朝的这一修正，日本在其后的交涉中认为，《清美续增条约》《清秘友好通商行船条约》不是"欧洲条约"，《清俄北京条约》《清德通商条约》《清法续议商务条约》是例外，一直拒绝插入清政府领事规定这一条，④ 但是，最终还是同意追加。然而，对清朝领事最惠国待遇的内容，清政府在修正案中有所修改，即在"各领事等官应得权利及优例"，进而在清政府领事应该享有的"权利及优例"中，要求再次修正，删去"除管辖在日本之中国人臣及财产归日本衙署审判外"的文字。日方在清政府领事的设置与权限上做出了让步，但是彻底反对清政府恢复在日领事裁判权的相关文字。

在清政府的修正案中，除了直接规定领事权限的条款之外，还有领事裁判权的条款。日方草案在第29条与第30条中规定，在华日本人之间的刑事事件和民事诉讼，以及以在华日本人为被告的及与中国人的混合刑事事件和民事诉讼都由日本官吏基于日本的法律进行审判，但是，在清政府的修正案中，

① 日本外务省编纂《日本外交文书》第28卷，第1册，第274页。
② 日本外务省编纂《日本外交文书》第28卷，第1册，第73～274页。
③ 本页注④中所叙述的张之洞的进言，是通过朝廷送给全权李鸿章的，李以此为基础制订出与日方交涉的方针，要求对于中国的公使、华商在日本应享受的权利给予最惠国待遇（中研院近代史研究所编《清季中日韩关系史料》，台北，中研院近代史研究所，1972，第4563页）。
④ 日本外务省编纂《日本外交文书》第29卷，东京，日本国际联合协会，1954，第452～453页。

将这两条并为一条，所有都改写成"两面"（双边互负义务）的规定。①

在日本草案中，这一条款规定在中国发生的混合事件和诉讼根据"被告主义"进行审判，但是在清政府修正案中，日本草案中所有"在清国"的文字全被删除，改成也适用于在日本发生的在日华人关联的混合事件和诉讼。也就是说，据此，恢复了以在日华人为被告的清政府的在日领事裁判权。加之，在清政府的修正案中，也追加了双边的原告方官吏"观审"的文字。也就是说，这意味着回到了甲午战争以前的状态，即通过《日清修好条规》及其后两国的协议（1882 年）而得以成立的相互承认领事裁判与"观审"。可以说清朝的这一姿态基于交涉之初就存在于清政府内的"欲藉此商约为马关约匡救"② 论调。

对于清政府的这一修正案，日本的外务卿临时代理西园寺公望认为，"如试于帝国内执行清国裁判管辖，实以谓言语道断外无之"，③ 指示在北京的林董断然拒绝。

其后，张荫桓取代决定前往欧洲的李鸿章，成为清朝的全权大臣，持续进行交涉。张荫桓相信"在日本清国臣民亦在清国领事之裁判管辖权之下为至当"，反复不断地要求赋予领事裁判权。④

清政府不轻易向日本让步的要因在于，想通过主张相互主义的原则，基于《日清修好条规》而实现甲午战争以前两国的"对等"关系。而且，对其间发生的包括与俄国提携等国际形势的变化抱有期待。将对日交涉的全权让与张荫桓而前往欧洲的李鸿章，其目的是与俄国缔结所谓的《清俄密约》，而且众所周知，张荫桓也参与其中。⑤ 此外，也不能忽视光绪帝的意向，他

---

① 日本外务省编纂《日本外交文书》第 28 卷，第 1 册，第 281～282 页。日本在华的特权也一律适用于在日的华商民，应该向日本要求两国权利的平等（"平允"），如此向朝廷进言的是两江总督张之洞。张也特别提及第 30 条，建议说政府掌握在日华人的管辖权是个重大的问题，必须与日本据理力争（《署南洋大臣张之洞来电》，中研院近代史研究所编《清季中日韩关系史料》第 4551 页；故宫博物院编《清光绪朝中日交涉史料》第 48 卷，文海出版社影印版，1932，第 20 页）。

② 王彦威纂辑，王亮编《清季外交史料》第 120 卷，外交史料编纂处，1931，第 4 页。

③ 日本外务省编纂《日本外交文书》第 28 卷，第 1 册，第 263 页。

④ 日本外务省编纂《日本外交文书》第 29 卷，第 427～428 页。

⑤ 关于甲午战争前后的清俄关系和《清俄密约》，参见〔日〕矢野仁一《日清役后支那外交史》（京都，东方文化学院京都研究所，1937，第 4 章），〔日〕佐佐木扬《日清战争后的清国の对露政策：一八九六年の露清同盟条约の成立をめぐって》（《东洋学报》第 59 卷第 1、2 号，1977 年 10 月）。

从日清开战时就鲜明表示对日本的强硬姿态，其后的战败也让他受到很大的打击。[1]

其后，因为接到本国强硬的指示，日本的全权代表林董在与张荫桓的交涉中，认为即便条约最终以不成立而告终，日本没什么麻烦，只有清政府为难，所以坚持不承认任何与清政府行使领事裁判权相关的条款。[2] 为此，张荫桓从要求在日的领事裁判权逐渐转为要求规定赋予在日华人最惠国待遇。[3] 然而，日方对此也予以拒绝，不准备向清朝承认包含任何最惠国待遇的条款。[4]

在此我们来整理一下支持双方主张的论理。清政府要求在日本的领事裁判权以及最惠国待遇的理由是，清政府承认日本的在华领事裁判权，也承认在华日本人与欧美各国人具有同等的权利，所以，日本也承认清政府的领事裁判权，给予在日华人最惠国待遇，与欧美各国同等对待，才算是"公平"。[5] 日本拒绝清朝要求的理由是，日本已承认了外国人的种种权利，不久也将实施内地开放，但是，清政府没有实施内地开放的计划，而且，对外国人设置旅行、居住、营业等种种限制，在这种状况下如果日本给清政府最惠国待遇的话，只有清政府获得很多的利益，这样就"不公平"了。也就是说，日方通过两国分别所取得的现实利益的多寡来论述"公平"和"不公平"，而清政府则根据条文上的一致与否以及在双方国内与第三国待遇的差异所带来的"公平"和"不公平"来进行论述。这种两国之间的差异在领事权限之外的交涉中也频繁可见。

张荫桓在交涉的最后也稍显争取领事裁判权的姿态，但是在此阶段，他已经放弃让日本承认领事裁判权的念头，让人感觉只是将之作为让日本承认在日

---

① 王彦威纂辑，王亮编《清季外交史料》第 120 卷，第 6 页，"光绪二十二年正月二十五日（1896 年 3 月 8 日）奉旨"。

② 日本外务省编纂《日本外交文书》第 29 卷，第 427～433 页。

③ 张荫桓知道不签署条约对清政府不利，这一点，他向皇帝多次说明过（王彦威纂辑，王亮编《清季外交史料》第 120 卷，第 5～6、19 页）。张荫桓举出以下两点理由：（1）在新条约缔结之前，将失去保护在日华人的法律根据（对于日本的在华官民、工商业等，在《马关条约》中规定了清政府给予最惠国待遇）；（2）关于被日军"保障占领"的威海卫，根据《马关条约》第 8 条的规定，在缔结新的通商航海条约之前，即便完成支付赔款也不会返还。

④ 日本务省编纂《日本外交文书》第 29 卷，第 447～451 页。

⑤ 1896 年 4 月 23 日，张荫桓在上奏中列出"至设立领事保护商民亦应持平办理"的方针（故宫博物院编《清光绪朝中日交涉史料》第 49 卷，第 3 页）。王彦威纂辑，王亮编《清季外交史料》第 120 卷（第 17～19 页）也收录了该文，但是日期有误。

华人最惠国待遇的交涉条件加以提及而已。然而，这不仅仅是伪装让步，而且是当时清政府（特别是张荫桓等官员）将领事裁判权、最惠国待遇与对在外华人保护明确地关联起来的事例。

对于张荫桓所提出的给予在日华人最惠国待遇的要求，林董反驳说，在清政府与欧洲缔结的条约中，除了一部分例外以及限定适用地区的外，没有规定给在留华人最惠国待遇的条约。对此，张荫桓回应说，与欧洲主要国家的条约是清政府在还未设想华民去海外时所缔结的，现在去海外已经解禁，通商也扩大了，今后在与各国缔结条约之际，将采取要求给予在留华人最惠国待遇的方针。在林问及"假令清国希望之，对手国不同意，何如"时，张荫桓回答说："因不请求领事裁判权，故无不同意之理由。"也就是说，将领事裁判权和最惠国待遇作为保护在外华人的手段，若不承认领事裁判权，则应该承认最惠国待遇。然而，日方坚持的态度是，如果插入赋予清朝最惠国待遇条款的话，则不缔结本条约。

在交涉的最后阶段（6月27日），清政府要求删除第3条中"除管辖在日本之中国臣民及财产归日本衙署审判外"的言辞。其理由是，即便没有这一言辞，只要不明确写上清政府领事裁判权，就不会设置清政府在日的领事裁判机构，所以不要这句言辞。然而，日方予以拒绝，认为"曩清国享有于日本之领事裁判权，欧美各国今尚逐渐享有于日本之领事裁判权，故设前述之规定以明示清国领事无裁判权之事极为重要"，据说当时"清政府代表未明言同意，为默诺之姿"。①

至此张荫桓等说服皇帝即便对日本做出大幅让步也必须缔结条约，获得许可。② 关于不设定清政府在日领事裁判权，有见解认为，由于日本已经在与欧美诸国的修约上获得成功，欧美的领事裁判权即将被撤废，所以，让清政府在新条约中明确写入欧美已从与日本的条约中删去的权限，很困难。③

但是，在签署之前，光绪帝本人就认为第3条的言辞（"除管辖……审判外"）有问题，发内谕曰："是甚不好看，应登载所以然之理由于此处。"于是也就出现了领受皇帝旨意的张荫桓要求在这一言辞（英文版本）之后插入

① 日本外务省编纂《日本外交文书》第29卷，第486~487页。
② 王彦威纂辑，王亮编《清季外交史料》第121卷，第18~19页，"光绪二十二年六月初六日（1896年7月16日）奉朱批依议"。上奏的日期是同月初三日（同月13日）（故宫博物院编《清光绪朝中日交涉史料》第49卷，第13页）。
③ 王彦威纂辑，王亮编《清季外交史料》第121卷，第21页。

"according to the international law" 一句的一幕，但是，最终该条约是按原样签署的。①

通过这一条约交涉过程，可以看出清政府一贯的姿态，即试图以相互主义获取包括领事裁判权在内的保护在日华人利益的诸种权利，但是，那仅仅是想要体现名义上的"对等"。交涉时，张荫桓发言说："迄先年，清国臣民之海外行，因国禁之故，无设如右规定之必要，然国禁解除以来，不得不对在外清国臣民设十分之保护。"② 应该适应华人出国以及扩大通商这一新时代的变化，有效利用根据条约所获取的诸项权利，积极推进保护在外华人，这一姿态，在当时清朝外政负责者身上可以明显看出。而且，作为保护在外华人在条约上的权利而对领事裁判权或者最惠国待遇做出要求，这也是想获得欧美及日本在中国所获得的同等条约上的权利；对清朝而言，这是依据国际法的极为自然的要求。

可是，也有必要留意，想要通过行使领事裁判权保护在外华人权益的姿态，与在《日清修好条规》缔结前曾国藩所主张的方针③殊途同归。1871年的曾国藩与1896年的张荫桓，在争取获得在日领事裁判权的姿态上是一致的，而且，时代状况也并非倾向于撤废在华领事裁判权，这一点也是共通的。但是，1896年的张荫桓在承认"在清国之日本臣民原来应属地方官之管辖"的同时，他认为，"在日本清国臣民亦在清国领事之裁判管辖权之下为至当"，因此向日方要求领事裁判权。④ 在这一点上他与曾国藩大不相同。

因甲午战争，清朝尽失在日本与朝鲜所保持的领事裁判权，于是，清朝也开始逐渐认识到日本对欧美所推行的领事裁判权撤废是"时代潮流"，是"应该推进之路"。

---

① 日本外务省编纂《日本外交文书》第29卷，第489页。
② 日本外务省编纂《日本外交文书》第29卷，第416页。张荫桓所谓的"国禁解除"，是指1893年根据驻英公使薛福成的奏请，以保护归国华侨为目的，废止海禁的旧例。张荫桓认识到保护在外华人的重要性，是基于自己在担任驻美、西班牙、秘鲁公使（1886～1889年在任）之际就保护本国人与各国交涉的经验。关于这一点，在与林董交涉时也提及（日本外务省编纂《日本外交文书》第29卷，第452页）。
③ 李书源整理《筹办夷务始末·同治朝》第80卷，中华书局，2008，第9～12页。参见〔日〕青山治世《领事裁判权を行使する中国：日清修好条规の领事裁判规定と清朝在日领事による领事裁判事例を中心に》，《东アジア近代史》第13号，2010，第48页。
④ 日本外务省编纂《日本外交文书》第29卷，第427～428页。

五　小结

1899 年 7 月，日本开始了"内地杂居"（撤废居留地），与此同时，明治维新后被岩仓具视视为"国辱"之最、旨在撤废的领事裁判权也最终废止了。两个月之后，即 9 月，清朝与经《马关条约》所承认"完全无缺之独立自主"的韩国缔结了《清韩通商条约》，在其第 5 条中规定了领事裁判权的相互承认。然而，在同条第 4 项里，插入了这样的条文："日后两国政府整顿改变律例及审案办法，视以为现在难服之处俱已革除，即可将两国官员在彼国审理己国民人之权收回。"①

设定这种领事裁判权撤废的预约条款，在清朝所缔结的条约中是第一次，而在与朝鲜缔结的条约中已经存在同样的条款，如 1882 年缔结的《朝美修好通商条约》第 4 条就是。《清韩通商条约》第 5 条第 4 项的规定，是后来 1902 年的《清英通商行船条约》第 12 条、1903 年的《清美通商行船续订条约》第 15 条、1903 年的《清日通商行船续约》（即《日清追加通商航海条约》）第 11 条中写进领事裁判权撤废预约条款的开端。但是，这很有可能是当初希望相互否定领事裁判权条项的韩国，② 参考《朝美修好通商条约》的条款而要求插入的。可是，众所周知，《朝美修好通商条约》是以清美事先协议的条约草案为基础的，即写进该条约的撤废领事裁判权的预约条款，是当初马建忠等人在草拟条约草案时写入的。③ 而且，呼吁朝鲜政府"联美国"的黄遵宪（驻日使馆参赞），在《朝鲜策略》（1880）里，建议在与美国缔结条约之际应该保留谋求撤废领事裁判权的权利。④ 也就是说，在宗藩关系还俨然存在的时代，清朝在朝鲜政策中所插入的撤废领事裁判权的预约条款，经过 17 年时间，成为清朝自身首次撤废领事裁判权的预约条款而呈现。

日本撤废了领事裁判权，义和团事件之后清朝开始新政，由此清朝政府也开始把领事裁判权的撤废视为现实的政策目标。1899 年的《清韩通商条约》

---

① 王铁崖编《中外旧约章汇编》第 1 册，第 911 页。
② 中研院近代史研究所编《清季中日韩关系史料》第 4989 页。
③ 关于该条约的成立，参见〔日〕奥平武彦《朝鲜开国交涉始末附朝鲜の条约港と居留地》，东京，刀江书院，1969（1935 初版），第 3 章。
④ 黄遵宪的《朝鲜策略》（第 311 页）为《金弘集遗稿》（首尔，高丽大学校出版部，1976）和《修信使日记》所收。

中首次插入的撤废领事裁判权的预约条款，通过 1903 年缔结的《日清追加通商航海条约》而成为日清间的约定。

1871 年，缔结《日清修好条规》时，日中两国在相互承认领事裁判权这一点上有着"交错"。但是，几乎与此同时，日本开始与欧美修约，进而走向否定领事裁判权相互承认的道路，于是，日清两国所前进的道路产生了"分歧"。经过 32 年，在 1903 年，在相互不承认领事裁判权的道路上，两国似乎再次"交错"。但是，那也是从其后长达 40 年日本持续拒绝中国要求撤废日在华领事裁判权这一新的"不相交错"路程的开始。①

———————

① 日本同意中国撤废领事裁判权的要求，是在 1943 年与汪兆铭的伪南京国民政府达成协议的。关于中华民国成立后的中国对日修约交涉，参见唐启华《被"废除不平等条约"遮蔽的北洋修约史（1912～1928）》，社会科学文献出版社，2010，第 8 章第 4 节；李育民：《中国废约史》，中华书局，2005，第 13 章第 2 节。

日英俄法协商体制的成立与
中美德合作构想（1907～1909）[*]

日本学术振兴会　小池求

一　绪言

日俄战争后，德国的对清政策发生了大幅转变，开始转向对清协调的姿态。德国从庚子事变后占领的山东省高密地区撤军一事，即可认为是有意向清国释放的信号之一。几乎同一时期，威廉二世向驻德公使荫昌传达了关于中德合作构想①的意向，但当时清朝无意与德合作乃至结盟。②

本文旨在就德国的对清政策发生上述变化后，特别是 1907 年夏到 1909 年初这一时期，清朝在德清美之间协商和摸索三国合作构想问题的方针，以及与之相应的德方反应进行双向探讨，阐明清朝对列强外交的可能性和局限性，以及中德关系的特征。

中德两国外交上的接近始于 1907 年夏天，一方面，在日俄战争和摩洛哥危机后，德国对其在欧洲的外交孤立抱有危机感；另一方面，清朝自 1907 年英法俄日四国协约成立后在东亚也陷于外交孤立。从同年夏天两国开始酝酿接

---

*　本研究是 2011 年度东京大学 Global Studies Program 及 2010 年度松下幸之助纪念财团研究补助成果的一部分，原文系日文，由东京大学综合文化研究科博士班的帅如蓝翻译。

①　和德美合作有关的资料收录在下列德国外交史的基本资料集中在：Albrecht Bartholdy / Friedrich Thimme（Hg.），*Die Große Politik der europäischen Kabinette, 1871 - 1914；Sammlung der diplomatischen Akten des auswärtigen Amtes*（以下简称 *GP*），Bd. 25, 1. Hft, Anhang："Eine Deutsch-Amerikanisch-Chinesische Entente?" Berlin, 1925.

②　Werner Stingl, *Der Ferne Osten in der deutschen Politik vor dem Ersten Weltkrieg*（*1902 - 1914*），Bd. 2, Frankfurt/a. M., 1978, S. 600.

近，到 1908 年 1 月清朝开始付诸行动，可见该合作构想是两国应对东亚国际关系变化的产物。然而，在既往研究中，较为普遍的见解[1]是，包括美国在内的中德美合作构想，始于 1908 年 11 月光绪帝和慈禧的去世，因清朝的政治混乱（在 1909 年 1 月摄政王罢免袁世凯后到达顶点）和美国的对日妥协，从而最终流产；但近年研究更为倾向于注重美国总统罗斯福（Th. Roosevelt）有关改善对日关系的动向。[2]

既往研究主要从以下三个观点来探讨合作构想：（1）德国外交史的观点；（2）围绕满洲问题的清美关系；（3）与之间接相关的日本外交史。

在德国外交史研究的脉络中，德国为克服在欧洲的外交孤立地位，曾接近过美国，但两国在摩洛哥危机中合作失败后，德美可能合作的场所就转向了中国。因此，从德美关系探讨这一问题时将清朝置于客体，而对清朝的对德政策关注较低。[3] 另外，从中美关系来看，主要关注点为满洲近代化和牵制日俄，当时的奉天巡抚唐绍仪和驻奉天美国总领事司戴德（W. Straight）在商讨就新法铁路借款展开中美合作时，就以附带的形式论及中德美合作的可能性，但基本上将其认知为附属物，故未在讨论中纳入德国因素。[4] 在日本外交史的脉络中，日本经由缔结《日英同盟》签署《日法协约》和《日俄协约》后确立了

---

[1] 〔日〕中山治一：《日露战争以后 – 东アジアをめぐる帝国主义の国际关系 –》，东京，创元社，1957；李恩涵：《唐绍仪与晚清外交》，《近代中国史事研究论集》，台北，台湾商务印书馆，1982；李晶：《唐绍仪 1908 年的日美之行》，珠海市政协、暨南大学历史系编《唐绍仪研究论文集》，广东人民出版社，1989；朱卫斌：《西奥多·罗斯福与中国——对华"门户开放"政策的困境》，天津古籍出版社，2005；李永胜：《1907～1908 年中德美联盟问题研究》，《世界历史》2011 年第 4 期。

[2] 如朱卫斌等研究。

[3] Werner Stingl, *a. a. O.*；Reiner Pommerin, *Der Kaiser und Amerika：Die USA in der Politik der Reichsleitung 1890 – 1917*，Köln；Wien, 1986；Stefan H. Rinke, *Zwischen Weltpolitik und Monroe Doktrin：Botschafter Speck von Sternburg und die deutsch-amerikanischen Beziehungen, 1898 – 1908*, (*Deutsch-Amerikanische Studien*, Bd. 11), Stuttgart, 1992；Raimund Lammersdorf, *Anfänge einer Weltmacht：Theodore Roosevelt und die transatlantischen Beziehungen der USA 1901 – 1909*, Berlin, 1994；Ute Mehnert, *Deutschland, Amerilka und die "gelbe Gefahr"：zur Karriere eines Schlagworts in der großen Politik 1905 – 1917*, Stuttgart, 1998；〔日〕义井博：《カイザーの世界政策と第一次世界大战》，东京，清水新书，1984。

[4] Charles Vevier, *The United States and China 1906 – 1913：A Study of Finance and Diplomacy*, New Brunswick：Rutgers University Press, 1955；Gloria E. Blazsik, *Theodore Roosevelt's Far Eastern Policy and the T'ang Shao-yi Mission*, Ph. D. Dissertation, Georgetown University, 1969；Michael H. Hunt, *Frontier Defense and the Open Door：Manchuria in Chinese-American Relations, 1895 – 1911*, New Heven/ London：Yale University Press, 1973；另见李恩涵《唐绍仪与晚清外交》、朱卫斌《西奥多·罗斯福与中国——对华"门户开放"政策的困境》。

在东亚的大国地位，为了解决当时最大悬案——移民问题所引发的对美关系恶化而试图改善日美关系，签订了《高平－鲁特（E. Root）协定》，在此背景下，中德两国的对美接近只是略被提及。①

换言之，既往研究将本应在合作构想中相关联的德美关系和中美关系分开探讨，而本文旨在加入中德关系后，从中德美三国的相互关系中重新考察整个合作构想。此外，虽然先行研究中甚少提及清朝政府内部关于合作构想的讨论，但清朝的主体性②对构想成功与否起着极大影响，因此探讨清朝内部关于合作的构想也是本文的重要课题。

综上所述，本文设定袁世凯主导的1907～1909年初为研究时期，从中德双方的动向、中德两国各自的构想内容、在参照既往研究的基础上加入中美关系、重新探讨构想受挫的背景这四个方面，展现构想的具体交涉过程，并通过分析揭示清朝外交的可能性与局限性。

二　合作构想的背景：四国协商体制的成立与中德两国的反应

日俄战争时，德美两国为调停战争而采取了协调姿态，③但在摩洛哥危机中，德国并未如愿以偿地得到美国的支持，继而在日俄战争中签署的《比约克协定》形成的德俄合作也遭遇失败，陷入了外交上的孤立状态。为实现其世界政策（weltpolitik），德国迫切需要一个欧洲之外的伙伴，此时进入其视野的是曾经与之合作失败过的美国。德国认为，虽然两国在欧洲问题上的协调失败，但在中国问题上可以一试。1907年夏天，日英俄法的协约体制在德美可能协调的场所——东亚正式形成。

1907年6月10日，日法两国在巴黎签订了《日法协约》，此举意味着这两国互相承认彼此在东亚的既得利益范围。此后随着《日俄协约》《英俄协约》，以及日俄战争前就存在的《俄法同盟》《日英同盟》《英法协约》的缔结，"四国协商"

① 〔日〕寺本康俊：《日露战争以后の日本外交－パワー・ポリティクスの中の满韩问题－》，东京，信山社，1999，第436～469页；〔日〕千叶功：《旧外交の形成－日本外交一九〇〇～一九一九－》，东京，劲草书房，2008，第202～205页。

② 〔日〕川岛真：《中国近代外交の形成》，名古屋大学出版会，2004；唐启华：《清末民初中国对"海牙保和会"之参与》，《国立政治大学历史学报》2005年第23期。

③ 关于日俄战争和摩洛哥危机时的德美关系，参见 Lammersdorf, *a. a. O.*, S. 219－354.

体制在东亚正式成立，上述四国将在此框架内调整在东亚的利权问题。① 然而这一系列的协约是在列强间达成的，并未向清朝保证协约中提到的门户开放以及领土完整等。因此，对于该协约体制外的清朝而言，这种体制与1898年的列强"瓜分"有相似之处，而触发了危机意识。作为德国对《日法协约》的认识，当时的德国驻日大使穆默（A. Mumm von Schwarzenstein）就日本国内有关德国是否也应与日本签订协约的报道表达了否定的立场。其理由为，他认为在胶州湾租借地问题上，日本对德国没有威胁，同时日本也加入了1900年的《英德协定》。② 外交部部长奇尔施基（H. L. von Tschirschky und Bögendorff）也持同样立场。③

然而，正如关于联盟构想的论著中所指出，受《日法协约》的影响，以德国驻华公使雷克司（A. von Rex）向本国外交部提议接近清国，中德美合作开始被提上议题。以下笔者将先分析清朝内部关于《日法协约》的认识。④

6月17日下午，日本驻华代理公使阿部守太郎就"协约及宣言书之来由及条款等"内容向清廷外务部会办大臣那桐做了说明。⑤ 19日，清政府收到驻法公使刘式训关于《日法协约》签署的电报。刘式训在电报中说明了协约内容，对"尤注重于两国管领地、保护地、占守地毗连之中国地方保守程序及和平之情事"阐述存在问题。他认为"似有干涉我边务之意，应否请法日政府明白解释抑或作为不知不认之处"，⑥ 寻求政府的指示。

---

① 作为从日本的观点分析日法、日俄协约的研究成果，参见〔日〕千叶功《旧外交の形成－日本外交一九〇〇－一九一九－》，第173~180页；〔日〕寺本康俊：《日露战争以后の日本外交－パワー・ポリティクスの中の満韩问题－》，第294~314页。

② Politisches Archiv des Auswärtigen Amts（以下简称 PA－AA），R. 2104，A11463，Mumm an Bülow，22. 7. 1907；Ebd.，A13315，Mumm an Bülow，26. 8. 1907.

③ GP.，Bd. 25，Nr. 8546，Tschirschky an Mumm，Berlin，5. 8. 1907.

④ 王芸生虽然提及清朝对《日法协约》的反应，但未将其作为清政府对德美接近的起点（王芸生：《六十年来中国与日本》第5卷，三联书店，2005，第49~57页）。该著作分为1932~1933年的《大公报》版与1980年代的三联书店版。有研究指出，其中有若干改动之处，但第5卷的内容几乎相同。〔日〕川岛真：《名著はいかに书き换えられたか－中国における近代日中关系史の语られ方－》，《现代》第41卷第3期，2007。

⑤ 《由在清国阿部临时公使到林外相》第229号，明治40年6月18日，《日本外交文书》第40卷第1册，第87页（日本外交文书デジタルアーカイブ http：//www. mofa. go. jp/mofaj/annai/honsho/shiryo/archives/index. html，阅览日：2012年9月22日）。对清朝的说明依据前一天发自林外相的电报，表明协约发表前相关内容已告知清朝（《林外相致驻清国阿部临时代理公使》第129号，明治40年6月17日，同上，第85页）。

⑥ （光绪三十三年）五月初九日《收驻法刘大臣致外务部电》，中国第一历史档案馆编《清代军机处电报挡汇编》（以下简称《电报挡》）(33)，中国人民大学出版社，2005，文书号码426，第201页。

　　当时发行的报刊等媒体和刘式训持同样见解。《申报》在 6 月 29 日的报道中，将签订的协约定义为日俄战争后在中国影响力扩大的日本在与法国重新划分势力范围时，为避免冲突之举措，认为"此约为均势之约可也，即此约为分割之约亦可也"。① 同报在 11 月 29 日的报道表露了危机意识，② 协约各国在不伴随武力纷争的表面和平下默认了彼此对势力范围的划分，今后若然再度割让领土，即便是一寸，清朝亡国之日亦不久矣。其他报纸也强调了协约成立后瓜分中国的可能性，及协约各国均衡状态下的危机感，亟待政府提出相应对策。③

　　对于《日法协约》，清政府 8 月 15 日照会驻清日法公使，抗议称清朝负有维持国内秩序之责，他国不应干涉。④

　　而清政府面临的更为重要课题是，须对连报刊等媒体都呼吁对策的中日法等协约体制谋求对策。御史史履晋 7 月 28 日的上奏成了清政府正式将其纳入议程的契机。奏折中提及朝鲜丧失主权的过程，担忧随着日法、日俄协约的签订，"以中国之疆域竟成为各国互相赠遗之物"，主张应广泛听取来自会议政务处各王、大臣和地方督抚的意见，寻求对策。⑤ 29 日外务部奉旨向直隶总督袁世凯、两江总督端方、湖广总督张之洞说明日法两国对《日法协约》的看法，⑥ 并引用史的主张要求三者提出对策。⑦

　　8 月 9 日，张之洞答复外务部称，法国担忧日本南侵，为了专注经营越南而与日本签署协定，并附带提到德国非常关注《日法协约》一事。他提出较之日本，应优先与法国就琼州府所属的崖州、榆林两口岸的开放和广州湾返还问题进行交涉，然其重点仍在于国内改革。⑧

---

① 《于日法协约之一事》，《申报》光绪三十三年五月十九日。
② 《四国协约后之中国》，《申报》光绪三十三年十月二十四日。
③ 《政府集议交涉要件》，《大公报》光绪三十三年九月十九日；《论列强瓜分中国之势已成》（《中外日报》丁未六月十九日），《东方杂志》第 8 期，1907；《论日英俄法各协约与中国之关系》（《神州日报》丁未七月九日），《东方杂志》第 11 期，1907。
④ 《发驻法刘、日本杨大臣电》，光绪三十三年七月初九日，《电报档》（33），文书号码 656，第 321 页。
⑤ 北平故宫博物院编《清光绪朝中日交涉史料》第 71 卷，1932 年 3 月，第 2～3 页。
⑥ 据称法国驻清公使巴斯德（Bapst）曾向外务部传达"日法两国在中国土地问题上有责任维持中国的和平与秩序，而与两国领地接壤的各地区应由中国确保其秩序及和平"等语。
⑦ 《发北洋大臣、南洋大臣、鄂督电》，光绪三十三年六月二十日，《电报档》（33），文书号码 556，第 268～269 页。
⑧ 《致外务部》，光绪三十三年七月初一日申刻发，赵德馨主编《张之洞全集》第 11 册，武汉出版社，2008，第 363～364 页。

8 月 13 日，端方从国内改革和外交政策这两个方面提出对策。[①] 在国内改革方面，他提出了实现东三省、福建、广东、广西、云南的地方自治，修建闽粤铁路、川滇铁路，全云南省的开矿采取"招商自办"形式这三点。在外交政策方面，他提议通过派遣特使争取在欧洲处于孤立地位的德国和对日关系恶化的美国。[②]

笔者很遗憾没有发现以袁世凯名义直接回答的决定性证据，但从内容和周边的信息判断，《光绪朝朱批奏折》第 112 辑中收录的起草人、日期皆不明的第 1042 号文件应可视作其回答。[③] 驻清公使雷克司在对袁世凯就任外务部尚书一事的报告中提道，"袁世凯在纪要中花大篇幅提醒皇帝要注意日法协约的危险性，呼吁中美德联盟"。[④] 可见袁在实际呈交的奏折中对上述危险性和结盟两点也有不同程度的提及。

袁的奏折指出，在日本势力扩大的背景下，清朝虽有必要与其他国家结盟，通过结盟获得援助，但同时由于清朝的国力衰弱和前途一片暗淡的外交上的弱势，与其他国家结盟存在着一定危险性。同时他强调，因单凭德美并不能对抗日本，有必要在此两国之外和英国取得协调，并通过与英国的协调关系来牵制日本。[⑤]

关于具体的实施过程，奏折提议首先与驻京公使密谈，之后下旨借以某种

---

① 1907 年 9 月 3 日的《大公报》所刊《密议抵制日法协约》中有记载如下，"风闻政府某大臣密议抵制之法。拟联络德美两国以期互相牵掣。惟事体大一时未能议决"，可视为端方的电奏。

② 《收两江总督致军机处、外务部请代奏电》，光绪三十三年七月初六日，《电报档》（33），文书号码 631，第 307 ~ 308 页。

③ 中国第一历史档案馆编《光绪朝朱批奏折》第 112 辑外交·综合，中华书局，1996，文书号码 1042，第 911 ~ 913 页。当时袁世凯和唐绍仪在就新法铁路借款问题上寻求与英美合作，在德美之余加入英国来牵制日本这一点与奏折的观点一致。关于起草日期，从奏折内容判断，有关于《日俄协约》（1907 年 7 月 30 日）的记述；若以此为起点，可推测最晚也是在 1908 年的 1 月 20 日，即启奏派遣使节团访美向其表达对返还庚子赔款的谢意之时；如果和雷克司提到的奏折一致，则是 8 月至 9 月初起草的。

④ PA – AA, R. 17694, A16219, Rex an Bülow, 23. 10. 1907.

⑤ 提议与各国合作的具体内容主要包括以满洲为重点的内政改革，特别是援助军事改革、工业化建设、与开发矿山等利益诱导相关的方面。与英国相关的有如下 4 点：（1）起用一名英籍外交顾问；（2）在建设海军方面，通过借款加强海军力量，向英国订制军舰，雇用海军将校；（3）利用英资建设造船所；（4）允许英国人开发北方矿山。与美国有关的有以下 3 点：（1）向美国举借实业贷款；（2）派遣留学生；（3）与美国商人合资开发东三省矿山。与德国相关的有以下 3 点：（1）向德国购买各省所需的军需品；（2）在建设机械工厂时，向德国进口器材，雇用德国技师；（3）雇用德国人管理东三省、山东省的森林。

借口向各国派遣特使进行直接交涉。实际上，如奏折所记述，中德美合作构想是在北京秘密进行的，而此时对外交有较大影响力的袁世凯和张之洞同在北京更加使其成为可能。

从奏折提出的具体方案来看，首先，与英美德三国构筑协调关系，并不只是一个摆脱外交困境的外交性问题，还是一个出于内政的动机，即为实施改革创造稳定的国际环境，并为此确保所需的时间，以获取军事及产业近代化所需的资金、设备、技术。其次，可以得知起草者的关注点在华北地区，特别是满洲地区，希望通过英美德三国在该地区的投资来牵制日本。最后，并未提及以满洲北部为势力范围的俄国，可见这明显以日本为主要对象。综观上述三人的提议可看出，这三人都希望将该危机转化为推进国内改革的动机。① 此外，关于中德美的合作构想，虽说与《日法协约》的日期略有差异，但出席第二次海牙保和会的清政府全权大臣陆征祥也曾在提交的报告书结尾处主张接近德美。②

综上所述，笔者经过梳理得出以下结论：清朝内部受日法、日俄协约的影响，开始在外交政策上探讨将接近美德作为其对策，同时对德国的外交立场有了一个共识。

三　关于合作构想的国内讨论
（1907 年 7 月至 1908 年 1 月）

（一）德国

笔者在上一节中提到张之洞指出德国非常关注《日法协约》一事，本节将就此探讨德国的反应。

《日法协约》成立后的 7 月 4 日，驻清公使雷克司就东亚形势和德国的东亚政策向德国宰相毕洛（B. von Bülow）进言。雷克司表示，日本在与英国结盟后，又通过缔结《日法协约》进一步巩固了在东亚的地位，同时主张德国有必要就东亚问题与其他列强进行沟通。换言之，德国在向清政府强调可提供

① 在 8 月 28 日的 *Peking Daily News* 和 9 月 3 日的《大公报》中有关于德美合作的报道。

② 《收保和会专使大臣陆》，光绪三十四年正月十六日，台北，中研院近代史研究所档案馆外交档案：02－21，04－01。下列的研究也引用了该奏折；〔日〕川岛真：《中国近代外交的形成》，第 230～231 页；唐启华：《清末民初中国对"海牙保和会"之参与》，第 66 页。

援助和保护的同时，也表明这种对清接近是基于巩固其对清贸易关系的经济目的。① 此外，他还认为与美俄有合作的可能性。②

9 月 15 日，德外交部部长奇尔施基在给驻美大使师特恩博（H. Speck von Sternburg）的信中，同信寄去雷克司的报告书。他认为值得考虑的并不是雷克司提及的德美俄协商，而是与德美合作。虽然中德美之间关于东亚问题的政治性协议暂时并未成为问题，但这种方法或许可以将德美持有的经济利权与具有经济优势的协约国所持有的变为同等，因此要求师特恩博加以研讨。③ 值得注意的是德外交部面对缔结政治性协议持慎重态度，与雷克司的主张有异。

据雷克司称，各国的协约内容表面上高举中国统一的大旗，但其秘密条款包括了各国的势力范围，而随着各国的互相承认，英国将德国也有意进入的长江流域划入自己的势力范围，德国的经济损失将由此而生。他所担忧的列强瓜分中国，不是在和平时期的常态下，而是在发生重大事态之时。同时他指出，为了防备重大事态发生时日本的介入，有必要与列强构建友好关系。他还认为，清朝只拥有不成熟军备的陆军，这样的清朝并不处于"我们政治计算中对等的地位"。④

10 月 15 日，雷克司引用清朝某高官的话，对外交部传达了以下信息："军机处基于袁世凯的提议，考虑到列强最近有关中国的协议，分别致电驻华盛顿、驻柏林公使敕其调查与德美结盟之相关事宜"，同时表示此时正是与美国在东亚问题上达成协议的最佳时期。与美国的协议内容包括提高中国的对日地位、混乱时维持中国的领土完整。⑤

17 日，帝国宰相毕洛向师特恩博传达了雷克司电报中的内容，并令其告知罗斯福，德国有意在中国问题上与美国合作。⑥ 配合清朝的举动，德国方面也积极地对美国开展了行动。

师特恩博很早就开始对罗斯福做工作，在对以上训令的回信中他指出，罗斯福非常重视改善和巩固清美关系，⑦ 罗斯福虽对联盟构想持谨慎态度，且认为"时机尚未成熟，再者缺乏十足的动机"，但略微暗示了在东亚问题上与德

---

① Stingl 已经指出了这个论点，Stingl, *a. a. O.*, S. 600。

② *GP.*, Bd. 25, Nr. 8547, Rex an Bülow, Peking, 4. 7. 1907.

③ *Ebd.*, Nr. 8549, Tschirschky an Sternburg, Berlin, 15. 9. 1907.

④ *Ebd.*, Nr. 8552, Rex an Bülow, Peking, 31. 10. 1907.

⑤ PA – AA, R. 18567, A. S. 1090（Telegramm；以下简称 T）, Rex an AA, 15. 10. 1907.

⑥ *GP.*, Bd. 25, Nr. 8551, Bülow an Sternburg, Kl. -Flottbek, 17. 10. 1907.

⑦ PA – AA, R. 18567, A. S. 1105（T）, Sternburg an AA, 19. 10. 1907.

国结盟的可能性，请毕洛转为请示威廉二世。① 11 月 12 日，毕洛请求威廉二世批准向罗斯福做出以下回答：清朝将会考虑与德美结盟的问题，但德国还处于等待清朝回复的立场。② 德国对合作构想的基本姿态是将主导权交给清政府，配合清政府的行为。该回答于 24 日传达给罗斯福。③

12 月 4 日，师特恩博向罗斯福转达了威廉二世的认识后，罗斯福根据美国的见解和原则提出了中德美合作的可能性，④ "虽然无法缔结正式联盟，但在三国共同行动上可以达成意见一致（eine Verständigung wegen allgemeinen Vorgehens der drei Mächte）"。

12 月 29 日，雷克司寄给毕洛的报告（落款为 7 日）抵达柏林，其中全面阐述了雷克司对列强的对清政策和此前的联盟构想，同时也提到了上述清朝的动向。⑤ 雷克司曾获悉清政府 10 月令驻德、美公使调查所在国政府的反应，⑥ 因之后未见其进展，故 11 月 30 日外务部右侍郎梁敦彦来访时，雷克司向其询问是否发出了此前的训令。梁回答"中国政府打算向华盛顿和柏林发出训令"，⑦ 同时梁表示，接近德美一事由袁世凯主要负责，虽已取得其他高官的认可，但担忧清朝的提议会被两国否决。此外，雷克司将德美定义为追求经济利益的清朝友邦，在阻止其他国家瓜分中国和维持门户开放问题上，三国的利益是一致的，并向毕洛提了以下两点建议：第一种考量是，德美在规定范围内保护清朝，对其军事改革提供支援外，通过接受国债进行财政性援助，以此换取经济利权。然而，由于清朝的军事脆弱性，保护范围被限定在关内 18 省（eigentliches China）。第二种考量是，排除清朝，缔结德美俄秘密条约，承认俄国的东亚权益，如果对日战争获胜，可考虑割让新疆和蒙古等边境地区，采用此种无视和牺牲清朝的方式来接近俄国以达成德美俄三国协约来对抗英法日协约。⑧

威廉二世支持雷克司的想法，立即命毕洛实施政策，同时他对清朝持乐观

---

① *GP.*，Bd. 25. Nr. 8553，Sternburg an AA，Washington，8. 11. 1907.

② PA‐AA，R. 18567，zu A. S. 1205，Bülow an Wilhelm II，12. 11. 1907.

③ Ebd.，A. S. 1215（T），Sternburg an AA，25. 11. 1907.

④ *GP.*，Bd. 25. Nr. 8555，Sternburg an AA，Washington，5. 12. 1907.

⑤ *Ebd.*，Nr. 8556，Rex an Bülow，Peking，7. 12. 1907.

⑥ PA‐AA，R. 18567，A. S. 1090（T），Rex an AA，15. 10. 1907.

⑦ Ebd.，A. S. 1298（T），Rex an AA，30. 11. 1907.

⑧ 雷克司认为，"中国当然会对保障只限于关内非常不满。但中国的提案迟迟未至，同时中国陆军无法列为权力要素时，可以反驳称其将边疆区域列入保护对象至少在长期来看是不可能的"，以将自己的提案正当化。

评价，主张中德合作。①

以此为契机，德国政府开始推动中美德合作，毕洛于 1908 年 1 月 3 日、1 月 6 日分别向雷克司、师特恩博发出训令，其态度冷静，与威廉二世狂热的态度迥异。首先，他对雷克司表示，与美国结盟是不可能的，但仅在政府间交换宣言（Austausch von Deklarationen）是可行的，但并未提及德美俄协调。其次，他在训令中指示通过陆军部右侍郎荫昌敦促清朝即时开始对美交涉。② 另外，毕洛对师特恩博表示政治性协议违反门户开放，并且为了不使其他国家产生德国因缔结协定而获取某种秘密利权的印象，应该避免德美间缔结协定，而优先让中美协议，同时指示师特恩博向罗斯福委婉传达德国政府支持清朝的政策方针。③

综上所述，《日法协约》签署时德国政府内部即讨论了配合清朝的动向，即以德美接近为轴心形成包括清朝在内的三国协调构想，但相对于威廉二世及雷克司等主张"同盟"的积极派，毕洛与外交部则持与美国协调的态度，通过师特恩博与罗斯福就该问题交换了意见。虽然在此期间基本上敲定了两国间的方针，但在清朝未积极主动接触的情况下，德国也采取了观望的姿态，而其态度的转变，始于梁敦彦向雷克司告知清朝已采取了实际行动。在威廉二世的主导下，尽管德国采取了积极的行动，但毕洛的态度更为慎重。而下一节将考察同一时期，清朝政府又是采取了怎样的应对措施。

（二）清朝的反应

德国开始期待清朝是否正式着手推动合作构想，是在 1907 年将直隶总督兼北洋大臣袁世凯和湖广总督张之洞召回北京任职军机大臣，袁兼任外务部尚书之后的事情。④ 这与其期待清中央政府的权威提高，政治局面稳定是表里一致的。⑤

如前所述，此后雷克司虽然获悉清朝曾下达训令，但实际上在 11 月 30 日的时间点上，清朝并未将合作构想付诸实际举动。关于袁世凯未能起到积极作

---

① *GP*, Bd. 25, Nr. 8557, Wilhelm II. an Bülow, 30. 12. 1907.

② *Ebd*. Nr. 8558, Bülow an Rex, Berlin 3. 1. 1908.

③ *Ebd*, Nr. 8559, Schoen an Sternburg, Berlin, 6. 1. 1908. 其中未提及与俄国携手。

④ 德国认为袁世凯被召回北京是改革派和中国人努力的成果，指出"除了有野心的满洲人以外，所有民众皆表示欣喜和欢迎"，但同时对召回张之洞表示意外。一般认为，两者关系并不和谐，很难期待合作带来成功 [PA - AA, R.17694, A. S.16219, Rex an Bülow, 23. 10. 1907（A183, Peking, 12. 9. 1907）]。

⑤ *GP*., Bd. 25, Nr. 8552, Rex an Bülow, Peking, 31. 10. 1907.

用的背景，雷克司引用了梁敦彦的说法，清政府正忙于苏杭甬铁路谈判事宜，[1] 无暇协商合作构想，同时该问题削弱了袁世凯的地位。[2] 梁敦彦认为，袁世凯自身虽然认识到了与德美合作的重要性，并对其表示支持，但由于情况不明朗以及清朝国力的衰弱，身为同盟国却无所作为，担忧提议会被否决，因此并未采取试探两国意向的做法。[3] 韩特（M. Hunt）的研究认为，袁世凯有必要在军机处和外务部巩固自己的权力基础，而其地位是在 1907 年底稳固的。[4] 若果然如此，那么与清朝着手开展对德美两国政府调查的时间就大致相同。

驻德公使孙宝琦[5]在 12 月 9 日的电报中汇报了与外交部部长舒恩的会谈，顺便提及了德美合作，[6] 却没提到三国合作。从孙 1908 年 1 月 12 日的电报可知，孙的立场较为谨慎，虽倾向于接近德美，但认为即便联手德美也难以对抗协约国。[7]

仔细思量《日法协约》签署后端方等人的反应，即使在接近德国的政策转为实行的时点上，清朝内部强力推行该政策的也是以袁世凯为中心的集团，而德国则通过梁敦彦掌握清政府内部的情况。

清朝开始就合作构想有所行动是在 1907 年底到 1908 年 1 月之间，而德国外交部以将主导权交给清政府的形式放弃了三国结盟构想，而力图与美国在对清问题上达成基本一致。然而雷克司之后并未放弃自己的计划，两者在方针上存在龃龉。

---

① 关于此事，参见高鸿志《近代中英关系史》，四川人民出版社，2001，第 306～7 页；〔日〕佐野实：《光绪新政期铁道政策における借款の再评价とその经纬－沪杭甬铁道の建设方针を巡る官民の对立－》，《史潮》第 64 期，2008；〔日〕佐野实：《沪杭甬铁道借款契约の时效性を巡るイギリスと地方の关系－地方有力者层の对立・协力が中英间外交に影响を及ぼした一事例について－》，《史学》第 78 卷第 4 期，2009。

② PA－AA, R. 18567, A. S. 1365（T）, Rex an AA, 14. 12. 1907.

③ PA－AA, Peking II, 26, 6218/07, Referat Unterredung mit Liang tun yen von Betz vom 27. 11. 1907, Bl. 334－336.

④ Hunt, *op. cit.*, p. 126.

⑤ 箱田也利用《电报档》，指出在孙宝琦、刘式训等当时的清朝驻外公使中，存在推动三国合作的意见。而这与袁世凯、唐绍仪的构想及德美的构想是一致的（〔日〕箱田惠子：《外交官の诞生－近代中国の对外态势の变容と在外公馆》，名古屋大学出版会，2012，第 240～242 页）。

⑥ 《收驻德孙大臣致外务部电》，（光绪三十三年）十一月初五日，《电报档》（34），文书号码 221，第 108 页。

⑦ 《收驻德孙大臣致外务部电》，（光绪三十三年）十二月初九日，一档军机处收发电报档：2－05－12－033－1395。

四 谢礼使访美与合作构想受挫

（一） 谢礼使访美与德国的反应

1907 年底，罗斯福在国会宣布，退还庚子赔款的余款，以用作中国学生赴美留学的资金。[①] 1908 年 1 月 20 日，驻清公使雷克司在致电德国外交部的报告中称，庆亲王与袁世凯对退还庚子赔款表达谢意，并有意向慈禧请奏派遣特使协商该问题。[②] 雷克司在该电报中要求外务部从保密原则出发请其务必与清朝驻德公使孙宝琦磋商联盟构想。但因时值农历新年，清朝的决定延期到次年 2 月。[③]

3 月 12 日，两江总督端方与湖广总督赵尔巽联名上奏，认为德美尚未与日本建立协商关系，不宜静观，应在干扰德美接近日本的同时加强彼此的友好关系，据此确保清朝获取谋求 "自存" "自立" 的时间，[④] 即便这一时期非常短暂。

几乎同一时期，北京方面也在积极准备与德美展开合作。

3 月 18 日，雷克司与张之洞就在青岛开办学校进行磋商之际，讨论了中美德合作的问题。在会谈中雷克司了解了袁世凯与张之洞支持接近德美的态度。张之洞自身虽同意清德两国加强密切联系，但首先需要与美国合作，并指出签订三国协定应保密，而清朝在其他国际问题上与德美两国保持一致的可能性很低。张告知雷克司，特使的候选人包括外务部右侍郎梁敦彦与参与满洲问题[⑤]的奉天巡抚唐绍仪。[⑥]

3 月 21 日，德外交部部长在对师特恩博的训电中，对在上述会谈中确认了袁张二人同意联盟构想的意义做出肯定，并转达了威廉二世的意见："中美

① 关于庚子退款，参见梁碧莹《梁诚与近代中国》，中山大学出版社，2011，第 245～264 页。

② PA－AA，R. 18567，A. S. 102（T），Rex an AA，20. 1. 1908.

③ Ebd.，A. S. 207（T），Rex an AA，4. 2. 1908.

④ 《奏为日本阴谋甚亟密陈隐患事》，光绪三十四年二月初十日，一档宫中朱批奏折：04－01－01－1086－044。

⑤ 关于袁世凯、唐绍仪的满洲政策，尤其是关于新法铁道借款问题与美国对清政策的联系，参照李恩涵《唐绍仪与晚清外交》，《近代中国史事研究论集》，第 492～507 页；Hunt. *op. cit.*，pp. 152－166。关于日本的应对，参照〔日〕千叶功《旧外交の形成－日本外交一九〇〇～一九一九－》，第 193～198 页。

⑥ PA－AA，R. 18568，A. S. 519（T），Rex an Bülow，18. 3. 1908.

德协商后，即在当地（柏林）与华盛顿发表政策声明，并通告其他一切国家。这已完全足够。主要内容是门户开放、维持清朝现状与领土完整。"① 这成了德方的最终应对政策。

4月13日，雷克司报告外交部称，袁世凯与庆亲王请奏派梁敦彦作为特使出使美国，并已获准，梁敦彦先访美再访德。② 外交部部长舒恩对此评价称，清朝似乎终于决定全力就交换声明进行交涉。③ 德国期待已久的由清朝主导的中美德合作交涉正式启动。

驻美大使师特恩博报告称，在与罗斯福的会谈中他转达了从雷克司处获取的信息，即清朝开始接近德美，梁敦彦被任命为清朝特使出访，其访问目的在于就维护清朝主权、门户开放、对华贸易的平等性进行磋商。此外，师特恩博强调了清朝高官之间已达成了清朝的命运掌握在德美手中的共识。该报告中未记载罗斯福对于其认识的意见，但传递了一种乐观的印象，即认为罗斯福将全力与德国保持一致。④

6月1日，雷克司与袁世凯进行会谈。此时，袁世凯对接近德美表示了不安，具体表现在两个方面：一是应如何向两国提出合作政策；二是仅靠清德美的合作是否能对抗英法日。而雷克司设想的方案为：（1）为避免成为协商国的附属，向美国询问有无援助清朝的意愿；（2）美国认为仅靠美国的保护是不够的；（3）由特使向美方传达德俄对清朝持善意态度。雷克司又强调仅靠德美支持清朝、保持协作的事实可牵制其他国家。雷克司提议协议可通过换文实现，但外交部的方案是发表声明，并在栏外批示指出，既非书面形式也非同盟。⑤ 另外，从将俄国列为合作国一项可知德国外交部与雷克司之间存在较大的意见分歧。⑥ 但清朝或认为雷克司的发言代表德国政府的立场，德国外交部的意向并未准确传达给清朝。

---

① *GP.*, Bd. 25, Nr. 8561, Schoen an Sternburg, Berlin, 21. 3. 1908.

② PA－AA, R. 18568, A5692（T）, Rex an AA, 13. 4. 1908.

③ Ebd., Nr. 244, Schoen an Jenisch, Berlin, 16. 4. 1908.

④ Ebd., A. S. 924, Sternburg an Bülow, 27. 5. 1908.

⑤ *GP.*, Bd. 25, Nr. 8563, Rex an Bülow, Peking, 1. 6. 1908.

⑥ 关于在德国外交部与驻清德国公使之间存在的清国观和对清政策方针的差异，请参见拙稿《光绪帝の梓宫移送式へのドイツ·日本の特特使派遣问题－吊问外交の对象となった清清朝皇帝朝の『丧仪』－》，《东洋学报》第91卷第4期，2010。

（二）任命特使

清朝为表示对美国退还庚子赔款的谢意，决定派遣谢礼使前往，并在欧美日进行财政调查。① 前者是派往美国的理由，后者是为了使出访德国有一个顺理成章的借口。但特使派遣的目的涉及多个方面，除以下提到的有关将庚子赔款余款用于满洲改革借款的交涉、就满洲问题与日本进行事前交涉（1908 年12 月 28 日起满洲六案件的相关交涉正式开始②），以及裁厘加税问题与各国的协商③、公使馆升级为大使馆等诸多政治悬案。

1908 年 7 月 3 日，庆亲王奏请任命唐绍仪为特使，其中称"宗室、世爵不必派往，免致他国生疑，转生枝节"，④ 体现了谢礼使从皇族外交的观点出发的一面。

同月 20 日，清朝颁发上谕，唐绍仪被任命为谢礼特使。4 月时针对美国政府宣布退还庚子赔款而决定派遣的谢礼使团长，原先内定由协作计划的实务担当者梁敦彦担任，但最终决定由唐绍仪出任。8 月 1 日，一等翻译官夏礼辅（E. Krebs）至唐宅拜访时，唐告知这一点，并提及 6 月时已商定由自己代替梁敦彦出任特使。这说明了在特使任命问题上，清政府内部曾在梁敦彦与唐绍仪之间举棋不定。但关于德美接近，袁世凯与庆亲王正说服清政府，东三省总督徐世昌也抱有同样的认识。另外，该问题在清政府内部属于高度机密，即便连外务部会办大臣那桐与外务部左侍郎联芳此前也不知情。⑤

---

① 《著唐绍仪考查日欧各国财政上谕》，光绪三十四年六月二十二日，《唐绍仪出使日欧八国考察财政史料》，《历史档案》第 37 期，1990，第 63 页。关于唐的财政调查，参见李国荣《唐绍仪出使欧日八国考察财政述谈》，前引珠海市政协、暨南大学历史系编《唐绍仪研究论文集》，广东人民出版社，1989。

② 关于中日交涉的经过，请参见〔日〕寺本康俊《日露战争以后の日本外交－パワー・ポリティクスの中の满韩问题－》，第 414~430 页；〔日〕千叶功：《旧外交の形成－日本外交一九〇〇～一九一九－》，第 205~211 页。

③ 《奏为拟请实行商约各款并速定币制由》，光绪三十四年八月二十七日，台北故宫博物院图书文献馆藏军机处折 166091。在该奏折中，唐提出已缔结的通商条约中法律改革、矿山相关法律、商标、统一度量衡、货币制度、裁厘加税极为重要，除裁厘加税外都属清朝的内政权，应尽快实施。

④ 《奏为声明请旨事》，光绪三十四年六月五日，台北故宫博物院图书文献馆藏宫中档奏折408014391。

⑤ Anlage：Memorandum von Krebs, Peking, 1.8.1908, in：PA－AA, R. 18568, A. S. 1459, Rex an Bülow, 24. 9. 1908。唐绍仪告知夏礼辅，经孙宝琦的电报，那桐与联芳已知晓与德美接近。该会谈内容于 8 月 5 日致电德国外交部〔Ebd., A. S. 1281（T），Rex an AA, 5. 8. 1908〕。

内定特使的变更表明清朝的重点不在要求德美两国发表声明，而在于政策方针发生转变，倾向于优先解决满洲问题，这一点下文将做详述。换言之，这鲜明地体现了清朝对美的重视。

两广总督张人骏也赞成重视对美合作，[①] 而驻法公使刘式训则指出，单靠中美合作不足以对抗日本，有必要联合德国。[②] 从这一点可知清政府内部存在着力主德美合作的倾向。

（三）谢礼使出访日美

唐绍仪于9月24日从北京出发，经天津、上海，于10月11日抵达东京，12日出席了外相小村寿太郎主持的晚宴。[③] 宴上，首相桂太郎与小村外相表示希望改善日中关系，[④] 要求唐向清政府转达日本政府的盛情款待。[⑤] 但在延吉发生日本宪兵枪击并伤及清朝巡警事件发生后，清外务部一方面在北京与伊集院公使交涉，一方面指示唐绍仪试探日本政府的态度。[⑥] 唐绍仪自身也将与小村外相就东三省问题直接交涉，在其逗留东京期间进行了预定于12月28日在北京就满洲问题展开交涉的事前协商。唐还拜访了德国驻日大使穆默，这在穆默11月30日的报告中有明确记载。会谈中，唐向穆默说明了自己赴欧美的目的，除与美国交涉退还庚子赔款后的赴美留学生派遣、调查欧洲财政外，还包括以经营满洲为目的的2000万两借款合同交涉与中央政府的借款准备。[⑦] 唐在

---

① 《收粤督致外务部电》，光绪三十四年八月初一日，《电报档》（34），文书号码988，第556页。其中将德国描述为与列强一样，抱有领土野心的国家。

② 《收驻法刘大臣致外务部电》，光绪三十四年七月二六日，《电报档》（34），文书号码972，第546页。

③ 同一时期，周游世界的美国舰队中途停靠日本，在日美关系或将改善的氛围正在酝酿的背景下，小村外相开始与美国协商。见〔日〕寺本康俊《日露战争以后の日本外交－パワー・ポリティクスの中の满韩问题－》，第442～451页。

④ 当时导致日中关系恶化的问题为同年2月发生的第二辰丸事件及之后引发的抵制日货活动。就该问题的政府间交涉与清朝交涉态度的背景，请参照王芸生《六十年来中国与日本》第5卷，第149～165页；〔日〕菊池贵晴：《中国民族运动的基本构造－对外ボイコット运动的研究－》，东京，汲古书院，1974，第57～106页；〔日〕吉泽诚一郎：《第二辰丸事件（一九〇八年）とその地域的背景》，《史潮》第55期，2004。

⑤ 《收专使唐大臣致外务部电》，光绪三十四年九月十九日，《电报档》（35），文书号码76，第43页。

⑥ 《发专使唐大臣电》，光绪三十四年九月二十二日，《电报档》（35），文书号码87，第52页。

⑦ PA－AA, R.18568, Abschrift（以下简称 Ab），A.20432, Mumm an Bülow, 7.12.1908.

出发前夕一度返回沈阳逗留了一个月，[①] 其间与东三省总督徐世昌等磋商解决有关满洲问题的对策。[②]

唐绍仪于 1908 年 11 月 30 日抵达华盛顿。12 月 2 日谒见罗斯福总统，递交国书，完成了谢礼使的使命，随即就满洲问题开始了与美国国务院的协商。12 月 5 日，唐与第三国务次官威尔逊（F. M. Huntington-Wilson）协商，提出以海关税作为担保换取 2~3 亿美元的借款、在满洲导入金本位制、废除满洲的厘金弥补收入。[③] 接着，9 日又与国务卿鲁特进行会谈，会谈中唐未提及合作构想，而是先称日本对清朝与其他国家结盟持怀疑态度，并提议将退还的庚子赔款另作贷款的担保用于偿还贷款。但鲁特未做出回答。唐进一步提议以废除厘金换取上调出口税，并需 2~3 亿美元贷款用于修改矿律与导入金本位制，鲁特答称美国可以提供援助，但未明言是由政府提供。[④] 鲁特只是承诺会向司戴德提供非正式的帮助以实现其与美国金融界的接触，[⑤] 这意味着其持慎重的态度，避免政府的介入。

合作的构想于 13 日唐与罗斯福的会谈中提及。李永胜认为，罗斯福指出德美清结盟会招致其他国家的猜疑，唐绍仪也同意这一点，只是为了要确认罗斯福的意见，唐自己表示不再讨论该问题，决定中止交涉。李由此得出结论称中德美联盟失败。[⑥] 但这里的问题在于，德美之间就发表声明已达成了某种程度的协议，与罗斯福提到联盟之间存在因果关系。

12 月 31 日，罗斯福向德国新任驻美大使本斯托夫（J. H. von Bernstorff）表示，担心美国介入会助长清朝出台反日政策，有可能引发日中战争，[⑦] 正因如此"前任者频繁向罗斯福提议在中国参加条约的条件下，德美两国共同保证中国的领土完整。而罗斯福对此不能接受"，罗斯福表示了反对政治共识的意见。[⑧] 罗斯福向德国表示，否定合作构想是因为清朝国力孱弱及反日政策或将引发

---

① Ebd., Ab. A13075, Rex an Bülow, 16.8.1908；Anlage: Memorandum von Krebs, Peking, 1.8.1908, in: Ebd., A. S. 1459, Rex an Bülow, 24.9.1908.

② Hunt, *op. cit.*, p. 164.

③ Blazsik, *op. cit.*, pp. 105 – 107.

④ 美国驻清公使柔克义一直将国务院的来电照会清外务部，美方在其中坚持应将退还庚款部分用于教育相关事业。《美使照称美外部拟商定减收赔款办法应如何答复希酌核电复由》，光绪三十四年十一月十七日，台北，中研院近代史研究所档案馆：02 – 07 – 019 – 02 – 040。

⑤ Blazsik, *op. cit.*, pp. 107 – 114.

⑥ 李永胜：《1907~1908 年中德美联盟问题研究》，《世界历史研究》2011 年第 4 期。李指出，袁世凯的被罢免被罗斯福用作向威廉二世说明中止合作构想的理由。

⑦ PA – AA, R. 18568, A. 38（T）, Bernstorff an AA, 2.1.1909.

⑧ PA – AA, R. 17436, Ab. A795, Bernstorff an Bülow, 13.1.1909.

战争。

但问题是罗斯福的此种思维模式，即发表德美就维持清朝主权和领土完整达成意见一致的声明，会导致反日政策进而引发日中战争的想法是如何形成的，这一点笔者将在下一节分析合作构想失败背景的同时进行探讨。

（四） 中德美合作构想受挫的原因

对既往研究中关于三国合作构想失败的原因归纳如下。第一种见解认为，失败源于其后盾慈禧的去世和袁世凯的被罢免。然而，正如已有意见指出的那样，如果考虑到袁世凯失势已是代表美国立场的《高平－鲁特协定》签署后之事和前面已经提到的有不少清朝当权者支持合作构想这两点的话，那么认为袁的失势造成很大影响这一见解站不住脚。较之前者，笔者更希望关注合作构想的对立导致了袁世凯被罢免的这一传闻。[①] 据称该对立是在袁与张之洞之间产生的，如果考虑到张对合作构想持肯定态度这一点，那么对立的原因则有可能在于袁所推行的重视满洲的德美合作。韩特的研究认为，1907 年 10 月后，东三省总督徐世昌和奉天巡抚唐绍仪曾考虑与美国驻奉天总领事司戴德商讨为成立满洲开发银行向美国借款，然后用满洲的收入和义和团赔偿金的返还部分来还债。美国驻清公使柔克义（W. W. Rockhill）不同意将退还的赔偿金用于教育目的之外，支持该计划的袁世凯试图直接通过与国务院协商来打开局面，因此任命唐绍仪为特使。[②] 该计划与德国对清朝承诺维持清朝主权、领土统一、门户开放的协议内容大相径庭，德国并未认识到该计划的不一致性。[③] 德国一直抱有该构想而不断向美国表示支持清朝的行动，但对袁世凯来说并非如此。袁世凯等认为协议的重要性是次要的，较之三国间的协议，他更重视获得实质性援助。简言之，德美关于清朝的一般声明与牵扯到清朝满洲问题的中美德合作构想，虽然都立足于三国协调的框架下，但其实都是同床异梦，这也是1908 年协调关系不成功的内因。

第二种见解是，既往研究中也指出过，一方面该构想本就是清朝的独自构

[①] 第 3 号，《伊集院公使致小村外相》，明治 42 年 1 月 3 日，JACAR（亚洲历史资料中心）Ref，B08090204300（从第 305 图片开始），外务省外交史料馆（B－5－3－2－65）「义和团事件ノ赔偿金减额ニ对シ清国ヨリ米国ヘ谢礼使派遣一件」；PA－AA，R. 18568，A. S. 24（T），Rexan AA，5. 1. 1909.

[②] Hunt, *op. cit.*, pp. 161－164.

[③] PA－AA，R. 18569，A. S. 192，Aufzeichnung von Schoen，10. 2. 1910. 但认为政府声明夭折是源于美国的反对。

想，再加上当时的满洲问题和"第二辰丸事件"发生后日清关系恶化；另一方美国有望通过美国舰队访问日本改善日美关系。在此情况下，罗斯福担忧，对清朝的外交性支持可能引发清政府反日，导致中日战争，殃及美国。同时该认识成了签署《高平－鲁特协定》的动机。① 此外，忙于巴尔干问题②等在欧洲无暇他顾的德国，本打算在中美合作的基础上分一杯羹，但如果中美合作失败，德国独自接近中国就存在相当大的风险。

第三种见解则是，罗斯福因"每日电讯报事件"和"黑尔事件"③ 的发生加深了对德国的不信任感，德美间也产生了罅隙。同时又因中德在太平洋的军力脆弱这一硬性原因，为了确保美国在太平洋的权益，因此罗斯福开始改善对日关系。④

此外，中德之间的不一致，还在于三国协议是采取以公开形式还是以秘密形式进行。清朝为避免刺激列强主张秘密协议；相反，德国认为如果秘密协议以某种形式被列强察觉，会误解德国通过协议获取权益，为避免此种情形的发生，它一开始就主张应该公之于世。笔者认为这两种态度之所以不同是出于同样的理由，即两国都担忧该协议会以某种形式招致他国的猜忌心，因此一方希望通过公开来打消猜疑，一方却试图通过秘密进行来回避。德国在东亚的脆弱地位，以及德国对东亚政策直接影响欧洲形势的认识从中可窥见一斑。

德美两国在《日法协约》后进行的合作摸索，并达成一致意见，他们所期待的协议不刺激他国、确保自国的经济活动范围、和清国加强友好关系的三国合作构想最终破产。笔者认为其破产的原因在于，袁世凯将合作构想与满洲问题挂钩，使得罗斯福认为来自德美的支援存在引发日中战争的危险。另外，上上述问题的错综复杂也是导致合作破产的因素。

---

① 《高平－鲁特协定》的内容包括以下 5 点：（1）鼓励两国在太平洋地区的商业自由、发达；（2）维持太平洋地区的现状，拥护对清贸易机会均等；（3）相互尊重两国在太平洋地区的"领地"；（4）通过和平手段支持清朝的独立、领土完整、对各国工商业的机会均沾主义，维持各国在清朝的共同利益；（5）两国针对侵犯维持现状、机会均等主义的事件互换意见。《高平大使致小村外相》，明治 41 年 12 月 2 日，《日本外交文书》第 41 卷第 1 册，第 65 号，第 113～118 页。

② 关于 1908 年 10 月奥匈帝国的波斯尼亚和黑塞哥维那组成联邦后的德国外交参照了以下资料：*Gregor Schöllgen，Imperialismus und Gleichgewicht：Deutschland，England und die orientalische Frage 1871–1914*，München，2000，S. 253–274.

③ 关于这些事件，请参见 Peter Winzen，*Das Kaiserreich am Abgrund：Die Daily-Telegraph-Affäre und das Hale-Interview von 1908*，Stuttgart，2002，S. 68–86。

④ Mehnert，*a. a. O.*，S. 154 u. S. 199.

五 结语

中德美三国的合作构想最终被搁置，虽然德国一边与美国接触编制合作构想的草案，一边对清朝的活动提供支援，然而德国始终安于退居幕后，采取了听凭清美意向的被动态度。这或许源于德国外交部消极地认为，该合作构想有可能对德国在欧洲的地位带来不良影响。究其原因，除了上述的罗斯福政府转换外交方针，通过改善美日关系力图维持太平洋地区的现状外，还有袁世凯及唐绍仪试图利用合作构想的基础，展开积极外交，实现在满洲问题上加强清美关系。清朝内部也存在着致力于满洲问题的三国合作构想，但这是袁世凯与梁敦彦等最初所设想的。也许该设想在某个时点上发生了转变，还需要今后寻找更为详细的史料进行印证。但是，1908年4月之后的特使内定变更，即人选从负责合作构想的外务部右侍郎梁敦彦变为在满洲问题上寻求中美合作的唐绍仪，应会对清朝的合作构想方针产生了巨大影响。可以认为正因清朝自感国力脆弱，才试图利用德美的合作构想来获取外交支持，以实现自身的外交政策。

德美政治协议的内容与日英俄法之间的协定，原本在贸易机会均沾、维持清朝领土完整等问题上并无太大差异，但主要区别在于协议是列强间的相互协议，还是针对清朝的协议。美国在意识到对清朝的外交、道义上的援助或将助长清朝出台反日政策，从而导致东亚局势发生变化的危险性后，拒绝了合作，中德合作也未能实现。由此可见，清朝的积极政策触动了美国的反应，导致了三国合作构想的流产，而中德政治关系的亲厚与否也取决于美国。而德国在该构想中的态度也反映了其在东亚的地位不稳和在欧洲外交的孤立。

该构想在1908年底虽然受挫，但并未就此止步，1910～1911年又重新在中德美三国间引发讨论。① 因此，这并不意味着构想的最终失败，而是如驻清公使雷克司预计的《高平－鲁特协定》意味着美国海军实力增强和重心放在巴拿马运河开通上的"停战"。② 同时，该协定只在罗斯福政府时期有效，并不限制新一届塔夫脱政府的行动，因此塔夫脱政府成立后，日美在满洲问题上再次形成对立。

---

① 关于此事，参见拙稿《醇亲王政权の对独接近政策》，辛亥革命百周年纪念论集编集委员会编《综合研究·辛亥革命》，东京，岩波书店，2012，第277～298页。

② *GP.*，Bd. 25，Nr. 8565，Rex an Bülow，Peking，15. 12. 1908.

　　另外，德国在合作构想受挫后仍保持重视清朝的姿态，无意于日德协约。[1] 因此，德国在中国的经济活动需要与清政府保持紧密的联系。[2]，此后德国也继续努力维持与清朝的良好关系。

　　中德间的政治合作虽取决于美国动向，但德国试图尽可能地维持和加强中德友好关系，而清朝也试图利用德国的外交网络，构筑对抗日本的框架。中德虽有意合作，但在缺少第三方美国参与的情况下无法缔结政治同盟，这种状况正是这一时期两国关系的写照。

---

① PA－AA，R. 2105，A2485，Mumm an Bülow，8. 2. 1909（A. 3，Tokio，4. 1. 1909）；Ebd.，A3718（T），Rex an Bülow，28. 2. 1909.

② PA－AA，R. 18004，A8274，Rex an Bülow，19. 5. 1909.

从弃民到国民：近代华侨身份的回归（1904～1912）

杭州师范大学民国史研究中心　夏卫东

清前中期，华侨一直被视为"自绝王化"，政府对其视如弃民。随着华侨经济实力的增强，晚清政府在内外交患的窘境之下，逐渐改变对其"弃民"的看法。对于近代华侨的研究，已是较为成熟与丰富。[①] 本文利用当时的《申报》资料，以1904年袁世凯派军舰巡视南洋开始，至1912年北京政府参议院确认为华侨在国会中的"特殊势力"为时段，从政治史的角度，考察近代华侨与国内政治的互动情况，认为近代华侨身份的回归不仅是法理的问题，更是政治与经济相互作用的结果。

一　政府与华侨接触的偏离

清前中期执行严格的海禁，对于私自出洋者，规定"不准回籍"或"即行正法"。在此政策之下，政府对海外华人谈不上有保护政策。这方面最显著的事例，就是发生在乾隆六年的噶喇巴事件。乾隆六年，荷兰殖民者在噶喇巴（今爪哇）欲强行征调在当地从事贸易的华人，华人"以汉人在此贸易，惟领

---

① 这方面文章可参见：庄国土：《清朝政府对待华工出国的政策》，《南洋问题研究》1985年第3期；李家驹：《清政府对华工出洋的态度与政策》，《近代史研究》1989年第6期；邱建章：《论晚清政府国籍法的制定及其影响》，《河南大学学报》（社会科学版）2004年第3期；刘红艳：《清末政府的侨务活动浅议》，《东南亚研究》2005年第2期；庄国土：《对晚清在南洋设立领事馆的反思》，《厦门大学学报》（哲学社会科学版）2006年第5期；等等。

票输银，无调取之例，不受命"。① 结果，许多华人被拘捕，荷兰殖民者开始进行大规模地屠杀。福建总督给政府的奏折中声称，"被害汉人久居番地，屡邀宽宥之恩而自弃王化，按之国法皆干严谴。今被其戕杀多人，事属可伤，实则孽由自作"。② 侨民既然被视为"自弃王化"，其在外的生计自然就不受政府的关注。但自晚清海禁开放以后，华侨尤其是南洋一带的华侨，其地位开始受到清政府的重视。

光绪三十年，农工商部曾派王右丞周历南洋各埠，后因事抵达香港后就返回大陆，但由于华侨的欢迎，"奉使者皆得意而归，于是华侨爱国之名，沸腾于众人之口，而政府之心遂因之而大动"。③ 光绪三十三年，时任直隶总督兼北洋大臣的袁世凯会同两江、闽浙、两广三地总督，选派"海筹""海容"两艘军舰巡视南洋，"旋于五月间，是先赴清属之西贡一埠，该处华侨久栖异域，见中国兵舰之南来遥望龙旗，欢声雷动，中外观者如堵，盛称中国自开海禁以来难得之盛事"。④ 此次巡视南洋，其效果非常显著。不仅是当地华商送迎宴会，而且就连当时占领越南的法国殖民者也示以尊重。当时的报刊上对此事的记载是：

> 我国巡视南洋海容、海筹二舰，月之初十日下午四句半钟抵西贡。各国兵舰鸣大炮八响，表示欢迎。翌日法国请宴，敬礼颇周，华商在西贡广肇公所大开欢迎会，连日各绅商亦有请各统带到商店款待者，观其备极欢迎之象，足见海外华侨热心爱国能推爱屋及乌之义，以欢迎二舰军人，大足嘉也。而反对欢迎之事者，亦不乏人。此全无心肝不足怪也。且二舰到埠法官令巡查华民税纸之专差一律停工。迨二舰去后，始复役，亦足见法人之外交灵敏手段也。连日舰员派传单叙述遣舰南洋保护华侨之意，有数千言并任人到舰游观，颇为拥挤。……本埠绅商电谢北洋大臣袁世凯发舰巡游保护华侨之意，翌日北洋即有复电勉励商业诸君，二舰留西贡八天至十八日下午二点钟动轮出境，是日绅商送行全埠踊跃，并送礼物。⑤

---

① 《清朝文献通考》卷297，全国图书馆文献缩微复制中心。
② 《清朝文献通考》卷297，全国图书馆文献缩微复制中心。
③ 《论巡视华侨之结果》，《申报》1908年4月10日（第12641号）。
④ 《直督奏报兵舰巡视南洋华侨情形》，《申报》1907年8月24日（第12417号）。
⑤ 《兵舰巡视南洋详纪》，《申报》1907年7月15日（第12297号）。

当时南洋各地侨民，自闻清政府派军舰南巡消息以后，"鼓舞欢忻，其箪食壶浆之情，实非寻常可比"，仅八打威一埠就"制备国旗已及六七千支，而商会中筹备如何招待，如何欢迎，各学生新帽操衣，以备到会。几于日不暇给，是其对于此事，固非等闲视之矣"。① 长期以来，华侨在南洋深受欧美殖民者的压迫，清政府此举极大地增强了他们的自豪感，"荷人初闻此举，颇有忌之心，报章持论，谓有来不可无往，不日吾国亦将遣舰至华。甚且谓南洋华人后来可畏，是则外人之视线亦郑重于其事"，他们甚至希望清政府能"乘此时会，遍巡南洋各岛，以察华侨之情形，并藉此游弋他国领海，不但可以唤起侨民爱国之心，居然震耀于他人耳目间，则于军事界亦实有绝大之影响焉"。② "海筹""海容"两艘军舰按原计划当巡视南洋各华侨商埠，后因安徽发生革命党起义，数天后便奉命由暹罗北上，折回中国。

不久，清政府又派农工商部侍郎杨士琦巡视南洋。杨士琦率"海圻""海容"两舰由香港放洋。"海圻"号先抵小吕宋，停泊七天后开往安南；"海容"号则先在汕头添办水菜后直往安南。十月十四日，二舰同到西贡。

> 所至各埠大受华侨欢迎，而侨店小吕宋西贡者较为开通，爱国之心允切到舰参观不下数千人。每有谈及受侮于外人者多声泪俱下，且谓我国军舰倘每年能一巡彼处保护商务，该埠华商每岁愿筹八万金以供海军常费。此次巡视南洋闻华侨工商界共集公款万五千金为欢迎军舰之费。③

一方面，当地华侨将清政府军舰巡视南洋视作对他们的保护行为，其最重要的原因就是长期以来，清政府将华侨视为弃民，"在政府一听吾民之自生自死，而绝不知以殖民政策保护华商，固已相沿习成；在华商为人牛马，受人困辱，被人焚掠，而无内国之奥援"。④ 军舰的出现自然是最具有象征意义的保护行为，不仅具有社会影响，而且也具有很强的军事威慑力，因此相对于驻外领事、官员巡阅侨民等行为，侨民们更愿意选择军舰巡视，正如上述材料中所提及的，西贡侨民愿意每年给清朝海军"八万金"，希望清朝的军舰每年到西贡巡视，为他们提供保护。

---

① 《论南洋巡舰中途折回之非》，《申报》1907 年 8 月 7 日（第 12400 号）。
② 《论南洋巡舰中途折回之非》，《申报》1907 年 8 月 7 日（第 12400 号）。
③ 《杨大臣考查南洋华侨情形广东》，《申报》1907 年 12 月 2 日（第 12518 号）。
④ 《论南洋巡舰中途折回之非》，《申报》1907 年 8 月 7 日（第 12400 号）。

另一方面，清政府对华侨的重视，并非是出于主权国家对其人民的保护，更多的在于现实利益的考虑。光绪三十三年，清政府第一次派军舰巡南洋时，每到一侨埠即登陆发表演说，向侨民散发传单，宣传新政，其目的在于争取侨民支持政府。

> 政府前派兵舰二艘到南洋巡视，华侨管带官随处上岸，招集华侨，将演说词刊印分送，每埠必数万张。略云：朝廷锐意图治，已派王公大臣前往各国考察政治，实行立宪，京畿一带，施设日备与列强文明殆无轩轾。河南大操，观战外员均共叹赏，而朝廷常关心民瘼，特于外洋华侨尤属轸念。方今时维艰上下同心，排除隔膜，尔等寄迹外洋一身富荣，勿忘祖国。今闻有会党藉口改革，游说各埠劝捐资财，其意在扰乱祖国，招侮外人以谋私利耳，尔等勿听邪语自误。抑改革一事，中国与欧美诸国事迥不同，欧美建国年限不深，改革诸端入手尚易，中国以数千年古国，政治风尚由来甚旧，一朝改弦，一利未兴，百弊立至，只须从缓耳。慈官临朝已经二代，进步虽迟，然以咸丰时较现时，其进步亦觉可惊。尔等宜体朝廷之意，勿过操切云云。[①]

当时就有人说：“据是以观兵舰此行，非巡视华侨，有所体恤也，特恐其反对政府。”[②] 孙中山自兴中会成立以后，包括此后建立同盟会，长期以来就在海外华侨中宣传革命理念，筹措革命活动经费。南洋作为侨民聚居人口最多的地方，自然也是清政府重视的地点，尽量与革命党人争夺侨民。

各地华侨在晚清受到各方关注，主要还是在于其经济实力。乾隆六年，当荷兰人残杀中国侨民时，当时政府“以为蠢蠢顽民食力外洋，未必有良善致富之人”，置其生死于不顾，“不意数十年后，华侨运金回国之事，忽腾现于外国之报章，而华侨之携巨金遄反故乡者，又接迹于闽广两省”，[③] 华侨的经济能力开始受到政府的重视。光绪三十三年，农工商部尚书溥颋上书在要求政府派员巡视南洋时，就提出：“臣部近奉谕旨奏有商爵专章，亦宜宣示中外各

---

① 《补述兵舰巡视华侨之演说香港》，《申报》1907 年 9 月 1 日（第 12425 号）。
② 《补述兵舰巡视华侨之演说香港》，《申报》1907 年 9 月 1 日（第 12425 号）。
③ 《论巡视华侨之结果》，《申报》1908 年 4 月 10 日（第 12641 号）。

埠商民，俾知鼓舞其有与定章相符合。"① 杨士琦在出洋前曾与袁世凯面谈达两小时之久，袁要求杨"将朝廷现在议行各政及奉旨实行立宪缘由一一布告华商，并将历次革命起事，均经官军痛剿解散情形，面告该商会总协理，并出示通衢，俾人人共晓"。② 从中可见，杨士琦此行还是在于争取侨民。不久，报刊上就传出杨士琦此行还肩负另一任务，即为收回京汉铁路利权筹款以及招收侨民回国兴办实业。

> 前赴南洋各岛宣慰华侨及劝谕集款赎回京汉路战，予以特别利益，各节已两纪本报，兹得秘密消息，政府又据江督端制军密陈南洋华侨情形略谓如动之以爵赏，不难罗致富商，独出巨资创办各项实业，但宜格外予以礼貌，庶几闻风踊跃等语。折上，奉旨交杨士琦阅看，随时相机奏明办理。③

事实上，侨民的经济实力不仅为中央政府所看重，就是地方政府、社会人士也都把侨民视为重大财源。岑春煊因广东财政艰绌，拟借外债举办兴利，所提供的三种方案中有两种与华侨有关，如"招致华侨，集股兴办"；后经考察政治馆会同度支部讨论，认为："至于南洋一带华侨商民有愿筹巨款归官营办，或自行集办者官办，则所筹款项悉照外债法筹还；商办则官认保护之责，商认营业之税。"④ 福建学生会在争取矿权的斗争中，要求政府建宁、邵武、汀洲三府矿产收回自办，设立福建全省商办矿务公司，但是由于福建本省财政无法支持该项事业，他们便把希望寄托于"外埠华侨商贾中热心爱国者"，拟以公司的形式"招集华商自办"。⑤ 国内经济的衰败与"华侨之携巨金，遄反故乡"形成了鲜明的反差，侨民的财富便成为国内各方关注的焦点。

华侨希望清政府给予保护，清政府想得到华侨的财政支持，但同时它无法给予华侨以保护。由于清政府的政治腐败，杨士琦在南洋招商注定是失败的。杨士琦在南洋期间就电告外务部、农工商部及军机处，称："至各埠，各华侨

---

① 《农工商部尚书溥颋请派大臣考察南洋各埠商会折》，《申报》1907 年 8 月 31 日（第 12424 号）。
② 《袁宫保对于巡视华侨之意见》，《申报》1907 年 9 月 10 日（第 12434 号）。
③ 《江督笼络南洋华侨之手段》，《申报》1907 年 9 月 25 日（第 12450 号）。
④ 《政治馆度支部议复举借洋倒债须预防流弊折》，《申报》1907 年 9 月 7 日（第 12431 号）。
⑤ 《福建学生会上外务部禀》，《申报》1907 年 11 月 17 日（第 12503 号）。

极意欢迎，经琦多方劝喻，加意联络，而默察侨情，爵赏不足以动彼，殊恐不易，招徕如有妙法，尚祈赐示。"① 但军机处给出的"妙法"仍旧是："该处华侨，务宜加意联络，相机酌量，或奏请赏爵，或优加奖励，总以能招徕二巨商为要。"② 次年，杨士琦便致电军机处要求回国，声称：

> 侨情涣散，不易联络各节，屡经电奏在案，旋准钧处电开饬即加意罗致，爵赏亦所不惜等。因此次到埠后，遵即宣布朝廷德意，无如各埠华侨，志存观望，虽有欢迎之举，实无归向之心，情意不足以维系之，爵赏不足以联络之，舍此殊乏善策。琦学识疏浅，奉职无状，惟有恳恩俯准回京复命，俾免陨越滋诮。③

清政府在南洋招徕侨商之所以失败，就在于其华侨政策的出发点本身存在问题，它只是将侨民视为可利用对象。赵尔巽任盛京将军时，以发展实业为先，鼓励华侨回国。光绪三十三年，徐世昌接任盛京将军，将"次帅（指赵尔巽）所殷殷招致之熊朱二君，置诸不理，坐令熊朱赴部请命，卒以不获见用，折回南洋，灰资本家之心，短实业界之气，并以伤南洋华侨之感情"。④ 杨士琦在奏折中说："华侨恐政府失言，无法招徕。"⑤ 清政府在侨民中的形象已不堪一击，就连国内人士对政府也充满了揶揄之气。当杨士琦向国内索要"妙计"时，有人就说："叔子曰国家不立大信于人民，惟以诡谲之手段笼络之，而欲人民出其血汗之钱供政府之浪费，饱官吏之贪囊，岂可得哉？我今窃愿拭目以观政府之妙法。"⑥ 另外，清政府在侨民心目中形象的破产，与其国内政策亦有关联：

> 华侨以久弃化外之人，忽得朝廷一视同仁之嘉惠。欢忻歌舞，自不待言。且以弱国之民托迹异地，往往受非法之虐待，而不能得同等之保护。今闻祖国革新自强之举，又孰不有毁家纾难之心。数十年来。华侨乐输巨

---

① 《杨士琦请示招徕华侨之妙法》，《申报》1907 年 12 月 19 日（第 12535 号）。
② 《枢臣密示联络华侨之妙法》，《申报》1907 年 12 月 24 日（第 12540 号）。
③ 《杨士琦奏准回京复命》，《申报》1908 年 1 月 17 日（第 12564 号）。
④ 《论东三省总督行政之失》，《申报》1907 年 8 月 4 日（第 12317 号）。
⑤ 《电五》，《申报》1907 年 12 月 12 日（第 12528 号）。
⑥ 《杨士琦请示招徕华侨之妙法》，《申报》1907 年 12 月 19 日（第 12535 号）。

资以助行政之经费者盖数见不一见矣。然而中国所谓革新所谓图强者，原不过涂饰耳目，敷衍中外。华侨之资有限，新政之行无期，在华侨固已稍稍心灰，孰意华侨之资不尽，政府之心终不死，巡视之使且犹续续来也。[1]

二 国内运动对华侨的支持

清政府重视华侨的经济财富，却无法给予侨民以政治庇护。侨民对清政府也日益灰心，但他们对祖国依旧心存眷念，仍旧有很强的身份认同感。这种身份并非来源于官方的举措，而来源于国内民间力量与侨民之间的互动。民间力量以实际行动支持侨民，不同于政府的"索取"为主，而是以"给予"为主，用行动来响应侨民的需求。代表性的事件为抵制美国禁约与赈济旧金山侨民的活动，以及抵制荷兰归化政策的运动。

1. 抵制美国"禁约"与赈济旧金山侨民

美国西部开发过程中，曾大量招募华工入境，用于垦殖、采矿及修筑铁路等工作。随着美国在19世纪80年代发生周期性的经济危机，美国政府便于光绪二十年（1894）迫使清政府签订《限禁来美华工保护寓美华人条约》，以保护寓美华侨为名，将限禁华工、歧视虐待华人的做法加以合法化。光绪三十年，该"禁约"十年期满，美国政府拒绝废止该条约。旅美华侨联名上书要求清政府同美国交涉废约问题，国内各地民众纷起响应，以"抵制美货"为号召，支援华侨的利益诉求。上海商务总会会长曾铸面见美国驻华公使柔克义，要求以两个月为限，届时美国仍不修改条约，则准备"特开总会，传电各埠，实行抵制（美货）"。[2] 一些地方的侨民也致信国内，纷纷表述其困境，例如小吕宋处华侨称："我华人之在小吕宋贸易者，现被美国人虐待，困苦情形不堪言状，将来该处恐不能驻足。"[3] 国内各地对于美国禁约虐待华工，"中外同愤，各省竞筹抵制"，杭州的学界在吴山阮公祠率先集议，要求尽快推行"抵制美货"，认为上海作为"百货汇萃之区"，一旦实行，则"全国闻风相应，而禁约之废，定可达其目的，否则散沙贻讥，不独吾杭之耻已也；倘如所

---

① 《论巡视华侨之结果》，《申报》1908年4月10日（第12641号）。

② 《曾少卿复杭州士民函（为华工禁约事）》，《申报》1905年6月24日（第11560号）。

③ 《美人虐待情形厦门》，《申报》1905年8月15日（第11612号）。

请，则华侨幸甚，吾杭幸甚，全国幸甚"。① 汕头绅商也表示："争约必先争废约，杜绝后患，贵处实行抵制，本埠照行。"②

对于国内以抵制美货为手段，要求美国修约的做法，檀香山华侨特致电国内以示谢意，③ 同时也致函于上海商务总会：

> 欣悉贵会集议停消美国货物，抵制禁约苛禁，遽听风声，不胜感激。闻之两国通商，彼此人民均应优待公法，具在宪典昭然。美国待我华侨禁例日出而日苛，虐法日增而日异，我辈饱受惨酷，罄竹难书。试举目前之工约一端而论，期满未续，理宜弛禁。美乃违背公法，甘冒不题，梁使宪据理磋商，始终不理闻，己改派新使赴京运动，希图续约。敝埠虽经电禀北京政府拒驳，所虑我政府动辄迁就，畏事不抗。美国自恃富强，我国当此时势恐与争，幸贵会众志成城，痛祖国之凌夷，愤彼国之强暴，出抵制之妙策……不特挽回全国利权，且可弥补华侨失所，则藉贵会抵制之力，岂浅鲜哉！美国最重民权，抵制出于商民，彼纵能挟势以要求我政府，决不能挟势以遍压我商民，是朝廷不能与争者，我商场转可与抗，即我钦使亦可援为口实，藉以坚持诘驳，敝同人局天跃地，不禁且感且欣。……第念远客外邦寄人篱下，谋对待郎千禁令，如处笼中之鸟，屈抑无以自伸，一旦获闻贵会有此义举，不禁狂喜久之。今者奉读芜函，聊致愚者一得上备刍荛之采，且鸣感谢之，忱山遥隔，趋附末由，回首中邦，能无陨涕，伏愿列位热心时局，挽既倒之狂澜，登斯民于衽席。④

从檀香山代表的致函中可以看出，侨民对国内抵制美货活动的欣喜与感激之情可谓是溢于言表，但同时在字里行间也充满了对政府的不信任，其中提及"所虑我政府动辄迁就，畏事不抗"，他们将希望寄托于国内民众对抗美国，认为"彼纵能挟势以要求我政府，决不能挟势以遍压我商民，是朝廷不能与争者，我商场转可与抗"。两个月的期限到期以后，美国政府拒绝废约，国内

---

① 《杭州士民致曾少卿函（为华工禁约事）》，《申报》1905 年 6 月 24 日（第 11560 号）。
② 《汕头绅商致上海商会电（为抵制美国华工禁约事）》，《申报》1905 年 6 月 29 日（第 11565 号）。
③ 《寓檀香山华商电请坚持拒美禁约檀香山来电》，《申报》1905 年 6 月 17 日（第 1553 号）。
④ 《檀香山代表埠华侨致上海商务总会函（为抵制美国华工禁约事）》，《申报》1905 年 6 月 29 日（第 11565 号）。

各地纷纷举行集会，掀起抵制美货运动，以实际行动支持华侨。除了一般的商业，就是连煤炭业、水木作业也发起抵制美货的活动。① 旅居镇江的江西商人，更将抵制美货视作"国民义务"。②

除了在政治上支援华侨外，国内民众在经济上也会对华侨予以资助。光绪三十一年（1905），美国旧金山发生了大地震，"侨美华民十余万人，死伤殆半"，其惨痛情形，"笔难殚述，其厄甚于美人之苛禁万倍"。③ 当时有人就下断言，称："夫华侨厄于外人之虐待，我内地之同胞既结团合群力以拯救之，今又厄于天灾之流行，则我国民必不待其呼号而早谋所以援手矣。"④ 不久，上海的书业带头发起筹款赈济侨民的活动，此后各地也相继举行了捐赠活动。第一笔款项是先由红十字会筹垫规银二万两，以及寓沪绅商筹垫规银三万两、广肇公所筹洋五千元，一起交由汇丰银行汇现美元，合计为"美洋三万七千七百五十六元一角九分"。⑤ 最后，国内各地为旧金山受灾侨民捐款总数达到白银二十余万两，⑥ 香港华商也向旧金山被难华侨汇寄了一万二千美元的善款。⑦

抵制美国"禁约"与赈济旧金山侨民的活动，都是在非政府层面进行的，使华侨在清政府之外找到了第二种支持力量。民间自发迸发的力量使政府在与华侨的关系中处于二线，也使华侨在对清政府日渐失望的情况下，得到新的支持，其对祖国的向心力得到维系。同时，这些运动，也有力地激发了国内民众对散居国外的侨民的认同感。

> 夫爱国之心，何由表见乎？有民而后有国。爱我同胞，即爱我国也。爱同胞之心，何由表见乎？平日安常履顺，群相嬉游而不自觉。旦遇非常之变，同胞厄于灾患，颠沛流离而无可告，则不惜披发缨冠以救之，解衣推食以助之。斯真爱心之发见时而爱力之试验场也。……夫抵制美约之一倡而各埠响应，一举而各省景从者，何以故？以美人虐待我华侨故。虐待

① 《宁帮水工作会议抵制美约、煤炭帮集议抵制美约》，《申报》1905 年 8 月 15 日（第 11612 号）。

② 《旅镇江西帮集议不用美货》，《申报》1905 年 8 月 15 日（第 11612 号）。

③ 《论急振旧金山华侨事》，《申报》1905 年 8 月 15 日（第 11612 号）。

④ 《论急振旧金山华侨事》，《申报》1905 年 8 月 15 日（第 11612 号）。

⑤ 《筹赈旧金山华民通告》，《申报》1906 年 5 月 1 日（第 11865 号）。

⑥ 《梁星使电知旧金山华侨赈款业已散讫》，《申报》1906 年 9 月 8 日（第 11993 号）。

⑦ 《香港华商念切同胞》，《申报》1906 年 5 月 2 日（第 11866 号）。

华人而抵制，何以故？以爱我侨美之同胞故。……我国民之爱同胞也，必不以道路远近而间亲疏，目击耳闻而分厚。薄崇宝川南之灾，我人既齐心合力解囊倾箧以助之，则侨美之同胞郎内地之同胞，也岂有不慷慨捐输以救我十余万同胞于海外者乎？……近来我国商业团体甚坚，自保其商民也甚切。侨美之民大抵皆经商者，其筹画必不稍缓者二也，且同为国民无分畛域，此外农工学界，无一非同胞，即无一人不踊跃以乐输者，尤敢断言者也。①

2. 抵制荷兰归化政策与《大清国籍条例》的出台

在抵制美国华工"禁约"及赈济华侨的运动发生后不久，在南洋便发生荷兰殖民者逼华侨入籍的事件。南洋各商埠华侨在当地居住时间长短不一，一些华侨家族已有数世不回本国，许多人也已不了解本国风俗，甚至不识本国文字，"子孙田园久隶彼法权之下，枌榆桑梓久相忘，游钓之乡，于是彼邦或认为殖民或视同土著"。② 到了清末，各华侨商埠纷纷成立自己的商会，华侨学堂也随之兴起，一些华侨还把自己的子弟送到内地暨南学堂学习。鉴于华侨对本国的向心力不断加强，侵占当地的荷兰殖民地便开设学堂，广收华侨子弟，在 1909 年更是准备颁布法律，拟将南洋各侨久居其属地不归本国者，均收入殖民地籍，使其从法理上改由荷兰直接管辖。

虽然该法律并非专对华侨而言，但由于华侨在荷属南洋各岛人数最多，华侨的反应即最为强烈。荷兰殖民者长期以来对华侨实行残酷的压迫，并在人身上加以各种限制，"以平日侨居和属，惨被凌虐"，③ 各埠华侨认为改华侨为荷兰籍，并非在于使其与荷兰人真正平等，而是荷兰人为了在压迫华侨方面更为肆无忌惮。爪哇全岛华侨商学会给清政府的农工商部上书中，就明确指出：

> 今和（荷）人若定新律，拟将华人收入殖民地籍，想必更假以便宜，稍弛苛政，诡加保护，欺罔殖民，从此可与和（荷）人平等，迟之又久入籍者多，而后惟（为）所欲为尽驱而纳诸罟获陷阱之中。他人不能顾问，其有意之毒，实令人思之寒心，苟不设法制之于先，侨民何堪

---

① 《论急振旧金山华侨事》，《申报》1905 年 8 月 15 日（第 11612 号）。
② 《和国欲收侨民入籍问题》，《申报》1909 年 2 月 20 日（第 12946 号）。
③ 《和国欲收侨民入籍问题》，《申报》1909 年 2 月 20 日（第 12946 号）。

设想？[1]

因此，他们要求清政府为其设立领事，替他们出面与荷兰交涉。同时为了从根本上解决自己的身份问题，强烈呼吁清政府制定"国籍法"，用法律的形式确认自己的国籍。针对荷兰人拟用"属地主义来"确定国籍的做法，华侨要求清政府用"血统主义"作为标准：

> 国籍法必请采取血统主义者，盖以血统为重，无论去国几百年，距国几万里，凡为其国人之血系，即皆永为本国之民，此尤不但关系和（荷）属华侨，即统世界人口计，华人是占多数，且入我国籍者尤少，其人采此主义，则所有本国人皆范围于内，此外绝少采血统义也。[2]

南洋各埠的华侨商会与内地各埠互有联系，因此他们在向清政府呼吁以外，南洋泗水中华商会还给上海商务总会发函，要求提供支持。华侨流寓南洋者为数不可胜计，南洋泗水中华商会认为"若遽被和（荷）人勒归民籍，在诸侨弃其祖宗田舍，欲再返而无由，在大局弃其财产人民，成九州之铸错，始基不慎，后悔何追"；荷兰人此举也会给中国造成巨大的负面效果，"尤恐英、蒲各国从而效尤，驯至棋布星罗、人烟稠密之南洋岛，无我华民片影，此必至之势。造端虽微，为患至巨，诚不可不加意防维也"。[3] 上海商务总会接到函件后，迅速向外务部要求派员与荷兰进行谈判，阻止其勒侨归籍。同时，也要求政府抓紧制定"国籍法"，"治本之道，尤在急订国籍法，以正其名"。[4] 福州民众团体则向全国各省商学会以及各团体呼吁："荷兰将迫南洋华侨入籍，海外同胞呼号望救，乞力筹援助。"[5] 在回复南洋泗水中华商会的信函中，上海总商会在充分肯定了侨民对抗荷兰殖民者的义举的同时，还表示了愿尽力在国内为其遥相呼应。

> 弟等接函后，除撮要分电外、商两部，恳赐维持外，另以正式禀牍，

---

[1] 《和国欲收侨民入籍问题》，《申报》1909 年 2 月 20 日（第 12946 号）。
[2] 《和国欲收侨民入籍问题》，《申报》1909 年 2 月 20 日（第 12946 号）。
[3] 《和国欲收侨民入籍问题》，《申报》1909 年 2 月 24 日（第 12950 号）。
[4] 《和国欲收侨民入籍问题》，《申报》1909 年 2 月 24 日（第 12950 号）。
[5] 《公电》，《申报》1909 年 3 月 2 日（第 12956 号）。

剀切剖陈，藉作尊禀之后劲，而示公愤之先声，未审能有禅于万一，否兹将禀稿录呈，并遵寄各省商会大事记两册，至祈察核为荷。近来民气稍苏，患在脆弱，所望各贵埠于此事，始终一致，合力坚持，所谓进步突飞于是乎，在敝会苟可以为力之处，无不遥应声援，倘有后闻，尚乞缕示。①

关于"国籍法"的讨论，一时之间成为国内的热点。中国移居美洲、澳洲、非洲、南洋群岛等处的侨民，"无不备受外人之凌辱，其惨酷之状，仅凭报所载者，略知一二；种种实情，固非亲历其境者，所能逆臆"。清政府在华侨聚居的大埠设立领事官员，虽然国力微薄遇事难以有所作为，但是"有是官必胜于无是官也"；在其余的华商小埠尤其是荷属各埠，清政府没有任何官员外派驻点，"华民惨受酷虐无由控诉只得含恨吞声，视为当然之辱"，当其中的一些华侨商埠要求政府在当地添设领事，却被"我政府每以外人之不允及经费之难筹，置之不理"。② 此举自然被视为清政府在侨民保护方面自失其责。关于荷兰勒侨归籍的严重性，当时国内就有人警告清政府，声称：

> 我国之办外交者，每蹈因循敷衍之习，当事之未发也，虽明知其将发，辄隐忍置之；及事之既发，则迫于公理，稍与磋磨，见事之无可挽回也，则含糊应之，此系当局者素行之故技，实非好为刻论也。今记者敢正言以相告曰：荷人强迫华侨入籍之事，慎勿以为无足重轻，果其实行，则数百万之侨民固离祖国而去矣，而自弃其民之实，反足使国内之人均生恶感，而国事将不可为矣。③

由于没有本国"国籍法"的限制，当时中国人改换国籍的行为就成为很随意的事情。不仅一些旅居国外的华人可以不受中国法律限制而加入他国的国籍，就是在上海、广东、福建等处长期居住的一些中国人，也以加入外籍作为自己的政治资本，借以获取外人所享有的各种特权，甚至以外籍为护身符欺压国人，"每借改入外籍，以为鱼肉乡人之计……其事屡见不鲜，丧心病狂，莫

① 《和国欲收侨民入籍问题》，《申报》1909 年 3 月 1 日（第 12955 号）。
② 《论荷兰将逼华侨入籍事》，《申报》1909 年 2 月 26 日（第 12952 号）。
③ 《论荷兰将逼华侨入籍事》，《申报》1909 年 2 月 26 日（第 12952 号）。

此为甚"。① 因此，制定"国籍法"不仅是维护侨民的向心力也是维系国内所有民众向心力的重要方法。

> 外人见我既有国籍法也，必不至再有狡焉思逞之举，侨民既有国籍法可以遵守，亦不至移心外向，实一举而两得者也。彼国籍法之所以不可不速订也，要之外人待我之手眼，阴险惨酷变幻莫测，美国限制入境之令方厉行，未良而荷人又有强迫改籍之议，其事虽若相反。原其用心终非美意，其为刻制我民则一也。②

通过荷兰勒侨归籍的事件，清政府也认识到尽快出台"国籍法"的重要性。农工商部上书要求修律大臣提前制定"国籍法"以抵制荷兰的阴谋。不旬日间，修律大臣就将办法拟好，交由宪政编查馆审核，准备几天后就上报。当时的评论是："从有编订法令，动辄经年累月，若此事之不浃旬而已竣事者，实属罕见。闻盖因摄政王注意华侨再三催促故。"③ 清政府最后颁布了《大清国籍条例》二十四条、《大清国籍条例施行细则》十条，在外务部与修订法律大臣的奏折中对制法的本义进行了说明：

> 臣等窃惟国以得民为本，民以盖籍为本，自来言户籍者，不过稽其众寡，辨其老幼，以令贡赋，以起职复而已。国籍之法则操纵出入之间，上系国权之得失，下关民志之从违。方令列国并争，日以辟土殖民互相雄长，而中国独以人民繁庶、贸迁、耕垦遍于重瀛，衡量彼我之情，扬摧轻重之际，固不必以招徕归附为先，而要当以怀保流移为贵，此则今日立法之本义也。④

《大清国籍条例》分为"固有籍""入籍""出籍""复籍"四章，其中规定"生而父为中国人者"，"生于父死以后而父死时为中国人者"，"母为中国人而父无可考或无国籍者"，"父母均无可考或均无国籍而生于中国地方者"四种情况便为中国国籍，并对中国人出籍做出了限制，凡是有未结的刑民诉讼

---

① 《论荷兰将逼华侨入籍事》，《申报》1909 年 2 月 26 日（第 12952 号）。
② 《论荷兰将逼华侨入籍事》，《申报》1909 年 2 月 26 日（第 12952 号）。
③ 《编订国籍法迅速之原因》，《申报》1909 年 3 月 16 日（第 12970 号）。
④ 《宪政编查馆奏遵旨议复国籍条例折》，《申报》1909 年 4 月 6 日（第 12991 号）。

案、未服兵役之义务、未缴之租税以及具有"官阶及出身"者不予出籍。对于海外华侨的国籍归属，《大清国籍条例施行细则》第七条规定，"本条例施行以前，中国人有因生长久居外国者，如其人仍愿属中国国籍，一体视为仍属中国国籍"；甚至是已加入外国籍者，亦规定其可恢复中国国籍。《大清国籍条例施行细则》第八条规定："凡照本条例出籍者，不得仍在内地居住，违者驱逐出境，所有未出籍以前在内地之不动产及一切中国人特有之利益，限于出籍之日起一年以内尽行转卖，其逾限尚未转卖净尽者，一概充公。"①

不过，针对国内外要求"国籍法"以"血统主义"为界定国籍原则的呼声，《大清国籍条例》中并没有完全采纳。《大清国籍条例》是"以固有籍、入籍、出籍、复籍为纲，而独采折衷主义中，注重血脉系之办法"，并"参照历年交涉情形"而定；并指出在当时"民法"没有颁布、领事裁判权尚未收回的情况下，认为："惟恃此项条例与为维系，必须行之以简而事无不赅，持之以通而势无或阻，下可副编氓归向之忱，上可彰法律修明之效，庶几推行尽利内外相安。"②

三　筹措海军经费与召开国会

清末政府经费的紧张拮据，使华侨在政府各项事业的策划中显得尤为重要。华侨受侨居所在地政府的压迫，或受当地人民的排挤，其生存危机也更为迫切，急需清政府的保护。事实上，清政府受国力之限及本身就抱着利用侨资的心态，以致对侨民的庇护要求不是很积极。受清末政治风潮的影响，华侨对国内政治已是深度介入，而且对自身的优势也有很清醒的认识，开始以经济报效为条件，要求清政府满足其政治上的诉求。

甲午中日战争之后，北洋舰队受到巨大打击，官兵也全部被遣散。光绪二十二年（1896），清政府下令重建北洋舰队。经过数年努力，至光绪二十五年（1899），重建后的北洋舰队初具规模。此后在八国联军侵华的过程中，舰队再次受到重创。光绪三十四年（1908），宣统即位，并于次年任命载洵和萨镇冰为筹办海军大臣，负责重兴海军。海军的重兴对于财政拮据的清政府而言，无异于一大挑战，荫桓估算当时要筹款"一百兆两"，他在上书称：

---

① 《大清国籍条例施行细则十条》，《申报》1909 年 4 月 7 日（第 12992 号）。
② 《宪政编查馆奏遵旨议复国籍条例折》，《申报》1909 年 4 月 6 日（第 12991 号）。

海军之举经费浩繁，兴办海军，惟筹款至难而至要。官家财力支绌，必集全国之民力始克奏功，雕敝之余，重为民累，保民之利未收，祸民之端已极为之。奈何？窃以海军至重非他可比，国家力行新政以来，凡举一事所费不下数百万，岂以至重之举而可视为缓，图再四，维思惟有展转经营仿外洋公债一法，庶于民无所伤而官家得徐收其效，惟最要一事不可失信于民。①

发行公债的办法在政府信用日益缺失的情况下，很难得到社会的响应。后来，度支部尚书载泽与庆亲王奕劻拟订了办法，拟用三种渠道筹款："（一）十之四归各省摊派；（二）十之三由外省大宗定款中指拨；（三）十之三归各省人民及旅外华侨捐助。"② 在清政府重兴海军的计划中，华侨再次成为政府求助的对象。

华侨对于清政府的海军抱有很强的感情，视强大的海军为自己的坚强后盾：

欲兴海军则无钱，欲保华侨则无法。海军能保华侨也，顾无钱以创办。和国欲收华侨入籍也，又无法以保护。于是有速定国籍法之请，故国籍法定矣。若无海军为其后盾，果能生其效力乎，则尚在不可知之数。且和人之欲华侨入籍，爱华侨乎？利华侨之财产耳。③

1908 年 7 月，澳洲雪梨的华侨，组织了"中国海军会"，其目标是"创立头等海军"。④ 萨镇冰抵达香港时，"有前南洋锡矿大王陈君，慨助海军经费洋二十万圆"。⑤ 此外，南洋各埠华侨纷纷电告海军处愿意报效重兴海军的巨款。⑥ 当荷兰人在南洋勒侨归籍时，有人就向政府提建议，认为南洋侨民有百数十万，每年仅缴纳当地殖民者丁税一项，"已不下数千万"，如果清政府能"与外人办正当交涉，将此项丁税豁免，则可劝令捐助丁税费一年，作为报劲

---

① 《裁缺司业荫桓请速筹海军兼整顿学习折（一）（续）》，《申报》1908 年 9 月 16 日（第 12796 号）。
② 《筹办海军最近之计划》，《申报》1909 年 8 月 15 日（第 13121 号）。
③ 《法律与海军之效力，海军与华侨之关系》，《申报》1909 年 3 月 7 日（第 12961 号）。
④ 《华侨组织海军会》，《申报》1908 年 7 月 28 日（第 12748 号）。
⑤ 《华侨报效海军经费》，《申报》1909 年 9 月 16 日（第 13153 号）。
⑥ 《电三》，《申报》1909 年 11 月 5 日（第 13203 号）。

国家兴办海军经费，以后每年每名酌收一二元，藉资海军常年经费"，并且"一面设立领事，拣派熟悉公法条约勇敢有为之员充当此任，遇事尽力保护；一面常年驻扎数舰，往来各以为后援，此则万众一心之致愿也"。在越南的侨民，甚至表示"如政府能常年驻一兵舰在此保护，每年愿助养舰经费银二万元"。[①] 由此可见，各地侨民对捐助海军经费一事还是非常积极的。在爪哇十二属华侨代表给内地社会团体的函件中，华侨对强大海军的期盼态度更是一览无余，其中称："和人欲收华侨为殖民，实比美国苛待华工，尤为惨毒，若不援救恐将灭种"，同时附寄《国民捐助海军会简章》[②]。

当清政府筹办海军的政策出台以后，爪哇华侨就设立"国民海军补助会"，广发传单进行宣传，希望当地华侨能积极捐款，并指明这种对中国海军的捐款也是事关其切身利益的。该会对捐赠海军经费的方法有很详细的规章与实施办法，并从故国观念去鼓动人民对海军进行捐款：

> 爪哇地处南洋，我邦人之侨斯岛者殆二十万隶彼法权之下，纳税在欧人上；而禁例綦严，则土人之不若，蔑视我邦人，莫有如此之甚者。窃尝究其敢于蔑视之原因，殊为复杂而我邦人之无团体，自私自利，昧于国家大计为重要之一端。某窃耻之，伏念纳税当兵，本国民之义务，我侨旅民去祖国日久，曾未足语于斯，虽各省偏灾，辄为筹款协济。然此属于慈善上事，未可谓国民义务，仅此区区已也。……捐款之法分为两宗，一为特别捐，一为普通捐。不拘年月，不限数目，量力输将，多多益善，各从所愿，不定为例，并通捐则以五年为期，每月以若干盾为限，贵持以恒，不必过多，凡我国民谅有同志如荷赞成，则各埠捐款，即请各位同志各尽义务，分任斯事，认捐诸君除特别捐随时登录簿册外，其捐普通捐者，则先题鸿名或由函告或自承认，从某年某月起以后按月缴款，或由经理人往收，收到款项，无论特别、普通，皆由经理给予证书。[③]

但是也应看到这种捐助是建立在清政府对其必须施保护的前提之下，"国民海军补助会"在劝捐说明中也对政府提出了要求，希望能将海军用来保护华侨："惟捐款汇有成数以后，如不足购置一舰，自不必论。倘集数较巨足购

军舰两三艘，即拟请政府明定章程，所有此项战舰应专为保护华侨之用，终年周巡华侨，不胜跂幸。"① 爪哇华侨"国民海军补助会"此举，受到粤东自治会的大力支持，后者"将海军与领土领海及保护华侨之关系痛陈一切，普劝国民公同担任，由本会详订章程，布告中外，切实提倡劝集，专为补助海军保护华侨之用"。②

面对华侨对海军的如此殷切期盼，经常有人向政府提出要在南洋进行"一元捐"或"二元捐"，但直到宣统二年时，捐款数目还是很少，华侨捐款并不理想，海军大臣载洵发给北京的电文中，就曾说："海军要政，在所必举。惟库款支绌，筹办维艰，虽海外华侨与内地官绅间有心提倡捐款，但为数总不甚巨。"③ 而这一困境的产生，根源则在于清政府对侨民无法给予保护，只注重自己的需求，对侨民的利益诉求不是罔顾就是敷衍了事。南洋泗水一带侨民深受当地殖民地的压迫，多次要求清政府派驻领事予以保护，但清政府只是派官吏进行"巡察"而已。

> 南洋华侨备受外人种种之虐待，于是发生其爱国之热诚，感列强之刀锯，痛祖国之鱼肉。故有愿助海军费若干之议。政府甚艳华侨之利，而不设领事遣使人实力保护，而仅派大员巡视以羁縻之，则华侨之心安得而不冷。④

光绪三十三年（1907），清政府曾派参赞到南洋泗水埠，该官员到达该地后却"并不问民间之疾苦，又无演说教科，更不向荷官议论酷虐，任其酷虐，诸情置之度外，徒然催迫公举商务总副理姓名达京都一事，求塞责而已"，当地华侨斥其为"尸位素餐"。⑤ 当清政府决定复兴海军时，重新点燃华侨对国家的企盼之情，尤其是当清政府对其政治一直未能加以认真对待时，他们便开始用经济手段主动向清政府索要政治庇护。宣统二年（1910），当地的华侨不堪荷兰殖民者的压迫，公举代表到北京，以认领海军经费为条件，要求政府出面保护泗水华侨。

---

① 《华侨对于海军之热诚》，《申报》1909 年 3 月 29 日（第 12983 号）。
② 《华侨对于海军之热诚》，《申报》1909 年 3 月 29 日（第 12983 号）。
③ 《又有提倡海军捐者》，《申报》1910 年 1 月 11 日（第 13270 号）。
④ 《论政府近日搜罗财政之手段》，《申报》1908 年 5 月 14 日（第 12674 号）。
⑤ 《南洋华侨上钱参赞书》，《申报》1907 年 3 月 24 日（第 12183 号）。

荷兰政府虐待泗水华侨屡有所闻，刻因虐政日甚一日。经六万数千人特举田君梓琴来京，要求政府迅速添设泗水领事以资保护。倘政府允准，华侨愿认海军经费一千万元云云。刻田君已到京寓烂面胡同内箭杆胡同某公馆，准本月上书。但以一千万元易一领事，华侨诚慷慨哉。[①]

自袁世凯派"海筹""海容"号到南洋巡视时，就向各地华侨宣扬政府的君主立宪主张。一些流亡海外的立宪派人士，在当地也纷纷宣扬君主立宪，要求清政府推进新政，早日召开国会。光绪三十四年（1908），国内许多地方发起国会请愿运动。南洋各地的华侨也联合海外各埠商民，公举代表入京上书请愿。当时设在旧金山的"中华帝国宪政会"总长康有为、副长梁启超联合海外200个埠侨民，上请愿书两张，其中有12大请愿。该联合请愿书在国内的《江汉日报》进行了刊登。其结果就是遭到清政府的镇压，《江汉日报》被查封，一直主张宪政研究的政闻社也被取缔。清政府的这种行为，反而加深了社会人士对其是否真心推进宪政的猜忌，"顾其怀挟专横自大，不受国民监督之心理，不能消除"，"政府之所以不欲使国民监督者，无他，必有不堪令人监督者在耳"。[②] 清政府推行新政需要华侨在经费上的支持，不得不向华侨求助，而华侨的政治主张却不能为其所接受，其结果是华侨对政府日渐离心。

此外厉行新政在在需款，以措手者，更抚复为兴革之资，乃者恢复海军之议兴矣。朝廷鉴于保和会之创巨痛深，亦思固我主权，保我商业。然而无源之水，无米之炊，罗掘俱穷，支持匪易。今各直省之拨派海军经费，虽以浙粤之富，每年仅认二十五万，合一国之所拟拨，不足供一舰之费，持此而论。窃虑海军成立，亦终在梦幻泡影中也，政府亦知其不得已，有求华侨捐助之举，不知我侨民处今日之时势，国权不振，外力侵凌，生计之艰与内地殆无差别，彼概捐二十万军费者，不过偶一能之。况国会未开，各侨民知我国政体之犹旧也，而感情无自生焉。[③]

清政府对于南洋华侨及各省绅商报效海军经费的行为，还停留在旧式

---

① 《京师近事》，《申报》1910 年 12 月 13 日（第 13497 号）。

② 《论政府近日搜罗财政之手段》，《申报》1908 年 5 月 14 日（第 12674 号）。

③ 《海内外华商联合请开国会书》，《申报》1910 年 5 月 12 日（第 13382 号）。

"捐纳"的概念之中，"绅商报效公款，向例按照所捐款数，分别始奖顶戴"，[1]有人甚至提出对此次海军经费的报效数额巨大的人员应给予实官的奖励。[2] 而经过晚清政治运动的洗礼，华侨已开始积极涉足国内的政治运动之中，开始将报效海军经费与政治改革的要求联系在一起。在前两次国会请愿被驳回后，南洋华侨以报效海军经费为条件，要求清政府早开国会。

> 兹因请愿国会二次被驳，各代表集议第三次进行方法。南洋华侨代表陆乃翔君宣言，承各埠公推鄙人为代表时，即经案议，政府如仍不允早开国会，则我华侨之海军捐决不承认，此为各国以不纳租税要求国会之先例。惟筹办海军为强国之基础，今我中国之弱已达极点，决非速兴海军不可，乃因一二顽固臣工之阻力，致使上下隔阂，两败俱伤，殊觉可惜云云。[3]

四 国家特殊势力的确认

辛亥革命以后，中华民国南京临时政府成立。1912 年初，南洋、日本、美洲各属各埠的华侨代表在上海粤华楼召开会议，正式成立华侨联合会，推举汪精卫为正会长，吴世柴为副会长。华侨联合会的宗旨是"联合国外华侨，共同一致，协助祖国政治、经济、外交之活动及研究侨民之利弊"，具体义务包括"对于海外各埠华侨遇有障碍通商事故，应联合内外设法排除"、"对于民国政府切充实财政兵力及办理外交诸事，应尽力协助"、"对于国外华侨商业及关于政治外交教育各问题得随时开会研究，各陈具意见于政府"；在对华侨的联络上，该会还有"招待归国华侨之义务"，不过"该华侨例应有该侨居分会介绍"。[4] 华侨联合会总会设于上海，并派员到国外各埠联合设分会；机构上分为评议部、干事部两个部门，由会长在外代表联合会，在内总揽会务，副会长襄助会长处理事务；所有职员任期为两年，可连选连任。华侨联合会在其成立公告中，对其成立缘由、华侨革命贡献等方面均做了阐述，并要求直接

① 《议订报效海军巨款优奖章程》，《申报》1909 年 10 月 3 日（第 13170 号）。
② 《泽公不愿奖励华侨实官》，《申报》1909 年 11 月 26 日（第 1324 号）。
③ 《国会请愿果能不死乎》，《申报》1910 年 7 月 15 日（第 13446 号）。
④ 《华侨联合会启（并简章）》，《申报》1912 年 2 月 13 日（第 14006 号）。

参与国内政治。

> 自满虏窃据神州，汉家志士恢复不成，飘流海外者实繁有徒，海外华侨受其灌输，无不怀祖国沉沦之悲，蓄中原光复之志，是华侨之有革命心，犹先于国内也。而虏廷侦得其情，划除无术，嫉恶之余，目以海盗，以便假手外人而施其残之毒手。于是，海外华侨惨遭杀戮，红河一役，草木余腥，盖虏廷嗾使之，计成而华侨革命之种，几绝焉矣。夫光复之思藐蓄既久，屠醢之祸痛苦尤深，而谓华侨之子若孙，苟稍具良知，肯一良稍忘革命，而与虏廷同戴日月乎？故虏廷存一日而华侨见嫉一日，华侨革命之心即日深一日。是以近十余年，公理大明，海内外志士风起潮涌，以与虏廷为难，而华侨即倾囊倒橐，资助经济，为革命军后劲。当虏势犹张，国内未醒之时，凡惠州、钦州、廉州、洞口、镇南关以至最近广州之诸大革命，虽革命健儿牺牲性命，又何非华侨牺牲金钱之所致乎？且非有以上诸役之革命，又何以激醒国内同胞而有今日之克奏肤功乎？是则吾华侨之对于新中华民国，虽不敢攘臂居功，亦觉尽力匪小，义务与权利为对待，又安得默尔而良自立于绝无关系之地位乎？况华侨虽不处属内，仍是国民一分子，合东西南北洋之华侨，计其数几等于一省之众，即不言功，亦岂不当在国民应享权利之列？[1]

从中可以看出，华侨联合会认为华侨反清之心早于国内，并在反清运动中积极以经费资助革命党，为反清的革命事业做出了巨大贡献，因此在革命成功以后，即使是作为普通国民的一分子，也应享受国民政府给予国民的各项权利。从而从历史与法理的角度，论证了自身在民国政府中就其具有的合法地位，这与清末华侨挟资财之长以获取政治庇护的情况相比，已完全是不同的状态了。

华侨联合会自成立以后，就成为多方政治关注的焦点。南京临时政府成立以后，南北方开始议和，袁世凯迫使清帝退位。南京参议院向各省、各军等社会各方通告了孙中山的辞呈情况，其中也专门向华侨联合会进行了通告。当时通电：

---

[1] 《华侨联合会启（并简章）》，《申报》1912 年 2 月 13 日（第 14006 号）。

　　南京参议院通电黎副总统、都督各军司令袁君慰亭、蒙古王公联合会、南北军统一会、北军各路统将、总督、谘议局、巡抚、华侨联合、各报馆均鉴：清帝逊位之诏已下，中华民国业已完全统一。十三日，大总统向本院提出辞表，要求改选贤能。即于十四日下午亲临本院辞职，本院已议决开选举会，选举临时大总统。新总统未莅受任以前，孙大总统暂不解职，特布。①

作为在国内的华侨代言机构，华侨联合会成立以后，即进行保护华侨的工作。1912 年 2 月，当中华民国成立的消息传到泗水以后，当地华侨鸣炮升旗，以示庆贺。但此举遭到荷兰殖民当局的镇压。在华侨联合会以及民国政府的努力下，最终迫使荷兰殖民当局做出让步，释放被捕华侨。此举对于海外华侨而言，无疑具有积极的向心力，这是中国政府近代第一次有力地维护海外华侨切身利益。

1912 年 5 月 17 日，北京参议院召开会议，审查"华侨代议案"，讨论华侨是否应在国会中拥有议政权。持不同观点的议员分成两派，对此问题进行了激烈的交锋。议员王鑫润认为，"将来国会上院，应以代表地方为原则，代表特殊势力为例外，加入华侨，足以代表特殊势力"；议员李肇甫也赞成华侨在国会上院有代议权，称"盖华侨坚忍雄迈，虽鲜国家保护，犹能猛进自立，将来于国家经济上、商务上皆有绝大关系，万不能任令道弃而不顾"；议员刘成禺反对因华侨对革命起义有贡献即给其代议权，"自法律上言在本国有住所，乃有代议权，华侨住居外国领土自不能享有代议权，且华侨多有入外籍者，此项华侨不能再谓为中华民国人民，若许以代议权，于国籍上必生冲突"，主张给其陈述权而不予以表决权。② 由于牵涉到国会选举的问题，此事就成为国会选举法之争。

同年 5 月 25 日，参议院召开全院委员会，讨论《国会组织法》，确定上院议员五分之二由各省省议会选出，五分之三由各地方教育会、农工商各会选出。对于各项选举额定人数的问题，"先定全国总额人数，然后分别议定各项人数"，具体是："由各省选举十人，合二十二行省，共计二百二十人。此外，由蒙藏选举议员二十人，由华侨选举议员十人，由中央教育会及农工商各会均

① 《申报》1912 年 2 月 21 日（第 14007 号），第 6 版。
② 《十七号参议院纪事》，《申报》1912 年 5 月 24 日（第 14100 号）。

得选举十人，总额人员约三百人为限，以符环球各国组织上院之制度。"① 由此，华侨在国会享有代表专额，政府以法律的形式确认其为"特殊势力"。

当时，蒙藏地区、华侨、中央教育会、农工商各会均作为国家的特殊势力，拥有国会专额，以体现其在国家政治生活中的特殊性。作为清政府灭亡后的旗人，在民国政府成立后也希望在政治生活中发挥作用，成立了满族同进会，上书北京政府要求为旗人设立国会议员专额，但遭到北京政府的拒绝，他们认为："旗人既有占住区域，当然有选举权及被选举权，此后无论何项议员，均当以区域为断，不能以人为界域，旗人不设专额，较无窒碍。"② 此举使旗人颇感不满，满族同进会成员文溥援引华侨在国会中议员专额的事例，指出：

> 按世界法理原则，决定其人有无选举权及被选举权，莫不以占住区域与否为根据。华侨久居海外，已失占住区域要素，生长异邦，平日对于祖国不负当兵纳税之义务，揆之法理决无取得选举及被选之资格，自无待言。即欲取得此权，亦当各就其本籍选举区域而选举之，如华侨为广东人，即就广东区域选举，福建人就福建区域选举，是已今超然予以特别参政权，虽不合于法理，由于事实关系，不得不变通办理也。③

文溥还提出，按照《中华民国临时约法》，中华民国人民一律平等，"华侨与旗人同为人民，何以组织国会选举之大端，独厚于彼而薄于此耶？岂华侨可设变通办法，旗人不可设变通办法耶？"以法理而言，华侨"断不许有特别参政之权"，但是"以近年华侨对于祖国政治凤抱热忱，于是不得不设此变例，以为报酬耳"。④ 就当时政治现实而言，旗人作为旧政权的支持，新政权自然难以给其特殊的优待。但是，这不能否认文溥意见的合理部分，尤其是在华侨参政的问题上，应该说，文溥的观点在很大程度上代表了当时许多人的看法。

华侨以华侨联合会作为其在国内的政治代表，在国内的社会政治中发挥影响。北京给予其特殊势力的待遇，使其直接在国内政治生活中拥有了发言权。

---

① 《参议院商定国会组织大纲》，《申报》1912 年 6 月 1 日（第 14107 号）。
② 《满族同进会会员文溥等请愿书》，《申报》1912 年 8 月 6 日（第 14173 号）。
③ 《满族同进会会员文溥等请愿书》，《申报》1912 年 8 月 6 日（第 14173 号）。
④ 《满族同进会会员文溥等请愿书》，《申报》1912 年 8 月 6 日（第 14173 号）。

从华侨代表回国受到的礼遇即可见一斑。1912 年，国会选举时，各国华侨选派二十多位代表到上海，受到中国学生会的热烈欢迎。[①] 1913 年，北京政府的工商总长刘揆一邀请全体华侨代表以及各个党派人士举办欢宴，认为："国会将开，海外各埠华侨各举文明诸代表来京赴选，使国内外声气疏通，实开千古未有之盛轨。"[②]

五 小结

清中期以来，华侨被视为"自绝王化"，不为政府所重视。但随着近代华侨经济力量的崛起，其经济实力为各方所争取，在中国近代政治生活中开始扮演着重要的角色。在近代华侨在其侨居地也是受到各方的压迫，无论是在北美洲还是在南洋各地，不仅有民间的排华运动，而且也有官方对华侨的歧视与压迫。在此境遇之下，华侨急切需要有一个强大的力量作为自己的后盾。

晚清政府推行新政，兴办实业，急需巨额的财政投入。在国弱民贫的情况下，各地华侨自然成为其争取的对象。光绪三十一年（1905），清政府军舰巡视南洋以后，华侨与清政府之间的距离开始拉近。清政府需要华侨支持国内的实业，华侨则希望清政府能对他们进行保护。但是清政府"所谓革新所谓图强者，原不过涂饰耳目，敷衍中外，华侨之资有限，新政之行无期，在华侨固已稍稍心灰，孰意华侨之资不尽。政府之心终不死"，[③] 再加上清政府在铁路利权等问题上多次失信于华侨，并且"对外如鼠，对内若虎；空言立宪，日益专制，不顾国脉民命，只知见好外人"，[④] 最终结果就是华侨对清政府日益失望。清末新政时期，国内各地民气日苏，社会政治运动高涨。国内与华侨的关系不再是单向了，国内运动以自己的形式开始向华侨提供支持，双方进入良性互动阶段，有力地增强了华侨的向心力，也加深了他们对国内政治的热情。当荷属爪哇推行勒侨归籍的行动时，华侨便主动要求政府颁行"国籍法"，以维护其国民身份。这是华侨对自身国籍最早的觉醒，而清政府颁布的《大清国籍条例》《大清国籍条例施行细则》则是以国家的形式正式承认了中国在外侨民的身份。

---

① 《学生会欢迎华侨》，《申报》1912 年 12 月 11 日（第 14299 号）。
② 《工商总长欢宴华侨之盛会》，《申报》1913 年 2 月 22 日（第 14372 号）。
③ 《论巡视华侨之结果》，《申报》1908 年 4 月 10 日（第 12641 号）。
④ 《申报》1908 年 8 月 14 日（第 12645 号）。

华侨以经济财源为工具，参与国家的政治生活，其政治力量最终在民国初年获得了承认，被视为"特殊力量"。需要指出的是，华侨在民国时期的地位不仅是因为华侨对革命党事业的支持，也是由于其经济力量受到各方的关注。在参议院讨论时，支持其特殊地位的人员也认为华侨"将来于国家经济上、商务上皆有绝大关系"，[①] 政府也是"希望华侨回国振兴实业，实为救国之第一要策"。[②] 所以，民国华侨的参政权既有其历史的贡献，也包括政府对其未来的期待。

综上所述，近代华侨身份的回归不仅是法理的问题，更是政治与经济相互作用的结果。

[①] 《十七号参议院纪事》，《申报》1912 年 5 月 24 日（第 14100 号）。

[②] 《工商总长欢宴华侨之盛会》，《申报》1913 年 2 月 22 日（第 14372 号）。

浅析清华学校早期的英语教学[*]

复旦大学历史系　邹振环

1908 年 5 月 25 日，美国国会正式通过决议，将庚子赔款剩余部分，本息共约 1481 万美元退还中国，作为中国派遣留学生赴美入各大学深造之专款。为了让赴美留学的学生在英语等其他课程上能与美国大学的教育体制相适应，决定在北京设立清华学堂，作为留美预科，招考品学兼优的中学毕业生入学进修，全部实行公费教育。1909 年 7 月外务部、学部奏设"游美肄业馆"，"在京城外择清旷地方建肄业馆一所（约容学生 300 名，其中办事室、讲舍、书库、操场、教习学生居室均备）。延用美国高等初级各科教习。所有办法，均照美国学堂规定办理，以便学生熟悉课程，到美入学，可无扞格。此馆专为已经选取的各省学生暂留学习，以便考察品学而设"。[①]

游美肄业馆于 1909 年 8 月在北京招考了第一批留美生，从 630 名考生中录取了 47 人，当年 11 月由唐国安率领赴美；1910 年 8 月招考了第二批留美生，从 400 多名考生中录取了正榜生 71 人，于同年 9 月赴美。肄业馆成立后的一年之内，仅做甄选和派遣工作，并未实行原订章程规定的养成教育。1910 年 12 月 21 日游美学务处将"游学肄业馆"改为"清华国立学堂"，因为该馆学生不仅限于留美一途，自应改定学堂名称。因为地基来自内务部将清室皇家

* 本研究系教育部人文社会科学重点研究基地重大项目：中国近代化进程中的晚清外语教育：以外语读本的出版与阅读为中心（批准号：10JJDZONGHE024）的阶段性成果之一。

① 外务部、学部：《会奏为收还美国赔款遣派学生赴美留学办法折》，载陈学恂、田正平编《中国近代教育史资料汇编·留学教育》，上海教育出版社，1991，第 173 页。

"赐园"——清华园赏用，作为肄业馆的馆址，于是拟请改名"清华学堂"。游美学务处总办周自齐从1911年学堂创办起至1912年1月担任监督，辛亥革命后改名"清华学校"。原英文名称 Tsing Hua Imperial College，删去"帝国"一字而成为 Tsing Hua College。学堂确定学额为500名，分为中等及高等二科，各为四年毕业。中等科毕业后，必须经过甄别考试才能晋升高等科，高等科毕业后亦须经过严格的考试才能派遣留美。① 所谓"高等科"和"中等科"即后来所说的将"所取学生拟分两格"，第一格招收年龄20岁以下，第二格招收年龄15岁以下。同时，还在该年的应考生中录取了70名预备生，准备经过短时间培训，于次年派赴游美。这批学生就成为1911年建校后的第一班高等科的在校生。1910年夏天，游美学务处照章在各省招考第二批直接留美生的同时，也录取了一定数量的第二格学生，准备在肄业馆——后来演变为清华学堂开学时编为在校生。1911年3月清华学堂在京举行了复试，总共有468名学生经过复试全部合格，其中五分之三编入中等科，其余入高等科，这是清华学堂（后改清华学校）最早的一批学生，闻一多将他们称之为"灵芝"。②

这一批所谓"灵芝"生的英语教学是如何进行的，学界尚无专门讨论，笔者在近年出版的《吴宓日记1910～1915》，以及1910年作为"第二格学生"，也是准备在清华学堂开学时编为在校生的考生的陈鹤琴与李济等相关日记、回忆和传记资料中发现了一些有关该校英语教学的内容。本文以此为基础，尝试从英语教学的角度，就生源和考试、师资与课程、教材与教学方式等方面，对清华学校的早期英语教学的实况做一个初步的分析。

一　生源与考试

最早的一批"灵芝"生468名大致来源有三：一是各省咨选者，或称各省的保送生184名；二是1911年2月在北京招考的第二格正取学生116名，及备取25人，共计141名；三是1911年7月第二次留美学生备取之第一格学生443名。经过西医体检，合格者300名分入中等科，130人分入高等科。③

生源都经过严格的考试。1909年在北京设立的游美学务处组织的留美考试，有着非常严格的外语选拔。招考的"第一格"学生要求考试科目除有

---

① 苏云峰：《从清华学堂到清华大学（1911～1929）》，三联书店，2001，第15～20页。
② 黄延复：《水木清华》，广西师范大学出版社，2001，第30～32、130页。
③ 苏云峰：《从清华学堂到清华大学（1911～1929）》，第17页。

"中文论说"外，还须有历史（要求读过希腊、罗马、英国、美国历史）、地理（普通地理学）、算学、格致。除英文论说（作文、翻译）外，上述"中文论说"以外的所有科目"均用英文考试"。并且还有德文、法文（二者之中须曾习一门，能作文、翻译，其曾兼习拉丁文者尤佳）。"第二格"学生除了中文论说和历史、地理、算学外，还要考英文（诵读）默写（初步作文）。① 如《赵元任年谱》中载其第一天下午"考英文作文三小时"，五天后及格的才能继续参加考试。除希腊、罗马历史外，他还选考了德文和拉丁文。②

陈鹤琴在《我的半生》中具体描述了考试的过程："初试由各省提学使主持，复试由学部尚书主持。凡年龄在十五岁至十八岁者均得投报。我的年龄实足已十九岁了，小哥当时叫我去试试看。我因为不肯说谎，不愿意去投考。后经小哥及几位蕙兰老同学的怂恿，才去报名，把年龄少报一岁。那时投考报名的一共只有二十三个'大人'。监考的是浙江巡抚增蕴，主考的是提学使袁某。考的科目是国、英、算。二十三人之中取了十名。幸运得很，我居然列在倒数第二呢！"过了几天陈鹤琴出发到北京参加复试。复试共一星期，"每天天不亮，我们就要出发去考了。到了考场里，我看见考试官周自齐戴了大红顶子，穿了缎子马褂，端端正正坐在上面，一本投报的名册摆在桌子旁边。唱名的把名字一个一个地唱出来，他老人家用大红银珠笔在名册上一个一个地点着。名点好，就各按座位坐下受试。第一场共取了一百六十名，我列在第八十二名；第二场共取一百名，我取在第四十二名"。到清华报到后，陈鹤琴被安排在高等科一年级。③

关于第一次清华学堂的考试《吴宓日记1910~1915》有着更为详细和准确的记录，1910年他是以陕西省三原县宏道高等学堂初中部在校生的资格投考通过初试。1910年秋天，他从宏道高等学堂初中部毕业，12月由陕西提学使咨送赴京参加复试。复试时间为1911年3月5日，地点安排在宣武门内的学部考棚，七时四十分点名，先是北京地区初试考取的考生，接着是各省咨送的优秀推荐生。九点钟第一场，考生三百人；上午是国文与历史；3月6日第一场考英文，第二场数学，第三场英文默写。可见英语的比重很大。吴宓写

---

① 朱有瓛主编《中国近代学制史料》第三辑（上），华东师范大学出版社，1990，第545~549页。

② 赵新那、黄培云：《赵元任年谱》，载王元化主编《学术集林》卷十一，上海远东出版社，1997，第352~353页。

③ 载朱有瓛主编《中国近代学制史料》第三辑（上），第575~576页。

道：英文"题为 ABCD 四种，以择作连续两种者为完卷。余以 D 种之（3）题中有'account of'字样，一时不得其解，未敢操笔，遂作 BC 两种"。英文默写"初一人念 CD 二节，诵读颇速，故余所笔录者错误不少。次又另易一人念 AB 二节，发音较清，进行亦缓，故错误尚不大多"。参加考试的学生"多系小孩，老大甚少"。① 按照吴宓的分析，"此次复试各省送来的考生，落第乃不常有之事。如微具程度者，想皆可录取。特意在甄别高下，以定班次（中等科分设四个年级）；故问题咸出数种，难易各别，其中所问常过于原所限定之资格，盖藉此以觇各忍耐之程度也。余于地理一科，挂漏殊多。英文、算学咸避难就易，而舛错复至此极。即幸蒙录取，而区分班次必极低微"。3 月 18 日揭榜，中等科共取学生 258 人，吴宓名列第二。②

　　这一留美人才的选拔考试，实际上也是对 19 世纪末 20 世纪初教会学校和新式学堂外语教育的一次有效的检验。从宣统二年七月（1910 年 8 月）举行庚款留美考试选拔出的 70 名学生来看，毕业或肄业于圣约翰大学的有 12 名，约占 17%；上海高等实业学堂次之，为 7 名，占 10%；岭南学堂、唐山路矿学堂各 5 名；上海南洋中学、东吴大学、复旦公学各 4 名；江南高等学堂、曾留学美国加利福尼亚大学和来自家塾教育的各 3 名，家塾应当包括参加外语夜校的学生；毕业或肄业于直隶高等学堂的 2 名。其余各 1 名，分别来自长沙雅礼大学、山东广文学堂、浙江两级师范、上海实业学堂、重庆广益中学、译学馆、福建高等学堂、两淮中学、杭州育英书院、中国新公学、四川高等学堂、高等商业学堂、江苏高等学堂、高等实业学堂、保定高等学堂、京师财政学堂、浙江育英高等学堂、安徽高等学堂。③ 从上述材料可见，除了圣约翰大学、东吴大学、岭南学堂、杭州育英书院等教会学校外，一些新式学堂也具备了优秀的英语师资和相当过硬的教学质量，如上海高等实业学堂（即交通大学前身）非常重视外语教育，"除英文外尚有德文、法文，程度或未能一律，而学生之努力向学者也愿于正课钟点外加功补习洋文。……计分英文为一科，德文、法文各一科，程度尤高者，并设拉丁文一科，欲入何科，听各该生自占"。学校还特设英文会，以会话、演讲、背诵为主，总会每学期一次，在大会堂举行，校长唐文治亲自出席。分会每星期一次，在各课堂举行，责其英语

---

① 吴宓著，吴学昭整理注释《吴宓日记 1910～1915》第一卷，三联书店，1998（下凡引用该书，均简称《吴宓日记》，仅注页码），第 30～31 页。

② 《吴宓日记》，第 32、37 页。

③ 陈学恂、田正平编《中国近代教育史资料汇编·留学教育》，第 197～199 页。

娴熟辩论，优胜者酌予奖励。① 该校在本次考试中有 7 名入选，并非偶然。同样，唐山路矿学堂占 5 名，该校原名唐山铁路学堂，因开平矿局招生而附入肄业，定名唐山路矿学堂。② 尽管也是一所实业学堂，但有着非常好的生源和师资，该学堂虽为路矿专门学校，而学生之资格程度往往要经过严格的考选，教员中有不少毕业自"外国工学博士、学士"或直接聘用的外国教员。南京的江南高等学堂 3 名，其预科之英文课和物理课也从国外聘请老师，英文老师嘉化（David John Carver）不仅帮助赵元任纠正过去所学的中国式英语的一些毛病，还指导他掌握了正确的学习方法。1907 年入学的赵元任在那里学过英德两种语言，他尤其喜好英语。1910 年他参加外务部游美学务处公费留学生的考试，在全国 400 多名考生中，以名列第二的成绩被录取。③ 直隶高等学堂有 2 名，而前一年（1909）在 630 名中考取的 47 名庚款留美学生中，名列第六的梅贻琦也是直隶高等学堂毕业的。每年举行的庚款留美的考试大规模地推动了整个社会的外语学习的风气。复旦公学更是继承了震旦学院外语教育的优良传统，初期开设英文和法文二班，法文由马相伯教授，英文由李登辉、张汝楫、王培元、沙善余教授，翻译课由严复担任。④

由于庚款是各省分别承担的，因此庚款留美学生的名额也是按照各省承担的份额摊派的。在考选第二批（1910 级）留美学生时，分为正取生和备取生，正取生直接送美，备取生则送游学肄业馆学习。罗邦杰是从上海民立中学考取备取生的资格，因为当时校舍尚未完全落成，因此采用听候通知入学的办法。1911 年他就急迫地和同时考取的上海中西书院的郑华取道汉口搭乘京汉车去北京，火车晚上是停驶的，所以第一晚下车住宿在驻马店客店，第二晚下车住宿保定府客店，第三晚才到达北京，下榻在比较经济的汀州会馆。到北京后等了两个月，才被通知正式报到。⑤ 当然，清华学校在当时尚不属于人人都向往的名牌学校，因为其创立是源自庚款退赔指定的教育用途，意思虽好，但总还是带有深刻的国耻意味。因此，当时属于 1910 年北京的考生、南城五城中学

① 唐文治：《正课以后拟添设西文补习课》，载《交通大学校史资料选编》第 1 卷，西安交通大学出版社，1986，第 186～187 页；朱有瓛主编《中国近代学制史料》第二辑（下），华东师范大学出版社，1989，第 146 页。
② 丁致聘：《中国近七十年来教育记事》，国立编译馆，1935，第 17 页。
③ 苏金智：《赵元任学术思想评传》，北京图书馆出版社，1999，第 10～12 页。
④ 参见金歌《外国文学系》，载复旦大学《校史通讯》第 21 期，2003 年 9 月 25 日。
⑤ 罗邦杰：《赴清华学堂读书的回忆》，载孙哲主编《春风化雨：百名校友忆清华》，清华大学出版社，2011，第 1～2 页。

的毕业生李济在《六十年前清华大学的回忆》一文中称，当时北京还有"很多人不愿意送子弟进洋学堂，但也有一部分送他们的子弟去考，而我就是其中的一个"。① 遴选和考试应该还是有相当难度，如1910年金岳霖在长沙投考清华学堂中等科而未被录取，属于未被录取的才子，后来成为著名的哲学家。

二 师资与课程

清华学校的师资大部分来自美国，由于美国教员一年四季流动，很难精确掌握每年的人数。按照苏云峰的统计，1910年底外务部委托美国男女基督教青年会推荐的教员为17名，1912年初复校时增加到19人，1913年为18人，其中拥有硕士学位者3人，学士学位者15人。按照学科分类，人文学科10人，自然科学5人，医学2人，工程1人。虽然并非美国一流学者，但具有相当的学养训练与教学经验，且都是美国男女基督教青年会中热心于教学与辅导学生的成员。基本上可以承担起清华学校所需要的英语和一般欧美文化的教学与辅导。如 Carroll B. Malone（麻伦，1886～1973），1908年获西储大学（Western Reserve University）学士，翌年获密西根大学硕士，曾任该校历史学助教，俄亥俄州"加利坡里高等学校"教员。1911年至清华学校担任欧洲史、英语、经济学、社会学等课程的教员，1925年任历史系教授，是在清华学校时期美籍教员中任职时间最久的一位。E. K. Smith（施美士），1895年卫斯廉大学（Wesleyan University）学士，1897年获硕士学位，哥伦比亚大学暨协和神学院肄业，有比较丰富的教学和行政经验，1911年至1926年担任清华英语教员，教过梁实秋英文，曾任《清华年报》顾问。清华学校成立大学部之后任西洋文学系教授。Florence Esther Starr（施带尔，又译是史达、司达），1889年美国俄亥俄州卫斯廉大学（Ohio Wesleyan）文学士，曾任俄亥俄州洛代（Lodi Ohio）高中教员，该州卫斯廉大学艺术教师，1911至1925年间任清华绘画教员。②

关于清华学校早期的师资，民国元年考入清华学校中等科的刘师舜在《五十年的一点小小回忆》一文中亦有若干回忆："在我们幼年时代，中等科美国男女教师均以自家子弟看待我们。例如音乐教师 Sharpe 女士、Seelye 女

① 缪名春等编《老清华的故事》，江苏文艺出版社，1998，第169页。
② 苏云峰：《从清华学堂到清华大学（1911～1929）》，第128～131页。

士，图画教师 Starr 女士，有时邀我们到他们的住宅，参加茶话会，一面联欢接谈，联系英语；一面学习西人起居饮食的习惯。后来我们年纪稍大，又有些美国教师间或邀我们到他们家里聚餐，教导我们西餐餐具的用法，以及其他关于礼节应予注意之点。在这方面我们所得益处，真是写不胜写。我后来做外交官，若不是有了这一段训练，或许也要像好多初出茅庐的人，闹出多少笑话。"[1] 陈鹤琴的《我的半生》中对上述几位还有更为详细的描述，他称自己在清华读的是理科，即所谓实科。对当时任教的美国教师基本上是满意的："教物理的是伍尔德先生。他教起书来教得最详细，最清楚。他的实验功课也最有趣。但是他非常认真，没有一个学生敢马虎的。孟龙（C. B. Malon，又译麻伦）先生教我们西洋历史。他是一个很漂亮的美少年。他有空的时候，常常到圆明园去研究残碑断柱。听说后来他回国再到大学读博士学位，就以圆明园为研究的对象呢。当时他教历史时，他总是叫我们死记历史事实与重要日期，但是他对我非常要好，常常招我到他家里去玩。有女士辟盖脱（H. A. Bader，又译宝窦）两姐妹，姐姐教我们美国史，妹妹教我们德文。他们都是二十来岁的年青姑娘，比我虽然大一点，比起同学中年龄较大的学生来，那只可以称小妹妹呢！但是他们既然做我们的老师，那不得不勉强装出一副老师的脸孔来。其实美国女子大概是天真烂漫，非常活泼的，现今在中国这种守旧的环境里面，这两位女子一定会感觉到非常拘束呢！司密斯先生（E. K. Smith，又译施美士）是一位四十来岁还未娶亲的男先生，当时还有一个四十余岁还未出嫁的老姑娘施带尔（F. E. Starr，又译司达）女士，司密斯先生教我们英文文学。施带尔女士是美术教师。她对于宗教非常热心，看待一般年青的学生真是自己的子弟一样。她教我们绘画。她教我们读圣经，她教我们做人。我们清华的同学受她感化的不知有多少呢！像这样教师实在难得！舒美克先生教我们体育。他是一个很好的体育教师。每天早晨我们全体学生做团体集合操。有时候，他叫我领操的。鲍尔特先生是我们的校医。他的手术不能算差，听说现在美国做某医院的院长了。鲍师母虽然没有教书，但是对学生非常之好。她是一个很热心的基督徒。她常讲道给我们听的。别丽司（Baron von Plessen，又译裴鲁）先生也是一位四十余岁还未娶亲的老先生，他教高年级的英文，他也是一位很热心的基督徒。韬美极（Tarmage，《吴宓日记》中译为"塔马奇"）女士是我们的英文先生，十余位美国教师之中，她要算最热心最严谨的了。她是一

---

① 刘师舜：《五十年的一点小小回忆》，载缪名春等编《老清华的故事》，第 226 页。

位沉默寡言的女子，在教室里，她从来不笑的，她的眼睛是很大的，同学中若有回答不出的，她总是要突着眼睛看他，那时侯，她正教我们 Dickens 做的《双城记》。其中有一个女革命家，叫做 Madam de Vague，雄赳赳地领导群众去攻打牢狱。同学们就将这个女革命家的名字加在 Tarmage 女士的头上。这种侮辱，我是极端反对的。她是一位很诚恳很严厉的良教师呢！教我算学的是海痕司先生。他是非常和气，满面总是堆着微笑。说话很轻，举止很文雅，学问很好，我们做不出算题，他也不会发脾气骂人的。最受我们欢迎的要算那位音乐教师了。她的名字叫西莱（Seelye）。西莱女士很有点像旧式的中国女子，举止稳重，谈吐风雅，待我们年青的学生犹如她的小弟弟，她教我们唱歌，她教我们做人，后来我在纽约读书特地去拜访她，她嫁给华烈司博士，他是一位经济学家，六年前政府特请他到中国来研究中国的经济制度，西莱女士是同来的。"① 当然其中也难免鱼龙混杂，如同时在清华读书的吴宓似乎对一些美国教师的作风，很不以为然。他在自编年谱中写道："不幸当时清华之美国籍男女教师数十人，乃由外务部转托美国男女基督教青年会直接从美国聘来者。原皆美国之普通中学（High School）教员。（十之七八，为女教员。）既由私人介绍、援引，且因本人十分庸劣，在美国久不能得一职位，不得已乃甘远来中国者。不仅学识全无，且其平日言谈举动，亦十分俗鄙，为众所骇异，如 Miss Liggett 者。（其二妹三妹继来。）"②

在清华学校的中国教员中，教授西学的以上海圣约翰大学毕业的为最多，这是与 1909 年出任游美学务处总办的颜惠庆有关，他是 1893 年圣约翰书院的毕业生，1900 至 1906 年间的圣约翰书院教授，因此确定了清华学校中"圣约翰人"的地位。早期两任校长唐国安和周诒春以及副校长赵国材都是圣约翰大学 1906 年的毕业生，早期的英语教员 Li Kwang-Zung、Kwei Chi-ting 和后来清华学校的著名英语教员林语堂，算学教员 Chang Ki-zur 都是圣约翰大学的毕业生，化学助教 Pan Wen-Ping、史地教员 Chang Kuei-Shing 或为圣约翰大学肄业生，或为原圣约翰大学中文教员，而长期在圣约翰大学任教体育教员马约翰，是圣约翰大学的体育学士。③ 这些都决定了清华学校与圣约翰大学有很深的渊源。

清华学校的高等、初等两科各设四年级，高等科分科教授。中等科的课程

---

① 载朱有瓛主编《中国近代学制史料》第三辑（上），第 557～578 页；其中英文人名系参据《吴宓日记》（第一卷，第 148 页）、黄延复《水木清华》（广西师范大学出版社，2001，第 122、144～146 页）等。

② 吴宓：《吴宓自编年谱》，三联书店，1995，第 102 页。

③ 苏云峰：《从清华学堂到清华大学（1911～1929）》，第 37～38 页。

分修身、国文、中国历史、中国地理、世界地理、英文读本、英文文范作句、英文文范修辞学、英文作论、默写、习字、英语会话、算术、代数、博物、卫生、化学、手工、图画、音乐、体操等，总计 32 课时。高等科分文科与实科，相当于今天文科与理科，文科与实科的必修课大体相同，有修身、国文、英文学、修辞作论、德文或法文、通史、上古史、中古史、美史、地文、生理、物理、化学、高等算学、平面几何、经济、政治、手工、音乐（实科改为"用器画"）、体操等。选修课有拉丁文、音乐、化学、第二种方言（称第二种方言者系谓如在必修课内选过德文，则选科内可选法文，余类推）、立体几何、三角、高等代数、高等生理、心理、论理、分析几何、算学总论等。① 留学美国的培养目标决定了清华学堂的教育方针，如学制、课程、教材、教学法、体育、兵操、课外活动等，几乎全部仿效美国。在学校范围内，不管是文科还是实科，英语超过了汉语的地位，几乎成为通用的主要语言文字，除了少数几门国学课程外，其余课程全部用英语讲授，学校行政会议、布告、学校出版物、校长的训话、中外名人演讲、学生的演讲会和辩论会、戏剧歌舞的演出，等等，大多也是用英文，早期的校歌也是美籍教师用英文写成的。②

1915 年入校的梁实秋记述清华学校的课程安排与众不同，上午的课程如英语、作文、公民（美国的公民）、数学、地理、历史（西洋史）、生物、物理、化学、政治学、社会学、心理学……都一律用英语讲授，一律用美国出版的教科书；下午的课程如国文、历史、地理、修身、哲学史、伦理学、修辞、中国文学史……都一律用国语，用中国的教科书。这样的划分以便学生有更多的听说英语的机会。上午的教师一部分是美国人，一部分是能说英语的中国人。下午的教师是一些中国的老先生，好多是在前清时有过功名的。上午的课程在毕业时一定要及格，而下午的课程成绩则不在考虑之列，因此造成学生大多重视英语的学习，而轻视中文的课程。这在学生的心理上有不同寻常的影响，一方面使学生蔑视本国的文化，崇拜外人；另一方面则激起反感，对于洋人产生不健康的仇视心理。③

尽管吴宓以较好的成绩考取清华学校，与陈达、洪深等二十多人分入中等科四年级（1916 级，也称丙辰级）。④ 但出身内地的吴宓的英语水平，即使在

---

① 参见《清华学校章程》，载朱有瓛主编《中国近代学制史料》第三辑（上），第 556～561 页。
② 黄延复：《水木清华》，第 16 页。
③ 梁实秋：《清华八年》，载孙哲主编《春风化雨：百名校友忆清华》，第 12～13 页。
④ 黄延复：《水木清华》，第 130 页。

考取的中等科学生中是属于较差的水平。他无法用英语来回答代数、三角、几何等一类的数学题；对英文阅读理解能力也没有足够的自信："主考者又询余是否能阅各种英文书籍，余对以恐现在力尚弗及云云。"[①] 次年的考试在外文上的要求更高。总结了第一次清华学堂的考试之后，1911 年 5 月 24 日游美学务处制订的清华学校招生简章中规定的考试之学科要求："一、国文；二、英文文学作文；三、德文或法文作文、翻译英文；四、地理以本国为主兼及外国；五、本国历史；六、外国历史，上古、中古、近世通史；七、代数初等、高等；八、几何平面、立体；九、三角；十、物理；十一、化学无机为主兼及有机；十二、动植生理；十三、地文地质。上列学科除国文、地理、本国历史外，余均用英文考试，其德文或法文未曾习过而其他学科均能合格者，亦准予考。"[②] 初入清华学校的吴宓深感自己英文程度不如那些沿海地方就读的学生，"沿海开通地方学堂中，皆重视英文一科，加多钟点，极力教授。普通中学，各科学亦常用英文课本。而学生英文程度，自视内地各校较为高深。因而如吾陕西等省学生，至上海北京诸处就学，欲入程度相当之校，则英文程度往往仰攀不及，遑论留学异国耶！余曩在宏道（陕西三原宏道高等学堂）蹉跎数年，虽获毕业，曾亦何幸，乃今入此校，目睹他省学生，有年龄幼稚而英文程度极深者，颇不乏人。余班次之分，英文列在 2b，极为低微。乃上课数日，终朝温理读本，殊觉费力。又惧陨越人后，则当如何？使早时出外就学，深研英文，则今亦何让他人。信乎宏道之误我实深，而亦我之自误也"。[③]

三　教材与教学方式

我们从《吴宓日记》中可见清华学校非常重视英语教育，几乎每天都有英文课程。第一类属于按专门课程标准选定的课本，[④] 如中学堂选用的读本有 *Baldwin's Reader* No. 5 （《鲍德温氏读本》第五册），其中有 *Betreg Hull's Wedding* （《贝特瑞格·赫尔的婚礼》）、*Ulysses and the Cyclops* （《尤利西斯与库克罗普斯》）、*Lessons from the Nature's Book* （《自然课本教程》）、*Some Experience at Sea* （《海上经历》）、*R. Daniel Boone* （《丹尼尔·布恩》）、

---

① 《吴宓日记》，第 41 页。
② 陈学恂、田正平编《中国近代教育史资料汇编·留学教育》，第 181 页。
③ 《吴宓日记》，第 48 页。
④ 以下教材和课本名称参见《吴宓日记》中 1911 年的"受课细目"，第 47～182 页。

R. Fulton's First Steamboat（《富尔顿的第一艘轮船》）等；读本 *What Is Our Country*（《我们的国家》）、*American Indian*（《美洲印度安人》）；*Telling Stories*（《讲故事》），其中有 *Joan of Arc*（《圣女贞德》）、*The Halcyone*（《翠鸟》）、*Jaffar*（《加法尔》）、*Sir Thomas More*（《托玛斯·莫尔爵士》）、*Destruction of Pomreu*（《庞培城的毁灭》）等。这些显然属于我们通常所说的文选型教材，即从多本英语名著中分别选出精彩的一些篇章组合成一本教材，期望学生通过记忆单词、翻译课文和做书面练习来获得阅读能力，启迪智慧。

第二类是属于语法型英语教材，如 *Collective，Material and Abstract Nouns*（《语法：集合名词、物质名词及抽象名词》）、*Gender，Case*（《性，格》）、*Plural of Nouns Formed*（《复数名词的形成》）、*Kinds and Uses of Adjectives*（《形容词的种类与用途》）等。这是 19 世纪欧洲开始普遍采用的一门传统重要课程的教材，这类教材一般包括课文、单词表和课文注释、语音、语法教学（如简单句、五种时态、复合句等）和练习，即通过循序渐进地讲解语法知识和配合反复重现的练习，以便学生掌握语法和单词。语法型课本还包括英文写作，清华学校的英文写作课就出过类似以"中国"为题，要求学生完成的作文，其他还有英文书信的写作；1911 年 4 月 19 日起，每日英文还加授"英文写信必读"三课，等等。

第三类是以英语作为工具，传授常识和专门知识的课本，如数学采用的英文教材有 *Part1. Axioms：Definitions and the Principles*（《第一部原理：定义和首要原则》）等；物理课采用的课本有 *Composition and Revolution of Force*（《力的合成与旋转》）、*Newton's Law*（《牛顿定律》）、*Principle of Archimedes*（《阿基米德原理》）；历史课用英文介绍埃及、巴比伦与亚述、犹太人、波斯人、印度人、北美洲、中国，等等；地理课用英文介绍地球的自转、证明地球是圆的等；图画课也使用英文教材：*Perspective Drawing，Definition and Rules*（《透视图，定义与规则》）、*Perspective Drawing：Box*（《透视图：箱》）、*Construction of Standards*（《标准作图法》）等，甚至乐歌也唱英文歌"Evening"等，尝试以综合性内容进一步帮助提高学生的英语能力。

李济在回忆中也写道："清华那个时候是留美预备学校，所授的功课因此重点是在学英文；不过虽说功课的排列是以英文为底子，但是最初别的功课还不是完全用英文，有很多还是用中文讲，渐渐英文程度好一点了以后，有些功课也就用英文教了，尤其是科学这方面的课程。"所有的课程都是由教务长、美国康奈尔大学毕业生胡敦复先生安排的，重点是在英语英文的学习，"不但要能看、能读，还要能听、能讲"。除了正式的英文课程以外，图画教员、体育教员和音乐教员都是从美国请来的，因此，这些课程都是用英语来上的，"在这样的熏陶下，当然英语的能力无形中就更有进步了"。① 吴宓在自编年谱中称胡敦复"始在中国施行选课制。先将各门课程，订立英文一、英文二……数学一（笔算）、数学二（初等代数）、数学三（平面几何）、数学四（立体几何）、数学五（平面三角）、数学六（高等代数）、数学七（解析几何）、数学八（球面三角）等名目，（由浅入深，由易及难。）颁布全校课程表。（每一课程，并在表中注明其上课教师号码、地点，授课教师姓名，及课本、参考书名称。）再经过教师分别对每一学生进行'询问、考察'及鉴定之后，（不分班考试，只是口问。）发给每一学生《某某上课时间表》一纸，（纵列每日上下午第一时、第二时……第七时。横列星期一、星期二……星期六，星期日。）依格填写明白……其用意，为力求适合每一学生个人之需要及能力，故全高等科、中等科不分班，不立年级，（应毕业时，自有个别指示。）"②

除了正式的课堂教材外，吴宓为补习英文还使用过不少其他的英文教材读本，重要的有《纳氏文法》，从1911年2月8日后日记中多次出现"略阅《纳氏英文文法》书"的记录，当年5月18日他在回答该校的监督、洋文案和美国教员的英文问题时，称自己已经读完《纳氏文法》的第三册和四卷本伍光建编的《帝国英文读本》，③《纳氏文法》的第一册是48页，第二册是112页，第三册厚达224页，这三个月中，吴宓补习英文文法的勤奋劲头可想而知。爱屋及乌，吴宓还认为纳氏所著 English Composition（《英文作文》）"颇佳"，专门代购一本邮寄给他的朋友。④ 可见他自以为受益于《纳氏文法》教科书甚多。⑤《帝国英文读本》，商务印书馆1905～1907年出版，书名原文 Empire English Readers，1910年出版第15版，民国元年改名为《中国英文读本》（The Republish Readers）。全书分五卷，第一卷从字母开始，共50课；第二卷100课；第三卷100课；第四卷151课，全部都是英文，没有中文解释。内容大多取自西方文学作品，如《鲁滨孙漂流记》的节选，《伊索寓言》中的若干篇，如《狼和羊》《狐狸与山羊》《母牛与公牛》等。光绪三十二年十月

---

① 缪名春等编《老清华的故事》，第169～170页。

② 吴宓：《吴宓自编年谱》，第100～102页。

③ 《吴宓日记》，第73页。

④ 《吴宓日记》，第83页。

⑤ 《纳氏英文法》是近代流传甚广的一本英文文法书，参见邹振环《清末民初上海群益书社与〈纳氏文法〉的译刊及其影响》，载复旦大学历史系、复旦大学中外现代化进程研究中心编《近代中国研究集刊（3）·中国现代学科的形成》，上海古籍出版社，2007，第91～123页。

二十三日（1906 年 12 月 8 日）《中外日报》有"中学帝国英文读本"卷三、卷四、卷五出版广告："卷三每册五角五分，卷四每册一元，卷五每册一元五角。教科书籍必合学者性情程度与他书不同。故各国无不各有己国之教科书，近年来我国呕呕编纂学堂课本为事，独英文读本仍沿用他国书籍，未能自撰。吾国子弟从事英文既迟于彼国，而人民之性情、社会之情形，又复不同。彼国读本之不合吾用不待言矣。新会伍昭扆先生留学伦敦大学有年，邃于科学，且得英国语言文字三昧，慨然于初学英文无一善本，特为本馆编纂是书。曾出卷首、卷一、卷二三册，深受学界欢迎，兹续出卷三、卷四、卷五三册。采辑英美名著百余种，别具手眼，撷其菁华，浅深难易悉合吾国学者程度，取而读之，不特可得西国文学门径，尤可觇知彼国人民之习性，诚初学英文之津梁也。上海商务印书馆有限公司京师、奉天、天津、汉口、广州、福州、成都、重庆、开封分馆同启。"学部评语称："是书优胖之处在适合中国学生之用。全书不载英文诗歌一首，尤见著者深识。盖今日吾国人之学西文，必以能西文科学书为目的。诗歌文法颠倒，初学所难，又与读科学书之目的不合，缺而不载，可免学生多费脑力，其善一。取材多名人小说，如《伊索寓言》、《鲁滨孙漂流记》之类，其文简短平易有兴味，而在英文界又为上乘文学，就中所采寓言，尤能补助修身教育所不及，其善二。此书程度实中学堂用书，但高等小学英文读本，现在尚无出版者，暂取其卷首、卷一供高等小学前二年用，其卷二供后二年用，俟将来高等小学英文读本有出版者，则此书仍供中学为宜。"① 其他还有《英文信札必读》《英文尺牍》《英语捷径》。《英文尺牍》，英文书名 *Companion Letter Writer*，可能由商务印书馆编译所编，商务印书馆 1907 年 7 月初版，1922 年 3 月 19 版。该书以一些典型的书信为关于友谊和公务，包括商业和其他事务的通信写作，提供了广泛的指导。这是一本对于写作非常有用的读物。"是书共分三类，一、关于学生者，自初等以至高等，年龄不同，措词自异；一、关于情爱者，寄情写怨，别具体裁；一、关于商业者，贸易往来，所观甚大。全书凡三百首，皆英国名人所撰。"②《英语捷径》可能是商务印书馆 1908 年 5 月初版的《英语捷径》前后编，日本斋藤秀三郎著，谢洪赉改译，英文书名为 *English Conversation Grammar*，原版出版在明治 26 年

---

① 《商务印书馆书目提要》，宣统元年（1909）十月改订八版；载周振鹤编《晚清营业书目》，上海书店出版社，2005，第 331～332 页。
② 《商务印书馆书目提要》，宣统元年（1909）十月改订八版；载周振鹤编《晚清营业书目》，第 342～343 页。

（1893），系初级英语课本，共 50 课，以会话、文法、练习三者互相为用，使学者循序渐进，诚初学之捷径也。商务印书馆广告 203 号："其中有会话、有文法、有翻译，洵为学英语者之捷径，凡中学堂初级英文学生用之获益匪浅，诚英语教科书空前之杰作也。"①

清华学校非常重视英语口语的表达能力，且注意锻炼学生自学和独立思考以及临场发挥的能力。《吴宓日记》中记述那些美国教员多采用与中国教员完全不同的"纯用质问"的教授法，即"只言明日需预备至第若干页。明日上课则呼学生起立，令之诵读，令之讲解，并设为问题令为答出。或以一字为题，令作一句，包含此字于其中。一人答而不合，则问第二人，二人不合，则第三人，问至多人不知，始将此一句为之解明。于是质问间而铃声已鸣，又言明日须预备至第若干页，遂即下堂。其教英文如此，而化学、历史等亦皆如此"。②"诵读"是为了培养学生良好的语音与语调，使学生在朗读中产生很好的语感。"讲解"是希望通过浅显的语言来解释难度较大的句子和词语，这样做可以加深学生对教材与读本的理解，比教师一言堂地一味灌输有着更好的效果。"以一字为题，令作一句，包含此字于其中"是语言训练中常用的造句法，这是英文作文的基础。这种"纯用质问"的教授法，吴宓认为："如实则学生必极用功，且设为种种方法，则现时虽嫌其难，而习之一年，自可有进步也。"③

课余组织演讲会与辩论会是清华校园文化的一大特色，也是清华学校英语教学的一大特色。课堂英语教学，学生所扮演的大多还是一个被动的接受者的角色，只有将英语学习贯穿在课余活动中，才能真正发挥学生学习的主动性，从而引发学生的创造性。在清华学校首创星期日演讲会和星期六辩论会的，是被吴宓认为品质不佳的英语教员钟先生。或许钟先生上课教书是有问题，但他作为清华学校每周日英语"聚众演讲"和星期六辩论会这种课余英语训练之首创者的贡献是不容抹杀的。开始吴宓对北洋水师学堂肄业的钟先生非常不喜欢，认为他"教授无法，重以毫不热心，每为一事，旋作即废。乃喜于星期日聚众演说，或日将以暗驱诸生渐入耶教也"。④吴宓为了最大限度地利用时间学习英语，他想出了对付这位英语教员的办法，他与钟商定："每礼拜日练

---

① 《教育杂志》第 1 年（1909）第 4 期。
② 《吴宓日记》，第 132 页。
③ 《吴宓日记》，第 132 页。
④ 《吴宓日记》，第 54 页。

习英文作文一篇，于礼拜六日命题，各生可于次日乘暇作出，于礼拜一晨英文班上呈缴，并请教习详为改削，则英文一道或亦稍有所补云。钟先生见之，当即出一题目为 Railway Communication。"① 开始吴宓对"聚众演讲"非常反感，拒绝参加，但自从钟先生同意他礼拜日做英文作文的提议后，他似乎对钟先生有了好感，1911 年 5 月 14 日他第一次到"17 室听钟先生演说。先习英文唱歌，后演说海军经费事一小时而毕"。② 1911 年 6 月 3 日钟先生还创议以"2b 学生组织一 Debating Society（辩论会），定于每星期六晚在 17 教室举行。每次由钟先生选派六人为演说员，并出一题目。而令六人者，三人为 Affirmative Side（正方），余三人为 Negative Side（反方），挨次登坛辩论"。第一次辩论会的论题为 "To decide the railway is more useful to a country than steamer-ships"（讨论铁路还是轮船对一个国家更有用）。③

正是在钟先生所倡导的演说会和辩论会的带动下，1911 年 9 月 22 日，学生出面设立了"英文会"，"其宗旨专为练习英文、英语之进步。同班诸人皆赞成，咸入为会员，并投票举定施济元君为会长；许楚涛君为干事"。吴宓认为自己"英文程度本极低微，不能足用，将来开会演说，一切必大为难，惟就此切磋自得进步，亦未始非无益之举也"。④ 1911 年 9 月 23 日"午后二时，英文会在 13 教室开会，议定规章。定名为'第四年级英文文学、演说会'（English Literary and Oratorical Society）。并添举孙克基为会计。每人入会，则纳入会费一角。定每星期日下午一时至二时为开会之期。又议定一规则，凡本会会员对本会会员，无论何时何地，不得作一中国语，皆必得用英文，所以求会话之进步也；凡有犯者，则得罚银圆一角以充会中公款。此事殊令人苦闷，然练习久之，则亦自获进效也"。⑤ 第一次演讲会于 9 月 28 日举行，"诸会员挨次演讲，以学号为序"。有演说《彼得大帝之身世》，有演说《维护学生公费》，有演说《西湖》……然后投票选举"演讲最优者"。⑥ 大家热情很高，30 日又举行第二次演讲会，题目有《消遣读物》《中国之近况》《时间》《吸烟之危害》等。10 月 5 日第三次演讲会，题目

---

① 《吴宓日记》，第 69 页。
② 《吴宓日记》，第 70 页。
③ 《吴宓日记》，第 81～82 页。
④ 《吴宓日记》，第 145 页。
⑤ 《吴宓日记》，第 146 页。
⑥ 《吴宓日记》，第 149 页。

有《中国之矿业发展》《一则中国之可耻报道》《学生》；其他演讲的题目还有《笑有益于健康》《天下无中立之事》《秦良玉》《中国妇女之缠足》等。① 在10月10日的第四次演讲会上，演讲题目有《学生经济》《未来之士兵状况》《我们对朋友的感情》等，吴宓以 How to Make Our Future Life（《如何创造我们未来之生活》）的演讲，赢得了11票，获得第一名。② 在辛亥革命的高潮中，英文会也有与时局相关的演讲，如《湖北革命后之中国状况》《当前革命形势》《青年之希望》等。10月21日发布辩论会的题目也是 Should China Adopt the System of Compulary Military Training（《中国是否应该采用义务军事训练》）。③ 在学生如火如荼的演讲热潮推动下，一些美国教员也纷纷登台演讲，如10月9日教授历史的女教员 Julia S. Pickett 小姐在12室演讲修身要义。英文会不仅通过组织演说与辩论来促进学生之间的英语交流，还承担了向英文教员反映同学的意见，如9月26日英文会推举代表去向外国教员塔玛奇小姐"陈请每星期多加课一小时，专备学生于所授功课有不明白之处，以便质问"。④ 塔马奇小姐还多次参加英文会的活动。以后清华学校的各种会社如雨后春笋，1911年9月学生成立的英文会无疑是清华学校最早的学生社团。

1911年初入校的第一届学生李权时，在回忆学校生活时候写道：第一期入学的400多名学生，来自全国各地。入学后还要经过复试、编班，在清华学校经过中等科四年、高等科四年的学习，目标是要达到美国大学二年级水平。因为清华学校毕业生赴美留学，经过考试一般可以插入美国大学三年级学习。为了适应以后留学美国的需要，同学们之间也互相勉励，在日常生活中也用英语会话。大家彼此曾订立"君子协定"，谁说一句中国话，就罚一个铜板。罚款积累多了，就用来买花生米，大家高高兴兴来顿"小会餐"。这个办法相当有效，大家的英语口语水平提高很快。⑤ 正是通过这些课内和课外的口语实践，使学生弥补了课堂教学中口语锻炼的不足，大大提高了学生的口语交际能力，为学生后来更快地进入美国的英语语境做了最有效的准备。

---

① 《吴宓日记》，第151、154、161页。
② 《吴宓日记》，第157~158页。
③ 《吴宓日记》，第165~166页。
④ 《吴宓日记》，第148页。
⑤ 李权时：《自强不息》，载孙哲主编《春风化雨：百名校友忆清华》，第5页。

四 小结

清华学校作为一所留美预备学校，有着充足的经费和良好的英语师资，教师与学生对学习英语的目标一致认同，因此无论是教师还是学生，都愿意在英语学习上投入最大的热情和最多时间。学校为学生设计了很大比例的英语课程，选用原版的文选型、语法型和综合性知识的英语教材和课本，利用外籍教师的语言资源，在课堂上从语音、文法、习字、讲述等方面全面培养学生的口头表达能力和书面写作能力，特别是美国教师在学习上采取"纯用质问"的教授法，鼓励学生自主学习和独立思考。在课余时间，教师组织或鼓励学生参加英语演讲会和辩论会，还鼓励学生组织自己的学生社团英文会，让学生通过演讲和辩论，进一步提高学生的英语口头表达能力，使他们善于辞令，有临场发挥的能力。还有，外籍教师与学生亲密无间的接触，对于学生提高英语口语能力，对于学生直接接触西方文化，都有极大的好处。从此角度来看，清华学校早期的英语教育是取得了显著的成功，成为当时期望赴美留学的青年学生的一个梦寐以求的追求。著名哲学家冯友兰晚年写的《往事遥忆》一文中还为自己 1911 年因母亲阻止未能去考清华学校而耿耿于怀。[①] 由于清华学校直属于清政府的外务部下，名义上是学部所属的一所学堂，实际上并不属于清末外语教学的整个系统之内的教育机构，是"中国教育体系之外的新制留美预备学校"。[②] 而其教学的模式和校园文化倒更接近教会学校外语教育的系统。但成功的清华学校外语教育，仍然对近代外语教育产生了深远的影响，其独特、全新的英语教学的模式，其新鲜和有活力的校园文化，给中国人一种自信，即只要有足够的经费，中国教育界也能够办出第一流的外语教育，培养出第一流的外语人才。

---

① 冯友兰：《往事遥忆》，载缪名春等编《老清华的故事》，第 287 页。
② 苏云峰：《从清华学堂到清华大学（1911～1929）》，何炳棣序言，第 1 页。

海牙公断之议与中国外交

——以 1909 年间中日"东三省六案"和
中葡澳门勘界交涉为例

湖南师范大学历史文化学院　尹新华

　　公断，仲裁之旧称，是国际争端的法律解决方式之一。1899 年第一次海牙保和会上形成了《和解公断条约》。该国际公约综合 19 世纪既已提出的诸如谈判、斡旋、调停、公断之类的国际争端和平解决方式，确立了一整套和平解决国际争端的方法和程序。而其中最大的突破是在公断一节。该约明确规定在海牙设立常设公断法庭以便诉讼，缔结公断专约或协定以明愿讼，派代表担任海牙公断法庭公断员以便听讼，并确立了愿归公断与否由各国自主的基本原则。1907 年第二次海牙和平会议修正原约。在两次海牙和平会议之后，通过海牙公断来解决国际纷争遂成为国际关系实践中的重要组成部分。清末中国分别在当年参与《和解公断条约》的议订和修订，并签署和批准了该国际公约。因此，与海牙公断相关的思考与实践也成为近代中外关系中的一个新现象。

　　在 1909 年中日"东三省六案"交涉中，中国曾屡次要求将六案提交海牙国际法庭公断，日本却予以反对。同年，葡萄牙向中国多次交涉要求将澳门勘界问题提交海牙公断，中国却坚决抵制。这样一种差别颇值得玩味。另外值得关注的是，这两起公断之议所表现的相似或相同之处，如最终因为当事一方的反对而偃旗息鼓的结局，又如争议期间，多方力量涉及或卷入，其中就有中国中央政府和地方政府，以广州为主体的民间社会，日本、葡萄牙当事的外国一方，另外还有以英国为代表的第三国，等等。这些方面对是否将案件提交海牙公断都有着鲜明的立场，并在背后也展开了系列的交涉和斗争。学术界对中日"东三省六案"中个别悬案和中葡澳门"勘界问题"的交涉分别有不同程度的研究，但是对此过程中围绕海牙公断之议多方力量展开的谋划、交涉及斗争没有深入分析，更没有把两起交涉放在一起进行比较，找出它们的相似、相同和差异之处，并进而挖掘背后的原因。本文重点涉及的是 1909 年这两起因中国边疆领土主权和利权纠纷而出现的海牙公断之议与中国外交。试图通过比较分析，探讨中国的外交战略目标、策略及实施效果。借此进一步充实人们对 1909 年出现的这两起交涉的认识，同时更要以此管窥 20 世纪初中国的国际化与民族主义既对立又统一的发展面向。

一

1899 年中国签署《和解公断条约》之后，海牙公断之议便见诸中外交涉舞台。1900～1901 年庚辛议和期间，以美国为首的西方列强曾提议将战后赔款问题提交海牙法庭公断，并为此展开了一番斗争，此为海牙公断之议在中外交涉中的首次现身，只是当时中国一直处于旁观者的位置，无所谓外交。1909 年，中日和中葡之间分别因"东三省六案"①和澳门勘界等问题展开交涉，而海牙公断之议一直伴随始终。在是否公断问题上，中国不再是毫无知觉，而且还表现了两种全然不同的态度。

1909 年 2 月 6 日，日使伊集院正式向外务部提出"东三省六案"①交涉。2 月 10 日，双方展开正式会谈，其间外务部尚书梁敦彦向日使伊集院第一次提出了将"东三省六案"提交海牙公断的问题。3 月 18 日，外务部参议曹汝霖与伊集院会谈时再次提议公断。4 月 15 日，日本使馆翻译高尾亨到外务部送达日本政府的答复节略，梁敦彦借此机会再次要求公断。之后的多次交涉中，公断之议常常为中国代表所主张。

① 所谓"东三省六案"，是日俄战争结束之后日本为了攫取东北路矿和边境领土，向清政府提出的六项权益。分别是：新法铁路案、大石桥铁路支线案、京奉铁路展造至奉天城根案、抚顺及烟台煤矿案、安奉铁路沿线矿务案以及"间岛"案。其中，"间岛"在中方称为"延吉"。中国本无"间岛"一说，该词是朝鲜越江垦民创造的，原指图们江以北光霁峪假江滩地。1904 年，中朝边吏会订《新定画界防边条约》曾明确规定，"古间岛即光霁峪假江地，向准钟城韩民租种，今仍旧"，这表明"间岛"主权仍属于中国。日俄战争后，日本加大在东北亚侵略的步伐。日方先是在舆论上极力扩大"间岛"范围，然后以"间岛"归属未定为借口，试图强占。面对咄咄逼人的日本，中方立场异常坚决，地方官员积极整顿边务，加强对该地区的统治，以为确保领土主权之根本。1909 年中日双方交涉时，日本代表虽原则上认可"间岛"为中国领土，但是制造韩民管辖权问题，要求中国"应允日本在该处设立领事管理日韩国人"，其实是要通过领事裁判权架空中国地方官之管辖权，使中国徒有领地之虚名。

1909 年的中葡澳门勘界①谈判，先后在里斯本、香港、北京展开。早在 1908 年底，清政府指派驻法兼使葡国大臣刘式训前往里斯本，开始同葡萄牙政府商谈澳门划界问题。1909 年初，中葡双方达成协议，决定派代表交涉商订界址。会谈期间，葡方提议"如两国有意见不合，不能裁决之处，应届时察度，是否可交公断"；外务部当时表示"公断只可姑存其说，不必预先声明"。② 当年 7 月中葡双方正式在香港开始勘界谈判，一直到当年 11 月，一共持续了 4 个月的时间，按照双方约定，清方所派勘界代表为云南交涉司高而谦，而葡方则派工程提督马楂度（又译为马沙铎）为勘界交涉专员。葡萄牙在交涉过程中屡次向高而谦提及将澳门划界之争交海牙公断，但都被拒绝。之后，马楂度前往北京，继续为通过公断方式解决中葡澳门界址之争进行努力。12 月 8 日，葡署使柏德罗向外务部提交照会，正式要求将澳门勘界之事交与海牙公断法院公断。12 月 10 日，外务部照复柏德罗，明确表达了拒绝的态度。此后，中葡双方在澳门勘界问题上多有交锋，但始终未能达成一致意见。

毫无疑问，在纠纷无法通过外交谈判解决的情况下，诉诸公断亦未尝不是和平解决国际争端的可选途径。不过，除非有比较大的获胜可能性，当事国一般不会提出将纠纷提交公断的。那么，在"东三省六案"上中国提议海牙公断，是不是就意味着它看到了胜利的前景，并且试图通过这种方式解决问题？

---

① 16 世纪初，澳门半岛上围墙内不足两平方公里的土地被葡萄牙人以贿赂和欺骗手段所占据。1887 年中葡签署《和好通商条约》，规定葡萄牙永居、管理澳门；未经中国方面同意葡萄牙永不得将澳门让与他国；澳门界址俟两国派员妥为会订，另立专约；其未经定界以前，一切事宜俱照依现时情形勿动。之后，葡萄牙人利用条约中澳门没有划清界址之便，开始以澳门半岛为中心扩展地界。澳门划界问题经常引发中葡之间的外交争端。1909 年因澳门勘界问题而出现的中葡公断之争直接导源于 1908 年"二辰丸"事件。1908 年 2 月，澳门人购买大批军火由日本轮船"二辰丸"号运抵澳门海面，欲经澳门走私到中国内地，结果被清廷缉获。葡澳当局坚称"二辰丸"号被缉地点属澳门领海，反诬清政府越境截捕商船。在此事件推动下，中葡商定就澳门划界问题展开谈判。葡方主要依据所谓的占据之事实，提出的方案几乎包括了已占、未占甚至想占的一切地域。具体而言，包括由马阁至关闸的澳门半岛，对面山、青洲、凼仔、路环、大小横琴、马骝州等邻近海岛，内港和诸岛附近水域，以及关闸至北山岭的"局外地"。而中国外务部一直强调中国对澳门的主权，坚持对于澳门勘界之宗旨"以旧日界址作为澳门，以原界之外彼最先占据之地作为附属，其与澳不相连各岛，无论已占、未占，一概极力驳拒。其凼仔、过路环两岛彼此占之地，可以澳島之龙田、旺厦等处，计所占亩数抵换，如彼坚不允让，亦只可将凼仔、路环内已占之处作为彼往来停留所，不能作为附属"，葡萄牙不能因为这样一个租约而主张对附近岛屿和水域的权利。

② 《外务部收驻法大臣刘式训电：报告葡外部商允各条由》，宣统元年一月初五日，台北，"中央研究院"近代史研究所档案馆藏影像资料，馆藏号：02 - 15 - 005 - 01 - 003；《外务部发两广总督张人骏电：转告葡外部商允各节并拟定高交涉司为勘界员由》，宣统元年一月初六日，台北，"中央研究院"近代史研究所档案馆藏影像资料，馆藏号：02 - 15 - 005 - 01 - 005。

而在澳门勘界问题上中国表达坚决反对的立场，是否就说明中国理亏，并因此对裁判结果有所顾虑呢？

在清政府看来，"延吉一隅，掣动全局，所关甚重"。① 因此在"东三省六案"中，它最重视的是"间岛"问题，所有围绕海牙公断而展开的外交谋划主要是以"间岛"问题的解决为中心的。就海牙公断一层，早在1907年12月9日，东三省总督徐世昌、奉天巡抚唐绍仪致外务部的电报中就有所提及。徐世昌说，他路过哈尔滨与各国领事见面时，"美法皆言间岛在泰西地图均属中国，惟日本图则阑入韩境，实于公理不合。如引西图为证而举海牙会裁判，日本当无异词。即彼用强权我仍可折以公理"。在电报中，徐世昌要求外务部迅速搜集有关证据，速与日本交涉"间岛"问题。② 他们在这里试图借助海牙公约以保障中国领土完整，即有依恃国际公法和国际力量尽速解决问题之意。1908年宋教仁在《间岛问题》一书中运用大量日本、朝鲜方面的资料，从国际法出发，论证了中国对"间岛"的领土主权，同时提出通过海牙公断的方法解决问题。③ 在该书出版之前，宋教仁便把其提供给了清政府，并造成震动，外务部以及吉林地方官皆希望宋教仁回国参加接受"间岛"交涉工作，后来宋教仁虽未接受邀请，但他的著作及其所提公断之议仍为后来中国的外交奠定了一定基础。

不过，在跟日本提议公断时，中国方面的态度相当微妙。1909年3月18日，曹汝霖与伊集院会谈时，除了明确表示若各执一词就要将六案提交海牙公断的态度外，同时还声称："惟望贵大臣再劝贵政府将裁判权允照中国，则他事自易商办，从速和平商结，不致为西洋各国所讥笑，岂不甚好。"④ 也就是说，如果日方在"间岛"韩民裁判权问题上让步，中国即可放弃公断之议，而且还愿意在其他事项上让步。4月15日，梁敦彦向日本使馆翻译高尾亨再次提出要公断时，又重申了上述立场。他说："贵国如能将我利权大为让步，

---

① 《军机处致外部据东督电日本添兵驻茂山请示机宜业经酌复录送复电函》（附原电），宣统元年六月二十八日，王彦威纂辑，王亮编《清季外交史料》第4册，书目文献出版社，1987，3517～3518页。

② 《徐世昌唐绍仪致外部间岛交涉当速解决各国公论尚在勿使布置完全电》，光绪三十三年十一月初五日，王彦威纂辑，王亮编《清季外交史料》第3册，第3192页。

③ 陈旭麓主编《宋教仁集》全二册，中华书局，1981，第134页。

④ 《外部参议曹汝霖与伊集院议延吉韩民裁判事语录》，宣统元年二月二十七日，王彦威纂辑，王亮编《清季外交史料》第4册，第3386～3389页。

我国亦愿早日和平了结，不必请他国公断。且此事一经了结，则他事皆易了结。"① 可见，中国提出海牙公断之议的外交目标主要不在公断本身，而是想借此对日本施加压力，进而推动日本在"间岛"问题上同意自己的主张。

在澳门勘界问题上，中国抵制海牙公断之议的真实情况远比我们最初设想的要复杂。为了方便我们把握事实真相，这里首先听听在中国内部虽然没有成为主导意见，但也存在过的有关赞成海牙公断的声音。在这方面，中国驻法兼使葡国大臣刘式训和云南补用知县童振藻堪称代表。刘曾担任中国驻海牙常设公断法院公断员，在他看来澳门勘界"事关公法，引据推求，非言所能折服，则惟海牙公断为正当之结束耳"。他认为，"葡人勘界意在争领海权"，但是"占据管理"之地与"割地"有别，不能给予领海权。为了证明"占据管理"与"割地"在国际法上的区别，他建议外务部援引国际先例，据成案以驳之。② 童振藻在1909年2月给外务部的呈文中也指出，澳门于葡萄牙乃租借之地，"如租借国越界侵占，主国将侵占之由布告友邦，取消租约"。③ 二者肯定了澳门非割占地的法律地位。这也是中国政府在澳门法律地位上的基本立场。一般而言，国家领土主权包括对领土的所有权和统治权，1887年《中葡和好通商条约》的中文文本规定葡萄牙人永居、管理澳门，其实是赋予了葡萄牙统治权中的行政管理权。阿尔弗雷德·菲德罗斯等人指出，"'行政割让'实际上不是割让，因为割让者保留领土主权"，它所让与的只是"在那里实行它自己的支配的权利"。④ 可以说，因为行政管理权的部分出让，此后中国对澳门的领土主权是不完整和缺损的，但在该约中清廷并没有把澳门的所有权出让给葡萄牙，虽然"永居""管理"词义模糊，但是与"割让"还是有原则区别的。而且就统治权而言，条约规定未经中国方面同意，葡萄牙"永不得将澳门让与他国"，说明中国依然持有澳门领土的处置权。葡萄牙外交大臣巴罗果美本人也承认，关于澳门的地位条款，"并不构成正式割让土地"，而且永居管理与不经中国许可，葡萄牙不得将澳门转让给第三国的规定"对整体是一

① 《日使馆翻译高尾亨来外部言延吉事不必请他国干涉节略》，宣统元年闰二月十五日，王彦威纂辑，王亮编《清季外交史料》第4册，第3400页。
② 中国第一历史档案馆、澳门基金会、暨南大学古籍研究所合编《明清时期澳门问题档案文献汇编（四）·档案卷》，人民出版社，1999，第202页。
③ 中国第一历史档案馆、澳门基金会、暨南大学古籍研究所合编《明清时期澳门问题档案文献汇编（四）·档案卷》，第195页。
④ 〔奥〕阿尔弗雷德·菲德罗斯等著《国际法》上册，李浩培译，商务印书馆，1981，第347～348页。

种保证，完全符合租赁的愿望（无租金租赁）"。① 因此，在澳门的国际法律地位上，中国仍是清楚地保留了大部分领土主权。而领海权是以领土主权的取得为前提的，葡萄牙自然不能索争澳门的领海权。除了法理上的强调外，童振藻还从另一个层面讲到海牙公断的必要性。他指出："我国国力，现虽不能与欧美各强国相敌，区区一葡，迥非法与日本可比，似不足畏。况与葡有交涉之事，我国出而抗拒，葡人无不退让。……如此次与之磋商，能将所占之地退还我国，即藉整顿地方各费之说，稍偿厥款，亦所不惜。如其不然，一方面请和平会判断，取消租约，一方面调集海陆各军，示以不退还不休之意。"② 显然，在中外交涉历史上，与西方强国包括日本相比，葡萄牙要软弱很多。童的观点在当时国人对葡萄牙的认识上颇有代表性。若如刘式训、童振藻等人所言，至少可以通过海牙常设公断法庭，驳斥葡萄牙对澳门领海权的无理要求。或可更进一步取消1887年和约所订关于澳门的条款，从葡萄牙手中收回澳门。此次与葡萄牙交涉勘界问题时，中国的态度一直比较强硬不排除有上述原因。但是，这些因素却未能使中国形成赞同公断的外交决策。那么，到底是什么在中国抵制公断的决策上起了关键性作用呢？

对于这一点，我们进一步分析一下当时来自中国政府及民间的另一种意见。在香港谈判开始后，中方勘界大臣高而谦致电外务部，谓："若交海牙会判断，彼可处优胜地位。"具体而言，"海牙判断，欧美之于东亚本有不同种族之成规，益以中国政治未尽修明，必以此地属葡为优，葡人布局已久，既有可藉之词，必有袒葡之意"；另外，英、法、荷等国在澳门"均有利益"，"有此数大国主持其间，海牙会必为葡国之辩护士，难免全败，反不若自与磋议，尚有得半失半之望"。③ 广东勘界维持总会就反对公断主要讲到三层意思：一是认为白人种族主义偏向比较明显，"以澳界之事而交其裁判，彼既内挟一种界之成见，而环噪于其旁者，报馆之批评、社会之言论又从而劫持之势，必附会法理，妄造证据，出其诪张为幻之惯技，以伸葡而抑我"；二是认为西方人善于趋炎附势，"今澳门议界之事，葡人节节进行，我国节节退让，案虽未

---

① 陈霞飞主编《中国海关密档——赫德、金登干函电汇编（1874~1907）》第4卷，中华书局，1992，第459、568~569页。
② 中国第一历史档案馆、澳门基金会、暨南大学古籍研究所合编《明清时期澳门问题档案文献汇编（四）·档案卷》，第195页。
③ 中国第一历史档案馆、澳门基金会、暨南大学古籍研究所合编《明清时期澳门问题档案文献汇编（四）·档案卷》，第299~302页。

结，而胜负之势，彼族固已知之矣"，"若交海牙和平会裁判，强葡从我，则其势难"，"屈我从葡，则其势易"；三是深知西方在中国一向追求利益均沾，"每遇要求权利之事，莫不协而谋我"，海牙公断"使葡人而得直，则各国之总进为有词，葡人而不得直，则各国不啻自隘其总进之路"。① 由上可知，从国际法的角度看中国固然有理，但是他们这里很现实的察知到国际法实施过程中的强权因素。清末国际法专家董鸿祎曾以 1902 年海牙公断法院裁判日本与英、德、法三国之家屋税案为例，指出海牙公断法院祖护西方，并认为："今我国学术国势，远不如日本，一旦欲与世界法家，共处一廷，互争法律之胜，可决其必无此事矣。此诉讼裁判所之所以无利益也。"② 再加之还有西方列强长期侵略中国的历史背景，因此中国政府和民间社会在海牙公断问题上对西方世界很不信任。在他们看来，这种解决方式也即意味着接受对中国有所图谋的强权干预和控制。这样，后一方面的担心压倒性地盖过前者，为避免出现对领土主权维护不利的裁判，中国最终形成了抵制公断的决策。

另外，从葡萄牙主张公断这个角度，我们还可以找出间接辅证的材料。葡萄牙坚决主张公断至少有两个因素。一个因素是葡自以为依据领土的"时效取得"原则，他们可以获取澳门领土及领海主权，而这也是解决中葡澳门勘界问题"最合适的途径"。③ 事实上，"时效取得"原则并不适用于澳门问题。④ 另一个更重要的因素是在勘界公断问题上，葡萄牙获得来自英国公开而

① 中国第一历史档案馆、澳门基金会、暨南大学古籍研究所合编《明清时期澳门问题档案文献汇编（四）·档案卷》，第 453 ~ 454 页。

② 董鸿祎：《海牙仲裁裁判与中国之关系》，《外交报》第 254 期，1909 年 9 月 18 日。

③ 〔葡〕马楂度：《勘界大臣马楂度葡中香港澳门勘界谈判日记（1909 ~ 1910）》，澳门基金会，1999，第 55、65 页。黄鸿钊：《澳门史》，福建人民出版社，1999，第 318 ~ 319 页。

④ 按照国际法，陆地领土的时效取得"是以所有的意思对该领土进行了持续和有效的占有为前提"，"只有在不受扰乱地、不中断地并且无争论地实行支配的场合，国际法才以这样的法律结果同这样的事实相连接"，"如果对于一个武力的兼并没有予以反对，而其他国家容忍了这种状态，那末随着时间的进行就发生时效的取得，因为国际法最后使持续的和不受扰乱的占领状态合法化"。（〔奥〕阿尔弗雷德·菲德罗斯等著《国际法》上册，李浩培译，第 344 ~ 345 页）固然，自从 1557 年葡萄牙人进占澳门之后，其对澳门的治理权一直在延续，但这种延续是以租地的方式进行，并且治理权也是有限的。另外，这种延续并非是"不受扰乱地"和"无争论地"。1887 年中葡和约缔结前后，中国政府不仅没有放弃对澳门半岛三巴围墙以南地区的所有权和部分管辖权，而且对澳门半岛三巴围墙以北至关闸门一带，以及周边岛屿和水域，中国政府也屡次宣布对其拥有所有权和管辖权，并多次抗议澳葡当局对中国在澳主权的侵犯。1888 ~ 1908 年的这段时间双方冲突不断，海上和陆地上的领土纠纷频频发生。故在勘定界址前，澳门一直是有争议的地区。因此，从理论上说，"时效取得"原则不适用于澳门问题。

坚决的支持。1908 年"二辰丸"事件发生后，中葡澳门划界争端变得更加复杂，但同时也如《泰晤士报》上的评论文章所言，"为英国使团友好干预中葡澳门划界争端提供了机会"。[①] 1909 年初，英国便提出了澳门问题的一套解决方案，并为葡萄牙在香港进行勘界谈判提供了便利。之后，以朱尔典为首的英国驻华使团不断对中国外务部施加影响，指责中国代表"无理取闹"，并支持葡萄牙在澳门勘界问题上的主张。12 月 24 日，朱尔典还致函外务部，措辞强硬地宣称，中国拒绝就中葡争端提交公断使英国政府很为难，因为英国与葡萄牙订有条约，但凡葡萄牙领土遇有无正当理由之攻击，英国负有保护之责。该函还警告说，中国拒绝公断以后，如果中国对澳门有攻击行动，英国将被迫站在葡萄牙一边，予以强力干预。为了加强威慑效果，这封函件还特附 1661 年《英葡条约》的副本。按照朱尔典自己的说法，这是"为了表明英国可能的干预行动是情势所迫，而非蓄意干涉"。[②] 从最初讨论加入《和解公断条约》开始，中国政府及民间社会对西方主导的海牙公断信心不大，生怕西方列强协以谋我。而此次澳门勘界之争期间，英国积极实施干预，并公开支持葡萄牙，无疑更使中国加重了以前的顾虑。在向英国外交部提交的年度报告中，朱尔典也指出："我们对葡萄牙的支持看起来只是进一步刺激了外务部，而无助于事情的解决。"[③] 由此亦不难理解，为何中国上下会形成西方国家将偏袒葡萄牙的印象。

总之，海牙公断是旧有公断制度进一步国际化的产物。中国在"东三省六案"和澳门勘界交涉上，无论是主张还是反对海牙公断，都能看出其外交主旨是尽可能地维护国家权益。只是，在抵制澳门勘界公断之议中，主要是要缓解国际化给国家权益维护带来的压力，而主张"东三省六案"公断，则是要将新的国际化元素用之外交，使其成为维护国家权益之工具。

二

1899 年《和解公断条约》确立了愿归公断与否由各国自主的基本原则，

---

① "China and Her Foreign Relations," *The Times*, September 22, 1908.

② "Annual Report on China for the Year 1909," Kenneth Bourne etc. ed., *British Documents on Foreign Affairs: Reports and Papers from the Foreign Office Confidential Print*, Part I, Series E, Asia, 1860 – 1914, Volume 14, University Publications of America, 1994, p. 137.

③ "Annual Report on China for the Year 1910," Kenneth Bourne etc. ed., *British Documents on Foreign Affairs: Reports and Papers from the Foreign Office Confidential Print*, Part I, Series E, Asia, 1860 – 1914, Volume 14, University Publications of America, 1994, p. 196.

1907 年修订该公约时这一原则在条约规定上没有突破，不过会议通过了一个宣言，规定会议各国一致承认强制公断的原则，并一致宣告"各国关于解释或施行国际条约有所争执，均得付强迫公断办理，毫无限制"。① 也就是说，某些争端，特别是有关解释和实行国际条约的争端可以不受限制地提付强制公断。这样，各国既有公断与否的自由，同时在拒绝公断时必然要面临国际责任或道义的压力。海牙公断之议出现后，为尽最大可能维护国家权益，上述看似对立的两个方面是中国在具体的外交行动中要予以化解或推进的重点。在这种情况下，国际舆论及本国民意的利用进入中国外交策略之中。

对于中日"东三省六案"交涉及中国主张的海牙公断之议，以英国为代表的国际舆论进行了积极响应。英国《泰晤士报》在 1909 年 3 月 24 日发表文章进行了报道。文章站在客观的角度介绍了"东三省六案"，尤其是"间岛"问题的来龙去脉。就中国欲将六案提交海牙公断一事，文章作者评论说："我相信在北京的每一位独立观察家都会站在中国一方支持它的这一行动。"文章最后说："中国建议将间岛及满洲其他问题提交海牙公断法庭是非常重要的，很难想象日本将会如何拒绝中国的建议。"② 当时有英日同盟存在的前提下，该报为何要表明支持中国的立场呢？两个月前该报纸的一份报道可以作为这一立场的注脚。1 月 26 日，该报纸的评论文章指出："日本的做法实在过分，它口口声声说尊重门户开放原则，却在实际行动上独占满洲及关外的铁路修筑，排斥英国铁路公司③。"④ 可见，英国媒体的表态集中反映了他们对日本在东北扩张尤其是在新法铁路修筑上排斥英国的不满。

值得关注的是，英国媒体的愤慨及表态与中国在期间的活动是分不开的。上述两篇报道文章都是《泰晤士报》驻北京记者莫理循发表的。该人与唐绍仪、梁敦彦等部分外务部高层人士来往频繁，中方人士常常有意识地向其透露一些中外交涉的情报，其中就包括了中日"东三省六案"交涉的部分内容。据莫理循 1 月 14 日的日记记载，梁敦彦曾与其谈及中日关于东北问题的谈判，说日本人的要求比以前更甚，尤其是对新法铁路的要求情况比以前更糟。莫理循对日本的野心很不满，强烈建议梁敦彦不要同意日本的要求。而在 3 月 23

---

① 薛典曾、郭子雄编《中国参加之国际公约汇编》，商务印书馆，1937，第 36 页。

② "Japan and Manchuria（Chinese Proposal for Arbitration），" *The Times*, 24 March, 1909.

③ 1907 年 11 月 8 日，英国保龄公司已经签订了新法铁路筑路合同。之后，日本以该路危害南满铁路利益为由禁止修筑。

④ "Japan and China（The Fa‐Ku‐Men Railway），" *The Times*, 26 January, 1909.

日，梁敦彦又与莫理循见面，并告诉其几件事。① 对中国故意泄露了会谈消息之事日方也是心知肚明。但是，梁敦彦在答复日本的抗议时说："我亦不愿彼此报纸登载此事，然我亦不能禁其不登。故我深愿交涉各案早日和平了结，外人自无议论。若贵国政府同意交海牙公断更为盼望。"② 梁敦彦这里所言虽并非全为事实，不过借助国际舆论以推进外交的策略，已一览无遗。其实，外务部的行为充分体现了清政府在东北的既定外交策略。日俄战后，清政府为打破日俄独占东北局面，在东北奉行"平均各国之势力，广辟商场，实行开放"的计策，试图利用列强间本身存在的竞争和抵制，使东北成为"万国贸易平权之公地"，以达到保全领土主权完整的目的。③ "间岛"交涉前后，东三省地方督抚尤着力引进欧美势力，以扼制日本的扩张。但是，1908 年 11 月美日《鲁特 - 高平协定》订立，使清政府联美制日的希望落空。在这种情况下，梁敦彦等人与莫理循会面，其实就是授意其公开谈判内容，希望以此离间英日同盟，并引起英国政府干涉，或引起更多国家的关注，给日本制造压力，以推动谈判尽快朝自己希望的方向发展。莫理循当时也希望英国政府对日本在东北的扩张进行抵制。因此，他积极地将中日"东三省六案"交涉以及中国主张提交海牙公断的计划付诸国际公论。

在澳门勘界问题上，葡萄牙交涉代表和英国公使不断向中国施压，就连香港的英文报纸也纷纷发表倾向于支持葡萄牙的文章，并"对中国的做法表示强烈反对"，且指责中国"失信"，马楂度因此认为港英新闻界在"坚定、热心和明智地维护葡萄牙利益"。④ 与此相对应的是，以广东地方绅商为核心的人民群众极为关心澳门勘界问题，在粤商自治会带动下，并成立了香山划界维持会、广东勘界维持总会、香港中葡界务研究社等民间团体，他们拟就电文，纷致外务部及同乡京官，并通电各埠及海外同胞，而各埠及海外同胞也纷纷回电奥援。从而在澳门勘界问题上，形成了强烈抗争的民众舆论。其主旨可分为两个层面：一是关于澳门地位的问题。宣称"澳门仍系我国领土，只能照旧

① 详见戴银凤著《莫理循的中国观（1897～1911）》，博士论文，华东师范大学，2007，第 144～145 页。

② 《日使伊集院来外部言中日交涉六案请约束报纸勿再登载语录》，宣统元年闰二月初五日，王彦威纂辑，王亮编《清季外交史料》第 4 册，第 3393 页。

③ 徐世昌等编纂《东三省政略》（上），叙言，吉林文史出版社，1989，第 1 页。

④ 〔葡〕马楂度：《勘界大臣马楂度葡中香港澳门勘界谈判日记（1909～1910）》，第 132 页；中国第一历史档案馆、澳门基金会、暨南大学古籍研究所合编《明清时期澳门问题档案文献汇编（四）·档案卷》，第 456 页。

界租借，勿得稍有退让"，或指出"葡占澳门地界违章"，乞求政府"力争"。二是对于将中葡勘界交海牙公断一事。表示当时的国际社会现实是西方列强协以谋我，弱肉强食。海牙裁判由西方社会主导，其判决自是毫无公义可言，并谓"海牙公判，万无适宜于今日之役也"，因此坚决要求当局拒绝葡方的公断要求。总之，公众舆论强烈要求清政府维护领土主权，他们还宣称但凡政府代表在谈判中出现妥协倾向，他们势必以各种方式"抗死力争"。①

自"二辰丸"事件发生以来，广州、香港等地市民纷纷抵制日货，掀起一股反帝风潮。在澳门勘界问题上，这样一种民众舆论的出现自是这一风潮的持续发展。不过，民众舆论的发展、壮大与中国政府的态度也是密切相关的。在澳门勘界交涉及公断之争中，两广总督张人骏以及之后的署理两广总督袁树勋等人对广东等地人民关心澳门界务的举动，采取了同情和支持的态度。为此，还致电外务部，表示："现在民间保地之心甚切，勋有地方之责，甫经履任，遽议界务，若未能尽惬民情，此后于地方行政必因之而生阻碍"，"一再筹思，惟有由高使先商葡使，借与社会讨论为词，藉作延缓之计"。② 外务部也因此认为，"粤省民情如此，断无让地之理"，因此致电高而谦，称"界务事万难允归公断"，"葡使来文时，可复以现在民情愤激，舆论沸腾，我于界务未便再让，且定界不过一时之事，葡人在澳总期永远相安，若葡占便宜，中国吃亏过甚，即目前迁就定议，终恐不无后患，于葡亦有何益？"③ 高而谦在11月13日的最后一次会议上则对葡使宣称："此处土地诚不足宝，重惟民情，实不能不顾。如有后患，岂为两国之福？本大臣之所以坚持者，此也。"④ 香港会谈还未开始前，葡萄牙原本希望中国政府能对广东人民关心澳门界务的举动进行限制和禁止。但是，清政府从上到下，非但没有约束民意，反而予以默认和支持，并以其抵制葡萄牙的要求，葡萄牙谈判代表团对中国政府的做法气愤不已，"将围绕这个问题的所引发的一切重大骚动都归咎于中国政府"，认

---

① 《外务部收香山划界维持会杨应麟等电：葡国占界人心愤恨请宣示派员勘界办法由》，宣统元年二月二十三日，台北，"中央研究院"近代史研究所档案馆藏影像资料，馆藏号：02—15—005—01—049；《澳门划界初记》，《东方杂志》1909 年第 6 卷第 4 期。

② 中国第一历史档案馆、澳门基金会、暨南大学古籍研究所合编《明清时期澳门问题档案文献汇编（四）·档案卷》，第 362 页。

③ 中国第一历史档案馆、澳门基金会、暨南大学古籍研究所合编《明清时期澳门问题档案文献汇编（四）·档案卷》，第 510、445 页。

④ 中国第一历史档案馆、澳门基金会、暨南大学古籍研究所合编《明清时期澳门问题档案文献汇编（四）·档案卷》，第 449 页。

为"这一骚动如果不是直接由北京政府支持，则是由广州政府挑起的"，"两个政府对公众舆论应有的顾忌不应过头到为屈从任何政治煽动份子的无理要求而置国际条约于不顾"。香港也有报纸指责中国政府"利用公众舆论的压力寻求解脱，以逃避它的责任"。①

由上述可知，虽然拒绝海牙公断必然要面临国际责任或道义的压力，但是在此次中日、中葡交涉中，中国外交策略实施重点不是从这一角度进行声张或驳斥，而是引入不直接参与会谈的第三种力量，并借此制造相应的舆论压力。其中，中日交涉是重点利用列强在华争夺的矛盾；而在中葡交涉上，则是利用了本国民意。可以说，相对于对手日本和葡萄牙，这样一种引入是在无可靠的西方列强可依恃的情况下展开，始终体现了尽可能地增强外交中的相对实力这一主题。

三

由于一方的抵制，两起纠纷最终都未能诉诸海牙常设国际法庭。在中日"东三省六案"的交涉中，海牙公断之议虽常为中国代表所主张。但是，日本代表一直是拒绝公断的态度。1909 年 9 月 4 日，中日通过签订《图们江中韩界务条款》和《东三省交涉五案条款》基本解决"东三省六案"，海牙公断之议终告一段落。同时，葡萄牙在 1909 年交涉期间虽一再提议公断，但一直为中国所抵制。1909 年之后，中葡在澳门勘界问题上仍有交锋，由于中方反对的态度坚决，葡萄牙虽屡次提议公断，但从未如愿。一直到 1910 年、1911年葡中两国相继发生革命，澳门划界问题遂又成悬案。那么，中国这两起有关海牙公断之议的外交成效如何呢？也就是说，这样一种结果或状态与中国最初设想的外交目标是否一致？在这当中，上述外交策略到底发挥了怎样的作用？

在澳门勘界问题上，中国坚决抵制了葡萄牙的海牙公断之议。澳门划界问题虽成悬案，但至少避免了当时有可能出现的对维护领土主权不利的裁判。可以说，基本上实现了最初的外交目标。在外交策略上，中国政府对民众反抗力量予以支持、利用，这让葡萄牙以及英国感觉糟糕透顶。香港总督卢押甚至认

---

① 〔葡〕马楂度：《勘界大臣马楂度葡中香港澳门勘界谈判日记（1909～1910）》，第 62、116、122、103 页。

为，"谈判应该改到北京进行"。① 以马楂度为代表的葡方谈判代表团更是因此对英国的干预心存质疑并颇有怨言，声称："不相信澳门问题会被英国用来向中国生意易燃品这个大仓库点火，这些生意和远东的重大问题紧密相连。"② 确实，在澳门勘界问题的干预上，英国表面上是打着履行 1661 年《英葡条约》义务的旗号，但毫无疑问，依然是以维护其自身利益为指归的。在澳门勘界及其公断之争上，英国的干预有着维持和推进其在香港等地利益的直接考虑。高而谦曾在致外务部电文中这样说道："在国民，实重土地，恐政府坚持不力，常以租界割让各国效尤为警告；在各国，固未必即有此虑，见我舆论如此，将来难保不生此心，则旅大、广胶等处均在可虑。"③ 事实上，长期以来英国不断对香港及其岛屿邻近的地区提出领土要求，并对一些通过租约获得的土地边界也一再进行拓展，故在中英之间同样存在有待两国政府勘定界址的问题。因此，在澳门堪界谈判问题上，英国政府一方面积极帮助葡萄牙获得更多的好处，同时又很担心这种干涉会将中国的怒火延及自身，直接危及它在香港的利益。当卢押向伦敦咨询澳门勘界之事时，英国政府便指示他不要插手澳门界务之争，称"此事和香港无关，由外交部全权负责"，卢押遂对马楂度遗憾地表示了他的"无能为力"。④ 这样，在中国的强烈抵制下，英国政府虽威吓要付诸武力，但最终也不敢过分干涉。可以说，中葡澳门勘界之争，为我们呈现一幅政府与国民共谋外交的生动画卷。诚如时人所言：中国今日外交之时势，"得力于官吏，盖已仅见，全恃国民之意志能力以为后盾"。⑤

就中日交涉而言，中国主张海牙公断的提议一直未能为日本所接受，当然也不能就此证明中国外交失败。如前所述，中国在"东三省六案"解决上主张海牙公断，其外交目标主要不在公断本身，而是想借此对日本施加压力，进而推动日本在"间岛"问题上同意自己的主张。而《图们江中韩界务条款》承认了中国对"间岛"的领土主权，规定图们江为中韩国界，准"韩民"在图们江北垦地居住，并服从中国法权，归中国地方官"管辖裁判"和"保护"，许日本领事"听审"。⑥ 这样一种结果基本上体现了中国对"间岛"问

① 〔葡〕马楂度：《勘界大臣马楂度葡中香港澳门勘界谈判日记（1909～1910）》，第 45 页。

② 〔葡〕马楂度：《勘界大臣马楂度葡中香港澳门勘界谈判日记（1909～1910）》，第 161 页。

③ 中国第一历史档案馆、澳门基金会、暨南大学古籍研究所合编《明清时期澳门问题档案文献汇编（四）·档案卷》，第 302 页。

④ 〔葡〕马楂度：《勘界大臣马楂度葡中香港澳门勘界谈判日记（1909～1910）》，第 128 页。

⑤ 《国民外交与官僚外交之区别》，《外交报》第 253 期，1909 年 9 月 9 日。

⑥ 王铁崖编《中外旧约章汇编》第 2 册，三联书店，1959，第 599～602 页。

题的主张。那么，它与海牙公断之议到底是一种什么样的逻辑关系？

这里可以做一个反事实推理。也就是说，如果没有海牙公断之议，"间岛"问题的解决会不会是一种完全相反的结果？答案当然是否定的。这里要强调说明两点。一是中国在解决"间岛"问题上的外交策略，除了以海牙公断之议施压外，还有并行的另一策略，即丢车保帅，以在东三省其他五案上让步，推动日本在"间岛"问题上松口。这由前面的交涉也能看出来。中国外交官员不止一次地向日本保证，如果日方在"间岛"韩民裁判权问题上让步，公断之议即可放弃，而且在其他事项也可让步。二是从外交策略上看，日本将"东三省六案"一并提出交涉，其实是要以"间岛"主权归属为筹码进行"全面讹诈"，从而迫使清政府在其他五案上让步，以扩展路、矿利权。① 结合日本最初的要求与最后双方达成的条约来看，中国在其他五案方面基本满足了日本要求。由此两点至少可以推论，提议公断之议应该不是唯一起作用的策略。

那么，在交涉进程中，海牙公断之议到底起了多大的作用呢？一般而言，公断是在双方争执不决的情况下采取的和解方法，因此付诸公断本身在一定程度上能反映当事方在所持立场上比较强硬的姿态。显然，中国这样一种姿态，对于它捍卫"间岛"领土主权是有益的。而且，在梁敦彦等人的策划下，《泰晤士报》上的评论文章强烈谴责日本独占东北利权，并且对中国的海牙公断之提议也表示支持。《泰晤士报》在英国国内政治和国际关系问题上扮演着重要角色，日本清楚地知道这一点，因此，在闻知该报道后极为不快，并认为是中国故意泄露了会谈的消息。1909 年 3 月 26 日，伊集院专门到外务部询问此事，并提出抗议，要求外务部"竭力设法约束，互守秘密"。② 4 月 15 日，日本使馆翻译高尾亨到外务部送达日本政府的答复节略。在会晤中，高尾亨还怀疑中国将交涉情况"密告英国公使"。③ 由此看来，日本方面非常担心中国拉英国等其他列强来助阵，并担忧因为中国的策略实施，日本不得不面对公众舆论的压力，甚至也引来英国政府对此问题的关注。在 3 月 30 日的英国众议院会议上，就有议员提出是否应该命其驻北京公

① 崔丕：《近代东北亚国际关系史研究》，东北师范大学出版社，1992，第 266 页。
② 《日使伊集院来外部言中日交涉六案请约束报纸勿再登载语录》，宣统元年闰二月初五日，王彦威纂辑，王亮编《清季外交史料》第 4 册，第 3393 页。
③ 《日使馆翻译高尾亨来外部言延吉事不必请他国干涉节略》，宣统元年闰二月十五日，王彦威纂辑，王亮编《清季外交史料》第 4 册，第 3400 页。

使支持中国的这一计划。① 由此看来，在交涉进程中，海牙公断之议在对推动谈判尽快朝中国希望的方向发展方面并不是毫无作用。不过，这种作用不能高估。事实上，中国政府的外交策略最终并未能成功离间英日同盟，并引来英国政府干涉。同日的英国众议院会议上，英国外交大臣葛雷十分坚决地拒绝支持中国的计划，谓："英国政府没有任何理由介入此事。"② 英国的态度助长了日本的嚣张，日本由此更加坚决地拒绝公断提议。条约签订后，外务部在致东北官员的函电中说，经与日本艰难交涉，日方已放弃对"间岛"领土权的要求，但外务部"仍与争警察裁判，不少松懈，且谓如再不结，拟归海牙公断。是本部于东省各案要端持之不可谓不力矣！"至于最后交涉，中方做了巨大让步，乃是因"本部默察局势，公断恐不足恃，边情复极迫切，彼既有挟而求我，难空言相抵"，"万一界务迁延不决，彼既强行占据，其祸患且恐不可胜言"。③ 话里行间不无为政府推脱责任的色彩。不过，从中依然可以看出，在"间岛"问题的解决上，最终发挥关键作用的似乎是另一策略。

这里犹有必要进一步反思中国在对日外交上的困境和失策。11 月 8 日，在英国众议院会议上，有议员提出，远东的英国人并不十分认同英日同盟，而日本政府在对外事务上的"野蛮政策"更加肆无忌惮，它否决或干涉其他国家在该地区的铁路计划是无理的，严重违背了门户开放政策和日俄《朴茨茅斯条约》中保证不阻碍其他各国在满洲投资工商业的基本精神。该议员质问政府，在这种情况下，"英国还要在多大程度上支持日本？"英国殖民地事务大臣克鲁郡伯爵并未认同上述主张，他在回答时表态说："这完全是中日两国政府之间的安排。"④ 7 月 31 日，日本外务省内部讨论谈及列强之态度时更指出，列强之愤慨意向只是一时之感情，实际在华通商利益上与日本有共同之处，故此时虽招一两国之反感，而其误解终有冰释之一日。⑤ 由此可以看出，各国在华侵略利益虽有矛盾，但又有勾结。在这种情况下，中国的上述策略要

---

① "China and Japan（Manchurian Question），" 30 March. 1909, *The Parliamentary Debates*（Official Report），House of Commons，Fifth series，Vol. 3，London：Printed for the Controller of H. M. S. 0.，by Jas. Truscott&Son, Ltd.，1909，c. 166.

② "China and Japan（Manchurian Question），" 30 March. 1909, *The Parliamentary Debates*（Official Report），House of Commons，Fifth series，Vol. 3，1909，c. 166.

③ 《外部致锡良程德全陈昭常东省中韩界务及交涉五事请妥筹善后函》，宣统元年七月二十八日，王彦威纂辑，王亮编《清季外交史料》第 4 册，第 3566～3568 页。

④ "Railway Enterprises in China，" 8 November 1909, *The Parliamentary Debates*（OfficialReport），House of Lords，Fifth series，Vol. 4，cc. 535－539.

⑤ 日本外务省外交史料馆编纂《日本外交文书》第 42 卷第 1 册第 394 号，第 444～445 页。

实践成功谈何容易！而且，中国在澳门勘界问题上对民意的态度及其收效，于中国对日外交也不乏借鉴意义。由于惧怕日本的武力威胁，清政府对东北当地人民的反抗呼声采取极力压制的态度，禁止各大报纸刊登有关讨伐日本侵略行径的檄文。其实，清政府有所不知，在东三省悬案问题的交涉上，日本虽表面上持强硬态度，但背后很担心事态扩大、失控，进而会影响其侵略政策的推进。8月18日，外相小村寿太郎在致日本朝鲜统监府的电文中指出，对于日清悬案要持"谨慎"态度，同时也告诫当地驻军不与清军发生军事冲突。[①] 另外，同一时期日本外务省的讨论中，也曾提及1908年因"二辰丸"事件而在广州等地爆发的抵制日货运动对日本在华商业发展所带来的损害，并因此担心在强硬政策之下，"支那国民对我国之贸易再有排斥"。[②]

正如论者所言，"国际关系的变化是表象，而实力地位的变化才是导致这些变化的基础"。[③] "东三省六案"交涉，处于弱势的中国试图利用国际舆论引来第三国干涉，以弥补相对实力的不足，但最终没有成功，这也使其外交目标的实践效果大打折扣。而在澳门勘界交涉中，当时中国处于相对优势地位，而且它还能利用民意给对手制造较大压力，从而进一步增强了相对实力，外交目标的实践因此取得了较好的成效。

四 余论

一般而言，任何一个主权国家的外交目的，"都是力图要在外交活动中维护本国的国家利益，或曰维护本国的主权"。[④] 这种民族国家利益至上的原则也赋予各国外交不少民族主义的色彩。关于这一点，近代中国的外交也概莫能外。与此同时，从19世纪中后期以来，中国被卷入一股接受国际规则、规范和制度，逐步与国际接轨的国际化潮流之中。国际化强调各国合作解决共同问题并主动承担国际责任的国际主义精神。这样一种国际化的因素给近代中国外交既带来新的机遇，又形成了新的挑战。在上述两起围绕海牙公断之议而展开的中国外交中，不难发现国际化的因素与民族国家权益的维护既对立又统一的发展面向。针对学术界有些人将民族主义与国际化对立起来的研

---

① 日本外务省外交史料馆编纂《日本外交文书》第42卷第1册第457号，第500页。
② 日本外务省外交史料馆编纂《日本外交文书》第42卷第1册第394号，第444~445页。
③ 崔丕：《近代东北亚国际关系史研究》，第266页。
④ 金正昆：《外交学》，中国人民大学出版社，2007，第11页。

究取向，实有必要结合上述两起交涉进一步探讨一下民族主义与国际化的关系。

首先，国际化对民族主义的促进作用是毋庸置疑的。海牙公断是国际合作解决纷争的重要方式，也是国际化发展的重要方面。庚辛议和期间，在围绕战后赔款而展开的海牙公断之议上，中国外交无所作为。但是，在上述两起交涉中，海牙公断这一国际化的因素使中国外交展露了更多的民族主义意识。尤其是中日"东三省六案"交涉中，清政府提议将争端提交海牙常设法庭公断，在外交上表现了积极与国际接轨的开放面，同时它更试图通过这样一种开放和国际接轨来捍卫民族国家权益，从而进一步拓宽了近代中国民族主义意识实践的途径。

另外，国际化也有着与民族主义相抵牾的一面。中葡澳门勘界之争中，原本是葡萄牙侵害中国领取主权，但是它要求将争端提交海牙公断，从而使中国对民族国家权益的维护面临国际化的压力。对此，清政府虽然利用民意予以化解，但仍难免给人留下不积极履行国际义务的印象。同样，中日"东三省六案"交涉中，日本拒绝海牙公断，也是以维护其民族国家利益为旨归的。事实上，在民族主义等因素的影响下，当时全世界付诸海牙常设公断法庭的国际诉讼，"事不屡见"。据统计，自 1902 年开始受理案件起到 1909 年止，该法庭"所判之案，数未满十"，截止到 1914 年，它处理公断一共是 15 件。[①] 由此表象似乎不难推论，民族主义有着阻碍国际化发展的消极面。有些人甚至顺着这一逻辑，将民族主义视为国际化过程中的负面因素。20 世纪上半叶，针对西方民族主义走向极端的趋向，以海斯为代表的学者更是主张纠正民族主义的偏激和狂热，倡导国际主义。他认为，战争的引子——军国主义和近代帝国主义，与民族主义是分不开的。它所结的果是排外和狭窄的精神，而军国主义及战争，"完全是恶的，应被诅咒的，而且应设法诊治的！"[②]

在国际化的发展趋势下，到底有没有必要讲民族主义呢？显然，这个问题需要具体分析。就清政府在这两起纷争中的外交来看，它已经逐渐摆脱了传统民族主义盲目自大和封闭排外的一面。不仅如此，中国还成了近代西方（包括日本）民族帝国主义欺压的对象。因此，海斯等人对民族主

---

① 董鸿祎：《海牙仲裁裁判与中国之关系》，《外交报》第 254 期，1909 年 9 月 18 日；〔德〕奥本海著《奥本海国际法》上卷，岑德彰译，商务印书馆，1936，第 80 页。

② 〔美〕海士：《族国主义论丛》，蒋廷黻译，新月书店，1930，第 202、317 页。

义的批判并不是特别适合近代中国。由前述可知，中国在澳门勘界付诸海牙公断交涉中所展露的民族主义意识，主要是对国际化负面现象的抵制，反映了国力衰弱或发展相对落后的国家在国际化理性发展过程中的一些基础性要求。即便是到了现在全球化发展的时代，这样一类的民族主义依然是需要的。

有关辛亥革命期间日本与
沙皇俄国对华政策的再讨论

中国社会科学院近代史研究所　栾景河

　　1911 年爆发的辛亥革命，是中国历史上的重大事件。这场革命的意义在于推翻了长达两千余年的封建帝制，建立了共和，从而使中华民族走上了一条追求建设现代化国家的艰难之路。新中国成立以来，学术界有关辛亥革命的研究成果非常丰富，[①] 但主要集中在晚清的社会政治制度变革、孙中山与辛亥革命的互动关系等问题上，对辛亥革命期间日本与沙皇俄国对华政策等问题的研究较为薄弱，有些观点则以点带面，未能进行深入研究。[②] 本文根据日俄两国已公开出版的档案文献为史料基础，对辛亥革命期间日俄对华政策的演变与结果等问题再次进行讨论。

一　武昌起义爆发后日本对华的观望政策

　　晚清以来，无论是立宪派的康有为、梁启超还是革命派的孙中山，也无论

---

① 详见章开于沅《辛亥革命史研究的三十年》，中华书局编辑部编《纪念辛亥革命七十周年学术讨论会论文集》，中华书局，1983，第 2117 ~ 2139 页；张海鹏《50 年来中国大陆对辛亥革命的纪念与评价》，中国史学会编《辛亥革命与 20 世纪的中国》，中央文献出版社，2002，第 2165 ~ 2181 页。

② 本人翻阅了中国史学会分别于 1981 年、2001 年举办的两届有关辛亥革命史学术讨论会的文集，在共计 200 余篇的论文中，有关此问题的讨论，仅有俞辛焞、李玳畛《辛亥革命时期的日本对华政策》、余绳武《沙俄与辛亥革命》、卢明辉《辛亥革命与蒙古地区的"民族运动"》三篇论文。详见中华书局编辑部编《纪念辛亥革命七十周年学术讨论会论文集》，第 1374 ~ 1433、1434 ~ 1456 页。

是他们主张改良、实行君主立宪还是坚持以暴力革命推翻清王朝的统治，其根本原因在于晚清的政治体制已无法适应中国社会发展的需要。面对来自社会要求改良、立宪的强大压力，自 1906 年预备立宪开始，到 1911 年武昌起义爆发，由清政府所主导的君主立宪政体，应该说是进展顺利，甚至可以说是接近完成。而此时革命的力量实际上正处于危机之中，"革命队伍严重萎缩，人心涣散，前途渺茫"。① 1911 年 10 月 10 日爆发的武昌起义，却成为这场政治变革的重要拐点，从根本上终止了中国走立宪道路的可能性，进而陷入了长达38 年之久的"革命"与"反革命"的较量。

武昌起义爆发前，日本政府已得知中国有可能出现动乱的消息。10 月 9日，日本驻华公使伊集院彦吉电告外务大臣林董，称北京的主要银行，如大清、交通、信诚等，都同时发生了以纸币兑换硬币或提取存款的挤兑现象。同时，在华的日本横滨正金银行支行自 9 日起，也出现了提款数额高达万元之巨等问题。伊集院认为："此种措施，实属政府当局在当前情况下不得已而采取的应急之策，但若长此断然实行，将不免加剧人心动乱。"②

有关武昌爆发起义的正式消息，日本政府是通过驻汉口总领事松村贞雄得知的。武昌起义爆发后的次日清晨，汉口道台照会松村，称武昌发生暴动，希望日本军舰能游弋于长江江面，给革命军形成压力。松村身在汉口，对武昌的情况并不掌握，所以他当天通过洋务局委员得知，10 月 10 日晚 11 时许，武昌炮兵内部发生暴动，革命军焚毁了总督衙门及布政使衙门，总督已乘军舰逃亡江心。此时汉口与武昌城交通已经断绝，松村对武昌的详细情况并不了解，他所能做到的也只是"为保护武昌我国侨民，本职正在采取积极措施"。③

作为日本驻汉口的总领事，松村首先关注的是日本侨民在武昌是否受到所谓动乱的影响。当日，松村向外务大臣报告说，截至 11 日下午 5 时，除仍居住在武昌城内的河野稻子（女）、小仓小一、津村铁四郎三人外，日本侨民已全部撤往汉口。虽居住在武昌城外的日本侨民尚未受到起义的影响，但松村还是决定让这些日本侨民在当日前往汉口暂时躲避。

松村通过前来汉口的日本侨民得知，发动起义的湖北新军主力约为步兵两

① 马勇：《1911 年的大革命》，社会科学文献出版社，2011，第 107 页。

② 《伊集院驻清公使致林董外务大臣电》（1911 年 10 月 9 日），邹念之编译《日本外交文书选译——关于辛亥革命》，中国社会科学出版社，1980，第 2 页。

③ 《松村驻汉口总领事致林董外务大臣电》（1911 年 10 月 11 日），《日本外交文书选译——关于辛亥革命》，第 2 页。

个连队，炮兵一个连队，工兵一个大队，军官仅有骑兵一个连队组成。目前，炮兵已占领军火库，武器弹药十分充足；城内已完全为起义军所占领。对于一般民众以及外国人之生命财产，并未有任何危害，亦未发生袭击官钱局或掠夺财物等类事情。"当前秩序尚称良好，但日后如何，是否会开始掠夺，则不能令人放心。刻下仍枪弹横飞，情况十分危急。"①

松村向日本外务大臣发出该电后，武昌的形势骤然巨变，社会秩序完全陷入混乱，清政府军舰不时炮击武昌，汉阳已被革命军占领。而此时的汉口，同样是秩序混乱，商市断绝，纸币在市面上不能流通。面对如此局面，各国租界均已配置海军及义勇队组织防守。武昌起义爆发时，日本军舰"隅田号"已停泊在汉口，而及时赶来的"对岛号"军舰加强了日本的军事力量。因此，各国一致推举第三舰队司令官川岛为总指挥，以联合保卫各国侨民居住区，并拟定统一行动计划。此前提及的河野、津村两人此时已安然到达汉口避难，日本在武昌的侨民已全部撤离完毕。②

面对武昌起义的突然爆发，日本采取了表面上看似中立，实际上却暗中继续支持清政府的策略。起义爆发后的第三天，庆亲王内阁陆军部尚书荫昌特派专人秘密恳托日本武官青木少将，计划购买 30 万发炮弹、6400 万发子弹、1600 支步枪等武器。③青木表面推辞，称此乃商业行为，清政府可直接与泰平公司代理人进行商谈，最终还是表示其可尽力使商谈获得成功。青木之所以如此表态，主要原因在于时局并不明朗，日本对清政府或革命党任何一方的公开支持，都并非明智之举。日本外交官非常清楚，一般人都对革命军抱有同情，而且就在当日，已有某位著名民间人士到访日本驻华公使馆，希望日本能对该事件保持中立立场。有鉴于此，日本驻华公使馆 13 日向外务大臣林董建议："我政府如允许我国商人接受此项订货，务请考虑此间实情，采取有效措施，保持绝对秘密。"④

日本外务大臣内田在收到北京公使馆电报后，于 16 日复电称："帝国政府

① 《松村驻汉口总领事致林董外务大臣电》（1911 年 10 月 11 日），邹念之编译《日本外交文书选译——关于辛亥革命》，第 3 页。

② 《松村驻汉口总领事致林董外务大臣电》（1911 年 10 月 12 日），邹念之编译《日本外交文书选译——关于辛亥革命》，第 4～5 页。

③ 《伊集院驻清公使致林董外务大臣电》（1911 年 10 月 13 日），邹念之编译《日本外交文书选译——关于辛亥革命》，第 41 页。

④ 《伊集院驻清公使致林董外务大臣电》（1911 年 10 月 13 日），邹念之编译《日本外交文书选译——关于辛亥革命》，第 41 页。

鉴于清国政府为剿讨革命军而急需枪支、弹药等迫切情况，已决定由本国商人设法供应，予以充分援助。"

这实际上已充分表明日本政府在武昌起义爆发后的基本立场：一方面暗中支持清政府对革命军的讨伐，另一方面并不希望外人知道日本对清政府支持的立场。原因在于"此事一旦泄露，为世人所知，革命军自不待悦，即与革命军直接或间接有关之各方面人士，亦必群起对帝国有恶感，难保不以公开方或隐蔽方式采取行动，以发泄其愤怒之情，或则加害帝国公民，或则排斥我国商品"。①

日本冒如此大之风险，暗中向清政府提供军事援助，根本原因还是不希望改变东亚现有的政治格局。对日本而言，支持一个已经满足自身利益的清政府，要比支持一个对未来还很难预知的革命政府要现实得多。正是有了日本政府的明确态度，10 月 23 日，泰平公司代理店北京大仓洋行与清政府陆军部签订合同，决定向清政府出售枪炮、子弹，合计总额为 273264 日元的合同。②

此时，日本的"伏见号""秋津洲号""对岛号""隅田号"四艘军舰已停泊在长江上，而且其中两艘已在汉口地界。出于对时局的担心，日本政府是决定还从旅顺口调"龙田号"舰一艘、横须贺调驱逐一艘、由濑户内海调"千早号"舰及其他驱逐舰四艘分别在 19 日前后、20 日前后及 25 日前后前往增援，以应对事态的发展。从日本的外交档案中，我们并没有看到资料显示，日本调集如此数量众多的军舰是为出兵干涉或镇压中国的革命，相反日本海军大臣斋藤实向此时正在汉口的第三舰队司令官川岛发出具体指示，要求"日本军舰在接到命令前，对于清国官宪与叛党（革命军——作者）双方，均应保持中立立场，只能在保护日本侨民与各国侨民生命财产安全范围之内采取必要行动"，"我国官民对清国官宪及叛党必须保持慎重态度，务期事变评定之后能使该国一般民众心理感情倾向于我国，此点必须充分注意"。③

斋藤实指出，日本在汉口的侨民应尽可能停留到最后时刻，即使是少数人也好，应在日本海军保护之下继续经营其各自生业，对于将来十分有利；日本

---

① 《内田外务大臣致伊集院驻清公使电》（1911 年 10 月 16 日），邹念之编译《日本外交文书选译——关于辛亥革命》，第 43 ~ 44 页。

② 《泰平公司代理店北京大仓洋行与清国陆军部关于订购武器之合同》（1911 年 10 月 23 日），邹念之编译《日本外交文书选译——关于辛亥革命》，第 44 ~ 47 页。

③ 《斋藤海军大臣致川岛第三舰队司令官及加藤中佐电》（1911 年 10 月 17 日），邹念之编译《日本外交文书选译——关于辛亥革命》，第 102 ~ 103 页。

外务省正在考虑方案，应对事态的发展随时增强日军力量。斋藤实强调，日本政府将此次事件仅看作中国的一场内乱，所以日本政府的方针是不与"叛党"发生任何外交关系。考虑到这些地区已经控制在革命党统治区域内，涉及日本侨民及外国侨民生命财产安全等事宜，所以建议川岛司令官在具体问题上可与该地区行政负责人进行直接交涉，但应避免流露日本政府在法律上承认革命军政权的痕迹。

武昌起义爆发后，日本绝非是"很想出兵干涉辛亥革命，并做了很多的准备工作。日本出兵的目的不是镇压辛亥革命，而且用武力维护既得利益，进而攫取新的更大的权益"。[①] 相反，由于日本如同其他列强一样，无法对中国未来的局势做出明确的判断，所以也只能与官宪与革命党人同时保持联系，静观时局的变化。

直到1911年10月21日，日本内阁终于出台明确的对华政策，即由于日本与中国在政治与经济上有着极为密切的关系，所以日本政府应不断努力，以求得清政府占有优势的地位，并须多方策划，使满洲现状得以永恒持续。鉴于上述情况，日本政府决定："关于满洲问题的根本解决，专待对我国家有利之时机到来，今后应着重致力于在清国本土培植势力，并努力设法使其他各国承认帝国在该地区之优势之地位。关于满洲问题，一方面要和俄国采取协调同步，以维护我国权益；另一方面要不伤害清国的感情，并设法使清国对我国予以信赖。"[②]

日本内阁做出上述决定充分已说明，它已经放弃了对武昌起义爆发的种种纠结，其对华政策的重点已不是关注中国内部问题，而是把如何与俄国协调一致，尽最大可能维护自己在南满地区的特殊利益作为其战略目标和原则。当然，日本政府在明确上述原则的同时，也并未忘记与其他列强的联合与制约关系。日本不仅要与俄国协同步调，而且要对英国始终贯彻同盟条约精神，和法国及其他与中国本有利害关系的各国探讨协调的途径，同时还要讲求方策，尽最大可能把美国也拉入日本伙伴之中，以期逐步实现自己的目的。[③]

①　俞辛焞、李琛畛：《辛亥革命时期的日本对华政策》，载《纪念辛亥革命七十周年学术讨论会论文集》，第1378页。
②　《日本政府关于对清政策问题的内阁会议决议》（1911年10月24日），邹念之编译《日本外交文书选译——关于辛亥革命》，第109～110页。
③　《日本政府关于对清政策问题的内阁会议决议》（1911年10月24日），邹念之编译《日本外交文书选译——关于辛亥革命》，第110页。

二 沙皇俄国暗中支持外蒙古独立

武昌起义爆发数日后，中国南方六省相继宣布独立。这种风潮席卷的不仅是中国内陆省份，而且影响着外蒙古地区，为早已祈盼从中国分离出去的喀尔喀王公贵族提供了难得的历史机遇。当然，外蒙古之所以要求独立，与清政府对外蒙的特殊统治形式，以及对蒙古地区实施新政所产生的消极后果有着必然的联系。武昌起义爆发前，无论从外蒙古自身而言，还是从沙皇俄国政府既定的对华政策来看，此点都不具有先决条件。1911年初，外蒙古封建王公就已经开始与沙皇俄国进行秘密接触，为其独立寻求政治与军事庇护，而俄国政府却以"在帝国政府与中国政府未签订中蒙协定前，切勿指望我们提供帮助"[1]为理由断然拒绝。

1911年7月16~17日，以库伦活佛哲布尊丹巴为首的外蒙古王公在库伦召开议事会议，决定向俄国请求庇护，并派代表团秘密前往俄都彼得堡，就俄国保护喀尔喀一事正式提出请求。俄驻库伦代理领事拉弗多夫斯基再三劝阻，希望在未接到俄国驻北京公使指示以前，暂勿派代表团赴俄。但蒙人并未听从俄方的建议，于7月29日派"王公、喇嘛代表杭达多尔济亲王及呼图克图之助手金库员车林齐密特偕五名随员秘密前往彼得堡"。[2]

俄国政府再次拒外蒙古代表团前往彼得堡，原因在于俄国尚不具备利用外蒙要求独立运动为其利益服务的条件，并认为代表团的到达不合时宜。拉弗多夫斯基认为，无论俄国政府对蒙古人运动的决定持何态度，"最稳妥的做法，当然不是施加压力，而是设法说服代表团，因为他们提出的要求很重要，需要预先进行磋商，他们暂不必来彼得堡"。[3] 一直以来，俄国驻库伦外交代表与当地王公贵族保持着密切的关系，暗地鼓动外蒙古独立，当得知库伦活佛正式决定派遣"社会各界代表团"前往彼得堡寻求俄国的支持时，却是忧心忡忡。尤其是外蒙古人提出在中国当局得知事情真相后"将对蒙人采取镇压措施的

① 《外交大臣致北京公使馆电》，1911年1月2日，俄罗斯联邦帝国对外政策档案馆，全宗188，目录761，卷宗316，第1页。
② 《驻库伦代理领事致代理外交大臣尼拉托夫电》（1911年7月28日），陈春华译《俄国外交文书选译——关于外蒙古问题》，黑龙江教育出版社，1991，第1页。
③ 《代理外交大臣致代理内阁总理大臣科科弗采夫函》（1911年7月31日），陈春华等译《俄国外交文书选译——有关中国部分1911.5~1912.5》（以下简称《俄国外交文书——有关中国问题》），中华书局，1988，第81页。

情况下"，应以某种借口立即把俄军派往库伦，阻止中国人之暴力行动等请求后，俄驻库伦领事深感事态之严重，并迅速请求俄国政府在此问题上"应立即明确态度"。①

该代表团于 8 月 15 日抵达彼得堡，次日即受到俄代理外交大臣尼拉托夫的接见。17 日，俄政府召开远东问题特别会议，专门研究外蒙古问题。特别会议强调，外蒙古问题危机的出现，并非出自俄国之所料，因很久以来俄国一直支持和庇护蒙古人，俄国驻外蒙古代表在很大程度上促使蒙古人产生一种信念，若想要与中国脱离关系，他们可以指望得到俄国的援助。但在目前形势下，俄国不易在外蒙古问题上表现主动。会议决定："最符合俄国政治宗旨及当前政治局势的做法是，俄国政府在外蒙古问题上不主动发表意见，不承担以武力支持喀尔喀蒙人脱离中国的义务，而是居间调停，通过外交途径支持蒙人捍卫之秩序的愿望，勿与其宗主国君主大清朝皇帝脱离关系。"② 此时，俄国对外蒙古的政策同样非常矛盾。其一，由于清政府在外蒙古实行新政，从内地迁徙而来的农民在俄国边界进行垦殖，新建的铁路将边界附近的居民点与中国行政中心连接起来，以及大量的中国军队出现和布置在中俄两国边境地区，让俄国政府深感忧虑。其二，俄国政府不能不考虑与中国的特殊关系，更加之此时俄国根本无力关注远东问题，因此不得不在外蒙古要求独立问题上采取暗中支持，但无损大局的策略。

俄国政府虽做出上述决定，但仍未忘记安抚前来彼得堡的外蒙古代表团，称蒙古人彻底脱离中国之愿望此刻尚不能实现，只应允俄国支持他们为捍卫喀尔喀独特制度，同中国人进行斗争。为使前来彼得堡的代表们不担心将来受到中国政府的报复，俄国政府答应向中方说情，让中国政府与俄国报刊感觉该代表团出访彼得堡，不具有政治性质。同时，为强化自己在库伦的军事力量，俄国政府决定派遣携带机枪的两个哥萨克连赴库伦，加强领事馆卫队的军事力量。③

1911 年 10 月武昌起义的爆发，令外蒙古王公贵族欢欣鼓舞，遂决定积极

---

① 《代理外交大臣致代理内阁总理大臣科科弗采夫函》（1911 年 7 月 30 日），陈春华译《俄国外交文书选译——关于外蒙古问题》，第 2 页。
② 《远东问题特别会议记录》（1911 年 8 月 17 日），陈春华译《俄国外交文书——有关中国问题》，第 94 页。
③ 《远东问题特别会议记录》（1911 年 8 月 17 日），陈春华译《俄国外交文书——有关中国问题》，第 94~95 页。

筹划计划，达到脱离中国的根本目的，同时也促使俄国调整对蒙政策。俄代理外交大臣尼拉托夫认为，在外蒙古问题上，俄国可"利用中国南方革命运动给中国政府造成之困难，将中国人口头上所承认我国在蒙古前途问题之原则，以某种文件的形式固定下来"。① 同时，俄国政府决定将已备好的武器提前发放给外蒙古人，以便外蒙古组建自己的军队。② 当外蒙古王公们看到形势发展对自己极为有利，便于同年11月28日要求清政府驻库伦办事大臣三多，应从各旗召蒙古军队回库伦加以保护，并称是根据义和团运动爆发时的先例。三多对此坚决反对，并屡次希望与喀尔喀王公们举行谈判，但均遭拒绝，而此时的事态也并非三多个人所能控制。

12月1日，外蒙王公向三多宣布喀尔喀自治，要求三多及属下离开库伦。③ 而此时清政府驻库伦办事大臣三多手下只有兵员250人左右，且分别驻扎各要地，库伦的清兵只不过七八十人而已。相反，外蒙古方面在俄人的武装下已拥有兵力近千人。三多虽三次电告清政府当局有关外蒙的局势，等待具体指示，但始终杳无音讯。直到发出第四封电报后，得到的答复却是令其退出库伦，同时革除其办事大臣职务。1911年12月4日，三多一行在外蒙古王公们提供的12名蒙古骑兵，俄国驻库伦总领事馆派出的10名哥萨克兵保护下，携两名翻译，黯然离开库伦，于12月10日晚抵达恰克图。随着清政府办事大臣的离去，外蒙古已完全控制在"蒙人"及俄人的手中。12月28日，喀尔喀活佛哲布尊丹巴登基为帝，号称"日光皇帝"，年号"共戴"，正式对外宣布外蒙古独立。

外蒙古能够在此时宣布独立，毫无疑问是喀尔喀王公贵族长期希望从中国分离出去的结果。但没有辛亥革命的爆发，中国出现有国无政府的混乱局面，即便有沙皇俄国对外蒙古政策的改变，有其武力的威慑，外蒙古即使是想独立，也是很难做到的。在辛亥革命爆发前的几个月，俄国政府就决定派遣两个连的哥萨克携带机枪，加强库伦总领馆卫队的军事力量。而在外蒙古第一次宣布独立时，沙皇俄国不仅在库伦地区各种机关应有尽有，同时还以保护其领事

---

① 《代理外大臣致驻北京公使廓索维慈电》（1911年10月13日），陈春华译《俄国外交文书选译——关于外蒙古问题》，第13页。

② 《驻库伦代理领事致远东司司长科扎科夫电》（1911年12月11日），陈春华等译《俄国外交文书——有关中国问题》，第217页。

③ 《俄驻库伦总领事馆致帝国北京公使馆密报》，1911年11月29日，俄罗斯联邦帝国对外政策档案馆，全宗188，目录761，卷宗316，第20页。

馆与商民为借口，保持着不下 300 余人的常驻兵力。[1] 此时，袁世凯已出任中华民国大总统，呼吁外蒙古撤销独立，但客观上外蒙古第一次独立已成为现实。

外蒙古此时宣布独立，同样并非符合沙皇俄国的外交战略，但辛亥革命的突然爆发，也让俄国人顺水推舟，使其利益最大化。1912 年 11 月 3 日，沙皇俄国政府与外蒙古当局签订了《俄蒙协约》及《俄蒙商务专条》。俄国人心里十分清楚，仅凭自己与外蒙古之间达成的协议，很难得到处于动乱当中的中国政府承认，所以它在 1913 年 10 月 23 日提出，并由中国外交总长孙宝琦与俄国驻华公使库朋齐斯签署的有关外蒙古问题声明中规定："俄国承认中国在外蒙古的宗主权；中国承认外蒙古之自治权。"同时，中俄双方在照会中明确指出："俄国承认外蒙古土地为中国领土之一部分；关于外蒙古政治、土地交涉事宜，中国政府允许与俄国政府协商，外蒙古亦得参与其事。"[2] 尽管如此，此时的外蒙古事实上已处于沙皇俄国的控制与庇护之下。

三　日俄之间的秘密外交接触

辛亥革命爆发后，俄国关注的是如何应对外蒙古问题，而日本所担心的则是自己在满洲的利益。为向俄国表明日本对辛亥革命的立场，1911 年 10 月 19 日，日本驻俄大使本野一郎奉本国政府之命，向俄国代理外交大臣尼拉托夫发表一项简短的书面声明，称日本政府以 1910 年签订的协约证明，希望巩固与俄国的友好关系，并坚信两国政府为捍卫在满洲的一致利益，必须互相信赖、彼此援助。声明强调，日本内阁的更迭丝毫不改变此种关系，新内阁将严格按照上述协约的字义和精神，更加努力地发展同俄国的友好关系。本野提议："鉴于中国目前的事变，尤其需要此种团结一致的关系，两国政府对事变的进程必须予以密切注意。"[3]

为进一步向俄方打探虚实，本野 20 日又以私人的身份，拜访了此时尚在

---

① 《前库伦办事大臣三多谈话纪要》（1912 年 1 月 18 日），邹念之编译《日本外交文书选译——关于辛亥革命》，第 137 页。

② 《俄驻北京公使馆致中国外交总长照会》（1913 年 11 月 5 日），陈春华译《俄国外交文书选译——关于外蒙古问题》，第 188 页。

③ 《代理外交大臣致驻东京代办勃罗涅夫斯基电》（1911 年 1 月 19 日），陈春华译《俄国外交文书——有关中国问题》，第 126 页。

俄都彼得堡的驻日大使马列夫斯基，称："来自中国的消息使他不安，局势可能迫使俄日两国政府就保护双方在满洲的铁路免遭破坏而应采取的措施交换意见。"① 马列夫斯基将与本野的私人谈话内容函告俄国代理外交大臣尼拉托夫，预感日方有可能在未来向俄国提出上述问题。马列夫斯基认为，就满洲问题与日本彻底地或至少更明确地交换意见的时刻已经到来，倘若骚乱果真席卷奉天、吉林两省，形势将迫使我们在城市居民区及整个东清铁路地区对俄国铁路加强军事警戒。② 21 日，俄代理外交大臣尼拉托夫向沙皇尼古拉二世禀奏："在目前形势下，为我国利益起见，在中国问题上应尽可能同东京内阁保持接触，切勿错过可能出现的有利时机，以加强我国在华地位。"③ 尼古拉二世对此表示同意。

23 日，本野与俄国代理总理大臣科科弗采夫就中国问题进行交谈。俄国总理大臣询问日本对北京政府与南方革命军之间的战争结果有何看法。本野回答说，目前尚缺乏充分的报道资料，很难发表意见，不过命运将决定于即将到来的两军战斗结果。俄代理总理大臣表示，中国此次发生动乱及其政府之现状，对于世界和平，尤其是对日俄两国的特殊利益实在是一场很大的危险，而且迄今为止，日俄两国所得的特殊利益全系取自现存的"满清"朝廷，而革命成功以后，日俄两国在满洲、蒙古的利益有可能陷于危险之中。本野则认为，关于清国事变的结果究竟如何，他自己虽不得而知，但他相信，终有一天他们必须认真考虑 1907 年及 1910 年两次日俄协约究竟是否应该忠实履行的问题。④ 俄代理总理大臣完全同意本野的看法，并表示对日俄两国协约抱有深切的信赖，因为协约是以两国国民的现实利益为基础的。俄国代理总理大臣向本野暗示，根据 1907 年及 1910 年两次秘密协约，日俄两国关于分割满洲和蒙古问题已有设想预案，只要时机到来，两国则可根据 1907 年协约中规定的分界线分割满洲，并可以进一步商谈分割蒙古的问题。俄国代理总理大臣确信，日

① 《驻东京大使致代理外交大臣尼拉托夫函》（1911 年 10 月 20 日），陈春华等译《俄国外交文书——有关中国问题》，第 131 页。

② 《驻东京大使致代理外交大臣尼拉托夫函》（1911 年 10 月 20 日），陈春华译《俄国外交文书——有关中国问题》，第 131 页。

③ 《代理外交大臣上尼古拉二世奏》（1911 年 1 月 21 日），陈春华译《俄国外交文书——有关中国问题》，第 132 页。

④ 《本野驻俄大使与俄国总理大臣关于清国时局问题之谈话纪要》（1911 年 10 月 23 日），邹念之编译《日本外交文书选译——关于辛亥革命》，第 106 页。

俄两国只要能善言相处，则凡事均不难找到协作的途径。[1]

俄国代理总理大臣认为，如果仅仅是与中国的关系问题，那问题非常容易解决，因为中国毕竟不是日俄的对手，他所担心的是第三国的干涉。日本早有准备，可以随时派兵到中国占领所需要的地方，而俄国的情况则并非如此。俄国与中国边境线漫长，俄国若想占领北满洲和对俄国来说更为重要的蒙古，则需付出异常巨大的努力。日本在远东没有任何的后顾之忧，俄国必须经常顾虑来自西方德国的干涉。[2]此次中国事变的发生，实使俄国为之震惊，深感此事变再迟几年发生，实甚理想。然而事情既已发生，本大臣将随时采取必要措施予以对处。[3]

如前所述，辛亥革命爆发后，日本内阁已对有关满洲问题做出了自己的决议。随着事态的变化，让日本政府不得不考虑与沙皇俄国进行谈判，处理前两次密约中的未尽事宜，划定南北满界限问题。虽《日俄密约》附加条款规定了南北满分界线，仅止于托罗河与东经一百二十二度交叉点处，但该点以西地区分界线尚未划定。根据上述密约的第三条规定，日本承认俄国在外蒙古享有特殊利益，而关于日本在内蒙古的利害关系则未做任何说明。

1912 年 1 月 10 日，日本外务大臣内田电告驻俄大使本野，建议在适当时机与俄国磋商，就东经一百二十二度以西地区的分界线问题缔订协约，并就在内蒙古划定两国势力范围问题进行谈判。本野则认为，从自己与俄国代理总理大臣及外务大臣等官员交谈的结果来看，深感双方此时在满洲问题上的意见并不一致，建议在外务大臣尚未下定决心利用此次清国事变之机根本解决满洲问题之前，划定两国在内蒙古势力范围问题，以不在此时开始商谈为宜。[4]

库伦兵变及俄国在支持外蒙古独立问题上的立场，导致日本政府加速了计划与俄国就满洲问题未尽事宜再次签订协约的进程。16 日，日本政府内阁做出决议，要求驻俄大使本野与俄国方面就延长南北满分界线，并在内蒙古划定两国势力范围问题展开谈判。内阁会议认为："内蒙古与我国势力之范

---

① 《本野驻俄大使与俄国总理大臣关于清国时局问题之谈话纪要》（1911 年 10 月 23 日），邹念之编译《日本外交文书选译——关于辛亥革命》，第 107 页。

② 《本野驻俄大使与俄国总理大臣关于清国时局问题之谈话纪要》（1911 年 10 月 23 日），邹念之编译《日本外交文书选译——关于辛亥革命》，第 107 页。

③ 《本野驻俄大使与俄国总理大臣关于清国时局问题之谈话纪要》（1911 年 10 月 23 日），邹念之编译《日本外交文书选译——关于辛亥革命》，第 108 页。

④ 《本野驻俄大使复内田外务大臣电》（1912 年 1 月 13 日），邹念之编译《日本外交文书选译——关于辛亥革命》，第 133 页。

围南满关系至为密切，日俄两国在适当时机就此问题签订协定，不仅对于帝国将来之发展以及永远敦睦两国邦交有利，而且在当前清国因此次事变而使蒙古问题即将展现一新局面之际，日俄两国就内蒙古问题签订某种协定，实为最得机宜。"①

日本内阁急于要求驻日大使与俄国进行谈判，签订第三次密约，主要在于担心俄国政府在此前所发表的公报中宣明俄国与外蒙古具有特殊关系，而这种特殊关系又仿佛不限定与外蒙古以内，并认为此种主张与《日俄密约》第三条之规定相互矛盾。所以，日本内阁要求驻俄大使就上述问题向俄国政府提交备忘录，要求俄方予以答复。17 日，日本驻俄大使本野约见俄国代理外交大臣尼拉托夫，递交日方不署名的备忘录，希望俄方澄清上述问题。俄外交代理大臣的答复是："俄国公报中所谓之蒙古，当然系指外蒙古而言。俄国政府无违反日俄协约原则而另行活动之意。此点，希即申告贵国政府。"② 18 日，本野大使在与俄国代理总理大臣会晤期间提出，为避免类似误会，日俄两国应在此时进行协商，将《日俄密约》所规定的两国势力范围分界线向西延长到内蒙古，对于永远敦睦两国邦交，实为当务之急。俄代理总理大臣同意本野的看法，认为日俄两国政府应就行动的目的、范围及时间、方法等问题详细交换意见，尽量避免在国际上发生枝节，力求顺利实现两国屡次密约所定之。③

日本内阁做出与俄国进行第三次密约谈判决议后，且在俄国政府对此并无异议的情况下，日俄两国经过长达近 7 个月时间的外交接触，于在 1912 年8 月 7 日在彼得堡签订第三次密约。该约对 1907 年日俄第一次密约附加条款所规定的分界线予以延长，并在内蒙古划定双方的特殊利益地区。该约规定，由托罗河与本初子午线东经一百二十二度交叉点开始，沿乌珑楚尔河及木什画河河流至木什画与哈尔达太河之分水线，然后沿黑龙江省与内蒙古境界线以至于内外蒙古境界限之最终端；以本初子午线东经一百一十六度二十七分为界，将内蒙古划分东西两部。日本政府约定，承认俄国在上记经度以西部分之内蒙古享有特殊利益，并予以尊重；俄国政府约定，承认日本国在

---

① 《日本政府关于开始第三次日俄密约谈判的内阁会议决议》（1912 年 1 月 16 日），邹念之编译《日本外交文书选译——关于辛亥革命》，第 133 页。

② 《本野驻日大使复内田外务大臣电》（1912 年 1 月 18 日），邹念之编译《日本外交文书选译——关于辛亥革命》，第 152 页。

③ 《本野驻日大使复内田外务大臣电》（1912 年 1 月 18 日），邹念之编译《日本外交文书选译——关于辛亥革命》，第 155 页。

上记经度以东部分之内蒙古享有特殊利益，并予以尊重。① 至此，在辛亥革命期间，特别是在外蒙古宣布独立的情况下，日俄双方对各自在东北的势力范围再次进行了划定。②

四　余论

纵观辛亥革命期间日本及沙皇俄国的对华政策，不难看出，武昌起义爆发之初，无论是日本还是沙皇俄国，并未形成较为明确的对华政策思路，其对华政策的变化与发展，在很大程度上取决于中国国内局势的走向，同时又与日俄双方各自的利益紧密相连。

沙皇俄国虽希望外蒙古从中国分离出去，但辛亥革命的突然爆发，导致外蒙古宣布独立，显然不符合俄国的对华政策的长远战略，此时沙皇俄国尚不具备保护外蒙古独立存在的力量。也正因如此，俄国在 1913 年 10 月 23 日与中国签订的关于外蒙古问题声明中承认外蒙古是中国领土一部分，承认中国对外蒙古的宗主权这样一个基本事实。

日本政府之所以主动与沙皇俄国进行秘密外交接触，提出签订第三次《日俄密约》，将内蒙古划分为东西两部，并承认双方的势力范围，是由于外蒙古宣布独立所导致的。日本担心沙皇俄国通过支持外蒙古独立，蚕食自己在内蒙古的势力范围。日本与沙皇俄国在辛亥革命期间签订第三次《日俄密约》，划分各自的势力范围，无疑是对中国的又一次伤害，但从日本与俄国的外交决策来看，在中国处于动乱的情势下，通过外交手段，解决日俄之间可能存在的问题，或许是在这场革命中得到利益最大化的唯一手段。因此，在内忧外患的困局中，中国政府也只能无奈地面对被再次瓜分的局面。

---

① 《内田外务大臣致伊集院驻华公使电》（1912 年 7 月 8 日），邹念之编译《日本外交文书选译——关于辛亥革命》，第 177 页。
② 《内田外务大臣致伊集院驻华公使电》（1912 年 7 月 8 日），邹念之编译《日本外交文书选译——关于辛亥革命》，第 177 页。

北京政府时期学人的修约外交理念研究

——以英文中外关系著作为中心

中国社会科学院近代史研究所　李　珊

近年来，北京政府的修约外交是近代中外关系史学界关注的重要问题。随着诸多研究成果的问世，北京政府的修约外交在近代中国废除不平等条约历程中扮演了重要的角色，已逐渐成为学界公认的事实。[①] 一般而言，条约的修订只需取得缔约国双方的同意即可实现。[②] 但是，近代中国处于弱国地位不利于改变既有条约的不平等性；况且，各国条约均有"利益均沾"条款，使得所有条约国形成对华联合阵线，[③] 任何条约的更改都会"牵一发而动全身"。种种因素叠加，使中国要与列强改订新约绝非易事。

学术界对修约外交的关注，更多地集中在历次修约交涉的实践层面。但是，从清末较为笼统的修约意识[④]到北京政府修约外交的具体实践，其间的承继与推进仍有待深入研究。尤其是就思想层面而言，北京政府时期完整而具体

---

① 这一认知上的变化，得益于海内外数位学者颇有分量的研究成果：王建朗《中国废除不平等条约的历程》（江西人民出版社，2000）、李育民《中国废约史》（中华书局，2005）、唐启华《被"废除不平等条约"遮蔽的北京修约史》（社会科学文献出版社，2010）、〔日〕川岛真《中国近代外交的形成》（田建国译、田建华校，北京大学出版社，2012；日文版于2004年由名古屋大学出版会出版）。

② 〔英〕詹宁斯（Jennings, R.）等：《奥本海国际法》，王铁崖等译，中国大百科全书出版社，1984，第655页。

③ 郭廷以：《近代中国史纲》，香港中文大学出版社，1980，第148、149页。

④ 晚清时期，在早期对外交涉中被清政府视为外交指南的《万国公法》几乎没有关于如何废除不平等条约的问题。至1880年刊行的丁韪良及同文馆学生翻译的《公法会通》才出现专章讨论废约问题，但是这些概念并没有引起广泛注意。参见林学忠《从万国公法到公法外交：晚清国际法的传入诠释与应用》，上海古籍出版社，2009，第262、263页。

的修约理念的形成似乎仍有探讨的空间。显然，随着朝贡体系的瓦解以及中国越来越深地卷入国际社会，中国传统的天下观念已经无法应对近代国际交往，更无法为修约外交提供智识上的参考。正如研究者所指出的，为了成为国际社会中享有对等地位的"文明国"，北京政府以国际法为依据，展开稳健的修约外交。① 换句话说，北京政府修约外交所依据的是一整套适合于西方国际关系的知识框架，而充实其中的则是国际法和国际政治的知识。不同于外交实务，知识的建构与思想的酝酿往往是抽象的，后世只能通过文本去追索其痕迹。本文拟通过考察北京政府时期英文中外关系著作，尝试回答这样一个问题：西方国际法和国际关系知识是如何被知识分子接引到中国来，并且成为修约外交的思想资源的？②

有必要说明的是，之所以选择英文文献作为考察对象，出于两方面的考虑：第一，作为舶来品，19 世纪末期国际法知识主要是通过翻译途径传入中国的（尤其是由日本转译），③ 但是随着赴欧美学习法政的学生日渐增加，部分留洋知识分子直接从西方输入最新的国际法、国际政治知识成为可能，而他们所撰写的英文国际关系著作正是这种知识接引的重要环节。第二，从外交实践主体上看，民国时期外交官中接受高等教育尤其是留学教育者占有相当高的比例，而进入外交界也是许多留学海外的知识分子归国后理想的职业选择。④ 同时，已有学者指出，以海外学人为主体的北京政府时期民国职业外交家是修约运动的主要策划者和实施者。⑤ 作为修约外交的重要推动力量，他们的著述无疑是了解其修约思想源流及内容的重要依据。此外，许多主修国际政治、国际法的学人完成的著作也为探求修约外交做了大量的工作。这些著作中有很大一部分是用英文写成，其中更有相当数量是他们的博士、硕士的学位论文。

① 〔日〕川岛真：《中国近代外交的形成》，田建周译，田建华校，第 217 页。

② 以民国时期英文国际关系著述作为研究对象的成果较少。笔者目力所及，毛维准、庞中英的《民国学人的大国追求：知识建构和外交实践》（《世界经济与政治》2011 年第 11 期），以社会科学的研究方法，通过对民国时期有关中外关系的中英文著作的系统考察，探究民国时期知识分子与外交实践的关系。其统计分析的研究对本文具启发性，但此文缺乏对于具体文本的解读，给人分析较为笼统之感。

③ 从何勤华列出的《20 世纪上半叶国际法专著与译著主要书目表》中可以看出，从 1900 年到 1911 年中国所出版的国际法著作共有 15 种，其中 10 种是译著，1 种是由传教士丁韪良撰写，其中有 9 种著作是译自日本，包括由日文转译的法国人铁佳敦著《支那国际法论》。何勤华：《中国近代国际法学的诞生与成长》，《法学家》2004 年第 4 期。

④ 岳谦厚：《民国外交官学历背景之量化分析》，《安徽史学》2005 年第 1 期。

⑤ 石源华：《论留美归国学人与民国职业外交家群体》，《复旦学报》（社会科学版）2007 年第 4 期。

一　英文中外关系著作的出现及其背景

北京政府时期，如何使中国摆脱条约体系的束缚，使其真正成为国际社会的平等一员，是许多知识分子关心的重要问题。随着民主共和制国家的建立，受过高等教育的知识分子开始有意识地用英文向外界介绍"新兴的中国"，冀望国际社会认可中国的进步进而平等待之。这一时期中国人的英文撰述，具有较为强烈的自我呈现、自我辩护意识。例如，刁敏谦①在其著作《被唤醒的中国》（*China Awakened*）（1922）中回顾清末以来中国在列强的压迫之下现代国家意识逐渐觉醒的过程，指出："中国曾被描绘为一个文明，而不是一个国家。这是因为她的内政外交都遭到破坏，变得支离破碎。国际联盟应当勇敢地将正义赋予中华民国，西方各国应当偿还他们对中国人欠下的债，应当让中国人有机会做到最好——然后，用不久前到访中国的法国前总理班乐卫先生的话说，'明日之中国在保有其文明的同时，将会成为一个国家，其权力不再高度集中，却是文明大国之交响中的一个不可或缺的重要元素'。"②

1912~1927年，由中国人撰写的以中国为主题的英文著述计有49种，写作的主题也有所拓展，对于中国的介绍与研究也更为全面（见表1）。

表1　1912~1927年国人英文著述概况表 *

主题类别	数量（部）	主要议题
文　化	12	中国历史概况、中国文学、中国哲学、新文化运动
政　治	10	中国革命、中国政治制度、民主政治的探索
中外关系	13	中外关系概况、治外法权等不平等条款、山东问题、东北问题

---

① 刁敏谦，北京政府外交官刁作谦之弟，幼年随父赴檀香山求学。未几归国，入私立上海圣约翰大学。毕业后赴英国留学，入伦敦大学，获法学博士学位。旋任驻英国使馆编纂员。1916年归国，任清华学校教授。1917年，任英文《北京导报》（*Peking Leader*）总编辑。1919年，再任清华学校教授。1920年，任国际联盟中国代表团专门委员。1921年，任华盛顿会议中国代表团秘书。1922年归国，任《中国社会及政治学报》（*The Chinese Social and Political Science Review*）总编辑，后历任中俄会议事宜督办公署科长、中国法权调查委员会秘书、关税特别会议筹备处会办。1926年，任外交部秘书。1928年去职。1929年，任国民党外交部参事，旋兼外交部情报司司长。1931年辞职后，在北京执律师业。

② Tyau, Min-ch'ien Tuk Zung, *China Awakened*, New York：The MacMillan Company, 1922, p. 340. 班乐卫（Paul Painlevé, 1863~1963），亦译作保罗·潘勒韦，法国数学家、政治家，曾两度出任法国总理，后任巴黎大学中国学院院长，1920年从日本来华访问并在北京大学讲演。

续表

主题类别	数量(部)	主要议题
教　　育	6	现代教育在中国的确立、平民教育、中国留学生现状
社　　会	3	劳工问题、家庭组织、社会风俗
宗　　教	5	基督教在华传播、基督教青年会学生眼中的中国

＊为与论文主旨契合，此统计不包括较为单一及纯粹学术性的著作及演讲词、政府官方文书及说帖。

主要资料来源：Tung-li Yuan comp., *China in Western Literature：A Continuation of Cordier's Bibliotheca Sinica*, New Haven：Yale University, 1968.

　　从数量上看，以中外关系为主题的英文著作数量最多，占这一时期国人英文著述的四分之一强。可见，中外关系是当时国人英文撰述的重要主题之一。这些著作主要有如下几种（见表2）。

表2　1912～1927年英文中外关系著作概况表

书名	著者	出版社	时间(年)
《外人在华之地位》(*The Status of Aliens in China*)	顾维钧	哥伦比亚大学出版社	1912
《中国国际条约义务论》(*The Legal Obligations Arising out of Treaty Relations between China and Other States*)	刁敏谦	商务印书馆	1917
《中国之条约口岸》(*Treaty Ports in China*)	戴恩赛	哥伦比大学出版社	1918
《日中二十一条》(*The Twenty-one Demands, Japan versus China*)	何杰才	弗莱明·H. 雷维尔出版社	1921
《山东问题：一项外交与世界政治的研究》(*The Shantung Question：A Study in Diplomacy and World Politics*)	何杰才	弗莱明·H. 雷维尔出版社	1922
《中国、美国与英日同盟》(*China, the United States and the Anglo-Japanese Alliance*)	何杰才	弗莱明·H. 雷维尔出版社	1922
《中国的对外关系》(*The Foreign Relations of China：A History and a Survey*)	鲍明钤	弗莱明·H. 雷维尔出版社	1922
《门户开放政策》(*The Open Door Policy*)	严恩椿	波士顿斯特拉福公司	1923
《中国外交史研究》(*Studies in Chinese Diplomatic History*)	夏晋麟	商务印书馆	1923
《中国与最惠国待遇条款》(*China and the Most-Favored-Nation Clause*)	施宗岳	弗莱明·H. 雷维尔出版社	1925
《领事裁判权兴废论》(*Extraterritoriality：Its Rise and Its Decline*)	刘师舜	哥伦比亚出版社	1925
《中国之悬案：废除外人特殊权益和豁免权》(*The Case for China：Abolition of Special Foreign Privileges and Immunities*)	胡道维	北京快报社＊	1926

续表

书名	著者	出版社	时间(年)
《中国及其政治实体：一项有关朝鲜、满洲和蒙古的中外关系研究》(*China and Her Political Entity：A Study of China's Foreign Relations with Reference to Korea，Manchuria and Mongolia*)	徐淑希	牛津大学出版社	1926

　　* 《北京快报》(*Peking Express*) 1921 年由北京大学毕业生宋采亮创办，是一份针对学生读者的英文报。冯悦：《近代京津地区英文报的政治色彩之分析》，方晓红主编《新闻春秋》第 12 辑，南京师范大学出版社，2010，第 385 页。

　　主要资料来源：Tung-li Yuan comp.，*China in Western Literature：A Continuation of Cordier's Bibliotheca Sinica*.

　　北京政府时期华人英文书写的主题集中于中外关系一端，恰恰呼应了 20 世纪 20 年代国人关注国际关系与国际法的热潮。有研究者指出，国际法作为一门成熟的现代学科，在中国正式形成正是在 1920 年代，这与一批接受西方法学教育的国际法专家投身于国际法在中国的传播密切相关，并体现这一时期对不平等条约的研究出版热上。[1] 本文进一步认为，从北京政府时期的国际关系学文献来看，要理解中国知识分子对于中外关系的研究，英文专著是不可忽略的一个部分。这种现象的产生，与中国新型知识分子，尤其是留学生在欧美国家学习中国国际政治与国际法直接相关。尽管，民国初年留学日本法科生仍有相当规模，但以私立法科毕业为主，且学历及学位级别也较低。相比之下，同时期留学欧美的法科生则多进入著名大学获取高级学位。[2]

　　本文统计得出，1911～1927 年的留美学生中，撰写中外关系及相关国际法问题方面的硕士论文者有 11 人，大多出自康奈尔大学、芝加哥大学、伊利诺伊大学、加州大学等名校。[3] 同时期内，撰写中外关系方面的博士论文者为 15 人（见表 3）。

---

[1]　参见王栋《北洋时期国际法在中国》，金光耀、王建朗主编《北洋时期的中国外交》，复旦大学出版社，2006，第 151～156 页。

[2]　裴艳：《留学生与中国法学》，南开大学出版社，2009，第 90～91 页。

[3]　数据来源：China Institute in America ed.，*Theses and Dissertations by Chinese Students in America，with a Supplementary list*，New York City：China Institute in America，1927。

表3　1902~1928年中国留学生撰写的中外关系博士学位论文

序号	姓名	毕业学校	毕业时间	论文题目	备注
1	顾维钧	哥伦比亚大学	1912年	《外人在华之地位》	1912年出版，中文版1925年出版
2	Wang, Chih-Ping	雪城大学	1917年	《门户开放政策在中国》	—
3	戴恩赛	哥伦比亚大学	1918年	《中国之条约口岸》	1918年出版
4	Wei, Sidney K.	芝加哥大学	1920年	《中国的国际关系及其社会、道德及政治的解读》	—
5	鲍明钤	约翰·霍普金斯大学	1921年	《中国的对外关系》	1921年出版；1922年再版
6	马如荣	加州大学	1921年	《外人在中国的司法权》	—
7	Koo, Telly Howard	哈佛大学	1922年	《蒲安臣的一生》	—
8	杨光泩	普林斯顿大学	1924年	《在美外国人的权利》	—
9	刘师舜	哥伦比亚大学	1925年	《领事裁判权兴废论》	1925年出版，中文版1929年出版
10	施宗岳	哥伦比亚大学	1925年	《中国与最惠国待遇条款》	1925年出版
11	徐淑希	哥伦比亚大学	1925年	《中国及其政治实体：一项有关朝鲜、满洲和蒙古的中外关系研究》	1926年出版
12	Ku, Te-Ming	克拉克大学	1927年	《庚子赔款及其减免》	—
13	Ling, Shu-Mong	伊利诺伊大学	1927年	《中国的外债》	—
14	Tsui, Tsung-Hsun	斯坦福大学	1927年	《作为美洲国家合作机构的泛美联盟》	—
15	Tu, Yun-Tan	伊利诺伊大学	1927年	《外国人在群体性暴力事件、谋杀和抢劫中受伤时国家应负之责任》	—

　　资料来源：China Institute in America ed., *Theses and Dissertations by Chinese Students in America*, *with a Supple mentory list*, *New York ciry*: *china Institute in America*, 1927; Tung-li Yuan comp., *A Guide to Doctoral Dissertations by Chinese Students in America 1905 – 1960*, Washington, D. C.：Published under the Auspices of the Sino-American Cultural Society, Inc., 1961。

　　如表2和表3所示，顾维钧、戴恩赛、鲍明钤①、刘师舜②、施宗岳、徐淑希六人的博士论文后作为专著公开出版。此外，刁敏谦的《中国国际条约义

---

①　鲍明钤，早年就读于清华学校。1914年作为庚款留学生赴美留学，1921年毕业于约翰·霍普金斯大学，获博士学位。在美期间，曾担任中国留学生团体华盛顿会议后援会主席。回国后在北京大学任政治学教授。

②　刘师舜，1920年毕业于清华学校，后获哥伦比亚大学哲学博士学位。1925年回国后，任清华学校教授。1927年起，先后任国民政府外交部条约委员会委员、内政部参事等职。抗战期间，先后任外交部欧洲司长，驻加拿大公使等职。

务论》则是他在伦敦大学获得法学博士的学位论文，而夏晋麟①著《中国外交史研究》则是他在爱丁堡大学取得哲学博士的学位论文。可见，北京政府时期英文中外关系著作中的四分之三是由留学生博士论文出版的专著。

留学生选择中外关系作为博士论文的题目，主观上有希望寻求解决中国外交困局之路径的原因。顾维钧就曾表示，自己在美留学期间"一直对外交关系有兴趣，并想改进中国外交事务的处理方法"。②鲍明钤的立意似乎更高，他在《中国的对外关系》一书的前言中写道："作者完成这项工作时，怀有一种对国家和人类的责任感。……自从国家打开门户以来，中国的历史便被外国接触所主导。因此对于中国对外关系的恰当理解以及一套合理的外交政策构想，是其生存和福祉所必需的。进一步说，中国的命运和繁荣，与其东亚邻国乃至全世界的命运和繁荣密不可分。中国的公民认为，肩负着推动世界和平的责任，中国的对外关系及政策可能将决定世界和平的基调，至少是关键因素。"③他强调中国的国际关系在地区乃至世界范围内的重要地位，希望自己的研究能够为改善中国的对外关系提供参考。

当然，留学知识分子所接受的国际政治学教育和师承关系也是值得注意的因素。以顾维钧、刘师舜及徐淑希为例，三人都毕业于哥伦比亚大学政治学院，且导师都是著名国际法专家约翰·巴塞·摩尔（John Bassett Moore）。④摩尔著有《国际仲裁》（*International Arbitration*），十分鼓励学生研究具有现实意义的国际问题。⑤此外，他主编的《国际法摘要》（*A Digest of International Law*）8卷，受到了外交界及学术界的好评。鲍明钤在约翰·霍普金斯大学求学时的导师，是著有《外人在中国的权利和利益》（*Foreign Rights and Interests*

---

① 夏晋麟，1914年赴英国留学，在爱丁堡大学获哲学博士学位。1922年归国，任督办收回威海卫事宜公署秘书。1923年起，任私立上海南方大学文科主任、教授，省立上海商科大学教授等职。1927年，任国民政府外交部秘书。1931年秋，任驻英国使馆一等秘书。1934年归国。

② 顾维钧：《顾维钧回忆录》第1分册，中国社会科学院近代史研究所编译，中华书局，1993，第72页。

③ Bau，Mingchien Joshua（鲍明钤），"Preface，" *The Foreign Relations of China*：*A History and a Survey*，rev. and enl. ed.，New York，Chicago：Fleming H. Revell，1922，pp. vi. -vii. 在该书的献词中，鲍明钤还写道："献给我正在遭受苦难的中国同胞。"

④ 20世纪初年，作为美国政治学发展的第一个阶段，哥伦比亚大学曾是美国政治学的中心。1916年之前在哥伦比亚大学政治学院获得博士学位的中国留学生就有9人，1920～1934年在哥伦比亚大学获得政治学硕士和博士学位的就有31人。孙宏云：《中国现代政治学的展开：清华政治学系的早期发展1926～1927》，三联书店，2005，第38～41页。

⑤ 顾维钧：《顾维钧回忆录》第1分册，第71页。

in China）（1920）的韦罗贝（Westel W. Willoughby）。

可以说，民国北京政府时期有关中外关系的英文著作的集中出现，与在欧美学习国际法、国际政治的留学生大量增加有直接的关系。同时，民国肇建后，对外谋求国家平等地位的强烈愿望，更促使海外学人从学理上入手，探求使中国摆脱不平等条约体系束缚的可能性。

二　知其端绪：对条约关系知识体系的构建

早在 1902 年《外交报》就发表了日本国际法专家有贺长雄的文章《外交史及其研究方法》，提倡外交史的研究。有贺认为，研究外交史的直接目的有二：其一曰"练外交之技能"，其二曰"知欧美列国相互之关系"。[①] 但是，清末限于对国际关系认识的局限以及资料的匮乏，中国的外交史研究无从谈起。北京政府时期英文中外关系著作的一个共同点，便是对近代中外关系沿革及变化的重视。这与其作者在欧美接受系统的政治学训练，广泛利用英国蓝皮书等外交档案有直接联系。北京政府时期的英文中外关系著作主要包括以下内容：（1）从整体上梳理中外条约体系；　（2）对于某项不平等条款进行研究；（3）专论某个具体外交问题。

就中国人对中外条约体系的系统研究而言，顾维钧所著《外人在华之地位》应当属于开先河之作。[②] 顾维钧将中国对外关系史分为两个时期，即无约时期（自公元 120 年至 1842 年）及有约时期（1842 年以后）。他在书中详细介绍了在华治外法权的由来、治外法权对于外国人所起到的庇护作用及适用范围、治外法权的局限性、通商口岸及租界的外人享有的地位，以及外国人来华护照、游历、通商、传教等各方面的权利。如何对待来到中国的外国人，是近代中外关系史的根本问题，也是中外发生碰撞的主要肇端。虽然此书题目为《外人在华之地位》，其实际内容却包含了来华外人在司法、通商、传教、居住等各方面的权利，因而涵盖对晚清以来中外诸多条约的说明。

刁敏谦的《中国国际条约义务论》是最早从法理角度系统梳理中国对外缔结条约的著作之一。在该书导论中，刁敏谦将中国与其他国家的条约关系史分为八个历史时期，分别是：（1）初期（1689～1839 年）；（2）第一次议和

---

① 〔日〕有贺长雄：《外交史及其研究法》，《外交报》第 2 卷第 1 期，1902。

② Dong Wang, "The Discourse of Unequal Treaties in Modern China," *Pacific Affairs*, Vol. 76, No. 3, Fall, 2003, p. 405.

（1842～1855 年）；（3）第二次议和（1856～1858 年）；（4）第三次议和（1859～1860 年）；（5）调整时期（1861～1881 年）；（6）失去属国时期（1885～1895 年）；（7）强索租借地及其余波（1896～1901 年）；（8）恢复和重建期（1902 年至今）。然后以政治性质之条约、经济性质之条约及普通性质之条约，将中国与他国缔结条约中的各项条款归入其中。例如，在"第一编政治性条约、公约及其它"的各章内容分别是交际权、代表权、领事裁判权与治外法权、专管租界和公共租界、租借地、优先权。他采用类似名词解释的形式说明各个概念和原则，条分缕析地阐释中国所负有的条约义务，并指出条约规定及实施中的不合乎国际法准则之处。

鲍明钤的博士学位论文《中国的对外关系》侧重于对近代中外交往历史的梳理，论文共分为六大部分，分别是"中国外交史概略""列强对中国的政策""日本对华政策""中国主权之侵害""大战后出现的新问题"及"为中国拟定的外交政策"。1922 年，鲍明钤根据华盛顿会议的最新进展，对第五章中有关治外法权、租借地及势力范围、关税主权等内容做了更新和增补后再版。① 华盛顿会议后出版的另一部整体研究中外关系历史的著作是夏晋麟所作《中国外交史研究》。该书九章内容分别是："领事裁判权""专管租界与公共租界""租借地及势力范围的历史介绍""租借地""势力范围""门户开放、领土完整与政治统一""外国军警""外人所设邮局及电报电话设施"及"关税自主"。在内容上与中国代表团在巴黎和会上为废除外人在华特权所提出的《中国希望条件说帖》所列出的各项修约要求基本一致，② 但夏氏更加注重探讨英国对华政策对修约问题的影响。他对不平等条约的废除持乐观态度："华盛顿会议并未满足中国在凡尔赛会议上提出的要求，但是，无论如何，这是列强对其态度更为友善的信号，而中国在这次会议上获得的租借地足以证明本书的主张。"③

北京政府时期的英文中外关系著作中，还出现了对治外法权、最惠国待遇等具体的不平等条款进行细致研究的著作。例如，刘师舜的《领事裁判权兴废论》对治外法权问题做了系统研究，其主要内容包括：领事裁判权之意义、

---

① Bau, Mingchien Joshua, "Preface to New Edition," *The Foreign Relations of China: A History and a Survey*, rev. and eml. ed., New York, Chicago: Flemin H. Revell, 1922.

② 巴黎和会中国代表团提出的《中国希望条件说帖》包含：舍弃势力范围、撤退外国军队、巡警，裁撤外国邮局及有线、无线电报机关，裁撤领事裁判权，归还租借地，归还租界，关税自主权七项内容。天津市历史博物馆辑《秘笈录存》，中国社会科学出版社，1984，第 153 页。

③ Hsia, Ching-Lin（夏晋麟），"Preface," *Studies in Chinese Diplomatic History*, Shanghai: Commercial Press Limited, 1926, p. vii.

领事裁判权之沿革（包括领事裁判权在别国施行的历史、中国缔约前后的情形等）、领事裁判权之范围、最惠国待遇条款之下领事裁判权的扩大、中国与各国在司法审判上条约规定、上海会审公廨、领判权的弊害、中国收回领事裁判权运动变迁经过等。刘师舜此书的落脚点在于批判领事裁判权，并且证明随着中国司法的改革它已经越来越不合时宜。刘师舜强调，领事裁判权也许在保护外国人权益方面确有积极作用，客观上也刺激中国法律及审判改良，但是一旦它被附加上其他不相关政治因素，就会带来极大的危害。他强调治外法权的废除，不仅取决于中国司法改革的成效，而且列强是否愿意放弃在华政治特权是问题的关键。"这本质上一个法律问题，只要一方认真地致力于改良其司法系统，而另一方不将无关的政治因素混淆其中，公平和正义就能实现。"[1]

对于国际关系的研究归根结底是为国家对外交往服务的，往往需要针对某一外交争端进行研究，理清事实原委，提供某种预判及对策。徐淑希的著作《中国及其政治实体：一项有关朝鲜、满洲和蒙古的中外关系研究》是对于封贡关系解体后中国领土问题，特别是东北问题的研究，其特点是东北问题放在多边国家关系的框架中进行认识。他运用正史、典制、方志等资料论述了历史上东北亚地区即属于中国版图的事实，又援引大量条约文本、外交文书及中外报刊，梳理了清中期以降中国与俄日在上述地区的争端与交涉，并注重分析俄日在不同时期在不同地区的利益变动及相应的政策变化。他在书中引述庚子之乱后美国国务卿海约翰（John Hay）提出的"保全中国领土与行政完整"的原则，指出从日俄战争到华盛顿会议，美国在对待日本的问题上偏离了这一原则。在分析日本向东北的势力渗透形势及日本对各国合作开发东北的阻挠之举后，徐淑希提醒国际社会对日本野心的纵容将会出现的可怕后果。他预言，"一旦时机成熟，她（日本——引者注）可以轻易地颠覆中国"。[2]

此外，北京政府时期，随着中国外交与国际的接轨，中国知识分子开始有意识地运用英文撰述在国际上进行宣传。何杰才撰写的《日中二十一条》《山东问题：一项外交与世界政治的研究》《中国、美国与英日同盟》则是围绕巴黎和会遗留的山东问题进行的研究。作为华盛顿会议中国代表团随员，何杰才

---

① Liu, Shih-Shun（刘师舜），*Extraterritorially：Its Rise and Its Decline*，New York：Columbia University，1925，p. 235.

② Hsü, Shu-Hsi（徐淑希），*China and Her Political Entity：A Study of China's Foreign Relations with Reference to Korea，Manchuria and Mongolia*，Oxford：Oxford University Press，1926，p. 429.

的这些撰述成为会外宣传的重要材料。①

　　梁启超为《中国国际条约义务论》的中文译本作序时，曾喟叹道："孔子亦有言，知耻近乎勇。我国际条约上过去之陈迹，岂曰一无所知？知其然而不知其所以然，知其概而不知其端绪，犹之乎不知也。"② 梁任公此言着实道出民国初年国人对国家在不平等条约中丧失之利权尚不明了，致使收复国权无从谈起的尴尬局面。而北京政府时期英文中外关系著作无疑对中外条约体系进行了较为全面的研究，并结合国际法进一步析分了其中不平等的成分，在厘清治外法权、租界、租借地及势力范围、最惠国待遇等外人在华特权的由来及变迁上也下了不少功夫。此外，学人们还针对北京政府时期一些较为突出、敏感的外交热点问题做出专门研究，钩稽史籍、摨诸条约，为维护国家权益提供依据。这些英文著作的出现，意味着中国知识分子对于近代中外条约制度已经建构了一个较为完整的知识体系。

三　有据可循：修约要求的提出

　　北京政府时期英文中外关系著作的主旨在于为修改不平等条约寻求法理依据。19 世纪末中国的某些思想先驱仍然不时困惑于"天下大同"的观念，在20 世纪初的中国知识分子那里，"天下观"已被民族主义思想所取代。对于越来越多跨出国门的留学生而言，"空间的改变"不仅意味着对于"中国乃诸国中之一国"的认知，更重要的是他们自身的身份认同基点也从某个特定的乡土转变为整个中国。③ 然而，在强烈的民族意识之下，中国在条约体系中的不平等地位，与留学生对于中国是国际社会一员的体认之间，逐渐形成一种内在紧张感。这使得留学知识分子亟欲改变这种不平等现状，即中国在国际上的平等地位。

　　客观上，国际的环境也是促使知识分子关注修约问题的重要因素。"一战"爆发后，国人普遍对大战后的世界局势有着某种美好的期待，认为"列

---

①　此外，当时的留美学生也编撰英文小册子，为北京政府参加华盛顿会议创造有力的舆论环境。Wang T. L., *Introduction to China and the Washington Conference*, Chicago：Chinese Students Alliance in the U. S. A., 1921.

②　刁敏谦著《中国国际条约义务论》第四版，商务印书馆，1927，梁启超序。

③　Weili Ye, *Seeking Modernity in China's Name：Chinese Students in the United States*, *1900 - 1927*, Stanford，California：Stanford University Press, 2001, p. 19.

国之局将大变更"，"世界潮流一新"。① 刁敏谦在撰写《中国国际条约义务
论》时，正值第一次世界大战。与许多国人一样，他也对战后的国际前景抱
有乐观态度——相信"法律与秩序"将取得最终的胜利，而到时中国与别国
的关系也可以在理性的原则下重新调整。②

两种因素共同作用，促使中国知识分子运用自己学习的国际法知识，研究
中国修改不平等条约的可能性及途径。

在上述北京政府时期中外关系的英文著作中，顾维钧的《外人在华之地
位》中，并未明确而系统地提出修约要求。这恐怕与其论文未及完成便被召
回国内出任袁世凯的英文秘书有关。③ 北京政府时期，最早在英文著作中探讨
修约重要性及达成途径的，恐怕是刁敏谦的《中国国际条约义务论》。

刁敏谦在书中提出"当前的条约关系亟须全面的修改"。其理由如下。其
一，现存条约文字意涵模糊，可能导致严重的争议。④ 其二，中国已经真正地
纳入了国际体系。中国作为国际大家庭中一员的地位已经得到承认，"她不但
加入了海牙、日内瓦及其他国际公约，还出席了许多小型的国际会议，参与订
立诸如白奴贸易、鸟类保护、货币流通、监狱改革、公共卫生等问题的相关法
规"。⑤ 这些都说明中国已经具备充分的国际法知识，加上中国在推翻帝制
后在建立民主制度、编订法律条款等方面有所进展。其三，国际法理论本
身的变化也是中国成为国际社会一员的重要因素。他指出，以往"国际法
起源于基督教的欧洲，凡是想要进入被神明护佑的国际圈子，非欧洲国家
都必须首先得到前者的同意"。⑥ 而现如今，这样的态度不但是错误的，还是
可笑的。

治外法权问题是修约外交的焦点，也是这些英文著作中出现最频繁的问

---

① 罗志田：《"六个月乐观"的幻灭：五四前夕士人心态与政治》，《历史研究》2006 年第 4 期。

② Tyau, Min-ch'ien T. Z. （刁敏谦）, *The Legal Obligations Arising out of Treaty Relations between China and Other States*, p. 214.

③ 《外人在华之地位》只是顾维钧原本计划的博士论文中的序言部分，即外人在华地位背景材料。1912 年 2 月，顾维钧尚未完成论文，便被袁世凯的邀请。顾维钧：《顾维钧回忆录》第 1 分册，第 74～76 页。

④ Tyau, Min-ch'ien T. Z., *The Legal Obligations Arising out of Treaty Relations between China and Other States*, p. 207.

⑤ Tyau, Min-ch'ien T. Z., *The Legal Obligations Arising out of Treaty Relations between China and Other States*, p. 209.

⑥ Tyau, Min-ch'ien T. Z., The Legal Obligations Arising out of Treaty Relations between China and Other States, p. 209.

题。顾维钧、戴恩赛都举出 1902 年《中英续议通商行船条约》第 12 款的规定，即："中国深欲整顿本国律例，以期与各西国律例改同一律，英国允愿尽力协助，以成此举，一俟查悉中国律例情形及其审断办法及一切相关事宜皆臻完善，英国允弃其治外法权。"① 据此指出，在清末与中国签订的条约中，英美日等国已做出愿意放弃在华治外法权的允诺，条件便是中国法律制度有所改观、向西方看齐。

与当时许多熟悉国际法和国际政治的人一样，戴恩赛也将日本通过改进自身法制状况、撤废治外法权的做法，当作可资借鉴的经验。戴恩赛认为，中国的司法行政正处于转折之中，监狱管理处于深刻变革之中。他还介绍了中国司法体系的设置方案，还翻译了司法部在参加 1910 年华盛顿万国监狱会议之后发表的决心进行监狱改革的报告。但是，他强调中国的一厢情愿是无法废除治外法权的，还需要英美列强履行承诺。"故此，至今中国正在努力证明，她极愿依据要求做好她的分内之事。但是，要实现它，不止是中国的责任，也是有约列强的工作。"②

除发出修改不平等条约的吁求外，这些英文著作中还提出了修约的法理依据。在论述租借地和势力范围的问题时，刁敏谦都将"情势变迁原则"（Rebus Sic Stantibus）作为要求改订条约的法理依据。他对"情势变迁原则"的解释是，"由于'形势的根本改变'，条约起草之时所考虑的条件发生了变更，则此文件不再有效"。③

他还将"情势变迁原则"运用到每一项废约要求的具体论述中，强调"现行条约签订时谈判方考量的条件，已越数十年之后，已经如我们前面所说，出现了实质性的改变"。④ 在"租借地"一章中，刁敏谦提出了取消租借地的问题。他首先通过国际法界定了租借地的国际奴役（international servitudes）的性质，并明确"在让与行为（the deed of conveyance）之下，出租国是明确保有主权的，并且在某些情况下，和约规定允许其在租期内部分地

---

① 王铁崖编《中外旧约章汇编》第二册，三联书店，1959，第 109 页。

② Tai, En-Sai, *Treaty Ports in China: A Study in Diplomacy*, p. 201.

③ Tyau, Min-Ch'ien Tuk Zung, *The Legal Obligations Arising out of Treaty Relations between China and Other States*, p. 72.

④ Tyau, Min-ch'ien T. Z., *The Legal Obligations Arising out of Treaty Relations between China and Other States*, p. 211.

行使主权"。① 接着，刁敏谦指出：从国际环境的因素讲，中国与列强缔结的租约都是建立于所谓"势力均衡"说之上的；换句话说，都是 19 世纪末"瓜分"中国的狂潮之下的产物。而其时的国际形势已发生改变，中华民国已经建立，这些租约的基础也就不复存在了。在"战后的胶州"一节中，他认为胶州问题将会是战后和会的议题。无论怎样，鉴于德国已被"排除"出中国北方，所谓"势力的均衡"的基石已不复存在。所以，同样的，所有其他租约也应被废除，因为它们都是建立于德国抢占胶州之上的。此外，相互嫉妒，甚至坚持只要中国领土被第三方占领，便要占有租借地的列强，目下正处于一个活跃的联盟之中。他进而根据"情势变迁原则"指出："继续占有租借地的借口已近不存在了，因此这样的土地应当重新交还让与国。"②

此外，刁敏谦还着重论述中国国际地位的改变，继而援引"情势变迁原则"，论证修约的必要性。他认为："通过参与了海牙和其他世界性的公约，中国已经被正式地、无条件地被接纳进国际社会，成为其中平等的一员。这样的国际地位意味着一些基本的条件——独立与主权——这是每个成员必须享有的。但是在现行条约之下，中国不是完全自由和独立的。"③

对于如何更改因"情势变迁"而不再适用的条约，刁敏谦主张列强应首先改变对中国的不平等态度，释出善意。鉴于国际法规定，"一个当事国无权简单地声明，由于情况改变使条约义务无法接受，从而它不再认为受该条约的拘束；正当的办法被认为是，先向另一个当事国（或各当事国）请求同意将该条约废止，或在提出请求的同时提出将任何政治问题提交司法裁决的建议"。④ 刁敏谦主张缔约国双方遵循"互惠原则"，协商改订条约。他还呼吁列强借鉴大战给欧洲带来的巨大损失，号召倡导国际合作才是遏制万恶的良药（panacea of all evils）。⑤

---

① Tyau, Min-Ch'ien Tuk Zung, *The Legal Obligations Arising out of Treaty Relations between China and Other States*, p. 66.

② Tyau, Min-Ch'ien Tuk Zung, *The Legal Obligations Arising out of Treaty Relations between China and Other States*, p. 72.

③ Tyau, Min-ch'ien T. Z., *The Legal Obligations Arising out of Treaty Relations between China and Other States*, pp. 210 – 211.

④ 《奥本海国际法》第一卷第二分册，商务印书馆，1972，第 680 页。

⑤ Tyau, Min-ch'ien T. Z., *The Legal Obligations Arising out of Treaty Relations between China and Other States*, p. 214.

"情势变迁原则"作为一项古老的国际习惯法准则，在19世纪60年代便已通过丁韪良翻译的《万国公法》而传入中国。尽管清末一些开明官员和留日学生依据条约有"因时势推移而变易"，提出修约的建议。但中国在外交实践中首次应用此原则，则是在巴黎和会上解决山东问题及撤销外蒙自治，1920年代以后"情势变迁原则"才与"到期修约"一起成为中国修约外交的主要法理依据。① 刁敏谦当属较早正式地提出将"情势变迁原则"运用于中国废除不平等条约中的中国人。

应当看到，由于具有专业的知识背景和较为开阔的视野，刁敏谦等人不仅在各自的著作中提出了改订不平等条约的主张，还运用自己的国际法知识为修约寻求法理上的依据。这不仅反映了北京政府时期的新式中国知识分子自觉地将中国定位为国际大家庭（family of nations）中的一员，而且表明他们在探索如何运用国际法来使中国摆脱不平等条约的约束。结合北京政府自巴黎和会以来的修约外交实践来看，这种努力无疑是具有开创性意义的。

有研究者从中国国际关系学科史的角度认为，民国国际关系论著较多属概论性质的入门读物，且存在简单"移植"外国著作的现象。② 本文认为，若将上述英文著作纳入考察视野，恐怕这个结论就值得商榷。这些著作中围绕着近代中外关系中的重要问题进行研究，并且根据国际法原则提出了修改不平等条约、收回主权的主张。这种将国际法理论与本土问题相结合的思路，充分体现了北京政府时期国际关系学科的发展。③ 事实上，20世纪的头二十年中留洋知识分子对中外条约关系的研究对后辈学生产生了深远的影响。例如，1933年王铁崖先生升入清华大学研究院，师从周鲠生教授，稍后他受到顾维钧、刁敏谦等人以中外条约问题撰写学位论文的启发，选择了"中国的租界问题"作为撰写博士论文的题目。④

---

① 参见唐启华《论"情势变迁原则"在中国外交史的运用》，《社会科学研究》2011年第3期。

② 卫琛、伍雪骏、刘通：《百年炮火中的未竟之学——对民国时期国际关系研究与教学的回溯》《世界经济与政治》2011年第11期。

③ 此外，毛维准通过对民国时期国际关系研究书目出版类型统计指出，专著成果占书目总数的一半。他同样认为"当时的国际关系研究并非简单的外来知识传入，民国学者在研究发展过程中，较早地展现了知识融会和学科自主的意识，这也契合了中西治的评价"。参见毛维准《民国时期的国际关系研究》，《国际政治科学》2011年第2期。

④ 饶戈平：《王铁崖先生的条约癖》，饶戈平主编《山高水长：王铁崖先生纪念文集》，北京大学出版社，2004，第369页。

四　余论

一时代之文化学术反映一时代之风貌，不同时期知识分子关注的问题在很大程度上受到不同时期的政治大势与社会风气的影响。中华民国建立以后，民族国家的基本政治框架已具雏形，却受制于列强在华特权和政治干预的中国并未真正获得独立与平等，以拯救"民族命运"为基础的国家理念逐渐深入人心。如前所述，从民国成立至1920年代中期的若干年间出版的英文著作中，可以得知，中国知识精英们对于不平等条约问题的关注是空前的。应当说，这是北京政府时期新式知识分子的民族主义思想的曲折展现。

正如鲍明钤1927年在夏威夷太平洋国际学会第二届会议上所指出的，现代的教育是中国民族主义勃兴的重要因素，而随着留洋学生在教育和社会文化领域中发挥的作用越来越大，他们也为民主主义思想注入了新的内涵。"这些学成归来的学子，特别是其中那些专攻政治学和国际法，或是精通中外关系的人，开始传播这些学科的知识，使得中国民众开始了解一个文明国家在国际关系中的权利与责任，并连带着明白了中国现下所处的不平等、片面地位，而这都是在那些年代久远的条约中规定的。"①

由此可见，这一时期的英文中外关系史著作与近代中国民族主义的关系，可以从两个方面加以定位：一方面，因应着当时国内现代民族国家观念的形成，这些英文著作不仅面向西方表达了中国要求收复国权的合理要求，同时这些著作也以扎实的资料、理性的论述阐述了不平等条约对国家主权造成的侵害，使中国在国际社会中寻求公道的申辩与交涉更加"有理有力有节"。从另一个方面看，这些英文著述所附带的国际政治、国际法等知识也在一定程度上推动了近代民族主义在中国的发展。

---

① Bau, Mingchien Joshua（鲍明钤）, *China and World Peace: Studies in Chinese International Relations*, New York, Chicago: Flemming H. Revell Co. , 1928, p. 37.

从巴拿马运河到中国大运河

——民初中美技术合作的尝试

台湾东华大学历史系　吴翎君

一　前言

　　1914 年 8 月 15 日，巴拿马运河正式通航，这项工程不仅缩短美洲与东亚的距离，且对全球海洋贸易带来革命性的改变，美国对于太平洋地区的影响也由此迈入新的阶段。巴拿马运河建造工程之艰巨，被喻为人类工程之奇迹，《东方杂志》早于 1911 年以《巴拿马运河工程纪》10 页篇幅进行了详细报道，并对大工程师哥索尔氏（George Washington Goethals，1858～1928）推崇至极，"哥索尔氏及其所编列之工程团，历万险，排万难，从事布置，有条不紊，骎骎乎以底于成功矣"。① 为因应巴拿马运河开通所带来世界市场的大改变及对中国的影响，《东方杂志》亦呼吁"巴拿马运河开通后，世界船舶幅辏于黄海之沿岸，已不难逆睹，商业之兴盛，自不待言。……我国民当此新时代发展之初，不可不迎机而起，如辟商港，经营煤矿，均为当务之急。盖太平洋之潮流日急，我国民不乘此潮流而跃进，则必将卷入此潮流之中而沦胥以没矣，可不做欤"。②

---

① 甘永龙：《巴拿马运河工程纪》，《东方杂志》第 8 卷第 2 号，1911 年 4 月 23 日。文末对于美国在巴拿马运河建筑堡垒问题亦有短文（译自美国报纸），由于美国是否能在该运河筑垒，或以巡警、海陆军力以保全该运河的通行或保护来往船只安全等一切附属工程，此事牵涉对美方与巴拿马间签订的《海－布诺－瓦里拉条约》（Hay-Bunau-Varilla Treaty，Nov. 18，1903）的认定和巴拿马主权问题，引起欧洲列强的反对。当时中国报纸也注意到美国对巴拿马主权的强势作为，但似未见有指责美国霸权的看法。

② 高劳：《巴拿马运河之影响》，《东方杂志》第 8 卷第 12 号，1912 年 6 月 1 日。

就在巴拿马运河即将竣工之时，太平洋彼端中国华北的水患问题引起美国红十字会（American Red Cross，ARC）的人道关注，他们将目光投向即将从巴拿马工程中光荣身退的工程师，希望将他们在巴拿马运河的丰富整治河流经验，转移到中国大运河工程上来，借此以拯救华北农民免于水患之苦。此即原任巴拿马运河管理局的（Panama Canal Board）赛伯特上校（William Luther Sibert，1860～1935）出任美国红十字会的导淮工程案主席的由来。从本质上看，美国对于整治中国淮河和大运河工程的动机是来自美国红十字会的博爱精神，与美国政府和大财团关注巴拿马运河的高度军事和商业利益大为不同，但由美国红十字会的居中牵线，让这两个大型工程之间举办了经验传承的交会，写下民国初年中国与国际社会接轨的另一篇章。

导淮工程计划（Huai River Conservancy Project），是民国初年的重大公共工程计划，自清末即投入水利工程的张謇（1853～1926），在担任农商部总长后即以导淮为首要任务。但由于该工程之艰巨和所需财力之庞大，不得不期待外国技术和财力的支持。在此一情况之下，对中国一向较为友善的美国，被列为首要合作对象。在驻华公使芮恩施（Paul S. Reinsch，1869～1923）的牵线之下，才有中国与美国红十字会的合约。由于导淮工程和运河整治所需金额过于庞大，后来美国红十字会不堪财力负荷，才由美国广益投资公司（American International Corporation，简称 A. I. C. 或译为"美国国际公司"）接手。除了巴拿马工程队之外，美方先后派遣数位水利专家来到中国，可见此一工程之艰巨，这段中美水利工程专家的合作，亦是民初中国水利史的一大盛事。

关于美国红十字会在中国活动及其贡献，凯伦（Karen Lynn Brewer）的博士学位论文曾有整体的评述，该文主要以美国红十字会的人道主义援助为主轴来探讨导淮工程的，并未触及后续美国广益公司的投资案。[1] 诺艾尔（Noel H. Pugach）的专著，探讨驻华公使芮恩施在中国的活动，提到关于芮恩施对导淮工程的参与和期待，亦仅止于美国红十字会负责阶段。[2] 迄今为止，尚未有学术专文完整地探讨美国参与导淮与大运河整治案之过程，此案之交涉在民初美国所参与的中国公共工程中因其人道主义的精神，深获美国朝野赞许，美国政府亦介入最深，如驻华公使芮恩施的居间调和与奔走。本文着重此一工程

---

[1] Karen Lynn Brewer, "From Philanthropy to Reform: the American Red Cross in China, 1906 – 1931," Ph. D. Thesis, Case Western Reserve University, 1983.

[2] Noel H. Pugach, *Paul S. Reinsch, Open Door Diplomat in Action*, Millwood, N. Y.: KTO Press, 1979, pp. 102 – 110. 该书并未探讨后续广益公司所参与的导淮工程。

案从美国红十字会手中的人道主义工程案，继而转变为国际大财团美国广益公司投资工程案的过程，其虽仍具人道主义援助之精神，但交涉过程已非单纯人道主义救援问题的过程。本文除运用中研院近代史研究所收藏之美国裕中公司与美国广益公司对华交涉材料、美国国务院出版之外交关系文件（FRUS）外，另利用美国佛蒙特大学（University of Vermont）特藏档案中的《奥斯丁文件》（*The Warren Robinson Austin Papers*）。借对上述中英文档案的爬梳，探讨美国广益公司与美国裕中公司对导淮和大运河整治案的交涉。①

二 美国红十字会参与阶段

1906 年（光绪三十二年），淮河流域发生严重大水，苏北灾情惨重，美国红十字会派员参与这次水患的赈灾工作，展开对中国水利问题和人道救济工作的关注。由于黄河时而改道，导致淮河流域屡屡泛滥成灾，人、物损失极巨。民国初建，首任农商部总长、全国水利局总裁张謇即以导淮为急务，为求防备未来灾害起见，乃聘用专家初步探勘，并拟淮河流域防洪及浚治运河计划。②但此项计划之能否实施，必须有款项来源。

根据美国驻华公使芮恩施的记载，时任农商部总长的张謇亲自拜访芮恩施，希望他居中牵线由美国资本家对华提供一笔水利借款来改进淮河流域和其他地区工程，并建议美国政府提供援助，派遣专家前来设计和指导这些计划中的工程。③派遣工程师来指导进行排水和灌溉，即意味着与中国人的密切接触，也可能意味着控制这些受到影响的地区内的资源。因为外国债权人为要取得借款的担保，就会要求以水利工程所经过的被改良的土地作为抵押品，包括在此一工程之内的一条可供航运的水道——运河，这样无异对外国工程师和资本家提供一种直接穿过内地的途径。显然，由于中美的特殊友好关系，使得中

---

① 奥斯丁（Warren Robinson Austin，1877～1962），于 1916 年受美国广益公司副总裁司戴德（Willard D. Straight）之推荐担任该公司之委任律师。奥斯丁于 1917 年被任命为美国在华领事裁判法庭律师团之成员（中文名"大美国按察使衙门按察使"）。回美后于 1931～1946 年担任国会议员，1946～1953 年出任美国驻联合国安理会代表。1962 年过世后，其日记和生平经历资料悉数捐赠予美国佛蒙特大学。

② 须景昌：《张謇与淮河治理》，《张謇与近代中国社会：第四届张謇国际学术研讨会论文集》，第四届张謇国际学术研讨会，2006，第 418～419 页。

③ 〔美〕芮恩施：《一个美国外交官使华记》，李抱宏、盛震溯译，商务印书馆，1982，第 61～62 页。

国主动向美方提出此一请求。如同芮恩施所言："美国的政策一贯没有侵略性质，我发现中国会给公正的美国人以别的国家没有希望得到的特许权。"①

确如芮恩施所言，由于美国威尔逊总统（Woodrow Wilson, 1856～1924）于1913年上任不久，以道德主义的立场退出六国银行团（英、法、德、美、日、俄）。中国政府担心其余五国家有觊觎中国土地之野心，而导淮贷款又涉及土地之提供保证，深恐危及中国领土主权，因而有意以对华较友善的美国为贷款国家。对于导淮工程，当时《东方杂志》曾盛赞美国政府及民间之义助中国，并称此事为美方所提议：

> 夫导淮之举，及实行导淮之借款，此美人所提议者也。其所以为此者，盖纯为人道主义起见。盖此种事业，除援救中国数百万之生命及恢复中国大地区之财产外，固无利益之可得也。②

事实上，从北洋外交部资料及其他相关资料所见，应是由中国政府率先主动提出，再由驻美公使芮恩施居中牵线而成。在芮恩施通过美国国务院向美国红十字会的联系下，1914年1月30日，农商部总长张謇与美国红十字会（由驻华公使芮恩施代表）共同签订《导淮借款草约》（the Contract of the Huai River Conservancy Loan），借款二千万美元。③ 这项由美国红十字会参与的合作可被视为民间的非政府的外交活动，为了达成进一步的合作，张謇组织一支实业考察团先行赴淮河水域及东南各省考察。④

导淮合同签订后，美国红十字会和怀特公司（J. G. White & Corporation）提供五万美元，加上北京政府出资的微数金额（约2500美元），共同作为探勘的资金。接着由曾任巴拿马运河管理局的（Panama Canal board）赛伯特上校（后升为少将）出任这项导淮工程的主席。赛伯特当时系以军事工程师的

---

① 〔美〕芮恩施：《一个美国外交官使华记》，李抱宏、盛震溯译，第69页。
② 当时《东方杂志》报道中国政府曾一度不愿美国人承担此事，因为"与其受红十字会之助，毋宁向比国借款"。因为淮河流域经过地区主要为比利时铁路利权之所在，如能使此项借款有效，则其土地且抵押于比人，中国人颇顾虑之。但该报认为，果真如此，则中国恐又为比利时所欺。在该报文末编辑加注："该文撰竣后，已由红十字会与中国缔结而成。因此该报甚感庆幸，盛赞美国之义行。"《导淮借款》，《东方杂志》第10卷第9号，1914年3月1日，第42页。
③ 《驻美使馆保存档案》，中研院近代史研究所藏，北洋外交部档案：03－12－009－05。
④ Qian Jian（钱健），"Harnessing the Huai River Planned by Zhang Jian and the American Red Cross,"《张謇与近代中国社会：第四届张謇国际学术研讨会论文集》，第384页。

身份来华从事探勘工作的，因而此项任命还经过美国国会的同意。①

　　由于巴拿马运河即将完工，当时在中国参与整治辽河工程的英籍工程师休斯（Hughes，全名不详）乃向美国驻牛庄领事阿尔伯特（Albert W. Pentius）提议将巴拿马运河工程的疏浚机以合理价格卖给中国，美国牛庄领事建议利用这一批先进的挖掘机器使辽河和淮河整治工程同时受惠，并促使中国水利工程顺利完成。② 中国驻巴拿马总领事冯祥光也转来巴拿马运河河署出售物品经理人特鲁特（译名）之函电和机关车清单，说明取价极廉。③ 可惜的是交通部审核清中所开列之机关车原系用于五尺轨之路与中国四尺八寸之轨未能合符，取价虽廉，亦碍难购用。④

　　在赛伯特上校的主持下，包括其他的工程师和中国助手在内的十三名成员，在中国从事三个多月的调查工作。⑤ 在这支整治淮河探查队起身之前，美国总统威尔逊特向美国红十字会致意这项工程是中美友好的典范，"不凡的成就……证明一群无私的团体奉献于一个即将苏醒的大国的努力"。陆军部部长盖瑞森（Lindley Garrison）嘉许道，"这事不仅是对中国伟大、珍贵的一件事，且将是表达美国对中国友谊的里程碑，这件慈善工程，写下美国对中国的具体援助"。⑥

　　不久，调查队的报告出炉，结果令人忧虑，这项工程的艰巨远超原来的评估，对工程委员会构成一大挑战，同时原本预估的两千万美元显然不足以达到整治的效益。根据美国国务院内部文件，张謇于1914年10月给芮恩施的信件中，除了感谢美国政府和美国红十字会长期对中国江苏和安徽水患问题的援助之外，也表达这项整治工程必须从淮河支线的整治做起的意见，要求芮恩施向

---

① 〔美〕芮恩施：《一个美国外交官使华记》，李抱宏、盛震溯译，第82页。

② Albert W. Pentius to Reinsch, Oct. 15, 1914, United States National Archives, *Records of Department of State Relating to Internal Affairs of China*, *1910 - 1929* (hereafter cited as NA.) No. 893. 811/ 159.

③ 1914年12月2日，北洋政府外交部通商司：《巴拿马河署出售机关车事咨行查核见复由》，中研院近代史研究所档案馆：03 - 05 - 070 - 05 - 002。

④ 1914年12月10日，北洋政府外交部通商司：《巴拿马河署出售机关车碍难购用由》，中研院近代史研究所档案馆：03 - 05 - 070 - 05 - 004。

⑤ Karen Lynn Brewer, "From Philanthropy to Reform: the American Red Cross in China, 1906 - 1931," pp. 177 - 179. 钱健，"Harnessing the Huai River Planned by Zhang Jian and the American Red Cross,"《张謇与近代中国社会：第四届张謇国际学术研讨会论文集》，第384页。

⑥ Karen Lynn Brewer, "From Philanthropy to Reform: the American Red Cross in China, 1906 - 1931," p. 179.

美国政府提出借一笔改善淮河和沂水的工程借款，共计五百万美元。[1]

当时代表美国红十字会签约的驻华公使芮恩施表示，此项工程的艰巨更彰显人道主义救援的意义，呼吁美国政府积极介入。芮恩施说：

> 我认为这项工程将会大大提高美国的声望。它不仅通过挽回中国几百万英亩的肥沃土地，确保许多人的生计，而且将会给中国提供一个生动的范例，说明采用科学的方法，确能改善人们的生活条件。1914～1915年冬季，严重的饥荒使这个地区再次荒芜，数十万农民受到死亡的威胁。[2]

一向希望通过协助中国现代化，增加对中国影响力的驻华公使芮恩施，同时也担心由于美国人的犹豫不决，加上中国的积弱，会让北京政府屈服于外国势力，因证据显示，比利时、法国、俄国正有意接收此项工程，以进一步获得淮河流域经过的华中地区的铁路让渡权。更有甚者是未来如联系西伯利亚铁路穿越华中至海，那么这片沿线将成为欧洲国家强大的势力范围。[3]

然而，这项工程的预算金额远远高出预期，美国红十字会工程委员会接着提出新的一笔三千万美元的预算工程计划，这份报告的副本同时送交美国国务院和洛克菲勒基金会参考。不巧的是，当时第一次世界大战席卷欧洲，洛克菲勒基金会表示该会在欧洲的救援工作和其他救援工作的承诺使得该会无法再承担淮河计划。最后，美国红十字会和洛克菲勒基金会对于筹措这项资金都同表困难重重。[4] 可以理解的是，第一次世界大战爆发后，资金来源的不稳定和抢救欧洲的难民潮，势必分散了美国红十字会的救助资源。[5]

对美国红十字会而言，这项疏浚工程和建造淮河新出海口的计划，将可改善中国数省居民饱受淮河水患之苦，工程本身具有的人道主义精神无疑为美国红十字会所关心，然而庞大的工程经费不可避免须仰赖美国银行团和实业界的

---

[1] A Letter from H. E. Chang Chien and Husi Tun-Lin to the American Minister, Received Oct. 18, 1914, NA. 893. 811/166.

[2] 〔美〕芮恩施：《一个美国外交官使华记》，李抱宏、盛震溯译，第128页。

[3] Noel H. Pugach, *Paul S. Reinsch*, *Open Door Diplomat in Action*, p. 105.

[4] George W. Davis (American Red Cross, Chairman, Central Committee) to Lansing, Dec. 25, 1914, NA, 893. 811/ 167. 工程师和水利局的相关会议记录，见 Vice Consul of Newchwang to the Secretary of States, Feb. 5, 1915, NA. 893. 811/190, Enclosure。Noel H. Pugach, *Paul S. Reinsch*, *Open Door Diplomat in Action*, p. 110.

[5] *Reinsch to Chang Chien and Hsu Tung-lin*, *Oct. 26*, *1914*, NA. 893. 811/166.

支持。美国红十字会的董事博德曼（Mabel T. Boardman，1860～1946）负责筹备工程的资金和财务，随即面临其他投资企业家提出的难题，这些企业主希望能确保淮河流域的土地价值被利用和改善，因此要求以淮河流域的税收作为借款的安全性担保。在此一困境之下，才有后来美国广益公司表示愿意接手银行贷款的风险，并安排美国裕中公司负责淮河流域的测量和运河的实际建造工作。① 因此，美国红十字会参与的阶段主要仍在调查地质、地形和评估各项经费的初期阶段，后续施工任务则是由美国广益公司来筹划。

三　美国广益公司与美国裕中公司参与阶段

美国广益公司成立于 1915 年 11 月，是第一次世界大战爆发后由一群美国银行家和实业家为了促进美国在海外投资所成立的国际性大财团。大战之初，美国因未参战，美国资本家借机拓展在海外市场的影响力，而中国市场正是他们有意移转部分欧洲资金的地区之一。美国广益公司授权的在华代表——美国裕中公司创办人开瑞（William F. Carey，1878～1951）于 1915 年来华投资，其为人颇富政治手腕，很快成为美国在华商人中的活跃人物。②

1916 年 4 月 19 日和 5 月 15 日，美国广益公司和中国政府达成《导淮借款与整治运河协议》（*An Agreement of the Southern Canal Loan & the Agreement of Releasing the Huai and the Canal Loan*）草约。③ 美国驻华公使芮恩施致电蓝辛（Robert Lansing）表示"这是任何一家外国公司都想在中国所获得的最优惠借款"，尽管芮恩施宣称此一协议内容对中国过于严苛，但他也敦促美国银行家尽快批准此一借款。④

1916 年 5 月中旬，芮恩施给纽约花旗银行范德里普的信件中，强烈表达对这件事情的期待：

---

① E. T. Williams to Lansing, Apr. 1, 1914, *FRUS*, *1914*, p. 106；Lansing to Reinsch, Dec. 28, 1915, *FRUS*, *1915*, p. 215. Arthur Murray (Vice-Chairman), American Red Cross to Lansing, Dec. 28, 1915, NA, 893. 811/203, Murray to Lansing, Jan. 10, 1916, 893. 811/205.

② 有关美国广益公司之历史及其华投资事业，详见吴翎君《美国大企业与近代中国的国际化》，台北，联经出版公司，2012，第 143～178 页。

③ 1916 年 4 月 19 日签订，*Agreement for South Grand of Shantung Province Improvement* 草约内容见 *FRUS*，*1916*，pp. 115－118. 1916 年 5 月 15 日签订 *Agreement for Huai River Conservancy Grand Canal Improvement Loan* 草约内容见 *FRUS*，*1916*，pp. 110－114. 两约通常被合并称为 *An Agreement of the Southern Canal Loan & the Agreement of Releasing the Huai and the Canal Loan*.

④ Reinsch to Lansing, May 15, 1916, *FRUS*, *1916*, pp. 109－110.

我可向您表明，如同我曾向国务院陈述的在目前的中国没有一件事的重要性和意义可以和导淮计划相提并论。它不仅使得数百万亩中国最肥沃的土地得以开垦利用，且将保障二千万人口之生计，然而它的特色更在于这项工程的本身将对中国的未来产生深远的影响。……没有一项工程能带给中国人的心灵如此深刻地对"进步"一词的真实意义，这项工程将是以现代科学方法与组织，改善中国人生活的一个典范。①

此一借款包含许多和铁路借款雷同的项目，虽然借款的期限不同，分别是山东省三十年和江苏省二十年，利息均为百分之七，两项借款金额总数为六百万美元，由美国广益公司销售有价证券筹措。美国广益公司获得期待的担保，包括中国政府同意从各省预算的岁入中拨出部分用来弥补不足之数作为安全性的借款担保。美国裕中公司同时获得百分之十的建造佣金，并且美国广益公司的代表将控管这项借款和负责此一工程计划的执行。②

然而，美国广益公司在寻求运河工程的财务筹备过程中又遭遇中国地方军阀势力盘踞的特殊情况。由于整治淮河和运河工程历经数个省区，首先，美国广益公司希望这项协议系由地方政府和北京政府共同承担的契约，其意含是对于北京中央政府统治各地方势力的不信任。其次，对于这项工程的担保金，美国裕中公司希望北京政府能有确切的担保金，而最安全性的担保金便是山东与江苏两省的税收。美国广益公司要求北京政府能确切声明以印花税或其他税收作为担保。然而由于究竟由哪项税收作为担保，且该项税收是否归属中央，牵涉中央与地方的财税之争，北京政府财政部迟迟不愿对此事表态。

由于对于中国财政状况不具有信心，美国广益公司律师奥斯丁希望通过附加条款进一步确保该公司的权益。1916 年 9 月美国广益公司正式致函山东省省长，希望山东省省长在合约的附加条款中能确保这项借款的安全信用，并限定由哪一项税收担保。③ 奥斯丁给美国广益公司在北京的代表格里葛瑞（Ernest T. Gregory，亦为花旗银行北京支部经理）的信件中透露他个人非常希

---

① Letter of May 17, 1916, by Reinsch to Vandertip, Noel Pugach, "Making the Open Door Work: Paul Reinsch in China, 1913 – 1919," in *Pacific Review*, Vol. 38, 1969: 5, pp. 152 – 175.

② Reinsch to Lansing, Apr. 17, 20, 27, 28 and May 15, 1916, *FRUS*, *1916*, pp. 106 – 119.

③ AIC to the Governor to Shantung Province, Republic of China. Sep. 9, 1916. *The Warren Robinson Austin Papers*（以下简称 *Austin Papers*）, China File, Carton 3, Folder 4, Library of University of Vermont, Special Collections.

望在合约的附加条款中补上山东省省长的签名。① 后来奥斯丁给全国水利局副总裁潘复的信件中陈述附加条款的重要性：

> 一、山东和江苏合约是同等的，因此必须由北京政府来主掌，同时北京财政部总长须分别在这两者所发行公债的合约上签名及加印。
> 二、须同时获得北京中央政府和山东政府的同意。
> 三、如果他国宣称某项税收已担保为其他用途作为干预之借口，北京政府须表明作为中央政府整治运河计划的立场。

奥斯丁认为此一附加条件等于确保山东省在整治运河计划中的地位，即使没有北京政府的批准。②

1916 年 9 月至 10 月间，美国裕中公司积极和山东省省长孙发绪、财政总长陈锦涛、全国水利局副总裁潘复（署理总裁）等人联系，希望取得山东省省长签字同意以大运河流经的土地税等税收作为安全性担保。然而，山东省省长却不愿背书，而北京财政部亦无法给予确切的担保。法律顾问奥斯丁乃求助于美国公使芮恩施，美国广益公司代表格里葛瑞亲自去拜访山东省省长孙发绪，但都无法获得孙的签字同意。孙的理由是：首先这件运河借款合同的交涉从未找他协商过，现突冒出附加条件要他签字背书，他无法接受；其次，附加土地税不可能作为第一优先的担保品，因每年土地税已抵押给交通银行，作为改善黄河工程的一笔二百万美元借款的担保。所以，山东省已无法提供任何借款担保。经芮恩施的调查发现，的确如同孙发绪所言，该笔土地税已被抵押。美国广益公司格里葛瑞乃拜会北京政府财政总长和外交总长，北京政府同意以山东省征收的印花税（归缴北京中央）来取代山东省的附加土地税。③

然而，格里葛瑞于 10 月 6 日再次拜会山东省省长，表示希望以印花税取代土地税等问题时，山东省省长孙发绪对这件合同的立场非常消极，他提道，运河通行费的每年收入不会超过一万美元，将不敷担保金。而印花税的所得差不多是二十万美元，但无法保证究竟会有多少土地因此工程计划而受惠。再

---

① Austin to Ernest T. Gregory, Sep. 26, 1916, *Austin Papers*, China File, Carton 3, Folder 4. 这份文件提到包括芮恩施公使也同意在"任何资金动向未明之前"这样的附加条款是需要的。但笔者在芮恩施与国务院往来的文件或其回忆录中，并未看到此一信息。

② Austin to Pan Fu, Sep. 25, 1916, *Austin Papers*, China File, Carton 3, Folder 4.

③ Austin to Reincsh, Oct. 9, 1916, pp. 1 – 2, *Austin Papers*, China File, Carton 3, Folder 4.

者，大运河无法与上海—天津—浦口的铁路相比，因为大运河的水量不足，船只又小。① 由于担心山东省省长拒绝签字，美国广益公司乃要求芮恩施出面保护该公司的合同利益。

不久，即传出山东省议会反对征收该省印花税来担保这项借款，且有意修改合同内容。1916 年 10 月下旬，美国裕中公司派出私人代表安德森（Roy Anderson，又译孙明甫，为美孚公司在华经理）和潘复沟通，同时设法敉平山东省议会的反对声浪，并敦促山东省省长在合约上签字。为谋求安全性资金担保，美国裕中公司顾问卡特尔博士（Dr. Thomas J. N. Gattrell）拜会财政部，询问税务及外债事宜。对于中央与地方税收的划分，财政部税务局明白表示，关于大运河的通行税和印花税，无疑应是中央政府的，然而大运河支流的税收则为地方所征收。究竟能否以印花税作为担保仍是美国裕中公司最感棘手之事。②

此时，芮恩施显然比美国广益公司更为热切，他于 10 月 19 日致电北京政府，声明美国广益公司对开办合同是"迫不急待"，又指出此事之延误系来自山东省议会无理商改合同所致：

> 声明整顿山东南运河工程广益公司早已乐于开办，其延误缘由山东省议会无理商改合同内数条，但该合同系在省议会未开会以前签订，该会不宜过问，本公使今日函达贵部，系恐反对此事之人，藉此期满斥驳。并声明该公司按照合同开办此项工程实有迫不急待之意。③

此案交涉之际，北京政府国会亦有动作。由于北京政府国会对于北洋军阀与派系政治的不信任，以及舆论质疑秘密借款的压力，当时北京政府国会正强烈反对段祺瑞向日本借款案（即西原借款），传闻美国借款案也会被要求提交北京政府国会通过。因此，美国裕中公司的代表开瑞、安德森等人曾要求美国公使芮恩施游说中国官员不要将此案提到国会，他们的理由是导淮借款为袁世

---

① Austin to Reincsh, Oct. 9, 1916, pp. 3 - 5, *Austin Papers*, China File, Carton 3, Folder 4.

② Memorandum Regarding Security of the South Grand Canal of Shantung Province Loan Agreement, Oct. 27, 1916, *Austin Papers*, China File, Carton 3, Folder 4. 美国裕中公司的内部文件中透露这样的忧虑：（1）北京政府岁人的印花税中究竟能提拨多少作为我们的第一—优先担保？（2）究竟可在哪一省征收不足之数？（3）假如须征收印花税是否需要每一个省的同意？（4）除了印花税之外，还有何种中央政府的税可作为替代性的担保？

③ （芮恩施致外交部）《对山东南运河整治工程无法开展之责任声明》，1916 年 10 月 19 日，《中美往来照会集，1846~1931》第 13 辑，广西师范大学出版社，2006，第 189 页。

凯政府所批准，后续政府有继承之责任。而且，美方认为若将此一合同送交国会讨论则是歧视美国的利益，因为其他相似的合同，如俄国的铁路借款并未提交国会。① 在多次交涉后，1917 年 2 月美国广益公司的副总裁司戴德已失去耐心，态度转趋强硬，他以压迫性的手段威胁中国政府除非于一星期内签字，否则美国广益公司将保留修正合同的权利或拒绝这项投资。法律顾问奥斯丁也向芮使求援要北京政府尽速签字。②

就在美国广益公司对中国施加压力的同时，另一外力的介入也正酝酿。日本政府向北京政府抗议，据《中日民四条约》（即一般所称的"二十一条要求"）③ 宣称在山东的整治运河计划系牵涉"一战"后日本继承德国在山东的权益，因此这一计划中的借款应先向日本商定。日本此时的介入，使得司戴德拟采取对美国广益公司较稳当的政策——转向和各国在华企业的合作，而美日合作贷款对于中国是一种可选择的方式。他同时确信合作的序曲须由日本银行界开奏，且不牵涉政治担保，但其前提要件是中国政府接受这种合作。④ 司戴德同意和日本合作的想法，也见诸其日记。他在日记中提道，整件事仍由美国资金所主导，日本所参与的仅是一部分，将日本纳入的合作会比排除日本来得安全，而美国仍握有整个工程的主导权，也将发挥对中国福祉的最大效益。⑤

2 月下旬，奥斯丁、安德森在和全国水利局副总裁潘复的会面中正式转达美国广益公司打算和日本银行团合作的想法，并打算在新合同中加入与日本合作的条款。潘复首先表示这项新合同的修正条文须提交国会，其交涉程序须经北京政府外交部和美国驻华公使转交全国水利局和美国广益公司，必须具备正式的换文程序。其次，潘复仍倾向保留原涉山东的合同条款，希望未来任何新文件只是修

---

① Austin to Straight, Sep. 19, 1916, *Austin Papers*, China File, Carton 5, Folder 5.

② Straight to Gregory for Press Release, Feb. 5, 1917, *FRUS*, *1917*, p. 210.

③ 关于《中日民四条约》的法理问题，可参见吴翎君《1923 年北京政府废除〈中日民四条约〉之法理诉求》，《新史学》第 19 卷第 3 期，2008 年 9 月。

④ Report of Interview, Feb. 23, 1917, between Roy Anderson, Warren R. Austin, and Pan-Fu, *Austin Papers*, China File, Carton 5, Folder 6.

⑤ 司戴德从早期任职中国海关，后担任美国驻汉城（今首尔）和奉天外交官，目睹日俄在远东的扩张，尤其是日本在东北的势力，他一直希望美国积极参与中国事务，扩大对中国的影响力。在整治大运河一事上，司戴德解释他选择与日本的合作系基于国际合作的理由，将日本纳入合作伙伴执行美国主导的门户开放政策，会比将日本排除来得安全，但此一做法在当时遭致一些人的批评。见 Louis Graves, "An American in Asia," *Asia*, Vol. XXI, No. 2, May 1921, p. 436, Collected by Harvard University. 关于司戴德在远东的活动，详见吴翎君《司戴德与清末民初中国》，《辛亥革命暨南临时政府成立国际学术讨论会会议论文》上册，南京大学主办，2011，第 142～155 页。

订。对于日本作为一个新的参与者，潘复并未明言反对，但显露担心日本加入后的合约恐有新的纷扰。[1]

结果，美国广益公司在未正式知会北京政府或美国国务院的情况下和日本兴业银行（Industrial Bank of Japan）[2] 展开合作的谈判。[3] 日本兴业银行副总裁小野英二郎（Yeijiro Ono, 1864～1927）和美国广益公司总裁史东（Charles A. Stone），经过数次换文后，于 1917 年 3 月 9 日达成初步的意向。合同草约提到日本兴业银行将参与山东、江苏大运河工程，双方拟将向中国政府提出一纸新的合作契约，初步草议有五项条款，其中第二款关于债券的部分最受关注，重点如下：

一、全部发行债券为 600 万美元（约 1200 万日元），美国认股其中的 350 万美元，日本兴业银行认股 250 万美元。

二、双方同意同时于纽约和东京证交所挂牌上市，关于债券之价格及其获利彼此为独立且互无责任。

三、总值 600 万美元的债券将于纽约和东京证交所同时上市，并符合该处证交所之规定。

四、美国广益公司将设法使中国政府订出美元和日元固定交易汇率之转换，假使新合约是由美日双方联合向中国议定的话，日方可加入这项讨论。

五、贷款之收益将视美国与日本各别发行之比例额度存入纽约（美国广益公司）和东京（日本兴业银行），而其移转给中国则依建造工程经费之比例额度。经费如移转给中国系由国际银行公司（International Banking Corporation）和日本一家即将组成的银行在中国共同持有，直到这项经费因合约之用途被提领为止。[4]

---

① Report of Interview, Feb. 23, 1917, between Roy Anderson, Warren R. Austin, and Pan-Fu, *Austin Papers*, China File, Carton 5, Folder 6.

② 日本兴业银行成立于 1902 年，http://en.wikipedia.org/wiki/Industrial_Bank_of_Japan。

③ 根据芮恩施回忆录的说法，美国广益公司和日本兴业银行突然决定签订合作协议，连美国广益公司的驻京代表们事先也未得知。〔美〕芮恩施：《一个美国外交官使华记》，李抱宏、盛震溯译，第 168 页。然根据广益公司的内部文件显示其实不然，如本文所言，驻京代表安德森为此事和潘复有多次接触，但不敢透露美日协议的具体内容。

④ Agreement Between the American International Corporation and the Industrial Bank of Japan, March 9, 1917, *Austin Papers*, China File, Carton 5, Folder 6.

上述草约内容显然和芮恩施希望由美国企业独立投资的期待有所违背。就在 1917 年初，当芮恩施得知日本可能加入合作投资的行列时，就一再表达这件事将使北京政府丧失对美国银行界的信心。芮恩施严加斥责："没有任何一件行动，会如伤害美国在中国的投资利益了，这件事隐含着承认日本继承德国在山东的权利，此一举动等于强化了日本在中国的地位，他相信此举将使美国在中国的道德角色带来极大的伤害，更让门户开放政策的原则受到严重的损害。"①

美国国务院首先将此事定位为日本银行与美国银行之间的投资问题，对美日合作投资整治运河工程表示无任何建议，但务必尊重中国政府的想法。② 芮恩施即搜集各方情报向美国务院表达美日合作的不恰当，如英国人办的《字林西报》（North China Daily News）就直接点明，"中国人认为美日在山东的合作是严重的诚信背叛"。③ 他更不讳言内阁总理向他无奈地表示，"我们能怎么办呢，（美国广益）公司已经绑住我们的双手了"，即中国人被美国广益公司给出卖了。④ 中国舆论则批评美国的背信弃义，日本的加入是剥夺美国人在华的信用，等于中国被美国银行界上了脚铐一般；中国舆论的批评令美国驻华公使的处境颇为尴尬。⑤

美国广益公司于 4 月初向美国务院表示，芮恩施和中国政府对于这项美日合同有错误的解读。它指出这份合同草约是双方银行之间的文件，也清楚提到有关借款的部分在没有得到北京政府明确同意之前，不可能有其他任何关于借款合作的规划和承诺。为澄清绝无在文件中出卖中国政府，美国广益公司递交给国务院 3 月 8 日该公司和日本兴业银行的合同。⑥ 美国广益公司的内部文件则认为芮恩施做得太过火，对芮使强烈不满："虽然这一向是芮恩施个人在处理中国事务的特质，但如果芮恩施能稍从日本的观点公允地看待远东情势，那

---

① Reinsch to Lansing, Apr. 24, 1917, NA, 893.811/259；Reinsch to Lansing, Jan. 2, 1917, *FRUS*, *1917*, p.207，1917 年 5 月 8 日，芮公使在给国务院长达 21 页的备忘录中，强烈抨击同意日本的加入运河和铁路合同，等于默许"二十一条要求"内容中日本在山东的权利。这份备忘录见 NA. 893.811/257.

② Lansing to Reinsch Jan. 13, 1917, *FRUS*, *1917*, p.208.

③ Reinsch to Lansing, Feb. 13, 1917, *FRUS*, *1917*, p.211.

④ Reinsch to Lansing, Apr. 14, 1917, *FRUS*, *1917*, p.215. 芮恩施的剪报，另有《远东时报》（*Far Eastern Review*）、《北京京报》（*Peking Gazette*）的意见，均对美日合作持负面评价，认为美国被日本操弄。详见 Reinsch to Lansing, Feb. 14, 1917, NA. 893.811/251.

⑤ Reinsch to Lansing, Feb. 2, 1917, *FRUS*, *1917*, p.210.

⑥ Charles A. Stone to Robert Lansing, Apr. 5, 1917, *FRUS*, *1917*, p.211.

么就能睁大眼睛看清此一事实。"对于芮恩施指责美国广益公司的作为，副总裁司戴德除表示遗憾之外，也期待美国的大陆与商业银行（Continental and Commercial Bank）不要接手此事，那会灌输中国人一种观念，亦即他们是美国广益公司和美国裕中公司的竞争对手，而不同的是中国人可以从大陆与商业银行筹到资金。他认为美国银行家也应睁眼理解美国广益公司为何不得不与日本人合作的事实。①

1917 年 8 月 30 日，芮恩施拍给国务院一封密电，表示目前中国对于日本的合作已无从选择了，日本的金融介入势必接管整个工程计划，导致美国利益受巨大伤害，要求国务院敦促美国广益公司尽快和北京政府签订协议，更建议预付先期工程十万美元。② 这封由远东司司长罗赫德（Frank P. Lockhart, 1881 ~ 1949）批示的电报被以"极机密"的方式转给美国广益公司，而美国广益公司总裁史东致电国务卿蓝辛直接驳斥芮使所言。该电报说明尽管在目前的情势下这项工程本身的吸引力不是那么大，然而美国广益公司已准备缔约，并确定这项行动系完全符合美国政府之政策，对于日本的参与，美国广益公司早已通报美国务院了解，同时这项合作必定是在中国同意的必要条件下进行的。③ 广益公司的内部文件揭露日本对于参与这项投资的积极性，且不在乎是否须由北京政府国会批准；而美国广益公司则对于这项美日合作要做到合乎法律和政治形式，的确是非常坚持的。④

在此交涉之际，中国政局又经一次大波澜，1917 年 6 ~ 7 月，北京政局经府院之争、国会被迫解散及张勋复辟事件一连串的震荡后，以段祺瑞复任国务总理而暂告落幕，但段自居"再造共和"之功，拒绝恢复国会。因此，美国广益公司与北京政府所订之合约是否能为新国会所批准，也被拿出来讨论。在美国广益公司看来，虽然北京政府历经复辟动乱，但它仅是昙花一现，北京政府所签订的合约不论新旧国会都应批准。⑤ 这显然和以前美国广益公司独立承揽这项借款合约时对附加条款字句计较有所不同。在确定日本参与此项借款，且 1917 年 8 月北京政府财政部允诺将以每年全数印花税作为向美方借款五十

---

① Willard Straight to Austin, May 15, 1917, *Austin Papers*, China File, Carton 5, Folder 3.

② Copy of a Message Read to Mr. Dearing, by Mr. Lockhart from Department, Aug. 30, 1917, Strictly Confidential, *Austin Papers*, China File, Carton 6, Folder 1.

③ Charles A. Stone to Robert Lansing, Sep. 10, 1917, *Austin Papers*, China File, Carton 6, Folder 1.

④ China Prospects and Plans, *Austin Papers*, China File, Carton 6, Folder 1. 日期不详。

⑤ Memorandum Re. Canal Contract in China, Aug. 25, 1917, *Austin Papers*, China File, Carton 6, Folder 1.

万银圆的优先担保之后，美国广益公司认为在程序上通过北京政府和美国使馆正式确认，给予日本执行权和同意权，且应通知日本美方确信须有北京国会批准的合约之后，此约才实质生效。[①]

1917 年 10 月下旬，芮使仍一再敦促美国广益公司尽快和北京政府签订合同，切勿一再拖延，以免使人对美国产生不信任之感，同时仍坚持一旦日本兴业银行加入投资，极可能使得整治运河计划偏向日本利益。10 月底，他再度强调美国广益公司马上预付十万美元的先期工程费，以使计划顺利完成。[②] 为敦促导淮计划尽快签约，他甚至认为是否经过国会的同意也无所谓了，因为此时北京政府已获得国际承认其合法性地位，情势已和 8 月交涉时值府院之争、国会空悬的情况有所不同。[③]

由于对整体远东利益的考虑，美国国务院并没有支持芮恩施的立场。1917 年 4 月初，美国对德宣战，美日同时成为第一次世界大战的反轴心国家。自美国加入第一次世界大战后，在远东的合作政策更显得迫切。再者，日本和美国展开密切的外交谈判，有 1917 年 11 月的《蓝辛－石井协议》（The Lansing-Ishii Agreement），美国对于日本在中国东北的最高利益有某种妥协。最后关键因素是由于威尔逊政府在远东的政策的转向，从四年前退出六国银行团转变为列强间的合作政策而采取劝告美国银行界加入六国银行团在中国的活动的政策，因此倾向美国广益公司与日本的合作计划。[④]

1917 年 11 月 20 日，美国广益公司代表开瑞和北京政府签署整治大运河借款合同即 The Chinese Government Grand Canal Improvement Seven percent（7%）Gold Loan of 1917，同时经美国会批准生效。生效之日随即取消 1916 年 4 月 19 日与山东省签订之协议。合约规定北京政府授权美国广益公司为代理人发行六百万美元之债券，年息为七厘。这项合约的最后有一背书（endorsement）亦即中国政府同意美国广益公司和日本兴业银行合作整治山东和江苏大运河计

---

① 美国广益公司总裁史东授权在北京的开瑞务必做到程序上的完整，并直接发电文给芮恩施公使，告知开瑞已被授权一旦国会同意后即行缔结新合约之事。Charles A. Stone to W. F. Carey, Aug. 23, 1917, *Austin Papers*, China File, Carton 6, Folder 1；Charles A. Stone to Minister Reinsch, Sep. 10, 1917, *FRUS*, *1917*, p. 221.

② Reinsch to Lansing, Oct. 27, 1917, *FRUS*, *1917*, p. 223.

③ Reinsch to Lansing, Oct. 30, 1917, *FRUS*, *1917*, pp. 223 – 224.

④ Harry N. Scheiber, "World War I as Entrepreneurial Opportunity：Willard Straight and the American International Corporation," pp. 486 – 501.

划，但该计划须在美国监管之下执行。[①]

这项美日合约中有关发行债券的内容系在 1917 年 3 月 9 日美国广益公司与日本兴业公司所签协议的基础上略做修正，法律顾问奥斯丁在起草这份日本加入投资计划后的新合约后，也表明他个人深信美国广益公司副总裁司戴德所持的与日本合作的理论，并将整治运河计划纳入，是深具远见的方案。这是维持美国在华门户开放政策，并避免冲突的最务实做法。[②]

四　中美工程师的合作与交锋

对于导淮和运河整治工程，主其事者为曾任导淮督办、全国水利局总裁兼导淮总裁的张謇，他在治理导淮工程期间，与美方技术人员有颇多合作，但亦有所冲突。其中与詹美森（Charles Davis Jameson, 1855 ~ 1927）的闲隙最为人所知。詹美森于 1895 来华后即担任大清帝国的建筑工程顾问，后出任美国红十字会导淮计划总工程师，直到 1918 年离华，回美后担任麻省理工学院和艾奥瓦大学的教授，1927 年在佛罗里达州的萨拉索塔（Sarasota）过世。他将在中国的治理水利经验，写成《北长江流域安徽和江苏区域的河湖整治》（*River, Lake and Conservancy in Portions of the Provinces of Anhui and Kiangsu North of the Yangtze River*）一书。[③] 张謇和詹美森的冲突始于美国红十字会派员来华之初，张謇对于詹美森的人品和工程技术均颇有微词。

[①] Reinsch to Lansing, Nov. 28, 1917, *FRUS, 1917*, p. 225. 合约内容见 *FRUS, 1917*, pp. 225 – 230。该合约由北京政府河工督办熊希龄签署。另外，11 月 22 日，日本兴业银行和中日合兴公司（Sino-Japanese Industrial Company）代表日本 11 家银行，包括兴业银行、横滨银行、台湾银行、第一银行等，也和北京政府签订一笔五百万日元的直隶省疏洪借款，即 *Japan & China-Agreement for Loan for Flood Relief in Chihli*，合约内容见 John V. A. MacMurray, *Treaties and Agreements with and Concerning China, 1894 – 1919*（New York：Oxford University Press, 1921），Vol. II, pp. 1397 – 1400。

[②] Austine to Straight, March 24 & 29, 1917; Austin to W. S. Kies, April 10, 1917; Straight to Austin, May 15, 1917, All in *Austin Papers*, China File, Carton 5, Folder 6.

[③] 詹美森一生经历甚广，曾于加拿大的新不伦瑞克省（New Brunswick），美国田纳西州孟菲斯（Tennessee Memphis）市，南卡罗纳州查尔斯顿市（South Carolina Charleston），墨西哥（Mexico）和巴拿马地峡（Isthmus of Panama）等地担任工程师。也曾任教于麻省里工学院（MIT）和艾奥瓦州立大学（Iowa state University）。詹美森的毕生文件收于美国布朗大学图书馆特藏室，著有 *River, Lake and Conservancy in Portions of the Provinces of Anhui and Kiangsu North of the Yangtze River*（Shanghai, 1913）；*C. D. Jameson Papers*, Brown University, Providence, R. I. 以上数据见 David Shavit, *The United States in Asia: a Historical Dictionary*, p. 265；Google 学术图书网可检阅。

在张謇与美国红十字会签约之前，即提出希望能主导工程师人选，对于美国红十字会总工程师兼理款项——指"詹美森不仅订有治理淮河手续，即对于应需款项亦有筹款办法"——表示不妥。当时美国卫理（Edward T. Williams）公使转呈美国红十字会的看法："查美国红十字会实以詹美森所拟办法为最完善"，因此继续指派詹美森为经理之一职。至于"詹美森所提之合同筹用办法已与美国资本团代表酌商，该代表曾以此办法为可行，司账一节，詹君不愿兼顾，甚望工程早为开办"。张謇或出于对詹美森的顾虑，或另有其他原因，曾一度考虑向比利时借款。美国方面随即表示："忽闻导淮督办张謇现正与比国银行团商借数百万两，此款若能有效，恐须带雇用比国工程师，美国人民实难协办。"① 也就是说借款与工程协办，不能分割。由于当时美国红十字已在淮河一带花费五十余万美元，不希望此项工程转交至比利时的手上，所以一方面希望中国仍向美国借款，另一方面也仍主张聘用詹美森为导淮总工程师。②

1914 年 1 月 30 日，张謇与美国红十字会签订草约后，此案转由中国驻美公使与美国红十字会签订正式合同，此时张謇更要求正式合约中应限定工程师要有五年以上之河工经验。张謇以全国水利局总裁身份要求即将赴美的驻外财政官员陈锦涛（陈兰生）就近向驻美公使夏偕复传达，请其务必留意工程技术人员的专业条件。张謇在给陈锦涛的信件中挑明对詹美森的不满，说他"性情颇为狡黠，其学术技术亦非上选""沾染我国恶息"（可能指司账一事）：

美国红十字会前曾以淮灾委派美人詹美森来淮考察并加测勘，其人沾染我国旧习甚深，且察其性情颇为狡黠，其学术技术亦非上选，在工程上本不合用，美使近复为之揄扬，现已函复允俟开工时聘为顾问工程师，顾问二字中西理义广狭不同，西文字义似尚在总工程师之上，中文字义则与西文所谓普通咨询工程师一例，盖美使之意以詹美森于淮河情状尚知大概，而此次在美借导淮一款，凡投资者欲知准将来之效果以及现今之经营必询问其人用定趋向，故有此请也。但工程事业所关甚巨，如订正式合同

---

① 《对詹美森所拟治理淮河工程计划借款变故照会》，1913 年 5 月 10 日，《中美往来照会集，1846～1931》第 12 辑，广西师范大学出版社，2000，第 41 页。

② 《对农林兼工商总长改与比国借款建导淮工程提出异议》，《中美往来照会集，1846～1931》第 12 辑，第 117 页。

时，詹美森或要求运动为总工程师则碍难照准，即工程师以上之顾问亦难允许，最好则普通咨询工程师或分段监督工程师也。草议第5条所云（愿托美国红十字会延聘在美国著名重要河工有五年以上之经验于职业上负有最高尚名誉之工程师为导淮总工程师）。[①]

张謇要求草议中订入需有五年以上水利工程师之经验，即为抵制詹美森，不愿再与此人共事，因詹美森在美国河工中并无五年以上之经验。[②]

在工程的理念上，张謇的主张与詹美森亦不相同，詹美森主张入江和入海同时排除淮水，入海水道用废黄河故道，入江水道由高宝湖排入长江。此与张謇主张"江海分疏"亦有所不同。[③] 张謇显然对詹美森的人品和河工专业均不信任。

在美国红十字会参与阶段，参与导淮工程案的另一位美籍工程师赛伯特，于1884毕业于美国西点军校（West Point）。他是巴拿马运河工程中的主要工程师之一，著有《建造巴拿马运河》（*The Construction of the Panama Canal*）一书，记录从1904年到1914年美国接管巴拿马运河建造工事后的工程如水闸、水坝、桥墩的设计和各项费用等内容，并绘有各式工程图样，特别针对该工程中的艰巨工程详加描述。赛伯特返美后，转任美国政府为因应第一次世界大战变局而成立于1918年6月的"化学战勤务署"（The Chemical Warfare Service, CWS）首任署长。[④] 除了赛伯特之外，还有两位经验丰富的专家：一是阿瑟·戴维斯（Arthur P. Davis），曾任美国垦殖局总工程师（Chief Engineer of the U. S. Reclamation Service）；二是米德（Daniel Mead），威斯康星大学水利学

---

① 中研院近代史研究所藏"外交部"档案：03 - 12 - 009 - 05 - 006。《全国水利局致陈兰生》。本份卷宗共有100余页之多。
② 中研院近代史研究所藏"外交部"档案：03 - 12 - 009 - 05 - 006。
③ 须景昌：《张謇与淮河治理》，《张謇与近代中国社会：第四届张謇国际学术研讨会论文集》，第423页。
④ 赛伯特在巴拿马工程委员会中负责大西洋段工程，古吞（Gutun）水闸和水坝、开凿从古吞到大西洋七英里的运河、建造科基港（Colon Harbour）防坡堤等大西洋段的主要工程。不仅如此，1908年以前他还负责所有巴拿马运河的闸坝（Locks and Dam）工程和规章制定的工作。著名的铁路专家史提文逊（John F. Stevens）在1906～1907年由罗斯福总统（Theodore Roosevel）任命为总工程师，赛伯特为其重要副手。继史提文逊之后，哥索尔氏（George Washington Goethals）克服工程与环境的重重障碍，终于完成建造巴拿马运河的不可能任务。William Luther Sibert, *The Construction of the Panama Canal*, pp. 6 - 7. 全书可于 Google 图书下载，http://en. wikipedia. org/wiki/William_ L. _ Sibert，下载时间：2010年9月1日。

（University of Wisconsin）教授，曾是俄亥俄洪水整治委员会（Ohio Flood Commission）的成员。1914 年 8 月，赛伯特在上海给美国红十字中央执行委员会主席乔治·戴维斯（George W. Davis）的私人信件中吐露他刚考察淮河流域和大运河后的心得，对工程还算乐观，但停留时间尚短，仍有待日后进一步考察。他向张謇建议在淮河和沂水上设置两处永久河川观察站。同时也提到目前大运河有五到六个厘金站，而据美国两家石油公司（指美孚公司和德士谷公司）给他的信息是，这两家公司一年花在大运河的厘金通行费用高达三万美元。这项信息是否暗示美国红十字会可在工程改善后征收通行费以补偿工程巨费，不得而知。① 在芮恩施的回忆中，也提到赛伯特领导的工程委员会，并对于水利工程进行探勘成果甚为推崇，但与美国裕中公司有联系的财界对后续工作仍然犹豫不决，财界显然关心的是有无实际利益可图。②

赛伯特主张"全量入江"，不要江海分流，主张导淮入江，只要经洪泽湖、高宝湖入江。③ 由于赛伯特在华时间停留不长，张謇在给中国驻华府公使夏偕复的信中，一方面表达对美国工程队的感谢之情，另一方面也希望驻美使馆一旦收到美国红十字会的调查报告后，尽快将副本寄给北京政府和导淮水利部门，但他同时表达对美国工程队采用导淮入江（长江）并不十分赞同的看法。④

在美国广益公司参与阶段，1919 年，工程师费礼门（John Ripley Freeman，1855～1932）来到中国。当时费礼门在美国工程界已略有声名。他早期在波士顿从事火险业，再从防火工程关注转到水利工程，1899 年受邀研究纽约市的水利供给问题，此后他长期担任美国各大城市水利工程的顾问。1903 年出任马萨诸塞州查尔斯河水坝委员会（Charles River Dam Commission）首任工程师。之后，他曾参与美国数家公司的水力发电和水坝工程设计计划。1917～1920 年受北京政府聘任担任中国大运河整治工程及疏导黄河、淮河工

---

① 这封信事实上为私人信函，但美国红十字中央执行委员会主席乔治·戴维斯认为有参考价值而转给国务院远东司司长威廉姆斯（E. T. Williams）。William L. Sibert to George W. Davis, Aug. 26, 1914, NA. 893. 811/153.

② 〔美〕芮恩施：《一个美国外交官在中国》，李抱宏、盛震溯译，第 160 页。

③ 赛伯特对中国水利的调查报告，可参见 George Burleigh Baird, "Famine Relief and Prevention in China," Chicago: M. A. Thesis Paper of Chicago University, 1915, p. 50（感谢"国家"图书馆黄文德先生提供此份信息）。

④ K. F. Shah to E. T. Williams, Oct. 21, 1914, NA. 893. 811/154.

程计划的咨询工程师。[①] 费礼门曾于 1919 年 10 月 25 日在北京海军俱乐部演讲《中国的大运河》（"The Grand Canal of China"），该文共有 67 页。也曾受邀于美国土木工程协会（American Society of Civil Engineers，A. S. C. E.）发表《中国的洪水问题》（"Flood Problems in China"），提出他对黄河、淮河和大运河的整治问题的看法。[②]

费礼门和张謇针对导淮工程的技术展开多次研商，张謇提供历次有关导淮工程的文件供其参考，次年费礼门出版导淮工程的报告，被称为"费礼门计划"（Freeman Plan），但这项计划仍无法解决问题。费礼门计划大致内容为：全量入河，入海路线自五河经洪泽湖北开挖一条贯彻苏北的笔直入海通道，向东北穿运河、六塘河、盐河至临洪口入海。[③]

张謇曾公开对费礼门和赛伯特计划进行评论，认为两人计划都有缺失，他说费氏的想法是过时的，与他十二年前的失败经验相近，而赛伯特主张全量入江的计划，其计算方式有问题。张謇总评这两人的河工计划在执行上都有无法克服的障碍：

> 费氏之说与三四千年之大禹，十二年前之赛，先后暗合。惟因种种关系，赛不能持前说。……赛之主全入，其计算淮水之总量，不足五千立方公尺。今查五年淮河最大流量，数逾八千，十年则几及一万，与赛氏（指：赛伯特）原计之数，相差甚远。且五年大水，淮水入江每秒六千立方公尺，十年之水，大于五年，而入江流量小于五年几倍。故十年之险，甚于五年亦几倍。由是言之，费氏计划，固节用而工捷，而实地之障碍，未易去除。赛氏之工用，亦节而捷矣。但来水之量数，与实际不符，根本

---

①　Vannevar Bush，"Biographic Memoir of John Ripley Freeman，1855 – 1932，" in *National Academy of Science of the United States of America Biographical Memoirs*，Vol. XVII – Eighth Memoir，Present to the Academy at the Autumn Meetings，1935，pp. 171 – 187. 费礼门不仅在美国本土，而且对欧洲水利问题亦有研究。他曾发表关于意大利波河（River Po）防治的专文，于 1931 年 1 月获得 James R. Croes Medal。费礼门生前文件和资料，于 1980 年由麻省理工学院（MIT）图书馆特藏室保存。

②　"The Grand Canal of China" at the Navy Club，Peking，October 25，1919，*Tientsin North China Star*，1919，p. 66（in English and Chinese）；"Flood Problems in China，" in A. S. C. E.，Vol. 85，May，1922，pp. 1405 – 1460. 以上资料见：Vannevar Bush，"Biographic Memoir of John Ripley Freeman，1855 – 1932，" p. 185.

③　须景昌：《张謇与淮河治理》，《张謇与近代中国社会：第四届张謇国际学术研讨会论文集》，第 423 页。

上已不能适用。无已，非有仍取江海分路之策。①

张謇有数年整治河工的经验，主张江海分路之策，曾于 1913 年发表《导淮计划宣告书》《治淮规划之概要》，提出"三分入江，七分入海"和临、沭、泗分治的原则。1918 年主持江淮水利局时，汇整研究多年的导淮资料，发表《江淮水利施工计划书》，对"江海分疏"做了修改与记述，把原规划淮水"三分入江，七分入海"，改为"七分入江，三分入海"的新观点。在《江淮水利施工计划书》中，他提到导淮不外入江、入海或江海分疏三个方案，全部入海工程量大太，难望成立。全部入江，如遇江淮并涨，仍要泛滥成灾。因此，还是以"江海分疏为宜"。②

在导淮工程案中，另有一件值得记述的事是号称"河流驯师"（River Tamer）美籍工程师陶德（Oliver J. Todd，1880～1974）的作为。他于 1919 年 8 月起跟随费礼门受北京政府委托进行大运河整治工程的田野调查，担任费礼门的助手，从此开始与中国治水和交通工程的渊源。1921 年起，陶德投入美国红十字会在山东大饥荒的赈灾工作，掌管山东省的赈灾和交通工程。陶德曾任中美工程师协会（Association of Chinese and American Engineers）主席，其后亦担任该协会的秘书多年。③ 陶德在 1923 年获聘为华洋义赈救灾总会（China International Famine Relief Commission）首任总工师，负责规划大型工程与赈灾计划，直到 1935 年才光荣下台，在 1935～1938 年仍担任华洋义赈救灾总会咨询工程师（consulting engineer）、山东省黄河整治和黄河委员会顾问，并任纽约市友谊基金会（Friendship Fund of New York City）顾问，于 1938 年离华返美。④

---

① 张謇：《敬告导淮会议与会诸君意见书》，1922。

② 据计算，所需经费兼治运河及沂、沭河约需 9000 万银圆，分九年施工，入海工程土方量为 5034 立方米。须景昌：《张謇与淮河治理》，《张謇与近代中国社会：第四届张謇国际学术研讨会论文集》，第 418～424 页。

③ George Gorman，"Major O. J. Todd，" in O. J. Todd, *Two Decades in China*（Peking：The Association of Chinese and American Engineers，1938），pp. 1－6.

④ 陶德于 1880 年出生于密歇根，1974 年于加州过世，得年 94 岁高寿。朋友间称他为 O. J.，全名为 Oliver Julian Todd。他于 1938 年返美后定居在加州的帕洛阿尔托（Palo Alto）。1940～1942 年任美国垦拓局（U. S. Bureau of Reclamation）工程师，其后出任美国陆军资深工程师于亚利桑那（Arizona）等地职。1973 年出版 The China That I Knew（O. J. Todd Papers，1899－1973），收藏于斯坦福大学胡佛研究所（Hoover Institution Archives，Stanford University）。虽然他在担任华洋义赈救灾总会的职务期间与技术部门略有摩擦，但无论如何以他在中国二十年所投入的工程专业和心力，对中国现代化卓有贡献。可参阅黄文德《非政府组织与国际合作在中国：华洋义赈会之研究》，台北，秀威出版社，2004，第 134～139 页。

五　结论

本文所探讨的美国红十字会和美国广益公司所参与的导淮工程和整治运河计划，其转折约可分为三阶段。第一阶段为 1914 年 1 月，美国红十字会怀着悲天悯人的宗教情怀签订导淮合同。美国政府和民间大为喝彩。第二阶段为 1916 年 4～5 月美国广益公司签订《导淮借款与整治运河协议》，美国银行团对于中国贷款没信心，美国广益公司的律师团希望淮河水域流经的地方首长能在合约上签字画押，并提供安全担保。第三阶段为美国广益公司不顾美国驻华公使芮恩施的强烈反对，在美国国务院的默许下，该公司于 1917 年 11 月转而与日本合作，让日本共同参与整治大运河借款。芮恩施也因对华政策的不同，而与美国国务院弄僵关系，历经三年余的交涉，此事终于告一段落。

这个投资案例中，在民初美国所参与的中国公共工程中为最具人道资本主义（humanitarian capitalism）的精神，与物质的资本主义（materialistic capitalism）个案如铁路工程牵涉的庞大利益有所不同，然在中国的最后结果均告失败，其理由主要仍在于中国特殊之政经情势与美国银行团的信心不足。首先，导淮借款由于具有人道主义关怀精神以及工程的艰巨，最初并无外国抗议；然而工程的庞大经费，使得美国红十字会无法负担其巨额财力之筹措工作，于是有后来美国大财团美国广益公司的介入，该公司希望中国能确保安全的信贷。其次，"一战"爆发后日本为显示对华事务的强烈主导，特别是关系大运河工程在山东地段的利益，认为牵涉日本继承德国在山东的权益，因而有日本兴业银行团的势力进入。于是一项人道主义的救援工程，因而成为美日银行团和帝国主义国家的政治外交案。

美国政府在美国红十字会参与时期，大加赞扬，并积极鼓动，美国红十字会且任命巴拿马运河工程顾问团队协助中国，但不巧的是第一次世界大战的爆发，美国红十字会的救援资金和心力移转至欧洲难民营。导淮工程所需的庞大资金远超预算，也使得美国红十字会无力承担这项工程案。由于牵涉实际动工的庞大资金问题，美国政府无法以开辟巴拿马运河的决心来争取银行界和企业界的金援贷款，当然美国从法国人手上接下巴拿马运河的开凿，主要为从航运上掌握世界经济市场的流通，并建立美国在拉美地区的军事霸权，而远在太平洋彼岸的中国是否值得美国政府以其力量做这样的经济投资，仍有太多的不确定性，或者说美国对中国的政治投资，其性质原本就有别于美国对于其"后院"拉丁美洲的占有企图，两者出发点有所不同。

最后，这件导淮与大运河整治案虽以和日本妥协，达成实业借款的目的而结束，然而实际拨款与工程的动工情形，在北京纷扰政局下实际开发根本就后继乏力，后续的导淮工程在人力和财力上都陷于停顿状态。连负责导淮工程的农商部总长兼全国水利局总裁的张謇都挂冠而去，改以从事实业教育为志业。

究竟张謇的工程计划和美方工程师计划谁较为高明，此非本文重点，亦非文所能考究。詹美森、赛伯特、费礼门和张謇对于如何整治淮河工程的歧见，则更加说明此项工程技术的艰巨。中华人民共和国成立后，有一种说法认为张謇的导淮计划书在理论与实践上比较科学地解决淮水出路问题，于1950年代中国的治淮工程中证明是正确的。[1] 张謇对近代中国的导淮水利和实业教育的贡献，学界早给予极高的评价，但对这批默默奉献于中国水利工程的外籍工程师所给予的肯定，则显然不够充分。费礼门于1922年重新设计过的美国红十字会导淮工程图，于1930年代初为国民政府所选用。[2] 费礼门任美国土木工程师协会（American Society of Civil Engineers）的会员长达四十年，亦曾任该协会主席，鼓吹美国应成立国家级的水利实验室（National Hydraulic Laboratory），并曾发表不少重要学术论文。晚年由于受到日本、加州等地大地震的激发，他关注怎样的防震工程可以减少生命财产的损失。1932年费礼门过世，美国国家科学院有专文表彰其在工程界及工程教育上的贡献。[3] 而陶德亦在1945～1947年重返中国，担任联合国驻中国善后救济总署（United Nations Relief and Rehabilitation Administration，UNRRA）的黄河整治计划顾问。他在开封附近指挥二十万劳力并在国民党军队的支持下抢救该段黄河水道，由于工程进行须同获国共两党的配合，但国共军队打打停停，使得工程进度时被中断，备极艰

---

① 须景昌：《张謇与淮河治理》，《张謇与近代中国社会：第四届张謇国际学术研讨会论文集》，第423～424页。该文的作者之堂兄须恺，是张謇创办河海工程专门学校首届毕业生，曾在导淮委员会任总工程师，于1950年出任中华人民共和国水利部技术委员会主任，延续张謇"蓄泄兼筹"的基本构想，提出导淮整治计划的改善方案。

② 黄文德：《非政府组织与国际合作在中国：华洋义赈会之研究》，第285页。

③ Vannevar Bush, "Biographic Memoir of John Ripley Freeman, 1855–1932," pp. 171–187.

苦，该计划于 1947 年完工。① 这些美籍工程师远渡重洋，深入中国穷乡僻壤，与恶劣的自然环境搏斗，投注于中国的黄河、淮河、长江水患等整治工程的改善和研究，可谓中国水利和交通现代化工程的一大功臣。

民初导淮与大运河整治工程是中美技术合作的一大盛事，尽管中国政局动荡，但北京政府仍主动争取与美国方面的合作，可惜最后仍因内政和国际因素互为激荡而功败垂成，但这件工程也开启了日后中美水利工程技术合作的序幕，双方互为观摩和学习，有助于提升中国水利技术发展的进程。

---

① Jonathan D. Spence（史景迁），*To Change China：Western Advisers in China*（New York：Penguin Books，1980，Reprinted in 2002）p. 210. 有关陶德的记载，见该书第 205～216 页。该书初版于 1969 年（Boston：Little，Brown and Company，1969），史景迁在书中叙述 16 位西方顾问在近代中国的传奇故事。陶德文件集《中国二十年》（*Two Decades in China*）出版于 1938 年，有关其于 1940 年代重返中国的事迹有较少记载，史景迁撰写本书时与晚年的陶德有信件往来，补充了此一时期的记叙，该书对陶德参与联合国驻中国善后救济总署（UNRRA）的黄河水利和救灾工程的贡献甚为称道：不仅因为该工程艰巨而重要，而且因国共内战不断，以致工程时而被迫中断，其过程充满惊险。

南方政府与巴黎和会

——以代表问题为中心的探讨

广东省社会科学院　张金超

一　代表议题上的南北之争

1917 年 9 月广州军政府成立，南北对峙局面形成。次年 11 月 11 日，第一次世界大战以协约国的胜利而告终。北京政府驻法公使胡惟德收到通知，协约国即将召开会议，商谈对战败的德国及其盟国的和平条件。① 年底，北京政府拟派遣熟悉欧洲情形的外交总长陆征祥，与驻法公使胡惟德、驻英公使施肇基、驻美公使顾维钧、驻比公使魏宸组组成中国代表团。1919 年 1 月 22 日，北京政府正式发布命令，"特委陆征祥、顾维钧、王正廷、施肇基、魏宸组充任赴欧参与和会全权委员"。② 正式公布的五人名单中，由王正廷代胡惟德，其余人不变。

此决定招致各界，尤其是南方政府的强烈反对。皖系拟运动政府委派梁启超任和会专使，但未成事。后来仍屡提此议，竟至运动商人支持梁启超，据报道称，"梁不日来沪，嘱速筹备开会欢迎并电北京反对陆征祥为专使，其意盖欲排去陆氏而欲为专使"。③ 至中日密约事件发生，更积极主张撤回陆征祥，以梁启超任代表团领袖。④

南方政府方面，岑春煊对北京政府的独断主张予以驳斥："现在南北尚未

---

① 中国社会科学院近代史研究所译《顾维钧回忆录》第 1 分册，中华书局，1983，第 165 页。
② 《大总统令》，《政府公报》第 1767 号，1919 年 1 月 22 日。
③ 《梁启超欲利用沪商》，《民国日报》1918 年 12 月 18 日。
④ 《中国在欧议中之形势》，《民国日报》1919 年 2 月 13 日。

统一，此项代表团，必须足以完全代表全国，方有发言价值。目下国内和平，正在磋议，欧洲和会，为期已迫，势难待统一后，方议派遣。"反对派陆征祥为专使，"以北方事前未来征求同意，遽自独派，是置西南于不顾，要求驰电反对陆使，以明其非能代表全国"。解决办法应为南北会同遣派代表，北方政府派若干人，南方政府亦派若干人，"此双方合派人数，北方正式发表，同时南方亦正式发表，如需国会通过，亦可使北方指定之代表经南方任命，南方指定之代表亦经北方任命。照此方法，对内则法律、事实既能兼顾，彼此体面亦获顾全。外则参与和会，南北确能一致行动。又此间所派之人，当选其资望素孚，而又最稳健者，必为中外所欢迎"。① 军政府内多次开会讨论派代表赴欧之事，决定拟派孙中山、伍廷芳、汪精卫、王正廷、伍朝枢为和会代表，因"伍秩老系自始即主张与美一致之人，……先生（孙中山）素与美人相善，且外交信用素著。汪精卫乃最初回国运动参战之人，王儒堂（王正廷）现已在美，伍梯云则于此案始终明晰，故此五人均各有所推重"。② 次年 1 月 9 日，正式任上述五人为欧洲和议专使，与北京政府分庭抗礼。③

　　南方舆论界亦有认为，"兹事体大，军政府当切实表示意见，或决定对付办法，不能听北庭独断妄为也"。陆氏个人是否配为此项专使，已有疑问，"《大陆报》曾主张中国最适于此任者，莫如伍秩庸博士，则陆之不惬于外人可知矣"。陆只能代表一部分之非法政府，并无代表全国之资格，"以万国和平大会之尊严，正大于中国前途关系，至为重要，我乃以不完全之代表列席期间，不贻笑友邦，羞辱国体乎？《京津泰晤士报》对此极为非难，美公使亦有质问，则外人代为我深致不安，我军政府岂可默然无所主张乎？"④

　　有人甚至对陆征祥发起人身攻击："此事实万无承认之理由。盖以陆氏自袁氏专政时代，即窃据外交总长。袁氏帝制自为时，且曾充国务卿，劝进最力……陆氏自长外交以来，若蒙满藏各处之外交，举无不丧权辱国，且曾经国会投以不同意票，足见国民对于陆氏不能胜任外交已为多数人所承认。"陆实

① 《岑春煊反对北方推举陆征祥为出席巴黎和会代表主张南北会同派遣代表电》，中国第二历史档案馆编《中华民国史档案资料汇编第 3 辑·政治》，江苏古籍出版社，1991，第 1340 ~ 1341 页。

② 《徐谦报告欧洲和会代表问题上总理函》，黄季陆主编《革命文献第四十八辑·中华革命党时期函牍》，台北，中国国民党中央委员会党史史料编纂委员会，1969，第 317 页。

③ 《本社专电》，《民国日报》1919 年 1 月 11 日；《南方政府派欧使节决定》，《盛京时报》1919 年 1 月 15 日。

④ 《时评·军政府与赴欧专使》，《民国日报》1918 年 11 月 28 日。

为破坏民国之罪人，缔结条约，选派外交大使、公使，必须经国会同意，此次议和代表，责任重大，未经合法议院的同意，更是违背法律，"故陆氏之赴法出席和平会议一事，吾人无论如何，断不能承认"。[①]

军政府拟任命的五位专使中，孙中山在上海专事著述，明示不愿出任。[②]徐世昌曾有专书劝孙中山出席。[③]伍廷芳年迈，行动不便。能赴会的，只有汪精卫、王正廷和伍朝枢。汪公开表示不愿前往："此事关系我国前途，至重且大，弟虽无似，何忍恝然"，"民元曾宣言不做官吏，今兹若以特使赴欧，有类似官吏之嫌，与平日宣言显成反对"，"若以个人资格前往襄助，则固所甚愿。至于军政府未得各国承认，应否此时派遣代表，因另一问题，而弟则虽军府得各国承认，亦决不受正式之委任"。[④]对南方政府任命的专使，北京方面亦有异声，驻法公使胡惟德就公开反对。[⑤]至1月24日，军政府改委王正廷、伍朝枢、王宠惠为出席巴黎和会特别专使，"然此时和会已开，北京政府所派代表亦已正式出席，上述方案遂不了了之"。[⑥]

二　王正廷赴会引致的风波

尽管遭到南方政府的反对，陆征祥仍于1918年岁末率中国代表团一行五十余人由沪启程赴美，再搭乘"华盛顿号"轮船横越大西洋抵法。陆赴欧之际，曾受徐世昌之命致电南方政府，询问是否派代表一致赴欧，但遭拒。[⑦]

先是，1918年8月，作为南方军政府参议院副院长的王正廷与郭泰祺、陈友仁等，衔命往美，阐明军政府的护法宗旨，希冀获得美方承认。孰料王正廷在美却接受北京政府的任命，与陆征祥会合后前往巴黎出席和会，据称"（北京）政府将加派王正廷氏为赴欧专使前，前两日已有喧传"，北京国务院为此致电驻美顾维钧公使："此次派员赴欧参与会议，关系綦重，主座以王君

①　《陆征祥使欧与法律问题》，《民国日报》1918年11月20日。
②　罗刚编著《中华民国国父实录》，台北，罗刚先生三民主义奖学金基金会，1988，第3362～3363页。关于孙中山不愿赴欧原因的详细分析，见林辉锋《孙中山与巴黎和会——兼论第一次护法失败后孙中山的思想变化》，《中山大学研究生学刊》（社会科学版）2001年第3期。
③　《徐世昌请孙文赴欧》，（香港）《华字日报》1918年12月18日。
④　《西南派遣代表之周折》，《申报》1919年1月18日。
⑤　《本报特电》，（香港）《华字日报》1919年1月11日。
⑥　陈锡祺主编《孙中山年谱长编》（下），中华书局，1991，第1158页。
⑦　《专电》，《申报》1918年12月1日；《陆子欣使欧出发》，《申报》1918年12月4日。

正廷法律外交夙著才望，兹特派为专门全权大使，务望就近敦聘，所有委任证已迳（径）寄尊处，并请转交。"① 也有论指出，旅美的王正廷知道军政府未得到国际承认，"其所任之和会代表，亦仅有虚名，则透过青年会总会会长穆德（Charles R. Mott）之推荐，由驻京美公使与徐世昌接洽，冀分得北政府和会代表之一席"。②

作为南方政府的官员，接受北京政府的任命，在同僚们看来，情难以堪，显属大逆不道。顾维钧如是忆及："郭泰祺博士和陈友仁先生显然对于他们的政治伙伴王正廷博士不辞而别随陆总长赴法一事大吃一惊、极为恼火。他们的声明不承认王正廷博士是中国代表团内南方军政府发言人的说法，后来到达巴黎的汪精卫先生、伍朝枢博士等其他广东军政府领导人又不止一次地证实了这一点。"③

王正廷出席和会的消息甫经传出，反对之声不绝于耳："查王正廷本参议院副议长，代表军政府办理外交职务未终，遽膺伪命，一夫失节，全体遗羞，既为护法罪人，即属民国叛逆，应由贵院提议除名，并通电各国，申明王正廷之任务为无效，一方即致电美国取消前命，免留民国历史上之污点。"④ 将王氏未经军政府同意，遽然参与欧会表述为"志节"问题，实为多数南方阵营的心声。

舆论方面，口诛笔伐。有媒体追踪陆、王的接洽情形，称陆一行"二十九日晚抵纽约，美政府已备五万八千吨之船于三十一日开往法国……在美时，与专门大使王正廷晤谈之后，即与偕行"。并披示了王正廷致北京政府的函电内容，"声明一俟陆使抵美即同赴法"。⑤ 有论甚至认为，王随陆征祥列席和会是"最骇听闻之事"。⑥

代表团抵法后，列强忽然食言，规定"美、英、法、意、日五国各派代表五人，英国之各属地及印度另派代表，如澳洲、坎拿大、南非洲及印度派代表二名、新西兰派代表一人，巴西派代表三人，比利时、中国、希腊、波兰、

① 《政府加派王正廷为赴欧专使》，《大公报》1918 年 12 月 29 日；《政府加派王正廷为赴欧专使》，《盛京时报》1919 年 1 月 1 日。
② 梁敬錞：《巴黎和会中国代表名单审定之经过》，（台北）《传记文学》第 25 卷第 6 期，1974 年 12 月。
③ 中国社会科学院近代史研究所译《顾维钧回忆录》第 1 分册，中华书局，1983，第 179 页。
④ 《崔馨请惩办王正廷之要电》，《民国日报》1919 年 1 月 9 日。
⑤ 《王正廷果有此言行耶》，《民国日报》1919 年 1 月 8 日。
⑥ 《王正廷已列席和会之骇闻》，《晨报》1919 年 1 月 22 日。

葡萄牙、捷克、斯拉夫、鲁满尼亚、塞尔维亚各派代表二人，暹罗、古马、奎地马拉、海地、洪都拉斯等派代表一人"。① 经争取，最后允准中国五名代表可轮换出席。为此，中国代表团在 1 月 17 日举行了一次"排座次"的会议，议决顺序为：陆征祥、王正廷、施肇基、顾维钧、魏宸组。

军政府不满王正廷的做法，是情理之中的事，但木已成舟，最终还是默认了他的资格。伍廷芳曾接王正廷与伍朝枢来函，转给吴景濂、林森、褚辅成等人，函称："顷接王、伍特使来电一通，兹译录一份，特送台鉴。"② 显然，函中承认了王的代表地位。王正廷随后与军政府之间保持着互动。2 月 12 日，军政府致电王正廷，令其"照约宣言，以维主权。电末请将最近交涉真象达知，以释疑念"。③ 和会期间，王多次向粤方汇报和谈进展情况，曾称："廷于一月五日、三月三日邮上报告书二通，谅均达左右矣。自是而后国际间变迁更剧，虽驰电奉告，瞬成陈迹，故除关紧急者已陆续电闻外，函告沉沉。职此之由，尚祈原恕。兹将月内所经各件为诸同人陈之。"报告分"国际联合会""和会各种委员会""和议草约""我国要求案"四部分，内容详瞻。④ 4 月 30 日，再电军政府，对于日本试图攫取德国在中国的权益，谓"代表同人闻此甚愤，方设法抗议"。⑤ 5 月 3 日，又通告和会不利消息，称"廷自维奉职数月，徒竭笔舌之劳，未获桑榆之效，负民辱命，咎实难辞。惟有电请开去全权，并付惩戒，以重责任而谢国人"。⑥ 6 月 27 日、28 日，王正廷两电军政府，说明与陆征祥将不会在和会上签字。⑦

三 伍朝枢于代表资格上的纠结

军政府公布代表名单后，就伍朝枢赴法的资格问题希望通过江苏都督李纯与北京政府交涉，以图转圜。岑春煊、伍廷芳电李纯称："梯云久历外交，具有专长，对于欧会尤愿驱策，仰恳转陈北京当轴，特为派充此席，藉以折冲樽

① 《欧洲和议之第一次公布》，《晨报》1919 年 1 月 20 日。
② 《王正廷伍朝枢致护法国会电》，近代史资料编辑部（以下略）编《近代史资料》总 42 号，中华书局，1980，第 99 页。
③ 《护法方面之大注意》，《民国日报》1919 年 2 月 13 日。
④ 《王正廷致旧国会书》，《大公报》1919 年 6 月 22、23 日连载。
⑤ 《山东问题与我国要求》，《民国日报》1919 年 5 月 17 日。
⑥ 《王专使报告失败电》，《民国日报》1919 年 5 月 17 日；《专电》，《申报》1919 年 5 月 14 日。
⑦ 《德约不签字之粤讯》，《民国日报》1919 年 7 月 10 日。

俎，为国服务，俾得前往列席于欧会，不无裨益。且梯云报国心切，果能邀允，当不虚此行。"李纯将岑、伍来电转致北京，北京政府很快答复："伍君梯云才具优长，中外景仰，国际联盟会举行在即，一俟议决，即当延揽。"①只谓"延揽"，对伍赴欧的身份并未有明示。钱能训又致电伍朝枢，希其能赴欧赞襄陆征祥，电称："执事于外交久著才望，元首素所倚重，子欣总长濒行时亦亟盼惠然一行相助为理，此事关系至重，务望不吝赞助，俾对外交大计匡益有资，实为国家之幸。"② 函电对伍朝枢赴欧的身份仍然避而不谈。

对于伍朝枢参加和会的情形，顾维钧在回忆录里揭示："陆总长在北京曾亲自致电在广州的伍朝枢博士，邀其参加代表团。伍在复函中仅提出了某些政治条件，而未明确表示是否参加。所提政治条件之一是，北京的政治制度应予改革，以便使其更能代表全中国人民。"顾随即指出，伍的信虽写得委婉含蓄，但有一点明白无误："军政府反对北京政府并谴责其政策之性质和原则。"③

伍朝枢于1918年11月15日经香港，将赴沪宁，接洽南北议和事宜。④ 并致电北京谓："军政府会议决定派朝枢以全权先赴上海磋商列席世界和会事宜，曾电请东海（徐世昌）派员来沪，当荷赞同。"⑤ 12月11日，伍发表对中国派遣和会代表的看法，认为："此次和会，世界问题由此处分，我国亦在其内，关系匪轻，措施宜慎，第南北时局尚待统一，此时若纯由北方遣代表，于事实上既不能代表全国，法律亦有问题，难邀国际之承认，发言恐无充分力量，南中亦难漠视。现在会期已迫，……双方会同选派代表最为适当办法。"⑥ 18日行至上海，⑦ 24日再电北京政府："承委赴欧，定于俭由沪启行，惟一切办法仍祈示。"北京政府立即致电已赴南京的议和代表施愚，令即赴沪与伍朝枢接洽。⑧ 施愚于27日回电北京："当于本日夜车赴沪，接洽情形如何，俟抵沪与伍氏晤谈后再行续陈。"⑨ 伍朝枢表示："施君鹤雏莅沪，转述尊情，并秀

① 《伍朝枢参与联盟会之径路》，《晨报》1919年5月18日。
② 《赴欧陆使之行讯》，《申报》1918年12月11日。
③ 中国社会科学院近代史研究所译《顾维钧回忆录》第1分册，第179页。
④ 《伍朝枢由港赴沪》，《大公报》1918年11月19日。
⑤ 《伍朝枢仍争派使》，《晨报》1918年12月23日。
⑥ 《赴欧代表与时局关系》，《申报》1918年12月17日；《伍朝枢复钱代理总理电》，《益世报》1918年12月15日。
⑦ 《专电》，《申报》1918年12月20日；《伍朝枢来沪》，《申报》1918年12月24日。
⑧ 《伍朝枢由政府委派赴欧》，《大公报》1918年12月28日。
⑨ 《施愚已由宁赴沪》，《大公报》1918年12月29日。

帅（李纯）亲函，仰承推重，惭悚曷极，当即日束装启行。"① 伍于次日并未动身，因"施氏赴沪已在二十七夜间，接洽事宜甚嚣，故二十八日之船开行，伍氏不及搭乘，二十九日特电政府呈明缓期启行"。②

伍、施会谈后伍朝枢基本决定赴欧参会，但究竟以什么身份，则不明确。很快，有关伍接受北京任命的消息甚嚣尘上，广州方面予以澄清，强调伍此次赴沪，系由政务会议议决派遣，专门磋商南北协同遣派赴欧代表一事，伍朝枢抵沪后，发过两份电报给北京，"第一电告，以拟二十八离沪返粤，催其即速派人来和衷商酌，旋接复称，派施愚来沪，二十七日施到沪与伍君会商，颇得要领，惟施尚须请命北京政府，伍君旋致钱第二电告，以与施接洽，因其须电京候复，故不得已南旋之期延缓数天"。③

孙中山不愿出席和会，但对派代表之事，颇为重视。1919 年 1 月 6 日致函林森等，希望在伍朝枢赴欧问题上，能玉成其事："弟前甚主张少川先生往欧洲和平会代表全国，因少川先生有计划、有目的，而在美、欧各使多为其亲故，意见可以统一也。今以南北问题未妥，少川先生不能往，欲梯云代往欧转达其目的于其他之代表，冀为中国争回当有之国权。……望三兄设法疏通，以便梯云兄早日成行，亦或补救之一法也。"④

军政府对外公布出席巴黎和会的代表咨文交国会后，一直拖延未能执行，1 月 6 日，代总裁徐谦在政务会议上就此事质询，秘书长章士钊强调，此案虽经议决，因有人称此案关系重大，不能遽行，而凡是议决之事，限于何日执行，没有一定之规则可据。徐谦称："刻下外交紧急，此案应速执行，我知秘书厅亦无权压搁此案，但既经政务会议决定，无论何人，不能取消此案也。"冷通指出："此案虽已议决，因有多少困难，非敢推翻前案，惟请国会同意一层，将来发生无效之障碍，恐于国会面子上不好看。"最后议定先由军政府将所拟派代表即行发表，方法为：通知各代表；急办各代表证书；在政府公报公布；通知各国一俟代表等或认为大使或认为公使名目，定后再行提交国会同意。⑤

---

① 《伍朝枢承命赴欧》，《大公报》1918 年 12 月 31 日。
② 《伍朝枢缓期赴欧》，《大公报》1919 年 1 月 1 日。
③ 《为伍朝枢君释谣》，《民国日报》1919 年 1 月 15 日。
④ 杨雪峰：《国父给徐谦几封未见发表的函电》，（台北）《传记文学》第 41 卷第 5 期，1982 年 11 月。
⑤ 《西南派遣内外代表之停顿》，《申报》1919 年 1 月 14 日。

　　施愚于 1 月 7 日致电北京政府，汇报与伍朝枢会谈梗概，称"此次赴沪，迭与伍君梯云协商赴欧列席事宜，伍君已遵命担任，拟十日由沪回粤，定十五日由粤乘法邮船，惟委任书务请即日寄出，以便迳（径）交"。[①] 伍朝枢遂于 1 月 10 号由沪赴穗，拟从香港出发，前往巴黎。[②] 对于伍此行的身份，有香港媒体就揭载："中央将派伍朝枢为普通代表，并无'全权'字样，与别代表不同。"[③] 在之后的一段时间内，身份问题常常使其处于非常尴尬的地位。

　　2 月初，巴黎和会已开幕近半个月，伍朝枢等才由香港搭乘法国邮船起程。[④] 香港《德臣西报》派员到船访问，伍朝枢特别解释赴欧的身份："此行乃为南方政府之代表，非代表北京。日前北京简派专使，彼已与列，惟受任与否，尚有所商待，抵法国时乃能定夺。因中国难题尚多，颇难遽受。"该报预言："该代表之年轻及欠世界政治之阅历，此行将或失所望。"[⑤] 3 月 13 日，伍朝枢抵达巴黎。[⑥] 15 日，伍朝枢电称："已抵巴黎，现与诸代表协商轮流参与巴黎和会事宜。"[⑦]

　　陆征祥在 3 月 3 日得知伍朝枢起程后，即致电北京商量伍赴欧的资格问题："伍君朝枢以广东所派全权名义，于二月三日启程来法，到后如何待遇，不得不先行决定。若由此间派为专门委员，不甚合宜。如在五全权中抽去一人，以彼补入，则孰去孰留亦颇难定。现与各专使商酌，仿葡萄牙六全权之例，加派一人，于对内对外或有裨益。"[⑧] 但北京方面未见有明确的答复。

　　伍朝枢抵欧后，与北京政府沟通，希望不分畛域，一致对外，要求保证"全权"代表的身份。3 月 22 日，电称："弟此行，曾由幹（干）老（钱能训）再三敦促，并述东海（徐世昌）殷勤之意乃行抵巴黎，读国务院九日复，颇难措辞。欣老（陆征祥）三日请加派代表电，提出疑问六端，与幹老直接致弟由李秀督（李纯）转弟各电，迥不相侔，未解何故。"当今之计，唯有加派一人，"此不特对弟个人宜然，即对于南方，亦为至当不易之办法。南方原

---

①　《伍朝枢赴欧事确定》，《大公报》1919 年 1 月 9 日。

②　《伍梯云君返粤》，《民国日报》1919 年 1 月 11 日。

③　《本报特电》，（香港）《华字日报》1919 年 1 月 24 日。

④　《伍朝枢六日赴欧》，《民国日报》1919 年 2 月 7 日；《伍朝枢乘轮赴欧》，《盛京时报》1919 年 2 月 11 日。

⑤　《伍朝枢已首途赴欧》，（香港）《华字日报》1919 年 2 月 6 日。

⑥　《本报特电》，（香港）《华字日报》1919 年 3 月 18 日。

⑦　《专电》，《申报》1919 年 3 月 18 日。

⑧　《法京陆专使等电》，天津市历史博物馆编《秘笈录存》，中国社会科学出版社，1984，第 115～116 页。

有一部分主张单独派遣代表赴和会者，弟以为一致对外，无分畛域，免蹈俄国两败俱伤无人列席之覆辙，故有此行，……个人关系甚轻，影响南北甚大"。[①]

3月26日，陆征祥就伍朝枢的资格问题再电北京，曰："伍君朝枢现已抵法，交阅总理及施君会衔迭致伍君谆劝赴欧函电，其中有'和议期迫，先派子兴诸公前往，兹梯云慨然依限启行赴欧，至所怖慰'，并有'梯云经费已交陆总长带欧'等语。并据王专使等各全权讨论办法，粤中原有主张单独派员来欧，要求列席之议，独伍百计主张南北对外一致，以免他国借口，足见其深知大义。"[②] 31日，北京政府明示："对外全权人数业经派定，应仍由各全权列席外，所有内部讨论，伍朝枢应与胡、汪、颜、王诸使一并列席，加入可决否决之数。该参议久办外交，中央倚界长才，与各全权视同一体，其益撝幹（干）略，用副倚任。"[③] 答案非常明确，伍朝枢未能取得全权代表资格，只能列席参与内部讨论，希望彻底落空。正是因为不肯接受北京政府的任命，各国不肯接待。[④]

4月5日，北京政府吴笈孙、郭则沄秘书长复函伍朝枢，详解原委："承示一致对外，无分畛域，至佩伟识。曩欧会开始，元首亟思引重，迭由兴老、幹（干）揆达意，倘其惠然肯来，固早在选派之列。迨全权既经出发，以公有西行意，复托鹤雏就商，翘伫德音，有逾饥渴。乃以名称席次，商未就绪，公复返粤，和会期迫，遂已简派全权，对外发表，主座以未能借重，辄深怅惘。""此时全权员名，对外久经宣布，变更增派，实有困难。公既到欧，以主座倚重本旨，不能不曲为设法，昨已有电派公参与和会，于内部讨论一体列席与议……我公热诚大局，且夙从元首政幄，望以国家为重，慨为担任。"[⑤] 伍朝枢得此函电，必定相当失望。4月8日，军政府七总裁之一的唐绍仪致电伍朝枢，勉其"与陆、顾、王诸君极力主张"。[⑥]

就伍朝枢的资格问题，南方政要不放弃与北京政府斡旋，4月29日，岑春煊致电南京李纯，内称："国际联合会代表伍君最能胜任。请我公转达当局加以任命。伍君既能出席，则报国之处正多。"希望能"仿葡萄牙六人之例，

① 《附录·伍朝枢与府院秘书长电》，天津市历史博物馆编《秘笈录存》，第116~117页。
② 《法京陆专使电》，天津市历史博物馆编《秘笈录存》，第116页。
③ 《国务院致陆专使电》，天津市历史博物馆编《秘笈录存》，第116页。
④ 《伍朝枢襄办欧洲和议》，《盛京时报》1919年4月9日。
⑤ 《附录·府院吴郭秘书长复伍朝枢电》，天津市历史博物馆编《秘笈录存》，第117页。
⑥ 《复法京伍梯云电》，《唐绍仪发电稿》（1919~1920），《近代史资料》总51号，中国社会科学出版社，1983，第177页。

增任专使一员"。① 同日，又致电北京谷钟秀，希望转告当局加派伍朝枢为巴黎和会全权代表。② 北京政府答复曰："加添一人，因对内对外诸多窒碍，似难办到。"希望伍氏"勉为担任内部讨论，翊赞一切"。③ 5 月 4 日，岑春煊再次致电李纯："务恳鼎力一言，玉成此举，庶使伍君得藉以报国，不虚此行。"④ 但遗憾的是，伍朝枢的"全权"资格始终未能圆满解决。

四　王伍间的矛盾与合作

和会期间，代表南方政府的王正廷、伍朝枢两人并非密不可间，而是时有龃龉。在伍看来，本人才是南方政府的合法代表，而自己不能准时出席，王正廷却没起到正面作用，没有努力去争取。4 月 29 日，伍朝枢就此事致函王正廷，详告本人出席巴黎和会代表资格问题的产生过程，并多有诘责。伍氏将北京政府给予的"会办"资格，归咎于王正廷的主意："北方代表以为比较的易于解决之一法，且出自南人，遂赞成之"；和会上，王正廷曾答应帮助伍朝枢争取全权资格，后又食言；伍朝枢试图往见陆征祥争取相关权利，亦被王劝退，因为王正廷认为"若争之不已，陆必以是辞职，继之者将不如陆"。与有论者指出："王君既先受北方任命，当然可以出席。伍纯受南方任命，军政府虑其不能列席和会，故事前曾与北方商榷，南方所派代表团仍由北方加给予证书，以为列席发言之券。惟伍君抵法终不能列席和会，国人咸归咎北政府之蔑视南方代表。及观伍君致王正廷书，知王正廷实为作梗伍君出席之人，固不能尽咎北京政府也。王君既得书，亦无可置答。"⑤

此外，一度有传言说王正廷将辞职，由伍朝枢代替，"王正廷辞职消息，外间传说不一，本社闻王氏仅露辞意，未有专电。先是伍朝枢仅有帮办名义，颇望加派为专使，惟专使派定五人，未便加添，而伍氏又甚热心，王君因自愿

---

① 《致南京李秀山督军请告当局任命伍朝枢为国际联合会代表电》，何平、李露点注《岑春煊文集》，广西人民出版社，1998，第 378 页。

② 《致北京谷九峰先生请告当局界伍朝枢为国际联合会代表电》，何平、李露点注《岑春煊文集》，第 379 页。

③ 《加派赴欧委员之电请被驳》，《盛京时报》1919 年 4 月 30 日；《伍朝枢列席欧议问题》，《盛京时报》1919 年 5 月 1 日。

④ 《致南京李秀山督军请转达当局任伍朝枢为联合会代表电》，何平、李露点注《岑春煊文集》，第 380 页。

⑤ 《伍朝枢陈述参加巴黎委员会经过并质问王正廷函》，黄季陆主编《革命文献第四十八辑·中华革命党时期函牍》，第 322～326 页。

回国腾出一席，以畀伍氏，惟政府方面尚在留王，未便照准"。① 传言终归是传言，伍、王间因代表的资格问题存有间隙却是不争的事实。

尽管如此，但伍、王两人在大是大非问题上还是表现了较好的合作态度。即如伍朝枢所言，他本打算将其与王正廷之间存在的问题向广州方面汇报，但"再四思维，以为此电果发，易滋流言，远道传闻，必将有疑为南方代表之内讧者，或泄之于报章，播之于北派，传之于外人，究非南方之福，故尔搁置"。② 4 月 16 日，两人联名致电军政府政务会议，汇报和会的进展情况："我国主张废除二十一条，几经研究，始于日昨提交大会，但非英、美、法、意诸当局之赞助，仍恐难达目的。因与某国利害相反，阻碍伎俩，不可究极。然求各国赞助，须设法使其不能不表同情。"并请诸总裁以个人名义，并以国会名义，迅速分电美、英、法、意各国首脑，请其主张公道，维持中国主权。强调"盖此种密约不但为我国生死存亡所关，且为破坏世界和平之滥觞。即一则与威总统十四条之宣言冲突，二则与国际联合会之宗旨违反"。③ 岑春煊、陆荣廷回电，嘱二氏力争青岛，"如难达到目的时，万勿签字，即将失败真相电复军政府，以便宣传全国"。④

伍朝枢因资格问题在巴黎和会上未能参与机枢，但他对和会的进展洞若观火。伍氏于 1919 年 4 月 27 日向军政府简要汇报中方在和会上的四项提案，即"（甲）中德和约，（乙）山东问题，（丙）中德重订新约，（丁）希望条件"。⑤ 5 月 17 日又电广州，分析和会失败之因，称"七年三月二十四日之换文，北京当局竟以'欣然同意'四字载之文书，使日本在山东之地位益以巩固。各国执此，反唇相稽（讥），谓既已自愿，何又反悔？此为主张失败之最大原因"。并希望将此事的真相能揭示给国民，"庶知所儆惕，使彼对于国事，不至模棱两可，陷国家于不可自拔之境也"。⑥

6 月 12 日，伍朝枢再电军政府，解释其代表资格问题的来龙去脉，并表达即将回国的愿望，称："枢不敏，奉使来法，原期出席和会，勉竭驽骀，乃

———————

① 《王正廷与伍朝枢》，《晨报》1919 年 4 月 26 日。
② 《伍朝枢陈述参加巴黎委员会经过并质问王正廷函》，黄季陆主编《革命文献第四十八辑·中华革命党时期函牍》，第 326 页。
③ 《粤闻纪要·王伍二专使请协争废约电》，《申报》1919 年 4 月 28 日；《王正廷伍朝枢来电》，《北洋军阀史料·吴景濂卷》（三），天津古籍出版社，1996，第 322～323 页。
④ 《岑陆致电王伍力争外交》，《盛京时报》1919 年 5 月 15 日。
⑤ 《山东问题与我国要求》，《民国日报》1919 年 5 月 17 日。
⑥ 《汪伍报告外交失败原因电》，《民国日报》1919 年 6 月 3 日。

抵法之初，开会已久，我国代表早经列席，深恐蹈俄覆辙，两败俱伤，故未以全权代表名义迳（径）向和会要求列席。且会期转瞬告终，而王特使在会足代表南方，主张一切，更不忍以一人之位置，牵动我国之进行。……嗣是北方来电，委我参预会务，枢以南方威信所关，未表同意，惟就力之所及，黾勉赞襄。""近来山东问题目的未达，中德和约已交德代表，停滞此间毫无补益，不日首途归国，道经英美，拟向各方接洽，乘机鼓吹，期为我助"。①

内心郁闷的伍朝枢乃前往美国，于 7 月 17 日应纽约中美协会的邀请，发表演说，先说明山东问题的由来，接着论及二十一条的签订及巴黎和会的召开，"至一九一五年日本提出著名之二十一条件，第一项包含四款，为关于山东之条件，其中最重要一条为中国应承允将来日德两国关于处分山东德国权利之任何契约……一九一九年之初中国派遣委员至巴黎请求山东之德国权利，从道德及理法上之理由观之，应直接交还中国"。最后强调，"现在日本自巴黎和约中获得让与权，包含青岛及胶济铁路，然日本所得数倍于德，盖日本原有许多让与权也"。② 伍朝枢在美期间，闻悉中方代表即将在和会上签字，内心极度不安，7 月 23 日致电军府称："深恐有人在北方运动签押，北方柔弱不能坚持到底，拟请钧府维持。"③ 稍后，伍朝枢自美返国。

至于王正廷在巴黎和会上的具体表现，不在本文讨论的范围，故此处从略。

五 结语

巴黎和会上，在民族大义、维护国家主权面前，南北政府表现了难得的团结一致，对外树立了良好的国家形象。其间，陆征祥多次报告北京政府称："与王正廷非常融洽，凡事有一致之精神，外论颇赞许我国党派间互相容纳之佳象。"④

毋庸讳言，和会上起决定、主导作用的是北京政府的代表。北京政府自接

① 《伍朝枢不日返国》，《申报》1919 年 6 月 29 日；《伍朝枢电告不日返国》，《民国日报》1919 年 7 月 1 日。

② 畏父述：《伍朝枢君演词》，（温哥华）《大汉公报》（The Chinese Times）1919 年 7 月 25 日；《伍朝枢在美国之演说》，《申报》1919 年 8 月 20 日。

③ 《公电》，《军政府公报》（修字第九十七号）1919 年 8 月 3 日。

④ 《列席欧洲和会问题》，（香港）《华字日报》1919 年 2 月 6 日。

到协约国的通知后，即派出以陆征祥为首的代表团，但遭到军政府的批评和抵制。衔军政府之命旅美的王正廷未经主方同意即加入代表团，难逃被口诛笔伐的命运，但因既成事实，军政府还是默认了他的身份。伍朝枢出席和会过程很不顺利，一波三折。开始迟迟不动身，在与北方代表施愚沟通以后，才前往巴黎，但"全权"代表资格最终未能解决。纠结于资格认同，伍始终未能进入代表团权力中心，抵达巴黎时人事已安排就绪，自己只能处于边缘地位，徒有一腔热情，在和会上难有作为。恰如顾维钧所言："伍到巴黎之后，再度被邀参加代表团，名义上取代魏任第五代表，但他并未在和会上起积极的作用。"① 伍、王间既有龃龉，又表现了难得的合作精神。

南方政府因派遣参加巴黎和会代表问题，在和会结束后产生了另一消极影响，即两年后华盛顿会议举行时，严拒派代表与北方代表共同出席。1921 年 8 月初，南方政要获悉美国邀请北京政府派代表参加华盛顿会议后异常气愤。25 日，孙中山表示："南方合法正式政府，实代表全国之政府，故遣派太平洋会议代表，应完全由我正式政府主持，北方非法政府，无可以派出代表之权。纵使由彼非法政府私自派遣，我正式政府绝对不能承认所议决之条件，即绝对不能发生效力。"② 9 月 5 日，孙中山痛斥北京"无派遣代表之资格"，郑重宣告："将来华盛顿会议，苟非本政府所派之代表列席与会，则关于中国之议决案，概不承认，亦不发生效力。"③ 同日还致函美国国务院，大意同此。北京政府于 10 月 6 日公布施肇基、顾维钧、王宠惠、伍朝枢为中国出席华盛顿会议代表。④ 伍氏辞谢不就。⑤ 并称"非经广州政府通过决难承认"。⑥ 11 月 11 日，伍朝枢复函北方要人，详解不赴会原因，他指责："诚以北庭办理外交，向违民意，绝不可倚靠"，进而分析，"此次如果弟列席太平洋会议，计代表则南一北二，机关文件均由伊等把持，人数不敌，专权不属，则南代表实一门外汉耳！如果南北代表意见不对而决裂，则在外国呈分裂之象，尤为不利，此赴会之无益也"。南方政府不派代表列席会议，届时关于中国的议决案，概不

---

① 中国社会科学院近代史研究所译《顾维钧回忆录》第 1 分册，第 179 页。
② 《广州特约通信·新政府决遣派太平洋代表》，《民国日报》1921 年 9 月 2 日。
③ 《大总统否认伪廷对外资格宣言》，《广东群报》1921 年 9 月 6 日；《解决远东问题之前提》，《民国日报》1921 年 9 月 9 日。
④ 《国内专电》，《申报》1921 年 10 月 7 日。
⑤ 《本社专电》，《民国日报》1921 年 10 月 10 日、26 日。
⑥ 《中央请梁士诒疏通伍朝枢》，《大公报》1921 年 10 月 14 日；《伍朝枢拒绝运动》，（新加坡）《新国民日报》1921 年 10 月 11 日。

承认，亦不发生效力，如是则"惟我绰有交涉之余地，不致与北庭同负责任"。① 很显然，南方政府严拒出席华盛顿会议，是汲取了巴黎和会的前车之鉴。

无可否认，尽管巴黎和会与华盛顿会议粉碎了国人在"一战"之后的短暂荣耀感，但是外交家们充分利用国际舆论，博得世人同情，使中国国际地位"有所增进"。② 参加会议的中国代表引起世人的关注，就连日本人也不得不承认："思及巴黎和会席上之中国青年外交家如王正廷、顾维钧诸氏，各于先进列强第一流之外交家前不屈不挠、堂堂正正，出其怀抱以与群贤舌战，是亦可认为发挥出新式外交之真谛者，中日外交未曾有之新纪录。"③

①　《伍朝枢答友人不出席太会书》，（新加坡）《新国民日报》1921 年 12 月 5 日。
②　周鲠生：《中国的国际地位》，《东方杂志》第 23 卷第 1 号，1926 年 1 月 10 日。
③　〔日〕日本实业之日本社：《日本人之支那问题》，中华书局编辑所译，中华书局，1919，第 32 页。

"一战"华工招募与中英交涉
（1916～1919）[*]

山东大学历史文化学院 　张　岩

　　探讨"中国与一战"的问题，"华工赴欧"无疑是一个值得关注的方面。一般认为，在 1916～1918 年，约 14 万名华工被英、法两国招募到欧洲战场（其中法招华工约 4 万名，英招华工约 10 万名），从事战勤服务等工作，以弥补其国内劳力的不足。目前，学界对这段历史的研究已有不少成果面世。^① 然

---

* 本文承蒙 Julian Putkowski 先生、Philip Vanhaelemeersch 先生提供资料帮助，而且他们也在英文档案的解读上提供了诸多意见，在此表示诚挚的感谢。本着文责自负的原则，本文的任何疏漏之处概由本人负责。

① 台湾中研院近代史研究所陈三井先生的《华工与欧战》（台湾中研院近代史研究所，1986 年 6 月）以及香港大学历史系徐国琦先生的 *Strangers on the Western Front：Chinese Workers in the Great War*（Harvard University Press，2011），为目前"一战"华工研究最具权威的两本著作。此外，英国大律师 Michael Summerskill 的 *China on the Western Front：Britain's Chinese Work Force in the First World War*（London，1982）也是一本极富史料价值的著作。论文方面主要有 Judith Blick "The Chinese Labor Corps in World War I"（*Papers on China 9*，1955，pp. 111－145）；Nicholas John Griffin "The Use of Chinese Labor by the British Army，1916-1920"（Ph. D. Dissertation，University of Oklahoma，1973）；Peter Chen-Main Wang "Caring Beyond National Borders：The YMCA and Chinese Laborers in World War I Europe"（*Church History*，78：2，2009，pp. 327－349）；陈三井《基督教青年会与欧战华工》，收入《中央研究院近代史研究所集刊》第 17 期上册（1988 年 6 月）；于华飞、马骊、Philippe Nivet《一战时期驻法华工教育与工人政治意识觉醒》，《北方论丛》第 3 期（2009 年）；张岩《一战华工的归国境遇及其影响——基于对山东华工后裔（或知情者）口述资料的分析》，《华侨华人历史研究》第 2 期（2010 年 6 月）等。此外，在 2008 年 9 月、2010 年 5 月举办的两届"一战华工国际学术研讨会"上，亦发表了许多优秀论文。相关论文集可参见张建国主编《中国劳工与第一次世界大战》（山东大学出版社，2009）；Sous la direction de Li ma，*Les travailleurs chinois en France dans la Première Guerre mondiale*（Paris：CNRS Editions，2012）。

而，对于华工招募与中外交涉问题，尚属研究薄弱之环节。[①] 过去的看法多认为，在华工招募上，英国与法国一样，也是事先与中国政府沟通，并经中国政府准许的。如基督教青年会编写的一份材料讲道，英国政府于 1916 年夏间，曾派员来华与中国政府接洽，"请求在青岛、威海卫设立大英招工局"，"于是吾国政府准其所请，以表示不能派兵来欧助战为歉"。[②] 一位华工撰写的见闻录也持有类似看法，他谈道，当时英国"与吾国联合，使吾国亦加入战团"，中国政府准许英国来华招工，"航送战场做工，以助尔"。[③] 另外，还有一种说法则认为，中国宣战后"理应出兵赴欧参战"，"北京政府因无兵可遣，乃征派华工前往代替"。[④] 事实上，这些看法都带有事后重构的特征，曲解了真实的历史。为厘清中国政府是否主动"准许"或"征派"[⑤] 华工赴欧为英国服务，笔者借由对中外档案[⑥]的连贯性爬梳，细致考察英国招募华工的过程及由此引发的中英交涉，以期在迎接"一战百年"纪念之际，有助于人们对"中国与一战"关系的重新认识。

一　英国招募华工的最初意图

1916 年夏，英国在提出招用华工的计划时，最初打算是从香港征

---

① 陈三井的《华工与欧战》及 Michael Summerskill 的 *China on the Western Front：Britain's Chinese Work Force in the First World War* 两部著作在史料应用上分别侧重于中、英档案，且前者是综合法、英、俄三国华工招募问题相并述之，所涉英国华工招募情况相对较少；后者可能偏于通俗性，在注释方面不甚严格。徐国琦的 *Strangers on the Western Front：Chinese Workers in the Great War* 对中英档案有了相当精到的使用，但该书侧重于"论"，在史实梳理方面尚留有一些空间。

② 基督教青年会编《驻法华工队青年会事业略说》，Kautz Family YMCA Archives，Box 204，Folder：Chinese Laborers in France。

③ 孙干著，孙光隆整理《欧战（一战）华工记》，淄博市政协文史委编《淄博文史资料》第十辑，2009 年 7 月，第 8 页。

④ 《参战华工流落法国情形》，《海外月刊》第 35 期，1935 年 8 月。

⑤ 这里的"征派"指的是由中国政府主动征召、派出华工，并不仅指中国政府自愿（同意）输出华工。

⑥ 主要参考台湾中研院近代史研究所档案馆藏档案"英人招工案"（该档已经出版，见陈三井、吕芳上、杨翠华主编《欧战华工史料（1912—1921 年）》，台北，中研院近代史研究所，1997）以及英国国家档案馆馆藏陆军部档案（WO），辅之以英国外交部档案（FO）等数据。

募。① 然而，鉴于法国特殊的气候条件，热带地区的劳工难以适应法国冬天的寒冷，在香港招工的提议受到了质疑。如英国外交部所言："虽然招工计划（建立一支服役于法国的华工团，由 10 个营 1 万名华工组成）的前提是保证华工团由'英国人'组成，但是我们也有充分的理由预料——由于法国冬天的气候条件，我们所需要的大部分华工只得从那些更加强壮的中国北方人中招募，因此他们（华工）将是'中国公民'。"② 在这种情形下，外交大臣格雷（Lord. Edward Grey）认为，此事（在哪招工）还是应与英国驻华公使朱尔典（John Newell Jordan）及香港总督梅含理（Francis Henry May）商议。其后，殖民部大臣安德鲁·博纳·劳（Andrew Bonar Law）即致电梅含理（此电亦复发朱尔典），向其询问关于"招工计划的可行性"以及"当地可招到的劳工种类的适合性（考虑到法国特殊的气候条件）"这些问题的看法。③ 然而，梅含理并未立即给出明确的答复。朱尔典则从驻广州总领事那里获悉，招募中国南方人并不可取。朱氏本人亦倾向于从华北招工，他讲道，"按照法国以及英国其他用兵地区的气候条件，华北会更加适宜招募劳工"，因为"北方人最适合寒

---

① 1916 年 7 月，英国军事委员会（Army Council）就已开始讨论招募少数中国人用于伦敦和利物浦（以弥补人力危机）的可行性，此时，在香港招集华工的想法被首次提出。而在此三天前，陆军大臣戴维·劳合·乔治（David Lloyd George）就劝说殖民部大臣安德鲁·博纳·劳（Andrew Bonar Law）在香港招集华工服役于法国。（Nicholas J. Griffin，"Britain's Chinese Labor Corps in World War I，"*Military Affairs*，Vol. 40，No. 3，Oct.，1976，p. 102.）1916 年 8 月，劳合·乔治原则上同意在法国和其他战区使用华工，让在法国服役的英国劳工回到国内工作，减轻农业和工业劳力的不足。从陆军部档案的一些电文草稿来看，招募华工拟定的数字先是 4 万～5 万名，后又改到 1 万名（在香港征募特殊的劳工团，受军事法管制）。（War Office Document，August 1916，WO 32/11345.）其实，早在 1915 年 6 月，"隐持中国外交大计"的梁士诒就曾告诉英方，中国可以向其供应 30 万名武装华工参与战斗，因政治上的原因——中国的中立地位被英方拒绝。有关梁士诒计划的出笼、英国的反应，徐国琦先生有精辟的论述，详情可参见 Xu Guoqi，*Strangers on the Western Front：Chinese Workers in the Great War*，（Harvard University Press，2011），pp. 10 – 16，pp. 23 – 31。关于英国提出招用华工计划的原因、过程的详细情况，请参见 Michael Summerskill，*China on the Western Front：Britain's Chinese Work Force in the First World War*，pp. 17 – 35。

② Foreign Office to Colonial Office，September 11th，1916，WO 32/11345. 另外，罗伯逊在写给同事的信中（1916 年 9 月 19 日）还谈道，香港本土能否招满计划中的 1 万名合适人选还是一个疑问。但是，如果要从内陆——主要是从广东向香港移入劳工，就会"在理论上破坏中国的中立地位，尽管中国政府实际上难以阻止人们移往香港去招募华工"；另外，除了广东人"不习惯寒冷的欧洲气候"，"也难以找到足够会讲广东话的英国官员"。Michael Summerskill，*China on the Western Front：Britain's Chinese Work Force in the First World War*（1982），p. 39.

③ Paraphrase of a Telegram from the Secretary of State for the Colonies to the Governor of Hong Kong，September 13th，1916，WO 32/11345.

冷的气候，最不适应极端的热"。对于"招工计划的可行性"，朱氏的看法是，只能取决于那些实际的尝试。也就是说，检验招工计划能否成功的唯一方式就是实践计划。因此，他建议招工计划应当继续进行下去。[①] 毫无疑问，朱尔典对这些问题的看法是极具分量的。[②]

那么，要在华北招工，又有何可行的替代方案？朱尔典提出了两种选择。其一，以"私人契约"（private contract）形式招募华工，从通商口岸运送出洋。这是早在英国之前法国已采取的招工办法。[③] 具体运作采用"商人营办"的方式，由一家中国公司即由袁世凯心腹梁士诒[④]与中法实业银行总裁王克敏成立的惠民公司承揽招工（以商人名义与之签订招工合同，受中国政府批准），直到把华工交付到通商口岸为止。其二，由英国政府在威海卫租借地自行招收华工，就如先前招募华人组建威海卫华勇营[⑤]那样，"虽然在租借地招募，但大多数华人是来自山东境内"。在朱氏看来，后一种办法更加可行。他认为，前者"本可以在梁士诒、王克敏的掌控之下轻而易举地实行"，但此时"有可能会遭遇中国政府的阻难"，因为这时的中国政府已经权力易手——黎元洪在袁世凯去世后继任总统（梁士诒也已退居幕后）。此时的北京政府对待招工的态度（反应和对策）成为一个"不确定的因素"——其与

---

① J. Jordan（Peking）to Foreign Office, September 26th, 1916, WO 32/11345.

② 然而，军事委员会（更准确地说应该是殖民大臣博纳·劳）仍希望听到香港总督梅含理的看法（如果可以在香港而不是在华北招工的话）。（*Paraphrase Telegram from the Secretary of State for the Colonies to the Governor of Hong Kong*, September 29th, 1916, WO 32/11345.）Nicholas J. Griffin 分析认为，博纳·劳希望在香港招工是因为他相信投入这样的努力中，可以增强他的地位。（Nicholas J. Griffin, "Britain's Chinese Labor Corps in World War I," *Military Affairs*, Vol. 40, No. 3, Oct., 1976, p. 103.）梅含理最后响应（此时已决定在华北招工）是，根据他与英国驻广州总领事商议，他们亦赞成华北更加适合招工。原因有以下四点：（1）他们（北方人）习惯寒冷；（2）他们喜食淀粉类食物；（3）他们更加服从纪律；（4）他们体内没有携带疟原虫。Paraphrase Telegram from the Governor of Hong Kong to the Secretary of State for the Colonies, October 9th, 1916（Received）, WO 32/11345.

③ 关于法国招工情况可参见 Xu Guoqi, *Strangers on the Western Front：Chinese Workers in the Great War*（Harvard University Press, 2011）, pp. 16 – 23.

④ 梁士诒，曾任袁世凯总统府秘书长，时任税务处督办，在中国政坛极具影响。如梁汝成所言："梁公士诒虽非身当外交之冲，然实隐持外交大计。"白蕉：《世界大战中之华工》，《人文月刊》第8卷第1期，1937年2月15日。

⑤ 1899～1906年，英国在威海卫组建了一支一千余人的华勇营（chinese regiment），担负威海卫的防务，该部队曾被英国派遣参与八国联军对华作战。华勇营在1900年3月至10月在华北的行动记录可参见 A. A. S. Barnes, *On Active Service with the Regiment——A Record of the Operations of the First Chinese Regiment in North China from March to October 1900*（London：Grant Richards）, 1902.

俄国政府（亦在中国境内招募华工）"已经因德国的煽动（怀有敌意的宣传和破坏）遇到了阻挠（中国人的反对）"。① 这里的"不确定"当有另外一层原因，就是朱尔典还没有与黎元洪等人建立起密切的关系。② 此外，罗伯逊讲道："梁士诒的计划是一种赚钱的手段，我们不知道存入银行的月薪到底会有多少能到达华工的家中，因为法国并不对此负责。"③ 鉴于此，在威海卫创建英国自己的招募系统不失为一种较好的选择。虽然严格来讲威海卫不是英国的殖民地，但以其租借地的地位亦可以使招募工作（在威海卫）避开中国的中立问题，并且威海卫还拥有可供使用的现成的华勇营房以及苦力营房。④ 除此以外，如果在威海卫招工，亦可避免干扰法国及俄国的招工区域（直隶、东三省）。⑤

　　威海卫作为租借地固然具有独特的优势，但毕竟华工多是来自中国境内（华北），且规模不在少数，要不要向中国政府提前知照遂成为一个伦敦本部顾虑的问题。对此，英国外交部提出了一个建议：由当地的中国招工代理人从中国境内召集大量华工前往威海卫，在那里，这些华工"将会定期被招募，就好像他们是那个地区的普通民众"，此举就是为了让华工营可能成为"表面上的英国人"。在他们看来，如果这个方法切实可行，似乎就没有理由向中国政府正式照会招工事项；而与中国政府达成正式的招工合同的构想——同南非招工时签订《中英会订保工章程》那样——恐难实现，因为无论如何这样做都将是一个耗时的"工序"，以致无限期地延迟招工。当然，诚如前述，他们也是担心破坏中国的中立地位而不愿与中国政府进行官方的接洽。但是，他们又惧怕"万一中国政府决意阻挠，必将导致招工计划的失败"，故又觉得有必要通过"取得他们私下谅解"来避免这种危险。⑥

　　当这个问题提交给朱尔典时，朱氏并不同意与中国政府有任何形式的接触，他的看法是："最好向中国政府保持沉默，只管先行招募，如遇阻挠再去处理。"不过，朱氏还是非常认同外交部提出的在威海卫租借地招工的建议。同时，他还指出，"所有的安排都应以威海卫政府的名义开展，招工机构最好

① J. Jordan (Peking) to Foreign Office, September 26th, 1916, WO 32/11345.
② 该观点由 Julian Putkowski 向笔者提供。
③ Michael Summerskill, *China on the Western Front: Britain's Chinese Work Force in the First World War*, p. 50.
④ 南非德兰士瓦矿业协会所建，但当时并未使用。
⑤ J. Jordan (Peking) to Foreign Office, September 26th, 1916, WO 32/11345.
⑥ Foreign Office to J. Jordan (Peking), September 30th, 1916, WO 32/11345.

能在驻华公使馆的指挥下运行"。很显然，朱氏的意图在于掩饰招工计划的军方背景，以减少招工的阻力。朱氏并不赞同招工机构由陆军部派员来负责，而是希望委托给驻华使馆武官（罗伯逊）和一位有能力的领事官员——来自广州的巴顿（Barton）或杰米逊（Jamieson）——管理。在他看来，领事官除了监管（招工）职责以外，主要的和最重要的任务就是"力图与山东的地方官进行顺利的合作，并实时应付任何阻挠的迹象"。① 这也应当是朱氏认为不需要提前与中国政府有"私下的共识"的一个原因。当然，更深一层的原因是朱氏无法预测此时北京政府的态度。但遗憾的是，英国陆军部仍决定派遣他们的代理人波恩（T. J. Bourne，浦信铁路总工程师）前去威海卫，负责对招集到那里的华工进行接收、核准、登记、行装、发送等工作。② 朱尔典起用驻华领事的设想遂未能实施，尽管外交部曾向朱氏解释，波恩只是负责整个威海卫的工作，租借地以外的所有招募事项还是要置于公使馆的指挥下进行。③ 英国终究还是没与中国政府提前接洽。

二 文登县拘禁招工委员案之接洽

在英国陆军部代表波恩抵达中国之前，朱尔典就已开始着手安排招募事项。朱氏并没有像法国那样利用中国本土的承揽商代理招工，而是委托给驻天津的英商仁记洋行（Forbes & Company）向威海卫供应华工。朱氏乐观地预计：只要中国当局不去阻挠，第一个月（1916 年 12 月 1 日之前）就可以招到1000 人，以后每个月可达 2000 人。④ 1916 年 10 月 28 日，波恩到达北京，拜访朱尔典。10 月 31 日，波恩与罗伯逊一起前往威海卫。与此同时，承揽商也已开始招募。⑤ 整个招工系统随之运转了起来。

然而，招工开始后并不理想，能否按预计的日期招到所期望的人数还有很大的疑问。在朱尔典看来，导致招工遇挫的原因与当时的"政治局势"以及与招工计划有过强的军事色彩有关。他指出："除非政治局势变得清楚，否则

① J. Jordan (Peking) to Foreign Office, October 2nd, 1916, WO 32/11345.

② Army Council to Foreign Office (copy to Colonial Office), October 4th, 1916, WO032/11345.

③ Foreign Office to J. Jordan (Peking), October 5th, 1916, WO 32/11345.

④ J. Jordan (Peking) to Foreign Office, October 6th, 1916, WO 32/11345；J. Jordan (Peking) to Foreign Office, October 13th, 1916, WO 32/11345.

⑤ J. Jordan (Peking) to Foreign Office, October 28th, 1916, WO 32/11345.

我们的招募工作甚至有可能像俄国和法国那样停滞。然而，根据我对中国人的了解，我觉得有必要表达我的观点——现在陆军部负责的招工计划在我看来具有过强的军事色彩，我担心这样下去会对招工产生不利的影响。如果要使招工计划完全成功，应该尽可能地清除招工组织的军方背景。"① 陆军部也完全认同招工计划过强的军事色彩是导致开局不理想的原因之一，并为此积极做出调整。然而，令伦敦本部不解的，也是朱尔典没有阐明的一个问题是，"为什么现在的政治局势不利于招工？"他们猜测："招工计划是不是遭到了中国政府和地方官员的反对？如果是这样，那按照法国的做法会不会更好地让他们成为我们的'心腹'？或甚至按照南非招工时公开做过的办法，与他们达成某种私下的经济上的协议？"② 事实上，朱尔典所讲的当地不利于招工的政治局势是由于法国在天津制造的争端（老西开事件）造成的，③ 而非中国官方的阻挠。由此可见，他们仍然担心，没有中国政府的"许可"，招工就可能遇阻。

不出所料，英国这时在山东的招工确实遭到了地方官府的阻挠。11 月 13 日，两名招工委员到租界以外招工时被文登县官府拘禁。该案的发生严重影响了英国在山东的招工活动。根据英国陆军部代表波恩的一份备忘录记载，11 月 14 日晚，两名招工委员（Ku Fu Ting and Ku Chun Kuan）带着 11 名华工从滕家集返回威海卫，途经高村时，天色已深，就住进了当地的一家旅店。刚安顿下来，旅店掌柜就过来告诉他们本月 13 日两名招工委员（Ku Chun Hsu and Wang Hsueh Shen）被高村警察（奉文登县知事之命）拘捕的事情。11 名华工听后甚为恐惧，即刻跑回了家乡。掌柜亦担心惹上麻烦，便安排一辆马车连夜将两名招工委员送出了旅店。④ 这则案例指陈了一个事实，若不疏通地方官

---

① J. Jordan（Peking）to Foreign Office, November 12th, 1916, WO 32/11345.

② Foreign Office to J. Jordan（Peking）, November 14th, 1916, WO 106/33. 按照南非招工时公开做过的办法指的是，1904 年英国为招募南非华工与中国政府签订《中英会订保工章程》，其中第十三款规定，如招得之工人数不过一万，每招得一工，英方需向中国政府交付墨洋三元，一万名以外，每人墨洋两元。王铁崖编《中外旧约章汇编》第二册，三联书店，1959，第 241 页。

③ Alston（Peking）to Foreign Office, November 18th, 1916, WO 106/33. 1916 年 10 月 20 日，法国悍然用武力宣告对老西开地区的占领，激起了天津市民的反抗。10 月 25 日，天津市民成立天津公民大会，通过了包括"解散法国在中国招募华工的机构'惠民公司'，不准招募华工"在内的决议。为了抵制法国招募华工，公民大会向各县发文，要求"无论如何为难"，也要"设法遏止，以资抵制，而增国光"（来新夏主编《天津近代史》，南开大学出版社，1987，第 250～259 页）。这种局势同样也影响到了仁记洋行的招工。

④ Memo for W. O. R. Weihaiwei, November 15th, 1916, WO 32/11346.

府，英国（在山东）的招工着实难以为继。

"拘禁案"发生后，英国驻华公使馆随即派员与中国政府交涉。11 月 14 日，公使馆参赞艾斯敦（Beilby Francis Alston）会晤中国外交次长夏诒霆，先是对地方官拘捕招工委员表示不满，指出："八九年前威海卫政府且曾在界外招集华人充当华勇营，地方官并未抗议，今招工而捕其委员，殊不可解。"夏氏答："现在招工办法须先由两公司立约，受政府批准，并准询明地方官查无窒碍，然后方许招集也。若未经由此项手续，则地方官迭经受有严令不许之也。前此招兵系仍驻扎威海卫，今次招工系运外洋；前此或地方官不知情，而今则知之；前此无禁令，而今则有私行招工之禁令也。"由此可知，此时北京政府的"华工政策"也是遵照俄国、法国招工的前例，经由公司办理（商业营运）。艾参当即表示，"威海卫亦愿照此手续办理"，并请求在缔结招工之约以前，"仍许其得在界外招工，并请电知文登县释放所拘两委员"。夏氏同意"电饬胶东道以其情有可原著行释放"。

实际上，艾参并无实意遵照上述开招工手续，在得到夏氏的答复后，转而说道："威海卫政府本定有一招工章程及与工人所立契约之格式，大致与南非洲招华工之合同相仿，不过删去其烦冗者耳。贵部长见之当可满意也。此后之手续又应如何？"显然，其意旨在绕开公司由政府直接订约。对此，夏氏则坚持"由英公司与华公司立招工合同，呈政府批准"，并言称"内务部、农商部与本部现方会派人员订一模范招工合同"。艾参进而指出了"公司办理"的弊端，说道："俄法人招工由公司办理反多公司之费用，且其从中折扣工资，工人大受影响，不如由政府自行办理之为直接了当，而管理亦甚易也，岂威海卫政府不能直接订立招工之合同也？"夏氏有所妥协："此事尚可商量。然亦应与地方官接洽。"艾参继而追问："政府商订合同时，可否仍许继续在界外招工？"夏氏则答称："可电饬胶东道察地方情形有无妨碍，且饬其经与烟台英领相商拟订一临时办法，同时政府从容与贵馆拟订合同便是。"艾参对此深以为然。[①] 文登县拘禁招工委员案的交涉，至此告一段落。

通过这次交涉过程，此时北京政府对待招工的态度已经明确。从这层意义上而言，与其说"拘禁案"是中国地方官府对英国招工的阻挠，不如说为英国了解此时北京政府的态度提供了良机。诚如艾斯敦在致英国外交部的电报中

---

① 《次长会晤英馆艾参巴参赞问答》，1916 年 11 月 14 日，中研院近代史研究所藏《北洋政府外交部档案》，档案号：03 - 31 - 003 - 01 - 001，"英人招工案"。

所说的那样："最近我们的两名招工委员在威海卫租借地以外被中国当局拘禁，这给了我一次与外交部讨论处理所有问题的机会，他们已表明其意愿，即遵照法国和俄国的办法，相商拟订一（招工）合同。"① 正是因为"拘禁案"的发生，打破了英国最初的"沉默"。中国外交部后来在发往驻英公使施肇基的公函中说道，英国"在山东招工当初并无先与地方官接洽之意，后因该管地方官拘留其招工委员，不得已向我政府交涉"。② 所谓"不得已"，似乎只是中国政府带有责怪意味的外交说辞。实际上，尽管英国未先与中国政府接洽，但并非一开始就无接洽之意。反观英国招募华工的最初意图，便不难理解中国政府所言"不得已"是英国方面的原因。

三　胶东道尹与驻烟英领之会商

"拘禁案"交涉之后，中国外交部旋即电令胶东道尹（兼任交涉员）转饬文登县开释拘留人员，并饬该道尹就英国所请"准其在文登、荣成、宁海三县招工"一节与驻烟英领磋商，"如果与地方无碍，再与议定妥善合同，呈候核办"。③ 英国驻华公使馆同时也电饬驻烟台英领与胶东道尹接洽。英领随即致函胶东道尹，内开，英使（可能是艾斯敦）电称"招工之事业蒙外交部允饬，胶东道尹会同英领事商酌在胶东一带招工办法，先为招募，随后外交部即与本大臣（英驻华公使）订立合同"。④ 很明显，这与外交部的说法存有出入，外交部只称拟商招工区域在"文登、荣成、宁海"三县，并没有称"胶东全属"。⑤ 胶东道尹只好向外交部核实，外部电示，"能否通融，应由该员（交涉员）就地方情形酌与磋议，妥筹办理为妥"。⑥ 言下之意，如果交涉员认为与地方（胶东全属）情形无碍，招工区域亦可扩至胶东全属。接此训示后，交涉员随即向驻烟台英领接洽，会商开始。

---

① Alston（Peking）to Foreign Office, November 18th, 1916, WO 106/33.

② 《发驻英施公使函》，1916年8月29日，档案号：03-31-003-02-036，"英人招工案"。

③ 《发胶东道尹兼交涉员电》，1916年11月15日，档案号：03-31-003-01-002，"英人招工案"。

④ 《收烟台交涉员函》，1916年12月4日，档案号：03-31-003-01-009，"英人招工案"。此处并非英领原函，而是来自胶东道尹发于外交部的函件。

⑤ 在上述夏治霆与艾斯敦会晤的记录中，并未提及拟商招工区域。此外，从这次记录中，也未发现夏氏明确答应在"政府商订合同时"，许其"继续在界外招工"（可参见上文交涉内容）。

⑥ 《发胶东道尹电》，1916年11月22日（原档标错月份），档案号：03-31-003-01-007，"英人招工案"。

而在中央层面，驻华公使馆同时也在试图与中国外交部先行订立招工合同。11 月 21 日，英国驻华公使馆派员面将威海卫招工合同、广告等件交于中国外交部。① 次日，艾斯敦会晤夏诒霆，说道："甚欲与贵部订一招工总合同，然后持此合同分赴各处实行招集。" 夏氏则婉拒道："必须在京开议亦无不可磋商之处，惟各地方情形、风俗各异，即使本部与贵使署直接议订，仍须与地方官接洽，一切方能有效。" 艾参只好复以 "当饬各口领事径与地方官议定招工合同便是"。夏氏随即表示："如果有为难之处请随时告知，当为竭力相助也。"② 尽管与中国外交部订立招工总合同的设想没能实现，但公使馆对由各地方分别议定合同的办法还是充满信心。11 月 23 日，艾斯敦在发往伦敦的报告中说道："鉴于目前（中国）中央政府的软弱，尤其是外交部，这种方法（在地方层面议定合同）似乎为最终的成功提供了最好的前景，尽管会导致额外的延迟，但我会采取相应的措施。"③ 这里所讲的中央政府的 "软弱"，也就是中国外交部不愿与驻华公使馆直接订立招工合同的另一层原因，即担心德国指控他们破坏中立条规。出于这点考虑，艾参即认为按照他们的意愿，将 "订立合同之事" 转移至地方层面，或许会更容易成功。当然，这也与艾参对驻华领事的信任不无关系。

11 月 24 日（收函日期 12 月 4 日），烟台交涉员向外交部秘密呈报了双方会商的情形。其大略如下：关于订立合同，商定由中英两商家以个人名义草订合同代替两国官吏直接签立；关于订立合同程序，商定有关招工的一切事宜仍须逐条详细订入，而不能仅具大体不具细目；关于招工地点，（交涉员）坚执三县之说，将来可否许其先以登州十县为限，倘陆续添招再行推广至胶东全属，须候中国外交部训示；关于做工地点，（交涉员）对于正处战争剧烈之点的 Somme 及 Salonika 坚为拒绝（事关中国中立）。在以上四条中，做工地点最为重要，交涉员特别强调 "苟此层不能解决，合同似难成立"。④ 外交部答复称（于 12 月 8 日），上开两做工地点应当拒绝。⑤

---

① 《收英馆交烟台招工合同》，1916 年 11 月 21 日，档案号：03 – 31 – 003 – 01 – 005，"英人招工案"。

② 《夏次长会晤艾参赞问答》，1916 年 11 月 22 日，档案号：03 – 31 – 003 – 01 – 006，"英人招工案"。

③ Alston（Peking）to Foreign Office, November 23rd, 1916, WO 106/33.

④ 《收烟台交涉员函》，1916 年 12 月 4 日，档案号：03 – 31 – 003 – 01 – 009，"英人招工案"。

⑤ 外交部称："所商工作地点如在巴尔干半岛之 Salonika 等处均属军事区域，于工人生命万分危险，断难允行；至于 Somme 地方系在法境，法国已另有惠民公司招工前往，亦不必英国为之代招，应力予删除。"《发胶东道尹函》，1916 年 12 月 8 日，档案号：03 – 31 – 003 – 01 – 010，"英人招工案"。

一直到 11 月结束，烟台会商还没有结果。12 月 1 日，伦敦外交部因仍未接到关于招工进展的明确消息，便向驻华公使馆质问导致招工遇挫的"真正原因"，① 以及当前已招华工的人数等问题。英外交部认为，招工计划未能成功运行是由于德国人的破坏，即在中国人中开展不利于招工的活动②造成的；要挽回这一局面，"就需要采取一些特殊的行动来消除人们心目中形成的——毫无疑问是由德国人苦心培育的——华工是被招来参加战斗的印象"。在英外交部看来，"尽管驻华领事的确能够与地方官进行磋商"，但是"从英国派遣非军方专家去往各省游说，对地方官进行面谈，并解释华工工作的性质（非参战）"会更有帮助，因为"他们直接来自英国，说话具有更高的权威"。显然，英外交部出此策略，也是希望尽快地消除招工障碍，加速招工进展，以缓解日益迫切的劳力短缺问题。英外交部向驻华公使馆讲述了此时英国对于劳力需求的紧迫状况，"对于军方而言，至关重要的是尽快地招到有色人种劳工受雇到战线后方，以便替下英国的劳工去其他地方工作，而且在不久的将来，战事行动的顺利进行很大程度上依赖于此"。③ 招工计划对于英国战争事业的重要性可见一斑。

在 12 月 3 日，艾斯敦回应了英国外交部的质问。据其报告，截至此时，他们只在威海卫租借地内招到了 100 名华工，"在等待地方交涉结果期间，中国当局有效地阻止了威海卫租借地以外的招募活动"。对于招工遇挫的"真正原因"，艾参指出，"法国天津事件造成的（恶劣的）政治局势"应当负主要责任，该局势"终止了该省（应该是天津）所有招工出洋的工作"，现在这一问题"仍然存在并且将会持续到天津事件被解决和被人们遗忘为止"。除此之

---

① 相对于 11 月 12 日朱氏汇报的导致招工初期进展不顺的因素而言。详见上文。

② 上海《远东时报》的一篇报道讲道："热衷侦察的德国人，一听到招工计划的风声，就立刻开始散播谣言，进行恐吓，阻止招工活动，在一个很短的时间内，甚至威胁要完全抑制招工。无论是中国政府，还是中国农民都不知道那时德国人是肆无忌惮的捣蛋鬼，而当时中国政府希望保持中立，感到有点不知所措，还不能就移民计划的态度做出决定。而德国人自然抓住了这一机会，（德国使馆）利用发生在天津的微不足道的误会，极力散播令人毛骨悚然的虚构的谎言，以阻止招工计划。"参见 Manico Gull，"The Story of the Chinese Labor Corps，" *Far Eastern Review*，No. 4（April，1918），p. 127. 关于德国破坏招工的详细记述，可参见陈三井《华工与欧战》，台北，中研院近代史研究所，1986，第 49～59 页。

③ Foreign Office to Alston（Peking），December 1st，1916，WO 106/33. 该封电报早在 11 月已经拟好。在发往驻华公使馆以前，外交部也向军事委员会提到"派遣非军方的代理人"的策略，并获得同意。参见 Foreign Office to the Secretary to the Army Council，November 25th，1916，WO32/11345；以及 Army Council to Foreign Office，November 30th，1916，WO32/11345.

外，艾参认为另一个原因就是"中国政府的软弱——它不会为任何容易招致德国人诘难的招工合同（agreement）承担责任，并由于受到当地散播的'最近德国在罗马尼亚的胜利'的舆论影响变得更加严重"。很明显，这里再次提到中国政府的"软弱"时，俨然失去了之前乐观的态度。艾参讲道，"这个原因通过烟台交涉已经有了结果（今天已寄达到了我手上），现在正在考虑当中。目前来看，（与中国政府）达成某些经济上的协议好让中国官员满意，是其提供一万名华工的基础"。在这份报告里面，艾参还表达了如下看法："保持招工计划'非参战'色彩的困难，实际上仅限于拟订合同中对做工地点一层的描述，也就是如何使英国在其领土以外使用华工而不会违背中国的中立地位"，"现在这一点正在磋商，如果被证明是一个严重障碍"，请求批准其"同意前一万名华工受招到埃及做工"。这样做实际上是"以退为进"，暂时满足地方官的要求，以便"能够留出必需的时间磋商到欧洲服务的问题，而不会延迟招工的开始"。对于英外交部提议的"派遣非军方专家"的办法，艾参指出，"目前来说既无必要也不可行"。在他看来，"只要收买了地方官，就华工本身，并不需要劝诱应募"。[1] 然而，英国军事委员会（Army Council）却告诉外交部，他们并不能同意改变原定做工地点，会商应该只限于在法国使用华工。[2] 但是英外交部并没有将此决定立即转饬艾斯敦，可见英外交部在某种程度上还是支持艾参的想法。

胶东道尹与驻烟英领磋磨数日，于12月2日（收函日期12月12日）向外交部呈报了双方拟订的招工条件（招工合同稿），共二十三条，其中"除作工地点一条外，均已约略就绪"，间有"尚俟斟酌而未决者"，如华工工价及恤金问题、包工人选择问题、款中"不关战役"用语问题等已圈出，[3] 请为核示，在在体现交涉员考虑之周密与细致，故深得外交部赞赏。[4] 由于信函寄送缓慢，待外交部收函已是12月12日。就在这一天，英国驻华公使馆亦收到了驻烟台英领呈报的烟台会商的最终结果。其中关于做工地点一层，据艾参向伦敦报告称："经过中国外交部批准，华工系运往埃及（或英国）做工，其做工之处最少须在炮火线10英里之后。"[5] 对此，英国军事委员自然有所不满，但是

---

① Alston（Peking）to Foreign Office, December 3rd, 1916, WO 106/33.

② Army Council to Foreign Office, December 8th, 1916, WO32/11345.

③ 《收烟台交涉员函》，1916年12月12日，档案号：03-31-003-01-011，"英人招工案"。

④ 《发烟台交涉员》，1916年12月19日，档案号：03-31-003-01-014，"英人招工案"。

⑤ Alston（Peking）to Foreign Office, December 14th, 1916, WO 106/33.

并未予以否定，而是希望获知关于"放弃'在法国使用华工的计划'而就'招募华工遣赴其他地区'进行磋商的可行性"这一问题的"及早的、明确的看法"。①

四 招工办法之变更

继烟台会商出来结果之后，按照招工程式，还须经过中国外交部的批准（招工合同），方准开招。12 月 13 日，艾斯敦造访外交部。时夏诒霆已经不再代理部务，与之会晤的是外交总长伍廷芳。艾斯敦原本还试图通过这次会晤"将做工地点扩展至欧洲任何国家"，但是伍廷芳完全改变了过去的招工办法。伍氏告诉艾斯敦说："今贵国在华招工难保德奥等国不来抗议，若中国政府公然批准招工合同将无以自解也。中国政府除保护其人得相当待遇外，招工等事应由中国商人办理，政府不问也。"尽管如此，伍氏还是担心"以前种种仍可与他国以抗议之机缘"，故又希望英国政府予以保证"使将来不至受损，若受损失即以赔偿"。艾参云："以个人私见自应有保证，政府之意见如何，容询问明晰，再行奉达。"同时，艾参又向伍氏言称："现在招工等事均已预备停妥，中国政府亦可派人监视是否按照合同办理也。"然而伍氏则答以"中国政府不便派员，惟烟台商会乡梓情深，当私自派人莅视一切"。并称："招工时仍以在威海卫办理为妙，中国政府如需其帮助之处，自当暗中尽力，不便明助也。"② 可以看出，伍廷芳在涉及中国中立的问题上表现得更加慎重，不过私下里也对英国的招工流露了支持之意。③

值得注意的是，在12 月 14 日艾斯敦向伦敦外交部的报告中，提到了一些中国外交档案中没有记录（或记录得不一致）的会晤内容。其中讲道，对伍廷芳提出的新的招工办法，艾参回答说："这是我们最初的意图，而在前任（代理）总长的直接要求下，我们只能放弃。倘若（中国）中央政府可以下达必要的命令制止地方官干预华工去往威海卫应募，我们非常愿意恢复这种办

---

① Army Council to Foreign Office, December 16th, 1916, WO32/11345.

② 《总长会晤英艾代使问答》，1916 年 12 月 13 日，档案号：03－31－003－01－012，"英人招工案"。

③ 伍廷芳之所以改变招工政策的原因，在外交部日后发往驻英公使的公函中讲道："伍前总长莅任后，检查案卷，见德奥两使对于俄、法招工抗议之文卷积盈尺。若不亟改办法，无论如何巧为解释，于中立方面总觉碍难。拟按照《海牙陆战中立条约》规定，此后外人招工一任人民自由，政府不加干涉，以杜交战国之责难。"参见《发驻英施公使函》，1916 年 8 月 29 日，档案号：03－31－003－02－036，"英人招工案"。

法。"伍氏称："他认为他可以下达这些指令，但要询问，如果将来中国因非中立的行为被迫向敌国政府做出赔偿，英国政府是否愿意补偿其损失。"实际上，艾参这里并未对伍氏"下达指令"抱有多少希望。他向伦敦外交部说道："我一点都不相信外交总长认识到了他在此事（华工赴欧）中的困难处境以及面对省级政府和公众舆论其权力的局限性，他对华工赴欧的问题一无所知。因此对这一新进展抱任何过高的期望都是靠不住的。我正在提早采取行动，以检验恢复先前招工办法的可行性。"①

次日（12月15日），艾斯敦又访中国外交部，催问："威海招工事贵部已发函胶东道尹否？"伍氏云："已令司拟稿矣，已否发函则未之知，俟查明奉达。"② 12月19日，外交部发函烟台交涉员，训示："此后外人在中国招工，一任其与民间自行接洽，政府概不过问。惟为我工人生命前途计，则又不能不阴为干涉。似可由地方官或交涉员先与地方商会接洽。例如工作地点、工资多寡、工作钟点、伤废死亡抚恤诸大端应如何，特别规定与其它招工合同条文必要之点，均应详为指示，以免我人民被骗出洋受诸虐待，致重演从前猪仔之惨剧。似此办法庶免惹起违背中立之交涉，而与我华工出洋仍得相当之利益。此次英国招工即可照此办理。日前，英艾署使来署会晤数次，已与面为说明，并请其仍在威海开招。艾署使亦已允诺，希即查照妥办为要。再，此事既不经官府核准，将来工人前途均惟包工承揽人是赖，责任至为重大。"③

英国外交部于12月22日回电艾斯敦称："显然，如果华工招募得以实现，我们必须立刻采取一些更加积极的行动。我们已准备好向中国政府予以保证——倘若因违反中立遭到敌国的攻击，他们将受到保护。但是这只解决了问题的一半。地方官的阻碍——像你预料的那样，即使中央政府下达指令，他们也可能置之不理——必须尽快克服。除非你十分肯定，你有适合的人员能够应付得了地方的困难，处理得了与中国当局有关的事务，并且能同时监管实际的华工招募工作，否则你就应当重新考虑我们以前的意见——从这里派遣使者以达到以上目的。"其实，英国外交部对"地方的困难"的实际情况并不清楚，为此训令艾参向之报告："华工是不是正被阻止前往威海卫？若是这样，他们又是如何被阻止的？"并讲道："如果华工方面是毫无勉强地被招募的话，我们就应当

---

① Alston（Peking）to Foreign Office, December 14th, 1916, WO 106/33.

② 《总长会晤英艾署使问答》，1916年12月15日，档案号：03－31－003－01－013，"英人招工案"。

③ 《发烟台交涉员函》，1916年12月19日，档案号：03－31－003－01－014，"英人招工案"。

了解实质上是什么阻止了他们，并要想尽一切办法去移除这个阻碍。"①

鉴于袁世凯之后中央政权的式微，省一级地方政府对待招工的态度的确是一个不得不重视的方面。12月17日，山东省督军兼省长张怀芝就烟台交涉员呈报的"与英领商办招募华工一案"（即前述"烟台会商"案）致电国务院，"请与英使婉商取消前议"。电中称："查近来外人招工一事危害极多，例如俄人前在乌拉岭西撒耳木所招采煤工人竟不遵守合同，横加驱逐或有逼赴战地情事，关系中立大局。华人生命洵非浅鲜，纵多方订定条件，能否履行，决不可必。偶一不慎即滋后患，但能固拒未可通融，且该交涉员所奉外部两电（烟台会商开始前的两封电报），本公署均无案可稽，应请钧院询明外部，酌与英使婉商取消前议，以免胶葛。"②此电表明，出于维护中立及保障人民生命的考虑，张氏反对与英国议定招工之事。国务院随后将该电相应抄录函交外交部，令其"从速办理，径复张督军"。③外交部先是于12月21日致电张怀芝，训示："按照海牙战时中立国条约，人民自由赴交战国供役，中立国政府不担责任。此次英人在东招工，官府可不加干涉，免招交战国一方面之诘责。"④除电达外，外交部又在12月26日再度致函，详细解释变改招工办法的缘由，并称，尽管政府"不加干涉"，"惟招工合同终需妥订条文，以免华工到工后受诸虐待。业经饬行交涉员令与地方商会先期接洽，将应订合同要点预示机宜，俾商会与招工人及洋行尽力磋商，期臻妥善而免流弊"。函令张氏"查照饬遵"。⑤

艾斯敦接到伦敦外交部的训示后，于12月27日会晤伍廷芳，以英国政府名义向其做出口头保证，承诺"中国不致因招工事受他国侵略之举动"。同时，艾参再次就"发函胶东道尹"之事向伍氏言称，"现得烟台领事电，胶东道尹仍未接部函"。伍氏答复说："部函已发寄约十日矣，当再函询之。招工事想已进行无阻也。各工人想已在威海卫陆续招集。"然而，艾参却称"招工事现在仍中止之未有进行"，故请伍氏"电饬（胶东道尹）办理"。对此，伍氏示以同意。⑥

① Foreign Office to Alston（Peking），December 22nd，1916，WO 106/33.

② 《济南张怀芝来电》，1916年12月17日，档案号：03 - 31 - 003 - 01 - 016，"英人招工案"。

③ 《收国务院函》，1916年12月20日，档案号：03 - 31 - 003 - 01 - 015，"英人招工案"。

④ 《发山东张督军电》，1916年12月21日，档案号：03 - 31 - 003 - 01 - 017，"英人招工案"。

⑤ 《发山东张督军函》，1916年12月26日，档案号：03 - 31 - 003 - 01 - 018，"英人招工案"。

⑥ 《总长会晤英艾代使问答》，1916年12月27日，中研院近代史研究所藏《北洋政府外交部档案》，档案号：03 - 31 - 003 - 01 - 020，"英人招工案"。除了口头的保证，驻华公使馆亦向外交部做了书面保证。参见《收英馆函》，1917年1月4日，档案号：03 - 31 - 003 - 02 - 001，"英人招工案"。

同日，艾参即向伦敦外交部汇报了此次会晤的情形，并告诉他们。"道台（胶东道尹）告知英领，他愿意执行任何明确中央政府责任的指令。"电中还提道："据悉，驻在济南的省长也已发表看法，反对（达成）任何正式的合同（agreement）。我已通知驻济英领过来——明日与我会商后，他将前往烟台和威海卫——好让他在回到岗位时，能够设法使省长也去遵守外交总长的新指令。"由此，艾参指出，"在胶东道尹收到外交总长部函之前，已经没有事情可做"。可见，尽管前面讲到艾参对伍氏"下达指令"不抱多少希望，但这时除此以外似乎别无他法。

与此同时，艾参还响应了英国外交部的上封来电，云："我很确定我有最适合的人员去处理各方面的问题。波恩已向陆军部报告，他预计在 1 月 14 日（1917 年）备好 1000 名华工装船出运，这一事实表明，华工（方面）愿意应募，并且少数正在进入租界。对于大多数距离较远的华工，若没有租界以外当地招工人的协助，他们的到达将毫无指望。这些招工人的作用尤其表现在筹集资金以及护送大批华工（进入租界）以保证他们不致因健康理由被拒而遭受损失等方面。而（招工人）如此公开的协助，也只有在现存的官方招工禁令解除——这正是我所期待的从外交总长的指令中得到的结果——以后才能实施。"[1]

五　无所适从的地方官员

就艾斯敦所请"发函"之事，外交部于 12 月 28 日向烟台交涉员进行了询问，并训示："本部现对于外人招工，主张任人民自由应募，官府不加干涉，希遵照部函办理。"[2] 然而，对于外交部的主张，交涉员则提出了三点疑问：其一，"虽国际交涉但以不背公法（"海牙条约"）为断然"，但"按之本国所颁中立条规（第十五条规定，中国领土内人民不得往充兵役及干预战事）"，是否有所"抵触"；其二，"威海英员派人分赴各县诱致招募"已查获数起，"诱致（招募）与自由应募有别，且在威海租界（借）地之外，应否亦不干涉"；其三，"纵谓工人均系自由应募，然数至数万，与数个人不同，地方官不可诿为全无见闻，则中立政府于公法上似未免有忽于义务之处"。除以上三

---

[1]　Alston（Peking）to Foreign Office, December 27th, 1916. WO 106/33.

[2]　《发烟台吴兼交涉员电》，1916 年 12 月 28 日，档案号：03 - 31 - 003 - 01 - 021，"英人招工案"。

点，交涉员还指出，山东督军发来的漾电（23日电）称，"华工在外，利少害多，纵自由赴交战国供役，中立政府可不负责，务望以保民为前提，仍行密禁华工应募"，这与外交部"主张办法"并"未能一致"，"究竟如何办理之处"，请求外交部"电知督军转电饬遵"。在交涉员看来，"此事关系重大，稍一不慎，交涉必多枝节，转恐难以收束，至议会之诘责与舆论之攻击，又其次也"，故请外交部"俯赐主持"。①

外交部于12月30日回电烟台交涉员，向其一一解释称："外人来招均系工人，并非兵役，与中立条规十五条尚无抵触；威海招工原议即在威海开招，自不得纷往内地诱致；招工名数原未能加以限制；前函所谓预与地方商会接洽即为保全民命起见，与张督军保民宗旨正同。总之，本部主张按照公法办理，为免除国际交涉起见，至于民人生命，原当设法维持，应仍查照部函，密令各处商会于合同要点详细斟酌，慎之于始，将来庶免流弊。"② 实际上，外交部的电文，唯有一点最为重要，即不准英国赴内地"诱致"华工。③ 其后（1917年1月7日），烟台交涉员报告称：奉外部训令，"当向英领声明，招工即在威海开招，不得派人纷往内地招致"，然而，"据英领面称，奉英使电称钧部已准其派人往内地招致，地方官不得加以阻碍。并谓（永）解释钧部调训过于拘执等语。又，驻济南领事今日过烟面告，钧部已面允英使准其立即派人纷往内地招致工人。究竟应否查禁，请明白立即电示遵行。俟此点明了，即当遵照部函与商会接洽办理"。④ 交涉员再次陷入无所适从的境地。

1917年1月5日，外交部致电山东督军，对"招工地点"一节讲道："查英人招工曾拟令在威海招募，俾免分（纷）往内地，易滋纷扰。当经切商英使转令照办，该使坚不受商，只有照从前夏次长代部务时与英馆原议，以文登、荣成、宁海三县为限。"该电还向督军训示："至此后自愿应募者地方官不加拦阻，惟需先赴地方商会声明姓氏、住址以备考查。其招工合同必具之条件即由商会向之明白解释，庶免将来受愚。"此外，电中还讲述了华工应募出洋的利处，云："现在中国无业游民甚多，难谋生计。今得应募出洋工作，倘查无拐带情事，亦属疏通之法。内务、农商两部委员到部会商招工事宜时亦以

---

① 《收烟台交涉员电》，1916年12月30日，档案号：03-31-003-01-022，"英人招工案"。
② 《发烟台交涉员电》，1916年12月30日，档案号：03-31-003-01-023，"英人招工案"。
③ 应当注意，这里仅仅是就"诱致"而言，对于内地华工"自由"应募是否应当干涉，外部并未言明。
④ 《收烟台交涉员电》，1917年1月8日，档案号：03-31-003-02-003，"英人招工案"。

为言'亦属疏通之法'。"电令督军"通行密饬各属遵照办理，并电烟台吴道尹接洽"。① 然而，山东督军对此却是不以为然，他向外交部讲道："商会中人大都粗通文义，未习外情，能否将合同条件解释清楚，殊难信赖。况既远适异国，受制强权，防卫之智虽周，抵抗之力甚薄。种种危险思之恫心。若谓游民太多，藉谋生计，则筹边垦殖，当有长策。此次夏次长代理部务自允外人以东三县为招工地点，本署前既未奉文电，自应切实查禁，不能任外人在内地自由招募，以陷人民于水深火热之中也。"② 故其依旧训令胶东道尹"遵照前电，密饬各属查禁"。③

烟台交涉员于1月8日再电外交部，指出英领又向其"文开"，"奉英使电以招工一事业经总长向本使言明，英国派人至内地招募华工，中国官府可以决不禁阻。请分饬所属，以后遇有威海派人前往内地招工，勿得禁阻"，其复函，"以本员奉有钧部不准纷往内地招募训条，碍难饬属照办。请其一面暂缓派员赴内地，一面由本署请示政府再行核办"。于此，交涉员请求外交总长"明白电示"究竟"曾否许其入内地开招"，以便遵行。同时，交涉员亦指出了山东督军的"密查禁止私招"之令，又请求总长若"业经允许英使准其入内地开招"，"径电省长转饬各属遵办"。④

对于坚持"禁阻"之见的山东督军，1月10日外交部再次致电称："所虑商会未能妥办情形具微，恫瘝在抱，烛照靡遗。本部亦见及于此，已赶拟合同，克日即寄尊处，通饬各属发交商会，俾资依据。至工人到洋后，保护之责自在使领各馆，亦经通令，随时注意调查，毋任失所。查外人来华招工，核与条约及国际友谊，均无可驳拒，而内顾我民贫困无聊者亦属多数，既未能广与工厂以收容，则任令出洋作工，只要保护得宜，未始非谋生之道……此次招工改由商会接洽，只以商会出名，实则合同内容仍由地方官核阅，分别准驳，不过避去官府拟准字样，以免违碍中立问题，请勿误会。至英人在东三县招工既经允许在前，事关国际信用，未便反汗。仍请查照饬遵，是所至盼。"⑤ 山东督军据此于1月12日训令烟台交涉员，"仍遵迭次电令暗中密查，俟外部拟刊

---

① 《发山东督军电》，1917年1月5日，档案号：03-31-003-02-002，"英人招工案"。
② 《收山东督军电》，1917年1月8日，档案号：03-31-003-02-004，"英人招工案"。
③ 此处非山东督军电文原件，取自《收烟台交涉员电》，1917年1月23日，档案号：03-31-003-02-010，"英人招工案"。
④ 《收烟台交涉员电》，1917年1月9日，档案号：03-31-003-02-005，"英人招工案"。
⑤ 《发山东督军电》，1917年1月10日，档案号：03-31-003-02-006，"英人招工案"。

之件寄到再行查核饬遵"。交涉员旋即告知英领"俟奉钧部（外交部）条件再当核办"。然而，"英领以要点在立即派人赴内地招工，答非所问，仍执总长业经允许之语迫请不已"。① 至 1 月 18 日，第一批华工 1086 人运送出洋。②

鉴于"英领连日催迫"，仍未接到外交部电复的交涉员只好再度请示（1月 23 日），"以免英领坚执不复即为确许入内地招致之说，自由行动转多枝节"。③ 山东督军亦"密咨"外交部，称："英领方面执定部允，要求明予承认，且变三县而为内地……德领方面，已起抗议，不能援用海牙人民自由之例。一则以有违中立而请禁，一则以业邀允准而履行。究竟如何办理，宜即速解决，免致双方交责，无所适从，即乞贵部迅速核拟办法。"④ 外交部终于在 1月 25 日向烟台交涉员做出回复，称："本部拟订合同必要条件，现已印成即寄。外人招工均须本此议订合同，方准开招。英领如来饶舌，可告以此项问题仍需由英使与部商定办法，方可执行。"⑤ 很明显，外交部所传达出的意思是，在没有议订合同之前，禁止开招。奉此训令，交涉员一面通令胶东道的二十六县知事"立即遵照（部令），仍行严禁在内地自由招募华工"，另一面又函复英领"转电威海骆大臣（James Stewart Lockhart）查照，勿再派人来内地招工"。⑥

根据英国驻华公使馆武官罗伯逊报告："如果没有中国政府的反对，招工计划确实会进行得很好……一旦中国政府撤回他们的禁令，华工将会涌入（威海卫）。但是我敢肯定，阻挠的背后黑手就是德国公使辛慈（von Hintze）……我

① 《收烟台交涉员电》，1917 年 1 月 23 日，档案号：03-31-003-02-010，"英人招工案"。所引山东督军致交涉员电文亦是取自该处。
② Statement Showing Movement of Vessels Conveying Chinese Coolies to France and Numbers Reported on Each Vessel, WO32/11345.
③ Statement Showing Movement of Vessels Conveying Chinese Coolies to France and Numbers Reported on Each Vessel, WO32/11345. 该段时间以来，胶东道各属查获招工之案数起，"经驻烟英国领事先后面请"，均"通融释放"。各案情形不再一一列举，可参见《收烟台交涉员呈》，1917 年 2月 2 日，档案号：03-31-003-02-018，"英人招工案"。
④ 《收山东省长密咨》，1917 年 2 月 2 日，档案号：03-31-003-02-017，"英人招工案"。发函日期未知。
⑤ 《发烟台吴道尹电》，1917 年 1 月 25 日，档案号：03-31-003-02-012，"英人招工案"。电中还称："又闻英人在威海招工实系募兵，而以素娴华语之教士回国充当军官……是否属实，并希密查。"可见，外交部对英国招工性质是有所怀疑。外交部于 2 月 23 日将所拟《华工出洋合同》寄送烟台交涉员。《发烟台交涉员指令》，1917 年 2 月 23 日，档案号：03-31-001-01-017，"英人招工案"。
⑥ 《令二十六县知事文》（1 月 31 日发）、《致英领函》，均参见《收胶东道尹呈》，1917 年 3 月 5日，档案号：03-31-003-02-027，"英人招工案"。

不会去相信中国政府能帮助我们，因为他们仍然信任德国，并且辛慈也在苦心孤诣地怂恿。"① 不可否认，中国当局的阻挠与德国的暗地操纵不无关系。② 但是，外交部没有明令"允招"的同时还有更大的外交目的，且看下文。

六　以供给华工交换利益

招工计划是英国对即将开展的"决定性"大攻势（the great offensives of 1917）的必要筹备，对于英国（乃至协约国）战争事业的重要性自不待赘言。而中国的有识之士也意识到，招工计划"关系吾国非浅"，乃与英国"交换利益"之一大契机。于是向政府提议拟定"要求交换之利益"如下四条：其一，"华工不得充当兵役"；其二，"政府派员前往保护，其费归英政府出之（吾政府可多派军官前往，以便调查军事而增知识）"；其三，"协商国（协约国）承认中国加入和议会"；其四，"协商国允许中国于欧战终止之后增加进口税"。此外还建议政府，"如德奥国提出质问"，"可借口威海为英国之租地，吾政府无力干涉"；"若交涉可告成功，政府可将山东省之周村之革命军遣往国外，以免后患"。在国务院看来，以上"所陈各节"，"于国际关系极重"，即训令外交部"查酌办理"。③

外交部就此于 1 月 25 日致电驻英公使施肇基，先是讲述了招募华工对于协约国军事行动之"直接间接"影响的重要性，又谓"德政府正以此事为不友谊之举，向颜公使正式抗议，而我国地方官以种种原因又极不愿华工出口"，请施使向英国当局"详述政府为难情状"。显然，这是在为提出利益交换条件做铺垫。该电继谓："虽然中英友谊素笃，英政府若能承认下列各件，则中政府可于中立范围之内，勉力代为设法：（一）庚子赔款延长五十年摊还，利息不增加；（二）立即实行关税值百抽一二五与裁厘并行，一九零二年商约所载其它条件中国逐渐实行；（三）欧战终了，媾和大会如有中立国加入，中国亦得加入，如无中立国加入，则另行召集关于亚东之大会，中国当然加入。以上三端，应声明由英国以诚意劝其同盟国一致赞同，但无论他国赞同

---

① Robertson to War Office, January 30th, 1917, WO 106/33.
② 驻济德领就曾向山东交涉员唐柯三照称英国所招工人"或编组兵队，或运送前敌"，显然德领是在制造谣言，以拦阻英国招工。《收山东交涉员呈》，1917 年 2 月 16 日，档案号：03 - 31 - 003 - 02 - 024，"英人招工案"。
③ 《收国务院公函》，1917 年 1 月 17 日，档案号：03 - 31 - 003 - 02 - 009，"英人招工案"。

与否，英国亦单独实行。"而外交部提出的"利益交换"的"筹码"是，中国政府"担任疏通地方官吏及人民意见，使华工出口至人数若干"。同时，外交部还向施使强调，"以上各节关系中国前途最大，请向英外部婉商，惟事涉嫌疑，无论进行何如，亟应商定双方严守秘密，万勿泄露"。① 之所以要"严守秘密"，不外是担心德奥的抗议与地方官的不满。

大概是认识到了上开条件过高，② 外交部于 2 月 1 日电知驻英施公使，在"加税免厘"与"延缓赔款"方面降低了要求："加税免厘系条约所定，可剔除。余仍请婉商，赔款展长二十一年最善，否即展长十一年，免计息。"③ 依照中国政府的指示，施使拟出了致英国外交大臣巴尔富（Arthur James Balfour）的节略：

> （一）因德国屡次提出抗议，谓中国不守中立，偏袒英国及协商国，中国之意欲得英国保证，将来议和时或议和后，如德国再提出此种质问而中国请求协助时，英国须与中国以友谊上之援助；
>
> （二）战事终了后，如有关于讨论因战事影响所发生各问题之大会而各国及中立国均被请到会时，英国亦须请中国加入会议；
>
> （三）战事终了后，如有关于远东问题之会议，英国须请中国参与；
>
> （四）中国请英国予以财政上之通融，如展缓一千九百年赔款之类。

对于以上节略，施使解释道，"于第一款内故意用屡次提出抗议字样，俾可将关于青岛之抗议包括在内；第四款内措词空洞，因巴尔富现询财部英国力量所能为，俟探得渠等意见，再行切实说明；节略内凡可释为我国以供给人力为互换之代价者，皆应回避"。④ 也许是因为节略中回避了"交换利益"的字样，故有学者在考察北京政府参战问题时，就未提及中国向英国提出这些要求

---

① 《发驻英施公使电》，1917 年 1 月 25 日，档案号：03 - 31 - 003 - 02 - 011，"英人招工案"。此外，外交部还将此与老西开案的外交交涉联系在一起，电中称："老西开案，津人对法国舆论激昂，故招工者不能在津招募，今英俄日又施干涉，均足为招工之障碍，希并向英外部陈述利害，使转告法政府速将玛代办所画行之合约批准照办，免生枝节。"

② 此处缺失 1 月 28 日驻英施公使致外交部电。

③ 《发驻英施公使电》，1917 年 2 月 1 日，档案号：03 - 31 - 003 - 02 - 016，"英人招工案"。

④ 《收驻英施公使电》，1917 年 2 月 6 日，档案号：03 - 31 - 003 - 02 - 021，"英人招工案"。最终致巴尔富的节略与此相同，可参见 Mr. Balfour to Mr. Alston, February 23rd, 1917, FO 405/222.

的本来打算。①

外交部对施使所拟节略颇为认同，即训示其"照送"巴尔富。② 2 月 14 日，施使向外交部报告，"节略四条已经面递兰副外部（Lane）"，兰氏认为，"事关重大，英亦宜商法，和会问题尤巨，应从容妥酌"。③ 施使再次催询兰氏之后，于 2 月 20 日电知外交部："正外部（巴尔富）意，需交国务会议并与各国商定再复"，以兰氏私人意见，"第一条可允；第四条英当相助，惟赔款关系各国，需公商；第二条、第三条以局外入和会恐目前难定"。④ 巴尔富在致艾斯敦的电文中提道，其对第一条的具体回复为，如果中国因某一行为——例如，中国政府同意英国招募华工，或者今后可能对德采取敌对行动——将来会招致德国的报复，英国将给中国以援助。实际上，英国早就对"招工"一节向中国做出了"不致因招工事受他国侵略之举动"的保证（前文已述）。此时，对英国来说，重要的不在"招工"问题上，而是"中国尽快地做出与德国断交（如有可能，并驱逐德侨）的决定"。⑤ 从这层意义上来言，若仅仅以"供给华工"作为直接互换利益的筹码似乎是不够分量，更何况英国此时已经开辟了有效阻止中国当局干涉与反对的招工管道（详见下节）。但是从另外一个角度来看，日后通过"绝交""宣战"与英国换取利益，与最初将"供给华工"作为筹码的设想也是有某种联系。有论者认为，日后中国所换取的利益（延付庚子赔款），是"中国政府以华工为饵，以参战为条件而奋斗所得之立即收获"。⑥ 这种说法不无道理，但是还不甚贴切。更准确地说，因为施使并未按中国外交部的"本来打算"与英方互换利益，在某种程度上，"华工招募"只是促成了施使向英国提出上述要求。

不过，在"对德奥宣战"问题上，"供给华工"亦成为主战派设想的一项"参战义务"。张国淦（国务院秘书长）在拟写的《对德国潜水艇封锁案节略》中提议，宣战后中国应准备的义务包括"人的供给"和"物的供给"，其中"人的供给"又包括"出兵"和"华工"。对于"华工"，节略称："不仅在欧战战场，即协约国国内工厂，可令驻外公使向其提议，如需用华工，赶紧设法

① 王建朗：《北京政府参战问题再考察》，《近代史研究》2005 年第 4 期。
② 《发驻英施公使电》，1917 年 2 月 13 日，档案号：03 - 31 - 003 - 02 - 022，"英人招工案"。
③ 《收驻英施公使电》，1917 年 2 月 15 日，档案号：03 - 31 - 003 - 02 - 023，"英人招工案"。
④ 《收驻英施公使电》，1917 年 2 月 21 日，档案号：03 - 31 - 003 - 02 - 026，"英人招工案"。
⑤ Mr. Balfour to Mr. Alston, February 23rd, 1917, FO 405/222.
⑥ 陈三井：《华工与欧战》，第 22 页。

尽量供给。"当然，对他们（段祺瑞方面）来说，在"人的供给"上重要的不是"华工"而是"出兵"，如节略中所言，"盖不参战则已，参战则当实行尽力，不能仅靠华工作间接之帮助"。① 2月5日召开的讨论对德绝交问题的国务会议上，交通部部长许世英提出，中国加入欧战的义务，在"人的供给"上，只能"补助华工"。② 无论"出兵"与否，以"华工"作为"参战义务"则成为共识。事实亦证明，"华工"在客观上的确增强了中国战后涉外交往资本，尽管中国政府并未主动向英方"供给华工"。

七　青岛招募基地的开设

鉴于招工速度的极端缓慢，英国外交部于1916年12月30日向军事委员会提出了一个建议，即"于青岛组建另一（招募）基地并争取日本当局在集结华工（在那附近）方面的支持"。1914年日本对德宣战后，即借机攻占了青岛和胶济铁路沿线，承继了德国在山东的权益。英国外交部表示，"如果军事委员会同意（上述建议），贝尔福将会请求日本政府转让（grant）必要的设施给英国在青岛及其邻近地区的招工机构"。③ 军事委员会复称，他们"对任何有助于加速招工的建议都表示欢迎，并认识到了倘若同意在青岛建立招募基地将会获得的优势"。当然，他们亦希望听取英国驻华与驻日代表对这个建议的看法。此外，该电还向英外交部询问了两个比较现实的问题，即"是否有望获得日本政府的支持"以及"驻北京的代表是否能够找到必需的人员去开设这一基地（应当采取与波恩负责的威海卫基地类似的开设办法）"。④ 诚然，要开设青岛基地，这两个问题首当其冲，应该解决。

英国外交部首先于1917年1月5日向艾斯敦征询意见，略谓："在我们看来，华工招募的极端缓慢既是由于威海卫地处偏远，不易到达，也与中国的阻挠有关。因此我们建议，如果您不反对的话，就在青岛开设另外一个站点

---

① 许田：《对德奥宣战》，收入《近代史资料》总2号，中华书局，1979，第55～56页。

② 许田：《对德奥宣战》，收入《近代史资料》总2号，第60页。此外，据曹汝霖回忆，段祺瑞曾经问他对"参战问题"的看法，谈及"以何参战"时，曹说，"华工去了将近十万，虽非正式派遣，总是华工，这亦是武器，为参战的资本"。参见曹汝霖《一生之回忆》，中国大百科全书出版社，2009，第168～169页。

③ Foreign Office to The Secretary to the Army Council, December 30th, 1916, WO 32/11345.

④ Army Council to Foreign Office, January 4th, 1916, WO 32/11345.

（depot）。青岛在铁路交通上拥有更大的优势，如果我们获得了日本的支持，在其控制的铁路区（招工）可能就会有效地排除中国的反对。"① 艾斯敦于1月8日复称，他们考虑"利用日本的铁路和青岛（港）来消除威海卫公认的地处偏远（的缺憾）"的想法已有一段时间，并已"派遣驻济领事前往烟台和威海卫，去与那里的英国代表商讨如何才能够取得最好的效果（在他回到北京后，将返程青岛，接着前往济南府与那儿的副领事商讨计划）"。艾参讲道，他们最近已在济南府的东北部——在他们看来，那是一个"非常有希望的招工区域"——"以当地的英国传教士为媒介开始了招募宣传"，并且宜昌（Ichang）也已安排了他们的承揽人（与中国招工人一起）开展招募工作，在那里招到的华工将通过铁路输送到青岛，然后再用船转送威海卫登记。但是，艾参此时并不赞成在青岛开设独立的站点。为了减弱英国在此事上寻求日本帮助的政治意味，艾参认为，他应该"首先与日本驻华公使接洽（此事）"。② 由此，我们便可清楚地探析，英国一开始只将青岛作为中转站（supply depot）而没有直接在此设立招募基地的原因。

驻济领事普瑞特于1月10日访问了威海卫。返回北京（经青岛、济南）后，普瑞特就调查结果向驻华公使馆做了汇报。艾斯敦于1月15日致电英外交部称，从该领的报告中，他感到满意的是，"加速招工的最好办法就是通过日本的铁路输送华工到青岛，再从那里搭乘轮船去往威海卫"。又谓，驻济领事"已经准备好了与承揽商合作促成此事"，具体即"挑选某些生活在山东铁路沿线的传教士作为招工人，利用他们将华工运至青岛"。该电强调："山东的华工现正在家中准备着他们每年一度的闯关东，春节一过他们就要出发。所以极其紧迫的是，（上述）传教士应当立即开展工作。"鉴于此，艾参表示，他将派遣驻济领事即赴青岛与日本的守备军司令官交涉。在艾参看来，很重要的一点是，应当（由驻济领事）直接接洽青岛守备军司令官去获取他的同意，因为对于军人来说，他们"嫉妒来自北京的文职的干扰"。法国的代理人即是直接与青岛的司令部商定招工事宜。当然，艾参亦训示普瑞特，务必要做到其（设计的）方案不和法国的发生冲突。为便于向日本政府交涉此事，该电亦抄送给了英国驻日公使。③ 1月16日，普瑞特离开北京，携带日本驻华公使开具的介绍函前赴青岛。

① Foreign Office to Alston（Peking），January 5th, 1917, WO 106/33.

② Alston（Peking）to Foreign Office（Repeated to Tokyo by post），January 8th, 1917, WO 106/33.

③ Alston（Peking）to Foreign Office（Repeated to Tokyo），January 15th, 1917, WO 106/33.

1月17日，英国外交部电令驻日公使格林（C. Greene）私下询问日本外相，"是否可以指示青岛的司令官为我们招工委员的行动提供便利"。① 格林于1月21日复称："日本政府并不反对英国政府的华工招募计划，并将立即指令胶州（司令部）为之提供方便。"② 同日，艾斯敦致电外交部称："据驻济领事从青岛报告，那儿的日本当局同意我们带华工通过青岛并承诺提供各种方便"，驻济领事"已经为招募工作做好了安排，现在正与铁路、轮船公司接洽"。③ 至1月27日，由普瑞特筹划的招工组织（被称为"济南招工局"）开始在胶济铁路沿线运作。④

1月28日，驻华公使馆参赞艾斯敦、署理汉文参议巴尔敦（Sydney Barton）、武官罗伯逊，陆军部代表波恩，仁记洋行成员邵德福，以及驻济领事普瑞特等人在北京召开了会议。根据安排，普瑞特负责招募华工送往青岛（由仁记洋行供给招募费用），在那里进行体检，然后每周两次用船运送至威海卫，再由威海卫放洋赴欧。不久，普瑞特招工团（济南招工局）即按照北京的指示，承担起了华工养家款（allotment，该款给华工国内的领款人每月一支，普通工人每月10元）的支付（波恩向普瑞特提供资金），并最终全面掌控了华工招募并运送青岛的工作。一个为威海卫供应华工的政府的站点（被称为"青岛大英国招工局"，由艾克福负责）亦随之在青岛沧口建立了起来。⑤ 艾斯敦在1月30日致电外交部称，"只要中国当局不去干涉，这样的安排应该会明显加快向威海卫供应华工的速度"。⑥ 显然，中国当局的阻挠仍是艾参担忧的招工障碍。

---

① Foreign Office to Greene (Repeated to Peking), January 17th, 1917, WO 106/33.

② Greene to Foreign Office (Via Peking), January 21st, 1917, WO 106/33.

③ Alston (Peking) to Foreign Office (Repeated to Tokyo), January 21st, 1917, WO 106/33.

④ Alston (Peking) to Foreign Office, February 19th (No. 76), 1917, WO 106/33.

⑤ H. P. Wilkinson, Opinion by the Crown Advocate on Facts, Submitted by J. T. Pratt, H. M. Consul at Tsinan-fu, as Directed by H. M. Minister, in Regard to the Legal Relations of H. M. Government and Messrs, Cornabe Eckford & Coy, August 28th, 1918, pp. 3 - 4, FO 228/2894. 该资料还提道：在1月28日北京会议之后，普瑞特陪同邵福德去了青岛，在那里他们就华工接收、体检、居住，以及运送威海卫的问题进行了商议。此时，天津仁记洋行业已派遣莫里森（J. Morrison）赴青岛负责账目。这次会议的备忘录即由艾克福、邵福德、莫里森签署起草（2月5日）。备忘录称：领事助理及文书的薪水、杂项费用、华工运往青岛以及由青岛运往威海卫的费用、华工伙食的费用（直到最后由威海卫接收），由承揽商仁记洋行承担；按照普瑞特的要求所开设的任何招募站点的费用（包括装备及监管费用），由政府承担。由于华工在青岛等候的时间比预期的要长，维持华工伙食的费用就成为一个严重问题。最后按照艾克福的提议，自2月15日起，华工通过体检之前在青岛的伙食费用由承揽商承担（每人每天23分），通过体检之后的伙食费用由政府承担。

⑥ Alston (Peking) to Foreign Office, January 30th, 1917, WO 106/33.

据艾斯敦 2 月 2 日报告，1240 名华工已经离开青岛去往威海卫（2 月 1 日），另有 627 名正在待运。① 胶东道尹探闻这一情况，除分电外交部、省长鉴核外，又密令沿铁路各县知事"密为访查"并"密谕各村社长暨首事人等暗中禁阻，勿使人民应募"。② 山东交涉员唐柯三在迭次获得驻济德领照会称的英国各教堂及英美烟公司在内地招募华工的情况后，即"呈请省长令行并密咨各道暨函令警察厅、县知事严切查禁"；并向驻济英领普瑞特交涉，请其"速将派出翻译人等召回"，"勿再招募"，而驻济英领却复以"碍难照办"。③

事实上，地方官并不能有效地阻止英国的招工活动。山东交涉员在发给外交部的一份函文中提道："因该馆（实为"济南招工局"）所派招工人员住在胶济铁路坊子（等）车站之内，为我政权所不及（为日本控制区），难以实施禁止。彼遂将商订合同一节视为无足轻重，不肯照办。"④ 艾斯敦 2 月 19 日致电英外交部称："采用这一办法（沿胶济铁路招工）将尽可能多的华工急速送往青岛，就是为了给中国当局以措手不及，让他们意识到阻挠招工的企图是徒劳的。在头两个星期，我们招到了 5000 名华工，其后招工数目逐渐减到了每天约 170 人。一般情况下只要不危及（招工人）招募利益，这个数目就不会进一步减少。"青岛招工的成功也使得艾参开始重新考虑在青岛开设独立站点的提议。他向外交部讲道："过去三周得来的经验让我确信，现在应当采用您在 1 月 5 日电报中提出的意见，立即在青岛开设一个独立的站点。威海卫应当继续由青岛来补充（华工），并且当前在后者（青岛）的招工组织外亦应建立一个额外独立的站点以装备并直接装运华工赴法。该站点的所有工作应当由驻济领事与驻青（副）领事（作为其副手）全面负责。"⑤ 英外交部于 2 月 28 日向艾斯敦电示："陆军部同意在青岛设立（独立的）站点。"⑥ 为加快华工装运，根据英陆军部的授权，一个独立的站点于 3 月 1 日建立。⑦

---

① Alston（Peking）to Foreign Office, February 2nd, 1917, WO 106/33.

② 《收烟台交涉员电》，1917 年 2 月 4 日，档案号：03 - 31 - 003 - 02 - 019，"英人招工案"。《密令沿铁路各县知事文》（2 月 6 日）参见《收胶东道尹呈》，1917 年 3 月 5 日，档案号：03 - 31 - 003 - 02 - 027，"英人招工案"。

③ 《收山东交涉员呈》，1917 年 2 月 16 日，档案号：03 - 31 - 003 - 02 - 024，"英人招工案"。

④ 《收山东交涉员呈》，1917 年 10 月 29 日，档案号：03 - 31 - 003 - 02 - 051，"英人招工案"。

⑤ Alston（Peking）to Foreign Office（No. 76），February 19th, 1917, WO 106/33. 在同日发送的另一封电文中，艾参还向外交部讲道："驻济领事确信每个月可以招到 20000 人。"足见招工速度之快。Alston（Peking）to Foreign Office（No. 77），February 19th, 1917, WO 106/33.

⑥ Foreign Office to Alston（Peking），February 28th, 1917, WO 106/33.

⑦ Alston（Peking）to Foreign Office, March 30th, 1917, WO 106/33.

八　重议招工合同

1917年2月1日，德国宣布重新实行无限制潜艇战。2月17日，途经地中海的法国邮船Athos号被德国潜艇击沉，造成543名华工（法国招募）遇难，情形至惨。[①]该事件发生后，中国外交部训令东三省及沿江、沿海各督军、省长，"经国务会议议决，嗣后外人招工须与订定华工毙命者，每名给恤金华币一千元，若不允，即不准招工，以重民命"。[②]接奉此令，山东省省长转饬交涉员（唐柯三），"凡有外人招工，须先与妥订保护合同，将此项恤金决议案列为主要条件，倘或否认，即严厉禁阻"。[③]

实际上，早在2月8日，驻济英领事就曾复文山东交涉员，"如欲订定合同，本领事为敦睦邦交起见，无不应诺"。[④]交涉员即以此为由照会驻济英领普瑞特，请其"转谕招工英人速拟详细合同底稿，于十日以内呈候审查，商定办法"，"否则，当遵部电实行禁阻"。然而，英领却以恤金"过巨"（英国与华工签字之合同中所列抚恤仅150元），"未便擅自应诺"为由，让交涉员转请中国外交部与驻华英公使磋商（英领将禀请驻华公使查夺核办），"以重办理外交之手续"；并威胁交涉员"若因拦阻招募出有意外之事"，应由其"担负完全责任"。交涉员只好呈请山东省省长"转咨"外交部与英公使磋商。该函同时还讲道，"外人招募华工运送出洋，事实上既拒绝，全恃待遇之相当，以维人民之利益"。对政府而言，保护华工权益的办法就是与英国订立合同，而合同又"以恤款千元为主要条件"，故"此节若不能解决，则议订合同亦难为规定"。据此，山东省省长随即转向外交部请示办理。[⑤]但是，由于此事涉及"变更议案"，外交部未能做出决定，只好又"据情函请"国务院"提交国务会议议决"。[⑥]

---

① 《收驻法胡公使电》，1917年2月28日，档案号：03-31-001-02-023，"英人招工案"。
② 《发东三省及沿江、沿海各督军、省长电》，1917年3月12日，档案号：03-31-001-02-027，"英人招工案"。
③ 《收山东省长咨》，1917年4月6日，档案号：03-31-003-02-029，"英人招工案"。
④ 《收山东交涉员呈》，1917年2月16日，档案号：03-31-003-02-024，"英人招工案"。应当注意，英领当时是为反驳山东交涉员所言其在山东招工"事前并不经贵领事知照，订立合同"而表示"如欲订定合同"，"无不应诺"，并非本意。
⑤ 《收山东省长咨》，1917年4月6日，档案号：03-31-003-02-029，"英人招工案"。
⑥ 《发国务院公函》，1917年4月13日，档案号：03-31-003-02-030，"英人招工案"。

3月14日，中国宣布对德绝交。① 而后围绕"对德参战问题"引发了新的"府院之争"，使北京政治陷入混乱之中。安徽督军张勋以"调停"为名率军北上，上演了一出"清室复辟"的政治闹剧（7月1～12日）。段祺瑞则借此闹剧达到了驱逐黎元洪的目的，以"再造共和"之名誉重掌北京政权。最终在8月14日，中国正式对德奥宣战。而在"国家多故""政变迭乘"之间，英国招工一案遂"无形搁置"。直至8月29日，外交部才在发往驻英公使施肇基的公函中讲道："现在私招华工既已大批来英，所有关于华人一切待遇需筹一适当之办法，以作生命之保障。"②

10月29日，外交部收到了山东交涉员呈交的函件，内称：经与英领交涉，虽然英领以（华工毙命者）恤金数目"过多，不能照办，且欠公平"，但"允将工人恤金，如因伤或因险死者，照养家费（即养家款，每月十元）给恤两年，即二百四十元；因病死者，照养家费给恤一年，即一百二十元（至小工头、大工头及匠人、翻译等所给恤金办法均按照养家费之多寡以此类推）"，"并言，如其照此规定，彼仍需呈候公使核定，但可期照准，否则职权所在，不敢擅承"。由于"招募华工"实难"阻拦"，交涉员希望照此做出妥协。如其所言："伏查英人在东招工纯出自由行动，又以胶济铁路为彼招募地点，致我政权难及莫由施其禁阻，今磋商再四，幸能渐就范围所议恤金办法，虽未能概如院定之数，而核与该布告之规定所增实多（此处应为"薪金表"。之前，交涉员为商订合同一节，"催促并与英领晤谈，而英领不愿详细拟送，仅交到威海政府招工布告及薪金表二纸，请为从速商定"。"薪金表"中关于"抚恤"一节提道："因伤致命者，抚恤金一百五十元，因伤而残废者七十五元。"）……如不可行（不能照此定议），该领已声明，不能就省再议，惟有恳由钧部提向英使交涉。"③ 外交部回电称："所拟办法尚属妥协（洽），仰即如拟商办议定，并报部备案。"④

---

① 北京政府外交部编《外交文牍——参战案》（1921年7月版），第3～4页。
② 《发驻英施公使公函》，1917年8月29日，档案号：03-31-003-02-036，"英人招工案"。据10月1日英国外交部发往驻华盛顿公使馆秘书塞西尔（Cecil Spring-Rice）的电文中称："约4.6万名华工已抵达欧洲，另有5000名已经离开中国，打算到1918年2月底之前，再招募并输送5.4万名华工。"参见Foreign Office to Sir C. Spring Rice（Washington），October 1st, 1917, WO 106/33.
③ 《收山东交涉员呈》，1917年10月29日，档案号：03-31-003-02-051，"英人招工案"。
④ 《发特派山东交涉员电》，1917年10月31日，档案号：03-31-003-02-053，"英人招工案"。

接奉外部指令，交涉员"即函达英领速将此项协议拟送简明章程，以便查明决定呈令施行"。然而，英领却向交涉员面称，其"奉驻京公使电复，所商恤金办法及各待遇条款均可办理，惟以手续及职权问题，应由本特派员呈请钧部（外交部）知照公使转电该国（英国）政府核定，俟公使奉到复电行知（行文通知）该领后，彼此即可直接议定"。据此，交涉员即请外交部"迅赐照会英使，以便早日定案"。① 外交部指令交涉员："此种招工问题既由该员与英领协商定议即可实行，无（毋）庸再由本部照会英使。该领如果坚持，应令其声明商议定案情形自行陈请英使办理，方合手续。"② 交涉员随之将此转告英领，英领则坚称"其公使必须得有外交部一文，始便转饬，碍难自行陈请"。最后双方商定，由交涉员"呈请"山东省省长"转咨外部照会英使声明此案"，"一方面（由外交部）饬交涉员，一方由公使饬领事，双方协议，彼此即可直接办理"。在交涉员看来，"此案交涉有日，端倪已具，亟应从速进行，以资解决"，遂请省长"迅赐咨部办理"。据此，山东省省长"相应咨请"外交部"照会英使，招工手续未经双方议有章程，例须查禁，为便招募起见，应令英领就近协议而免禁阻"。③

外部发函之后，英使迟迟未答复。12月26日，山东交涉员再次呈请外交部"转照英使迅速协议（招工一案）"，"并乞迅赐指令遵行"。④ 1918年1月9日，外交部训令山东交涉员："此次英人招工所有待遇条款暨恤金办法既经双方商妥，亟应早日定议，以资解决。仍应由该员函致英领迅行陈请该国驻使，俾符手续。其合同未经核准以前仍应禁止私募。"⑤ 而在向山东交涉员下达指令之前，外交部次长高而谦曾就"恤金"一节与英国驻华公使馆巴顿参赞进行了一次会晤（1月3日）。高氏询问巴参："关于中国工人在欧洲死亡赔偿太少，本政府请求贵国政府酌量增加一节能否照办？"巴参答以"此事本馆不能主持，已两次通电本国政府，今尚未得有复电。按照现在之条件，贵国工人愿去者颇多，足以表明招工条件无不宽待之处"。对此，高氏驳称："该工人本

---

① 《收兼任山东交涉员呈》，1917年11月11日，档案号：03－31－003－02－055，"英人招工案"。
② 《发特派山东交涉员指令》，1917年11月13日，档案号：03－31－003－02－057，"英人招工案"。
③ 《收山东省长咨》，1917年11月28日，档案号：03－31－003－02－059，"英人招工案"。
④ 《收山东特派员呈》，1917年12月31日，档案号：03－31－003－02－063，"英人招工案"。
⑤ 《发特派山东交涉员指令》，1918年1月9日，档案号：03－31－003－03－002，"英人招工案"。

系无知识之人，死亡赔偿太少，贵国政府似乎看中国人生命未免太轻。是以犹请酌量增加之。在法国中国工人虽亦如此，惟贵国政府素来待遇工人极优，非他国可比。"①

山东交涉员接到外交部 1 月 9 日的指令，随即知照英国招工处，请其"招工合同未订之前不准再行招工"。1 月 11 日，巴参就此与外交部次长高而谦交涉。高氏则以"（对此训令）记忆不清"含糊响应。巴参继谓："前伍总长（伍廷芳）言，不当订立合同，只可默许本国在该处招工。"高氏复以："前因未经与德国宣战故不当订立合同，以免为德国所反抗。现既宣战，本国与贵国自是同盟，招工一事可以正式办理。"②

一番磋商之后，驻济英领终在 2 月 9 日将合同底稿面交山东交涉员核阅。③一周以后，也就是 2 月 16 日，交涉员告知英领（S. Wyatt-Smith），希望招工合同（不只针对山东的，而是面向所有省份）直接由英国驻华公使馆和侨工事务局议定。对这一改变，交涉员给出的解释是："首先，所有的指令都是来自外交部，因为与华工出洋相关的一些问题的处理（工作）现已转交侨工事务局（该局直隶于国务总理），政府的态度很可能已经发生改变。其次，由于英国政府所招华工并不完全来自山东，也有一些招自其它省份，有关合同条款（将要制定的对各省适合的）就必须与这些省份进行磋商，而如果由中央政府承担磋商会比由他自己（各省）更加方便。"④ 山东省省长在致国务院的快邮中讲道："合同之改订，若由各省自行商定，畸重畸轻，不免仍蹈覆辙。前准钧院来文有俟侨工事务局成立，妥订补救章程等语，现在该局业经成立，自应由该局从速筹议补救方法，以重人民生命。"故此，山东省省长即将英政府招工章程"应行改正及增补各节"签明（实为唐交涉员签注），相应电送国务院"鉴核转饬侨工事务局切实磋议，订明颁行"。而后，侨工事务局又将"招工规章内原签各条尚有未尽之处加以研究，略为修正"（此外，侨工事务局加入了"应添入合同者计九条"，均为该局所拟《侨工合同纲要》中必需之条件。该纲要后于 5 月 3 日公布），"复经咨请张省长查照"（张氏

① 《收次长会晤英馆巴参赞问答》，1918 年 1 月 3 日，档案号：03 - 31 - 003 - 03 - 001，"英人招工案"。

② 《次长会晤英馆巴参赞（刁作谦在座）》，1918 年 1 月 11 日，档案号：03 - 31 - 003 - 03 - 003，"英人招工案"。

③ 其中日期来源参见《收国务院函》，1918 年 5 月 27 日，档案号：03 - 31 - 003 - 03 - 013，"英人招工案"。

④ British Consulate（Tsinan）to J. Jordan, February 16th, 1918, FO228/2892.

对此深表认同，即请外交部转向英使交涉），相应咨请外交部转向由外交部提起交涉。① 外交部遂于 4 月 29 日致函英国驻华公使朱尔典，"相应抄录签注暨修正合同各一件"，并函请英使"查照转饬贵国驻济领事与唐交涉员切实商订"。②

早在 1917 年 9 月 20 日，北京政府颁布《侨工事务局暂行条例》，其第一条称：侨工事务局，直隶于国务总理，负责监理侨工之招募及保护事务。③ 1917 年 11 月 20 日，北京政府正式任命张弧为侨工事务局首任局长。④ 为统一事权起见，侨工事务局呈请国务院"与各部省划清权限"，其中称，"凡关于侨工出洋及在外国一切事项以后径陈钧院（国务院）发交本局，或径咨本局核呈办理"。此申请获国务院应准，并分行各部省查照。⑤ 而后，1918 年 3 月 12 日，胶东道尹向侨工事务局函报了英人高膺福在昌邑县峿山私招华工情况，请其核办。侨工事务局引照前清同治年间中英法《续订招工章程条约》⑥ 的有关规定（"第二款所载，亦须有该国领事转移中国该管地方官，给予印牒，方准设立招工所；又第七款所载，凡有招工事务并须经中国专派委员协同监理"）称："该英人于内地设局招工实属违背约章，自当设法禁止。"故请国务院电令山东省省长转饬山东交涉员向驻济英领"严重交涉"，"勿令该英人迅速离去昌邑"。⑦ 国务院随即函令外交部"酌核径电办理"。⑧ 外交部于 5 月 4 日训令山东交涉员"按照条约（即《续订招工章程条约》）向济南英领严重交涉，禁阻招募"。⑨ 而此时，英

---

① 《收侨工事务局函》，1918 年 4 月 23 日，档案号：03－31－003－03－007，"英人招工案"。其中，关于恤金一节，山东省省长加签："抚恤一款，前与英领往返磋商，最多数以二十四个月养家费为准，最多（少）数以十二个月养家费为准，该领未允照办，应由中央再与切实磋商，酌量增加。"侨工事务局修正："抚恤一款应照该国家法定抚恤工人一律。"《侨工合同纲要》见《政府公报·命令》，1918 年 5 月 5 日，第 819 号。
② 《发英朱使函》，1918 年 4 月 29 日，档案号：03－31－003－03－010，"英人招工案"。
③ 《政府公报·命令》，1917 年 9 月 29 日，第 604 号。
④ 《政府公报·命令》，1917 年 11 月 21 日，第 664 号。
⑤ 《侨工事务局局长张弧呈国务总理为遵照条例与各部省分别划清权限文并指令》，《政府公报·命令》，1917 年 2 月 26 日，第 752 号。
⑥ 见王铁崖编《中外旧约章汇编》第一册，三联书店，1957，第 242～246 页。
⑦ 《照录本局（侨工事务局）呈国务总理文》，《收侨工事务局咨》，1918 年 4 月 27 日，档案号：03－31－003－03－008，"英人招工案"。
⑧ 《收国务院函》，1918 年 5 月 2 日，档案号：03－31－003－03－011，"英人招工案"。
⑨ 《发山东特派交涉员训令》，1918 年 5 月 4 日，档案号：03－31－003－03－012，"英人招工案"。

国已经结束了在华招工活动。[①] 不过英国还是愿意继续议定合同。朱尔典在5月14日致电英外交部称："尽管招工已经结束，但是合同的议定并不会对我们有什么不利，反而会使我们的地位合法化。"因此他建议继续进行对华工合同之议定。[②] 其提议亦得到英军方的批准。[③]

山东交涉员在接到外交部上述训令后，即按照以上条约向英领提出照会。然而，英领却认为该章程无效，不予照办。在交涉员看来，"若不略予变通，借资维持，匪特阻碍事实之推行，即侨工应有之利益恐亦因之而丧失。今我政府既利用此时机实行移民政策，亟应另与订立妥善合同，以保障我人民之生命，而限制其招募之自由"。为此，他提议按照1904年《中英会订保工章程》[④] 与之订定合同，如此"于双方权利、义务均有裨益"。为"昭慎重而明职权"，他希望此事由中央与英国公使"直接协议商定"，故陈请山东省省长"迅咨国务院咨行外交部并令侨工事务局会同办理，妥议颁行"。[⑤] 山东省省长随即据此咨呈国务院查核，国务院又相应行知外交部、侨工事务局核议（侨工事务局又抄录山东省省长原咨，请外交部查复[⑥]）。6月17日，外交部回函国务院及侨工事务局称，《续订招工章程条约》"姑无论其有效与否，即以历来办法而言，外人来华招募亦需先订合同，其合同必经中央核准，方准开招，此固为不易之办法也"。[⑦] 在7月6日发往山东交涉员的训令中，外交部继称："该交涉员拟援照光绪三十年中英保工条约与之另订合同一节，自系预杜外人私招，维持华工利益起见，不无可采。仰即本此意与英领先行商订一草合同，呈由本部会同侨工局审核。其未经核准以前，一律禁止私招。"[⑧]

奉外部训令，山东交涉员参照《中英会订保工章程》，并遵照侨工事务局修正条文及前颁《侨工合同纲要》（5月3日颁），"先行起草（合同），

---

① 英国外交部在3月5日发往朱尔典的电文中讲道："鉴于运输吨位的不足，无法再承担运输，军事委员会要求你停止华工招募工作。"Foreign Office to J. Jordon（Peking），March 5th，1918，WO 106/33. 4月14日，外交部再电朱尔典讲道，军事委员会向其告知，华工招募已经正式停止。Foreign Office to J. Jordon（Peking）April 14th，1918，WO 106/33.

② J. Jordan（Peking）to Foreign Office，May 14th，1918. WO 106/33.

③ Foreign Office to J. Jordon（Peking），June 3rd，1918，WO 106/33.

④ 见王铁崖编《中外旧约章汇编》第二册，第238～241页。

⑤ 见《收国务院函》，1918年5月27日，档案号：03-31-003-03-013，"英人招工案"。

⑥ 《收侨工事务局函》，1918年6月7日，档案号：03-31-003-03-014，"英人招工案"。

⑦ 《发国务院、侨工事务局函》，1918年6月17日，档案号：03-31-003-03-015，"英人招工案"。

⑧ 《发山东交涉员训令》，1918年7月6日，档案号：03-31-003-03-017，"英人招工案"。

与英领切实商榷"。后，英领却"对于保工条约（《中英会订保工章程》）所载中国在招工出洋口岸设立招工所，委派稽查保工委员，及每招一工需交纳费银各项，始终坚持否认加入此等条文"，最后双方"商订草合同十七款"，并且在各款之中，英领"又有加具理由，请求改正原文之处"。后交涉员将"原文抄录，并将英领改订之条一并签明"，呈请外交部鉴核。与此同时，交涉员向外交部讲道："此案往返磋商已阅年余，英政府所报十万华工早经足额，若不赶将合同订定，俾两方有所遵守，照华工之权利无凭保障，无形之损失至巨；而此地英领业经声明，无再议余地，如不可行，惟有恳请钧部咨商侨工事务局提向英使交涉，早日定案。"交涉员还特别声明："章程（合同）第十七条（即英招华工不得援用此项合同）与英使协商时，务请加入，以备将来再订合同参酌保工条约加入各种权利之余地。"① 外交部据此于11月13日呈抄侨工事务局，并称："所订之草合同大致尚妥"，"英领加注各条亦属持之有故"，"应如何酌加修正即予定议之处"请求侨工事务局"迅行核复"。② 侨工事务局亦认为，此案"若再任其久悬不决，亦殊非郑重侨民之道，自应亟予订定，以免在外华工无所保障"，对"所拟合同"，侨工事务局回以"该交涉员所订合同十七款大致与本局前次修正原文多属相合……至英领加注各条既属持之有故，核与招工条例则亦尚无剌谬之处，均可照准……（因事前未交涉妥协）该英领于交纳招工经费各端始终坚持否认，而在我亦只得免予通融，若此后英人续行招工或他国来华招募工人自不能援引此案以为比例。本局为预留将来招工订定条约地步起见，认为此例实有加入之必要（即草合同第十七条）"。③ 12月4日，外交部本此训令山东交涉员，以"与英领切实磋商"。④

其后，交涉员"按照草合同一切条款与英领商定签字"，而该领坚称"此项合同仍须报明该国公使审核认可之后，方能正式签字"。嗣经交涉员"迭次向该领催询，嘱其赶速办理"，英领向交涉员面称，英使来电"对于前次所订草合同第十七款原文稍加修改（拟改为"此合同专为英国政府已招之十万华工订立，嗣后如再有招工情事，所招之华工应享受此合同之利益，但英政府允许每招工一名，交付中政府费洋二元，至应如何付给，由英领事与地方官商定

① 《收山东交涉员呈》，1918年11月9日，档案号：03-31-003-03-019，"英人招工案"。
② 《发侨工事务局函》，1918年11月13日，档案号：03-31-003-03-020，"英人招工案"。
③ 《收侨工事务局函》，1918年11月25日，档案号：03-31-003-03-021，"英人招工案"。
④ 《发山东特派员指令》，1918年12月4日，档案号：03-31-003-03-022，"英人招工案"。

办理”）"，"请查酌订定"。交涉员认为，英使所做修改"已将保工条约所载权利之内容扼要加入，核与约章尚无抵触之处"，对于"是否可行"，交涉员请求外交部"迅赐咨商侨工事务局核定，指令示遵"，"以便与英使（领）商定签字"。① 外交部于 1919 年 4 月 18 日将此抄送侨工事务局，认为"此次修改尚属妥善"，请侨工事务局再行酌核。② 侨工事务局响应外交部称："此项合同既已在工人招足之后为解决悬案起见，自可姑予通融。惟第十七款修改文内所称，嗣后每招工一名，交付中政府费洋二元等语，核与本局每工人收护照费三元、印花税三角之规定，殊属不符合，似应饬令该交涉员再与交涉，照本局规定照费书目更正，或改为'英政府允许每招工一名需照中国政府定章缴费'云云，不必指定数目，似较有伸缩余地。"③ 外交部于 4 月 28 日训令山东交涉员，"按照侨工局函开各节再与英领切实磋商"。④

山东交涉员奉此向英领再行磋议。英领对此仍称，第十七款修改文系英国外交部"训电驻华公使转电驻济领事遵照"，领事乃至公使均无权更正，"且侨工局之规定，本国公使并未承认，碍难转请办理"。交涉员"再四磋议"，英领"始终一词"。交涉员只好据此呈报，请由外交部向英使交涉，"以便早日解决"。⑤ 5 月 21 日，外交部将此转抄侨工事务局，并称，"英人在山东招工合同商议已二年之久，现大体均已妥洽，所坚持不决者，仅此微末之照费"，"可否予以特别通融之处"，请侨工事务局"迅行核复"。⑥ 侨工事务局"为解决悬案起见"，即请外交部转令交涉员"与英领切实磋商，倘英政府允将已招之工按名补缴照费，则本局自当将合同通融核准，以资结束"。⑦ 外交部于 6 月 3 日训令山东交涉员照商英领。⑧ 嗣后结果如何，因笔者档案之缺乏，不得不暂付阙如。唯可想见的是，英国并不会"补缴照费"，若中国方面不做最后让步，招工合同亦难以最终达成。

① 《收山东交涉公署呈》，1919 年 3 月 24 日，档案号：03-31-003-03-026，"英人招工案"。
② 《发侨工事务局函》，1919 年 4 月 18 日，档案号：03-31-003-03-030，"英人招工案"。
③ 《收侨工事务局函》，1919 年 4 月 23 日，档案号：03-31-003-03-031，"英人招工案"。
④ 《发山东交涉员指令》，1919 年 4 月 28 日，档案号：03-31-003-03-032，"英人招工案"。
⑤ 《收山东交涉员呈》，1919 年 5 月 16 日，档案号：03-31-003-03-034，"英人招工案"。
⑥ 《发侨工事务局函》，1919 年 5 月 21 日，档案号：03-31-003-03-039，"英人招工案"。
⑦ 《收侨工事务局函》，1919 年 5 月 28 日，档案号：03-31-003-03-040，"英人招工案"。
⑧ 《发山东交涉员指令》，1919 年 6 月 3 日，档案号：03-31-003-03-042，"英人招工案"。

九　结语

1918 年上海（英国）战闻社（The British War Information Committee for China）印行的《威海招募华工记》称赞华工赴法做工系"尽国交上一分（份）子之义务"，并言"中国加入战团不助以兵力而助以民力，是以和平方法助战者，法至良，意至美也"。[①] 如此溢美之词实际上掩藏了英国招募华工的最初意图。不过从客观层面上来讲，华工的确承担起了中国作为参战国一方应该承担的义务和责任；并且中国作为参战国，其对战事的主要贡献就在于华工的功劳，借用白蕉的话说："所谓参战，而实际有功，足为国家稍争体面者，阙为华工。"[②] 但是这并不意味着，华工赴欧是经中国政府准许或由中国政府直接征派的（仅就英国招工而言）。当然，笔者也并不否认北京政府曾经设想过"派遣华工"参战（即所谓"以供给华工互换利益"的计划）。通过前文的分析可以证明，英国招募华工事先并没有通知中国政府，并且一直到招工结束，仍未与中国政府订定合同。从英国的角度来看，其在大战时，特别是1915～1917 年，实际情况（人力、财力）相当困难。事实上，英国外交官也注意到法、俄政府在华工招募上与中国政府订约所碰到的困难，要避免这些困难，就要避免给孱弱中国的政府施加压力，英国尤为担心中国政府崩溃发生大乱，难以管治。[③]

英国招工的成功，主要得益于青岛招募基地的开设及借用胶济铁路招工的办法，也就是利用日本在中国拥有的特权（青岛及胶济铁路）从而获得了中国政权之外的、深入内地的招工空间（日本的控制区域），如此即便不与中国政府订立合同，亦不受地方官府所阻挠。另外，中国混乱的内政、迭变的政权，也为英国招工提供了机会。

在英国招工问题上，北京政府自始至终处于非常尴尬、非常被动的地位。鉴于最初所处中立地位，北京政府对待招工问题的着眼点不过是尽可能地置身局外。与地方政府相对照，所谓的中央政府在许多情况下还不如地方政府来得"强势"。随着战争形势逐渐明朗化，北京政府才开始直面华工问题。而此时英国业已开辟了中国政权难及的招工空间。既然华工出

---

① 《威海招募华工记》，上海战闻社印行，1918，第 2 页。
② 白蕉：《第一次世界大战之中国参战》，《人文月刊》第 7 卷第 1 期，1936 年 2 月，第 31 页。
③ 此观点由 Marianne BASTID-Bruguière 教授提供。

国难以禁止，只有与英国协商改善华工待遇（及恤金），重启招工合同之议定，以维人民之利益。但由于国内政治的动乱，此案被搁置数月后才重启交涉。随着大量华工出国，北京政府为监理和保护侨工成立了侨工事务局。尽管侨工事务局及地方交涉员在合同议定上做了诸多努力，但迁延两年之久仍悬而未决。

近代中国：
思想与外交

Modern China: Thought and Diplomacy

栾景河 张俊义●主编

（下卷）

社会科学文献出版社

SOCIAL SCIENCES ACADEMIC PRESS (CHINA)

目　录

下　卷

广州政府对英外交探析（1917～1924）

中国社会科学院近代史研究所　张俊义

从 1917 年 8 月至 1923 年初，孙中山以"护法"为名，三次在广州建立政权，与北洋各系军阀把持的北京政府相抗衡。广州政权的建立，遭到了在华各西方列强的冷遇与反对，列强们纷视北京政府为当时中国的唯一合法政府，认为孙中山建立的政权是中国统一的"破坏力量"。而广州政府建立后，为了争得其合法性地位并获取来自外部的援助，其外交重点也相应地放在了争取在华各列强的承认与支持上。作为一个不被西方列强看好的搞"分裂"的政权，广州政府和孙中山寻求外部承认与支持的努力屡遭挫折，然而他们的努力终有收获。十月革命后的苏俄政府出于摆脱西方帝国主义"围剿"的反帝需要，选择了支持孙中山和他的广州政权，而四处碰壁的孙中山经过慎重考虑，最终选择了联俄容共，从而掀起了一场轰轰烈烈的国民革命运动。

对于广州政府的这段历史，由于涉及孙中山晚年的革命活动与国民革命的发轫，因而历来为国内外史学界所关注，研究成果可谓相当丰硕。具体到这一时期广州政府的对英外交，现有的研究成果对有关历史事实的探究已经比较全面，并取得相当的共识。[①] 相较而言，现有的研究成果比较关注某一特定事件，对这一时期广州政府对英外交的整体全貌尚缺乏比较系统的勾勒。另外，以往研究往往注重对事件结果的描述与定性，对具体相关细节的描述与把握稍

---

① 这方面研究著述较多，比较有代表性的著作有〔美〕韦慕廷著《孙中山——壮志未酬的爱国者》，杨慎之译，中山大学出版社，1986；黄宇和著《中山先生与英国》，台北，学生书局，2005。相关研究论文更是为数众多，在此就不一一列举了。

显不足，而这一时期广州政府相关档案资料的匮乏无疑也限制了人们对历史真相的探寻。[①] 本文试图在以往研究的基础上，利用英国政府相关档案，对孙中山晚年在广州三次建立政权期间的对英外交做一系统梳理，以厘清广州政府对英外交的发展与变化，从而有助于研究者对广州政府时期的整体外交形势有一个更加清晰的认识与判断。

一 初期对英冷淡

1917 年 7 月，孙中山到达广州，他与西南军阀联合，以恢复《中华民国临时约法》的名义，发起了一场旨在推翻北洋军阀控制下的北京政府公开敌对的行动，亦即人们所熟知的护法运动。8 月，非常国会通过了《中华民国军政府组织法大纲》，并选举孙中山为军政府陆海军大元帅。9 月 10 日，孙中山在广州正式就职，独立于北京的广州军事政府正式成立。军政府设大元帅一人，元帅两人，下设外交、内务、财政、陆军、海军、交通六个部，其中，任命伍廷芳为外交部部长。1918 年 4 月，军政府发布了《外交部组织条例》，规定了外交部的职责范围和各部门的组织结构。[②] 同月，军政府对外发布了致各国驻华使节的通告，宣布："本军政府承认切实履行中华民国六年六月十二日国会解散前中华民国与各国所缔结之国际及其他一切条约，并承认各有约国人在中华民国内享有条约所许及依国法并成例准许之一切权利。惟北京非法政府违背约法而与各国缔结之一切契约，借款或其他允行之责任，本军政府概不承认。"通告最后希望在华各国"维持正义，承认本军政府"。[③]

孙中山依托中华革命党人与旧国民党各派势力并联合桂系军阀、滇系军阀等西南实力派所建立的政权，从一开始便内乱不断、困难重重，频繁的内争极大地束缚了新兴政权的对外活动空间与作为。事实上，由于内争的加剧和西南军阀对孙中山的排斥，孙中山主导的广州政权成立未满一年，即以孙中山的离职而告消亡。

---

① 除了《大本营公告》这样的政府出版物外，有关孙中山在广州三次建立政权期间涉及中英外交的政府档案基本阙如，中文资料主要散见于当时的报章，比较而言，在英国外交部的档案里保留有这方面的比较丰富的内容；此外，广东省档案馆所藏粤海关档案里的《各项事件传闻录》中也收录了不少当时海关情报部门搜集的关于广州政权的内幕情报。

② 《军政府公报》第 75 号，1918 年 4 月 23 日。

③ 《大元帅通告驻华各国公使书》，1918 年 4 月 17 日，《军政府公报》第 75 号，1918 年 4 月 23 日。

1918 年 4 月，西南军阀联合非常国会内的政学系议员，通过了《中华民国军政府组织大纲修正案》，决定改组军政府，改大元帅制为七总裁合议制。5 月 4 日，孙中山向非常国会辞职；5 月 20 日，非常国会选举孙中山、唐继尧、陆荣廷、岑春煊、唐绍仪、伍廷芳、林葆怿 7 人为政务总裁，实际上排斥了孙中山的领导。21 日孙中山愤而离粤赴沪。这样，孙中山第一次在广州尝试建立政权的努力失败。

1920 年 8 月，粤系陈炯明所部在福建漳州誓师，回粤讨伐盘踞该省的桂系军阀。同年 10 月，粤军击溃桂军，占领广州。随后，陈炯明多次电邀当时寓居上海的孙中山回粤主持大局。1920 年 11 月，孙中山偕同伍廷芳、唐绍仪等人离开上海，经香港前往广州。29 日，孙中山在广州重建护法军政府。此为孙中山第二次在广州建立政权。

第二次建立的政权，并没有得到在华列强的承认，为获得国际上的承认，孙中山首先瞩意非常国会选举出一个非常大总统，在其努力下，4 月 7 日，在穗的 222 名国会议员在召开的非常国会上选举孙中山为总统。5 月 5 日，孙中山就任非常大总统。

以护法为名在广州另立政权，外交上的当务之急便是获得国际上其他国家的支持与承认，因此，广州政府的外交重点基本围绕着争取在华各主要列强的承认与支持而展开。第二次护法前后，在谋求列强的支持上，孙中山把希望放在了联德与联美上。在 1917～1922 年，联德外交曾经在孙中山的心目中占据重要地位，在此期间，孙中山曾多次派人与德国驻华外交官秘密接触。有研究者认为，1917 年孙中山南下护法即曾接受过德国方面的秘密资金援助，在第二次护法期间，孙中山还派专人赴德国，游说德国政府和企业界人员，支持他的事业。[①]

孙中山的革命生涯中，与美国有很深的历史渊源，孙中山的许多治国理念包括革命思想受美国影响颇深，因此联美并争取美国政府的支持，一直是孙中山外交重点，在护法运动期间，孙中山曾多次给美国总统和在华外交官写信，推销其治国理念，希望美国政府承认广州政权并对其给予援助。[②]

然而，在两次护法前后，在寻求在华列强的承认与支持之际，孙中山对老

---

① 关于孙中山联德外交的最新研究，请参阅李吉奎《孙中山联德外交始末》，载栾景河、张俊义主编《近代中国：文化与外交》下卷，社会科学文献出版社，2012，第 469～480 页。

② 参见〔美〕韦慕庭《孙中山——壮志未酬的爱国者》，杨慎之译，第 104～117 页；陈三井《论孙中山晚年与美国的关系》，《广东社会科学》2005 年第 3 期。

牌的殖民帝国英国则表现得颇为冷淡。究其原因，则与孙中山对英国的认识和英国政府的在华作为有密切相关。

孙中山与英国及英国殖民地香港的联系也有颇长的历史渊源，他早年在香港接受英式教育，毕业于香港的西医书院，英国统治下的香港秩序井然和社会繁荣曾给青年时期的孙中山留下深刻印象，令其萌生了投身革命、改造社会的思想，孙中山 1923 年在香港大学演讲时曾自称香港是其革命思想的发源地。①1895 年，孙中山将革命组织兴中会的总部设立在香港，英国殖民地香港一度成为孙中山从事反清活动的宣传基地、筹款基地和武装起义的指挥部。从 1896 年至 1911 年辛亥革命之前，孙中山曾五次到欧洲宣传革命和筹款，这期间曾多次以英国为中转地。1896 年，孙中山第一次从美国到英国，曾被清政府驻英使馆派出的密探秘密诱捕，后经其英国老师赫胥黎等人多方营救才脱险，这段伦敦蒙难经历曾令当时的孙中山在海内外一时声名大振。

然而这些与英国的渊源并未让他对英国产生多少好感，英国对中国的殖民侵略是让孙中山最为诟病的，在由他口授、朱执信执笔的《中国存亡问题》一文中，孙中山对英国抨击尤烈，指其在华首设领事裁判权、割占中国领土、强占租界和划分势力范围，驻兵迄 27 载，严重侵犯了中国主权。②

孙中山反对中国参加"一战"，他认为英国是唆使中国参战的真正幕后黑手。1917 年 5 月，孙中山特地发表《中国存亡问题》一文，以全面表达其反对北洋政府参战的立场，在其中，孙中山对英国唆使中国参战进行了激烈的抨击：

> 论此次之劝诱中国，美、日居其冲，而英国若退听焉。考其实际，则英国为其主动，而美、日之行动，适以为英政府所利用耳。③

孙中山认为，中国参加欧战是受到了英法的胁迫，而英国出于自身利益考虑，将中国拖入战争，而参战对中国是有害无利，战争双方无论谁胜谁负，都会以瓜分中国为诱饵，中国都将是最终的受害者。

因此，在护法初期对外寻求援助上，孙中山并未与英国有过多的接触。在

---

① 《孙中山全集》第 7 卷，中华书局，1985，第 115～116 页；以下各卷均为此年版。
② 孙中山：《中国存亡问题》，《孙中山全集》第 4 卷，第 39 页。
③ 孙中山：《中国存亡问题》，《孙中山全集》第 4 卷，第 62 页。

孙中山第二次建立政权期间，广州政府与英国仅有的几次交往都是不愉快的经历。

第一次事件是在孙中山第二次回粤建立政权后不久，广州政府尝试收回关余与驻华公使团和英籍总税务司安格联展开的交涉。

关余是指海关税收在扣除了以关税作抵押的外债和赔款之后所剩的余额部分。作为国家税收的一部分理应由中国政府保管，但是由于中国的海关管理权长期在外籍税务司的掌控下，辛亥革命后解送关余的权力便落到了在华列强组成的公使团的手中，成为操控中国内政的一个工具。1918 年中，孙中山首度在广州发起护法期间，经列强的同意，广州政府曾获得 13.7% 的关余份额。从 1919 年 7 月开始，军政府获得首批关余，其后，关余均按比例如数拨付，直到翌年 3 月，军政府发生分裂，伍廷芳携"应用文件、印信及关税余款"离粤赴沪。随后，公使团以"避免助长内争"为由，将军政府应得的关余份额，暂交总税务司代为存储。到 1920 年底，公使团不再同意"将属于中央政府之全部关余，摊交未经承认之政府"。其后，总税务司安格联串通北京政府，将全部关余拨充内债基金，连南方政府应得部分关余一并划入。①

列强的这种做法，招致孙中山和广州政府的激烈反对，因此，第二次回粤后不久，孙中山便命郭泰祺于 1920 年底向列强提出拨付关余的请求。1921 年 1 月，广州政府正式致函公使团，要求公使团依例向广州政府拨付关余。同时外交总长伍廷芳致函海关总税务司安格联：要求从 2 月 1 日起，海关机构必须服从本政府的命令和监督，本政府准备承担按比例摊付的债额。②

1 月 18 日，在北京的公使团开会，决定严词拒绝，以"无论如何不能放任中国政府正供之关余，供应无意识政争之用"一口回绝。对此，南方政府以强硬态度相对。1 月 21 日，外交总长伍廷芳发布命令："凡在军政府所属各省海关，须自 2 月 1 日起，服从军政府之训令，听其管辖；但各省关税仍照前尽先摊还外债，绝不欲稍有妨碍债权人之利益。"列强则以武力威胁对应，并从香港派兵 200 名至广州西堤"护关"。③

---

① 有关这方面的内容，请参见吕芳上《广东革命政府的关余交涉（1918~1924）》，高纯淑主编《中国国民党党史论文选集》第 3 册，台北，近代中国出版社，1994，第 650~654 页；陈诗启：《中国近代海关史》（民国部分），第 100~102 页。
② 《伍廷芳致安格联》，1921 年 1 月，《历史档案》1987 年第 1 期。
③ 吕芳上：《广东革命政府的关余交涉（1918~1924）》，高纯淑主编《中国国民党党史论文选集》第 3 册，第 654~658 页。

在此次关余交涉中，英国政府的态度是只承认北京政府为中国的合法政府，不与广州军政府打交道，如广州方面对粤海关采取行动，英国将联合列强一道进行干涉。1 月 27 日，英国外交部致函殖民地部，在现在的危机中，寇松（Curzon）同意采取 1918 年英国驻广州总领事建议采取的行动。广州总领事所建议的行动包括派军舰封锁广州，武力护关。①

英国驻广州总领事杰弥逊（James Jamieson）致电英国海军驻中国司令达夫（L. Duff），如果 2 月 1 日出事，就采取行动。他要求达夫向其提供一切必要的援助。采取的行动包括封锁广州、沿西江护送食品等。为应付局势，英海军向广州增派了 1 艘军舰，使广州英舰数量达到 3 艘。面对包括英军在内的武力威胁，2 月 1 日，广州政府通知粤海关税务司，他们决定推迟采取行动。②

孙中山将广州政府在关余问题上受挫的主要原因归结为英国的破坏。2 月 2 日，孙中山在广州会见美国海军武官哈奇斯（Hutchins）和美国记者吉尔伯特（Rodney Gilbert）时曾抱怨列强对其控制海关的强硬态度，他特别提到列强方面令其计划受挫的主要责任人是英国公使馆和驻广州总领事杰米逊。③

收回关余的交涉是孙中山晚年所经历的时间跨度最长、过程最为曲折的一次外交交涉，它对孙中山晚年的对外政策产生了重要影响。1923 年，孙中山在广州第三次建立政权时又重启关余交涉，并最终取得了部分成果。在关余交涉中，英国政府和驻华官员、英籍总税务司的表现，给孙中山留下了一个很坏的印象，它直接影响了孙中山后来在涉英事件中对英国政府政策与意图的判断。

第二次事件是在 1921 年 5 月 4 日，即孙中山在广州举行非常大总统就职典礼的前一天，英国殖民地香港华民政务司罗斯（Ross）派人在港贴出中文告示，以维护社会治安之名，禁止港人集会庆祝广州成立的新政府。5 月 6 日，罗斯又发布了第二张告示，告诫香港居民不要为广州政府筹募款项，并指出，所募者并非公债，将来或将取消作废，而孙文建设之政府，旦夕有破产之虞，故不能希望其能偿付任何款项，望香港居民不要为其所骗。④

① Kenneth Bourne and D. Cameron Watt ed. , *British Document on Foreign Affairs*: *Reports and Papers From the Foreign Office Confidential Print*, Part 2, Series 5, Vol. 24, p. 74.

② Kenneth Bourne and D. Cameron Watt ed. , *British Document on Foreign Affairs*: *Reports and Papers From the Foreign Office Confidential Print*, Part 2, Series 5, Vol. 24, pp. 358 – 359.

③ Kenneth Bourne and D. Cameron Watt ed. , *British Document on Foreign Affairs*: *Reports and Papers From the Foreign Office Confidential Print*, Part 2, Series 5, Vol. 24, p. 74.

④ Enclosure 2, Enclosure 3 in Alston to Curzon, July 25, 1921, F. O. 405/232, pp. 59 – 60.

对于港英政府的挑衅行为，广州政府反应强烈。5 月 13 日，广州政府照会英国驻广州总领事杰弥逊，提出抗议，指出港英政府的这一举动非常不合时宜，它不仅污辱诋毁了孙中山大总统和广州政府，而且为外交史上所罕见的举动。照会最后要求香港总督对此做出解释。① 广州各界也举行集会，声讨港英政府的行为。②

其后香港总督司徒拔（Reginald Stubbs）于 5 月 23 日对广州政府的抗议做了答复。他声称，告示发布时他不在香港，此事未经过他的批准，不能同意，他对告示所使用的不礼貌语言深表歉意。然而，司徒拔又辩称，他所反对的只是告示所使用的不礼貌措辞，对告示所表达的宗旨完全赞同。港英政府只承认北京中央政府，因此，港英政府不可能允许在港为敌对一方总统的就职举办庆祝活动和为其筹募资金。③

广州政府外交次长伍朝枢再次致函杰弥逊，对港督司徒拔的说辞进行了驳斥，指出："香港当局干涉香港居民举行庆祝活动和对本政府给予道义和物质上的支持，其行为明显超越了英国政府所奉行的友好中立的界线，属公开的敌对行为。"④

香港方面的主动挑衅，连一向对孙中山持敌视立场的英国驻广州总领事杰弥逊也觉得有些过头。他认为，香港政府的过激举动不得人心，致使一向敌视国民党的一些中国人都对广州政府表示了同情。杰弥逊在写给驻华公使艾斯敦的信中指出，明智之举是港英政府取消所发告示。⑤

面对各方压力，港英政府最后被迫做出让步，不久派人将告示撕毁收回。⑥

在第二次护法期间，广州政府与英国间还发生了一件重要的事件，那就是 1922 年 1 月所爆发的香港海员大罢工。香港海员为提高工资待遇在香港发动罢工，表面上看不过是一起在香港发生普通的劳资纠纷，但是在中国当时民族主义高涨和劳工运动勃兴的大背景下，此次罢工便有了极其重要的特别意义。对于孙中山领导下的广州政府和英国统治下的香港两者之间的关系而言，这次

---

① The Commissioner for Diplomatic Affairs to Jamieson, May 13, 1921, F. O. 405/232, p. 60.

② 《上海民国日报》1921 年 5 月 24 日。

③ Stubbs to Jamieson, May 20, 1921, F. O. 405/232, p. 62.

④ C. C. Wu to Jamieson, May 24, 1921, F. O. 405/232, pp. 63 – 64.

⑤ Jamieson to Stubbs, May 17, 1921; Jamieson to Alston, May 12, 1921, F. O. 405/232, p. 61.

⑥ 《民国上海日报》1921 年 5 月 25 日。

罢工所造成的影响也颇为重要。

首先，香港的罢工得到了广州方面的声援与支持，令孙中山在香港劳工阶层中声望大增。其实，海员罢工爆发时，孙中山正在桂林整军筹划北伐，对于香港罢工情况，事先并不知晓。在罢工初期，是陈炯明主持下的广州政府，腾出一定数量的房屋，安置罢工后返穗的香港劳工，并先后拨出约 10 万元，解决罢工工人的生活。[①]

表面上看，广州政府在支持香港海员罢工上态度并不鲜明，在海员罢工期间，广州政府并没有公开发表任何有关支持海员大罢工的文件或言论。孙中山当时正致力于北伐大业，他不愿因此事与英国交恶，并招致列强的武装干涉，所以在接受外国记者的谈话时，孙中山更是极力地洗刷其与海员罢工的干系。[②]

其次，尽管孙中山表面上表现出"仁慈中立"，并且在海员罢工期间也确有可能并未直接施以援手，但是从 1917 年在广州开展护法运动起，在支持劳工组织和劳工运动上，孙中山和他的广州政权的确发挥过积极的作用，[③] 因此，香港海员罢工取得胜利后，以海员工会为代表的香港劳工组织愿意相信，罢工的胜利有孙中山的功劳。因此，在香港的劳工阶层中，孙中山就有了巨大的影响力。这一点很重要，因为一年以后孙中山到广州开始第三次建立政权时，主动提出与英国和香港改善关系，个中原因之一，很有可能是其受到了海员罢工胜利的鼓舞，让他看到了可以借助其在香港劳工阶层的巨大影响力，来迫使港英当局与其改善关系，我们事后对港英当局从一反常态地由坚决反对孙中山，转到愿意与孙中山改善关系的表现来看，虽然港英当局的态度不能代表整个英国政府的态度，但孙中山在香港工人心中身份的变化，对此后的广州政府与英国的关系造成了一定的影响。

另外，海员罢工对港英当局的影响则更为的巨大。首先，海员罢工令港英

---

① 邓中夏：《中国职工运动简史》，新华书店第 2 版，1953，第 59 页。

② 1922 年底，孙中山在接受记者约翰·白莱斯福的采访时说："当罢工事起时，余在广西桂林，其地与广州不通火车，余方以全力注于北伐。彼时主管广州政府为陈炯明。余初不知有罢工事。直至吾人军用品因交通断绝不能达梧州时，余始知之。至余对罢工者之感想，苟彼等之目的为经济的，余固予以同情。而彼等之罢工，其后虽牵政治，原始时实为经济的也，但谓余赞助罢工，以期损害英国利益，余绝对不能承认。"参见《孙中山全集》第 6 卷，第 635 页。

③ 有关孙中山支持香港与广东工运的研究，可以参见陈明銶《孙中山先生与清末民初广东工运——民族主义、地缘主义和革命动员》，载陈明銶主编《中国与香港工运纵横》，香港基督教工业委员会，1986，第 3～20 页。

政府第一次真切地感受到了香港对广东的严重依赖性。香港的劳动力绝大多数来自邻近的广东，海员罢工期间，罢工工人纷纷返回内地，致使香港百业凋零，商务陷于停顿，经济上蒙受重大的损失。而罢工委员会对香港的经济封锁，更使香港的食品来源中断，居民的日常生活备受影响。港英政府后来在总结此次罢工对香港的影响时曾特别指出，"此次罢工强烈地表明本殖民地对广州的绝对依赖，一次有组织的杯葛即会对我们造成巨大的危害"。①

其次，港英政府从一开始就断定广州政府操纵与支持了这场罢工。港督司徒拔在向英国殖民地部报告罢工情况时指出，香港的"海员罢工不单纯是一场经济运动，而是一场政治运动"。"孙中山领导下的国民党是此次罢工的幕后组织者。广州政府已完全处于这一具有布尔什维主义性质的组织的控制下。毫无疑问，极端主义者站在孙的一边。"②

对于孙中山在广州建立政权，港英政府一直持极端敌视态度，海员罢工后，港英政府多次上书英国外交部，甚至建议政府出兵，直接占领广州，但被英国政府所拒绝，英外交部就此事向殖民地部指出："我们不可能通过正常途径对广州政府施加压力，因为国王陛下政府并未承认该政府。因而，武力之说是不适当的。"③

像所有西方列强一样，港英政府一开始对于孙中山在广州建立的政权持轻视的态度，认为孙中山无财力，没人手，仅凭借个人魅力及少数追随者，难以成事。在海员罢工时，孙中山的这种捉襟见肘的境遇并未发生多大改变，然而，大罢工给香港所造成的损失，则让港英当局真切地感受到了中国劳工阶层的力量和日渐高涨的民族主义精神，而更重要的是孙中山在劳工阶层中所展现的巨大威望，让他们自此对孙中山与他的广州政权再也不敢小觑，所有这些对后来港英当局的态度发生变化产生了直接的影响。

在20世纪前期，英国的对华政策可简单归结为维持中国的现状，即对外寻求列强间的势力平衡，对内则支持北洋政府。对于中国国内的各派纷争，英国采取的是不介入的"静观政策"。对于孙中山，英国国内政客冠以"幻想家""极端分子""麻烦的制造者"等称呼，他们视广州政府为反叛中央的地方政府，从不予以承认。不过，伦敦官方并不认为孙中山是一个真正危险的激

---

① Report on Seaman Strike by Hong Kong Government, Mar. 14, 1922, C. O. 129/474, p. 236.
② The Governor of Hong Kong to the Secretary of State for the Colonies, Feb. 28, 1922, C. O. 129/474, p. 163.
③ Foreign Office to Colonial Office, July 8, 1922, F. O. 405/237.

进分子，因此英国外交部不赞成对孙中山采取极端敌意行为。[1]

这一时期由于美、日等国的崛起，英国在华地位有所下降，但即便如此，英国的对华贸易与投资在列强中间仍名列前茅，特别是在华南及长江流域这些英国传统的势力范围内，更是有着重大的经济利益。和其他列强一样，英国政府并不看好孙中山和他的广州政权，问题是他们也忽视了孙中山所代表的争取独立与自强的民族主义精神，随着国内民族主义的不断高涨和国内革命的勃兴，在华南地区拥有巨大经济利益的英国自然首当其冲，只是让英国政府没有料到的是，事件的发展竟会有如此多的变故与意外，令广州政权与英国的关系像一出充满了悬疑与冲突的话剧。

二　与英国尝试改善关系

孙中山第二次护法后不久，其力主以广东为基地实施的军事北伐，与陈炯明所谋求的"联省自治"发生很大矛盾，双方矛盾迅速激化。1922 年 6 月，陈炯明发动军事政变，孙中山被迫离粤，二次护法遭遇失败。

孙中山离粤回到上海后，立即筹划对陈炯明的反击。不久，1923 年 1 月 16 日，拥护孙中山的滇军杨希闵部、桂军刘震寰部及倒戈粤军联合组成西路讨贼军，对陈炯明部发起攻击，陈军败出广州，退至东江。2 月 21 日，孙中山重回广州，设立大元帅府，此为孙中山第三次在广州建立政权。

还在上海期间，虽然在广州连遭二次失败，但孙中山个人声望确与日俱增，美国驻上海领事曾评论道："在南方受到排斥后，他已经变成为比南方共和国首领甚至更加伟大的全国性人物，一大批北方的卓越的、知名的官员都在寻找他的支持。"[2] 在寻找外援上，孙中山的联俄谈判也取得进展，1923 年 1 月 26 日，孙中山和苏联特命全权代表越飞在上海发表了"联合宣言"，标志着联俄进入正式实施阶段。在强有力的联俄背景下，回粤前夕，为确保重新建立政权的稳固，孙中山主动尝试改善与英国及香港的关系。

在上海，孙中山授意陈友仁分别于 1 月 11 日和 19 日两次拜会了英国驻上海总领事巴尔敦（S. Barton）。在第一次拜访中，陈友仁告诉巴尔敦，孙中山亟欲采取一项赢得英国同情的措施，将提供他对于改善中英关系兴趣的证据。

① Richard Stremski, *The Shaping of British Policy During the Nationalist Revolution in China*, Taipei, 1979, p. 12.

② 〔美〕韦慕庭：《孙中山——壮志未酬的爱国者》，第 136 页。

在第二次拜访中，陈友仁进一步阐述了与港英政府改善关系的必要性。他指出，孙博士担心，倘若他在得不到能与香港改善关系的保证的情况下返回广州，双方势将再起纠纷。那样的话，他将被迫寻求与其他列强建立友好关系。陈友仁要求巴尔敦将孙中山现时的态度通知英国有关当局，同时暗示，孙中山和香港总督举行一次会晤将会是符合人心的。①

2月1日，英国驻华公使麻克类（J. R. Macleay）在赴京途中路过上海时，孙中山派陈友仁和伍朝枢拜访了他。对于孙中山的友好表示，麻克类反应谨慎。他向陈、伍二人解释，英国对于孙中山并无任何敌意，但他同时又宣称，如果孙中山执意在南方建立独立的政府，那就很难得到英国的同情和支持，因为促成中国的稳定和统一，是英国的既定政策。在随后写给外交部的报告中，麻克类建议，只要孙中山能够约束自己，不在香港的劳工中挑起事端，英国政府就应该对他保持友好态度。②

1923年1月下旬，孙中山重返广州，在临行前，派人给港督捎去口信，询问在他途经香港时，港督能否与他一晤。对此，司徒拔答复道：只要孙中山不以中华民国大总统或其他英国政府未予承认的身份抵港，他将非常乐意接见，并与之共进午餐。③

1923年2月15日，孙中山在陈友仁、古应芬、许少清等人的陪同下，乘美国军舰"杰弗逊总统"号离开上海。17日，孙中山抵达香港，下榻干诺道九号港商杨西岩的私宅。

孙中山在港逗留三天，穿梭往来于香港各界举办的活动中。他充分利用各种场合，反复阐明其政治立场，并表明了与香港改善关系的诚意。2月18日中午，孙中山出席港督司徒拔为他举办的非正式午宴。在午宴上，孙中山告诉司徒拔，他如今已认识到，香港和广州的利益密不可分，他要同英国合作。④

2月20日，孙中山应邀到香港大学发表演说，这是他此次访港活动的一个高潮。当天上午，香港大学礼堂内挤满了学生和来宾，香港布政司施勋、港大校长布兰特的夫人、香港西商会主席皮尔西，以及何东爵士等香港知名人士

---

① S. Barton to R. H. Clive, Jan. 23, 1923, C. O. 129/482.

② Macleay to Curzon, Feb. 28, 1923, F. O. 405/240.

③ The Governor of Hong Kong to the Secretary of State for the Colonies, Dec. 23, 1923, C. O. 129/481, p. 557.

④ The Governor of Hong Kong to the Secretary of State for the Colonies, Dec. 23, 1923, C. O. 129/481, p. 554.

出席了演说会。施勋首先发表了简短的欢迎词。随后，孙中山发表了主题为"革命思想之产生"的演说。通过演说，孙中山给所有在场的人一个印象，那就是他对香港和英国的政治抱有好感。[①]

2月20日晚，孙中山在住处接见部分香港的工商界领袖。谈话中，孙中山告诉他们，香港政府已经同意"自后彼此互相协助，一致行动"，他希望香港商界今后能支持他的事业。[②]

孙中山此次对香港的短暂访问的最大收获莫过于港英政府对其态度由此发生了变化。港督司徒拔对孙中山的亲自接见和港府官员出席孙中山在港大的演说，均是一种出格的友好姿态，因为港英政府所接待的是一个不被英国政府所承认的南方政府领导人。就在一个多月之前，香港政府还吁请英国政府采取措施以阻止孙中山回粤。[③]

关于港府一反常态的变化，司徒拔在写给外交部官员詹姆斯（James）的私人信函中解释道，他对孙中山的态度明显的前后不一致，实际上是一种更高层次的统一，是形势的变化使然。司徒拔指出，既然孙中山对我们的态度已发生变化，愿意与我们改善关系，那么，我们"设法与他合作就要比反对他好得多"。司徒拔进一步强调，"显而易见，倘若我们能与统治广州的政权保持良好关系，我国的贸易发展就会容易些，反之，倘若我们反对孙中山，就将意味着英国的贸易会受到阻碍"。[④]

后来，在另一封写给殖民地大臣的长函中，司徒拔又进一步阐述说，他这样做的动机只有一个，即"促进本殖民地的利益"。他特别指出："1922年的海员罢工已非常清楚地向我们表明，本殖民地的繁荣与广东有着多么密切的关系。广东若是与我们处于敌对状态，占英国对华贸易大部分的香港贸易将陷于停顿，因此，根本之举是，为了香港的贸易，我们应尽可能地与统治广州的势力保持良好关系，不管它是孙中山还是什么别的人。"[⑤]

随着孙中山访港，粤港关系迅速升温，双方均展开活动，尝试进行合作。3月6日，孙中山在他的法律顾问诺尔曼的陪同下，拜访了英国驻广州领事杰

---

① 《在香港大学的演说》，《孙中山全集》第7卷，第115页。

② 《在香港工商界集会的演说》，《孙中山全集》第7卷，第117页。

③ Foreign Office to Colonial Office，Jan. 11，1923，C. O. 129/482.

④ Stubbs to James，July 21，1923，C. O. 129/482，p. 252.

⑤ The Governor of Hong Kong to the Secretary of State for the Colonies，Dec. 23，1923，C. O. 129/481，p. 554.

弥逊。在随后举行的会谈中涉及这样一些实际问题：改善黄埔港、修筑粤汉和广九铁路的连接线、香港政府派专家帮助广州政府整顿财政等。①

贯通粤汉和广九两条铁路线，是港英政府长期以来一直梦寐以求的一项工程。铁路线的贯通，将把香港与富庶的长江流域连成一片，为香港带来无穷的商业利益。因此，它最先吸引了港英政府的注意力。为此，港英政府积极参与这一项目。3月23日，港督司徒拔亲自出面，表明港府意见。在发给麻克类的电报中，司徒拔主动提出，他可以用英中公司提供贷款的方式劝诱孙中山同意立即修建铁路连线，其中用于征地的款项将付与广州政府。司徒拔进而又补充说，他正与殖民地部交涉，准备由港英政府对这笔贷款提供担保。②

英国殖民地部赞同港督的提议，在发给外交部的密函中，殖民地部表示，港英政府和该部均认为，修筑这样一条铁路连线极其重要，倘若能够获取北京政府及南方政府的同意，倘若这项工程的投资不与英国政府对此所应承担的义务发生冲突，希望外交部给予最优先的考虑。③

然而，英国外交部对此建议明确表示反对。5月23日，在给英国殖民地部的复文中，外交部指出，孙中山之所以赞同这项建议，其主要动机是他需要金钱，否则他不会赞同。北京政府自然不会同意这样一项为孙中山提供自由资金的计划，而且该计划也完全违背了英国政府的政策。④

虽然筑路借款的计划受挫，孙中山依然希望从香港方面获得援助。5月初，孙中山向港英政府提出，希望港府能为他延请几名税收、土地和审计方面的英国专家，以帮助广州政府整顿财政。对于这样一种合作，港府再度表现兴趣。在给英国殖民地部的电报中，司徒拔指出，为了香港的利益，将广东的行政管理置于一个令人满意的基础之上是最理想不过的事情。⑤

英国驻华公使麻克类在回答外交部对此的质询时，直接表示反对。他认为，正确的途径是，英国应继续保持友好中立的政策，不答应孙的请求。因为目前孙与中央政府正在交战，在这种形势下，借英国专家帮助孙将明显违背我们不介入地方军事纷争的政策，而且势必会引起北京政府和列强特别是美国的

---

① Jamieson to Macleay, Mar. 7, 1923, C. O. 129/482, p. 201.

② Macleay to Curzon, Apr. 3, 1923, C. O. 129/482, p. 187.

③ Colonial Office to Foreign Office, Mar. 31, 1923, C. O. 129/479, p. 513.

④ Foreign Office to Colonial Office, May 23, 1923, C. O. 129/482, p. 186.

⑤ The Governor of Hong Kong to the Secretary of State for the Colonies, May 9, 1923, C. O. 129/480, p. 111.

猜忌。①

这样，由于英国外交部的反对，广州政府与英国寻求合作的努力未产生任何的实效，这不免令广州政府对英国充满了失望。而随后发生的关余事件则令广州政府对英国失望到了极点。

三　关余事件的影响

1923 年 9 月，陷于财政困难的广州政府向列强重提关余的要求。然而，在华列强公使团对广州政府的这一正当要求采取了漠视态度。公使团的恶劣态度激怒广州政府，广州政府遂对外多次表示，如果需要，准备以武力夺取海关。在华列强以武力威胁相向。12 月 1 日，英国驻广州总领事杰弥逊以列强驻广州领事团领袖领事的身份，奉命向南方政府发出警告：公使团不承认对中国海关的任何干涉，如有上述情况发生，他们将采取其所认为适当的强力手段以应对。② 不久，英、法、美、日等多国派出军舰 10 余艘，陈兵广州白鹅潭，对广州政权实施军事威吓。列强因关余问题与广州政权矛盾陷于激化。

在关余事件中，在英国政府内部，围绕如何处理与广州政府的关系上，英国政府、驻华官员及殖民地香港官员之间产生了巨大分歧。为避免广州政府将反帝矛头指向英国，英国外交部尝试对南方政府采取一个相对保守与稳妥的政策，希望在不放弃原有对华政策，即承认北洋政府为中国唯一合法政府的前提下，由列强共同出面对北洋政府施压，就关余问题达成某种妥协。为此，英国外交部要求其驻华公使麻克类向外交使团提出如下建议：

> 列强应该让有关各方明白，在现有条件下，只有通过建立某种各省参与关余分配的制度，才能做到对列强控制下所收取关余的公平分拨。参与分配的依据，必须由北京政府和各有关地方当局之间签订协议来决定。如果在一定的时间里各方不能达成协议，列强将被迫在力所能及的基础上依据公平的原则自行分派这些关余（必要的话，那些为内债担保的关余也包括在内）。或者，列强将扣住这些关余，直至各方达成协议。③

---

① Macleay to Curzon, May 28, 1923, C. O. 129/482, p. 248.

② Macleay to Curzon, confidential, Dec. 21, 1923, FO371/10230, p. 199.

③ Foreign Office to Maclaey, Oct. 2, 1923, FO371/9222, pp. 191 – 193.

　　然而，麻克类对外交部的指令采取拖延抗拒的对策，始终未向公使团提出英国政府的建议。在关余事件中，麻克类和驻广州总领事杰弥逊在外国使团中一直是列强武力威慑的积极倡导者，他们的这些表现，令伦敦方面非常不满。

　　而香港总督司徒拔则走向另一个极端，充当起了孙中山与列强间的居间联络人。在关余事件中，孙中山鉴于此前港英政府对广州方面的友好态度，先后两次派陈友仁赴香港拜见司徒拔，表明广州政府在关余问题上的立场，并希望港英政府从中调解。对此，司徒拔积极回应，他对陈友仁的两次来访均给予了热情的接待，并分别致电殖民地部、驻华公使麻克类与驻广州总领事杰弥逊，将广州方面的要求、孙中山来信及声明通通做了转达。在给殖民地部的电报中，司徒拔反对列强对广州政府采取行动，并警告"倘若列强最终决定采取敌对行动，英国的贸易必将蒙受损失"，建议英国政府，为了香港和英国的利益，"除了为保证偿付外国贷款利息所绝对必须采取的行动之外，英国政府不要加以干涉"。[①]

　　在随后发给麻克类的电报中，司徒拔甚至表示，他希望英国政府应该默许广州方面所提出的"如果广州的税务司先向北京解付偿还外国债款所必需关税份额，然后将剩余部分交给孙逸仙，后者将放弃其夺取海关的建议"。[②]

　　司徒拔充当孙中山与英国政府居间联络人的做法，以及让英国政府接受孙中山所提要求的主张，令英国外交部大为光火。12月19日，外交大臣寇松特地写信给殖民地部大臣德文郡公爵，表示如果不是孙中山期待着港英政府的支持，他是不会在海关问题上与英国政府和其他列强作对到如此地步的。寇松进而向殖民地部建议将司徒拔尽快调离香港。[③]

　　在关余事件中，虽然广州政府面前的对手是列强组成的公使团，而非英国政府，但是鉴于英国在公使团中所发挥的重要作用，以及直接与广州政府打交道的身为广州领事团领袖的杰米逊的强硬表现，足令广州方面对英国心生极大的怨气，双方关系一度非常紧张。然而。随后发生的商团事件，则令双方的紧张关系恶化到了剑拔弩张的地步。

---

① The Governor of Hong Kong to the Secretary of State for the Colonies, Dec. 11, 1923, CO129/481, pp. 447 - 449.

② The Governor of Hong Kong to Maclaey, Dec. 13, 1923, CO129/481, p. 512.

③ Curzon to the Duke of Devonshire, Dec. 19, 1923, CO129/483, pp. 204 - 205. 有关关余事件中英国政府、英国驻华使领和港督司徒拔各自的反应和冲突的详情，详见拙作《南方政府截取关余事件与英国的反应（1923～1924）》，《历史研究》2007年第1期。

四 商团事件与矛盾激化

1924 年 10 月，广州爆发商团事件。促成商团事件的原因，是广州政府的财政、经济危机而引发的商人与政府间矛盾的一次大爆发。[①] 资料显示，在触发商团发动事变的"哈佛轮"走私军火案中，以汇丰银行为代表的香港英商全程参与此事。早在 1923 年秋天，汇丰银行就已开始与陈廉伯勾结，密谋武装商团。此后，汇丰银行的上层继续关注并参与商团走私军火的计划。汇丰银行两任总裁斯蒂芬（A. G. Stephen）和巴罗（Barlow）、副总裁罗斯（D. M. Ross）及广州分行经理德寇西（de Courcy）均是武器走私计划的积极参与者。此外，西人控制下的广州海关也有参与，英国新任驻广州总领事翟比南（Bertram Giles）事先也闻悉此事。[②]

英国政府和港英政府没有支持和参与商团事件。作为 1919 年 5 月开始签署生效的《列强对华武器禁运协定》的签字国，英国政府在得悉"哈佛轮"走私军火情报后，曾多次下令沿途英国各殖民地政府设法拦截。然而，在商团事件的危急时刻，英国驻广州总领事翟比南在未得到英国政府的批准下，擅自向广州政府递交一份最后通牒，宣称："奉香港舰队司令之命，如遇中国当道有向城市开火时，英国海军即以全力对待之。"[③]

广州政府一直认为英国政府和香港当局是商团叛乱的幕后策动者，而翟比南的最后通牒，则更被当时的孙中山和广州政府视作英国政府公开庇护与支持商团叛乱的明证。孙中山与广州政府为此做出强烈反应。9 月 1 日，孙中山代表广州政府发表了《为广州商团事件对外宣言》，痛斥英帝国主义公然支持反革命力量，阴谋推翻革命政权。同时，孙中山还向英国的麦克唐纳政府发出公开抗议书，抗议英国政府"干涉中国内政"。[④]

孙中山第三次治粤，为解决财政困难，不得已只得加重赋税，导致商民关

---

① 关于商团事变原因这方面比较新的研究成果，请参见温小鸿《1924 年广州商团事件再探》，载《浙江社会科学》2001 年第 5 期；邱捷《广州商团与商团事变——从商人团体角度的再探讨》，载《历史研究》2002 年第 2 期。

② 参见 Chung, Stephanie Po-yin（钟保贤），*Chinese Business Group in Hong Kong and Political Change in South China*, *1900 – 1925*, London, 1998, pp. 107 – 115.

③ 《广东扣械潮》卷二，第 91 页。关于英方对此事件的叙述请参见 R. Maclea to Foreign Office, Sep. 5, 1924, FO371/10244, p. 24.

④ 《孙中山选集》下卷，人民出版社，1954，第 870 ~ 872 页。

系紧张。引发商团叛乱的原因，绝非背后有英国政府支持这样简单，孙中山将斗争的矛头指向英国，也许有转移矛盾的考虑，但联系到此前与英国的紧张关系，孙中山做此判断，也是可以理解的。

面对孙中山的强烈指责，英国政府有些摸不到头脑。外交部急令各相关责任人调查事件的真相。调查的结果是，所有的官员都称自己与商团事件毫无关系。就连与此事密切相关的汇丰银行总裁斯蒂芬也把自己摘得一清二净。英国政府查实的只是一件事，亦即驻广州总领事翟比南向广州政府递交的最后通牒未经任何人批准，完全是他自己擅作主张。英国政府对此大为不满，事后英国外交部特地给予翟比南以申斥的处分。①

从档案上看，英国政府与商团事件完全没有任何的干系，即便有个别英人卷入其中，那也完全是其个人行为。英国政府的政策不允许主动与孙中山建立直接的联系，而且英国政府也不屑于向广州政府做出解释，撇清干系。但此事对广州政府此后对英关系所造成的恶劣影响是巨大的。

英国政府背后支持商团发动叛乱，并且公然以武力威胁的手段试图阻止广州政府平息叛乱，这样的信息令对英外交中饱受挫折的广州政府平添愤懑之情，并在广大民众中激发起更为强烈的反英情绪。1924 年 1 月，国民党"一大"召开后，孙中山与广州政府正式选择对内"容共"，发动一场国民革命运动，打到旧军阀，统一中国。对外则选择联俄反帝，接受苏联和共产国际的援助，反对帝国主义列强在华的侵略与特权。正是在这样一个大的历史背景下，以及此前对英关系中所产生的种种纠葛，在 1925 年五卅惨案爆发后，广州政府迅速将反帝的矛头指向了英国，而香港则成了反英斗争的首选目标。1925 年 6 月 19 日，举世闻名的省港大罢工正式爆发，省港大罢工持续长达一年零四个月，香港——这块英国的殖民地遭受了一场前所未有的巨大打击。这对于极力避免卷入地方纷争的英国政府对华政策的制定者和力图改善与广州政权关系的港英政府的官员们来说，也许是他们最不愿意看到的结果。

---

① 有关商团事件中英国政府的态度，详见拙作《英国政府与 1924 年广州商团叛乱》，载《广东社会科学》2000 年第 3 期。

1924 年英国政府与广州当局
合作进剿海盗研究[*]

台湾海洋大学海洋文化研究所　应俊豪

一　前言

英国尝试寻求粤英合作以因应广东海盗并非 1920 年代的创举。早在晚清时的 1854 年，英国即提出"共同肃清海匪"的要求。[①] 显见英国在香港建立殖民地政府后不久，即开始面临广东海盗肆虐的麻烦。民国以后，1914 年发生泰安轮劫案（SS *Tai On* Piracy，中文船名为音译）时，英国驻广州总领事亦曾向时任广东都督的龙济光建议"中英合作"进剿海盗，具体做法乃是先由香港警方提供海盗情资，然后中英海军一同搜索、追捕海盗。英国总领事认为"藉由实行此类措施，才能够根除长期危害和平贸易的海盗船队"。[②] 但当时广东方面并未对粤英合作提议做正面响应。[③] 1922 年发生瑞安轮劫案（SS *Sui An*

---

[*] 本文为笔者"国科会计划""外交、海军与海盗：1920 年代英国政府对广东海盗问题的因应对策"（NSC 100 - 2410 - H - 019 - 011 - MY2）部分研究成果。

[①] 1854 年 10 月，英、美、法三国向清廷正式提交修约要求，而英国所提的 18 项要求中，第 9 条即为"共同肃清海匪"，见贾桢等《筹办夷务始末·咸丰朝》，第 1 册，中华书局重印，1979，第 343 ~ 347 页。

[②] "Note from H. M. Consul-General, Canton to The Tu Tu of Kwangtung," May 1, 1914, *Sessional Papers Laid before The Legislative Council of Hong Kong 1927* (Hereafter Referred to as *SP 1927*), No. 7, p. 149.

[③] "Letter from Civil Administrator, Kwangtung, H. M. Consul-General, Canton," May 8, 1914, *SP 1927*, No. 7, p. 150.

Piracy）后，① 香港总督又向来港访问的广东政府外交部特派交涉员表达愿意提供协助进剿海盗之意。稍后英国驻广州总领事正式致函粤军总司令陈炯明，除要求立即采取行动进剿海盗外，又再度提出粤英合作的建议：

> （香港）殖民当局准备提供各种可能的方式，协助围捕中国境内的海盗……为了防止海盗从水路窜逃，英国海军当局愿意协助巡逻大亚湾水域出口，也乐意替广州当局运送军队。②

不过，粤英合作的提议遭到陈炯明的拒绝，他在回信时则援引外交部特派交涉员的意见，表示"英国海军协助巡逻一事，因确实有损主权，故碍难同意"。③

　　然而广州与香港附近水域海盗劫持轮船事件仍此起彼伏，造成英国（香港）政府极大的困扰。例如 1923 年 12 月至 1924 年 1 月，在短短两个月之间，香港附近水域即连续发生了三起海盗劫持轮船事件，受害的轮船分别为康国轮（SS *Kango*，华轮，1923 年 12 月 5 日被劫,）、绣球花轮（SS *Hydrange*，英轮，1923 年 12 月 27 日被劫）与泰利轮（SS *Tai lee*，船主为华人，但向英国注册，1924 年 1 月 21 日被劫）。④ 尤有要者，为了防范海盗袭击，英国政府只能自行保护，动用海军炮舰在珠江流域进行护航任务，但此举遭到广州当局的抗议，理由是侵害了中国的主权：

> 海盗在珠江到处肆虐，英国派驻西江水域的舰艇乃进行护航任务，以确保香港与广州之间英商货物运输的安全。广东省省长乃照会英国（驻广州）总领事表达抗议之意，因为这样的行动有害于中国的主权。此事仍由双方官员持续交涉协商中。⑤

---

① L. H. V. Booth, Assistant Director of Criminal Intelligence, Hong Kong, "Precis of Piracies Committed by Bias Bay Pirates since 1921," *The Cabinet Paper*, (Hereafter Referred to as CAB) CAB/24/181: 0072.

② "Letter from H. M. Consul-General, Canton, to His Excellency Ch'en Chiun Ming, Commander-in-Chief, Canton," December 5, 1922, *SP 1927*, No. 7, p. 152.

③ "Letter from Commander-in-Chief, Kwangtung, to H. M. Consul-General, Canton," January 9, 1923, *SP 1927*, No. 7, pp. 152 – 153.

④ 中文船名均为音译或意译。"China Station General Letter No. 8," from Commander in Chief, China Station, Hong Kong, to the Secretary of the Admiralty, London, January 23, 1924, FO371/10243.

⑤ "Summary of Consular Intelligence Reports for Quarter ended March 31, 1923," from Sir R. Macleay to the Marquess Curzon of Kedleston, May 2, 1923, FO371/9203; "The Minutes of Foreign Office," June 22, 1923, FO371/9203.

换言之，不但粤英合作模式推动无门，而且英国自行派遣军舰保护也遭到广州当局的非议与指责。

所幸自1924年初开始，粤英关系逐渐有了突破性的进展，也为粤英合作进剿海盗模式开启了方便之门。英国西江分遣舰队高级海军军官即记载1924年2月双方会谈的情况：

> 2月29日，总领事与我拜访了伍朝枢，并就合作进剿海盗问题展开了交涉。伍朝枢原则上同意双方的合作，但进一步的细节则需外交部与警察当局商讨后才能确定。希望在不久的将来，对于海盗问题能有初步的解决之道。[①]

稍后，英国驻广州总领事馆直接与孙中山大元帅府的陈友仁、李福林等人建立了联系。[②]

根据英国驻华公使馆的资料，对于海盗问题，广州当局虽然从不吝于与香港警察部分交换海盗情报，但是一谈到要粤英合作，共同进剿海盗行动时，就"明显展露出犹疑的态度"。在英国一再威胁要采取独立行动，径自派遣海军进剿海盗之后，广州当局终于有所让步，愿意与英国合作。据统计，1924～1925年英国与广州当局多次共同合作进剿珠江流域的海盗。[③] 而这些军事合作行动，从其出现至终止，基本上均与当时的粤英关系与中国政局密切相关，以下将针对粤英合作剿盗政策的出炉、军事行动产生的背景，以及英国金援方案争议等做进一步分析。

二　英国政府内部对粤英合作模式的评估

1924年起，香港总督开始与英国殖民部、外交部，以及广州总领事馆、

[①] "Proceedings of HMS *Tarantula* during the Month of February 1924," from Senior Naval Officer, HMS *Tarantula*, Hong Kong to the Secretary of the Admiralty, London, March 5, 1924, FO371/10243.

[②] 陈友仁为广东人，受英国教育，曾任律师、北京政府交通部法律顾问，1923年广州大本营成立后，任秘书，1924年又担任孙中山英文秘书。李福林为广东人，老同盟会成员，曾任广东警务处处长、民团统率处督办、广州市政厅厅长等，1924年粤英合作剿盗时，担任筹饷总局会办、粤军军长、广州市市长等职。见徐友春主编《民国人物大辞典》（河北人民出版社，1991），李福林条、陈友仁条，第311、1010页。

[③] "Memorandum by the British Legation, Peking," September 23, 1927, 日本外务省外交史料馆藏《支那海贼关系杂件》第一卷，F-0138/0145-0148.

北京公使馆、驻华海军（China Station）当局等密切磋商英国与广州当局合作剿盗的可能性，并评估双方合作的可行模式。

英国殖民部相当赞同粤英合作剿盗，虽然对合作形式未多做指示，但已原则上批准粤英合作计划。香港总督也因此开始积极推动与广州当局交涉之事。

英外交部的态度比较持保守，虽然不反对粤英合作剿盗，但是认为英国在未获北京的中央政府的同意下，直接与广东地方当局军事合作剿盗，对于中国人或是其他列强来说，或许可能产生误会，且有违英国对华政策：不干涉中国内政与不承认广东地方当局的基本立场。

英国驻华公使麻克类虽然主张在与广州当局合作时，应须注意避免造成英国有承认广州为分离或独立政府的印象，但基本上还是倾向支持粤英合作剿盗一事。麻克类认为，英国跟"事实上的"（de facto）地方政府合作剿盗，不会抵触上述英国对华政策，只要广州当局方面愿意同意英国合作；如果广州当局拒绝合作，则英国的军事行动应该局限在海面上，而不要派遣军队登陆剿匪。英国驻广州总领事的态度与麻克类相似，认为粤英军事合作有助于剿匪，况且广东方面也曾多次提出合作的要求。特别是在剿匪行动中，如果打着中英合作的旗帜，广东派出军舰或军队在场，将可以合理化英国海军的行动。

英国驻华海军司令仍认为应仔细评估现有局势，目前尚未有决定。英国西江分遣舰队高级海军军官，则建议英国海军行动还是以局限于海上行动为佳，不要派遣士兵登陆剿匪。①

简单来说，英国外交部（持保留态度）、② 殖民部、香港总督以及驻北京公使馆、广州总领事馆等第一线外交领事官员基本上均不反对粤英合作剿盗的大原则，但对于双方合作的形式与尺度则未有定论（见下表）。

1924 年 3 月，英国驻广州总领事在与香港总督、驻华海军司令讨论后，确定粤英合作将局限在海上行动，不派遣军队或警察登陆剿匪，以避免引起不必要的反英情绪。在与广东省省长协商后，粤、英双方也确立合作的范围为：

---

① 以上英国各部会态度，见 "Memorandum respecting Piracy Suppression Received from Sir Miles Lampson," dispatch No. 1030，September 21，1927，CAB/24/202：0024；"R. Macleay, British Minister, Peking to Foreign Office, London," January 28，1924，CO129/486.

② 英国外交部因担心粤英合作可能会造成英国承认广州当局为独立政府的错误印象，故特地致函殖民部部长，文中附带麻克类的报告，请殖民部"特别注意"此类情况，并最好能事先警告香港总督，以防其推动粤英合作过头。为此，殖民部乃通知香港总督"应注意避免造成有承认广州当局为分离或独立政府的印象"。见 "Foreign Office to Colonial Office," February 2，1924，CO129/486；"Colonial Office to the Governor of Hong Kong," February 9，1924，CO129/486.

1924 年初英国对粤英合作进剿海盗的态度一览表

		粤英合作剿盗	粤英合作模式	备注
外交系统	外交部	不反对	—	有顾虑
	北京公使馆	赞　成	如粤方同意，可以派遣军队登陆剿匪	
	广州总领事馆	赞　成	合作以海上行动为主，避免登陆	
殖民系统	殖民部	赞　成	—	
	香港总督府	赞　成	海陆并进	
海军系统	驻华海军司令	未表态	—	评估中
	西江分遣舰队高级海军军官	赞　成	海上合作，避免登陆	

东江口附近、珠江三角洲、澳门西边等地区。不过，广州当局为避免粤英合作剿盗成为一种惯例，将此次合作定位为非正式形式，且尽量保持低调。[①]

三　粤英军事合作行动

关于 1924 年粤英军事合作，外交交涉事宜多由陈友仁负责与英国驻广州总领事协商，军事方面则由粤军第三军军长李福林与英国海军西江分遣舰队共同协调处理。当时李福林深获孙中山信任，除委以剿盗的重责大任外，又任命其担任广州市市长等职。[②]

3 月下旬，第一次联合进剿海盗军事行动即开始进行，李福林为实际军事行动的主要执行者。除陆军部队以外，广东海军舰艇亦多次参与剿盗作战。

（一）初期的军事合作行动

1924 年 1 月，先是英商亚细亚石油公司（Asiatic Petroleum Company）的两艘汽艇遭到广东海盗劫持，之后又有一艘悬挂英旗的泰利轮在从香港前往广东江门途中，遭到伪装乘客登船的海盗攻击，英籍船长与一名印度武装警卫遭海盗枪杀。因此，英国驻广州总领事馆与广州当局进行多次交涉，希望粤英双方一同展开联合军事行动。[③] 3 月 20 日，粤英合作进剿海盗行动正式展开。粤

---

① "Memorandum Respecting Piracy Suppression Received from Sir Miles Lampson," Dispatch No. 1030, September 21, 1927, CAB/24/202：0024.

② 徐友春主编《民国人物大辞典》，李福林条，第 331 页。

③ Naval Intelligence Division, Naval Staff, Admiralty, Confidential Admiralty Monthly Intelligence Report, No. 106（March 15, 1928），p. 30, CO129/507/3.

军将领李福林与英海军合作，率军进剿东江口几个恶名昭彰的海盗村落，逮捕并枪决海盗首领。[①] 关于此次行动，根据英国驻华公使馆的报告，广东方面派遣三艘炮舰与军队进攻东江口附近的海盗巢穴，顺利击沉数艘海盗船，擒获40余名海盗，并解救 20 余名人质。战斗过程中，英国海军则派出"狼蛛号"（HMS *Tarantula*）助阵，但并未实际参与战斗。[②] 根据英国海军情报处的报告，广州方面当时对于英国与之共同进剿的动机仍有所质疑，故英国舰艇"并未在进剿行动中扮演积极的角色，而只是参与行动，同时提供必要的精神支柱"。换言之，此次粤英合作进剿行动中，粤军是主角，英国海军舰艇不过助阵而已。[③] 3 月 23 日粤英又展开第二次进剿行动，此次军事行动主要集中在三山附近（广州南方），李福林本人曾亲自前往巡视布防，英国海军则派出"飞蛾号"（HMS *Moth*）随行。[④]

4 月，广东方面再度以清剿海盗欠缺步枪为由，向英国提出借用步枪的要求。但英国外交部认为如此将会违背列强对华军火禁运的规定，故再度拒绝广东方面的要求。香港总督府决定改以资助煤料的方式，供广东派遣军舰进剿海盗之用。4 月 23 日，英国海军并派出数艘舰艇与李福林所部以及广东海军一同合作追捕马宁地区的海盗。5 月时，广东方面一度希望英国海军能够采取更为积极的作为，除了军舰参战外，亦可派遣军队登陆进行剿盗。但英国驻广州总领事与海军高级官员婉拒派兵登陆的要求，仅表示英国海军可以护送中国军队前往目的、提供炮火掩护，或是必要时提供少量人员与机枪支持。英国海军高级官员并建议中国派员登上英国军舰以协助指定炮火攻击地点。6 月 23 日，粤英再度合作进剿海盗行动，英国海军派出"秋蝉号"（HMS *Cicala*）与"知更鸟号"（HMS *Robin*）协助两艘广东军舰一同进攻江门东北方的 6 个海盗村庄。虽然广州方面宣称此次行动顺利击毙 4 名海盗，并掳获其他 20 余名海盗，但英国海军显然对于这次海军行动的成效感到失望，认为是"一次失败"的

---

① 进剿行动中，英国海军舰艇军均在场戒备。不过英国驻华海军司令怀疑遭枪决的海盗并非真正的海盗首领，可能只是代罪羔羊。见 "General Report on Political Situation in China and the Question of Piracy in the Vicinity of Hong Kong," from Commander-in-Chief, China Station to the Admiralty, April 29, 1924, FO371/10243.

② "Memorandum Respecting Piracy Suppression Received from Sir Miles Lampson," Dispatch No. 1030, September 21, 1927, CAB/24/202: 0024.

③ Naval Intelligence Division, Naval Staff, Admiralty, Confidential Admiralty Monthly Intelligence Report, No. 106（March 15, 1928）, p. 30, CO129/507/3.

④ 《李福林所部陆续抵江门》，《香港华字日报》，1924 年 3 月 27 日，第 3 张。不过，根据英国外交档案，英国海军此次行动中曾派遣"飞蛾号"炮舰协助。

征剿。因为负责指挥的广东海军官员不但怀疑其士兵的忠诚，同时也不准英国海军炮舰介入过深。所以英国海军认为此次行动的"唯一好处只是让中国习惯于（与英国）共同行动"。英国驻西江海军高级军官亦认为，在缺乏陆上军队作战的情况下，只是派出海军舰艇剿盗，其实成效相当有限。①

简单来说，虽然英国海军对于 1924 年上半年的粤英合作初期军事剿盗成效不无质疑，但整体而言还是力主持续地推动下去，毕竟历经数月的进剿行动，对广东海盗还是产生一定程度的吓阻作用，珠江三角洲部分区域的海盗问题亦为之肃清。不过，从英国方面的资料来看，不难看出广州当局当时对于粤英军事合作的性质与限度仍有相当歧见，未形成明确共识，而实际负责剿盗决策的个别官员表现的态度也有些反复，虽然有主张英军应更深介入者，但亦有偏向提防英军者。

（二）商团事件前后的军事合作行动

1924 年 8 月底到 10 月间，粤英双方曾因广州商团事件而一度关系紧张，广州当局痛恨英国意图策动颠覆，英国则拟动用海军武力展开干涉行动：

> （英国）反对孙中山，惹起国民党反感……利用广州商团，组织其所谓中国之"棒喝团"，以汇丰银行买办陈廉伯为领袖，由英国派人助以金钱枪械，而此人竟敢不顾粤政府之抗议，公然串同海关上英人，将军械强运入广州，及粤政府抄没此种私运枪械时，英国总领事，竟公然宣言恫吓，谓粤政府如敢对于私运人有所行动，英国当武装干涉……②

英国军舰云集广州白鹅潭实施武装示威，驻广州代理总领事亦向广州当局递交外交通牒，恫吓必要时英国海军将展开行动；广州当局则由孙中山发表宣言与

---

① "Memorandum Respecting Piracy Suppression Received from Sir Miles Lampson," Dispatch No. 1030, September 21, 1927, CAB/24/202: 0024; Naval Intelligence Division, Naval Staff, Admiralty, Confidential Admiralty Monthly Intelligence Report, No. 106 (March 15, 1928), p. 31, CO129/507/3.

② 此为曾任香港大学教授的英人史密斯·约翰所言，其人久居中国，在离职返英后，撰文抨击英国对华政策诸多谬误之处，并严词谴责英国驻华与香港官员行事不当。见《英政府对华阴谋竟被英教授揭破：香港大学教授斯密约翰归国后之著作、谓华人排英咎由自取、英人损失竟已在七千万磅以上》，《世界日报》，1926 年 9 月 25 日，第 3 版。

抗议书，厉声痛斥英国干涉中国内政，粤英关系因此陷入低潮。① 广州当局击败商团后，又传闻可能乘势以武力收回海关与沙面租界，一时之间情势非常危急，眼看粤英冲突在即。由于局势紧张，英国海军"松鸡号"（HMS *Moorhen*）与"飞蛾号"炮舰先后将舰上机关枪拆卸安装在陆地上，以抵御广州当局可能的军事进攻。② 英国广州总领事馆也紧急要求香港总督调派陆军部队驰援广州。③

　　所幸不久之后北方直奉战争有了结果，由于冯玉祥倒戈发动北京兵变造成直系溃败，段祺瑞出面处理后续善后事宜并邀请孙中山北上共商国是，而随着孙中山准备北上，粤英之间原先一触即发的紧张局势方始获得缓解。英国驻西江海军高级军官即注意到 1924 年 10 月 23～24 日广州局势还异常紧张，双方冲突似乎一触即发，英国海军也准备必要时将海关职员及其眷属撤到沙面租界，再运送至香港。然而北方战事变化与孙中山获邀北上的消息传出后，"广州一片平静，所有骚动的谣言随之停止"，到了 25 日"所有红色麻烦的危险以及使用武力强占海关的企图，都为之终止"。④

---

① 商团事件乃是广州商人（汇丰银行买办陈廉伯主导）从欧洲进口军火以便武装私人武力，但军火遭到广州当局的扣押，陈廉伯于是策动罢市，商团武力进占广州西关，企图迫使广州当局让步交还所扣军火。孙中山决定镇压商人与商团的叛乱行为，双方爆发军事冲突，英国为担心战火波及广州英租界，故派遣海军前往白鹅潭警戒。不过，英国驻广州代理总领事在未经授权的情况下，向广州当局递交措辞强硬的恫吓照会，故引起孙中山的强烈不满，乃发表宣言与抗议书痛斥英国干涉内政。关于商团事件与粤英关系可以参见张俊义《英国政府与 1924 年广州商团叛乱》，《广东社会科学》2000 年第 3 期。

② "Letter of Proceedings-October 1924," from Senior Naval Officer, West River to the Commodore, Hong Kong, November 6, 1924, FO371/10916.

③ 根据英国驻香港海军准将给英驻华海军司令的报告，自 1924 年 10 月 10 日起，广州局势即日趋紧张，英国除从驻防香港的"孟买掷弹兵团"（Bombay Grenadiers）中抽调三个排兵力前往广州沙面外，同时也下令"东萨里步兵团"（East Surrey Regiment）其中一个连随时备便，如广州情况危急时，将立即调往广州。此外，法国海军军舰"警戒号"（*Vigilante*）也抽掉一半人员前往广州以支持英国海军航空母舰"阿加斯号"（HMS *Argus*）。"Canton and West River," from Commodore, Hong Kong to the Commander-in-Chief, China Station, November 12, 1924, FO371/10916.

④ 其实广州当局内部，亦不乏主张温和立场、反对布尔什维克激进路线的有力人士。早在 10 月28 日，滇军总司令杨希闵即在广州沙面租界日本总领事馆内与日、英、法三国总领事进行晤谈，杨希闵明白表示他坚决反共，也不会容许"共党"在广州建立组织，事实上"在广州的红色份（分）子人数很少，除了少数极端主义者外，没有人喜欢共产主义，而红色工农军人数也不过仅数百人"。杨希闵并声称他不主张以武力来解决关余问题，而认为应该透过交涉协商来处理，他并澄清商团事件中，其麾下的滇军并未大肆烧杀，相反的他们也曾阻止湘军的纵火行动。此外，杨希闵甚至还希望寻求法国的协助，同意其经由法属安南从云南运送新兵至广东。"Letter of Proceedings- October 1924," from Senior Naval Officer, West River to the Commodore, Hong Kong, November 6, 1924, FO371/10916.

毋庸讳言，商团事件确实造成粤英关系紧张，英国海军官员在报告中坦承粤英合作进剿海盗虽然颇有成效，但受到商团事件的影响遭受到很大的阻力：

> 最初提出（粤英）合作时，中国官员明显怀疑我们的企图，至今仍有很多人反对。尽管如此，（粤英合作）仍有很大的成就。（不过，广州的）政治情况限制英国海军武力采取进一步的行动。"从沙面炸弹攻击事件、沙面罢工、商团军火问题，到广州部分区域焚毁与商团的作战准备，几乎没有喘息的空间"。①

不过英国海军并未因此偃旗息鼓，仍积极地巡逻广东附近水域，搜索并攻击海盗船只。例如1924年9月时，英国海军"知更鸟号"即在小榄水道附近主动追捕两艘形迹可疑的海盗汽艇，除当场掳获一艘外，并动用六磅炮击沉另外一艘汽艇。② 10月，英国海军更曾自行派遣"松鸡号"炮舰前往东江上游援救一艘遭到广东海盗挟持的英国汽艇，"松鸡号"以密集的机关枪炮火攻击海盗，使之弃船逃逸。③

另外，商团事件虽然一度造成粤英关系顿挫，但并未立刻影响李福林与英国的关系以及双方合作进剿海盗之事，④ 因为九十月间粤系将领李福林仍与英国互动密切，并接受英国提供的援助。⑤ 9月时香港总督府即正式将250吨的煤料移交给广东方面负责进行剿盗的李福林，并准备未来再提供250吨。⑥

---

① "Report by the Senior Naval Officer, Canton" from The Commander-in-chief to the Governor of Hong Kong, December 26, 1924, Cited from "Memorandum Respecting Piracy Suppression Received from Sir Miles Lampson," Dispatch No. 1030, September 21, 1927, CAB/24/202：0024.

② "Report by L. C. P. Tudway, Lieutenant Commander in Command, HMS *Robin*," September 30, 1924, CO129/490.

③ "Letter of Proceedings-October 1924, 1924" from Senior Naval Officer, West River to the Commodore, Hong Kong, November 6, 1924, FO371/10916.

④ "Piracy and Anti-piracy Operations," Extract from Senior Officer of HMS *Tarantula*, October 3, 1924, CO129/490；Naval Intelligence Division, Naval Staff, Admiralty, Confidential Admiralty Monthly Intelligence Report, No. 106 (15 March 1928), p. 31, CO129/507/3.

⑤ "Memorandum Respecting Piracy Suppression Received from Sir Miles Lampson," Dispatch No. 1030, September 21, 1927, CAB/24/202：0024.

⑥ 根据英国驻广州海军官员的报告，英国除提供李福林煤料以供进剿海盗之用外，香港警察也与李福林互动密切，共同商讨合力缉拿海盗的办法，并将逮捕的海盗引渡给李福林处置。"Memorandum Respecting Piracy Suppression Received from Sir Miles Lampson," Dispatch No. 1030, September 21, 1927, CAB/24/202：0024.

9 月份时，香港政府为赞助剿盗行动，提供了 250 吨的燃煤。这批燃煤乃是在容奇镇直接移交给李福林的代表的。更多的补给，将会视李福林代表的指派，看是要在容奇或是广州进行移交，但是不会移交给孙中山的部门。①

英国海军西江分遣舰队自 9 月起与李福林所部军队展开军事进剿行动，分别在 9 月第 1 周、第 3 周以及 10 月底，三度清剿广东马宁等三处海盗聚落。② 此波粤英联合军事进剿行动相当成功，迫使马宁及其周边地区的海盗组织无法在该区立足，只能暂时逃往香港与澳门避难。为了进一步追捕该批海盗，经由英国海军西江分遣舰队高级官员马克斯·威尔－史考特中校（Commander Maxwell-Scott，Senior Naval Officer of the West River）的安排，李福林派遣代表与香港警察司进行当面晤谈，决定李福林所部的侦探将前往香港，与香港警察共同合作缉捕逃逸的马宁地区海盗。至于逃往澳门的海盗，亦是透过马克斯·威尔－史考特的联系，由香港总督出面会商澳门总督，以便李福林所部侦探也能与澳门警方建立合作关系。③ 因此，在马克斯·威尔－史考特与香港总督的居中协调下，李福林、香港警察、澳门警察三方可望建立查缉海盗组织的共同联系网络。

广东剿匪总办李福林将军的代表已与香港警察武力之间确立了紧密的合作关系，我们建议李将军与澳门警察当局之间也能建立类似的关系，合作致力于清剿盗匪……以便增进澳门、香港与中国的共同利益。④

1924 年 9 月下旬，马克斯·威尔－史考特在给香港海军准将的报告中强调，

---

① "Piracy and Anti-Piracy Operations," Extract from Senior Officer of HMS *Tarantula*, October 3, 1924, CO129/490.

② 根据英国驻香港海军情报官给英驻华海军司令的报告，1924 年 9 月第 1 周时进攻马宁（Mah Ning）地区的海盗聚落、9 月第 3 周则进攻 Ku Pa 地区、10 月底则是进攻 Tau Chau 地区。见 "Notes on Piracy in the Delta 1924," from Staff Officer (Intelligence) Hong Kong to the Commander-in-Chief, China Station, May 14, 1925, FO371/10933.

③ 马克斯·威尔－史考特认为李福林与葡萄牙之间的关系不若与英国般紧密，而澳门总督先前曾与香港联系，希望双方共同合作打击海盗，因此如果由香港总督出面牵线，一定能够促成李福林与澳门之间的共同剿盗合作关系。见 "Commander M. Maxwell-Scott, SNO, West River to the Commodore, Hong Kong," September 23, 1924, CO129/490.

④ "R. E. Stubbs, Governor of Hong Kong to the Governor of Macao," October 4, 1924, CO129/490.

广东局势瞬息万变，英国必须珍惜目前与李福林的合作关系，特别是李福林现在已担任广东全省剿匪总办，其人又展现对于进剿海盗事务的极大热诚。①

商团事件一结束，11月2日，李福林即前往拜会马克斯·威尔-史考特，除清楚告知目前广州当局内情外，他也似乎急于向英国表明立场：他属于温和派，而非激进的布尔什维克分子。② 李福林并与马克斯·威尔-史考特会商未来的军事合作剿盗事宜，希望英国海军派遣军舰协助李福林大规模扫荡广东的海盗。以下则是1924年11月2日，李福林与马克斯·威尔-史考特当面晤谈进剿海盗事宜的部分对话内容：

> 李福林：小榄镇（sailum，江门东北方）是一个非常麻烦的地方，是时候该给他们一点教训，并开几个炮轰击那里。
>
> 马克斯·威尔-史考特：假如你或你的代表能够到当地，并指出确切的地点，那我可以代劳炮轰那个地方。不过，除非那里完全是海盗据点，否则我不能将那个城镇或村落乱炸一通。
>
> 李福林：斗门（Taumong，崖门附近）地区也是非常麻烦，我希望之后再到那里去，但是届时必须有两艘英国炮舰帮忙。
>
> 马克斯·威尔-史考特：只要广州方面没有意见的话，我们这边没有问题。③

之后，李福林与马克斯·威尔-史考特商妥联合扫荡（a combined sweep）计划，决定粤英共同行动，于1924年11月下旬突击位于西江流域上的小榄水道（Sailum Channel）与鸡鸦水道（Kerr Channel）之间的几处海盗巢穴（海盗人数估计约300人）。④ 英国海军一共出动6艘舰艇参与此次行动，包括昆虫

---

① "Commander M. Maxwell-Scott, SNO, West River to the Commodore, Hong Kong," September 23, 1924, CO129/490.

② 李福林告诉马克斯·威尔-史考特：孙中山将在一周内北上，他与其他"温和派人士"均乐见孙的北上；而现任广东省省长、布尔什维克分子胡汉民将会陪伴孙中山北上，其职位可能由财政部部长代理。李福林并强调，他虽然人微言轻，但不是个布尔什维克。

③ "Letter of Proceedings-October 1924," from Senior Naval Officer, West River to the Commodore, Hong Kong, November 6, 1924, FO371/10916.

④ 根据英国海军情报处的资料，此股海盗势力相当强大，除有300人之众外，还拥有武装汽艇、4门小型野炮以及30挺汤普森机关枪（Thompson machine guns）。见 Naval Intelligence Division, Naval Staff, Admiralty, Confidential Admiralty Monthly Intelligence Report, No. 106（March 15, 1928），p. 30，CO129/507/3。

级炮舰"狼蛛号"、鹬级炮舰"知更鸟号"、鸭级炮舰"松鸡号"3 艘炮舰，以及另外 3 艘武装汽艇（Armed Launches，*Kwong Lee*，*Dom Joao*，*Hing Wah*），担任封锁水路、防止海盗逃逸等辅助性的任务，而李福林派遣的 2000 名士兵则负责主要的登陆攻击行动。不过在进剿过程中，因海盗奋力抵抗，英舰"知更鸟号"乃改为主动攻势，使用六磅炮轰击村庄（约炮轰三四次），"松鸡号"亦随之开火攻击意图突围的海盗。此外，李福林所部部分士兵因事前行动不慎走漏消息，故大部分海盗还是在攻击行动展开前，即乘坐汽艇逃逸，所以为了追捕逃匪，英国海军舰艇在攻击行动结束后又继续在附近的小榄、鸡鸦及横门水道上进行大规模搜索，成功拦截部分逃逸的海盗汽艇。马克斯·威尔－史考特中校评估此次粤英合作行动相当成功，一共造成海盗死伤约 20 人，并逮捕 40 余人，虽李福林军队事先走漏消息而无法将海盗一网打尽，但毕竟还是造成极大的吓阻作用，迫使此处海盗撤往东江地方，西江下游各水道也因此为之肃清，暂无海盗踪迹。①

英国驻华海军司令在给海军部的例行报告中，亦对此次军事行动表示肯定，认为马克斯·威尔－史考特中校派遣炮舰与李福林部队一同合作，已使得"海盗问题较为平息"，不过较为可惜的是假如李福林所部士兵没有在事前走漏消息的话，军事行动将会更为成功。② 在英国海军情报处的报告中，虽然认为粤军行动不利，但强调英国舰艇在周遭水域的后续追捕扫荡行动获得相当成功，不但迫使海盗放弃一艘汽艇登岸逃亡，而且直接击沉另外两艘汽艇。虽然部分海盗逃至东江水域，因该处水位较浅不利英国舰艇行动，但英国海军仍锲而不舍持续追捕，并于此次军事行动后一周，顺利在东江水域捕获了 4 艘海盗武装汽艇。③ 至于英国驻广州代理总领事翟比南（Bertram Giles），则认为此次粤英军事合作行动有别于以往，因为"英国海军炮舰已确实参与攻击海盗的行动"，而非仅是单纯从事封锁水路等辅助性任务。④

---

① "Anti Pirate Operation on November 24, 1924," by Commander M. Maxwell-Scott, S. N. O., West River, FO371/10932; "Piracy," A Report from the Naval Intelligence Officer, Hong Kong, January 1, 1925, FO371/10932.

② "China Station General Letter No 1," from Commander in Chief, China Station, Hong Kong, to the Secretary of the Admiralty, December 17, 1924, CO129/490.

③ Naval Intelligence Division, Naval Staff, Admiralty, Confidential Admiralty Monthly Intelligence Report, No. 106（March 15, 1928）, p. 32, CO129/507/3.

④ "Anti-Piracy Cooperation: Reports Further Action by Li Fuk-lin," from Bertram Giles, "Consul-general, Canton to the British Minister, Peking," December 28, 1924, FO371/10932.

（三）后续的军事合作

1924 年 12 月，李福林又与英国驻华海军商妥新一波次的军事合作行动计划，准备进攻东江三角洲东莞地区的海盗巢穴。东江水域水位浅，英国乃派遣吃水较浅的"松鸡号""知更鸟号"两艘炮舰前往支持。不过，剿盗事宜却迟迟无法开展，主要原因是该区已先由驻粤滇军将领范石生派军入驻，而李福林与范石生向来不和，顾虑派兵进入东莞地区会引起滇军的猜忌。正当东江剿盗行动受到李、范之争僵持不下之际，又发生一件严重的海盗劫案。12 月 6 日，广州基督教岭南学校（Canton Christian College）所属的一艘汽艇，在接运学生从广州返回河南校区途中，遭到伪装乘客的海盗劫持，迫使汽艇改在黄圃地区靠岸，并将船上大部分学生绑架而去。①

岭南学校汽艇劫案发生后，李福林与英国海军乃暂缓东江地区的剿盗行动，全力援救遭掳的学生。12 月 11 日，李福林所部获得情资，部分学生已被海盗掳至番禺东边的石碁，故派兵进剿该处。石碁位处沙湾水道北侧，英国海军也派遣数艘舰艇前往助阵，不过因海盗抵抗微弱，英国海军舰艇只在旁助阵观战，并未实际参与行动。最后，在李福林部队的持续行动下，最终岭南学校遭掳学生全数获救。至于逮捕的海盗，其中为首的 3 人被李福林枪决，囚禁 28 人以便继续追查海盗行踪，其余之人因多属遭海盗胁迫的普通村民，故被释放。②

四 英国金援合作方案及其争议

1924 年 3 月，为了推动粤英合作进剿海盗，英国驻广州总领事曾持续与代表孙中山的陈友仁保持密切联系，并针对合作内容多次进行交涉。其间，陈友仁尝以粤英合作剿盗为名，向英国提出了三项贷款要求：贷款以购买一定数量的步枪以供剿盗之用、聘请英国教官训练剿盗武力、购置能起降飞机的船只。③ 从陈友仁提出的贷款内容来看，牵涉相当敏感的军事贷款，如购买步枪、军舰

---

① "Letter of Proceedings-December, 1924" from the Senior Naval Officer, West River to the Commodore, Hong Kong, January 1, 1925, FO371/10916; "Piracy," A Report from the Naval Intelligence Officer, Hong Kong, January 1, 1925, FO371/10932.

② "Letter of Proceedings-December, 1924" from the Senior Naval Officer, West River to the Commodore, Hong Kong, January 1, 1925, FO371/10916.

③ "Memorandum Respecting Piracy Suppression Received from Sir Miles Lampson," Dispatch No. 1030, September 21, 1927, CAB/24/202：0024.

（飞机）以及军事训练等，可知广州当局初始试图借助广东海盗问题为谈判手段，希望英国政府为其提供实质上的军事与经济援助，亦即借剿灭海盗之名，寻求英国在军事、经济上的支持之实。其实早在英国驻华海军司令 1923 年 8月的报告中，即根据情报，揭露"孙中山迫切需要兵员、资金与武器弹药"的窘况。[①] 由此亦可得知，1923～1924 年孙中山向外寻求援助的对象，不仅限于苏俄，英国也同样在列。虽然贷款案最终因为英国有所顾忌而未能成功，但粤英合作剿盗显然未受到影响。

（一）金援合作方案

为了进一步强化粤英合作剿盗，英国驻西江海军高级军官马克斯·威尔－史考特中校，曾建议英国政府与李福林维持更为密切的关系，即由香港编列经费支持李福林的剿盗工作。根据 1924 年 11 月初马克斯·威尔－史考特中校给英国驻香港海军准将的报告，李福林此时曾向英国寻求经济上援助，以便继续执行进剿海盗的任务。李福林告诉马克斯·威尔－史考特中校，他欠缺支付军队与船只的费用，因为剿匪所需的必要经费大约每月 5 万元，将用于维持 2 艘小型炮舰与 12～14 艘武装汽艇，以及士兵相关费用、秘密情报工作（秘密警探与网民费）及燃煤开支；然而李福林本身所能掌控的收入每月不超过 1.5 万元，以致他必须自掏腰包来支付士兵费用。因此，马克斯·威尔－史考特中校强烈建议香港总督府应在经济上继续支持李福林，因为：

> 我相信要处理目前的海盗问题，最好也是唯一有效的方式，就是极尽所能的支持李福林。毫无疑问的，派遣海军巡逻虽然可以预防许多海盗事件发生，但不可能根除海盗在岸上的巢穴。要解决海盗问题，必须依赖（当地）警察的力量，必要时以军事武力为后盾，以及提供良好的情报工作。李福林已经致力于消灭海盗，并且有所成效，但假如他无法获得足够的经费，势必无法完成扫荡海盗的工作。[②]

---

① 英国海军分析，1923 年下半年桂军沈鸿英在直系策动下开始攻击孙文的广州政府，同时盘踞在广东东部的陈炯明也蠢蠢欲动，因此孙文"需款（军队弹药）孔急"。"An Extract from A Report Received from the Commander in Chief, China Station," July 5, 1923, FO371/9182.

② "Piracy and Anti-Piracy Operation," An Extract from the Letter of Proceedings for the Month of October Addressed by the Senior Naval Officer of the West River to the Commodore at Hong Kong, November 6, 1924, FO371/10932.

马克斯·威尔-史考特中校评估的比较可行的做法，乃是由香港总督府编列固定经费，每月1.5万~2万元，交由英国驻广州总领事馆或是海军官员来运用，以便协助李福林来支付购买燃煤、雇用汽艇，以及开展秘密情报工作等费用。马克斯·威尔-史考特中校虽然坦承英国金援李福林方案可能会有很多的缺点，但是他认为，在商团事件后反英、反外的骚动纷扰中，李福林始终坚定与英国合作的立场，证明李福林"目前是完全值得信赖的"，英国此时如果不冒着风险与李福林合作，海盗问题将会永远无法解决。他坚信有了英国的援助，李福林在扫除海盗的工作上，将可以获得更大的成功。因此，马克斯·威尔-史考特中校认为英国值得去尝试合作，况且英国可以每月检讨成效，只要发现情况有异，可立刻终止合作关系。

英国驻广州代理总领事翟比南亦完全支持马克斯·威尔-史考特中校的建议。① 其实香港总督司徒拔（R. R. Stubbs）与翟比南在1924年初已针对金援剿盗一事有了默契：是年2月，司徒拔即写信通知翟比南，将提供1万元额度的经费供翟比南调度使用，如有更大的经费需求，也可以再与之相商后调高额度。因此，翟比南在与马克斯·威尔-史考特中校密集磋商就金援李福林一案达成共识后，又特地致函司徒拔，要求香港政府每月提供1.5万~2万元的经费供广州总领事馆使用，以支持李福林的剿盗工作。② 1924年11月20日，香港总督司徒拔正式回复翟比南的建议，同意先立即拨款1.5万元供其使用，但是希望这些经费必须证明确实有助于剿盗行动的执行。③ 1924年12月，英国广州总领事馆即将5000元的经费移交给李福林，以支付军事行动中所需的燃煤以及其他相关补给品费用。④

除了英国海军西江分遣舰队、驻华使领馆与香港总督外，英国驻华海军司令也同样认同金援李福林计划，并曾与香港政府商谈此事：

在过去5个月里，李福林将军及其部队已与英国驻西江海军高级军官

---

① "Bertram Giles, Consul-General, Canton to the British Minister, Peking," November 10, 1924, FO371/10932.

② "Bertram Giles, Consul-General, Canton to the Governor of Hong Kong," November 10, 1924, FO371/10932.

③ "E. R. Stubbs, Governor of Hong Kong to Bertram Giles, Consul-General, Canton," November 24, 1924, FO371/10932.

④ "Despatch from James Jamieson, Consul General, Canton to Ronald Macleay, British Minister, Peking," February 2, 1925, FO371/10933.

成功地合作（进剿海盗），但是李将军现在担心他的行动会受到资金短缺的影响。香港政府在过去已曾通过燃煤交易的方式金援李福林。我最近也与香港方面联系讨论此事……①

显而易见的，英国驻华海军司令对于英国海军与李福林的军事合作进剿海盗的成效表示肯定，支持金援方案。

（二）英国外交部与跨部会议之间的歧见

不过，由英国驻西江海军高级军官与广州代理总领事共同推动的金援李福林方案，却遭到伦敦外交部官员的质疑。他们认为，首先，马克斯·威尔－史考特中校在推动金援方案时，并未事先取得殖民部正式授权（香港总督司徒拔也可能同样未事先咨询殖民部对此案的态度），至于广州代理总领事翟比南亦仅是向北京公使麻克类报告此事，同样也未取得北京公使馆与英国外交部的授权。② 况且在给英国驻北京公使的报告中，翟比南表示港英政府目前已两度金援李福林，每次金援物品为 250 吨的燃煤，移交地点则分别在珠江三角洲与香港，同时港英政府也在计划第三次的金援行动，准备在香港移交 500 吨燃煤给李福林。换言之，马、翟两人在未获得正式授权前，即已开始执行金援方案，且已主导将燃煤等物资移交给李福林，似有擅权之嫌。③ 其次，英国外交部官员也质疑金援李福林一事争议性过大，可能会有许多负面效应。例如，一旦李福林如挪用物资于内战中，用以对付广州当局与孙中山的敌人陈炯明或其他敌对派系，则英国将势必陷入在中国内战中支持特定派系的危险中。因此，英国外交部决定电令驻华公使麻克类通知广州代理总领事翟比南，在外交部对此进行通盘考虑之前，暂停所有金援方案。此外，英国外交部也将上述质疑通知殖民部，希望香港总督在推动金援等相关事宜前，应事先咨询外交部的意见。④

与此同时，为了商议如何处置香港附近水域的海盗问题，由殖民部主持，外交部、海军部及香港辅政司等官员共同参加的跨部会议（Inter-Departmental

---

① "China Station General Letter No. 3," Extracts from A Letter from the Commander-in-Chief, China Station, HMS *Hawkins*, Singapore to the Secretary of Admiralty, March 1, 1925, FO371/10918.

② "Minutes of Foreign Office," January 1925, FO371/10932.

③ "Bertram Giles, Consul-General, Canton to the British Minister, Peking," November 10, 1924, FO371/10932.

④ "Minutes of Foreign Office," January 1925, FO371/10932.

Conference），也于 1925 年初正式提出书面报告。报告中，对通过粤英合作来处理广东海盗问题，给予高度的肯定，并建议英国政府往后应竭尽所能以各种可能方式，来进一步促成粤英合作的深化。跨部会议认为香港附近水域的海盗问题，基本上与广东地区的内战与社会失序有很大的关系，从而导致广州当局无力处理珠江三角洲及其邻近水域日益严重的海盗问题。如要彻底解决海盗问题，就必须对岸上的海盗巢穴采取有力的行动，但英国海军与陆军又不太可能登上中国领土去执行扫荡作战。因此，比较可行的方案，就是给予中国地方当局"友善的协助"，让其展开进剿海盗的行动。过去借助特殊安排的合作模式（即与李福林的合作案），已证明可以有效打击海盗。所以，跨部会议总结道："与中国地方当局合作所做的安排，是很有价值的，我们认为应该尽最大的努力，利用每一个可能的机会，来促成这样的合作。"① 换言之，就某种程度来说，跨部会议督促以各种可能方式来推动粤英合作的决定，等于变相为金援合作方案做背书，并推翻英国外交部先前的反对意见。毕竟不容否认，金援李福林确实是当时是解决广东海盗问题最为经济实惠的有效方案之一。

不过，英国外交部还是不太赞成金援方案，在给驻华公使麻克类的电报中，仍持质疑的态度：

> 最近的跨部会议主张应尽一切的可能，来推动与中国地方当局的合作，以摧毁广州三角洲的海盗巢穴。你认为金援中国将领购买燃煤的方案，能够称得上是前述政策的合法地运用吗？香港总督显然在没有先咨询伦敦的情况下，即已应广州代理总领事之请，每月拨款 1.5 万元供其使用。②

不难看出英国外交部对于金援合作一事依然持保留态度，除了质疑其合法性外，同时也对香港总督与代理总领事先斩后奏的做法有所不满。

（三）英国外交部与驻华使领之间的歧见

关于金援方案的适当性，英国驻华使领馆也与伦敦外交部官员有着相当不同的见解。驻华公使麻克类在给外交部的答复报告中，明确表态支持继续推动

---

① "Report of an Inter-Departmental Conference on Piracy in Waters Adjacent to the Colony of Hong Kong," January 1925, FO371/10932.

② "Piracy," Dispatch from the Foreign Office, London to Sir R. Macleay, Peking, January 26, 1925, FO371/10932.

金援方案，认为这"完全是合理的"。① 英国驻广州总领事杰弥逊更是对代理总领事翟比南等人推动的金援方案表达赞成之意，亦主张持续进行。基本上，杰弥逊对李福林的评价相当高，虽然李福林本人能力不算杰出，但是他身边有着很好的军官，士兵也对其忠心耿耿。杰弥逊认为李福林"目前是值得信任的"，也愿意"对珠江三角洲的海盗、土匪问题展开积极行动"。此外，以成效论，1924 年底统计的海盗数量有 166 个，到了 1925 年初降为 40个。特别是自李福林在附近水域展开军事行动以来，重大的海盗事件也较少发生，显然已产生一定程度的吓阻作用。尤有要者，要解决或遏止广东海盗问题，陆上作战尤为关键，但由于英国海军不可能登陆执行任务，故维持与中国军事当局的合作就有其重要性。可是中国军队欠缺资金，无法购买燃煤与相关补给品，也就无法前往海盗聚落展开行动，此时如能给予金钱上的援助，就能解除阻碍。因此，杰弥逊并不认为金援方案是粤英"相互合作政策的非法运用"。②

另外，在收到麻克类与杰弥逊的报告后，英国外交部官员开始对金援方案的利弊进行更为审慎的评估，并追究此政策的始作俑者。首先，就金援方案政策本身来说，就十分不恰当，可能造成极大的副作用。任何一个"自我尊重的行政当局"，理所当然应该处理其境内的海盗问题。但英国需要使用金钱援助，才能来换取中国当局的合作，如此势必造成一个负面后果：以后中国当局将不会主动进剿海盗或提供任何的合作，除非英国出钱"支付他们的服务"。所以，金援方案等于变相鼓励中国当局拒绝履行其职责，"除非英国花钱支付其开支"。其次，由于金援方案的资金来自于香港，可能使得英国政府陷入另一个窘境之中，即英国试图利用香港为据点，借由金援为手段，将政治力伸入中国，干涉其内政事务。如此将使得英国腹背受敌：一方面可能引起美国的猜忌，另一方面也可能在中国构成反英运动的借口。基于上述两个原因，英国外交部官员认为，应该立刻暂缓执行金援方案，同时也应该追究此政策为何在没有取得英国政府有关当局的正式授权之前，就已开始执行。毋庸讳言，金援方案乃是英国在华领馆与殖民两大系统合力推动的结果，然而负责规划金援方案的英国驻广州代理总领事翟比南，在事前显然并未向英国公使与外交部请示意

---

① "Telegram from Ronald Macleay, British Minister, Peking to Austin Chamberlain, Foreign Office, London," February 20, 1925, FO371/10933.

② "Despatch from James Jamieson, Consul General, Canton to Ronald Macleay, British Minister, Peking," February 2, 1925, FO371/10933.

见；至于负责出钱的香港总督是否已取得殖民部的授权，同样也不无疑问。换言之，金援方案乃是"那些在现场"（those on the spot）的官员自行决定推动的。因此，英国外交部官员决定双管齐下：一是行文殖民部，陈述金援方案的不当之处与反对理由，并探询殖民部的意向；二是通知驻华公使馆，明确表达外交部强烈反对之意，同时下令在未取得英国政府相关单位的正式授权之前，不得再度启动金援方案。①

在给北京公使馆的训令中，英国外交部强调金援方案可能变相鼓励"一种勒索行为"，以后"中国当局将不会主动采取行动，除非获得金援"。② 1925年4月在收到海军部转来英国驻华海军司令支持金援李福林的报告后，英国外交部官员更加确信李福林已成功影响英国驻华海军的意向，即造就了一种效果——"没有金援，就没有剿盗措施"。而这正是英国外交部最担心的金援计划的副作用。③ 况且英国外交部还质疑粤英合作政策有一定程度的"政治危险"（political danger），执行时必须非常谨慎：

> （粤英合作政策的）普遍危险在于：造成英国利用香港来干涉中国事务的观感，可能导致中国人反英宣传的增加，甚至也可能在其他外国政府心中产生疑虑……粤英之间任何的共同行动，均可能使得英国政府承担某种风险。问题是，金援体系（the system of money payments）是否会增加风险……虽然金援体系运作的结果是正面且有效的，但我们对于是否要继续推动并将之常态化，则不无疑问……从涉及的政治风险角度来说，金援体系在没有获得英国政府的特别授权前，不应推动。④

很明显地，由于粤英合作剿盗政策可能涉及诸多政治风险，因此，英国外交部坚持金援方案的推动与否及其运作方式，不应由"在现场"的官员决定，而该由英国政府做更审慎的评估后再做决定。

---

① "Minutes on F1256/94/10 of Foreign Office," April 15 – 18, 1925, FO371/10933.

② "Despatch from B. C. Newton, Foreign Office, London to Michael Palairet, Counselor, Peking," April 23, 1925, FO371/10933.

③ 海军部给外交部的报告，见 "The Secretary of the Admiralty to the Under Secretary of State, Foreign Office," April 25, 1925, FO371/10918；外交部内部备忘录与相关官员的评论，见 "Situation in China," Minutes of Foreign Office, 28 – 30 April 1925, FO371/10918.

④ "Despatch from B. C. Newton, Foreign Office, London to Michael Palairet, Counselor, Peking," April 23, 1925, FO371/10933.

　　英国外交部的顾忌其实是不无道理的。首先，实际负责剿盗任务的粤军将领李福林及其统率的福军在当时名声颇为不佳。广州当局麾下诸军中，福军素质最为低落，不堪作战，故仅能从事剿盗抓匪等较为简单的任务：

> 李福林部，该军向有三武鹅五之称，不能作战，只用以起掳等事，比较别军为能手，因该军多属绿林出身，熟其门路之故。因此，多分驻顺德、南海、番禺、东莞、香山等大县各乡镇，以为镇压土匪之用。①

李福林行事风格也颇有争议，甚至有"土匪化的河南皇帝"之恶称。② 福军多为绿林人，李福林本人又有"土匪皇帝"骂名，英国如与其合作甚至暗中金援，所冒政治风险之大不言而喻。一旦金援李福林的消息走漏，英国势将陷入资助土匪军打击海盗的尴尬处境。其次，广州当局之所以愿意与英国合作一同剿盗，背后可能还带有部分政治目的，即牵涉地盘的争夺。从广州大元帅府任命李福林负责"剿办香（山）、顺（德）、南（海）三属土匪，声明无论防军、乡团不得抗阻，违者以通匪论"来看，实有以剿盗为名，借此将势力深入广东南方各县的企图。③ 1924 年李福林几次用兵剿盗的地点，如江门东北、小榄等，均靠近顺德县南部一带。《香港华字日报》即称，"政府借口顺德多盗，劫及洋船，故以李福林任顺德县清乡督办"。顺德县乃属粤系地方实力派周之贞的地盘，该县素称富饶，但"每月应解送省署税饷，屡催不缴"，故广州当局先发表"顺德调防决案"，命李福林所部调防顺德，继之又召开江海警联防会议要求周之贞撤出顺德，必要时将以武力处理等。④

　　李福林既奉孙文命令剿办顺属股匪，近已决意拔队向顺德剿匪，取周之贞

---

① 文中所称"三武鹅五"乃是天九牌组合，似指无力打人、只有挨打之意。见《党军驻防情形之调查》，《香港华字日报》，1925 年 12 月 28 日，第 2 张。

② 1924 年 9 月，孙中山任命李福林担任广州市市长时，《香港华字日报》即在报道中嘲弄李福林实为"土匪化的河南皇帝"。河南位居广州之南，为李福林的主要地盘与根据地。《李福林任广州市长》，《香港华字日报》，1924 年 9 月 18 日，第 1 张。

③ 《李福林部队暂缓赴顺德》，《香港华字日报》，1924 年 7 月 11 日，第 3 张。

④ 1924 年 6 月 5 日在广州召开的"江海警联防会议"，由李福林担任主席，除吴铁城、邵元冲、陈树人外，陈友仁、傅秉常等负责外交事宜官员亦出席会议。另外，周之贞则表明除非与李福林互换防区，否则将不惜一战的立场。见《李福林向顺德发展之大计划》，《香港华字日报》，1924 年 6 月 9 日，第 1 张。按：周之贞为广东顺德人，早年赴南洋经商并加入同盟会，民国以后曾任广州大元帅府参军、西江讨贼军司令、中央直辖第二师师长、顺德县县长等职。

地盘而有之……但周之贞添兵运械，决不交代，死守大良、陈村两处。顺属地方，顿时风声鹤唳。①

江门也有类似的情况，当英国驻广州总领事写信向李福林反映江门与零丁洋间海盗肆虐问题时，李福林的答复相当具有意义，他表示"该区不属于其管辖范围，但是他已要求粤军总司令许崇智将该区转移到他的管辖下，如此他将能够进一步延伸剿盗范围至三角洲较南方的区域"。② 由此观之，广州当局或是李福林本人极有可能借由"西江剿匪"来处理广东省境内的异己，扩大势力范围。

简言之，由金援方案争议，可以清楚看到英国政府内部的政策路线之矛盾处。"不在现场"的伦敦外交决策官员，与"在现场"的第一线官员之间，对于解决海盗问题的因应方策，显然有着重大歧见。"不在现场"的外交部决策官员比较关心的是整体的中英关系及中英美三角互动，因此反对任何可能引起不稳定后果的政策。金援方案虽然可能有效处理海盗问题，但如果为了解决小小的广东海盗问题，而必须牵动整体中英关系，甚至牺牲英美互信，则无论如何都非可行的方案。此外，他们也坚持必须维护外交决策制度，第一线官员对华实施任何重要决定，如果涉及政治危险，均必须层层请示，由外交部做最后的拍板定案，因为决策权在英国外交部手上。至于"在现场"的官员，如香港总督司徒拔、广州代理总领事翟比南及驻西江海军高级军官马克斯·威尔－史考特等人，他们所着重的则是比较务实的课题，亦即如何才能够真正地解决海盗问题，其思维逻辑相当明确：要解决广东海盗问题，非先取得中国军事当局的合作不可；但要获得其合作，则必须先替其解决经费上的问题，唯有经费问题处理好了，合作问题亦将随之解决，最重要的海盗问题也才能迎刃而解！所以，金援李福林方案可以强化粤英军事合作、切实解决海盗问题，并且成效卓著，那么英国只需付出一小笔经费，就能解决困扰香港已久的海盗问题，

---

① 据报载，孙文曾声明"如能平定该（顺德）县股匪，即以县长一席为酬"，故李福林勇于任事，但粤军总司令许崇智亦有意领有顺德，故"许、李二人同床异梦，而各有图谋顺德之野心"。所以，此事表面上虽是广州当局支持李福林出兵顺德剿匪，且顺势取代周之贞，但台面下还有许、李两人的角力。直至 1924 年 7 月下旬，李福林始顺利收编周之贞所部，领有顺德县。见《军事声中之李福林态度》《李福林赴顺收编周部情形》，《香港华字日报》，1924 年 7 月 9 日，第 1 张；7 月 21 日，第 3 张。

② "Bertram Giles, Consul General, Canton to the British Minister, Peking," October 8, 1924, CO129/490.

又何乐而不为呢？至于金援方案所牵涉的官员擅权问题，其实也有讨论的空间。① 因为既然英国政府跨部会议已做出尽力加强粤英合作来处理广东海盗问题的决策，那么粤英合作的实行细节与运用，则应可由第一线官员来负责处理，似无须外交部官员远从伦敦遥控。

五 结语

广东境内各种势力林立，如粤军、滇军、桂军等均各占地盘，即使同属粤军也各分派系，例如，李福林所部福军主要驻军在广州、珠江以南的河南、番禺一带，再往南的各区域则属其他军阀领有，像顺德原属周之贞，而江门等地则属于梁鸿楷。虽然孙中山任命李福林负责处理全粤盗匪之责，但实际上要到其他区域剿盗，就必须面对该地军事实力派的抵抗，如李福林进入顺德时即曾遭周之贞的抵制，而要深入江门等地展开军事行动，势必也会引起梁鸿楷的猜忌与掣肘。② 但是，李福林之所以积极推动军事剿盗行动，并持续英国与合作，其动机也不见得单纯，可能隐含有借机扩大实力的意图。换言之，剿盗军事行动，其实反映赤裸裸的地盘之争。

另外，1924 年的粤英合作进剿海盗行动，从一开始即遭广州当局部分人士的质疑，虽然并未因商团事件而停止，但不断的冲突事件与日趋紧张的粤英关系，还是为未来粤英合作剿盗投下了变量因素。特别是受到五卅事件的影响，后来李福林本人对于粤英合作这段历史也讳莫如深。根据《李福林自述》，1924 年商团事件之前，香港总督司徒拔曾派遣士绅来粤与李商谈，表示"省港唇齿相依，我（李福林）负了全省治安重任，香港政府存有步枪万支，机关枪数十挺，驳壳枪五百，各种子弹百万发可以随时奉赠云云"。李福林赴港时，司徒拔还"派人来招待上英国兵舰，而前日所言各色各样礼品，粲然

---

① 在英国外交部给北京公使馆的电文中，即坦承粤英合作政策已获得英国政府的同意，具体的实行措施理应由"在现场的"英国官员自行裁量决定。不过，因为合作政策牵涉政治危险，所以英国外交部还是认为"在现场的"官员在决定具体措施前，必须十分谨慎小心。见"Despatch from B. C. Newton, Foreign Office, London to Michael Palairet, Counselor, Peking," April 23, 1925, FO371/10933.

② 例如，周之贞辖下军队即曾在江门附近遭到梁鸿楷所部袭击，船只、枪械与辎重等均遭夺去。见《周之贞部队在江门被击之通电》，《香港华字日报》，1924 年 7 月 4 日，第 3 张。梁鸿楷对李福林的敌意，则见"Notes on Piracy and its Prevention by the Senior Naval Office in Charge of West River Patrols," 1924, FO371/10932.

陈列，俱是最新式的东西"。之后，司徒拔遣香港警察司"押载大批军械以浅水兵舰驶进广州"，并邀请李福林登上英舰检阅武器与军火。李福林登舰时，英军执礼甚恭，"水兵站班行礼，恭敬非常"。但商团事件爆发后，该英舰随即离开广州，不过李福林已从英军手中领取"驳壳枪 500 支，子弹 50 万发"。在上述过程中，孙文对于香港赠予武器与军火之事自始即甚为关注，"不时在电话中问我（李福林）办理的情形如何"，孙文认为香港乃因担心广州赤化，故意图扶植拉拢李福林以为缓冲。① 然而，如果比较英国方面的档案资料，可以推测李福林所言香港赠以军械，其实指前述孙文通过陈友仁，借粤英合作进剿海盗为由，向英国寻求军事支持之事。然而李福林坦承曾自英军手中领取"驳壳枪 500 支，子弹 50 万发"，则未见于英国驻华公使的报告中，其原因可能是香港总督隐匿未报，或是李福林夸大其词。不过，可以确定的是，粤英双方对于合作剿盗事宜均相当低调，往往通过台面下秘密交涉的方式来讨论合作细节，极力避免事情曝光而引起不必要的麻烦与反弹声浪。当时中外报纸亦鲜少报道粤英合作之事。1925 年初，英国外交部在收到的驻西江海军高级军官报告中，对于粤英合作部分，还特别以手写文字注记"应香港政府要求，下列以红笔框出的部分（即关于英国海军对粤英合作的评估报告），将不会刊出"。② 这应该亦是为了避免粤英合作之事外漏。由上述过程不难看出粤英军事合作剿盗政策背后，明显牵涉到争议性极大的某种程度的"买通"，即港英政府借助秘密经费援助来换取粤方的合作。而经费援助的渠道，除了通过广州总领事、海军官员资助广州当局外，香港总督亦通过资金运作，间接以军援物资的方式来支助与英国友善的粤系将领，以便持续推动合作进剿海盗。然而，港英政府选择以秘密金援的方式来换取广州特定军事首长的协助与合作，有着许多不可预测的风险。以李福林为例，自商团事件后，粤英关系已呈现紧张状态，一旦双方合作消息走漏，李福林可能遭到来自广州当局内部政敌与反英势力的攻讦而失去权位；英国同样也会因此背上干涉中国内政、与军阀勾结的骂名，恐将进一步助长广东反英情绪，也可能遭到其他列强质疑英国有违反中立之嫌。因此，受到上述纠葛与猜忌的牵扯，粤英双方要诚心合作，推动剿盗行动，实在并非易事。

　　再者，粤英合作剿盗同时也深受英苏角力与粤英互动关系演变的影响。自

---

① 莫纪彭笔录，李业宏整理《李福林自述》，《广州文史》第 49 辑，1995。

② "Notes on Piracy and its Prevention by the Senior Naval Office in Charge of West River Patrols," 1924, FO371/10932.

孙中山推动联俄容共政策以来，广州当局与苏联关系日益密切，在苏联顾问团、中国共产党的协助下，反帝、反英宣传行动开始酝酿。这自然引起英国的疑惧与猜忌，尤其是毗邻广东的港英政府，因担心广州当局会进一步"赤化"，从而影响香港与在华商务利益，故也筹思反制之道。商团事件的产生，从某个方面而言，即是英苏粤三方紧张情况下而造成的擦枪走火事件。而港英政府为了处理广东海盗问题，积极推动粤英军事合作，并通过各种手段拉拢广州当局内部的"温和派"，甚至不惜以秘密金援方式支持对英友善的军事将领，从某种角度而言，其实也带有借此与"激进派""布尔什维克"及苏联对抗的意图。

简言之，粤英合作模式受到种种主客观环境的影响，其实成效极其有限。广东方面除了遭内部质疑声势反弹外，还必须面对地方实力派的牵制，因此剿盗行动的成效往往不大。而英国方面则受到海盗据点的特殊地理位置及登陆作战的限制，无法采取主动攻势，加上中英关系的紧张，也掣肘了英海军行动的规模，显得缩手缩脚，无法施展。另外，粤英合作模式本身即具有高政治风险性，英国虽然可以借此培养亲英势力以抗衡广东内部的红色力量，但稍有不慎即可能将英国卷入广东内政的纠葛中，不但违背英国的中立地位与司法原则，而且因此背上干涉中国内政的恶名，引起其他列强的猜忌。

英国与 1925 年北京关税特别会议

中国社会科学院近代史研究所　张　丽

1925 年 10 月在北京召开的中国关税特别会议，是北京政府后期外交中的一项重要活动，也是 1925 年 6 月 24 日北京政府照会有关各国正式提出修约要求以后的首次重要交涉。对于此次以探讨中国关税问题为职责的会议，有关各国均高度重视，其中英国因利益攸关，对特别会议更是格外关注。由于从华盛顿会议议决行将召集此次会议到会议最终召开历时三年半之久，会议召开后又迁延数月，其间中国的政治、经济局势不断发生变化，究竟应该在关税会议上采行何种政策，英国方面进行了长久的考量，其关会政策几经调整，会议进行期间更是视会议情形随时变动。本文即拟以英国关会政策的酝酿、形成、调整及最后的实践为主要线索，比较全面地梳理英国与关税特别会议的关系，从中不仅可以厘清英国处理中国关税问题的着眼点及其变化轨迹，亦可揭示英国未来对华政策的走向。[①]

一　"台克满计划"之酝酿

关税特别会议之召集，缘于 1922 年 2 月 6 日有关各国在华盛顿会议上所

[①] 目前学术界对此问题的研究成果主要可参见武育干《中国关税问题》（商务印书馆，1930）中的有关论述；王建朗《北洋政府修约运动简论》（见《顾维钧与中国外交》，上海古籍出版社，2000）；〔日〕冈本隆司《北洋时期的海关与关税特别会议——英国外交的看法》（见《北洋时期的中国外交》，复旦大学出版社，2006）。

签订的《九国间关于中国关税税则之条约及附件》，该约第二款规定：条约实行后三个月内在中国召集特别会议，会议的职责是从速筹备废除厘金，并履行1902 年、1903 年中国与英、美、日所订各条约开立之条件，以期征收各该条款内所规定之附加税。该约第三款规定：在裁撤厘金、切实履行第二款所载各约条中诸条款所定条件之前，该特别会议应考量所应用之过渡办法，并应准许对于应纳关税之进口货征收附加税，其实行日期、用途及条件均由特别会议议决。附加税一律值百抽二点五，奢侈品经会议议决者，最高不超过值百抽五。①

由以上条款可以看出，条约对于关税特别会议的职责、任务均有十分明确的规定。遗憾的是，华盛顿会议结束后，法国为了在中法有关"金法郎案"的争执中扼制中国，对华盛顿会议条约迟迟不予批准，致使特别会议始终未能召集。不过，在此期间，应以何种姿态参与特别会议，始终是英国方面关注的问题。

1923 年 1 月，时任英国外交部远东司司长的韦尔斯利（Victor Wellesley）专程前往美国，就中国关税问题与美方进行磋商。当时英、美政府达成一致，"希望将特别会议所审议的内容局限于二点五附加税的分配上，并避免对中国财政进行任何的全面调查；尽可能将附加税用于生产事业；不同意划拨款项供偿还中国无担保债务之用"。② 由此确立了英国关会政策的基调。

但是，英国驻华公使麻克类（Ronald Macleay）上任后，不断地对上述政策提出异议，麻克类原先也是此项既定政策的支持者，然而，随着他在公使任上时间的推移，基于他对中国局势的现地考察与认识，麻克类多次向外交部提出上述政策行不通。他认为："以中国之现状，划拨款项用于生产性目的是没用的，也不可取；一旦会议召开，将不可能顶住无担保债务债权人的压力，尤其是因为中国政府自己业已保证用二点五税收入让许多无担保债务债权人满意。"③ 很长时间里麻克类与当时兼任外交大臣的麦克唐纳（J. Ramsay MacDonald）多次函电往返，探讨英国究竟应该采行何种关会政策。1924 年 3

① 王铁崖：《中外旧约章汇编》第 3 册，三联书店，1962，第 220 ~ 224 页。

② "Mr. MacDonald to Sir R. Macleay," Feb. 5, 1924, Kenneth Bourne and D. Cameron Watt ed., *British Documents on Foreign Affairs: Reports and Papers from the Foreign Office Confidential Print* (hereafter *BDFA*), Part II, Series E; Vol. 28 (New York: University Publications of America, 1994), p. 134.

③ "Mr. MacDonald to Sir R. Macleay," Feb. 5, 1924, *BDFA*, Part II, Series E, Vol. 28, p. 134.

月1日，北京政府照会有关各国，请求先行召集关税会议预备会议，而且将政策问题提上日程。综合麻克类致英国外交部的众多电报及信件可以看出，他所提供的有关中国局势和关税会议的看法集中在以下三个方面。

第一，允准附加税宜有前提条件，即在国际援助下对中国财政进行全面整顿。1924年初，颜惠庆主持的财政委员会发表了一份报告书，1924年4月18日《京津泰晤士报》对该报告书发表评论称：报告表明，中国的财政困难不是由于资金或税收匮乏，而是由于军阀们的掠夺，只要这个国家完全为了20个或40个野心勃勃的军事领袖的利益而运转，就不能期望北京与各省间的谅解、军费和行政费的减少、名实相符的预算以及铁路税款不被扣押。① 麻克类说，他完全同意这个观点，问题的关键自然在于阻止军阀们干预国家财政。麻克类提出，按照他的做法可以在某种程度上实现这个目的，即由外国管控烟酒税、印花税及北京货物入市税，并且管控那些尚不在外国控制之下的铁路税款。② 若中国政府拒不同意此种管控，可以告之，如果那样的话，将不允许中国提高关税以整顿其财政。麻克类还在1924年4月18日致麦克唐纳的快信中说："我把中国政府请求召开预备会议看作承认破产，实际上是请求各国干预以摆脱财政困境。"

第二，债务整理问题无法回避。财政委员会的报告书承认中国的内外债日益增长，其复利已经达到每年约1亿元，除了增加关税，无可举措解决沉重的债务负担。③ 麻克类称，这证实了我过去一段时间的看法，即实施英美政府将特别会议的范围局限于华盛顿会议目标的政策，即便不是不可能，也将是困难的，且不论某些缔约国很可能坚持要讨论其对中国政府的索偿要求，就是中国政府自己也期待着会议给他们提供资金解决持续增加的国内外债务。④

第三，关于北京政府与地方的关系。由于北京政府的权威性日渐丧失，要设法创立与此种中央与地方关系现状相适应的财政制度，如若不然，按原计划与北京政府讨论废除厘金和其他内地税的有关方案是徒劳的。

有鉴于以上的认识，麻克类得出的结论是，必须修改或扩大关税特别会议的职权范围，以全新的政策参与关税会议。1924年3月25日，九国条约缔约

---

① "Sir R. Macleay to Mr. MacDonald," Apr. 18, 1924, *BDFA*, Part II, Series E, Vol. 28, p. 203.

② "Sir R. Macleay to Mr. MacDonald," Apr. 18, 1924, *BDFA*, Part II, Series E, Vol. 28, p. 204.

③ "Sir R. Macleay to Mr. MacDonald," Mar. 14, 1924, *BDFA*, Part II, Series E, Vol. 28, p. 157.

④ "Sir R. Macleay to Mr. MacDonald," Mar. 14, 1924, *BDFA*, Part II, Series E, Vol. 28, p. 158.

国驻华公使开会讨论北京政府所要求召开预备会议的照会，麻克类在报告会议情形时说："我的同事们普遍一致的看法是，如果期望关税特别会议取得有益的成果，就必须在某种程度上修正在华盛顿会议上所表述并被接受的有关会议意图和目标的观点，扩大会议范围，使之包括各国与中国政府共同审核中国财政。"①

对于麻克类所提出的各种建议，英国外交部方面的态度前后有所变化。起初，当时兼任外交大臣的麦克唐纳面对麻克类的反复申说，仍然非常坚定地维护既定方针，毫不动摇。麦克唐纳的看法如下。

第一，关于整顿中国财政，麦克唐纳表示："我所理解的整顿中国财政，应该是对中国包括收支在内的所有财政机构进行全面改革，从这个意义上说，我承认它是一件头等大事，会惠及中国整体。但是，此项工作非任何一国所能筹划，目前情况下也没有各国一致同意的可能性。"②

第二，关于整理债务以恢复中国政府的信用，麦克唐纳认为，要求中国偿还的债务如此迅速地增加，即使二点五附加税收入全部用于清偿债务也未必够用，完全"恢复信用"是否可行，对此深表疑虑。再则，即使可行，也无法阻止中国政府利用信用恢复重新开始不顾后果的举债，"换言之，在几年甚至几个月内，就会回复到目前的状况。"③

第三，关于北京政府与地方的关系，麦克唐纳认为，南方极度仇视北京政府独享海关关税，加税用于清偿主要是北京政府为进行对南方战争而招致的债务，只能加剧这种仇恨，会使得各国与南方的关系比目前还要困难。目前情况下，仅仅恢复中央政府的信用这个目标在他看来起码是一个可怀疑的政治权宜之计，而且长远来看可能对在华诸强的威望弊大于利。④

出于以上的考虑，麦克唐纳的结论是："英国政府仍倾向于认为，去年与美国国务院达成一致的原则大体上是正确的，并认为最好建议他们维护这些原则不受影响。"⑤ 1924年3月17日，麦克唐纳致电麻克类，针对麻克类所提出的用二点五附加税整理无担保债务的建议，重申上述反对意见，称"要点是

①　"Sir R. Macleay to Mr. MacDonald," Mar. 25, 1924, *BDFA*, Part II, Series E, Vol. 28, p. 173.

②　"Mr. MacDonald to Sir R. Macleay," Feb. 5, 1924, *BDFA*, Part II, Series E, Vol. 28, p. 134.

③　"Mr. MacDonald to Sir R. Macleay," Feb. 5, 1924, *BDFA*, Part II, Series E, Vol. 28, p. 134.

④　"Mr. MacDonald to Sir R. Macleay," Feb. 5, 1924, *BDFA*, Part II, Series E, Vol. 28, p. 134.

⑤　"Mr. MacDonald to Sir R. Macleay," Feb. 5, 1924, *BDFA*, Part II, Series E, Vol. 28, p. 135.

阻止北京政府及其债权人弄到附加税当作意外之财的任何尝试"。①

面对外交部的明确态度，麻克类并未停止其努力。关于麦克唐纳的反对意见，麻克类承认由于北京政府对地方各省日益失去控制，无限期推迟或彻底放弃特别会议是一个符合逻辑的决定。但他认为，美国政府会认为自己有义务落实华盛顿会议条约及其议决案，恐怕不会同意此议。而其他债权国将会议视为偿债——或起码是筹措偿债资金——的工具，也会反对此议。因此，麻克类坚持认为，既不可能搁置会议，亦不能够依照既定原则开会，必须拿出办法积极解决问题。从以上所述麻克类和麦克唐纳的各自观点中可以发现，双方在北京政府与地方关系这个问题上并无冲突，麻克类认为与北京政府讨论裁厘是徒劳的，麦克唐纳则透露在北京政府和地方政权之间保持平衡的意愿。麦克唐纳还曾经问过麻克类，鼓励地方当局前来参加特别会议是否合适。② 在外交部与麻克类继续交流看法的过程中，双方正是在这一点上找到了共鸣。1924 年 6 月 2 日，麻克类在信中提出了"平衡中国预算及建立中央政府与各省间适当财政关系的计划"，建议通过分税解决北京政府与地方的关系，这个办法最终导致了外交部态度的松动。③ 麦克唐纳于 1924 年 8 月 27 日和 9 月 12 日致电麻克类称，经仔细考量全局以及所有有关文件，尤其是麻克类的快信和电报以后，形成了以下两个认知：其一，华盛顿会议条约中有关二点五附加税的条款已经过时了，因为孤立地处理任一方面的中国问题都愈益变得徒劳无益。其二，扩大的特别会议可以提供机会，尝试着协调互相争斗的中国各派接受依照扩大了的新思路制订的合理政策。基于这两个基本认知，外交部已经着手研究总体解决中国政治和财政问题的全面方案。因此，麦克唐纳要求麻克类将其 1924 年 6 月 2 日信中的核心思路发展为有效利用中国可得税款的具体方案，辅之以地方参与分配的办法。该方案的目的是：第一，使所有中外货物免于任何形式的恼人的、不确定的内地税；第二，整理无担保内外债；第三，为中央和地方政府提供合理的、适当的税款。方案需要有两个必不可少的要点：第一，方案不仅要对中央政府有吸引力，还要对督军们有吸引力；第二，要为方案的有效性提供充足的保障。④ 由于英国外交当局的态度发生了明显的转变，"台克满计划"随之出台。

---

① "Mr. MacDonald to Sir R. Macleay," Mar. 17, 1924, *BDFA*, Part II, Series E, Vol. 28, p. 158.
② "Sir R. Macleay to Mr. MacDonald," Jun. 2, 1924, *BDFA*, Part II, Series E, Vol. 28, p. 222.
③ "Sir R. Macleay to Mr. MacDonald," Jul. 30, 1924, *BDFA*, Part II, Series E, Vol. 28, p. 276.
④ "Mr. MacDonald to Sir R. Macleay," Aug. 27, 1924, *BDFA*, Part II, Series E, Vol. 28, p. 269.

二　围绕"台克满计划"的讨论

根据英国外交部的上述指示，英国驻华公使馆准备了相应的计划书，于 1925 年 1 月上呈给英国政府。计划书由公使馆中文秘书台克满（Eric Teichman）执笔，故又被称为"台克满计划"。"台克满计划"系麻克类所提思路的精细化与具体化，所遵循的总原则有二：其一，分配一部分国税给各省以补偿其废除内地税的损失；其二，用增加的关税整理无担保债务。方案全名为"废除内地税及中国财政、金融重建计划"，其实现将分为两个阶段，在第一阶段应立即落实华盛顿会议中对中国关税条约的规定，即采取措施从速筹备裁厘，并运用可得资金整理财政。具体办法共有 10 条：（1）改革通过税制度，并将通过税分配给各省；废除沿海贸易税，对烟酒产品征收特别内地税并分配给各省。（2）对应税进口货征收附加税。（3）安排以关税收入整理债务及税款保管办法。（4）对包括烟酒在内的制造品征收货物税。（5）保证不歧视外国货。（6）建立国内货物税管理机构，并整顿烟酒事务署、印花税处和盐务署，在中央政府和各省间分配这些税款，声明不再抵押这些或其他国税。新建和整顿上述机构须在外国协助下进行，各机构的官员配置均以中国人为正职，以外国人为副职。（7）声明整顿铁路。（8）承诺谈判解决内地代理贸易中的未决索偿。（9）废除陆路边界特惠关税率待遇。（10）各省接受条约的声明。

在中国人表明其有能力落实以上内容之后，则进入第二阶段。在此阶段，履行 1902 年及 1903 年各商约所规定之原则，提高关税税率，并利用增加的关税进行更全面的财政整顿，最终给予中国关税自主。[①]

1925 年 3～5 月，英国方面就其关会政策进行了密集的讨论。"台克满计划"提出后，反对者主要是时任外交副大臣的韦尔斯利，他仍然坚持当初与美国国务院达成的共识，反对过多的国际干预，认为"最正确的政策应该让中国设法自救"。而外交部远东司司长沃特洛（Samuel Waterlow）则主张采取类似于"台克满计划"的所谓"建设性"政策。沃特洛于 1925 年 5 月 13 日提交了《关于中国问题的备忘录》，该备忘录开宗明义地表示："关税会议的召集不久就会给我们提供一个前所未有的、也许不会再有的机会以开始一项对华新政策。"他认为："我们筹备关税会议，应提供给中国一个大规模的重建

---

① "Memorandum by Mr. Teichman," *BDFA*, Part II, Series E, Vol. 29, pp. 37-43.

计划，该计划的要点是，创立一种足够灵活的财政制度，无论中央政府与各省的关系如何演变，都不会使其停止正常运转，而且，该财政制度中含有以所得成果给各省支付款项的机制。"① 1925 年 5 月麻克类回国休假，张伯伦借此时机与他讨论了政策问题。综合以上各方面的意见，张伯伦得出的结论是，试图将会议范围限定于条约所规定的狭小范围是不可取的（概括来说，即批准某些关税附加税以换取裁厘），而是相反，英国政府应该把会议当作尝试提出中国全面重建政策的机会。英国政府参加会议，应该设法把会议议程引导到中国和各国就某种全面重建计划取得一致的目标上来。②

至此，英国外交部就关会政策拿定了主意，但是，要实现英国的意图，必须要与其他各国达成共识。从所谓的全面重建计划提出伊始，英方就知道它会在各国间引起纷争。1925 年 1 月 20 日，麻克类在呈递"台克满计划"书时就表示了他的忧虑，麻克类认为"英、美政府经过充分坦率的讨论，美国人会完全赞同并有可能接受我们计划的主要原则"。他担心的是日本人会反对所建议的在外国协助下整顿各税务机构及整顿铁路等事宜。麻克类认为，如果日本人在会前听到了风声，就可能进行破坏，对中国人歪曲说这是侵犯中国主权。而法国人也不会与英国抱持同一精神，有鉴于此，麻克类建议英外交部切勿向日本和法国透露计划书的任何内容。③ 此时，当英国外交部欲就其全面重建政策争取有效的国际协定时，他们深知"这方面的困难将是难以克服的"。④ 因此，张伯伦打算采用循序渐进的办法，先致信有关各国，称英政府已经准备处理无担保债务问题，条件是要有一个扩大会议范围的全面协定。这一步骤落实以后，再让中国拿出提案，中国人的提案肯定是不可接受的，但提出之后可以尝试朝着英政府所希望的目标扩大和改变这些提案。⑤

三　五卅事件后英方政策的调整

就在英国方面为了协调各国意见颇费心机的时候，上海发生了英国巡捕野

① S. P. Waterlow, "Memorandum respecting the Problem of China," May 13, 1925, *BDFA*, Part II, Series E, Vol. 29, pp. 97, 101.

② "Foreign Office to Board of Trade," May 25, 1925, *BDFA*, Part II, Series E, Vol. 29, p. 116.

③ "Sir R. Macleay to Mr. Austen Chamberlain," Jan. 20, 1925, *BDFA*, Part II, Series E, Vol. 29, p. 37.

④ "Foreign Office to Board of Trade," May 25, 1925, *BDFA*, Part II, Series E, Vol. 29, p. 116.

⑤ "Foreign Office to Board of Trade," May 25, 1925, *BDFA*, Part II, Series E, Vol. 29, p. 116.

蛮射杀中国示威学生的五卅事件，以五卅惨案为导火索，规模空前的反帝爱国运动迅速席卷中国大地。在这场反帝风暴中，英国成了中国人民的主要打击目标。1925 年 6 月 24 日，北京政府照会有关各国正式提出修改不平等条约的要求。形势的发展急转直下，彻底打乱了英方的计划。为了应对新近出现的危局，他们不得不对其初步确定的政策再做考量。

首先，张伯伦试图以同意立即召集关税会议之举，缓和中国人民的反英浪潮。张伯伦很清楚北京政府的财政状况已陷入绝境，亟望召开特别会议以得到华盛顿会议中心二点五附加税，遂在这个时点做此立即召集会议之提议，希望通过同意召集会议来取得中方的好感。

其次，经历此短短几个月的形势剧变，无论是与各国方面的协调还是与中国政府的合作，都与张伯伦最初的构想南辕北辙，英方必须对"台克满计划"再做考量。英国政府的最终结论是：方案在理论上值得称道，但面临着许多障碍，实施起来行不通。

根据所得到的情报，英方认为日、美、中各方都不可能让这个计划得以实施。在这种情况下，特别会议如果召开，其结果便是：首先，用附加税收入进行债务整理。其次，至少在开始会议时范围将是华盛顿会议议决的中国关税条约所规定的内容。这样的话，英政府一直不希望看到的用附加税收入整理债务将会成为现实，而他们心仪的所谓全面重建计划则根本无从提起。这个局面令英方相当地失望。1925 年 8 月，台克满拟定了新的《中国关税会议备忘录》，试图在华盛顿会议条约的现有框架之下坚持实现全面重建计划的某些内容。备忘录建议：第一，必须坦率面对现在唯有英政府反对将附加税收入用于债务整理，而会议无论如何都必须考虑债务问题这一事实。第二，争取按照重建计划所提出的思路改革通行税制度，令裁厘取得实质性进展。第三，借会议之机解决中外商务间某些由来已久的问题。第四，及时让步以争取主动，建议由特别会议来考虑关税自主问题。备忘录用了很大的篇幅来表述对中国局势的现实考察与认识。称"关于修约，中国与各国间现已到了非常危急的境地。必须记住，特别会议系在华盛顿会议所安排的对付这种局面——尤其是关于中国关税自主要求——的安全阀之一"。台克满认识到不予让步的危险性，他说："设想无限期保留外国对中国进口关税的束缚，是狭隘、危险的看法。可能会发现威胁会议成功的主要危险，在于中国的极端分子和彻头彻尾的废约主义者，他们有可能威胁软弱的中国现政府，以致阻止政府达成任何合理的解决办法。"有鉴于此，台克满提出做出让步以争取主动，以另一种方式把握形势的主动权，从而最大限度地保全英国在华利益。他说："应对这种危险的唯一办法，似乎是商定一个通过一系列明确规定的阶段实现关税自主的计划，我们才能逐渐放弃我们的地位而不使英国的利益受到不应有的损害。比如，我们现在提出在合理时间内实现关税自主的预期，就能够保证海关的存在。"台克满认为，回避、否认关税自主的远景不是办法，"如果特别会议不能考虑关税自主问题，唯一的替代办法就会是其后的另一个修约特别会议，如果不将修约限于只修订商约的范围内，就不得不考虑许多其他的、比关税自主更令人为难的问题。因此，最好可能是由特别会议来充分考虑关税自主问题"。① 台克满的此份备忘录透露英方在新形势下对关会政策的再思考，英方最后参会策略，大抵以此为依归。

1925 年 8 月 18 日，北京政府照会有关各国，声明特别会议拟定于 10 月 26 日在北京召开，邀请各国政府派员与会。1925 年 9 月 18 日，张伯伦给英国关会代表团下达了训令，确定英国代表团的任务是：落实华盛顿会议中国关税条约所规定的会议议程，除此之外，英政府希望会议为缔约各国提供机会，展示其对华真正之友谊，以及对中国人民改革财政制度愿望的切实同情，这些改革措施应予国际贸易以合理的保障和鼓励，并因此使中国在该方面之行动有自主逐渐增长之可能。……承认整理无担保债务系会议的任务之一，但只应作为会议职责的次要部分。② 按照英方的设想，拟首先落实华盛顿会议条约的内容，重点放在实现裁厘上，其方案的核心即考虑日久的促成建立以国税补偿各省换取裁厘的机制，从而促进对华贸易，而同意处理债务整理问题，则是迫于各方压力的不得已之举。在关税自主方面，则试图以漫长而遥远的恢复关税自主方案来对付中国人民要求解除关税束缚的诉求。

四　英方被迫接受关税自主议决案

关税特别会议召开之前，北京政府所拟定的会议议程主要有三项：（1）关税自主。（2）过渡期内暂行办法，主要是附加税问题。（3）其他相关事宜，如关款存放等。从中方的这个议程看，北京政府希望将特别会议作为交涉修约、调整中外条约关系的一项重要交涉活动，所拟议程突破了华盛顿会议条约

---

① 以上材料均引自 E. Teichman，"Minute on the China Tariff Conference，" Aug. 31，1925，*BDFA*，Part II，Series E，Vol. 29，pp. 361 – 363.

② "Mr. Austen Chamberlain to the British Delegates to Special（China Tariff）Conference，" Sep. 18，1925，*BDFA*，Part II，Series E，Vol. 29，pp. 387 – 388.

的规定范围：其一，坚持先行解决关税自主问题，外交部在致各省密电中自认为"确定自主，与修改之本旨似尚相符"。其二，关于华盛顿会议所确定之二点五附加税，北京政府所拟办法系最低值百抽五，"并未拘于华会原案"。① 从这个会议议程可以看出，中方的意图与英方的设想形成了严重的冲突。

1925 年 10 月 26 日，关税特别会议历经种种周折之后终于在北京开幕。会议开幕伊始，英方首先按照华会条约规定议程开会的预想就落了空。在当天的会议上，北京临时政府总执政段祺瑞和外交总长沈瑞麟先后致辞，表示希望"利用本会议所予之机会，设法改善中国关税诸问题，俾中国得以早日行使其关税主权"，② 紧接着王正廷代表中国政府提出《中国政府关于关税自主的提案及附件》，要求"各国向中国政府正式声明关税自主，并承认解除现行条约中关于关税之一切束缚"。③

10 月 30 日和 11 月 3 日，关税自主委员会召开两次会议。在 10 月 30 日的会议上，王正廷再次宣读中国政府的关税自主提案，并提出《裁厘说帖》，对中国政府拟定的裁厘步骤、日期、抵偿厘金办法及筹备抵补金事宜做了说明。在 11 月 3 日的会议上，英、日、美代表团做出了正式回应。麻克类再次表示除落实华盛顿条约之条款以外，英国代表团愿意提请英国政府批准会议有可能商定的后续措施，以保证在合理期间内完全实现中国的要求，即在有关关税事务上完全的行动自由。④ 但是，当中国代表团坚持要求各国对于自主案有所承诺后，英国代表团遂做出明确的反击。麻克类率先表明态度，称欲完全按照中方关税自主提案的前两项所提出之字句赞成此案，殊属困难。

在当天的会议上，日、美代表团提交了具体的提案。关于关税自主，日案提出，除中国以外之各缔约国，兹谨宣言承认中国具有自主国固有之权利，应享完全关税自主之原则；应行议订之新条约得取消中国与其他缔约国现行条约上关于海关税则之诸规定。美案非常详尽，其实质是先落实华盛顿会议条约之规定，而关税自主则以裁厘为先决条件。⑤

英国方面对日本提案和美国提案进行了研究，并提出了自己的方策。英外

---

①　《外交部等致各省密电》，章伯锋主编《北洋军阀》第 5 册，武汉出版社，1990，第 83～84 页。

②　北京政府外交部编《外交公报》（第 53 期，专件，第 3～4 页），沈云龙主编《近代中国史料丛刊三编》（357），台北，文海出版社，1987 年影印版；以下该公报的出处均收入此书。

③　《外交公报》第 53 期，专件，第 4～5 页。

④　"Running Memorandum on the China Tariff Conference, part I," Nov. 5, 1925, *BDFA*, Part II, Series E, Vol. 30, p. 6.

⑤　参见《外交公报》第 53 期，专件，第 26～32 页。

交部认为，日案有两个重大缺陷：一是裁厘前不可能关税自主，二是案中没有地方裁厘配额方案这样的建设性建议。对于美案，麻克类大体上认同，尤其是他认为美案具有建设性，相信厘金问题是可以解决的，美案提出的裁厘办法之一，即擅征之厘税一经扣除，就将部分附加税分配给各省，而这正是英方预案的核心。有鉴于此，麻克类协调希望日、美案，并将英案嫁接其中，从而建立英日美三强的统一阵线。① 麻克类的以上想法得到了英外交部的批准；英外交部还建议说，尽可能通过协调日、美案把英案结合进去；强调的重点是，必须防范承认关税自主所换来的远不是合理有效裁撤厘金及有关的内地税，仅有中国人已经做出的保证是不够的。②

11 月 13 日的第二委员会会议上，中国代表团对日、美提案做出回应，关于关税自主问题，中方认为美案有关裁厘的诸项条款殊为不妥，因裁厘属于内政，为中国自愿保证应予实行的改革，美案不免引起中国人民之误会。③ 随后麻克类依照英方设想，提出了协调中、日、美三方提案的新议程。其前四项内容是：（1）实施华盛顿会议关税条约第 3、第 6 款；（2）关税自主；（3）裁撤厘金及有关内地税；（4）征收另外的附加税。这个新议程充分体现了英国方面的意图：其一，把会议纳入华盛顿会议条约的规定轨道，先落实华盛顿会议条约，再考虑关税自主问题。其二，在讨论关税自主时，以裁厘为先决条件，竭力防止中国未经裁厘即得到关税自主。美、英的这个意图是中国代表团绝对不能接受的，中国代表团从会议开始的态度就是不给予关税自主承诺，决不讨论华盛顿会议附加税问题。经麻克类努力，第二委员会同意下次会议讨论上述英国新议程的前四项。但是，在第二天的会议上，王正廷率先发言，坚持要求首先讨论自主案。

中国代表团此举意在挫败英方新议程欲将会议拉回到华盛顿会议条约轨道之意图，"并将关税自主委员会开会时各国本已口头承认的中国关税自主订为条约之形式，以资信守"。④ 英国代表团见中方坚持固有立场，并要求各国就关税自主提案做出明确承诺，遂立即予以反击。英国代表皮乐上校（L. Peel）

---

① "Running Memorandum on the China Tariff Conference, part I," Nov. 5, 1925, *BDFA*, Part II, Series E, Vol. 30, pp. 6 – 7.

② "Running Memorandum on the China Tariff Conference, part II," Nov. 17, 1925, *BDFA*, Part II, Series E, Vol. 30, p. 17.

③ 佚名编《关税特别会议议事录》（第 225 页），沈云龙主编《近代中国史料丛刊》（160），台北，文海出版社，1968 年影印版；以下各议事录均出自该丛刊。

④ 《王正廷对于关会之谈话》，《顺天时报》，1925 年 11 月 17 日，第 3 版。

表示，中国要求之事超出各代表团之权限，此事"为各代表团非请示各该国政府经过批准手续所不能赞同者，实因各代表团未经各本国政府准予作此种声明以束缚其政府者也"。①

皮乐此议一出，会议气氛随之剧变。葡萄牙公使毕安祺（J. A. de Bianchi）、美国代表马克谟（J. V. A. MacMurray）等纷纷响应，两人一方面拒绝认同中国之议案，另一方面又强调英、中提案如出一辙。中外双方非常清楚所争执者实质何在，对外方坚称中、英提案并无二致这种混淆视听之言辞，王正廷明确表示："中国代表团以为并不如此，殊深遗憾。"② 由于双方争持不下，中方遂以无限期休会相威胁。11 月 16 日，王正廷在接受记者采访时表示："吾人本国民之要求，受政府之命令，抱定方针在于争回主权，而不在增加收入。所注意者，在权而不在利，是以关税自主权之确定的承认，乃丝毫不能放松之事，外国人所谓向政府建议'原则的承认'等语，均非吾人所愿闻。如主权不能回复，则会议宁可不开。"王正廷还表示："若果中国国民愿望竟不能得各国之承认，则只好听其停会，别图国民自决之方法而已。"③ 此番谈话充分表明了中方对于关税自主提案绝不退让的决心。

11 月 17 日，第二委员会指派的小组委员会开会，会上中国代表团仍坚持各国明确表态谈判承认关税自主之条约，中方才能同意实施华盛顿条约规定的方案，并实施必要的裁厘办法。在这种情况下，列强方面不得不做出让步，同意预先商定各国表示承认关税自主约之第一款，并起草如下议决案待全体委员会正式通过：

> 各缔约国（中国除外）兹承认中国享受关税自主之权利，允许解除各该国与中国间现行各项条约中所包含之关税束缚，并允许中国国定税率条例于 1929 年 1 月 1 日发生效力。
>
> 中华民国政府声明，裁撤厘金与中国国定关税定率条例须同时施行；并声明于民国十八年一月一日（1929 年 1 月 1 日）将裁厘切实办竣。④

---

① 佚名编《关税特别会议议事录》，第 272 页。
② 佚名编《关税特别会议议事录》，第 275～278 页。
③ 《王正廷对关会之谈话》，《顺天时报》，1925 年 11 月 17 日，第 3 版。
④ "Running Memorandum on the China Tariff Conference, part III," Nov. 21, 1925, *BDFA*, Part II, Series E, Vol. 30, pp. 17–18.

经日本代表动议，美国代表附议，小组委员会接受了上述议决案，英国代表团有些勉强地予以接受，并报告英外交部拟于 11 月 19 日在正式议决案上签字。[1]

英国外交部接到麻克类的电报后审核了议决案的内容，认为条款的条件有严重不合理之处，理由是：第一段中各国要承担的义务明确清晰，而第二段中中国所承担的义务未做性质上或程度上的明确规定。在英政府看来，未经适当时段验证的有效的永久裁撤厘金及相关税项，不应回报以承认关税自主，而目前的条款措辞留有漏洞，中国政府有任意行动的余地而各国又无法加以限制。其一，如果中国于 1929 年 1 月 1 日发布命令宣布"切实"裁撤厘金，它就可以自称已履行其义务；根据该条款的条件，裁厘与关税定率条例同时而不是先期施行，这个情况使得各国不可能在关税自主成为既定事实以前确定裁撤是否切实，因为只有根据经验才能检验裁撤切实与否。中国的确可以声称，实际上不许它在 1929 年 1 月 1 日以前采取任何裁厘措施。其二，没有明确要求中国裁撤相关税项，它们累加起来甚至比厘金本身更麻烦。因此，外交部急电麻克类，训令他联络美、日代表，设法就应对上述缺陷的办法达成一致。如果没有这样做，他得呈报国内请求训令。[2]

麻克类接到外交部的上述电报时，为时已晚，11 月 19 日的全体委员会会议已经正式通过了关税自主议决案。事实上，麻克类置于当时的氛围之中，他自认为已经别无选择。麻克类对英外交部解释自己的行动时说，尽管有明显的缺陷，但他原先就默认了议决案的条款，因为日本和美国代表团都已经接受了现行的议决案，不这样做英国代表团就会陷于孤立，并在中国人视为第一要务的关税自主问题上引起失和。关于议决案本身，麻克类认为有两个正式保障可以防止弊端，从而消除外交部的担忧：第一，所商定的条款只是条约中的一项条款，条约中还必须包括会议商定的其他事宜。这些其他事宜能够为约定的裁厘提供满意的保障。第二，条约本身须经批准方可生效。

而且，以下三点可以强化这些正式的保障：第一，尽管中国人可以宣布裁厘系中方的自愿行动，而绝不是承认关税自主的条件，但是，他们自己在条款中把两件事并列起来，并在谈判中明确表态（尽管脱离最后的上下文单独来

---

[1] "Running Memorandum on the China Tariff Conference, part III," Nov. 21, 1925, *BDFA*, Part II, Series E, Vol. 30, p. 18.

[2] "Running Memorandum on the China Tariff Conference, part III," Nov. 21, 1925, *BDFA*, Part II, Series E, Vol. 30, p. 18.

看可能不是这样）裁厘与关税自主不是同时而是在那之前实行。第二，厘金的定义仍待确定，并且中国人已经说了，他们会给厘金一个宽泛的解释。第三，接受决议案可能给了中国人足够的面子，使他们对于仍在谈判的后续事宜通情达理。①

被英国外交部视为有重大缺陷的关税自主议决案获得通过后，英国方面深感挫败。其一，他们协调日、美案的新议程力图把会议拉回到华盛顿条约的轨道上来，这个计谋落了空，中国得到了关税自主承诺，而他们担心换来的只是"纸面上的裁厘"。而英方预想的重要事项，如划拨国税给各省以取得其合作裁厘、解决中英通商悬案等，都没有得到重视。其二，英方估计在后来的议程中，自己也得不到什么好处。根据麻克类的报告，极有可能出现的情形是：日本和拉丁各国实现其整理无担保债务的目标，日本还可能单独与中国谈判一项商约。

英国外交部全盘考量以上情况后认为，会议的前景是暗淡的，对英国的利益没有救助，对中国不具有建设性。有鉴于此，英外交部认为，必须立即转变立场，他们的新思路是：第一，少强调厘金问题，英外交部认为："迄今为止，我们的政策都是把切实有效裁厘作为关税自主的绝对必要条件，这不再是个明智的政策。"英外交部得出这个结论实出无奈，"因为中国无论如何都要得到关税自主，再者，如果只是名义上的、部分有效的裁厘也有价值。如果不能得到更多，也只好满足于此"。第二，下一步的工作重点是力推分配新增关税税款给各省以替代厘金之计划，但是，此一建议不要太紧密地与裁厘联系在一起。英外交部对建立中国中央与地方的分税机制最为重视，要求麻克类必须在会议上提出，或者与日、美、法代表协商后取得统一立场。第三，仿效日本人的先例，在会议外谈判一项商约，与总条约同时签署，主要规定与英国有关商品的最高固定税率。②

五　英国外交部与代表团关于附加税问题的意见分歧

关税会议开幕之日，中国代表团在《中国政府关于关税自主之提案及附

---

① "Running Memorandum on the China Tariff Conference, part IV," Nov. 30, 1925, *BDFA*, Part II, Series E, Vol. 30, p. 28.

② "Running Memorandum on the China Tariff Conference, part IV," Nov. 30, 1925, *BDFA*, Part II, Series E, Vol. 30, pp. 29 – 30.

件》中提出，在关税自主前的过渡期内，拟对进口货加征临时附加税，税率为普通品为 5%，甲、乙种奢侈品则分别为 30% 和 20%，而华盛顿会议中国关税条约的规定是普通品为 2.5%，奢侈品为 5%。中国代表团后来在《关于临时附加税用途宣言》中，指明其用途为抵补裁厘、整理无确实担保债务、建设费，以及紧要政费。在附加税问题的讨论中，各代表团围绕着税率及用途各执己见，激烈论争。在此过程中，英国外交部与代表团也发生了严重的意见分歧。在特别会议上关于附加税的讨论及英方的种种意图，主要围绕以下几个议题进行。

（1）关于附加税。关税会议上所讨论的附加税有两种：一是过渡期附加税，二是华盛顿会议议定的附加税。中国代表团提出了远高于华盛顿会议议决的附加税在过渡期的附加税率，并表示约需 9000 万元到 1 亿元的新增税款方可应付各项用途。对于中方的这个主张，列强方面的反应是：第一，各外国代表团均认为所提税率过高。英、美代表主张华盛顿会议所定的二点五税可予实施，较高税率留待后议，英国代表团关于税率的相应提案是，"以对裁厘方案做出总体上令人满意的安排为条件，得向所有进口洋货征收 2.5% 的厘金补偿税（某些奢侈品的税率可更高）；进口附加税中普通品为 2.5%，乙种奢侈品为 7.5%，甲种奢侈品为 17.5%"，[1] 方案充分体现了英方以裁厘换取税率提高的一贯主张。日本则坚决反对税率高于二点五。第二，关于用途，外国代表团为了把新增税款用于自己需要的目的，一致坚持先对用途做出明确规定。在后来的讨论中，中外双方为了先议税率还是先议用途争执不已，循环往复，不得进展。英国代表团的态度强硬而明确，在 11 月 23 日的会议上，当颜惠庆提出"本委员会的第一原则，即对过渡期附加税必须超过二点五表示同意"时，英国代表明确表示："英国代表团对于任何原则，绝未预备预备讨论"并建议休会以待用途等问题有定论后再继续开会。[2]

对于外国代表团坚持要求对中国税款严加控制的局面，英国外交部甚为担心，他们认为，如果各国维持控制中国关税的现行制度不变，并且为了将整理无名誉的无担保债务的计划强加给中国而对过渡期和关税自主后积累的更多税款施加控制，结果将会是灾难性的，甚至可能危及海关。为此，英外交部提出了一项新的政策建议，简而言之就是，各国应停止支持北京对付各省；各国应

---

① S. F. Wright, *China's Struggle for Tariff Autonomy* (Shanghai, Kelly & Walsh, 1938), p. 527.

② 佚名编《关税特别会议议事录》，第 442 页。

避免为了北京的一个派系的利益运用他们对中国关税税款的控制，这种控制将来应只限于为庚子赔款和拳乱前的贷款还本付息的那部分税款，其余税款则由当地的海关税务司移交给中国的海关监督。后来，英国外交部对上述建议做了某些修改，确定处置现有关税税款的制度保持不变，而只把当地的附加税收入移交给中国当局。①

但是，北京的英国代表团坚持反对英外交部的新建议。后来，英外交部只得同意代表团按照其原定方案进行，即过渡期附加税、债务整理和裁厘方案。麻克类深悉英外交部看重各省的态度，遂向该外交部保证说，如果没有地方赞同的充足保证，不会就任何事情达成一致或实行。

1926 年 2 月 18 日，特别会议在休会数周后复会。有鉴于较高的附加税率难以在短时间内得到列强应允，中国代表团改变策略，提出立即实行华盛顿会议所定的二点五附加税制，同时请求以议决案形式承认约需 9000 万元以应付各项用途。在接下来的一个月中，税率分委员会多次开会，商议华盛顿会议附加税议决案。对于过渡期附加税，外方明确拒绝列明 9000 万元之数字，只同意议决案中声明各国代表已允商订新约，新约中将规定对进口洋货征收分级附加税，且新约须经有关各国批准。关于二点五税制，英、美等代表团不反对开征，但仍要求对用途施加限制。皮乐在 2 月 18 日的会议上率先发言，认为税款用途、增收税款分派各省、整理债务如何办理、何以需要紧要政费等问题均无定论，通过现提议案毫无裨益。日本则想方设法阻止开征，且执意坚持要在议案中加入一项但书，内容是，如开征前 15 天未能商定用途，则推迟开征。到 3 月 18 日最后一次正式会议时，华盛顿会议所定附加税问题仍是一件悬案。

1926 年 4 月段祺瑞政府垮台，中国关会代表团解散。外国代表团在中方代表缺席的情况下，进行了冗长的讨论，拟订了华盛顿会议附加税议决案草案，对开征日期、用途和条件做出规定，以期作为复会时与中国代表团讨论的基础。这个草案得到了除日本外所有外国政府的批准。日本政府拖延很久才发表声明，要求删除有关子口税、沿海贸易的条款，将所涉及的 900 万元转入基金，积累起来用于债务整理。日本的这个态度引起英、美代表团的不满，子口税收入从中央政府移交给各省及废除沿海贸易税，被视为是裁厘的步骤，这些条款是英

---

① "J. T. Pratt, Memorandum Respecting the Tariff Conference and the Canton Taxation Proposals," Oct. 18, 1926, *BDFA*, Part II, Series E, Vol. 31, p. 151.

国政府极为重视的。美国代表团对日本的声明感到沮丧，若对用途和条件做出规定，他们是主张兑现华盛顿会议附加税承诺的。由于日本的阻挠，外国代表团之间的讨论也就全部停止了。有关华盛顿会议附加税的讨论最后以议未决而告终。

对于华盛顿会议附加税议决案，英国外交部与其代表团意见存在歧异。代表团的政策是坚持对该项税款的用途和条件都有所要求，类似于对过渡期附加税的用途和条件施加的限制；但是，由于华盛顿会议附加税明列于华盛顿会议中国关税条约，无须请示各国政府即可由特别会议批准开征，英外交部认为，这样就不可能预先取得各省赞同的保证，例如，不可能事先弄清楚广州政府是否同意该附加税收入解往上海，因此，开征附加税有可能在广州挑起海关危机，从而对至关重要的英国利益造成灾难性的结果。有鉴于此，英外交部迫使其代表团接受的政策是：立即无条件批准华盛顿会议所定附加税，而对于收押税款则不做任何规定。为此，英外交部和其代表团之间发生了进一步的争论。应该说，英外交部对局势的判断是比较准确的，他们清楚地预知允诺已久的华盛顿会议所定附加税迟迟不能履行的后果，如果在有机会对开征华盛顿会议所定附加税预设条件的时候未能通过相关的决议案，那么，接踵而至的将是以南方政府为开端各地自行开征华盛顿会议所定附加税，遂决定争取主动，批准无条件开征，并通过海关征收。由于特别会议上各代表团自有主张，英外交部的意图未能实现。

（2）裁厘。裁撤厘金以拓展英国对华贸易，始终是英方制定关会政策时所考量的核心问题之一。据中方估计，每年的厘税为8000万～9000万元，中国代表团表示，计划在过渡期的三年间每年积累3000万元，用于第一年的裁厘，以后的年份中则以关税自主带来的更多资金来应付。英方认为，中国代表团所提出的裁厘计划不切实际，而且会消耗太多的关税税款，英国代表团则提出了英方酝酿已久的、具有双重目标的方案：一是保证以切合实际的办法专门指定资金用于裁厘，二是保证把相当份额的新增关税划归各省作为裁厘的补偿。对于上述裁厘方案，方案的运作以子口税单制度为基础，自晚清实行子口税制度以来，进出口洋货在缴纳2.5%的子口税后可领取三联单，进入内地时得免除厘金，其收入归中央政府。英国的提案是，不论货主国籍，向所有支付了2.5%厘金补偿税的货物免费发放三联单，凭此单照货物可免除通过税及所有其他的内地税，按照领取单照货物的目的地或原产地将收入划归各省。[①] 对

---

① "Annual Report on China for 1926," *BDFA*, Part II, Series E, Vol. 19, p. 408.

于上述裁厘方案，中方的反应是，本地产品不应包括在方案中，中国政府的意图是制定一种国内产品税，税率类似于进口税，但低于进口税；关于地方分税原则，中方未予认同。1925 年 12 月 10 日，中国代表团宣布废除沿海贸易税，英国代表团认为这表明中国政府希望其裁厘方案及早有所进展，对此表示赞赏。①

（3）债务整理。当时北京政府的内外债总额将近 10 亿元，与会的外国代表团为自身利益计，各有方案，进行了冗长的讨论，由于观点冲突而没有结果。关于债务整理，英国方面总的态度是，不应该利用关税会议把债务整理方案强加给中国，但是，英国人会接受任何合理的方案，只要这个方案中国可以接受，并适当考虑以前的无充分担保贷款的权利。这些贷款出借给当时有代表性、有效的中国政府用于建设，英国人认为它们具有优先权利。英国代表团提交的方案是，如果给无担保债务提供担保，那么，部分担保贷款，尤其是英国介入很深的铁路贷款的地位亦会得到改善。

六 关会停顿与英国对华政策的调整

1926 年 4 月以后关税特别会议陷于无形停顿，英国方面对会议的经过情形及英国的有关政策进行了全面的审视，对会议结果深感失望，认为是一个完全的失败。1926 年 7 月 30 日，韦尔斯利在相关的备忘录中说，关税会议除被迫给予中国于 1929 年实行关税自主的权利外，一无所成。② 而华盛顿会议附加税议决案未能通过，又给英国拥有深厚利益的海关留下了重大的隐患。有鉴于此，英国外交部认为须要对其政策做出调整。以关税会议上的种种情形来看，英国方面实际上对以下三个方面的情况做出了自己的判断与对策选择。

其一，对于五卅反帝运动席卷中国大地以后中国人民要求修改不平等条约的诉求，英国政府认为应做出适度让步与妥协。中国人民意愿的一个直接反映，即是中国代表团在关税会议上对关税自主议决案毫不退让的坚持。对于中国代表团开宗明义地要求先行讨论并通过自主案，英方曾竭力阻遏，种种努力失败，自主案获得通过后，英方评估了形势，认为必须承认和接受现实，英国外交部的中国事务专家普拉特（J. T. Pratt）在其所撰写的《中国关税会议备

---

① "Annual Report on China for 1926," *BDFA*, Part II, Series E, Vol. 19, p. 409.

② J. T. Pratt, "Memorandum respecting the Tariff Conference and the Canton Taxation Proposals," Oct. 18, 1926, *BDFA*, Part II, Series E, Vol. 31, p. 152.

忘录》中，对此有清晰的表述："我们说过，只有在中国裁厘的条件下才能给予关税自主，现在我们已经给予了无条件的关税自主，作为回报我们所得到的一切，是单方面承诺裁撤厘金。我们被迫得出的结论是，必须接受名义上的裁厘，并且寄希望于即使名义上的裁厘也会起到积极的作用。"尤其重要的是，普拉特还写道："必须承认，我们，或其他任何一国，或所有各国，什么都做不了以保证完全解决厘金问题，其解决只能从内部，依靠中国开明民意的缓慢发展来实现。因此，我们目前对于旧有的中外条约关系做出顺应中国人民意愿的调整已是势在必行。必须满足于仅仅是名义上的裁厘，知道第一步它只能是部分有效的。"普拉特最后的结论是："毋庸置疑，摆在我们面前可供选择的办法就是，无条件的关税自主或废除条约。"①

英国外交部还清楚地意识到，对于中国的关税税款加强控制是不现实的。1926 年 5 月 28 日，英国外交部在其致美国大使馆的备忘录中，对外国代表团在关会上要求对北京政府的关税收入施加控制的做法提出了异议，认为必须放弃某些预设的计划以顺应变局。备忘录还称，关税会议上有关无担保债务的讨论表明，虽然中国人愿意承诺以其部分税款偿还无担保债务，但是，他们已经拒绝让关税会议处理债务整理的细节问题，为此或任何其他目的扩大外国对中国关税收入的控制，他们也将拒绝服从。因此，如果外国代表团的整理无担保债务方案要求太过严格地控制中国的关税收入（不久后将因关税自主而增加），英国政府担心可能出现危险的僵局。英政府已经得出的结论是：他们可以同意合理的债务整理方案，但认为如果为了债务整理，试图对关税税款强加控制，超过了中国人准备自愿让步程度，这就不对了。备忘录还以英国方面裁厘态度的转变为例，游说美国政府："英政府原想强求中国给出裁厘的适当保证，作为批准华盛顿会议附加税的先决条件，但是，他们已经得出结论，在当今变化了的环境和氛围中，坚持要求违背中国政府意愿的保证只会导致无限期拖延了结华盛顿会议承诺。……英政府认为，首先把整理中国无担保债务并扩大外国对关税税款控制的方案强加给中国，然后才履行这些承诺，那就会与英美两国政府的意图背道而驰。未能履行华盛顿会议条约有可能酿成非常危险的局面，因此，英政府现在的看法是，如果中国政府做出新税款做何用途的合理满意保证，各国就应该接受这样的保证，避免强加或强求

---

① "Three Memorandum by Mr. Pratt on the China Tariff Conference," Nov. 24, 1925, *BDFA*, Part II, Series E, Vol. 30, p. 21.

保证的任何尝试，并立即批准开征附加税。"①

其二，对于中国南北政府及政权纷争中所潜藏的对海关威胁，英方做出了倾向南方政权的选择。从麻克类就任驻华公使后力劝英外交部扩大关税特别会议范围以求全盘解决中国问题，到关会召开的整个过程中，英国外交部与驻华使馆及麻克类担任首席代表的英国关会代表团始终存在重大的意见分歧。概括而言，双方对中国现状的基本认知差别不大，都认为局限于华盛顿条约解决不了中国的问题，其分歧主要在于对中国政局的看法：使馆的思路是以北京政府为考虑的核心，试图把北京政权变成外国管控下的政府，就附加税而言，则力图在北京政府得到新增税款后对其财政金融体系实行全面管控以达到自己预想的目标。英外交部内部虽然也有不同意见，但总的来看其着眼点是关注地方势力的发展，尤其是南方政府的崛起，因此对于恢复北京政府的信用表示质疑，在关税事务上不愿倾向北京而招致南方的怨恨。在双方探讨关会策略的过程中，麦克唐纳对麻克类建议的恢复北京政府信用毫无兴趣，直到麻克类提出地方分享国税方案，英外交部才被打动，因为广州政府夺取关余事件发生之时，英外交部就开始意识到地方分享关税税款的重要性和必要性。在指示麻克类拿出具体方案时，英外交部一再强调地方实力集团认可关税会议结果的重要性。事实上，双方对分税虽有共识，但本质上不同。使馆方面系以此作为解决裁厘的经济手段，而英外交部则以此作为协调北京政府与地方政权，尤其是南方政府关系的政治手段。使馆的想法意在通过外国控制维持北京政府的运行，麻克类说过单独与北京政府谈判裁厘是徒劳的，而台克满在 1925 年 8 月 31 日备忘录中又说，"广州的情况只是个案，事实上与中央政府达成的明确解决办法通常大体上会得到各省的尊重与执行"，协调中央和地方关系的办法是坚持要求地方对会议决定的某种认可。使馆方面的这个看法与英外交部观察南北政权的现实情形再做选择的意图明显不同。在关税会议进行的过程中，英国代表团大多坚持使馆原先的构想，而英外交部则对其既定政策时时调整，致使双方分歧更加严重。会议召开前夕，英外交部确定的会议目标是裁厘以换取附加税，自主案通过后，英外交部不再关注裁厘，而是把重点放在确立地方分享关税税款的原则上，此一政策既反映放弃北京政府的考虑，又透露英政府对于海关的担忧。由于北京政府正在对许多省份失去控制，地方政权为了夺取关税税款而危

---

① "Memorandum Communicated to United States Embassy," May 28, 1926, *BDFA*, Part II, Series E, Vol. 30, pp. 372–373.

及海关的可能性日渐增长，因此，重视地方势力的发展与维护海关的完整就成为英国关会政策中最重要的取向。英外交部提出了停止支持北京对付各省的新政策，当外国代表团在会议上为了对华盛顿会议所定附加税的用途和条件施加限制而迟迟不予批准开征时，英外交部非常担心广州政府因税款问题挑起海关危机，从而摧毁海关，遂坚持要求麦克类立即无条件批准华盛顿会议所定附加税，以免因地方自行开征二点五税而引起海关的分裂。普拉特在《中国关税会议备忘录》中对此一危险局面有如下的分析："按照目前的谈判路线，结果将是巨额新增关税税款落到北京政府手中，这可能激起各省的强烈怨恨，使我们遭到灾难性的后果，把广州推到极端分子的怀抱以及随之而来的香港联合抵制，我们拒不允许广州分享关税起了主要作用。由于海关汇集了所有的关税现款，更多的税款一经征收，各省就会有激烈的暴乱，地方实力集团会动用武力阻止税款解往北京，也许预示着海关的分裂，而海关是我们非常重要的利益。"[1] 总的来看，英国政府出于对中国未来政治格局走向、维护海关完整性，以及维护英国在中国南方的巨大利益的考虑，选择南方政府已经是势在必行。

其三，对于如何协调与其他各国的关系，英方的决定是单独发表对华新政策。参加 1925 年关税特别会议的国家有 13 个之多，各代表团为了维护自身利益，各有其政策，彼此之间有一个相互协调的问题。英方原先的政策是希望在关税会议上发挥主导作用，引领会议朝着英方所希望的方向发展，从而维护英国在华的传统利益。前已述及，张伯伦曾经尝试着争取各大国就英国设想的关会政策达成一致，最后无果而终。1925 年 7 月列强商议如何答复中国政府的修约照会时，张伯伦原本态度强硬，后来不得不遵从美国的意愿，让美国在此事务中充当领导者。在关税会议上，面对美国人的强势和日本人的暗度陈仓，英国方面颇感无奈。尽管外交部抱怨麦克类对批准华盛顿会议附加税施加条件，实际上由于日本方面处心积虑地阻止税率的提高，英外交部的训令还是很难实现。经过观察各代表团在会议上的表现及其主张，英国外交部认识到欲使各国目标协调一致，难度极大。为了维护英国的利益，遂决定不再迁就各国，单独提出英国对华政策。韦尔斯利在其备忘录中明确表示："我们的头等要务是信守承诺尽早实施华盛顿会议附加税，并在这件事情上对各国起到明确的带头作用。……业已证明，与其他各国合作是件难事，并导致了关税会议上的全

---

① "Three Memorandum by Mr. Pratt on the China Tariff Conference," Nov. 24, 1925, *BDFA*, Part II, Series E, Vol. 30, p. 19.

面僵局，现在我们正在考虑采取新的行动方针的可能性，这些新方针更加同情中国人民的目标与渴望，如果基于这些原则的一项政策能够切实形成，就意味着我们的目标是不管其他各国，达成我们自己与中国的协议。"[1] 张伯伦亦有类似的感想，他在 1926 年 11 月 15 日的电报中说："关税会议没有按照我所期待的方针进行，我只能自问，我是否为了与北京外交团其他人的合作而过度牺牲了英国的利益。我们屡次放弃自己的观点以保持在北京的步调一致，然而，在其他地方我看不到有同样一致的迹象。"张伯伦的抱怨尤其指各国在省港大罢工中并未与英国一致行动。[2]

英国于 1926 年下半年所发表的政策声明，即是以上考量的最终结果。1926 年 7 月 6 日，麻克类发表了英国政府对于关税会议的正式声明："英国政府诚挚希望并打算尽快履行华盛顿条约，如中国政府有此愿望，则批准约中规定之附加税，他们还准备讨论中国代表团为此而提出的符合华盛顿会议条约精神及条款的任何合理提案。英政府还希望清楚表明的是，如果中国代表团在复会时提出立即实施华盛顿会议附加税的议案，他们在就此议案达成一致后不打算中止会议议程，也不打算中止为完成关税条约而进行的谈判——该谈判已经被中国政局的最近发展所打断。"[3] 1926 年 11 月 8 日，张伯伦致电麻克类，在谈到广州政府自行开征附加税一事时，张伯伦认为，这不是地方性而是全国性的问题，预计其他地方将步广州后尘，那样的话，不仅广州海关，而且全国的海关都将受到威胁。因此，张伯伦提出，我们的目标有二，即履行对华承诺和保全海关，并称正在考虑可否以立即无条件兑现华盛顿会议承诺的政策来实现上述目标。[4] 1926 年 12 月 18 日，英国驻华公使馆头等参赞欧玛利（Owen O'Malley）发表《英国对华政策备忘录》，备忘录的要点有：北京政府的权威殆归于无，而在南方的广州出现了强健的国民政府，明确质疑北京政府代表中国讲话的权利；英政府建议华盛顿条约缔约国发表有关局势的声明，宣布一旦中国人建立了有权威的政府可以与之谈判，他们愿意谈判修约和其他问题。在此之前，则愿遵循符合华盛顿会议精神的建设性政策。英政府认为，这样的建

---

① J. T. Pratt, "Memorandum Respecting the Tariff Conference and the Canton Taxation Proposals," Oct. 18, 1926, BDFA, Part II, Series E, Vol. 31, p. 152.

② "Sir Austen Chamberlain to the Marquess of Crewe," Nov. 15, 1926, BDFA, Part II, Series E, Vol. 31, p. 236.

③ The Times, London, Jul. 6, 1926.

④ "Sir Austen Chamberlain to Sir R. Macleay," Nov. 8, 1926, BDFA, Part II, Series E, Vol. 31, p. 206.

设性政策是要放弃外国监管乃中国政治经济发展所必需的理念，待中国制定了新的国定税则，就承认其享有关税自主权，放弃将外国管控强加给中国的意图，努力实现符合现实局势的发展；各国应同意立即无条件批准华盛顿会议附加税，这样有助于去除关会失败带来的恶果。① 该项备忘录的提出，标志着英国对华政策的重大转变。备忘录表明英方在中国的政治变局中调整政策策略，力求在列强对华外交关系中占得先机，以最小的让步最大限度地维护英国的既得利益，体现了英国外交随机应变的老辣与圆滑，而这种让步是否能够为觉醒了的中国人民所接受，历史已经给出了最好的答案。

---

① S. F. Wright, *China's Struggle for Tariff Autonomy*, pp. 609 – 610.

"民族主义旗帜"下的多方政争：
华盛顿会议期间的国民外交运动

复旦大学历史系　马建标

　　1921 年底，华盛顿会议在美国召开。美国召集此次会议的主要目标之一即限制日本在远东的势力扩张，构建以美国为主导的远东国际新秩序。自 1902 年以来，英日同盟一直是日本对亚洲大陆进行扩张的国际工具。英日同盟在第一次世界大战后的继续存在，已经成为美国在远东和太平洋地区进行扩张的潜在威胁。1921 年 6 月初，《密勒氏评论报》主编密勒（Thomas Franklin Millard）致函新当选的美国总统哈定（Warren Gamaliel Harding），指出英日同盟"无疑已经直接威胁到美国的在华利益"。[①]

　　一般美国公众也认为，共和党人出身的哈定总统"有义务帮助中国"，因为他"主要是靠山东问题而当选总统的"。[②] 1919 年的五四运动就是因巴黎和会上山东问题的交涉失败而引发的。在这个意义上，可以认为山东问题是最能激发中国人民族主义情绪的外交问题，正如蔡元培所言："近年来，我全国国民所最注意者，殆莫过于山东问题矣。"[③] 自然，美国总统哈定召集的华盛顿会议给渴望收回山东主权的中国人带来了希望。诚如英国驻华公使艾斯敦所观察的那样，"至少对中国激进的民族主义人士而言，他们希望美国对日开

---

① 根据英国驻华公使艾斯敦（B. Alston）的观察，以密勒为代表的美国驻华记者和美国驻华使馆都持同样的看法，详见 Alston to Curzon, August 13, 1921, in Kenneth Bourne and D. Cameron Watt eds., *British Documents on Foreign Affairs*：*From the First to the Second World War*（以下简称 *BDFA*），Vol. 26, University Publications of America, 1994, pp. 3 - 4.

② 〔美〕鲍威尔：《鲍威尔对华回忆录》，邢建榕等译，知识出版社，1994，第 73 页。

③ 高平叔：《蔡元培年谱长编》第 2 卷，人民教育出版社，1999，第 450 页。

战"，① 从而恢复中国的主权。

华盛顿会议召开时，中国国内事实上存在两个政权，即北京政府和广州政府，前者被国际社会所承认，而后者则没有。但是，广州政府的存在动摇了北京政府的统治基础，这是北京政府必须面对的政治现实。既然华盛顿会议与中国的国家主权利益有关，而政权的合法性来自对国家主权的捍卫，那么中国的两个政权客观上都须要利用华盛顿会议为其统治提供正当性理由。即使对北京政府自身而言，其内部各派系也为争夺组阁权而陷入纷争之中。这就注定在会议期间的国民外交运动不可能是单纯的"国民外交运动"，其中必然交织着政治利益的斗争。

尽管中国内部是分裂的，但是在对待华盛顿会议的态度上，各方都是持积极参加的态度。即使对民族主义思想很强烈的广州政府而言，"也有一种强烈的亲美主义观念"。② 广州方面经常流露这样的看法："假如没有其他列强的干涉，美国就会怀着善意的同情而正式承认广州政府了。"③ 美国公使舒尔曼（Schurman Jacob Gould）致电国务卿休斯（Charles Evans Hughes）指出，"美国的对华门户开放政策及其对中国主权和领土完整的无私捍卫，已经赢得了中国人民的好感。一般中国人都把我国当作他们的特殊友邦"。④

在过去很长一段时间内，西方学者倾向于使用国际关系理论中的国际体系观念来理解华盛顿体系的历史意义，他们所关注的问题大都是英美日等大国在华盛顿体系中的作为，而忽视华盛顿会议对中国内部的影响。⑤ 近年来，中国学者对华盛顿会议的研究已经从早期的北京政府与华盛顿会议的关系，转移到民众团体与华盛顿会议的关系，但其问题视角仍局限在民众运动本身，难免低

---

① Alston to Curzon, August 13, 1921, *BDFA*, Vol. 26, p. 4.

② Some Notes upon British Unpopularity in Kwangtung Province, *BDFA*, Vol. 26, p. 8.

③ Some Notes upon British Unpopularity in Kwangtung Province, *BDFA*, Vol. 26, p. 9.

④ Schurman to the Secretary of State, December 3, 1921, in The Department of State eds., *Papers Relating To The Foreign Relations Of The United States*, *1921*（以下简称 *FRUS*），Vol. 1, Government Printing Office, 1936, p. 321.

⑤ 参见 Akira Iriye, *After Imperialism: The Search for a New Order in the Far East 1921 - 1931*, New York: Atheneum, 1965; J. Chal Vinson, "The Imperial Conference of 1921 and the Anglo-Japanese Alliance", *The Pacific Historical Review*, Vol. 31, No. 3. (Aug., 1962), pp. 257 - 266; Donald S. Birn, "Open Diplomacy at the Washington Coference of 1921 - 1922: The British and French Experience," *Comparative Studies in Society and History*, Vol. 12, No. 3. (Jul., 1970), pp. 297 - 319; Erik Goldstein (John Maurer eds.), *The Washington Conference*, *1921 - 1922: Naval Rivalry, East Asian Stability and the Road to Pearl Harbor*, Portland, 1995.

估了这场运动的复杂性。① 本文的研究视角是，将华盛顿会议期间的国民外交运动放在南北政争的背景下予以考察，借此分析民族主义运动与1920年代初期国内政争的关系。

一　危机意识与民族精英的行动

中国人对即将召开的华盛顿会议充满了期望之情，但同时与华盛顿会议相关的负面新闻也向中国人袭来，令中国的民族精英们产生一种强烈的民族危机意识。② 此负面新闻就是所谓的"国际共管中国方案"。英国人是此说的始作俑者，早在欧战爆发后不久，天津英文《京津泰晤士报》总主笔英人伍德海（H. G. Woodhead）就首倡此议。③ 当美国向世界宣布召集华盛顿会议时，消沉已久的"国际共管说"再次泛起。不过，此次是日本报界最先向外界泄露"国际共管说"。8月29日，英国驻华公使艾斯敦致函英国外交部，详细汇报了"国际共管说"的传播过程，其内容大致如下：

> 日本报纸根据他们在美国的特派记者发来的电报，最先报道了国际共管中国方案，然后这一方案以日本通讯的方式传到了中国……当中国人突然获悉这一消息时，立即表现难以置信的惊愕之情。中国报纸几乎无一例外地认为，这是日本人的阴谋，所谓"国际共管中国"不过是子虚乌有之事，其目的乃是离间中美感情，让中国人不必信任华盛顿会议。④

艾斯敦注意到，此"国际共管说"已经伤害了中国"为数不多的知识精英的民族感情"，他们绝不会赞同"任何形式的国际共管方案"。⑤ 事实就是如此，《国民公报》记者孙几伊曾连续撰文批驳"国际共管说"，呼吁公众不要

---

① 金光耀：《顾维钧与华盛顿会议》，《历史研究》1997年第5期；来新夏：《华盛顿会议与中国民众运动》，《民国档案》1999年第2期；周斌：《论华盛顿会议前后的全国国民外交大会》，《湖南城市学院院报》2006年第1期。

② 据艾斯敦的观察，这些民族精英虽然数量有限，但是能激发大多数中国人的民族主义情绪。Alston to Curzon, August 29, 1921, *BDFA*, Vol. 26, p. 16.

③ 唐启华：《北京政府与国际联盟》，台北，东大图书公司，1998，第114页。

④ Alston to Curzon, August 29, 1921, *BDFA*, Vol. 26, pp. 14 – 15.

⑤ Alston to Curzon, August 29, 1921, *BDFA*, Vol. 26, p. 16.

惊慌。① 中国民族精英对国际共管方案竟然如此敏感，乃是根源于他们对国内现状的深层忧虑：一方面中国内政处于四分五裂的混乱状态，另一方面中国人又反对列强干涉内政。此时，中国不仅有北京政府和广州政府两个对立政权的存在，而且南北军阀之间的"援鄂战争"也在进行中。② 对于中国的现状，原英国驻华公使朱尔典甚至发出这样的感慨"中国无药可救了"，他认为这主要是由于"中国统治者的腐败无能造成的"。③ 10 月 19 日，英国的中国侨协主席戴维·兰德（David Landale）致函英国外交部，建议英国政府此时要继续捍卫条约体系所赋予"外人在华的治外法权"权利，因为"中国政府的混乱状态令人民的生命财产朝不保夕"。④

由于北京政府财政上的极度艰难，即使北京政府各部员工的自身利益也得不到保障。9 月 27 日，北京政府"部员罢工"，财政次长潘复提交辞呈。⑤ 直系军阀首领吴佩孚的顾问白坚武则认为："北京各部势将罢工。穷为民国以来所未有，历债层层，非至共管实行不止。中国今日状况，亦非至共管实行，人民无澈底之悟，共管即便亡国，万劫未必也。"⑥ 白氏这段"非至实行共管"的言论纵然是无奈之语，却反映了民族精英们对中国现状的忧虑及问题不得解决的苦闷之情。事实上，这种亡国危机的阴影一直潜藏在中国民族精英的内心深处，挥之不去，而"国际共管说"的谣传只不过是加重了他们的亡国忧虑。早在 1921 年初，《申报》主笔杨荫杭就撰文指出："忧亡国，忧破产，为全国人民心理之所同。"⑦

不管怎样，"国际共管说"的存在确实增强了中国民族精英的危机意识。这种民族救亡的紧迫感促使他们将有限的希望寄托在即将举行的华盛顿会议上。8 月初，北京政府宣布中国即将出席华盛顿会议的消息，以"征求国民公意"。⑧ 旋即引起留学生、官员、记者、商人和学生等民族精英们的关注。

1921 年 8 月 10 日，《东方杂志》刊登留美学生罗家伦的文章《华盛顿会议与中国之命运》，文章写道：

① 孙几伊：《太平洋会议问题》，《晨报》，1921 年 9 月 9 日，第 6 版。
② 邓野：《援鄂战争之史的考察》，《近代史研究》1984 年第 2 期。
③ Questions relating to China，*BDFA*，Vol. 26，p. 21.
④ China Association to Foreign Office，October 19，1921，*BDFA*，Vol. 26，p. 33.
⑤ 许恪儒整理《许宝蘅日记》第 2 册，中华书局，2010，第 842 页。
⑥ 杜春和、耿来金整理《白坚武日记》第 1 册，江苏古籍出版社，1992，第 337 页。
⑦ 杨荫杭：《我之党见》，杨绛整理《老圃遗文辑》，长江文艺出版社，1993，第 187 页。
⑧ 《专电》，《申报》，1921 年 8 月 6 日，第 8 版。

此二十天之内，世界外交界起了绝大的风云。各国政府之紧急会议，外交家之秘密谈访，报纸上一会不停的长电，社会上的关心注目，奔走相告。瞬息间，皆随此风云而起。①

罗家伦认为，华盛顿会议议题必然以中国为主体，"故此次会议对于中国之关系，比巴黎和会还重要万分。巴黎和会在对德奥，而此次会议在对太平洋及远东。无论在巴黎和会或国际联盟，中国尚有协约国帮忙，而此次与会则介于五大国（英美法意日）之间，稍一观察失当，心口不灵，布置未善，即蹈亡国之辙"。最后，罗家伦呼吁国内各界迅速发起国民运动，组织全国国民大联合，对外宣告"国民的统一"；对内"监督南北当局慎选代表，监督南北外交上之行动，以国民能力防止其有危害举动"。②

同期《东方杂志》还发表留美学者杨端六的文章《为太平洋会议警告全国上下》，杨氏也认为"太平洋会议为中国生死存亡之关键"，他呼吁拥有经济势力的工商界团体起来与"学生界青年"相呼应，共同做政府外交的后盾。③ 一个署名"罗罗"的作者则呼吁国内人民起来监督政府外交，倡议国内各公团组织国民对外宣传机关，提倡国内知识界注意国民外交常识的普及，实现最有实力的国民外交。④ 上海申报馆则组织出版《太平洋会议之参考资料》，并延请王正廷、沈信卿、黄炎培、余日章、穆藕初、葛锡祺等名流作序，以张声势。⑤ 北京《晨报》也开辟专栏，延请彭一湖、陈启修、孙几伊等发表对华盛顿会议的时评。⑥

综上所述，留学生和中国报界在引导公众舆论关注华盛顿会议问题上发挥了重要的舆论导向作用。因为中国普通民众"主要是通过读报来了解国内外动态"，所以报纸"有着超凡的影响力来影响公众舆论"。⑦

那些来自政界的民族精英也以很高的热情关注华盛顿会议，他们成立了各

---

① 罗家伦：《华盛顿会议与中国之命运》，《东方杂志》第 18 卷第 15 号，1921 年 8 月 10 日。
② 罗家伦：《华盛顿会议与中国之命运》，《东方杂志》第 18 卷第 15 号，1921 年 8 月 10 日。
③ 端六：《为太平洋会议警告全国上下》，《东方杂志》第 18 卷第 15 号，1921 年 8 月 10 日。
④ 罗罗：《国民外交》，《东方杂志》第 18 卷第 15 号，1921 年 8 月 10 日。
⑤ 《申报》，1921 年 10 月 3 日，第 1 版。
⑥ 孙几伊：《太平洋会议问题》，《晨报》，1921 年 8 月 3 日，第 6 版；彭一湖：《我国对于太平洋会议应有之主张》，《晨报》，1921 年 8 月 14 日，第 2 版；陈启修：《中国改造底研究》，《晨报》，1921 年 9 月 4 日，第 7 版。
⑦ Some Notes upon British Unpopularity in Kwangtung Province，*BDFA*，Vol. 26，p. 9.

种政治团体。1921 年 7 月，旧交通系叶恭绰、陈振先、郑洪年等人首先发起太平洋问题讨论会，研究华盛顿会议的范围、性质及中国提案，并唤起舆论的注意。此会在 8 月 4 日正式成立。同时并与关庚麟等组织铁路协会太平洋会议铁路问题研究会，专门讨论有关铁路问题。① 8 月 17 日，研究系汪大燮、熊希龄等人联络张謇在上海成立太平洋问题研究会，并在北京组织分会，这是研究系的政治团体，而以张謇"做幌子的"。② 8 月 21 日，旧交通系老将、前国务总理钱能训联合汪大燮、孙宝琦等人组织华盛顿会议中国后援会，这是旧交通系与政学系、研究系和部分官僚政客合组的组织。③ 8 月 28 日，旧交通系健将李景龢联合周树模、李家鏊、凌文渊等组织太平洋会议后援同志会，该会以前总统黎元洪为名誉理事长，这一派多属总统徐世昌的亲信官僚。④ 值得注意的是，汪大燮也是该会理事，而且是会务的主要参与者之一。⑤ 9 月 1 日，安福系国会议员罗正纬、向乃祺、王毅等人成立第二届国会议员太平洋会议讨论会。⑥

　　总体上看，北京政界人士发起的国民外交团体，大体上由三种政治势力构成：第一种是旧交通系，这一派的幕后领袖是梁士诒，至于公开出面组织国民外交活动的前交通总长叶恭绰、李景龢等人不过是他的政治代言人。第二种是研究系，这一派的核心人物是汪大燮和熊希龄，其中熊希龄与现任交通总长张志潭、财政次长潘复，以及北方的实业界领袖周学熙有着非常密切的联系，在外人眼中，他们被视为一个政治集团。⑦ 至于汪大燮则与大总统徐世昌往来密切，汪氏曾在 1918 年底出任徐世昌授意成立的外交委员会委员长。⑧ 第三种是

---

①　叶恭绰述，俞诚之录《太平洋会议与梁士诒》，台北，文海出版社，无日期，第 128 页。

②　叶恭绰述，俞诚之录《太平洋会议与梁士诒》，第 129 页。

③　Memorandum Respecting Personalities in Chinese Industry，*BDFA*，Vol. 25，p. 233. 叶恭绰在追叙此段历史时，有意隐瞒了钱能训的旧交通系身份。叶恭绰述，俞诚之录《太平洋会议与梁士诒》，第 129 页。

④　《太平洋会议后援同志会昨日成立》，《晨报》，1921 年 8 月 29 日，第 2 版。其后，李景龢被徐世昌授予一个空名的督办。但叶恭绰只提到李景龢是徐世昌的亲信，故意回避了李的旧交通系身份；详见叶恭绰述，俞诚之录《太平洋会议与梁士诒》，第 129 页。据北京政府密探载德的侦查报告，可知李景龢是旧交通系健将，参见载德《步军统领衙门侦察员载德关于北京国民外交联合会国民财政大会集会活动情报》，1921 年 11 月 2 日，中国第二历史档案馆藏北洋档案：1023（2）-81。

⑤　《昨日外交联合大会之盛况》，《晨报》，1921 年 10 月 3 日，第 2 版。

⑥　叶恭绰述，俞诚之录《太平洋会议与梁士诒》，第 129 页。

⑦　Memorandum Respecting Personalities in Chinese Industry，*BDFA*，Vol. 25，pp. 234 – 235.

⑧　汪大燮与徐世昌在此期间有过密谈。参见天津图书馆馆藏《徐世昌日记》（未公开出版）第 49 册，1921 年 9 月 16 日（旧历八月十六日），第 8 页；叶恭绰述，俞诚之录《太平洋会议与梁士诒》，第 55 页。

安福系，国会议员罗正纬、王毅、向乃祺等人原隶属于段祺瑞、徐树铮领导的皖系军阀集团，又因徐世昌是安福国会选举出来的总统，所以此派与徐世昌也有关联。

北京学界也密切关注华盛顿会议。7月28日，北京学生联合会在北京高等师范学校开会，议决通电全国，引起国民关注华盛顿会议问题。① 8月19日，北京国立八校教职员成立太平洋问题研究会，会议选举蔡元培为正会长，蒋梦麟为副会长。此会是以北京大学教授为中心的组织。②

上海各界对于华盛顿会议也非常关注。7月21日，中华民国学生联合会总会理事会议决定，通电推荐顾维钧和伍朝枢为出席华盛顿会议的代表。③ 7月23日，上海各马路商界总联合会联合各路商民组织太平洋会议中国国民外交后援会。④ 上海商界领袖穆藕初与江苏省教育会领袖黄炎培、沈信卿等组织太平洋会议协会，其宗旨是："以对于太平洋会议尽国民之责，巩固国权。"⑤ 穆藕初等人成立的太平洋会议协会实际上是江浙资本家的政治团体，其领袖人物是张謇。⑥ 以张謇为领袖的江浙资本家政治集团"包括上海的许多银行家和棉业大王，他们联合起来谋求长三角地区的自治，并摆脱北京政府的政治控制"。⑦ 1921年5月，英国在华情报人员阿奇博尔德·罗斯（Archibald Rose）在给英国外交部的一份秘密报告中指出，张謇集团和上海的银行公会、棉业公会已经成为中国极具影响力的政治集团之一，他们彼此之间有着非常密切的往来。⑧ 美国公使舒尔曼注意到，此时上海总商会等商界团体"对政治问题的关注已经超过了商业和经济问题"。⑨ 由于张謇、穆藕初、黄炎培等人拥有强大的经济势力，也由于他们标榜地方自治，试图成为独立于中央政府之外的政治势力，所以他们对华盛顿会议问题的态度，必然引起北京政府和广州政府的重视。

广州是孙中山领导的国民党政府所在地。广州的国民外交团体基本上是由

---

① 《昨日学生联合会开会情形》，《晨报》，1921年7月29日，第3版。
② 《昨日太平洋问题研究会之成立会》，《晨报》，1921年8月20日，第3版。
③ 《沪学生对于太平洋问题之议决》，《晨报》，1921年7月24日，第2版。
④ 《商界注意太平洋会议》，《民国日报》（上海，下同），1921年8月23日，第10版。
⑤ 《九团体包办太平洋会议协会》，《民国日报》，1921年8月30日，第10版。
⑥ 早在1920年4月，张謇就与穆藕初、黄炎培、沈信卿等人发起成立苏社，以谋求"江苏地方自治"为宗旨，穆家修等主编《穆藕初先生年谱》，古籍出版社，2006，第183页。
⑦ Memorandum Respecting Personalities in Chinese Industry, *BDFA*, Vol. 25, p. 233.
⑧ Memorandum Respecting Personalities in Chinese Industry, *BDFA*, Vol. 25, p. 232.
⑨ Schurman to the Secretary of State, December 3, 1921, *FRUS*, Vol. 1, pp. 318 – 319.

国民党人组织的政团。8 月 14 日，广东成立太平洋问题讨论会，由国民党要人汪精卫和邹鲁分别担任该会的正副会长。① 8 月 16 日，广东国会非常会议议长林森等人发表通电，呼吁国民反对北京"卖国政府"派遣代表出席华盛顿会议，作南方政府的"外交后盾"。② 所以，广州政府想借助国民外交运动与北京政府进行政争的意图非常明显。

值得注意的是，9 月初，直系军阀首领、两湖巡阅使吴佩孚联合湖北督军萧耀南、海军杜锡珪、汉口镇守使杜锡钧等军界将领发表"佳电"，倡议召集庐山会议，共商国是。③ 吴佩孚的通电严词批评北京政府和广州政府，主张"由国民大会组建一个统一的中央政府，并任命参加华盛顿会议的外交代表"。④ 吴佩孚是军阀中有民族主义思想的代表人物，自五四运动以来，"他一直很高调地反对日本对中国山东领土的占领，反对北京政府的亲日政策"。⑤ 显然，吴佩孚的通电宣言，是想在南北两政府之外独树一帜。⑥

综观全局，由于吴佩孚在"援鄂战争"中的胜利，大大增强了直系集团在北洋政权中的政治地位。但东北的奉系张作霖与在 1920 年直皖战争中失败的皖系段祺瑞，都在计划联合广州的孙中山国民党政权，抗衡直系，形成新的势力均衡格局。⑦ 换言之，在这种均势格局还没有打破之前，寻求"民意"的支持就显得更加重要。如英国驻华公使艾斯敦所言，"现时，公众舆论的力量还足以平衡南北各方依然对抗的严峻态势"。⑧

综上所述，由于即将召开的华盛顿会议已经引起了中国政商学军各界民族精英的关注，所以华盛顿会议已成为中国公众舆论关注的主要议题。这意味着华盛顿会议对中国各方政治势力而言，已不再是单纯的外交问题，它具有舆论动员的政治价值。谁掌握了华盛顿会议的话语权，谁就掌握了引导公众舆论的主动权，从而获得"民意支持"，谁的政治地位就能得以增强。

---

① 《太平洋问题讨论会成立》，《民国日报》，1921 年 8 月 23 日，第 4 版。

② 《国会促国民作外交后盾电》，《民国日报》，1921 年 8 月 16 日，第 4 版。

③ 《许宝蘅日记》第 2 册，第 839 页。

④ Alston to Curzon, September 1, 1921, *BDFA*, Vol. 26, p. 29.

⑤ Odoric Y. K. Wou, "The Military and Nationalism: The Political Thinking of Wu P'ei-fu," In F. Gilbert Chan and Thomas H. Etzold eds., *China in the 1920s*, New Viewpoints, 1976, p. 125.

⑥ 吴佩孚倡议召集庐山会议，因应者聊聊而失败。吴的顾问白坚武就坚决反对，白认为吴佩孚的佳电"不发出尚有伸缩之余地，既出则成死棋，非另开一局无生望"。《白坚武日记》第 2 册，第 329 页。

⑦ 邓野：《援鄂战争之史的考察》，《近代史研究》1984 年第 2 期。

⑧ Alston to Curzon, September 1, 1921, *BDFA*, Vol. 26, p. 30.

二　南北两政府介入民族运动

华盛顿会议引起中国各界民族精英关注以后，与此相关的南北统一问题再次凸显。上海《申报》主笔杨荫杭说："在太平洋会议以前，中国果能统一，而以全国统一之代表出席于会议，此策之上也。藉曰会期已迫，仅能使国内之统一会议与国外之太平洋会议同时开幕，则亦慰情聊胜于无……太平洋会议，无论如何筹备，皆空言也。能筹备统一，实为惟一之筹备善法。"① 留美学生罗家伦也指出，"现在国内政治上之统一，一时万做不到，而外交上已遇绝大之危险，现在欲为全体民族求生存"，组织全国国民大联合"是唯一可行的选择"。② 公众舆论对南北统一的强烈诉求与自行集会行动，自然要引起南北两政府的考虑。

关于南北统一的方案，北京政府方面分为两派：大总统徐世昌、总理靳云鹏与外交总长颜惠庆都是"主和派"，他们希望与南方政府"和平解决统一问题"，但因广州政府方面要求徐世昌总统下台为和谈条件，致使和平方案受阻。③ 直系军阀吴佩孚是"主战派"，在直皖战争之后，吴已开始确立"武力统一"的基本国策。④ 然而，吴佩孚在 9 月发出"佳电"要求召集庐山国民大会，商讨南北统一问题。广州政府方面虽然在 8 月 10 日召开非常会议，决定出师北伐，⑤ 但稍后国民党机关报《民国日报》也刊登了召开国民外交大会的函电。⑥ 这说明华盛顿会议引起了国内舆论形势的转变："主和派"的舆论暂时压倒了"主战派"。

徐世昌作为"文治总统"，因无兵权，向来对舆论很重视。他曾对颜惠庆说，政府政策"要符合民心与世界潮流"。⑦ 9 月 27 日，英国公使艾斯敦致电英国外交大臣乔治·寇松（George Nathaniel Curzon），指出颜惠庆本人也是"非常敬畏公众舆论"。⑧ 但徐世昌没有直接介入国民外交运动，而是授权外交

---

① 杨荫杭：《太平洋会议与鄂事》，杨绛整理《老圃遗文辑》，第 387 页。

② 罗家伦：《华盛顿会议与中国之命运》，《东方杂志》第 18 卷第 15 号，1921 年 8 月 10 日。

③ Schurman to the Secretary of State，December 3，1921，*FRUS*，Vol. 1，p. 318.

④ 邓野：《援鄂战争之史的考察》，《近代史研究》1984 年第 2 期。

⑤ 陈锡祺主编《孙中山年谱长编》下册，中华书局，2003，第 1371 页。

⑥ 《浙江省宪法会议纪事十五》，《民国日报》，1921 年 8 月 19 日，第 6 版。

⑦ 上海市档案馆译《颜惠庆日记》第 2 卷，中国档案出版社，1996，第 78 页。

⑧ Alston to Curzon，September 27，1921，*BDFA*，Vol. 25，p. 264.

总长颜惠庆处理。8月5日，徐世昌接见颜惠庆，决定由颜"全权处理华盛顿会议问题"。① 至于国务总理靳云鹏则很少参与华盛顿会议事务，如张国淦所言："此项交涉，乃是外交部商承府方主持办理，有时阁议，亦不过形式而已。"②

8月6日，颜惠庆即召集国民外交运动领袖叶恭绰（交通系）、汪大燮（研究系）和"沈某"商讨华盛顿会议问题，重点讨论了梁士诒的主张，即"召集沪上知名人士，认可华盛顿会议代表"，但是，梁士诒的主张遭到汪大燮的反对。③ 稍后，颜惠庆又专门致电梁士诒，请其来京商量"华盛顿会议问题"。④

在经过反复的沟通之后，颜惠庆同意了梁士诒关于在沪召集国民大会的主张。颜惠庆所关心的主要问题是确定出席华盛顿会议的政府外交代表和国民外交代表人选，而南方的态度则不容忽视。8月6日下午，颜惠庆向徐世昌汇报，由王正廷负责与南方的组织联络工作，刁作谦协助。⑤ 8月8日，王正廷向颜惠庆辞行，"去上海与广州联系"。⑥ 颜惠庆选择王正廷赴上海联络，显然是深思熟虑的结果。王正廷与东南教育界、商界、银行界的渊源很深，颇具人望。他是上海各马路商界总联合会名誉董事，还与上海总商会会长聂云台、江苏省教育会领袖黄炎培等人共同创建中华劝工银行。⑦ 从8月中旬一直到10月上旬，王正廷一直在上海活动，协商国民外交代表人选。⑧

颜惠庆还利用他在教育界的关系，争取大学教授的舆论支持。8月23日，颜惠庆与清华学校校长金邦正谈话，请他"要教授们对华盛顿会议有所帮助"。⑨ 9月24日，徐世昌和颜惠庆先后与北京大学校长蔡元培谈话。⑩ 次日，颜惠庆再与蔡元培商讨华盛顿会议问题，得到蔡元培的支持，颜认为蔡"非

---

① 《颜惠庆日记》第2卷，第58页。
② 张国淦：《北洋述闻》，上海书店出版社，1998，第177～178页。
③ 《颜惠庆日记》第2卷，第59页。
④ 颜惠庆日记多把华盛顿会议称为"太平洋会议"，今统称华盛顿会议。《颜惠庆日记》第2卷，第64页。
⑤ 《颜惠庆日记》第2卷，第59页。
⑥ 《颜惠庆日记》第2卷，第59页。
⑦ 《穆藕初先生年谱》，第183、195页。
⑧ 1921年10月13日，王正廷由沪抵京，在上海的活动结束。《颜惠庆日记》第2卷，第79页。
⑨ 《颜惠庆日记》第2卷，第64页。
⑩ 中国蔡元培研究会主编《蔡元培全集》第16卷，浙江教育出版社，1998，第154～157页。

常通情达理"。① 8 月 22 日，颜惠庆还为华盛顿会议事致函上海基督教青年会干事余日章、上海商业储蓄银行陈光甫。② 陈光甫是上海银行公会的重要成员，也是张謇集团的核心人物。③ 颜惠庆想借助他们的力量影响上海商界、教育界领导的国民外交运动。

9 月 14 日，北京政府出席华盛顿会议代表团秘书长刁作谦抵达上海。按照原定计划，刁此行也是为了协助王正廷与上海民族运动领袖的沟通工作。刁氏对沪上媒体透露说："代表团甚愿熟悉上海情形者同往。"④ 同时，北京政府外交部也通过江苏省交涉署放出消息，表示北京政府愿意召集上海各重要团体，开会详细讨论中国有关华盛顿会的提案和方针，以及接纳上海各界团体推选的国民外交代表同赴华盛顿会议，甚至宣称国民外交代表人选非余日章莫属。⑤ 9 月 15 日，王正廷与穆藕初、聂云台、沈信卿、黄炎培等人出席在上海总商会举行的太平洋会议协会常会，经协商，会议暂定余日章、蒋梦麟两人作为国民外交代表前往华盛顿。⑥

与此同时，广州国民党政权也开始干预国民外交代表人选。9 月 16 日，国民党机关报《民国日报》刊登国民党人邵力子的时评，批评太平洋会议协会常会推举的余日章和蒋梦麟没有资格代表国民，只能是"该协会的代表"。⑦ 与此同时，蒋梦麟与谭熙鸿亲赴广州，寻求广州政府的支持。⑧ 在与孙中山沟通之后，蒋梦麟决定以国民外交资格赴美，"监督"北方代表行动。⑨

10 月 12 日，全国商教联席会议在上海总商会事务所召开第一次联席会议，公推蒋梦麟、余日章为国民外交代表，宣传民意。会上，穆藕初即席认定捐献八万元，作为余、蒋赴美活动经费。⑩ 全国商教联席会议系上海总商会和江苏省教育会发起，其目的除了推举国民外交代表之外，还计划讨论如何实现南北统一的政治议题。全国商教联席会议呼吁召开国民大会，"消除南北之间

---

① 《颜惠庆日记》第 2 卷，第 74 页。
② 《颜惠庆日记》第 2 卷，第 64 页。
③ Memorandum Respecting Personalities in Chinese Industry, *BDFA*, Vol. 25, p. 234.
④ 《刁作谦莅沪后之谈话》，《民国日报》，1921 年 9 月 15 日，第 10 版。
⑤ 《注意太平洋会者注意》，《民国日报》，1921 年 9 月 14 日，第 10 版。
⑥ 穆家修等编《穆藕初先生年谱》，第 233 页。
⑦ 湘君：《是太平洋会议协会底代表》，《民国日报》，1921 年 9 月 16 日，第 11 版。
⑧ 力子：《送蒋谭两教授赴粤》，《民国日报》，1921 年 9 月 16 日，第 11 版。
⑨ 《总统与蒋梦麟之谈话》，《民国日报》，1921 年 10 月 3 日，第 3 版。
⑩ 《穆藕初先生年谱》，第 235 页。

的敌意，巩固国基"。① 作为上海商界和教育界所发起的一次重要的民族运动，全国商教联席会议集中表达了他们的政治主张，反映了他们对"民族国家利益的觉醒与关注"。② 北京政府和广州政府也直接介入了全国商教联席会议关于国民外交代表的推选活动。最终推出的余日章和蒋梦麟，是南北两政府及以张謇、穆藕初为代表的江浙资本家集团相互妥协的结果。

虽然国民外交代表人选问题解决了，但是全国商教联席会议提出的"劝告南北息争案"及召开全国国民外交大会的提案，引起了国民党人的强烈反应。10 月 6 日，《民国日报》主编叶楚伧发表言论，对全国商教联席会议代表提出忠告："北庭一天天堕落下去，事事与人民意旨相反；新政府明白自己是人民底公仆，努力替人民做事。国人良知上得了这比较的印象，自然该有些进步……中国人总不能常在两头政府下做国民的呀！中国人并不是两头政府下的应酬者！"③ 叶的言论，表达了国民党人要求全国商教联席会议代表支持广州政府的希望。国民党挑起政争，将计划筹办的全国国民外交大会推向政治斗争的前台。

根据前文的分析，北京政府外交总长颜惠庆主要关心的是国民外交代表人选安排，当余日章和蒋梦麟作为国民外交代表确定后，他对国民外交运动的积极介入，至此有所保留。但颜惠庆把汪大燮、叶恭绰、孙宝琦等民族运动领袖聘为"外交部顾问"，借此掌握国民外交运动发展的动态。④ 至于国民外交大会的发起基本上由旧交通系来推动。前已指出，旧交通系领袖梁士诒主张在上海召集国民外交大会。实际出面鼓吹的是梁的助手叶恭绰。8 月底，叶恭绰向全国发表通电，号召全国人团结起来，一致应对外交问题，其电文写道："此时，国人要团结如一心，因为中国未来的民族命运将在很大程度上取决于华盛顿会议。因此，除了在国内组织国民外交活动之外，所有的公团都应该派出代表去美国进行现场监督，并作政府外交代表的后盾。"⑤

叶恭绰主要是作为"意见领袖"来指导国民外交运动的进行。实际执行人是旧交通系的干将陈振先、李景龢、俞诚之、郑洪年等人。9 月 16 日，北

---

① Schurman to the Secretary of State, December 3, 1921, *FRUS*, Vol. 1, p. 319.

② Schurman to the Secretary of State, December 3, 1921, *FRUS*, Vol. 1, p. 318.

③ 楚伧：《对商教育会代表的贡献》，《民国日报》，1921 年 10 月 6 日，第 2 版。

④ 《外交部顾问第一次会议》，《晨报》，1921 年 10 月 27 日，第 2 版。

⑤ Alston to Curzon, August 29, 1921, *BDFA*, Vol. 26, p. 17.

京各团体代表在江西会馆开会，决定成立北京各团体国民外交联合会执行委员会。① 9 月 22 日，北京 12 个国民外交团体在江西会馆开会，旧交通系陈振先主持会议，重点讨论《北京各团体国民外交联合会章程》。② 9 月 30 日，各团体代表在江西会馆开会，根据俞诚之的提议，设立提案审查委员会，专门负责审查国民外交团体的提案。③ 10 月 2 日，李景龢亲自去邀请蔡元培，请其参加当日下午在中央公园举行的北京各团体国民外交联合会（简称"北京国民外交联合会"）成立大会，蔡如约而至。④ 不难看出，在上面几次重要的团体活动中，旧交通系成员都发挥主导作用。

此时，上海的国民外交团体已分成两大势力：一派是上海总商会和江苏省教育会领导的太平洋会议协会，此会包括上海总商会、江苏省教育会、上海县商会、上海县教育会、上海银行公会、钱业公会、华商纱厂联合会、欧美同学会、各马路商界总联合会九大团体。⑤ 另一派是国民党人控制的太平洋外交商榷会，此会包括上海学生联合会、中华民国学生联合会总会、全国各界联合会、中国工会、中华救国十人团、上海工商友谊会、中华电器工会等团体。⑥

自 9 月以来，国民党元老汪精卫、邹鲁所领导的广州太平洋问题讨论会就明确宣称要"否定北京政府的合法性，支持南方政府出席华盛顿会议"。⑦ 广州政府通过其控制的太平洋外交商榷会制造反对北京政府的舆论。10 月 2 日，太平洋外交商榷会召开成立大会。⑧ 10 月 4 日，该会向外界发表宣言，反对北京政府，言称："凡北庭所派出之太平洋会议代表，吾人绝对不能承认之。"⑨ 10 月初，汪精卫特意赶到上海，与黄炎培等商界、教育界领袖商讨与华盛顿会议相关的外交问题，直接介入上海的国民外交运动。⑩

综上所述，南北两政府都从各自的政治利益出发，在不同程度上介入了国民外交运动。而以旧交通系为代表的在野派系在国民外交组织活动中也格外活

---

① 《昨日各团体联合会议之例会》，《晨报》，1921 年 9 月 19 日，第 2 版。
② 《昨日太平洋各团体联合会议》，《晨报》，1921 年 9 月 23 日，第 2 版。
③ 《昨日各团体联席会议开会》，《晨报》，1921 年 10 月 1 日，第 2 版。
④ 《蔡元培全集》第 16 卷，第 158 页。
⑤ 《九团体包办太平洋会议协会》，《民国日报》，1921 年 8 月 30 日，第 10 版。
⑥ 《公开讨论太平洋问题》，《民国日报》，1921 年 9 月 4 日，第 10 版。
⑦ 《太平洋讨论会大演讲》，《民国日报》，1921 年 10 月 1 日，第 3 版。
⑧ 《太平洋外交商榷会成立会》，《民国日报》，1921 年 10 月 3 日，第 10 版。
⑨ 《太平洋外交商榷会宣言》，《民国日报》，1921 年 10 月 4 日，第 10 版。
⑩ 《蔡元培全集》第 16 卷，第 159 页。

跃。无论是政府人士还是在野党人士，都希望利用华盛顿会议所激发的民族热情进行广泛的政治动员，以满足其特定政治利益的需要。这种利益的复杂性和多样性，推动着全国国民外交大会的成立，从而把华盛顿会议期间的民族运动推向高潮。

三　在野派系推动全国国民外交大会成立

上海之所以成为全国国民外交大会的所在地，有其多方面的因素。首先，上海是当时中国的舆论重镇，这里有《申报》《时事新报》《民国日报》等发行量很大的中文报刊，除此之外，还有《字林西报》《大陆报》《密勒氏评论报》等英美系报纸。这些中外报刊的言论在引导公众舆论方面发挥主导作用。如孙中山所言："上海自民国以来，隐然为政治运动之枢纽；而言论机关林立，消息敏捷，主持清议，易于成功。"[1] 其次，上海总商会、江苏省教育会、银行公会、华商纱厂联合会等江浙资本家的政团，凭借其强大的经济实力，对北京政府和各省督军施加影响。[2] 更何况上海总商会等团体对华盛顿会议表现很大的热情，他们自发召集全国商教联席会议讨论政治、外交问题，引起南北两政府的关注。再次，由于直系军阀吴佩孚主张召集庐山国民大会，讨论政治外交问题。而吴佩孚的武力统一政策与总统徐世昌、总理靳云鹏和外交总长颜惠庆的和平统一政策是抵触的。[3] 因此，以徐世昌为代表的"主和派"自然不赞同吴佩孚召集庐山会议的主张，而选择在上海召集国民大会，就可以使吴佩孚的庐山国民大会难以成行。

如前所言，尽管旧交通系、研究系和安福系等在野派系是国民外交运动的实际推动者，其中尤以旧交通系为最活跃，但在北京国民外交联合会的成立仪式上，他们有意让北京大学校长蔡元培来主持，想借此淡化北京国民外交联合会的政治背景。由于蔡元培与上海商界和教育界的领袖们有着广泛而密切的交往基础，[4] 这些在野派系也极力借助蔡元培的关系争取上海方面的支持。蔡元

---

① 陈锡祺：《孙中山年谱长编》下册，第 1382 页。

② Memorandum Respecting Personalities in Chinese Industry, *BDFA*, Vol. 25, p. 232.

③ Schurman to the Secretary of State, December 3, 1921, *FRUS*, Vol. 1, p. 318.

④ 江苏省教育会领袖黄炎培是蔡元培的学生，两人关系亦师亦友，往来密切。上海商界领袖穆藕初等人与蔡的关系也非常密切。1920 年 5 月，穆藕初与黄炎培、沈信卿等人协商，出资赞助蔡元培选派北京大学学生赴美留学。参见《穆藕初先生年谱》，第 188 页。

培本人对于全国国民外交也非常重视。10月3日，蔡元培偕北京国民外交联合会代表到外交部访问颜惠庆，询问"鲁案事"。10月5日，蔡元培还详细了解了"北京国民外交联合会成立之经过"以及"对于上海国民外交大会及国民大会"的意见。同时，蔡元培在黄炎培来电的催促下，一度准备亲赴上海参与全国商教联席会议及全国国民外交大会的筹备事宜，后因蒋梦麟来电说，"可勿往沪"，才作罢。① 稍后，蔡元培致电江苏省教育会、全国商教联席会，请求他们赞同在沪组织"全国国民外交大会"。②

此时，旧交通系为增强其对国民外交运动的领导，开始对入会团体进行资格审查。10月11日，北京国民外交联合会在中央公园开第四次代表会，根据旧交通系健将李景龢的提议，决定成立资格审查委员会，负责审查入会团体资格。③ 稍后，李景龢、俞诚之与安福系议员王毅等人起草了全国国民外交大会"公约草案"，规定全国国民外交大会的宗旨是"集合全国国民一致之公意，关于外交及其它关系问题对于国内外为强有力之表示"。④

10月下旬，北京方面推出旧交通系郑洪年及安福系议员陈懋鼎、王毅、罗正纬、罗正谊、向乃祺等十余人作为赴沪代表，接洽组织全国国民外交大会事宜。⑤ 但是，以旧交通系为首的在野派系所领导的国民外交运动并没有得到国务总理靳云鹏的支持。北京国民外交联合会曾试图派代表到靳云鹏领导的国务院接洽"山东问题交涉事宜"，遭到国务院秘书厅的拒绝，理由是："事关外交，不必来院谒见"。对于赴沪代表的旅费资助，交通部路政司也给予拒绝，借口是"不能照报界先例免费"，结果"只许优待，按价六扣"。⑥ 靳云鹏对旧交通系领导的国民外交运动的抵制，是因为他与旧交通系势不两立。早在1921年5月14日，靳云鹏就以总辞职的方式专门逼迫旧交通系的交通总长叶恭绰和财政总长周自齐下台。⑦ 国务院参议许宝蘅对此有详细的记载："靳之去叶意甚坚，叶之入阁，去年原为张作霖所荐，故靳到津晤张，即首言叶之当去。张谓公之潘复亦不见佳，经靳以去就争，乃不复为叶护。叶初亦有愿退，继忽变计，不肯

① 《蔡元培全集》第16卷，第159页。
② 《蔡孑民先生两佳电》，《民国日报》，1921年10月12日，第10版。
③ 《国民外交联合会之第四次会议》，《晨报》，1921年10月13日，第3版。
④ 中国第二历史档案馆编《中华民国史档案资料汇编》第3辑《民众运动》，江苏古籍出版社，1991，第495、498页。
⑤ 《各团体选出之国民外交大会代表》，《晨报》，1921年10月20日，第2版。
⑥ 中国第二历史档案馆编《中华民国史档案资料汇编》第3辑《民众运动》，第498页。
⑦ 张国淦：《北洋述闻》，第177页。

辞职。于是，靳有总辞职之策，真所谓掩耳盗铃矣。"①

　　国务总理靳云鹏强迫"恋栈"的叶恭绰、周自齐双双辞职，等于让旧交通系颜面扫地，自然会引起旧交通系的抵制。此时，靳云鹏与总统徐世昌又在财政总长的任命问题上发生冲突。靳主张其亲信潘复担任财政总长，遭到徐世昌的坚决抵制。10 月 28 日，徐世昌强行任命高凌霨担任财政总长，对于潘复"非令去职不可"，靳云鹏则要罢免徐的亲信全国烟酒事务署督办张寿龄。② 靳对徐言："不换张寿龄，我不能干。"③ 靳还以辞职相要挟。北京政府内部也纷传旧交通系朱启钤要接替靳担任总理。④ 8 月 20 日，旧交通系周自齐拜访颜惠庆，说吴佩孚将找靳的麻烦，建议颜暂代四个月总理，同时，颜惠庆也了解到旧交通系另一老将钱能训也"很想当总理"。⑤

　　面对四面倒阁之声，靳云鹏对于旧交通系大张旗鼓推动的国民外交运动，自然怀疑其有非分之想，有夺位之嫌。尽管北京在野派系在召集全国国民外交大会的宣言中一再强调"专论外交问题，并不涉及其它事件"，⑥ 但是上海各界仍怀疑其别有政治意味。

　　10 月 12 日，全国商教联席会在上海总商会召开第一次联席会议，由上海总商会会长聂云台主持，与会代表江莘、赵叔雍和张小宋等人相继发表意见，大都对北京各国民外交团体的"政府背景"表示担忧。江莘认为"北京团体多为人利用，本会应加注意，免为人所骗"；赵叔雍说"北京每发起一团体恒为官僚军阀所操纵，吾人对此须审慎从事"；张小宋则说"北京近有一外交后援会，即含政治臭味，对于'外交大会'要详细调查"。尽管有各种怀疑之声，大会还是决定赞同成立全国国民外交大会。⑦ 10 月底，北京第一批赴沪代表安福系议员罗正纬、向乃祺、罗正谊、王绍鏊（旧国会议员）和旧交通系干将郑洪年等 20 余人抵沪，下榻在上海东亚旅馆，并在此处设立北京国民外交联合会驻沪通信处。⑧

---

① 《许宝蘅日记》第 2 册，第 815 页。
② 《许宝蘅日记》第 2 册，第 847 页。
③ 张国淦：《北洋述闻》，第 178 页。
④ 《颜惠庆日记》第 2 卷，第 71 页。
⑤ 《颜惠庆日记》第 2 卷，第 63 页。
⑥ 《北京发起全国外交大会》，《申报》，1921 年 10 月 1 日，第 10 版。
⑦ 《商教联席会议开会记》，《民国日报》，1921 年 10 月 13 日，第 10、11 版。
⑧ 《北京外交联合会代表之谈话》，《申报》，1921 年 10 月 26 日，第 14 版。有关这些议员的背景，见张朋园《中国民主政治的困境》，吉林出版集团，2008，第 351、411 页。

罗正纬等人抵沪后，即与上海两大派系的国民外交团体负责人联络：前者是上海总商会会长聂云台，后者是有国民党背景的太平洋外交商榷会代表张静庐等人。① 当时，上海舆论传言全国国民外交大会可能被北京政府利用，因此罗正纬等人利用各种场合进行"辟谣"，反复强调北京各国民外交团体没有受到官方势力的控制。罗正纬等人宣称："北京团体本多，惟性质原极复杂，然此次之事，商学政团概行联络，实缘所受刺激至深，步调齐一，故对外完全统一。"② 他还反复强调说，北京代表对于如何组织全国国民外交大会，并无"成见"，究竟如何办理，仍请沪上各界"共同主持"。③

问题很清楚，罗正纬等人面临的阻力主要是来自国民党方面。接下来，罗正纬等开始寻求反对者的支持。10 月 28 日，罗正纬等在上海东亚酒楼召开茶话会，延请沪上各界名人，其中有《民国日报》记者叶楚伧、《大陆报》记者谢福生、复旦大学校长李登辉、浙江省教育会代表李杰，以及沈钧儒等人。经过商讨，与会者一致认为全国国民外交大会"纯系对外问题，与其它绝无丝毫关系"。④ 次日下午，罗正纬等又会晤太平洋外交商榷会委员喻育之、张静庐和孙镜亚三人，请求他们共同列名发起全国国民外交大会，并得到喻育之等人的同意；同时，罗正纬、罗正谊和郑洪年等又分别致电通知汉口总商会、汉口各团体太平洋问题讨论会，以及广州全国教育会联合会，请其派代表到上海参加全国国民外交大会。⑤

随着华盛顿会期的逼近，北京在野派系的代表开始频繁地与上海各团体联络，为全国国民外交大会的召开做组织动员和舆论动员。11 月 4 日，安福系议员杨荫乔到上海总商会拜见会长聂云台，请求聂氏速派代表参加全国国民外交大会。⑥ 11 月 5 日，罗正纬和研究系旧国会议员王绍鳌也赴上海总商会，与聂云台面谈筹备全国国民外交大会事宜；同日，江苏省教育会代表顾树森到东亚旅馆与北京代表进行非正式接洽；此前，经过王绍鳌在南京的一番接洽，江苏省议会、农会、太平洋问题讨论会等团体都同意派代表来沪参加全国国民外

---

① 《北京外交联合会代表之谈话》，《申报》，1921 年 10 月 26 日，第 14 版。
② 《国民外交大会之发轫》，《申报》，1921 年 10 月 27 日，第 14 版。
③ 《国民外交大会之由来》，《申报》，1921 年 10 月 28 日，第 14 版。
④ 《国民外交大会茶话会纪盛》，《申报》，1921 年 10 月 29 日，第 14 版。
⑤ 《国民外交大会进行消息》，《申报》，1921 年 10 月 30 日，第 14 版。
⑥ 杨荫乔是江西上饶人，安福系议员。参见《全国外交大会筹备七志》，《申报》，1921 年 11 月 5 日，第 14 版；张朋园：《中国民主政治的困境》，第 405 页。

交大会。① 11 月 6 日，北京代表团驻沪筹备处致电广州全国教育会联合会，请其速派代表来沪，参加全国国民外交大会。② 11 月 9 日，全国国民外交大会筹备处邀集各团体代表，在环球中国学生会召开预备会，此次会议选举出全国国民外交大会筹备员 20 名，详情见下表。③

全国国民外交大会筹备员名单表

姓　名	团体	派系/职业	地域	备注
罗正谊	国民外交联合会	安福系	北京	罗正纬湖南同乡
汤漪	国民外交联合会	临时参议员	北京	国民党
张季鸾	国民外交联合会	亲国民党	北京	曾任孙中山秘书
孙绳武	国民外交联合会	—	北京	—
林景澍	国民外交联合会	—	北京	—
陈懋鼎	国民外交联合会	安福系	北京	—
李登辉	复旦大学校长	教育界	上海	与国民党往来密切
汤节之	《商报》总理	亲直系	上海	与白坚武有往来
喻育之	救国十人团	国民党	上海	辛亥百岁老人
吴和士	环球中国学生会	—	上海	—
蒋宝厘	东吴大学	学生	上海	—
赵晋卿	上海总商会	商人	上海	—
翁吉云	全国各界联合会	国民党	上海	—
孙镜亚	太平洋外交商榷会	国民党	上海	与白坚武有往来
沈卓吾	太平洋外交商榷会	国民党	上海	—
杨春绿	太平洋外交商榷会	国民党	上海	—
谢碧田	华侨学生会	—	上海	—
周伯尧	商界	—	上海	—
何斗魁	湖南各界联合会	—	湖南	—
萧剑秋	商界	—	四川	—

根据上表分析，旧交通系派往上海的得力干将郑洪年落选，在组织活动中非常活跃的安福系议员罗正纬也落选，安福系议员只有陈懋鼎、罗正谊等人当选。实际上，旧交通系郑洪年以及安福系罗正纬、向乃祺等人虽没有当选筹备员，但他们一直在监控全国国民外交大会的进展，并及时致电北京方面，通报

---

① 王绍鏊是江苏吴江人，第一届国会众议员，在民国初年属于共和党和进步党，这两派后来合流为研究系。参见张朋园《中国民主政治的困境》，第 351 页；《全国外交大会筹备八志》，《申报》，1921 年 11 月 6 日，第 14 版。

② 《全国外交大会筹备九志》，《申报》，1921 年 11 月 7 日，第 14 版。

③ 资料来源：《全国外交大会筹备十二志》，《申报》，1921 年 11 月 10 日，第 14 版；张朋园：《中国民主政治的困境》，第 330 ~ 421 页；张玉法：《民国初年的政党》，岳麓书社，2004，第 535 ~ 597 页等。

上海的情况。[①]

北京方面总计有 6 名代表进入筹委会，其中张季鸾在民国初年还担任过孙中山秘书，与国民党渊源很深，另外一名当选的北京代表汤漪也是国民党。上海有 12 名代表当选，国民党方面至少有 5 人当选，仅国民党控制的太平洋外交商榷会就有 3 名代表当选。还需要说明的是，当选筹备员的复旦大学校长李登辉与国民党关系也很密切，他在五四之后聘请孙中山的"得力干部薛仙舟、邵力子、叶楚伧、戴季陶、胡汉民等人担任教师，使复旦成为南方新思潮的摇篮"。[②] 其他如上海总商会和环球中国学生会也有代表进入，但势力较弱。总的看，在 20 名筹备员中，国民党的势力最大，北京在野派系的势力次之，上海总商会势力又次之。

11 月 11 日为华盛顿会议开幕日期，这一日全国国民外交大会在四川路青年会召开成立大会，到会团体 118 个，莅会者约 300 人，公推复旦大学校长李登辉为大会主席；随后，李登辉发表了有关山东问题与世界和平之关系的长篇演说；然后全体与会者向中华民国国旗行礼，讨论致美国总统哈定及致华盛顿会议各国代表两贺电之内容。[③]

无论是北京国民外交联合会的成立，还是全国国民外交大会的成立，此两次大会的成立仪式，都是由教育界领袖担当大会主席。前者是由北京大学校长蔡元培担任，后者是由复旦校长李登辉出面，而旧交通系、安福系等在野派系及国民党人士都退居其次。这种现象不仅意味着的幕后推动者想有意淡化国民外交的政治色彩，以突出其民众性，而且也说明此一时期国民外交运动或民族主义运动的话语权其实掌握在以蔡元培、李登辉为代表的知识界领袖手中。

四　民族运动的两个面向：全国国民外交大会的启示

当全国国民外交大会在上海召开之际，北京政府内部正在暗潮涌动，总统徐世昌与总理靳云鹏也在上演新的"府院之争"。11 月 5 日，徐世昌罢免靳云鹏的亲信财政次长潘复，"以汪士元代之"。[④] 同时，南北之争也在加剧。11 月 10 日，外交总长颜惠庆从王正廷处得知，孙中山领导的广州政府将与北京

---

① 中国第二历史档案馆编《中华民国史档案资料汇编》第 3 辑《民众运动》，第 498 页。
② 钱益民：《李登辉传》，复旦大学出版社，2005，第 85 ~ 86 页。
③ 《全国国民外交大会成立纪》，《申报》，1921 年 11 月 12 日，第 14 版。
④ 《许宝蘅日记》第 2 册，第 848 页。

政府"战斗到底"。①

虽然国务总理靳云鹏的地位岌岌可危，但是他对旧交通系为首的在野派系所组织的全国国民外交活动，也格外提防。11月2日，北京步军统领衙门侦察员载德在给政府的秘密情报中指出：

> 默观本联合会之内容俱在野政客及第一二届之无聊议员把持其间，藉端行动，其目的在招集国是会议分配政权，创立第三政府，实非注重外交，乃关心内政也。查华府会议已近，而全国大会尚未召集，则将来亦无从提出国民议案，所谓监督外交，民意为援，是或泡影也。②

11月18日，旧交通系派人在北京散发传单，要求召开国民大会。北京政府逮捕了旧交通系主将叶恭绰的支持者《太平洋日报》人员，同时叶也被"警厅人员秘密盯住"。③ 在北京政府内部派系之争与南北之争的多重政治矛盾之下，由南北各种势力组成的全国国民外交大会自然无法远离政争。

11月13日，全国国民外交大会召开代表谈话会，太平洋外交商榷会代表翁吉云发言："吾人来此只本良心主张，但知一致否认北京卖国政府有代表中华民国之资格而已。"④ 当然，也有一些代表主张不要涉及内政问题。如上海环球中国学生会代表吴和士在致各地代表书中，请求"于大会时，不再有叫嚣之象"；浙江代表严慎予也发表公开宣言，希望与会代表不要"涉及外交以外之事，启人怀疑"；安福系议员罗正纬则担心大会因此分裂，一再呼吁各地团体代表不要介入"南北纷争"，其理由则很冠冕堂皇："上海为舆论中心，对于民治发展之会议，应有共同维持之义务，万不宜稍示破绽，致失同情。"⑤ 商界代表也有维持之意。11月19日，全国商会联合会总事务所代表江湘浦在开会时说："今日大会，若各存意见，不以真诚相见，至于分裂，则亡我国者，将非政府，而为全国人民。"⑥ 南京学生联合会总事务所代表葛铭勋也提

<hr>

① 《颜惠庆日记》第2卷，第88页。
② 《步军统领衙门侦察员载德关于北京各团体国民外交联合会国民财政大会集会活动情报》，中国第二历史档案馆藏北洋档案：1023（2）-81。
③ 《颜惠庆日记》第2卷，第90页。
④ 《纪昨日国民外交大会之状况》，《申报》，1921年11月14日，第14版。
⑤ 《全国国民外交大会消息》，《申报》，1921年11月15日，第14版。
⑥ 《国民外交大会开会纪》，《申报》，1921年11月20日，第14版。

出意见书，希望与会代表"和衷共济，一致对外"。① 但是这种呼声对于国民党代表没有效果。这时，传说北京政府要与日本直接交涉山东问题，国民党代表喻育之、孙镜亚、汪剑农等便以此为借口，提出"否认北京政府及其所派代表"。②

12月6日，全国国民外交大会根据国民党人汤漪提议，决定通电否认北京政府及其外交代表。③ 然而，这次会议出席者只有62人，而全国国民外交大会代表总数共有280余人，不足法定人数，所以其通过的否定北京政府及华盛顿会议代表的对外宣言并不合法。④ 上海的全国国民外交大会举动也引起北京政府外交总长颜惠庆的重视。12月8日，颜惠庆在日记中记载："上海很激动，国民外交大会斥责中央政府和大会代表。"⑤ 和国务总理靳云鹏一样，此时颜惠庆对于上海的全国国民外交大会，也持抵制态度。12月9日，颜惠庆在日记中写道："上海的冒牌组织'国民外交大会'200多名代表只有60人出席。"⑥ 而且，颜惠庆还把全国国民外交大会的推动者、安福系议员罗正纬称为"煽动者"。⑦ 颜惠庆是北京政府对华盛顿会议的实际负责者。上海的全国国民外交大会否认三位外交代表顾维钧、施肇基和王宠惠的合法性，也等于是在否定颜惠庆。

12月11日，全国商会联合会总事务所代表江湘浦，上海总商会代表赵锡恩，江苏省教育会代表贾丰臻，各省区团体代表李杰、毛云鹏、钟可讬、孙发绪、葛铭勋、陈曾亮、徐晋麒、黎自新11人联合发表"佳电"，宣布脱离全国国民外交大会，其电称："六日上海全国国民外交大会，发表致大会电，否认我国出席代表，无异自己取消国际地位，授人以共管之柄。同人等对于前项通电，不能负此重责，除各自报告本团体辞去代表外，特此宣告脱离该会。"⑧ 实际上，旧交通系郑洪年与安福系议员罗正纬、向乃祺、罗正谊等人来沪组织全国国民外交大会，主要是争取上海总商会和江苏省教育会等中间势力的支

---

① 《国民外交大会汇闻》，《申报》，1921年11月23日，第14版。
② 《国民外交大会之进行观》，《申报》，1921年12月4日，第14版。
③ 《国民外交大会开会纪》，《申报》，1921年12月7日，第14版。
④ 《国民外交大会之改组讯》，《申报》，1921年12月13日，第14版。
⑤ 按译者误将国民外交大会翻译成"国民外交协会"，今改成"国民外交大会"，下同。《颜惠庆日记》第2卷，第96页。
⑥ 《颜惠庆日记》第2卷，第97页。
⑦ 按译者把罗正纬翻译成罗正伟，不确，今改之。《颜惠庆日记》第2卷，第97页。
⑧ 《国民外交会代表一部之退会》，《申报》，1921年12月11日，第14版。

持，如今随着他们的退会，全国国民外交大会已失去继续存在的意义。

随后，郑洪年、罗正纬、向乃祺等人相继离沪返京，转而在北京筹备另一个"国民外交大会"。12 月 23 日，北京国民外交联合会召开北京国民外交大会筹备会议，预备 12 月 25 日在中央公园召开北京国民外交大会。① 但是，旧交通系等在野派系的行动遭到北京政府的有效抵制。早在 12 月 21 日，北京政府以及京畿卫戍司令王怀庆的密探已了解其动向："前日面谈之由京赴沪鼓荡国民外交大会希图破坏之人，现又在京都运动。"② 同时，颜惠庆也电话告知王怀庆的密探，"外交联合会已订廿五日在中央公园开大会"，请"致警厅注意办理为要"，而安福系议员向乃祺、罗正纬及旧交通系干将俞诚之等人也成为北京政府和警察厅重点监控的对象。③ 由于警察厅的干预，在野派系 12 月 25 日的国民外交大会没有办成。12 月 26 日，颜惠庆日记记载："昨天群众集会是个大大的失败。"④

上海的全国国民外交大会也因舆论攻击其被"党派利用"而无法维持。1922 年 1 月 17 日，复旦大学校长李登辉因迫于舆论压力而辞去全国国民外交大会执行委员会主席委员职务。1 月 18 日，《申报》刊登了李登辉的辞职书："迩闻外间谣传，有本会被党派利用干涉内政之说，华侨联合会诸同志，均以与本会外交名义不符，不甚赞成。"⑤ 但是，李登辉的辞职声明引起国民党代表的不满。有人主张请李登辉提出"被党派利用之证据"。⑥ 李登辉不得已又致函全国国民外交大会解释说："被党派利用之说，弟前函声明，得之谣传，纯非弟个人意见，固不必因谣传而定有此事。实更不必因转述有此风传而深加究诘。"⑦

1922 年 2 月 6 日，华盛顿会议闭幕，中日两国政府也签署了《中日解决山东悬案条约》，山东问题得以解决。2 月 22 日，全国国民外交大会根据国民党人孙镜亚的提议，发布对内通电，宣布北京政府的"卖国罪状"。⑧ 2 月 25 日，全国国民外交大会发表休会宣言："同人再四思维，认为铲除外交上之旧

---

① 《北京外交大会筹备记》，《申报》，1921 年 12 月 26 日，第 7 版。
② 中国第二历史档案馆编《中华民国史档案资料汇编》第 3 辑《民众运动》，第 698 页。
③ 中国第二历史档案馆编《中华民国史档案资料汇编》第 3 辑《民众运动》，第 699 页。
④ 《颜惠庆日记》第 2 卷，第 103 页。
⑤ 《全国国民外交大会谈话会记》，《申报》，1922 年 1 月 18 日，第 10 版。
⑥ 《外交大会之代表会》，《申报》，1922 年 1 月 22 日，第 10 版。
⑦ 《外交大会之谈话会记》，《申报》，1922 年 2 月 8 日，第 15 版。
⑧ 《外交会宣布北庭卖国罪状》，《民国日报》，1922 年 2 月 22 日，第 10 版。

障碍，非否认北庭不可。孕育外交上之新生命，非承认现以广州为首都之政府不可。"①

如上所言，全国国民外交大会将北京政府视为"外交上之旧障碍"，并认为广州政府可以孕育"外交上之新生命"。这说明南北之争也部分包含"新旧之争"，即为政治主义而争，并非纯粹的利益之争。不过，上海的全国国民外交大会对广州政府的支持，的确造成南北之争的态势有利于南方，而使北京政府陷入被动。正如颜惠庆所观察的那样："总统被新的形势孤立。"② 当 1921 年 12 月 6 日，全国国民外交大会发出否认北京政府的通电之后，大总统徐世昌的"江电"即在同日的《申报》刊登，这封电文因带有强烈的"自责"意味，而被时人称为"罪己电"。③ 徐氏选择此时发出"罪己电"显然是为了应付舆论的压力，以退为进，如时人所言："徐近有催促解决时局之电长千余字，核其内容，不啻一罪己令，盖以内政外交之种种蹉跌，引为己罪，并表示不贪恋权位，而措词之间，则似有国会依法产生大位，听凭解决之意。"④ 即使徐世昌身边的亲信许宝蘅也认为"罪己电"诚意不够，许认为，"其中最要者说第二届国会与总统地位关系一段亦被删去，殊不足表示无恋位之决心"。⑤ 此时，北京大总统徐世昌面对南北之争只好无奈地采取"守势"，但广州"非常大总统"孙中山挟上海的全国国民外交大会通电之余威而采取了咄咄逼人的"攻势"。1921 年 12 月 15 日，孙中山宣布《徐世昌卖国奸谋令》，令文如下：

> 山东问题，徐世昌久欲与日本直接交涉，只因国民监视綦严，不敢肆行己意。今竟借华盛顿会议，派遣代表赴美，以英、美两国代表劝告为词，悍然与日本直接交涉而无所忌惮。似此甘心卖国，挟外力以压国民，实属罪不容诛！本大总统以救国讨贼为己任，除对外竭力主张无条件收回山东一切权利、废除二十一条款外，特宣布徐世昌及其党羽卖国奸谋。凡我国民，其共起诛之，毋后！⑥

---

① 《国民外交大会休会记》，《民国日报》，1922 年 2 月 26 日，第 10 版。
② 《颜惠庆日记》第 2 卷，第 102 页。
③ 《北京徐世昌通电》，《申报》，1921 年 12 月 6 日，第 7 版。
④ 矩：《北京通信》，《申报》，1921 年 12 月 7 日，第 10 版。
⑤ 《许宝蘅日记》，第 2 册，第 853 页。
⑥ 中山大学历史系孙中山研究室等合编《孙中山全集》第 6 卷，中华书局，1985，第 45 ~ 46 页。

　　这段令文，也明白道出了南北两方在收回国权问题上的差异，即北方主张"修约"，南方主张"废约"。① 今姑且不论"废约"与"修约"之利弊，但它们将民族主义运用于南北政治之争的实际效果的确大不一样。孙中山的"废约"立场，即"无条件收回山东一切权利，废除二十一条"的主张确实能够激发民族主义情绪，引导民众视北京政府的"修约外交"（本文指直接交涉山东问题）为卖国行为。值得注意的是，孙中山特别在令文中提到徐世昌"挟外力以压国民"，此"外力"本是指北京政府得到国际承认的优势，这种国际承认的"外力"在一般情况下是可以在物资上甚至在心理上增强北京政府的政治势力，但在此时民族主义情绪格外高涨的情境下，反而是令北京政府"失道"的累赘。② 相反，南方在主权外交问题上，表现得更"排外"，倒是能获得人心。

　　其时，民族运动具有"御外"（主权）与"安内"（政权）两个面向，③但在华盛顿会议正在进行之际，"御外"与"安内"何为重心，南北两方显然是有分歧的。从南北两政府对待上海的全国国民外交大会的态度，即可看出端倪。如前所述，北京政府外交总长颜惠庆认为上海的全国国民外交大会是"冒牌"的，也即非法的，而广州非常大总统孙中山则认为它是在伸张"大义"。1922 年 2 月 7 日，孙中山在给全国国民外交大会的复电中指出："贵会特伸大义，否认北庭，并经发布宣言，拥护正式政府，甚感甚感！"④ 显然，北京政府希望民族运动重在"御外"，力求把民族运动控制在理性的范围内，而广州政府则主张先"安内"，鼓动民众推倒北京政府，建立以广州政府为正式政府的全国统一政权，然后才能孕育"外交上之新生命"。

　　民族主义有一条重要的政治原则，即一个国家的"政权与主权"必须高度统一。⑤ 换言之，民族主义既是与主权相关的对外问题，也是与政权相关的内部问题。而清末民初的中国，无论在主权问题上还是在政权问题上，都缺乏

---

① 其实修中有废，废中有修，且修有利于废，后来南京国民政府的外交也在很大程度上借用了北洋时期的外交谈判成果。此层已有学者做过较多阐释。详见唐启华《"被废除不平等条约"遮蔽的北洋修约史》，社会科学文献出版社，2010。

② 相关论述参阅罗志田《五代式的民国：一个忧国知识分子对北伐前数年政治格局的即时观察》，《近代史研究》1999 年第 4 期。

③ 关于近代中国民族主义的两面性，参见罗志田《近代中国民族主义的史学反思》，《二十世纪的中国思想与学术掠影》，广东教育出版社，2001，第 104～128 页。

④ 《孙中山全集》第 6 卷，第 83 页。

⑤ 〔英〕厄内斯特·盖尔纳：《民族与民族主义》，韩红译，中央编译出版社，2002，第 1 页。

完整性。尤其是国内的政权结构已经渗透了列强的势力，如孙中山所言："诸君经过各通商口岸地方，最目击伤心者，为外国人管理海关一事。海关乃中国政治机关，质言之，中国之金库也。金库锁钥，操诸外国人手，国安得而不危？"① 由于中国政权本身所具有的"殖民色彩"，从而使得内政与外交密不可分。民国元老张一麐（麟）据此认为："八国联军之后，一切内政无不牵及外交，人必自侮而后人侮之，国必自伐而后人伐之，此定律也，不可逃也！"② 更有时人明确指出："内政与外交，在我国今日实已打成一片，不可复分。"③ 据此，我们不难理解民族运动的两个面向"御外"与"安内"乃是一体两面，不可分解。

综上所论，无论是北京政府还是广州政府，两者都是根据各自的政治需要而选择了民族运动的其中一个面向，或是"御外"，或是"安内"，两者都脱离不了民族运动的范畴。

五 余论

当 1921 年 12 月中旬上海全国国民外交大会事实上已经消亡之际，以旧交通系为首的在野派系正在密谋组阁。12 月 14 日，奉系军阀首领张作霖进京，当日国务院秘书长郭则沄设宴款待张作霖，席间，张作霖反对靳云鹏组阁，赞成旧交通系的朱启钤或梁士诒组阁。④ 12 月 16 日，唐在章拜访朱，结果，"朱不愿组阁"。⑤ 12 月 17 日，靳云鹏辞职，靳的秘书郭则沄改任华侨事务局局长；当日，总统徐世昌的秘书吴笈孙夜访颜惠庆，请颜继续留任外交总长，颜惠庆对吴表示，不愿与叶恭绰"一起工作"。⑥ 但颜惠庆对叶恭绰的责难，引起旧交通系朱启钤的不满，朱认为这会使"局面搞得不可收拾"。⑦ 颜惠庆之所以反对旧交通系叶恭绰等人入阁，还由于他想借此机会扩展英美派外交官的势力。12 月 18 日，颜惠庆谒见徐世昌，建议徐"多用新人，如顾维钧、施肇

① 《孙中山全集》第 6 卷，第 16 页。
② 张一麐：《古红梅阁笔记》，上海书店出版社，1998，第 56 页。
③ 平：《内乱与外患》，《市声周报》第 4 卷第 2 期，1926 年 1 月 3 日；转引自章伯锋主编《北洋军阀》第 5 卷，武汉出版社，1990，第 300 页。
④ 《颜惠庆日记》第 2 卷，第 99 页。
⑤ 《颜惠庆日记》第 2 卷，第 99 页。
⑥ 《颜惠庆日记》第 2 卷，第 100 页。
⑦ 《颜惠庆日记》第 2 卷，第 100 页。

基、汪荣宝"等。①

12 月 24 日 6 时 30 分，颜惠庆拜访总统徐世昌，徐"谈及新内阁有叶及必需要有研究系成员"。② 同日，梁士诒内阁组成。新内阁中吸收研究系范源濂任教育总长，旧交通系叶恭绰为交通总长、张弧为财政总长，新内阁重心在"张、叶，而叶尤为主干"。③ 同日，梁士诒拜访颜惠庆，解释"叶的行动"，④ 也即解释叶恭绰操纵国民外交运动的隐情，希望得到颜的理解。至此，在华盛顿会议期间热衷国民外交运动的两个在野派系旧交通系和研究系都在新内阁中分得一杯羹。

大总统徐世昌作为北京政府名义上的最高统治者，他对于在野派系借助国民外交运动之名，而暗行"倒靳运动"之实的做法，也是采取无奈的坐观态度。对于徐的苦衷，颜惠庆有精辟的解释："大总统处于两者之间，手下又无兵将，事实上，只能寄希望于两者之间的均势，居间折衷调和，以保持总统的地位。"⑤

此次旧交通系梁士诒组阁，因奉系军阀张作霖的支持而得逞，却引起直系军阀曹锟和吴佩孚的反对，致使"直奉争权"升级。⑥ 梁士诒为巩固其内阁地位，与奉系张作霖"取得谅解"，拟"通过与广州联合来推翻吴佩孚"，所以梁士诒对张作霖"提供经费"，⑦ 此即奉系与孙中山的广州政府联盟制吴计划。由此说明，此时中国虽有南北两政府，但对政治派系和军阀而言，彼此之间并没有绝对的"南北之分"。属于北方阵营的旧交通系和奉系军阀可以借助南方的广州政权为"外援"，以制衡同属北方阵营的直系军阀。此可谓，敌中有我，我中有敌。

如果从 1921 年 5 月 14 日靳云鹏第三次组阁并迫使旧交通系周自齐和叶恭绰辞职算起，到 1921 年 12 月 24 日旧交通系首领梁士诒重组内阁，叶恭绰重任交通总长，在这 7 个多月的时间里，正是旧交通系叶恭绰等人酝酿"倒靳运动"、伺机重组内阁、夺取政权的关键阶段。恰逢此时，轰动世界的华盛顿会议在美国召开。叶恭绰等人遂利用华盛顿会议激发出来的民族主义情绪，挑起

---

① 《颜惠庆日记》第 2 卷，第 100 页。
② 《颜惠庆日记》第 2 卷，第 102 页。
③ 张国淦：《北洋述闻》，第 179 页。
④ 《颜惠庆日记》第 2 卷，第 102 页；《颜惠庆自传》，商务印书馆，2003，第 152 页。
⑤ 《颜惠庆自传》，第 159 页。
⑥ 《颜惠庆日记》第 2 卷，第 100 页。
⑦ 《颜惠庆日记》第 2 卷，第 101 页。

"国民外交"这面民族主义旗帜，掀起声势浩大的国民外交运动。

总的看来，华盛顿会议期间的国民外交运动，大体有四种政治力量参与其间，即北京政府、广州政府、旧交通系为代表的在野派系和受民族主义思想感染的市民团体。1921年华盛顿召开时，也是中国民族主义观念勃兴之际。华盛顿会议之所以引起中国人的强烈兴趣，实因中国人希望它能解决1919年巴黎和会上悬而未决的山东问题。

民族主义是一把双刃剑，执政者既可以利用民族主义激发民众的爱国情感，在野派系也可以利用它攻击执政者的统治缺乏合法性。旧交通系等在野派系推动国民外交运动，显然是与他们的"倒靳运动"结合在一起的，而上海的全国国民外交大会最后沦为政治斗争的工具，不仅是南北之争的结果，更是北京政府内部派系斗争的产物，如颜惠庆所言："一帮失意政客似乎觉得不把政局搅乱，他们就无法浑水摸鱼，故也推波助澜，惟恐天下不乱。"①

尽管民族主义运动无法远离政争，但民族主义思想的兴起确是五四运动之后一个不可抗拒的时代潮流。仅就本文探讨的对象而言，在华盛顿会议期间，中国的学生界、教育界、报界和商界的民族精英都表现对国家主权问题的高度关切。特别是以上海总商会和江苏省教育会为代表的民族运动团体之领袖，此时他们对于国内政治问题、外交问题表现极大的兴趣，而且有其独立的政治判断，不愿意被南北之争所左右，由此也增加了这场运动的复杂性：普通民众考虑的是民族利益，担心的是国家危亡；而执政者或在野派系更担心的是政权得失。

从本质上看，北京政府、广州政府和在野派系都是在利用民族主义运动为维护其政权或夺取政权而服务。虽同属政争，但南北之争有为政治主义而争的"新旧之别"，并非纯粹的党派利益之争；而北方的派系之争和府院之争虽"形似政争"，实际所争者并非政治问题，而是"利益之争"。因此，南北之争不同于北方的派系之争。用杨荫杭的话说，南北之争是"为政治问题，则虽争而至于内乱，亦政治进化所必经之阶段"。②

申言之，华盛顿会议期间的民族运动其实有两个政治目标：外争主权，内求统一。这两个政治目标是交织在一起，不能分解的，但各方对政权的争夺是借助民族主义的外衣而进行的。由此可见，民族国家的观念此时已经成为主流

---

① 《颜惠庆自传》，第159页。

② 杨荫杭：《政争》，杨绛整理《老圃遗文辑》，第72页。

的政治观念，即使是野心勃勃的军阀和失意无聊的政客也要标榜自己是"民族主义者"，唯其如此，才能赢得民意，尽管他们内心可能不会真正地效忠于民族国家。此时的中国被杨荫杭称为"五代式的民国"，而民族主义思想的勃兴恰恰是在这种"国家分裂"的忧患危机下催生的。[①] 相比收回国家主权而言，民族精英们更关切的是内政的统一。杨荫杭指出："今日国民之需要，不在大总统员数之多，止需有统一全国之大总统。"[②]

在南北之争中，孙中山所领导的广州政府敏锐地抓住了民族精英们对"统一诉求"的关切，从而掌握了民族运动的主动权。以后见之明观之，广州政府在1920年代初期对中国民族运动发展趋势的预感，要强于北京政府。能引导时代潮流者为"新"，落伍者则为"旧"，此亦可谓南北政府的"新旧分野"之一例。

[①] 杨荫杭：《民国与五代之比》，杨绛整理《老圃遗文辑》，第203页。
[②] 杨荫杭：《民国与五代之比》，杨绛整理《老圃遗文辑》，第203页。

China Digest（《中国文摘》）与第二次国共内战时期海外中共形象的构建

暨南大学　张龙平

　　1946 年全面内战爆发后，海内外民众对于中共的主张不甚明了，中共曾依托香港中间地带的《华商报》《正报》开展国际宣传，然因语言限制，其受众主要是熟悉中文的在港华人、南洋华侨和内地华南地区的中国人。为扩大国际宣传，1946 年 12 月中共在香港创办 *China Digest*（《中国文摘》）英文双周刊，该刊虽在香港登记注册，但其读者不限于香港，而是广泛地面向海内外，它的发行范围涉及香港、澳门、中国内地、英国、美国、马来亚、菲律宾等地。[①] 从 1946 年 12 月创办，至 1950 年 2 月正式将出版权转交新创办的《人民中国》（*People's China*）杂志，刊物连续出版发行 7 卷 81 期，新中国成立时还发行一期增刊。从创刊到 1949 年 9 月 21 日发行的第 6 卷第 12 期，龚澎一直担任主编，其中从 1948 年 9 月的第 4 卷第 10 期开始，龚澎还兼任发行人，并正式采用本名龚澎（Pong Gwan）。该刊自创办之日起就试图把自己摆在"超然"的立场之上，宣扬代表中国的知识精英向全世界发声，"中国与世界的真正理解不能止于官方的外交接触，因为物质条件和语言的限制也不能完全通过普通的民众，知识分子要成为桥梁和纽带。作为一些中国知识分子创办的本杂志，其目的是要向全世界表达中国人民的生活、思想、艺术和活动"。[②] 尽管如此，向国际社会报道中共活动仍是刊物最主要的宗旨，本文将以该刊关于中共的报道内容为中心，探讨刊物在报道中共时所试图构建的中共在海外的形象。

[①] "Subscription Rates," *China Digest*，Vol. 1，No. 1（December 1946），p. 20.

[②] "Foreword"，*China Digest*，Vol. 1，No. 1（December 1946），p. 3.

一 China Digest（《中国文摘》）与中共政治形象的构建

1947 年 2 月 25 日《中国文摘》转载了象征自由媒体的上海《大公报》上一篇关于战后民众希望（The People's Hope）的问卷调查，该问卷选取上海、南京、杭州、苏州，以及江苏、浙江、安徽、河南、湖北、山东、湖南、广东、陕西、河北、福建、广西、甘肃的部分地区和台湾、香港地区的 586 名读者作为样本，职业涉及大中小学生、公务员、店员、军人、工人、医生等。问卷问题主要有：（1）你支持还是反对美军驻华？（反对 538，支持 48）；（2）你支持还是反对美国目前的对华政策？（反对 464，支持 61，未表态 59）；（3）你支不支持政府在元旦颁布的宪法草案？（不支持 381，支持 124，未表态 81）；（4）你会选谁当中国的总统？（蒋介石 229，毛泽东 46，宋庆龄 27，孙科 23，其他郭沫若、张澜、陈嘉庚、周恩来）；（5）你建议谁当行政院长？（周恩来 123，张群 76，毛泽东 64，孙科 36，其他黄炎培、陈嘉庚、宋庆龄、张学良、董必武）；（6）你想要谁当立法院院长？（孙科 124，张治中 77，毛泽东 72，周恩来 28，王宠惠 14，沈钧儒 12，其他张澜、罗隆基、梁漱溟、张东荪、黄炎培、马叙伦、邓颖超）；（7）你支持还是反对内战？（反对 525，支持 34，未表态 17）；（8）你希望谁来调停国共之争？（中国 405，美苏 57，美苏英 15，美苏英法 5，联合国 7，苏联 1，日本 3，原子弹 2，上帝 1）；（9）你最爱与最恨的各是什么？（爱：民主 120，和平 71；恨：内战 98，独裁 78，腐败 75，特务恐怖 61，反动派 43）。① 从以上问卷，我们可以看到战后的中国民众对于新中国的希望：支持独立自主，反对外来干涉；支持联合政府，反对一党专政；支持和平民主，反对内战独裁。

《中国文摘》转载了这篇文章，并且没有发表社论予以批评，这表明《中国文摘》编辑部是支持《大公报》这份问卷调查的结论的，因为这些结论恰恰是中共在战后的政治主张与新中国的蓝图设计。早在 1945 年 4 月的《论联合政府》中毛泽东就曾指出：战后"要在广泛的民主基础之上，召开国民代表大会，成立包括更广大范围的各党各派和无党无派代表人物在内的同样是联合性质的民主的正式的政府，领导解放后的全国人民，将中国建设成为一个独

---

① "Ta Kung Pao's Gallup Poll: Peace and Coalition—The People's Hope," *China Digest*, Vol. 1, No. 5 (February 1947), pp. 8–9.

立、自由、民主、统一和富强的新国家"。① 1945 年 8 月中共中央发表对时局的宣言，也同样提出："在这个新的历史时期中，我全民族面前的重大任务是：巩固国内团结，保证国内和平，实现民主，改善民生，以便在和平民主团结的基础上，实现全国的统一，建设独立自由与富强的新中国，并协同英、美、苏及一切盟邦巩固国际间的持久和平。"② 1946 年 12 月，周恩来在总结"一年来国共谈判的情况时"仍肯定并坚持以上主张："和平、民主、独立成为中国人民的愿望，我们根据此愿望，在去年八月二十五日发表了宣言，以适应这种要求，这是完全正确的。在过去大革命、十年内战、抗战三个阶段，我党就贯串了这个新民主主义的方针，那么在第四个历史阶段，我们更一定要贯串它。这是我党的历史方针，也就是毛泽东同志去年《论联合政府》报告的主张，在今后一个较长的历史时期要贯串它与实行它。"③

"和平、民主、独立"既是中国人民的愿望，也是中共的政治主张，《中国文摘》当然要利用自己的平台为中共的政治主张做宣传，这其中既有正面的宣传（宣传自身维护"和平、民主、独立"的努力），也有反面的对比（宣传国民党政府破坏"和平、民主、独立"的行为），更多是借助于第三方的评论，其构建策略就是通过批评国民党政权主张的反动性，树立中共主张的进步性，并通过第三方来表达中共主张的高度认同性。

"和平民主"在中共的很多宣传语境中是放在一起论述的，与"战争独裁"构成一个统一的论述共同体。《中国文摘》在 1947 年 12 月创刊一周年纪念时，曾经提道："从一开始，《中国文摘》就呼吁冲突各方停止一切军事敌对行动，主张中国各政治势力包括国共两党在内进行和平协商。《中国文摘》不断要求南京政府保护人权和自由，但随着中国事态的发展，《中国文摘》认识到一个最终的事实，就像中国的学生所做的那样：只要有军事独裁统治存在，就不可能会有民主。"④《中国文摘》认识到在"战争独裁"统治之下不可能会有"和平民主"，但这并不妨碍中国的主流民意对"和平民主"的主观愿望。

事实上《中国文摘》对于中共"和平民主"主张的表达，并不是一开始

---

① 毛泽东：《论联合政府》，《毛泽东选集》第三卷，人民出版社，1991，第 1029～1030 页。

② 《中共中央对目前时局宣言》（1945 年 8 月 25 日），中央档案馆编《中共中央文件选集》（第十五册，1945），中共中央党校出版社，1991，第 247 页。

③ 周恩来：《一年来的谈判及前途》，《周恩来选集》上卷，人民出版社，1984（2004 年重印），第 252 页。

④ "China Digest's Anniversary: True Picture in China," *China Digest*, Vol. 3, No. 3（December 1947），p. 10.

就摆出中共的"和平民主"主张，而正是间接地通过民主党派、学生、普通民众、读者等对于"和平民主"的诉求，从而展现中共主张的民意基础。以民主党派为例，《中国文摘》第1卷第1期便在观察家栏目介绍中国的第三党民盟，"民盟是国共两党之外的第三党，其目标是建立和平民主的中国，它没有军队，完全依靠政治途径实现其目标"。[1] 第1卷第4期发表民盟领导人萨空了的文章《民盟的诞生与发展》，详细介绍了民盟的历史及其主张："民盟没有任何军力和财力上的支持，但它为民主和平而奋斗的使命是很重要的，面临的困难也是巨大的，在这种情况下只有那些愿意为了民主和平而付出一切的人才能保持盟员的身份。"[2] 在同期发表的《民盟二大宣言》中，又再次重申了民盟的上述主张，战后"两党停止军事对抗，恢复和平，和平是建立统一、联合国家的基础，这是民盟过去与现在的观点"。"如果政府真的想要和平，它就不应只是发动和平声势，而是采取措施改变现状，增强反对党对政府的信心"。[3] 此后《中国文摘》多次报道民盟和其他民主党派的政治主张，报道民主党派人士对时局的看法，特别是在1947年10月至1948年1月民盟先后经历被国民党取缔、在香港复盟的悲喜跌宕，《中国文摘》更是掀起了一股集中报道民主党派主张及动向的小高潮，除了有专文详细报道"南京取缔自由的民盟"[4] 的缘由经过之外，《中国文摘》的几大专栏也都组织了关于民盟被取缔的专题评论，如1947年11月4日的观察家评论"民盟被宣告非法"；[5] 11月18日的读者论坛引述上海、香港两地的读者来信，抗议政府强加给民盟的"通共颠覆国家政权"罪名，抗议陶希圣有关"民盟是民族罪人"的指责；[6] 同期的政治家论坛"民盟被取缔"则引述清华大学、燕京大学、北京大学的47位教授、香港《华商报》《中国邮报》、共产党的《新华日报》等方面的观点，认为政府取缔民盟"不民主、不合理、不明智"，"决策失误"，"暴露了国民党统治的危机"。[7]

---

[1]　"The New Third Party," *China Digest*, Vol. 1, No. 1（December 1946），p. 5.

[2]　Sa Kung Liao, "China Democratic League: Its Birth and Growth," *China Digest*, Vol. 1, No. 4（February 1947），p. 7.

[3]　"Declaration From The Second Plenary Sessions of China Democratic League," *China Digest*, Vol. 1, No. 4（February 1947），pp. 8 - 11.

[4]　"Nanking Outlaws Liberal Democratic League," *China Digest*, Vol. 2, No. 11（November 1947），pp. 10 - 11.

[5]　"Democratic League Outlawed," *China Digest*, Vol. 2, No. 11（November 1947），p. 3.

[6]　"State Crime," *China Digest*, Vol. 2, No. 12（November 1947），p. 2. "League Conspiracy," *China Digest*, Vol. 2, No. 12（November 1947），p. 2.

[7]　"China Democratic League," *China Digest*, Vol. 2, No. 12（November 1947），pp. 12 - 13.

　　《中国文摘》报道这些民意主张，并不一定意味着中共完全认同他们的主张，而是从宣传的角度看他们的主张与中共的主张更为接近，中共也需要民意主张为自己壮大声势。借助于民意得出有利于中共的结论要远比一家之言更能令人信服，这一点《中国文摘》是很注意的，如《中国文摘》第1卷第1期对于内战缘由的分析，《中国文摘》曾提出："国民党认为内战对于中国的统一是必要的手段，而共产党则宣称只要国民党采取武力手段对付他们，他们就会以牙还牙。对于中国左翼的普遍观察是：共产党军队是为保卫大多数民众的改革果实而战的。"① 1947年2月《中国文摘》第1卷第4期有关于中国的和平民主运动的趋势分析："政协协议深受全国民众支持，民主与反民主的较量从'较场口'开始，前者为了中国的和平统一做出了极大的牺牲，而后者则站在相反的立场上采取了野蛮、令人羞愧的手段。"② 第1卷第5期报道了上海工商界的"和平运动"，提出："结束战争是当前最重要的工作，和平是实现国家民主统一的先决条件，希望国民党蒋介石能够信守承诺。"③第1卷第12期开辟"学生运动与和平诉求"记者论坛，引述《中央日报》《和平日报》《大公报》《文汇报》《华商报》《新华日报》《晨报》等各政治取向媒体上有关学生运动与和平民主问题的报道评论，明显看到《中国文摘》有将自由媒体与左派媒体捆绑共同批评官媒有关"学生运动是反叛"的言论。④

　　而从1947年10月国共双方的战局和民意风向开始发生转变之后，《中国文摘》对于中共"和平民主"主张的表达，开始转变为直接揭露、批评"美蒋"的"假和平民主"，并指出这种"和平民主"带有特殊目的，不是中国人民想要的真正的"和平民主"。《中国文摘》先后发表文章批评"国大选举"⑤"宋子文的华南和平

①　"Civil War," *China Digest*, Vol. 1, No. 1（December 1946）, p. 5.

②　"Declaration From The Second Plenary Sessions of China Democratic League," *China Digest*, Vol. 1, No. 4,（February 1947）, p. 10.

③　"The Shanghai Democratic Construction Association's Views on Peace Drive," *China Digest*, Vol. 1, No. 5,（February 1947）, p. 7.

④　"Students' Strike and Demands for Peace," *China Digest*, Vol. 1, No. 12（June 1947）, pp. 18 – 19.

⑤　"China's Election," *China Digest*, Vol. 2, No. 12（November 1947）, p. 3. M. M. Woo, "China's First Election," *China Digest*, Vol. 3, No. 1（December 1947）, pp. 5 – 6. "Election: World's Great Farce," *China Digest*, Vol. 3, No. 1,（December 1947）, p. 6. "Criticism on Chiang's Election," *China Digest*, Vol. 3, No. 12（May 1948）, p. 14. "Old China Dying, New China Marching Ahead," *China Digest*, Vol. 4, No. 3（June 1948）, pp. 7 – 8. "Nanking's Constitutional Government," *China Digest*, Vol. 4, No. 3（June 1948）, pp. 8 – 9.

路线"① "李宗仁的和平新路"②，旨在揭露国民党试图以"和平民主"改革为幌子，换取美国继续援助，进而延续其"军事独裁"统治。1948 年 7 月当国内部分大城市出现一股国共即将和谈的声音时，《中国文摘》发表文章澄清国民党官媒及民众中的"和平谣言"，③ 并利用香港读者来信，指出"中国需要真正的和平，而不是以和平为幌子去争取美国援助"，"反共是蒋的一贯主张，不会改变"。④ 1949 年元旦蒋发表求和声明，1 月 11 日《中国文摘》针对蒋的求和声明发表观察家评论，文章引述新华社的评论观点指出："中国头号战犯乞求和平不仅对他自己来说是荒谬的，而且更暴露了他和平阴谋的真实目的：通过和平来保持国民党作为美国在华殖民统治代理人的执政地位，维护地主买办阶级的利益，逃避战争责任。"⑤ 此后国共双方开始进入和谈，《中国文摘》仍不时发表文章分析国民党的和谈动机，国民党各派系对和谈的态度，谴责国民党的和谈诚意。⑥

在这个新的阶段《中国文摘》开始正面树立中共特别是毛泽东的"真和平民主"主张，且这种"真和平民主"是超越于党派、国界的。1948 年 5 月 18 日《中国文摘》刊登了"中共纪念五一节口号"，号召"各民主党派、各人民团体、各社会贤达迅速召开政治协商会议，讨论并实现召集人民代表大会，成立民主联合政府"。⑦ 该主张得到了民主党派的积极响应，他们通电全国，并致电中共中央毛泽东表示拥护。⑧ 同期的观察家评论则肯定中共的主张，认为中共的民主联合政府构想意味着中国将进入人民民主的新时代。⑨ 此后大批民主人士分批北上，筹备新政协会议，共商建国大业，"和平民主"成了中共与民主党派共同的话语。1949 年 1 月 25 日《中国文摘》全文刊登了毛泽东在 1 月 14 日发表的对时局的声

---

① "T. V. Soong and 'Peace Plot'," *China Digest*, Vol. 2, No. 12 (November 1947), p. 11.

② Chang Ling-wei, "Peace in China: Li Chung-jen and New Road," *China Digest*, Vol. 3, No. 9 (March 1948), pp. 3 – 4.

③ Yu Po-yo, "Head and Tail of Peace Rumours," *China Digest*, Vol. 4, No. 7 (August 1948), pp. 3 – 4.

④ K. L. Chu, "Real Peace," *China Digest*, Vol. 4, No. 8 (August 1948), p. 2.

⑤ "On Chiang Kai-shek's Peace Move," *China Digest*, Vol. 5, No. 6 (January 1949), pp. 10 – 11.

⑥ "Why the Reactionaries Who Have Fallen Asunder Clamour for over All Peace," *China Digest*, Vol. 5, No. 9, (February 1949), pp. 2 – 3. "The Frustration of Li Tsung-jen's Peace," *China Digest*, Vol. 5, No. 9 (February 1949), pp. 12 – 13. "Where is Nanking's Sincerity for Peace?," *China Digest*, Vol. 6, No. 1 (April 1949), p. 7.

⑦ "Speedily Call People's Assembly—Chinese Communist Party's May Day Slogans," *China Digest*, Vol. 4, No. 1, (May 1948), pp. 9 – 11.

⑧ "Support the Communist Call," *China Digest*, Vol. 4, No. 1 (May 1948), p. 11.

⑨ "China's Coalition Government," *China Digest*, Vol. 4, No. 1 (May 1948), pp. 12 – 13.

明，里面含有中共对于国共和谈的八项主张，表明了中共方面对于"和平民主"的最新态度和展开国共和谈的诚意。[1] 该主张也同样得到了民主党派人士的大力支持。[2] 1949 年 6 月 28 日，《中国文摘》大篇幅报道了新政协筹备会的情况，意在表明中共在夺取全国政权之后仍将坚持"和平民主"的构想建设新中国。[3] 1949 年 7 月 13 日，《中国文摘》全文发表毛泽东在纪念中共建党 28 周年上的讲话《论人民民主专政》向外界系统地表达了中共要建立人民民主专政国家的理论构想。[4] 通过这样的宣传，《中国文摘》完成了从理论到实践上将中共塑造成一个从"和平民主"的支持者、倡导者，到最终的实践者、胜利者。

与宣传"和平民主"主张时的"批蒋、借他、挺己"思路有所不同，《中国文摘》在宣传中共"民族独立"的主张时则主要侧重于"批蒋"和"借他"，即通过批评国民党的对美、对日政策将国民政府塑造成一个丧权辱国的卖国投降政府，并借助于介绍亚洲其他国家的民族解放运动，调动国内的民族主义情绪，调动国际社会的同理心。

《中国文摘》宣传最多的是对美国干涉中国内政的批评，主要涉及美国对华政策、中美条约、驻华美军、美国调停国共关系、美国亚洲政策等。在美国对华政策问题上，《中国文摘》直指中国内战是美国制造的，"美国总统事实上已经成为国民党军队的最高司令长官"，"美国的军队牢牢地绑架了美国政治与外交，这是导致中国内战升级的原因"。[5]《中国文摘》谴责美国干涉中国内政，认为这无助于中国问题的解决，无助于在中国建立"有代表性的、民主的、和平的"政府，只会增加杀戮，使战争复杂化，呼吁美国停止一切对蒋援助，同时表示："无论美国是有条件、还是无条件援助国民党，都无法挽救国民党反动派的失败"，"胜利终将属于中国人民"。[6]《中国文摘》不时发文批评美国政府、智库、媒体、民间有关对华政策的谬论，以及国民政府为换取美援而不惜出卖国家主权，进行所谓政治社会革新的闹剧。《中国文

---

[1] Mao Tze-tung, "On Peace in China," *China Digest*, Vol. 5, No. 7（January 1949）, pp. 2 – 5.

[2] "On Current Situation, China's Democrats support Communist' Eight Peace Conditions," *China Digest*, Vol. 5, No. 8（February 1949）, pp. 9 – 11.

[3] "New PCC-Forerunner of New China," *China Digest*, Vol. 6, No. 6（June 1949）, pp. 1 – 11.

[4] "Mao Tze-tung on People's Democratic Dictatorship," *China Digest*, Vol. 6, No. 7（July 1949）, pp. 3 – 8.

[5] Hai Han, "Chinese Civil War-Made in U. S. A," *China Digest*, Vol. 1, No. 3（January 1947）, pp. 6 – 8.

[6] Kwei Lung-tung, "Nothing Will Save the Reactionaries," *China Digest*, Vol. 1, No. 8（April 1947）, p. 6.

摘》引述外媒和读者的观点，认为美国对华政策是"干涉主义""帝国主义"，是要打造新的"大东亚共荣圈"，① 把日、蒋、韩变成反共反苏的前沿阵地。《中国文摘》还不时宣传美蒋之间的矛盾分歧，揭露美国干预国民党派系之争，以及国民党试图影响美国总统大选。而当时间渐入 1949 年，美国民众惊呼"老蒋完了"，② 一切几成定局之时，爱泼斯坦、史沫特莱等在美进步记者呼吁政府"放弃幻想、认清事实"，③ "采取中间立场与国共都有接触"④ 的政策时，人们最终等来的却是"太平洋反共联盟"⑤ 和"美中关系白皮书"，其结果就是我们所熟知的《别了，司徒雷登》。《中国文摘》也报道了美国扶蒋反共政策的具体表现，当美国出现对华资金、武器援助计划时，当驻华美军出现干预中国内战、扰民暴行时，当中美签订不平等条约时，《中国文摘》都会组织相应抗议文章，也大量报道中国民众的抗议言论与行动。1948 年 7 月 3 日，中美签订双边协定，国民政府为换取 2.75 亿美元的援助，竟出让财政，货币，预算，经济管理，国际贸易、勘探、开发、运输中国矿产等特权，《中国文摘》痛批"国民政府丧权辱国超过《马关条约》"。⑥ 1948 年 7 月 30 日，有读者来信指出美国哥伦比亚全国广播公司将在中国华南地区建立"美国之音"转播站时，《中国文摘》认为这是美国进行"经济、军事、政治侵略的一部分"。⑦《中国文摘》批评美国的对华政策及其表现，但并不拒绝美国友好人士、团体有利于中美关系特别是对解放区进行正面形象宣传的言论，如对纽约远东民主政策委员会的活动、言论的报道⑧和对几位生

---

① S. L. Li，"A Radical Change- Nanking's Attitude towards Japan，" *China Digest*，Vol. 3，No. 10（April 1948），p. 5.

② "Lao Chiang Finished，" *China Digest*，Vol. 5，No. 5（December 1948），p. 2.

③ Israel Epstein，"Abandon Fiction，Recognize Facts-Americans and American Policy Towards China，" *China Digest*，Vol. 5，No. 5（December 1948），p. 16.

④ Agnes Smedley，"Will There Be a New U. S. Policy towards China?，" *China Digest*，Vol. 5，No. 6（January 1949），p. 9.

⑤ "New U. S. Plot in Far East，" *China Digest*，Vol. 6，No. 8（July 1949），p. 10.

⑥ "Its costs China Tremendously—The Sino-American Bi-lateral Agreement Unilateral，" *China Digest*，Vol. 4，No. 5（July 1948），p. 10.

⑦ "Voice of America，" *China Digest*，Vol. 4，No. 9（September 1948），p. 2.

⑧ "Get out of China，" *China Digest*，Vol. 3，No. 10（April 1948），pp. 10 - 11. "National Conference on US Policy in China，" *China Digest*，Vol. 3，No. 11（April 1948），p. 2. "China Week in US，" *China Digest*，Vol. 3，No. 12（May 1948），p. 2. "Sarcasm against Missimo，" *China Digest*，Vol. 5，No. 5（December 1948），p. 2. "Greetings to the Chinese People，" *China Digest*，Vol. 6，No. 7（July 1949），p. 23.

活在天津的美国妇女对天津解放前后观感的持续报道。[1]

《中国文摘》对日本的报道，涉及美日关系、中日关系、中日贸易、中日和平协定、战犯审判，其核心是战后美国的日本政策。关于美国的日本政策，《中国文摘》曾于第1卷第1期的记者论坛栏目引述中国媒体的观点："麦克阿瑟正尽最大努力恢复日本的纺织工业，使日本成为远东地区最大的工业国"。"日本的侵略政策'工业日本，农业中国'已被美国接受，这将使美国实现'工业美国，农业中国'，'美国资本，中国劳力'。""美国要把日本变成反苏的前沿阵地，就像'一战'后支持德国抗衡法国一样。"[2] 正是因为战后的日本对美国的全球战略有着极为重要的地位，美国人开始了重建日本的计划，因之作为反苏反共同盟关系的南京政府的对日政策也随着美国的政策而改变，在这种格局之下，中国的对日政策实际上变成了美国对日政策的注脚，并未体现一个独立的战胜国应有的尊严，《中国文摘》当然会抓住这一民族主义的宣传利器。《中国文摘》不时报道《日本人仍在国民政府供职》《国民党利用日本人打内战》《日本的太阳旗仍在飘扬》《日本人又回来了》的消息，报道抗日英雄讲述抗战的故事，提醒人们不要忘记日本的侵略暴行及国民政府的倒行逆施。《中国文摘》常引述大学教授、工业界代表、媒体的观点，指责国民政府恢复与日本的贸易，认为这是"与敌人的交易"，[3] 造成大量廉价商品充斥中国，威胁到中国民族工商业者的利益，影响到香港在亚洲工业中的地位。《中国文摘》痛批孙科的"联日反苏"主张[4]和国民政府的"中日和平协定"，[5]认为这是美国主导下的新"大东亚共荣圈"；而对于包括冈村宁次在内的战犯逃避审判，被任意释放遣送回国之事，《中国文摘》认为这完全违背《波茨坦公告》的精神，使得军国主义者没有得到应有的惩罚，美国人是在"自掘坟墓"。[6] 《中国文

---

[1] Grace D. Liu, "Behind US-Made Bamboo Curtain—New Tientsin as Seen by an American," *China Digest*, Vol. 6, No. 5（June 1949）, pp. 5 - 7. Betty C. Chang, "We had Red Soldiers in Our House-Story Told by an American housewife," *China Digest*, Vol. 6, No. 9（August 1949）, pp. 8 - 9. Grace D. Liu, "Truly Liberated," *China Digest*, Vol. 6, No. 11（September 1949）, p. 2. Betty C. Chang, "Tientsin Water Works Undergoing Changes," *China Digest*, Vol. 6, No. 12（September 1949）, pp. 16 - 17.

[2] "Pressmen's Forum," *China Digest*, Vol. 1, No. 1（December 1946）, p. 14.

[3] "Deal with Enemy," *China Digest*, Vol. 3, No. 3（December 1947）, p. 15.

[4] "Un-Chinese," *China Digest*, Vol. 2, No. 2（July 1947）, p. 3. "Sun Fo and His New Anti-Soviet Attitude," *China Digest*, Vol. 2, No. 3（July 1947）, pp. 5 - 7. "Dr. Sun Fo's Anti-Soviet Statements," *China Digest*, Vol. 2, No. 3（July 1947）, pp. 12 - 13.

[5] "No Veto in Peace Conference with Japan," *China Digest*, Vol. 2, No. 8（September 1947）, p. 3.

[6] "Okamura Release—A Malicious Plot," *China Digest*, Vol. 5, No. 8（February 1949）, p. 12. "Aspects of American Grave—Digging in Japan," *China Digest*, Vol. 5, No. 8（February 1949）, p. 11.

摘》引述自由媒体和学生的民意调查，认为美国的对日政策不得民心，不符合中日两国人民的利益，如果坚持下去会导致新的对华侵略战争。《中国文摘》提出自己的对日主张："肃清日本法西斯势力；不接受麦克阿瑟的和平主张；惩办战犯；赔偿中国损失；通过社会革命给日本民众平等机会。"①而随着1949年人民解放战争的胜利，《中国文摘》也报道了中共及其民主党派主张新中国与日本加快签订更为公正合理的和平协定。

对亚洲国家民族解放运动的报道，涉及朝鲜、韩国、越南、印尼、印度、马来亚（新加坡）、缅甸、菲律宾、泰国等国，这些国家在近代历史上与中国一样都有遭受西方殖民者及日本入侵的经历，在争取民族独立的问题上有着相似或相近的心理，《中国文摘》对于他们的报道既有声援他人之意，也有警醒自己之心。按照这些国家当时民族独立运动的开展情况，《中国文摘》对于朝鲜、越南、印尼、印度、马来亚、缅甸的报道主要侧重于追求民族独立运动一方的报道，其中尤以对印尼（7篇）、越南（5篇）、朝鲜（4篇）三国的民族独立运动的报道最多；②而对韩国和菲律宾则侧重于对该国的糟糕状况及统治者如何与美帝勾结镇压民众反抗的报道。③如此的报道倾向显然有当时亚洲地

---

① "Is General Chu Sze-ming Chinese?," *China Digest*, Vol. 3, No. 7（February 1948）, p. 11.

② "Indonesians For National Independence," *China Digest*, Vol. 2, No. 6（August 1947）, p. 10. "The Tragedy of Indonesia," *China Digest*, Vol. 3, No. 6（February 1948）, pp. 5 – 8. "The New Stage of the Indonesian Struggle for Independence," *China Digest*, Vol. 3, No. 9（March 1948）, pp. 7 – 9. "New Developments in the Indonesian Situation," *China Digest*, Vol. 4, No. 12（October 1948）, pp. 8 – 9. "Blind Alley of Compromise-Tragedy in Indonesia," *China Digest*, Vol. 5, No. 6（January1949）, pp. 13 – 14. "Lessons From Indonesia," *China Digest*, Vol. 5, No. 12（April 1949）, pp. 5 – 6. "Mourning over Murder of Indonesian Leaders," *China Digest*, Vol. 6, No. 11（September 1949）, p. 24. "Vietnam Nationalist Movement," *China Digest*, Vol. 1, No. 4（February 1947）, p. 2. "Indo-China For the Indo-Chinese," *China Digest*, Vol. 2, No. 8（September 1947）, pp. 11, 20. "Sketches of French Collaborationists in Viet Nam Independence Struggle," *China Digest*, Vol. 2, No. 9（October 1947）, p. 10. "The Directive of Ho Chi-Minh," *China Digest*, Vol. 3, No. 7（February 1948）, p. 13. "Salute, Democratic Republic of Viet Nam," *China Digest*, Vol. 4, No. 8（August 1948）, pp. 7 – 8. "Koreans Fled from American Zone," *China Digest*, Vol. 2, No. 10（October1947）, p. 9. "Hands off Korea," *China Digest*, Vol. 3, No. 8（March 1948）, pp. 6 – 7. "Korea: A Debacle for US Imperialism," *China Digest*, Vol. 4, No. 1（May 1948）, pp. 5 – 6. "Korea Revives," *China Digest*, Vol. 6, No. 9（August 1949）, pp. 14 – 15.

③ "Recent Occurances in the Philippine Islands," *China Digest*, Vol. 3, No. 3（December 1947）, p. 12. "The Philippines under Quirino," *China Digest*, Vol. 6, No. 10（August 1949）, pp. 16 – 17. "Economic Disintegration in US-Occupied South Korea," *China Digest*, Vol. 5, No. 1（November 1948）, p. 8.

区特殊的战略格局的考虑：一方是以美国为首，搞"亚洲马歇尔计划"，通过联合日、韩、中（蒋）、菲等亲美政权在亚洲建立反苏反共大联盟；① 另一方则是包括中（共）、印、朝、越等国在内，主张亚洲各国人民有权决定自己的未来，号召共同反抗西方殖民者。②

《中国文摘》利用战后国民心中普遍存在的民族主义心理，宣传蒋美、蒋日亲密关系，宣传亚洲邻国的民族独立运动，把蒋放到了国内，甚至是国际民族独立运动的对立面，从而反衬中共拥护、践行民族独立的主张。当然，中共对于民族主义的运用仍不能超越于意识形态和现实利益，涉及外来干涉的苏联成了"善意同情"的象征，《中国文摘》较少报道苏联可能与刊物宣扬的立场有关。

二 *China Digest*（《中国文摘》）与中共经济社会治理形象的构建

随着国共内战的进一步深入，中共在战场上的形势逐步占优，距离最后的胜利日渐临近，中共即将开始全国范围内的执政，然而外界对于中共的执政理念、执政能力，以及中共领导人的执政风格，都缺乏足够的认识。因此，此时中共的海外宣传工作也一改前期旨在获取国际社会的理解与同情，转而通过展现中共在解放区的局部执政的经验和社会治理能力，展现中共领导人的形象，进而赢得外界信心，获取外界对中共作为胜利者的认同。

中共的执政经验长期限于局部，限于农村，其综合性的经济社会治理能力一直没有机会得到充分展现，令外界对中共建立在阶级立场上的社会治理方式深表忧虑，尤以工商界为重。《中国文摘》的读者多为社会精英阶层，对中共的治理主张尤为关注，这种关注甚至能够影响精英阶层对于国共两党的选择。肩负统战功能的《中国文摘》利用从中共解放区获取资讯的相对便捷，逐渐增加对于不断扩大的解放区经济社会状况的报道以迎合读者的需要，消除对中共治理能力的偏见，增强民众信心。这些报道主要涉及解放区的农业、农村与农民，解放区的工商业，解放区的城市管理，以及解放区的社会生活等几大类。

---

① "Asiatic Union and the Marshall Plan," *China Digest*, Vol. 4, No. 12（October 1948）, pp. 10 – 11.

② "Asian Conference and Asia's Future," *China Digest*, Vol. 5, No. 8（February 1949）, p. 13.

　　土改是解放区农业、农村与农民的核心问题。事实上自抗战胜利以来，特别是中共 1946 年发布"五四指示"实行"耕者有其田"的土地政策后，各解放区的基层政权都已着手进行土地改革，《中国文摘》会不时刊登各地土改的消息。在《中国文摘》创办初期的几篇有关解放区的零星报道就主要是关于土改问题的。1947 年 1 月第 1 卷第 3 期《中国文摘》首次报道来自解放区的消息，便引用美国记者贝蒂·格拉汉姆（Betty Graham）在鲁南解放区的新闻采访稿《在另一个世界》，里面提出"当地民众最关心的就是土改"，"土改的进展与中共的影响力密切相关"。① 1947 年 2 月第 1 卷第 5 期《中国文摘》报道山东、山西部分解放区的农民在中共的领导下建立农民协会，并在农会的统一部署下进行土地再分配、制订春耕计划、给农民发放农业贷款等措施，帮助农民实现增产增收。② 1947 年 7 月第 2 卷第 2 期《中国文摘》报道了鲁北解放区农民在土改后"十年未有的大丰收"，以及农民互帮互助"天下农民是一家"的消息。③ 这些零星的报道只能说是中共土改的具体表现，而《中国文摘》首次系统的阐述中共的土改政策却要到 1947 年 9 月引用美国记者斯特朗的解放区报道《耕者有其田》，她回顾了中共的土改政策演变，并告诉读者"土改不是要在中国建立乌托邦，而是要打破封建主义，调整土地所有权属关系，使得大量的耕地农民能够获得属于自己的土地，使得更多贫农尽可能的变成中农"。她还介绍了中共可能采取的土改措施，农会在土改中的作用以及地主的反应。④ 1947 年 10 月中共颁布《中国土地法大纲》成为各解放区土改的指南，《中国文摘》及时刊载了"大纲"的内容，⑤ 此后"在中国大地上"栏目常报道各地落实土改政策情况以及土改给农民带来的实惠，认为土改不仅给农民带来了增产增收，还使得穷人翻身解放，⑥ 成为自由的"新农民"。⑦

　　土改不仅解放了农业、农村与农民，也解放了工商业，因为工商业的发展需要农业产品、农村市场和农民劳动力。中共一直都有保护中小工商业者的政

---

①　Betty Graham, "In the Other World," *China Digest*, Vol. 1, No. 3 (January 1947), p. 2.

②　"A Spring Production Drive," *China Digest*, Vol. 1, No. 5 (February 1947), p. 16.

③　"Abundant Crop in North Shantung," *China Digest*, Vol. 2, No. 2 (July 1947), p. 13.

④　Anna Louise Strong, "Land to the Tiller," *China Digest*, Vol. 2, No. 7 (September 1947), pp. 8 - 9, 20.

⑤　"Chinese Communists Basic Programme on Agrarian Law," *China Digest*, Vol. 2, No. 11 (November 1947), pp. 5 - 7.

⑥　"Land Reform for Prosperity," *China Digest*, Vol. 3, No. 3 (December 1947), p. 8. "Emancipation of the Poor," *China Digest*, Vol. 3, No. 6 (February 1948), pp. 15 - 16.

⑦　"The New Farmer," *China Digest*, Vol. 3, No. 2 (December 1947), p. 5.

策，1947 年的《中国土地法大纲》甚至提出"保护所有工商业者的财产及其合法的经营，不受侵犯"。① 而这些政策外界未必知晓，更未必知晓解放区的落实情况，所以对中共工商业政策的报道，就不仅事关解放区工商业者的利益，也关系到国统区以及海外的经济统战工作。《中国文摘》也注意到这点，开始时零星报道一些解放区的农村工商业发展情况，如"晋冀鲁豫解放区的乡村借贷与资本家银行"② "曲阜的农村商业"③ "东北解放区的机械化农场、电力与采煤业"④ "鲁东沿海的盐场"⑤ "陕北的邮递业"⑥ 等。而随着 1948 年解放的城市越来越多，《中国文摘》的报道开始涉及城市解放后的工商业政策，1948 年 1 月《中国文摘》报道了河南许昌解放后保护工商业的政策："只没收中央、中国、交通、农民四大银行许昌分行的资产，其他照常开办"，"被国民党强征的私人汽车物归原主"，"建立解放区人民币 – 国统区法币兑换交易中心，兑换价格优惠"，"商店重新开门营业，减免税收"。⑦ 1948 年 2 月《中国文摘》报道了河北石家庄解放后颁布保护发展私营工商业的条例，提出"要保护工商业者的合法财产与经营不受侵犯"，"工厂商店要建立公平分配制度"，"资本家与劳动者、雇用者与被雇用者要根据企业发展、繁荣经济、互利双赢的原则签订公平公正的劳动合同"，"所有工商业者不得无故关闭工厂商店、破坏机器、隐蔽资产、投机倒把、扰乱市场秩序，而应尽快恢复生产，遵守法律，切实采取措施促进工商业正常发展，确保民众生活稳定"。⑧ 除了政策本身的宣传报道之外，《中国文摘》还常报道政策带来的效果，如在第 3 卷第 10 期特别刊登了山东曲阜在 1947 年前后工商业发展的数据，仅 1947 年上半年曲阜便增加公司工厂 560 家，各行各业都有增长。⑨ 第 4 卷第 11 期报

---

① "Land Reform and Protection of Industry and Commerce," *China Digest*, Vol. 3, No. 10 (April 1948), p. 6.

② "Village Loan in Liberated Areas," "Capitalists Opens Banks in Liberated Areas," *China Digest*, Vol. 2, No. 1, (June 1947), p. 14.

③ "High Purchasing Power of Peasantry," *China Digest*, Vol. 2, No. 7 (September 1947), p. 15.

④ "Public Mechanized Farm," *China Digest*, Vol. 3, No. 1 (December 1947), p. 15.

⑤ "Coastal Industry," *China Digest*, Vol. 3, No. 1 (December 1947), p. 15.

⑥ "Iron Shoulders Postmen," *China Digest*, Vol. 3, No. 2 (December 1947), p. 15.

⑦ "Liberation of A City—Industries and Commerce Protected," *China Digest*, Vol. 3, No. 4 (January 1948), p. 8.

⑧ "Law on Trade and Commerce," *China Digest*, Vol. 3, No. 6 (February 1948), p. 13.

⑨ "Land Reform and Protection of Industry and Commerce," *China Digest*, Vol. 3, No. 10 (April 1948), p. 7.

道东北解放区三年来的进展，1946 年 2 月哈尔滨的私营工商业 6347 家，而到了 1948 年 2 月增加至 22582 家，两年间增加至 3.5 倍，1948 年 3 月至 6 月再新增 3743 家。① 这些地方性临时性的工商业政策的颁布及其效果呼应了中央的主张，也会逐步完善中央的主张，使得中共的工商业政策在更广泛的区域实施成为可能。随着内战的进展，解放区的范围日益扩大，从 1948 年下半年开始《中国文摘》报道一些跨区域的，甚至是全国解放区的工商业政策。1948 年 9 月 7 日《中国文摘》报道了中共晋冀鲁豫解放区的工商业方针："1. 保护包括地主富农在内的所有工商业。2. 从事商业活动的党员要与工厂合作发展生产，避免要求加薪，缩短劳动时间，而应努力提供充足的原料，减少开支，增加产量，提高效率，增加销售。3. 要克服控制、垄断国营企业的思想，禁止以权谋私，做不利于人民的事。4. 银行、大型贸易公司、供销合作社、财政所要联合起来购买市场过剩时的商品，并在稀缺时投放公共消费。他们还应向私营工商户发放贷款，支持他们发展生产。5. 废除地方性的给工商业造成重大压力的附加税。"② 而随着华北人民政府的成立，一些专门性的工商业法令法规，如《华北船运章程》《华北商业贸易办法》《华北外汇交易暂行条例》等也先后对外界公布。1948 年 6 月 29 日、8 月 10 日、8 月 24 日、9 月 21 日、12 月 28 日《中国文摘》连续报道、评论在哈尔滨召开的第六届全国劳工大会的消息，对于"商业联合运动""劳资关系调整""工业生产计划""八小时工作制""最低工资""女工与童工问题""劳工政策立法"等事关解放区，甚至是全国的劳工政策、工商业政策进行了讨论，主持会议的是陈云，外界可从中窥测、评估未来新中国可能采取的工商业政策。③ 到了 1949 年之后，新中国的脚步日益临近，外界对于新中国的工商业政策更为关注，《中国文摘》甚至专门组织香港的经济学家就工商界所关注的"新中国私营工商业政策"问题答疑。④ 在 1949 年 5 月先后发表陈伯达、李立三的文章，向外界展现新中国的工业政策以及对待私营资本家的政策。⑤

---

① "Three Years Development in Manchuria," *China Digest*, Vol. 4, No. 11 (October 1948), p. 8.

② C. F. Fang, "Industrial Policy in Liberated China," *China Digest*, Vol. 4, No. 9 (September 1948), p. 8.

③ "All-China Labour Program," *China Digest*, Vol. 4, No. 8 (August 1948), pp. 5 – 7.

④ "Industry and Trade in New China," *China Digest*, Vol. 5, No. 7 (January 1949), pp. 7 – 9.

⑤ Chen Po-Tah, "How Industry is Run in Liberated China?," *China Digest*, Vol. 6, No. 3 (May 1949), pp. 3 – 4. Li Li-san, "Policy Towards Private Capital," *China Digest*, Vol. 6, No. 4 (May 1949), pp. 9 – 11.

　　中共的革命道路走的是"农村包围城市"，从早期的革命根据地到抗战时期的游击区，再到后来的解放区，中共的管理范围主要在农村，城市特别是大中城市的管理经验比较缺乏。而随着解放战争的推进，中共控制的城市越来越多，中共开始摸索城市管理的经验，中央也因此多次电令各地注意积累。对于《中国文摘》而言，报道城市消息一面在于向外界宣传解放战争的进展，另一面则向世人宣告中共不仅会管理农村，也会管理城市，消除外界忧虑。《中国文摘》首次报道城市管理的消息是在 1947 年 12 月对石家庄的报道，该文报道：11 月 12 日石家庄解放后首先建立民主政府，并在其领导下开展稳定市民生活、恢复市场秩序工作。市政府发布公告：要求工人、城市贫民保卫自己的工厂和公共建筑；农民要联合起来贯彻"耕者有其田"；教育界、工商界要尽快恢复学校和商业活动；国民党官员、工作人员及其财产要到市政府登记，听候进一步处理，不得无故潜逃、破坏、抢掠；所有武器弹药要上交民主政府。一周后，石家庄的报纸、中小学、商店、工厂逐渐恢复正常，物价下跌，市民生活稳定，工人在各行业的领导地位确立。[①] 1948 年 2 月《中国文摘》报道了中共中央东北局关于哈尔滨市城市管理的指导意见。该意见认为，随着解放战争的进入大反攻阶段，更多的城市将会解放，由于中共缺乏城市管理经验，哈尔滨的探索将为其他城市提供借鉴。由于城市长期为帝国主义、封建势力控制，养成了不良的习气，如果能够好好改造将不仅有利于城市自身，也有利于整个解放战争的胜利。对于改造的标准，该意见认为无论是农村还是城市，战时还是战后，农村的中农和城市的技术工人他们的待遇都要和党的干部相当，党员不能超过一般群众。全面实施十小时工作学习计划，其中八小时工作，两小时学习。[②] 除了指导意见外，《中国文摘》还报道了哈尔滨市民主政府的具体城市管理措施："支持民众参军参战支援前线""推动包括减税在内的公私两利、劳资两利的工商业发展措施""推进教育普及""推动公共基础设施建设""发展公共健康事务""改革司法与公共安全事务""推行监狱自主管理"。[③] 哈尔滨是东北解放区最早解放的大城市，其城市管理的经验对其他地区有示范效应。1948 年 7 月 13 日《中国文摘》报道了中共中央东北局于 6 月 10 日

---

① 　Sheh Hua, "Shihchiachuang, A New City," *China Digest*, Vol. 3, No. 3（December 1947）, pp. 14 – 15.

② 　"How the Communists Administer a City," *China Digest*, Vol. 3, No. 7（February 1948）, p. 12.

③ 　Hua Shan, "Liberated Harbin, A Bird's Eye View," *China Digest*, Vol. 4, No. 2（June 1948）, pp. 14 – 15.

发布的《如何治理一座新城市？》的指导意见，该指导意见认为新解放的城市都要实行一段时间的军管治，先由军事管理机构来管理，然后交给市政府和市党委接管，全权处理城市一切事务，制定城市政策和法规。在军管治时期，各城市要向广大市民宣传党的城市政策和工商业政策；军事机构要保护好工商业，无权查抄；军事措施只能面向战争罪犯，其他犯罪行为应交给专门机构处理；军队只能处理军事物质，其他个人、公共财产应加以保护，听候处理；在军管治完成后，除少量维护治安外，所有军队应撤离城市；赏罚分明。[1] 除了解放较早的华北、东北外，《中国文摘》也曾报道过华东解放区的城市管理措施，1948 年 4 月 6 日《中国文摘》报道华野前线司令部的城市管理条例：没收所有敌产；保护公共基础设施；没收所有四大家族财产及其官僚资本；保护私营工商业；保护公共文化机构；在遵守民主政府和人民解放军法令的基础上保护所有外国侨民与传教士。[2] 这些城市管理的措施都具有很明显的地方性、临时性、军事性特征，但城市管理毕竟是中共面临的全新课题，须要有个全局性战略性的考量。1948 年 8 月 10 日《中国文摘》发表观察家评论《中国共产党与城市政策》，文章引述新华社 7 月 30 日的编辑部观点，提出："工业生产应置于与农业生产同等甚至更重要的地位，城市社会改革与农村改革是两个不同的问题，城市要逐步改变，要与全国资产阶级联盟，国民党的官僚资本要归还私人企业，国民党政府的教育、经济机构的工作人员如果遵守法律可以留用，所有的个人与公共财产、法律允许的私营工商业、文化与宗教机构、外国侨民都应当得到保护。"[3] 这种开放性的城市管理主张为日后更多解放后城市的管理提供了借鉴，也给外界留下了想象的空间，《中国文摘》后期对于天津、上海等大城市管理措施的报道，就验证了上述主张，也满足了外界的好奇。[4]

　　"为人民服务"是中共的执政宗旨，《中国文摘》所报道的中共经济社会治理措施很多是关于解放区民众社会生活，特别是精神生活方面的。《中国文摘》第 2 卷第 8 期报道了解放区的"新式妇女"，认为随着经济条件的改善和在抗战、土改中妇女所承当的同等角色，解放区的妇女们已经越来越积极地参

①　"How to Administer New Cities," *China Digest*, Vol. 4, No. 5（July 1948），pp. 6 – 7.

②　"Communist City Discipline," *China Digest*, Vol. 3, No. 10（April 1948），p. 9.

③　"Chinese Communists and Urban Policy," *China Digest*, Vol. 4, No. 7（August 1948），p. 10.

④　Li Sun-ten, "Tientsin, a City of New Birth," *China Digest*, Vol. 5, No. 10（March 1949），p. 10. H. M. Lai, "First 12 Days in Liberated Shanghai," *China Digest*, Vol. 6, No. 5（June 1949），pp. 15 – 17. "Two Months' Work in S'hai," *China Digest*, Vol. 6, No. 12（September 1949），pp. 8 – 9.

与公共生活了，她们通过组织妇女社团，评选女劳模，积极参政、参军等实际行动，宣告妇女的解放，体验翻身做主的感觉。[①] 1948 年庆祝"三八妇女节"，《中国文摘》报道了解放区的妇女们在土改、民主政府和工业生产等领域都有大量的参与，在当地政府帮助下，妇女们可以自由地选择婚姻，晋冀鲁豫解放区在"三八节"期间还颁布了对妇女儿童的优待措施。[②] 此后《中国文摘》"在中国大地上"栏目多次报道解放区的妇女在农业生产、医疗救护、矿产开采、商业贸易等领域的活动，改变了时人对于妇女"生下来就是为了吃和嫁"的固有印象。[③]《中国文摘》还报道过中共对解放后城市中的妓女进行改良的案例，帮助她们自食其力，成为有用的市民。[④] 1949 年庆祝"三八妇女节"，《中国文摘》发表观察家评论，指出："解放区的妇女在法律和实际中被赋予了与男性同等的权利，其关键的土地分配采取了男女平等的原则，这就使得妇女独立自由，摆脱男性压制具备了根基，她们的个人权利得到了确认。他们有属于自己的政府、稳定的经济条件和普遍的选举机制。在这里没有特权阶层，她们享受了免费的教育和其他优待。"[⑤] 同期的文章《两千万妇女选择自由》，认为"在解放区男女平等受法律保护，妇女买卖、卖淫、纳妾等行为被禁止，自由婚姻受法律保护，男女都有离婚的权利，男女同工同酬，这些都表明解放区的妇女获得了自由"。[⑥] 在这样的背景下，1949 年 3 月 24 日首届全国妇女大会在北平召开，4 月 3 日全国妇联成立，中共的妇女解放事业迎来崭新的春天。除了妇女工作之外，《中国文摘》报道较多的还有解放区的文化教育事业。《中国文摘》除了每期的"文化界""艺术"等栏目常有报道解放区的文化艺术活动之外，"在中国大地上"也常报道各解放区的教育工作、科学工作，报道各地推动教育重建，鼓励发明创造的措施。《中国文摘》报道中共的宗教信仰自由政策，反对西方利用宗教干涉中国内政。[⑦] 中共保护解放区的传

① Anna Louise Strong, "New Womanhood," *China Digest*, Vol. 2, No. 8（September 1947）, pp. 9 – 11.

② "International Women's Day," *China Digest*, Vol. 3, No. 9（March 1948）, pp. 12 – 13.

③ "Emancipated Women," *China Digest*, Vol. 4, No. 5（July 1948）, pp. 15. "Liberated Women," *China Digest*, Vol. 4, No. 9（September 1948）, pp. 13 – 14.

④ "These Degraded and Injured—A Report on How Liberated Prostitutes Become Useful Citizens," *China Digest*, Vol. 4, No. 4（June 1948）, pp. 6 – 7.

⑤ "New Meaning to March 8, 1949," *China Digest*, Vol. 5, No. 10（March 1949）, p. 4.

⑥ Alan Winnington, "20 Million Women Choose Freedom," *China Digest*, Vol. 5, No. 10（March 1949）, p. 4.

⑦ "Chinese Communists and Religious Freedom," *China Digest*, Vol. 3, No. 8（March 1948）, p. 9.

教士、保护城市解放后的天主教堂的报道也常见诸报端。

为了给外界展现中共解放区经济社会治理工作更直观的效果，《中国文摘》的封底常刊登反映解放区现状的图片，从 1949 年 4 月 19 日第 6 卷第 1 期开始《中国文摘》每期正文第 12 ~ 13 页会刊登一组来自解放区的图片，包括人民解放军、北平解放、中国工人、广东民众抗争、东北民众庆祝五一节、上海解放、中共领导人、新政协筹备会、松花江大桥建设、到南方去等主题素材。通过这些从文字到图片，从经济、社会到文化，从物质到精神等不同层面的解放区社会治理措施与效果的展现，《中国文摘》试图引导读者认识到：中共在不断扩大的解放区范围内的治理工作证明中共不仅能够有效局部执政，而且完全有能力把整个国家治理好。

三 China Digest（《中国文摘》）与中共领导集体形象的构建

解放战争时期的中共领导集体指的是在 1945 年 6 月中共"七大"上当选为中国共产党中央委员会的成员，其中包括毛泽东、朱德、刘少奇、周恩来、任弼时在内的中共中央书记处核心领导成员。《中国文摘》曾在 1949 年 7 月 13 日第 6 卷第 7 期公布过当时的中央委员、候补委员名单，[①] 并发布一组中共核心领导层的照片。[②] 事实上，在这之前《中国文摘》对中央领导集体的多名成员，特别是毛泽东的个人照、有关活动、言论和著述都已进行过一定的报道，这对于外界了解中共的领导人、了解中共、了解中共的主张都起了一定的作用。

在 1948 年之前《中国文摘》对于中共领导人的报道不多，显得很是低调，仅零星报道过当时分管国统区工作的周恩来、南京局的董必武对于时局的个别言论，报道过美国记者对于陈毅、刘伯承关于中共的军事战略以及聂荣臻关于晋察冀边区治理的采访，相关报道中还配有陈、刘、聂三人的照片。[③] 1948 年 1 月《中国文摘》第 3 卷第 4 期发表了毛泽东的文章《目前的形势和

---

① "Members of the Central Committee of CPC," *China Digest*, Vol. 6, No. 7 (July 1949), p. 17.

② "Mao Tze-tung and Other CP Leaders," *China Digest*, Vol. 6, No. 7 (July 1949), pp. 12 – 13.

③ Betty Graham, "The Strategy Which Solves The People's Problems," *China Digest*, Vol. 1, No. 10 (May 1947), pp. 13 – 14. Anna Louise Strong, "Free Enterprise in New China," *China Digest*, Vol. 2, No. 5 (August 1947), pp. 9 – 10.

我们的任务》，在该期封面上用醒目的字体标出这篇文章的题目以凸显其重要性。在文章的正文开头有段简短介绍："毛泽东于 1947 年 12 月 25 日向中共中央委员会作的报告"，"这是毛泽东自 1937 年以来发表的第五次重要报告，前四次分别是《论持久战》（1938）、《论新阶段》（1938）、《新民主主义》（1939）、《论联合政府》（1945）"。在正文的中间还配有一张新加坡画家绘制的毛泽东头戴五星八角红军帽的画像。① 这也开辟了对毛泽东著述报道的某种固有模式，此后但凡有毛泽东的文章、著作发表，一般都会在封面、正文开头、正文中间有文字或照片的相应凸显。

也就是从这个时候开始，《中国文摘》逐渐增加了对于毛泽东著述的报道，主要分为三大类：一是毛泽东的单篇讲话稿、声明稿、报告和文章（一般在两周内翻译发表），如 1948 年 6 月 1 日《中国文摘》发表的《胜利的果实》（1948 年 4 月 1 日在晋绥干部会议上的讲话）；② 1948 年 11 月 16 日《全世界革命力量团结起来，反对帝国主义的侵略》（1948 年 11 月 6 日为纪念十月革命 31 周年的文章）；③ 1949 年 1 月 11 日《将革命进行到底》（1948 年 12 月 30 为新华社写的新年献词）；④ 1949 年 1 月 25 日《中国的和平——和谈的八项条件》（1949 年 1 月 14 日中共中央主席关于时局的声明）；⑤ 1949 年 2 月 22 日《四分五裂的反动派为什么还要空喊"全面和平"》（1949 年 2 月 15 日发在新华社的文章）；⑥ 1949 年 6 月 28 日《中国，东方升起的太阳》（1949 年 6 月 15 日在新政协筹备会上的讲话）；⑦ 1949 年 7 月 13 日《论人民民主专政》（1949 年 6 月 30 日纪念中共成立 28 周年的文章）；⑧ 1949 年 9 月 7 日《别了，

① Mao Tze-tung, "Present Situation and Our Tasks," *China Digest*, Vol. 3, No. 4 (January 1948), pp. 3 - 5, 14.

② Mao Tze-tung, "Production for Victory", *China Digest*, Vol. 4, No. 2 (June 1948), pp. 3 - 5, 19 - 22.

③ Mao Tze-tung, "World Revolutionary Forces United Against Imperialist Aggression," *China Digest*, Vol. 5, No. 2 (November 1948), pp. 3 - 4.

④ "Carry The Revolution to The Very End," *China Digest*, Vol. 5, No. 6 (January 1949), pp. 3 - 7.

⑤ Mao Tze-tung, "On Peace in China—Eight Conditions for Peace Negotiations," *China Digest*, Vol. 5, No. 7, (January 1949), pp. 2 - 5.

⑥ "Why the Reactionaries Who have fallen Asunder Clamour for Over All Peace," *China Digest*, Vol. 5, No. 9, (February 1949), pp. 2 - 4.

⑦ Mao Tze-tung, "China, Rising Sun from the East," *China Digest*, Vol. 6, No. 6 (June 1949), pp. 3 - 4.

⑧ Mao Tze-tung, "On People's Democratic Dictatorship," *China Digest*, Vol. 6, No. 7 (July 1949), pp. 3 - 8.

司徒雷登》（1949 年 8 月 18 日发在新华社的文章）。① 二是毛泽东已经出版的名著，经组织翻译后刊载，1949 年 2 月 22 日第 5 卷第 9 期《中国文摘》开辟了一个新栏目"中国指南"（Guide to China）专门发表毛泽东的名著，如从第 5 卷第 9 ~ 11 期连载了毛泽东发表于 1939 年的《中国革命与中国共产党》；② 从第 6 卷第 3 ~ 5 期、第 7 ~ 12 期连载了毛泽东发表于 1941 年的《中国革命战争的战略问题》。③ 三是毛泽东的电令、电函等，如《毛泽东、朱德 1948 年 9 月 7 日致李济深暨中国国民党革命委员会、冯玉祥夫人李德全的哀悼电函》；④《毛泽东 1949 年 4 月 8 日致李宗仁的回电》《毛泽东 4 月 2 日致傅作义的回电》；⑤《毛泽东、朱德 1949 年 4 月 21 日发布向全国进军的命令》；⑥《毛泽东 1949 年 8 月 23 日致美国共产党祝贺美共成立 30 周年的电函》⑦ 等。

而从 1949 年 1 月 25 日第 5 卷第 7 期首次将毛泽东的画像作为封面后，《中国文摘》多次采用毛泽东的画像作为封面，如 1949 年 4 月 5 日第 5 卷第 12 期封面采用写有"毛主席号召我们前进！"标语的毛泽东画像；1949 年 5 月 3 日第 6 卷第 2 期封面采用毛泽东、朱德的合照；1949 年 5 月 17 日第 6 卷第 3 期封面采用上海画家绘制的一幅毛泽东板画；1949 年 7 月 13 日第 6 卷第 7 期封面采用大幅素描的毛泽东画像。此外，在《中国文摘》各期当中涉及中共的重要会议、检阅军队、毛泽东文章发表、群众游行时也都可以看到配有毛泽东的照片。通过毛泽东的著述文章和图片，《中国文摘》试图引导读者认识一个外表朴实而又思想高远的中共领袖形象。

---

① "Good Bye, Leighton Stuart!," *China Digest*, Vol. 6, No. 11 (September 1949), pp. 3 – 5.

② Mao Tze-tung, "The Chinese Revolution and The Communist Party of China," *China Digest*, Vol. 5, No. 9, (February 1949), pp. 19 – 22; *China Digest*, Vol. 5, No. 10 (March 1949), pp. 15 – 17; *China Digest*, Vol. 5, No. 11 (March 1949), pp. 18 – 20.

③ Mao Tze-tung, "Strategic Problems of China's Revolutionary War," *China Digest*, Vol. 6, No. 3 (May 1949), pp. 19 – 22; *China Digest*, Vol. 6, No. 4 (May 1949), pp. 20 – 22; *China Digest*, Vol. 6, No. 5 (June 1949), pp. 20 – 22; *China Digest*, Vol. 6, No. 7 (July 1949), pp. 20 – 22; *China Digest*, Vol. 6, No. 8 (July 1949), pp. 20 – 22; *China Digest*, Vol. 6, No. 9 (August 1949), pp. 19 – 22; *China Digest*, Vol. 6, No. 10 (August 1949), pp. 20 – 22; *China Digest*, Vol. 6, No. 11 (September 1949), pp. 19 – 22; *China Digest*, Vol. 6, No. 12 (September 1949), pp. 20 – 21.

④ "Mao Tze-tung, Chu Extend Condolences," *China Digest*, Vol. 6, No. 10 (September 1948), p. 4.

⑤ "Mao Tze-tung's Reply to Fu Tso – yi," *China Digest*, Vol. 6, No. 1 (April 1949), p. 4. "Mao Tze-tung's Reply to Li Tsung-jen," *China Digest*, Vol. 6, No. 1 (April 1949), p. 6.

⑥ "Order to Liberate All China," *China Digest*, Vol. 6, No. 2 (May 1949), p. 3.

⑦ "Chairman Mao Tze-tung Greets CP U. S," *China Digest*, Vol. 6, No. 11 (September 1949), p. 2.

中共是个领导集体，凸显毛泽东的形象是为了展现他的领导核心作用，《中国文摘》也常报道其他中共领导人的讲话、著述，如朱德在新政协筹备会上的讲话；① 周恩来在中苏友好协会成立大会上讲话；② 刘少奇的文章《论国际主义与民族主义》；③ 及其担任中华全国总工会名誉主席时对他的简介；④ 任弼时的文章《中国共产党的土地改革及其方法》《论中国土地改革中的几个重大问题》⑤；叶剑英的述职报告《六个月来的北平》⑥；陈毅的述职报告《上海两个月来的工作》⑦。《中国文摘》也会在他们的讲话、著述发表时配发个人照片，在一些重要的会议，如国共会谈、新政协会议时刊发部分其他领导人的简介和照片。此外，一些重要的党外人士，如宋庆龄以英文撰写的文章《中国文摘》也有发表，1947 年 10 月第 2 卷第 10 期上刊登了她的《双十节致辞》；⑧ 1949 年 7 月第 6 卷第 7 期上刊登了她的《庆祝中国共产党成立 28 周年致辞》；⑨ 1949 年 10 月第 7 卷第 1 期刊登她的《新中国的诞生》⑩ 等。

《中国文摘》通过文字与图片、个人与集体、理念与实践等多个不同的视角向外界展现一个外表朴实、思想高远、实践丰富、信仰一致的中共领导集体形象，其目的在于通过他们及他们的主张告诉广大读者：在这样的坚强领导集体带领之下，中国的民族独立和人民解放事业一定能够取得胜利，而这批领导者将是新中国第一代领导集体的根基，希望能够赢得外界的认同与信心。

从 1946 年 12 月至 1950 年 2 月，《中国文摘》对于中共的报道几乎贯穿了整个国共内战时期，也见证了当时中国各方力量的消长。《中国文摘》的创办

---

① Chu Teh, "People's Army Assures New PCC's Success," *China Digest*, Vol. 6, No. 6（June 1949），p. 5.

② "Learn from Soviet Union," *China Digest*, Vol. 6, No. 8（July 1949），p. 14.

③ Liu Shao-Chi, "On Internationalism and Nationalism," *China Digest*, Vol. 5, No. 4（December 1948），pp. 6 – 9.

④ "Liu Shao-Chi, Leader of Chinese Workers," *China Digest*, Vol. 6, No. 5（June 1949），p. 18.

⑤ Jen Pi-shih, "Chinese Communist Agrarian Reform and Methods," *China Digest*, Vol. 4, No. 1（May 1948），pp. 7 – 9. Jen Pi-shih, "On Communist Social Order," *China Digest*, Vol. 4, No. 4（June 1948），pp. 5, 16 – 18.

⑥ "Six Months in Peiping," *China Digest*, Vol. 6, No. 12（September 1949），pp. 14 – 15.

⑦ "Two Months' Work in S'hai," *China Digest*, Vol. 6, No. 12（September 1949），pp. 8 – 9.

⑧ "Madame Sun Yat-sen's October Tenth Statement," *China Digest*, Vol. 2, No. 10（October 1947），p. 6.

⑨ "Mme. Sun Yat-sen Greets CPC's 28th Anniversary," *China Digest*, Vol. 6, No. 7（July 1949），p. 2.

⑩ "Madame Sun Yat-sen: The Birth of a New China," *China Digest*, Vol. 7, No. 1（October 1949），pp. 4 – 5.

未必存在明确的形象塑造功能，但其对中共的持续报道实际上造成了在国际上为中共塑造形象的结果。作为中共面向海外发行的英文刊物，《中国文摘》肩负着向西方世界准确报道中国、报道中共的重任，从追求战后和平、民主、独立的政治理想，到解放区经济社会治理的成功经验，再到中共领导集体的个人形象；从最初的阐述主张、获取同情，到后来的经验介绍、获取信心，再到最后的胜利喜悦，获取认同，《中国文摘》或正面引导，或反面衬托，试图带领广大读者去认识一个真实的中共形象：有理想、有实践、有能力，中共不仅能够取得内战的胜利，也能把整个中国建设好。这对于外界认识中共、了解中共、同情中共、支持中共无疑是起到了正面作用的，它打破了当时欧美新闻界垄断涉华报道的局面，纠正了一些对华报道片面不实的言论，为国际社会认识中国提供了新的窗口。然而，由于刊物本身的发行量和中共自身发行渠道的限制，外界对中共、对中国的了解仍主要通过西方媒体，整体上对中共的观感并未有超越于意识形态的根本转变，这也决定了新中国成立前后中共的国际处境。

领海划界与捍卫海疆主权

——南京国民政府颁布"三海里令"成因论析*

湖南师范大学历史文化学院　刘利民

中国的领海制度建设可以追溯到清末，但此后直至南京国民政府建立，都未正式宣布自己的领海界线。1931 年，中国才正式颁布第一个领海法令——《中华民国领海范围定为三海里令》，标志着中国领海制度建设取得重要进展，在中国领海制度发展史上具有里程碑的意义。

但是，学术界对此问题关注不足。学界对中国近代领海制度建设问题亦有一定研究。不过，国际法学界的关注视野主要在于现行海洋法，对中国近现代领海制度发展历程梳理较为简单，缺乏深入的史实论证。[①] 而史学界对于此问题研究也不多。目前所见最深入的研究成果是台湾学者黄刚的《中华民国的领海及其相关制度》（台湾商务印书馆，1973），该书主要论述民国建立后至 20 世纪 70 年代中国领海制度发展的六十年历程，其着眼点在于以史学研究的方法论证国际海洋法在中国近现代的发展情况，同时对于国民党退守台湾后的"现行"领海制度予以研究。但该书对于三海里令颁布的详细过程考察仍较简略，仅在"中华民国的领海宽度"一节简单涉及。笔者曾经亦就此问题进行过考察，但限于资料，该法令出台的详细情况亦欠深入研究。[②]

---

* 基金项目：国家社科基金青年项目"中国恢复领水主权史研究"，项目批号：10CZS028。2012 年湖南师范大学青年优秀人才培养计划项目"民国时期恢复领水主权问题研究"。

① 梁淑英：《国际海洋法与中国领海制度》，《政法论坛》1994 年第 3 期。

② 拙论《简论民国时期的领海制度建设问题》，《贵州师范大学学报》（社会科学版）2008 年第 1 期；收入《不平等条约与中国近代领水主权问题研究》，湖南人民出版社，2010。

本文在上述研究成果基础上，试图利用台湾中研院近代史研究所所藏档案及《海军公报》等资料，做进一步考察。

一　第一次国际法编纂会议召开与中国首次在国际会议上提出领海主张

国际法编纂会议的召开，对中国政府考虑自身领海制度建设具有一定推动作用。1930年3月13日，第一次国际法典编纂会议在海牙开幕。该会设有国籍、领水、国家责任三个专门委员会。领水委员会就领海的地位、宽度、测定及毗连区等问题进行了讨论。首先，领水委员会对"领水"二字进行讨论，认为："领海二字较领水二字为妥当，故领水问题，遂改称为领海问题。"[①] 其次，就领海的法律地位问题，委员会讨论后达成了一致。[②] 但在讨论领海宽度等问题时，"各国因地理及经济情形之不同"，意见分歧很大。预备委员会原主张三海里制，中、日、英、美、希（腊）等亦主张三海里，但包括苏联在内许多国家均反对。[③] "反对领海范围规定为三浬者，以为国际法并未严格规定领海范围，此可由各国政府自由决定，而且各国之利益有需要较三浬更广之领海范围者，而主张以三浬为领海范围者则以为他们国家不能承认较三浬更广之领海，且视欲扩大领海范围之诸国亦以此种规则之采行为专断的，而不愿接受对他们规定特别地位的一个协定。因此领海范围从何处量起的问题自无从讨论，而大会也就不能达到一同意的结果。"[④] 除宽度外，领海测定之标准、领海毗连区划定等问题均无结果。

最终，领水委员会以领海法律地位虽有规则，但不能成为一独立协定，故决定只提交报告，将领海地位规则作为附件一，将领海测定标准意见作为附件

① 于能模：《国际法编纂会议之结果》，《中华法学杂志》1930年第1期。

② "领海认为是沿岸国支配权所及之范围，此项支配权称为主权 sovereignty，而此项主权的性质与陆地上所行使之主权并无不同。但是主权亦依国际法受国际团体之限制，而对于领海主权之一重要的限制即为他国船舶享有之无害通过权 right of innocent passage，无害的通过自由，虽不必给予军舰，但在礼貌上军舰亦应许其通过。于是则关于领海，沿岸国主权及外国船舶通行自由之两大原则，首先决定。"周鲠生：《第一次国际法典编纂会议的成绩》，《国立武汉大学社会科学季刊》第1卷第3号，1930。

③ 《各国之领海范围主张》，《海事》第4卷第4期，1930，"四海消息：海权"，第77~78页。

④ 明养：《国际法典编纂会议聊胜于无的结果》，《东方杂志》第27卷第11号，1930年6月10日。

二一并载入，而不向大会递交公约草案。① 报告书叙述了三点：一是承认航海自由原则；二是确认沿海国"对于其沿岸之海，得施行其主权"，但须受国际法上所定条件之限制，且应允许外国船只无恶意通过；三是关于领海阔度问题承认各国意见分歧，未能确定。三项附件为关于领海法律制度、关于领海基础线、一九三〇年四月三日该委员会会议记录。此外，还通过一项决议书、二项建议案，附件一附入决议书，建议案为关于内河船舶管辖权的规定、关于渔业的保护。决议书内容如下：会议表示，因各国意见不一，对于领海问题虽未能拟定公约，但仍希望编纂工作继续进行。会议建议："（一）敦请国联行政院，将本会所拟定之关于领海法律制度之条文，送交各国政府考虑。如各国政府表示赞同，将来可将此项条文，作为领海公约之一部分。（二）又请行政院转请各国政府，参考本委员会所讨论之情形，继续研究领海阔度及其相关问题，并研求最佳方法，以利编纂工作之进行与成就。（三）更请国联行政院考虑，是否有请求各旁海国各将所定之领海基础线标准，正式报告于国联秘书厅之必要。（四）最后请国联行政院选择适当时机，愈早愈佳，召集一新会议，或以订立一解决领海全体问题之公约为目的，或以订立一仅关于领海法律制度公约为目的。此为该委员会决议书之要旨。"至于劝告书，一为关于内水问题，一为关于保护渔业问题。② 可见，领水委员会只是确立了航行自由和沿海国对领水的主权原则，但未能就领海宽度等问题达成一致。

　　海牙国际法编纂会议虽未能就领海宽度等问题达成共识，但此次会议还是有积极意义，这是各国首次就领海问题展开国际讨论，足以引起各国对领海问题的重视，为以后领海国际规则制定提供了参考。对中国而言，此次会议亦有积极影响。此次会议的准备和召开使中国政府不得不思考中国的领海问题，推动了中国社会内部就领海问题进行讨论，有利于中国领海制度建设。

　　国际法编纂委员会在筹备会议阶段征求了各国意见。早在1926年，该会曾致函北京政府外交部，请中国在10月15日前将对于国际法各问题意见提交委员会，但当时北京政府没有如期提交报告。该委员会遂再次函请于1927年2月15日之前提交报告。外交部将其函转给海军部等相关部门，要求就相关问题发表意见。海军部就此进行回复。关于领海宽度，海军部主张扩充领海范

① 周鲠生：《第一次国际法典编纂会议的成绩》，《国立武汉大学社会科学季刊》第1卷第3号，1930。
② 于能模：《国际法编纂会议之结果》，《中华法学杂志》1930年第1期。

围，指出："关于领海一项，查各国皆因其本国之情形主张不一。如在海岸线短及产业发达之国，自然取进取主义，领海主张缩短。反之，在海岸线长及产业不发达之国，当取保守主义，领海主张扩大。就我国而言，北自辽海，南至海南，海岸线并不为短，而国内产业亦未甚发达，为保护国家利益计，自以主张领海扩大为宜。查各国中现有主张领海为十五海里者，今者我似应作同一之主张，领海拟定为十五海里。"关于渔业问题，海军部不赞同委员会的意见，指出："关于海产一项，查领海内海产应绝对主张为其国家之权利，他国人不得侵犯。至该草案内所称依特定条约允许缔约国人民于其领海内有渔业权云云，完全为缔约双方之特别关系，似无庸纂入国际法典之内。"[①] 目前没有资料证明外交部采纳了海军部关于领海宽度为十五海里的主张而转致国际法编纂委员会，但海军部的这一呈文表明国际法编纂委员会对中国政府内部讨论领海问题有一定影响。

北京政府垮台后，南京国民政府继续就领海问题与国际法编纂委员会保持沟通。1928 年，国联行政院就国际法编纂委员会提交的问题清单，筛选了国籍、领水、国家责任三个专题，并拟发问题单，送交包括中国在内的各国政府讨论。[②] 中国政府对此如何答复，笔者暂未找到相关资料。但从后来中国政府的应对及中国代表的表现来看，应该是有一定准备的。

国际法编纂会议正式开会的消息在中国社会引起了一定反响，国民政府、舆论界、国际法学者等均有积极反应。《上海时事新报》《国闻周报》《东方杂志》《中央日报》等均有报道。在会议召开前，《上海时事新报》就载文希望国人注意。当日本已经选派了代表而中国政府未有动静时，该报颇为着急，敦促政府认真考虑。后国民政府派伍朝枢为代表，该报才表示放心，但仍有所抱怨。该报提醒政府注意："然则从吾国立场而言，应如何贡献意见，庶几法典编成之后，不致损及吾国之实际利益，实为不易解答之问题。"对于此次会议所涉及的三项议题，该报指出："'领海'关系吾国之渔业及国防，'国籍'关系吾国之人口与对外移民，其性质均极重要，固无待论。"但该报认为，对中国而言，最宜郑重考虑的则是国家责任问题，希望中国代表注意。"至于国籍问题与领海问题，应如何深思熟虑，审其是非，明其利害，从事技术的准备，以图切实之供献，此则有待于海内学者之讨

---

① 《关于专家委员会编查国际法典一事现准海军部核复到部复请查照转复函》，《外交公报》第71 期，1927 年 5 月。

② 黄刚：《中华民国的领海及其相关制度》，第 56 页。

论，与出席代表之努力。"①

会议开幕时，《东方杂志》发表文章指出：此次会议所讨论的三个题目都是与中国有密切关系的问题，中国应慎重对待。其中，"关于领海权问题，国际法上向来离海岸三浬为限，不过我国盐匪土贩充斥，常在离海岸三浬外之公海上偷运货物，我们是否提出伸长领海范围，以便防止漏税？这也是个问题"。作者建议，中国出席大会的代表和各国的代表根据法理，"针对事实郑重讨究"。② 中国的国际法学者亦颇为关注，周鲠生、于能模等纷纷撰文发表意见。

国民政府对此次会议亦相当重视。1930 年 2 月，国民政府第 63 次国务会议议决，"拟派驻美公使伍朝枢为代表，傅秉常为专门委员兼补充代表"。同时，规定"如伍公使不暇兼顾，即以施肇基为代表"。③ 伍朝枢接到国民政府外交部的指令后，于 3 月 7 日行抵海牙。伍氏抵达海牙后，"提出以本国特殊情形为基础的建议书"。④ 中国代表在此次会议上表明了中国政府对于三个问题的看法，其表态当然事先得到了政府的指令。"所有在会讨论之国籍、领水及外侨损害责任三大问题，迭经本部将我国应行表示之意见与该代表往复电商，期于维持公道之中仍能兼顾本国利益。该代表始终克勤折冲，不失此旨。"⑤ 关于领水问题，根据记录，中国政府似曾指示伍朝枢就渤海湾问题提出中方意见，但伍朝枢于 4 月 11 日电告国内："领海委员会，亦无结果。历史湾未有决议案，故渤海湾无提出之必要。"⑥ 在会上，中国政府代表仅宣称中国政府赞同"三浬制度"。⑦ 这与随后国民政府宣布的领海法令规定的领海范围是一致的。这些情况说明，海牙国际法编纂会议对国民政府关注领海问题产生了积极影响。

① 《编订国际法典会议》，《国闻周报》第 7 卷第 9 期，1930 年 3 月 10 日，"论评选辑"，第 5～7 页。

② 明养：《第一次国际法典编纂会议开幕了》，《东方杂志》第 27 卷第 7 号，1930 年 4 月 10 日。

③ 《为奉选派参与编纂国际法会议代表案办法仰遵照办理由》，《（南京国民政府）外交部公报》第 2 卷第 11 号，1930 年 3 月，"文书"，第 31 页。

④ 明养：《第一次国际法典编纂会议开幕了》，《东方杂志》第 27 卷第 7 号，1930 年 4 月 10 日。

⑤ 《为呈报海牙编纂国际法会议经过情形由》，《（南京国民政府）外交部公报》第 2 卷第 12 号，1930 年 4 月，"文书：海牙编纂国际法会议案"，第 59 页。

⑥ 《伍朝枢报告海牙国籍法编纂会议之结果》，《中央日报》，1930 年 4 月 13 日，第 1 张第 4 版。

⑦ 吕之：《各国之领海范围主张》，《海事》第 4 卷第 4 期，1930，"四海消息：海权"，第 77 页。

二　新税则实施与海关总税务司提议划定领海缉私界线

国民政府划分海界，亦与国民政府实施新税制有关。到 1928 年底，国民政府通过与各国谈判，获得了列强对中国关税自主权的承认。12 月 7 日，国民政府决定，自第二年 2 月 1 日起，施行国定进口税率。其后，又于 1931 年 1 月 1 日实施第二个《国定进口税则》，采用了 5% ~ 50% 的 12 级税率，经 1932 年部分修改，提高糖品等货物的进口税率。1933 年 5 月，全面修改进口税则，大幅度提高税率。① "加重税率，固然可以弥补财政的亏损，但跟着而来，却是走私日盛一日。"为此，总税务司考虑加强缉私工作，建立缉私制度。② 缉私制度的建立当然需要明确缉私界限，而这与领海界线又有密切联系。海关总税务司梅乐和向国民政府建议明确划定海界。

1930 年 1 月 29 日，总税务司梅乐和向财政部关务署提出呈文，称："中国领海范围实有急待解决之重要。"梅乐和主要基于新税则实施而希望有明确的界线划分。他说："按诸万国通例，各国对于离岸三英里以内之船只，大抵均认为有管辖之权，间亦数国超过三英里者，如美国为厉行酒禁，曾规定离岸十二英里以内之海面，或一小时中轮船离岸入海所驶远度之海面内，该国亦有检查外轮之权。此外尚有海湾及海岛种种实使领海范围问题倍增复杂。窃查中国对于此项重要问题似尚未有明确之规定。刻值新税则施行之后，走私情事较前愈增。职署正在妥筹防制之方，愈觉中国领海范围问题有急待解决之必要。惟遍查中国与外国所订条约中，仅一八九九年中墨条约第十一款，有距岸三英里之海面为领海范围之规定。此外则一九零四年十月二十四日英国议会所颁布关于该国在中国及朝鲜管辖权问题之命令规定，凡英国臣民在英国船或中国船上离中国海岸一百英里以内，如有犯法情事，须交由英国驻各该国领事裁制之。是中国领海究以何者为标准，向无明确之规定。"在这份呈文中，他建议国民政府进行四项工作："（一）中国须秉此机会规定领海之范围。（二）除规定上项大纲外，须于国际间宣布中国为厉行海关规则起见，得规定于距岸之某种范围内有行使任何必要处置之权，且须声明凡他国愿与中国互订此项规定者，中国颇愿与之订约。（三）上项宣布须定入中国适当法律之内。（四）中

---

① 连心豪：《中国海关与对外贸易》，岳麓书社，2004，第 253 ~ 254 页。
② 陈诗启：《中国近代海关史》，人民出版社，2002，第 752 页。

国须派遣代表出席于本年（即一九三零年）国际联盟将在海牙召集之万国公法编纂第一届会议，将此项领海问题提出讨论，并草成万国约法。"①

　　梅乐和的建议引起了国民政府的重视。财政部同意梅乐和的建议，认为，"我国领海范围问题，关系极为重要，自应由政府确定范围，以资依据"。从缉私角度看，确立界线尤为重要，"至海关方面，自关税自主新税则施行以后，沿海走私情事较前愈多，为整顿税收，执行缉私职务，尤应明定领海范围，方有标准可循"。财政部因此请求行政院转呈国民政府核定公布领海范围。领海范围的确定非财政部的职掌范围，而缉私范围则属于其应考虑的问题，财政部遂参照他国成例，拟订有关大纲两条，呈交行政院决议："（一）为实施关章防止走私，在十二海里以内，得行使检查船只之权。（二）海关对于在上述范围以内被追之船，如须继续追查，即该船驶出十二海里以外，仍可追查。"②

　　接到财政部呈文后，1930年1月30日，行政院第五十五次会议进行讨论，决定将该问题交外交、财政、海军三部讨论，并指定外交部负责召集。③ 2月8日，外交部函请各部派员参加会议，审查领海范围问题。2月13日，各关系部代表在外交部开会。④ 经三部讨论，一致认为领海范围对于海防、渔业、航业等均有关系，而在海关尤有必要。"当此关税恢复自主之时，走私情事较前愈炽，诚如该总税务司所陈，有急待解决之必要"。至于采纳各种范围规定，各部意见"以为领海范围各国规定虽不一致，但大多数国家仍采取三海里原则，我国应否用明文规定，以三海里为领海范围，拟请仍照该总税务司所陈之第一点及职财政部原呈所请，即由钧院转呈国民政府审定公布，俾资遵守"。对于总税务司建议的缉私界线，除海军部外，其余各部意见相同。"职部等多数意见，以职财政部原呈所拟大纲第一条甚属妥善。其第二条亦为国际公法所许，且各国法律中间有以明文规定者，吾国自可援例行使此次权利"。海军部不赞成明文规定三海里外推广缉私范围的理由主要是担心中国实际巡防能力，"但职海军部意见，以为维护税课，遇有必要时，固得由距岸三海里处加以推

①　《行政院训令第三三九号：训令本部为中国领海范围问题经院议决交外交海军财政等部审查仰遵照办理由》，《海军公报》第8期，1930年2月，"命令"，第26页。

②　《行政院训令第三三九号：训令本部为中国领海范围问题经院议决交外交海军财政等部审查仰遵照办理由》，《海军公报》第8期，1930年2月，"命令"，第27页。

③　《会呈行政院为遵令会议复领海范围办法敬祈鉴核由》，《海军公报》第10期，1930年4月，"公牍"，第167页。

④　《函外交部复派本部司长杨庆贞许继祥二员出席讨论领海范围问题请查照由》，《海军公报》第9期，1930年3月，"公牍"，第131～132页。

广，惟对于推广之界程，似不必明白规定，缘一经规定，须在推广范围以内担负公安责任。际此海岸巡防设备未周之时，恐未易切实履行此种责任，故职海军部对于上项缉私范围之规定，殊不致赞同"。对于总税务司其他建议，会议各方均表示"可以采纳"。① 但当会议结果呈报行政院时，国务会议决议，"发还再议"。财政部据此再次审查提交报告，行政院会议决议转呈国民政府。② 但当该案讨论期间，时局已经发生变化。4 月，中原大战爆发，国民政府忙于应付内战，该案遂搁置一边。当行政院将该案与农矿部咨询领海界线如何规定一案合办讨论后，提交国民政府第八十次国务会议讨论，"佥以若照原审议意见，定海关缉私领海范围为十二海里，按之现在情形，尚有未协。讨论结果，决议暂从缓议，一俟大局定后再议"。③ 直至当年底内战基本结束，而日本侵渔猖獗，各团体纷纷呼吁明定海界范围，国民政府才重新讨论领海和缉私界程问题。

在正式规定海界之前，由于国民政府对于缉私界程没有明令规定，海关总税务司在实施海关巡艇、巡舰在中国领海内执行缉私职务时应守条例时只好暂时规定三海里作为范围，但同时声明："但截至目前政府尚未正式宣布中国领海或领水范围。为应付沿海走私者，作为工作通例，海关当可认为中国拥有之领海权应不少于公认之限度，即从低潮点起由海岸向外延伸 3 海里。海关巡艇、巡舰缉私行动中接受上述范围作为工作通例，并不表示不尊重中国政府今后之任何决定。日后中国政府可能划定边界水域，域内保有完全领海权，亦可能划定较宽水域主张其缉私权，以保护税收。因此，目前担任缉私任务之海关巡艇及巡舰活动范围，应限于 3 海里范围以内。但 3 海里范围内之走私嫌疑船只如拒绝停驶接受海关检查，并企图逃往 3 海里范围以外，海关巡舰可追往公海就地扣留。"④ 这是在国民政府正式颁布 3 海里法令之前海关的缉私界线。

---

① 《会呈行政院为遵令会议复领海范围办法敬祈鉴核由》，《海军公报》第 10 期，1930 年 4 月，"公牍"，第 167、168 页。

② 《第二七三九号令海军部据呈领海界线应否明白规定录呈农矿部叠次来咨乞鉴核示遵由》，《行政院公报》第 188 号，1930 年 9 月 24 日，"指令"，第 23～24 页。

③ 《会呈行政院呈大局已定恳请转呈国府赓续前案规划领海界线以保主权而便遵守呈请鉴核由》，1931 年 2 月 18 日，台北，"中央研究院"近代史研究所藏实业部档案，渔牧司系列，渔业保护宗，保护渔业规划领海界线案册（以下简称"中研院"档案一），档案号：17－27－036－04，第 3 页。

④ 《为海关巡艇与巡舰关员执行缉私任务时应遵守之条例由，海关总税务司署通令第 4139 号》，1930 年 11 月 21 日，《旧中国海关总税务司署通令选编》第二卷，中国海关出版社，2003，第 518 页。

三 制止日轮侵渔与三海里令的颁布

南京国民政府最终颁布领海法令的直接目的是制止日本对华侵渔。此时，日本对华侵渔相当猖獗，尤其是日轮侵入江浙沿海捕鱼，并公然运至上海大肆倾销。[1] 对于日轮侵渔，南京国民政府外交部多次与日本使馆提出严重交涉，但均无结果。"盖以我国领海界限未经明定，故该国辄藉口公海，以为搪塞地步。"因此，外交部多次主张明划海界。如 1930 年 6 月 16 日，关于日轮侵入渤海芙蓉岛捕鱼一案，外交部就"已力主领海界限亟应于法令中明白规定"。后外交部又多次提及这一问题。农矿部亦认为有道理，指出："似此情形，则划定海界势难再缓。"农矿部因此询问海军部海界如何规定。对于外交部、农矿部的建议，海军部似并不认同。海军部认为，国际上，领海范围按照国际公法仍为距岸三海里为原则，领海界线不在于划定与否，而在于防舰常川梭巡为之确定界限。若无实力防守，"徒法不能自行，而事后控诉越界弋捕又全无证据"。对于扩充领海界线，海军部也注意到了国际上领海扩充趋势，但并未赞同，"近代欧美各邦认扩充领海为一国自主之权。各国因地势关系，有公布扩充至距岸七海里或至十余海里者。但因行使职权至于国际交涉时，对方颇持异议悬案未决者甚多"。[2]

农矿部收到海军部的咨文后，立即转咨外交部。外交部再次咨复农矿部，称："查渔业问题与领海关系密切，海军部以领海所在全凭防舰为之确定界线，自属扼要之论。且依照国际习惯，捕鱼权限与普通领海范围不同。除国家自有海湾，无论大小外，常有距岸十余里者。惟日本渔船连年常在渤海湾及江浙沿海一带侵渔，虽经本部抗议，而彼则藉口公海，无从解决。故对于领海范围及沿海渔区，认为有以明文规定之必要。究竟应否予以规定及应如何规定之处，事关领海及渔业问题，拟仍请由贵部咨商主管各部，统筹办法，俾于对外交涉有所依据。"农矿部因此恳请海军部明确划定领海界线和渔业界线。此前，财政部亦就海关缉私问题请求行政院划定十二海里缉私界线。1930 年 4 月 12 日，行政院批复，此案已经在行政院第六十四次会议决议查准，并呈报国民政府备案，要求外交部向国际分别公布，并将此决定知照海军部等。海军

---

[1] 参见拙著《不平等条约与中国近代领水主权问题研究》第八章。

[2] 《咨农矿部咨复海岸线未便扩充理由并送海界委员会会议录一册请察览由》，《海军公报》第 14 期，1930 年 8 月，"公牍"，第 137 页。

部奉到行政院的训令后，颇感棘手："究竟财部当时提议海关缉私推至十二海里为止，是否明认以公法上解释之三海里界线，再由此推广九海里，成为十二海里，抑系不问海岸形势如何，只由大陆自身推出，作为起点。领海根本界线未经确定，渔区范围实属无从议划。职部未奉明令，未便据以咨复。"① 海军部对于农矿部、外交部、财政部所提出的相关问题无法解答，遂于提请行政院指示领海界线应否明白规定。②

1930 年 11 月 7 日，会员金楚湘因沿海渔民近年被外国渔业侵略等原因损失巨大请求上海市商会转呈工商部等救济。上海市商会在转电时，针对日方动以在公海捕鱼，并未侵及中国领海为辞，发表意见："查领海宽度，旧时国际法定为三海里，嗣后火器进步，各国对于三海里之说早有异议，均未能切实遵守。上年海牙和会召集编纂国际法会议，关于领海宽度，聚讼纷纭，迄未解决。海军部就吾国地形立论，以为仅凭三海里之规定已可占得优胜，似于吾国领海渔业利益暨近来日人侵渔情形均未能详为顾及，应请咨行海部，再行从长计议。至于日人历来侵渔区域，究竟是否在公海范围，抑系涉及吾国领海，仅凭日人一面之词，何足取信，并请咨行海部，于渔汛时酌派军舰常川巡视，如有越界日轮，即予驱逐，以杜窥伺之萌。"③ 该电由工商部转给了外交部、海军部。外交部同时收到浙江省政府转来浙东渔业代表史仁航等人的电报，要求制止日轮侵渔。外交部苦于向日使抗议，"彼则藉口公海，迄未解决"。外交部认为，制止日轮侵渔"关键在于规定领海范围及沿海渔区"，因此咨请农矿部会商主管各部统筹办法。④ 此时，工商、农矿两部合组为实业部。实业部接管渔业事务后，亦在考虑对策，制定了"禁止日本渔船在江浙海面捕鱼机密提案"，准备在国务会议上提出。⑤

---

① 《呈行政院为领海界线应否明白规定录呈农矿部来咨请鉴核示遵由》，《海军公报》第 16 期，1930 年 10 月，"公牍"，第 143 页。

② 《指令第二七三九号令海军部呈领海界线应否明白规定录呈农矿部叠次来咨乞鉴核示遵由》，《行政院公报》第 188 号，1930 年 9 月 24 日，"指令"，第 23～24 页。

③ 《上海市商会代电据会员金楚湘函称江浙闽粤等省沿海数千万渔民为近年被外国渔业侵略海盗猖獗缉私勒索种种影响渔民损失不赀特分别拟具救济办法特请鉴核予令饬施行由》，1930 年 11 月 7 日，"中研院"档案一，档案号：17-27-036-04，第 7～8 页。

④ 《外交部咨：日渔轮侵渔事》，1930 年 12 月 19 日，台北，"中央研究院"近代史研究所档案馆藏，实业部全宗，渔牧司副全宗，渔业总类宗，沿海各省日本侵渔案及二十一年渔业行政计划日本渔轮越界捕鱼案册（以下简称"中研院"档案二），档案号：17-27-006-01，第 8 页。

⑤ 《实业部公函（致行政院秘书处）》，时间不详，"中研院"档案二，档案号：17-27-006-01，第 38 页。

　　同时，实业部征询外交部的意见，外交部认为，此案与国防领海均有关系，建议由实业部主持，召集海军部、参谋本部等一起会商办法。实业部遂向内政、财政、海军、参谋本部、外交部等关系部会发出邀请，订于 1931 年 1 月 10 日下午在实业部大礼堂开会。① 各部除参谋本部外均派有代表，包括内政部代表朱玖莹，财政部代表宗书华，海军部派司长许继祥，外交部派科长许念曾，实业部代表张轶欧、徐廷瑚、王世鼐等。② 关于领海界线问题，各部代表认为："以领海界线，各国主张不一，按照国际公法暨各国惯例，均以三海里为原则，惟各为自卫起见，遇有必要时，或可由国际公约原定三海里之界线分别扩充，但此种公约原定之界线应先划定经纬，俾了然于范围之所在，再请提议扩充，增加巡防实力。现在大局已定，海界关系事权，亟应呈明钧院鉴核，俯赐呈请国民政府再议。"③ 会议最后议决下列各点："（一）本案关键，须先将领海界限划定。前海军部曾有呈请规定之举，现在应赓续前议，重行呈请，以期领海界线早日划定。（二）呈文由海军、实业两部会同拟稿，再请各关系部会签署。（三）呈文内容，先请规定，以沿海岸水落处所现出地为起点计算，三海里为领海。（四）关于海盗及保渔问题，由实业部咨请海军部拟定具体办法。（五）渔业问题，遵照渔业法所规定者办理，关于缉私部分者，咨请财政部核办。"④

　　随后，海军部与实业部共同起草了呈行政院会稿。2 月 18 日，实业部将各部签字的意见稿呈报行政院，要求"赓续前案，规划领海界线，以保主权"，请求转呈国民政府"先将普通领海范围早予确定，将来关于战时、中立时军务，平时税务、渔业、临时卫生检查各种问题，于必要时得由主管部呈请扩充"。⑤ 参谋本部虽未派代表与会，但提有《规定领海界线草案》供参考。⑥ 该草案随各部会呈意见稿一并提交行政院，并影响了行政院。该草案包括划界必要性、各国先例、领海大小利害、中国领海宽度、划界方法、海峡六条。关

① 《外交部咨》，1930 年 12 月 26 日，"中研院"档案一，档案号：17 - 27 - 036 - 04，第 44 页。
② 《为大局已定悬请转呈国府赓续前案规划领海界线以保主权而便遵守呈请鉴核由》，1931 年 2 月 18 日，"中研院"档案一，档案号：17 - 27 - 036 - 04，第 1 页。
③ 《会呈行政院呈恳转呈国府赓续前案规划领海界线以保主权由》，《海军公报》第 21 期，1931 年 3 月，"公牍"，第 248 页。
④ 《实业等五部昨会领海界限问题》，《中央日报》，1931 年 1 月 11 日，第 1 张第 4 版。
⑤ 《会呈行政院呈为大局已定悬请转呈国府赓续前案规划领海界线以保主权而便遵守呈请鉴核由》，1931 年 2 月 18 日，"中研院"档案一，档案号：17 - 27 - 036 - 04，第 2、6 页。
⑥ 《参谋本部函送规定领海界线草案请查核草案一件》，1931 年 1 月 13 日，"中研院"档案一，档案号：17 - 27 - 036 - 04，第 90 页。

于领海大小利害，草案称："以管见论之，强国以小领海为有利，弱国以大领海为有利。何则？强国之海军强，商船多，渔船更众，藉其海军之强掩护其商船及渔船，以驰骋于公海而侵渔他国之领海及私海，推其侵渔之欲之所及他国无寸里领海之保留，始得遂其大欲；而强国之本国领海以及其领海外附近之公海，弱国断不敢染指，亦无力染指，此强国所以以领海小为利者也。弱国反是，海军既微，商船及渔船又寡，其国力不足保其领海内之权利，唯思藉国际公法以遏制强国之侵渔，而保持其战时中立国之权利，兼便于其海防上之措施，此弱国所以以大领海为利者也。"因此，草案主张中国采用大领海制度，建议至少划定十二海里海界。①

五部会议意见稿并参谋本部的草案提交后，经行政院第十四次国务会议通过，"决议领海界线拟定为十二海里，转呈国府核定，关于勘界事宜，交海军部办理"。② 国民政府收到议案后，经第十三次国民政府会议议决，送中央政治会议讨论。中央政治会议第二六五次会议决议，交政治、经济、外交、军事、财政、法律各组审查。其审查结果"认为关于缉私及渔业应以十二海里为领海范围"。该结果再提交中央政治会议第二六九次会议讨论，并经决议，先规定海关缉私以十二海里为范围，关于渔业界线再交王宠惠、王正廷、孔祥熙三委员审查。③ 国民政府第十八次会议决议照办，指示行政院重新讨论领海界线划定。行政院第十八次国务会议决议，交海军、外交两部与参谋本部再行研究。

海军部接到训令后，立即指派司长李世甲、杨庆贞、林献炘、许继祥、参事任光宇等为委员，组织勘界委员会进行讨论。他们一致认为："领海界线，国际公约规定为三海里，本国既入国际公团，自不能于三海里外增加尺寸。"勘界委员会对第十四次国务会议决定的十二海里界程予以解读，认为财政部"所请扩充仅为缉私界程，此界程又实系领海范围以外之特种行政权。此次钧院拟定领海界线为十二海里，当系指缉私权界程而言"。勘界委员会认为，海界划分应该细分。"海界应分为公海、领海及群岛领海者、海外之岛属于本国

---

① 《规定领海界线草案》，1931 年 1 月 12 日，"中研院"档案一，档案号：17 - 27 - 036 - 04，第91 页。

② 《行政院指令第六八三号：据呈为大局已定恳请转呈国府赓续前案规划领海界线以保主权一案经提出国务会议决议领海界线拟定为十二海里转呈国府核定关于勘界事宜交海军部办理仰即知照由》，1931 年 2 月 28 日，"中研院"档案一，档案号：17 - 27 - 036 - 04，第 14 页。

③ 《铁道部训令第六九四八号：抄原函》，《铁道公报》第 167 期，1931 年 5 月 6 日，"命令"，第7 页。

其海之环乎岛者。公海之界，成文公法暨各国惯例均以三海里为准，由大地自身照潮落之地点往外推出三海里，其丈量之法，应依沿海大地凸凹之行，以三海里之量度环之，遇有突出之地，有两处对峙者，则于两地之极划一线以接之，由此平行推出三海里，均以潮落地点起，按海图上载，再行细测而审定之。领海之界，所谓海臂、海湾及相类之海者，各国惯例，认定海注入大地以内，犹之江河湖滨，均与领土同为原始固有之物，但口门各岸必须属于本国，中间宽阔又为军械射程所能及者为限。中国海臂、海湾及相类之海，较之他国所认为领海者，形势略同。群岛领海之界，即大陆与岛相隔或岛与岛各踞三海里之外，有澳泊者，自非公海，应圈而推出之。其丈量之法，与公海同。以上三项，经委员等公同议决，认为至当之准则。"勘界委员会建议，中国领海界线划定应该遵循1921年海界委员会决议，唯与他国交界应另行研究。"委员等所议勘界办法，系查照民国十年北京总统府、国务院、外交部、海军部、税务处等五机关各派一员成立海界委员会所议定，认为确当。惟困难之点，在我国与他国领水毗连之处，南有英之香港、葡之澳门、法之安南，北有日之朝鲜，所有依约交界之点，皆系多年交涉未决悬案。照此划分领界，能否使其就范，似应由钧院饬令外交部加以研究，藉资完善。"至于采取大领海制度有利于海湾划为中国私海，勘界委员会并不以为然，"查民国十年所划本国领海界线，如上海吴淞口，可划线至佘山止，再由此推出三海里，是普通领海之界，踞吴淞已达三十余海里。又渤海湾（北直隶海湾），由两极推出三海里，其范围亦甚广阔。此外，凡属此类地形，依上法推算，则所至之界程，若由港湾以内之海岸计之，亦多不止十二海里。此则我国天然之地利，可不必以大海界之明白规定为有利"。"兹就全国海图暂行勘定界线。至钧院所拟定之十二海里，若依海岸潮落时所现地点，不问系何形势，推出十二海里为止。则比照民国十年上海吴淞口划线之例，转较缩小。若系指于公法所许普通三海里之海界外，再行推出九海里，则大洋浩渺，按照海岸解释及公海领海之识别，似未可有此规定。"①

4月15日下午，海军部召集三部会议，以海军部勘界委员会讨论结果为基础进行讨论。三部会议认为："前次海军部所主张暂仍以三海里为领海尚属可行，至财政部所提之缉私界程，实业部所议之渔业区域，其界线范围系另一

---

① 《呈行政院关于勘界事宜遵照办理由》，《海军公报》第22期，1931年4月，"公牍"，第221~223页。

问题，似可由各该部参酌情形，呈请钧院核定。"① 三部讨论结果呈报行政院，经第二十一次国务会议决议："领海范围定为三海里，缉私界程定为十二海里，由财政部拟具缉私界程之实施及宣告办法。"经国民政府备案通过。② 至于渔业界线，中央政治会议第二六九次会议决议再交审查后，仍未有结果。6月24日，国民政府正式颁布《中华民国领海范围定为三海里令》。

四　结语

1931 年《中华民国领海范围定为三海里令》的颁布结束了中国没有领海界线的历史，标志着中华民国领海制度的正式建立，在中国领海制度发展史上具有里程碑的意义。

民国领海法令的颁布是清末以来中国人领海观念形成与发展的必然结果。具体到此次三海里令的出台，与当时三种因素密切相关：一是第一次国际法编纂会议召开，推动了国民政府对领海问题的关注；二是关税自主后，为实施新税制，国民政府须要建立缉私制度，这就须要明确缉私界限，海关总税务司梅乐和因此向国民政府建议划定领海界线；三是南京国民政府建立时，日轮侵渔十分猖獗，为制止日轮侵渔，各界纷纷呼吁划定领海界线，国民政府遂决定颁布领海法令。

此次领海法令的颁布具有重要意义，但并非完全根据中国具体实际划定海界，其局限受到批评。这一规则的采用似乎并不能令人满意。③ 当时中国社会各界均有人主张采取大领海制度。如 1929 年 7 月渤海舰队副司令沈鸿烈就认为，中国为海军弱国，小领海制度不利于中国，"按我国现在国势，其领海范围至少有规定十二海里"。④ 前述参谋本部草拟的《规定领海界线草案》也建议采用大领海制度。但国民政府遵循"公法"仍划定三海里领海范围。实际上，当时国际法对划定多大范围的领海并没有明确规定。三海里规则只是 18 世纪初荷兰法学家宾刻舒克提出的"大炮射程论"引申而来的，因为当时大

---

① 《外交部、参谋本部、海军部会函第一三〇号：会函行政院政务处函复会同审议领海界线情形附送海图暨说略等请查照转呈由》，《海军公报》第 23 期，1931 年 5 月，"公牍"，第 240 页。

② 《铁道部训令第六九四八号》，《铁道公报》第 167 期，1931 年 5 月 6 日，"命令"，第 6 页。

③ 参见拙著《简论民国时期的领海制度建设问题》，《贵州师范大学学报》（社会科学版）2008 年第 1 期。

④ 转引自黄刚《中华民国的领海及其相关制度》，第 52 页。

炮平均射程在三海里以内，故一些国家便采取三海里为其领海宽度。但随着科技进步，大炮射程越来越远，三海里制度亦遭到挑战。在划界实践中，国际社会也一直存在分歧，超出三海里划界的国家越来越多。1930 年国际法编纂会议试图解决各国分歧，但毫无结果。显然，三海里制度只是部分国家坚持的所谓国际规则，并非各国普遍接受的国际规则。国民政府讨论领海范围时实则也注意到了这一点，并认识到扩充领海范围是一种新的趋势，但最终未结合中国具体实际扩充领海范围。此后，国民政府一直以三海里作为中国的领海范围，但在执行期间亦受到质疑，要求重划中国领海范围的呼声时有出现。

傅秉常外交活动及外交思想述论

华南师范大学历史文化学院　　左双文

　　傅秉常，1896 年生于广东佛山，10 岁至香港上学，20 岁时毕业于香港大学工科，是民国时期的资深外交家。清末民初外交界前辈伍廷芳是其妻子的姑丈，伍廷芳子伍朝枢与他各娶著名港绅何启之一女为妻，是连襟。其自 1917 年兼任伍廷芳的中英文秘书起，次年任南方军政府外交部秘书，1919 年作为伍朝枢的随员出席巴黎和会，大革命时任孙中山的外交秘书，南京政府时期先后任立法院外交委员会委员长、外交部政务次长、驻苏大使等职，并一度被任为外交部部长（未就职）。对外交事务甚有心得。1943 年初他出任驻苏大使，1946 年当上了各国驻莫斯科外交团团长。关于傅秉常与民国外交的问题，学术界已有了一些研究成果，[①] 但仍有一些值得探讨的空间，关于他的史料也还有待进一步整理公布，本文拟对其外交活动及外交思想略做探讨。

[①] 关于傅秉常的书籍有：沈云龙、谢文孙《傅秉常先生访问记录》，台北，中研院近代史研究所，1993（此书收入中国大百科全书出版社 2009 年出版的《马超俊傅秉常口述自传》）；罗香林《傅秉常与近代中国》，香港，中国学社，1973。论文有傅的孙女傅铱华（英国林肯大学政策研究学院研究员）所撰《雅尔塔远东问题协议重探——以傅秉常为中心的讨论》[《南京大学学报》（哲学·人文科学·社会科学）2008 年第 1 期]、《民国最后一任驻苏大使傅秉常在苏联的日子》（《民国档案》2007 年第 4 期）；石源华《傅秉常：执掌蒋介石私章的外交部次长》，《世界知识》2008 年第 12 期；叶永坚《傅秉常与美英苏中〈普遍安全宣言〉》，《档案与建设》2010 年第 12 期；张力《傅秉常与 1943 年四国宣言的签署》（2012 年 4 月 21～23 日由中国社科院主办的"政治精英与近代中国"国际学术研讨会交流论文集）张力在文中称，傅秉常的日记正在出版中，这必将对关于傅秉常的研究起到良好的推动作用。

一 受教于伍廷芳：关于外交人才之培养与操守

傅秉常晚年尝谓，他一生与政治关系密切，学问、做人两方面均受益极深者，计前辈三人：伍廷芳、孙中山、唐绍仪；同辈朋友三人：伍朝枢、王宠惠、孙科。他进入外交界，应该与伍氏父子的关系有关，"余追随伍廷芳先生最久，受惠亦最深"。[①] 他在外交方面的最初学识，就是由伍廷芳刻意训导的，体现了伍廷芳对于外交人才培养的独到见解。早年，傅向伍请教"研读外交之门径"，伍廷芳即从书架上抽出一本海牙国际会议之会议录，嘱傅将其中对于赞成方面之提议有几种讲法、反对方面有几种、部分赞成部分反对者有几种、保持中立者有几种，分别整理归类，摘成笔记。待傅用时四星期告竣后，伍氏却将该份笔记撕毁，称"该笔记已无用处，汝用过四个礼拜功夫，接受一番训练，才是真正收获"。又要求他以二三周的时间阅读外交往来文书，也予以整理分类，注意各种平行、上呈、下达之信首、信尾有何不同格式。接下来是指定若干种有关国际公法之类的课本，令其阅读，并加考问。这种特别而实用的训练，使得傅秉常得以在较短的时间内具备一个外交人员的基本技能。[②]

技能对于外交人才的长成固然重要，但更重要的应是一个外交人员的操守，对于如何做好外交官，伍廷芳给傅秉常很多的教诲。曾告诫傅："外交官应切记其职务与寻常官吏迥异。寻常官吏如犯错误，只有少数人受害，外交官如稍有错失，往往举国受害，故外交官应极其谨慎小心。外交官切忌与人争功争能。因一方成功，即为另一方失败。如已获实利，犹夸耀成功，徒增对方愤恨报复之心理。如果某事系双方合作成功，能将功劳归诸对方，则对方必能长久感激。做外交官非一朝一夕之事，须有长远眼光，不必争一时之锋头。外交官个人功高名重，未必于国家有利。"伍氏本人之于外交折冲，即常功成不居。傅秉常从伍家保存的伍氏与美国国务卿海约翰往来文书中获悉，美国门户开放政策之促成，伍先生与之有功焉，然伍先生让海氏独享其名。伍廷芳谓傅秉常，既为外交官，也视工作情况分为三等："第一等外交官能于问题未发生前设法消解，弭巨变于无形。第二等外交官是事件发生后能设法解决。至于既

---

① 沈云龙、谢文孙：《傅秉常先生访问记录》，台北，中研院近代史研究所，1993，第23页。

② 沈云龙、谢文孙：《傅秉常先生访问记录》，第24～25页。

不能防患于未然，又不能补救于事后，则为末等外交官。"[①]

　　傅秉常在追随伍廷芳期间，先为伍廷芳之中英文秘书，在伍廷芳的言传身教下学习了不少外交方面的知识。1918 年广州军政府正式改组之后，傅出任总务厅印铸科长，主管关防勋章等，同时兼任外交部秘书，开始其外交生涯。同年 12 月，随伍朝枢参加巴黎和会，见识和体验了国际外交的场面。从私人秘书到外交部秘书再到参加巴黎和会，在追随伍廷芳的两年期间，伍廷芳为傅秉常步入外交仕途提供了很大的帮助，也让傅秉常由此和民国外交结下了不解之缘。

二　广东军政府时期之外交工作

（一）尝试联英受挫，参与联俄工作

　　1920 年，傅秉常任广东军政府财政部及外交部驻港代表，旋被广东省省长胡汉民任命为两广交涉员。1923 年初孙中山返粤后，2 月 24 日，任命傅秉常为广东特派交涉员。3 月 1 日，又任命傅为粤海关监督兼广东特派交涉员。1923 年 3 月 2 日广州大本营成立，6 月，伍朝枢任大本营外交部部长。因为傅秉常与伍朝枢的特殊关系，孙中山即任命傅秉常为大本营之外交秘书并兼两广交涉员与粤海关监督，协助伍朝枢办理对外交涉事务。后因外交须统一办理，省政公署交涉局长后来也由傅兼任，一身四职，傅曾谓自己的工作"忙迫异常"，[②] 这时期经常的外交工作，是对住在沙面的各国领事的交涉，与对香港、澳门的总督和有关人士的交涉，如是年三四月间，美国游历团 114 人的接待工作即主要由傅秉常负责，其后又同孙科赴澳门联络等。[③] 此时南方革命政府的政治风气并不理想，傅秉常周旋其间，尚称尽力："当时军阀拥兵，广州政局市面均凌乱，滇军将领甚至深夜方能在鸦片烟窝中找到，否则无法与之面洽公务。不久伍梯云亦来穗出长外交部。梯云学识虽佳，但生活豪侈，嗜赌，伍公馆有不夜天之称，余常须陪伴至深夜。梯云可至翌日中午尚未起床，余则须准

---

①　《傅秉常先生访问记录》，第 26 页。伍廷芳曾留下日记六十册，为近代外交史之珍贵史料，存上海观渡庐伍廷芳宅，嘱傅秉常为之编写传记，后为日寇战火所毁。日寇对中国学术文化之摧残，实罄竹难书。《傅秉常先生访问记录》，第 27 页。
②　沈云龙、谢文孙：《傅秉常先生访问记录》，第 38 页。
③　参见罗香林《傅秉常与近代中国》，第 41、52 页。

时上班。后来展堂返粤，余非陪其长兄清瑞玩牌，则不能入其大门，更无法见展堂。哲生等可不去胡府，余则必须周旋其间，接洽交涉一切。故此时余之工作辛劳异常。"①

傅任两广交涉员时，孙中山将欲南下，而香港方面犹未取消前次阻止孙中山登岸之禁令。傅受命与港英当局交涉，时港绅中较具影响力的周寿臣与罗旭和两人与傅秉常有世交之谊，经两人介绍，傅得以往访港督，傅力言香港与广东合作之必要，否则香港之安定与发展将受到种种妨害。当时英国公使朱尔典驻北京，所代表的英国外交部执行的是反国民党的政策。傅告港督，香港政府隶属英国殖民部，殖民部之政策及目标与外交部不同。经傅秉常陈词之后，香港方面对于与广东国民党的合作转趋热心。故不仅取消限制孙中山登岸之禁令，且遣人至码头迎接，一度甚至拟邀孙中山驻总督府，表现了十分之礼遇，"中山先生在港精神上极感愉快"。② 孙中山与港督两次商谈港粤合作，颇为融洽，并曾应邀到香港大学发表演说，对联英抱有一定期待。但因英国外交部、英国驻穗总领事等竭力反对，此一尝试联英之政策未能成功。

其后，国民党开始其联俄政策，傅秉常也参与了这项工作，时苏联陆续派人来粤，大都由廖仲恺负责出而接待，如对越飞来华的接待，傅秉常便未参与，但傅与鲍罗廷夫妇接触较频繁，并负责联络苏联军事代表加伦将军等。多年之后，傅秉常称其对孙中山所提倡的联俄容共政策甚不赞成，"与鲍罗廷交涉，余曾负责其中一部分工作，然深感失望。假设联英成功，则日后之局面必定改观"。但这应为局势大变之后的说辞。③ 其实，这时的联俄经历，对其三四十年代出使苏联，应是一个难得的早期经验。在其回忆的另一处，他自己也坦承："广州时期，鲍罗廷常与余谈论问题，且介绍余阅读社会主义书籍。……余对共产主义与苏俄之有相当认识，日后且能负责对苏外交者，多赖鲍罗廷于此等理论之引介。"④

（二）调解沙面罢工，斡旋沙基惨案

1924 年 5 月 19 日，法国社团在沙面维多利亚酒店举行招待法国驻越南总督马兰的宴会。宴会进行时，越南人范鸿泰从阳台的窗户扔进一个炸弹，马兰

① 沈云龙、谢文孙：《傅秉常先生访问记录》，第 38 页。
② 沈云龙、谢文孙：《傅秉常先生访问记录》，第 35~36 页。
③ 沈云龙、谢文孙：《傅秉常先生访问记录》，第 36 页。
④ 沈云龙、谢文孙：《傅秉常先生访问记录》，第 88 页。

受轻伤，酒店餐厅里有 5 人当场死亡，10 多人受伤。范鸿泰被警察追至白鹅潭堤岸跳水逃跑时溺水死亡。6 月 30 日，沙面英法当局以此为由，颁布歧视中国人的"新警律"。规定自 8 月 1 日起，中国工人出入沙面，须带贴有本人照片的执照；中国工人在沙面遇到洋人要低头站在路边；每晚 9 时以后，华人非带执照不能进入，但其他各国侨民，欧洲人、日本人、印度人、越南人等均可自由通行。

"新警律"一颁布，立即激起广州工人的强烈不满。7 月 15 日，沙面 3000 多名工人宣布罢工，要求取消"新警律"，并组织了各界反对沙面苛例罢工委员会，领导这次斗争。7 月 16 日，沙面工部局华籍巡捕 48 人也加入罢工行列。全市各进步工会并起而响应。

罢工的浪潮严重冲击着英法当局，他们不得不向广州革命政府寻求帮助。当英领事求助于孙中山时，孙中山答复说："华人此次因争人格发生合理循轨的罢工，政府实不能加以取缔。"并要求英法当局满足工人的要求。

面对广东革命政府和罢工工人的坚决态度，沙面当局不得不与罢工工人代表谈判。工人提出 5 项条件：永远取消"新警律"12 条及其他不平等待遇；华工复职，不得借故开除；罢工期内工资照发；沙面东、西两桥夜间至 11 时方得关闭，过时须由东家负责工人自由出入；工人工作时间至迟不得超过夜间 9 时，举行宴会不在此例，但收工不得过 10 时 30 分。

英国人殊无诚意，在谈判中不断横生枝节，特别是 7 月 22 日提出公共雇佣法案要由外国人酌量核办，引起工人强烈反对。是日，孙中山召集罢工领导人，提出从速解决罢工。8 月 2 日，英、法领事同谒孙中山，孙也劝导他们从速解决。孙中山命傅秉常进行调停，傅以广东交涉员身份参与调处罢工一事，可以说是傅秉常第一次处理如此棘手之涉外事务，起初傅坚持警察复职，而罢工首领不允。后傅认为罢工不妨再拖延数日，即可解决。然孙中山训诫不可，谓："我处理此类事件经验不够，罢工虽为一有效武器，但其运用应适可而止，多罢工一日，工人们实际上多受苦一日，故不宜拖延过头，目前汝可偕超俊，以总理之名义，召集工人至海珠戏院讲话解决一切，至于少数警察可调至粤海关任职，待遇且较警察薪津为优，如此则各方均能满意。"① 之后，傅秉常便根据孙中山的建议，开始了和沙面当局的谈判。双方先商定订立一项解决条件的草约，8 月 12 日交广州各界反对沙面苛例的大会表示意见，终于获得

---

① 沈云龙、谢文孙：《傅秉常先生访问记录》，第 45 页。

解决。从协议内容来看，对中国员工还是甚为有利的，基本否定了"新警律"的内容，也保障了罢工工人的利益，这说明在罢工工人及革命政府的支持之下，傅秉常的外交斡旋工作较为成功。[1]

1925年"五卅惨案"发生后，1925年6月23日广州又发生了"沙基惨案"。由于沙基惨案的发生，更激起了广东民众对英帝国主义的愤怒，终至掀起了震动中外的反帝运动——省港大罢工。傅秉常曾回忆，在关于"沙基惨案"的交涉中，他不仅因担任两广交涉使，首当其冲，与各国领事反复交涉，事实上当时广州政府之外交机关，自外交部、交涉使，以至省长公署，均是由他负责。故"沙基惨案"后之交涉，无论以伍朝枢、胡汉民还是以他本人名义发表的文件，实际均是由他一手经办。[2]

广州国民政府曾特命孙科与傅秉常等组团北上，与当时的北洋政府执政段祺瑞等进行联络，商议采取一致对外的政策。但那时香港当局，则反以污蔑和威吓的言辞，答复国民政府。孙科与傅秉常等北上的代表，于1926年3月8日发表宣言，表示须于自由平等的原则下，由香港政府与港粤罢工委员会，进行解决。宣言强调了广州国民政府是代表民众利益的政府，要求废除帝国主义的对华不平等条约，如此才可能有正常的交往和通商。这反映了国民革命高潮时期激进的革命外交的基本立场，傅秉常作为具体的执行者，亦大体秉持了这一立场。[3]

孙科与傅秉常等这次北行，虽因与北洋政府意见分歧，未能商得结果，但香港政府与商界人士，逐渐感觉到这次的罢工风潮双方均蒙受重大损失，愿意以谈判方式解决争端，最终在港府与国民政府及罢工委员会代表的努力之下，获得解决。[4]

三 任职国民政府外交部：从佐理部务到政务次长

（一）佐理伍朝枢时期

1926年夏，傅离粤到上海暂居。1927蒋介石"清党"后，即与胡汉民商

---

① 罗香林：《傅秉常与近代中国》，第53~54页。
② 沈云龙、谢文孙：《傅秉常先生访问记录》，第58页。
③ 罗香林：《傅秉常与近代中国》，第84~85页。
④ 罗香林：《傅秉常与近代中国》，第85~86页。

量，拟在宁重组国民政府，伍朝枢出掌外交部，郭泰祺为外交部次长。

照傅秉常的说法，伍朝枢原拟任命傅秉常为外交次长，但郭泰祺也欲以驻沪交涉员身份兼任外次，伍朝枢与郭泰祺在北京时交往颇密，不便拒绝。但是南京方面各种会议原来多由傅秉常代表出席，外交部内部事务也多为傅秉常负责。这让伍朝枢颇感为难。这时傅秉常提议伍朝枢，一方面可以任命郭泰祺为外交次长，仍驻上海；另一方面则派傅驻部办事，同时赋予傅特殊之使命——部长不在时，部内公事由傅秉常代拆代行。此时伍朝枢常在上海，每周在南京约三四日，公事多由傅秉常先行批阅签拟意见。部内各单位主管，也遵伍朝枢的嘱咐，多先与傅秉常商洽公事。这种特殊的安排，蒋介石、胡汉民也都知晓。①

但此时间甚短，宁汉合作后，1928 年初，傅秉常即随胡汉民、孙科、伍朝枢等出游欧洲。回国后，应立法院院长胡汉民之邀参与民法起草工作。

据 1927 年 5 月 20～31 日傅秉常致伍朝枢的一组信函显示，② 当时外交部的事务傅秉常确实过问较多，伍朝枢对他也十分借重，很多事情都是由傅经手。但傅此时正式职位仅为"外交部的参事"，有点名不正言不顺，故他一度游说伍朝枢、胡汉民等替他谋取以外交部次长的名义回李济深留守的广东担任外交部驻粤代表，但似乎伍朝枢等认为并非十分妥当，还是只安排了交涉员的名义，加上广东那边古应芬（湘勤、湘翁）反对，傅秉常自己也就退缩了；稍后他又向伍朝枢提出要代理次长的名义，似也未成功。与他后来自述中那种超然的态度不同，傅秉常流露了还算急切的谋取功名的意态。1935 年在南京他为自己的中央委员拉票，应当也表现了这一点。

先看 1927 年 5 月 20 日的一封信函。

　　梯云襟兄大鉴：

　　一、十七日两示皆奉诵。致伯群函经面交。车头案似无办法。弟主张其以担任赔偿意电孙局长，再与英人交涉。

　　二、部组织法遵命以一份迳寄锦伦，兹附呈一份。

　　三、昨交通部派吴承斋来言，各部官职名称似宜划一，交部用局长名甚不适宜，（因各路、航政等皆用局长名），拟改称司长。展亦甚以为然，

① 沈云龙、谢文孙：《傅秉常先生访问记录》，第 63～64 页。
② 中国第二历史档案馆：《傅秉常致伍朝枢函一组》（1927 年 5 月 20～5 月 31 日），《民国档案》2000 年第 3 期。

故弟已将外交部亦改用司长名目，因时间太速（昨晚有会议），未及先行请示，乞谅之。

四、今早接任潮电，特抄附呈。弟商展堂，彼意现因应付时局关系，财部、总部皆设办事处于粤，外部亦似宜有相当大员可与彼等商量要事者留粤。彼并主仍设交涉署办理地方案件，办事处宜以外交部名义，较高如次长之属主持，并赞成弟返办理，未悉尊意如何矣。

五、职员薪俸，已商伯群……同意，但展堂言，政府秘书厅用人太多，钮惕生拟减少，但彼个人仍主用旧表，主张俟兄返，提出会议。

六、经费总部已允借拨，闻日间可到。……

梯云，伍朝枢；任潮，李济深，北伐出师后留守广州；展堂，胡汉民。这组信函都是称"梯云襟兄"，看得出傅秉常对他与伍朝枢的这种连襟关系还是颇在意的，函的内容基本为请示公务，但这种称呼微微透出一点公中有私的意味。

此函显示，从"部组织法"，外交部官职用"司长"名称，职员薪俸，获取经费，对外交涉等问题，傅都在过问，有时且"先斩后奏"，而且很多事情，都是直接与胡汉民商议，然后报告伍朝枢，可说在外交部确实处于一个举足轻重的地位。函中他以转述胡汉民意见的方式提出，以外交部次长之类的身份回粤主持驻粤办事处，定位是外交部的"大员"，征询伍朝枢的同意。

20日晚9时，傅秉常又写一函谈欲出任次长事。

梯云襟兄大鉴：

今晚国民政府转任潮电，特附呈阅。韦、商两人，展堂皆反对，彼颇主弟以次长名义回粤主持。弟欲返粤，实非敢苟安，亦非不欲追随左右以求寸进，盖弟所学所得无一非我兄所赐，但不得已之苦衷及宜回粤之理由昨经面陈，倘蒙体恤下情，始终玉成，则弟当感激不已也。抑更有者，任潮此电，似因不欲请弟返为交涉员而发（因恐交涉员地位太低，实则欲弟返）。但彼既有此电，则弟将来与彼辈联络更易。弟之所以请次长名义者，一则系展堂以为主任等名目对外似不隆重，极力主张改为次长；二则弟欲将来与彼等联络，宜加入为政治分会委员，俾地位稍高，旦夕与之见面，则以次长地位提出政治会，较为方便。故恳请我兄即函展堂，请其提出任弟为外交部次长，派粤主持两广交涉事务。……

从函中看出，傅谋次长一职甚急，既说是胡汉民极力主张，又请伍朝枢函胡汉民请其提出，还说胡汉民、李济深都认为以交涉员名义太低，但实际上恐怕还是他自己已不满足于交涉员的身份，希望能以外交部大员、次长的身份返粤，并顺利进入广州政治分会，取得在政坛上更为靠前的地位。

因无伍朝枢复函，不知他是如何表态的，但从 5 月 27 日傅致伍的另一函看，只得到了交涉员身份，他乃退而谋能进入政治分会："锦伦政务司长及弟粤交涉员已请展堂今日提出，并经与展堂、亮畴商复任潮"，"王居素语弟，商承元系湘勤主张，任潮反对，盖任潮实欲弟返云云。政治分会委员一层，前展堂谓恐人数太多，任潮反对。但居素言，任潮对弟必不反对，且昨湘勤亦谓赞成，故似可提出也"。此处"王居素"，似应为"黄居素"（粤语"王""黄"不分，这组信函中另有几通用的"黄居素"）。

3 日后，因种种意见纷纭，职位亦并未提升，傅对去粤任职一事已是兴味索然，乃自寻台阶退避，但仍向伍朝枢提出最好能给以秘书长或代理次长之类的头衔，以下是 5 月 30 日傅秉常给伍朝枢的函。

> 梯云襟兄大鉴：
> ……
> 五、弟返粤事，前日黄居素语弟，湘翁在粤会议主委商承元（因商与谢瀛洲等同反对孚木、居素）。黄陈（应即陈孚木——引者注）及任潮则主张邀弟返，最后结果，议决由部派人云云。证诸任潮电有弟名，古电则无及谢瀛洲昨于超俊前对弟极力诋毁，则反对弟系古而非李。此事真出弟意料之外，弟殊悔不听兄言，然幸觉之尚早。今午已将弟决不返粤之意向展堂言之，并经请其将弟任命取消矣。弟现惟有自行努力，随兄左右，先求学问之进步，如能俾弟部中稍高之名义以秘书长或代理次长（朱未发表前暂代，朱来可另俾弟以名义），庶体面上或留宁代兄办事上较易，则尤为感激。……

从上函及其他各函看，傅秉常此时在外交部确有一定的地位，参与各项事务的处理与协调，也有一定的发言权，并有机会经常接触国府政要，在国民党高层有一定的活动空间。但这种地位的取得，较多是缘于伍朝枢的提携以及胡汉民等粤系大员的支持，在政治上对伍依赖较深。不过，这阶段他所担负的确实是十分接近秘书长或常务次长的职责，谋其"政"却无其位，心里有些想法也自然，加上这层连襟关系，说出来也不怕见笑，才有这种比较直露的表白吧。

关于1935年11月傅在南京为当选中央委员拉票一事，见于罗香林的记载，所记颇为传神，谨摘抄于下：

> 那时正是第五次全国代表大会在南京开幕的前夕，我在本家罗素约兄……的住宅，正和几位自南洋当选回来的代表约定会晤，傅先生忽然打电话给素约，说要马上来访，请稍等候。我问素约：傅先生要来，是为甚么？素约说：没有甚么，只是要我约同几位嘉应州属的代表，投他一票，选他为中央委员罢了。我问那几位自南洋回来的代表，意见如何？他们都说：傅先生平日似没有说过他也是原籍兴宁，到了竞选，才来说明，这样傲慢，还选他吗？我说：等他来了，观察清楚，再讲不迟。果然没一会儿，傅先生坐汽车来到。素约要我和那几位代表，一同与他谈话。傅先生一一寒暄后，便说：本人上代，原籍兴宁，搬到南海佛山和香港，还没几久，本人和伯父，也还是能讲客话的。十多年来，本人因为办理外交和立法的工作，深深感到中央委员的地位，对于执行中央的政策和命令，都有很大的关系，因此才出来竞选。本人如幸能当选，当尽力为之。……说话的态度，非常得体，器宇也很光昌。……果然，大会将要闭幕，傅先生就被宣告当选为中央委员了。这自然也是靠着多方面的进行，和上级的特别倚重，才能达至的。①

（二）两次访苏之行与促成英美苏联合之构想

抗战爆发后，国民政府急需苏联军火援助，因孙科的特殊身份及九一八事变后联苏抗日的政治态度，在1938年1月、5月及1939年4月先后三次以蒋介石特使身份访问苏联，前两次访问傅秉常均作为其主要助手参与其事。其实孙科未赴苏之前，蒋介石已派杨杰为其私人代表赴苏接洽，但未获答复。蒋介石于是嘱孙科在上海与苏联大使接洽，苏联大使电告斯大林之后不久，斯大林复电，对于物资援华问题，原则上表示同意。得此消息，蒋介石拟派陈立夫赴苏做进一步的接洽，不料遭苏方挡驾，蒋介石只好请孙科亲自前往。为此，傅

---

① 罗香林：《傅秉常与近代中国》，第6～7页。

秉常还私下向孙科进言："苏联之挑拨分化，已极明显，日后之驻苏大使千万勿派亲信，免招疑忌。"①

1937 年 12 月下旬，孙科、傅秉常、吴尚鹰、夏晋麟一行自汉口出发，12 月 29 日乘船离港，1938 年 1 月抵达莫斯科。抵苏联将近一周，一直未能见到斯大林，后来在一天晚上突然接到电话约定孙科于子夜 2 点半前往克里姆林宫与斯大林商谈。商谈过程中斯大林颇为爽快，一口答允援助物资，并已表明一切都已经准备妥当。援助问题谈妥后，苏方招待孙科、傅秉常等到各地参观游览，态度十分热情，许多重要工厂包括位于莫斯科近郊最大最新式之飞机工厂，此工厂向来拒绝外宾参观者，这次也破例邀请孙科等前往观光。②

此次访苏结束，孙科本欲留傅秉常任驻莫斯科大使，傅秉常却力劝孙科要慎重行事，建议改荐杨杰，蒋介石果然同意。杨杰之任命发表后，孙科便偕同傅秉常离苏赴英、法、捷克游历，时为 1938 年 3 月。

同年 5 月，中国政府拟再向苏联借款一亿五千万元，嘱杨杰出面提出，又遭苏方拒绝，蒋介石遂电促孙科即刻返苏交涉。抵达莫斯科后，驻苏大使杨杰告孙科说本次洽谈俄援几乎无望，但是当孙科与斯大林见面时，斯大林竟又立刻答应。似是故意冷落杨杰，示好孙科，显示苏方之区别对待政策。有见及此，傅秉常乃建议孙科，苏援方面一旦交涉完全成功，他们应该立即离开，如滞留稍久，则他人嫌忌益深，以为孙科与斯大林有默契，挟俄以自重。故孙科等未待援款细节全部商定，即匆匆离苏赴英，旋赴巴黎小住。③

1938 年 8 月，傅秉常与孙科访苏结束抵达香港，9 月，孙科飞抵汉口会晤蒋介石，之后到重庆。傅秉常则留在香港。同年九十月间，正值日本袭击广州前夕，傅秉常应中山县县长张惠长之邀，前往参加庆祝双十节的典礼，发表了关于国际情况和抗战前途的演讲，表示了中国抗战到底的决心。④

1939 年 8 月，正是第二次世界大战爆发前夕，国民党驻港澳总支部主任委员吴铁城，请傅秉常为工作人员报告国际形势。傅即在报告中指出，其时欧洲国家可分为三大集团："一是民治国家集团，由英法来领导；一是极权国家集团，以德意为主干；一是共产国家集团，内由苏联领导。"

关于苏联的外交政策和对华政策，傅秉常认为主要有两点。

①　沈云龙、谢文孙：《傅秉常先生访问记录》，第 94 页。
②　沈云龙、谢文孙：《傅秉常先生访问记录》，第 94 页。
③　沈云龙、谢文孙：《傅秉常先生访问记录》，第 96 页。
④　罗香林：《傅秉常与近代中国》，第 95～97 页。

其一，避免战争，能不打就不打。他说，苏联当局曾解释称：第一，苏联与中国并未订立互助协定，自不能公开助我，与其同盟的法捷，也不愿其卷入战争。第二，从其内部分析，苏联是由十一个共和国联合而成，这些国家中，大多数与欧洲各国毗连，欧战一旦发生，彼等即首当其冲，因此愿极力避战。第三，苏联的重工业——国防工业虽已成功，但轻工业发展暂未完成，各方面力量不足。

其二，对中国抗战表示同情并极愿意援助中国，但要限制在一定的范围之内。苏联当局解释，如果苏联介入太深，变为苏日之间的战争，将会引起英美的疑忌。苏联认为，英美惧怕苏联，实际上比惧怕日本更甚，如果苏联帮助过多，引致英美误解，自不愿再来帮助中国，对中国的抗战不利。因此苏联极力劝中国向英美求助，"较为得法"。①

关于英国的对外政策，傅秉常认为：英国的外交政策为防制苏联，均势欧洲。此种外交政策主要基于以下考虑：首先，认为如苏联政体成功，对英不利，德苏两害比较，仍以德之为害较轻。其次，英国的传统政策是操欧洲之均势权，由于英国有海峡天险，有雄厚的海军力量，加以德法陆军实力接近，此政策较易奏效。但近代战争，随着空军力量的加入，由平面战争而至立体战斗，英国的海军和海峡就失去了其原有的优势。而苏联之国土，尽在华沙以北，中欧陆军很难抵达，空军势力也很难飞越，因此，如今欧洲的优势集中于苏联而非英国，苏联在欧洲占据着举足轻重的作用。英国知道这个事实，但是不愿意承认这个事实，还是致力于维护其传统的欧洲均势，故而，英国与苏联之间，很难接近。

而英苏之间这种复杂的外交关系，对中国抗战争取尽可能广泛的国际援助不利，因此傅秉常认为，"吾人之外交政策，须要英苏联合在一战线上，方于吾人有益，故先尽力从中拉拢，再求美苏合作，合作既成，方能达到我之目的"。② 这种看法，还是较为正确的，也为其后国际关系的演变所证实。

（三）举足轻重的政务次长

1941 年 6 月，郭泰祺接替王宠惠任外交部部长，8 月傅秉常接替徐谟任外交部政务次长，与国民党党内外一些人对外交部的批评不同，傅秉常对外交部

---

① 罗香林：《傅秉常与近代中国》，第 97～98 页。
② 罗香林：《傅秉常与近代中国》，第 98～99 页。

的工作及传统，持较为肯定的意见。蒋介石邀他接受次长任职时，曾提出要对外交部的工作进行整顿，傅秉常即向蒋坦言：“整顿”之事，“不宜轻率举动”。“盖外交部有一优良传统，自满清经北洋军阀至国民政府，其他各部会水准较差，往往受外国轻视，但外交部则始终维持相当水准，周旋折冲于国际坛坫，未必较人稍逊。”他说，我国外交人才，如前辈之曾纪泽、李经方、伍廷芳、唐绍仪、罗丰禄等，同辈较他年长之颜惠庆、伍朝枢、顾维钧、施肇基、陈友仁，较他年轻之钱泰、胡世泽、张谦、梁龙等，“较之国际上第一流外交家亦未尝逊色”。外交部录用人才也极为审慎，宁缺毋滥，一些留洋回国的优秀人才即使职位较低也愿到外交部工作，伍朝枢任部长时，全部工作人员不到50人。“外交部固亦颇多陋习，但上述之良好传统亦宜保存。故外交部之整顿工作，宜审慎计划，逐步改革。”①

　　1941年12月，郭泰祺因故去职，宋子文接任外长，因宋子文时正以蒋介石特使身份在美活动，蒋介石以行政院长身份兼代外长，因蒋之地位特殊，实际上代理的任务落在傅秉常身上。蒋介石请傅秉常留任时，傅表示有困难，蒋问何故。傅称，他曾佐理过三任外交部部长，方法各异：伍梯云（朝枢）任内，“无论公事、人事、钱财余均全部代理，因与梯云相知既深，双方之关系亦为众所周知”。陈友仁任内，“因友仁不识中文，一切中文公事仍归余代阅，人事亦负部分责任，部内若干司长人选由余决定；至于钱财方面，全不经管”。至郭泰祺则通晓中文，只是归国未久，情形未熟，“故余之职责更简”，只“代为照管部分公事，至于人事、钱财二者则绝不过问”。但对蒋则难以相佐，“因蒋公事繁未便一一请示，如不请示，又易招致嫌嫉”。蒋便让他以“佐梯云者佐吾，且可更进一步，全部负责，不必请示”。傅当然不能真这样去做，便约定每周五下午5～6时可前往请示，遇紧急大事随时电话联络。傅又语蒋，国家大事，就算他是外交部部长，亦须向蒋请示，“唯若干介乎重要与不重要之间者，未便常相烦扰”，请蒋派一个亲信的高级人员以便磋商，蒋便指定了陈布雷。乃约定可在每周三上午与陈布雷相商，因陈布雷一般每周三下午见蒋。不久蒋更让陈布雷交一私章给傅，以示信任，但傅谨守分际，从未启用。②

　　战时国民政府的最高决策机构国防最高委员会，在开会时一般有两个重要

　　① 沈云龙、谢文孙：《傅秉常先生访问记录》，第100页。
　　② 沈云龙、谢文孙：《傅秉常先生访问记录》，第101～102页。

报告，即外交近况报告和军事近况报告，外交报告通常由外交部部长如王宠惠、郭泰祺承担，军事报告由参谋总长何应钦或副参谋总长白崇禧承担。蒋介石兼代外长后，这个职责就移交给傅秉常了，自 1942 年 1 月 12 日国防最高委员会第 75 次常务会议起，开始由傅秉常代表外交行政部门向会议做"最近国际形势及外交情形"的报告。[①] 这毕竟是一个战时国府的核心决策机构，这为傅秉常提供了一个在国府决策机构中扮演重要角色的机会。这种情形持续了将近一年，傅秉常出席报告外交至 11 月 9 日的第 97 次会议，而在 1942 年 12 月 7 日召开的第 98 次常务会议上，对政务次长傅秉常辞职照准，由吴国桢接任，第 99 次会议时，报告外交者改为吴国桢。[②] 这是因为外长宋子文由美返国，与傅秉常将难以共事，蒋介石顾及此一因素，而只好做出人事调整，外放傅秉常去做驻苏大使。

助蒋介石任职的这一年，傅的工作是繁忙的，他有自己独到的行事风格，也有一定的原则性。

其一，他认为应由首长负责之事，则不应交秘书代劳，各级人员应各有分际、各司其职。"此时期中，工作最忙，以余实际兼管部长、次长二人之工作也。每日上午八时起，与各司首长或各国使节商谈，下午常赴复兴岗代表部长讲演，晚间又多公务酬酢，就寝甚迟。……余之办公室内有秘书二人，唯决不令彼等批核公事，此余所坚持，且以之批评日后外长王雪艇者。各司事务均有专家研讨，并有档案查考，绝非一、二秘书之脑力所能胜任。余鼓励分层负责，各司司长则天天见面。"

其二，他不肯兼任中央政治学校外交系主任，以免影响他对部内人员客观、公平的立场。此前徐谟即兼此职，陈果夫邀他继续出任，先请王世杰出面，他未允，"又请蒋公面谕，余以外交部公务已繁，且部中人事已分三派，曰外交部旧人，曰高考及格者，曰政校毕业生，余毫无偏袒，如兼任政校系主任，则难以维持公允超然之立场。蒋公亦谅解，后由梁龙兼任。"

其三，他坚持外交人员与特工人员不应混淆，不肯接受戴笠安插特工到外交人员队伍的计划。戴笠"欲派遣若干特务人员以副领事名义赴俄活动，余坚决反对，并向蒋公力陈，世界各国之外交官不外两类：一类如英国，特工与外交人员完全无关，特工不至使领馆，万一为当地政府发觉，使领馆不受牵

---

① 中国国民党中央委员会党史委员会影印（以下引文略）《国防最高委员会常务会议记录》第四册，台北，近代中国出版社，1996，第 19 页。

② 《国防最高委员会常务会议记录》第四册，第 996 页。

连，亦确不知情，因之使馆乃更受当地政府之尊敬；另一类之典型为苏联，使馆人员，自大使以降，莫非特工，各国均望而生畏。余雅不愿吾国之外交人员步苏联之后尘。此点颇获蒋公之采纳，戴雨农亦能谅解。后雨农办训练班，欲推荐其中一、二学员入外交部，余无法峻拒，但有两项条件：（甲）彼等须完全脱离特工；（乙）彼等须先经严格考试。余以此请示蒋公。蒋公则表示，前次所云之外交人员与特工隔离之原则既已决定，则不必为此一、二人破例。戴雨农遂不提此事"。①

但蒋介石日记中也记有对其外交技巧不满的内容，如 1942 年 5 月 4 日，蒋介石嘱"傅秉常促英使薛穆电其政府对我借款早日签约"。这期间，中英关系较为棘手，借款问题迟迟未决，中英在缅甸的军事合作也因英方的自私自利使中方蒙受重大损失，蒋介石对英方极为不满。可能在谈话中对傅秉常较不客气。5 月 16 日，蒋在"本星期反省录"中称："傅秉常对英使说话太无技巧，并有政府与人民皆对英愤激之语。英政府得此报告，自必老羞成怒，对我负气矣。然因此而使英人无法欺伪，亦未始无益耳。英国对我外交之方针与感情，至此已恶劣极矣，应特别注意。"② 另据 1942 年 9 月 17 日翁文灏记："晚，请傅秉常、钱泰便餐，商谈交涉油矿问题。蒋返渝已四天，傅尚未能面见（！）"③ 似蒋对傅的重视，仍较有限。

四　驻苏大使任上

1942 年 12 月 8 日，蒋介石任命傅秉常为驻苏大使。对此任命，傅秉常曾说过这样一段话："宋子文出长外交，余无法与之共事，乃有使俄之行。"蒋亲自找傅谈话，称对傅之去处考虑已久，终因莫斯科鞭长莫及，"须亲信驻节"，而对于苏联当局之难于应付，彼亦深知。且保证使馆经费如外交部无法负担，由他负责，不必省俭。④ 这是欲打消傅担心宋子文不肯支持的顾虑。

出使之前，即 1943 年初的除夕，蒋介石在南岸黄山召见傅秉常，关于对苏外交问题，蒋表示：现在及战后与苏均应交好及合作。此种方案完全不变，因我国与苏方接壤及各种关系均须如此。只要苏方不与我不好，我当然要与之

① 沈云龙、谢文孙：《傅秉常先生访问记录》，第 103 ~ 104 页。
② 《蒋中正总统档案·事略稿本》第 49 册，台北，"国史馆" 2011，第 279、365 页。
③ 李学通等整理《翁文灏日记》，中华书局，2010，第 811 页。
④ 沈云龙、谢文孙：《傅秉常先生访问记录》，第 104 页。

合作。只在不损失我主权范围内，在经济上可尽量与之合作。至于破坏我法律、有损主权者，则不能有丝毫让步。希望苏方能与我诚心诚意友好。傅认为蒋的对苏外交方针仍有积极的一面。① 不过实际上这时驻使苏联的重要性显然已低于驻使英美。

（一）驻苏期间的日常工作

1. 整顿馆舍，扩大交际

1943 年 2 月初，傅秉常从重庆出发，3 月 8 日到莫斯科与莫洛托夫会见，并拜会各方人士。傅到任后，发现中国驻苏联大使馆既是办公场所又是员工和家属的住所，十分拥挤。且建筑陈旧，许多房间的家具都破烂不堪，亟待维修和整顿。在傅主导下，首先将办公场所与家庭住所分开，使馆工作人员及其家属搬出，使馆专用于办公及对外接待。其次对使馆内部进行了装修和布置，在门厅挂上孙中山画像和蒋介石画像。来访者都感到效果很好。

蒋介石多次向傅秉常强调招待的重要性，因为他需要在同盟国眼中提升中国的大国地位。傅秉常也很重视这方面的工作，1943 年 10 月 10 日"双十节"，傅大使举办了第一个大型聚餐舞会，颇受好评。在傅的倡导下，社会交往、招待应酬成为使馆工作的重要部分。傅通过社交活动使其身边聚集了一群活跃的职业人士，其中包括俄罗斯知识分子和知名艺术家。大使馆经常举办聚餐会，招待那些对中国问题和国际事务有兴趣或有影响的客人。举办派对，招待外交使节，在同盟国中形成了融洽、团结的氛围。②

1943 年 8 月，即从古比雪夫返回莫斯科后的三个月，傅大使举办了 4 次聚餐会和 2 次舞会。为纪念双十国庆节举办的那次舞会，使馆共发出 400 份邀请函。1944 年使馆共举办了 15 次宴会和 5 次舞会。1945 年举办的宴会达 19 次，舞会 11 次。中国大使馆的宴会、派对、蒙古热锅饭在各国使团中颇有名气。傅认为这样做是"小投资大收益"，能在同盟国使团中提高中国的地位。1946 年傅当上各国驻莫斯科外交团团长，职责为照顾外交使节人员，负责与苏联外交部联络，时任美国大使的瓦特·史密斯（Walter Bedell Smith）曾回忆："当我到莫斯科上任时，中国大使傅博士是外交团团长……他代表国民政府，任务艰巨……傅博士有很高的智慧，是一位真正的中国文化人。长时间的

---

① 傅秉常日记，转引自傅铱华《民国最后一任驻苏大使傅秉常在苏联的日子》，《民国档案》2007 年第 4 期。

② 参见傅铱华《民国最后一任驻苏大使傅秉常在苏联的日子》，《民国档案》2007 年第 4 期。

外交经验、对俄国特性的理解和他的俄文知识在起初几个月里对我帮助很大。"①

2. 收集各种情报，及时报告国内

傅秉常去莫斯科时中苏关系虽已大大降温，但苏联对华态度、苏日关系、苏联与英美国家的关系仍是蒋介石和国民政府高度关注的问题，故傅秉常确立的另一工作重心，就是搜集情报向国内报告。在使馆人员会议上，傅交代他们需要什么情报，应该怎么做，规定各人的分工，并须汇总向大使报告。傅指示同人："我们的职责就是观察苏联的外交方针、对外政治倾向和社会动态，然后制定真实可靠的报告，以便祖国能使用这些报告作为制定外交政策、决议的基准。""如果我们的报告有任何错误，那影响就太大了。"②

傅秉常的情报有多处来源，诸如驻苏武官领导下的调查人员，拜会访苏外国官员、驻莫斯科的外国记者等。他还通过收听来自各国的国际广播，筛选苏联和盟国的报刊而获取必要的情报，因为他认为，这其中的"每个词、每个字母都有可能暗含着斯大林的态度"。傅还在莫斯科定期会见一些外交同行，其中包括美国、英国、加拿大等国的大使。据其日记记载，在三年多的时间里，他正式会见美国大使 39 次、英国大使 27 次，这还不包括那些非正式聚会。③

傅秉常也很注意从苏联的新闻宣传中捕捉有价值的信息。当时蒋介石经常给斯大林发来各种贺电，这些贺电刊登在什么位置反映苏联的态度。在 1943 年 6 月 26 日的《真理报》上，蒋介石给斯大林的贺电直接登在美国总统罗斯福的贺电后，傅将此事专门报告蒋介石，因为中国政府当时还为日本大使与莫洛托夫的密谈而担忧。1945 年春，苏联与中共的关系开始显得亲密，苏联报纸第一次刊登了中共领导人毛泽东、朱德给斯大林的贺信。傅认为此事应予关注，将此一信息电告外交部。④

3. 关于使馆工作职责与使领人员素质的见解

傅秉常认为，在驻外使馆工作比在国内外交部工作困难得多。在部里政府

---

① 傅铱华：《民国最后一任驻苏大使傅秉常在苏联的日子》，《民国档案》2007 年第 4 期。

② 《傅秉常日记》，1944 年 9 月 28 日，转引自傅铱华《雅尔塔远东问题协议重探——以傅秉常为中心的讨论》，《南京大学学报》（哲学·人文科学·社会科学）2008 年第 1 期。

③ 傅铱华：《雅尔塔远东问题协议重探——以傅秉常为中心的讨论》，《南京大学学报》（哲学·人文科学·社会科学）2008 年第 1 期。

④ 傅铱华：《民国最后一任驻苏大使傅秉常在苏联的日子》，《民国档案》2007 年第 4 期。

政策已制定，外交部门只要考虑执行问题。机构设置和人员管理都有条文规定，尽管工作负担重，但责任和任务并无如此要求。驻外使馆工作情况就大不一样，需要观察所在国的政策、政治和社会情况，然后汇总成可靠的情报供国内作外交决策之参考。如果观察错误的话，影响势必很大。因而为了工作出成效，驻外使领人员必须：其一，提高自己的观察能力。其二，努力拓宽知识面，增长智慧。如研究世界政治运动和各国经济形势，分析之间的不同和它们的社会思潮；比较研究各国文化，分析哪些是正面的，哪些是负面的等。所以仅知道一点国际法律和外交礼节是不够的。其三，作为驻外人员，我们需要对所在国进行深入研究。每个国家都有自己独特的历史和环境，其外交政策总是在变化，所以我们对所在国外交政策必须弄清楚。做到这一点不仅要了解该国的政策，也要了解其主要盟国的政策，比如苏联、英国、美国和东欧所有小国的关系。如果我们仅了解苏联的情况，对英国、美国和一些较小国家的情况一无所知，听到一面之词就会不知事实真相。我们还必须学习，弄清楚该民族的历史、习惯、传统、思想和文化。总之，对驻外使馆人员要强调学习和研究。这类工作不容易体现成绩，我们一定要有耐心，养成良好的学习习惯。这点完全不同于在部里工作。[①]

（二）力争参与四国宣言的签署

傅使苏期间，最能体现其外交官素养的，是竭尽努力，争取到代表中国在四强宣言上签字的机会，这既是中国战时外交的一个重要成就，也是他个人外交生涯上一个大的亮点。关于此事经过，已有张力等学者缜密研究，此处不赘，本文只想就傅个人在其中的作用问题再略谈几点。

（1）得知三国外长会议将在莫斯科召开的消息，傅秉常即率驻苏使馆人员全力以赴，积极行动。

1943 年 10 月 13 日，傅秉常获悉美国国务卿赫尔正在前往莫斯科的途中，他奉命向即将在莫斯科举行的美、英、苏三国外长密会提交一份美国总统关于构建包括中国在内的四国联盟建议的声明文件。傅秉常立即将这一绝密情报电告重庆，并指挥全馆围绕密会开始了紧张的工作。这项工作主要通过以下几个途径：一是由使馆苏联问题顾问刘志勇（应为刘泽荣，即刘绍周——引者注）

---

① 《傅秉常日记》，转引自傅铱华《民国最后一任驻苏大使傅秉常在苏联的日子》，《民国档案》2007 年第 4 期。

与苏联外交部人员加强接触；二是派使馆武官郭德权与各国军事代表保持密切联系；三是由傅本人与美国国务卿赫尔、英国外交大臣艾登及加拿大驻苏大使达纳·威尔格里斯等盟国官员密谈，向他们表明中国政府的立场，了解各国政府对华立场和密会内幕。①

（2）傅与美、英、苏等国相关人员均关系良好，对各国外交人员、新闻记者积极交往，广交朋友，得到了他们的善意回报，为傅秉常及驻苏使馆这一重要使命的达成提供了便利。

会议期间傅秉常多次秘密拜会赫尔，在促成四国宣言签署过程中，赫尔予傅秉常不少帮助，傅在报告蒋介石的电文中曾说："伊此次在莫开会，事务繁忙，无暇接见及应酬，而与职晤谈五、六次，其情谊可感。"② 英国方面也给予了不少支持，10 月 24 日，"卡尔大使因职前已表示欲与艾登外相会晤，特予今午邀请午餐，并于餐前介绍与艾登谈话"。③ 得知傅秉常还未得到授权，在 10 月 27 日苏联为各国代表团举办的音乐会上，艾登、卡尔都急切地向傅表示要尽快得到授权，以免被俄国人拒之门外。故 30 日下午，傅在签字结束后，向蒋介石的报告称："此次幸获成功，除赫尔始终一力促成外，艾登亦极热诚赞助。"甚至苏联外长"莫洛托夫对我国态度亦极佳，当职入会场时，伊对职特别表示亲密之意。苏联因战事发生后，以环境关系，对我向避免接近，此次能同意邀职到会，共同签订宣言，殊属难能可贵"。④

傅在莫斯科时常邀请记者到中国大使馆吃饭、喝茶，出席使馆活动，尽力招待和帮助新闻界的朋友。因为这种良好的关系，在外长会议期间，记者们让

---

① 叶永坚：《傅秉常与美英苏中〈普遍安全宣言〉》，《档案与建设》2010 年第 12 期。该文作者提到陪同傅秉常 30 日下午出席签字的也是"刘志勇"，另一处称"刘子勇"，据张力文章，陪同者则为刘绍周，傅秉常与使馆同人分工向各方打探消息之人也是刘绍周，叶文称是"苏联问题顾问"，张力称是"参事"，资料来源是《傅秉常日记》。刘绍周又名刘泽荣、刘子勇、刘志勇、刘泽荣或许是从傅秉常日记翻译时发生的问题。傅日记原文据说是间或使用中、英文（见傅铱华《雅尔塔远东问题协议重探——以傅秉常为中心的讨论》注）。应该张力的用法是正确的。关于分工情况，张力文章称："傅秉常遂发动全馆人员设法进行，并具体分工为参事刘绍周与各使馆和苏联方面接洽，武官郭德权与各国军事代表处接洽，随员胡济邦与各国记者接洽。"郭德权，叶文作"郭德全"。

② 秦孝仪主编《中华民国史重要史料初编——对日抗战时期》，第三编战时外交（三），国民党党史委员会，1981，第 814 页。

③ 秦孝仪主编《中华民国史重要史料初编——对日抗战时期》，第三编战时外交（三），第806～807 页。

④ 秦孝仪主编《中华民国史重要史料初编——对日抗战时期》，第三编战时外交（三），第811～812 页。

傅派一名馆员以记者身份参加了会谈，他们还把自己的记录复制给傅。① 傅还通过私人关系，让会场安保人员同意中国使馆人员以记者身份进入。

（3）客观上是美立场坚决，英较为配合，但傅做了许多主观上的争取，且有逾越常规、相当大胆的权宜处置。如傅秉常参与签字，须由国内授予其代表中国签字的全权，10 月 28 日赫尔提醒他，定于 29 日签字，国内的授权电必须在 28 日到达，傅估计最快也要 29 日晚间才到，为争取时间，断然决定分函三国外长，表示已得到签字授权。这虽是积极大胆争取国家重大利益的举措，但程序上是严重违规的，故傅同时也向蒋介石自请处分。好在正在起草这一电报时，蒋介石的授权电报真的到了。②

（4）中国的大国地位在宣言上的签字只是一种形式和象征，中国的实际国力与国际地位并不能因此有实质性的改变。但它有正面的作用，当时有可能签上，也有可能签不上，签上当然更好，可争取国际平等地位，鼓舞抗战军民。当然，实际上签字过程本身就是不平等的，中国外长并未受邀参与会议，中国大使在会场外等候，从 4 时等到 6 时多，签完后又先出来，其他国家代表则留下继续开会，许多事务不能参与。这正是中国实际地位不高、作用有限很切实的表现，这次参与签字更像是三大国的一种恩赐。

与此同时，宋子文对傅秉常的工作并不支持，常常将他晾在一边，更增加了其工作的难度。如关于宣言内容，直到会议召开时傅才知道，而并不参加签字的加拿大在 8 月底就已从美国获知宣言草案。故在事后傅秉常慨叹："吾人当中国外交家最辛苦之事，即政府对自己万事均不使知悉，而期望于吾辈者又异常之大。吾常谓当中国外交家必具孔子之道德，神仙之知识，幻术家之敏手，始能希望有所成就。"③ 在另一处，傅秉常也抱怨，国内的外交部"又想马儿好，又要马儿不吃草"。后来宋子文到莫斯科主持对苏谈判，到最后时刻傅也不知道宋到达的时间和出席会谈的名单，他从本国外交部得不到消息，不得不尴尬地去问苏联人。④

---

① 傅铱华：《民国最后一任驻苏大使傅秉常在苏联的日子》，《民国档案》2007 年第 4 期。
② 《傅秉常日记》，1943 年 10 月 28 日，转引自张力《傅秉常与 1943 年四国宣言的签署》，会议论文集第 348 页。为此，傅在日记中写道：无论发生什么事情，他都会先斩后奏，对美英苏三国外长声称自己已经获得了签字权。他很清楚，这样做的结果是自己可能会受到重庆方面的处分，但这个险还是值得一冒。见叶永坚《傅秉常与美英苏中〈普遍安全宣言〉》。
③ 《傅秉常日记》，1943 年 11 月 4 日，转引自张力《傅秉常与 1943 年四国宣言的签署》。
④ 傅铱华：《民国最后一任驻苏大使傅秉常在苏联的日子》，《民国档案》2007 年第 4 期。

（三）继续坚持与苏合作的政策

傅秉常使苏期间，按照蒋介石"现在及战后与苏均应交好"的授意，能尽职尽责，在中苏关系不好的情况下，力促双方关系好转，坚信中苏应继续友好。

他曾劝美方人士正确看待苏联，以减少盟国间的隔阂与猜忌，着眼于反法西斯及维护世界和平的大局。1943年10月20日上午，在与赫尔的晤谈中，傅感到赫尔对苏联政策有不少怀疑，便力劝不宜怀疑苏联，说根据其多年与苏联交涉的经验，深信：（1）苏联人民系爱好和平之人民，其政府亦绝无侵略别国之野心，且亦知无此需要，盖自己已有如此之广大土地及资源，工业建设已有成效；（2）苟不与苏联合作，则将来世界和平绝无维持之可能。[1] 当然这些看法有将苏联过分理想化的一面，但他积极促进盟国间的合作，致力于维护中苏之间正常的国家关系，对于中国还是有利的。

1943年末德黑兰会议后，12月7日，傅秉常向蒋报告美驻苏大使哈立曼透露的罗斯福与斯大林谈话等内容。关于中国部分，斯大林表示，苏联成败（原文如此，"成败"似应为承诺——引者注），绝不干涉他国内政，亦不支持各国共产党；苏联一俟击败德国后，即以全力加入对日；苏联极愿中国成为强大之国，战后愿协同英、美共助中国，达此目的；愿于适当时期与委座会面；外间有疑苏联对满洲有领土野心者，苏联对满洲绝无野心。[2] 傅秉常向蒋传递的这些信息，对于消除蒋介石的顾虑，坚定其继续联苏的信心，缓和中苏之间的矛盾，还是具有积极意义的。

傅秉常认识到，美、英为最终击败德、日法西斯，极其重视战时与苏联的同盟关系，在此情况下，他们不会给重庆任何被认为对莫斯科不利的支持，因此他提醒蒋介石："对德作战的胜利取决于苏联红军，因此，英美一定会依靠苏联。为我们的胜利和将来着想，我们需要盟友的支持和帮助。俄国人也意识到自己的国际地位会越来越高。如果我们和苏联反目，英美也许会同情我们但决不会和苏联决裂，再者，并不是所有人都会同情我们的。"傅秉常在与驻苏美国、加拿大和英国大使交流的过程中，清楚地意识到美国对美苏合作的重视程度，因此对中苏之间围绕新疆等问题的冲突感

---

① 《傅秉常日记》，1943年10月24日，转引自张力《傅秉常与1943年四国宣言的签署》。
② 秦孝仪主编《中华民国史重要史料初编——对日抗战时期》，第三编战时外交（三），第554~555页。

到十分担忧。①

1944 年八九月间，赫尔利作为罗斯福总统私人代表使华，其目的是调处国共关系。8 月，赫尔利使华途经苏联，孔祥熙致电傅秉常，请他在莫斯科招待赫尔利。8 月 31 日，傅秉常与赫尔利进行谈话，赫尔利与他探讨了中苏关系问题。傅秉常承认中苏关系的确存在一些问题，但是在局部范围内，不会妨碍中国与苏联建立睦邻友好关系的基本原则。赫尔利同意傅的观点。赫尔利告诉傅，在他与苏联外长莫洛托夫的谈话中，莫洛托夫曾透露，苏联愿意支持一个在蒋介石领导下的强大中国的出现，但是认为中国的情况最近好像不太好。傅将此次谈话的内容向重庆方面做了详尽的汇报，考虑到国共关系与中苏关系的复杂联系及对战后国家重建的期盼，傅秉常还表示："如果我们真的和中国共产党合作，对中国来说真是个好消息。"②

其后，对于 1945 年的中苏条约谈判，傅秉常也表示了关心并予以力所能及的协助，宋子文到莫斯科就是住在他的大使住宅。③

四 余论

（一）傅秉常对若干民国外交人物的评价

傅秉常长期活跃于民国政坛高层，亲历亲闻，耳濡目染，对不少民国要人有其自身的判断，其中对一些外交人物的忆述，颇具参考价值，有助于后人更直观、具体或更多侧面的了解这些民国外交史上的风云人物，从而更好地分析和理解民国外交史。

（1）宋子文：傅秉常与宋子文的过节，似乎起于国民党第一次联俄时期，廖案及中山舰事件后，国民党许多要人被逐离粤，伍朝枢亦在此列，"一夕，鲍罗廷夫人来访，欲请余接充朝枢之外交部长，其条件乃任宋子文为财政部

---

① 傅秉常致蒋介石电，1944 年 7 月 26 日，转引自〔英〕傅铱华《雅尔塔远东问题协议重探——以傅秉常为中心的讨论》。

② 《傅秉常日记》，1944 年 8 月 28 日、9 月 1 日、12 月 16 日，转引自傅铱华《雅尔塔远东问题协议重探——以傅秉常为中心的讨论》。

③ 1945 年 7 月宋子文到莫斯科谈判，傅秉常是否全未与闻，顾维钧的说法与傅本人的说法似有出入，顾维钧称参与了中苏谈判的胡世泽 8 月底到美国后告诉他，傅秉常也是中方参与谈判的成员之一，当然并未扮演重要角色，主要是由宋子文、王世杰、蒋经国等负责，其中宋子文甚为信赖的钱昌照地位重要。见《顾维钧回忆录》（5），中华书局，1987，第 567、570 页。

长。余对此安排绝无考虑余地，遂于北伐前偕伍朝枢离穗赴沪"。① 傅秉常拒绝了鲍罗廷，也间接地拒绝了蒋宋，不免引起联想。1928 年底胡汉民"坚邀余入立法院相佐，余所提唯一条件乃不参加外交委员会之工作"，因"宋子文于朝枢亦颇存芥蒂。本人与朝枢之关系既如此深厚，乃极图避免外交方面之牵缠"。②

至九一八事变后，以蒋介石下野为条件宁粤合作、孙科组阁，上海金融界推宋子文牵头对抗孙科挽救财政的措施，而为孙科谋划相关措施的正是傅秉常："行政院甫成立，上海商界即以金融恐慌相胁。何应钦为军政部长，天天逼索军饷。余乃与二外国人士洽商，……决定二策：一为应急之法，由海关税务司做保，自外国银行借款数百万元，可供维持一、两月之急用。另一为久远之计，则先收回中国、交通两银行之发行权，改组中央银行，发行国币，政府得切实掌握财权，而不受财阀之操纵。……上海诸银行闻讯而大感恐慌，急谋抵制，乃共推宋子文为领袖。……宋子文既与大四行相结托，遂拉拢蒋、汪于杭州开会。连陈铭枢亦应邀参加。吾等得讯，即知事无可为，劝孙准备辞职。"③ 可想而知，此段经历不仅再次得罪了宋子文，也是支持了一个逼蒋下野的内阁，蒋对他恐亦难充分信任。傅秉常与伍氏父子、孙科、胡汉民等人的密切关系，既是他政治上得以出人头地的重要因素，而在粤系渐渐淡出国民党权力核心、蒋宋豪门操纵国民党政权之后，他在政治上发挥的空间也就必然会日益狭窄。

在另一处，傅秉常说宋子文十分蛮横：一次傅出席孔祥熙主持的行政院会议，因经费事与孔力争，"孔谓汝可用蒋公名义来一公函，盖孔亦知悉余掌有蒋公私章也。余拒之，并告孔曰：'一切应讲理，理直则虽用余之名义亦可，如坚决反对，则不妨否决之。'孔较宋子文尚略胜一筹，宋则常蛮不讲理，故孔终能允纳余之意见"。④ 宋到莫斯科主持中苏谈判，如此疏忽正任驻苏大使的傅秉常，既可说是其来有自，亦可见其行事之强悍。胡适在其日记中也有类似记载："自从宋子文做了部长以来，……他从不曾给我看一个国内来的电报。他曾命令本馆，凡馆中和外部，和政府，往来电报，每日抄送一份给他。但他从不送一份电报给我看。有时蒋先生来电给我和他两人的，他也不送给我

---

① 沈云龙、谢文孙：《傅秉常先生访问记录》，第 61 页。
② 沈云龙、谢文孙：《傅秉常先生访问记录》，第 70 页。
③ 沈云龙、谢文孙：《傅秉常先生访问记录》，第 135～136 页。
④ 沈云龙、谢文孙：《傅秉常先生访问记录》，第 102 页。

看，就单独答复了。……昨日我复雪艇一长电，特别抄了送给子文看，并且亲笔写信告诉他，意在问他如何答复，他今天回我这封短信，说……［我已用同样的意思答复了］！他竟不把他的电文给我看！记此一事，为后人留一点史料而已。"①

（2）顾维钧与郭泰祺："维钧（少川）与陈友仁作风迥异，少川为外交界正统出身"，"学识俱佳……天赋亦高，固聪明绝顶之士也。某年联合国安全理事会在英国举行，会中每逢疑难问题争执莫决时，如顾少川起立发言，辄受全场之注意，盖咸信服少川之才识，料其必有卓越见解提出也"。"顾少川精敏干练，而气量殊狭，属下常引为苦。其麾下三要角为钱泰、胡世泽、金问泗。三人均模仿少川之谈吐作风，而尤以金君为毕肖。如论学识则三人均难望其项背。"

傅驻苏联时，丘吉尔到苏访问，与他谈到驻英之中国外交官员，丘吉尔对顾维钧与郭泰祺"均表钦服。但就此二人而言，邱（丘）翁尤赞赏复初之人品"。丘比较二人之短长曰：顾氏"对西方法律知识之精娴，固令吾人折服，但此等知识为吾人所素知者。……然郭泰祺君则每能谈论中国文化，其精辟之处非吾人所能望其项背。再就二人之性情而言，余亦欣赏泰祺之和易近人。余如与泰祺谈判，有如至友促膝谈心一般，开诚布公，较少顾虑。即或偶觉不妥，无妨重谈一次。如与少川谈判，则须极具戒心，如偶有不慎，即为少川执为谈判之把柄。少川之精敏机智，咄咄逼人，常令余生厌"。傅对此评论曰："出使友邦，应广结人缘，如令友邦人士厌惧，自非理想之外交人才也。"②

曾在台湾当局驻美机关工作的周谷讲过一件事，对于了解顾维钧的处事方式，应亦具参考价值："六十年代初，余在华府驻美大使馆时，奉令兼管全馆旧档。穷数年之力，通览自清杨儒钦差至民国之王正廷、胡适、魏道明、顾维钧、董显光、叶公超及蒋廷黻诸使文件，……顾维钧离任时，已全将其任内经办重要案卷，悉数随身携去，片纸无存。胡适手稿亦散处各地。叶公超仓皇辞庙，文件亦难保存。"③

（3）王正廷：1919年巴黎和会时，南北政府各派代表组团参会，王正廷为南方代表。"当时北方代表中顾维钧氏与南方通声气，故北方之秘密决定均

① 曹伯言整理《胡适日记全编》(7)，1942年5月19日，安徽教育出版社，2001，第478页。
② 沈云龙、谢文孙：《傅秉常先生访问记录》，第149～150页。
③ 周谷编著《胡适、叶公超使美外交文件手稿》，台北，联经出版事业公司，2001，自序。

为南方所洞悉。而南方代表中亦有一人与北方相通，此即王正廷氏。"① 王原属唐绍仪"金星系"，"……此辈均具政治雄心，派系之见颇深，与中山先生诸僚属如胡汉民、廖仲恺、汪精卫等遂难免冲突"。有资料显示，在巴黎和会期间，王正廷与伍朝枢、顾维钧等就有矛盾。② 王正廷任外长时，傅秉常任立法院外交委员会主任，两机关间常有往来，王宠惠常设法拉近王、傅两人，以减少两人之间的隔阂，因王正廷始终认为傅是伍朝枢的人，"时时防余图引伍返国，重登外长一席也。亮畴从中斡旋甚力，因此儒堂每周辄来与余及亮畴共餐数次，常于进食时就重要事项交换意见。余亦尽力避免摩擦"。时立法院院长胡汉民瞧不起外交部，立法院致函外交部，胡汉民往往批写"外文部"，"以儒堂等仅通外文而已，无资格可谈外交也"。"王儒堂文科出身，办理青年会甚久，对于有关外交、国际法律之知识原非熟娴，故根底已不够坚实，不能与伍朝枢、王亮畴相比也。而外交工作极需专门知识，如无良好之法律根底殊难胜任。儒堂又乏自知之明，不能多听少说，多事学习，反而深染传教士之作风，常喜发表高见，自难免言多有失也。"③ 傅此说不知是否带有门户之见，因王正廷曾就读于天津北洋大学法科，在美国密歇根大学、耶鲁大学法律专业毕业，似并非不谙法律之人。

（二）关于傅秉常在民国外交史上的地位和成就

大体而言，傅秉常较为善于协调各种关系，处理问题较为得体，如作为孙科随员访苏时的若干建议，任蒋介石政务次长时的自我定位，如何在外交机关内部处事公正、协调各方，以及在巴黎和平会议上的斡旋，④ 等等。这是作为一名外交官应具有的一种很重要的素质，这种兼具中国传统美德与西方绅士风度的近代职业外交家品格，可能得益于外交前辈伍廷芳的言传身教，也不乏自己的用心体验；在民国外交界，傅秉常参与外交决策、单独展现个人才能的机会并不是很多，大多是作为辅助者、配合者进行活动，但都能尽职尽责，恪尽职守，扮演好自己的角色。而一旦机会来临，他也会及时抓住，放出异彩，例如在四国宣言签字问题上的表现，已达到一个受命出使的外交官所能做到的最

① 沈云龙、谢文孙：《傅秉常先生访问记录》，第 13 页。
② 沈云龙、谢文孙：《傅秉常先生访问记录》，第 111～112 页。参见完颜绍元著《王正廷传》，河北人民出版社，1999，第 87～95 页。
③ 沈云龙、谢文孙：《傅秉常先生访问记录》，第 150～151 页。
④ 参见沈云龙、谢文孙《傅秉常先生访问记录》，第 139～140 页。

好境界；傅秉常对于国际局势，特别是他参与较多的中苏关系，有其个人的见解，有些看法无疑是正确的；对于一般的外交工作，如外交机关、外交人员的基本职守与应有分际，驻外使馆的规划管理与业务范围的看法，也颇有见地。

但是由于主客观因素的影响，傅所发挥的作用又是有限的。傅由港大工科毕业，既无国际政治，亦无国际法专业之留洋经历，他在国民党内之地位，先是由伍廷芳、伍朝枢父子之关系引入，继与胡汉民、孙科等若干粤籍领袖建立了较好关系，协助他们处理外交、财经、立法等事务，在政治上需要他们的引荐与提拔，为他提供施展才干的机会和平台。但伍氏父子早逝（伍廷芳于1922年逝世，伍朝枢于1934年逝世），胡汉民与蒋反目（1931年），孙科在宁粤分裂后，政治上已逐渐边缘化，直到抗战军兴，因要借重其身份争取苏援，才略显重要，傅也就被派为其外交上的助手出使苏联。此后，因苏德战争等因素，中苏关系渐冷，到1943年1月傅出任驻苏大使时，其重要性已下降了很多。事实上，在国民党官场上，傅秉常从属于粤系，与蒋介石关系甚浅，与地位日渐重要的CC系、政学系、黄埔系非亲非故，又因伍朝枢等的原因与宋子文等权贵关系不睦，①他的政治空间已很有限，故宋子文任外长后，傅秉常常有被冷落之感。

罗香林称傅始终效忠国民政府，但据顾维钧回忆，在1948年底，傅与几位重要的驻外大使都表示了对现政权的不满：12月10日，国民政府驻加拿大大使刘锴刚从巴黎回来，告诉驻美大使顾维钧："他们还讨论了一旦共产党攻占南京，我国驻外各大使和公使应该怎么办。所谓他们，他指的是我国驻法大使钱泰、驻苏大使傅秉常、驻意大使于焌吉和他自己。他告诉我，有的主张立即辞职，有的反对。但普遍对现政权不满，觉得变一变对中国来说会好一些，甚至在我国官员和驻外代表中也有这种看法。"② 感觉上，罗著《傅秉常与近代中国》对傅多有刻意美化之处。

① 据傅秉常回忆："立法院成立后，……展堂坚邀余入立法院相佐，余所提唯一条件乃不参加外交委员会之工作。盖此时伍朝枢见我等全体人马返国，而独留彼于美国，大感不满，来函责难甚烈。而此时王正廷已决定出长外交，王且深忌余之将助伍返国，与彼逐鹿外长一职。同时宋子文于朝枢亦颇存芥蒂。本人与朝枢之关系既如此深厚，乃思图避免外交方面之牵缠"。沈云龙、谢文孙：《傅秉常先生访问记录》，第70页。在另一处，傅秉常谈道，王正廷对他主持立法院外交委员会也极不放心，希望将其外调做比利时公使或意大利公使，因胡汉民坚持不同意傅去职才作罢（同上书，第91页）。王正廷最初为冯玉祥所荐，然其为浙江奉化人，是蒋介石的同乡。而傅秉常所倚赖之人却多为蒋介石所忌。参见林桶法《蒋介石的亲族关怀》、杨维真《蒋介石的地缘关系》，载汪朝光主编《蒋介石的人际网络》，社会科学文献出版社，2011。
② 《顾维钧回忆录》（6），中华书局，1988，第589页。

民国时期广货出口与南洋市场

暨南大学历史系　张晓辉

学界关于近代中外贸易的成果很多，但都疏于广东与南洋贸易的研究。有关近代广东外贸的著作主要有徐德志的《广东对外经济贸易史》（广东人民出版社，1994）、杨万秀主编《广州外贸史》（广东教育出版社，1996）、黄启臣主编《广东海上丝绸之路史》（广东经济出版社，2003）等，均未专注广东与南洋之贸易，对广货出口南洋的著述甚少。王赓武著《南海贸易与南洋华人》（香港中华书局，1988）的时间范围虽限于古代，但对于了解中国与南洋贸易的由来，颇具价值。

广东是我国著名的侨乡，明朝中后期，沿海民众通番贸易、居留海外达到高潮。清朝海禁开放后，粤人搭乘商船前往南洋谋生者不断增多，到鸦片战争前，粤籍华侨几乎遍布于南洋各地，从事各种职业，成为推动各地社会进步和经济开发的积极因素。民国时期，南洋华侨共约600万人，其中除了170万为福建人外，其余基本上都是广东华侨。[①]

抗战以前，广东外向型的经济生产取得了相应的发展。在农业方面，随着商品经济的发展，市场对于经济作物的需求增加，生产专门化有扩大的趋势，如蚕桑、甘蔗、烟草、水果、花生、麻、蒲葵、四季蔬菜等，都形成了一些集

---

① 章渊若、张礼千主编，张荫桐译述《南洋华侨与经济现势》，商务印书馆，1946，第6页。关于"南洋"的确切范围，学界一直没有定论。通常所谓"南洋"，包括英属海峡殖民地（新加坡、马来亚）、缅甸、婆罗洲，荷属东印度（今印尼），法属安南（今印支三国），美属菲律宾，暹罗（今泰国）等地。"东南亚"作为一个地理、政治概念，则始于第二次世界大战。

中专业产区。特别是珠江三角洲的土地综合利用日见精细，形成了颇具岭南特色的农业近代化模式。农副产品大量向海外出口，不少农副产品还经省港等地所设的办庄，大批外运南洋及美澳等地，以应海外华侨市场之需。

在工业方面，民营工业获得了较大发展，产品远销南洋乃至美洲。因"民国肇造以后，一班华侨，回国举办实业，甚为踊跃，故一般工厂，曾经甚（盛）极一时，产品销路，大都以南洋群岛为尾闾"。① 据 1930 年对广东省内各市县的工业调查，其大部分都与外洋有关联，或是原料、机器设备须进口，或是产品须出口到南洋。②

抗战结束后，因战乱而中断多年的海外联系重新接通。南洋市场极缺中国药材、食品和其他商品，当这些货物经香港转运到南洋后，备受欢迎，"华侨欢尝祖国特产"，商人"利市百倍"。③

一　广货出口南洋的主要口岸

南洋历来被称为"华侨大本营"，也是广货出口的重要市场。广货输出南洋的口岸比较集中，主要由粤、潮、琼等海关办理，大量广货经港澳转销南洋。

广州是华南对外贸易中心，民国初年，粤海关出口的土布、农副产品等日常用品主要销往南洋群岛。1933 年世界经济不景气转缓，广东"出口土货，则因海外需要趋殷，而见畅旺"，④ 其中烟叶、烟丝、草席、纸伞等，不少输往南洋。

汕头是广东第二大外贸港口，并为粤人拓展南洋的重要出发地，华商投资创立了汕头至南洋诸国的华暹、捷华、中暹、五福及美昌等海运船务公司。

海外潮人喜好家乡土特产，汕头的外贸伙伴主要是马来亚、暹罗、荷印群岛，消费对象主要是南洋的潮汕华侨。民国初年，潮汕海外华侨增至 300 万人，侨民需要大量的家乡土特产。据潮海关贸易报告记载，汕头大宗出口货物主要是农产品，工业品除用洋纱织成的土布日益受海外华侨欢迎外，值得一提

---

①　全国图书馆文献缩微复制中心编《二战时期中国工业调查报告》上卷，三河弘翰印务公司，2006，第 222 页。

②　《统计》，建设委员会编《建设》第 10 期，1931 年 1 月，第 35～37 页。

③　《商业调查团谈星洲香港贸易》，（香港）《华商报》，1946 年 1 月 7 日，第 2 页。

④　中国第二历史档案馆等编《中国旧海关史料（1859～1948）》第 114 册，京华出版社，2001，第 159 页。

的只有陶瓷、纸扇、粗麻布等。①

　　海口为海南岛经济之枢纽，是本岛及雷州半岛附近货物集散的中心，也是广东第二大侨民进出口岸。自 1920 年代后，海南岛贸易经济逐年发展。通常轮船在海南岛可停泊之处，只有海口一港，专航者甚少，多为中途经过之船，如往来于香港至越南海防、香港至新加坡、香港至泰国等航线，中经海口停泊搭载乘客。②

　　海南岛每年都有大量的人下南洋，但本地直往南洋各地者只有帆船，载重量为 50～500 吨不等。每年冬季北风起，由文昌之铺前港、清澜港，乐会之博鳌港，崖县之保平港等，装载人畜货物往泰国、越南、新加坡、马来亚等地。来年夏季南风起，再驶回琼崖。③ 清澜港面积宽阔，有数十艘大型帆船，往来于本岛各港口及华南沿海、港澳、南洋各埠之间。④

　　1930 年代前期，琼崖小规模制造业颇为发达，每年营业总额约 40 万元。海口所产罐头及胶鞋，多销往香港及南洋。陵水、文昌等县所产的椰子油，则多销往南洋各埠。⑤ 文昌县附近各乡居民，织菠萝麻布运销上海、台湾和南洋群岛，每年价值约为 39 万元。⑥

　　由于广货多经香港而畅销海外，故人们一般认为：“南洋贸易，实际上香港与南洋可以合并言之。”⑦ 此外，珠江口西岸江门、鹤山等地的不少土货经由拱北关转销南洋，如烟叶、葵扇、草席、土纸、茶叶、竹帽、木材等。⑧

二　广货出口经营商

　　（1）出口贸易商。广东的对外贸易机构与他省不同，进出口货物多须经

---

①　中国海关学会汕头海关小组等编《潮海关史料汇编》，汕头市地方志编纂委员会印，1988，第 88～89 页。

②　怿庐：《琼崖调查记》，《东方杂志》第 20 卷第 23 号，1923 年 12 月。

③　《交通》，《琼崖建设》创刊号，1929 年 2 月，第 1～23 页。

④　《佛南印支海南岛写真集（日文）说明》，海南印刷公司发行所，昭和十六年（1941），原书无页码。

⑤　《琼崖各属工业之发展》，《新广东月刊》第 27 期，1935 年 3 月 31 日。

⑥　陈元桂：《建设新琼崖的管见》，《广东经济建设月刊》1937 年第 3、4 期。

⑦　《专论》，中华民国商会全国联合会编（以下省略）《中华民国商会全国联合会纪念刊》，1948，第 27 页。

⑧　莫世祥等编译《近代拱北海关报告汇编（1887～1946）》，澳门基金会，1998，第 90、300、327、339 页。

由香港办庄。香港的办庄在粤省各埠广设分号或联号，如南洋庄、金山庄、海味行等是其中较著者。抗战以前，香港有各种办庄200余家，另外制造业厂商和大商店兼办进出口的，也有数十家。战前广州出口商约有100家，各行业间有比较完整的公会组织。广州的30余家办庄中，办理南洋业务的是南洋庄。①

在以中国为中心的东亚贸易圈，汕头主要通过与上海、香港的贸易往来，与整个世界市场发生联系。在汕头的外贸中，以香港为中转站的同南洋的贸易占其大部分。侨商和港商是汕头开拓海外商场的主要力量，他们既是潮汕土特产输出的组织者，又是这些货物到达海外后的推销者。汕头进出口业务形成了分工各有侧重的五大行商公会，即南商公会、暹商公会、酱园业公会、果业公会及抽纱业公会。

南郊行是主要以采办土产运销南洋各地的商号的统称，根据营业地域范围，其中专以暹罗为营业范围的称为暹商（或称暹郊），其他地域则总称为南商。南郊行的性质是出口商，其营业与潮梅各地农村经济兴衰尤为息息相关。

经营向南洋出口贸易的商人始终是汕头最大的出口商，除了南郊行外，还有专门经营瓷器、生蛋、菜籽等货物的出口商。②

广东虽然商业较为发达，但粤商的贸易圈子仍主要限于传统的"商人社会"，他们遍布于国内及南洋各大商埠，大多组织同业或同乡团体。粤商经营出口货物最为普遍的现象，就是派直系亲属或姻亲到有业务来往的商埠设立联号，或指定关系紧密的商店为联号，如江门烟丝行（联益堂）大小有20余家联号，它们从鹤山、新会购进烟叶，加工制成烟丝，多数是零星生意。其中朱广兰、罗奇生、广恒、朱有兰等四家商号称为"洋庄"，经营出口烟丝。朱广兰、罗奇生号兼营茶叶，行销旧金山；朱有兰、广恒号则将茶叶销往南洋各地。这些洋庄的规模颇大，多是由华侨经营的，在外洋及省港设有联号，在产地设有支店。③

华侨经营的进出口商行，是广东外贸不可忽视的力量，如1927～1937年汕头侨办的进出口商行达80多家，出口行的南商、暹商年贸易总值在1000万元以上。④

---

① 蔡谦编著《粤省对外贸易调查报告》，商务印书馆，1939，第9、11页。
② 林济：《潮商》，华中科技大学出版社，2001，第108页。
③ 广东省政协文化和文史委员会编《广东文史资料精编》上编第3卷，中国文史出版社，2008，第32页。
④ 广东省地方史志编纂委员会编《广东省志·对外经济贸易志》，广东人民出版社，1996，第44页。

（2）出口贸易方式。广州出口商的货物输出方式可分为三种，即直接输往外洋，售于办庄，售于洋行。粤省货物中有由广州直接出口者，但为数极微，仅纱绸与草席分别有42%及10%系直接输往南洋一带，不借中间人之手，抗战以前这两项货值共150余万元，在广州出口贸易总值中不占重要位置。广州外贸之土特产多经香港办庄或洋行转销海外，如爆竹、药材、木材、土纸等，全部售于香港办庄，除小部分销于香港外，其余则由香港办庄输至海外。①

广东省内其他各埠之输出手续，大致与广州相同，"由广州情形可知粤省对外贸易之方式"。② 1920年代以后，汕头的商行多直接对外贸易，不复借手洋商以为中介。③

（3）外贸金融与汇兑。广东外贸一向多在香港办理，故香港成为广东国外汇兑的接转中心。粤省银号以广州、汕头两地最为发达，银号曾被称为广州的"百业之首"，平时市上各业生意多与银业界有来往，赖其汇驳附揭兑换，以资周转资金；巨额侨汇亦多赖银业以为转驳，故可谓其"实居商场上最重要之地位"。④ 汕头钱庄向执本埠金融界之牛耳，在清末，其直接汇兑以香港、上海及新加坡三口为限。凡汇往北方及长江流域一带者，直汇上海；凡汇往南洋群岛者，直汇新加坡；凡汇往越南及日本者，则直汇香港。由此等地再行转汇。汕头钱庄共约100家，以汇兑为主，不过1930年代初，因南洋经济萧条，营业不振，倒闭了不少。⑤

汕头市的汇兑可分为电汇、信汇及票汇三种情况，尤以票汇居多。票汇以沪、港两埠为大宗，因该市进口货物大半购自上海和香港，至于输出之土产，则多运销南洋群岛。同时南洋的糖、鱼干、大米、锡及椰枳等，多以香港为销售综汇之地。因此，汕头、香港及南洋群岛各埠之汇兑，遂成一个三角形。即南洋各埠每当将款汇还汕头商人时，付以香港之汇票以清账，故港票多由汕头出口商转售于银庄，然后由银庄再售与汕头进口商。⑥

---

① 蔡谦编著《粤省对外贸易调查报告》，第11、13页。
② 蔡谦编著《粤省对外贸易调查报告》，第11页。
③ 中国第二历史档案馆等编《中国旧海关史料（1859～1948）》第158册，第348页。
④ 《社会调查·广州银业界之近况》，《广州民国日报》，1928年3月22日，第4页。
⑤ 全国图书馆文献缩微复制中心编《二战时期中国工业调查报告》上卷，第227页。
⑥ 杨起鹏：《汕头银业史略及其组织》，《银行周报》第13卷第15号，1929年4月23日。

三 广货出口的商品结构

大体上讲，广东出口主要是农产品、自然特产及工业制品。如抗战前输出货物以生丝居首位，其次为矿砂、五金、绸缎、菜蔬、针织品、草席等；战后输出货物以桐油居首位，其次为矿砂、五金、鲜干果、木藤竹器、针织品、土纸、菜蔬、药材等。[①]

（一）纺织品

广东近代轻纺工业较为发达，亦注重向外尤其是向南洋发展。

（1）土布。所谓土布，实际上是以洋纱为原料织成的布匹。粤省织布业向以广州、佛山、兴宁三地为出产中心。在兴盛时年产量达数百万匹，输出贸易额约为 1500 万元。质量首推广州，多运销湘、桂及南洋。[②]

潮梅布业曾盛极一时，第一次世界大战时洋布来源断绝，织厂风起，多达数百家。[③] 1920 年代，澄海、潮州境内织造业"日新月异，所出之货，以柳条棉布为大宗，销路之广，不仅售于境内，即运香港，新嘉坡暨曼谷等处，亦属甚多"。[④] 20 世纪二三十年代，梅县纺织工业达于鼎盛，产品除销往内地外，还远销南洋各地。[⑤] 1920 年代中后期，因国内抵制日货运动的开展和南洋华侨喜用土布，出口量日增，广东各地大小布厂均加工织造以应市。广州织造厂不下百间，产品除内销外，每年输往南洋各埠约值 200 万元。[⑥]

抗战结束后，初因南洋及国内各地需求量较大，各厂生产蓬勃一时，广州有大小手工织厂 900 余家。广州、香港布商大量收购佛山土布外销，开拓国际市场。但全面内战爆发后，自 1946 年 9 月起，粤省土布生产一落千丈。由于沪纱限制南运，广州纱价猛涨，甚至高于布价，棉织工业无法再生产。农村购买力日渐疲弱，内销市场狭窄。港英政府又禁止纱布出口，于是偷运到港的土

---

① 连璧：《华南贸易的新页》，《经济导报》第 144 期，1949 年 10 月 25 日，第 8 页。
② 彭泽益编《中国近代手工业史资料》第 3 卷，三联书店，1957，第 463 页。
③ 谢雪影编《汕头指南》，时事通讯社，1947，第 172 页。
④ 中国第二历史档案馆等编《中国旧海关史料（1859~1948）》第 88 册，第 37 页。
⑤ 肖文燕、张宏卿：《华侨与近代侨乡工业——以广东梅县为例》，《华侨华人历史研究》2007 年第 3 期。
⑥ 《经济新闻》，《广州民国日报》，1928 年 11 月 17 日，第 6 页。

布，无法运往南洋，外销停顿。[①]

（2）针织品。1920 年代，机器针织业已成为广州一个较大的行业，产品远销到南洋各地。[②]

（3）丝绸。民国前期，广东生丝及丝织品出口均达高潮。但 1929 年后受世界经济危机冲击，一蹶不振。1930 年代中期，广东蚕丝改良局在广州、顺德、南海等地多次举办蚕丝展览会，介绍和推销丝货。自经蚕丝局派员指导后，顺德、南海、中山等县的蚕丝业有了较大进展。据粤海关报告，1936 年生丝出口有所恢复，丝价上升，越南、法国、印度需求均旺。翌年上等丝每担价值为 515～670 港元，为 1923 年以来所未见。1930 年代中后期，越南成为粤丝的主要销场之一，国外收购以越南最多。[③]

1920 年代后期，广州织造商注意研究产品的花色款式，以适应海外华侨之需求，故"竹纱"等布匹应运而生。抗战以前，广东纱织厂生产的丝织品，由各商号购进转销安南、暹罗一带。[④]

越南人有穿丝绸之风气，在中法旧约未废止前，中国有特惠税之享受，故丝绸输入极多，但自旧约取消，法国丝绸取而代之。战前越南有几个丝织厂，需要粤丝，后因战事毁损而不再输入。[⑤]

（二）日用品

（1）火柴。1920 年代初，粤省火柴业的发展达到全盛时期。1928 年日本制造"济南惨案"后，国内掀起抵制日货运动，南洋华侨亦倡用国货，广州火柴内销占 7 成，南洋各属占 3 老套套成。[⑥] 抗战结束后，广东火柴制造业发展比较稳定，因市场竞争不大，销路却很广阔。1946 年，广州、顺德、佛山有数家较大的火柴厂，其他家庭工场有 100 多家。产品除供本省各县外，还有部分销往南洋。[⑦]

---

① 《中国经济年鉴》，香港，太平洋经济研究社，1948，第 15 页。

② 中国民主建国会广州市委员会等合编《广州工商经济史料》，广东人民出版社，1986，第 66～67 页。

③ 张富强等译编《广州现代化历程——粤海关十年报告译编》，广州出版社，1993，第 222～226 页。

④ 《本省各地经济状况·广州》，《广东省银行月刊》第 1 卷第 2 期，1937 年 8 月 15 日。

⑤ 《专论》，《中华民国商会全国联合会纪念刊》，1948，第 26 页。

⑥ 《经济新闻》，《广州民国日报》，1928 年 11 月 3 日，第 6 页。

⑦ 《中编》，《中国经济年鉴》，第 91 页。

（2）胶鞋。省港地区系民族橡胶工业的发祥地，旧中国所谓树胶业主要是生产胶鞋，广东各厂大半由华侨出资经营，尤以南洋华侨从事此业者众。据抗战前调查，广州橡胶业各厂以制胶鞋为多，往昔销至南洋约占半数，近因日货倾销，加以外国关税增高，故其销路局限于本省。[①]

（3）电筒电池。该业属于新兴产业，1921年，广州长安金属制品厂生产"虎头牌"电筒，成为中国第一家。此后粤省电筒厂日增，都集中于广州。1920年代末，已达10余家。其"出口日益精美，与舶来品不相伸伯"，故"异常畅销"。电池厂则有50余家，绝大部分属家庭手工场。[②] 由于广州所产电筒电池，采用机器制造，出口又可免纳关税，故价廉物美，发展蓬勃，行销全国及香港、印度、越南等地区。抗战以前，广州成为全国最大的电筒生产基地。

（4）中成药。广东中成药有适应性广、疗效显著、价格低廉等特点，人们乐于服用。民国时期，广州、佛山等地有中成药制造企业上百家，其中许多厂有悠久的历史，如陈李济、敬修堂、梁财信、保滋堂、马百良、黄中璜、集兰堂、王老吉、橘花仙馆等，都是上百年的老字号，其产品质量精湛，声誉很高，远销海内外。俗话讲："北有同仁堂，南有陈李济"，在我国医药宝典中，陈李济药行有其特殊的一面。它始创于明朝万历年间，清初产品在国内已颇有声誉，所制"追风苏合丸"及蜡丸等，具有神奇的疗效，曾是朝廷贡品，在1820年代，产品随出国华侨而引销到南洋一带，形成跨国经销网。

广州中成药企业约有40家在香港建有分行，总、分行号的经营管理有明确分工，一般讲总行号负责供应国内市场，分行号则为国外各埠的贸易基地，两者相互依托、分工合作，共同发展。[③]

（5）罐头。广东拥有丰富的食品加工原料，为发展各种水果、蔬菜、肉类罐头及糖果饼干生产，提供了方便的条件。早在清末，即已出现如广州广美香罐头公司等多家罐头厂，精制菜果鱼类罐头食物，尤其以1930年代创制的名优产品鲜炸鲮鱼及豆豉鲮鱼罐头，远销南洋，颇负盛名。[④]

（6）皮革。抗战前，广东制革业比较繁荣，南洋华侨关汝强、关汝泉等创办的广怡源制革厂是规模较大者，除了几家较大的企业外，广州还有300余

---

① 全国图书馆文献缩微复制中心编《二战时期中国工业调查报告》上卷，第174页。
② 《经济新闻》，《广州民国日报》，1929年5月20日，第6页。
③ 吴伦霓霞、张晓辉：《近代中国的粤港华商成药联号》，《近代史研究》1995年第2期。
④ 《中国经济年鉴续编》，第10章渔牧，商务印书馆，1935，第253~254页。

家手制皮革作坊，产品多运销暹罗、安南等地，年达 300 万元。[①]

（7）化妆品。省港为我国民族化妆品业的发源地，国人自营新式化妆品业，首推 20 世纪初由华侨创立的香港广生行。1930 年代初，香港广生行已发展成为港粤沪广生行有限公司，分支遍布于国内外。所生产的"双妹牌"系列化妆品，大量销售于内地及南洋群岛一带。[②] 1906 年创立的广州三凤粉庄，于 1930 年代初在香港设分厂，规模宏大，制品畅销国内外，与洋货竞争，"大有遍及全球之势"。[③]

（8）草席。广东濒海，丰产水草，织成草席外销，为出口品大宗。至 1920 年代末，草席以东莞、肇庆产额最巨，出口量很大。虎门凭借优越的集散条件，成了东莞沿海草织的加工贸易中心。虎门的草席类分地席和床席两项，前者主要销往欧美、澳洲及阿拉伯地区，后者外销地主要是印度和南洋各地，年销量为 6 万包至 18 万包。[④]

（10）葵扇。葵扇是新会县的主要特产之一，以 1911 年至 1925 年最盛，每年销量约为 5000 万柄，以南洋各地为最大出口市场。[⑤]

（11）竹。粤省制造烟花爆竹历史悠久，出口量在全国处于领先地位。民国初年，每年出口值达白银二三百万两，主要销往安南、新加坡及荷属东印度等地，专供华侨之用。[⑥] 抗战以前，广州有部分商人为避免印花税，转往港澳开厂，产品直接运销外洋。[⑦]

（12）陶瓷。据 1926 年《中国矿业纪要》载：广东陶瓷每年出产值为 500 万元，尤以南海石湾、潮州枫溪所产闻名。由汕头、广州、九龙等口输出的广东陶瓷器，大都运往港澳和南洋等处，概属粗糙花瓶、盘、碗之类，专供华侨应用。[⑧]

枫溪是潮州著名的陶瓷产区，出品精良。民国初年，其发展加快，并利用进口颜料，建立彩馆。至 1920 年代末，有上千家工场，所产瓷器洁白晶莹、

---

① 林金枝、庄为玑编《近代华侨投资国内企业史资料选辑》（广东卷），福建人民出版社，1989，第 215 页。

② 港粤沪广生行公司广告，《香港华字日报》，1932 年 12 月 9 日，第 3 张第 2 页。

③ 《三凤粉庄》，《香港工厂调查》，香港，南侨新闻企业公司，1947。

④ 东莞市政协编《东莞历史文化论集》，广东人民出版社，2008，第 320～323 页。

⑤ 《经济新闻》，《广州民国日报》，1929 年 5 月 1 日，第 6 页。

⑥ 广东省商会、广州市商会合编《广东商业年鉴》，1931，第 21 页。

⑦ 《本省各地经济状况·广州》，《广东省银行月刊》第 1 卷第 2 期，1937 年 8 月 15 日。

⑧ 杨大金编著《现代中国实业志》上册，商务印书馆，1940，第 412、421 页。

质地坚韧，有花瓶、花斗、茶具、观音、弥勒等，多销往南洋一带。①

（13）玻璃。广东是中国近代玻璃工业的发源地之一，据史籍记载，20 世纪初年，在广州和汕头已创立数厂。民国初年，粤省玻璃业继续发展。至 1930 年代，广州逐渐转向生产流行玻璃手钏，销往国内各地和南洋、印度等地，每年销售值为四五十万银圆。②

（14）土纸。粤省手工造纸主要供省内消费，但也有一部分远销港澳及南洋群岛，赚取外汇。南雄所产竹纸亦有运往香港和南洋等地以供外商纸厂作为原料，制成高级纸张后，再返销国内市场。③

（三）农产品

（1）麻类。民初因国内消费及出口促使需求激增，南方各省积极栽培苎麻。广东产麻主要为黄麻和苎麻，在比较旺盛的时期，产量居全国第 3 位，是国际麻类市场供给地之一。④ 粤麻以潮汕地区所产最为著名，每年可收获 3 次，多积集于汕头，出口曼谷、新加坡和越南西贡等埠。⑤

（2）茶叶。西江下游各地出产茶叶，以鹤山县古劳镇最为有名，所制"银针茶"除运销两广外，还大量出口香港、南洋及南北美洲。⑥

（3）烟草。粤北南雄等地，素以出产烟叶为最大宗，其中经由香港出口的，"每年约有三万余包，纯系运销南洋群岛一带"。⑦ 鹤山烟叶多运往江门加工成烟丝出口，潮州各县及福建永安烟叶皆集中于潮安，大多加制成水烟出口。广州烟丝业创制商号，主要以出口为大宗，著名者如朱广兰、罗奇生等号，在海外设立分号，出口土烟丝，远销至美洲和南洋。⑧

抗战以前，汕头大宗出口货物主要是农产品，即蔗糖、腌制蔬菜、烟草、水果（特别是柑橘）、生油等。⑨ 北海油行榨制生油，销往南洋群岛。⑩

---

① 《产业》，《中行月刊》第 5 卷第 6 期，1932 年 12 月。

② 杨大金编著《现代中国实业志》上册，第 343 页。

③ 彭泽益编《中国近代手工业史资料》第 4 卷，第 291～292 页。

④ 广东省政府秘书处编《广东年鉴》，第 10 编《农林》，第 1 章概况，1941。

⑤ 〔日〕马场锹太郎：《支那的棉业，附各种商品概说》，禹域学会发行，出版时间不详，第 375～376 页。

⑥ 《中国经济年鉴》，第 145 页。

⑦ 《香港贸易报告》，《中行月刊》第 5 卷第 12 期，1932 年 12 月。

⑧ 邝匡敬：《我三十年经营土烟业的回忆》，《广州文史资料》第 12 辑，1964，第 27 页。

⑨ 中国海关学会汕头海关小组等编《潮海关史料汇编》，1988，第 88～89 页。

⑩ 《本省各地经济状况·北海》，《广东省银行月刊》第 1 卷第 2 期，1937 年 8 月 15 日，第 99 页。

输往南洋的，还有诸如阳江豆豉、新会亚佗霉姜、广式腊肠之类历史悠久的传统食品。

（四）其他制品

广州是近代华南机器工业之重镇，协同和机器厂创办于 1912 年，经多次扩展后，业务于抗战前达于鼎盛，产品远销华南和南洋各地，成为粤省最大的机器厂。①

陈济棠统治时，广东建成一批省营工厂，产品以白糖、水泥、纺织品为大宗，价廉物美，远销至南洋各地。②

四　广货在南洋市场的销场

（一）广货在南洋市场概况

有谓"新加坡、巴达维亚、马尼拉为南洋交通之中心；而新加坡与马尼拉为尤盛。新加坡为欧亚间交通总汇，马尼拉为太平洋印度洋航线之中心"。③"南洋华侨生活的中心，是在经商"，"他们的经济活动，不仅限于南洋，且推及中国，经营中国与南洋间的商务"。④

据日本学者滨下武志研究，自 19 世纪以来，亚洲区域内贸易"伴随着香港、新加坡登上历史舞台而越发活跃"，这两个城市得到了建设，并大量吸收了华人的商业资金。此两地都是流动的中国人的商业中心，由于中转贸易的发展，"香港和新加坡之间的金融关系进一步加强"，两市"作为金融市场的作用日益增大"。至 20 世纪初，以香港和新加坡为中转地的东南亚—东亚贸易网已经形成。⑤

南洋华侨聚居区是广货最主要的外销市场。民初十多年间，华侨"旅居

---

① 《协同和机器厂史略》，汇丰银行编《百年商业》，香港，光明文化事业公司，1941，原书无页码。

② 《贸易》，《中行月刊》第 9 卷第 3 期，1934 年第 9 月。

③ 刘继宣、束世澂：《中华民族拓殖南洋史》，国立编译馆，1935，第 279 页。《民国丛书》第 2 编 26，上海书店影印。

④ 陈达：《南洋华侨与闽粤社会》，商务印书馆，1938，第 63、67 页。

⑤ 〔日〕滨下武志：《近代中国的国际契机——朝贡贸易体系与近代亚洲经济圈》，朱荫贵、欧阳菲译，中国社会科学出版社，1999，第 60、93、221 页。

南洋者，为数日众。南洋群岛经济势力之现在和将来，皆大半操于华人之手"。① 海外华侨以粤籍为最多，他们嗜好本国土产，每年出口供其消费的广货达上亿元，② 市场潜力巨大。

南洋系农业社会，所需工业品全赖从外输入，以纱布、棉织品类，五金用具，各种器皿，食品等为大宗。虽然抗战以前日本纱布和棉织品具有压倒优势，但中国土布仍有一定的销路。食品类因餐馆均为华侨所设，加上由华侨来消费，故中国货有较好的市场。③

（二）南洋的广货经营商

时人指出："华侨之商业活动，与南洋经济关系最大者，为南洋土产之集中贩卖，及输入品之内地分销。所谓仲介人也。""南洋贸易，则完全因华侨而见重也。"④ 南洋华侨中 90% 为粤闽两籍人，而又以原籍乡土区别而分为 5 帮，即广州、客家、福建、潮州、海南帮，皆因其出生地而区别。⑤

南洋华侨商人是近代广东开拓海外市场的一支重要力量，他们"为南洋经济势力中之重心所在"，"位于贸易商与土民之间，经手各种进口货以及土产集散交易之中间商人或牙行业务，为南洋华侨商业活动之重心"。⑥ 也就是说，华侨在南洋，普遍为西人与土人之间所谓的"二盘商"，即一方收买土产售与西人，一方批发舶来品与土人，从中博取利润。⑦ 粤籍侨商既是土特产输往南洋的组织者，又是土特产到达南洋的推销者，互通有无，促进了广东与南洋地区的物资交流，为侨居地开辟了一个长期而固定的国外市场。

抗战以前，马来亚华商进行转口贸易，主要是从事新加坡和槟榔屿的贸易。他们从中国输入的货物有陶瓷器、砖瓦、纸伞、绸缎、粉条、干果、线香、纸钱、烟草、糖果、樟脑、茶叶、土布、生丝等。⑧

在泰国，19 世纪末即已出现汕头郊公所，这是泰国华侨与汕头开展进出口贸易的同业组织。后随着业务范围的扩大，于 1925 年改组为香叻汕公所。

① 《南洋华侨最近状况》，《广州民国日报》，1929 年 8 月 20 日，第 9 页。
② 林金枝、庄为玑编《近代华侨投资国内企业史资料选辑》（广东卷），第 538 页。
③ 《专论》，《中华民国商会全国联合会纪念刊》，1948，第 23 页。
④ 刘继宣、束世澂：《中华民族拓殖南洋史》，第 201、288 页。
⑤ 广东省档案馆等编《华侨与侨务史料选编·广东》（1），广东人民出版社，1991，第 113 页。
⑥ 章渊若、张礼千主编，张荫桐译述《南洋华侨与经济现势》，第 33～34 页。
⑦ 广东省档案馆等编《华侨与侨务史料选编·广东》（1），第 113 页。
⑧ 周伟民、唐玲玲：《中国和马来西亚文化交流史》，海南出版社，2004，第 317 页。

据统计，1923 年曼谷有经营沙滩货的入口廊 32 家，抗战前夕已增至 40 多家。①

第二次世界大战前，新加坡有香汕郊公局、酱园公局、金果公局，分别与香港南北行及汕头南商、酱园、果业等公所相适应，经营和处理进出口事项。新加坡的香汕郊从中国购入土产杂货，发售往南洋各地，战前每年营业额达上千万元叻币（新加坡币），可见其在南洋曾起着批发国货物的转口作用。②

新加坡华侨经营香汕郊者，首推广、潮两帮，已有近百年历史。在抗战前全盛时，有"头盘商"60 家左右（潮帮 30 余家，广帮 20 余家），"二盘商"上百家。原因在于：（1）当时货物自由进出口，不受限制。（2）香汕货价廉物美，最受马来亚一般劳工大众欢迎。（3）船只充足，各港口航运方便。（4）中马间汇率的规定，对于商家贷款的汇寄有利。（5）广汕各地货产丰富，向外输出甚多，且价格低廉。（6）新加坡为东印度群岛、马来半岛各地货物的集散地，故商业最为兴旺。日占时期，新加坡香汕郊全部停顿，战后又相继复业，大量运销潮汕土货于市，商家趁物资匮乏之机，操纵市场，抬高售价，以赚取厚利，但 1946 年初，因马来亚居民购买力下降，物价连跌，而运货成本已达最高峰，新加坡香汕郊商家损失惨重，许多投机商破产倒闭，潮汕的对外贸易必然也受到严重影响。③

广东中成药商号大都与香港同业结成联号，通过联号或代理商推行海外业务，战前新加坡约有 200 家中药店，多在香港设立分行，其货源主要来自香港。④

五　广货在南洋市场的竞销态势

广东作为沟通中西方文化的桥头堡，在接受西方商品的同时，并对舶来品进行学习仿制和改造创新，形成了颇具特色的"广货"，畅销于国内外市场。有些广货商利用地利、人和、抵制洋货及低成本等优势，使制品价廉物美，加上具有浓郁的民族特色，故能保持长期发展，与洋货特别是与日货在南洋市场产生了激烈的竞争。

---

① 林金枝、庄为玑编《近代华侨投资国内企业史资料选辑》（广东卷），第 137、138 页。
② 林金枝、庄为玑编《近代华侨投资国内企业史资料选辑》（广东卷），第 138 页。
③ 吴斯柳：《新加坡的香汕郊》，（香港）《华商报》，1946 年 5 月 25 日，第 2 页。
④ 《新加坡华人中药行业史调查报告》，新加坡，南洋大学历史系，1972，第 18 页。

（一）对于广货出口的有利因素

（1）中国政府实行出口税优惠。民国时期，广州仍是内地货物出口外洋的一个重要连接点。在"关税自主"以前，中国关税税率最高不得超过5%，实际上只有3%~4%。1928年12月至1937年抗战爆发，国民政府先后公布了四部进口"国定税则"和两部出口"国定税则"，将进口税率总水平从10.9%提高到34.3%，出口税率保持5%~7.5%，并对茶叶、生丝、绸缎、漆器、草帽等土特产实行减税或免税。国民政府实行关税自主政策，提高洋货进口税率，减免土货出口关税，保护国内市场，既抑制了舶来品的倾销，又降低了内地工业及手工业成本，增强了广州外贸出口商品的竞争力，鼓励了土货的生产与输出。

中国政府为扶助国货出口也与外国政府进行了谈判，如1930年5月16日拟定的《中法规定越南及中国省岁关系专约》附件，规定凡滇、桂、粤的货品（清单包括35种农产品、日用工业品及矿产品）输入越南时，如直接运入，或持有直接提货单者，应享受最低税率，由各商号购进转销越南、暹罗一带。[①]

（2）华侨是广货的主要消费者。汕头是广东第二大城市，但其附近极少现代工业，由汕头输出的货物主要是本地各类土产及手工业制品，其中大宗的是土糖、夏布、陶瓷、纸制品（主要是用于祭祀的神纸）、锡箔、烟丝、抽纱、麻苎品等。况且这些出口货物，除了抽纱及少数原料外，大部分都以海外潮梅华侨为销售对象。1929年汕头口土货贸易虽然不振，但药材、陶瓷、生油、罐头、果品及蛋品等，为南洋华侨必需品，出口销路日广。[②] 战后，广东输出南洋的仍多为杂货，供华侨消费。[③]

（3）华侨热情支持国货。广东及南洋华侨社会各阶层致力于提倡国货，抵制洋货。如五四时期新加坡华侨抵制日货的劲头强过北京、上海，"遇店则抄""遇屋则搜"，以致遭到殖民当局的弹压。[④] 1930年3月16日，广州总商会议决参加国货运动。在此前后，该会还成立了中华国货展览会广东分会、维持国货委员会、商品陈列所等机构，并通函所属各行工商同业公会准备资料，

---

① 王铁崖编《中外旧约章汇编》第3册，三联书店，1962，第1015页。
② 中国第二历史档案馆等编《中国旧海关史料（1859~1948）》第106册，第94页。
③ 《专论》，《中华民国商会全国联合会纪念刊》，1948，第26页。
④ 梁绍文：《南洋旅行漫记》，中华书局，1924，第37页。

向南洋各埠推销粤制产品。① 同年 8 月中旬，南洋巴达维亚中华总商会致函中国内地各商会，谓：现以银价暴跌之际，实为推销国货之良机，拟将我国货样品征集陈列，举行国货展览，以引起侨商观感而利推销海外，请予赞助。② 1935 年中国南洋商业考察团到南洋活动，并在各埠举行国货展览会，得到广大华侨的拥护。③ 1948 年应越南中华总商会之邀，广州市商会转函各同业公会征集产品样本参加越南展览会。④

（4）研究与改善外贸问题。广东商会及出口商始终关注外贸问题，多次开展商讨并向政府建言献策。1946 年 11 月，中华民国商会全国联合会正式成立。在该会召开的对外贸易会议上，广东省商业联合会提出数个提案，如推销我国产品，争取南洋市场，代替日本对南洋贸易之地位案；请政府奖励华南一切手工制品出口，以培养国民经济及国家外汇资源案等。这些提案大会都照原案或原则通过。⑤

（二）对于广货出口的不利因素

（1）经济危机与南洋各国的关税壁垒。从世界的角度看，1929 年资本主义经济危机爆发后，迅速蔓延全球，中国的对外贸易也受到严重影响，"因劣货倾销，外国关税壁垒高筑，昔日盛销南洋之货，如土布、胶鞋、及手电筒等，与盛销欧美之生丝等，至是一落千丈"。⑥ "世界之经济危机在华侨大本营之南洋，其情况尤为惨烈"，各国政府为削弱华人的经济势力，除抽税特重外，还订立各种条例，限制华侨的货物进口量。⑦

作为外贸大省，广东每年均有大量土货出口，其盛衰与国际市场情况息息相关。如中成药行出品输入，以南洋为最大宗，但自 1929 年越南加税后，药物运往越南者，每百元须缴 150 元之入口税，故行商多停止运货往销，全行生意，大受打击。⑧ 1930 年 1 月底，菲律宾议会通过议案，决定重征进口关税，

---

① 《粤闻》，《香港华字日报》1930 年 2 月 19 日、3 月 25 日、4 月 9 日。

② 广东省档案馆等编《华侨与侨务史料选编·广东》（1），第 745 页。

③ 《专论》，《中华民国商会全国联合会纪念刊》，1948，第 27 页。

④ 《广州市商会公函复工总字第 2204 号》（1948 年 3 月 10 日），广州市档案馆藏，档号：26/2/16。

⑤ 《动态（三）》，《中华民国商会全国联合会纪念刊》，1948，第 35～36 页。

⑥ 全国图书馆文献缩微复制中心编《二战时期中国工业调查报告》上卷，第 222 页。

⑦ 林金枝、庄为玑编《近代华侨投资国内企业史资料选辑》（广东卷），第 39 页。

⑧ 《十九年商业概况》，广东省商会、广州市商会合编《广东商业年鉴》，英华公司，1931，第 16 页。

这不仅与华侨营业有关，而且沉重打击中国对菲贸易。[1] 汕暹贸易很重要，盛时汕头每年运往暹罗的物产总额达 2000 万元，但 1932 年该国提高关税，潮汕货成本变得昂贵；且当地工商业冷淡，货物滞销，致使汕暹贸易"一落千丈"。[2]

1930 年代前期，广东外贸严重滑坡，出口下降是因国际市场严重不景气，各国高筑关税壁垒，导致出口商品价跌，输出值减少。据粤海关贸易报告称：1931 年该关出口货物极度衰落，"其症结所在，纯因世界贸易衰颓及各国关税增高无疑也。观乎海峡殖民地施行之限制烟草税率即足以证明"。该地向为中国烟草畅销之市场，因税率激增，这年广东输往之烟叶和烟丝分别由上年的110 万两、30 万两跌至 30 万两、10 万两。[3] 粤省烟花爆竹业陷于不景气，出口逐渐下跌。[4] 南雄烟叶每年经香港运销南洋群岛的有 3 万余包，1932 年因烟税过重（每 100 斤须纳各种税约 15 毫两），以及南洋当地政府实施贸易保护政策，使粤港烟叶行惨遭打击。[5]

值得注意的是，南洋各地出现了程度不等的排华活动。如 1929 年 3 月 14日《广州民国日报》登载菲律宾通讯，报道该国近来排华声浪日益高涨，对华商经营的商业，多有忌嫉之意。[6] 由于"华侨霸占南洋商业之形势，终至引起当地政府之注意以及土民之反感"。在菲律宾、暹罗都出现了"经济自主"运动和"排斥华侨运动"。[7] 1930 年代前期，世界经济危机爆发，南洋各地剧烈排华，苛捐杂税更重，潮汕华侨财产损失严重，大量被驱赶回国，每年侨汇剧减。[8]

（2）洋货尤其是日货的竞销。民国时期，南洋各地贸易的殖民地性质愈益显著，外贸完全被欧美商人所左右，因其外贸大部分以欧美各国为对象，通货政策无不以宗主国之利益为第一原则。[9] 第一次世界大战后，欧洲各国逐渐注意向南洋发展，洋商既多具商业知识，又受当地法律之优裕待遇，故在经济

① 广东省档案馆等编《华侨与侨务史料选编·广东》（1），第 807 页。
② 《汕暹贸易一落千丈》，《香港华字日报》，1933 年 1 月 13 日，第 3 张第 3 页。
③ 张富强等译编《广州现代化历程——粤海关十年报告译编》，广州出版社，1993，第 214 页。
④ 彭泽益编《中国近代手工业史资料》第 3 卷，第 513 页。
⑤ 《贸易·香港贸易报告（粤行）》，《中行月刊》第 5 卷第 6 期，1932 年 12 月。
⑥ 广东省档案馆等编《华侨与侨务史料选编·广东》（1），第 804 页。
⑦ 章渊若、张礼千主编，张荫桐译述《南洋华侨与经济现势》，第 116 页。
⑧ 陈琳：《广东潮州农村写真》，《东方杂志》第 32 卷第 20 号，1935 年 10 月。
⑨ 章渊若、张礼千主编，张荫桐译述《南洋华侨与经济现势》，第 73、117 页。

上与华侨竞争，使华商的经营受到很大影响。

第一次世界大战时，欧美各国卷入战争，无暇顾及南洋贸易，日本乘虚而入，占领了南洋市场。1931 年，日本因日元贬值，更往南洋进取。虽然华侨每次抵货运动都取得相当成效，但终究不能改变日货在南洋的强势地位。如"一战"期间，日货在暹罗蓬勃发展起来。世界经济危机后，价廉质优的日货，正投合暹罗的购买力，更在市场确立了不可动摇的地位，使该地华侨输入商陷入前所未有的困境。① 如抗战以前，汕头、广州及九龙等口输出的粤制陶瓷，大都运往港澳和南洋等处，概属花瓶、盘子及碗之类粗制品，只供华侨使用，质量实不能有与国外陶瓷相抗衡。② 如汕头瓷器一向在暹罗销路甚广，唯自当地新税则实施后，销量顿缩，几有断绝之势。日货却蜂拥而至，汕瓷从前的市场被占去大半。此种状况，实因日瓷装潢美观，工精巧小，反视汕瓷墨守成规，粗劣笨重，外观很难匹敌，再加以当地政府变更税则，由过去的从价税改为从量税，这对汕瓷更为不利。③

值得注意的是，仅靠抵货运动不能从根本上解决问题，如暹罗华侨的排日运动在南洋诸国中最为炽烈，但暹罗市场的日货并未被中国商品替代，反而是欧美货渔翁得利。排日运动虽未给华侨直接伤害，真正得利的却是第三国，华侨和日商都蒙受了损失。④ 有谓华侨排斥日货反而给了各国商人与日商交易的机会，特别是势力仅次于华商的印度商人，由销售英货转销日货。华侨地盘渐削，南洋商贸网络逐渐变为日商的销售网络。⑤

（3）广货自身的竞争劣势。直至民初，粤省土布业仍多以人工织造，效率低，成本高，而又墨守成规，款式花样不知改善，远不及洋布价廉物美，在市场上不受欢迎。1920 年代初土织业则江河日下。据 1926 年《广东实业厅公报》记载，广州土布全年出货达 300 多万匹，输出占 95%，其中南洋等地占一半，由此可知当时土布曾是出口大宗。然而 1930 年代后，手织土布基本上退出了国际市场。⑥ 汕头工业未脱手工业时代，机械制造虽略具雏形，但皆规模狭小，1930 年代初且受南洋不景气影响，停业倒闭不少，因之工人失业者

---

① 《泰国的华侨》，杨建成主编《南洋研究史料丛刊》第 21 集，台北，文史哲出版社，1986，第 204 页。

② 杨大金编著《现代中国实业志》上册，第 420~421 页。

③ 《华侨经济》，《侨务月报》1936 年 5、6 月合刊。

④ 《泰国的华侨》，杨建成主编《南洋研究史料丛刊》第 21 集，第 248 页。

⑤ 朱荫贵、戴鞍钢主编《近代中国：经济与社会研究》，复旦大学出版社，2006，第 195 页。

⑥ 黄增章：《民国广东商业史》，广东人民出版社，2006，第 43、4849 页。

众，而南洋失业归者，又复源源不绝，竞争极烈，谋生不易。① 1930 年代初，潮州枫溪陶瓷业因南洋市场不景气、国内经济萧条、做工墨守成规、行会组织不善、洋货侵夺市场等不利因素，输出逐年下降。②

海外华侨经济的衰落，既有外在势力的压迫，然而也有内在行业之桎梏。时人指出："华侨在外，只靠'刻苦耐劳'四字而成功，对于经济之组织力量，不能抵挡庞大势力，且华侨经济之组织，往往散漫薄弱，所有经营，大多为个人事业，不若欧美商人，具有精密计划，确定之政策，外人明了我华侨组织缺乏健全，利用我散漫，无团结之组织，破坏我事业，此亦华侨经济衰落之原因也。"③

（4）中国国民政府的外贸统制。1946 年 3 月，国民政府公布内地输往香港的若干货物须先行购结外汇，这对粤港商场及船务公司影响甚大，造成交易与货物运输大减。因为办理结汇手续相当严密，商货运到后，除办理报关外，又增加了一道程序；有了结汇制度后，贸易商货物在香港不论赢亏，都要先向指定银行交付高于货值的现款，故商家若不准备加倍的本钱，便不能经营；官方结汇价比市面时价低，也使办货者吃亏。对此，广州市商会指出："影响所及，不仅本省工商界痛苦不堪，即整个华南社会经济均陷危机"。在出口方面，生丝、水结、云纱、抽纱、爆竹、烟叶、草席、桐油及各种植物油、土纸、染色纸、药材、锡箔、神香、五金制品、橡胶、电筒、土布、各种矿产品、农产品等，则以结汇牌价过低，影响输出推广，往往因在国际市场上不划算，经营商不感兴趣。④

（5）南洋市场容量有限。南洋各地经济欠发达，商品化程度低，除了少数城镇稠密的地区外，其他各处之内地市场均甚狭小。⑤

六　广货输出南洋的地位与作用

中国和南洋各地区间分别有独特的历史传统，除了地理上相互接近外，还有相互共有的纽带，广东和南洋的贸易在其中占有特殊位置和作用。有谓：

---

① 全国图书馆文献缩微复制中心编《二战时期中国工业调查报告》上卷，第 227 页。
② 邱陶亮执笔《枫溪镇陶瓷志》，广东省政协文史会存，未刊稿。
③ 林金枝、庄为玑编《近代华侨投资国内企业史资料选辑》（广东卷），第 41 页。
④ 《广州市商会周年特刊》，广州市商会，1947 年 9 月，第 23～25 页。
⑤ 章渊若、张礼千主编，张荫桐译述《南洋华侨与经济现势》，第 119 页。

"'中国人之南洋'，殆无异言'广东人之南洋'也。""南洋既为吾粤人之第二故乡，故与吾粤关系亦最深切，其痛痒之所系，无不牵惹粤人之生命，所谓粤人生命线在焉。"①

（一）广货输出南洋，有利于当地市场及社会经济的发展

广货在南洋主要集中于马来亚、暹罗等地，消费圈也基本局限于华侨范围。如中国输入暹罗的货品 60% 以上为制成品，都是为了华侨的需求，几乎不考虑暹罗人的消费。制成品外的中国货也是针对华侨的需要而输入的，因此，"中国对暹罗的贸易也可以说是国内贸易的延长"。② 但不可过高估计广货所能发挥的作用，南洋各地与中国的贸易额自始就处于极不重要之地位，据抗战前 6 国的统计数字，对华输出所占其输出比例平均不及 1%，由华输入所占其输入比例也不过 3% 左右。③

（二）南洋市场消纳广货，对广东社会经济有重大影响

近代广东外向型经济的特征非常突出，南洋市场与粤省经济社会的盛衰息息相关，因为这里是广货的主要海外消费市场，更是巨额侨汇的来源地。

广东为外贸大省，出口到南洋的货物，可分为轻工业品和土产品，有利于发展劳动密集型农产品轻工业，利用粤省的资源和成本优势，改变出口结构，改善贸易条件。如近代海运贸易不但刺激潮汕的商品生产，扩大土特产出口，还推动了果菜种植业和出口加工业的发展，如潮州柑橘、罐头、土布、瓷器、生油、纸张等。

广货输出，将辽阔的乡村地区卷入国际市场。如 1930 年代，在地处偏远的大埔县，每年销往国内外货物有：瓷器（约 70 万元）、陶土（约万元）、纸扇（二三万元）、茶叶（万余元）、烟丝（约 20 万元）、萝卜丝（二三万元）。其外销市场主要是南洋地区。④

中国近代历年的外贸严重入超，但与南洋各地间的贸易则常为出超，其原因在于：（1）华侨使用本国制品，以致中国货每年运往南洋的达 2 亿元之巨。

---

① 广东省档案馆等编《华侨与侨务史料选编·广东》（1），第 125 页。
② 《泰国的华侨》，杨建成主编《南洋研究史料丛刊》第 21 集，第 257 页。
③ 《专论》，《中华民国商会全国联合会纪念刊》，1948，第 27 页。
④ 戴鞍钢、黄苇主编《中国地方志经济资料汇编》，汉语大词典出版社，1999，第 734 页。

（2）华侨在南洋拥有雄厚的经济势力，且此势力恰以商业为重心。[①]

当广货输出遇阻时，还会严重影响商埠经济。如民国初年，因华侨踊跃回国举办实业，广州工厂盛极一时，出品销路大都以南洋群岛为尾闾，而1930年代初由于日货倾销，各国高筑关税壁垒，昔日盛销南洋之货，如土布、胶鞋及电筒等，其销量一落千丈。[②]

（三）环南海跨国商贸圈的重心

南洋华侨众多，广货市场潜力巨大。粤籍贸易商帮足迹遍及南洋，华南财团活跃于粤港及南洋，以广州、汕头、香港、新加坡为纽带的跨国经销网，形成环南中国海贸易圈。[③] 同传统的商业组织一样，广东及南洋各地粤籍外贸商借助三缘纽带维系与巩固跨国商贸网络，由于货物生产和市场相距遥远，他们在各通商口岸及海外遍设联号，并以家族、同乡纽带和资金投入的方式，将分布于各个商埠的商号紧密联结起来，这对跨国商贸网络的构成起了重要的作用。建立跨国营销网络是广东和南洋华商联号整个组织经营的关键环节，华商通过遍布于内地、南洋乃至世界其他地区的商贸圈，不断扩大商业辐射范围，增强实力。因此，跨国营销网络成为中国民族资本中相当活跃的因素。[④]

---

① 章渊若、张礼千主编，张荫桐译述《南洋华侨与经济现势》，第57页。
② 全国图书馆文献缩微复制中心编《二战时期中国工业调查报告》上卷，第222页。
③ 在环南中国海贸易圈中，国内外潮商显然最具影响力，他们能够长期主宰汕头－香港－暹罗－新加坡国际贸易圈。见林济《潮商》，第105～114页。
④ 有学者指出，在亚洲所谓"大中华经济圈"，约定俗成的观点多指侨居海外之华人以生产、交易、消费本国产品为核心所形成的以中国经济秩序与价值为核心并由华人主导的经贸体系。这一经济秩序自1930年代起面临日本的竞争，处境渐显困难。见朱荫贵、戴鞍钢主编《近代中国：经济与社会研究》，第179～180页。

日军空袭锦州与国际社会反响再探讨

杭州师范大学民国史研究中心　袁成毅

九一八事变后，日本开始了全面侵占东北的军事行动，其中，1931 年 10 月 8 日实施的对锦州的轰炸是一个引起国际社会非常密切关注和谴责的事件。对于锦州轰炸，中国学者在既往的研究中多数是将其视为日本武力侵占东北过程中的一个重要军事步骤，再进一步说，认为此举标志着关东军欲进一步扩大侵略战果，进而影响到了西方国家的在华利益，因此才引来了西方国家的责难。而日、美等国的学者则多从日本关东军和日本政府之间关系的张力来看待关东军的锦州轰炸及随后对锦州的占领，如日本学者粟屋宪太郎就认为，锦州轰炸表明了关东军向中央军部和日本政府所做出的一种要干到底的决心。[①] 美国学者孔华润也同样认为，日本飞机轰炸了远离铁路线的锦州，表明军方不再理睬东京政府，而是企图将所有的中国军队赶出满洲，正因为此，美国国务卿史汀生才不得不重新关注东亚的事态。[②]

以上的这些解释无疑都是符合事实的，不过我们还是很有必要进一步地追问：从 9 月 18 日事变的发生到关东军完全占领中国东北全境的整个过程中，为何西方国家唯独对关东军轰炸锦州这一事件给予如此密切的关注？如果说仅仅是由于日军轰炸锦州意味着关东军对日本政府的强硬或者是由于这次事件具

---

① 〔日〕粟屋宪太郎：《文献昭和史》，转引自易显石等《九一八事变史》，辽宁人民出版社，1981，第 158 页。

② 〔美〕孙华润：《美国领导人与东亚（1931～1938）》，〔美〕入江昭、孙华润《巨大的转变：美国与东亚（1931～1949）》，复旦大学出版社，1991，第 5 页。

有进一步扩大侵略可能的话，那么为何在日本占领整个东北的过程中，甚至一直到 1937 年日本发动全面侵华战争，西方世界却并没有超越对锦州轰炸的反应强度？

这一问题实际上也有学者注意到了，即认识到了锦州轰炸引起的强烈国际社会反应其实与关东军所实施的战争方式有非常密切的联系。武寅认为，锦州轰炸发生后列强态度较事变初期有所改变，这不仅因为锦州轰炸是第一次世界大战结束以后发生的第一次飞机轰炸和平城市，给列强带来一定震动，而且因为锦州远离"满铁"附属区，以"自卫"和"不扩大"为理由是无论如何也解释不通的。列强开始对日本的保证和辩解表示不信任。① 而日本学者前田哲男则进一步认为，这与在第一次世界大战时遭到同样城市轰炸的欧洲各国对历史记忆有关。② 这些观点事实上已经将锦州轰炸这一作战方式与国际社会的关注建立起了联系。顺着这个思路，我们细考日本轰炸锦州这一历史事件的来龙去脉及国际社会的态度，仍有必要。

一　日军迈出无差别轰炸的第一步：空袭锦州

九一八事变爆发后的一个星期内，日军就轻易占领了东北 30 多座城镇，控制了主要铁路线，辽宁、吉林轻易沦陷。10 月初，关东军便将注意力转到东北南部的锦州。

锦州是辽西重镇，历来就具有重要的战略地位，对日本关东军来说，占有锦州既是对占领整个东三省战绩的巩固，同时也可为其进一步向平津地区扩大侵略奠定基础。

以张学良为首的东北军政当局也十分重视锦州的价值。沈阳失陷后，9 月23 日，张学良便通电在锦州设立东北边防军司令官公署行署和辽宁省政府行署，锦州一时成为东北地区的军政中心，大批东北的军政官员移往锦州办公。为了加强这一地区的防卫，张学良还在锦州及附近集结了 2 万多人的兵力。日本参谋部基于如上情形，认为"只有消灭锦州附近的张学良势力，才能有希

---

① 武寅：《从协调外交到自主外交——日本在推行对华政策中与西方的关系》，中国社会科学出版社，1995，第 93 页。
② 〔日〕前田哲男：《从重庆通往伦敦、东京、广岛的道路——二战时期的战略大轰炸》，王希亮译，中华书局，2007，第 30 页。

望解决满洲事变"。① 于是，日军先派伪军凌印清部攻击锦州，但很快就被东北边防军击退，正是在这样的背景下，日本方面决定由关东军直接进攻锦州，其进攻的序曲便是发动对锦州的空中轰炸。

须要指出的是，九一八事变前，东北军政当局本来是具有一定空中防卫能力的，因为民国以来东北的军事航空业还算是地方势力中最为强大的。② 但巨资建立起来的所谓空军面对日本的侵略并未能发挥一点作用，九一八事变爆发的第二天，关东军百余人占领机场，东北航空队在未做抵抗的情况下，有 200 多架战机（可用于作战的 160 架）及其他航空设施被日军所掠，有的飞机甚至就被用于后来的锦州轰炸。③ 而飞行人员则多逃至北京，后来服务于国民政府航空署。

日本关东军首脑会议于 10 月 2 日确定了进攻锦州的计划，10 月 7 日，正式下令轰炸锦州。有资料表明，关东军对锦州的轰炸事先得到了天皇裕仁的支持。裕仁的侍从武官长奈良武次在 10 月 9 日的日记中这样回忆："二宫治重（参谋本部）次长退出之前，陛下指示，如果张学良在锦州附件重新集结部队，事件扩大不可避免，必要的话，余可同意事件扩大……次长说将向参谋总长汇报，建议总长近期参见上奏此事。"④ 受到裕仁的激励，二宫治重立即下令起草报告，论证轰炸锦州的必要性，参谋本部作战课也明确注意到天皇说到轰炸属"当时形势下的当然之举"。⑤

日本方面在自上而下达成共识后，终于在 10 月 8 日开始轰炸锦州，从而开启了第一次世界大战以后国际上的首例无差别轰炸，日本学者前田哲男对此有详细的记述和分析：

> 10 月 8 日下午，6 架八八式侦察机以及从中国（东北）虏获的 5 架包特式二五型轰炸机组成编队，石原乘机同行，观察空中轰炸的效果，中国方面没有一架飞机，只能承受来自空中的袭击。

---

① 《战史丛书·大本营陆军部》，转引自徐勇《征服之梦——日本侵华战略》，广西师范大学出版社，1993，第 55 页。

② 参见第二节相关内容。

③ 有目击者称：飞机本系"东北航空队之飞机，而改涂日本国徽者，至所掷炸弹，亦多为东北兵工厂所造者"。参见曾宗孟《九一八周年痛史》上卷，九一八学社，1932，第 77 页。

④ 《侍从武官长奈良武次日记 回顾录（三）》，转〔美〕赫伯特·比克斯《真相——裕仁天皇与侵华战争》，王丽萍等译，新华出版社，2004，第 168 页。

⑤ 〔美〕赫伯特·比克斯：《真相——裕仁天皇与侵华战争》，王丽萍等译，第 168 页。

八八式侦察机连照明设备以及炸弹悬挂装置都没有准备好，每架飞机在发信管上用涤带各捆绑 4 枚 25 公斤炸弹吊在机外，到达上空时目测目标，然后松开涤带把炸弹投下，这一天，计向锦州投掷了 75 枚炸弹，相当于 1.8 吨 TNT 炸药，如果从战略轰炸的规模看，不过是临阵磨枪式的动作，然而，这次行动使中国方面产生了恐慌，而且对抗了东京政府的不扩大方针，制造了没有退路的态势，实现了他们希望的政略目的，因此可以说，关东军用涤带投放了 75 枚 25 公斤炸弹，丝毫不差地命中了目标。

10 月 8 日中午，飞行队从奉天机场起飞，下午一时四十分到达锦州上空，从 1300 米高度向张学良军政权力所在地交通大学，以及第 28 师兵营投下了炸弹，张学良的东北边防军司令部设在锦州西北部的交通大学，据机上观察，交通大学中弹 10 发，兵营中弹 22 发。

因为没有瞄准设备，日本方面推测有一半以上的炸弹脱离目标，但在锦州车站附件也丢下了炸弹，发生了死伤，这是中国人第一次体验的城市空袭，据中国方面发表的死伤数字，因日军炸弹和机枪的扫射，计有 1 名俄国教授，1 名士兵，14 名市民死亡，20 多人负伤。①

如果仅仅从日军空袭锦州达成的战果来看，此举确实也并没有起到什么特别重要的作用，其所致中国方面的人员伤亡和财产损失也无法跟后来日军的空袭相比，② 甚至也无法和关东军当时在东北各地地面作战造成的伤亡相比，但这一事件所致后果，远远超出了一般的军事意义，这是日本关东军根本未曾预料到的。

二　国际社会的强烈反响与中国的巨大期望

从日本侵略东北的整个进程来看，虽然日本关东军的锦州轰炸只是其占领中国东北过程中的一个精心策划的步骤，但其影响非常巨大，对于中国来说，它毕竟是中国民众第一次遭受空袭，非同寻常。而对于西方世界来说，第一次世界大战期间的空袭遭遇仍历历在目，对未来空中轰炸这种作战形式的担忧也

---

① 〔日〕前田哲男：《从重庆通往伦敦、东京、广岛的道路——二战时期的战略大轰炸》，王希亮译，第 28～29 页。

② 还有一说，炸死居民 16 人，重伤 12 人，轻伤不计其数。马模贞等：《中国新民主主义革命通史（1931～1935）》，上海人民出版社，2001，第 75 页。

就显而易见，因此，无论是国际社会还是中国国内，对日军实施的锦州轰炸自然会有十分强烈的反应。

日军轰炸锦州的第二天，即 10 月 9 日，美国国务卿史汀生第一次向内阁会议通报了日军轰炸锦州的事件，并指出其事态的严重性，而且美国也开始考虑援用《九国公约》和《非战公约》来积极和国际联盟合作。① 同一天，史汀生还致电美国驻日使馆，要求其提供此次空袭的具体情况，而日本外相对此事的答复是，由于中国军队在锦州附近集结，日本派飞机去侦察，在此过程中遭到中国军队的射击，所以日本军队才在中国兵营投下炸弹，并称此事"毫不重要"。② 10 日，史汀生又同总统胡佛研究了有关事变问题，他建议美国应同国联进行更充分的合作，同时史汀生还召见了日本驻美大使出渊，向他指出日本在锦州的做法违背了国联决议的精神。③ 11 日，史汀生通过美国驻日大使进一步向日本指出了问题的严重性："日本军事飞机有何权利飞翔于此城之上，为挑战之攻击，而投掷炸弹？此则国务卿大惑不解者也。据中国方面所称，平民已有死伤，夫轰炸无防御、无预告之城市，在军事上为一极端之行动，即在战时亦所屏（摒）斥。"④ 这是美国对日本实施无差别轰炸最直接的批评。史汀生正是基于对日本锦州轰炸严重性的认识，才建议美国政府驻日内瓦总领事吉尔伯特作为美国的官方代表出席国联行政院有关中日冲突的讨论。很显然，关东军的锦州轰炸是促使美国对日态度变化的一个非常重要的因素。有学者认为，日本对锦州的轰炸是美国对日政策的一个重要的转折点。从九一八事变到锦州事件，在这个阶段美国对日本的行动完全采取了观望甚至纵容的态度，试图脱身事件之外，把麻烦交给国际联盟。同时又幻想利用日本国内的文治派力量自行解决事件，并为此施加影响。出于观望和妥协的政策，这一时期美国甚至连《九国公约》和《非战公约》都没有认真提及。而从 10 月 8 日锦州轰炸到 1932 年 1 月 2 日日本占领锦州，美国逐步开始感到了问题的严重性，开始寻求与国联合作，共同对日施加压力，同时也开始单独对日交涉，态度日趋强硬，由消极等待观望转为较积极干预。⑤

---

① 日本政府参谋本部编《满洲事变作战经过概要》第一卷，中华书局，1981，第 22 页。

② United States Department of State, *Papers Relating to the Foreign Relations of the United State*, *Japan*: *1931 – 1941*, Volume I, U. S. Government Printing Office, 1931 – 1941, p. 19.

③ 罗家伦主编《革命文献》第 39 辑，国民党党史委员会编印，第 9022 页。

④ 〔美〕韦罗贝：《中日纠纷与国联》，薛寿衡等译，商务印书馆，1937，第 67 页。

⑤ 刘笑盈：《眺望珍珠港：美日从合作走向战争的历史透视》，北京广播学院出版社，2002，164 页。

除了美国，英国也对日本的锦州轰炸做出了较为强烈的反应。10月9日，英国外交大臣里丁在给英国驻日大使林德利的指示中说："我被轰炸锦州的报道搅得心烦意乱。这与日本对国联理事会所做的不使形势继续恶化的许诺是完全相反的。……望你严厉敦促日本政府，让他们按照对国联理事会所做的上述声明，使事态得到缓和。另外还须提请他们注意北平—奉天铁道上有英国巨大的财政权益。"① 根据外交大臣的上述要求，林德利两次会见了日本外相币原，向其发出警告："日本政府许诺不使形势恶化，而轰炸已经打破了这一许诺。"② 并指出，这一行为"不能不在日内瓦和美国产生极恶劣的印象"。同时，英国政府还将针对日本实施轰炸的报告送交国联秘书处。③ 对于英国日趋强硬的原因，有研究者认为，这主要是因为日本轰炸锦州涉及英国利益所在的京奉铁路的安全。④

由锦州轰炸所引发的国际社会的强烈反应使中国方面感到非常欣慰，并由此对国际联盟寄予了更高的期望。蒋介石在1931年10月9日的日记中写道："世界之公理，已有相当表现，但未知其结果能否得一公平之决议也。"⑤ 10月12日，蒋介石在"总理纪念周"的讲话中又说："日本用许多的飞机，在锦州——我们辽宁临时省政府所在地方，抛掷许多炸弹，使我人民生命财产，损失很重。日军此种行动完全欲凭藉其强大的武力达到他们侵略的目的，这不但是我们的莫大耻辱，难以忍受，即世界各国，也必视为公理人道之敌，不能长此容忍的。"⑥ 同日，施肇基根据国民政府顾问美国人鲁易斯在锦州的实地考察结果，也正式向国联提出日本飞机轰炸锦州的报告，要求国联派员赴辽、吉调查。国联对此做出了积极的反应，原定于10月14日召开的会议被提前到了13日，当得知国联将专门为此召开会议的时候，蒋介石在10月13日的日记中又写道："国际联盟为我东（三）省事将开会议，如世界公理果得伸张，矮寇强权果能制服，则东亚与人类之幸也！否则，余必为

① Documents on British Foreign Policy 1919 – 1939, Second Series, 转引自武寅《从协调外交到自主外交——日本在推行对华政策中与西方的关系》, 第93~94页。
② 转引自武寅《从协调外交到自主外交——日本在推行对华政策中与西方的关系》, 第94页。
③ 王芸生编《六十年来的中国与日本》第8卷, 三联书店, 2005, 第257页。
④ 转引自武寅《从协调外交到自主外交——日本在推行对华政策中与西方的关系》, 第94页。
⑤ 〔日〕产经新闻社撰《蒋介石秘录》第三卷,《蒋介石秘录》翻译组译（以下省略）, 湖南人民出版社, 1988, 第130页。
⑥ 秦孝仪主编《蒋公思想言论总集》卷十, 演讲, 中国国民党中央委员会党史委员会编印, 1984, 第468页。

拥护公理而牺牲一切。盖非此不能保持民族精神与国家人格也。余复何借哉！"①

10月13日，国联行政院会议由白里安主持召开，在这次会议上，施肇基代表国民政府首先重申日本撤兵的要求，同时也强烈谴责日军轰炸锦州："中国已提诉于国际联盟，听候调停，故极力自制，一直不作抵抗，日本为什么无端占领中国领土，杀害无辜的中国人民？"施肇基更向各理事国提出警告："如果国际盟约、非战公约不能维持，则世界和平、裁减军备、国际安全以及世界经济危机之救济，都必同归泡影。"②

而日本代表芳泽谦吉虽然无法否认日本军队在锦州实施无差别轰炸的事实，但坚持其外务省早先的声明，将责任推及中方："吾人如记忆时局之现状，则锦州事件易于解释，日本因在满中国军队之挑战行动，被迫而采取自卫手段。"③

10月15日，担任会议主席的白里安提议，邀请未参加国际联盟却是《非战公约》缔约国的美国列席国联会议。虽然以前的国联行政院会议中已经有相同的提议，但由于日本的坚决反对而没有结果。而此次会议上白里安不顾日本的强烈反对再次提付表决。结果形成了以13票对1票的多数决议，决定邀请美国与会。自此之后，美国驻日内瓦总领事吉尔伯特以观察员身份参加会议，这是日本外交败退和走向孤立化的第一步。④

不过日本并没有在国际社会的谴责下做出让步，1931年12月，日军还是增调了4万多人的兵力，于12月28日展开了对锦州地区的地面进攻，驻守锦州一带的东北军稍加抵抗后便奉令于29日撤往关内。1932年1月3日，关东军占领了锦州。

同年1月7日，美国国务卿史汀生即向中日两国发出了同文照会，正式表达了美国的立场："美国政府不能认许任何事实上的情势的合法性，也不拟承认中日政府或其代理人间所缔订的有损于美国或其在华国民的条约权利——包括关于中华民国的主权、独立或领土及行政完整，或关于通称为门户开放政策的对华国际政策在内——的任何条约或协定；也不拟承认违反1928年8月27日中日美均为缔约国的巴黎公约之条款与义务的方法而获致的任何局势、条约

---

① 〔日〕产经新闻社撰《蒋介石秘录》第三卷，第130页。
② 〔日〕《产经新闻社》撰《蒋介石秘录》第三卷，第130～131页。
③ 〔美〕韦罗贝：《中日纠纷与国联》，薛寿衡等译，第66页。
④ 〔日〕《产经新闻社》撰《蒋介石秘录》第三卷，第132页。

或协定。"① 史汀生的照会在史上被称为"不承认主义"或"史汀生主义"，它明确地表达了美国对日本在华势力扩张的一种反对态度。

美国发表了"不承认主义"的照会后不久，1932 年 1 月 21 日，国联决定派出调查团到中国进行实地调查，该调查团在同年 10 月发表的《国联调查团报告书》中再次对日军空袭锦州的行为加以谴责，同时也再次否认了日本当时向国联就此问题提出的辩解："此种新军事行动之开始，即 10 月 8 日之轰炸锦州，因张学良将军已于 9 月底将辽宁省政府迁至该地区故也，据日本方面声明，此次轰炸系以该地兵营及省府所在地之交通大学为上要目标。以武力轰炸民政机关，已属不合，而轰炸区域之范围，事实上是否一如日人所称，尤不无疑问。"②

围绕着日军空袭锦州的事件，尽管国际社会进行了前所未有的干预，但实际上所起的作用并没有达到中国方面的预期，只不过最终促使日本于 1933 年退出了国联，更加放手地加速了对华侵略的步伐。

三　国际社会关注锦州事件主要是基于对无差别轰炸的担忧

透过日本空袭锦州引发的国际反响来看，英、美等国固然对日本不断扩大在华侵略态势有所担忧，不过无论是美国或是国联的其他成员国，则更多的还是表现对不加限制地实施空袭这一作战方式的关注，毕竟，欧洲国家在这方面已经有比较慢长的法理探索与实践。

从 18 世纪下半叶以来，随着一些欧洲国家在交战中不断有利用气球、汽艇载爆炸物空袭敌方的举动，且势头日增，这对传统意义上的战争构成了新的挑战，这一现象很自然地引起了国际法学界的关注，不过相关的立法举措首先涉及的是对陆战轰炸的限制，然后才逐渐扩展到了空中轰炸。

国际法对于陆战轰炸的限制，最早的尝试始于 1874 年的布鲁塞尔会议。在会议做出的关于陆战轰炸的决议案中，明确规定交战方对敌国的轰炸只能限于"有堡垒且有防守之都市"。③ 1899 年在荷兰召开的第一次海牙和平会议上，

---

① 世界知识出版社编《中美关系资料汇编》第一辑，世界知识出版社，1960，第 476 页。
② 橘秀一编《国联调查团报告书》（华文版），昭和 7 年（1932 年）12 月，满洲报出版部，第 78 页。
③ 郭长禄：《论日机轰炸我国之违法》，中山文化教育馆，1938，第 2 页。

通过了《陆战法规和惯例公约》，该公约对布鲁塞尔会议的决议案稍做了修正，即一方面禁止交战国轰炸无防守的都市，另一方面规定对于有防御的城市，不论有无堡垒，都不在禁止之列。①

也正是在1899年的第一次海牙和平会议上，针对当时较为盛行的气球、飞艇载爆炸物实施轰炸的现象，会议通过了《海牙宣言》，该宣言明确规定缔约各国禁止用氢气球或从其他飞艇上投下炸弹或其他爆炸物，该条款的有效期为5年。这项规定成为最早的限制空中爆炸物的国际法规。

第一次海牙和平会议召开不久，新的航空器——飞机诞生了，而且发展势头迅猛，从理论上来讲，如果由飞机装载爆炸物实施轰炸的后果就更为严重了，国际法学界再次表现了对此问题的关注。在1907年召开的第二次海牙会议期间，各国虽然也感到第一次海牙会议的规定并不全面，但同时也担心过多的限制不利于各个国家的航空发展，因此这次会议并没有做出新的规定，只是将第一次海牙会议设定的有效期延长至将来召开的第三次海牙会议。此外，在陆、海军的作战中顺带对空中爆炸做了一些相关的规定。如《海牙陆战规则》第25条规定："对于无防御之城市、村落、住宅或建筑物，无论以如何之手段，不得施行爆炸或炮击。"②此处所讲的"无论依如何之手段"理论上讲，当然也可视为包括空中轰炸，即使这样一条规定，也是当时各方妥协的结果。俄国和意大利本来在会上提议单独就禁止从飞机上掷下炸弹发表专门的宣言，但该提议未被大会接受，因此最后在陆战规则中才有了"无论以如何之手段"的表述。③这可以说是1907年的第二次海牙会议关于空中轰炸的唯一规定。当时签字的国家有英国、美国、奥地利、比利时、保加利亚、希腊、挪威、荷兰、葡萄牙、瑞典、土耳其等国，而德国、俄国、意大利、日本、西班牙、瑞典等国并没有签字。④这次海牙会议对于限制海上飞机在战时的行动也没有做出专门的规定，不过《限制海军轰炸炮击规则》还是间接与空战有关。与陆战轰炸不同的是，该规则规定海军轰炸不限于有防御的城市，在无防御的城市中，如军事机关和军事建筑等都可视为轰炸目标。

---

① M. Spaight, "Air Bombardment," *British Year Book of International Law*, *1923 - 1924*, p. 21. 转引自郭长禄《论日机轰炸我国之违法》，第3页。

② 郭长禄：《论日机轰炸我国之违法》，第4页。

③ 郑斌：《三十年来国际空战法的发达》，《东方杂志》第31卷第1号，1934年1月。

④ 王鹗：《从国际空战法法规说到防空的必要》，军事委员会防空委员会编印《防展汇刊》，1935，第26页。

第二次海牙会议后，各国空中飞行器的研制日渐发达，这就促使部分国际法学家进一步考虑飞机用于战争的后果。1911 年国际法学会在西班牙马德里举行的会议，在会议上，著名国际法学家威斯特利克（Westlake）和罗兰（Rolland）就曾正式提议禁止将飞机用于作战目的，仅可做侦察的军事用途。不过他们的提议并没有得到多数代表的接受，后来经过多次商议，达成一个限制空战的决议案，其主要内容是，原则上禁止空战，但交战方如能遵守下列条件，即战争对于和平民众之财产及生命，较之陆战或海战，不予以较大危害时，则不在此限。[①] 应当指出的是，这些规定只是代表了当时国际法学界对于空战的一种认知，它本身并没有任何约束作用。因此，到第一次世界大战爆发前，关于限制或禁止空战的国际法规定，其实也仅仅只有《海牙宣言》。

第一次世界大战期间，虽然《海牙宣言》仍然处于有效期，但处于交战中的德国、俄国、法国、意大利、西班牙等国本来在《海牙宣言》中就未签字，所以《海牙宣言》实际上对这些国家并无什么限制，至于签了字的国家，在战争实践中也并没有严格遵守。这样，在第一次世界大战的空战中，交战双方除了实施向敌方军事阵地和目标的空袭外，还对敌国政治、经济目标甚至平民实施了狂轰滥炸，以期达到动摇对方军心、民心的作用，人类战争史上的"无差别轰炸"就这样开始了。据统计，在第一次世界大战期间，德国对法国巴黎空袭 32 次，巴黎因空袭致死者 266 人，致伤者 603 人。[②]

第一次世界大战期间德国对伦敦空袭详细统计表

单位：次，人

年份＼区分	用飞机					用飞艇				
	回数	一般人民		军人		回数	一般人民		军人	
		死	伤	死	伤		死	伤	死	伤
1914	2	—	—	—	—					
1915	4	2	6	—	—	20	188	499	19	31
1916	16	13	42	5	19	22	258	648	34	83
1917	33	436	1206	223	345	8	35	70	5	5

资料来源：张宰臣《空袭与防空》，航空署情报科《航空杂志·防空专号》上册，"论著"，1934，第 3 页。

---

① 郭长禄：《论日机轰炸我国之违法》，第 6 页。
② 张宰臣：《空袭与防空》，航空署情报科《航空杂志·防空专号》上册，"论著"，1934，第 3 页。

德国空军对英国伦敦进行了更大规模的空袭，因空袭而死伤者四五千人（详见统计表）。德国对英法的空中轰炸所造成的伤亡虽然与陆上作战相比并不占大的比例，但给英法两国民众造成了巨大的心理恐惧。

正是鉴于第一次世界大战期间交战各国无差别轰炸所造成的损失和在民众中引起的空袭恐慌，战争结束后，协约国集团在《凡尔赛和约》中还是做出了对德国在战时实施轰炸特别是实施无差别轰炸的处罚，"和约"规定，德国应对交战期间由于德国及其盟国的陆海空进攻，而加之于协约国普通人民的一切损害承担赔偿义务。对于损害的各种项目在《凡尔赛和约》第八部第一篇的附件中被详细地罗列出来，其中除包括对一般性的违反战争法规行为的赔偿外，还特别新增了一项内容，就是由于陆上、海上、空中的攻击和军事行动等战争行为，致使平民及其负责赡养者的伤害和死亡所受之损害。①

不过上述规定只体现了要求战败国家赔偿的责任，并没有针对无差别轰炸的战争罪行加以具体的规定和处罚。因此可以说关于实施轰炸应当承担的责任，在当时国际法的框架中基本上是缺失的。

在1922年召开的华盛顿会议上，美、英、日、法、意五国意欲进一步规范空战，并取得两个方面的明显进步：一是规定在陆空战争中，禁止使用与文明国家舆论不相容的毒气及其他类似性质的液体或物质。二是会议上还成立了一个法学家委员会，具体研究空战法规，并就下列两项问题向各国报告：（1）自1907年海牙会议后，既存国际规则能否适用于空战及其他战争的新工具；（2）如不能适用时，既存的法规应做如何变更。②该委员会由美、英、日、法、意五国各派两名法学家组成，定期在海牙开会，研讨上述问题。委员会以美国代表莫尔（J. B. Moore）为主席，经过多次讨论，该委员会以美英两国代表的提议为基础，以法律的形式形成了《关于航空与无线电用于战争的法规》（"The Law of War Concerning Aviation and Radio"），该项法规有74款条文草案，其中62款的立法意图是建议限制空战。由于这些条款规定得十分详细，可以视为一部真正意义上的空战法规。

上述法规对于空中轰炸做出了许多具体规定。如第22条规定：禁止以威胁普通人民或损坏不带军事性质的私有财产，或以杀伤非战斗员为目的而实行空中轰炸。第23条规定：不得以强迫征发或征用现金为目的而实行空中轰炸。

---

① 〔日〕寺泽一、山本草二主编《国际法基础》，朱奇武等译，中国人民大学出版社，1983，第470页。

② 郭长禄：《论日机轰炸我国之违法》，第6页。

第 24 条规定：合法的空中轰炸应只限于军事目标，即空中轰炸所导致的破坏或损伤只有在明显构成交战国军事利益的物体时方可得以施行。前款规定的合法轰炸主要限于军队、兵工厂、军用建筑物或贮藏所、明显构成军火制造与供给的重要工厂、以军事为目的而使用的交通与运输路线等。对于不在战区附近的城市、村落、住宅、建筑物不得进行轰炸。前款所列的军事目标，如因其地理位置的关系，有不得不对普通平民连带无差别轰炸时也不得轰炸。在陆战战区附近的城市、村落、住宅、建筑物必须限定为军事集中的地点，如果经合理推定认为有轰炸的必要时，必须顾虑到平民因此而受到的危险后才可以实施轰炸。交战国对于其军官或军队因违反本条规定而造成损害人民生命或财产者应负赔偿之责。①

以上的草案报告是国际社会为空战而制定的最为详细的专门法规，遗憾的是，这个委员会将上述草案送达各国后，被束之高阁，未得到各国的采纳，而作为参与起草该报告的日本方面在稍后几年，反而第一个背离上述立法原则，实施了对中国平民的空袭，这很自然就会引起国际社会的反应。

日军的锦州轰炸也促使此后国际社会围绕空战特别是禁止针对平民的空袭有过进一步规范的努力。1932 年 7 月 13 日，国际联盟军缩会议总委员会通过了一项决议，称"本会深感天空轰炸在未来冲突事件中对于文明之危险，因此决定采取一切实际之方法，以免此种危险，即（一）对于平民之种种袭击，务需绝对禁止；（二）各缔约国在各国之间相约禁止天空轰炸"。② 这应当说是对空中轰炸所做的最为直观的禁止规定了，不过由于国际联盟的军缩会议总委员会影响面小，权威性不够，更为重要的是，随着世界法西斯思潮的泛滥，这些规定事实上也根本无法对任何国家产生制约作用。

总之，日本的锦州轰炸之所以导致国际社会的强烈反响，固然有日本扩大侵略触动列强各国自身利益的一面，但是也应当看到，各国基于第一次世界大战期间无差别轰炸的记忆，对日本采取这种新的军事方式深表担忧，因此才纷纷对此给予谴责。国际社会所做出的这些反应也使得国民政府对国联寄予了极大的希望，尽管国联对日本侵略东北及在此过程中实行的无差别轰炸并没有实质性的制约，但毕竟也使日本在外交上处于非常孤立的境地，不得不于 1933

---

① 郭长禄：《论日机轰炸我国之违法》，第 8 页。
② 郭长禄：《论日机轰炸我国之违法》，第 9 页。

年自动退出国联。从国民政府来看，日本的锦州轰炸还并没有使其意识到这种无差别的轰炸在此后可能会带来的严重后果，只是当稍后的上海战事发生后，鉴于日军空袭所造成的巨大人员伤亡和财产损失，国民政府才逐步开启了应对日本空袭的各项防空建设。

《华北防共协定》与 1936 年
日本对华政策

台北"国史馆"　萧李居

一　前言

1936 年 3 月，"支那驻屯军"（以下简称"驻屯军"）司令官多田骏主动向冀察政务委员会委员长宋哲元提出要求缔结《华北防共协定》，传闻两人当时已签署协定，但是当事人对于此事并没有明确的说明或表态，社会舆论纷纷揣测此事，报纸媒体的报道亦相当分歧，使得两人究竟有无签署《华北防共协定》的问题一直显得诡谲莫测。

战后日本与中国两岸学界对于有无签订协定的问题有着不同看法，日本方面以战后公布的外交档案《华北防共协定》与《华北防共协定细目》文件，推论当时双方应已秘密签订，近年来亦有学者依据其他相关档案，提出当时确已签署，但因其他因素而将此约作废；[①] 两岸学者主要以档案文件的签署日期不符为由，认为宋哲元抵达天津第二天即鲁莽签署协定并不合常情，推测该文件应只是"支那驻屯军"草拟的用来交涉的底案。[②] 这个悬案至今仍无一明确

---

① 日本方面的论点，请参见〔日〕中村隆英《戰時日本の華北経済支配》，东京，山川出版社，1983，第 56 页；日防卫厅防卫研修所战史室编《支那事変陸軍作戦（1）》，东京，朝云新闻社，1975，第 71 页；〔日〕内田尚孝《冀察政務委員会の対日交渉と現地日本軍－「防共協定」締結問題と「冀東防共自治政府」解消問題を中心に－》，《近きに在りて》第 51 号，东京，2007 年 6 月。

② 中国两岸学界的看法，请参见李云汉《宋哲元与七七抗战》，台北，传记文学杂志社，1987，第 144 页；常凯《〈华北防共协定〉考》，《历史教学》1985 年第 11 期。

的定论，遂形成双方各执一词的局面。

另外，1935 年 10 月 4 日，日本内阁制定《关于对支政策之件》及《谅解附属文书》，以因应王宠惠受蒋介石之托于同年 2 月访问日本时，广田弘毅外相向其提出以平等的原则来处理中日关系的期望，此即所谓"广田三原则"，包括取缔排日、承认"满洲国"、共同防共。其中"共同防共"原则内容为："鉴于来自外蒙等之赤化势力之威胁，为日满支三国共通之威胁，支那方面应于外蒙接壤地区，为排除此威胁，在我方希望之诸项设施上予以协助。"① 所谓"共同"，其实只是由日本单方面协助中国，并非双向互惠合作。问题是要如何协助？虽然内容说明的是日本"希望之诸项设施"，但所指的又是那些设施呢？这些问题在日内阁当时制定政策的过程中，以及所通过的政策中都未曾讨论或说明。② 换言之，此时日本内阁通过要求与国民政府共同防共的对华政策，其实并没有实质方法或具体可执行的措施，只是个空洞的口号。

不过日本内阁于 1936 年 8 月 11 日制定《对支实行策》，表示"对于南京政权要促使其逐渐采取反苏态度而与（日本）帝国接近"，具体措施包括要求与中国共同组织秘密专门委员会来缔结《防共军事协议》与《日支军事同盟》等。③ 这个政策让"共同防共"原则有了明确且具体可行的方法，不再只是个空洞的口号。

《华北防共协定》是由多田主动提出要求与宋哲元签订的，结果这个协定究竟有无签订？中日学者的观点有何问题？何以仍无法达成共识？此外，这个由日本关东军与中国地方军交涉的协定，是"驻屯军"方面本身的行为或是有日本政府指示？若是"驻屯军"本身的行为，在事前日本政府是否知情或同意？有趣的是这个缔结协议方式在不到五个月后竟成为日本的国策之一。若与中国缔结防共协定是日本方面推动"共同防共"所期望的方式，在历史的发展顺序上为何是由在华日军先与中国地方军人展开交涉后，最后再形成日本的国策呢？

---

① 《对支政策ニ関スル件》，1935 年 10 月 4 日，《帝国ノ对支外交政策関係一件》第 4 卷，《外务省記録》，日本外务省外交史料馆藏，档案号：A.1.0.0.10。（以下省略档名与典藏地）

② 外务省东亚局一课調書，《对支政策决定ノ経緯》，《帝国ノ对支外交政策関係一件》第 4 卷，档号：A.1.0.0.10。

③ 《对支实行策》，1936 年 8 月 11 日，《帝国ノ对支外交政策関係一件》第 6 卷，档案号：A.1.0.0.10。

有关战前日本对华政策的制定与侵华的行动，目前学界多认为是军部与内阁共同策动，不应由所谓"日本军阀"独负其责。[①] 然而军部军官与内阁官员之间的对华观念、政策的看法，以及行动的方式与缓急等，其实都存在不少的差异。其中军部分为陆军与海军，由于战前在对华问题上日本陆军一向较海军重要，主要的推动者与影响力也出自陆军。[②] 日本陆军包括在东京的中央军部与在华的"现地军"，即所谓"派驻中国"的在华日军。中央陆军系指陆军省、参谋本部与教育总监部；在华陆军则有关东军、"支那驻屯军"、各地特务机关与使馆武官等，其中"支那驻屯军"是日本派驻华北的相当重要的部队，卢沟桥事变的爆发即与其有直接关系。实际上，他们在对华问题上也有各自不同的主张与看法，只是目前的研究多将这些统称为日本军部，尤其因职务的调动使得相关研究在日对华政策的演变上，并未清楚区分中央军部与在华日军的主张，因此有关在华日军的对华看法、主张及企图等，对于日本政府制定政策时产生何种影响力，在目前的研究中仍不够充分。

本文拟以"支那驻屯军"所提的《华北防共协定》作为观察的切入点，分析日本关东军的主张及其如何演变成为中央政府的国策。在章节安排上，首先在前言做概述；第二节拟探讨《华北防共协定》构想产生的时间及与"多田声明"的关系，并分析协定的内容；第三节将检讨中日学者对于有无签订《华北防共协定》的观点，并分析中日史料，尝试从不同的角度厘清协定签订与否这个历史悬案；第四节则论述"驻屯军"的《华北防共协定》演变成日本国策的过程，同时分析该协定性质的变化。在结语部分拟总结此事的历史意义，以理解在华日军与 1936 年日本政府调整对华政策的关系。

二　《华北防共协定》构想的产生与内容

日本自九一八事变占据中国东北后，于 1935 年进一步策动华北自治，借由《何梅协定》与《秦土协定》，将国民政府的势力驱逐出华北地区。《何梅协定》的交涉者为中国军政部部长兼北平军事委员会分会代委员长何应钦与

---

① 相关研究观点请参见梁敬錞《日本侵略华北史述》，台北，传记文学杂志社，1984；臧运祜《七七事变前的日本对华政策》，社会科学文献出版社，2000。

② 〔日〕森靖夫：《日本陆军と日中战争への道》，京都，ミネルヴァ书房，2010，页 1。

日本"支那驻屯军"参谋长酒井隆大佐及驻北平日本大使馆陆军副武官高桥坦。5月29日酒井与高桥拜谒何应钦时曾谓："渠代表驻屯军，高桥代表关东军。"① 实际上高桥自始无代表关东军之权，不过在此之前的1月4日，关东军司令官南次郎于大连召开会议，出席者包括关东军参谋长板垣征四郎、奉天特务机关长土肥原贤二，以及酒井、高桥和各地领事馆武官等人。虽然目前不清楚该会议确切内容，但依学者的考察，关东军与"驻屯军"对于分离华北已有默契。会后关东军即派土肥原南下，视察中国南北情势，在《何梅协定》交涉期间酒井也因有关东军为后盾，对何应钦之态度骄横粗鲁之极，② 至于《秦土协定》则由察哈尔代理主席秦德纯与土肥原签订。这两个协定的产生说明了关东军积极介入华北事务。

1935年8月"支那驻屯军"司令官梅津美治郎返日任第一师团师团长，19日多田骏由日本东京抵天津继任"驻屯军"司令官，9月24日甫任司令官一个多月的多田便发表"多田声明"。多田发表声明的对象系日本而非中国，目的在于对日本相关人士宣示他在华北问题上的发言权，借以试图主导华北工作，显示多田对关东军插手华北事务与派遣土肥原来华北活动相当不满。③ 事实上，这个声明确实也达到效果，十天后的10月4日，日本内阁制定"广田三原则"后，外务省与陆海军方面立即分别派遣东亚局第二课课长守岛伍郎、参谋本部第二部部长冈村宁次、军令部第六课课长本田忠雄等赴华，先后在大连、上海与天津各地召开在华官员会议，传达中央政府的政策。其中报载守岛与华北各地领事在10月25、26两日的天津总领事会议上，决议要求各总领事在"华北问题要与驻屯军紧密联络"，④ 说明外务省方面似乎认可"驻屯军"在华北问题上具有一定的发言权。

不久这个发言权在1936年1月13日陆军省制定的《北支处理要纲》中获得正式的承认，该要纲并进一步指示"驻屯军"要"直接以冀察与冀东两当局为对象"

---

① 《河北事件全卷　第一件：酒井隆偕高桥坦访见何应钦》，1935年5月29日，《河北事件（三）》，《外交部档案》，"国史馆"藏，典藏号：020-010102-0216。

② 梁敬錞：《日本侵略华北史述》，第42、56页；《日关东军大连会议》（1935年1月4日），南开大学马列主义教研室中共党史教研组编《华北事变资料选编》，人民出版社，1983，第60~61页。

③ 有关多田骏发表"多田声明"的原因与目的，以及对土肥原贤二插手华北事务的不满，请参阅拙作《蒋中正对"多田声明"的因应态度》，（台北）《国史馆馆刊》第32期，2012年6月，第91~101页。

④ 《日在华官员的大连、天津、上海会议》，1935年10月，南开大学马列主义教研室中共党史教研组编《华北事变资料选编》，第222页。

来处理华北问题，其中"对冀察政务委员会的指导要通过宋哲元进行"，同时也决定在北平设立特务机关。[①] 同年3月陆军省即在北平成立特务机关，以松室孝良为机关长，在"驻屯军"司令官的指挥下担任指导冀察政务委员会的任务。[②]

可以说冀察政务委员会自1935年12月18日成立后不到一个月，日本方面即确定由"驻屯军"主导，并以该委员会委员长宋哲元为对象来交涉华北问题。在多田于1936年4月30日调离"驻屯军"司令官一职之前，"驻屯军"方面与冀察方面交涉的问题包括"冀东防共自治政府"的撤销问题、察北六县的行政权问题，以及共同防共问题等。[③] 前两项问题是由冀察方面提出并希望解决的，唯独共同防共问题是"驻屯军"主动提出，而且是多田特别关注的问题。

有关"支那驻屯军"于1936年3月向宋哲元提出共同防共问题，一般的看法都认为是中共军队在2月20日由陕北东渡黄河进入山西，造成冀察地区情势紧张，日本遂以共同防共为"名"或"借口"，要挟宋哲元签订《华北防共协定》，以达成侵略或进兵冀察之实。[④] 即防共是假，侵略是实。

不过就协定构想的产生而言，早在中共军队尚未进入山西前一个月的1月20日，参谋本部"支那课"课长喜多诚一大佐就向外务省事务官上村伸一表示："关东军有意与冀察政务委员会之间签订防共军事协定。"[⑤] 但是23日陆军省军务局课员影佐祯昭中佐则对上村解释："北支政权与军方的军事协定缔结问题，最初是天津军的提案"，并不是关东军的提案，而且陆军省方面现正慎重考虑中，并希望早点知道外务省的态度。[⑥] 说明"驻屯军"最迟在1月20日，即中共军队2月20日进入山西之前即已有要缔结《华北防共协定》的想法与动作，而日本中央军部与外务省在此时也都已知悉此事。就时间点而言，"驻屯军"参谋长永见俊德与北平特务机关长松室孝良是在3月下旬左右拜会宋哲元时提出缔结协议来进行共同防共的。29日宋哲元由北平至天津，亲自与多田展开谈判。可以说"驻屯军"方面确实是在中共军队入晋的契机下提

---

① 《北支处理要纲》，1936年1月13日，《满洲事变. 华北问题》第9卷，档案号：松 A. 1. 1. 0. 21－27。
② 日防卫厅防卫研修所战史室编《支那事变陆军作战（1）》，第69页。
③ 李云汉：《宋哲元与七七抗战》，第131～145页。
④ 陈世松主编《宋哲元传》，吉林文史出版社，1992，第243页；李云汉：《宋哲元与七七抗战》，第138～139页；常凯：《〈华北防共协定〉考》，第59页；何智霖等编《陈诚先生书信集：家书》（下），台北，"国史馆"，2006，第365页。
⑤ 東亜一课，《参谋本部喜多大佐谈要领》，1936年1月20日，《帝国ノ对支外交政策关系一件》第8卷，档案号：A. 1. 1. 0. 10。
⑥ 東亜一课，《陆军省影佐中佐谈要领》，1936年1月23日，《满洲事变·华北问题》第9卷，档案号：松 A. 1. 1. 0. 21－27。

出交涉，但这只不过是显示"驻屯军"有利用中共军队东进，形成冀察紧张的情势来压迫宋哲元订立协定的企图，不能说"防共"只是个借口，因为至少就"广田三原则"而言，日本方面是汲汲追求与中国军队共同防共的。

那么"驻屯军"要求缔结《华北防共协定》的目的为何呢？若往前追溯探寻，将可得知《华北防共协定》构想其实是缘自前一年9月的"多田声明"。多田于声明中表示中共问题并不足为虑，但须注意苏联利用中共行动的企图，[①] 并提出"通过华北五省的军事合作来防止赤化"的主张，[②] 而《华北防共协定》确实是一种具体可行的军事合作方式，因此可以说缔结协议的构想就是"多田声明"所主张的具体化。

有关协定的内容，当时报刊竞相刊载转译不同的条文，在此依中日两国官方档案所载内容为主进行分析。战后日本公开的《华北防共协定》史料，内容相当简单：

> 日本军及冀察中国军基于绝对排除共产主义的精神，切实地互相合作，协议从事阻遏共产主义的行为。
>
> 关于本协定的细目另行协议之。
>
> 本协定以日文为正文。
>
> 昭和十一年三月三十日
>
> 支那驻屯军司令官　多田骏
>
> 冀察绥靖主任　　　宋哲元[③]

而《华北防共协定细目》内容虽仅四条，但细项事务甚多。

（一）冀察方面实行左记事项：

1. 为了与阎锡山协同从事"共匪"的扫荡，要努力与阎缔结防共协定。若阎不肯时，则适时在独自防共的立场下，进兵山西消灭"共匪"。

---

① 日本驻津军司令官多田骏少将所发表之日文小册子《日本对华之基础观念》之全译，《日驻津司令官多田骏发表谈话》，《外交部档案》，"国史馆"藏，典藏号：020 - 010103 - 0005；〔日〕姬野德一：《北支之政情》，东京，日支问题研究会，1936，第86～102页。

② 〔日〕秦郁彦：《日中战争史》，东京，河出书房新社，1977，第57页。

③ 《防共协定》，1936年3月30日，岛田俊彦等解说《现代史资料（8）日中战争（1）》，东京，みすず书房，1964，页285。

2. 不间断地与日本军部交换有关共产运动情报，且在有关防共行为上保持与日本军部紧密的联络。

3. 为了贯彻防共，要与山东方面合作，必要时努力与之缔结防共协定。

4. 日益强化扩充从前与西南方面的协定。

5. 由于共产主义是人类共同之敌，搅乱东洋和平，对此要用绝对排击的态度宣示天下。

6. 镇压解散共产党、蓝衣社等及其类似团体与结社，党部亦不允许存在。

7. 鉴于为了与日本采取防共协同动作，并与日本精神融合之必要，此际要贯彻与日本提携亲善的行为，镇压排日的团体及言论，扫除排日的教材，且对于军队及官民要以日支提携亲善的主旨予以教导。

（二）日本方实行左记事项：

1. 日本方面为了冀察方面的防共，同意增加必要的兵力，且廉价让渡各种武器弹药及飞机，但飞机在必要时可贷与。

2. 绝对支持有关冀察方面的防共行为。

3. 不间断地与冀察方面交换有关共产运动情报，且提供冀察方面有关防共行为的资料。

4. 日本方面赞助与晋、绥、鲁及西南的提携合作，且绝对地支持冀察方面阻遏中央军进出北支。

（三）本协定双方不予发表。

（四）本协定以日文为正文。

昭和十一年三月三十一日①

至于中国方面所探知的内容，最完整者为1936年5月7日外交部部长张群收到中国参谋本部通报所附的协定内容：

（一）防共委员会仍隶属冀察委员会，人选由华方自定，日方只担任顾问等职。

---

① 《防共协定细目》，1936年3月31日，岛田俊彦等解说《现代史资料（8）日中战争（1）》，頁285~286。

　　（二）中共军队未侵入冀察边区时，防共一切任务，由该委员会主持，日方只从旁协助。

　　（三）如中共军队侵入冀察边区时，冀察境内华军应开赴边区防剿，平津由小部华军与大部日军共同维持后方治安。

　　（四）冀察境内飞机场，日方得于必要时借用。

　　（五）关于防共军需物资，在双方同意原则下，可由日方协助。[①]

　　通过比较中日文版本的协定内容可知：首先，在性质上二者是有差异。日文版本可说是属于军事协议的性质，冀察方面提供情报并努力与晋、鲁及西南合作，以扩大防共范围，"驻屯军"方面除了支持冀察的防共作为外，同时提供所需的武器、兵力与情报；中文版本的重点在于成立防共委员会的组织，防共事务由以华方主导的委员会负责，日方仅为协助角色，似属于政治性质的协定。

　　其次，在对象与范围方面，中文版本为冀察政务委员会与冀察地区；日文版本则是要冀察方面努力与山西及山东方面缔结协定，日方并赞助冀察与晋、鲁、绥及西南的合作。在范围内已不仅是"多田声明"主张的华北五省，还包括西南方面，透露日本有联合华北与华南对南京国民政府采取夹击之势的企图。

　　最后，两者都为空洞的"广田三原则"之"共同防共"提供具体可行的合作方式。中文版本的重点在于成立防共组织与日本顾问的协助角色；日本版本的重点在于由日方提供防共所需的武器、弹药等军需物资，并且可派遣必要的日本军队协助。不论是那一种，都符合"共同防共"原则所谓在"希望的诸项设施上给予（中国）协助"精神，此点也为日后日本制定落实三原则精神的对华政策带来深刻影响。

三　《华北防共协定》的签署疑义

　　1936 年 3 月 29 日，宋哲元至天津与多田交涉《华北防共协定》。5 月 1 日日本政府宣布强化"支那驻屯军"，将司令官改为亲补职，原少将级升为中将级，由日本天皇亲任田代皖一郎中将为司令官，以便对华北进行增兵。多田返回日本任第十一师团师团长，华北防共交涉风波暂告平息。

[①] 《参谋本部致张群贰书字第 34 号通报》，1936 年 5 月 7 日，《华北防共问题》，《外交部档案》，"国史馆"藏，典藏号：020－010202－0255（以下本卷省略档名与典藏地）。

（一）中日学者对于签订协定的观点

多田返日后，双方究竟有无缔结《华北防共协定》一事，中国两岸学者的看法，首先以签署日期不符为由，指出日本方面公布《华北防共协定》与《华北防共协定细目》史料上的日期分别是1936年3月30日与31日，而宋哲元是在29日抵达天津，次日即鲁莽签署协议并不合常情，推测该文件应只是"驻屯军"方面草拟用来交涉的底案。其次，指出该文件仅是底案，故"用词、语态及纪年，悉为日语日历"。最后，引用当时报章杂志的报道指出，"外传已订所谓防共协定说，已由双方当局力予否认。日方要求联合防共，我方以为内部问题，未便接受"，而且"双方争议多次，文字虽已做成，当局则以冀东伪组织，须即取消，方能签字；日方则主须有事实表现，始允续谈其他问题"，同时引用驻北平特务机关副机关长滨田于4月26日出席在天津的武官会议时谓："华北防共协定，具体办法已有，惟只系双方口头协议，并无特别协定与条约之签订"，以及驻北平大使馆武官附今井武夫答复记者说："中日签订防共协定之说不确，本人向为第一次听说。"[①]

日本方面最新的观点，以同志社大学内田尚孝教授的看法为代表。内田氏认为"支那驻屯军"最迟于1936年1月20日即有缔结《华北防共协定》的动向，宋哲元于1月14日至2月8日期间滞留天津，即使宋哲元于3月29日才入津，但在这段其不在天津的时间里，也是委托天津市市长兼冀察政务委员会经济委员会主席委员萧振瀛与外交委员会主席委员陈中孚和"驻屯军"方面进行交涉的，经由这段时间的秘密交涉，宋哲元于3月29日到天津是为了最后的交涉与签署。[②]

内田氏并以中日两方的史料来证明协定已签署的事实。在日文史料中，一件是1936年4月9日陆军省次官梅津美治郎致电关东军参谋长板垣征四郎与"驻屯军"参谋长永见俊德（已于前一日返回东京出席师团长会议），以及北

---

① 李云汉：《宋哲元与七七抗战》，第144页；常凯：《〈华北防共协定〉考》，第59页；《永见松室 昨偕访宋哲元》《冀察防共问题 谈商告一段落》，分见《申报》，1936年4月28日，第3版，1936年5月6日，第7版；《国闻周报》第13卷第17期，1936年5月4日。另外，李云汉教授指出协定"《细目》第三项有'由双方发表'之规定，倘宋已签署，自无不发表之理"，以及"由于未能协议，致始终不能'由双方发表'"等语。经查核细目第三项为"本协议双方不予发表"，系为否定词，可知当时构想为秘密协议，自然不会发表。

② 〔日〕内田尚孝：《冀察政务委员会の对日交涉と现地日本军－「防共协定」缔结问题と「冀东防共自治政府」解消问题を中心に－》，第94页。

平、济南、上海、汉口、南京与广东等地武官，指示将《华北防共协定》理解为"记录彼我军事当局者之间关于防共的对话"。另一件是同年4月21日新任驻华大使馆武官喜多诚一于4月30日至5月2日期间与南京总领事须磨弥吉郎的会谈记录，喜多提到《华北防共协定》有逾越权限之虞，而且"该协定本身会引起统帅权问题。特别是附属协定中武器的供给仅由日本方面提供，因支那方面全然无对价关系的缘故，决定让该协定成为单纯的协商"。①

中文史料方面，内田氏举出本文第二节所摘述的1936年5月7日国民政府参谋本部给外交部部长张群的通报，认为是"中国方面军事当局在5月阶段所获得的《华北防共协定》内容"。同时以7月22日张群接获由华北方面捎来的信函与所附报告书为例，指出"国民政府由冀察政务委员会首脑收到所谓《华北防共协定》'成立'事实的直接报告，即可以确认的是在7月份"。内田氏并于注释中载明资料来源是萧振瀛给张群的信函，因此认为以此件冀察首脑人物的"直接报告"可以证明协定已经成立。②

简言之，内田氏以中日双方的史料证明宋哲元与多田已缔结《华北防共协定》，但因东京方面认为多田的行为系属越权，因此将协定予以废弃，并决定将之视为对话或协商性质的记录。

关于中方的看法，主要以宋哲元不会鲁莽地于抵津次日即签署协定的观点，虽然合乎常理判断，但是这仅系情感上的主观推论，立论基础极为脆弱。而且"驻屯军"早在1月20日已有意签署协定，因此，首先内田氏提出3月29日之前宋哲元虽然不在天津，仍可委托萧振瀛与陈中孚代为交涉的说法，使得"不会鲁莽说"与"委托说"均言之有理。其次，有关"用词、语态及纪年，悉为日语日历"问题，在协定内文与细目均明载"本协定以日文为正文"，且该件协定文本为日文史料，自然为"日语日历"。最后，有关报章杂志的报道，由于当时各家报道分歧，各种谣言掺杂，社会舆论纷做揣测，同时按协定细目所载，"本协定双方不予发表"，因此造成当时报道有关日人的说法真假难辨，再加上战后出现的协定文本史料，相对地减轻了报纸的证据力。

虽然以往华人学者所提出的观点证据力明显不足，但反观日本方面所提出

---

① 〔日〕内田尚孝：《冀察政務委員会の対日交渉と現地日本軍－「防共協定」締結問題と「冀東防共自治政府」解消問題を中心に－》，第94～95页。

② 〔日〕内田尚孝：《冀察政務委員会の対日交渉と現地日本軍－「防共協定」締結問題と「冀東防共自治政府」解消問題を中心に－》，第95～96、103～104页。

的看法与史料亦有待商榷之处。内田氏表示宋哲元1月14日至2月8日期间都在天津，臆测此时已开始与多田等人交涉防共问题。然而依南京外交部于3月31日接获由北平来的情报指出，"自共匪窜晋，日方迭请实现防共协议，现闻松室在津向宋提议，拟调二师团日军沿平汉、平缓冀察境内协助防共。宋以晋局好转，冀察布置严密，勿庸借助，正在商中"，[①] 显示"驻屯军"方面向宋哲元提出协助防共要求应是在2月下旬中共军队进入山西之后。虽然也曾有宋哲元委托萧振瀛、陈中孚等人代为与"驻屯军"方面交涉的案例，[②] 不过在1月中旬至2月上旬期间宋哲元偕萧振瀛、陈中孚与陈觉生等赴"驻屯军"司令部张园访晤多田、永见及土肥原，实际上是在商谈冀东与察北问题，即取消殷汝耕的"冀东防共自治委员会"与要求日伪军归还察北六县（沽源、康保、张北、宝昌、德化、商都）行政权问题，最后因双方意见相距过远而无结果，遂致停顿。[③] 另外，参阅当时著作与报纸报道，认为日方开始与宋哲元提及防共议题似为3月14日，之后多次交换意见，4月8日永见代表多田赴东京出席师团长会议，18日返津后双方才开始正式谈判防共问题，至5月初才告一段落。[④]

至于举证的史料，内田氏于文章前言表明，"本稿是在确认协定已经被签署之下，阐明之后该协定被废弃的经过"，因此他对于两件日文史料主要关注于《华北防共协定》成为"记录彼我军事当局者之间关于防共的对话"，以及"决定让该协定成为单纯的协商"的结果。[⑤] 然而细究史料内容，4月9日梅津美治郎致电在华日军的电稿表示，"关于支那驻屯军司令官与冀察绥靖主任之间所商定的防共协定"，[⑥] 即有关协定并未直书"缔结"或"签订"，而为

---

① 《程伯昂致南京外交部世电》，1936年3月31日，《华北防共问题》，典藏号：020-010202-0255。

② 相关案例，如报纸所载，在4月下旬"宋（哲元）因松室（孝良）日内来津，协永见（俊德）与我谈防共事，暂缓返平，外交、防共两项，先由萧振瀛、陈觉生，代宋与永见、松室会谈，俟意见一致，宋再亲出面会谈"。参阅《候与松室参见会谈　宋哲元暂缓返平》，《申报》，1936年4月21日，第3版。

③ 周开庆：《抗战以前之中日关系》，台北，自由出版社，1962，第119页。

④ 周开庆：《抗战以前之中日关系》，第121~126页。本书原名《抗战以前之中日关系》，于1937年3月成书，同年5月由中正书局出版，1962年于台北再影印出版。另外，参阅《申报》1936年3月至5月相关的报道。

⑤ 〔日〕内田尚孝：《冀察政务委员会の对日交涉と现地日本軍－「防共協定」締結問題と「冀東防共自治政府」解消問題を中心に－》，第91、94~95页。

⑥ 《梅津美治郎致板垣征四郎等陆满第113号電報》，1936年4月9日，《密大日记》第6册，昭和11年，《陆军省大日记》，档案号：C01004225100。

"商定"或"约定"，即"商量后决定"。因此就宋哲元与多田是否已"亲笔签订"的问题，是有模糊的空间。另一件是 5 月 2 日须磨弥吉郎所记喜多诚一的谈话指出，"要去缔结涉及权限外之虞的防共协定"，① 应是指"要去缔结"协定一事。同时须磨与喜多都非当事人，喜多于 4 月 21 日抵华就任驻华大使馆武官之前，是在东京担任参谋本部"支那课"课长，并未身处协议交涉风波的华北，此件史料是由第四方记下第三方说法的记录，非属一手史料，因此该协议是否已经签订，仍难以此件间接史料获得证实。

中文史料方面，首先检视 1936 年 7 月 22 日张群接获的信函与报告书。内田氏认为，此件是冀察政务委员会首脑，即萧振瀛给南京方面的"直接报告"，可谓关键性的一手史料。然而经查此件信函署名为"于振瀛"，下方并盖有印章佐证，信中表示，"职来平已逾两旬，虽竭力工作，仍无多获，实令职恐悚之至"。② 于振瀛（1902～1960），陕西人，早年就读北京国立医科大学，曾任国民党北京市党部监察委员、冀察绥靖公署宣传处处长、战地党政委员会指导员、西安办事处主任等。③ 可知此件信函是国民党派往华北的党部人员所撰写的呈报，而且此时才刚到北平 20 余天，经多方查询但仍未探寻有用信息的非冀察方面核心人物，性质上仍属情报信息，绝非冀察政务委员会首脑的直接报告，故而无法视为签订协定的有力据证。

另一件是 5 月 7 日国民政府参谋本部给张群的通报。该通报指出，"闻华北中日防共协定，永见返津不久，即已签订"，并附协定内容大纲。④ 然而内田氏并未说明该件协定与日本《华北防共协定》史料内容不相同的原因。此外，在此时间前后，外交部方面也收到各种不同说法的情报，例如，4 月 8 日外交部北平特派员程锡庚致电张群说，"经查明宋在津与多田、松室商妥河北防共办法"，"但并未签订协定"；⑤ 18 日进一步电告，"日方对签订防共协定事，近仍积极要求，当局正商办法，日内当有发展"。⑥ 4 月 29 日程伯昂致电

① 《须磨总领事喜多武官会谈要领》，1936 年 5 月 2 日，《帝国ノ对支外交政策关系一件》第 8 卷，档案号：A.1.0.0.10。
② 《于振瀛致张群信函》，1936 年 7 月 22 日，《华北一般情势（二）》，《外交部档案》，"国史馆"藏，典藏号：020-0100102-0253（以下本卷省略档名与典藏地）。
③ 徐友春主编《民国人物大辞典》，河北人民出版社，1991，第 17 页。
④ 《参谋本部致张群贰书字第 34 号通报》，1936 年 5 月 7 日，《华北防共问题》，典藏号：020-010202-0255。
⑤ 《程锡庚致张群等齐电》，1936 年 4 月 8 日，《华北防共问题》，典藏号：020-010202-0255。
⑥ 《程锡庚致张群等巧电》，1936 年 4 月 18 日，《华北防共问题》，典藏号：020-010202-0255。

外交部情报司司长李迪俊表示，"外传《防共协定》签字说不确"，① 但5月11日致电说，"闻《防共协定》确已签字"。② 不过在19日方唯智同样致电李迪俊指出，"据日员报告，天津军与冀察间未缔结防共协定，仅缔结政治协定"。③ 从这些材料可知，此时中国方面收到有关《华北防共协定》的情报信息相当混乱，前后不一，真假掺杂，内田氏亦未解释情资内容不一的现象。因此，在前一件被视为关键性史料，经过检视却是一份情报信息，在此情形下，仅以此件参谋本部情报的孤证仍难以证明协定已经签订。

（二）协定的签订问题

关于宋哲元有无与多田签订《华北防共协定》的疑义，在探究之前应先理清中日文版本协定史料的内容差异原因。如前所述，1936年3月31日的日文史料《华北防共协定细目》规定，日方协助冀察方面的事项包括派兵、让渡武器与交换情报。而南京方面探知的信息包括3月25日方唯智致电李迪俊指出的"天津军司令官致参谋本部电云：设共产军侵至山西北部，则拟援助宋哲元将其击退"。④ 31日程伯昂也电告李迪俊，表示"现闻松室在津向宋提议，拟调二师团日军沿平汉、平绥冀察境内协助防共。宋以晋局好转，冀察布置严密，勿庸借助，正在商中"。⑤ 4月8日程伯昂再电告李迪俊，"据报冀察防共协定，永见（俊德）携回国请示"，"为协助防共，驻屯军第五师团一部将提前开驻保定、石庄、静海，对晋境中央军予以监视"。⑥ 同日程锡庚致电张群，说明"经查明宋在津与多田、松室商妥河北防共办法，至必须时，准日军进驻保定以南、顺德以北，但并未签订协定"。⑦ 可知在4月8日永见返回东京出席师团长会议时，双方的交涉暂告一段落，这段时期双方交涉的重点在于日本出兵问题，此点也与日文史料《华北防共协定细目》中的日本派兵条件相同。

4月18日永见返回天津，双方再次开始交涉，即为当时媒体报道的正式开始交涉之时。此后南京方面获知的情报包括：4月21日参谋本部致函外交

① 《程伯昂致李迪俊艳电》，1936年4月29日，《华北防共问题》，典藏号：020-010202-0255。
② 《程伯昂致李迪俊真电》，1936年5月11日，《华北防共问题》，典藏号：020-010202-0255。
③ 《方唯智致李迪俊皓电》，1936年5月19日，《华北防共问题》，典藏号：020-010202-0255。
④ 《方唯智致李迪俊有电》，1936年3月25日，《华北防共问题》，典藏号：020-010202-0255。
⑤ 《程伯昂致李迪俊世电》，1936年3月31日，《华北防共问题》，典藏号：020-010202-0255。
⑥ 《程伯昂致李迪俊庚电》，1936年4月8日，《华北防共问题》，典藏号：020-010202-0255。
⑦ 《程锡庚致张群等齐电》，1936年4月8日，《华北防共问题》，典藏号：020-010202-0255。

部，指出"关于宋与日方定防共协定一事，经宋、陈（中孚）与多田、松室等在天津会商，均同意成立冀察防共委员会"，"几经商榷，日方始允松室改充该会高等顾问，正副委员长皆由华方分任"。① 5月7日参谋本部再致张群有关《华北防共协定》完整内容的通报，第一条规定"防共委员会仍隶属冀察委员会，人选由华方自定，日方只担任顾问等职"。② 明确显示第二阶段的交涉重点转为防共委员会的组织问题，而非前一阶段的军事问题。而且如本文第二节所述，就协定的对象与范围而言，第二阶段交涉的协定内容为冀察地区，第一阶段交涉的协定则涉及华北五省与西南地区。

换言之，多田与宋哲元之间有关防共议题的交涉内容前后有别，前者以军事为主，应是3月30~31日的日文史料《华北防共协定》与细目文件；后者为4月中旬永见返回天津后的防共组织议题，即可能为参谋本部探知协定完整内容的通报（为区别起见，依协定内容范围与对象的差异，前者仍称为《华北防共协定》；后者称为《冀察防共协定》）。双方交涉内容前后不同的关键则为4月9日梅津致电在华日军的指示，打消了前者的协定内容，因此有关协定的签订问题也应该分开考察。

关于3月底的《华北防共协定》签署问题，4月6日南京外交部情报司司长李迪俊接获程伯昂的北平来电，指出"据报宋在津与多田、松室及韩（复榘）代表张联升、何其巩商妥冀察防共协定八项，并准日军在保定以南、顺德以北驻防"。③ 程锡庚奉外交部电令，经过两天的探查，于8日电知外交部，表示查明双方确实"商妥河北防共办法"，也同样探知"准日军进驻保定以南、顺德以北"的消息，不过确认双方"并未签订协定"。④

依据南京方面的情报信息，加上4月9日梅津致在华日军的电稿，可以合理推测宋哲元与多田似已"商妥"协定，即达成"口头约定"。由于日本方面规定"驻屯军"要缔结此种执行军事行动的协议，事先须得到日本中央军部的认可，⑤ 因此在多田与宋哲元商定之后，如前述4月8日程伯昂探知呈报的

---

① 《参谋本部致外交部贰书字第339号密函》，1936年4月21日，《华北防共问题》，典藏号：020-010202-0255。

② 《参谋本部致张群贰书字第34号通报》，1936年5月7日，《华北防共问题》，典藏号：020-010202-0255。有关参谋本部探知《防共协议》的详细内容，请参阅第二节。

③ 《程伯昂致李迪俊麻电》，1936年4月6日，《华北防共问题》，典藏号：020-010202-0255。

④ 《程锡庚致张群等齐电》，1936年4月8日，《华北防共问题》，典藏号：020-010202-0255。

⑤ 《北支防共军事协定缔结二关スル件》，《满洲事变·华北问题》第9卷，档案号：松A.1.1.0.21-27。

消息，"冀察防共协定永见携回国请示"。请示结果如梅津的电稿内容删除"军部方面缔结一般政治协定，由于是越权的行为"等文字，[1] 以及喜多所指涉及权限与引发统帅权问题，此件商妥的协定不被日本陆军省方面所认可，仅将之视为双方"关于防共的对话"，因此实际上此件协定可以说并未完成签订程序。

虽然陆军省不同意缔结3月底的《华北防共协定》，但"驻屯军"方面并不因此放弃推进与冀察方面共同防共。4月18日程锡庚电告张群，指出"日方对于签订防共协定事，近仍积极要求，当局正商办法，日内当有发展"。[2] 而程伯昂也于23日来电表示，关于协定一事"萧（振瀛）已承认在商缔中，并表示内容并无秘密"，"马日（21日）萧、陈（中孚）等晤永见，磋商结果向宋请示，经召集会议，复派萧等访永见交换意见，大体已定"。[3] 此时双方交涉的协定内容如前述两件参谋本部转知外交部的情报，主要为成立防共委员会的议题。

关于第二阶段《冀察防共协定》的签署问题，依据交涉当时的信息，身为冀察方面的首脑人物，即天津市市长兼冀察政务委员会经济委员会主席委员萧振瀛已经承认在商缔中，且"大体已定"，而参谋本部的情报亦查悉"自永见返津不久，即已签订"。

另外，观察多田的继任者，即1936年5月1日接任"支那驻屯军"司令官的田代皖一郎对于防共的态度，以及宋哲元的回应内容，或许可以有助于厘清此疑义。1937年1月21日，南京外交部接获来自天津的情报指出，"田代拟借陕共祸为口实，要求宋对冀察防共有一确实办法，以免共匪由绥晋境窜入冀察境内，关于去岁防共协定各办法，亦求切实履行。马（21日）晚，田代官邸宴宋，特即当面言明。宋于前日已有所闻，故先发抵制，发表一告冀察同志书，内容以自力防共为骨干，表示冀察对于共匪已无时不在应用自力防范，无须外力参加"。[4] 那么21日晚宴宋哲元与田代究竟谈了些什么？根据情报，宴会上两人曾谈四件事，其中"华北防共事，此为田代向宋要求，请宋对陕事注意，并为负责措置，免共祸入冀察境内。宋表示有绝对把握可以防共匪不

① 《梅津美治郎致板垣征四郎等陆满第113号电报》，1936年4月9日，《密大日记》第6册，昭和11年，《陆军省大日记》，档案号：C01004225100。

② 《程锡庚致张群等巧电》，1936年4月18日，《华北防共问题》，典藏号：020－010202－0255。

③ 《程伯昂致李迪俊梗电》，1936年4月23日，《华北防共问题》，典藏号：020－010202－0255。

④ 《天津铁致外交部第83687号电》，1937年1月21日，《华北防共问题》，典藏号：020－010202－0255。

入境"。① 1 月 26 日下午 3 时宋哲元偕陈觉生至天津张园访晤田代，关于防共问题，"宋再为负责表示，绝不使共匪获逞，窜入冀察境地内，现时二十九军力量足以配备完密"，不过田代认为有"详密共同计划必要"。② 2 月 5 日宋哲元再偕陈觉生等到张园与田代会谈，商讨"防共组织与冀察外委会主席委员问题"，③ 不过"田代对陕事解决，一再指为中央业已容共，日本不能忽视，应由冀察开始防共组织"。④ 所谓"陕事"即西安事变，对"驻屯军"而言，事变意谓"共祸"又起，深怕重演 1936 年上半年共军入晋影响冀察的情势。

依前述萧振瀛的表态与参谋本部的情资，以及田代的要求与宋哲元的回应，可知《冀察防共协定》极有可能已经签署。按 1936 年 5 月 7 日参谋本部通报张群有关协定的内容，除了成立防共委员会外，亦规定"共军未侵入冀察边区时，防共一切任务，由该委员会主持，日方只从旁协助"，而该委员会"人选由华方自定，日方只担任顾问等职"。⑤ 故而忧虑西安事变可能使共产党势力蔓延至冀察地区的田代，可以直接要求宋哲元"切实履行"《冀察防共协定》各办法，但因协定规定委员会由华方主持，日方为协助角色，因此只能无可奈何地"要求宋对冀察防共有一确实办法"。而宋哲元也依委员会负责一切防共任务的规定，以二十九军力量足以"自力防共"为回应，同时先事抵制，"发表告冀察同志书，以自力防共，并阐明剿匪不能视同内战两项意义，以昭示于日方冀察当局之态度，免日方来扰"，⑥ 极力防止"驻屯军"直接涉入冀察的防共事务。只是田代仍不信任宋哲元的保证与二十九军的力量，强调有"详密共同计划必要"，意图借此时机于冀察成立防共战线与实现五省防共组织。⑦

---

① 《天津铁致外交部情报司第 83725 号电》，1937 年 1 月 22 日，《华北一般情势（二）》，典藏号：020 - 0100102 - 0253。

② 《天津铁致外交部第 83881 号电》，1937 年 1 月 27 日，《华北一般情势（二）》，典藏号：020 - 0100102 - 0253。

③ 《天津铁致外交部第 84157 号电》，1937 年 2 月 5 日，《华北一般情势（二）》，典藏号：020 - 0100102 - 0253。

④ 《天津铁致外交部第 84185 号电》，1937 年 2 月 6 日，《华北一般情势（二）》，典藏号：020 - 0100102 - 0253。

⑤ 《参谋本部致张群贰书字第 34 号通报》，1936 年 5 月 7 日，《华北防共问题》，典藏号：020 - 010202 - 0255。

⑥ 《天津慎致外交部第 83787 号电》，1937 年 1 月 24 日，《华北防共问题》，典藏号：020 - 010202 - 0255。

⑦ 《天津慎致外交部第 12705 号电》，1936 年 12 月 21 日；《程伯昂致李迪俊俭电》，1936 年 12 月 28 日，《华北一般情势（二）》，典藏号：020 - 0100102 - 0253。

综上观之，经由分析中日相关史料，可以推论双方交涉的协议内容有3月30~31日的《华北防共协定》与细目，以及4月的《冀察防共协定》两种。因此应该分别探讨这两种协定的签署疑义，而依目前已知的史料显示，前者似已达成"口头约定"，但不为日本军部同意而最终并未签字缔结；后者则可能已经完成签订程序，故而田代可以要求宋哲元切实履行协定。

四 缔结《华北防共协定》的国策化

1936年5月多田返日任第十一师团师团长，有关缔结疑义，应是未签署军事性质的《华北防共协定》，仅签订由华方主导防共委员会的《冀察防共协定》，使得日本方面对于华北的防共业务难以完全使上力。而且中共军队在1936年2月东入山西一事，虽然5月1日即退回陕西，却对日本造成极大的震撼。日本方面忧虑中共军队可能会沿着"满洲国"西边的察哈尔、绥远贯通共产国际道路，加上国民政府也利用这个时机派中央军北上山西，让华北形势产生急速的变化。因此日本方面在忧心共产党势力进入华北地区外，也对于国民政府中央军北上一事极为不满，[1] 使得东京中央政府内部产生与国民政府签署防共协定及军事同盟的意见。[2] 这个意见的关键在于缔结协议对象的改变，《华北防共协定》的主体是"支那驻屯军"司令官多田骏与冀察政务委员会委员长宋哲元，二人都是两国的地方军人，此时日本中央政府考虑以中国国民政府为交涉主体，因此使得《华北防共协定》问题开始提升至国与国间的外交层次。

1936年1月8日，外务省召开内部会议，讨论向国民政府提出调整国交谈判的因应态度，出席者包括外相广田弘毅、次官重光葵、东亚局局长桑岛主计及南京总领事须磨弥吉郎与事务官上村伸一。会中的共识是"广田三原则"的交涉方式，由驻华大使与国民政府外交部部长以一般的外交手段谈判，要求中方承认日本所提的三原则。而此三原则的具体做法因范围广泛，不容易规范，而且取得军部的意见仍需要一些时间，所以原则上先使国民政府承认并签

---

① 1936年3月，由驻华使馆武官回东京任陆军省军务局局长的矶谷廉介即认为，国民政府夸大宣传中共东入山西的数量高达2万之众，是为了派中央军北上山西制造借口。见《天津、北平、张家口各公馆长ヨリ有田大使ニ对スル报告要旨》，1936年4月，《帝国ノ对支外交政策关係一件》第8卷，档案号：A.1.0.0.10。

② 〔日〕秦郁彦：《日中战争史》，第95页。

署协定。三原则的具体方法，可以等到三原则承认委员会讨论之后再决定。①
由此可知，虽然 1935 年 10 月日本内阁通过"广田三原则"，但到次年 1 月初
外务省方面对于三原则的具体可行方式仍未有概念。直至上村于 1 月 20 日与
23 日分别经由参谋本部"支那课"课长喜多诚一和陆军省军务局课员影佐祯
昭得知"支那驻屯军"有意与冀察政务委员会方面签订"防共军事协定"一
事，使得外务省方面明白有关"共同防共"原则可以采用《华北防共协定》
的具体方案。

　　1901～1902 年在华担任顾问的日本陆军青木宣纯中佐与坂西利八郎少佐，
曾怂恿袁世凯与段祺瑞签订两国共同对俄作战方法，1936 年 7 月已位为中将
的坂西在华旅行间期拜访蒋介石，也曾再次提出两国缔结对苏的军事协定意
见。② 会后蒋介石虽认为"坂西之来意与语气，应加以研究"，③ 但其实并无进
一步的想法或动作。事实上，推动日本与中国中央政府签订《华北防共协议》
仍以日外务省，特别是南京总领事须磨最为积极，他们主张不能无视中国方面追
求统一与要求平等呼声。须磨认为，应以外交常轨手段与国民政府直接交涉来调
整两国国交。④ 须磨未曾由上村处听闻"驻屯军"要与冀察方面缔结《华北防
共协定》，他最迟应在 1936 年 4 月 30 日至 5 月 2 日期间，在与喜多交谈时才得
知此事。⑤ 他曾自述九一八事变之后的中日时局，并以驻华使馆十一年的工作经
验，结合世界情势，思考中日两国关系未来的走向。他认为"日支攻守同盟论"
是解决紧张的两国关系最好的方案。⑥ 因此他在同年 5 月 15 日私下草拟以"共
同防共"为重点的"五省特政会案"，主张交涉的对象就是国民政府。

　　须磨的"五省特政会案"要求国民政府依外蒙特政会与东三省特政会先
例，在华北五省设置特政会来处理华北问题，并主张以王克敏为秘书长执行庶
务，国民政府可派遣阎锡山为指导长官，但他只是以中国中央政府的名义进行
控制，所有实权与责任集中在秘书长一职。须磨强调设置"五省特政会"的

---

① 東亜一課，《対支方針協議事項》，1936 年 1 月 8 日，《帝国ノ対支外交政策関係一件》第 8
　　卷，档案号：A.1.0.0.10。
② 〔日〕须磨弥吉郎：《五省特政会案由来記》，1936 年 7 月 16 日，《帝国ノ対支外交政策関係一
　　件》第 6 卷，档案号：A.1.0.0.10。
③ 叶健青编注《蒋中正总统文物－事略稿本》第 37 册，台北，"国史馆"，2009，第 324 页。
④ 刘杰：《日中戦争下的外交》，东京，吉川弘文館，1995，第 15～17 页。
⑤ 《须磨総領事喜多武官会談要領》，1936 年 5 月 2 日，《帝国ノ対支外交政策関係一件》第 8
　　卷，档案号：A.1.0.0.10。
⑥ 〔日〕须磨弥吉郎：《日支関係ノ或ル結着点》，1936 年 7 月 14 日，《帝国ノ対支外交政策関係
　　一件》第 8 卷，档案号：A.1.0.0.10。

重点在于共同防共，因此要与日本通过军事合作来遏制及防范所有共产主义的行为。在方法上，约定"日方及五省特政会将互相交换关于共产主义运动的所有的情报，并且为了执行防共行动，所有防共的兵器以及军需品等相关物品，皆须互相保持紧密的联络"。① 虽然名为"保持紧密的联络"，但以当时中国的军备水平与能力来看，应是由日本方面向"五省特政会"提供军需物资，不论是赠予还是廉价出售方式。

须磨方案在内容上，其实和"多田声明"中的"通过华北五省的军事合作来防止赤化"主张一样；在方法上，也和 3 月底《华北防共协议》所规定的类似。两者都是通过日方提供军事协助来合作防共的一种军事协定。须磨认为与国民政府只要签订《备忘录》即可，以免让中国中央军有进驻河北的借口；与"五省特政会"的合作主张则是为了让所需的共同军事行动能达到统一指挥与圆满合作；必要的事项将由日本与华北"五省特政会"军务当局另订协议。由此可知，须磨应是参考多田的主张与办法，将驻外军人的构想提升至外交层次，期望通过与国民政府的外交交涉，授权华北"五省特政会"与日本签订协议，以实现华北的军事合作，共同防共。

5 月 29 日，须磨携带方案由南京返抵日本东京，先征求外务省方面的意见，并取得中央军部的同意后，再由东亚局第一课事务官太田一郎参考中央军部意见，以须磨的方案为基础，于 6 月 12 日拟定《关于设置北支五省特政会之件》。太田的方案说明，如果军部方面承认华北问题通过外交在南京与国民政府进行交涉来解决的话，本案将会更有效果。② 这显示日本外务省的态度是顺应此时国民政府提出调整国交的谈判，要求中央军部将华北问题交付外务省主导，并以国民政府为对象来处理。

在此同时，陆军省、海军省因修改国防方针与对外政策而要求与外务省协商，在 6 月 30 日于对外政策上确立"国策大纲"，③ 使得日本在对外发展时，将中国尤其是华北地区作为后方基地确立战略地位，而且此地位比以前更为重要。④ 因此在制定"国策大纲"后，陆海军方面共同向外务省提出确定外交方

---

① 〔日〕须磨弥吉郎：《五省特政会案由来记》，1936 年 7 月 16 日，《帝国ノ对支外交政策关系一件》第 6 卷，档案号：A. 1. 0. 0. 10。

② 〔日〕太田一郎：《北支五省特政会设置ニ关スル说明》，1936 年 6 月 12 日，《帝国ノ对支外交政策关系一件》第 6 卷，档案号：A. 1. 0. 0. 10。

③ 〔日〕上村伸一：《国策大纲决定の经纬》，1936 年 8 月 12 日，岛田俊彦等解说《现代史资料（8）日中战争（1）》，第 359 页。

④ 臧运祜：《七七事变前的日本对华政策》，第 239 页。

针的要求。此后一个多月，日本政府的这三省间即以外交方针为主题不断进行协商，最后在 8 月 7 日在由首、外、陆、海、藏五大臣组成的五相会议上折中陆海军的战争构想，决定南北并进的"国策基准"，随后再召开四相会议（藏相除外）决定"帝国外交方针"。[①]

由于"国策基准"指出"为图满洲国之健全发展与日满国防的巩固，要除去北方苏联威胁，同时防备英美，应具体实现日满支三国的紧密合作"，[②]因此"帝国外交方针"是以苏联问题为中心而展开的外交政策，重点在于能通过外交交涉来调整与主要列国的关系，让国际情势能变得对日本有利，使日本能依外交手段破坏苏联对东亚的侵略企图，阻止其赤化目的，以排除日本实行东亚政策的障碍。为了实现此目的，首先要完成对华政策的执行，因而突显对华外交的重要性。故而在方针中说明要将华北建设成防共亲日"满"的特殊地区，开发国防资源及扩充交通设施，并表示对华"实行策"的重点在于让全中国采取反苏依日的态度，使日、"满"、中三国共同对苏联的赤化展开防卫，至于实行的策略则明定另外制定。[③]

外务、陆军与海军三省的相关事务官员依据"帝国外交方针"研究对华政策的具体可行方式，研究结果先经时局委员会审议后，于 8 月 11 日再经外务、陆军、海军及大藏省各大臣同意后再制定"对支实行策"。[④]"对支实行策"在内容上值得注意的是，日本将对华政策区分为华北、南京政权、其他地方政权及内蒙古四部分，但说明日本不援助以分立为目的的地方政权，并在华北问题上，因考虑到国民政府的面子，指出应在其授权的形式下，实行国民政府实际上承认的华北联省分治。由此可知前述外务省以国民政府为交涉对象的态度，获得其他省部的认同，体现在对华政策之中。同时为了实现"帝国外交方针"的目的，"对支实行策"提出要与国民政府缔结《防共军事协定》与《日中军事同盟》。军事协定由两国军事专家组成秘密的专门委员会，共同协议防共协定的施行范围、内容与达成目的的手段等；军事同盟则是以防止第

---

① 〔日〕江口圭一：《十五年戦争小史》，东京，青木书店，1986，第 97 页；日防卫厅防卫研修所战史室编《大本営陆军部（1）》，东京，朝云出版社，1974，第 389～391 页。

② 《国策ノ基準》，1936 年 8 月 7 日，《帝国ノ对支外交政策関係一件》第 6 卷，档案号：A.1.0.0.10。

③ 《帝国外交方針》，1936 年 8 月 7 日，《帝国ノ对支外交政策関係一件》第 6 卷，档案号：A.1.0.0.10。

④ 当天并同时决定《第二次北支处理要綱》及附录。见日防卫厅防卫研修所战史室编《支那事変陆军作战（1）》，第 88 页。

三国的侵略而缔结攻守同盟，由两国委员组织秘密的专门委员会处理。[①]

虽然协定与同盟的内容都是由两国委员会协商，但这种采取缔结军事协定的方式，基本上是承袭"支那驻屯军"一开始提出的《华北防共协定》形式与内容，只不过经过须磨"五省特政会案"的调整，将交涉对象改成国民政府，要求国民政府授权华北"五省特政会"与日本签署协定，到"对支实行策"时，已经明确以国民政府为缔结协定的对象。在层次上，这个华北军事防共与缔结协定的措施，从最初"驻屯军"提出与宋哲元谈判的主张与构想，至此已提升至准备由外务省与国民政府进行外交交涉的国策。在内容上，它为"广田三原则"之"共同防共"制订具体可行的方案，而不是如前述外务省在 1 月 8 日的内部会议时，仍一味要求中国先签署同意三原则，事后再由委员会讨论具体方法。如此也为 1936 年 9 月开始的驻华大使川越茂与国民政府外交部部长张群开展调整国交的会谈，提出了具体措施，但也因此让这个以调整国交为名的会谈最后演变成围绕防共议题的交涉。[②]

对于这个"驻屯军"的主张与措施最后演变成日本政府国策，其背景因素其实是缘自 1931 年 9 月关东军发动九一八事变，成功占领中国东北的效应。1931 年 5 月关东军作战部主任参谋石原莞尔曾主张，以关东军"树立战争计划大纲，以谋略制造机会，军部主动引导国家"的方针来处理中国东北问题。[③] 四个月后，石原即身体力行，与关东军参谋长板垣征四郎合作策动九一八事变，并成功地引导日本中央军部与内阁承认关东军军事行动的合法性，顺利建立"满洲国"，达成其解决中国东北问题的目的。[④] 石原所主张的方针后来被在华日军所仿效，并积极参与并主导对华事务，多田发表声明及要求缔结

---

① 《对支实行策》，1936 年 8 月 11 日，《帝国ノ对支外交政策关系一件》第 6 卷，档案号：A.1.0.0.10。

② 有关张群与川越茂于 1936 年 9～12 月进行调整国交之谈判，以及会谈内容形成以防共议题为主的过程，请参见拙作《中日外交谈判述略（1935～1936）》，《抗战史料研究》2012 年第 1 辑。

③ 石原莞尔，《满蒙问题私见》，1931 年 5 月，稻叶正夫等编《太平洋战争への道：别卷 资料编》，东京，朝日新闻社，1963，第 101 页。

④ 1931 年 12 月 17 日，日本贵族与众议两院于第十六届议会上，以满场一致之热情，通过奖励关东军之决议案。同一天，陆军大臣荒木贞夫于阁议上提出将东北四省纳入日军绥靖范围，此案于内阁通过后，20 日经枢密院赞成，并奏知昭和天皇，九一八事变得到内阁正式承认并扩大。1932 年 1 月 3 日，关东军占领锦州，8 日昭和天皇颁布诏书，称赞关东军"果断神速"。请参阅梁敬𬭎《九一八事变史述》，台北，世界书局，1995，第 233～280 页；〔日〕臼井胜美《满洲事变》，东京，中央公论社，1997，第 135～139 页；〔日〕江口圭一《十五年战争小史》，第 20～64 页。

《华北防共协定》的做法就是遵循石原方针。虽然多田与宋哲元交涉一个月后即被调回日本的四国香川任第十一师团师团长，不仅离开中国，也远离东京，暂时离开对华事务的表演舞台，只是他的构想与主张却被外务省参考采用，并进一步变成国策。多田无意间贯彻石原方针，引导了国家政策，这显示石原方针影响深远。

对于石原的方针，一般研究者仅关注日军以此来以下克上的军纪问题，其中的例子即是 1936 年秋，关东军参谋长武藤章承袭该方针暗中策动绥远事件。[①] 事实上，通过考察"驻屯军"的《华北防共协定》与日本内阁制定对华政策的演变，可以清楚地看到石原方针使在华日军可以在日本中央政府制定对华政策时发挥影响力，这说明 1930 年代日本军人介入政治的不仅有中央军部，而且有在华日军。

五　结论

1935 年 9 月，"支那驻屯军"司令官多田骏发表"多田声明"，企图主导华北自治工作，这个企图在 1936 年 1 月获得军部的承认，因此多田于 3 月主动向宋哲元要求缔结《华北防共协定》。目前可知该协定的构想最迟在 1936 年 1 月即已产生，并非因 2 月 20 日中共军队由陕北进入山西这一个借口，而且《华北防共协定》构想其实是缘自"多田声明"以军事合作来防止赤化的主张。在性质上，该协定属于军事协定，即多田是采用缔结协议的方式，将军事合作进行防共的主张具体化。

对于宋哲元是否与多田缔结《华北防共协定》的问题，中日学者各执一词。由于"历史推理坚持认为，一种阐释或者为真，或者为假，二者必居其一，而非接受这种阐释或许同时为真，同时为假的可能性"，[②] 使得双方所主张的有或无的观点壁垒分明，难以采取开放的态度去面对各种信息杂乱、说法不一的全部史料。事实上，关于签署问题，虽然目前仍欠缺关键性的史料用来

---

① 読売新聞戦争責任検証委員会編著《検証　戦争責任Ⅰ》，东京，中央公论新社，2006，第 34 页。编著者认为这些日军参谋介入政治并扭曲国策，对日本走向战争之途影响甚大，并于本书以专章评判日军的参谋制度。请参见読売新聞戦争責任検証委員会編著《検証　戦争責任Ⅱ》，东京，中央公论新社，2006。另外，中国社科院近代史研究员步平教授则称此为"石原模式"。请参阅步平《〈检证：战争责任〉读后》，《抗日战争研究》2007 年第 2 期。

② 〔英〕西蒙·冈恩（Simon Gunn）：《历史学与文化理论》，韩炯译，北京大学出版社，2012年，第 27 页。

直接断定，但经分析中日相关史料，可知当时双方交涉的协定内容应有军事性质的 3 月 30~31 日《华北防共协定》与细目，以及 4 月成立防共委员会组织性质的《冀察防共协定》两种。前者似已商定达成"口头约定"，只是日本军部认为"驻屯军"签订军事性质协议的行为属于越权而未予同意，结果并未签字缔结；后者可能已经完成签订程序，因此继任"驻屯军"司令官的田代皖一郎可以直接向宋哲元提出切实履行协定的要求。

由于宋哲元没有与多田签订军事性质的《华北防共协定》，使得"驻屯军"在华北的防共业务上难以完全使上力，加上中共军队东入山西一事对日本产生震撼，南京总领事须磨弥吉郎参考多田的主张与办法，于 5 月 15 日草拟以防共为重点的"五省特政会案"。虽然此案的交涉对象改为国民政府，然而仅是要求其授权华北当局，以华北五省为主体与日本签订军事合作协议来防共，其目的是希望军部将华北问题交由外务省主导。但是此案至少让外务省方面在空洞的"共同防共"原则中找到具体可行的方法，重要的是让《华北防共协定》由关外军人的构想提升至外交方案。此时日本内阁正如火如荼地调整国防方针与外交政策，外务省以国民政府为交涉对象获得内阁其他省部的认同，首先体现在 8 月 6 日的"帝国外交方针"之中，从而于 11 日制定"对支实行策"，将以国民政府确立为交涉且缔结协定的主体，要求与之签订《防共军事协定》与《日中军事同盟》。结果防共协定构想，在层次上，正式升级为日本国策，在内容上为"共同防共"原则找到可行的方式，使得 9 月开始的中日调整国交会谈，变成围绕防共问题的交涉。

这种在华日军的影响力主要缘自多田遵循关东军作战部主任参谋石原莞尔所主张的军部引导国家方针，由此可知石原方针在日本对外关系上影响深远，它在直接引发九一八事变，造成日军以下克上的军纪问题时，亦开了在华日军影响日本制定对华政策的先河。通过本文的分析可见，在华日军与中央军部一样介入了日本政治，从而导致 1930 年代中日关系的复杂性与不安性。在主体的考察上，在华日军对南京国民政府、中国地方实力派、日本内阁，以及驻华使馆之间的关系影响力也是不容忽视的。

"怨偶之仇"：中日战争
时期的戴季陶

日本东京大学教养学部　张玉萍

一　序言

从 1928 年 12 月，以蒋介石为首的中国国民党通过北伐，在形式上基本统一了全国，至 1949 年失去大陆，逃往台湾为止，在大约 20 年间，国民政府所面临的最大难题是与共产党的对立及政权建立三年后开始的日本侵略。即"剿共"与"抗日"如何均衡进行，成为国民政府的最大课题。对此两问题均有过深入研究的戴季陶（1891～1949 年）在极力抑制共产党发展的同时，还参与了国民政府的对日决策，其日本观在现实政治上得到了最大程度的发挥。

戴季陶曾在 1925 年 6 月和 7 月相继出版《国民革命与中国国民党》及《孙文主义之哲学的基础》，深刻地论述了孙中山逝世后国民党内部因国共合作而产生的种种矛盾，对其混乱现象进行了梳理，对国共两党均产生了相当大的震撼，其思想被称为"戴季陶主义"，继而成为国民党新右派的理论基础。此外，戴季陶长年追随孙中山，因精通日语并对日本有过深入细致的研究，在对日外交方面深得孙中山倚重，曾于 1927 年执笔，1928 年出版长年来研究日本的大成之作《日本论》，对日本进行了入木三分的深刻剖析，成为中国近现代史上研究日本的代表作。

自 1915 年日本向中国提出"二十一条"以后，全国各地掀起了强烈的反日风潮。1919 年五四运动的爆发，意味着日本的侵华政策成为中国民族主义意识觉醒的契机。而九一八事变以后，全国掀起的抗日民族主义运动则达到了史上空前的程度。在中日关系日益恶化且最终陷入战争状态，而国共两党由对立转向合作，继而又走向殊死之争的过程中，戴季陶作为中国近代史上屈指可数的日本通，他与日本保持何种关系，其日本观有何特征，此与其对共产党的认识有何关系，理论根据源于何处？本稿欲就此进行探讨，期以探明戴季陶日本观的真正用意。

二　国际化战略

（一）对九一八事变的回应

戴季陶 1891 年 1 月 6 日（清光绪十六年十一月二十六日）生于四川省汉州（成都北部，现在的广汉），名传贤，字选堂、季陶，晚号孝园，笔名散红、天仇、泣民等。1905～1909 年留学日本，专攻法律，归国后作为孙中山的机要秘书兼日语翻译活跃于中日外交第一线，后成为国民党理论家、蒋介石的忠实盟友。1928 年 6 月，南京国民政府成立，10 月，戴季陶被任命为考试院院长，他任此职达 20 年之久。在此期间，戴季陶作为国民党元老、政府中枢，整理制定了考试院制度和法律制度，最大限度地发挥了留日期间所学的法律知识。1931 年 9 月 18 日，正当戴季陶意气风发地为新政府建设全力以赴之时，九一八事变爆发。作为国民政府中首屈一指的日本通，戴季陶直接参与了国民党对日政策的制定。9 月 19 日晚 8 时，戴季陶作为主席，召开了中央执行委员会第 160 次常务会议（临时会），决定对日本提出抗议，并通过驻外代表将此事件通告世界。① 20 日戴季陶与某日本人会见，要求日军即时撤兵。② 他还致电驻海牙国际法庭的王宠惠和驻日内瓦国际联盟的中国代表林森，以及各省市党部、海外各级党部、各特别党部，提出对应方针，"除危害民族生存之赤匪必须根本铲除而外"，要求人民团体或国民党员团结一致，巩固国家基础，充实政府实力。③ 9 月 30 日，国民党中央政治会议第 290 次会议决定将过

---

① 《中国国民党中央执行委员会第 160 次常务会议（临时会）记录》，罗家伦主编《革命文献》第 35 辑，台北，"中央"文物供应社，1984 年影印再版，第 7856～7857 页。

② 《日本军の即时撤兵を要求する戴天仇の谈话について》，1931 年 9 月 20 日，日外务省编《日本外交文书　满洲事变》第 1 卷第 2 册，1977，第 304 页。

③ 《中国国民党中央执行委员会为日军侵华对各级党部训令》，《中央嘱王宠惠林森等向国际宣告日军侵华电》，罗家伦主编《革命文献》第 35 辑，第 7858～7859 页。

去的外交组扩大为特种外交委员会，任命戴季陶为委员长，宋子文为副委员长，于右任、丁惟汾、邵力子、邵元冲、陈布雷、程天放等为委员。①

此委员会自成立开始，至1932年1月中央政治会议决定取消为止，每日上午7时召开会议，听取各种报告，处理决定所有的对日方针，担当处理事变的重任。下午接见各国大使、公使等，并经常持续到深夜。在各国驻华公使中，最初和戴季陶进行商谈的是法国公使，两次会谈共长达十余个小时，且完全赞成戴之主张，并发两千余言长电晓其政府，力主国联制裁日本。② 10月21日，戴季陶在委员会上做关于对日交涉方法的报告，提出了后述的国际化战略。③ 此时可谓国难当头，但自11月12日至23日召开的国民党第4次全国大会，讨论的重点依然是"剿共"问题。

10月15日《蒋介石日记》中记载着蒋戴共同商讨对日政策之事，蒋写道："昨与季陶协商决提东亚和平基本大纲以应之，拟五项，以东三省为中国之领土与门户开放机会对等为基础"。日记中并未注明此五项基本大纲的具体内容，但通过后述日记可知是此次对日方针的基础。16日蒋介石在日记中写道："上午召集外交委员会干部集议，以东亚和平基础之大纲〔原文如此，此似与上述东亚和平基本大纲相同——引用者。以下，引用文〔〕中之内容，为引用者所做补注之意〕为日本〔中〕两国平常关系之大纲之对策，又电施〔肇基，9月30日被任命为外交部部长〕以国联参加监视撤兵为必要，而以组织永久仲裁委会为要求。"④

10月21日，戴季陶作为特种外交委员会委员长，制定出如下对日方针：（1）促日本早日撤兵；（2）日本撤兵后，在中立国之人监督下，中方须即接收；（3）日军完全撤退之前，国联行政院不能开会；（4）在中立国之人参加之情况下，商议日本撤兵之时间及地点，其中最重要的首先是撤兵。另外，关于今后对日交涉方法：（1）保持中国领土主权的完整及行政的统一；（2）主

---

① 范小方、包东波、李娟丽：《国民党理论家戴季陶》，河南人民出版社，1992，第236页。程天放：《季陶先生与对日外交》，陈天锡编《戴季陶先生文存》（三续编），台北，中国国民党中央委员会党史料编纂委员会，1971，第335页。

② 戴季陶：《题民国二十年外交三文件》（1942年冬），陈天锡编《戴季陶先生文存》第1卷，台北，中国国民党中央委员会，1959，第380~381页。

③ 《戴传贤在特种外交委员会对日交涉办法报告》（1931年10月21日），罗家伦主编《革命文献》第35辑，第7887页。

④ 《蒋介石日记》，1931年9月30日、10月15日、10月16日，手稿本，斯坦福大学胡佛研究所藏，Box：8，Folder：11。标点为笔者添加，以下同。

张东三省门户开放、机会均等，日本不能破坏此原则；（3）以后两国间无论有何事故发生，不能以武力为解决手段，要遵从"国联盟约""非战公约"及其他国际公约办理。①

对于中方的要求，国联做出了回应。蒋介石在 21 日的日记中写道："日内瓦消息，行政院会议无期延会，乃一好消息，是欲监督日本退兵而后开会之意。各报馆智识太浅，并误于日本宣传谓国联助日，逼我屈服，信以为真，即大登特载，使人心浮动。季陶云一月以来政府拼命得来之佳息，竟为记者识浅所破坏，可叹之至。"由此可知，当时的舆论并未真正理解国民政府对日方针的真意。

对国联所做出的决议案，蒋介石表示满意。其在 10 月 24 日和 25 日的日记中写道："倭寇虽未承认，但公道与正理已经表现。"并于 28 日记："晚宴外委之员奖勉其努力奋斗，打通一条血路，望其以后更须努力也。"②

11 月，戴季陶就时局处理的根本方针向中央政治会议做报告，这是对日本、国联、美国及中国进行分析后得出的结论。首先对于日本，认为其必以完全占领东三省为目的，且要驱除中国固有之政治军事势力，日本外交则完全为军略所支配，中国若采取军事行动，则日本将置南京于兵力威吓之下，希图造成从前《江宁条约》之形势。其次对于国联，认为其目的始终是尽力削除日本上项计划之实行与成功，但各国之重要政策，因计划皆未完成，故此次决不对日作战。再次对于美国之态度，判断其至今虽极力避免表示意见，但将来必要时，有运用《九国条约》对日做有力抵制之可能。

最后，对于中国：（1）判断此次对日交涉，中国在国际上，必得最后之胜利。此时一切政策，以固结民心保持人民对政府之信任为根本要图。对外策略，中国无论如何，决不先对日宣战；须尽力维持各国对我之好感；须尽力顾虑实际利害，但至万不得已时，虽在军事方面为民意而牺牲，亦所不恤，唯必须筹划取得真实之牺牲代价。（2）此时中国政府仍须尽力表示完全信任国联之意，并设法显出时局益趋危险，因国联不能尽其责，不肯采取有效制裁方法，以致日军愈无顾忌，国联权威愈加丧失。日本国内反陆军政策之力量并不弱，唯此时均被军部举国一致之威力所屈服，但至

---

① 《戴传贤在特种外交委员会对日交涉办法报告》，罗家伦主编《革命文献》第 35 辑，第 7886～7889 页。

② 《蒋介石日记》，1931 年 10 月 21 日、24 日、25 日、28 日，手稿本，斯坦福大学胡佛研究所藏，Box：8，Folder：11。

军部政策用尽时，一切反陆军政策之势力，必将继起执政，至此中日间方入纯正外交时期。①

此外，戴季陶还指出日本侵占东三省及炮轰上海的暴举，"表面是破坏中国领土主权行政的完整，骨子里实在是完全撕破了国联盟约和九国公约。质言之，日本就是完全破坏世界人类生存的道德和法律，向全人类宣战"。以此将中日两国之间的冲突提升至世界问题的高度。他断言："这次我们的国难会议，不单是领导全国国民来救国，也就是领导全世界的人类来保障世界的正理正义。"② 如此，戴季陶希望用国际化战略解决中日问题。

然而，正在此时，因与胡汉民、汪精卫等人之间的政治矛盾，蒋介石于12月15日暂时下野。与此呼应，戴季陶于16日向中央执行委员会常务会议及中央政治会议提出辞去考试院院长及特种外交委员会委员长之职，但被慰留。21日和24日又两次要求辞去考试院院长及国府委员等职务，亦未获得批准，且于22日在南京召开的国民党四届一中全会上，戴季陶仍被选为考试院院长。但他未曾参加此次会议，而是在21日提出辞职，声明将考试院事务委任给秘书长后，径自返回原籍吴兴，直至1932年3月31日才迟迟回到南京。③

（二）国际化战略实施的原因及其评价

在国民革命期，戴季陶曾对国联进行严厉的批判。他说，"现在在世界上造最大的罪恶的，就是帝国主义的国际联盟，这是他们帝国主义国家的一个共同侵略世界的总司令部"，对其持否定态度。④ 其中尤其表现与英国对抗的姿态。他说在东方，英国是唯一的强权，全东方民族的90%处于英帝国压迫下。因此反帝行动的第一个目标应为英国。⑤ 并认为"哀求帝国主义的国际联盟放我们一条生路"是完全不可能的。⑥ 那么为何此时期，他却要将中日问题完全委托于国联呢？对于此种思想变化，有论者称是"为应付民族危机而做出的

---

① 《戴传贤任特种外交委员会委员长时上中央政治会议报告》（1931年11月），罗家伦主编《革命文献》第35辑，第7893~7895页。
② 戴季陶：《抵抗暴日是为全世界人类之公理而奋斗》（1932年4月12日），罗家伦主编《革命文献》第35辑，第8419~8420页。
③ 范小方、包东波、李娟丽：《国民党理论家戴季陶》，第239页。
④ 《戴季陶对时局之谈话》，《民国日报》1925年7月31日。
⑤ 戴季陶：《中国独立运动的基点》，民智书局，1925，第5页。
⑥ 《戴季陶君关于民族国际的谈话》，《民国日报》1925年9月2日。

现实选择"，① 但并未指出缘于何种现实情况。笔者认为以下两个具体实际情况，对戴季陶的思想变化产生了很大影响。

首先，1927 年后半期，中国共产党在各革命根据地开始建立工农民主政权。1931 年 11 月，以毛泽东为主席的中华苏维埃共和国临时政府在江西省瑞金成立。当时，"左"倾教条主义者掌握着中共中央的实权，提倡共产党的中心任务是为工农民主专政的苏维埃在中国取得胜利而战，打倒卖国辱国的国民政府是民族革命战争成功的先决条件，将抗日民族解放斗争纳入苏维埃革命的轨道。② 此即意味着早在国民革命时期在思想上及组织上已成为国民党最大威胁的共产党，此时期又在华南建立起军事上的对抗政权，且在其背后有苏联的存在及影响。消灭此一红色政权，成为蒋介石一统中国之后的未竟大事。

1930 年 12 月开始进行的第二次"剿共"以失败告终。1931 年 7 月第三次"剿共"开始，恰逢此时，九一八事变爆发。戴季陶指出，"中国邻邦两强国，曰俄曰日，中国弱，则日本为中国之仇，中国强，则日本为中国之友，而俄则将永为中国之敌"，③ 因此倡导"安内攘外"政策。此政策中的"安内"，即包含着通过"剿共"驱除苏联的"内部侵略"之意。蒋介石认为日本占领东三省若成为固定局势，则为极其安定的状况，如此即可趁机实现"安内"之目的。④

而戴季陶所提倡的"安内攘外"政策，是有其思想基础的。实际上早在护法运动时期的 1917 年 12 月至 1918 年 1 月，在其《最近之日本政局及其对华政策》一文中已见雏形。他指出："古语曰：物必先腐也，而后虫生之。中国之国势日危，而其根本原因，岂在外患哉。"并断言"弱国无外交"，"唯一之救国方法，一曰整理内治，二曰整理内治，三曰整理内治，以至于思之至百千万时，亦舍整理内治而外，无谋自立自存之道也"。⑤ 戴季陶终其一生反复强调救国唯一的方法是整理内治，而在九一八事变外患来临之时，提倡"安

---

① 〔日〕嵯峨隆：《戴季陶の对日观と中国革命》，东京，东方书店，2003，第 119 页。

② 王维礼：《抗日战争中的国共关系与中国政治前途论纲》，张宪文主编《民国研究》第 3 辑，南京大学出版社，1996，第 137 页。

③ 戴季陶：《中日俄三民族之关系》（1930 年 10 月 10 日），陈天锡编《戴季陶先生文存》第 1 卷，第 372 页。

④ 参照蒋介石《中国のなかのソ连》，每日新闻外信部译，东京，每日新闻社，1957；〔日〕家近亮子《蒋介石の外交战略と日本——"安内攘外"から"以德报怨"まで》，《近きに在りて》第 33 号，1998 年 5 月。

⑤ 戴季陶：《最近之日本政局及其对华政策》（1917 年 12 月 13 日~1918 年 1 月 24 日），唐文权、桑兵编《戴季陶集》，华中师范大学出版社，1990，第 857 页。

内攘外"政策，其实并非贸然。

实际上，日军在 1931 年 11 月下旬占领黑龙江省后，直逼苏联国境。[1] 与东北相比，在距首都南京更近的江西省出现红色政权，对国民政府来说，此事远比日本侵占东北问题更为严重，故其认为日本出兵东北正好可以牵制苏联南下。亦即共产党之存立与日本之侵略，对国民政府来说，是"心患"与"外伤"之关系。戴季陶引用孙中山的话说"外患不足虑，外敌不足忧，所忧的就是自己不能团结一致"，[2] 对"剿匪"和"抗日"的关系，主张"在目前救国工作上，是一件事情的两面，同一样的重要"，"尤其是剿匪为抗日的基本工作"。[3] 因此，戴季陶认为将日本侵略中国问题提交国联，让国联对日本进行制裁，在此期间，全力消灭共产党，以强化国民党政权最为重要。

此种认识的思想根据可以认为是五四时期以来戴季陶一直提倡党内应信奉"一个主义"，即三民主义的思想。而当他意识到另外一个意识形态不同且组织严密的主义即"共产主义"给三民主义信仰带来严重危机时，从主义的排他性、独占性来说，不得不将共产主义思想从中国国民党中彻底肃清，因此"剿共"则成为一种必须和必然，以期达到将三民主义作为最高理念，指导国民党团结一致的目的，从而保持国民党组织的纯洁性及排他性。

其次是 1931 年 8 月的长江、淮河泛滥，据言此次水灾在民国灾荒史上堪属空前绝后。戴季陶描述说此次水灾"实为古代洪水以后，空前大难，灾区遍于 16 省，灾民几及万万"。[4] 与长江和淮河临近的江苏、安徽、江西、河南、湖北、湖南等地至少一半以上被淹没，被淹的时间短则一个月，长则几个月。[5] 8 月 10 日首都南京浸水，灾民增至数十万人。14 日，南京国民政府决议特设救济水灾委员会，此为前所未有之新机构；19 日国民政府为救援全国，决定派遣军队 200 万人投入救援工作。[6] 国民政府向国联请求救济，9 月 14 日中国以 48 票满票当选为国联理事会非常任理事国，9 月 16 日国联通过了"中

---

① 朱汉国主编《南京国民政府纪实》，安徽人民出版社，1993，第 225 页。
② 戴季陶：《民国明日的希望》（1931 年 12 月 14 日），《中央党务月刊》第 41 期，1931 年 12 月。
③ 戴季陶：《救国于危亡忧患中》，《中央日报》1933 年 5 月 9 日。
④ 戴季陶：《先烈朱执信先生殉国纪念大会》（1931 年 9 月 21 日），《中央党务月刊》第 38 期，1931 年 9 月。
⑤ 朴敬石：《1931 年长江大水灾和湖南省的水灾救济》，中国社会科学院近代史研究所民国史研究室、四川师范大学历史文化学院编《一九三〇年代的中国》下卷，社会科学文献出版社，2006，第 827 页。
⑥ 《切实水灾救济 国府特设水灾委会》，《中央日报》1931 年 8 月 15 日；《国府救济经过》，《中央日报》1931 年 8 月 20 日。

国水灾救济案"，决定对中国实行援助。① 有学者指出，重视国联的外交路线暂时取得了成果。② 此事亦会对戴季陶重新认识国联带来一定的影响。因此，在天灾人祸的残酷状况下，爆发九一八事变，作为对策，诉诸国联不失为一种有效策略。不过，戴季陶并未忘记强调中国人应具备自觉性，说"我们不能等世界的人觉悟了来救我们，我们是要决心在切实的觉悟和努力之下来自救救人"。③

那么，戴季陶后来是如何评价此一国际化战略的呢？他首先反省说，"数年来信奉主义刻苦努力的政府，能力诚然不够，以致不能得到全党全国的满足"，但在道德上确信"无所贯彻始终，恐中国之亡，可能发于〔民国〕二十一、二十二年间，二十六年之全面抗战，已无余地矣"。戴季陶始终坚信日本必败。但是，对九一八事变后特种外交委员会所做出的决策，戴说，"盖此机密之庙议，势不能使多人知之"。故一般国民、学生不知政府方针而未谅解，戴认为"殊无足怪"，但令其悲叹的是广东、广西之同志"亦不能详知中央负军事外交内政责任者之苦心，不谅其所采步骤之为不得已，斯则障碍政府之行动为不少矣"。④ 处在国家中枢位置的戴季陶，认为当时国民政府遭遇内忧外患，抵抗日本之条件尚未成熟，遂不得已诉诸国联。

另外，此事从蒋介石的发言中亦可得到印证。蒋说："以中国国防力薄弱之故，暴日乃得于二十四小时内侵占之范围及于辽吉两省，若再予断交宣战之口实，则以我国海陆空军备之不能咄嗟充实，必至沿海各地及长江流域，在三日内悉为敌人所蹂躏，全国政治、军事、交通、金融之脉络悉断，虽欲不屈服而不可得？"他主张"决不为丧权辱国之签字"，则"使暴日在东北侵略之权利，始终为盗劫之行为，无任何法律上之根据"。他要求国民在外交上要绝对信任政府，只要政府不缔结丧权割地之条约，必能取得最后胜利。蒋称"最明显而足贻国家以莫可挽救之损失者，即为绝交，绝交者绝路也，以中国今日之现状与国力，如果与日绝交，则必出于军事战争，无备而战，必至战败，战

---

① 《我国当选国联非常任理事国》，《中央日报》1931 年 9 月 18 日；《国联议决救济华灾》，《中央日报》1931 年 9 月 18 日。

② 〔日〕家近亮子：《蒋介石の外交戦略と日本——"安内攘外"から"以德报怨"まで》，《近きに在りて》第 33 号，1998 年 5 月。

③ 戴季陶：《抵抗暴日是为全世界人类之公理而奋斗》，罗家伦主编《革命文献》第 35 辑，第 8420 页。

④ 戴季陶：《题民国二十年外交三文件》，陈天锡编《戴季陶先生文存》第 1 卷，第 380 ~ 381 页。

败之国，未有不失地，未有不丧权者也"。即"不抵抗政策"之后含有"积极备战"之意。①

但是，日本无视国联决议，而国联亦未能制止日本对中国之侵略。蒋介石下野后，广东派组成的南京国民政府试图与日本进行直接交涉，但因日军占领锦州，交涉不能进行。而后，汪精卫"一面交涉，一面抵抗"之政策，因淞沪抗战而受阻，最后事实证明只有抵抗才能制止日本侵略之扩大。②

三　备战与抗战

1932 年 4 月 1 日，戴季陶发起并成立了新亚细亚学会。此为研究中国边境地区的经济、文化及加强与亚洲各民族的文化交流为目的的学术组织。自成立之初至抗日战争开始，发行月刊，且出版了数十种"新亚细亚"丛书。1933 年 12 月 15 日，发表《新亚细亚学会纲领》，其宗旨是信仰三民主义；其目的为复兴中华民族发扬亚洲文化；其目标是研究亚洲各民族的学术，以及发展国内各民族的文化，经营特殊教育、经济、社会事业，以求达到中国文化民族之融和统一，巩固民国之基础。③ 九一八事变爆发后，戴认识到很难迅速用武力战胜来自东邻日本的侵略，因而需要从心理及文化上使西部边境地区的人们对中国内地保持向心力，以此防止外敌从西北、西南入侵，同时通过促进中华民族之大融合，创造中华民族新文化，保证中华民国永远持续发展，故须研究对边疆政治的基本方针。④ 戴季陶如此早就关注到西北地域所具有的防日防苏的战略意义，但中日战争爆发后，因人力物力不足而无法持续。

1932 年 4 月 18 日，戴季陶开始视察西北，27 日出席"总理纪念周"大会，向西安的学生讲演孙中山遗教。学生们质问戴季陶"为何日本侵略东北时，政府不抵抗？""为何破坏淞沪抗战"，并发生骚乱。戴险被殴打，通过军警保护才得以逃脱，但汽车被激愤的学生烧毁。⑤ 由此可知，戴的对日政策

① 蒋介石：《东北问题与对日方针》（1932 年 1 月 11 日），罗家伦主编《革命文献》第 35 辑，第 7959、7962～7963 页。

② 蒋永敬：《"九一八"事变中国方面的反应》，《新时代》第 5 卷第 12 期，1965 年 12 月。

③ 戴季陶：《新亚细亚学会纲领》（1933 年 12 月 15 日），陈天锡编《戴季陶先生文存》第 3 卷，第 930 页。

④ 王更生：《戴传贤先生的德业与事功》，《近代中国》第 68 期，1988 年 12 月。

⑤ 戴季陶：《复中央党部秘书处电》（1932 年 4 月 29 日），陈天锡编《戴季陶先生文存》第 2 卷，第 535 页；陈子坚：《戴季陶"训话"挨打记》，《山西文史资料》第 4 卷第 9 期，1981，第 153 页。

（后述）未能得到国民的理解。5 月下旬返回南京的戴季陶，开始构想改造西北的计划，并于 12 月创立了建设西北农村专科学校筹备委员会。1933 年 5 月，戴与国民政府主席林森一起再次视察了西北，1934 年 3 月第三次视察西北时，参加了由他创建的西北农林专科学校的奠基仪式。论者有谓戴季陶敏锐地观察到随着日本对中国侵略的扩大，将来中国的政治、军事战略重心定会将转移到西北、西南地域，在关系到国家存亡的重要时期，戴季陶数次视察西北，颇具政治家眼力，其策略也是正确的。① 另外，戴还说："今后三五百年间，中国民族之大敌，厥为苏俄，故民族北进之方针，不仅在于内地，不仅在于边疆，而目的实在于西北利亚〔西伯利亚〕，与中央亚细亚。"② 因此，可以认为戴季陶的西北发展战略包含着防止苏联南下的目的。

这种重视西北的战略思想，与蒋介石不谋而合。早在 1931 年九一八事变发生后不久，蒋即在日记中写道："余意无论此次对日和与战，而西北实为我政府第二根据地。万一首都陷落，即当迁于洛阳，将来亦以洛阳与西安为备都也。" 对于戴季陶的边政思想，蒋介石给予了高度评价。其在 1934 年 6 月 6 日的日记中写道："本日照常办公。读季陶来函，甚有益趣。彼于边防、政治、经国方略有特见独到之处。"③ 然而令蒋、戴始料未及的是，如此重视的西北地域日后竟成为中国共产党的根据地，且由此发展壮大，最终从国民党手中夺取了政权。但如此早就开始重视西部地区，戴之战略眼光可见一斑。

1935 年，第五次"剿共"暂且取得胜利，而日本之对华侵略也逐渐扩大。1935 年 11 月 12 日至 23 日，国民党第 5 次全国代表大会召开，戴季陶负责组织、准备工作，并起草了大会宣言，提出"建设国家挽救国难"十大政治主张，且全文一字未改获得通过。戴提出"如国家已至非牺牲不可之时，自必决然牺牲，抱定最后牺牲之决心，对和平为最大之努力"，由此可知对日方针逐渐转向抗战方向。另外，戴起草的《中国国民党党员守则》共 12 条亦被通过，成为国民党的座右铭，并在以后党员集会时，最初的仪式首先是朗读此

---

① 范小方、包东波、李娟丽：《国民党理论家戴季陶》，第 242～245 页；陈天锡编《增订戴季陶先生编年传记》，台北，中华丛书委员会，1967 年，第 132 页。

② 戴季陶：《致陕西省政府南秘书长书》（1932 年 5 月 15 日），陈天锡编《戴季陶先生文存》第 1 卷，第 21 页。

③ 《蒋介石日记》1931 年 10 月 3 日、1934 年 6 月 6 日，手稿本，斯坦福大学胡佛研究所藏，Box：8，Folder：11；Box：37，Folder：8。

12 条守则，且成惯例。① "五全大会"以后，国民党对日政策逐渐转向抗战方向，蒋积极活动，欲联苏制日，并与苏联进行多次秘密交涉，且达到初步谅解。② 然而 1936 年 12 月 12 日震惊中外的西安事变爆发，戴季陶断然主张讨伐张学良，③ 而事件以和平方式得到解决，蒋介石被迫接受国共共同抗日之方针。西安事变的发生使原被视为"匪"的共产党变为合法政党，此为日后国共两党势力逆转之始。"抗日民族统一战线"形成后，戴季陶仍然忧虑共产党势力的扩大。

1937 年 7 月 7 日中日战争爆发后，戴季陶指出"九一八事变以来第一阶段的日本侵略是剥皮的一种侵略，现在是到了攻心的侵略了"，"希望全国一致，上下一心"，中国国民党及国民政府决定"与国家共存亡，与人民共患难"，以此表示坚决抗日之决心。④ 国民政府宣布 11 月 20 日向重庆撤退，戴季陶于 11 月 19 日仅带一小箱及身上所穿衣物，撤离南京，12 月 10 日抵达重庆，⑤ 13 日南京陷落。随着此次撤退，戴于 14 岁离开四川后，费尽心血积攒的书籍和价值无法衡量的民国时期文献 4000 多册，以及孙中山等人寄给他的书简 50 多册等均消失殆尽。他原打算将这些整理出来，等国家建好图书馆或博物馆后，全部捐赠出去。⑥ 戴季陶在离开南京的前一天，曾约集川省同志数人聚谈，戴季陶大哭，谓"抗战必胜，匪势必张，将来内乱甚于外患"。⑦ 此事不幸数年后而言中。

中日战争期间，戴季陶仍主张用国际化战略抗击日本。最为表现此一想法的是他在 1941 年 5 月 4 日发给正在访美的宋子文的电报，戴在电报中请求宋子文全力说服美国尽快对日宣战，充分表现其抗战之决心。其主张如下：

① 戴季陶：《中国国民党第五次全国代表大会宣言》（1935 年 11 月 23 日），《中国国民党党员守则前文》（1935 年 11 月 18 日），陈天锡编《戴季陶先生文存》第 3 卷，第 1046 ~ 1058 页。
② 王维礼：《抗日战争中的国共关系与中国政治前途论纲》，张宪文主编《民国研究》第 3 辑，138 页。关于蒋介石联苏制日方针的制定，李义彬《南京国民政府的联苏制日方针》（《历史研究》1991 年第 1 期）有详细论述。
③ 详见罗家伦《我所认识的戴季陶先生》，陈天锡编《戴季陶先生文存》（三续编），第 337 ~ 338 页。
④ 戴季陶：《抗敌救国的要点》，《中央日报》1937 年 8 月 7 日。
⑤ 范小方、包东波、李娟丽：《国民党理论家戴季陶》，第 266 页。
⑥ 戴季陶：《告成都童子军全体兄弟姊妹书》（1945 年 10 月 12 日），陈天锡编《戴季陶先生文存》第 2 卷，第 867 ~ 868 页。
⑦ 陈天锡编《增订戴季陶先生编年传记》，第 201 页。

日本侵华之战为今日欧战所由来。现在欧局正危，日本又力图缓和英美，若美国不趁此时联合英荷澳破日本海空军，对日本国内城市加以猛烈之沿岸炮击与空中轰炸，而仅用较为有效之〔对中〕经济武器援助与〔对日〕海上封锁，恐不久英美必有在海上受日本攻击之日。是时英美荷澳被动作战，其国难将十倍于今日。弟对国内外战争年来未尝发言，惟目睹世界危机日甚，故以鄙见向〔相〕告，望见切实考虑，迅速相机劝告美国当局，勿再失时机也。

对此，宋子文 5 月 20 日回电如下：

尊见极佩。追忆九一八事变后，弟随先生主持外交会，曾判断从此日本侵略，必将有加无已，而将来足以制止其野心者，必为美国。弟始终本此方针，进行不懈，以冀证实。惟美国为自身利益及舆论之耸动，对于德意轴心，深恶痛绝，不久必再有重要之表现。至第二步始能以全力对付日本。此时未必先发制人，诚如先生所言，或不免被动作战。弟惟有尽个人力量，联络此间权要相机申述利害，以冀改变视听耳。①

通过戴季陶的电报可知，太平洋战争爆发之前，其既已积极主张联美抗日，并希望美国对日本城市进行空中轰炸，可谓颇有见地。

综上所述，戴季陶迫于"安内攘外"和救济水灾之必要性，将日本侵略中国问题诉诸国联，策定了国际化战略。其结果：第一，国联对日本侵略中国问题，在政治、经济、军事上虽未采取实质性制裁措施，但向日本发出劝告，加速了其日后退出国联的步伐，使其在国际上处于孤立地位。第二，中国高唱"正义和公理"，向世界揭示日本之侵略性，博得了各国同情，为在第二次世界大战期间获得大量国际援助起到了作用。第三，不向日本宣战，以退为进，延缓日本对中国全土的侵略，为建国仅三年的国民政府获得了致力于建设的五年时间，巩固了此后在全面抗战中取得最后胜利的基础。但是，付出的代价则是东北沦陷、大量中国人受难等无以言表的痛苦。这是否是戴季陶早在 1920 年曾就中国问题说的"几千年来闭关自守的民族加入'世界的生活'所也

① T. V. Soong Papers, Hoover Institution Archives, Box No. 42, 5. Accession No. 73004 – 8M. 31. 此资料承蒙杨天石先生提供后，笔者在美国斯坦福大学胡佛研究所确认了原件。

〔必〕然经过的阶段"呢？[①] 而在抗日战争时期，戴季陶提倡的联美抗日主张，从结果上来看，得到了实现，这亦与其自九一八事变以来，一贯坚持中日问题国际化战略一脉相传。

四　日本非敌论

（一）爱恨交织

九一八事变以后，戴季陶反省说，对于"东土之爱慕，真如第二故乡，（东西两都〔东京和京都〕，时时于梦境中现之，幼年所游之地，所识之人，永不能忘情。而于今尤为甚也。——原注）而年来国交至此，殊无颜以对故人。盖中国之不能恢复昔日庄严，我辈司政教者，不得辞其责"。但为了抗议日本对中国之侵略，对日本具有深厚感情和众多关系的戴季陶，九一八事变以后却毅然决定不与任何日本人见面、通信。即使给宫崎滔天夫人、萱野长知等理解并帮助过中国革命的友人回信，亦是通过驻日公使馆转递，用实际行动向日本表示抗议，其民族主义精神可见一斑。

然而 1934 年 9 月，当戴季陶得知大阪发生风灾，殃及东京，出现很多死伤者，且大多数为儿童时，对此深表忧虑，并立即给驻日公使写信说，"三年未知东瀛消息，然故人师友，以及其家属之安否，未尝不时萦梦想。盖半生交游之地，不能须臾忘也"。遇此重大灾害，戴季陶担心头山满、宫崎滔天夫人、岛田经一夫人、萱野长知夫妇等人安全，希望公使代己探而慰之。他还与夫人一起为在风灾中死去的日本民众，诵经三朝。[②] 国家之间的战争、个人之间的友情，种种矛盾给戴季陶精神上带来的痛苦可想而知。

尽管如此，戴季陶对日本的关心程度却依然不减，如积极研究中小学校教科书，并拜托驻日公使蒋作宾，望其尽快购买日本中小学国语、历史、地理教科书及教授参考书等全册，[③] 由此可知其一贯重视对日本之研究。戴季陶曾要

---

① 戴季陶：《世界战争与中国——为太平洋社译〈世界战争与中国〉作的序》，《建设》第 2 卷第 1 号，1920 年 1 月 15 日；唐文权、桑兵编《戴季陶集》，第 1113 页。

② 戴季陶：《致驻日蒋公使书》（1934 年 9 月 20 日），陈天锡编《戴季陶先生文存》第 4 卷，第 1533～1535 页。

③ 戴季陶：《复驻日蒋公使书》（1934 年 11 月 1 日、9 日），陈天锡编《戴季陶先生文存》第 4 卷，第 1539、1540 页。

求中央党部购买如下的日本书籍：（1）1936 年以来的《国民年鉴》《朝日年鉴》《出版年鉴》《东洋经济年报》；（2）1936 年以来的《外交时报》《国家学会杂志》《法学协会杂志》《国民经济杂志》《经济论丛》《东洋经济新报》《国际法外交杂志》《偕行》《改造》《中央公论》《日本及日本人》《太阳》《讲谈俱乐部》《新小说》；（3）关于人事方面的《大日本兴信录》《华族鉴》《皇族画谱》；（4）《法令大全》最近版、《条约汇纂》；（5）中国、南洋、南美（特别是巴西）的各种关于经济、产业、人口、移民的专业书、论文。这些书籍是戴季陶自 1939 年以来，屡次欲要购买，但"均以不欲因〔因不欲〕买敌国之外汇而中止。但今年此种研究，已不容再缓"。①

以上书籍均为研究日本政治、外交、经济、文化、法律、文学等极为重要的书籍，范围之广，数量之多，可知其对日本研究重视程度之高。其中尤其值得注意的是戴季陶将日本的皇族及华族亦纳入研究范围，早在 1914 年戴季陶就关注到日本国民具有共同信仰，即对"天皇先祖神天"表示"绝对的尊重、信仰、畏服"，亦即"神权思想"。② 而在 1927 年撰写的《日本论》中，戴季陶认识到神权思想是日本建国的基础，③ 天皇作为日本人的精神领袖在国家统治中起着绝对重要的作用。笔者认为戴的此种认识对战后蒋介石曾反对废除天皇制给予了一定的影响。另一个值得注意的是除了中国以外，戴还将日本对南洋和南美的研究纳入视野，从不同侧面了解日本对其国内外各方面所进行的最新研究和政策，以达"知彼知己，百战不殆"之目的。

（二）怨偶之仇

在中日关系日益恶化，最终陷入战争状态的过程中，戴季陶对日本的民族性如何认识，对中日关系又是如何分析的呢？他指出"日本为东方唯一强国，其致强之道，在于善学。昔年学中国即似中国，近年学西洋即似西洋。且其为学也，一方善分别，一方能信仰。分别者，科学之方法，信仰者，宗教之精神，两者皆具之。故能立国两千余年，日进不已，独立不倚也"。在当时中日关系日益紧张的状况下，能如此客观、冷静地分析日本，承认其独特性并给予

---

① 戴季陶：《致中央党部叶陈朱三先生书》（1941 年），陈天锡编《戴季陶先生文存》第 1 卷，第 378 页。戴欲购书目中之《皇族画谱》，尚未确认。

② 戴季陶：《国家精神より见たる支那》，（东京）《国家及国家学》第 2 卷第 5 号，1914，第 39 页。

③ 戴季陶：《日本论》，民智书局，1928 年再版，第 6~7 页。

高度评价的中国人实不多见。

此外，戴还经常说："中国能刻苦奋发，自致富强，为亚洲作盟主，为世界进文明，则日本为中国之妃，不然，则为中国之仇，而非中国之敌也。"① 据同为特种外交委员会委员的程天放解释，此为《春秋左氏传》中"佳偶曰妃，怨偶曰仇"两句而来。② 戴季陶将理论根据求之于文化，分析说："盖敌者，相对之完全独立体，而有其自生之特性特质者也。日本之民族，无自生之历史，而为东方之子族，其宗教无自生之创造，而为东方之子教，其语言文字，为中国及印度文明所感发之语文，而非独立之发明。其文物制度，为世界各国文物制度所造成，而非独立之建设，何足为敌哉。"③

戴季陶是站在文化的角度上来审视日本的。他认为古代日本有其独自的文明，即神权思想，但在中古时代接受了中国文明和印度文明，所产生的影响至深且大，而在近代又接受了西方文明，故其文化具有多元性。④ 因日本与中国文明渊源甚深，不能独立于中国文明之外，故不足以成为中国之敌。日本本应与中国共存共荣，但不幸走上了侵略中国的歧途，中国则不得不抵抗，此正如夫妻反目。一俟战争结束，日人觉悟后，中日友谊即可恢复。而苏联的共产主义则与中国的思想文化背道而驰，将会毁灭中国文化，故苏联实为中国真正之敌。⑤

然而，戴季陶所处的现实状况却是文明古国惨遭暴日蹂躏，对此，他认为"日本之国运民力，正如朝暾之升，谓之为病，宁非过酷。实则不只其自病而已，且更四向播其病菌，为之邻者亦遭波及。试以近数十年之东方实况观之，日本犹一身心素健之人，忽以不善摄生而受病毒，然其抵抗力至强，又甚自负不病，故虽已病，而人则不觉，己亦不信"，如此将日本喻为病重却不自知的患者。⑥

中国抗战胜利后，举国欢庆。重庆街上众人鸣放鞭炮，以示庆贺。而戴季陶却"忧恐至数日不能起，起时亦无喜色"。⑦ 他说"日本必败，业由自作"，

① 戴季陶：《游日纪要序》（1933 年 2 月），陈天锡编《戴季陶先生文存》第 4 卷，第 1361 页。
② 程天放：《季陶先生与对日外交》，陈天锡编《戴季陶先生文存》（三续编），第 335 页。
③ 戴季陶：《游日纪要序》（1933 年 2 月），陈天锡编《戴季陶先生文存》第 4 卷，第 1361 页。
④ 戴季陶：《日本论》，第 11～12 页。
⑤ 程天放：《季陶先生与对日外交》，陈天锡编《戴季陶先生文存》（三续编），第 335 页。
⑥ 戴季陶：《致驻日蒋公使书》，陈天锡编《戴季陶先生文存》第 4 卷，第 1534～1535 页。
⑦ 陈天锡编：《增订戴季陶先生编年传记》，第 346 页。

对此"中国之必胜与否，全在中国自己之努力"，并警告艰危仍在战后。① 戴季陶曾描述自己的心情："十余年前，已逆知日本不足畏，而可畏者在内政不修。今则大乱开始矣，奈之何哉，奈之何哉。终日昏昏，心惊胆战。"② 他认为日本为仇，仇消即为友，而苏联为敌，且国境相接，力量相敌，仇虽消而敌仍在，大敌当前，何以鸣炮，待胜敌后再鸣不迟。后来他曾对负责接收沦陷地区各机关学校的蒋复璁说，对于日本人，不得以战胜国自居，战争已结束，在态度上要注意表示友好。③ 此种认识对国民党在抗战胜利后顺利接收日本军队亦产生了一定的影响。

但是，这并不意味着戴季陶会放过追究日本之责任。他警告说："人类所赖以立者道德，而非暴力，无道德之武力，虽可称雄于一时，而其遗祸于后人者，至多且大。数十年之强盛，在永久之历史上，不过如梦幻泡影露电之一现，日本之前途，正不知其若何悲惨也。"今日，日本之强盛"乃千余年来学为忠孝仁爱之果，而此数十年间中富而不为仁，强而不守礼之行为，将为他日其子孙种无穷之祸"。④ 并作《南游杂诗》称："儒家教人报德，佛家教人报恩，倭奴两具不报，王仁教出忘仁。"⑤ 如此，从文化道德上追究批判日本。而在感情上，戴季陶对日本的表现则是一种哀怨之情。1946 年 6 月 1 日，戴季陶题诗《哀日本》，论者有谓此诗宛如一首对"怨偶"忘仁自灭的挽歌。⑥ 其内容如下：

　　　　三百年来努力，学风定于晦庵。长崎一兴兰学，全国遂起不安。尊王攘夷自大，开国进取争先。一举而灭琉球，再举而制朝鲜，三举而胜察汗，四举而侵中原。交邻不遵古教，学风不继当年。三毒十恶既满，九横八难自全。千年长崎旧港，一弹尽化灰烟。可知立国有道，富强不在霸权。可惜王仁教化，后代忘仁自歼。东望不胜太息，哀哉海上三山。⑦

① 戴季陶：《三事偈》（1946 年 6 月），陈天锡编《戴季陶先生文存》第 4 卷，第 1450 页。
② 戴季陶：《致向议长书》（1944 年 12 月 12 日），陈天锡编《戴季陶先生文存》第 1 卷，第 332 页。
③ 蒋复璁：《戴季陶先生八旬诞辰纪念献辞》，《传记文学》第 18 卷第 2 期，1971 年 2 月。
④ 戴季陶：《东北血痕序》（1932 年 4 月），陈天锡编《戴季陶先生文存》第 4 卷，第 1353 页。
⑤ 戴季陶：《南游杂诗》（1940 年 11 月），陈天锡编《戴季陶先生文存》第 4 卷，第 1409 页。
⑥ 〔日〕嵯峨隆：《戴季陶の对日观と中国革命》，第 132 ～ 133 页。
⑦ 戴季陶：《哀日本》，陈天锡编《戴季陶先生文存》第 4 卷，第 1449 页。

"太息""哀哉"，戴季陶对日本的哀怨之情，溢于言表。

另外，他亦未曾忘记追究中国之责任，强调中国人要自强。他认为由于中国积弱使日本产生种种侥幸心理，因而变得贪得无厌，日本犹如孩子，作为父兄的中国未能管教好，所以他们才会如此残暴，要消除他们的这种狂妄心理，中国除了自己努力成为强国之外，别无他路。① 他说，"我们要确信公道，是决定占最后胜利"，但只有"以国民的全生命作奋斗，才可以挽得公道来"，而最为重要的是，"要全国团结，尤其要在国民意志上一致团结"。② 他总结说"日本将来，终为中国之良友，但如何而后可令日本为中国之良友耶，此无他，惟中国人努力自强而已"。③

由此观之，戴季陶立足于文化，注意到中日两国之间在文化上所具有的亲近性，认为日本不具有完全独立的文化，因此不足以成为中国之敌。他依据"正义和公理"，对"中国必胜，日本必败"未曾有丝毫怀疑，一直保持着一种超然镇定的姿态。另外，在国民意识上，他始终强调中国人要团结一致。因此可以说，戴季陶的"日本必败论"与其一贯坚持的"中国自强论"互为表里。其日本观最显著的特征，即从文化的观点上认为日本非"敌"，而为"仇"。"日本非敌论"的真意，是站在完全自信可以战胜日本的基础上，将真正之敌定位于对外为文化异质的苏联，对内则为与苏联关系密切的中共。

1946 年 5 月 5 日，国民政府由重庆迁回南京，戴季陶于 4 月 29 日提前回到南京。但是，国内政治形势正如他所担忧的那样，国民政府虽然战胜了日本，然而共产党在抗战期间发展壮大起来，两者已成对决之势。国民党势力逐渐衰退，戴季陶的身心也随之越发衰弱。戴季陶对战胜日本从不怀疑，但对共产党之忧虑始终困扰着他，当此忧虑终于变成国民党政权土崩瓦解的现实时，1949 年 2 月 12 日，身心衰弱已极的戴季陶服用近 70 粒安眠药自杀殉国。④ 戴季陶与自辛亥期以来其为之呕心沥血的国民党政权一起，彻底消失在中华大陆上。

与戴季陶关系非同一般的蒋介石在当天的日记中写道："下午闻季陶已于

---

① 戴季陶：《抗敌救国的要点》，《中央日报》1937 年 8 月 7 日。

② 《戴院长在国府报告救国唯一的途径》，《中央日报》1933 年 3 月 7 日。戴季陶：《救国于危亡忧患中》，《中央日报》1933 年 5 月 9 日。

③ 戴季陶：《中日俄三民族之关系》，陈天锡编《戴季陶先生文存》第 1 卷，第 372 页。

④ 郑彦棻：《戴季陶先生逝世前后》，《传记文学》第 39 卷第 2 期，1981 年 8 月。范小方、包东波、李娟丽：《国民党理论家戴季陶》，第 315 页。

已刻逝世，悲悼无已。"在 13 日的日记中写道，戴季陶与不久前自杀的陈布雷为"平生对余最忠实之两同志"，并记述了戴去世经过。2 月 28 日的日记中又记载"与安国纬国谈季陶事"。① 在国民党政权岌岌可危、众多党国要事可记之时，半个月内蒋介石在日记中三次谈及戴季陶逝世，可见与其关系之密切。

五　结语

如上所述，在南京政府时期，戴季陶与以前各个时期最大的不同之处，即不仅未曾进行一次访日活动，甚至有意识地拒绝与日本人进行直接接触。但是他对日本的关心程度丝毫不减，在可能的情况下仍要进行日本研究，而与以前各时期相比，显得极为贫弱。其政治思想表现为，对日本侵略中国，主张采取"国际化战略"。其日本观最显著的特征是，从文化的观点上认为日本非"敌"而为"仇"。

早在辛亥时期，戴季陶就曾深刻地揭露日本具有侵略中国的危险性，并提出了"日本敌视论"。② 至此时期，不幸而言中。在国民革命时期，戴季陶已对日本政治及文化产生幻灭感，并与日本失去任何接点，③ 因此九一八事变时，他反对与日进行直接交涉，认为最终除军事战争以外毫无其他解决手段，不过，此作战对手不是"敌"人，而是"仇"人。不将日本视为敌，缘于其在《日本论》（1928）中体现的既承认日本文化的独特性，又重视其与中国文明之亲近性。另外，戴作为考试院院长，热衷文化事业，深知在国家建设发展过程中，文化作用之重要。因此，他认识到在文化上完全异质的苏联才是真正永远之"敌"。九一八事变发生时，他担忧在华南建立的共产党政权，以及其背后的苏联势力南下，因而认为"剿共"应优先于抗日。又因遭遇史上空前之水灾，认为与日应战，胜算不大。而国联提供的水灾救援，以及中国当选为非常任理事国，使戴季陶对国联产生些许希望，于是制定出将日本侵华问题诉诸国联制裁的决策。简言之，因戴在国民革命时期持有"幻灭性日本论"，使其否定了与日进行直接交涉，而是运用国际化战略

---

① 《蒋介石日记》1949 年 2 月 12 日、13 日、28 日，手稿本，斯坦福大学胡佛研究所藏，Box：47，Folder：10。

② 详见拙稿《辛亥期における戴季陶の日本認識（1909～1912 年）》，《中国研究月报》1998 年 12 月，总第 610 号。

③ 详见拙著《戴季陶と近代日本》，东京，法政大学出版局，2011，第 195～212 页。

解决中日争端。① 另外，与此互为表里的是其一贯坚持的"中国自强论"，此种认识在现实政治问题上，得到了最大限度的发挥。

因此，戴季陶的日本观由辛亥时期的"日本敌视论"，经过讨袁期的"中日提携论"，护法期的"批判性提携论"，五四期的"对决、联合论"，以及国民革命期的"幻灭性日本论"，② 至此时期表现为与"中国自强论"互为表里的"日本非敌论"。

但是，九一八事变后，日本的入侵激发了原为一盘散沙的中国人的民族意识，抗日声浪空前高涨，戴之"日本非敌论"自然不能被当时的国人所接受，认为这是对日妥协而遭到批判。此后，倾其半生心血所著的《日本论》亦被忽视忘却。戴季陶作为思想家以先见之明认识到的对于国民党统治来说，永远之敌的苏联及中共所带来的威胁，在抗战结束后，终成现实，但一切均已无法收拾。戴季陶的日本观，终于在中日战争这种最重要且特殊的时期，未能充分发挥效用。

---

① 据顾维钧回忆，满洲事变爆发后，戴季陶最初赞成顾维钧与日本进行直接交涉之意见，但当时活跃于中国的国联卫生局主任波兰人拉西曼博士（Rajchman, Ludwik. J.），主张不要与日本进行直接交涉，应委托给国联理事会，其意见打动了蒋介石，成为国民政府的对日方针。顾维钧：《顾维钧回忆录》第 1 分册，中国社会科学院近代史研究所译，中华书局，1983，第 417～418 页。贺渊亦曾指出，就现有资料来看，戴季陶否定对日直接交涉。《戴传贤为述中央外交方针复某君电》，罗家伦主编《革命文献》第 35 辑，第 7944 页。贺渊：《戴季陶的日本观（1910～1931）》，梅屋庄吉关系资料研究会编《近代日中关系研究の课题と方法——梅屋庄吉とその时代》（报告集），1999，第 44 页。

② 有关戴季陶以前各时期的日本观，参见拙稿《留日时期的戴季陶——其日本观形成与留学经历的关系》，《江海学刊》2010 年第 2 期，2010 年 4 月；《讨袁时期戴季陶对日本认识的转变》，《广东社会科学》，2011 年第 6 号（总第 152 期），2011 年 11 月；《护法运动期的戴季陶与日本》，张宪文主编《民国研究》第 21 辑，社会科学文献出版社，2012，第 90～106 页。《戴季陶的日本观——以五·四时期为中心》《史林》2012 年第 6 期，2012 年 12 月。

天津事件与中国人犯之管辖权问题

台北中研院近代史研究所　王文隆

一　前言

　　1939 年 4 月 9 日夜里，担任"北京临时政府"联合准备银行经理兼津海关监督的程锡庚（Cheng His-Kang，1893~1939），[①] 偕其妻子到天津英租界的大光明戏院看有声电影。当剧中正上演枪战场面时，刺客举枪射向程锡庚。程锡庚当场倒卧于血泊之中，毙命于枪口之下，当时还误杀了一名瑞士籍的法国电灯房工程师，伤及一名俄国人，刺客逃逸无踪，但瑞士籍工程师临死前夺下刺客的手枪，查为俄国制点三八左轮手枪，英国方面认定这是当时复兴社惯用的枪支，因而判定是重庆方面主导的刺杀行动。[②]

　　程锡庚，字莲士（Lien-shih），江苏镇江人，从南京江南高等学校毕业后，经清王朝授予举人，担任过海军部秘书，而后奉派出国，就读于英国伦敦大学，1919 年获得经济学博士学位，[③] 并前往法国巴黎大学、美国哥伦比亚大学进修，牛津大学出版社帮他出版了一本《现代中国政治研究》，后以学人之姿回国，进入外交体系，担任条约研究会秘书。1923 年任外交部顾问，财政部秘书、参事，中俄会议专门委员，关税会议专门委员，财政部驻欧代表等，

---

① 程锡庚似乎又名程锡康，当时日人所编之人名辞典，皆作"陈锡康"。

② 《极密》，1939 年 4 月 14 日，［天津事件 2］，《外交部档案》，外交部藏，档号：312，无页码；《津除一巨奸：程逆锡庚死于影院》，《大公报》（重庆），1939 年 4 月 12 日，第 1 张第 2 版。

③ 温源宁：《一知半解》，岳麓书社，1988，第 61~62 页。

1929 年起担任财政部盐务署编译处处长，1934 年起担任外交部驻平特派员，1936 年任外交部条约委员会委员。"北京临时政府"成立之后便投入王克敏（1879～1945）之下，其妻为高而谦（1863～1918）[1] 幼女，与北洋外交体系的渊源不可谓不深。[2]

一场突如其来的刺杀行动，却引爆了管辖权的问题，进而使天津英法租界遭到日军封锁，也促成了英日在东京的会谈，其间不仅涉及了法权的问题，也涉及了对于日军在华行动、日方扶植政权的定位问题、法理政权（de jure）与实际政权（de facto）等问题。本文便打算以刑事案件管辖权为中心，搭配日本外交档案、英国外交档案、中华民国外交档案与其他相关资料，进行比对与爬梳，期能稍探国际法与国际关系间的微妙关系。

二 管辖问题的前奏

1937 年 7 月 7 日，北平近郊卢沟桥的冲突，终而演变为中日两国间的全面交火。这个规模远大于区域冲突的战争，却因中日两国迟迟未依循国际法宣战的缘故，使得两国关系极其暧昧。日军虽席卷大半个中国，却不能依照战争法"占领"领土，只得以"治安维持会"的形态加以管理。[3] 因此，日本一方面持续在华发动战争，一方面变相寻找能合作的华人建立傀儡政权。1937 年 12 月 14 日，王克敏为首的"北京临时政府"建政，并吸纳了原本"冀东自治政府"的管辖范围。日军攻下南京之后，也找来了梁鸿志（1882～1946），于 1938 年 3 月 28 日主政"南京维新政府"。

中国的东壁大城在 1938 年前后，多落于日军之手，重要的商贸城市，诸如上海、天津、青岛、苏州、汉口、九江、广州等莫不受制于日本。但清末以来，各国列强在中国重要之通商口岸多设有租界或是租借地，当日军控制该城

---

① 高而谦，字子益，福建长乐人。幼由船政学堂资送留法，举人出身。曾任外务部右丞、云南临安开广道、云南交涉使、堪界大臣、外务部左丞、四川布政使、驻意公使、外交次长等职。详见外交部档案信息处（编）：《中国外交机关历任首长衔名年表（增订本）》，台北，台湾商务印书馆，1988，第 96 页。

② 外务省情报部（编）：《现代中华民国满洲帝国人名鉴（昭和十二）》（东京，东亚同文会业务部，1937，第 404 页），收入《中国人名资料事典》（9），东京，日本数据中心，1999。大陆文化研究所（编）：《现代支那人名辞典》（东京，泰山房，1939，第 314 页），收入《中国人名资料事典》（8），东京，日本数据中心，1999。

③ 在此指的是，未宣战但实际处于战争状态的所谓"准战争"，可参考李广民《准战争状态研究》，社会科学文献出版社，2003。

镇之后，无论是日军本身或是其所扶植之政权，都不敢躁动，使得租界成了日军洪流中的"孤岛"。部分未跟随国民政府西迁，又不愿或不能在敌后存续的报刊、机构、党务等组织，纷纷移转至租界寻求庇护。① 地下组织也活跃于租界之中，在正规武力无法触及的沦陷城镇，形成一股骚扰敌后的势力，不仅反日宣传时有所见，而且暗杀活动也时有所闻。尤以暗杀的"恐怖行动"最具威胁，每个月总会发生数起，案主遭遇不测之后，多在报刊中占据一个小角落公示于众，事情也就转入调查程序。然而，以租界为中心的反日活动所造成的骚乱，使得日本对华军事行动颇有后顾之忧，欲去之而后快。

华洋的司法管辖，在清亡以前，多以华洋分立为主，仅原告或被告之一以上为洋人，或是刑期超过五年者才移交会廨公署处理。辛亥革命爆发后，上海领事团以保护侨民为由，接管会廨公署及检查厅的行政权，即使原告、被告皆为华人者，亦移交会廨公署审理。"五卅惨案"爆发后，中国民众群情激愤，废除"领事裁判权"的声浪再起，迫使列强与中国政府进行谈判，召开"法权会议"，可惜并没有具体成果，仅于 1926 年 5 月在上海临时法院代替会廨公署，如洋人为被告，由总领事派一员观审；如洋人为原告，由总领事派一员陪同出席。国民政府于 1930 年 1 月 1 日片面废除领事裁判权，上海临时法院改隶中央。1931 年 4 月 1 日，上海临时法院裁撤并改设上海特区地方法院。在改制的同时，上海租界华民民事、刑事案件须中国与相关国家官员会审的司法制度被完全取消，也就是说，租界内不涉及西方国家人员的民刑事案件，皆由中国法院审理。但因天津租界中并无特区地方法院，因此必须移交地方法院审理。天津事件的爆发，便产生该将华人嫌疑犯移交到哪一个地方法院审理的问题：是国民政府辖下的，还是"北京临时政府"辖下的？

程锡庚暗杀事件（以下简称"程案"）爆发之前，已有部分"恐怖行动"的主使者遭到租界当局的羁押，尤以上海和天津为最。上海与天津是当时外国租界的集中地，也是"恐怖行动"攀附滋生的区域。② 英国对于国民政府利用

---

① 移至天津英租界者，或有邮局、电话、电报、招商、航政各局与中央军政官吏等。详见《中央执行委员会密函外交部》，1939 年 4 月 12 日，［天津事件 4］，《外交部档案》，外交部藏，档号：312，无页码。

② 关于上海租界的恐怖活动与城市犯罪，可参考〔美〕魏斐德（Fredrick Wakeman Jr.）《上海歹土：战时恐怖活动与城市犯罪》（Fredrick Wakeman Jr.），*The Shanghai Badlands*：*Wartime Terrorism and Urban Crime*，*1937 - 1941*，New York：Cambridge University Press，1996. 而关于天津事件，则有 Sebastien Swann，*Japan's Imperial Dilemma in China*：*The Tientsin Incident*，*1939 - 1940*，London：RoutledgeCurzon；不过此书似乎还没出版。

租界当掩护，通过租界发展组织并执行"恐怖行动"一事，不甚愉快，同时也对于亲日人士所组织的反制团体感到头痛。

1938 年 7 月 7 日，卢沟桥事变一周年时，在南方的上海公共租界发生的爆炸案，便促使上海工部局改与日本军方合作，将境内逮捕到的恐怖分子押送花园桥（Garden Bridge）交与日本宪兵。① 但仍不许日本宪警在租界内执行搜索、逮捕等任务。

7 月 16 日，在北方的天津英国租界，受雇于中央统计调查局的张庆恩被天津工部局逮捕，同时落网的是他的四名同伴，所持活动经费、宣传品、枪支皆被搜出，除罚款外尚判处三个月监禁。天津工部局持续搜查国民党在津之地下机构，使得抗日除奸团在津机构被破获，沈栋被捕。在此期间被捕的，尚有第四军团长似警吾（齐君来）。② 在英方的善意下，这些被捕的人并未引渡至日本军方或是日本所扶持的傀儡政权。③ 1938 年 12 月 27 日，爆发了亲日的天津商会会长王竹林被刺案。

1939 年 2 月 17 日大年初一，"维新政府""外交部部长"陈箓（1877～1939）在家中被刺身亡，这是傀儡政权中第一个位居"部长"职位但遭到暗杀的例子，激怒了日方。④ 2 月 22 日，日本驻上海总领事携带一份照会，要求上海工部局允许日本宪兵和领事馆警察在必要时进入租界采取必要措施。虽上海工部局在表面上拒绝了日方的这项要求，但似乎已经完全屈从于日本的压力，允许日本方面的宪警穿着便服随同工部局巡捕房活动。⑤ 只不过不能在租界领域内执行搜捕权。

程案一爆发，一如年初上海陈箓被刺案，日本随即提供相关情报，在英国

---

① 〔美〕魏斐德：《上海歹土：战时恐怖活动与城市犯罪》，第 39～40 页。

② 似警吾原系第四军团长，原欲其在津浦铁路北段举事，但因派出之信使被日军侦悉，于 1938年 9 月 20 日在津西站被日本宪兵捕获，供出似警吾藏身之处。经日方通报英国天津工部局后，于 26 日被捕。详见《请向英大使馆交涉释放张永贵（即似警吾）》，1939 年 10 月 21 日，〔天津事件 1〕，《外交部档案》，档号：312，外交部藏，无页码。

③ 张庆恩为中国国民党调查统计局干员，隶属天津区部。详见《为本局津区部为英工务局搜查并逮捕同志搜去文件请照会英大使电津制止并释放被捕同志》，1938 年 7 月 26 日，〔天津事件 1〕，《外交部档案》，档号：312，外交部藏，无页码；《国民政府军事委员会蒋中正委员长致外交部王宠惠快邮代电》，1938 年 8 月 2（冬）日，〔天津事件 1〕，《外交部档案》，档号：312，外交部藏，无页码；《英国大使馆参事葛凌蔚（Greenway）上蒋委员长函》，1938 年 8 月 24 日，〔天津事件 1〕，《外交部档案》，档号：312，外交部藏，无页码。

④ 关于陈箓被刺的经过与影响，可参见魏斐德《上海歹土：战时恐怖活动与城市犯罪》。

⑤ 〔美〕魏斐德：《上海歹土：战时恐怖活动与城市犯罪》，第 77～78 页。

领事的同意下，派出宪兵随同英国方面的工部局人员进行搜捕。① 天津英国租界工部局巡捕房于 4 月 18 日逮到 4 个疑犯，分别为蔺向荣、蔺向贵、张富与王德明，其中两人疑似涉案。② 日本驻天津总领事田代重德于 4 月 25 日致函英国驻天津总领事贾米森（Mr. Jamieson），基于该 4 人之逮捕乃是日方情报之功，要求将 4 人引渡交与日本宪兵审讯，并保证 5 日内必然将疑犯交还。③ 英国驻天津副领事同意其所请。此 4 人向日本宪兵供称，他们是第九军军长王文在天津溃败后所遗留下的将士，留在天津转入地下工作。④ 国民政府外交部接获的消息，则称这 4 人并无律师代表，且有被虐招供、表演现场之嫌。⑤

尚未向任何国家宣战的英国，卷入了中日两国战而未宣的军事行动中。与这起暗杀事件相关的各方，对于租界的态度各有不同，兹分述如次。

三　英国方面的态度

英国方面的基本态度为维护在华租界的"中立性"（neutrality）。

程案爆发之后，英国方面对于应该如何处置程案 4 人有所讨论。依照《中英天津条约》第 21 条的规定，凡是非英国籍的外国人或是华人犯罪，便须引

① 《田代总领事给有田外相》，1939 年 4 月 19 日，[天津租界问题 1，程锡庚暗杀犯人引渡事件经过]，日本亚细亚数据中心藏，编号：B02030575800，第 323 页。

② Consul-Genersl Jamieson（Tientsin）to F. O. April 18, 1939, FO 371/23397, p. 69.［F3725/1/10］. 此处有点不了解，重庆外交部通过英国使馆方面所知逮捕时间为 4 月 22 日。详见《裨德本致函重庆外交部》，1939 年 5 月 27 日，[天津事件 2]，《外交部档案》，外交部藏，档号：312，无页码。另，此 4 人似乎有其化名为狄向隆、兰隆、沈向金、李德。详见《王宠惠给驻英大使馆函》，1939 年 8 月 21 日，[天津事件 2]，《外交部档案》，外交部藏，档号：312，无页码。

③ 《田代总领事函英国驻天津总领事 Jamieson》，1939 年 4 月 25 日，[天津租界问题 1，程锡庚暗杀犯人引渡事件经过]，日本亚细亚数据中心藏，编号：B02030575800，第 329 页。

④ R. L. Creigie to Kishi, 10 June, 1939,［支那事変関係一件/天津英仏租界ニ関スル諸問題（郵電務関係ヲ除ク）第二巻］，日本亞細亞資料中心藏，編號：B02030647500，第 334 页；《暗杀团关系者取调状况ノ件通牒》，1939 年 4 月 30 日，［支那事変関係一件/天津英仏租界ニ関スル諸問題（郵電務関係ヲ除ク）第二巻］，日本亞細亞資料中心藏，編號：B02030647900，第 578 ~ 585 页。但在日本外事警察所出版的《外事警察报》中，则称刺客为原国军第九军第一旅旅长蓝向隆。详见《天津英租界问题》，收录于《外事警察报》（204），1939 年 7 月，第 11 页。

⑤ 《军事委员会调查局副局长戴笠函军事委员会秘书长朱家骅》，1939 年 8 月 12 日，[天津事件 2]，《外交部档案》，外交部藏，无页码；《驻英大使馆 1115 号电》，1939 年 8 月 13 日，[天津事件 2]，《外交部档案》，外交部藏，无页码。

渡到该国法庭审理。因此，中日开战前，华人的罪犯乃是移送地方法庭审理的。然而，因为日本在中国北方扶植"北京临时政府"为政权，而国民政府之势力早已退出河北，因此便引发了逮捕人犯后，究竟该移送至哪一方的地方法庭的问题。由于持续羁押这些"恐怖分子"与政治犯，对英国工部局而言既麻烦又费事，英国方面曾经考虑策略性地将人犯交给"北京临时政府"辖下的法庭审理。① 然而，英国方面从未承认"北京临时政府""南京维新政府"是代表中国的政权，如果将人犯交给"北京临时政府"辖下的法院，不免有"承认"的嫌疑，而如果将人犯逐入华界，则必然落入日军之手。英国驻天津总领事贾米森认为，以羁押的方式惩处"恐怖分子"，实在是太轻微了，根本无法遏制"恐怖行动"在租界的持续存在。② 而日方借"恐怖行动"与"政治行动"（political activity）在租界滋长的理由持续给予英方压力，进而要求英方对日本的要求采取合作的态度，但在天津的英国领事并不情愿让步，而关于"政治行动"③ 一词也因为定义模糊，而有了暧昧的诠释空间，但对于持有枪械者移交"地方当局"一节则采支持的态度，而对其余政治犯则应驱逐出境。④ 而倘若英国外交部打算继续羁押这些人犯，也必须考虑英国租界工部局里是否有足够空间容纳的问题。⑤ 而英国外交部的秘书长（the secretary of state for foreign affairs）则天真地以为，这些地下特工既然能潜入租界，必然也能顺利潜出。⑥

英国一如其力求"中立"之姿态，期许两方莫轻举妄动，但始终没有结果，"恐怖"与"破坏"行动仍旧持续不断。由于英国与国民政府间仍存有官方的外交关系，因而英国外交部的基本立场，较偏袒国民政府，认为这些遭到逮捕的嫌犯如遭驱逐，进入"北京临时政府"的区域，将有立即遭日本方面逮捕的危险，基于保护的立场，英国外交部拒绝了本间雅晴（1887～1946）将政治犯驱逐出境的提案。⑦ 但日本方面持续给予英方压力，

① Proposed action to be taken with regard to political offenders at Tientsin. FO. 371/23397. pp. 85 – 87. [F3735/1/10].

② Jamieson to F. O. April 21, 1939, FO. 371/23397. pp. 96 – 97. [F3891/1/10].

③ 实际上，4 月 21 日时曾经为"政治行为"（Political activity）下了定义，包含：（a）利用租界作为游击行动的基地；（b）分发反日宣传的宣传品；（c）危害租界中立的行为。但此定义仍然很模糊。详见 Tientsin Terrorists, June 2, 1939, FO. 371/23398, p. 70. [F5263/1/10]。

④ Broadmead to F. O. May 19, 1939, FO. 371/23397, pp. 102 – 103. [F3919/1/10].

⑤ Jamieson to F. O. April 28, 1939, FO. 371/23397, p. 109. [F4069/1/10].

⑥ Jamieson to F. O. May 1, 1939, FO. 371/23397, pp. 111 – 112. [F4154/1/10]；此文件中并未标名为何人。

⑦ Mr. Broadmead（Shanghai）to F. O. April 18, 1939, FO 371/23397, pp. 87 – 88. [F3735/1/10].

要求天津工部局取缔抗日分子。① 并且改变英国在华之态度，不再以"援蒋"为远东之外交基调，而改与日本之"东亚新秩序"合作。让英国备感压力的是日本在幕后扬起的反英运动。

英国驻华大使卡尔（Archibald Clerk-Kerr，1882～1951）于 4 月 30 日面见蒋介石夫妇，席间讨论了天津事件的问题。卡尔强调，英国方面无法持续保护在租界里执行"恐怖行动"的国民党人员，除了从事"恐怖活动"被捕的人之外，如果能将其余被拘捕的华人送往香港或许是个不错的解决办法。② 但贾米森与本间雅晴交涉时，似乎对于处置方式有所变更，打算将持有炸弹者引渡，而其他政治犯则予以口头警告后驱逐，若于 24 小时内未离开则交给"地方当局"。③ 但这一决定，似乎并未包含程案 4 人，而是自此之后的处理原则。英国方面以天津工部局对于程案 4 名疑犯以证据不足为由，并不甚愿意引渡给"北京临时政府"。④

因此 5 月 7 日，天津军便发表声明，要求天津工部局不要以租界包庇罪犯，必须尽快缉凶引渡。⑤ 5 月 19 日，在津的英国租界深觉有被日本强行占领的危险，英国驻日大使克莱琪（Robert L. Craigie）试着与日本修好关系，也劝说英国外务部要做好向法国或是美国寻求援助的心理准备。⑥

卡尔曾经建议，为了程案设立一个由英国、日本及一个中立国（原则上是美国）组成的特别法庭审理，并通过天津英国总领事告知天津日本总领事，但遭拒绝。⑦ 英方所求，为力保天津英租界的中立性：一方面要求国民政府不要滥用租界作为反日的基地，以避免日本及其傀儡政权持续给予压力；一方面希望日本与其傀儡政权能尊重租界的特殊地位，英国有权捍卫其租界利益，而英国方面将重犯（无论其动机是否是政治性的）按照现行程序移送至当地法

---

① Mr. Jamieson to F. O. April 24，FO 372/23397，pp. 96 – 97. ［F3891/1/10］.

② A. Clerk Kerr to F. O. May 1，1939，FO. 371/23397，pp. 114 – 116. ［F4182/1/10］.

③ Jamieson to FO. May 2，1939，FO. 371/23397，pp. 110 – 112［F4154/1/10］.

④ 《田代總領事給有田外相：天津英租界犯人引渡交涉ニ關スル件》，1939 年 5 月 27 日，［支那事變關係一件/天津英仏租界ニ關スル諸問題（郵電務關係ヲ除ク）第一卷］，日本亞細亞資料中心藏，編號：B02030646700，第 245～246 頁。

⑤ 《五月七日天津軍當局ノ英佛租界ニ關スル聲明ニ關スル件》（1939 年 5 月 7 日），［支那事變關係一件/天津英仏租界ニ關スル諸問題（郵電務關係ヲ除ク）第一卷］，日本亞細亞資料中心藏，編號：B02030646700，第 250 頁。

⑥ Sir R. Craigie to F. O. May 19，1939，FO 371/23397，p. 183. ［F4781/1/10］.

⑦ 《英國外交文件 III》（9），第 156、619 頁；《郭泰祺報部电》，1939 年 6 月 15 日，［抗战初期英日谈判我方因应］，《外交部档案》，档案号：312，外交部藏，无页码。

院审理，情节较轻者不驱逐出租界的处理方式不变。^① 但英国方面强烈要求国民政府停止一切反日活动，避免给予日方口实，迫使英国接受日方要求，而无力以中立姿态维持租界的特殊地位。

四　日本方面的态度

日方态度以控制在华租界为其主要目的。

租界为日军所不能直接掌握的地区，然而，被刺的程锡庚在"北京临时政府"中居于高位，更是发行"华兴券"（联银券）的联合储备银行经理。^② "北京临时政府"伪行政委员会委员长王克敏对此还发表谈话。天津伪代理市长温世珍（？～1949？）^③ 也在隔日向英国驻天津领事递交抗议，要求英国租界工部局即刻缉凶引渡、改进安全措置、同意天津官警得以随时进入英国租界与工部局官警协力侦捕。^④ 陈箓与程锡庚这两起刺杀案件，目标都是在傀儡政府中任高官的华人，凸显了租界安全已经亮起红灯。4 月 10 日，日本方面通过驻天津总领事田代重德发给英国驻天津总领事一封私函，要求英国方面同意日本派遣宪兵队进入租界协助搜索，并协助引渡嫌犯。^⑤ 未几，又爆发了疑似谋刺天津伪代理市长温世珍的案件，^⑥ 加上租界持续使用法币，并被日方认定为中国共产

---

① 《卡尔函王宠惠》，1938 年 8 月 24 日，［天津事件 1］，《外交部档案》，档号：312，外交部藏，无页码。之所以卡尔称依现行程序，乃是根据 1858 年中英两国签署之《中英天津条约》。《中英天津条约》第二十一条："中国民人因犯法逃往香港或潜住英国船中者，中国官照会英国官，访查严拿，查明实系罪犯交出。通商各口倘有中国犯罪民人潜匿英国船中房屋，一经中国官员照会领事官，即行交出，不得隐匿袒庇（if Chinese offenders take refuge in the houses or on board the vessels of the British subjects at the open ports they shall not be harboured or concealed but shall be delivered upon due requisition by the Chinese Authorities addressed to the British Consul）。"详见《中英天津条约》，王铁崖编《中外旧约章汇编》第一册，三联书店，1982，第 99 页。
② 该年 3 月 11 日，"北京临时政府"才刚通令禁止重庆法币继续流通，改而发行"华兴券"为流通的货币。
③ 温世珍，早年就学于水师学堂，跟随过李鸿章做事，外交体系出身，似乎担任过江苏交涉员，交涉临城劫车案。"北京临时政府"成立之后，留在天津，时为天津"代理市长"。
④ 《伪市署为程锡庚在大光明影院被狙殒命致英总领事公函》，1939 年 4 月 10 日，收入天津档案馆、南开大学分校档案系编《天津租界档案选编》，天津人民出版社，1992，第 87～88 页。
⑤ 《田代總領事給有田外相》，1939 年 4 月 14 日，［支那事變關係一件/天津英仏租界ニ関スル諸問題（郵電務關係ヲ除ク）第一卷］，日本亞細亞資料中心藏，編號：B02030646600，第 199 页。
⑥ 《天警高密合第 188 號：天津總領事館警察署長田島周平給田代總領事與北京警務部長崛內》，1939 年 4 月 12 日，［支那事變關係一件/天津英仏租界ニ関スル諸問題（郵電務關係ヲ除ク）第一卷］，日本亞細亞資料中心藏，編號：B02030646700，第 206～223 页。

党的活动基地，而使得日本认定租界具有"敌性"（enemy character）。①

封锁英法租界似乎是有预谋的，早在1938年12月，日本驻天津总领事田代重德便草拟了一份特别警备计划，呈给外务大臣有田八郎（1884~1965），其中谈及封锁英法租界、限制交通的措施，并详列实施要点。② 程锡庚之死正是一个机会。"北京临时政府"也从旁配合，其伪天津市政府于4月14日由伪代理市长温世珍发布密令，要求居住于租界的伪市署公务员必须于三日内搬离租界，并严禁伪市署公务员居于天津英法租界内。③

5月31日，日本驻天津领事田代重德发言，要求英天津工部局于6月7日中午前引渡人犯。日本方面则早在田代宣布最后通牒时间前的5月27日，便先由"北支那方面"军司令部预先做准备，草拟《对天津英法工作要领案》，详列经济封锁的实施要领，作为日后封锁天津租界的基本方针。④

时至6月初，眼见6月7日中午的时限将至，而天津英国工部局方面竟无递解的迹象，使得发出通牒的日本方面，面子有些挂不住。而该月2日，日方接获线报，英国疑利用美国船只，将已经逮捕的所谓"抗日分子"的政治犯抢运香港，避免因释放之后，一出租界便遭日伪逮捕。⑤ 就在日本天津总领事拒绝了英国天津总领事提案，以英、日与中立国组织三国的特别法庭处理程案时，日军方面于6月12日发出布告，宣布将自14日6时起，依照海牙《陆战法规和惯例公约》第42条封锁英法租界，由第二十七师团负责盘查所有人等的出入，并进

---

① 日内阁情报部编《天津英租界问题》，东京，内阁情报部，1939，第2~3页。日本亚细亚数据中心藏，编号：A06031095600。所谓"敌性"是国际法词语，此为交战国采取"破坏"与"限制"措施时，鉴定对象的标准。一般认为，凡属交战国他方之国民及其财产皆具有敌性，然而，还得视情况定位，因为有时中立国的国民或其财产也可能具有敌性。详见张彝鼎等编《云五社会科学大辞典：国际关系》，台北，台湾商务印书馆，1976，第324~325页。

② 《對英佛租界特別警備計畫ニ關スル件》，1938年12月16日，［支那事変関係一件/天津英仏租界ニ関スル諸問題（郵電務関係ヲ除ク）第一卷］，日本亞細亞資料中心藏，編號：B02030646300，第16~26頁。

③ 《天津特別市公署祕密訓令建字第六號》，1939年4月14日，［支那事変関係一件/天津英仏租界ニ関スル諸問題（郵電務関係ヲ除ク）第一卷］，日本亞細亞資料中心藏，編號：B02030646600，第203頁。

④ 北支那方面軍司令部，《天津英佛租界ニ對スル工作要領案》，［支那事変関係一件/天津英仏租界ニ関スル諸問題（郵電務関係ヲ除ク）第二卷］，日本亞細亞資料中心藏，編號：B02030647500，第344~346頁。

⑤ 《天警高密第403號：在天津總領事館警察署長田島給天津總領事田代與北京大使館警察署長崛内》，1939年6月2日，［支那事変関係一件/天津英仏租界ニ関スル諸問題（郵電務関係ヲ除ク）第一卷］，日本亞細亞資料中心藏，編號：B02030646700，第256頁。但中英双方的文件并没有这项记录。

行经济封锁。①

　　日本所求为租界问题的根本解决，除了所谓的"恐怖分子""抗日分子"外，尚须将通货统一，禁止国民政府之法币的流通，以及整理租界内的金融管理机构，并要求英方同意与日方共同进行搜捕活动。② 与此同时，"北京临时政府"亦对英法两国发表声明，申述蒋介石利用租界从事破坏行动，破坏华北安定，要求：（1）将程案与共产分子引渡交出；（2）旧法币停止流通，并与"北京临时政府"合作交出留存白银；（3）协助检查租界内的华籍银行、钱庄与商社；（4）取缔违反"北京临时政府"政策的设施、言论与出版品；（5）期许能在租界共同取缔抗日援蒋活动。③ 6 月 23 日，日本外相有田告诉克莱琪，天津租界被封锁的结果，乃是英国持续支持蒋介石的缘故，日方期待英国能改变其态度，充分"合作"。④

　　此一要求，兹事体大。但经济封锁确实让英法租界吃不消，英国不得不寻求与日本会谈的可能。6 月 28 日，日本同意与英国在东京会谈。⑤ 为了筹划这次会谈，日本方面如临大敌，特别设置交涉部与事务部，其中交涉部由加藤参事官、田中领事与奥村事务官负责；事务部由土田及杉原两位科长带领，下设庶务班、经济班、政治班、治安班等，另外还有一位专司联系的联络部部长。⑥ 英方出席人员由英国驻日大使克莱琪率领，以驻日本大使馆人员为主，

---

① 《有田外务大臣函田代總領事》，1939 年 6 月 12 日，［支那事变関係一件/天津英仏租界ニ関スル諸問題（郵電務関係ヲ除ク）第二卷］，日本亞細亞資料中心藏，編號：B02030647500，第335 页。

② 北支那方面軍参謀長山下奉文，《指示》，1939 年 6 月 13 日，［支那事变関係一件/天津英仏租界ニ関スル諸問題（郵電務関係ヲ除ク）第二卷］，日本亞細亞資料中心藏，編號：B02030647500，第 375～376 页；《英國外交文书 III》（9），第 194～195 页。就国民政府方面所获得的清报，日方要求五点：（1）引渡程案犯人；（2）英国租界工部局添聘日籍督察 15名；（3）释放 12 名僧人；（4）电话局移交天津市政府；（5）租界通用联银券。详见《中央调查统计局长朱家骅函外交部长王宠惠》，1939 年 7 月 1 日，［抗战初期英日谈判我方因应］，《外交部档案》，档案号：312，外交部藏，无页码。

③ 《天津市长温世珍致英国、法国驻天津总领事声明》，1939 年 6 月 22 日，［天津租界问题8，不明］，日本亚细亚数据中心藏，编号：B02030578200，第 427～429 页。

④ 《克莱琪电哈里发克斯》，1939 年 6 月 24 日，《英国外交文书 III》（9），第 219～220 页。

⑤ 《天津英國租界に関する外务省情报部發表》，1939 年 6 月 28 日，［支那事变関係一件/天津英仏租界ニ関スル諸問題（郵電務関係ヲ除ク）第十四卷/日英東京会談　第一卷］，日本亞細亞資料中心藏，編號：B02030660900，第 202 页。

⑥ 《日英交涉外务省關係官事务分攤》，1939 年 6 月 29 日，［支那事变関係一件/天津英仏租界ニ関スル諸問題（郵電務関係ヲ除ク）　第十四卷/日英東京会談　第一卷］，日本亞細亞資料中心藏，編號：B02030660900，第 211 页。

加上两位分别来自上海与天津的领事，共 7 人。①

日方要求数点，大要如下：

（1）关于北中国的安全，租界当局必须与当地的帝国军队合作，提供必要的协助；

（2）无条件引渡程案疑犯至日本军方面，或是"北京临时政府"；

（3）刑事犯在必要时须引渡；

（4）租界必须严加取缔抗日援蒋活动；

（5）租界工部局如有需要，得联系日本宪兵协同搜捕人犯；

（6）租界中须通行联银券；

（7）将租界中国民政府存于银行之现银移交"北京临时政府"。②

程案已经扩大为对租界地位的全面挑战。所求不外乎承认"事实上之政府"与"与日本合作"两端。此外，还要求要肃清工部局内的反日成员。③ 东京谈判中，也以消除英国租界内的抗日共产活动为要求之一，另也以经济问题为考虑，而必须予以日方有"搜查"与"取缔"的权力。起初引发天津事件的程案与被羁押的 4 人，在英方认为日本方面已经提出充足证据后，于 9 月 5 日下午引渡。为水患所苦的天津租界，面对经济上的封锁只得依靠外界提供的支持方能续存，日方所提的证据，或许也仅是让英国有台阶可下的手段之一。④

---

① Opening Speech by the Foreign Minister，［支那事変関係一件/天津英仏租界ニ関スル諸問題（郵電務関係ヲ除ク）　第十四巻/日英東京会談　第一巻］，日本亜細亜資料中心藏，編號：B02030660900，第 249 頁。

② 清木事務官，《天津租界問題解決要綱》，1939 年 6 月 29 日，［支那事変関係一件/天津英仏租界ニ関スル諸問題（郵電務関係ヲ除ク）　第十四巻/日英東京会談　第一巻］，日本亜細亜資料中心藏，編號：B02030660900，第 207～210 頁。

③ 由于天津租界刺杀活动频繁，时任天津英工部局警务处处长李汉元被指有包庇抗日活动的嫌疑，被迫离职。详见《天津英工部局前警務處長李漢元ニ関スル件》，1939 年 4 月 28 日，［支那事変関係一件/天津英仏租界ニ関スル諸問題（郵電務関係ヲ除ク）　第一巻］，日本亜細亜資料中心藏，編號：B02030646700，第 233 頁；《掘内参事官給有田外相》，1939 年 7 月 4 日，［支那事変関係一件/天津英仏租界ニ関スル諸問題（郵電務関係ヲ除ク）　第十四巻/日英東京会談　第一巻］，日本亜細亜資料中心藏，編號：B02030660900，第 251～252 頁。

④ 国民政府方面所得的信息是，这 4 人是被屈打成招的。然而，天津工部局似乎真的抓错了人。8 月 28 日，祝宗梁、袁汉俊两人自香港致删电给国民政府主席，自称刺杀程锡庚的凶手，刺杀成功之后潜逃入港，但闻天津工部局捕获无辜者 4 人，因此打算在程案 4 人移解"天津地方法院"之前，向英国总督自首，唯英国方面必须保证不将他两人递送日本或是其傀儡组织。详见《国民政府交办祝宗梁等电》，"为刺杀汉奸程锡庚后，已来港，决向港督自首，在自首前须政府表示不移送敌伪审判，乞妥查"，1939 年 8 月 28 日，［天津事件 2］，《外交部档案》，外交部藏，档案号：312，无页码。

中日两国虽未宣战，因此日本无法以战时国际法处理控制区域，但以相关谈判的方式，企图撷取交战国的部分权力，以及为其扶植之傀儡政权换取类似"交战团体"的资格，而使得发生于中国的战争，在表面上看来反而像是一场奇异的"内战"。日本逼使英国与之发出《有田－克莱琪协议》，使英国承认目前的大规模战争状态，并知悉日本方面对于保障其自身安全与控制区内公安之目的，得有特殊要求，以消灭阻止日军或是有利于日军之敌人的行为。[1] 日本在此获得优势。

五　国民政府方面的态度

国民政府方面期盼能维持在华租界的"特殊性"以及自身的"正统性"。

起初，英国租界工部局怀疑这起刺杀案件是复兴社所为。事发之后，中国国民党便决定与这个事件撇清关系。中国国民党中央执行委员会秘书处于4月14日发函外交部，要求外交部对此事做以下答复："甲、程近尚辞就伪津海关监督，当系开罪敌方，为敌所杀。乙、所用手枪形式英法日华各国均有，且我方人员被敌逮捕，连带损坏枪支甚多，亦不能敢断为我方所为，并另造空气，谓程与中央有关，被敌发觉，故在租界击毙而嫁祸于我，以为交涉口实。"[2]此一脱罪之词，很快地就被天津的英国工部局识破。工部局依据拾获的刺杀枪支上所登记的枪码，确认该枪支乃1938年5月3日由宋子良所属的西南运输公司在香港枪店所购置的。此一明证，直指国民政府所属情报机构乃此一暗杀事件的主使者无误。[3]

当英国租界工部局方面于4月中开始大行搜捕之时，租界的特工人员便致电国民党中央，报称"驻津英领事命令，诚意邀请日方偕同在英租界普遍检查，闻如检出枪支，即送伪法院，如检出政治文件或宣传品，当即驱逐出境"。不仅指出人员无法工作，也指责英方有失中立之嫌。[4] 但仍有许惠东所领导之开滦工运办事处被查获，许惠东被捕，戴笠所领导之忠勇义国军亦被捕去一人，且

---

① 《有田－克莱琪协定》，1939年7月24日。

② 《极密》，1939年4月14日，[天津事件2]，《外交部档案》，外交部藏，档号：312，无页码。

③ 《戴笠电王之光》，无日期，[戴公遗墨——总务类（第四卷）]，《戴笠史料》，"国史馆"藏，典藏号：144－010112－0004－109。

④ 《中央执行委员会密函外交部》，1939年4月12日，[天津事件4]，《外交部档案》，外交部藏，档案号：312，无页码。

招供出 53 号路 61 号为机关所在地，因而有救国军成员 4 人被捕之情事。①

5 月 27 日，英国驻华参事裨德本（Prideaux-Brune）致函重庆外交部，称英方已基本上决定继续羁留程案 4 人，然而却说将来如逮捕从事恐怖活动，且经侦察后有确切证据者，移送至"事实上之地方当局"（hand over to the de facto authority）审理，情结轻微者则逐出租界。② 裨德本于隔日面见外交部部长王宠惠（1881~1958），谈及英国外交部此一决定，王宠惠对于英国将要把人犯移交给"事实上之地方当局"一事，提出抗议，认为英国此举便有承认傀儡政权之危险，提议英国应该持续拘留人犯，或是当即释放，使其留在租界，直到战争结束。③ 但英国方面因日本的压力渐大，加以欧洲局势已经指向战争，使其对日几乎呈现屈服的态势。裨德本表示，现在英国所面临的是一个非常状况，对于王宠惠所提的意见能予以转达，但应无法转圜。④ 政务次长徐谟得知此一决定后，发函给国防最高委员会与中统局，一方面告知英方决定，另一方面为避免英方承受过大压力而要求敌后人员暂停活动。⑤ 蒋介石委员长下令于 6 月 1 日召开会议，外交部部长王宠惠、中国国民党中央执行委员会秘书长叶楚伧（1887~1946）、中央调查统计局局长兼组织部部长朱家骅（1893~1963）、中央宣传部部长王世杰（1891~1981）出席——但王世杰因故未到——全面商讨租界的法律地位。会中做成几点决定上呈：

（1）对于租界的法律立场予以维持，不变更地皮章程与法院协议；

（2）请租界方面谅解爱国行动之自发性，并非重庆方面所能掌控；

（3）希望租界方面也能取缔刺激国民政府或是中国人民的言论；

（4）对于敌后工作，要求同志慎重或是暂缓执行。⑥

---

① 《中央执行委员会密函外交部》，1939 年 5 月 3 日，［天津事件 4］，《外交部档案》，外交部藏，档案号：312，无页码。

② 《裨德本致函重庆外交部》，1939 年 5 月 27 日，［天津事件 2］，《外交部档案》，外交部藏，档案号：312，无页码。

③ 《廿八年五月廿八日上午十一时英大使馆代理中文参事裨德本与部长在外交官舍谈话记录》，1939 年 5 月 28 日，［天津事件 2］，《外交部档案》，外交部藏，档案号：312，无页码。

④ 《廿八年五月廿九日下午六时英大使馆代理中文参事裨德本与部长在外交官舍谈话记录》，1939 年 5 月 29 日，［天津事件 2］，《外交部档案》，外交部藏，档案号：312，无页码。

⑤ 《密：致国防最高委员会秘书厅》，1939 年 5 月 30 日，［天津事件 2］，《外交部档案》，外交部藏，档案号：312，无页码；《密：致中央执行委员会秘书处》，1939 年 5 月 30 日，［天津事件 2］，《外交部档案》，外交部藏，档案号：312，无页码。

⑥ 《致国防最高委员会秘书长张群函》，1939 年 6 月 3 日，［天津事件 2］，《外交部档案》，外交部藏，档案号：312，无页码。

　　然而裨德本仍期望从国民政府口中，获得暂停租界区内恐怖活动的允诺。6月5日上午，裨德本面见国民政府外交部欧美司司长刘师舜，但刘师舜仅称，租界内的爱国行为或为自发，并非政府下了命令便能终止。① 而英国方面认为，国民政府曾于1938年10月对英方承诺不在租界进行治安骚乱，但未曾做到，致此时必须受制于日方压力，徒使租界之中立无法维持。②

　　6月6日，外交部接获线报，英国工部局方面即将引渡两人给"地方当局"，其余共计16人将被逐出租界，便急电驻英大使馆，请其以蒋委员长名义劝阻。③ 中统局副局长徐恩曾致函外交部，请外交部转告英国方面，切勿让日军知悉政治犯之释放时间与地点，但请私下知会外交部，以便派人接应。④ 然而，似乎只是虚惊一场，英方告以并未移交任何华人，但日方压力甚重，如万一必得交出时，亦请国民政府见谅。⑤ 由此得见国民政府方面的紧张。

　　《有田－克莱琪协议》发表之后，国民政府并不满意，通过驻英大使馆向英国方面提出抗议。由于该协议内容笼统、模棱两可，很容易曲解或是扩大解释，英日间的谈判涉及中国主权与相关利益，但是国民政府并未受邀参加。而国民政府期待英国对于"日军在华并无任何权力"一点有所表示，但是没有，因此强调日军在华的军事行动完全违反国际法与《九国公约》，并再次重申中国对于被控制地区的主权。⑥ 而国民政府对于东京谈判中竟会讨论租界法币流通与白银问题表示惊讶，则期许英方不与日本谈判此一超过"治安"范围的议题。⑦ 英国派遣卡尔亲向蒋介石说明英日协议之内容，强调东京会谈的举行乃因为"恐怖行动"的持续发展，而英国所求为租界并不偏袒任何一方的中立，但并不认为英国已经改变其东亚政策而抛弃了国民政府，所处理的乃与日

---

① 《裨德本与刘师舜会谈大要》，1939年6月5日，［天津事件2］，《外交部档案》，外交部藏，档案号：312，无页码。

② 《驻英大使郭泰祺报部电》，1939年6月6日，［天津事件2］，《外交部档案》，外交部藏，档案号：312，无页码。

③ 《外交部长王宠惠电驻英大使馆》，1939年6月6日，［天津事件2］，《外交部档案》，外交部藏，档案号：312，无页码；Disposal of internees at Tientsin, June 6, 1939, FO. 371/23398, ［F5496/1/10］。

④ 《徐恩曾致外交部函》，1939年6月7日，［天津事件2］，《外交部档案》，外交部藏，档案号：312，无页码。

⑤ 《驻英大使郭泰祺报部电》，1939年6月10日，［天津事件2］，《外交部档案》，外交部藏，档案号：312，无页码。

⑥ Memorandum, July 31, 1939, ［天津事件3］，《外交部档案》，外交部藏，档案号：312，无页码。

⑦ Memorandum, July 31, 1939, ［天津事件3］，《外交部档案》，外交部藏，档案号：312，无页码。

本间日常遭遇的困难。①

8 月 10 日，英国驻华大使卡尔致函外交部，称日英东京会谈中，日方对于程案被羁押的 4 人，提出相当充足的证据，英国方面的立场是已经决定将疑犯引渡至"地方当局"审理。② 驻英大使郭泰祺仍期待英国方面能及时拒绝引渡，并以国际法庭（international court）的方式审理此案，但外长王宠惠以没有相关协议为由，无法可据而作罢。③ 同情程案 4 人遭遇的英国律师打算在上海上讼，国民政府并代为支付庭费及律师费企图营救，但仍无功。④ 虽然英国方面一再陈说并未改变东亚政策，但外交部方面仍担心英国以内战的格局，处理"北京临时政府"与国民政府之间的关系，因此程案 4 人方得引渡"地方当局"。⑤

持续以废除不平等条约为己任的国民政府和中国国民党，在此危局之时，竟征引 1858 年的《中英天津条约》与相关的地皮章程、法院章程，一方面期待英方尊重条约内容，一方面力图凸显自己"正统"的地位。然而，《有田 – 克莱琪协议》的发表，已经迫使国民政府将其势力撤出租界。9 月 5 日下午，程案 4 人引渡给"地方当局"的"华方法院"。国民政府方面并未提出任何抗议。而持续通报天津消息之天津电报局局长王若僖似于 9 月 28 日遭逮捕，致使驻津之电信单位火速撤离。⑥ 此次逮捕行动共有 14 人落网，其中 11 人并未获得充分证据而饬回，另有 3 人移交给"地方当局"。⑦ 国民政府期待程案等政治犯能引渡至重庆方面能掌握的法院审理，然而实际上并不可能，而《有田 – 克莱琪协议》的发表与后续的逮捕行动，使租界维持其特殊化的愿望破灭。

---

① 《外交部长王宠惠自重庆呈蒋委员长报告英大使对于英日东京会议之意见函》，1939 年 7 月 28 日，《中华民国重要史料初编：对日抗战时期》第三编，"战时外交"，台北，中国国民党党史会，1981，第 104 页。

② Personal message from H. M. ambassador to the Generalissimo and the minister of Foreign Affairs, August 10, 1939, ［天津事件 2］，《外交部档案》，外交部藏，档案号：312，无页码。

③ 《驻英大使郭泰祺报部电》，1939 年 8 月 14 日，［天津事件 2］，《外交部档案》，外交部藏，档案号：312，无页码。

④ 《驻英大使郭泰祺报部电》，1939 年 8 月 10 日，［天津事件 2］，《外交部档案》，外交部藏，档案号：312，无页码；《驻英大使郭泰祺报部电》，1939 年 10 月 29 日，［天津事件 2］，《外交部档案》，外交部藏，档案号：312，无页码。

⑤ 《外交部电驻英大使馆》，1939 年 8 月 15 日，［天津事件 2］，《外交部档案》，外交部藏，档案号：312，无页码。

⑥ 《交通部次长彭学沛函外交部次长徐谟》，1939 年 10 月 7 日，［天津事件 4］，《外交部档案》，外交部藏，档案号：312，无页码。

⑦ 《王宠惠呈报蒋委员长》，1939 年 10 月 26 日，［天津事件 4］，《外交部档案》，外交部藏，档案号：312，无页码。

六　结语

自 1937 年起，日本的军事行动搭配傀儡政权的建立，起初对于仍保有条约权力的列强，并不打算更易其在华利权，因此各国在条约口岸的租界仍维持原样。就外在的样貌看来，似乎在中国的军事冲突，反而像是一场"内战"，由国民政府与"北京临时政府""南京维持政府"相抗，而日本为后两者的友军。① 而各列强在华的姿态，基本上是一个"中立国"的角色。

对于远在重庆鞭长莫及的国民政府而言，对中立国姿态存在于中日冲突间的各国租界，是得以利用为敌后基地的区域，加上租界中有较优良的出版系统，更是能扰乱敌后的重要力量。程案爆发之后，为避免这些据点在当前的压力下遭到拔除，只得暂避其锋：一方面将重庆与敌后人员的关系进行切割；一方面也要求敌后工作人员近日谨慎活动，避免造成英方压力。而由于英日之间尚未宣战，日本的目的是拔除国民政府的敌后据点，并非与英国兵戎相见。但予英国之压力，以在欧战一触即发之时，以封锁租界的方式呈现。

驻日大使克莱琪在东京谈判中断期间，致电英国外长哈里法克斯（Edward Halifax），认为英国方面似乎在租界封锁及反英热潮中，不得不承认日本在名义上自治的华北占有优势地位，也必须放弃在《九国公约》体系下进行协商的可能。② 欧战的爆发，更使得英国急于处理东亚问题，面对"现实状态"，而对日屈服，承认"北京临时政府"在华北的势力，即便它只是一个傀儡政权。《有田-克莱琪协议》的提出，对日本来说是一大成功，对国民政府而言

---

① 观乎"北京临时政府"与"南京维新政府"的成立宣言，其主要诉求除了"中日亲善、相互提携"之外，尚有宣示该政府之成立后，将不会承认重庆当局与其他国家签署之协约的效力，并以平等态度与他国交往，只能说是一个脱离"中央"自立的自治政权。而汪精卫政权则完全以"中央"自居，为"唯一的合法的中央政府"。详见《中华民国临时政府成立宣言》，中国第二历史档案馆编《中华民国史数据汇编》（第五辑第二编），附录（上），江苏古籍出版社，1997，第 18~20 页；《中华民国维新政府宣言》，"维新政府行政院"印铸局《政府公报》（1），1938 年 4 月 11 日，第 1~2 页；《中华民国维新政府政纲》，"维新政府行政院"印铸局《政府公报》（1），1938 年 4 月 11 日，第 3 页；《中华民国维新政府外交部发言人对新闻记者宣言》，"维新政府行政院"印铸局《政府公报》（3），1938 年 4 月 25 日，第 15 页；《国民政府还都宣言》，国民政府文官处印铸局《国民政府公报》（1），1940 年 4 月 1 日，第 1~2 页；《国民政府令》，1940 年 4 月 6 日，国民政府文官处印铸局《国民政府公报》（4），1940 年 4 月 8 日，第 1 页。

② 《克莱琪致哈里法克斯》，1939 年 8 月 25 日，《英国外交文件 III》（9），第 495~497 页。

不啻是一大打击。英方急于促使日方解除对天津租界的封锁，对第二次东京谈判的重开较为急切，只因无法接受日方以答应其所提要求后即能重开谈判而已。①

英国在刑事部分与日方和傀儡政权配合后，关于联银券与存银问题，也多以面对现状的方式处理。关于将天津存银拨交"北京临时政府"，英方在第一次东京会谈时，似曾有意另以海关款项拨交 50 万英镑为补偿，堵住国民政府之口。② 但英国在存银方面的坚持，使得存银大部分以封存的方式冻结，而未流入"北京临时政府"手中。然而，国民政府方面虽同意提拨部分存银赈济华北水患，但仍期待能交给有国民政府所派驻代表的国际组织支用。最后则是在国民政府的同意下，将 10 万英镑交由北平之救济委员会购买救济物品后，其余由英日两国总领事封存于交通银行。③ 联银券则获得与法币在租界共同流通的地位。在法理上（de jure），国民政府失去了利用租界的机会，而在实际上（de facto）"北京临时政府"借着日本的势力进入租界，国民政府在日军洪流下的"孤岛"，遂淹没于汪洋之中。

① 《十月十一日下午四时部长会晤英国大使卡尔爵士谈话记录》，1939 年 10 月 11 日，［天津事件 3］，《外交部档案》，外交部藏，档案号：312，无页码。

② 《蒋委员长函驻英大使郭泰祺》，1939 年 7 月 20 日，［抗战初期英日谈判我方因应］，《外交部档案》，档案号：312，外交部藏，无页码。

③ 《外交部部长致英国大使照会》，无时间，《中华民国重要史料初编：对日抗战时期》第三编，"战时外交"，台北，中国国民党党史会，1981，第 110 页。

广田弘毅外相时期的日本对华政策再考

—— 以就任初期的中日关税税率交涉为中心

浙江大学历史系　　陈群元

一　前言

1933 年 5 月 22 日，中国国民政府因应中日关税协议的到期，基于完全的关税自主权，公布了一份自行研拟的新税率。这份税率公布之后，因为规定税率普遍高于以往，因而引起了相关各国的不满，纷纷向国民政府协商税率降低问题。其中，日本的态度最为强硬，持续地要求国民政府"修正"税率，最后在 1934 年 7 月 3 日，国民政府实施了一份修改后的新税率，一般咸认此份新税率的出现，当与日方的压力有莫大的关联。

对于日本与 1934 年税率形成的关系，学界的研究虽然不多，但是久保亨优异的研究，对中国方面的动向做出了精辟的论述。[①] 不过在中日交涉的部分，久保亨着墨较少，因此仍留下了一些值得探究的空间。另外，金志焕的研究亦相当值得重视。[②] 虽然金志焕的探究只提及了一些调整税率的动向，并没有针对交涉过程多做研究，但金志焕所提及的这些动向，多有着不容忽视的重要性。

由于久保亨、金志焕的研究，都未针对中日交涉部分特地着墨，但就外交的层面来说，中日交涉实有其不容忽视的重要性，因此本文首要处理的课题，

---

① 久保亨，《戦間期中国〈自立への模索〉：関税通貨政策と経済発展》，東京，東京大學出版會，1999，第 3 章第 4 节、第 4 章。
② 金志焕：《南京国民政府时期关税改订的性质与日本的对策：兼论 1933、1934 年度中国关税改订与棉业的关系》，《抗日战争研究》2000 年第 3 期。

即在于进行交涉过程的探究。究竟中日交涉如何进行，有哪些特点，都是本文首要探讨的部分。

由于关于此一交涉的中方档案似乎所存不多，因此本文拟以相对完整的日方档案为主体来进行探究。由于运用的是日本外务省的档案，因此本文拟就史料本身内容的特质，以外务省对交涉过程的认知为中心，来进行相关议题的探究。

具体来说，本文不触碰税率本身的研议过程，而是专注于中日交涉的层面部分。处理的课题除了前述的中日交涉过程之外，也将对日方施加压力的成效来进行讨论。以往的看法认为，日方的压力是迫使国民政府公布1934年税率的原因。但是日方的压力究竟起了什么样的作用，有着什么样的成效，其实不无探讨的空间。此为本文所欲处理的第二个课题。至于影响日方压力成效的因素，则为本文所欲处理的最后一个课题。期望能在过往研究的基础之上，通过对于上述三项课题的考察，进行一次中日交涉史层面的探究。

二　日方的施压与中方的应对

1933年5月22日，中国国民政府公布了一份长期研拟的新关税税率。由于这份新税率的规定税率远高于前，因而引起了一些国家的不满，纷纷向国民政府进行了交涉。在这些国家当中，日本的态度最为强硬，并且行动也最为积极，日本外务省以1933年税率过高会造成输入锐减，反而不利于中方关税收入，以及税率设定明显是针对日本的反日关税，不利于正在转好的中日关系为由，要求国民政府尽快调降关税税率。[1]

对于日方的要求，国民政府起初态度相当坚持，但在双方几次接触之后，中方的态度出现了松动。行政院院长汪兆铭基于缓和当时中日关系的考虑，在8月初向日方表示中方将会调降关税，但仍需要一些处理的时间。对于汪兆铭的好意，日本驻华公使有吉明暂停了日方的交涉动作，转为静待中方的消息与作为。[2]

---

[1]　详细交涉情况请参看久保亨《戦間期中国〈自立への模索〉：関税通貨政策と経済発展》，第3章第4节；陈群元《1933年中国关税税率调整问题之中日初期交涉》，唐启华等编《多元视野下的中华民国外交》，台北，政治大学人文研究中心，2012。

[2]　详细交涉情况请参看久保亨《戦間期中国〈自立への模索〉：関税通貨政策と経済発展》，第3章第4节；陈群元《1933年中国关税税率调整问题之中日初期交涉》，唐启华等编《多元视野下的中华民国外交》。

9月14日，有吉公使在南京和汪兆铭院长会面。在会谈之中，汪兆铭说明调降税率一事碰到了困难，指出有权审查税率的立法院方面表示，英、法两国也要求降低税率，此时只为了日本货品来修正税率，实有困难。并且立法院方面还强调了一年观察期的必要性，主张税率不公平的话，将低税率的项目提高税率亦可，可说是拒绝了日方的要求。对于这样的发展，有吉立即提起了汪兆铭在8月初的说法，严词强调此案的解决与否，影响中日关系至大。对于有吉严厉的抗议与追究8月初的发言责任，汪兆铭则表示此案尚未确定，他仍会继续努力。①

这次的会谈，其实呈现了汪兆铭在调降税率一案的无力之处。虽然在当时蒋、汪合作的情况之下，汪兆铭在国民政府内部也算是权倾一时。但贵为行政院院长的汪兆铭，因为无法掌握派系复杂的立法院，因而无法实现原先计划展现的对日善意。不过更重要的是，尽管国民政府拥有完全的关税自主权，但负责对日外交的汪兆铭，在顾虑到对日关系的情况下，不顾中方拥有完全的关税自主权，而将交涉上的优势地位让与日本，造成了主客易位的态势。

次日，有吉公使为了促使中方积极动作，派遣堀内干城书记官和外交部次长唐友壬及行政院政务处处长彭学沛会面。堀内向唐有壬表示，日本民间对1933年税率激烈地感到不平，日本政府部内也对降低税率有着强烈的期待，但外务省暂时压下了这些声音，并且还进行新闻取缔来让此案的解决更为容易。但此次汪兆铭对有吉公使所说之言，却"背叛"了外务省的期待，若是迁延本案的解决，造成日方公然提出本案并要求中方"反省"的情况的话，"两国的舆论将受极端的刺激，酿成必须忧虑的事态"，因此要求汪兆铭努力降低税率。对此，唐有壬则答以汪兆铭亦有同感，在和有吉会谈后，就已经决定要尽快地说服立法院院长孙科，以及行政院副院长兼财政部部长宋子文。②

之后，堀内书记官和彭学沛见面。彭学沛透露，负责研议税率的财政部国定税则委员会认为，日方先前提供给中方的一份意见书，"只举出极端的例子就大呼不公"，强调1933年税率只是以增加收入为目的，并非要排日；并指出，日本商品相关税率的增加会比其他外国品略高，是因为日本商品在过去的

---

① 《在南京日高總領事致廣田外務大臣第449號電》，1933年9月15日发，日本外務省外交史料館藏外務省記錄，《各國關稅並法規關係雜件 中國ノ部》第19卷，E.3.1.2.X1-C1（下引"外務省記錄"不再注明藏所）。

② 《在中國有吉公使致廣田外務大臣第529號電》，1933年9月16日发，外務省記錄，《各國關稅並法規關係雜件 中國ノ部》第19卷，E.3.1.2.X1-C1。

协议税率下比其他外国商品得到更多的优惠之故。彭以上述理由反对日方的主张。此外，彭学沛还承认，国定税则委员会的意见受到宋子文的支持，这影响了汪兆铭的态度。堀内在听完彭学沛的说明之后，要求彭学沛利用日方的意见书代为反驳财政部的意见，并且设法说服汪兆铭。此外，也要求彭学沛私下出示财政部方面的意见书，得到彭学沛对各项要求的允诺。①

同日夜，汪兆铭院长再次招待有吉公使，对于税率调降的问题，表示此案若不解决，他的立场也和有吉公使一样困难，并说明为了和立法院院长孙科及宋子文"恳谈"，预备乘坐当晚的夜车前往上海。②

汪兆铭、唐有壬及彭学沛等人，在当时可说是国民政府内部的对日协调派。从上述诸人与日方接触的情况看，可以得知他们对日本采取了极其友善的态度，彭学沛甚至还应允私下出示财政部方面的意见书，几乎做了担任日方在国府内的内应工作。汪兆铭等人的意图，明显是为了缓和日方的不满，并且将国府内部对日要求强烈不满的情况，以及他们的无力之处，传达给日方，借此让日方也能采取某种程度的让步，应该也是汪兆铭等人的目的之一。

若是对双方的发言进行检讨，则财政部对日方要求的驳斥与堀内提及的外务省暂时抑制日本国内的不平情况，确实都是事实。③ 对于外务省来说，由于1933年税率问题必须响应日本国内的期待，因此此一问题有着及早解决的必要。有吉公使本是日方推动对华和解的重要代表人物，此时之所以会对汪兆铭施以强压，其原因即在此处。但是，正如同财政部国定税则委员会的意见所显示的，不仅是审议税率的立法院，就连负责研议税率的财政部也对调整税率一事立场强硬，其对情况的认识与日本官方的说法，可说是处于完全的平行状态。

9月23日，唐有壬次长就税率调整案拜访有吉公使。唐有壬向有吉表示，虽然他们对此案有所努力，但"各方面复杂的关系"让此案的解决需耗费相当长的时间，并且透露立法院甚至还存在着提高税率的声音。对于唐有壬的说明，有吉提到了他先前得自须磨弥吉郎一等书记官的关于此案可能被中方迁延一年的情报，声明此种结果不但让日方难以忍耐，也违反了汪兆铭历次的约

---

① 《在中國有吉公使致廣田外務大臣第529號電》，1933年9月16日發，外務省記錄，《各國關稅並法規關係雜件 中國ノ部》第19卷，E.3.1.2.X1－C1。

② 《在中國有吉公使致廣田外務大臣第527號電》，1933年9月16日發，外務省記錄，《各國關稅並法規關係雜件 中國ノ部》第19卷，E.3.1.2.X1－C1。

③ 请看陈群元《1933年中国关税税率调整问题之中日初期交涉》，唐启华等编《多元视野下的中华民国外交》。

定，他诘问唐有壬何时可以看到结果。对于有吉的逼问，唐有壬则答以希望日方理解他们的困难，并未回复任何具体的时间。[①]

唐有壬的此次访问，具体地将税率调整案暂时无法实现的情况告知日方。收到有吉公使报告的外务次官重光葵，立即于 26 日以广田弘毅外相的名义发出急电，指出此案的交涉似已到达"危急时刻"，要求有吉公使对中方施加更为强烈的压力。值得注意的是，重光葵在电文中曾对交涉手法做出指示，要有吉向汪兆铭表示"外务省对中方没有诚意的态度颇为遗憾"，收到外务省要求对中方严重警告的训令，有吉希望汪兆铭重视并尽力解决此案。[②] 重光葵的此一指示，有着让中方觉得有吉公使的立场相对和缓的效果。这种黑脸白脸的交涉手法，其实意味着外务省想避免和汪兆铭一派出现完全决裂的情况。

同日，人在上海的行政院驻平政务整理委员会委员长黄郛前去拜访有吉。同样被日方视为亲日派的黄郛，就税率调降案的问题向有吉表示，汪兆铭和宋子文彼此都在意对方，汪兆铭其实又更为在意，导致税率调整案无法顺利地进行，因此认为最终还是要靠蒋中正才能解决。但蒋中正此时因为正致力于和共产党的战事，除了有着难以立即进行压制宋子文的情况外，也无暇他顾，因此此案恐难迅速解决。[③]

黄郛的这一番话，具体地向日方传达了当时汪、宋、蒋三人的关系，亦即汪兆铭始终都没有打算和宋子文进行正面对决，蒋中正也因为对共产党军队作战的关系，需要仰赖宋子文筹划各种军费。在这样的情况之下，要反对宋子文的财政主张相当困难。税率调降案的处理，基本上不可能在短期之内解决。除此之外，黄郛的说法还有一处必须注意的地方，那就是立法院的意见完全未被提及，反倒是财政部的态度被当作调降税率的最大障碍。

若是从 1933 年税率公布之前的中方动向来说，立法院虽然对税率有着强烈的主张，但汪兆铭总能通过国民党中央执行委员会政治会议（以下简称"国民党中政会"）的事前决议与安排，排除立法院在通过税率上的异见。[④] 从

---

① 《在中国有吉公使致廣田外務大臣第 557 號電》，1933 年 9 月 24 日发，外務省記錄，《各國關税並法規關係雜件　中國ノ部》第 19 卷，E. 3. 1. 2. X1 – C1。

② 《廣田外務大臣致在中国有吉公使第 196 號電》，1933 年 9 月 26 日发，外務省記錄，《各國關税並法規關係雜件　中國ノ部》第 19 卷，E. 3. 1. 2. X1 – C1。

③ 《在中國有吉公使致廣田外務大臣第 565 號電》，1933 年 9 月 26 日发，外務省記錄，《各國關税並法規關係雜件　中國ノ部》第 19 卷，E. 3. 1. 2. X1 – C1。

④ 请参看陈群元《日本与国民政府 1933 年关税税率问题：税率公布之前的双方动向》，《社会科学研究》2012 年第 1 期。

黄郛这位站在第三者立场的国府高层的角度来看，负责研议税率、掌管国家税收的财政部，其实才是此案真正的关键。位居行政院副院长兼财政部长一职的宋子文，执掌国府财政多年，又是蒋中正的姻亲，这个因素确实让汪兆铭必须顾及。在宋子文明确支持财政部主张的情况之下，汪兆铭对调降税率确实难以下手。

简言之，在调降税率的动作上，汪兆铭必须顾虑行政院与立法院之间的关系，若是双方关系恶化，则行政院的施政当会受到影响。但真正的问题在于行政院本身并不完全为汪兆铭所控制，对于宋子文掌管的财政系统，汪兆铭可说是难以施力，这样的情况说明了汪兆铭在此案上的无力原因。

黄郛的说法对有吉明产生了重大影响，他在28日致电外务省，表示只靠汪兆铭等人的努力，难以降低税率，认为有必要设法说服宋子文与财政部的专家，外务省26日要求对中方施加强压的训令，应在此后再加以执行。对于有吉公使的建议，负责中国事务的重光葵次官非常不快，在电文空白处写下了"训令贯彻是如何困难之一证"的评论。[1]

30日，重光葵以广田的名义回复有吉，指称此案的完美解决是调整中日关系重要的第一步，说服宋子文自是必要，但先前对中方施压也让中方有所动作，此时机不宜失，应利用汪兆铭的承诺予以警告，只要让中方更加明了日方强硬的态度，"自然也会对宋子文等人的态度出现影响"。重光葵拒绝了有吉的建议。[2]

重光次官的电文，说明了此案在当时外务省对华工作当中的相对位置，并且也呈现了外务省高层官员和有吉公使在对华态度上的不同之处。虽然有吉公使在和中方交涉时，也会主动采取强硬的态度，但他的对华态度有着相当程度的柔软性，并且会随着情况变化而适时调整，对中方的立场与情况也有所顾虑。至于当时的外务省，尽管也是和有吉公使一样，想寻求中日两国的接近，但在解决中日之间的问题时，采取强硬姿势以排除障碍的倾向，在外务省高层却显得更为强烈。即便已从驻华外交官方面得知中方的内情，但外务省高层不仅对宋子文等的非对日协调派持强硬态度，就连对汪兆铭等的对日协调派的立场，亦少有顾虑。

---

[1] 《在中国有吉公使致廣田外務大臣第570號電》，1933年9月28日发，外務省記録，《各國關稅並法規關係雜件 中國ノ部》第19卷，E.3.1.2.X1-C1。

[2] 《廣田外務大臣致在中国有吉公使第202號電》，1933年9月30日发，外務省記録，《各國關稅並法規關係雜件 中國ノ部》第19卷，E.3.1.2.X1-C1。

　　由于外务省高层的坚持，有吉公使只能遵从先前的训令。10 月 10 日，有吉在南京和汪兆铭会面。在会谈当中，汪兆铭仍对降低税率一事表示甚为困难，并指出：（1）立法院 1933 年税率的目的在于增税；（2）有意调高部分产品的税率是回应以上海方面为主的企业家保护国内产业的立场要求，即要求维持（特别是纺织品）各种商品的税率；（3）政府内部也有以 1933 年税率来填补九一八事变以来所减少的税收缺口。故应先达成上述目的后再对日方要求加以考虑。但汪兆铭仍表示会对各种情况设法加以处理，因此先向有吉"频繁地诉说苦衷"。①

　　但是建议遭到外务省拒绝的有吉公使，此时只能依据训令，警告汪兆铭不应再迁延解决。对此，汪兆铭表示他曾考虑让中日双方的官员对税率进行共同审查，但在中国关税自主的前提下，此举只能作罢。但他让财政部国定税则委员会回答各项产品税率提高的理由，在得到回答之后，会将回答的内容私下告知日方。有吉询问具体的期限，汪兆铭则未予明示，并且汪兆铭接着还表示，由于政府时时要求宋子文捻出经费，因此要压制宋子文的增收政策，他在立场上深有困难。对于汪兆铭述说的苦衷，有吉公使则强调 1933 年税率的实行，反而造成税收减少的效果（见表 1），此种关税障碍的设置违反了经济原理，并提醒汪兆铭，此案未决对中日关系会带来不良的影响。②

表 1　关税与输入的变化

单位：千元

年份	关税税率（%）	输入关税征收额	输入总额
1930	10.4	211639	2040599
1931	14.2	316285	2233376
1932	15.9	260379	1634726
1933	21.8	293874	1345567
1934	28.0	288674	1029665
1935	30.2	277260	919211
1936	30.0	282441	941545

　　资料来源：久保亨，《戦間期中国〈自立への模索〉：関税通貨政策と経済発展》，第 154 页。本表是根据该书表 6 - 1 简化而来。

---

① 《在中國有吉公使致廣田外務大臣第 597 號電》，1933 年 10 月 11 日发，外務省記錄，《各國關税並法規關係雑件 中國ノ部》第 19 卷，E. 3. 1. 2. X1 - C1。

② 《在中國有吉公使致廣田外務大臣第 597 號電》，1933 年 10 月 11 日发，外務省記錄，《各國關税並法規關係雑件 中國ノ部》第 19 卷，E. 3. 1. 2. X1 - C1。

关于有吉公使所提起的关税收入变化，当时国民政府的关税收入确实没有好转，货物的输入量也的确有所减少。但是，虽然国民政府在九一八事变之后，丧失了整个东北关税税收，其约为总关税的 1/6，但 1933 年税率和之后的 1934 年税率的实施，确实让国民政府的关税收入，获得了一定程度的保证。换句话说，国民政府提高税率的政策，从确保收入的观点来看，的确是成功的政策。

但是，日方将一份在 9 月 27 日得自英国驻华公使蓝普森，关于 1933 年税率实施后海关税收一直在减少的情报，[①] 视为日方主张的正当性基础。如同此次有吉明和汪兆铭的会谈，日方完全否定了 1933 年税率的有效性，并且持续地要求中方进行修正。

无论如何，这次的会谈并没有带来任何新的进展。汪兆铭答应私下出示财政部意见书给日方，事实上也只是重新确认了彭学沛的承诺。因此，有吉公使在 10 月 12 日建议外务省，只有在日方能充分反驳财政部专家看法的情况下，汪兆铭才能压制国府内部的反对意见，因此为了解决此案，应和财政部的专家们交换意见。[②] 对于有吉公使这次的建议，外务省高层未再拒绝，自此日方暂时停止了对中方的压力交涉。

三　财政部意见书出示问题之交涉

在有吉明与汪兆铭会谈之后不久，蒋中正在 10 月中旬动员百万军队，再次对共产党根据地发动了大规模的包围作战。此次作战历时一年，其庞大的军费也持续地压迫了国民政府的财政。另外，国民政府内部还出现了一次备受各国关注的人事异动。自 1920 年代开始长期多次担任财政部部长的宋子文，竟在 10 月 28 日辞去行政院副院长与财政部部长的职务。并且，此案在次日迅速地获得了国民党中央常务委员会及国民党中政会的通过。[③] 宋子文的辞职原因至今不明，但他与蒋中正在政策方针上发生冲突，应是最有力的解释。[④]

① 《在中國有吉公使致廣田外務大臣第 576 號電》，1933 年 9 月 29 日发，外務省記録，《各國關税並法規關係雜件 中國ノ部》第 19 卷，E.3.1.2. X1－C1。

② 《在中國有吉公使致廣田外務大臣第 602 號電》，1933 年 10 月 12 日发，外務省記録，《各國關税並法規關係雜件 中國ノ部》第 19 卷，E.3.1.2. X1－C1。

③ 吴景平：《宋子文评传》，福建人民出版社，1998，第 213 页。

④ 关于宋子文辞职的原因，此一解释普遍地为学界研究所采用。例如见于吴景平《宋子文评传》，第 215～221 页。久保亨，《戰間期中國〈自立への模索〉：関税通貨政策と経済発展》，第 100～101 页。

10月底，驻南京总领事日高信六郎一度往访彭学沛，询问何时可以得见财政部意见书。对此彭学沛回答表示，由于宋子文的去职造成财政部官员的不安，因此行政院尚未收到财政部的意见书。①

11月16日，堀内书记官与日高总领事再次就调降税率案往访唐有壬次长，两人首先询问了宋子文辞职的原因。对此，唐有壬则说明宋子文的辞职是基于蒋中正的意思，汪兆铭与此事完全无关。另外，唐有壬还透露，宋子文提出辞呈后见到汪兆铭时，曾向汪兆铭表示若是因为1933年税率问题而去职，对他反而是项光荣的事。② 对于宋子文的谈话，久保亨认为含意甚多，认为在调降税率问题上，宋子文路线与蒋中正所支持的汪兆铭路线发生冲突，应该也是宋子文去职的原因之一。③ 无论如何，被日方视为排日要人的宋子文，其去职确实是为日方所乐见的。④

此次会谈的另一个重点，则是财政部意见书的出示问题。由于唐有壬还是拿不出来意见书，因此堀内向唐有壬表达了不满，指出汪兆铭的说法感觉只是拖延的计策，此举不但"背叛"了有吉公使的信赖，也让有吉公使难以面对日本政府，要求汪兆铭等人迅速出示财政部的意见书。但是，唐有壬的回答亦如彭学沛对日高的回答，并且还强调了汪兆铭所遭遇的苦境，指出汪兆铭就税率调降问题和日方进行的交涉，在国民党中政会中遭到了强烈的反对，蒋中正、汪兆铭还因此一问题遭到了中伤，但两人的对日方针并无任何的变更，仍希望能早日实现日方的期望。对于唐有壬的说明，堀内等人并未特别给予责难，仅是催促中方要尽快解决问题。⑤

唐有壬的说明，等于是再次向日方提示了此案的难以解决之处。国民党中政会是当时处于训政体制下的国民政府最高决策机构，在此一会议当中，汪兆铭等人的主张遭到了严重的反对，蒋、汪甚至还因此遭到中伤，这几乎意味着调降税率案受到了致命性的挫折，汪兆铭对于此案的处理，可说是几乎处于完全无力的状态。

---

① 《在南京日高總領事致廣田外務大臣第609號電》，1933年11月17日发，外務省記錄，《各國關稅並法規關係雜件 中國ノ部》第19卷，E.3.1.2. X1 – C1。

② 《在南京日高總領事致廣田外務大臣第607號電》，1933年11月17日发，外務省記錄，《各國關稅並法規關係雜件 中國ノ部》第19卷，E.3.1.2. X1 – C1。

③ 久保亨：《戰間期中國〈自立への模索〉：関税通貨政策と経済発展》，第101页。

④ 久保亨：《戰間期中國〈自立への模索〉：関税通貨政策と経済発展》，第102页。

⑤ 《在南京日高總領事致廣田外務大臣第609號電》，1933年11月17日发，外務省記錄，《各國關稅並法規關係雜件 中國ノ部》第19卷，E.3.1.2. X1 – C1。

唐有壬所提及的蒋、汪在此案上的处境，正如同他当下并未受到责难般，确实对日方的交涉攻势起了一定程度的抵制。但是值得注意的是，在此时的国民党中政会会议记录中，完全见不到这样的记录，甚至对税率调降的问题，都未曾加以讨论，这意味着唐有壬的说法，只是中方交涉时的策略，汪兆铭等人在此时确实是在实行拖延的手段。

12 月 1 日，有吉公使再次和汪兆铭会谈，但汪兆铭对于税率调降案的说法并无超越唐有壬的谈话之处，因此有吉又再次针对财政部意见书严厉地诘问汪兆铭，究竟何时才能出示给日方，质问二三日之内是否可能拿出。对此，汪兆铭表示新任行政院副院长兼财政部部长的孔祥熙此时人在上海，因此在数日之中难以提出。但是，他仍向有吉公使保证，一旦收到财政部意见书，会私下向日方出示，得到了有吉公使的谅解。①

之后，堀内、日高继续就出示财政部意见书一事，催促唐有壬、彭学沛等人。对于日方的催促，汪兆铭在 16 日通过唐有壬告诉日本公使馆，近日之内将至少出示一部分的内容。接着在 22 日，唐有壬往访有吉，秘密地提出了这份日方等待已久的财政部意见书。在这份意见书中，财政部完全否定了日方的主张，并指出此次在中日关税协议期满之际，提高以往处于低税率项目的关税是"当然的做法"，至于日方指称应提高奢侈品税率，降低日用品税率等的说法，财政部也以税基大小及日本本身所采取的做法来加以驳斥，且进而指出日方在棉布、面粉等部分的规定税率，远比中国所规定的高。②

从关税实务等方面来看，财政部的主张有其道理，但是日方对于这样的说法完全不能接受。26 日，有吉公使致电外务省，指出财政部意见书"根据薄弱"，日方应"基于事实"予以纠正，让汪兆铭说服财政部来促进此案的解决。③ 之后，公使馆方面汇整了日方的反驳意见，于 1934 年 2 月 14 日，由日高继任者须磨弥吉郎将日方的意见书交给中方。④ 虽然此份意见书现在似已不存在，无法检讨其内容，但日方此后皆利用这份意见书的观点来和中方进行

---

① 《在南京日高總領事致廣田外務大臣第 659 號電》，1933 年 12 月 2 日发，外務省記録，《各國關稅並法規關係雜件 中國ノ部》第 19 卷，E. 3. 1. 2. X1 – C1。

② 《在中國有吉公使致廣田外務大臣第 769 號電》，1933 年 12 月 23 日发，外務省記録，《各國關稅並法規關係雜件 中國ノ部》第 19 卷，E. 3. 1. 2. X1 – C1。

③ 《在中國有吉公使致廣田外務大臣第 770 號電》，1933 年 12 月 26 日发，外務省記録，《各國關稅並法規關係雜件 中國ノ部》第 19 卷，E. 3. 1. 2. X1 – C1。

④ 《在中國有吉公使致廣田外務大臣第 95 號電》，1934 年 2 月 15 日发，外務省記録，《各國關稅並法規關係雜件 中國ノ部》第 20 卷，E. 3. 1. 2. X1 – C1。

交涉。

2月21日，有吉公使在和汪兆铭院长会谈时，询问了汪兆铭对于日方意见书的看法。对此，汪兆铭虽然表示他已看过日方的意见书，但没有说明他个人的感想。不过，汪兆铭提到孔祥熙也已经读过，目前正由财政部的官员们进行研究。但是，大致来说，财政部的官员们认为除了"百分比"的部分值得考虑之外，其他的部分几乎没有参考价值。对于汪兆铭的说明，有吉公使就日方意见书的内容加以说明，并提及汪兆铭未能履行承诺的责任及日方持续忍耐至今的态度，对汪兆铭进行施压。①

对于这样的情况，汪兆铭向有吉透露了中方预定要调整税率的消息。汪兆铭表示，国民政府每年5月都会对税率进行调整，日方的主张可在充分研究的情况之下予以斟酌，并且说明1933年税率实施之后，税收增加的效果因为世界经济不景气及走私猖獗而不如预期，因此中方认为税率有相当调整之必要。汪兆铭接着表示，此时可充分考虑日方的意见书，以双方共同利益为本来进行调整。对此，有吉表示为了两国紧密的关系，他感到两国之间有缔结互惠税率的必要。②

对日方来说，有吉与汪兆铭的此次会谈，可说具备突破性的意义。但是，汪兆铭的谈话其实不无客套之处，在财政部方面几乎完全否定日方意见书所提的看法的情况之下，日方的主张究竟有多少能为中方所接受，明显具有疑问。另外，有吉公使所提及的缔结互惠税率，实际上也泄露了日方的实际想法，亦即日方之所以要求中方调降税率，其实是因为日方仍希望享有类似于以往的优惠关税。但无论如何，此次的会谈让持续已久的僵局，浮现了解决的可能性。

4月上旬，堀内书记官就税率调降案拜访财政部关务署长沈叔玉。沈叔玉在会谈中承认财政部正在进行修正税率的准备工作，并表示除了纯经济因素造成的情况之外，将对税收减少的输入品项目，检讨到底是因为高税率所造成的还是高税率与世界经济不景气所共同造成的。财政部将会据此调降部分项目的税率，并适宜地调高部分税率较低的项目。对此，堀内询问调降税率的项目是否包含属于日方主力商品，沈叔玉答以似有相当数量。之后，沈叔玉还向堀内说明财政部调查准备的结果，"在6月初之前会做成具体的修正案，呈交给汪

---

① 《在中国有吉公使致广田外务大臣第116号电》，1934年2月23日发，外务省记录，《各国关税並法规关系杂件 中国ノ部》第20卷，E.3.1.2.X1-C1。

② 《在中国有吉公使致广田外务大臣第116号电》，1934年2月23日发，外务省记录，《各国关税並法规关系杂件 中国ノ部》第20卷，E.3.1.2.X1-C1。

精卫与孔部长"。他透露了修正税率的时刻表。[①]

沈叔玉此时之所以如此明快地向堀内说明 1933 年税率调整工作的情况，主要是和孔祥熙此时的对日态度有关。4 月 20 日，有吉公使在上海和孔祥熙会面。在会谈之中，孔祥熙强调中方对属于日本产品强项的项目税率设定，并不带有任何差别对待的意思，对日方的意见书会充分予以注意，并将税率调整为对双方均有利的程度，并且对有吉提议日方可派员具体解说日方意见一事，答复说有必要时会予以拜托。[②]

孔祥熙所展现的态度，明显与财政部意见书所呈现的强硬姿态不同。他之所以会有较为柔软的态度，除了和他八面玲珑的个人处世态度有关之外，也应与汪兆铭等人已经和他取得某种程度的谅解有关。自此之后，日方因为紧盯着 1933 年税率的调降，又再度展开了和中方的密集性接触。

四　1934 年税率的决定与日方的压力

在有吉公使与孔祥熙副院长会面之后，中日的接触大致上让日方掌握了税率调整工作的相关进度。[③] 但有吉与汪兆铭、唐有壬在 6 月 7 日的会谈，又让情况出现了新的变化。在会谈当中，有吉根据此前和中方接触的情况，指称他预测日方的希望在相当程度上已获得中方的接受，有意让汪兆铭对此做出确认。对此，汪兆铭回答，根据相关单位的研究，1933 年日方产品的输入比 1932 年还有增加，"增税带来的影响似乎并不大"。另外，中方对国内的商品也有必要予以相当的保护，因此希望未来中日双方能多多购买彼此所无的货物。并且，汪兆铭还提到了有日军放任的走私问题，指出中方对取缔走私煞费苦心，希望日方能在输出地进行取缔。唐有壬接着还向有吉表示，1933 年的关税收入及日本的对华输出，其实都是有所增加的。[④]

---

① 《在中國有吉公使致廣田外務大臣第 321 號電》，1934 年 4 月 21 日发，外務省記録，《各國關税並法規關係雜件 中國ノ部》第 20 卷，E.3.1.2. X1 – C1。

② 《在中國有吉公使致廣田外務大臣第 317 號電》，1934 年 4 月 21 日，外務省記録，《各國關税並法規關係雜件 中國ノ部》第 20 卷，E.3.1.2. X1 – C1。

③ 《在中國堀内一等書記官致廣田外務大臣第 399 號電》，1934 年 5 月 12 日发；《在南京須磨總領事致廣田外務大臣第 493 號電》，1934 年 5 月 17 日发；《在南京須磨總領事致廣田外務大臣第 536 號電》，1934 年 5 月 24 日发，以上諸電皆出于外务省記録《各國關税並法規關係雜件 中國ノ部》第 20 卷，E.3.1.2. X1 – C1。

④ 《在南京須磨總領事致廣田外務大臣第 624 號電》，1934 年 6 月 8 日发，以上諸電皆出于外务省記録《各國關税並法規關係雜件 中國ノ部》第 20 卷，E.3.1.2. X1 – C1。

汪、唐二人的说法，可说是明确地暗示了中方不会完全接受日方调降税率的要求。其提出的要求日方协助防治走私的问题，也暗指日方应对中方关税收入不如预期一事，负相当的责任。对于汪、唐的种种表示，有吉以日方调查的结果进行反驳，但未能获得接受。因此，有吉提起汪兆铭过去的发言，强硬地要求汪兆铭应致力于承诺而不要"背叛"日方的期待。对于有吉强硬的抗议，汪兆铭表示税率修正案仍未定案，会对有吉的说法予以充分的考虑。①

在这次会谈当中，汪兆铭之所以会如此批驳日方主张的说法，是因为他已经从孔祥熙那得知税率调整案的草案内容。② 这份草案内容明显地无法满足日方的要求，因此汪兆铭在此次会谈中向有吉做出了明显的暗示性预告。

对于此案的发展竟然无法达成日方的期待，有吉公使在 8 日派遣堀内书记官向唐有壬询问详细的情况。堀内在会面当中，明言日方对汪兆铭的发言有着大部分的要求都未被接受的印象。他向唐询问汪兆铭的发言是否中方的具体决定。对此，唐有壬表示税率调整案尚未定案，但财政部检讨的结果对日方的理由难以认同，因此要说服财政部专家来调降税率，其实是相当困难的。对于唐有壬的说明，堀内强调日方将 1933 年税率视为中方排日方策，若是不解决此一问题，可能将大为减少各种中日问题获得解决所带来的良好影响，并且也可能对日方实行对华亲善政策带来障碍。③

唐有壬的说法将税率调降的关键因素明确地指向了财政部。孔祥熙虽然先前对日方展现了一定程度的善意，但此种善意此时明显地未能成真。而堀内的说法，则明显地带有着警告的意味。

当天晚上，日本驻南京总领事馆书记生藏本英明突告失踪，在总领事须磨弥吉郎有意利用此一事件解决各种中日问题的情况之下，日本驻华海军船舰一时群集南京附近江面，中日双方出现了相当紧张的状态，直到藏本英明在 13 日为中方寻获之后，危机方才告于解除。这次事件的发生，对于国民政府冲击甚大，中方内部充满了各种的臆测，对日方的不信任感更

① 《在南京須磨總領事致廣田外務大臣第 624 號電》，1934 年 6 月 8 日发，以上诸电皆出于外务省记录：《各國關稅並法規關係雜件 中國ノ部》第 20 卷，E. 3. 1. 2. X1 – C1。
② 《在中國有吉公使致廣田外務大臣第 446 號電》，1934 年 6 月 9 日发，外務省記錄，《各國關稅並法規關係雜件 中國ノ部》第 20 卷，E. 3. 1. 2. X1 – C1。
③ 《在中國有吉公使致廣田外務大臣第 446 號電》，1934 年 6 月 9 日发，外務省記錄，《各國關稅並法規關係雜件 中國ノ部》第 20 卷，E. 3. 1. 2. X1 – C1。

是一举升高。① 在这样的情况之下，有吉与汪兆铭等人在 7 日的会谈情况，以及堀内在事件发生的 8 日当天的发言，就格外引人关注。

6 月 18 日，唐有壬向须磨表示，由于蒋中正在 12 日表示，要对日方的要求予以"充分考虑"，因此他们现在正和财政部进行研商，但目前情况则仍暂时与 8 日当时相同。② 19 日，沈叔玉也向须磨告知了"绝对极密"的消息，指称 1934 年税率案在财政部内的程序已经完毕，并且在当日已送往行政院会议并完成一部分的附议。沈叔玉还向须磨透露，调降全部与日本产品相关的项目税率，预估会让关税收入减少一千万元，变化会太过激烈，因此最后的调整，大约让中方的牺牲，停留在六百万元的程度。③ 20 日，唐有壬也向须磨透露了"绝对极密"的消息，将 19 日行政院会议的情况告诉了须磨，表示和日方相关的项目税率，获得了一定程度的降低。④

在这样情势急转的情况之下，1934 年税率在 6 月底获得了通过，海关总税务司在 7 月 1 日公布实施。虽然日方对于 1934 年税率仍颇有不满，但 1933 年税率实行以来的一连串高压做法，自此也开始出现了明显的缓和。

五　结论

日本与国民政府 1934 年关税税率的形成，以往的看法是两者之间的关系极深，即 1934 年税率的出现，与日方的压力深有关联。但是若从日本外务省对华交涉过程的来看，可以发现日方虽然确实长期对中方施压，但施压的效果其实并不顺利。虽然 1934 年税率的设定，的确是对日方有所让步，但中方让步的幅度，其实一直都远低于日方的期待。

具体来说，1933 年税率公布之后，外务省为了迫使中方调降税率，对中方展开了外交交涉的攻势。由于汪兆铭在 1933 年 8 月初，曾表示会设法让税

---

① 关于藏本英明失踪事件，请参看陈群元《分歧的对华步调：1934 年南京藏本失踪事件的日方对应》，（台北）《近代中国》第 162 期，2005 年 9 月；陈群元《隐忍的对日猜疑：1934 年南京藏本失踪事件的中方对应》，（台北）《中国历史学会史学集刊》第 38 期，2006 年 7 月。

② 《在南京须磨总领事致广田外务大臣第 686 号电》，1934 年 6 月 18 日发，外务省记录，《各国关税并法规关系杂件 中国／部》第 20 卷，E.3.1.2. X1 - C1。

③ 《在南京须磨总领事致广田外务大臣第 693 号电》，1934 年 6 月 19 日发，外务省记录，《各国关税并法规关系杂件 中国／部》第 20 卷，E.3.1.2. X1 - C1。

④ 《在南京须磨总领事致广田外务大臣第 706 号电》，1934 年 6 月 20 日发，外务省记录，《各国关税并法规关系杂件 中国／部》第 20 卷，E.3.1.2. X1 - C1。

率有所降低，因此外务省方面在之后曾暂时停止了交涉，静待汪兆铭的捷报。但是在 9 月中旬，汪兆铭表示税率的调降因为国府内部的种种异见，无法在短期之内达成，让外务省方面深感不满。其后，外务省方面以汪兆铭曾有承诺解决此案，以及以此案的解决是改善双方关系重要的第一步为由，不断地向汪兆铭等人施压。

对于日方的施压，汪兆铭等国民政府内部的对日协调派，不断地向日方说明审查税率的立法院与研议税率的财政部的反对，是调降税率案无法达成的重要原因，而汪兆铭对此两部一直都难有办法对付。特别是财政部，即便是权倾当时的蒋中正，也因为经费上的筹集需要，难以对财政部有所强求。

汪兆铭等人的如此说法，让外务省方面即便持续施压，亦无法立即有所效果。在汪兆铭等人允诺将私下出示财政部对日方主张的意见书之后，外务省方面便持续地等待财政部意见书，期待通过说服财政部，来达成降低税率的目标。

但是即便是外务省多次施压，财政部的意见书仍直到 1933 年 12 月中旬方才得见。由于此一意见书所显示的财政部意见，是从根本上否定了日方的主张，因此外务省又为批驳财政部的意见，耗费了两个多月的时间研拟了日方的意见书。此一意见书交到中方手时，已经进入 1934 年的 2 月中旬。

虽然此一意见书的主张，又被财政部几乎彻底否定，但汪兆铭仍适时地在 2 月下旬向外务省告知 5 月会研议调整税率的消息。汪兆铭此举让日方看到了希望，成功地避免了双方关系的恶化。但是到了 6 月上旬，汪兆铭等人透露了日方的要求难以全面接受，使得外务省方面大为紧张。对此，外务省进行了紧锣密鼓的压力交涉，方使得 7 月初公布的 1934 年税率，容纳了较多的日方主张。

从这个过程可以明显地得知，日方在 1934 年税率的形成上，虽然施加了众多的压力，但其作用相当有限，不但未能让国民政府按日方希望那样及早调降税率，而且国府最终调降税率的幅度，亦远不如日方的期待，在成效上可说是相当的不彰。之所以会造成这样的情况，其根本原因即在于前述汪兆铭等人所透露的，对日协调派在此案上的能力有限。

虽然由于中方数据的不足，汪兆铭等人对日方说明的种种国府内情与理由，现在确实有着难以查证之处。但是若从一些细节上的蛛丝马迹来观察则可知，汪兆铭等人对日方的种种说明与做法，虽然有一部分确为事实，[①] 但整体来说，其实应是一种意在拖延的交涉策略。

1934 年税率虽然容纳了部分日方的主张，但从交涉的过程及日方要求的容纳程度来看，其实这次交涉，中方并非是一次全然屈服于日本的外交失败。汪兆铭这些对日协调派的存在，除了避免中日直接决裂外，事实上还替国民政府起了缓和日本压迫的积极性作用。

[①] 事实上，汪兆铭等人确实难以影响财政部与立法院。请参看陈群元《1933 年中国关税税率调整问题之中日初期交涉》，政治大学人文学研究中心编《多元视野下的中华民国外交》，台北，政治大学人文学研究中心，2012。

蒋介石对日德意三国同盟的因应（下篇）

——多边外交的展开及其结果

日本大东文化大学国际关系学部　　鹿锡俊

关于抗战时期蒋介石外交的研究，既有成果不胜枚举。其一般倾向，主要集中在关于蒋介石对日或对苏、对美、对英、对德之方针的单边考察。但就实际事实来看，因为这些国家当年处于特别密切的相互作用之中，所谓蒋介石外交也就不能不以对它们的综合考量为前提。在 1939 年欧战爆发至 1941 年太平洋战争开打，这一特点尤其明显，可做个案分析的重大事件也特别多。有鉴于此，笔者从 2009 年在斯坦福大学胡佛研究所做客座研究开始，即尝试以蒋介石对日、德、苏、美、英的综合因应为主题，就若干个案进行系列性的研究，以求对抗战时期的蒋介石外交重做检讨。

在完成了对 1939 年 8 月《苏德互不侵犯条约》和 1940 年夏季国际危机两大个案的考察后，[①] 提交本次研讨会的论文属于系列研究的第三个个案。如题目所示，其目的是探索蒋介石对日德意三国同盟的因应。关于这个问题，一些相关论著已有所涉及，[②] 但总体上尚缺乏作为个案的专题性和多边性的分析。在写作方法上，本文拟致力于以蒋介石和王世杰、徐永昌等重要当事者的日记为线索，揭示蒋介石在判断形势、制定对策和开展多边外交时，对相关各国的综合考量，从而反映蒋此期间在外交决策上的思想特点。

由于本个案的复杂性，笔者的考察分为上篇和下篇两大部分。上篇为

---

① 详见鹿锡俊《蒋介石对苏德互不侵犯条约的反应》，《近代史研究》2011 年第 2 期；《蒋中正对 1940 年夏季国际危机的因应》，《国史馆馆刊》第 29 期，2011 年 9 月。

② 杨天石：《找寻真实的蒋介石——蒋介石日记解读》（一）、（二），三联书店（香港）有限公司，2008、2010；左双文：《转向联德，还是继续亲英美？》，《近代史研究》2008 年第 2 期。

《"上策"的出炉及其背景》，曾在大陆和台湾合作的"蒋介石研究群"的学术研讨会上宣读。下篇为《多边外交的展开及其结果》，在本次研讨会前刚刚完成。因为上篇迄今尚未以文字形式正式发表，为让本次会议的与会者了解蒋介石对三国同盟的整个因应过程，以免直接阅读下篇时因不明头绪而产生困惑，笔者特把上篇的内容作为第一节至第五节列入文章。

一　抗战初期国民政府对结盟问题的理论界定

要理解蒋介石在日德意三国同盟成立前后的形势判断和决策过程，首先有必要厘清蒋是在什么背景下迎来日德意三国同盟这一重大事件的。

事情须从抗战初期蒋介石及国民政府对结盟问题的理论界定说起。

1937 年 7 月开始全面抗战以后，蒋介石及国民政府处理国际关系的宗旨是唯以日本为敌，即竭力维持与日本以外的一切国家的友好关系。[①] 但是，1938 年 2 月德国承认"满洲国"以后，针对中德日三国关系的变化，蒋介石及国民政府开始在内部把德国与其他要争取的国家加以区别对待。比如，是年 6 月，蒋介石在国防最高会议上宣布："德意现已决定联日，其势已无可挽回，我国今后外交方针，应重新改订，与英美法苏联结。"[②] 7 月，军事委员会参事室在《外交方略》中强调："世界现分侵略与民主两大集团。中国利益及命运与世界民主国相联系。德意政策日益有害于我国，决不能作于吾有利之期望。民主实力远在侵略集团之上。中国欲联俄以得有效之援助，非先行打通民主路线不可。"[③] 9 月，国民政府外交主管者在讨论欧战爆发后中国应取态度时，唯有原驻苏大使蒋廷黻倾向于与德意妥协，外交部部长王宠惠无定见，其他人则都持与蒋廷黻相反的意见[④]。10 月，在蒋介石委托汪精卫主持的国民党中央常委谈话会中，虽然因直面内外危机而在今后的外交方针上"辩论甚久"，但多数意见是，"对英美法仍宜贯彻向来方针，力求增进关系，督促其积极助我抗日；对苏俄尤宜积极促进，惟同时须防国内阵线论者之不正主张"；对德意则

①　详见中国国民党临时全国代表大会于 1938 年 4 月 1 日通过的《抗战建国纲领决议案》。中国国民党中央委员会党史委员会编《革命文献》第 76 辑，台北，中国国民党中央委员会党史委员会，1978，第 341 ~ 342 页。

②　王世杰：《王世杰日记》（手稿本）第 1 册，1938 年 6 月 3 日，台北，中研院近代史研究所，1989。

③　中国第二历史档案馆藏档案，全宗号 761，案卷号 175。

④　《王世杰日记》（手稿本）第 1 册，1938 年 9 月 20 日。

是"运用外交离间德日及义日，使其逐渐有利于我亦为必要"。① 这一切都说明，蒋介石及国民政府虽然竭力和日本以外的一切国家都维持友好关系，但对列国并非等量齐观、平均对待，而自有主次轻重的严格排列。

在这样的背景下，蒋介石与国民政府领导层如何看待 1938 年以来日德意之间谈判缔结三国同盟的活动，他们所期待的日德意关系又是何种状态？在这些问题上，1939 年 5 月的一场讨论富有启发意义。其时，日本内部因在三国同盟中应否把英法苏一起列为假想敌的问题上意见对立，在与德意的谈判中犹豫不决，致使德意两国于 5 月 22 日暂时撇开日本，而先成立了德意军事同盟。中方对此事态十分关注，军委会参事室于同月提交给蒋介石一份题为《日本未加入德义同盟对于中国的影响》的节略，对此做了详细分析。其基本思路可概括为欧战如能避免，则日本和德意分裂对中国有利，因届时德意对于日本之"助力"可望减少；反之，欧战一旦爆发，则日本和德意结盟并参战对中国有利，因为它可防止日本转而与英法等国妥协，相互交换利益。总之，这个节略从"欧战（爆发）前"和"欧战（爆发）后"两种假设出发，从理论上阐明了什么是对中国有利的日德意关系，故可称之为对结盟问题的一种理论性界定。②

蒋介石对这一思路持何看法呢？同年 6 月 25 日他在日记中写道："欧战如可免，则倭不参加德意同盟于我为有利。否则其利害亦正相反也。"③ 在此前后，蒋还多次强调，日本如与德意结盟，不啻是"东亚之幸，亦世界之福"。因为，对日本来说，即使与德意结盟实际上也无法得到德意的帮助，完全是一种自杀政策。④ 由此不难发现，蒋介石的构想和上述节略的精神如出一辙，显示他是认可节略提出的这种思路的。

---

① 《汪精卫致蒋介石电》（手稿），1938 年 10 月 21 日，台北，中国国民党党史馆藏档案：492 - 3。引文中作为略称的"义"当指意大利。以后类似情况均照原文引用，不再一一说明。

② 《日本未加入德意同盟对于中国之影响》，1939 年 5 月，中国第二历史档案馆藏，全宗号 761、案卷号 217。

③ 斯坦福大学胡佛研究所藏《蒋介石日记》（手稿）（后文不再注明典藏处），1939 年 6 月 25 日。笔者注：（1）在某些人名、地名的标记上，《蒋中正日记》与我们现在约定俗成的用法有所不同。为保留日记的原貌，本文在引用原文时一概不加变更。电报等其他史料亦如此处理。（2）胡佛研究所所藏《蒋中正日记》因为是手稿，文字上难免有不通顺甚至错漏之处，但一般不影响读者的理解，故本文对此也不做修正。（3）这一时期的《蒋中正日记》系写在预先印好年月日的本子上，因此，一些内容因篇幅不够而移写在其他页面。为方便读者查找，笔者对此在括号中加以注明，如（杂录）即表示该内容记在日记的杂录部分。

④ 参见《蒋介石日记》（手稿），1939 年 5 月 31 日（杂录），6 月 3 日（上星期反省录），8 月 8 日（杂录）。

二　前提的消失与变数的出现

但是，1939 年 9 月欧战爆发后，蒋介石很快发现实际的结盟问题远远比理论上的界定复杂。究其因，主要是由于两大前提的消失与多种变数的出现。

首先，欧战爆发之前，蒋介石视苏联为当时欧洲问题与中日问题中的一个决定性因素。因此，在上述关于结盟问题的理论性界定中，蒋介石将苏联与英法达成合作协定，美英法苏团结一致，共同对抗日德意防共协定集团，视为不可或缺的重要前提。[①] 但是，在中方的理论界定出台后不久，苏联就于 8 月下旬中止了与英法的合作谈判，而突然和一直被其视为欧洲最大敌国的德国缔结互不侵犯条约。接着，欧战爆发后苏联还于 9 月中旬与德国瓜分波兰，11 月大举进攻芬兰。苏联的所作所为遭到了英、美、法等国的强烈谴责，相互关系随之陷入破裂状态。中国关于结盟问题理论性界定的第一个前提消失了，随之出现了一系列变数。

（1）苏德两国从势不两立到关系暧昧，在很多场合还成为变相的盟友。这使中国在处理对德关系时，必须更多地考虑苏联的反应。

（2）在美英法民主国家的推动下，苏联于 1939 年底被开除出国联。以此为契机，苏联和美英法一边在中日问题上继续同为中国的支持国，一边却在欧战及世界问题上相互对立。这使中国在处理美、英、法、苏等主要支持国的相互关系时陷入两难困境。因此，在国联讨论苏联问题时，国民政府不得不投弃权票。但即使如此还是得罪了苏联，导致其暂时中止了对中国的物资接济。[②]

（3）在苏联与共产国际的指导下，中国共产党在欧战爆发后视欧战为"帝国主义国家之间的战争"，既强烈反对中国与美英法联合，又强烈反对国民政府将抗日战争与欧战连为一体谋求国际解决的战略，而主张抗日战争应该是孤立于欧战以外的"独立战争"。[③] 在很多场合，苏联与中国共产党批判美英法重于批判德意。与之相关，在中国国内，国共关系发生巨大变化，共产党更加重视自身的独立性，并进一步致力于发展自身实力，国民党内则对之产生了强烈的危机感。[④]

---

① 《蒋介石日记》（手稿），1939 年 5 月 20 日、5 月 26 日、6 月 30 日等。
② 蒋介石在日记中多次提及此事，并为中国的尴尬处境而苦恼不堪。
③ 详见毛泽东《第二次帝国主义战争讲演提纲》，1939 年 9 月 14 日。
④ 详见后文所引蒋介石、徐永昌等国民党要人的相关日记。

（4）在日本，谋求与德国结盟的主张，因德国背信弃义地与苏联签订互不侵犯条约而一时丧失了主流地位。随之，日德关系出现裂痕，"日苏妥协论"与"日苏德意四国联合论"则成为与"日德同盟论"竞争的新的选项。[①]另外，不论是苏联还是英法等国，欧战爆发后也都集中力量于欧洲，而在远东则程度不同地谋求和日本妥协。

（5）欧战爆发前，在蒋介石促进苏联与英法互助合作的动机中，除了那些在官方文电中公开表明的"支持欧洲集体安全体制"的理由以外，其实还有隐而不露的另一种深层考虑。这就是，蒋介石认为，苏联如对欧战置身事外，是贯彻"社会主义国家必待帝国主义国家自相战争以后方可起而消灭帝国主义之传统政策"，苏联将因此"坐大而得举足轻重之佳势"；而另就日本来看，如果苏联不与英法结盟，日本也可能为保持超然立场而不与德意结盟，以利用欧局渔利。从中国的立场看，这二者都是不利的。[②]但欧战爆发后，这二者都已成为现实。蒋介石对此忧心忡忡。

其次，欧战前夕，蒋介石及国民政府以英法"民主国阵营"必胜和德国阵营必败为基本判断。[③]这是他们对结盟问题做理论界定时的另一个重要前提。欧战爆发之初，蒋介石仍然坚信这一前提，以致为此一度改变唯以日本为敌的方针，而竭力主张中国应该对德宣战以加强中英法合作。在这一主张遭到英法的谢绝与国民政府内部多数意见的反对后，蒋虽然没有坚持将此付诸实施，但在对欧战的态度上，他仍然以亲英法、疏德意作为中国的政策基调。[④]但是，1940年4月以后，在德国的大举进攻下，欧洲的战局向与中方的预测的截然相反的方向剧变，至6月，法国等国相继降德，仅存的英国也面临本土决战。其后，国民政府内外的大多数人都转而认为欧战将以德国阵营的胜利而收场。[⑤]换言之，蒋介石及国民政府对结盟问题之理论界定的第二个前提也不

---

① 参见三宅正樹《スターリン、ヒトラーと日ソ独伊連合構想》第3章，東京，朝日新聞社，2007，頁73~88。

② 参见《蒋介石日记》（手稿），1939年4月14日、4月30日。

③ 蒋介石：《目前外交之一般检讨》，1940年7月5日出席国民党第五届七中全会讲话，中国国民党中央委员会党史委员会编《总统蒋公思想言论总集》第17卷，台北，中国国民党中央委员会党史委员会，1984，第382~385页。

④ 详见鹿錫俊《世界化する戦争と中国の〈国際的解決〉戦略》，石田憲編《膨張する帝国拡散する帝国——第二次大戦に向かう日英とアジア》，東京大学出版会，2007，頁203~254；鹿錫俊：《国民政府对欧战及结盟问题的应对》，《历史研究》2008年第5期。

⑤ 《王世杰日记》（手稿本），第2册，1940年6月9日；《外交专门委员会第64次会议记录》，1940年6月26日，台北，中国国民党党史馆藏，国防最高委员会档案：003-310.3。

复存在了。伴之而来的变数如下。

（1）1940年6月、7月，法英两国为优先应付欧局而在远东进一步对日退让，先后封闭了中国抗战物资的主要通道滇越路和滇缅路，给中国造成了严重的国际危机。

（2）在德国连战连捷带来的崇德氛围和英国对华封锁造成的反英情绪的交相影响下，在国民政府内部，以孙科为代表的主张抛弃英美脱离国联，全面转向亲苏、联德的观点，竟在7月中旬一度成为领导层的多数意见。[①]

（3）在蒋介石的主导下，孙科的提案于7月下旬遭到否决。但是，蒋介石的理由主要是基于以下四点：①前之反德太过与今之亲德太急皆不合理。②国际大势莫测，当暂处静观，以待其定，再决方针。③国联办事处撤销，等于已无形中脱退国联，故此时正式退盟反为其他国家所轻视，而且对国际并不发生作用。④因德大胜而更求其交好，徒自为人鄙视，且此时对德关系绝不可能以强求而得。[②] 从这些理由中不难发现，此时期蒋处理结盟问题的出发点是暂时静观发展，等局势明朗后再做决断。换言之，此时的蒋介石对国际形势演变的前景虽然不像大多数人那样悲观，但也不是那么乐观；不像大多数人那样动摇，但也不是那么坚定。正因如此，在蒋介石的主导下，1940年7月以后，国民政府在否定了作为主流意见的孙科提案的同时，也否定了与孙科提案处于另一个极端的少数意见，即以王世杰为代表的反对接近德国、坚持对英美一边倒的主张，而重新恢复了欧战爆发前唯以日本为敌的方针，即纠正欧战以来亲英美、疏德意的偏向，在维持美英法苏关系的前提下，努力改善和加强对德关系。[③] 也就是说，此时的蒋介石虽然没有像孙科或王世杰那样偏于一个极端，但总体上是在两个极端中游移观望，而不如欧战爆发前那样自有确定之选。

综上所述，可得出三点结论：

---

① 《国防最高委员会第36次常务会议记录》，1940年7月18日，中国国民党中央委员会党史委员会影印《国防最高委员会常务会议记录》第2册，台北，近代中国出版社，1995，第476～479页。

② 《王世杰日记》（手稿本）第2册，1940年7月20日；《蒋介石日记》（手稿），1940年7月21日，1941年1月13日。

③ 详见国民党第五届七中全会关于国际形势剧变中之外交方针的决议，1940年7月6日，《革命文献》第80辑，台北，中国国民党中央委员会，1979，第56～57页。《王世杰日记》（手稿本）第2册，1940年7月30日、8月5日等。另外，笔者对此过程的分析，见前揭鹿锡俊《蒋中正对1940年夏季国际危机的因应》，《国史馆馆刊》第29期，2011年9月。

（1）第一前提的消失及伴之而来的各种变数，打破了理论界定当时被蒋介石视作中国外交出发点的"德苏敌对""日苏敌对"或"美英法苏对日德意"的格局，使围绕中日战争的友敌关系出现交叉化，且其演变的前景变幻莫测，很可能出现多种多样的组合；

（2）第二前提的消失及伴之而来的各种变数，打破了原来展望形势发展时"英美民主国必胜，日德意侵略国必败"的预测，国际形势陷入混沌化，谁胜谁负，何存何亡，众人难卜；

（3）这种友敌关系交叉化与国际形势混沌化的局面，使任何对策在效果上都难免利害相交，得失并存，从而造成政策抉择的两难化。

上述三者的综合作用，带来了1940年7月后蒋介石在认识国际形势与制定因应措施时以观望、游移和等待为特征的流动化。与此相应，在抗日战略上，蒋介石本来一贯坚持拒绝与日本单独解决，坚持贯彻借助国际力量共同战胜日本侵略的国际解决战略，并在1939年11月举行的中国国民党第五届六中全会上提出以"两个同时"（中日战争和欧洲战争同时结束，中国问题和世界问题同时解决）为国际解决战略的核心，① 但是，1940年7月后，蒋介石对不与日本单独媾和这一国际解决战略的重要原则也产生了动摇，而开始通过各种途径尝试与日方和谈。②

三 对日德意三国同盟的最初反应

蒋介石正是在上述背景下，于1940年9月27日上午获悉了日本即将缔结同盟条约的消息。因这一最初消息所说的同盟成员包括日、德、意、西（西班牙）四国，所以，在当天的日记中，蒋介石写道："如此说果确，则我抗战之困难又减少一层，倭寇之失败当可指日而待。惟以后俄国之态度是否能与英美合作站在同一战线犹未可卜。然此四国同盟即为往时共同防共之脱胎，以理度之，俄国最后必作此同盟国之致命伤也。我国立场自当较前优裕乎？近来时虞国际形势混沌，抗战将临绝境，以致心神恍惚不安，尤以明年之难关艰危更

---

① 详见蒋介石《中国抗战与国际形势——说明抗战到底的意义》，1939年11月18日，《总统蒋公思想言论总集》第16卷，第472~480页。

② 《蒋介石日记》（手稿），1940年7月6日、7月7日、7月25日（杂录）、7月30日、8月4日等。

为忧虑。今得此息，是乃天父扶掖之力而非人事所能为也。"①

28日一早，蒋介石接到了关于日德意三国同盟的确切报告。据此，他判断："以后倭必在最近期内进攻新加坡、香港、荷印与菲律宾无疑，美倭战争必难再缓。"但在为此前景庆幸之余，和前日一样，他还是十分担心苏联的取向，故强调"此时俄之方针与态度惟一重要"，中国"应特别注重与设法探明"六大问题："如俄不愿我参加英美阵线而望我独立作战，则我当考虑其用意与我之利害轻重如何，一也。倭攻英美能否必胜或必败？二也。英美究能援助我至何种程度与交通状况？三也。俄共为害我究能至何种程度？四也。俄倭究能合作否？或终必战争？五也。中倭此时和平利害如何？六也"。②

这两则日记表明，在获悉日德意三国同盟成立的最初时刻，蒋介石虽然对迎来他在欧战爆发以前就衷心期待的局面深感幸运，但由于欧战爆发一年来形势已经发生本文第二节所述的那些重大变化，在对三国同盟利害影响的评估上，蒋并非只喜不忧，而是抱有很多疑虑。尤其是，蒋一边希望"俄国最后必作此同盟国之致命伤"，一边又忧虑"俄共为害我究能至何种程度"。这反映他此时因为拿捏不准苏联的态度而深感不安。很显然，对此时的蒋介石来说，日德意三国同盟后的国际形势并非一切皆对中国有利，而是既有好转的部分，又有旧态依然或难以捉摸的部分。这种错综复杂的状况造成了蒋介石错综复杂的心境。

当天下午，蒋介石在其黄山寓所召开研究三国同盟问题的首次高层会议。在讨论到中国对这一事件的因应方针时，会上意见纷纭。据与会的军令部部长徐永昌当天的记录，"大多数主张无一非硬性与露骨的紧张或愤懑态度"。其中，"（一）张岳军、王士杰（引者注：王世杰）、刘为章等主张：甲、唤醒反对东亚新秩序者之大联合。乙、对德意斥责并撤回驻德大使。（二）孔庸之、徐谟等要求英国速开放滇缅路。（三）何敬之等认为敌乘美国军备尚未完成之今日当即向美国寻战，并及过去我军训部政治部未能对部队做到其应尽之职责及财政部未备足法币"。③ 徐永昌提到的这些人中，有的过去曾是孙科联德弃英论的热烈支持者，现在他们都改变了态度，和本来就反对联德的王世杰一起主张斥责德国，撤回大使。这反映三国同盟诞生后国民政府领导层整体氛围向

① 《蒋介石日记》（手稿），1940年9月27日。
② 《蒋介石日记》（手稿），1940年9月28日
③ 徐永昌：《徐永昌日记》第5册，1940年9月28日，台北，中研院近代史研究所，1991。

反德方向的转变。然而，蒋介石却在会上对之表示了不同的态度，称：欧洲战事必因三国同盟而持久化，故中日战事必须再准备三年。今后时局之关键，在欧为英，在亚为华。国际路线不可靠，加之"共党作乱"，中国须做长期作战准备，此后务须注意避免攻坚与决战，切求保存实力。"关于新秩序云云，英如对日无表示，我对德意亦可暂缓表示。不过对英美苏三国大使在此应分别向之声述，请其注意并与我合作。"① 从徐永昌的这些记录中可知，在这次高层会议上，蒋介石并没有掩饰他对三国同盟后局势演变的疑虑，其所提议的两条：第一条是针对中共，重在保存实力；第二条是针对德意，旨在暂时保持沉默。

对蒋介石的这些主张，徐永昌发言赞成，并点明他的理由是两点：其一，"蒋先生既认为欧亚战事必持久，今后变化太大不可走绝路"。此点显示：同蒋介石一样，徐也认为欧战谁胜谁负尚难预测，故中国应以沉默等待尘埃落定。其二，"三国同盟余认为敌陆军一手做成，外、海两部未参予（一、未发见其外部事前关此只字。二、吉田海长辞职似即不赞成南进）。果尔则我应避免刺激倭陆军之言论与行动，俾其一意南进"。② 此点显示：徐认为中国的沉默可促进日本加速夺取欧美的亚洲殖民地而自陷绝境。

散会后，意犹未尽的徐永昌于晚上9时许特地打电话给蒋介石，再次强调三点："（一）关于三国同盟，纵英对日出以恶感（或有英的需要或看出无论如何日必向之进犯），我对德意仍须谨慎其表示。（二）俄之敢于轻我，以我已走上无论如何不与日妥协，英美对我亦复近似，我须有法令彼等明白我固无力败日，但我一妥协则日之威胁彼等力量更增。（三）欲促敌南进须由不刺激敌人及我之接近德国做起，如仅为说几句出气的话而开罪德国太不值得。"③

翌日上午，徐永昌还托人进一步向蒋介石建议："务能在德国活动中日和平：（一）使敌放心南进。（二）使国家渐转至有两条路，即可战可和是也。"在当日的日记中，徐永昌点明，他反复做此提议的最大动机在于对国共关系的忧虑："保存实力殊属要图。但俄国阴险，共党作恶，我与倭再战二年，恐新、甘、陕、绥、察、晋、冀、鲁、豫、皖、苏或全部或一部悉为共有。彼时倭纵受制美英而俄国努力援共，我求今日之局面而不可得。"④ 很明显，徐永

---

① 《徐永昌日记》第5册，1940年9月28日、29日。
② 《徐永昌日记》第5册，1940年9月28日。
③ 《徐永昌日记》第5册，1940年9月28日。
④ 《徐永昌日记》第5册，1940年9月29日。

昌的真意，是要蒋介石利用三国同盟后国际形势的好转，把政府军的重心转向限共、反共，而把中日问题留待日本南进后在国际战争中解决。

四 "上策"的出炉与蒋介石的注解

据蒋介石自记，他本人由于感冒尚未痊愈，在 9 月 29 日主要做了两件事。

其一，修改和发出致斯大林电报。电文称："德意日三国同盟协定成立后，国际局势必将迅速改变。此事在亚洲方面当为日本帝国主义作更大冒险之开始，于我中苏两国关系至为重要。中国自抗战以来，外交方针无不期与利害相同之苏联一致。中正自去年欧战以来更无时不思商承教益，俾我国抗战得有最可信赖者之苏联协助而达成吾人共同之使命。"[1] 该电报旨在探询斯大林对三国同盟的态度和预防苏联对日妥协，故蒋不惜违心地称他最不放心的苏联为"最可信赖者"。

其二，修改与发出阐述日德意三国同盟意义的告高级将领通电。其中，蒋以五大理由论证了"敌订三国同盟实为我最后胜利之转机，亦为敌国失败开始最大之关键"：（1）日本和德意图相互利用，但实无作用，反而加重自身孤立。日本已从仅以中国一国为敌，陷入与英美列强同时为敌。（2）德意早已袒日，以后最多不过再承认一个傀儡政权，但于我并无影响。（3）今后日必南进，兵分力弱，"对我更难彻底"。（4）三国同盟目的最后仍在对苏，故日苏关系只有恶化，无法拉拢。（5）日既与英美决裂，对苏亦趋恶劣，则我今后更不虑美苏对日妥协。敌所得为有名无实之盟邦，而我则获强大有力之战友。最后，蒋的结论是："此项同盟协定，敌实自造荆棘，更趋危机，而于我抗战则为绝对有利，今后敌友分明，应付简单，更易收得道多助之效。"[2]

从上述通电的内容可见，尽管此时在关于苏联态度和日苏关系的判断上蒋介石实际上并无绝对把握，但在整体上，与 9 月 27 日、28 日的审慎态度不同，蒋在经过三天的思考后，对日德意三国同盟的成立做出了基本有利于中国的评估。但是，当 9 月 30 日下午王世杰再次向他建议召回驻德大使以表明中国反对三国同盟的严正态度时，蒋却以比 28 日更加明确的态度拒绝。[3] 同日，

---

① 薛月仁编《蒋中正总统档案·事略稿本》第 44 卷，台北，"国史馆"，2010，第 345～346 页。

② 《蒋介石致各高级将领电》，1940 年 9 月 29 日，秦孝仪主编《中华民国重要史料初编——对日抗战时期》第 2 编（1），台北，中国国民党中央委员会党史委员会，1981，第 319～320 页。

③ 《王世杰日记》（手稿本）第 2 册，1940 年 9 月 30 日。

蒋介石还在日记中写道：

> 对英对美对俄及对三国盟约国之方针暂定如次：甲，保持抗倭阵线与态势，以不予媾和为原则。乙，使英美俄对我增加援助而不再藐视或加我以压力。丙，仍以自立自主之立场对倭抗战，非有特殊形势或万不得已时暂不加入任何阵线。丁，如俄不弃我，则首当以俄之态度为最后之标准也。戊，世界大战之决战最后必在科学之程度，故俄如最后欲与德为敌，必不能久拒美国合作也。①

蒋介石为什么在对三国同盟的态度上要采取这些使王世杰深感意外，却同徐永昌的建议血脉相通的因应方针呢？蒋在其 9 月 30 日的日记中点明了认识这个问题的两个关键。

其一，"倭果与德意订立军事同盟，此为我所日夕期求不得者也。据其所发表三国同盟之经过，为时仅 20 日即实行订约，可知倭国情势之急迫，以及其大政措施之慌张乱妄，一任盲目少壮军人之主张而无敢违抗者。此种毫无政策之国家其根本仍在无人敢能决定政策。近卫不啻为日本亡国大夫候补惟一之人物也。不禁为敌国与东亚长叹耳。"

其二，"三国同盟条文之序言很明显的期诱我国有加入其圈套之一日，所谓'更愿扩大合作范围及于世界愿与三国作同样努力之国家以及以适当地位俾于世界各国'，此乃倭寇惟一之梦想，必欲以借此同盟希冀德国为中倭两国之仲介以解决中倭战争，其愚实不可及也。然我亦不必以此对德表示反对态度。使英美苏俄对我不能如往昔之轻淡可也"。②

上述两点，第一点反映了蒋介石对三国同盟"敌失我得"之总体判断，第二点反映了蒋介石对利用三国同盟的策略考虑。可以说，这是理解蒋介石对三国同盟因应方针的两个基本视角。

接着，蒋介石还在其 10 月 2 日与 3 日的日记中，为我们留下了关于其因应方针的更加全面而直率的注解。

先看 10 月 2 日的日记。蒋介石概括了他此期对相关各国的基本看法："轴心国狂暴，苏俄阴狠，英美各啬自私，皆不足为友且亦不欲余为友，并皆谋为

---

① 《蒋介石日记》（手稿），1940 年 9 月 30 日。
② 《蒋介石日记》（手稿），1940 年 9 月 30 日。

害于我，独占中国。惟轴心国之用意则有轻重不同。如明析之，则倭当于我为敌意，意大利为恶意，而德则出于无意，惟其本身计不得不然。然余断德至今对余尚无一定之恶意，故较为可谅耳。余在此国际动荡最烈之中，惟有力谋自立自强，不倚不求，准备最后之变化。只要能自立不惧，则幸矣。"①

这段画龙点睛般的点评说明，在蒋介石的内心，对英美并不都是好评，对德国也不尽是恶感。前者是因为英美在援华制日问题上总是不能满足他的希望，而且英国还不顾中国的抗议而继续关闭滇缅公路。后者则是因为，为世人所知悉的犯罪行为，此时有的还未发生，有的还未完全暴露。反之，不但1930年代中德友好交往的经历特别是德国顾问的表现给蒋介石留下了不错的印象，而且自1940年7月重新加强对德联合活动后，从中国驻德大使馆发来的有关德国的报告，对蒋来说也都属于正面评价。② 因此，蒋介石虽然对德国那些讨好日本、打击中国的行为不满，但同时又认为，德国在东亚所做的一切主要是为了对付欧洲的敌国，其对中国的冷漠只是出于无奈，日德关系也并不像日本宣传的那样密切。

再看10月3日的日记。蒋介石详细阐明了他的动机：

> 三国同盟以后，我对国际之政略与战略之处置如下：
>
> （甲）中倭媾和为下策。以倭对华之野心，与其最近对占领区之交通、工业等建设，及其积极移民之状况，决非一纸和约所能令其履行与撤退；而且世界战争未了之前，何能使其琼州等沿海岛屿之交还？即使我出任何代价亦不可能也。若为保持西北与西南根据地，则倭寇本已无力西侵，复何必与之媾和也。
>
> （乙）参加英美战线为中策。如新嘉坡或昆明失陷，则我国战线固不能与英美取得联系，完全孤立，而一面又受俄国忌恨，更使之对我断绝关系，甚至促令倭寇与中共协以谋我，此于我最不利之场合也。如果西南昆明与新嘉坡、马来、印度无恙，与我国仍可打成一气，则待美倭战局开展以后，英美需要我陆军对倭参战，届时如俄不阻碍，甚或俄亦在英美战线上联合参战，则我自可相机参战。否则，非至俄与倭对我逼迫过甚，则我仍不参战也。

---

① 《蒋介石日记》（手稿），1949年10月2日。记于另页。
② 详见《陈介呈驻德外交情报》中所收相关电报，台北，"国史馆"藏国民政府档案，典藏号：0010662200105。

（丙）独对倭寇为敌，而对英美、对德意（任何阵线）皆取中立之政策，以待俄国态度表明，或其参加战争以后，我乃决定取舍。如此则对美对德对俄皆有进退自如之余地，而且皆可由我自动抉择。此中立自主政策，乃为目前唯一之上策也。

（丁）中倭战争本以世界战争之结果为归着点。故余自去年欧战发动时，急欲加入英法阵线，而英法反置余于不理，此为无上之羞耻，然亦无如之何。今则英法既败，而美俄未动，且倭已加入德意阵线，料其必败。此倭敌参加欧战，则中倭战争自可包括于欧战之内，而我反无急求参战之必要。此则去年与今日中倭两国之地位完全相反，而我则可渐入主动自由之地位，比中国自我参加欧战于我之有利无害之道，相差诚不可以天壤比也。今倭既参加欧战，而敌则反受束缚，无法脱离其桎梏矣！如何能转入完全主动地位，是我今日最大之考虑与唯一之要务也。

（戊）今后预防变数：（1）俄倭订立互不侵犯条约，如果成立后，倭寇能抽调东北兵力亦极有限。如其所抽调兵力用于攻华，则仍不能达其南进目的。故其抽调兵力亦必为南进，故于我无大害也。（2）倭攻滇昆或缅甸，此已有准备，当可照预定计划进行，此时似不应积极。即使滇缅交通断绝，我亦有自主自保之实力，以待美倭海战之结果，乃当可反守为攻也，不患无克敌复土之日也。（3）德国提议中倭和平，当以不迎不拒态度处之，而以不绝对严拒为宜。（4）三国承认汪伪组织，此可作为既成事实，不必深虑，但未拒绝德国调解以前，或倭仍知承认傀儡为无用，以其决不能以此解决中倭战事，故其未必敢承认也。（5）促进倭寇实施南进政策与非攻美不可之理由与事实俱已存在。一在俄允订倭俄不侵犯条约方法，促其南进也。故美国欲和缓倭寇决不生效，而亦非我所能致耳。其力全在俄与倭耳。[①]

五　初期对策的实质与理由

综合上面所引 9 月 27 日以来蒋介石的种种内心独白和王世杰、徐永昌等人的相关记录，可以归纳出三个基本点。

---

① 《蒋介石日记》（手稿），1949 年 10 月 3 日。记于另页。

其一，鉴于日德意三国同盟后国际形势的变化，蒋介石将其自 1940 年 7 月以来秘密摸索中的中日和谈视为"下策"而予以否定。

其二，蒋介石所确定的因应日德意三国同盟的"上策"，实质是坚持唯以日本为敌，对欧战不介入，对三国同盟不表态，对两大阵营不偏倚，对德国可能进行的谋求中日媾和的调停不拒绝，等待苏联态度的明朗化。

其三，蒋提出这一"上策"的主要根据，是认为日德意三国同盟的建立使日本和中国在国际政治中的地位发生了根本性的逆转，中国以"上策"那样的中立态度灵活运用自己的主动地位，可收进退自如、左右逢源之效。

蒋介石为什么认为日德意三国结盟后中国能以"上策"那样的中立态度而收进退自如、左右逢源之效呢？如果我们能结合蒋介石的论述，对日德意三国同盟成立前后的形势做一番比较，就不难找出其中的理由。

在日德意三国结盟以前，日本对欧战保持中立，对德国不近不离，故英、美等国对日本今后的取向既有疑虑又抱有幻想，希望能以在中国问题上一定的妥协与让步，防止日本对他们在亚洲的利益趁火打劫，并争取日本在欧战中站在英美一边，或至少不和德国联手。与此相应，对中国抗日战争的价值，英、美等国则是既有期待又暗怀轻视，甚至不时或明或暗地劝中国对日妥协。在这种情况下，中国如果在欧洲问题和中日问题上采取"上策"那样的态度，对他国来说无关痛痒，对自身来说则只能是有害无益。反之，日德意三国结盟以后，日本已抛弃对欧战的中立姿态，正式加入德意阵营，这使英、美等国不得不打消对日本的幻想，而中国坚持抗日的价值则随之为世界所公认。因此，不仅英美阵营必须为牵制日本而进一步支持中国，即对德国来说，其要使日本摆脱中国的束缚而真正发挥同盟国的作用，也不得不在意中国。至于日本，如其真要投机欧战，实现南进，也不得不先考虑如何从中日战争的泥潭中脱身。总之，蒋介石认清：日德意三国同盟使中国一跃成为各种力量都要争取的关键因素，因此，中国采取中立立场和灵活态度，必能左右逢源。其实，中国共产党当时对此点也有很清楚的认识，故在其内部文件中指出：三国同盟使蒋介石政府提升为英美、日德、苏联等三个阵营都要拉拢的"三角交叉点"，"蒋介石得意得很"。①

上述各点可谓运用"上策"的可能性。但是，对蒋介石来说，以中立为"上策"不仅是因为其具有可能性，而且是其具有必要性。为什么呢？我们也

---

① 详见周恩来《关于德意日三国协定后的形势分析和对何白皓电对策的建议》，1940 年 11 月 1 日；毛泽东《关于国内情势和应付投降、力争时局好转致周恩来》，1940 年 11 月 3 日。

可从蒋介石的前述分析中引申出四个要点。

第一，就苏联因素来看，在美国对中日战争和欧洲战争的态度因日德意结盟而无可犹疑以后，苏联已成为决定欧战和中日战争力量对比的最关键的国家，但它此时仍然以中立国自居，并正与英美阵营和日德意阵营进行双重的讨价还价，致使各国对它的未来取向捉摸不定。另外，在中国国内，苏联还继续充当着中国共产党的后盾。因此，对蒋介石来说，无论从国际政治出发，还是从以国共关系为中心的国内政治出发，都必须等苏联先做抉择。

第二，就英美因素来看，虽然它们已因日德意结盟而更加迫切地需要中国抗战到底，但其自身不仅对中国的援助尚不充分，而且还没有决心和中国切实结盟。因此，对蒋介石来说，中国利用英美对华的需要，故做不惜与日本妥协的暧昧姿态，使英美"对我不能如往昔之轻淡"，既有利于促进英美加强援华力度，又有利于争取英美和中国建立平等的同盟关系。

第三，就日德因素来看，蒋介石虽然希望日本和德国结盟，但其目的全在于促日本走上与英美阵营决裂的绝路，而绝非真要德国成为日本的盟国。易言之，蒋介石想看到的，是日本徒因对德结盟而受增敌减友之害，却实际上享受不到德国援助之利。因此，蒋认为，对中国来说，用"上策"所示的那种灵活态度对待日德两国，既有利于离间日德关系，阻止或推迟德国承认汪伪傀儡政权，又有逼日本孤注一掷，加快走向四面出击的国际战争。

第四，就欧战来看，蒋介石在1940年10月上旬提出"上策"时，仍然认为英国到底能否战胜德国，还需要慎重观察。

总之，蒋介石提出以中立、自主为宗旨的"上策"做因应日德意三国同盟的初期对策，既是出于其主观策略上的需要，又是基于客观形势的制约。我们对此必须从主观、客观两种因素出发加以全面的理解。

但是，就蒋介石对日德意三国同盟的全部应对过程而言，以"上策"为基轴的初期对策的出炉，仅仅是其中的第一步。后来蒋介石怎样贯彻和修正其"上策"，其实际效果又是如何？且看从第六节开始的本文下篇的论述。

六　对苏联因素的思考

从本文上篇的论述可知，在作为蒋介石因应三国同盟之"上策"背景的"形势制约"方面，对苏联的悬念占据了首位。这与中国共产党当时的主张是密切相关的。因为，日德意三国结盟之初，中国舆论均以中日战争将与欧战联成一气为幸，但中共还是坚持主张中国应始终孤立于欧战之外，而不可与英美合作。① 对于一直视中共为苏联工具的蒋介石来说，当然认为这种主张是受苏联的指使，反映了苏联的态度。这使蒋在处理三国同盟后的国际关系特别是对英美外交时，顾虑重重。因此，在正式依据"上策"对英美出牌前，蒋从10月6日开始，整整花了一周时间，围绕其9月28日提出的6个问题，集中思考了因应三国同盟问题时必须兼顾的苏联因素，并逐日在日记中留下了详细的记录。以下按《蒋介石日记》概述之。

10月6日，蒋介石重点思考了当各国无暇顾及中国时，苏联可能采取的对华政策。他设想会出现以下三种可能的状况：

> 甲、如日本对苏屈服并且其武力已消耗至相当程度，苏联就不必再以中国牵制日本。
>
> 乙、苏联要防备德意日对其包围，故害怕中国加入德意日反共阵线。为避免出现这种前景，苏联有可能在目前先解决中国问题，即组织中国苏维埃，完全归附于苏联范围以内，使彼以后对德意日容易应战，而且及时消除其切肤中国后患，并望以此大患变为其赤化反帝之基础。
>
> 丙、苏联总以为中国必与英美站在同一战线，总以为中国是反苏国家。从这种认识出发，苏联也可能认为不如在英美无暇顾及时乘机灭亡中国。②

很明显，蒋此时认为，标榜中立的苏联既不会允许中国加入日德意阵营，也不会同意中国加入英美阵营，如果中国违抗苏联的这种意志，很可能遭受苏联的一些邻国已经遭受的被颠覆、被占领的命运。由此也可了解，为什么蒋在解释前述"上策"时要反复提及苏联因素。

10月7日，蒋介石就国民政府和苏联、中共的相互关系提出了以下几个问题：（1）苏联此时是否已到不要中国抗日而要中国内乱的地步？（2）假如中国在美日战争爆发后继续抗战，中国即自然加入英美战线。如此，苏联是否对中国不便干涉？（3）国民党兵力是否已消耗至相当程度？（4）中共势力是否已经壮大至与国民党相等之程度？（5）中国人民在心理上对中共是否已倾

---

① 《解放》，《论目前时局》，1940年9月30日；中共中央宣传部《政治情报第6号——英美拖中国加入其战争集团》，1940年10月20日。
② 《蒋介石日记》（手稿），1940年10月6日。

向有半或达三分之一？（6）如中共反对抗战、反对英美、叛变中央，全国军民之心理是否对之赞成？（7）如果国民政府对日媾和，日本即可一心整理其陆军，并配合正在苏德边境集结的德军，这种状况难道对苏有益？（8）如国民政府的军队竭力节省兵力，不对日做无益之攻击与消耗，苏联与中共必加反对，但中共是否真敢在3个月至半年之内发动叛乱？[①]

10月8日，英国宣布滇缅路将于10月18日后重新开放。蒋介石对之感到快慰，故进一步致力于分析苏联的对日政策。当时，外电盛传日苏双方将通过签订互不侵犯条约而实现妥协。在分消极和积极两个方面考察了这一问题的可能性后，蒋介石的判断是：

> 消极方面：甲，俄对德此时仍畏惧，故对倭不能不迁就，且可使倭寇安心南侵。乙，俄对我利害与态度皆可不顾。以此二义论之，故有订立协定之可能。
>
> 积极方面：甲，俄不能不企图美国与之合作，如俄倭妥协必使美国绝望。乙，世界大战最后不能不决之于科学程度，如俄最后欲与德为敌，则决不能与美绝缘。丙，最近美倭必战之形势已成，无待俄国之挑拨，且不患倭不南进也。丁，如果逼迫我国不能不与倭停战则倭得专心整顿陆军，如此俄之东西两面之德倭强大陆军终为俄国之大患。以此推之，俄倭不侵协定不能成立公算为多也。[②]

上引分析说明，蒋介石在预测苏联对日政策时，同时看到了两种可能性。后来的史实证明，虽然日苏关系最终以双方缔结中立条约而使蒋消极方面的预测成为事实，但蒋不仅早就认定即使是这种性质的日苏关系也包含"可使倭寇安心南侵"的有利因素；而且从积极方面的分析上，蒋介石很早就预见了苏美关系日后将会出现有利于中国的变化。

10月9日，受中国共产党所宣传的口号的影响，蒋介石再次担心"俄国对华唯一之策略是在要我完全脱离英美而独与其合作"。蒋认为，如果中国迎合苏联的这一策略，有可能暂时得到苏联的帮助。但是，接着他反问道：如果中国因此而将永受苏联支配，"此与倭寇对华之野心有何差异？岂革命政府所

---

① 《蒋介石日记》（手稿），1940年10月7日。

② 《蒋介石日记》（手稿），1940年10月8日。

能忍受乎?"① 这一反问表明了蒋不愿为获得苏联支持而甘受苏联控制。

10月10日，蒋介石根据近卫10月4日谈话中的一节内容认为，"倭对俄仅在希望其减少冲突而明言其三国对防共仍积极不变，表示此三国同盟不仅反美而且反俄耳"。② 就日德意三国同盟的初衷而言，蒋介石的这种看法可说是一种误判。因为，其时德日双方都还在致力于争取和苏联结成"日德意苏四国联合"。但是，如同后文将提到的，由于德国不久就转而决定对苏开战，因此也可以说，蒋介石从日德意三国的反苏本质所做的判断，不啻为一种先见之明。

10月12日，因斯大林对蒋9月29日的电报仍无任何回应，蒋介石深感忧虑，认为斯大林的冷淡反映了苏联和中共"对我国之变乱"，并批判说"共匪猖狂，肆无忌惮，俄国态度险恶，对我殊多不利"。③ 在和徐永昌等人的谈话中，他还指责苏联说，"美国两次以援华器械要求由海参崴进口，皆遭俄国拒绝，且自滇缅路封锁后，俄对我愈置之不理"。④ 但是，是日，蒋介石同时也看到了另一种现象，即"英美对远东渐趋积极向倭压迫，国际形势于我有利，敌寇国内怆惶纷乱，其在外军队亦傍徨无主莫不呈其动摇之象"。蒋从中得到莫大慰藉。在这种忧喜交集的复杂心境中，蒋于是日对一周来的冥思苦想做出了总结。其主要内容是：

1. 此时俄仍需要我抗倭，不至使中共叛乱。其理由是，苏联为确保其本国利益和促进中共"坐大"，必须既消耗日本，又消耗国民政府。而假如中国停止抗日，苏联的企图就将双双落空。

2. 今后我军方略：（1）现时英美苏日之形势正在急变之中，在日军攻滇或南进行动尚未明了以前，如我国内部此时发生叛变则于我大为不利，故应暂避决裂，静观国际形势为宜。一面准备兵力制阻中共之行动，一面整补实力以待时局变化。（2）对共对日应作总计划，兵力不宜分散于两敌，故对日军应避战之区域则对共军亦不必积极斗争，但须时觅良机与以不测之大打击。

3. 中国抗战与世界大战对苏联及中共最不利之三大影响为：（1）中国加入英美阵线而使俄国不能独占中国。（2）中国对倭抗战，保持强大

---

① 《蒋介石日记》（手稿），1940年10月9日。

② 《蒋介石日记》（手稿），1940年10月10日。

③ 《蒋介石日记》（手稿），1940年10月12日。

④ 《徐永昌日记》第5册，1940年10月12日。

实力而使中共无推倒国民政府之机会。（3）中日媾和，具有实力，使俄与共皆无隙可乘。

4. 苏联的处境：（1）德日为其邻接之敌，且皆为侵略军国，决不能使共产主义发源地之苏俄始终存在。（2）轴心国欲进取近东、地中海、黑海、印度洋、日本海与波罗的海，完全包围苏俄，使无出海之路。（3）英美与苏俄地势远隔，无切身利害冲突。（4）俄国欲制裁兵力最强科学最盛之德国，如不赖美国之合作决不可能，而且有被德国侵略之可能。（5）德国陆军胜法后，俄国欲望英德两败俱伤而坐得渔利已不可能。德国陆军实力及其经济与科学，若俄美不参战以共同对德，决不能消耗德国之军力。（6）俄国在此情势之下不能不加入英美阵线以求自保。

最后，蒋介石归纳出九个要点：（1）苏联决不能与日妥协以开罪美国。（2）中共欲踞晋冀察为根据地亦不能与日苟合。（3）苏联如参加世界战争，最后必站在英美阵线。（4）苏联与德国利害太冲突，苏受威胁太重，苏德双方绝不能避免战争。（5）美日两国于半年内必开战，中美虽不说同盟其亦必能合作助我。（6）如中国与英美同一阵线，苏联更不敢为害中国。（7）对中共此时应依法制裁不使做大，但仍以刚柔并济不使即时破裂。（8）对中共政治制裁应即实施，以免养虎为患。（9）西南滇缅公路之交通非切实保护不可，勿使苏联对我专横为害。①

10月13日，王芃生根据日方秘密情报报告蒋介石，日苏互不侵犯条约可能于11月内商定。②翌日，日本军部在其发表的文章中，第一次放弃攻击苏联之言论，称：日德意三国同盟与反共无关，故日苏应缔结互不侵犯条约，如此，不仅可使苏联跳出战争旋涡，亦可使中国境内"共党"势力不至消失；苟英美合作愈趋密切，则日苏签订是项公约亦将愈早实现。另外，汪精卫在10月8日及12日所发表的演说中，也放弃了反共论调。③

上述种种情报与动向，使刚刚对苏联与中共因素有所结论的蒋介石重陷紧张氛围中。10月15日，蒋介石在与军方的讨论中，认为《日苏互不侵犯条约》即将签订。对此，徐永昌主张，"俄果与日缔结互不侵犯条约，与我有利：甲、使我迷信俄国而非共产党之青年得以早日觉悟，而灭共党之势力。

---

① 《蒋介石日记》（手稿），1940年10月12日。
② 王芃生等致蒋介石电，1940年10月13日。"国史馆"藏蒋中正总统档案：002080200531086。
③ 《徐永昌日记》第5册，1940年10月14日。

乙、日必对美作进一步的决裂或开战，俄方与之结约，否则俄不为也。只要日寇再结一个确切现实的敌国，我才得到一个真正与国。丙、我得有理、有力制共（俄之阴谋如不再显明的暴露，我青年总不明了，在彼认俄作父时代，政府制共总不原谅）"。徐永昌还认为，正因为日苏签订互不侵犯条约对中方有如此多的好处，故目前日苏尚不可能订此条约。① 对照前引蒋介石对苏联外交的思考可知，徐永昌和蒋介石虽然在苏日订约的时间问题上有分歧，但在苏日订约的效果问题上，双方的观点则基本一致，即都认为苏日即使订约也有对华有利的一面。这说明，国民政府领导层虽然不希望苏联和日本签订互不侵犯条约，但同时他们又早就在内心认为它对中国来说并非全是负面意义。

正在此时，苏方于 10 月 16 日把斯大林对蒋介石 9 月 29 日去电的答复函交给了中国大使馆。斯函称：

> 余之奉答迟缓，乃因来示所提问题之复杂性。余甚难对阁下有所建议，则因余对中国及日本之环境未能充分明悉。惟对所注意之问题，余有较可认为确定意见谨奉告阁下。余以为因三国同盟之缔结，似乎稍使中国情形转劣，并在若干部分对苏联亦然。日本至最近时期，原为孤立，在三国同盟后则日本已非孤立，因已有如德意两国之同盟者。但因三国协定之矛盾性，在某种国际形势之下，可反使日本不利，即因打破英美对日中立之基础也。足见三国协定在此一方面可为中国造成若干有利。美国对非金属及其他数种货品之禁运以及滇缅路之开放，皆其直接证明。在此复杂及矛盾性局势之下，依余之意见，中国主要任务在于保持及加强中国国民军。国民的中国军队乃为中国命运自由及独立之担负者。果阁下之军队坚强有力，则中国必不可摧破。现在关于对日议和及和平之可能性谈写颇多。余未知此种传说与事实有何符合，但无论如何，余认为无疑者，只须中国国民军坚固强壮，则中国可克服任何困难。②

对照前引蒋介石 9 月 29 日的去电，不难发现，和蒋电之热烈相反，斯函相当平淡，特别是对蒋最关心的苏联自身对三国同盟的态度，则刻意避而不谈。但是，尽管如此，蒋介石在于 10 月 20 日收到驻苏大使馆以电报发来的斯

---

① 《徐永昌日记》第 5 册，1940 年 10 月 15 日。
② 台北，"国史馆"藏蒋中正总统档案：002060100145016。

函中译文后，还是相当满足，称之为"国际局势重要之关键"。① 这不仅是因为斯大林对三国同盟利害关系的看法符合蒋的观点，更是因为，蒋认为斯函虽然不够明确，但从中至少"可窥见"其对日尚无订立互不侵犯条约之意，"否则彼无复电之必要，以彼此时更无欺罔之必要也"。② 所以，蒋介石22日即电令邵力子大使将蒋对斯函的回电译转斯大林。该电强调"日本无论如何必为我中苏两国共同敌人，此为余于获诵尊函后所得之明确信念，而此相互的信念之加强，足使日本任何野心与阴谋为之根本粉碎"。③ 26日，蒋又电令邵力子："对史复函携交时希向其外长或次长再以中意口头补充说明中国对日抗战国策始终不变，必当贯彻而后已，苏俄对我军火接济尤其飞机深盼从速。"④

七 以"另谋出路"逼英美加强援华制日

另外，在按上策思考对英美外交时，前述10月12日蒋在苏联问题上所得出的结论，大大减轻了他对苏联不准中国加强对英美关系的顾虑。以此为背景，10月12日以后，蒋开始积极展开对英美的工作，其基本做法，可概括为以"另谋出路"逼英美加强援华制日。这和他在上述对苏外交中反复强调"中国对日抗战国策始终不变"形成了鲜明的对照。

蒋的第一步是从英国着手。10月14日下午，他召见英国驻华大使，在会谈中，劈头就指出："英美素以殖民地视中国，看不起中国之力量。倘不先放弃此项成见界限，不必讨论合作方法。须知英美专恃海空军以谋远东，对日胜利，实感不足。必须有大量陆军之协助，始克有济。""中国实有供给此项实力之能力，且能与英美作有效之合作，但必俟英美确实抱有解决远东问题之决心，深切明了了中国非殖民地国家，及其陆军贡献之重要。"接着，蒋提醒英使，"倘英美尚未有此觉悟，则中国拟独立推进其国策"。英使问："倘日本进攻新加坡，英日间发生战事或者将扩大而益以日美战事，则中国对德之态度又将如何？"蒋答道："中国之态度将视英美对华之态度而定之。"英使再问："倘中英美联合对日作战，中国将对德宣战耶？"蒋这才松口说"我自应对德

---

① 《蒋介石日记》（手稿），1940年10月20日。
② 《蒋介石日记》（手稿），1940年10月26日。
③ 台北，"国史馆"藏蒋中正总统档案：002080106062004。
④ 台北，"国史馆"藏蒋中正总统档案：002080106062004。

宣战"。① 由于对英使在这次会谈中的表现不满，10 月 15 日，蒋介石致电宋子文，要他转告美国政府："英国态度于我仍如前，毫无合作诚意，如果其临时抱佛脚必无济于事，中国在最短期内不能不自有所取决也。"②

16 日，蒋再次接见英国大使，要求英方就日德意三国同盟后国际形势的变化，考虑下列五点："（1）今日是否已至英政府考量中国抵抗日本侵略对英有何贡献之时。（2）倘中国不能继续抗战，英国所受之影响若何。（3）倘英政府不予中国以有效之援助而致中国不能继续抗战，则于英国有何利益。（4）倘英国不助中国，则中国无相当力量之空军，是否能继续御敌。（5）倘中国停止抗战，日本是否减少其最大威胁之敌国，而得竭其人力物力自由实行其南进政策。"接着，蒋切入主题，指出：中国"今日切望于英美者，并非仅从朋友地位从旁协助，而以平等基础，完全共同合作，有如商店之合伙，休戚相关，利害相共"。此后，双方做了以下一番对话：

英使：倘不能得英美之合作，中国又将如何？

蒋：此尚未便奉告。此问题正在研究中。

英使：予推测中国将有四途可循：1. 倾向民主国家。2. 倾向轴心国家。3. 依赖苏联。4. 与日言和。

蒋：阁下可为我外交部长矣。

英使：予将报告钧座曾言即无英美协助，中国仍将继续抗战。钧座能首肯此言否？

蒋：现在予已不能再作此言。

英使：此似有不能与前言符合之处。盖予报告星期一谈话之第一点中曾述中国有巨大之陆军。

蒋：并无不相符合之处。巨大陆军依然存在，然继续抗战尚有待其他重要之因素。例如我国急需空军与经济实力之充实。当知近代战争无强有力空军之支援，难求任何有效之效果。

最后，蒋再次含蓄地提醒对方，"中国抗战已逾三年，业已到决定自己地

---

① 本次会谈的提要见外交部致胡适、宋子文电，1940 年 10 月 18 日，《胡适任驻美大使期间往来电稿》，第 77～78 页。记录之全文见《蒋中正总统档案·事略稿本》第 44 卷，第 419～434 页。

② 《蒋介石日记》（手稿），1940 年 10 月 15 日。

位之阶段，将于两个月内，决定适应此新局面之未来政策，断不能长此放任不决"。① 蒋并要求英国大使将以上两次谈话内容通报美国大使。

在 16 日的日记中，蒋介石不无自得地写道："对英使说话二次，长谈自觉无间，颇能知其大者，此种慧智非灵修有素不易得也。"② 但是，同日，王世杰在从蒋那里获知上述谈话内容后认为，以"另谋出路"来逼迫英美在两个月内与中国全面合作，"恐无益而有害，因英使固确知蒋先生决不会另谋办法（如联德对日请和之类）也"。据此，王力劝蒋"勿续以此种意思向美使表示"。③ 可是，18 日蒋介石约见美国驻华大使詹森时，还是先征求其对蒋 14日、16 两日与英国大使谈话的"感想与意见"，接着就用对英使同样的语气警告詹森："倘美国不援助中国飞机，国际交通断绝，人心动摇，中国局势恐有不易维持之虞。"随即蒋对美国提出了庞大的援华要求。④ 20 日，蒋还以电报向宋子文通报了和美国大使的谈话内容，强调：美国能否积极援华至关重要，其将直接影响英国和苏联的对华态度，他切盼二三月内能得美国大量装置齐备之飞机，美国空军志愿飞航人员能来华助战则更佳。⑤

在结束对英美大使的一系列谈话后，蒋介石写道，"本周国际形势转佳，心神较前略慰"，"约英大使长谈二次，美大使长谈一次，自信当有效。而对事似亦纯熟，觉有物来顺应之象也"。作为形势转佳的事例，蒋还特别提道："滇缅公路竟得重开，此不仅对我抗战之成败攸关，而且远东之祸福安危亦系于此也。""倭寇对英美气焰顿消，德意对东欧与埃及之行动虽著，然其必转入不利地位矣。"⑥ 这说明，蒋以另谋出路逼美英加强对华援助，背景是其时国际形势正在日益朝着对中国有利的方向发展。不过，可能是受王世杰所持异议的影响，蒋在自得之余，对自己和英美大使谈话的语气还是有所不安。直到又过了一个星期，蒋接到了丘吉尔"其言诚挚"的复电，看到了美大使"较良之反响"后，他才放下心来。在 10 月 26 日的日记中，他写道，"本星期对于国际

---

① 提要见外交部致胡适、宋子文电，1940 年 10 月 18 日，《胡适任驻美大使期间往来电稿》，第 76～77 页。记录之全文见《蒋中正总统档案・事略稿本》第 44 卷，第 437～446 页。

② 《蒋介石日记》（手稿），1944 年 10 月 16 日。

③ 《王世杰日记》第 2 册，1940 年 16 日。

④ 《蒋介石接见美国大使詹森谈话记录》，1940 年 10 月 18 日，秦孝仪主编《中华民国重要史料初编——对日抗战时期》第 3 编（1），第 100～103 页。

⑤ 《蒋介石致宋子文电》，1940 年 10 月 20 日，《蒋中正总统档案・事略稿本》第 44 卷，第 476～481 页。

⑥ 《蒋介石日记》（手稿），1940 年 10 月 19 日。

形势与谈话时怀疑惧不定之心，最后则证明余之所思与所言皆能生效也"。①

　　蒋的这一评价并非自我陶醉。就美方的反应来看，据驻美大使胡适报告，詹森在结束和蒋的谈话后，除立即向华盛顿详细报告了蒋三次谈话的内容外，还专门另发了一封对中方"甚为有利"的"恳切长电"。② 另外，詹森还向美国政府强调：中国政府自始就相信它的事业就是美国的事业，如果美国不为中国提供他所需要的援助，就会迫使中国人在日本人和共产主义之间做出选择，美国无论从哪个角度考虑，都须大力援助中国。③ 而其时美国当局也确实正担心中国是否会停止抵抗，另找出路。因此，在罗斯福于 11 月 5 日再次当选为总统后，美方就在 11 月 8 日举行的大选后的第一次内阁会议上，正式通过了援华决定。宋子文在得到这一消息后立即报告了蒋介石。④ 翌日，蒋介石再次和美英大使谈话，正式提出了中英美三国合作方案。该方案首先强调：中英美三国在保持太平洋和平上有共同之利害关系与使命，为实现三国所共同拥护之原则，应有密切合作之必要。接着，方案提出三大原则："1. 坚持《九国公约》门户开放与维护中国领土行政主权完整之原则；2. 反对日本建设东亚新秩序或大东亚新秩序；3. 认定中国之独立自由为远东和平基础亦即太平洋整个秩序建立之基础。"方案还具体提出了中英美"事实上相互协助"的四大项目：（1）英美两国立即共同或个别借款给中国，以维持中国之外汇与法币信用。此项借款总额为 2 亿至 3 亿美元。（2）美国每年以信用贷款方式售给中国战斗机 500~1000 架，并由英美两国供给中国以其他武器。（3）英美派遣军事与经济代表团来华组织远东合作机关，其团员得由中国政府聘请为顾问。（4）英美与日本或英美两国中任何一国与日本开战时，中国陆军全部参战，中国全部空军场所全归联军使用。⑤

　　蒋介石对自己制定的上述合作方案评价极高，称之为"我国外交史上重要纪念"。在当天的日记中，他写道："对英对美同时提出合作方案，自信必有效果，半月以来外交考虑甚周而环境更佳矣。"⑥

---

① 《蒋介石日记》（手稿），1940 年 10 月 26 日。
② 《胡适致陈布雷呈蒋介石电》，1940 年 10 月 24 日，秦孝仪主编《中华民国重要史料初编——对日抗战时期》第 3 编（1），第 104 页。
③ 《美国外交文件》第 4 卷，1940，第 678~679 页。
④ 《宋子文致蒋介石电》，1940 年 11 月 9 日，秦孝仪主编《中华民国重要史料初编——对日抗战时期》第 3 编（1），第 113 页。
⑤ 《蒋中正总统档案·事略稿本》第 44 卷，第 598~602 页。
⑥ 《蒋介石日记》（手稿），1940 年 11 月 9 日。

八 对苏德关系与英德战局的观察

对照一下前述 10 月上旬的"上策"和 11 月 9 日的中英美三国合作方案，不难看出：在日德意三国同盟订立 40 余日后，蒋介石在对待美英、苏联和德国三大势力的态度上，已经明确地从最初的中立转向欲与美英结盟。其背景，除上述蒋的对苏观察和美英两国对华援助的积极化运作以外，还有一个重要原因，即在这 40 多天里，蒋介石在对苏德关系和英德战局的考察上，也都做出了新的判断。以下分别概述之。

1. 关于苏德关系的观察

在对苏德关系的观察上，蒋介石的眼光相当敏锐。从前面所引蒋在推出"上策"时的自述和对苏联因素的思考中，我们已经可以看到，蒋在三国同盟刚刚问世时，就倾向于认为苏德关系必将走向破裂，而其必然结果是苏联加入英美阵营。不过，其时蒋的这一看法基本上还属于一种逻辑上的推理。而从《蒋介石日记》来看，在进入 10 月下旬后，蒋对苏德关系的考察，已上升到逻辑推理和实证分析相辅相成的阶段。

譬如，10 月 21 日，蒋在和徐永昌等人的谈话中断言"德苏将有战事"，徐以"俄有日寇为虑，对德将出于忍让"为由否定蒋说。蒋仍坚持说，"德猛进不已，卒必发生战事"。[1] 10 月 24 日，蒋更明确地主张，"俄必与德一战，决难避免"。其理由是："德国对法国和平条件使其弱点暴露无遗，而其以后战略必转向东方进行，而其对法言和，更使俄国不安，故俄德战争必难避免。且罗马尼亚、保加利亚、南斯拉夫皆为斯拉夫民族，帝俄时代本认此为俄国势力，现在斯大林岂忍坐视不顾。然其仍将设法不求与德即时冲突。如其果为土耳其后盾以碍德国东进，则德将先攻俄以制机先矣。此俄德战争决不能幸免也。"[2] 10 月 30 日，蒋介石又指出："一、意国进攻希腊，德未动兵，是德对俄交涉尚未妥之故。如战事未延至土国，俄当不致有所表示。二、德国汽油有限，最多半年德将暴露疲惫，则俄尚有待。如德果攻土（耳其）争伊拉克油矿，则俄当不再坐视。"[3]

11 月初，外电盛传苏联外长莫洛托夫将出访德国。此消息令举世瞩目，

---

[1] 《徐永昌日记》第 5 册，1940 年 10 月 22 日，第 451~452 页。

[2] 《蒋介石日记》（手稿），1940 年 10 月 24 日（杂录）。

[3] 《蒋介石日记》（手稿），1940 年 10 月 30 日。

蒋介石当然也予以积极关注。11 月 10 日，蒋写道："莫洛托夫赴德之意义必于俄有所收获而去，或明就德而暗钓美乎？其将妥协倭方牺牲中国与土耳其乎？然而俄必拥德攻英，故其对德此时必不有所苛求，或解决近东权益而使德得专心攻英也。"① 12 日，即莫洛托夫访德的当天，蒋注意到两点："一、俄莫外长赴德，世人皆为俄德接近与俄倭妥协虑，余以为只要俄与德倭交涉能表面化而无秘密进行工作，则决无可虑之事。二、此时俄尚惧德，以其陆军实力尚未消失，故其必允物资之援助，使之作最后消耗，一面或成立黑海与达达尼尔海峡相当之协定，促成德国攻土与东进，以消耗德之实力而为其坐收渔利之计。然最后恐其将为害人自害也。"②

11 月 13 日，莫洛托夫结束访德。翌日，蒋介石指出，"自罗斯福当选大总统后，希特勒宣布对英作战到底之演讲未三日，而俄国宣布莫洛托夫访德正当意大利对希腊进攻大败之时。此乃俄国一面恐英德妥协，一面又恐德国军方反戈攻俄，故其急派莫洛托夫赴德以表示俄国援德之决心，而与德以敬意。因之轴心国尤其倭寇得意飞扬，不可一世。其实俄国对德不仅是灌米汤而乃是热米汤之中加入鸩血与鸦片，明使德国饮鸩吸毒消骨抽血无形致死。奈何德国冥不畏死而不一醒悟以自救。如德国胜法之后，即与英国以优裕平等条件议和，使欧洲恢复和平，则其不惟称霸全欧而俄国亦无法如今日之操纵自如矣。希特勒祸德之罪大矣哉"。"此时即使德国欲以重大权利付与俄国，以期俄国与轴心国家订立更具体之协定，未必为俄国所愿也"。③

莫洛托夫访德时期，和希特勒及里宾特洛甫举行了好几次密谈。蒋介石当然不可能了解这些密谈的内容。但与日本当局者的认识不同，蒋介石对这一访问，始终指出苏德关系正在走向破裂。同目前已经公开的苏德双方的档案相比较，蒋介石的认识在具体事实方面虽然存在错误，但就其关于苏德关系无法改善、战争难以避免的基本论点来说，则是符合苏德关系真相的。很多研究已经证明，在苏德两国走向战争的过程中，莫洛托夫在访德期间的尖锐对立，是一个决定性的因素，希特勒正是以此为契机最终决心对苏开战，并于 12 月 18 日发出了总统指令第 21 号（巴巴罗萨作战指令）。④

蒋介石如何看待苏德关系破裂的影响呢？从蒋介石的日记中，可以找到答

① 《蒋介石日记》（手稿），1940 年 11 月 10 日。
② 《蒋介石日记》（手稿），1940 年 11 月 12 日。
③ 《蒋介石日记》（手稿），11 月 14 日（杂录）
④ 参见三宅正树《スターリン、ヒトラーと日ソ独伊連合構想》，東京，朝日新聞社，2007。

案。譬如，11 月 23 日，蒋介石写道，"俄与轴心国关系自莫洛托夫访德后在政治军事上毫无增强与变更，此为国际最佳之局势也"。① 翌日，苏联在停止援华近一年后，由苏联大使面告蒋介石，苏将恢复对中国的武器接济。蒋认为，由此"可知俄德关系与俄日关系皆未以莫洛托夫访德而有所增进，甚至比以前更加恶化"。② 25 日，针对苏德之间在罗马尼亚问题上的冲突，蒋介石进一步看到，"俄德之裂痕全露，欲盖弥彰矣"。③ 26 日，蒋介石强调："一、希意战争，意既大败，保变向德态度，则俄对德意倭必更疏淡。反之，对中英美当更接近乎。二、如何能使俄与英美合作，此为今日惟一要务也。"④

如同本文第一节已经提到的那样，在欧战爆发以前，蒋介石和国民政府以苏英美一致团结，共同对抗日德意集团为中国外交的前提。这个前提曾经由于苏德签订互不侵犯条约后的一系列事态而暂时消失。但是，从前面引用的蒋介石的日记可见，至迟在 1940 年 11 月，这个前提已经开始复活了。

2. 关于英德战争的观察

1940 年 6 月法国投降后，欧洲仅余英国还在坚持抵抗，英德战争因而成为欧战的主体。如前所述，直至三国同盟成立，蒋在强调"今后时局之关键，在欧为英，在亚为华"时，还是对英国在对德战争中的最终命运抱有很大的怀疑。这是蒋介石以中立自主为"上策"的深层背景之一。10 月 12 日，驻美大使胡适来电，在陈述三国同盟后国际形势出现的有利变化后，建议："当此时机，我国对于国际分野似宜有个较明显的表示。例如，德意既与暴日结盟，既承认其东亚新秩序，则皆是我仇敌。我国似应召回驻德意之使节，使国人与世人知我重气节，有决心，似是精神动员之最有效方法。"⑤ 对此，不仅一贯反对联德的王世杰表示支持，就连原来主张联德的核心人物朱家骅也回电胡适说，"今德既联日，再与周旋，反招误会。撤退使节，理所当然。弟早经上书总裁，当再晋言"。⑥ 但蒋介石仍然决定"稍迟再定"。⑦ 蒋的这种态度，除出于以中立谋左右逢源的策略考虑外，与他尚吃不准英德战争的胜负结局也有关系。

---

① 《蒋介石日记》（手稿），1940 年 11 月 23 日。
② 《蒋介石致宋子文电》，1940 年 11 月 25 日，斯坦福大学胡佛研究所藏"宋子文文书"。
③ 《蒋介石日记》（手稿），1940 年 10 月 25 日。
④ 《蒋介石日记》（手稿），1940 年 10 月 26 日。
⑤ 《胡适致陈布雷并转蒋介石、孔祥熙等电》，1940 年 10 月 12 日，《胡适电稿》，中华书局，1978，第 73 ~ 74 页。
⑥ 《朱家骅致胡适电》，1940 年 10 月 16 日，《胡适电稿》，第 75 页。
⑦ 《王世杰致胡适电》，1940 年 10 月 23 日，《胡适电稿》，第 80 页。

但其后随着对苏德关系恶化与德英战局变化之观察的深入，蒋在 10 月下旬就明显地改变了看法。10 月 25 日，他在招待第一届国民参政员的茶会上分析说：欧战的扩大延长，将使德意内在的利害冲突越发暴露；军事上，德意攻英已败，德国可能改头东进，与苏冲突；经济上，德亦无法战胜英国。德国在科学上虽然比较优越，但科学以经济为基础，如美国帮助英国，德国更只能走向失败。蒋介石还说：公理战胜强权，为德将来失败之症。4 个月前，许多人都劝中国应与德密切联络，我当时就不赞成。这并非预见德国失败，而是因为中国立国以民族德行为基础。① 其实，如前文所述，蒋介石当时也是赞成联德的。蒋与孙科的不同之处，仅在他坚持要在维持对英美等国既有关系的前提下联德。但现在蒋完全否定联德，说明他已对英德战争做出"英胜德败"的新判断。10 月 30 日，蒋介石在对过去一月的总结中指出："德意进攻埃及未果，对法国与西班牙妥协亦未见效，其谋订欧洲同盟以为对英非和平攻势之计，预料其必不能成，将见其失败不能出乎明年一年之中也。"②

但是，在国民政府内部，此时仍有人以德国制造飞机的能力超过英国为由而看好德国。对此，蒋介石于 11 月 16 日指出，"德国制造飞机力现虽强过英美，然其汽油不足，飞机虽多无用，因此可断德意必败，而且其期不远也"。③另外，对于陶希圣当时散布的英国必败论，蒋于 11 月 18 日批判说："陶希圣意见总在失败消极方面冥想，所以其观感只有悲哀恐怖沉迷。彼对英国以为在地中海红海必失败，而不一阅世界英属之地图以及英国实际之内容与精神，所以为虑。大凡书生误事皆托之于空想而不务实际所致也。英国领土之广大散布与本身内部并未有腐恶之弱点，虽有数个德俄亦不足为英国之制命伤也。"④

很显然，对蒋介石而言，中国在外交战略上的另一个前提即"民主国阵营"战胜侵略阵营的前景，在 10 月底也已经再次呈现。正在此时，中国共产党也突然在结盟问题上改变了态度，认为"蒋加入英美集团有利无害，加入德意日集团则有害无利"。⑤ 正是在政府内外这种比较一致的新认识的基础上，蒋才在 11 月 9 日正式向英美提出前述"中英美合作方案"，从而结束了 1940

① 蒋介石：《三国同盟与中国抗战》，1940 年 10 月 25 日，《总统蒋公思想言论总集》第 17 卷，第 498～505 页。

② 《蒋介石日记》（手稿），1940 年 10 月 30 日（本月反省录）。

③ 《蒋介石日记》（手稿），1940 年 11 月 16 日。

④ 《蒋介石日记》（手稿），1940 年 11 月 18 日。

⑤ 参加毛泽东《关于加强国内外联络以制止投降分裂致周恩来》，1940 年 11 月 6 日。

年 6 月以来对欧战两大阵营的观望与游移，也结束了日德意三国同盟诞生初期以中立为"上策"的灰色态度。其后，蒋一边在中日问题上继续坚持唯以日本为敌的国策，一边在对待欧战及结盟问题上的态度重新转向亲美英、疏德意。与此相应，国民政府还在 11 月底决定了这样一条底线：如果德意追随日本承认汪伪组织，中国"即与断绝国交，撤回使领"。①

九　以国际援华声势而谋公正和平

如何处理德国对中日战争的调停，如何处理日本对国民政府的诱和，是因应日德意结盟的又一个重要方面。从整体上来看，蒋介石在这个方面的举措可分为两个阶段。

从 1940 年 9 月底到 11 月上旬，是第一个阶段，其特征是以策略考虑为主，即：以响应德国调停与日本求和的姿态，一面促进英美加强援华制日，另一面则阻止日德承认汪伪政权。关于这个阶段的具体情况，从下述两个实例中可窥其一斑。

其一，早在三国同盟刚刚订立之际，驻德大使陈介即来电报告："日人于三国协约签字前后，曾向德方表示请德出面调停中日战事，德方许以考虑。"蒋介石对该电未置可否。② 10 月 9 日，蒋又从驻德使馆得到戈林劝中国对日忍痛媾和的报告。对之，他在日记中批判说，"德人只知武力而不知政治，殊为可怜"。③ 11 日，蒋还电令驻德大使馆："对戈林之谈话，最后暂不直接表示态度，如其不再来问讯则不必直接答复，但可间接使戈林知我国态度，即我领土主权行政不能完整则无和平可谈也。"④ 这个电报说明，以三国同盟后国际形势的好转为后盾，蒋介石已提高中日媾和的条件。但是，如前文已经叙述的，蒋在其后对英美大使的谈话中，却故意反复暗示中国可能另谋出路，给人以中国不惜降低条件也要媾和的假象，来向英美施加压力。

其二，当时日本当局为打开中日战争的僵局，正在大力开展所谓"钱永铭工作"，⑤ 以求早日实现中日和平。因此，10 月下旬外电盛传德国将调解中

---

① 《外交部致胡适电》，1940 年 11 月 29 日，《胡适任驻美大使期间往来电稿》，85 页。
② 《徐永昌日记》第 5 册，1940 年 10 月 5 日。
③ 《蒋介石日记》（手稿），1940 年 10 月 9 日。
④ 《蒋介石致陈介电》，1940 年 10 月 11 日，《蒋中正总统档案·事略稿本》第 44 卷，第 410 页。
⑤ 即通过交通银行总经理钱永铭开展的对蒋和平工作。

日战争，日方亦急愿与国民政府议和。王世杰为此于10月27日再次向蒋建议"表示我方坚决态度，以解英美之疑虑"。但蒋依然答以"不妨暂缄默"。① 翌日，蒋在日记中透露自己的内心说，"倭与德对我故放和平空气，于我对英美外交未始无益也"。②

但是，从11月中旬起，蒋介石开始以新方针对待德国的调停和日本的诱和，从而使国民政府在这一方面的政策转入第二阶段。其契机是11月11日德国外交部部长里宾特洛甫的新动作。据陈介来电，里宾特洛甫此日召见他称："近闻日自新内阁成立后亟图解决中日问题，已拟于近日内承认南京政府，日如实现，意德因同盟关系亦必随之，他国或尚有继起者。此于中国抗战恐益加困难，于中德关系亦虑启影响。诚恐委员长无论如何主张抗战到底或仍以英有援助能力，故将国际形势尽情为阁下一言，倘阁下认为有和解可能，则请转达蒋委员长及贵政府加以考虑，以免误此最后时机。"③ 这是三国同盟后，德国在调停中日战争问题上最明确的表示。如前所述，此时，蒋介石已经对三国同盟后国际形势变化的总趋势做出"苏德破裂"和"英胜德败"的两大结论，但是英美对中方11月9日提出的合作方案还没有做出回答。在这两个背景下，蒋介石在对德国调停和日本求和的应对上，提出了新的方针。其特征是既继续发挥前述策略方面的作用，进一步促进英美接受中方的合作方案和阻止日德承认汪伪政权；又超越策略，而试图利用此世界大局的进一步好转，以国际援华之声势逼迫日本与中国达成公正而平等的和平。此二者，前者可称为策略和谈，后者可称为诚意和谈。下面着重从蒋介石留在日记中的记录，来看一看过去不为人知的诚意和谈的事实。

先看11月14日的日记。蒋介石写道：德国外长11日约陈介谈中日和平，是其进一步之表示，中国在对英美外交上如不能达到缔结同盟的目标，则应对中日间的和战问题保留自由决定权。④

翌日，蒋介石在日记的"杂录"部分写道："此时外交政策之方面：一、英美路线。二、德倭路线。三、俄国路线。"⑤ 这是日德意同盟产生后，蒋介石第一次明确地提出德日路线。其后，作为尝试德日路线的一个环节，蒋介石

---

① 《王世杰日记》（手稿本）第2册，1940年10月27日。

② 《蒋介石日记》（手稿），1940年10月28日。

③ 《陈介来电》，1940年11月11日，《民国档案》1989年第4期。

④ 《蒋介石日记》（手稿），1940年11月14日。

⑤ 《蒋介石日记》（手稿），11月15日（杂录）。

一方面于 18 日派张季鸾赴港因应日本的钱永铭工作；① 而另一方面，在翌日与美国大使的谈话中，蒋介石又故意"以陈介来电德愿保证中倭将来和平条件之履行告之，期美能于月内对我合作之提议可否有一决定"。② 也许是美方的反应令蒋满意，蒋在 11 月 23 日的日记中写道："敌寇和平攻势与其宣传始适足为吾利用，皆于我有大助益也。"③

与此同时，在"诚意和谈"方面，蒋介石于 11 月 21 日致电陈介，指示他通告德方：中国抗战全为主权独立及领土行政完整，不论国际形势如何变化，我只求达到抗战目的，对他国均愿维持友谊；日本欲和，应自中国撤退全部军队。我必究明此点后，乃能再言其他。④ 这个电报明确地向德方提出了中国媾和的前提。接着，蒋介石又通过张季鸾对日方也明示了中日媾和的两大条件：日本无限期推迟承认汪政权，从中国无条件全面撤兵。11 月 23 日，日本五相会议决定接受张季鸾所转达的这两大条件。⑤ 恰在翌日，苏联大使也通知蒋介石，苏联将继续向中方接济武器。在这种状况下，到底是对日媾和，还是继续抗战？面对这一严峻的抉择，蒋介石认为"应慎重考虑得失与将来之结果如何"。⑥ 26 日，他"研究对倭和战问题，颇费心力，对各国关系亦得到具体方案"。在当日的日记中，他留下了详细的记录：

　　一、如中倭和平则俄最恐惧，以倭无此牵制则德倭仍可放手夹攻俄国，且恐我国亦加入德倭方面，则于俄更为不利。有人甚恐俄国因此更助中共对我捣乱，我以为只要我有制共实力则俄仍不敢明白助共，或对我不能不有所顾忌而接近也。

　　二、中倭和平英美自属不利，如真能实现和平，则英美对我为其将来对倭作战起见是其对我更不能冷淡轻视矣。即使英美对我冷淡，只要倭能对我守其完全撤兵信约，则我虽一时孤立亦无妨也。

　　三、中倭和平为我根本之计，而对俄对英或对美之求助是不得已而为

① 《蒋介石日记》（手稿），1940 年 11 月 18 日。

② 《蒋介石日记》（手稿），1940 年 11 月 19 日。

③ 《蒋介石日记》（手稿），1940 年 11 月 23 日。

④ 《蒋介石致陈介电》，秦孝仪主编《中华国民重要史料初编——对日抗战时期》第 3 编（2），第 700 ~701 页。

⑤ 关于日方钱永铭工作的详情，参见西义顕《悲劇の証人—日華和平工作秘史》，東京，文献社，1962；杨天石《找寻真实的蒋介石》，山西人民出版社，2008。

⑥ 《蒋介石日记》（手稿），1940 年 11 月 26 日。

之也。此时应特别注意者：甲，倭之约言无保障。乙，倭到停战实行后违反约言延宕撤兵。丙，停战以后倭不南进，一面与英美俄妥协。此于我最不利者也。丁，停战后美国消极而且撤退上海驻军以示与倭妥协。惟此乃一时之事，以美倭在太平洋争霸在三五年决不能避免，故只要美国扩军决定以后，倭国如再向我国用军事侵略，则仍可使我联美而与倭为仇也。此乃倭虽至拙恐亦不为耳。①

基于上述分析，27 日，蒋介石明确提出："此时我国外交之策略二点：甲、以利用美俄英援我抗战之声势而使倭对我求和，获得平等独立之条件，以解决中倭战事，达成我抗战之第一步目的。乙、和平以后再利用中倭合作之声势而使英美俄皆能对我切实合作以获得我国际上真正之平等地位，解放我中华民族，达成我抗战最后之目的。"②

就这样，在美英苏对华援助的积极化和日方又似乎接受中方两大条件的背景下，蒋介石得出了他在中国外交上的最理想的两步走方案。但是，即在此时，他对日方仍然深怀疑虑。在同一日的日记中，他继续写道："对于与倭和平以前应注意之点：甲、倭如何能放弃惨淡经营在华侵略之经济、交通、金融等事业？乙、倭如何能使其军人恃牺牲痛苦所占领之土地、物资、权利等轻易归还中国？丙、如何能使其对华传统侵略之教育政策与思想根本改变？丁、如何能使其完全撤兵而在停战后不致失约中变以制我死命？戊、如何能使其所倡之大东亚新秩序与共荣圈等等声明取消？"然而，蒋介石最终似乎还是愿意得到正面的结果。因为，他接着写道："以上各题必须作如下之基本答案：甲、中央之军力有无过于损失而有不能维持之势。乙、民族抗战精神是否能维持。丙、和平时中国内部能否统一，即使中共叛变，中央有否控制能力。丁、国际形势对倭是否恶劣向之压迫无已。戊、倭国经济能否维持。己、倭国内部是否发生重大变化。庚、实行和平以后于倭国是否有利，如果其中途违约再战是否于其有害，即使中国内乱，如其再用军事乘机侵略，是否仍能达成其彻底消灭中国之目的。如以上各案于倭为无益或不可能，则昔日之交还胶济与现在对俄屈膝尚皆可能，岂有不能改变其对华侵略政策而使其受此三年以上莫大之教训乎？"③

---

① 《蒋介石日记》（手稿），1940 年 11 月 26 日。
② 《蒋介石日记》（手稿），1940 年 11 月 27 日。
③ 《蒋介石日记》（手稿），1940 年 11 月 27 日。

上面这些内容说明，此时蒋介石虽然在对日媾和的可能性及国际国内环境对媾和问题的利害关系上还抱有种种复杂的疑虑，但在整体上，他的"诚意和谈"一面是认真的，且寄予很大的希望。易言之，如果日本此时真正能接受蒋提出的"平等独立之条件"，看来蒋是愿意下决心的。

但是，蒋介石高估了日本当局对国际形势和世界大局的认识和因应能力。因为，就在蒋得出肯定性判断的第二天，即11月28日，日本当局突然以蒋的和谈只是一种阻挠日本承认汪政权的谋略为由，拒绝了蒋介石的和平条件，而决定按预定日程正式承认汪伪政权。当日，从钱永铭来电中获悉这一消息的蒋介石在日记中愤怒地写道：日本"无论文武人员皆不可理，若一交手，即以卑污恶劣狰狞之形态毕露。无礼无信之国，不可再理"。同日夜，蒋介石下令"对倭决绝不理"。①

十　结语：蒋介石多边外交的效果及其评价

在1940年10月和英美大使的谈话中，蒋介石一再强调"两个月"这一时间概念。如果以10月1日为"两个月"的起点，11月30日应是它的终点。蒋介石本人在谈话时可能也没有想到，后来这一天竟然真的在多重意义上成为历史的一个转折点。首先，日本在这一天正式承认了汪伪政权，从而宣告了蒋介石以国际援华声势争取和日本达成公正平等和平这一目标的失败。但是，也正是在这同一天，美国声明否认日汪条约及汪伪政权，并以总统名义宣布美国政府正和国会协商向中国提供一亿美元的巨额借款。另外，还是在这同一天，苏联大使通知蒋介石援华武器已经起运，只待中方接收。②

对于日本的背信弃义，蒋介石当然是痛恨的。11月30日，他在日记中写道，"德国对我试探中倭和平无效，其咎不在我也"。③ 两天后，他又电令陈介：德友如再来谈，可问其日本何以在德与他谈话未断绝前即承认伪组织，此乃欺骗盟友。④

但是，在把目光转向日本以外的其他方面时，蒋介石是自感满足的。11

---

① 《蒋介石日记》（手稿），1940年11月28日。

② 《蒋介石日记》（手稿），1940年11月30日。

③ 《蒋介石日记》（手稿），11月30日（上月反省录）。

④ 《蒋介石致陈介电》，秦孝仪主编《中华民国重要史料初编——对日抗战时期》3编（2），第702页。

月30日，他高兴地写道："意大利大败，保加利亚与土耳其皆对轴心国反对，俄对我继续援助，其对德倭疏离，而且美俄亦渐接近，国际全局实于我有利也。"[①] 12月1日，他称颂美国的援华借款"实足以壮我抗战之气而寒倭敌之心也"。[②] 12月7日，他总结说："美国借我一万万美金，乃一月余全力运用之效，其中5千万元为币制借款，尤为难得。此实美总统协助我被压迫国家争取平等之精诚表现。抗战以来，国际助力外交进步此为最大成效也。"[③]

总之，面对1940年11月30日以后的一系列转折性的变化，蒋介石在回顾自己两个月来针对三国同盟的多边外交时，一边承认在对日诚意和谈方面的失败，一边则对除此以外的其他方面均认为获得巨大成功，并把这些成功同自身的外交努力相联系。

实际上，三国同盟后美英苏对华政策的变化，既与三国同盟所带来的国际形势的变化这一客观原因有关，也与蒋介石作为中国最高当局者对国际形势的认识及因应等主观原因有关。因此，不能把一切成果都归功于蒋。但是，人们同时也应该通过以下几点看到，蒋介石在主观方面确实也做出了贡献。

第一，在对英美外交方面，蒋介石敏锐地看透了日德意结盟后美英当局者的心理变化并有效地利用了这一变化。结果，中国所期待的中美英同盟虽然在此时尚未正式形成，但已经打下坚实的基础，并实质性地开始加强相互之间的抗日合作。

第二，在对苏外交方面，蒋介石虽然没有像对美英外交那样着力，苏联对华恢复武器供应主要也是其为对付日德意三国同盟的主动行为。但是，蒋介石对苏德关系和苏美关系发展趋势的正确判断，使中国在对苏政策及对苏德、苏日关系的应对上一直能够保持先见之明。

第三，在对德外交方面，在蒋介石对苏德关系与英德战局敏锐预测的引导下，国民政府终结了1940年6月以来对欧战的观望态度，修正了既联美英又近德国的两面战略，使中国外交重返首重美国、促进中美英苏抗日合作的路线，而避免了日本在对德政策上所犯的致命错误。

第四，在对日外交方面，中国以国际形势压日本接受公正平等和平的意图虽然失败，但由于在除此以外的其他方面的成功，使蒋介石得以宣告：中国在

---

① 《蒋介石日记》（手稿），1940年11月30日。
② 《蒋介石日记》（手稿），1940年12月1日。
③ 《蒋介石日记》（手稿），1940年12月7日。

整体上"政治外交与精神道德完全取胜"。① 如果我们就下述几点对中日当局者在外交表现上的差异重做一番比较，当可看到蒋介石的宣告不失为一个恰当的自我评价。

（1）日本当局者直到1941年12月发动太平洋战争还难以舍弃对德国必胜神话的迷信。中国的当局者则最迟在1940年10月下旬就得出了德国必败的结论，从而抛弃了1940年6月以来曾经浮现的对德投机心理。

（2）日本当局者尽管不时接到德国关于德苏必战的暗示，但直至1941年6月22日德苏战争爆发，才最终被动地终止他们对"日德意苏四国联合"的幻想。中国的当局者则最迟在1940年10下旬就看清德苏战争难以回避、苏联因此而必定与美英阵营重构合作的趋势。

（3）日本当局者企图通过同德意的军事同盟阻止美国的参战和对华援助，中国当局者则在日德意结盟之初就认清美英的对华、对日态度都将因应日德意结盟而发生有利于中国的变化，并尽量利用了这一变化。结果是，日本适得其反，中国如愿以偿！

---

① 《蒋介石日记》（手稿），1941年1月12日。

战时中日特殊关系下的外交畸形

——关于汪伪驻日使领馆实态的考察

北京大学历史系　臧运祜　张　展

1937～1945 年的中日战争期间，两国外交关系处于"特殊"时期。先是"有外交"阶段：两国"不宣而战"之后，其外交关系迟至 1938 年 1 月才断交，中国政府驻日大使馆 6 月 11 日关闭。在随后的两年多时间里，虽有伪临时政府、伪维新政府的驻日办事机构，但由于日本政府并未承认该两伪政权，两国实际上处于"无外交"阶段。最后再到"有外交"阶段：汪精卫伪国民政府于 1940 年 3 月 30 日宣告成立之后，日本政府迟至同年 11 月 30 日才予以承认，随后双方建立起了畸形的外交关系，直至战争结束。其间的汪伪政府驻日"使领馆"，既是这一畸形外交关系的产物，又是我们研究战时汪伪政府与日本特殊关系的标本。本文拟主要依据日本东京东洋文库所藏汪伪大使馆的有关档案，[①] 对于战争后期汪伪驻日使领馆的实态，进行一些简略的历史考察。[②]

一　重上而轻下："使领馆"的编制和经费

1938 年 1 月 20 日，国民政府驻日大使许世英，将馆务委托给参事杨云竹，带领多数馆员离日返国。迟至 6 月 11 日，杨云竹将驻日使馆的一切动产及不

---

① 日本东京东洋文库所藏汪伪政府驻日"大使馆"档案，时间从 1943 年 5 月蔡培出任"大使"时起至 1944 年离任时止；关于其内容等的概况之介绍，参见石源华《研究汪伪的新史料——日本东洋文库所藏汪伪驻日"大使馆"档案概述》，《民国档案》1999 年第 2 期。

② 根据上述档案资料对于汪伪政府的"外交"进行的有关研究，曹大臣先生的论文比较全面而概略。参见曹大臣《汪伪驻日大使馆考论》，《历史研究》2009 年第 4 期。

动产交由日本外务省保管，携带其余馆员离日回国。至此，中日两国政府正式"断交"。

4月12日，"在帝国政府承认华北政权并交换大使之前，作为过渡办法"的伪中华民国临时政府驻日办事处，[①] 在东京成立。变节的原国民政府驻日大使馆二等书记官孙湜，出任处长。[②] 其后，他又兼任伪中华民国维新政府驻日办事处的处长。[③] 该办事处坐落于东京麻布区西町23高台，同位于麻布区狸穴町的原国民政府大使馆，与之相去不远。但国民政府大使馆于6月16日最终撤退后，日本外务省将该大使馆的馆舍用"六十八处封条"封锁，仅留日籍管理人岩间林太郎一家看守。[④]

1940年9月，汪伪国民政府政府派遣孙理甫为驻日伪办事处处长，作为在东京重开大使馆之前的过渡。[⑤] 1941年1月31日，日本政府决定将原国民政府大使馆移交汪伪国民政府。孙理甫等三名办事处职员，是日正式移驻该大使馆馆舍，开始办公。[⑥] 2月5日，汪伪国民政府首任驻日"大使"褚民谊，带同随行共15人，入住该大使馆，正式宣告使馆"重开"。[⑦]

根据褚民谊最初上报给日本外务省的馆员名单，伪大使馆共有随员及以上级别馆员10人，顾问及随行秘书4人。至同年11月底，日本驻南京"大使馆"上报东京的伪使馆名录中，馆员总人数较前增加1人，变化不大；名录中还记录了厨师、司机等华籍杂务人员共9人。[⑧]

而据1943年8月的伪使馆统计，该伪大使馆共有在馆职员15人，除伪大使外，有伪公使兼参事1人，一等秘书3人，二等秘书2人，三等秘书2人，随员4人，顾问2人。此外，伪使馆还有若干雇员等，共计支俸机关员役45

---

① 《临时政府の弁事处愈々东京に设置》，《朝日新闻》，1938年4月9日夕刊，第2版。

② 《临时政府の弁事处きょう开设さる》，《朝日新闻》，1938年4月11日夕刊，第1版。

③ 《先ず弁事处から两政权合流，维新政府の方针决定》，《朝日新闻》，1941年6月4日朝刊，第2版。

④ 《春と共に开く大使馆，「中国弁事处」の嬉しい引越し》，《朝日新闻》，1941年1月30日朝刊，第7版。

⑤ 《弁事处长に孙氏》，1941年1月30日夕刊，第1版。

⑥ 《春と共に开く大使馆，「中国弁事处」の嬉しい引越し》。

⑦ 《今晴れて"あるじ"に　大使馆入りのチョ大使感无量》，《朝日新闻》，1941年2月6日夕刊，第2版。

⑧ 同期横滨伪总领事馆人员相较其余伪领馆为多，计在册馆员8人，神户伪总领馆5人，台北4人，京城4人，长崎、新义州、元山等伪领馆则为1~4人，镇南浦、仁川伪办事处则为1人。《在本邦各国外交官、领事馆并馆员异动关系杂件——中华民国之部》，M.2.5.0.4‐40，日本外交史料馆藏。

人。根据同年 10 月的统计，伪使馆另有从事服务的日籍雇员 15 人，分为司机、雇员、气罐夫、厨娘、服务员、杂役、来客接待数种。[①] 几年之间，伪使馆人员增长较众，有部分馆员家属亦宿于馆中。三秘杨国智家眷虽居于馆内，但三个月间仍无法觅得房屋，遂因"居住馆内本属临时措置"，无奈请假送眷回国，[②] 这也有可能是馆舍并不宽裕所致。

汪伪各驻日伪领事馆，多以原国民政府部分附逆领事人员及华北、华中伪政府的侨务办事处为基础，在伪大使馆开张后，也陆续正式行使领事职能，有了一套相对稳定的人员编制。根据 1943 年的统计，横滨、神户、京城、台北伪总领事馆职员为 8 人左右，各伪领馆为 5 人左右，伪办事处为 3 人左右。此外，按规定，各伪馆还可以雇用 3 人以内的雇员。例外的则有京城伪总领馆，因事务繁多，雇员达 6 人，而其超编人事预算，只能靠挤占办公费填充。[③]

汪伪使领馆的上述编制规模，若与原国民政府时期的驻日使领馆做比较，则可以说其规模大致相当。如 1935 年国民政府大使馆共有大使至随员各级职员 12 人，而各级领事馆、办事处则为 1～6 人，若加上雇员，除台北总领事馆为 12 人外，其余各领事馆均不超过 10 人。[④]

汪伪使领馆的财政方面，其收入主要来源于伪国民政府拨发的经费，此外，办理侨民证件手续费，亦可补充部分经费。1943 年，伪大使馆每月从伪外交部领取使馆经常费日金 53848 元，此外每月还有伪大使机密费日金 5000 元，[⑤] 伪使馆支饷总额为日金 8905 元，人事费占经费的百分比仅为 16.54%，尚留有充足的办公费用。

而同期的横滨、神户等伪总领事馆每月经费日金 6360 元，釜山、新义州、长崎等伪领馆每月经费日金 3640 元，镇南浦等伪办事处每月经费日金 1000 元。各伪领馆对其经费的紧张，莫不怨声载道。在 1943 年底召开的第二次伪领事会议上，发言的各伪领事中，除长崎伪领事表示经费尚有结余外（然而长崎伪领事亦提出了请求增加经费的提案），其余均表示经费不足，尤其人事费用一项便

---

① 根据伪大使馆员役俸饷调查表，特任 1 人，俸额 800 日元；简任 2 人，俸额 1160 日元；荐任 11 人，俸额 3540 日元；委任 13 人，俸额 1640 日元；公役 18 人，俸额 1760 日元。调查表中并未标明受领人具体职位，有可能包括伪武官处等工作人员的经费。《大使馆人事档案》，1943～1944 年，汪伪驻日大使馆档案：22744，日本东洋文库藏。

② 《大使馆人事档案》，1943～1944 年，汪伪驻日大使馆档案：22744，日本东洋文库藏。

③ 《第二回领事会议记录》，1943～1944 年，汪伪驻日大使馆档案：22744-51，日本东洋文库藏。

④ 《在本邦各国关系公馆杂件——中华民国之部》，M.1.5.0.3-8，日本外交史料馆藏。

⑤ 《大使馆会计档案》，1943～1944 年，汪伪驻日大使馆档案：22744-7，日本东洋文库藏。

几乎用尽经费，办公费用几无。神户伪总领事就表示："人事费占三分之二强，办公费（办公费、购置费、特别办公费）所占成分极少不及三分之一，因此对于事业之进行上深感困难。"横滨伪总领馆认为"经费月额日金6360元，未免太少"。镇南浦伪办事处表示："经费1000元，仅人事费一项已支去随习领事520元，主事360元，书记120元，计1000元。"京城伪总领事则报告："办公费……仅得六百余元，殊感拮据，且经费往往延期寄到，尤感困难。"因此，增加办公费成了伪领馆的迫切要求。神户伪总领事更是直接质问增加经费的时间："上次返国时，曾向部方请求增加办公费尤其是特别办公费，现尚未接批示，想定得准许只时日之迟早问题耳。"在各伪领馆的压力下，会议最终通过了如下决议："拟请大使馆呈请外交部，自明年起增加预算：A事业费中办公费依各馆现有预算增加百分之四十，购置费依各领馆现有预算增加百分之五十，特别办公费分为四级，第一级总领事馆至少须有日金一千五百元，第二级领事馆至少须有日金一千元，第三级副领事馆至少须有日金七百元，第四级办事处至少应有日金四百元。B人事费驻外人员勤俸及雇员公役俸额增加百分之百。"① 此决议经伪大使馆呈伪外交部后，得到了批准，并于翌年春开始实行。②

然而到了1944年，由于日本对外战争败象愈显，通货膨胀，物资配给收缩，并以防空需要之名，压缩了伪使领馆人员的外出，③ 这都使得增加的办公费，其作用相对有限。此外，值得注意的是，相较于原国民政府时期的驻日使领馆，汪伪使领馆在经费分配上存在的差异巨大。伪大使馆占据着绝对的优势地位，而各伪领馆则遭遇冷落。④

除了固定经费之外，伪使领馆还可以从办理侨务中得到部分收入。侨务主要由伪领馆负责，其办理华侨证明手续，可得部分提成充作办公费用。1943年，伪外交部规定："兹定自本年四月十六日所有华侨登记收费概收国币五元六角，仍以三角留充办公费用，而以五元三角解部。"1944年又规定："自本年二月十二日施行各在案，兹按照新定办法出国证明书，出国护照，每张收取国币二十元，华侨回国身份证明书，每张收取当地币制日金或满币四元，以上

---

① 《第二回领事会议记录》，1943~1944年，汪伪驻日大使馆档案：22744-51，日本东洋文库藏。
② 《大使馆文件收发记录》，1943~1944年，汪伪驻日大使馆档案：22744-20，日本东洋文库藏。
③ 《大使馆文件收发记录》，1943~1944年，汪伪驻日大使馆档案：22744-20，日本东洋文库藏。
④ 在1933年数次连续的中央拨款中，虽每次分配略有相异，但各总领事馆经费基本上达到大使馆经费的六成左右，各领馆、办事处经费相较，亦不似汪伪这般悬殊。《在本邦各国公馆关系杂件—中华民国ノ部》，M.1.5.0.3-8，日本外交史料馆藏。

一律提扣四成，作为印制费，再提扣三成，作为填发机关办公费，其余三成，解交国库，又驻外各领馆所填发各项证明，仍为照原订数目，一律该收当地币制，并照以前成例提扣二成，作为填发机关办公费，以资划一。"同时华侨登记收费也涨为六元。①

但这一部分的费用非常有限。即便在华侨数目较多的朝鲜，京城伪总领事馆每月也不过办理华侨相关证明数十件至百余件，其提成难以成为支撑领馆工作的重要来源。而对于经费较少的单位而言，此项收入尚有一定的作用。如前文镇南浦伪办事处在经费和人事费相抵的情况下，尚有"办公费200元"，可能就是来源于这一部分收入。

在上述固定收入之外，汪伪使领馆在工作中产生的临时费用，也可以通过上报伪外交部，申请临时经费。如蔡培上任伪大使的招待宴会费用，新义州伪领事馆总领事等人对辖境的视察费用等。此外，部分伪领事馆在处理侨务、视察辖区时，由当地侨团承担一定费用，也比较常见。

综上可以看出，在人员编制上，伪大使馆相较于各领馆，具有绝对优势。而在经费上，伪大使馆留有较充裕的活动经费，但各伪领馆捉襟见肘，活动经费稀缺。可以说，无论从编制上，还是经费上，汪伪系统更加重视的是直接面向日方的伪大使馆，而对于直接处理侨务的各伪领馆，则仅是保持其系统完整而已，并未得到足够的支持。

二 重虚务而轻实务："使领馆"的日常工作

1943年5月，蔡培到任驻日伪大使后，随即表示："日华两国之提携，乃基于道义之精神之联系，外交关系则基于此强力之基础上自然推进。"② 蔡培将伪大使馆的事务分为政务、总务、联络、文化、侨务各组，指派职员分别掌管。显然，政务组的工作内容最为重要。

但在现存档案的月度工作报告中，其他四组各有简略的大事录，而政务组仅存名头，名下报告则留空。从现存的1943年中期起的一年多内的政务档案来看，其工作内容相对其他各组较少，而且事务层级较低，多局限于日常琐

①《国民政府（外交部）法令·条例》，1943~1944年，汪伪驻日大使馆档案：22744-52，日本东洋文库藏。

②《まず文化の交流 蔡新中国大使、抱負を披瀝》，《朝日新闻》，1943年5月25日朝刊，第2版。

事，且多数无非是交际日方，转手杂务而已，这也是其尴尬的地位决定的。伪外交部部长褚民谊曾供认："和平政府之外交权力本不完整，一切金融、物资、经济等事均由各主管部与日人直接交涉，完全不经外部之手。"① 既然连伪外交部尚且被架空，徒有"外交"其名，那么居于汪伪与日方中间的伪大使馆，自然更是多余，几无"外交"可办了。1943 年 10 月 30 日，日、汪签订《日华同盟条约》。在伪大使馆的档案里，除了将发表的条约全文发送给各伪领馆知会之外，尚未发现任何其关于外交交涉的记录。而蔡培伪大使更是对条约签订时间、内容"一点也不知道"。②

与此相反，日方对伪大使馆的情况了如指掌，随时操控。蔡培上任的过程则典型地反映了这一关系。1943 年 3 月 22 日，日本外务大臣谷正之上报首相东条英机，表示，"中华民国政府拟任政务委员会委员蔡培为驻劄本邦之特命全权大使，特通过帝国特命全权大使重光葵，来征求帝国政府之同意"；24 日，东条下发批准指令；25 日，谷正之批复重光葵，转告伪国民政府方面；31 日，伪政府召开行政院会议任命蔡培为驻日伪大使。5 月 7 日，蔡培自浦口动身赴日，而 5 月 6 日晚，日驻南京"大使馆"将蔡培所持信任状内容密电外务省，7 日则由外务省分送宫内省、仪典课等。13 日蔡培抵达东京，21 日进呈信任状。③ 可以看到，在这一过程中，日方一直保持着足够的获取信息的时间差，掌握着对汪关系的主动权。更具讽刺意味的是，即便是蔡培本人，亦供认在 4 月其任命正式发表后，才知道此事的，但不知任命是何人的意思。④ 在权力和信息上的完全不对等，注定了伪大使馆在政治外交上的难有作为。

尽管如此，伪大使馆的日常工作并非以馆务和侨务为主，其首要工作当为对日交际。战后褚民谊供认，伪外交部"不过一应酬机关，只可称为一交际部耳"。而蔡培则辩称："我是间谍，大使的名义不过用以掩护而已，我若不与日本要人周旋，怎能探悉日本的政情？"⑤ 这也从侧面反映了对日交际在伪使馆工作中的位置。

伪大使馆的仪典交际及与日本各机关并外交团的一切联络事务，由联络组

① 南京市档案馆编（以下有略）《审讯汪伪汉奸笔录》，凤凰出版社，2004，第 279 页。
② 《审讯汪伪汉奸笔录》，第 979 页。
③ 《在本邦各国外交官、领事官及館員動静関係雑件——中華民国の部》，M.2.5.0.3－4，外交史料館藏。
④ 《审讯汪伪汉奸笔录》，第 966、979 页。
⑤ 《审讯汪伪汉奸笔录》，第 296、980 页。

负责办理。故在伪大使馆的工作报告中，相对其他各组而言，联络组的事务就比较多。如1943年5月，蔡培正式到任，率员非正式拜访重光外务大臣，青木大东亚大臣，松平宫内大臣，阿部、西尾、松井等大将，平治、有田、永井三特使等人，21日觐见天皇后，又正式拜访日本各大臣、次官，各关系机关长官，各国驻日大使等，联络组人员也随之东奔西跑。此外，联络组每月都要招待大量来访的日方要人，而且联系日本外务省，办理伪政府人员的外交访问、勋章授予、谒见皇族、外交证明等事项。如果是王揖唐等伪政府要人的话，联络组不但要同外务省协调证件、制订王揖唐的行程，通过外务省转宫内省安排其谒见皇族，还要为其举办宴会，招待日方各界人员。联络组还要出席重要的外交活动，如伪大使上任递交国书，觐见日皇等。汪伪政权要人访问日本，都会不顾民族廉耻，公开参拜靖国神社、明治神宫等日本军国主义的象征，联络组亦会从中协调日程，也会同伪大使一同前往参拜。伪大使离京视察，联络组须派人随行。伪大使谒见皇族、拜访日方要人，联络组人员一般须要随行，在伪大使上任离任、日汪间发表重要条约或举行纪念活动时，伪大使密集访问，联络组自然也马不停蹄地安排、随行。

联络组的另一项重要工作就是在伪使馆举办宴会。在伪大使上任、日汪间发布签订条约等重大事项发生及其纪念日等，都会召集日方各界来客，大兴宴会。如1943年6月，联络组联系"日本朝野名人暨各国驻日大公使"，在东京帝国宾馆举行伪大使到任披露茶会，"参加踊跃，冠盖如云，大使率馆员殷勤招待迎送如仪，自四日以后交际频繁，宾客往来络绎不绝……把酒言欢殆无虚日"。7月，更是"本月份联络工作尤繁，宴会酬酢几无虚日"。[①] 此外，还须要招待不时造访伪大使馆的日方人员，宾客有相关政府部门官员如外务省、内务省长官及部门长官，陆海军将领，还有宗教、文学、商业等团体领袖，仅工作报告中记录的，也就是联络组认为是"要人"值得一记的，就上至大将，下至佐官，上至各省大臣，下至地方文学、佛教等团体领袖，乃至公司社长等，可谓三教九流。来往日人不拘门类，皆为上客，于是有日本人大模大样，"要到东京观光"，要求伪大使馆为其代订旅馆，[②] 也就不足为奇了。而要举办宴会，开支殊巨，蔡培上任欢庆宴，便花费日金7000元以上。

联络组之外，总管文书、会计、庶务暨典守印信事项的总务组工作，亦相

---

① 《大使馆工作报告》，1943～1944年，汪伪驻日大使馆档案：22744－1，日本东洋文库藏。

② 《大使馆文件收发记录》，1943～1944年，汪伪驻日大使馆档案：22744－22，日本东洋文库藏。

对繁忙，其每月工作报告基本上固定分为 8 个部分：（1）拟办文稿；（2）收发文件；（3）编制各种表册暨工作报告；（4）签发外交护照；（5）保管银款，办理关于会计一切事物；（6）办理本馆宴会申请配给及一切庶务事项；（7）整理档案保管图书；（8）办理其他不属于各组事务。而像筹办伪领事会议，编集收发记录等，也基本都是总务组处理。其每月收发文件及拟办文稿，均达数百件之多。由于工作繁忙，从 1943 年底到 1944 年春，数月之间，连续两任负责庶务的职员潘禄和余朴，均相继以"自愧无能"和"精力不足"由辞职。①

文化组则负责办理文化教育及留日学生事务，其工作主要如下：（1）承伪大使命监督、办理我国留日学生事务。（2）出席日方文化团体集会、典礼等。（3）接待国内来日相关人员、团体。（4）发放留日学生各种证明。而其记录的出席之所谓文化活动，多数是声援日本侵略战争、鼓吹东亚联盟等日本当局的政治宣传活动而已。

侨务组负责办理有关侨务事项，内容多为参加活动、办理证明等杂事。

根据现存的档案来看，伪大使馆的日常工作，基本就按照上述 5 个组别进行，而且尤以仪典性的工作所占比重较大。由此看来，伪大使馆的工作真可谓"务虚"高于"务实"。

三 无意与无力：汪伪使领馆的侨务工作

领事馆本为侨务而设，即便是汪伪使馆，也承认"国家有领事馆之设，责在保护侨民"。② 但在汪伪特殊的政治环境下，贯彻所谓和平理念，成了伪领事馆工作中最重要的内容，华侨的管理保护则往往居于其次，两者冲突时让位于政治需要。以釜山伪领事馆为例，其工作方针分为十条："1. 根据政府宣传方针宣传和平反共建国大纲，拥护政府完成和平运动。2. 指导侨民步上全面和平之大道。3. 协和地方促进侨民与当地市民之情感。4. 与当地当局交涉商讨有关我侨民之经济事件及民刑事件。5. 设立日语学校增进侨民商业知识。6. 监督指挥华侨小学各事项。7. 签发各种证明书。8. 调查统计侨民人口。9. 编辑报告。10. 其他有关侨商各务之事件。"③ 从其他各伪领事馆的工作报告中可以看出，其工作内容与上大致相类。

---

① 《大使馆人事档案》，1943~1944 年，汪伪驻日大使馆档案：22744-4，日本东洋文库藏。

② 《大使馆侨务档案》，1943~1944 年，汪伪驻日大使馆档案：22744-32，日本东洋文库藏。

③ 《大使馆所管领事馆工作报告》，1943~1944 年，汪伪驻日大使馆档案：22744，日本东洋文库藏。

伪使领馆的侨务处理不可避免地受到了政治立场的严重影响，在与日本当局"合作"的指导方针下，能在多大程度上保护在日华侨的利益实属疑问。1944 年初，京城伪总领事馆报告伪大使馆，日本当局通过整备企业强制征收华侨财产，请求与日方交涉保护。伪大使馆批示："现值战时体制厉行之际，我国侨民对于驻在国现行法令，原则上应一体遵从，如事实上实有碍难之处，自可请商各地官厅通融办理。"① 而接到长崎伪领馆报告华工逃至伪领事馆寻求救助一事，伪大使蔡培批道，"在日华工，自应体时局艰难，任劳耐苦，以应大势"②，并由长崎伪领馆将求助华工送至日本警察部门。汪伪使领馆的本质和对侨民保护的态度，由此可见一斑。

为了响应汪伪的政治主张，表示对日本侵略战争的支持，各伪领事馆在各侨团的协助下，还积极发动侨民向日本政府献金和提供、劳动服务等。1943 年夏发起的一次献金活动中，仅"神户大阪一带侨民"，就达"献金口币一万三千八百九十二元七十五钱"；③ 1944 年，京城旅鲜中华商会联合会发起献金运动，向全鲜华侨强制征要，总额达 23 万日元。一方面，这类运动增加了华侨的负担，另一方面对于只有正式职员 3~10 人和雇员数人的各伪领事馆来说，④ 人手难免不足，需要华侨尤其是侨团的协助，而日本当局对华侨权益的侵犯，往往对伪领事馆的相关工作造成阻碍。如元山伪领事馆向元山当局交涉"元山中华商会会长被警署拘留，现因全鲜华侨募集飞机捐，元山华侨之募集必须该人回元山办理"，⑤ 但当局对伪领馆的请求还是加以拒绝，当局的行为给伪领馆的工作设置了现实的巨大阻碍。因华侨给予的压力，以及部分伪领馆人员个人的原因等，伪领馆并非全然无视华侨权益，往往也会因侨务同日本当局产生一定程度的冲突。如在朝鲜整备企业侵犯华侨财产时，各伪领馆请求伪大使馆进行干涉。而对于朝鲜华侨被以间谍罪等大量逮捕之事，伪领馆也通过各种途径，希望能够将之上升为外交事件。但类似的要求很少能得到伪使馆的响应，而且这种行为无疑超出了日本当局为汪伪使领馆所定位的"本分"。日本当局认为，作为傀儡政权下的领事机构，原本就不应利用外交手段要挟日

① 《大使馆侨务档案》，1943~1944 年，汪伪驻日大使馆档案：22744-32，日本东洋文库藏。
② 《指令长崎领事馆据呈报华工逃亡情形指令遵照由》，长崎领事馆，1944.10.28。
③ 《大使馆档案：侨务档案》，1943~1944 年，汪伪驻日大使馆档案 22744-31，日本东洋文库藏。
④ 《第二次领事会议记录》，1943~1944 年，汪伪驻日大使馆档案 22744-51，日本东洋文库藏。
⑤ 《大使馆所管领事馆工作报告》，1943~1944 年，汪伪驻日大使馆档案 22744-42，日本东洋文库藏。

本，伪领事馆将侨案"委于外交交涉，谋求政治解决"的行为"真乃中国人特有之陋劣举措"。① 这也显示了，由于双方关系并不对等，傀儡政权驻宗主国的领事系统，是很难有保护华侨权益的能力的。

汪伪驻日使领馆之所以更加注重"务虚"，这是由伪领事馆的结构决定的。具体处理华侨实务的伪领馆，在人员编制和经费配置上都不敷使用，难以做事；而占据大部分资源的伪大使馆，却多数投入了非实务层面的与日交往、"亲善"上。更重要的是，由于汪伪政权的傀儡性质，自其使馆至领馆，都并没有真正的外交、政治权力，就算是想要"务实"，恐怕也很难有现实的条件。

四　人事之快和效率之慢

至于伪大使馆的人事管理，在蔡培接任伪大使一年多的时间里，请假书、缘由说明、批准存档手续齐全者，有三等秘书冯禹、涂超，武官处书记薛栋梁、吴兴甫，辅佐武官田瑗，随员杨国智（后升为三等秘书），主事王定圻等。其请假原因有"患病多月""身体虚弱"病假者，有"拟送眷回国"事假者，也有"近阅报载敌机肆暴在武汉一带……家中均老幼妇女，惶恐情形，不忍想象"者。②

对于驻外伪使馆人员的请假管理，汪伪政府曾于1943年制定了《驻外使馆人员请假规则》下发使馆，规定：

> 一、事假，因事请假每三个月以九日为限；
>
> 二、病假，因病请假者须将医生证书或药方附呈，每年合计以四十日为限；
>
> 三、婚丧假，因本人婚嫁请假不得逾十五日，因父母及配偶之丧葬假不得逾二十日；
>
> 四、生育假，女职员因生育请假以二个月为限。③

---

① 朝鲜总督府警保局长：《京城駐在ノ中国総領事ノ動静二関スル件》，1943年10月30日，《在本邦各国外交官、领事馆并员异动关系杂件：中华民国之部》，M.2.5.0.4-40，日本外交史料馆藏。

② 《大使馆人事档案》，1943～1944年，汪伪驻日大使馆档案：22744-4，日本东洋文库藏。

③ 《国民政府（外交部）法令·条例》，1943～1944年，汪伪驻日大使馆档案：22744-52，日本东洋文库藏。

　　而就来回行期，规定按国家地区不同而有所区别：驻伪满及日本的，规定为半个月，其他的国家、地逐渐增加，如中南美洲、非洲最多，为两个半月。以上划定，在实际执行上就产生了不少的问题。如冯禹、王定圻家在上海，便请假一月左右，而涂超家住武汉，仅往返行程就"需时一月以上"。① 由于当时伪使馆人员来往中日之间，多数取道中国东北，再经朝鲜，再乘船抵达，或者从上海乘船往来，如按照规定的时间，行程比较紧张。因此，伪政府的以上规定，对于驻日伪使馆人员而言，形同虚设。

　　伪使馆的人事变动方面，原本就较为频繁。根据 1943 年 8 月的统计，除顾问外，伪使馆正式职员的 13 人中，有 6 人是与 1943 年 5 月随新伪大使蔡培一起上任的，而其中 1940 年上任的仅时任三等秘书的涂超 1 人，1941 年上任者 3 人。② 随着汪伪政府凝聚人心日益变难，伪使馆的人事变迁愈加紧迫，升官厚禄便成了维持经营的重要手段。1944 年初，伪领事会议决定提高人事费用百分之百，同时大量人员升官调部，同时在伪使馆职员也升迁迅速。如三等秘书洪德茂，数月内连升二级，最后连伪外交部都认为其升迁过频，不批准伪大使馆对其再次升迁的申请。反之，主事王定圻升职的申请被伪外交部否决后，由他署名经办的事务就急剧减少，两个月后他更是请假回国，一去不返，伪大使馆不得不将之除名。除此之外，一年里仅伪大使馆职员便有顾问陈常焘，参事谢祖元、鲍文，随员胡逸名，雇员杨凤仪等人辞职，而又以 1944 年下半年为多（档案记录到 1944 年下半年）。其人事变动之速，真可谓快似走马。

　　在上述人事多变、人心浮动的情况之下，伪使领馆的办事效率可想而知。但单就日本鸟取地震后的华侨救济这一"急务"之件的办理过程，便可管窥其工作效率。

　　1943 年 9 月 10 日，日本鸟取发生地震。11 月 11 日，伪大使馆收到驻神户伪领事馆转呈受灾侨民援助请求，便汇报南京，请求赈款，伪外交部应诺。而至 1944 年 1 月 21 日，伪大使馆始回复神户伪总领馆："中央赈款，尚未汇到，据部称业已发放日金一千元，先由本馆将上数垫发，仰即查收归垫，其余之数，俟中央汇拨到馆，即行转发。"同日，伪使馆呈文催促伪外交部："钧部养电，拟予急赈日金三千元……该总领事一月十二日代电，以赈济事急，祈将赈款，早日汇赐，以便转发等情。"2 月 9 日，伪外交部通知赈款已经即日

　　① 《大使馆人事档案》，1943～1944 年，汪伪驻日大使馆档案：22744－4，日本东洋文库藏。
　　② 《大使馆人事档案》，1943～1944 年，汪伪驻日大使馆档案：22744－3，日本东洋文库藏。

交汇，但伪使馆并未收到，遂于2月19日发给文神户伪总领事馆："兹称被灾侨民，待济正急，当属实情，经再由本馆垫发日金二千元"。5月9日，伪总使馆再次催促"迅赐将上项赈款日金三千元，汇发下馆，以资归垫，实为公便"。5月18日再次发电询问："鸟取县赈款日金三千元……兹查前款迄未领到，何日汇出，乞赐查明电示。"到了暑期，伪大使馆方查明事由，8月8日，伪使馆呈伪部文，告知"钧部通字第八三八号指令，以中央赈济日本鸟取县地震罹灾侨民赈款，已于汇发驻神户总领事馆本年三月份经费时一并加汇"。"赈款已向神户（总）领馆收回归垫。"①

此件非但反映了伪大使馆工作反应之迟缓，而且其与伪部及下属伪领馆的沟通效率，也可一叶知秋。

五　小结

汪伪政府本是中日战时特殊关系之下的一个"怪胎"，其作为日本傀儡政权的性质，在其驻日使伪领馆方面，也得到了集中的体现。虽然出于政治上的需要，伪大使馆得到了畸形的加强，但直接处理侨务的各伪领馆则遭到忽视，故形成了"头重脚轻"的异常格局。在这种权力配置之下，就形成了汪伪驻日外交机构政治大事不可为、华侨小事不为之的局面，其结果就是导致伪使领馆在实际工作中的"虚胜于实"。上述客观状况，再加上战争后期日本的日薄西山、汪伪政府的行政混乱等内政因素，自然又导致驻日伪使领馆的人事管理混乱、人员变动迅速和工作效率低下。战时汪伪驻日使领馆这种先天缺陷、后天不足的外交畸形之实态，亦终将随着日本侵华战争的失败而破灭。

---

① 《大使馆侨务档案》，1943～1944年，汪伪驻日大使馆档案：22744－31、32，日本东洋文库藏。

日本侵华战争时期的中国
留日学生政策研究

中国社会科学院近代史研究所　徐志民

从 1896 年中国学生踏上日本列岛那一刻起，日本朝野就极为关注中国留日学生问题，尤其是大亚洲主义者以"黄种人"与"白种人"之争的幌子，呼吁通过培养中国留日学生强化中日"亲善"关系，以借机扩大日本在华势力。1918 年日本国会讨论改善中国留日学生待遇问题之后，日本政府逐渐将对中国留日学生政策置于对华外交之一环的重要"国策"地位。[①] 七七事变后，随着中国留日学生绝大部分愤而归国，日本政府强令中国沦陷区各伪政权继续选派留日学生，一方面作为沦陷区殖民奴化教育的重要一环，为日伪政权的殖民统治和奴化教育培养高级人才；另一方面，通过留日学生体悟"日本精神"，使之积极参加"大东亚新秩序"建设，配合日本的侵略战争政策，妄图实现永久占据中国沦陷区的侵略野心。因此，这一时期的中国留日学生主要是中国沦陷区日伪政权选派的留日学生，其中虽有抗战爆发后滞留未归的留日学生和中国共产党、国民党方面暗中潜入日本的留日学生，[②] 但已非传统意义上国家层面的留日学生，那专指广义的"中国人留日学生"。日本侵华战争时期的中国留日学生政策，即是对这些中国留日学生的施策。

在近代中国留日学生史研究中，清末民初的留日学生是中外学者关注的重点，相关的研究成果也比较丰硕；到 1990 年代后半期，特别是进入 21 世纪后，抗战时

---

① 〔日〕酒井顺一郎：《1920 年代から1930 年代に於ける中国人日本留学生政策》，《留学生教育》第 9 号，2004 年 12 月，第 87 页。

② 〔日〕菊池一隆、曲晓范：《抗日战争时期旅日中国留学生的救亡活动》，《外国问题研究》2009 年第 4 期。

期的留日学生逐渐引起中外学者的关注，并取得了一些重要研究成果。① 但是，目前中外学者关于抗战时期中国留日学生的研究，主要集中在中国沦陷区各伪政权的留日学生派遣、留学经费、留学政策、留学人数，以及留日学生的学习和抗日活动等方面的探讨；较少注意从日本政府对中国留日学生政策的视角，探讨日本全面侵华战争时期的严酷环境下，中国沦陷区何以出现赴日留学赓续不绝的特殊现象；同时，日本政府对中国沦陷区留日学生的选拔、接受、教育、管理和安置煞费苦心，虽不能说全无效果，但结局终归事与愿违。为揭开这些迷惑，笔者以日本外务省外交史料馆的档案资料和既有学界成果为基础，尽力还原日本全面侵华战争时期的中国留日学生政策，并对其做简要评述，以求教于学界同人。

一 留日学生的选拔与接受

1937 年 7 月，日本侵略者挑起七七事变，发动全面侵华战争。两个月后，国民政府教育部发出中国留日学生"撤离敌国，回国参战"的训令。② 绝大多数留日学生积极响应国民政府的号召，纷纷回国。七七事变之前有 4018 名中华民国留日学生，到 1937 年 11 月 1 日仅剩下 403 人。③ 但是，日本在全面侵华战争之前扶植的伪满洲国，在全面侵华战争之后扶植的伪中华民国临时政府、伪维新政府、伪蒙疆政府，以及整合伪临时政府、伪维新政府而于 1940 年

---

① 中文成果主要有王奇生的《沦陷区伪政权下的留日教育》（《抗日战争研究》1997 年第 2 期）、孔凡岭的《伪满留日教育述论》（《抗日战争研究》1997 年第 2 期）、周孜正的《汪伪的留日学生教育》（《抗日战争研究》2004 年第 3 期）和《浅论汪伪时期在日中国留学生的经费来源》（《抗日战争研究》2005 年第 3 期）、余子侠的《日伪统治下的华北留日教育》（《近代史研究》2004 年第 5 期）、谭克俭的《抗日战争时期的山西留日学生》（《晋阳学刊》2005 年第 1 期）、徐志民的《近代日本对伪蒙疆政权留日学生政策探微》（《抗日战争研究》2008 年第 2 期）等文。日文成果主要有周一川的《"满洲国"の留学政策と留学生概况と事例研究》（《アジア教育史研究》第 8 号，1999 年 3 月）、刘振生的《"满洲国"時代における元日本留学生と日本》（博士论文，东北师范大学，2004）、陈昊的《日中戦争期における在日中国人留学生について》（《九州教育学会研究紀要》第 31 卷，2003）、河路由佳等人编的《戦時体制下の農業教育と中国人留学生》（農林統計協会，2003）、三好章的《維新政府と汪兆銘政権の留学生政策——制度面を中心に》（《人文学研究所報》第 39 卷，2006 年 3 月），以及川岛真的《日本占領期華北における留日学生をめぐる動向》（《中国研究月報》2007 年 8 月号）等论文。
② 《教育部令留日学生一律回国》，《大公报》1937 年 10 月 29 日。
③ 据日华学会统计，所剩 403 人是具有学籍者人数，实际上仅余 398 人，见《日华学报》第 65 号，1937 年 12 月 30 日。

3月成立的汪伪政府，在日本侵略者的指使下继续派遣留日学生，以培养日本政府和军部所希望的"中日亲善"的"楔子"和"大东亚战争"的"协力者"。

日本在发动全面侵华战争之前，根据其国会于1923年3月通过的《对华文化事业特别会计法案》，[①] 决定退还部分"庚子赔款"，以资助中国留日学生。1924年2月6日，日本政府与中国北洋政府达成《日本对华文化事业协定》。[②] 3月6日，北洋政府教育部据此颁布了《日本对华文化事业留学生学费补助分配办法》，[③] 将日本退还的部分庚款，每年补给320名留日学生。日本政府将这类留日学生，称为"一般补给生"。但急于垄断中国留日学生补给事务大权的日本政府，在与中国政府多次交涉而未能得逞的情况下，于1926年相继推出了独自利用部分庚款补给中国留日学生的"选拔留学生"制度和"特选留学生"制度，[④] 而相应地接收补给的中国留日学生则被其称之为"选拔留学生"和"特选留学生"。1930年7月，中日两国之间的退还庚款交涉陷入僵局，南京国民政府表示今后将不再选拔一般补给生补充定员范围内的缺员；[⑤] 日本政府则增加选拔留学生人数，以弥补一般补给生人数的下降。[⑥]

1937年9月，国民政府在中日全面战争的情况下，"暂停"对日庚子赔款，[⑦] 而日本政府和军部在战争期间所需的包括补给中国留日学生在内的对华

---

① 《義和団事件賠償金還付ニ関スル建議案》，《東方文化事業部関係会計雑件 第一巻》，外務省外交史料館藏，アジア歴史資料センター、レファレンスコード：B05015062700。

② 亦称《汪－出渊协定》或《中日文化事业协定》，见日本外务省记录，《日支共同委員会関係一件 汪－出淵協定》，大正13年2月6日；阿部洋《"对支文化事业"下的中国人留学生受け入れ問題》，浙江大学与神奈川大学合编《中日文化论丛——1999》，北京图书馆出版社，2001，第27~28页。

③ 陈学恂、田正平主编《中国近代教育史资料汇编·留学教育》，上海教育出版社，1991，第409~414页。

④ 日本政府于1926年正式推出独自掌控的"选拔""特选"留日学生制度，见徐志民《近代日本政府对中国留日学生政策述评（1896~1931）》，《中国社会科学院近代史研究所青年学术论坛2007年卷》，社科文献出版社，2009，第216~224页。

⑤ 《教育部训令第7117号 令驻日学生监督处》《同 字第710号 令驻日学生监督处》，载《日華学報》第17号，消息栏，昭和5年10月。

⑥ 〔日〕阿部洋：《戦前日本の"对支文化事業"と中国人留学生——学費補給問題を中心に》，《戦前日本のアジアへの教育関与·国立教育研究所紀要》第121集，平成4年3月，第178页。

⑦ 之所以说是"暂停"，是因为国民政府从1937年至1938年底，仍将对日庚子赔款汇存于汇丰银行的日本庚款专账内，共计525196镑2便士，但这笔款并未交付日本，而被海关洋员以退休养老金方式吞没；1939年至1941年11月，国民政府共计拨存重庆中央银行总税务司日本部分之庚子赔款为国币2471943元；1941年12月9日，国民政府正式对日宣战后，中日之间一切条约均告废止，中国不再有偿还的义务。详见袁成毅《中国对日庚子赔款述略》，《抗日战争研究》1999年第4期。

文化事业经费，每年超过 100 万元，常达 300 万元，甚至一度增至 600 万元。①
1938 年 1 月，日本政府修改了《对华文化事业特别会计法案》，决定从一般会计（临时事件费）中支付"处理中国的文化事业"经费，②且在决算不足的情况下以原对华文化事业特别会计中的"积累金"补充，③从而保证补给中国留日学生及其他对华文化事业的费用。

随着中国沦陷区各伪政权的相继建立，日本政府特命各伪政权参与原本仅由日本掌控的选拔留学生工作。日本发动全面侵华战争之前，为控制选拔留学生的补给权，规定选拔留学生的推荐者主要是日本驻中国的使领馆和留日学生就读的日本各大学、研究机构的负责人。④日本发动全面侵华战后，于 1938 年 4 月23 日修改了前述规定，强调选拔留学生应从以下留学生中筛选，即伪满洲国政府或驻日伪满洲国大使馆推荐者；伪中华民国政府或驻日伪中华民国大使馆推荐者，但应区分伪中华民国临时政府、伪维新政府或伪蒙疆联合委员会及其驻日伪代表机构代替推荐；日本驻伪满洲国大使馆或驻伪中华民国大使馆推荐者，⑤重点是将中国沦陷区各伪政权及其驻日伪大使馆或伪代表机构，增添为选拔留日学生的推荐者。由此，选拔留学生补给事务的主要控制权似乎交给了各伪政权，而实际上听命于日本政府的各伪政权只是参加选拔留学生的部分工作而已。

日本政府鉴于在华侵占区域的不断扩大，一改战前批评中国政府按"省别定员"方式选拔补给留日学生的政策，⑥决定按地域分配选拔留学生的人数。1926 年前后，日本借口中国政府采用"省别定员"的方法推荐一般补给

---

① 〔日〕阿部洋：《"对支文化事业"の研究——戦前期日中教育文化交流の展開と挫折》，汲古書院 2004，第 876～877 页。

② 〔日〕阿部洋：《"对支文化事业"の研究——戦前期日中教育文化交流の展開と挫折》，第909 页。

③ 截至 1937 年 11 月底，日本对华文化事业特别会计的"积累金"总额为 18039647 元。详见〔日〕阿部洋《"对支文化事业"の研究——戦前期日中教育文化交流の展開と挫折》，第 878、921 页。

④ 《選抜留学生ノ定員増加ニ関スル件 昭和三年四月》，《在本邦選抜留学生補給実施関係雑件/方針関係 第一巻》，外務省外交史料館藏，アジア歴史資料センター、レファレンスコード：B05015474700。

⑤ 《選抜留学生ノ内規改正ノ件》，《在本邦選抜留学生補給実施関係雑件/方針関係 第二巻》，外務省外交史料館藏，アジア歴史資料センター、レファレンスコード：B05015476300。

⑥ 所谓省别定员是以各省众议院议员人数及负担庚子赔款的数额为分配标准，具体分配庚款补给各省留日学生的人数，详见陈学恂、田正平主编《中国近代教育史资料汇编・留学教育》，第409～414 页。关于日本方面对省别定员的批评，见〔日〕阿部洋《戦前日本の"对支文化事业"と中国人留学生——学費補給問題を中心に》，《戦前日本のアジアへの教育関与・国立教育研究所紀要》第 121 集，平成 4 年 3 月，第 168 页。

生，导致成绩优秀而因本省名额有限无法入选的弊端，提出了以学业成绩、思想状况、身体素质作为选拔留学生的基本标准。① 但是，这种选拔留学生标准在日本侵占中国大片领土的情况下，很难"惠及"华北、华中的大部分内陆省份，特别是边疆、少数民族地区；也无法适应大面积占领中国领土的战争局势和对华文化工作的需要。为此，日本驻伪中华民国临时政府大使馆参事官堀内干城，在 1939 年 9 月 18 日呈报外务大臣阿部信行《关于选拔留学生各地比例人数变更件》，请求自明年开始将外务省的选拔留学生名额按地域划分，交给伪临时政府教育部，使其公平地选拔各地的优秀者。② 外务省较为重视其建议，亦希望在更广泛的范围内招募优秀的中国留日学生。③ 可见，日本政府重拾中国政府的"省别定员"之法，意在扩大留日学生选拔的地域范围，保证沦陷区每个省份都有一定的选拔留学生名额。

日本驻伪中华民国临时政府大使馆与伪临时政府教育部，遂就共同选拔留学生问题进行"协商"，制定了《选拔留学生之选定及学费补给要纲》。④ 该"要纲"与已实施 12 年之久的《选拔中国留日学生选定标准及手续》相比，⑤重在重新界定选拔留学生的学校出身范围和选拔程序。1939 年 11 月 27 日，驻伪中华民国临时政府大使馆二等书记官门胁季光，向外务大臣野村吉三郎汇报了该"要纲"的主要内容：第一，选拔留学生应从下列两项学生中选定之：（1）留学日本各学校之伪中华民国留学生，或在日本曾受专门教育而在高级之学校或其他机构研究实习者。（2）在伪中华民国公立或已立案之私立高级中学毕业，有志赴日本入高等学校、大学预科或专门学校留学之中国学生；或

① 《2. 一般留学生選定規則改正打合会 昭和三年五月》，《補給留学生規則関係雑件》，外務省外交史料館藏，アジア歴史資料センター、レファレンスコード：B05015410300。
② 《選抜留学生各地割当人数変更ニ関スル件 十四年九月》，《在本邦選抜留学生補給実施関係雑件/方針関係 第二巻》，外務省外交史料館藏，アジア歴史資料センター、レファレンスコード：B05015477300。
③ 《選抜留学生各地割当人数変更ニ関スル件 十四年九月》，《在本邦選抜留学生補給実施関係雑件/方針関係 第二巻》，外務省外交史料館藏，アジア歴史資料センター、レファレンスコード：B05015477300。
④ 日本驻伪中华民国临时政府大使馆与临时政府教育关于共同审查选拔留学生的"协商"过程，详见《選抜留学生選定方ニ関スル件 十五年二月》，《在本邦選抜留学生補給実施関係雑件/方針関係 第二巻》，外務省外交史料館藏，アジア歴史資料センター、レファレンスコード：B05015477500。
⑤ 《選抜留学生ノ定員増加ニ関スル件 昭和三年四月》，《在本邦選抜留学生補給実施関係雑件/方針関係 第一巻》，外務省外交史料館藏，アジア歴史資料センター、レファレンスコード：B05015474700。

在中国国内大学或专科学校毕业，赴日本入大学院或研究科留学者，以及在其他机构研究实习者。在中国留日同学会设立之兴亚高级中学毕业的学生，应认为伪中华民国临时政府之派遣生得优先受选拔。第二，选拔留学生应就伪中华民国临时政府教育部或驻华日本帝国伪大使馆或伪中华民国驻日代表机构所推荐，而经中国留学生选拔委员会之审查者铨衡之，中国留学生选拔委员会规程另定之。① 1940 年 2 月 16 日，日本新任外务大臣有田八郎据此指示北平的藤井启之助参事官，与伪临时政府教育部、兴亚院华北联络部，协商组建中国留学生选拔委员会，开展遴选"选拔留学生"工作。②

1940 年 5 月 16 日，藤井参事官向有田外务大臣汇报了其与教育部、兴亚院华北联络部之间协议成立中国留学生选拔委员会的情况，并随同转呈《中国留学生选拔委员会组织规程》，对战前完全由日本控制的中日考选委员会做了形式上的修改。③ 该"规程"规定："中国留学生选拔委员会设委员九人，由中华民国临时政府教育部指定五人，日本兴亚院华北联络部及驻华日本帝国大使馆各指定二人组织之，并公推一人为委员长，于必要时得酌聘临时委员"；"委员会之职权为审议关于左列之事项：一、留学生所缴证件之审查，二、留学生学资历之审查，三、留学生学业操行及思想等之审查，四、留学生选拔派遣之决定，五、其他关于选拔之重要事项"。④ 伪中华民国临时政府方面在委员名额上

① 《選抜留学生選定方ニ関スル件 十五年二月》，《在本邦選抜留学生補給実施関係雑件/方針関係 第二巻》，外務省外交史料館蔵，アジア歴史資料センター、レファレンスコード：B05015477500。

② 《選抜留学生選定方ニ関スル件 十五年二月》，《在本邦選抜留学生補給実施関係雑件/方針関係 第二巻》，外務省外交史料館蔵，アジア歴史資料センター、レファレンスコード：B05015477500。

③ 1928 年 3 月 20 日，日本政府颁布《学费支给留学生规程案》，规定"以外务省文化事业部、文部省、中国留日学生监督处各一名组成考选委员会"，"决定学费补给留学生在各学校的比例"，日中二比一的比例使中方在考选委员会中无法发挥正常作用。南京国民政府对此表示反对，于 1930 年 6 月 18 日向日本提出了返还全部庚子赔款的要求。但是，日本不接受中方要求，仅仅建议设置中日委员混合组成的考选委员会。国民政府也不接受日方的建议，双方交涉陷入僵局，并于九一八事变后不了了之。日本政府从形式和实质上都控制着考选委员会。详见《2. 一般留学生選定規則改正打合会 昭和三年五月》，《補給留学生規則関係雑件》，外務省外交史料館蔵，アジア歴史資料センター、レファレンスコード：B05015410300；《選抜留学生選定方ニ関スル件 十五年二月》，《在本邦選抜留学生補給実施関係雑件/方針関係 第二巻》，外務省外交史料館蔵，アジア歴史資料センター、レファレンスコード：B05015477500。

④ 《選抜留学生選定方ニ関スル件 十五年二月》，《在本邦選抜留学生補給実施関係雑件/方針関係 第二巻》，外務省外交史料館蔵，アジア歴史資料センター、レファレンスコード：B05015477500。

占有优势，从形式上似乎获得了审查选拔留学生事务的主导权，但日本方面通过必要时聘任临时委员或公推委员长等方式，仍然控制着审查选拔留学生的实权。即非如此，伪临时政府作为傀儡政权，也只能按照日本政府的意图行事。

5月30日，有田外务大臣致函驻北平的土田书记官，指示其在向留学生选拔委员会推荐合适人选时，应注意两点：一是录取中国留日学生的方针，即在大学、高等学校、各种专门学校、高等师范学校的留学生中，尽可能多地录用学习医、工、农、理科者；① 二是强调1940年华北地区的"选拔留学生"录取人数为40名以内。② 可见，日本政府选拔中国留日学生的主要目的，是重在培养具有亲日思想的实用性技术人才，配合日本的殖民地资源开发与利用，以支持其侵略战争政策，但限于战争时期的财政紧张，无法接受过多的选拔留学生。

于是，日本政府首先确定各占领区的选拔留学生名额，制定选拔纲领性文件，然后转发给日本驻中国各伪政权的使领馆，命他们通过伪政权选派留学生。1940年5月，有田外务大臣分别致函驻张家口的渡边总领事、在南京的日高参事官，命他们根据日本政府制定的《昭和15年度选拔留学生采用要纲》，③ 与当地伪政权"协商"推荐选拔留学生候补者。该"要纲"作为中国沦陷区的选拔留学生年度指导性文件，主要规定了沦陷区各地1940年度的选拔留学生名额为蒙疆地区10名，华北地区40名，华中地区25名，广东15名，总计90名；④ 具体的留学时间是，1940年9月赴日本入学东亚学校，施以日语或其他预科教育，1941年4月入学各自希望的学校；⑤ 补给学费额度为，在东亚学校就读时月额50元，就读专门学校月额50元或55元，就读大

---

① 《選抜留学生選定方ニ関スル件 十五年二月》，《在本邦選抜留学生補給実施関係雑件/方針関係 第二巻》，外務省外交史料館藏，アジア歴史資料センター、レファレンスコード：B05015477500。

② 《選抜留学生選定方ニ関スル件 十五年二月》，《在本邦選抜留学生補給実施関係雑件/方針関係 第二巻》，外務省外交史料館藏，アジア歴史資料センター、レファレンスコード：B05015477500。

③ 《昭和十五年（2）選抜留学生推選ノ件（北京張家口南京宛）昭和15年》，《在本邦選抜留学生補給実施関係雑件/推薦関係 第二巻》，外務省外交史料館藏，アジア歴史資料センター、レファレンスコード：B05015480000。

④ 《昭和十五年（2）選抜留学生推選ノ件（北京張家口南京宛）昭和15年》，《在本邦選抜留学生補給実施関係雑件/推薦関係 第二巻》，外務省外交史料館藏，アジア歴史資料センター、レファレンスコード：B05015480000。

⑤ 《昭和十五年（2）選抜留学生推選ノ件（北京張家口南京宛）昭和15年》，《在本邦選抜留学生補給実施関係雑件/推薦関係 第二巻》，外務省外交史料館藏，アジア歴史資料センター、レファレンスコード：B05015480000。

学月额 55 元或 60 元。① 这些选拔留学生的补给待遇虽与战前相比变化不大，但名额比 1936 年的 298 名下降了 70%。②

日本驻中国沦陷区各使领馆接到上述指令后，普遍反映本地分配的名额不足，要求增加选拔留学生的人数。1940 年 5 月 10 日，驻蒙疆的渡边总领事致电有田外务大臣，强调蒙疆地区的特殊情况，拟增加为 20 名，并称详情等其回国后细谈。③ 5 月 21 日，有田外务大臣致函在张家口的望月代理总领事，表示经与回到东京的渡边总领事协商，蒙疆地区选拔留学生录取人数改为 15 名。④ 7 月 8 日，阿部大使致电有田外务大臣，报告华中方面尤其是武汉地区失学者较多，认为 25 名的名额太少，请求增加 10 名，急盼回电。⑤ 7 月 13 日，有田大臣回电阿部大使，表示鉴于本年度预算的关系，只能增加 3 名选拔留学生。15 日，阿部大使致电有田外务大臣，报告既然外务省同意增加录取 3 人，其余 7 名由伪中华民国教育部负担，且将这 7 名全部留给武汉地区。⑥ 7 月 27 日，松冈外务大臣复函同意阿部大使的请求，并转电驻广东领馆，指示广东应根据当地陆军特务机关的计划派遣留学生，⑦ 但似乎只有广东未提出增加名额的要求。

日本政府在严控选拔留学生名额的同时，似乎也压缩了原本人数就极少的特选留学生名额。根据 1926 年 4 月日本政府颁布的《特选中国留日学生选定

---

① 《昭和十五年（2）選抜留学生推選ノ件（北京張家口南京宛）昭和 15 年》，《在本邦選抜留学生補給実施関係雑件/推薦関係 第二巻》，外務省外交史料館蔵，アジア歴史資料センター、レファレンスコード：B05015480000。

② 阿部洋：《戦前日本の"対支文化事業"と中国人留学生——学費補給問題を中心に》，第 177 頁，"（第 3 表）'対支文化事業'による学費補給生数およびその構成の推移"。

③ 《昭和十五年（2）選抜留学生推選ノ件（北京張家口南京宛）昭和 15 年》，《在本邦選抜留学生補給実施関係雑件/推薦関係 第二巻》，外務省外交史料館蔵，アジア歴史資料センター、レファレンスコード：B05015480000。

④ 《昭和十五年（2）選抜留学生推選ノ件（北京張家口南京宛）昭和 15 年》，《在本邦選抜留学生補給実施関係雑件/推薦関係 第二巻》，外務省外交史料館蔵，アジア歴史資料センター、レファレンスコード：B05015480000。

⑤ 《昭和十五年（2）選抜留学生推選ノ件（北京張家口南京宛）昭和 15 年》，《在本邦選抜留学生補給実施関係雑件/推薦関係 第二巻》，外務省外交史料館蔵，アジア歴史資料センター、レファレンスコード：B05015480000。

⑥ 《昭和十五年（2）選抜留学生推選ノ件（北京張家口南京宛）昭和 15 年》，《在本邦選抜留学生補給実施関係雑件/推薦関係 第二巻》，外務省外交史料館蔵，アジア歴史資料センター、レファレンスコード：B05015480000。

⑦ 《昭和十五年（2）選抜留学生推選ノ件（北京張家口南京宛）昭和 15 年》，《在本邦選抜留学生補給実施関係雑件/推薦関係 第二巻》，外務省外交史料館蔵，アジア歴史資料センター、レファレンスコード：B05015480000。

标准及手续》规定，① 特选留学生定员 20 名，其选拔过程是先由中国留日学生的日本指导教师向学校推荐，接着留日学生向学校提交给外务省文化事业部部长的申请书、履历书、导师推荐信、学业成绩表、体检表等，最后由学校校长向外务省文化事业部部长提交这些材料，等候外务省批准。不过，特选留学生的入选门槛要求为具有研究生水平，且补给月额为选拔留学生的 1～3 倍，② 故入选的人数极少。1929～1937 年的 9 年间，特选留学生共计 85 人，③ 年均9.4 名。日本侵华战争时期的特选留学生人数可能更少，目前仅见 1939 年度的特选留学生有九州帝国大学的林伯辉、千叶医科大学的孔禄乡和东北帝国大学的陈志藻 3 名，④ 1940 年度的特选留学生有伪天津市立传染病院院长候扶桑和天津恒源纺纱厂医务科科长蒋本沂。⑤ 其中，蒋本沂先由伪北京市公署卫生局局长毓汶推荐给日本驻伪中华民国临时政府大使馆藤井启之助参事官，后经藤井上报外务大臣有田八郎而获得特选留学生待遇。⑥ 这是在中日战争时期经过伪政府官方机构推荐而成为特选留学生的特例，其他特选留学生仍按照战前既定的选拔程序选出。

由于特选留学生、选拔留学生的名额有限，日本政府将积极接受留日学生的目光转向了沦陷区的自费生。中国沦陷区青年学生在日伪监控下既无法去别国留学，也很难到中国大后方进修学习，为逃避日伪监视和沦陷区的白色恐怖，不少人自费赴日留学。还有些家资丰厚者为保护人身财产安全，讨好侵略者，主动派遣子弟赴日留学。当然，也不排除某些青年学生为了解战时日本的情况而东渡留学。⑦ 孔凡岭、余子侠、周孜正、徐志民等学者，分别就伪满政

① 《特選留学生選定標準及手続修正ニ関スル件 昭和二年二月》，《在本邦特選留学生補給実施関係雑件/方針関係 第二巻》，外務省外交史料館蔵，アジア歴史資料センター、レファレンスコード：B05015513100。

② 《特選留学生選定標準及手続修正ニ関スル件 昭和二年二月》，《在本邦特選留学生補給実施関係雑件/方針関係 第二巻》，外務省外交史料館蔵，アジア歴史資料センター、レファレンスコード：B05015513100。

③ 阿部洋：《戦前日本の"対支文化事業"と中国人留学生——学費補給問題を中心に》，第177 頁，"（第 3 表）'対支文化事業'による学費補給生数およびその構成の推移"。

④ 《昭和十四年度選定》，《在本邦特選留学生補給実施関係雑件/選定関係》，外務省外交史料館蔵，アジア歴史資料センター、レファレンスコード：B05015515900。

⑤ 《昭和十五年度選定》，《在本邦特選留学生補給実施関係雑件/選定関係》，外務省外交史料館蔵，アジア歴史資料センター、レファレンスコード：B05015516000。

⑥ 《昭和十五年度選定》，《在本邦特選留学生補給実施関係雑件/選定関係》，外務省外交史料館蔵，アジア歴史資料センター、レファレンスコード：B05015516000。

⑦ 周孜正：《试探沦陷区中国青年赴日留学原因》，《民国档案》2004 年第 3 期。

权、华北伪政权、汪伪政权、伪蒙疆政权的留日人数、留日时限等有关留日学生的基本情况，做过较为深入和全面的研究，① 此处不再赘述。须要强调的是，他们大都肯定了各伪政权公、自费留日学生的广泛存在。另据周一川统计，从 1938 年 6 月至 1943 年 9 月，中国沦陷区留日学生平均每年有 2540 多人，即使在抗战临近结束的 1944 年 4 月，仅伪中华民国留日学生就有 1118 人。② 抗战时期中国沦陷区在地域有限、兵荒马乱的年代，仍有如此规模的留日学生，不能不说日本政府积极接受中国沦陷区的自费生是一个重要原因。

自费留日学生多属殷实之家子弟，日本政府认为既可借机将之培养为有一定影响力的亲日分子，又可拉拢、胁迫这些留日学生的父母亲友为日本侵华战争服务，③ 故乐于接受。据原伪满洲国的早稻田大学留学生孙连璧回忆："当时由此去日本留学的多为官宦富绅子弟，穷人家的孩子不用说私费，就是考上官费一般也拿不起其它的开销，所以对他们来说留学的机会可谓微乎其微。"强调这些留日学生"在日学习的费用完全由家里负担"。④ 据刘振生对部分原伪满留日学生的采访和问卷调查，确知家庭资财者有 12 人，其中出身富商家庭者 3 人，占 25%；地主家庭者 2 人，占 16.67%；知识分子家庭者 2 人，占 16.67%；普通家庭者 3 人，占 25%，但所谓普通家庭或"家境贫寒"，也仅是"家里除了有能够糊口的钱外，根本拿不出多余的可供我读书学习"，其实在当时也算小康之家；"家境殷实"而其他情况不详者 2 人，占 16.67%。⑤ 日本政府在伪蒙疆政权范围内选拔留日学生的一条重要原则就是家庭出身，故伪蒙疆政权留日学生多为内蒙古的"豪门望族"子弟。⑥

当然，日本学校也乐意接受这些富家子弟，从而在物价腾贵的战争时期保

---

① 孔凡岭：《伪满留日教育述论》，《抗日战争研究》1997 年第 2 期；余子侠：《日伪统治下的华北留日教育》，《近代史研究》2004 年第 5 期；周孜正：《汪伪的留日学生教育》，《抗日战争研究》2004 年第 3 期；徐志民：《近代日本对伪蒙疆政权留日学生政策探微》，《抗日战争研究》2008 年第 2 期。

② 伪满洲国、伪中华民国留日学生每年的具体人数，详见周一川《近代中国留日学生人数考辨》，《文史哲》2008 年第 2 期。

③ 《留学生学资补给》，《善隣协会关系雑件 第二卷》，外务省外交史料馆藏，アジア歴史资料センター、レファレンスコード：B05015957000。

④ 刘振生：《"满洲国"时代における元日本留学生と日本》，博士论文，东北师范大学，2004，第 284 页。

⑤ 刘振生：《"满洲国"时代における元日本留学生と日本》，第 283～312 页。

⑥ 徐志民：《近代日本政府对伪蒙疆政权留日学生政策探微》，《抗日战争研究》2008 年第 2 期。

证相对稳定的学费收入。如 1938 年 1 月 21 日，日华学会会长细川护立致函外务省文化事业部部长冈田兼一，介绍原籍为伪中华民国河北省遵化县的刘秉信入秋田矿山专门学校采矿科学习。① 1 月 27 日，冈田部长致函秋田矿山专门学校校长平冈通也，向该校介绍刘秉信。2 月 22 日，平冈校长复函冈田部长，表示可以接受，只是担心其能否支付学费。对此，文化事业部再次咨询日华学会，日华学会于 2 月 25 日致函冈田部长，详细介绍了刘秉信的家庭背景和经济情况，即刘秉信之父刘笠田早年在北平行医，现已 70 岁高龄，退隐河北老家，资产有 10 万元左右；其兄刘秉仁早年任职奉天市政府秘书，现为伪遵化县政府内务科科长。3 月 1 日，冈田部长致函平冈通也校长，指出根据日华学会的调查，该生家境殷富，不会在就学期间发生无法支付学费的情况。② 根据外务省的《满支留学生便宜供与自费留学生》资料，可知其他自费留学生的接受大多如此办理。

日本政府根据侵华战争局势的演进，不仅从表面上改变了战前由日本完全控制的选拔留学生制度和特选留学生制度，而且改变了战前按照学业成绩、思想状况等标准增加选拔留学生名额的政策，重拾国民政府的省别定员之法，在限制选拔留学生、特选留学生人数的同时，积极接受家境富裕的自费留学生，以培养服务于日本侵华战争需要的各级各类"人才"和"工具"。为此，日本政府仍不得不从紧张的战时财政中抽出"临时事件费"和动用日本对华文化事业特别会计的"积累金"，从事耗时、费力、见效相对较慢的留日学生教育。但是，这作为日本政府对中国沦陷区的一项重要施策，体现日本将中国沦陷区的现实需要与长远利益进行结合。

二 重视和资助留学教育

日本侵华战争时期的中国留日学生教育，已无须像战前那样遮遮掩掩地培养留日学生中的"亲日分子"或者他们的"亲日感情"，而是赤裸裸地培养服

---

① 《1. 满支留学生便宜供与自费留学生（昭和十三年中）分割 1》《1. 满支留学生便宜供与自费留学生（昭和十三年中）分割 2》，《在本邦留学生便宜供与（入退学、见学、实习等）关系雑件/自费留学生关系 第三卷》，外务省外交史料館藏，アジア歴史資料センター、レファレンスコード：B05015579400、B05015579500。

② 《1. 满支留学生便宜供与自费留学生（昭和十三年中）分割 1》《1. 满支留学生便宜供与自费留学生（昭和十三年中）分割 2》，《在本邦留学生便宜供与（入退学、见学、实习等）关系雑件/自费留学生关系 第三卷》，外务省外交史料館藏，アジア歴史資料センター、レファレンスコード：B05015579400、B05015579500。

务于日本侵华战争政策的各级各类人才，即所谓"大东亚新秩序"建设的"协力者"。如 1940 年度伪河北省公署选派 50 名学生赴日留学时，明确规定留学目的是获得"积极的新秩序建设协力者这样的成果"。① 日本政府为实现这样的留学教育目的，在监督检查留日学生的学业成绩，提供与修建留日学生教育基础设施，资助有利于"中日亲善"的留学活动，以及改善留日学生生活待遇方面，也是相当努力和认真的。

首先，重视选拔留学生的教育，经常指示相关各校调查选拔留学生的学业成绩。1938 年 3 月 9 日，文化事业部部长冈田兼一致函日华学会会长细川护立、东京市立驹进病院院长高木逸磨、伪满洲国留日学生会馆理事长平田幸弘，以及东京第一高等学校校长桥田邦彦等 23 名校长或机构负责人，请他们汇报"满"、中两国留学生 1937 年度的学业成绩，以及补给留学生的各学科成绩或研究业绩。② 同年 3 月至 4 月，各相关学校和机构都汇报了本校或本机构内中国留日学生的学业成绩。1939 年 3 月 23 日，三谷文化事业部部长致函东京帝国大学总长平贺让等 18 人、东亚同文会等 4 人、东京高等师范学校校长森冈常藏等 20 人，调查文化事业部学费补给生的学业成绩，并通过学校通知那些希望继续获得学费补给者，必须将其履历书及学业成绩证明书在 4 月底以前送交文化事业部。③ 其实，这是文化事业部定期检查选拔留学生的学业成绩，以决定是否继续提供补给。当"选拔留学生有操行或学业不良等情形，认为有背留学之趣旨时，停止支给其学费"，④ 以此威胁留日学生接受日本政府和有关学校的教育和安排。

其次，出资支持留日学生教育的基础设施建设。1938 年 5 月 11 日，日华学会决定设置留学生教育部，向外务省文化事业部提出了《留学生教育部设

① 《昭和十五年（3）河北省公署派遣留日官费生ニ関スル実施要領 昭和 15 年》，《在本邦選抜留学生補給実施関係雑件/推薦関係 第二巻》，外務省外交史料館蔵，アジア歴史資料センター、レファレンスコード：B05015480100。
② 《満支留学生ノ学業成績調査 昭和十三年三月 分割 1》，《在本邦留学生調査関係雑件 第十二巻》，外務省外交史料館蔵，アジア歴史資料センター、レファレンスコード：B05016142400。
③ 《文化事業部補給生ノ学業調査 昭和十四年三月》，《在本邦留学生調査関係雑件 第十二巻》，外務省外交史料館蔵，アジア歴史資料センター、レファレンスコード：B05016142700。
④ 《選抜留学生選定方ニ関スル件 十五年二月》，《在本邦選抜留学生補給実施関係雑件/方針関係 第二巻》，外務省外交史料館蔵，アジア歴史資料センター、レファレンスコード：B05015477500。

置案》。① 其中，强调七七事变后，日本对中国留学生的各种事务"更加重要"，此际必须扩充学会规模，增设留学生教育部，对中国留日学生采取入学指导、经常视察等积极措施，以防止留学生相关工作的遗漏。② 该"设置案"提出所需经费为 1 万元，并附有《留学生教育部职务内规》。该规定的主要内容包括：解答与留学生相关的各种咨询，指导留日学生选择希望就读的学校，向各学校、机构介绍留学生情况，与接受留日学生学校进行交流，监督留学生的学习，为留日学生斡旋宿舍和参观、实习场所，留学生教育相关事务的调查及向相关当局的报告等。③ 当然，这项方案获得了外务省支持。④

1939 年 7 月 12 日，东京工业大学校长中村幸之助致函外务省文化事业部部长三谷隆信，提出扩充该校留学生教育设施的计划。中村校长指出："随着时局变化……通过和亲提携、协助建设新中国而欲入本校者日多，为他们提供便利乃是兴亚国策的紧要事情。"⑤ 并在随函附呈的《中国留学生教育设施扩张理由书》中，强调"东亚维新之际，树立新的亲善关系之秋，更新处在两国融合教育第一线的本校附属预备部的设施，增加收容今后激增的人员，成为教育中国留日学生的支柱，以寄兴大亚洲的兴旺发达"。⑥ 同时，他提供了《中国留学生教育设施扩张所需内含明细书》《中国留学生教育设施扩张设备费所需额调》等资料，⑦ 证明扩充留学生教育设施的必要性和紧迫性。

日本政府虽出资支持增建留日学生的基础设施，但对每笔资金的支出、运用都有详细的监督、检查。1938 年 10 月 13 日，检察院检察官大久保忠文在致

---

① 《留学生教育部設置案 昭和十三年五月》，《日華学会関係雑件 第二巻》，外務省外交史料館藏，アジア歴史資料センター、レファレンスコード：B05015268700。

② 《留学生教育部設置案 昭和十三年五月》，《日華学会関係雑件 第二巻》，外務省外交史料館藏，アジア歴史資料センター、レファレンスコード：B05015268700。

③ 《留学生教育部設置案 昭和十三年五月》，《日華学会関係雑件 第二巻》，外務省外交史料館藏，アジア歴史資料センター、レファレンスコード：B05015268700。

④ 《留学生教育部設置案 昭和十三年五月》，《日華学会関係雑件 第二巻》，外務省外交史料館藏，アジア歴史資料センター、レファレンスコード：B05015268700。

⑤ 《東京工業大学昭和十五年度支那留学生教育施設拡張ニスル件》，《在本邦留学生予備教育関係雑件/特設予科関係 第三巻》，外務省外交史料館藏，アジア歴史資料センター、レファレンスコード：B05015527500。

⑥ 《東京工業大学昭和十五年度支那留学生教育施設拡張ニ関スル件》，《在本邦留学生予備教育関係雑件/特設予科関係 第三巻》，外務省外交史料館藏，アジア歴史資料センター、レファレンスコード：B05015527500。

⑦ 《東京工業大学昭和十五年度支那留学生教育施設拡張ニ関スル件》，《在本邦留学生予備教育関係雑件/特設予科関係 第三巻》，外務省外交史料館藏，アジア歴史資料センター、レファレンスコード：B05015527500。

外务次官堀内谦介的《关于会计实地检查件》中，有对昭和 7～12 年度外务省各种支出的审查记录，包括 1937 年 11 月支付给京都帝国大学修文会赞助费 16034.64 元钱，以及购买建设第一高等学校特设高等科留学生宿舍的 1000 坪土地的详细情况。① 由此可知，日本政府并非盲目地支持所有的扩张留日学生教育设施，而是通过监督、检查，一定程度上保证出资的利用效果。

再次，向接受留日学生各学校和教育机构，提供从事各项"中日亲善"活动的经费。1939 年 5 月 10 日，三谷文化事业部部长在致东京帝国大学校长平贺让等 13 所学校校长的《关于昭和 13 年度训育费件》中，请他们尽快提出 1938 年度伪满洲国及伪中华民国留学生训育费的详细收支情况。② 各学校在 5 月份汇报了此前组织留日学生的各项"中日亲善"活动，如带领中国留日学生参观名胜古迹、徒步旅行、实习见学，参加各种关于日本建国、"大东亚战争"的纪念会，举办演讲会、恳谈会、留学生入学欢迎会、毕业生欢送会，以及制作各种徽章的费用、招待费、冬季或夏季修炼会等各项事业及其支出的情况。③ 5 月 31 日，会计检查员西村报告文化事业部：1938 年度对华文化事业费补给留日学生团体设施及训育费总计为 89578 元。④ 从这些经费支持的前述"中日亲善"活动看，其目的主要是培养留日学生的亲日感情，展示日本文化的"精髓"和夸耀日本战力，宣扬"大东亚战争"的意义。

这些活动中颇具代表性的，就是举办中国留日学生的毕业生送别晚餐会。1939 年 3 月 1 日，外务省文化事业部通过了《文化事业部关于对满洲国及中华民国留学生举办第一届送别晚餐会件》。该文件规定"满洲国"及"中华民国"留学生送别晚餐会的主旨，是进一步密切日本当局与补给学生之间的关系，指导留学生毕业回国后与日本方面永远保持联系，并强调此后每年都要举

---

① 《修文会留学生寄宿舍敷地購入ニ対スル検査照会 昭和十三年十月》，《会计检查関係雑件 第九卷》，外务省外交史料館蔵，アジア歴史資料センター、レファレンスコード：B05015107000。

② 《昭和十三年度訓育費ノ調査 十四年五月》，《在本邦留学生ニ対スル諸補給関係雑件/訓育費関係》，外务省外交史料館蔵，アジア歴史資料センター、レファレンスコード：B05015538500。

③ 《昭和十三年度訓育費ノ調査 十四年五月》，《在本邦留学生ニ対スル諸補給関係雑件/訓育費関係》，外务省外交史料館蔵，アジア歴史資料センター、レファレンスコード：B05015538500。

④ 《团体施設及訓育費決算額照会ノ件 昭和十四年五月》，《会计检查関係雑件 第十卷》，外务省外交史料館蔵，アジア歴史資料センター、レファレンスコード：B05015107400。

办留学生送别晚餐会。① 3 月 23 日，三谷文化事业部部长在首届伪满洲国及伪中华民国留日学生毕业者送别晚餐会上，鼓励这些留日学生在毕业后继续搞好"学问研究"，为"中日亲善"和东亚的"和平幸福作出贡献"。② 其实，就是要求他们认真领悟"日本精神"，回国后服务于日本的侵华战争政策。

外务省文化事业部根据距离东京的远近，还补助那些居住在东京府外而参加送别晚餐会的留日学生旅费。其程序是先由本人向外务省文化事业部部长提出补助旅费申请，然后由文化事业部部长致函留学生所在学校校长，以补助该生旅费。1939 年 3 月 25 日，文化事业部通过《召集文化事业部补给生卒业者所需经费支出件高裁案》，决定支付出席 3 月 23 日毕业生送别晚餐会的东京府外的刘绍福等 7 名留学生旅费 144.25 元，该资金从 1938 年度对华文化事业特别会计事业费之项下的"留学生给与之目"中支出。③ 3 月 28 日，京都帝国大学的刘绍福等 3 名学生向三谷文化事业部部长提出了补助旅费的申请书。3 月 29 日，三谷部长致函京都帝国大学校长羽田亨，指出支付这 3 名学生旅费 56.64 元，并请其转交外务省会计课对前述金额的支付通知书。④ 当天，三谷部长还照例致函其他 4 名学生所在的学校，请各校校长转交支付该校学生参加送别晚餐会的旅费。⑤ 根据现存日本外务省外交史料馆的《对在本国留学生的诸补给关系杂件》可知，此后每年参加留学生送别晚餐会的东京府外的留学生都能获得旅费补助，其支付方式与 1939 年相同。

最后，改善中国留日学生的经济待遇。日本政府虽不愿提供过多的选拔留学生名额，但战争时期的物价上涨仍给留日学生造成了不小的经济压力，为达

---

① 《文化事業関係満支留学生第一回送別晩餐会 昭和十四年三月》，《在本邦留学生関係雑件 第十二巻》，外務省外交史料館藏，アジア歴史資料センター、レファレンスコード：B05015409200。
② 《文化事業関係満支留学生第一回送別晩餐会 昭和十四年三月》，《在本邦留学生関係雑件 第十二巻》，外務省外交史料館藏，アジア歴史資料センター、レファレンスコード：B05015409200。
③ 《卒業留学生送別晩餐会出席旅費 昭和十四年四月、昭和十五年四月》，《在本邦留学生ニ対スル諸補給関係雑件 第三巻》，外務省外交史料館藏，アジア歴史資料センター、レファレンスコード：B05015537500。
④ 《卒業留学生送別晩餐会出席旅費 昭和十四年四月、昭和十五年四月》，《在本邦留学生ニ対スル諸補給関係雑件 第三巻》，外務省外交史料館藏，アジア歴史資料センター、レファレンスコード：B05015537500。
⑤ 《卒業留学生送別晩餐会出席旅費 昭和十四年四月、昭和十五年四月》，《在本邦留学生ニ対スル諸補給関係雑件 第三巻》，外務省外交史料館藏，アジア歴史資料センター、レファレンスコード：B05015537500。

成他们所期望的留日教育目的，不得不增加选拔留学生的学费补给额度。1939年4月5日，外务省文化事业部决定从该年度4月开始，增加选拔留学生的补给额，并将选拔留学生的留学地划分为甲、乙两类地区，甲地区是指东京、大阪、京都、横滨、神户等地，乙地区是除甲地区外的其他地方。① 1939年4月，在甲地区就读于专门学校医工理农各科的选拔留学生补给额从50元增至55元，就读于专门学校和高等学校的其他各科选拔留学生补给额分别从45元、40元增至50元；在乙地区就读于专门学校医工理农各科的选拔留学生补给额从45元增至50元，就读于乙地区专门学校和高等学校的其他各科选拔留学生补给额分别从40元、35元增至45元。② 这次增加补给额，重点提高了就读于专门学校和高等学校选拔留学生的待遇，而就读于大学的选拔留学生的补给额并未改变，一个原因可能是就读于甲、乙地区大学的选拔留学生补给额一般为50～70元，基本满足了他们的日常生活需要。

日本政府的留日学生教育目的，虽是培养崇拜日本、遵从日本、以日本为盟主的"大东亚新秩序"的"合作者"，但并不自信这些曾是国民党主要统治区的留日学生就一定能如其所愿，所以，即对伪政权所辖区的留日学生的教育仍保持高度警惕。1941年2月13日，东亚高等工业学校校长岸本续夫致函外务省，为在该校留学的6名汪伪政权学生提出去日本各地旅行修学的申请。2月22日，外务省东亚局局长复函该校校长，以预算经费困难为由拒绝了该项请求。③ 1942年2月6日，东京高等工业学校学监喜多藤吉致函外务省，为安福林等3名中国留日学生申请到日本各地见学旅行的补助，遭到以"不合规定"为由的拒绝。④ 这与战前日本政府积极资助中国留日学生赴日本各地修学

① 《選拔留学生学費増額ノ件 十四年四月》，《在本邦選拔留学生補給実施関係雑件/方針関係 第二巻》，外務省外交史料館藏，アジア歴史資料センター、レファレンスコード：B05015477000。
② 《選拔留学生学費増額ノ件 十四年四月》，《在本邦選拔留学生補給実施関係雑件/方針関係 第二巻》，外務省外交史料館藏，アジア歴史資料センター、レファレンスコード：B05015477000。
③ 《東京高等工業学校 昭和十五年（不許可）》，《在本邦留学生本邦見学旅行関係雑件/補助実施関係 第十四巻》，外務省外交史料館藏，アジア歴史資料センター、レファレンスコード：B05015837100。
④ 《東京高等工業学校支留学生内地見学（不許可）》，《在本邦留学生本邦見学旅行関係雑件 第四巻》，外務省外交史料館藏，アジア歴史資料センター、レファレンスコード：B05015806300。

旅行、实地考察，① 甚至邀请中国留日学生参观日本海军基地相比，② 反映了日本在侵华战争期间对中国留日学生教育的保守和警惕。

日本政府教育中国留日学生时的戒心，自然也反映在留日学生的教育方式上，这一点在伪政权留日军事学生的教育中体现得较为明显。日本发动全面侵华战争后，逐渐修改了日本陆军士官学校、陆军经理学校等军事院校的相关法令，③ 进一步严格、细化了中国留日学生的军事教育。1941 年 5 月 27 日，昭和天皇颁布了敕令第 607 号《陆军士官学校令中改正件》，在原先"学生队附"之下附加留学生队队长、留学生队副官、留学生队中队长、留学生队教官、留学生队马术教官、留学生队队附、装甲部长、装甲教官等。④ 留学生队队长承校长之名掌管留学生的教育，留学生队副官承留学生队队长之命管理留学生队的日常庶务，留学生中队长承留学生队队长之命担任留学生队的训育和术科教育等，各有分职，⑤ 严密监控伪政权留日军事学生的训练、学习、生活等一举一动。⑥ 这些措施反映了日本政府对伪政权留日学生教育既有配合其侵略战争政策的战略目的又唯恐留日学生掌握真正的科学文化知识后反戈一击的矛盾心态。既要"中日亲善"又要提防戒备，既要侵略留日学生的祖国又要留日学生为其服务，这种自相矛盾的留日教育必将随着日本侵略战争的失败而失败。

① 《卒業年度ニ在ル支那留学生ニ対シ本邦内地修学旅行費支給方ニ関スル高裁案》，《在本邦留学生本邦見学旅行関係雑件/補助実施関係 第一巻》，外務省外交史料館蔵，アジア歴史資料センター、レファレンスコード：B05015812200；《支那留学生ノ本邦内地見学旅行費補助方ニ関スル高裁案》，《在本邦留学生本邦見学旅行関係雑件/補助実施関係 第五巻》，外務省外交史料館蔵，アジア歴史資料センター、レファレンスコード：B05015816200。

② 《第 2163 号 中華民国学生に便宜供与方の件（2）》，《公文備考 昭和 6 年 D 外事 巻 1 の 2》，防衛省防衛研究所蔵，アジア歴史資料センター、レファレンスコード：C05021529100。

③ 关于战前日本政府对中国留日军事学生的政策，见徐志民《九一八事变前日本对中国留日军事学生政策述论》，《徐州师范大学学报》（哲学社会科学版）2010 年第 5 期。

④ 《御署名原本・昭和十六年・勅令第六〇七号・陸軍士官学校令中改正ノ件》，《御署名原本・昭和十六年・勅令》，国立公文書館蔵，アジア歴史資料センター、レファレンスコード：A03022611000。

⑤ 《御署名原本・昭和十六年・勅令第六〇七号・陸軍士官学校令中改正ノ件》，《御署名原本・昭和十六年・勅令》，国立公文書館蔵，アジア歴史資料センター、レファレンスコード：A03022611000。

⑥ 《御署名原本・昭和十六年・勅令第六〇七号・陸軍士官学校令中改正ノ件》，《御署名原本・昭和十六年・勅令》，国立公文書館蔵，アジア歴史資料センター、レファレンスコード：A03022611000。

三　强化监管与归国安置

日本发动全面侵华战争后，一方面调查中国留日学生的回国和学习情况；另一方面加强留日学生管理，加强思想素行调查和防谍工作。同时，为与各地伪政权留日学生"联络感情"和充分发挥留日学生教育的作用，日本政府还协助安排留日毕业生的工作，支持归国留日学生开展各种有利于"中日亲善"的活动。

鉴于中国留日学生在七七事变后对自身安全、学业及中日关系的担忧，文部省于1937年8月3日向接受中国留日学生的各校校长及相应的地方长官发出《关于对满中两国留学生采取措施件》，指出："随着这次华北事变的爆发，各学校对'满'、中留学生应依据下列要点，采取适当政策对其保护、监督，确保万无一失。"[①] 即：（1）教职员对一般留学生应不失大国国民的胸襟气度，对"满"、中特别是中华民国留学生不要刺激他们，与其相处时一定要慎言谨行，勿使其陷入不安动摇之中，努力使其达成留学目的。（2）进一步密切与留学生的联系，充分注意其动向。（3）尽管夏季放假，但对"满"、中留学生要区别"归国"和"在留"，明确其"在留"的住所，做到细致入微的"辅导"。（4）详细调查前述诸项，在8月15日前汇报，不得延迟。[②] 1937年10月12日，文部次官伊东延吉致函外务次官堀内谦介，通报了其再次通知相关各校高度关注中国留日学生，提出鉴于事变爆发以来那些归国者不可能全部返校，故对逾期不归者给予"休学"的便利，即使在未缴纳学费的情况下也保留其学籍，[③] 为中国留日学生重返日本留有余地。

日华学会亦高度关注中国留日学生的回国情况，及时向外务省汇报。截至1937年8月31日，其已向外务省提交了三次《留日学生状况中间报告》，[④] 在

① 《满支两国人学生生徒ノ取扱ニ関スル件 十二年十月》，《在本邦選抜留学生補給実施関係雑件/方針関係 第二巻》，外務省外交史料館藏，アジア歴史資料センター、レファレンスコード：B05015475700。
② 《满支两国人学生生徒ノ取扱ニ関スル件 十二年十月》，《在本邦選抜留学生補給実施関係雑件/方針関係 第二巻》，外務省外交史料館藏，アジア歴史資料センター、レファレンスコード：B05015475700。
③ 《满支两国人学生生徒ノ取扱ニ関スル件 十二年十月》，《在本邦選抜留学生補給実施関係雑件/方針関係 第二巻》，外務省外交史料館藏，アジア歴史資料センター、レファレンスコード：B05015475700。
④ 《支那事変ニ関シ留学生状況報告 昭和十二年中》，《日華学会関係雑件 第二巻》，外務省外交史料館藏，アジア歴史資料センター、レファレンスコード：B05015268200。

第三次报告中重点汇报了以下内容：一是留学生人数。中华民国驻日留学生监督处分三批召回剩余的 450 名留学生，目前正分发回国补助金，每人 15 元，目前仅剩 250 名。① 二是中华基督教青年会东京事务所暂时关闭。干事杨、刘两氏及其家人，预定 9 月 3 日乘外国轮船从横滨出发，经香港回国，他们决定将小青庄、东青庄的事务所及宿舍建筑物委托日本基督教同盟暂时保管。② 三是馆山消夏团解散。房州馆山消夏团于昨晚举行解散仪式，本会 1 名职员和 11 名团员（留日学生）今日中午平安返回东京，该地已无留日学生。③ 日华学会作为半官方的组织，自 1918 年成立以来，长期受外务省的资助，为外务省"照顾"中国留日学生的生活和学习，④ 并借机调查他们的思想动向和各种活动。

外务省估计中国留日学生因七七事变可能有逾期不归的情况，与文部省、内务省、警视厅等就此密切联系的同时，也与接受文化事业部学费补给生的各机构互通信息，了解和调查留日学生的返校情况。1937 年 9 月 3 日，冈田文化事业部部长致信东京帝国大学等 62 所学校校长及接收选拔留学生机构的负责人，要求调查目前选拔留学生的姓名、1937 年 9 月 1 日后的返校月日、是否因事变回国或因暑假回国，以及未返校的其他理由。⑤ 9 月下旬至 10 月初，各校相继汇报了本校选拔留学生的返校情况。据此可知：（1）未返校者占绝大多数。东京帝国大学 25 名选拔留学生中，仅有莫国万于 9 月 15 日、华世英于 9 月 20 日返校；10 月 6 日前，京都帝国大学的 24 名选拔留学生中仅有 6 人返校，九州帝国大学 8 名选拔生中只有 1 人返校，而且返校者多为伪满洲国留学生。⑥（2）回国的原因既有因事变回国者，也有因暑假返国者。总体上看，因事变回国者稍多。⑦（3）不及时返校的原因，有因病无法返校、资金断绝、现在其

① 《支那事变ニ関シ留学生状况报告 昭和十二年中》，《日华学会関係雑件 第二卷》，外务省外交史料馆藏，アジア历史资料センター、レファレンスコード：B05015268200。
② 《支那事变ニ関シ留学生状况报告 昭和十二年中》，《日华学会関係雑件 第二卷》，外务省外交史料馆藏，アジア历史资料センター、レファレンスコード：B05015268200。
③ 《支那事变ニ関シ留学生状况报告 昭和十二年中》，《日华学会関係雑件 第二卷》，外务省外交史料馆藏，アジア历史资料センター、レファレンスコード：B05015268200。
④ 砂田宽编《日华学会二十年史》，日华学会 1939 年印，第 5~6 页。
⑤ 《選抜補給志愿者ノ出席调查方ノ件 昭和十二年九月》，《在本邦留学生调查関係雑件 第八卷》，外务省外交史料馆藏，アジア历史资料センター、レファレンスコード：B05016135300。
⑥ 《選抜補給志愿者ノ出席调查方ノ件 昭和十二年九月》，《在本邦留学生调查関係雑件 第八卷》，外务省外交史料馆藏，アジア历史资料センター、レファレンスコード：B05016135300。
⑦ 《選抜補給志愿者ノ出席调查方ノ件 昭和十二年九月》，《在本邦留学生调查関係雑件 第八卷》，外务省外交史料馆藏，アジア历史资料センター、レファレンスコード：B05016135300。

他地方，以及不详等，① 估计多数还是因中日战争爆发而不愿回敌国求学。

日本政府调查中国留日学生的主要目的有二：一是了解和掌握中国留日学生的学习、生活情况，重在他们的思想动向与政治活动；二是出于防谍工作的安全需要。1938 年 3 月 24 日，外务大臣广田弘毅致电驻上海总领事及其他相关使领馆，其中提道：最近那些因事变回国的中国留日学生希望再入我国留学者逐渐增加，是否允许他们再入国呢？内务省认为鉴于留日学生向来都是抗日的"主动者"这一事实，出于防谍的需要，主张等事变结束以后，经确认其身份后再允许入国。② 但是，广田本人认为，中国留学生如果这时有"好"的意向，且中国已成立"新政权"，经与内务省协商，提出仅限持有"新政权"（或"地方治安维持会"）发给记载本人原籍、姓名、年龄的履历书和推荐信，并获得驻中国使馆证明者入国。③ 同时，日本政府还加强了对原归国留日学生重返日本的检查工作。1938 年 8 月 24 日，日本驻天津田代总领事致电宇垣外务大臣，请其同意并电示日本驻中国各地使领馆，对于暑假期间回国的留日学生重返日本时，必须出具所在学校发给的在学证明书，并到日本驻华各地的使领馆办理相关手续后，才能允许再次登陆。8 月 25 日，宇垣外务大臣同意此举，并致电各地领事遵照办理。④ 日本政府为防止中国"间谍"打着留日学生的旗号"混入"日本，强化各地留日学生再入国的登陆检查，给休假回国的留日学生带来了不少麻烦。

实际上，一些中国学生确实借助留日的机会，在日本开展各种秘密的抗日活动。如江苏留日学生钱崖与王道源等人，从战前的 1936 年 9 月开始组织反战情报组，联络具有社会主义思想的日本人黑田善次及日共党员田中忠夫等人，搜集日本对华战略、日军向华北调动等情报，⑤ 并设法传递给国民政府，

---

① 《選抜補給志願者ノ出席調査方ノ件 昭和十二年九月》，《在本邦留学生調査関係雑件 第八巻》，外務省外交史料館蔵，アジア歴史資料センター、レファレンスコード：B05016135300。

② 《支那留学生ノ入国取扱方ニ関スル件 十三年三月》，《在本邦選抜留学生補給実施関係雑件/方針関係 第二巻》，外務省外交史料館蔵，アジア歴史資料センター、レファレンスコード：B05015476000。

③ 《支那留学生ノ入国取扱方ニ関スル件 十三年三月》，《在本邦選抜留学生補給実施関係雑件/方針関係 第二巻》，外務省外交史料館蔵，アジア歴史資料センター、レファレンスコード：B05015476000。

④ 《在本邦中国留学生関係雑件 25. 帰国中ノ支那留学生ノ再渡航ニ関スル件》，《在本邦中国留学生関係雑件》，外務省外交史料館蔵，アジア歴史資料センター、レファレンスコード：B04011359900。

⑤ 《昭和 12 年度外事警察概況》，东京，不二出版社，1987，第 47～48 页。

直至 1939 年钱崖被日本当局逮捕。出身"满洲国"的早稻田大学留学生贾桂林回国期间接受国民党的委任，负责"满洲国"在日学生的抗日指导工作，并从 1940 年 2 月开始在留日学生中秘密发展同志，开展抗日救亡活动。① 1938 年底至 1939 年初，留日警官学生汪叔子、焦立仁等人在东京"满洲国"留日学生会馆内重建了中共东京支部，策划破坏日军后方军事部署，组织铁血青年团袭击日本政府和军部，秘密搜集日军情报。② 1939 年 3 月 30 日，警察讲习所所长安藤狂四郎致函文化事业部部长，宣称："汪叔子渡日以来，伪装学习，实则批判日本情势，起草抗日容共论文，秘密纠合同志，制造流言蜚语，意图扰乱后方，3 月 29 日被警视厅所检举。"遂以"忘记学生本分、违背教养宗旨，不堪造就"为名将其开除出所。③

因此，日本政府并不信任各地伪政权选派的留日学生，暗中强化对他们的思想、素行调查。1939 年 6 月 1 日，蜂谷文化事业部部长分别致函各校，命他们调查本校中国留日学生的思想倾向和主要活动，并及时汇报。④ 各校受命之后即开展调查中国留日学生工作，且大都在 6 月上旬向文化事业部做了汇报。如第一高等学校校长桥田邦彦于 6 月 6 日致函外务省文化事业部部长，报告了其对本校中国留学生张世和、陈国桢的调查情况。即张世和，人物普通、思想倾向大体稳健、素行良、健康状态良；陈国桢，人物柔和温厚、思想倾向坚实稳健、素行良、健康状态是曾因得病而休学，现已康复。⑤ 其他各校也大都按照这种模式进行了汇报，以致东京商科大学留学生张景柏感觉："四年半的留学实际上就好像总是被人监视的状态，直到今天还总觉得有一个影子跟着自己的情形。"⑥ 抗战胜利后，伪政权留日学生向国民政府呈交的"自传"中对此也有所反映。留日学生朱丽春即说，太平洋战争爆发后，日本国内空气日

① 〔日〕菊池一隆、曲晓范：《抗日战争时期旅日中国留学生的救亡活动》，《外国问题研究》 2009 年第 4 期，第 53～54 页。
② 〔日〕菊池一隆、曲晓范：《抗日战争时期旅日中国留学生的救亡活动》，《外国问题研究》 2009 年第 4 期，第 52～53 页。
③ 《支那临时政府派遣警察官留学养成 自昭和十三年 分割2》，《在本邦留学生便宜供与（入退学、见学、实习等）关系杂件/警察关系 第七卷》，外务省外交史料馆藏，アジア历史资料センター、レファレンスコード：B05015593800。
④ 《支那留学生ノ人物素行等二关スル件 昭和十四年六月》，《在本邦留学生关系杂件 第十二卷》，外务省外交史料馆藏，アジア历史资料センター、レファレンスコード：B05015409400。
⑤ 《支那留学生ノ人物素行等二关スル件 昭和十四年六月》，《在本邦留学生关系杂件 第十二卷》，外务省外交史料馆藏，アジア历史资料センター、レファレンスコード：B05015409400。
⑥ 刘振生：《"满洲国"时代における元日本留学生と日本》，第 294 页。

形紧张，"留日学生受敌人严厉的监视和限制，虽谨言慎行，有时亦不免发生祸灾，真是人人自危！环境恶劣，无以复加，精神上所受种种刺激，实为毕生难忘"。① 非但如此，外事警察动辄以莫须有的"思想犯"之名，逮捕那些稍有不满的中国留日学生。

当然，善于恩威并用的日本侵略者在严厉管教和监控中国各伪政权留学生的同时，也比较"关心"即将毕业回国的留日学生的工作问题，因为这不仅关系到留日学生个人的生存和发展，更直接关系到其培养留日学生的战略目的能否实现。为此，外务省在留日学生毕业前，就委托留学生接受、教育机构，调查或预测他们毕业后的去向，尤其注重文化事业费补给生的未来发展方向。1939 年 2 月 28 日，三谷文化事业部部长发出《文化事业部学费补给生归国者调之件》，要求各校和教育机构调查该年 3 月即将毕业归国者的基本情况，包括姓名、性别、出身省县及现在居住地、所学科目、归国后的就职单位或住所、出发日期等。② 根据各校或教育机构汇报，可知：（1）没有预定回国日期者占多数；（2）尚未确定或正在交涉回国单位者也不少；（3）部分留学生升入高一级学府或大学院继续进修；（4）确定回国就职的机构，多为伪政府各职能部门，有些甚至是内定的。③ 从某种程度上说，日本政府通过留日教育，也培养了一些实施殖民统治的"人才"和配合侵略战争的"工具"。

选拔或特选留学生毕业回国后，日本政府一般会及时通知其驻伪政权各地的使领馆给予关照。1938 年 4 月 23 日，广田弘毅外务大臣分别在致驻北平的堀内参事官、在上海的日高总领事、在天津的堀代理总领事、在青岛的门胁代理总领事、在济南的有野总领事、在南京的花轮总领事、在张家口的森冈总领事的《文化事业部学费补给留学生归国之件》中，将文化事业部学费补给留学生该年度 3 月的归国者列表，包括其姓名、毕业学校、原籍、备考等内容，转发给各位领事。④ 此举既是要各地使领馆关照毕业回国的选拔或特选留学生，也是要加强两者之间的联系，利用留日学生服务于日本在当地的所谓

---

① 《朱丽春自传》，中国第二历史档案馆藏，国民政府教育部档案，卷宗号：5 - 15355。

② 《文化事業部費補給生帰国者調 昭和十四年二月》，《在本邦留学生調査関係雑件 第十一巻》，外務省外交史料館藏，アジア歴史資料センター、レファレンスコード：B05016142100。

③ 《文化事業部費補給生帰国者調 昭和十四年二月》，《在本邦留学生調査関係雑件 第十一巻》，外務省外交史料館藏，アジア歴史資料センター、レファレンスコード：B05016142100。

④ 《文化事業部学費補給留学生帰国ノ件 昭和十三年四月二十三日》，《参考資料関係雑件/学校及学生関係 第八巻》，外務省外交史料館藏，アジア歴史資料センター、レファレンスコード：B05016180800。

"文化工作"和"大东亚共荣圈"建设事业。

日本驻伪政权各地使领馆，亦密切关注毕业回国留日学生的组织和活动，一旦确定有利于"中日亲善"或侵华扩张政策，就给予积极支持。1938 年 12 月 17 日，转任驻武汉总领事的花轮义敬在致外务大臣有田八郎的《关于武汉留日同学会成立件》中，报告称："居住武汉的留日经历者，以增进日中两国友谊，推进学术研究，协助中日亲善为宗旨而成立了武汉留日同学会，该会第一步事业就是计划设立汉口日语专修学校，并恳请我及陆海军特务部部长对该会进行指导。"且称"陆海军特务部部长分别向该会及该会学校各支付 500 元赞助费，本人也捐款 500 元，但随着日语学校的发展，补助相当数额的经费是十分必要的，故禀告之"。① 1939 年 1 月 9 日，有田大臣复函花轮总领事，认为："该事对文化事业是极有意义的，但现在设立了兴亚院，中日文化提携目的下的团体归该院所管，你汇报的该件应向兴亚院的当地机构提出申请。"② 他肯定了武汉留日同学会及其成立日语专修学校的"积极"意义，指示其应向新成立的兴亚院驻当地机构提出增加补助费的问题。

1939 年 5 月 12 日，有田外务大臣分别致函驻北平的堀内参事官、天津的千代总领事、武汉的花轮总领事，再次明确外务省与兴亚院在对华文化事业方面的分工。他指出："1938 年 12 月 27 日转发给各位的文化机密第一七三五号中，已提及外务省文化事业部所管事务由兴亚院接管。除东亚同文书院事务外，财团法人东亚同文会事务自 1939 年 5 月 11 日转归兴亚院所管，今后与本件相关事务由兴亚院当地机构处理，天津中日学院、汉口江汉中学也应与兴亚院当地机构联络。"③ 可见，随着日本战时体制的调整，1938 年 12 月成立的兴亚院（1942 年 11 月并入新成立的大东亚省）接管了大部分对外文化事业，包括在中国沦陷区各地的留日预备学校、归国留日学生的组织和活动等。④ 1943 年 3 月 18 日，盐泽公使致电青木大东亚大臣，汇报了 3 月 15 日在北平召开的

---

① 《武漢留日同学会成立ノ件 昭和十三年十二月十七日》，《参考資料関係雑件/学校及学生関係 第八卷》，外務省外交史料館藏，アジア歴史資料センター、レファレンスコード：B05016183700。

② 《武漢留日同学会成立ノ件 昭和十三年十二月十七日》，《参考資料関係雑件/学校及学生関係 第八卷》，外務省外交史料館藏，アジア歴史資料センター、レファレンスコード：B05016183700。

③ 《東亜同文会事務興亜院引継ノ件 昭和十四年五月》，《東亜同文会関係雑件 第九卷》，外務省外交史料館藏，アジア歴史資料センター、レファレンスコード：B05015250600。

④ 关于对华文化事业管辖权从外务省向兴亚院转移的范围、过程、内容，详见阿部洋《"对支文化事業"の研究——戦前期日中教育文化交流の展開と挫折》，第 898~920 页。

中国留日同学会成立五周年纪念大会及第六次全体会员大会的情况，称此次大会约有 300 名代表出席，并决议"为实现参战后的目标而迈进"。① 回国留日学生的负责机构虽改为大东亚省，但外务省仍参与日本国内的中国留日学生事务管理，故日本驻伪政权各地使领馆继续关注中国留日学生问题，并分别向外务省和大东亚省汇报回国留日学生的活动。

进入 1945 年，日本的败战迹象愈加明显，日本政府为集中财力、物力、人力进行最后的挣扎，宣布日本国内学校停课一年，大幅度减少对中国伪政权留日学生的接受，即使在日的中国留学生要么被安排提前回国，要么被集中起来管理，并解散、整合各种涉及留日学生的团体。1945 年 2 月 15 日，日本政府在整合有关留日学生团体的基础上，成立了日华协会。② 然而，被解散的各团体出现了职员大量失业的情况，大东亚省决定象征性地补偿这些职员。3 月 8 日，大东亚省提出的《禀同随着日华协会的设立，对解散、统合的团体职员赠与慰问金之件》，于 3 月 17 日获得政府批准。③ 该方案规定给日华学会 8000 元、东亚振兴会 5000 元、大东亚留日学生会 3000 元、东洋妇人教育会 5000 元、东洋民族协会 3000 元、成城学校留学生部 3000 元、大东亚学寮 5000 元。④ 然后，大东亚省给各团体代表写信，将他们逐一唤来，亲手交给他们这些补偿金，颇有点临死分遗产的意味。

曾经参与中国留日学生工作的各团体虽被迫解散，但他们在解散之际大都不忘炫耀一番自己的"功绩"，完全无视其配合日本政府对中国留日学生实施殖民教育的责任。1945 年 5 月 10 日，东亚振兴会在《昭和十九年度事业报告》中，自吹："本会自 1938 年 12 月扩充机构，着手从事日华亲善事业以来，7 年间一直着实努力辅导学生、亲善日华两国国民、普及兴亚思想，其成绩日益彰显。"⑤ 如 1944 年，京都支部举办兴亚思想普及讲习会及学术研究成果发表会，努力"启发"留日学生；组织留日学生在 6 月 1 日去明治神宫、11 月 5

① 《在本邦中国留学生関係雑件 28. 中国留日学会大会》，《在本邦中国留学生関係雑件》，外務省外交史料館藏，アジア歴史資料センター、レファレンスコード：B04011360200。

② 《日華協会設立ニ伴イ解散統合セラルベキ団体役職員ニ対シ慰労金贈与》，《日華協会関係雑件》，外務省外交史料館藏，アジア歴史資料センター、レファレンスコード：B05015323800。

③ 《日華協会設立ニ伴イ解散統合セラルベキ団体役職員ニ対シ慰労金贈与》，《日華協会関係雑件》，外務省外交史料館藏，アジア歴史資料センター、レファレンスコード：B05015323800。

④ 《日華協会設立ニ伴イ解散統合セラルベキ団体役職員ニ対シ慰労金贈与》，《日華協会関係雑件》，外務省外交史料館藏，アジア歴史資料センター、レファレンスコード：B05015323800。

⑤ 《東亜振興会（本信ハH.4.2.0.9）昭和二十年》，《助成関係雑件 第五卷》，外務省外交史料館藏，アジア歴史資料センター、レファレンスコード：B05015859600。

日去靖国神社祈愿"大东亚战争"必胜；9 月 17 日组织留日学生哀悼海军大将中村良三战死等，[①] 可见其在"辅导"留日学生方面的确做了不少工作。但是，"基于大东亚省关于留日学生教育及辅导的阁议决定，为强化辅导，特设置中华民国留日学生辅导临时总本部，以整合辅导团体的统一活动……（1945 年）1 月 29 日，在大东亚省会馆召开职员总会，通过解散决议，定于同年 3 月 31 日并入日华协会"。[②] 东亚振兴会对此"深表荣幸"，自欺欺人地认为并入日华协会，就可以获得更大的发展机会。事实恰恰相反，4 个月后"大日本帝国"战败投降，也正式宣告了近代日本政府对中国留日学生政策的终结与失败。

四　结语

留学生政策作为国家涉外文化教育政策的一部分，虽反映该国政府的文化战略目的与对留学生来源地的政治策略和利益诉求，但也要符合留学教育传播科学文化知识的普遍规律，否则，过于功利的留学教育终将事与愿违。近代日本从接受中国留日学生之始，就将其大陆扩张政策与中国留日学生问题紧密地结合起来，[③] 但日本发动全面侵华战争之前主要是暗中培养留日学生的亲日感情或亲日分子。七七事变后，日本政府根据战争局势的演变而逐渐调整了对中国留日学生的选拔、接受、教育、管理和安置政策，赤裸裸地培养服务于日本侵华战争政策的各类"人才"和"工具"。日本侵华战争期间煞费苦心的留日教育，虽培养了一些出任低级伪职的汉奸特务，[④] 但结果终是适得其反，搬起石头砸自己的脚。抗战时期，不少中国留日学生积极参加抗日救亡活动就是证明。[⑤] 留日学生孟广琰曾说："日本费尽苦心造就一群留日生以备他日亲善之用，孰知中国人终究仍是中国人，造就出来的人才回国后是为中国用的。"[⑥]

---

① 《東亜振興会（本信ハH.4.2.0.9）昭和二十年》，《助成関係雑件　第五巻》，外務省外交史料館藏，アジア歴史資料センター、レファレンスコード：B05015859600。

② 《東亜振興会（本信ハH.4.2.0.9）昭和二十年》，《助成関係雑件　第五巻》，外務省外交史料館藏，アジア歴史資料センター、レファレンスコード：B05015859600。

③ 《清国留学生招聘策》，《近代史资料》第 74 号，中国社会科学出版社，1989，第 95～97 页。

④ 王奇生认为抗战时期的留日学生做汉奸者较少，且多任低级伪职；而在伪政权中出任要职的留日者，其留日年代一般在清末民初至 1920 年代。见王奇生《留学与救国——抗战时期海外学人群像》，广西师范大学出版社，1995，第 280 页。

⑤ 菊池一隆、曲晓范：《抗日战争时期旅日中国留学生的救亡活动》，《外国问题研究》2009 年第 4 期，第 50～55 页。

⑥ 《孟广琰自传》，中国第二历史档案馆藏，国民政府教育部档案，卷宗号：5-15365。

抗战胜利后，一些战时留日学生就利用日语优势和在日本学到的知识，参加了对日遣返和审判日本战犯工作。① 因此，日本侵华战争背景下的留日教育非但不易产生亲近感情，反而更易结出仇恨的苦果。

日本侵华战争时期的中国留日学生政策，随着日本战败投降而烟消云散，但对留日学生个人的影响相当久远。1946 年初，尚在日本的中国大陆留日学生仍有 428 人，② 他们与日本国民一样经历了战后初期的饥饿与恐慌，直至同年国民政府教育部颁布《留日学生召回办法》，方在国民政府的帮助下返回祖国。回国之后，这些留日学生由于是伪政权选派，且在战时敌国留学，故被打上了"敌""伪"的烙印，备受社会歧视。③ 国民政府在战后开展教育甄审运动时，也认为有必要对战时留日学生加以甄审，遂于 1947 年 7 月 1 日颁布了《抗战期间留日学生甄审办法》，要求战时赴日留学且已毕业回国者和战后召回的留学生，应于 1947 年 7 月 1 日至 9 月 30 日向国民政府教育部申请登记。④ 然而，中国沦陷区各伪政权选派的约 8000 名公、自费留日学生中，仅有 450 名按期前往国民政府教育部申请登记，⑤ 结果 139 名甄审合格，⑥ 大部分伪政权留日学生的学历未获得国民政府认可，且因战时留日的经历而大都很难逃脱日后的各种"调查"和政治运动。⑦ 在某种程度上说，日本侵华战争时期的中国留日学生政策，对留日学生个人的影响更甚于对中国的影响。

---

① 周孜正：《浅论汪伪时期在日中国留学生的经费来源》，《抗日战争研究》2005 年第 3 期，第 134 页。
② 周一川：《近代中国留日学生人数考辨》，《文史哲》2008 年第 2 期。
③ 《姚颂恩自传》，国民政府教育部档案，中国第二历史档案馆藏，卷宗号：5 - 15355。
④ 国民政府教育部档案，第二历史档案馆藏，卷宗号：5 - 15364。
⑤ 王奇生：《留学与救国——抗战时期海外学人群像》，第 273 ~ 274 页。
⑥ 国民政府教育部档案，中国第二历史档案馆藏，卷宗号：5 - 15361。
⑦ 刘振生：《"满洲国"时代における元日本留学生と日本》，第 192 ~ 193 页；陈昊：《日中戦争期における在日中国人留学生について》《九州教育学会研究紀要》第 31 卷，2003，第 78 页。

中日战争期间在闽浙的"台湾华侨"

台北中研院近代史研究所　朱浤源

一　前言

　　台湾人是亚细亚的"孤儿"吗？抗战之后，自从吴浊流的名著《亚细亚的孤儿》出版以后，这个名词流行起来。它时常被拿来形容台湾人，认为精准地道出了台湾人从日据到光复初期在国际上的可怜处境。

　　但是，事实真是这样吗？在这个词出现超过一甲子之后，有必要重新加以探讨。本文借着对观念的厘清，将抗战时期岛外"台湾华侨"的许多案例，特别是中外关系史上的闽浙特例做初步考察，并结合第一手的档案和两岸学术界有关的论著，来详加对比，进一步厘清真相。

二　台湾人与抗战前后大时代的互动及其诠释

　　对于今天台湾的社会各界甚至学术界来说，所谓的"台湾人"，指的就是20世纪初，在属于日本帝国殖民地台湾，所有原来属于大清国，拥有中国国籍的人。从大陆官民的立场来看，则将到大陆的台湾人，视为"台湾同胞""台湾华侨"甚至"台湾归侨"；从台湾的立场来看，来自大陆侨居于台的，则为"大陆同胞""台湾华侨"。这两者竟然都使用"台湾华侨"一词。对于"台湾华侨"这个词之意涵的，前有吴文星等人认为旅台之大陆人为"台湾华侨"，后有许雪姬指出旅居大陆之台人为"台湾华侨"。此种重叠使用同一称号的现象，1895～1945年，是不是曾经在当年的中日政府与两岸人民之间产生很大的困扰？这值得正视与深究。

讨论过这个问题的学者与社会人士，难以计数，本文不予介绍，但首先从国际法与国籍法的观点，挑出几个重要的概念来加以厘清。接着，循序渐进，运用两岸目前开放的档案，以中国的闽、浙以及日据台湾为范围，锁定抗战时期离台赴陆这批台湾人中的一部分，来加以探究。

（一）"台湾华侨"难为："忠于中华民国，却被中华民国枪毙"

说到抗战时期在闽、浙的"台湾华侨"，首先应提到的一人，就是中国国民党三民主义青年团台湾区团主任李友邦。李氏于明治 39（1906）年出生于台北县的和尚洲（芦洲）。大家特别重视的，是他作为台籍日本人，在中日战争时期，竟然在中国的浙江与福建，协助中国领导抗日的台湾义勇队。但是他又与中国国民党的三青团，以及老台共、中国共产党都往来密切，而且还与"二二八事件"中暴民组织的运动关系密切。因此，撤出大陆的蒋介石，一旦在台湾站起来，就将他枪毙，时间是 1952 年 4 月。

这个"忠于中华民国，却被中华民国枪毙"的李友邦故事，非常具有时代意义。这个故事，近 20 年才得到学术界的注意，而且直到今天，才接触到两岸的与之相关的第一手档案。李友邦终获两岸的公开肯定与歌颂。但是，这个故事的内容究竟为何，到目前为止，还没人能讲清楚。

李友邦 18 岁时，从日本人统治下的台湾，偷渡到中国大陆，并且积极参与抗日。他们家的兄弟三人，其中两个弟弟死于抗日，只有李友邦，1952 年意外地死在表面上清楚其实非常模糊的所谓"为'匪谍'的事实殊堪认定"之判决文上。

这份公文，由保安司令彭孟缉上将，上报参谋总长周至柔上将，经过侍从室主任桂永清上将核签"殊堪认定"为"匪谍"，而且拟请以"准照颠覆政府实行的"大罪判处死刑上报总统，而蒋更以亲批"照准"的方式判处死刑。为何如此？其文字后面所埋藏的故事，一直都不能彰显。

（二）两岸学界与政界看法的支离破碎

一直到了今天，两岸的学术界与政界的看法还很支离破碎。以下试举几例。

1. 台湾"二二八事件"研究小组谈及三青团言语闪烁

20 年前，"行政院""二二八事件"研究小组在所出版的《二二八研究报告》中，提及李友邦声望高、人品好，且与台湾义勇队及三民主义青年团关系密切，因此与中国国民党产生人事上的纠葛：

> 李氏曾率台湾义勇队在大陆抗日，后来奉命设置三民主义青年团台湾区团部，光复后，该区团迁台，由于李友邦声望高，人品好，地方优秀人才纷纷加入青年团，以致党部吸收不到人。[1]

因中国国民党与三民主义青年团之间，有"派系问题"，"二二八事件"发生不久，李氏竟然被情治单位押送南京。文曰：

> 事件发生后，李氏未参与任何活动。然而，三月十日中午约一点时，李友邦应柯远芬之电请，前往开会，后即失踪。李妻严秀峰奔波三日后方见到陈仪，并逼其说出下落，方知送保安司令部。之后，李氏被押送至南京。经李妻奔走，获蒋经国处长之协助，约三个月后被释放。原来，李案背后亦涉及政治派系问题。

该书还触及三民主义青年团与中共之间的关系，谓为"密切相连"，但语焉不详，只是特别提及"区团主任李友邦家中窝藏共党首要份子"，李主任本人是"奸匪自新分子"且其所领导的"青年团在事变中居领导地位"。可见言语闪烁，欲言又止。

2. 台湾王良卿肯定三青团与中国国民党"恐共"情结的关系

其后7年，王良卿提道，在事件中，三青团以其半朝半野的政治地位，以及成员众多、领导人物之激进、亲近民间等特点，相比于其他政团，着实成了陈仪政权的最大反对派。暂且不论三青团与"共党"的关系如何，在当时国共内战的格局下，任何形式的叛逆，都足以触动国民党政权的"恐共"情结。更何况王认为，陈仪主政之初就为接收日产之争而有意取缔三青团，而三青团来台之后，即因与省党部争夺地盘之故，与党部和中统结怨。平日又因地方事故，得罪治安机构。是故事变后三青团成了陈仪、军统、党部、中统乃至宪警

---

[1] "行政院""二二八事件"研究小组：《二二八事件研究报告》，台北，时报文化，1992，第293页。

诸系联手打击的对象。① 王比"二二八事件"研究小组干脆，道出该团与党政军特全部结怨的主轴。

由于在中国国民党支持下出书，从王氏的论述，可见中国国民党的党史专家们是肯定这种说法的，甚至认为真相就是这样。简单地说，他们认为李友邦领导的三青团之所以被整肃，关键因素就在于与当年的陈仪政府、军统、中国国民党党部、中统乃至宪警诸方面，"关系"都没搞好，因此获罪了。

3. 中国国民党马主席的肯定与蒋总裁的否定相背反

可是，再过 10 年之后，担任中国国民党主席时的马英九，就在中央党部门口，树立两幅台湾人的巨型肖像：一个是蒋渭水，另一个就是李友邦。此时的李，改而被台湾当局公开肯定。该党马主席的做法，已经背离昔年蒋总裁因坚持反共而杀李的路线。马主席的做法，用"恐共"情结则无法解释。

4. 闽、浙学者肯定李与中国共产党的关系

到了 2012 年 5 月 23 日，在浙江金华，厦门大学陈在正教授以李友邦参加黄埔军校与组建台湾三青团的故事，公开指出李与共产党的密切关系。② 陈教授甚至明言：中国国民党直辖的三青团，网罗了台湾各阶层的实力分子，其中包含旧文协、农民组合、工友会、旧台共，以及被放出狱的中共党员。③ 最重要的是在陈仪团队来台之前，它几乎成了初级的自治政府。④ 浙江大学楼子芳教授的许多文章，也肯定李在领导义勇队抗日上的贡献。

由此得出，长官公署"对拥有一大批左派分子的三青团""也视为眼中钉"。⑤ 这些大陆学者所言，都是真实的吗？这中间，究竟有怎么一回事？这些问题与"二二八事件"中台士绅蜂起，组成处理委员会，要取代陈仪的政府不可能无关。这个原因，又与"恐共"情结不太相同，因此非常重要，亟须厘清。但是，为什么李又与领袖蒋不同路呢？两者之间的关系，至今也未厘清。

总之，陈与蒋、李之间，所形成复杂的三角关系，除了相互冲突之外，又

---

① 王良卿：《三民主义青年团与中国国民党关系研究（1938～1949）》，台北，近代中国出版社，1998，第 344～345 页。按：近代中国出版社在中国国民党辖下。

② 陈在正：《李友邦参加黄埔军校与组建台湾三青团问题的评析》，金华，浙江省人民政府、金华市人民政府主办"弘扬抗日精神，共促和平发展—台湾义勇队撤离金华周年暨李友邦将军牺牲周年"纪念会论文，2012 年 5 月 23 日，第 8 页。

③ 陈在正：《李友邦参加黄埔军校与组建台湾三青团问题的评析》，第 10 页。但是陈教授很小心地没有指出他们都是中共党员。

④ 陈在正：《李友邦参加黄埔军校与组建台湾三青团问题的评析》，第 9 页。

⑤ 陈在正：《李友邦参加黄埔军校与组建台湾三青团问题的评析》，第 10 页。

有何共同点或者互通之处？这是学术界要面对的问题。

5. 在台朱浤源确认其跟随孙中山的合法性

在浙江省金华市纪念李友邦中将去世 60 周年的会议上，笔者应邀演讲《蓝芋头、红蕃薯与中华民国到台湾（1945～1947）》时，也指出李友邦中将完全忠于中华民国；而且李的政治思想，缘于孙中山，而非蒋中正。青年时期的李友邦很自然地以中国国民党总理孙中山的政策与主义者自居，而非以当时只是黄埔军校校长蒋中正所属派系为标杆。孙中山既然公开肯定中国共产党，并且接纳中共党员进入中国国民党，李友邦有充分理由跟随孙中山，而非跟随蒋中正。[1] 笔者从正面切入，更确认李友邦跟随孙中山，而非蒋中正的合法性与合理性。

笔者又发现学界认为，当年"二二八事件"发生的前 10 天，李友邦中将主持的三民主义青年团的影响力，几乎超过陈仪政府。[2] 这只是第一层次。吾人尚须进入更深的第二层次：由于三青团内成分复杂，李友邦中将又兼容国共两党，并且身边较多中共党员，因此，一旦事件发生，他就能够号召全民来稳定整个局面，而且对政府产生掣肘作用，并且会获全台湾人所无异议的支持。当时三青团在台湾各地，几乎成为中共地下党员领导人民对抗政府与国军的轴心。

还有，"二二八事件"在台湾发生时，大陆的中共在国民党的军事斗争中，已经从劣势转优势。[3] 这一点与李从大红大紫，瞬间跌落谷底的情形关系密切。

（三）国共态势逆转枢纽何在，学术界有无定论

国共实力转变的枢纽在哪，扭转的关键时间是在何时？历史学界迄今无定论。但是，如果找到，就可以看到"恐共"情结产生作用的端倪。

目前的社会各界及学术界，不管是两岸的还是世界各国的，几乎一面倒地认为，经济因素最为重要。因为政府腐败，造成民不聊生，所以人民被逼，愤

---

[1] 朱浤源：《蓝芋头、红蕃薯与中华民国到台湾（1945～1947）》，金华，浙江省人民政府、金华市人民政府主办"弘扬抗日精神，共促和平发展——台湾义勇队撤离金华周年暨李友邦将军牺牲周年"纪念会论文，2012 年 5 月 23 日，第 6～11 页。

[2] 朱浤源：《蓝芋头、红蕃薯与中华民国到台湾（1945～1947）》，第 12 页。

[3] 朱浤源：《档案文献的分类与比较：以二二八时期蒋中正三天内的决策为例》，《2008 年海峡两岸档案暨微缩学术交流会议论文集》，台北，中华档案暨微缩管理学会，2008，第 36～52 页。

而起来抵抗，最后推翻政府。时间是1949年。讲得更直白一点：中国国民党与国民政府，以及1947年《中华民国宪法》通过之后，所刚刚成立的新一届中华民国政府，都因贪污腐败以及无能，造成民不聊生，所以人民被逼，愤而起来抵抗，最后在1949年将国民党政府推翻。这种讲法，流行在两岸：大陆方面的学者认为，以中国共产党为核心组建的政府，代表最广大人民的利益，这种观点在早年的学术界几乎完全一致。台湾的学者，因有日趋壮大的本土意识之政党因素，其中倾向于民主进步党的学者，在目前（2013年）也认为如此，与昔年大陆学者观点如出一辙。

为什么会如此？

答案很简单，他们都是中国国民党独大时期的反对党。

三　日据时期的台湾人与"台湾华侨"

"台湾人"的指涉及其内涵为何，"台湾华侨"指的就是旅居台湾的大陆人吗？清末以来，直至抗战胜利，台湾的法律地位一直在变迁当中，从而"台湾人"的定义，也可以说变化非常的大。为求开宗明义，以下将站在台湾本位，重新针对日本统治台湾时期，而且只锁定这个时期，对所用的一些重要名词做一些探讨，来厘清今天学术界所忽视的某些问题。

（一）"台湾人"的指涉及其内涵被误用

由于台湾从1895年到1945年已经被割让与日本，因此，在日本所统治的这51年之间，当年住在台湾的人，就是所谓的"台湾人"，除了自动申请仍保留中国国籍的极少数人之外，否则其国籍一律被自动转换成为日本籍。

依据国际私法，特别是国籍法，从日本政府来看，台湾人对外而言，自然就是日本人。这些台湾籍的日本人，也因此当然要忠天皇，并须为日本帝国服务。只不过当时的台湾人，至少还有几种不同的身份。以下，先逐一论其真相，再介绍今天学界混用的情况。

1. 出了台湾的台湾人是"台湾籍民"

对于在日本帝国版图之内，特别是日本"内地"的人而言，台湾人为"台湾籍民"。这不过只是作为殖民者日本人的片面认定。但是，学者们多数误以之为台人的客观身份。这种误会，在台湾，在大陆，以及在世界各国的学术界都有。

2. 在台湾岛上的台湾人是"本岛人"

对于当时在台湾的"政府（指台湾总督府）"而言，则台湾人只是"本岛人"。但是，在台湾的学者们也多数袭用这个词。

3. 在台湾岛上的持有中国国籍的其他省人是"台湾华侨"或者"外省人"？

台湾史学界，对于持有中国国籍而在台湾的华人，每以"台湾华侨"称之。其实这是角色错乱的结果。这个词是当年的日本帝国以及日本人，用日本人而且不是台湾人的观点，所产生的一个词。这种说法，从日本国籍法上来说没有错。

但是作为中国人的我们，一旦接受此说，则出发点就有错误，因为台湾归还中华民国之后，基本立场不能不变，而且当然改以中华民国的立国精神作为论述的基点。如果以中华民国的台湾人为本位，正确的说法应该是"大陆同胞""内地人"或"外省人"，而绝非"台湾华侨"。

4. "熟蕃"与"生蕃"是否是台湾人

台湾平地的平埔族，即所谓"熟番"，地位比"本岛人"更低；内山的所谓"高砂族"，又被称为"生番"，地位则最低下。这种说法，存在于殖民帝国日本。而且，不管是哪一种，拥有日本籍的台湾人及有中国籍的大陆人的地位，是无法与拥有日本籍的日本"内地"人的地位相比的。他们是否是台湾人？日本帝国与其人民认为不是，他们充其量只是高砂族。

但正确的说法应该是传统所谓的"高山同胞"或者今人所称的"原住民"。总之，他们也是台湾人。

以下，本文要从这两种截然不同的角度，重新观察当年在闽浙被视为"台湾华侨"的这群人参与抗日的详情。但首先仍须先确认"台湾华侨"的意义。

（二）"台湾华侨"的意义

1. "台湾华侨"在国际上的内涵

依据国际法和中国的国籍法、立国精神及政治习惯，对于因为战败被割让，到当时已被迫自动入籍日本的台湾人，一旦出了台湾，会很自然地成为中华民国政府眼中的"台湾华侨"。中国政府这种态度，和日本政府的政策相比，显然有着完全相反的看法。这种在理论上、客观上相对，但落实到台湾人身上则完全矛盾的现象，就是当年的真相。

这只不过是介于两国之间所生的矛盾。如果再加上其他国家，以及台湾内部当时的政府与人民的立场与利害关系，这种矛盾就更加复杂了。

但是，他们在日本以外各地侨居时，依据各国的法律，则毫无怀疑地都被称为"台湾侨民"或"日本侨民"；依据中国国籍法，则被称为"台湾华侨"。

2. "台湾华侨"在最重意识形态的 20 世纪

夹杂在中国、日本，以及其他列强之间的"台湾华侨"，其处境非常特殊，他们依照各国或各个政权的需求，而不得不扮演多种角色。这些角色之间，甚至可以说相当乖隔，甚至是互为敌体的。从任何一个政权来看，都不会被全盘接受。

由于 20 世纪是一个意识形态最分歧，而且情绪色彩最重的世纪，除了各种主义层出不穷之外，政治上的分歧也特别严重，有专制与自由、君主与民主、宗主关系与独立主权、议会与保甲、法治与人治等。在其他方面亦是如此，如社会上有个人自由与家族伦理，西式基督宗教与东方的传统儒、释、道和大和魂；文化上有学校与私塾、中学与西学、科学与风水；经济上有重商与重农，并且就台湾的经济而言有台湾本位、日本本位或者中国本位的严重对立与尖锐冲突。

3. "台湾华侨"是"亚细亚的孤儿"①

在这个巨变的大时代中，台湾人不仅被孤立，被摆布，而且十分无奈。无怪乎吴浊流笔下在台湾的台湾人与在大陆的台湾人，都是以"亚细亚的孤儿"一词来概括。但是，笔者在深一层思考之后，发现更多的问题。

（1）中华民国：共和制度"早产儿"。

日本人统治台湾时期，也是西方列强及东方强国日本多路侵略中国的时代。而从民主与议会政治来讲，中华民国是个共和制度的"早产儿"，原来就先天不足，即民主的基本要件没有一项具备，就率尔跳入议会民主之中。后天又失调，即军阀蜂起，并与于 1900 年开始，已经侵占或者瓜分中国的许多帝国主义列强葡、西、荷、比、法、俄、德、英、美、日 10 国相结合。1920 年代以后，深受苏俄革命影响，引入更多意识形态：既有蓝色的资本主义民主，又有红色的社会主义甚至共产主义，再加上政治制度调适不良，以及多种内伤（军阀割据），因此非常衰弱。

（2）"台湾华侨"与 1930～1940 年代的中华民国。

中国在 1930～1940 年代，正值日本帝国崛起，德意两国相附和，政治情

---

①　吴浊流：《亚细亚的孤儿》，台北，远景出版社，1993。

势之变化进入最剧烈的阶段。在远东，台湾人成为众所利用的工具：日本用之（台湾籍民）① 制造的伪满、汪伪、伪冀东等政权。而南京及其后的重庆中国国民党、两广的桂系、山西的阎系以及冯玉祥国民军等将领，均有利用台湾人（"台湾华侨"）充作马前卒的现象。

由于正值意识形态多元化，而主事者又各有主义且坚持的阶段，他们分别拥有统治范围与武装力量，使得这些对立与冲突，全部深刻地反映在台湾"籍民"与"华侨"身上。在各式各样的冲击之下，台湾人彼此的差异之巨大、际遇之曲折，旷古未有。

尤其是 1937~1941 年，日本先发动侵华，后偷袭珍珠港，发动侵略整个东南亚等独立国与西方人的殖民地的国际战争。其最大目标，就要置中华民国于死地。

在这种情境下，依法不能不也不得不倚附强大的日本帝国的"台湾籍民"，一旦到了海外，特别是到了"本国（日本）"，或者回到"母国（大陆，中华民国）"，其如何自处，就显得格外复杂。由于其与各国，甚至与各党派、各团体及各政府都有关联，因此，特别值得学术界及社会各界重视。而大陆的学术界新秀，也在这方面下了功夫，② 值得肯定。但是，所谓"台湾人"的指涉及其内涵为何？"台湾华侨"明明就是指返回大陆的台湾人。现在台湾学术界所习用"台湾华侨"一词，指的是旅居台湾的大陆人。"台湾籍民"指到大陆上的台湾人，似乎也不能算说错。

那么，这两种说法都对吗？本文要以国际法，尤其国际私法，并且兼顾相关国家的国籍法来重新思考，以进行更深一层的厘清。

四　抗战初期在大陆的"台湾华侨"

（一）抗战初起的日本领事与撤侨

在战争初起之时，最尴尬的就是敌国的侨民。由于台湾属日本，在福建的台湾人，立刻就成为当地政府关切的对象。他们是不是"亚细亚的孤儿"呢？兹以福建省为例，用目前留在福建所藏国府档案来介绍。

---

① 卞凤奎：《日治时期台湾籍民在海外活动之研究（1895~1945）》，台北，乐学书局，2006。
② 黄俊凌：《抗战前后福建台湾籍民研究——以"亚细亚孤儿"意识为中心》，博士学位论文，厦门大学，2008，第 1 页。

1. 在厦门的"日侨"

在战争初起之时，厦门的"日侨"怎么办呢？厦门市李时霖市长的态度以及其观察如下。

> 2605密。效电悉。希持以镇定，力维治安，福州日本内田总领事及馆员暨凑中佐、山田少佐并日侨全部已于号午回台。①

这里的"日侨"，事实上不可能没有台湾人。厦门如此，整个福建省则如何？

2. 陈仪省主席眼中"台侨"亦系"日侨"

闽省的"日侨"是什么人呢？对福州的省主席陈仪的态度以及其向国府的军事委员会委员长兼行政院院长蒋中正报告的观察如下：

> 急。南京军事委员会委员长蒋、行政院院长蒋：4164密。日本内田总领事等定马日回台一节，经于巧秘二电呈在案。现该领及馆员暨海军中佐凑庆让、陆军省少佐山田英勇并侨民等已于号午分乘长沙丸、盛京丸、大球丸三轮返台……

还有接着"台民"即"日侨"的报告：

> 尚有台民约400人居留本地，均无护照，且多系未到过台湾者。日侨所遗留各项财产，除饬省会警察局遵照外交部本月微电办理并分电外交部外，谨闻。职陈○。②

在"日侨"与"台民"混用之时，陈仪似乎也想加以厘清，但是无暇顾及。

其实大可以依照国籍法及侨民政策，直接称他们为"台湾侨民"或者简称"台侨"。但是在当年，这两位长官的观念，已经算是最清楚的。一般人则不然。一般人都从社会的角度，而未顾及法律，因此总是笼统地称呼他们为

---

① 《福建省政府电》，8月20日密电，福建省档案馆编《台湾义勇队档案》，海峡文艺出版社，2007，第2页。

② 《福建省政府电》，8月20日密电，福建省档案馆编《台湾义勇队档案》，第3页。

"台湾籍民",例如,陆军第八十师第二三九旅的旅长钱东亮。

3. 陆军第八十师视"台侨"为"台湾籍民"

陆军第八十师第二三九旅关于晋江台民情况致福建省政府电(1937年11月27日):

> 11月27日福州。省政府主任陈。寝电敬悉。密。奉命调查台湾籍民谨呈列如下:计晋江全县共162名,内医生44人、商29人、工5人、学5人、无职业者只一二人,余为台籍民之家属,谨复,乞示。职钱东亮。(2702)印。①

总之,从当年国府档案所举以上三例,可知官方对"台侨"这群人的身份,有着不同的认定。

(二) 大陆所藏国府档案中的三种"台湾华侨"

对于这群"台侨"的性质,中国官方没能精准合法掌握。他们甚至最喜欢称呼对方为"台民""台湾居留民"。至于"台民""台湾居留民"的内涵为何?他们也有一套分类方法。兹以与台湾联系最密切的厦门市为例。根据厦门市在民国二十六年9月抗战军兴时节的报告,可以看到"台侨"的源头及其独特的结构。

1. 厦门市市长的看法

首先,厦门市市长认为:该市所谓"台湾居留民",约分三类。

(1)旧派台民,"此类台民,系指旅厦十年以上,乃至二、三十年者。若辈来厦之初,多系无产阶级,或为在台无业浪人,到此之后,恃其特殊势力,因而经商致富,建置不动产,渐与华民通婚,结为姻娅,养生送死既无憾,则莫不视此间为乐土,而不思移家返台矣。且若辈既有财产,一切举动,较见驯良,对于地方治安上之危险性,亦遂逐渐减少"。②

(2)新派台民,"此类台人,系指最近数年内新来者而言,多系无产青年或凶狠残暴之痞棍,在此保镖走私、劫夺加暴、烟厕、小典、妓寮、高利贷等不法营业,皆其生活之途径,破坏安宁秩序,形成间阎心腹之患。且此辈本无

---

① 《陆军第八十师二三九旅电》,1937年(11月27日)自泉州发,绥0056号,福建省档案编《台湾义勇队档案》,第6页。

② 福建省档案馆编《台湾义勇队档案》,第4页。

恒产，在厦犯罪，被配回台，不久又复潜至，华民畏之如虎狼，恨之入骨"。[①]

（3）当地华商取得台籍者，"在厦经商有年之华民，昔在军阀统治时代，每因官厅派款频繁，或横遭搜索逮捕，遂贸然加入台籍。近年因避免税捐，被诱入籍者，亦繁有徒。然若辈虽号称台籍，实则彼邦风物，作何情态，生平未尝一履其地，根本无移殖异国之思"。[②]

2. 厦门市警察局的分析

根据以上三种"籍民"[③]的分类，厦门市警察局认为："对于此次日领下旗归国，嘱令籍民撤退一举，'图穷匕见'，各种性质不同之台民，仍不得不依其各人主观之见解，择其所适。"[④]

该局进一步分析在厦门的三类台湾人：

（1）旧派中人，多挟资往南洋、香港或鼓浪屿，其有亲戚、知交在内地者，则禾山与闽南各县，皆可托庇。

（2）新派中人，前此恃势凌人，怨毒已深，一闻撤退，宛如大祸临头，回台唯恐不速。

（3）至华商取得台籍者，销声匿迹，绝少赴台。[⑤]

又精确地说出这群人地位上的严肃困境："赴台既非所愿，而留华又有被指为汉奸暴徒之危。"原文如下：

现据调查，留厦台籍人数，尚有 1000 余人，其在禾山、鼓浪屿及邻对县份者，当不止此。揣其心理，赴台既非所愿，而留华又有被指为汉奸暴徒之危，朝夕惴惴，而急盼我政府之宽容保障。[⑥]

（四）吴浊流笔下的"台湾华侨"

吴浊流的长篇小说《亚细亚的孤儿》，是一部生动反映日本殖民统治下台

---

① 福建省档案馆编《台湾义勇队档案》，第 4 页。
② 福建省档案馆编《台湾义勇队档案》，第 4 页。
③ "籍民"的意义十分不清楚，这似乎来自社会学，而没有根据国籍法。
④ 福建省档案馆编《台湾义勇队档案》，第 4 页。
⑤ 福建省档案馆编《台湾义勇队档案》，第 4 页。
⑥ 福建省档案馆编《台湾义勇队档案》，第 5 页。

湾社会百态的优秀文学作品。小说通过主人公胡太明的人生经历，将日本殖民台湾时期的铁腕统治，社会严密控制，经济疯狂压榨，教育奴化、"皇民化"等揭露得淋漓尽致。①

胡太明选择了回祖国大陆寻找发展契机。可是积贫积弱的祖国大地，也身处风云激荡的变革之中，当日本军国主义加紧侵略中国时，胡太明因台湾人身份而被怀疑是日本间谍，遭受牢狱之灾，后得学生相助脱身，不得已又回到台湾。回到台湾的胡太明经历更多的人生变故，最终因弟弟被殖民当局处死，过度伤心而发疯（小说结尾暗示他是装疯，后来潜回祖国大陆参加抗战）。②

（五）大陆学者笔下的"台湾华侨"

厦门大学新近博士毕业生黄俊凌具体指出台民的复杂性。文中明白列举七七事变后，全面抗战爆发，有不少生活在大陆的"台湾籍民"，因日本国籍的关系被怀疑为日军间谍，从而遭到拘禁或监管，其中有不少从事抗战的爱国义士，如谢南光、蔡培火、林家齐等。③ 较特殊的情况是群体性的集中监管，福建省崇安县就集中收容了数百名"台湾籍民"。④ 当然，他所研究的，不仅限于厦门市。

吴浊流对台湾人的描述，由大陆与台湾学者（如黄俊凌与卞凤奎）以"台湾籍民"的观念解读。黄俊凌在解读之后，对"台湾籍民"有一些改变。他认为，吴浊流笔下的台湾人，在傲慢的日本殖民者眼中，永远是"二等国民"，是"肮脏的""无知的""不长进的""下劣的""邪恶的"，动辄就被训斥"清国奴"滚回"支那"去，几乎毫无人格可言；台湾人回到同样遭日本帝国主义荼毒的祖国大陆，在和祖国同胞接触时，也饱受不信任的眼光，往往被认为是日本帝国主义的走狗和鹰犬。这样一来，有爱国热情的台湾知识分子难免感到寂寞和悲愤，在失落中产生"孤儿感"。⑤

---

① 转引自黄俊凌《抗战前后福建台湾籍民研究——以"亚细亚孤儿"意识为中心》，第1页。
② 转引自黄俊凌《抗战前后福建台湾籍民研究》，第1页。此非本文重点，将另文说明主人公胡太明的真实身份与该书的真正意涵。
③ 林德政：《抗战期间国共政权对峙下的台湾志士——他们的奋斗和贡献》，台北，"国史馆"，1998，第359、362、366页。
④ 转引自黄俊凌《抗战前后福建台湾籍民研究》，第2页。
⑤ 黄俊凌：《抗战前后福建台湾籍民研究》，第1~2页。

　　黄俊凌指出日据时期很多"台湾籍民"①都有类似胡太明的经历。"台湾籍民"，根据戴国辉的定义，"指日本支配下的台湾本岛人，居住在日本本土及台湾以外的海岛，尤以对岸的厦门为中心的中国各地乃至南洋等地者"。②日本殖民统治台湾期间，台湾人拥有日本国籍，但很多人不愿被日本人所统治，纷纷回到祖国大陆。有的融入乡土，安分守己地服务桑梓；有的心系中华文化，在各地各级学校求学；也有的成立抗日组织，谋求台湾的解放和回归祖国。此外，也有一些台湾的浪人、流氓和帮派分子，仰仗日本帝国主义的扶持和庇护，为非作歹，引起当地同胞的强烈不满和愤恨。③

　　1938 年 5 月，厦门被日军攻占后，福建省政府鉴于局势紧张和防范日军间谍的需要，把福建省内的大多数"台湾籍民"集中到闽北的崇安县（今武夷山市），编入当地保甲，进行统一监管。他们的处境很特别：一方面他们不是囚犯，在崇安县内自己营生，政府部门给予一定的补助和救济；另一方面他们又没有完全的人身自由，不能随意离开崇安县，日常生活受到严格监管，直到抗战胜利后，这些"台湾籍民"才被逐步送回原籍。④

　　厦门大学陈孔立教授提到历史诠释的问题，认为："如果研究台湾当代政治，而不了解由特殊的历史背景所形成的台湾民众的复杂心态，以及当今台湾民众的心态，只是从政治本身研究台湾政治，而不涉及文化、心理等等深层的因素，那就很难深刻地了解台湾。"⑤ 陈又说，近年来，台湾岛内有一部分人刻意将台湾历史渲染成"悲情史"，不断以"台湾人从来受外来人的统治"，"台湾人曾经被祖国抛弃"，"台湾人曾经是二等公民"，"台湾人曾经是'亚细亚孤儿'"等言论，在一定的场合进行煽动，制造省籍族群对立，获取同情和选票，挑动民众的对抗情绪和分离意识……⑥本文有鉴于此，自思须予以超脱。

---

①　黄博士似乎没留意"台湾籍民"一词来自日本。它在法的表面意义（籍贯在台湾的人）与法的实质意义（日本政府用来称呼台湾人）并不相同。

②　戴国辉：《日本的殖民地支配与台湾籍民》，王晓波编《台湾的殖民地伤痕》，台北，帕米尔书店，1985，第 243 页。

③　黄俊凌：《抗战前后福建台湾籍民研究》，第 2 页。

④　黄俊凌：《抗战前后福建台湾籍民研究》，第 3 页。

⑤　陈孔立：《台湾学导论》，台北，博扬文化，2004，第 180 页。

⑥　转引自黄俊凌《抗战前后福建台湾籍民研究》，第 3 页。

五 战时在闽浙的"台湾华侨"

（一）大陆所藏国府档案中的旅闽台胞的处境与身份

在民国二十六年（1937）抗战爆发前夕，在大陆上有多少"台湾华侨"？目前还没有人说得准。依据中、日官方登记资料，在厦门的台湾人为 10217 人，在福州的为 1777 人，[①] 加上漳泉地区的，以及没有登录的台湾人，闽省各地"台湾华侨"应该在 1.5 万人左右。以下是福建省档案馆所藏的国府档案。

8 月 19 日，厦门市市长李时霖密电福州省政府陈主席汇报战事有可能日见扩大。他认定台湾人是"侨民"，并且使用"台侨"一词：

> 项据日领派丰岛到府面称：厦市虽安然，战事日见扩大，台侨撤退为时间问题，嗣后侨民利益请为代管并请谅解。等语。当经告以撤退时所有债务须和平追索，以免纠纷。彼允转告警署妥为办理云。日领此举似已奉有密令，忽变前议，则严重可知。[②]

8 月 28 日，福建省政府主席陈仪致南京的蒋委员长、外交部王部长的特急密电，也以"侨民"称呼，并讨论是否接收"日侨"财产的敏感问题：

> 项据厦门李市长俭电称：本日日领率同全体馆员及一部分侨民离厦，托由英领代送日侨财产目录，当以事前并未点交，未便接收，仍交英领带回。又日舰夕涨、追风、吴竹三舰均于本日下午 5 时半离厦。谨闻。等情。特电奉闻。职陈仪。俭亥。印。[③]

至于侨民的归化、复籍与组织的问题，各县市的情况互有不同：

> 兹据长乐、连江、永安、建阳、崇安、莆田、仙游、金门、永春……等四十三县政府，及上洋、柘洋、三都、峰市、南日岛等五特种区署，先

---

① 黄俊凌：《抗战前后福建台湾籍民研究》，第 28 页。
② 《厦门市政府电》（8 月 19 日），福建省档案馆编《台湾义勇队档案》，第 2 页。
③ 《福建省政府特急电》（8 月 28 日）福建省档案馆编《台湾义勇队档案》，第 3 页。

后呈报辖内均无台民居留……①

再看福建省档案馆馆所藏福建省政府档案，则"台侨"一词亦见诸公文。

10月21日的训令："查留厦台侨经报请登记，截至现在计1200余人，其事前有避匿香港及南洋等处，现由住地函请继续登记者尚有其人，前据保安第二旅副旅长陈昆报告到府，业经批令在案。"② 前项"台民"人数众多，难免良莠不齐，其中"如富有爱国思想不忘祖国情殷复籍之'台民'，可择其品行端正有相当之财产及商业或艺能足以自立者，由该市政府暂准其回复我国国籍，先行登记备案，俟抗战完毕后再行汇案转部核办"。③ 其余"台民"仍应依照外交部本月删电随时监视其行动。或另行颁布公告，妥慎办理，并转知保安第二旅陈副旅长遵办。

（二）大陆所藏档案中的在闽浙"台民"

"台民"的称呼也极普遍。以下是福建省政府同一时间的公文，文称："惟同安、惠安、晋江、安溪、漳浦、东山、龙溪、海澄、平和、华安、漳平等十一县政府暨厦门市政府、省会警察局填送《"台民"登记表》各一份前来。"④ 因此，要针对尚未据报的各县区再行令催。⑤

根据厦门市档案馆所藏档案，厦门市警察局关于处理"台民"问题，可从以下的呈文及福建省政府的"训令"（1937年9～10月）⑥ 中看出复杂实况的端倪。

厦门市警察局的处理方式，可以见到的，不仅是国籍转换，而且涉及对台湾人身处中日开战之中的祖国的彷徨以及祖国政府的疑惧。该市警察局的档案最具代表性。9月8日呈案，内开："奉钧府秘字第3076号训令，关于拟具管理留厦台民及台民回复国籍办法呈核一案，遵经参酌当地前此台民情况，并妥慎考虑今后逐步策进计划，拟具管理留厦台民及台民回复国籍办法草案十条，

---

① 《福建省政府关于报送同安等县台民登记表致省抗敌后援会函》，1938年4月28日，福建省档案馆编《台湾义勇队档案》，第7页。

② 福建省档案馆编《台湾义勇队档案》，第6页。

③ 福建省档案馆编《台湾义勇队档案》，第6页。

④ 福建省档案馆编《台湾义勇队档案》，第7页。福建省政府公函，成卯俭府民乙41090号。

⑤ 福建省档案馆编《台湾义勇队档案》，第7页。

⑥ 《厦门市政府、福建省政府与军委会关于福州、厦门日领撤回台湾的来往电》，1937年8月，福建省档案馆编《台湾义勇队档案》，第2页。

台民居留申请书格式一件（附执证须知八条），理合签送钧座（指省主席陈仪）察核裁定。"① 当此之时，该省主席陈仪回复：

> 恩准容纳，寓监视管理于保护之中，以昭示我国家宽大为怀之旨，斯不特地方治安，弭患无形；而对于国际观感，亦大有利。②

厦门市警察局的建议的确有其深度及可行之道。厦门市警察局又提及："且留厦台民，其中不少系有产之家，或富商大贾，处现在情况之下，实有彷徨歧路去留无依之恐慨，倘非设法容纳，诚恐若辈遄赴返台岛，则所有财力物力，皆资敌用，而我方宁非坐失时会乎？"

厦门市警察局局长认为，此案关系匪纲，又包含切入的细节，使所拟管理与登记办法，"应先从便利入手，务使近悦远来，咸能就范，然后步步加紧，以防疏漏"。③

另外，厦门市警察局又提及厦门以及鼓浪屿的特殊地位。文曰：

> 近闻泉属内地县份，有用军令集中移送指定地点者，用意不为不周，惟此法似不宜骤用于厦门，因此间各国"籍民"，五方杂处，其商店住宅，最易寄匿台民，复以条约束缚，事实上不能任凭搜查……

还有：

> 况隔岸鼓浪屿非设警之区，一水相对，居住往返，交通极便，若一旦布告集合输送，则彼等更将裹足不前，远扬俞众。④

故厦门市警察局初步计划："先示宽仁，使人不疑，势必争先恐后申请登记保护，彼即巢归，居有定所，即临时召集输移，届时听我强制执行，安所逃

---

① 《厦门市警察局呈》，9月8日，福建省档案馆编《台湾义勇队档案》，第4页。
② 福建省档案馆编《台湾义勇队档案》，第5页。
③ 福建省档案馆编《台湾义勇队档案》，第5页。
④ 福建省档案馆编《台湾义勇队档案》，第5页。

违？"① 且目下时局紧张，市库收锐减，倘本案能依序推行，使"籍民"纳捐或补税，当可稍补库收。

除看厦门市警察局之公文外，还要看省府本身的公文是如何处理此事的，例如，10月29日福建省政府陈仪主席关于"台民"申请复籍准予办理而给厦门市政府的训令。

据1937年10月19日民政厅案呈准福建省抗敌后援会侨字第一号公函："居留省会及各县未离境之台民，近来多有声请复籍或归化者，自应准予依照国籍法办理。惟此种手续至为繁重，非妥筹指导难期周至。"②

该训令接着指示，要将境内居留"台民"之姓名、年龄、职业及家庭状况先行登记。原文如下：

> 兹经召集各关系机关，决定组织侨民归化复籍的指导委员会，专责办理指导审查事宜。除由该会依照国籍法施行条例，备印声请书、愿书及保证书以资领用外，也函请相关机构查照，并且分令省会警察局、闽侯县政府、厦门市政府及有居留侨民之各县政府转饬所辖各联保的主任，将境内居留台民之姓名、年龄、职业及家庭状况先行登记，以利进行。

另外，针对回复国籍，当局每以"台民"称呼。例如，1938年3月黄国瑞、刘荣春、杨光琳、李国明、曾健龄5位依《中华民国国籍法》第十六条申请回复国籍的问题。③ 具体见黄国瑞（别号黄锡侯）的申请。④

---

① 《福建省政府（10月21日）余酉马府秘乙87194号密训令》，福建省档案馆编《台湾义勇队档案》，第5页。
② 福建省档案馆编《台湾义勇队档案》，第8页。
③ 福建省档案馆编《台湾义勇队档案》，第9页。
④ 福建省档案馆编《台湾义勇队档案》，第9页：
一、回复国籍人姓名：黄国瑞（别号黄锡侯）
二、性别：男
三、年龄：38岁
四、籍贯：日本国台湾台南州，祖籍中国福建省晋江县，民国前五年九月丧失中国国籍取得日本国籍。
五、住居所：现住居中国福建省晋江县城内中山南路门牌315号，南薰镇第六十六保四甲一户。
六、居住年限：7年
七、职业：牙医
八、财产：1000元

（三）"台湾华侨"在浙江

1. 闽浙两省的国府档案

目前大陆所藏档案，不论是福建省档案馆、武夷山市档案馆、厦门市档案馆所藏还是浙江省档案馆所藏，均可看到"台湾华侨"在闽浙一带颠沛流离之报告。

例如，"台湾华侨"被迫先迁移崇安县，后移入浙江。1940年6月26日台湾义勇队报告迁移浙江省金华已经两年多，[①] 同日又报告该队的少年团，也已经在浙江各地流动工作两年多，并将于6月27日晚上7时举行招待游艺会。[②]

台湾义勇队在浙江艰困的情况，也可以从1946年3月5日浙江省黄主席的公文上看出：

> 台胞在抗日前被日寇压迫颇多，回至祖国谋生，所置产业散居闽省各地，抗战以来所有不良分子及敌伪均被清除，惟一部良民于肃奸之际均被没收归公……

关于在台湾以外各省市"台民"财产之处理：

> "前据何总司令电询，经复知：'现台湾光复，台民为我国国民，其财产应受保护。惟过去曾与敌人通声气，或有间谍嫌疑为虎作伥，证据确凿者，应视为附逆附敌……'"[③]

2. 南京的国府档案

再根据中国第二历史档案馆所保管国府档案可知：

（1）台湾义勇队重庆通信处代表刘启光于1940年6月19日报告：由于通信处被炸，必须迁移。[④]

（2）而军委会于1940年8月26日致李友邦密代电提出的两点：①有无派

---

① 福建省档案馆编《台湾义勇队档案》，第223页。
② 福建省档案馆编《台湾义勇队档案》，第223页。
③ 福建省档案馆编《台湾义勇队档案》，第213页。
④ 福建省档案馆编《台湾义勇队档案》，第222页。

刘启光为驻渝通信处代表；②该队组织详情暨全体队员名册迄未报部。①

单单这两笔，又可略窥李友邦团队困境之一二。

六　在浙江配合国共两党抗日的"台湾华侨"李友邦

（一）"台湾华侨"李友邦在闽浙抗日

在闽浙为了大批台湾人而奔走的李友邦，他从 18 岁跟随晚年孙中山形成了"比较左"的思想路线，主张在中国国民党旗下，联合中共与苏共共同抗日，并且曾经因为与中共接触，而被国民政府关押了三年左右。这一个故事，目前还缺中共方面的第一手档案来佐证。

到了抗战时期，国共第二次合作，蒋中正领导的中国国民党与国军，名义上与实质上均居于领导全民抗战的地位，此时的李友邦，也在国共两党的共同支持下，决定把散居在闽省等地的台籍志士组织起来，建立一支台湾义勇队，到浙江与大陆军民并肩战斗，以达抗战建国、光复台湾的最后胜利。李遂以"台湾独立革命党"主席的名义相号召，得到热烈响应。事实证明，他当时得到了中共浙江省委、国民党中央，以及浙江省政府的支持。②

在抗战军兴半年后的民国二十八年（1939）2 月 22 日，台湾义勇队就在浙江省金华市宣告成立。这支部队虽然很小，但是很重要。因此，它直接隶属国民政府军事委员会的政治部，李友邦被委任为少将队长（后扩大编制，为中将总队长）。③

（二）大陆学者笔下的李友邦

在浙江，为了宣传台湾义勇队，扩大影响，争取各界支持，李友邦决定出版队刊，拟定刊名为《台湾先锋》。大陆学者指出，这份刊物由中共地下党员的秘书长张一之具体筹办。李则以队长身份，请朝野政要为《台湾先锋》题词。于右任、陈立夫、孙科、黄绍竑、刘建绪、康泽、马超俊、李济深、邵力子、郭沫若等，都表示鼓励、支持、共勉，如于右任题的"祖国精神"，李济深题的"迪延平之光，雪马关之耻"，陈立夫题的"还我河山"等，殷殷期望

---

① 福建省档案馆编《台湾义勇队档案》，第 227 页。
② 参考任民（台湾义勇队的队刊）《台湾先锋》，但加以修改。
③ 任民：（台湾义勇队的队刊）《台湾先锋》1940 年第 1 期。

之情溢于言表。①

1940 年 4 月 15 日，第 1 期《台湾先锋》出版，李友邦在发刊词宣明其任务：

> 把台湾人民反抗日本侵略的血的斗争史实，呈献于祖国人士之前，并向全世界爱好正义者报导我们的斗争；
> 以及把义勇队所做的向大家报告，希望得到祖国各界人士"应如何做"的指示。②

在《我们在浙东》的战地通讯中，报道某军军长把义勇队介绍给部属的细节："他叫我们站在队伍的最前面，把队旗举得高高的，很有力而严肃地说：各位同志，你们看这面旗帜吧，台湾人民做了日本帝国主义 40 多年的奴隶，受尽了种种的压迫，但是没有屈服，不断地和敌人作血的斗争，这次又来参加神圣的抗战，来前线与我们并肩战斗，这种精神真可佩服！"③

接着介绍一位余姓师长来信盛赞该队的工作热情和奋斗精神，并且致以崇高的战斗敬意，以及表示："要向部下宣传台湾义勇队，随时扩大台湾义勇队的政治影响。"④

其实中国共产党对于斗争中的台人态度与立场，基本上与中国国民党完全一致。台湾同胞的参战活动，很自然地也得到了中国共产党的热忱支持和引导。⑤ 也因此，在中国共产党的档案之中，必然有不少与联系李友邦、指挥李氏推动若干活动的相关记录。

（三）中国国民党斗争下的台湾李友邦

在台湾的国民党当局，自然也留下若干有关李友邦的极密档案，显示他与中共之间来往的情形。以下，先将挑选一些数据加以铺陈。

1. 记录一：别人密告

对李氏（在以下节录文章中，李被称为"被告"）与中共之间的来往的见

---

① 任民：〈台湾义勇队的队刊〉《台湾先锋》1940 年第 1 期。
② 任民：〈台湾义勇队的队刊〉《台湾先锋》1940 年第 1 期。
③ 任民：〈台湾义勇队的队刊〉《台湾先锋》1940 年第 1 期。
④ 任民：〈台湾义勇队的队刊〉《台湾先锋》1940 年第 1 期。
⑤ 吴国安：《论台湾同胞参加祖国抗日战争的活动及其历史意义》。

证，密报者吴国安认为主要分为三个阶段。①

在第一次国共合作期间，在民国十八年（1919）已经与中共青年团及党员骆耕模为伍。吴说：

> 前于民国十八年间参加匪帮青年团与匪徒骆耕模为伍，二十八年间匪干邵荃麟系属皖浙闽赣匪徒之联络总机构下编印《刀与笔》月刊，被告与以经济上之支持，并与邵匪及其匪干如骆耕模、葛琴、杜青、张英等经常过从，利用其带领之驻浙江金华台湾义勇队作为掩护，及容留匪徒翁文华。②

抗战期间庇护及任用中共党员。吴指出：

> 金华陷落前夕，庇护张匪英撤退福建，派充附属医院看护，迄三十年间聘潘匪华任秘书职务，旋于三十四年福建当轴将潘匪逮捕后，复致具函请求获释。③

抗战胜利，国共内战开始，仍然用中共党员潘华。吴报称：

> 台省光复，被告正值充任三民主义青年团台湾区团主任期内，即于三十五年秋月间因私忘公，复敢轻易派充潘华为区团秘书，令负机要重任，其妻严秀峰与之接触频繁。④

这中间涉及李友邦的冤屈，精言之，他究竟知不知道对方的党派取向是个大问题，而且这问题到现在还解决不了。

2. 记录五：李友邦受侦讯

从李友邦本人受侦讯的记录，可以看到他受国共内战以后台湾积极反共的氛围所制约，无法自拔。否则若能强调此一时与彼一时之情，情治单位或可网

---

① 公设辩护人张元杰、书记官冯文祥，见《台湾省保安司令部公设辩护人辩护书（中华民国四十一年四月十七日）》。
② 台湾省保安司令部公设辩护人辩护书。
③ 台湾省保安司令部公设辩护人辩护书。
④ 台湾省保安司令部公设辩护人辩护书。

开一面。以下节录李友邦本人受侦讯的记录之一部分，以存原味，并且细加分类。

（1）似乎知道对方为共青团的团员，有一个例子。

问：在抗战之前曾经被捕过，因何案情，何时释放？

答（李）：抗战以前的某一年（记不清哪一年）在杭州市。因为有一个共产党青年团的团员他的通信处在我的住所，我因而被捕，约两年后释放。①

（2）强调所组党团之内没有中共党员。

李以为当年所组党团之内没有中共党员。这几乎是不可能的，如义勇队的副队长张士德就是老台共。但是，李本人没有相信。这份极密档案的讯问对答之中，就有一个例子。

问：关于台湾独立革命党和台湾义勇队队员的成分如何？

答（李）：都是台湾的革命青年，并没有匪党份子参加，光复以后约有二百余人回来台湾，有近百人由民政厅分发工作，其余的都分散回家自谋生活，也没有任何联谊性的组织，其中少数比较与我接近的有谢挣强、李×法、李清波（已死）等人。

（3）明言自己不是，也不知道对方为中共党员。

李氏明言自己不是，也不知道对方为中共党员；明显被蒙在鼓里的，有许多例子。

问1：在金华时骆耕模、邵荃麟、葛琴、杜青、张英等都是当时的重要匪干，听说你与他们的关系都很密切，究竟联络情形如何？

答（李）：我除掉认识骆耕模、张英外，其余都记不太清楚，并不知道他们是共产党员，我只当他们是文化人，有时来往。

问2：你曾经发给通行证给骆耕模等的党羽到金华前线去过吗？

答（李）：绝对不会有这种事。

---

① 李友邦：《谈话记录（十一月二十四日）》。

问3：抗战前你是否参加过共产党呢？你为什么要替共产党作通信机关呢？

答（李）：我没有参加过共产党，我只不过是受他之托，代他收家信和朋友的信。

问4：骆耕模的妻子张英跟你到福建、台湾来，是骆耕模托付你的吗？

答（李）：金华撤退时，我是经上饶撤退到福建的，张英是随同义勇队的医生（不知哪一个）经浦城撤退到福建的，我到建瓯才见到张小姐，后来一直随同到台湾，抵台不久她就回大陆去了。她在义勇队的时候并没有任何名义，不过有时私人帮忙做点剪裁工作，据我看来，她完全是个小孩子，不像是个共产党员。

问5：潘华是什么人介绍你认识的？他跟你做过什么事？他在何时？何地？因何案被捕？你为何要保释他？

答（李）：在抗战期中（大约三十一年）我在桂林时，有一次宴会席上，经一位七十余岁的江苏人宋老先生介绍与我相识的。后来潘华就来找我，潘原在广西省政府做事，那时刚由中训团受训回到桂林，他说家在江苏，愿意跟我到东南来做事，我便予以秘书名义，潘华是同我由金华撤退到福建的，到龙岩后，潘以匪嫌被捕（当时我告之侦讯机关，以潘的住址而逮捕）潘被捕后，经侦讯并无通匪事实，我便写信给福建保安处，如果潘并非匪谍的话，我愿担保，后来便由我保释，潘释出后即来台湾。抵台后仍帮助我处理信札，留台约两个月，潘对我说：他的兄弟被共产党杀死了，家里只一个七十多岁的老母亲，他要回去看一看，便回大陆，他还骗了我一件大衣走了。

问6：潘华既有了匪嫌，你为什么还要重用他呢？他与你的太太认识吗？

答：我保他出来时，龙岩的治安机关说他并没有匪嫌，他同我的太太是相识的，但不很接近。[①]

其实龙岩即老苏区，只是李友邦及福建的国民党不知道罢了。因此，他自己的太太是中共党员，他都不知道，竟然还要蒋经国告诉他。但是，蒋经国的

---

① 李友邦：《谈话记录（十一月二十四日）》。

依据是什么？恐怕也不牢靠。而张志忠是台湾省工委的第一号部长，李竟然也不知道。且看以下对话：

> 问7：你太太在共产党的党籍，据说是由潘华确定的，你知道吗？
> 答：这是事后蒋经国先生告诉我才知道的。
> 问8：潘华与张志忠是什么关系？潘与张英是否相识？
> 答：张志忠其人我不知道，张英他们是相识的。①

当然，单从台北档案管理局的"中华民国档案"《李友邦叛乱档》可以看到的，只能算是片面的证据。李友邦以上谈话是否可信？蒋经国所说的真确与否？如果中国共产党以及人民解放军的档案不能看到，则以上纯属揣测。李友邦当年与中国共产党，是有意识的合作，或者完全被蒙在鼓里？另外，李友邦即便知悉对方身份，既然当时国共两党联合抗日，与中共党员往来，并不违反中华民国政府全民抗日的政策。特别是他作为日本人，亲自来到中国境内的"台湾华侨"，他们的参与，更值得两党的肯定、感谢与奖励。但是，本文所充分呈现的中国政府、两大政党与统治精英，并未感恩；相反的，两大政党、当年中央和地方政府官员及军队，对于既是外国人又是同胞的台湾人，只当工具来利用。并且做出"鸟尽弓藏，兔死狗烹"的结论。

唯今之计，只能倚赖历史真相的早日呈现。但是，李友邦等台湾人当年的努力，以及国共政党精英参与运作的实情，如没有中共解密档案，就绝不可能描绘出全貌来。

七 结论

对热爱中国的台湾人而言，对第二次世界大战以及之前的中日战争，可以说是心情非常特殊复杂与矛盾，这段日子是在煎熬中度过的。本文指出：这时期在闽浙参与抗战的台湾人，基本上就是"台湾华侨"。他们在日本帝国统治下，身不由己地有极其多元的政治立场、态度与行为。

自吴浊流的名著《亚细亚的孤儿》出现之后，"亚细亚的孤儿"这个名词，时常被拿来形容台湾人，认为它精准地道出了台湾人从日据到光复初期的

---

① 李友邦：《谈话记录（十一月二十四日）》。

"可怜"相。但是，台湾人真的是"亚细亚的孤儿吗"？本文从"台湾华侨"的观点出发，重新探索中日战争期间在闽浙的台湾人，发现实际情况并非如此。中国与所有列强都想要台湾人，因此台湾人完完全全不孤单。相反的，他们实际是宠儿，因而每个台湾人的处境，都非常复杂。

本文借国民政府留在两岸的第一手档案中的许多案例，详加铺陈"台湾华侨"在闽浙的活动，并做了详细的追踪与比对，并参考有关论著来进一步厘清当年实况。其步骤与发现有以下四大项。

（1）重新厘清"台湾籍民"与"台湾华侨"的定义。日本统治时期的"台湾籍民"与"台湾华侨"的真义，在目前学术界中逐渐成为主流。本文则尝试予以重构。其中包含"台湾籍民"的出发点为何，指涉及其内涵为何？如从中国及日本立场来看，"台湾华侨"不是旅居台湾的大陆人，而是台湾旅居他地（包含中国大陆）之人。

（2）从留在大陆的国府档案来看，抗战初期中国官员对"台湾华侨"的看法是"台侨"亦系"日侨"，并将"台湾华侨"分为三个种类。

（3）从这些档案中重观战时旅闽与旅浙的"台湾华侨"，可以了解他们的或自闽赴浙或留浙，是为了参与抗战，并申请恢复国籍。

（4）从国府留在大陆的这些档案中，并比对存在台湾的中华民国政府档案，可以重看"台湾华侨"李友邦在浙江领导抗日之详情。如特别注意他配合国共两党的部分资料，则可知他应该早已加入中国国民党，并且对共产党友好，故能获得国共两党的支持。此外，还能发现：在大陆，学界更认为李实际上是由中共所领导。在台湾，学界则认为李在军事方面为国民政府台湾义勇队的中将总队长；在政党方面，李兼任三民主义青年团台湾义勇队支团的主任，但是，李同时深遭许多中共党员长期渗透。国府情治人员密报的资料，终于带给他被枪决的厄运。而这种处决，在当年极具象征意义。易言之，如果他不重要，就不会遇害。

经过详加比对两岸档案和学者专著以及当事人回忆录，笔者重探在闽浙的"台湾华侨"，特别深入李友邦所领导的三百多人的台湾抗日义勇队在崇安、金华、龙岩等地的活动，以及李本人的个案之后，发现历史多元互动的真相，以及国内各种政治势力及国际列强都在争取"台湾华侨"投入其阵营的事实。

这证明"亚细亚的孤儿"概念，只生自台湾若干知识分子的心中。因为他们只看到目前五光十色的台湾小世界，深觉不知所之，故而感叹。但若能将视野扩展到世界，并纵观百年以上的史料，则可发现这种"孤儿观"与当年海内外台湾人在大小环境中，激烈而深刻地互动之脉络完全相反。

本文也关注国际政治与法律，特别从中日的国籍法观念与立场出发，借助于中国的档案，以日据下的殖民地台湾的人民做实例，做具体比对研究，发现世界列强都在争夺台湾，并与鼓励台湾人投效其阵营的部分真相。本文也为"台湾籍民"与"台湾华侨"两个中外关系史上非常特殊的名词正名，澄清一般学者在用词上的若干错误。

另外，本文进一步提出，两岸档案开放不对称，以及国共信息不对流，对基本史观的建构及历史真相的发掘都有害。如没有中共档案解密参照，许多从国民政府时期的档案中发掘的证据，以及基于此而展开的论述，仍属片面之语。

民族主义与现实主义之间的权衡与抉择

——1945 年中苏条约谈判中国民政府之因应

日本京都产业大学外国语学部国际关系学科　　吉田丰子

一　前言

众所周知，基于《雅尔塔协定》的 1945 年中苏友好同盟条约谈判，由于柏林会议的召开曾经一度中断。在此前后，国际局势有很大的不同，即美国在柏林会谈前夕居于中间地位斡旋中苏关系；而后期，在成功开发原子弹的背景下，积极介入中苏谈判。本文将要探讨的课题是柏林会议前夕的中苏谈判情况，由于史料的限制，将以国民政府的谈判策略为主。主要史料来源为中方谈判记录和在莫斯科的中国代表与在重庆的最高决策者蒋介石之间的往来电报，以及近年公开的宋子文档案及《蒋介石日记》等。之所以以国民政府为研究主体的另一重大理由是，由于大国正政治的影响，以往的研究侧重于国民政府的被动性及消极方面。

据笔者的研究，以涉及外蒙古独立问题之 1944 年的阿山事件为契机，在中苏关系严重恶化之后，在中国的屡次要求下，美国对此同盟国之间的关系曾经予以重大关注，并且派其副总统华莱士等访问中苏两国，以使事态缓和。当时苏联提出，美国可以从中斡旋，但是不希望美国直接介入，即苏联要求中苏直接谈判。[①] 此外，在莫斯科谈判前夕，中苏双方在重庆已经互相确

---

①　拙稿《第二次世界大戦末期の中ソ関係》，中央大学人文科学研究所編《民国後期中国国民党政権の研究》，2005。

认的最大争执点将是旅顺与外蒙古问题。而且，蒋介石起草了比较全面性的对苏交涉方针。①

在以上研究的基础上，对于正式谈判的第二次至第五次谈判，尤其是对谈判记录之借用，我们可以了解到中方之被动性与消极性并不如以往以美国外交文件等为主的研究所言之重，而呈现在我们眼前的是中方的极大努力及其相关成果。

宋子文等于6月30日抵达莫斯科后，立即往访斯大林。苏方之出席人员为斯大林元帅、莫洛托夫外长、彼得洛夫大使、洛佐夫斯基次长、柏巫洛夫翻译，中方人员为宋子文院长、傅秉常大使、胡世泽次长。本来宋子文当初打算带蒋经国参加会谈，但苏联外交部通知除大使以外只能带一名翻译，并由胡世泽次长担任。但是苏联外交部最终同意蒋经国自第二次参与会谈。②

二

第二次会谈于7月2日晚上8时至10时半举行。③斯大林首先称雅尔达会议协议案中有关中国之内容，即为其立场。随之，宋子文在确认蒋介石与彼得洛夫大使在重庆之两次讨论后，建议逐项加以讨论并得以同意。

讨论第一项为外蒙古问题。宋子文重复蒋介石在重庆与彼得洛夫谈话之主张，即此次会谈中中方对这一问题拟不提出，即予以搁置。斯大林立即加以反对，其理由主要有三点：第一，加强对日战略地位。外蒙古在地理上的位置，可以使他国用以推翻苏联在远东之地位。过去日本之尝试④就是一个例子。为

---

①　拙稿《国民政府对雅尔塔"密约"之应对与蒙古问题》，吴景平主编《宋子文生平与资料文献研究》，复旦大学出版社，2010。

②　《上委员长电》，1945年7月1日，第六号，原稿，T. V. Soong Papers，Box 58，Folder 17；《宋子文致蒋介石午冬（7月1日）电》，1945年7月2日，《蒋中正总统档案·事略稿本》（以下简称《事略稿本》）第61册，台北，"国史馆"，2011，第267页。

③　中方谈判记录参见吴景平、郭岱君主编《风云际会——宋子文与外国人士会谈记录（1940～1949）》（复旦大学出版社，2010；其中不仅包括所有会谈记录，而且包括英文记录），《事略稿本》第61册，《中华民国重要史料初编·抗日战争时期第三编·战时外交》（台北，中国国民党中央委员会党史委员会，1981）。苏方谈判记录参见 Русско-китаиские отношения в ХХ веке Т. Ⅳ: Советско-китаиския. 1937–1945 гг. Кн. 2, М., 2000。双方谈判记录大致相同，具体比较是笔者今后的课题之一。本文中，关于谈判记录内容，主要参照了《风云际会》（复旦大学出版社，2010）及《事略稿本》第6册。

④　指1917年为日本为干预苏联革命出兵西伯利亚。

了防止日本如德国他日再起，苏联需要在外蒙古有自卫之法律权，以避免有失去整个远东之危险。第二，承认外蒙古独立，对于中苏两国均有利。因为外蒙古不愿加入中国，也不愿加入苏联，而是要求独立，如果不承认其独立，"外蒙古将成为所有蒙古人团结号召之点"。斯大林并称外蒙古领袖乔巴山准备统一内蒙古部分。第三，苏联已经流血牺牲作战4年，而日本又没有攻打苏联，政府需要对人民有所交代参加对日作战之理由，即为加强苏联国防之力量。苏联对旅顺、中东铁路、库页岛南部之要求均为此一目的。

但宋子文马上表示，斯大林之主张为对中国之处境欠缺了解之见。宋子文称，"阁下谓为外蒙为对日战略上重要之地点。吾人将不在此时提出此问题。卧榻之旁，任人酣睡可也"，在此，宋子文以"卧榻之旁，任人酣睡可也"巧妙地暗示了中国对当时苏联驻兵外蒙古之实际情况①予以默认之态度，然后对中国政府不能承认外蒙古独立之困难处境进行说明，如果承认外蒙古独立，中国政府将因人民之反对而动摇。此外，宋子文又强调苏联曾屡次承认外蒙古为中国之一部分，因此外蒙古之独立可谓非主要问题，希望不要因此使谈判发生困难。宋子文之主张，换言之，即对当时苏联与外蒙古事实上的关系予以承认，中国对于外蒙古在苏联的战略地位将予以保证，但是从中国之民族主义角度而言，绝对不能承认外蒙古之独立国家形式。外蒙古问题就此首先告一段落。宋子文接下来向斯大林确认"1904年因受日本诡诈攻击所损害之俄方昔日权益应予恢复"所指具体内容。斯大林答以非指与中国方面之权益，而是指苏联对于日本之关系。② 宋子文表示如果是指库页岛，愿予以支持。然后，双方开始讨论东北问题。

第一，关于大连港口。斯大林称"系指作为一国际性商业港口而言，各国船只均可进出，而苏联优越之地位可以获得保障，有另订专约之必要"。对此，宋子文确认了两点：一为大连是否为自由港；二为苏联之优越地位具体指何而言。关于第一点，双方意见一致，而关于第二点，立即引起争议。斯大林称其"优越地位"为对港口之管理，并言最好在1898年旧条约的基础上，加以改善。宋子文针锋相对地认为，从主权角度而言，管理权应该属于中国，"优越地位"指"优越商业"属于两国而言。至此，斯大林认为中苏应该同为

---

① 指苏联根据1936年的《苏蒙相互援助议定书》在外蒙古驻兵。参见坂本是忠《中ソ間におけるモンゴルの地位》，アジア・アフリカ研究会编《中国をめぐる国境紛争》，東京，巌南堂書店，1967。

② 指《朴茨茅斯条约》。

管理者，并拟定专约，其理由为"优越地位"指"与中国及其他国家比较而言"，"吾人需要一不冻港。倘吾人对中东铁路所通到之港口无若干权力，则中东铁路何用？"因此，斯大林坚持获得对港口管理权，但是提出理事长为华人、行政长为苏联人之"中苏合办会社"管理，并且以"非为要求租借地"来争取宋子文之同意。宋子文以该港口为"自由港"而主张对苏联进出口货物不收税，但是如有关税，当属于中国；而斯大林区却笑称"各半各半"。对此，宋子文称，"如是阁下将至大连于死地，因东三省尚有其他港口。吾人倘仅能得收入之半，吾人必将吾人货物移运至其他港口"。斯大林称其不会较帝俄更为吝啬，容以后继续商谈。

第二，关于苏联租借旅顺口。斯大林同意蒋介石面告其大使之主张，即不作为租借地，而为共同使用。斯大林并称其不愿开于中国有害之先例。在莫斯科的中苏谈判前期的焦点问题之一，如此以苏联之妥协得以顺利进行。

第三，中东铁路及其支线。关于中东铁路，斯大林称"吾人应商定期限、经营之原则及目的，即为旅顺口而使用此铁路，亦为海参崴与西伯利亚间之联系。可由一合办公司经营，利益均分"。其中，经营为中苏共同，但苏联将先为所有者，期满之后将归中国；期限为延长旅顺之期限而缩短铁路之期限，二者平均算，大致为40年或45年。关于期限，宋子文称蒋介石之主张为20年。

接下来，宋子文问苏联在铁路之"优越利益"之具体内容，其最关注者为苏联是否有平时利用该铁路运输军队之打算。[1] 对此斯大林答称，"优越利益"与大连相同，苏联不要求财务上之特权，也不希望沿途驻兵，但铁路长为苏联人。关于在铁路运兵，除了在对日作战前夕，以及日本侵略复发之外，无运兵之必要，并且同意就此双方达成一谅解。

以上为关于东北问题之主要讨论。虽然仍存在若干分歧，但可见与在外蒙古问题上双方立场截然不同。在接下来的谈话中，该差异更加明显。

关于外蒙古问题，宋子文再度向斯大林提出，此为中国所不能解决之问题。主要原因是中国人民自孙中山总理以来一直向人民灌输领土完整之观念，所以不能向人民宣布。但是斯大林以在旅顺问题上已经向中方让步为由，要求宋子文在外蒙古问题上做出让步。又进一步逼迫道："问题自将发生，并将引起冲突，吾人行将签定条约，在此以前，应将所有各项冲突

---

[1] 7月1日，宋子文致蒋介石请示电称："关于中东南满铁路，如果苏联提出平时也可以运兵问题，出发曾奉面谕，如果苏联事先通知我方，可予许可，究竟应该如何回答？"

之因素加以消弭。阁下所言苏联曾承认外蒙古为中国之一部，自为事实，但战争之教训，使吾人改变吾人之见解。外蒙古之独立，对中苏两国均较有利，使苏联遭遇日本威胁时，可有权通过外蒙古"。此时，宋子文明确表示，对苏联在外蒙古驻兵，无任何异议。但莫洛托夫称，中国之意图破坏中苏邦交者，一贯利用此点在报纸上发表评论。可见，斯大林及莫洛托夫要求外蒙古独立态度之坚决。

斯大林进一步称："吾人可在此时签定外蒙古独立之条约，但不妨于击败日本，中国恢复失土后再宣布。"虽然宋子文立即答以"此实完全超越余所奉训令之范围。余必须向蒋委员长请示，同时希望阁下能了解吾人之困难，予以协助"，但是，斯大林的态度更加强硬起来，称"吾人可在此时签定条约"。

宋子文此时表示，如果中国承认外蒙古之独立，将给西藏问题之解决带来困难；并称在华盛顿的一次太平洋会议上，丘吉尔发表关于西藏独立之言论时，双方曾经一度激烈争辩，因此不愿有开倒车之举。并对于苏联在旅顺问题上不采取租借之方式认为是对中国革命之援助，予以充分肯定。虽然在宋子文提到西藏问题时，斯大林曾经踌躇片刻，但是毫无退步色，他再一次强调，"外蒙古为一防卫问题。西伯利亚可自外蒙古切断，如是则西伯利亚均将丧失。日本曾尝试。吾人不能在中国领土驻兵，此较旅顺问题为严重"，并随即取出一张地图，说明外蒙古在其战略上之重要性。此时，宋子文要求向蒋介石请示，斯大林表示同意。

宋子文接下来问斯大林，是否欢迎蒋介石之代表参加苏联对日作战军队，是否就此问题成立协定。斯大林答称如果其他问题均经同意，自然可行，即"蒋委员长可派遣代表参加苏联军队，随军前进，成立行政机构"。

斯大林以"对中国前途关注之故"提出："中国是否将容纳其他自由分子参加政府？"宋子文首先答称，因为国民政府希望有一个统一之军队及统一之政府，因此，在3月间国民政府曾拟容纳中共成立"战时内阁"。宋子文曾经试图赴延安，但是共产党不愿其前往。斯大林虽然认为中共为爱国者，然而对其是否为共产党颇有疑问，但是希望国民政府容纳中共以及其他自由分子参加政府。在这次会谈中，双方还讨论了朝鲜问题。

这次会谈结束后，宋子文在7月3日晨所发出的致蒋介石电文中认为，"本日谈话时，对东三省比较满意，外蒙问题则成僵局"，"至以上外蒙独立及使用旅顺军港及铁路之期限，乞迅赐切实指示，以便续商"。① 同日，宋子文又致蒋介石两封电报，商谈外蒙古问题。在第一封电报内称：

> 午冬亥电计达，关于外蒙事兹再补充如下。史达林谓：（一）苏联对旅顺问题业已让步（按即共同使用）盼中国对外蒙问题让步，外蒙独立苏联军队可通过外蒙钳制日本，（二）外蒙并无物产，（三）外蒙有若干人意图结合内蒙成立蒙古人区域，可能威胁中国北部等语，第三点似存心威胁。
>
> 今与哈里曼晤谈，哈谓：（一）罗总统从未曾考虑外蒙问题，并不可知中国因内政概不能承认外蒙独立，（二）铁路：罗总统只提合办，并未承认苏联所有权，（三）罗主张以为大连为自由港，从未计及作为予苏联以特殊权益之港口，（四）朝鲜事，史不愿国际军队或警察驻扎，其含义似为应由苏联已组织之朝鲜军队支持一切，名为托治制度，实际由苏联操纵，哈对此点深表疑惧。②

宋子文从美国驻苏大使哈里曼所表示之态度可知，第一项为美国不干预与其无关之事项的一贯方针，第二项至第三项为否定苏联之主张，第四项为对苏联在朝鲜半岛扩张势力之疑惧。哈里曼答应就此四点电告美国政府后通告宋子文。

宋子文在接下来的致蒋介石电报中，对于外蒙古问题，提出了与重庆出发前蒋介石所交代对苏交涉方针完全不同之建议，具体如下：

> 为打开外蒙问题僵局起见，可有下列各项办法。（一）与苏联订约，在同盟期间准其在外蒙驻兵，（二）予外蒙以高度自治，并准苏联驻兵，（三）授权外蒙军事内政外交自主，但与苏联各苏维埃共和国及英自治领性质不同，因苏联邦及英自治领地为均有脱离母国之权，如予外蒙以苏联邦及英自治领之地位，深恐短期内外蒙即宣布脱离，故仅限于军事内政外

---

① 《上委员长电》，1945 年 7 月 2 日，第七号，原稿，T. V. Soong Papers，Box 58，Folder 17。《宋子文致蒋介石午冬亥（7 月 2 日）电》，《事略稿本》第 61 册，第 267～271 页。

② 《上委员长电》，1945 年 7 月 2 日，第八号，原稿，T. V. Soong Papers，Box 58，Folder 17。《事略稿本》，第 319～321 页。

交自主，钧意如何，乞电示。①

以上引文之第一项、第二项为根据第二次谈判提出的新对策，即确保苏联在外蒙古驻兵；第三项为中国不采取类似苏联及英国之联邦制，以避免外蒙古脱离中国。7月4日，宋子文又致电蒋介石，"现正准备一切，并候钧座训示，以便继续谈判。但万一史坚持外蒙必须由我国承认其独立，则可终止交涉，钧意如何。乞核示"。② 因迟迟不见蒋介石之回电，5日，宋子文又致电蒋介石催促对于7月2日电报予以回复，称："冬日（2日）关于外蒙请示之电，至今尚未奉复，三头会议不久即将在柏林开会，务恳立赐训示，俾可于史氏离开莫斯科前谈妥一切。"③

其实，蒋介石自7月1日至4日出巡西安，4日才回重庆，并于重庆时间7月5日才接阅到宋子文7月2日所发电报的译文，其在当天的日记中首先写道："外蒙古独立在主义与道义上论皆无问题，但今日俄国之要求而非外蒙古之真正独立耳。"但是从客观环境而言，蒋介石又做何考虑呢？他在日记中详细写道：

> 接子文冬亥报告，乃知史大林对外蒙古坚持其独立之要求，否则有拟定无从成立之表示。余再三考虑俄对蒙古之要求志在必得，绝不能以任高度自治或准其驻兵之方式所能餍其欲望。若不允其所求，则东北与新疆各种行政之完整无从交涉，共党问题更难解决，而且外蒙古事实上已为彼俄占有，如为虚名而受实祸，绝非某（谋）国之道。若忍痛牺牲外蒙古不毛之地而换得东北与新疆以及全国之统一，而且同一方略非此不可也。乃决心准外蒙战后投票解决其独立问题，而与俄协商东北、新疆与中共问题为交换条件也。④

7月6日晨，蒋介石又详细考虑就外蒙古与苏交涉问题后，起草了千余字的复宋子文电，决心指示宋子文照所定方针与苏联协商，待中国完全统一以

---

① 《上委员长电》，1945 年 7 月 2 日，第九号，原稿，T. V. Soong Papers，Box 58，Folder 17。

② 《上委员长电》，1945 年 7 月 4 日，第十一号，原稿，T. V. Soong Papers，Box 58，Folder 17。《事略稿本》第 61 册，第 331 页。

③ 《上委员长电》，1945 年 7 月 5 日，第十二号，原稿，T. V. Soong Papers，Box 58，Folder 17。《事略稿本》第 61 册，第 340 页。

④ 《蒋介石日记》，1945 年 7 月 5 日，Hoover Institution Archives，Stanford University。《事略稿本》第 61 册，第 337～338 页。《事略稿本》中无 "外蒙古独立在主义与道义上论皆无问题，但今日俄国之要求而非外蒙古之真正独立耳" 之句。

后，即可由国民政府自动提出外蒙古独立方案，期待正式国会通过之后，才能得以批准。具体电文如下：

> 外蒙独立问题，关系于我国前途之成败，实等于我东三省无异。若我国内（包括东北三与新疆）能确实统一，所有领土主权及行政真能完整无缺时，则外蒙独立或可考虑，以扶助各民族真正独立，乃为我国立国主义之精神也。但国内统一尚未巩固之今日，则无法使之实现耳（鱼一）。所谓国内必须统一巩固之程度，其要旨如下：（一）东三省之领土主权及行政必须完整。甲、旅顺军港之行政管理权必须归中国主管之下，乃与苏联共同使用，而非共同管理。乙、大连为自由港，照各国自由港例，行政管理权皆归我领土主权国主管。丙、铁路干线可与苏联共同使用，而决非双方共管之谓，但苏应予中国租借物资或经费以为报酬铁路之股款。丁、其期限照苏英与苏法同盟条约为例（鱼二）。
>
> （二）新疆之伊犁以及全疆各地被陷区域完全恢复，中苏边境双方匪患应照前约协剿，除阿尔泰区应属新疆范围，此项应照面授之交涉方针第六项，切实进行。
>
> （三）中共对军令政令必须完全归中央统一，即照各国政党对国家法令切实遵守，则政府将一视同仁，一俟正式国会成立，政府改组时，当可容纳其在行政院之内，但决不能称为联合政府，此应参照前交涉方针第七项切实交涉（鱼三）。
>
> （四）中国必须统一至如此程度则政府遵照三民主义原则，愿自动提出外蒙问题，拟由外蒙人民用投票方式解决，如其投票结果为外蒙独立，则政府即正式提请国会由国会正式通过后，政府乃正式批准予以独立，但必须在抗战胜利以后也，此可作为我对苏之诺言，惟不能订立任何秘密协定，以上各项乃为我国最低之期望，亦为我国最大牺牲，若苏能协助我对日抗战胜利，对内切实统一，则为苏联与外蒙以及我国之共同利害与永久和平计，我政府或可忍此牺牲，愿予之切实协商，如果中国无切实统一之保障，则牺牲无益，不惜停止交涉，待兄回国报告后再对苏作正式之答复（鱼四）。①

① 《蒋中正总统档案——领袖特教文电专案整理　俄帝阴谋部分　编案纪要初稿及参考资料壹：雅尔达密约与中苏协定》，台北，"国史馆"。《事略稿本》第61册，1945年7月6日，第342～345页。《六月二十七日访苏期间有关交涉之往来电报清稿》（以下简称《清稿》），原稿，T. V. Soong Papers，Box 58，Folder 17。

上述电文之对苏交涉核心为如果苏联能够对包括东北、新疆、中共问题在内的有关中国领土主权之统一予以保证这一最低愿望，中国或者可以考虑承认外蒙古独立这一最大之牺牲。为此，同日下午5时召开党政军干部会议进行了讨论。会议上，陈立夫与陈辞修（陈诚）等人认为，如果外蒙古被苏联所控制，则东北与新疆皆有同样之可能性。最后，会议通过蒋介石对承认外蒙古独立之对中国之利害得失及进行方略之说明后，才一致决定按蒋介石之提议，以向苏联要求保全东北与新疆之主权与行政之完整，以及不再支持中共为交换条件，于战后承认外蒙古之独立。蒋介石之考虑宗旨为，外蒙古事实上已经为苏联所占有，并"视其为东方之命根"，非要求外蒙古之独立，所以如果中国之要求能够得以保证，实际上外蒙古形势仍然为中国所控制，而且国际社会对中国必将增加同情，如果苏联不同意中国之要求，则谈判决裂责任在苏方，此即谓中国之最大政策决定。①

7月6日，蒋介石又发两封电报给宋子文，内容非常重要。其一为"前复详电，请先准备，但暂勿提出，须待另电到后再决提否为要"；②其二为"鱼未电量达，准许照鱼前四电所详示为标准，斟酌当地情形，相机进行可也。但东北与新疆之领土与行政完整方针，且需抓紧，且须有切实之保障，又对中共问题必须与其剀切约束，照交涉方针第七项实施"。③

7月7日，蒋介石又给宋子文发了两封电报，指示对苏交涉方针必须注意之中方目的。

其中一封如下：

> 鱼各电谅（量）达，此次我国之所以允外蒙战后独立者，实为作最大之牺牲，亦表示对苏作最大之诚意，以外蒙为中苏关系之最大之症结所在，如果此一症结既除，而我之要求目的仍不能达到，则不仅牺牲毫无代价，而且今后必增二国之恶果，东方更多纠纷，勿望注意我之要求之主目的，一，为东三省领土主权之完整，二，苏联今后不再支持中共与新疆之匪乱，此乃为我方要求之交换条件也。惟苏联对中共及新疆匪乱，在普通

---

① 《蒋介石日记》，1945年7月6日，7月7日"上星期反省录"。
② 《清稿》，T. V. Soong Papers, Box 58, Folder 17；《事略稿本》第61册，1947年7月6日，第346页。
③ 《清稿》，T. V. Soong Papers, Box 58, Folder 17；《事略稿本》第61册，1947年7月6日，第347页。

外交谈判中，决不肯自承者，我与之谈判，彼必躲闪谈之，恐不出空洞笼统之故套，如此则我对苏所要求之答复为具体，而苏对我所要求之答复为抽象，乃即我方最大之失败，对苏联不支持中共与新疆匪乱，必须剀且明白毫无隐饰与之谈判，而得有具体之结果，否则应作断然中止谈判之准备。谈判中止之时机，可以下两点为标准。一，苏联对我之要求不肯为具体之谈判时，二，苏肯具体谈判而不能达到我要求之目的时，又外蒙只能以原疆界，我国地图为标准（不能以苏联自造之地图作根据，例如阿尔泰山全山脉旧属新疆域内而今苏联地图则划为外蒙矣）。请特加注意（午虞）。①

可见，此封电报较 7 月 6 日的 4 封鱼电有更加清楚之指示。因前电之内有"则外蒙独立或可考虑"一语。另一封为要求宋子文向斯大林转达其在外蒙古问题上之"极大牺牲"与希望以此求得中苏关系之根本解决的"最大诚意"。②

三

7 月 7 日晚上 11 时至 11 时 45 分，中苏双方举行了第三次会谈。目前无法判断这次谈判是在接到 7 月 6 日蒋介石的一系列电报之后进行的，还是宋子文的单独行动。但是至少非常清楚的是，谈判内容与 7 月 6 日蒋介石的鱼电无关。这次谈判的内容集中在外蒙古问题上。宋子文之提案一为其向蒋介石之建议，二为赴苏之前蒋介石所指示的交涉方针。

宋子文首先陈明谈判延迟数日是因为蒋介石对外蒙古问题考虑较久之故，其次说明对斯大林认为外蒙古问题对苏联何等重要向蒋介石做了报告，蒋介石之答复为中国同意雅尔塔方案。中方对其中维持外蒙古现状之规定，认为即保持今日之现状，但绝对不能承认外蒙古之独立。其理由主要有以下三点：第一，任何政府倘若签订割据外蒙古之协定，均不能存在；第二，中国舆论将反对承认外蒙古之独立；第三，孙中山总理一贯主张中国领土之完整。在此基础上称，苏联现有军队驻扎在外蒙古，就已经表示中方默认此事。又续称对上次谈

---

① 《清稿》，T. V. Soong Papers, Box 58, Folder 17；《事略稿本》第 61 册，1945 年 7 月 7 日，第 367~369 页。

② 《清稿》，T. V. Soong Papers, Box 58, Folder 17；《事略稿本》第 61 册，1945 年 7 月 7 日，第 369~370 页。

判中苏联要求遭受日本威胁时派兵至外蒙古，中国准备同意，因此问题将不存在。

但是斯大林与莫洛托夫仍然坚持要求中方承认外蒙古独立。理由主要有三点。第一，外蒙古处于独立状态。斯大林称外蒙古向来不接受中国代表，而且宣布独立，再过半个月，"另一冲突将起"，中国如果不承认外蒙古之独立，中国人民将视苏联为侵略者，苏联不愿意限于此种境地。继之，斯大林竟然继续称："然则吾人了解中国将承认外蒙古独立。"莫洛托夫也称，宋子文所谓问题之解决并不可能，中国报界不会同意，此外，外蒙古宪法规定独立，斯大林所称之不安定局面，将影响中苏邦交。第二，《雅尔塔协定》中所谓"维持现状"即为要求中国正式承认外蒙古之独立。斯大林称，蒋介石曾谓，如果承认外蒙古独立，西藏将起而效之，但是两者之间有截然不同之处，即外蒙古与中国互无代表，而西藏与中国互有代表。并且苏联以承认芬兰之独立而犹在来反驳宋子文之如果承认外蒙古独立，国民政府将无以立足之主张。接下来直言，《雅尔塔协定》为苏联之方案，为莫洛托夫所起草，英美仅照式签字而已，此点可以向丘吉尔确认。莫洛托夫也主张，斯大林所言为事实之真相，苏方条文之含义即为外蒙古之独立。第三，外蒙古不愿意加入苏联，也不愿意加入中国，外蒙古要求独立于苏中两国。

宋子文重复答称，中国准备给予外蒙古以高度自治，即对军事外交有自决之权，必要时，苏联可以与外蒙古洽商苏联军队进入办法。但是斯大林认为，如此外蒙古依然属于中国之一部分，即苏联与中国之冲突依然存在。苏联与中国拟结盟，就应该消除所有冲突之因素。宋子文又强调，不相信如果承认外蒙古独立，国民政府仍能继续存在，很多力量可以借此推翻中国政府。此时，斯大林称，"在中国有国民党，其他力量即为共产党，共产党能推翻政府乎？国民党自不出此，如中国与苏联同盟，将无任何人可以推翻中国政府"。宋子文再次提出舆论对政府之影响，斯大林坚持决不让步。对于不让步之理由，斯大林再一次取出地图，说明其目的为防止未来日本之再起、其全盘计划，以及外蒙古在其中的战略地位。

虽然宋子文再一次说明，中国不反对苏联在外蒙古驻兵，斯大林认为太不确实，并且认为大国在中国驻兵实属奇特之情形。此时，宋子文称，如果中苏同盟成立，苏联在外蒙古驻兵自然可以得到保证。斯大林立即答以苏联拟有20年之同盟条约草案，然后莫洛托夫将4种草案交给宋子文，即：（1）《中苏友好同盟条约》；（2）《关于中东及南满铁路之协定》；（3）《关于旅顺大连之协定》；（4）《关于外蒙独立之宣言》。宋子文对于斯大林坦白说明，其对计划表示钦佩，但是对于外蒙古问题，依然要求承认其所主张，并称其主张为其接到之蒋介石之训令。斯大林坚持不能同意。此次谈判以此告终。

从这次谈判中可见，宋子文对外蒙古问题之主张为力图阻止外蒙古脱离中国独立之状况，而且对于蒋介石7月6日4封鱼电之内容完全没有反应，但毋庸置疑，这又使苏联在所有问题上取得了主动权。苏联所提出之外蒙古独立宣言草案内容如下：

> 两缔约国因顾及蒙古人民共和国独立之1924年宪法及1940年新宪法，并注意其人民迭次表示欲求国家独立，与中苏两邻邦树立正常关系之愿望，兹承认蒙古人民共和国为独立国家，本宣言于签字之日，由两缔约国通知蒙古人民共和国总理催巴尔山（乔巴山）元帅，本宣言之宣布之日期，由两缔约国另定之。①

蒋介石接到7月7日宋子文发来之关于苏联所提出的中苏承认外蒙古独立共同宣言后，马上开始起草对案。宋子文7月8日又致蒋介石称，"虞阳两电均敬悉。职虞遇两电计邀钧詧。俟奉复电当照办，明日再见史达林作最后一次恳谈，倘使对我方要求可以同意，而我方谨口头允诺外蒙战后独立，彼必不满意，恐必须有书面保证，钧座以为何种方式最为妥善，乞即刻赐示"。②

7月9日，蒋介石关于外蒙古问题，复电宋子文如下：

> 庚电悉。关于允许外蒙战后独立问题不可有中苏共同发表宣言，如不得已时，可兼用下列两项方式。第一，中国政府于此次中苏互助协定批准后，自行发表宣言，其大意如下：中国政府于对日战争结束后，将依照大西洋宪章与中国国民革命民族主义之原则，宣告外蒙独立，并于为此宣告外蒙独立以前，并确定外蒙之疆界，惟此完全出于中国自动宣告外蒙独立，而不必用承认独立字样，应需注意。第二，苏联政府于中国政府发表上述宣言后，应即照会中国政府声明外蒙独立被承认后，苏联将永远尊重独立也。若满洲新疆及中共等问题能照中（蒋介石）前电之要求解决，

---

① 《事略稿本》第61册，第391页。
② 《事略稿本》第61册，1945年7月9日，第405页。

则外蒙问题于中苏互助协定成立时，可酌依以上方式与苏联成立书面之谅解。①

四

中苏双方在举行第四次会谈之前，宋子文与蒋介石就旅顺与东北问题，也曾电报商谈。7月8日，蒋介石复宋子文电，命其力争旅顺归中国主管，电文如下：

> 旅顺军港在名义上必须由我主管，但关于海军应用重要部分及其技术人员我可委派苏员负责管理，至其民事行政权，当然完全属于我也。大连必须为纯粹自由港，不能有特殊办理字样，至于仓库与运输之合作组织，则另一问题，惟其码头与各种管理权必须纯属于我也，南满铁路管理权务须归我掌握为要，余可如拟。②

宋子文在会谈前夕，致电蒋介石如下：

> 今晚再见史达林，当遵照钧座鱼阳虞各电剀切坦白进行谈判交涉，恐仍难获得协议，因苏方要求，尤其对于东三省与我方愿望距离太远也。今晨与美大使详谈彼云，（1）美国对旅顺问题态度有特殊困难，因美既拟永久占领日本附近海岛，无法拒绝苏联使用旅顺。故罗总统有此让步。如中国坚持旅顺管理权属中国，则苏联无从建筑炮台及其他军事设备，不能保障旅顺防卫之安全，彼认为中国提议后必须让步。（2）大连当然为纯粹自由港，但（甲）码头仓库运输似可由中苏共同管理。（乙）在大连划一区域，用商业方式租与苏联使用，行政权仍属中国，乙项南斯拉夫在希腊已有先例，彼意此项对我似较为有利。（3）铁路所有权应属中国，应准苏联参加管理，否则苏联不能保障对大连之利用。（4）期限20年，苏必不允，须酌为延长等语。彼又谓，万一此次谈判停顿，美总统当在三头会议时向苏联提出讨论，如有结果，或通知职赴柏林参加商洽或派一美国

---

① 《清稿》，T. V. Soong Papers，Box 58，Folder 17；《事略稿本》第 61 册，第 405 ~ 406 页。
② 《清稿》，T. V. Soong Papers，Box 58，Folder 17；《事略稿本》第 61 册，第 396 页。

代表到苏联与职在莫斯科再与苏方会商详细办法，彼认为与苏联交涉任何协定，不能希望有一劳永逸之办法，因苏联心理与办事方式与各国迥异，如中国此次不能与苏联洽成协定，则结果对中国必更不利，因此苏联进兵中国东北三省，将无所约束，以上意见彼声明并非政府授意，纯为个人友谊意见，嘱电陈钧座参考，但切不可告知赫尔利大使云云，钧座对美大使意见有何指示，请迅赐电示。①

显然，以上宋子文从美大使处所得的消息不仅反映了苏联之态度，而且美国也给中国增加了压力，以促使中苏协定早日缔结。

7月9日下午9时至11时40分，双方举行了第四次会谈。宋子文首先称，对于上次谈话成为僵局之结果立即向蒋介石做了报告，7月9日接到了蒋介石关于为消除两国间一切误会，使今后友好合作，避免一切冲突之电报。在转达蒋介石电报内容之前，宋子文为说明中国在外蒙古问题上做出让步牺牲之巨大，首先申明了两点。第一，中国丝毫没有考虑到会谈外蒙古问题，在其离开华盛顿前，曾告知美总统杜鲁门中国之态度为搁置此问题，中国对"维持外蒙古之现状"认为，即虽然实际上中国对外蒙古未行使主权，但是外蒙古之法律主权仍属于中国，当时杜鲁门总统及其国务卿均表示同意。在重庆与蒋介石讨论时，也没有想到外蒙古问题会成为谈话之障碍。第二，再一次强调中国舆论对割让领土之力量以及对国民政府地位之巩固的重大影响。关于此点之说明，宋子文将外蒙古与满洲相比，称虽然日本曾用种种办法迫使中国承认满洲脱离中国，而且中国较日本力量相当薄弱，中国对于国际局势之变迁也没有把握，但中国并没有将满洲之法律主权让给日本。因此"倘吾国此时承认外蒙之独立，将违反中国人民之本性，此一问题实超政府之安全与巩固，此实违反真正之舆论，余之所以作此言，非为辩难，实欲使史达林统帅了解蒋委员长在中苏两国祭坛上所作牺牲之巨大"。

关于以上第一点中所谈中国没有预料到会谈到外蒙古问题，恰恰相反，如前言中所述，在莫斯科谈判前夕，中苏双方已经互相确认外蒙古问题与旅顺问题为这次中苏谈判之重大问题。宋子文之所以从第二次谈判开始就表明此种态度，确实因为问题不仅涉及西藏问题，涉及舆论对于政权巩固之影响。关于第

① 《上蒋委员长电》，第二十一、二十二号，原稿，T. V. Soong Papers, Box 58, Folder 17；《事略稿本》第61册，1945年7月9日，第407~410页。

二点，实际上等于说，对中国而言，承认外蒙古独立，等于将外蒙古"割让"给苏联，宋子文试图通过强调此点实现中国对苏联之要求。

在上述前提下，宋子文译述了蒋介石之电文。电文要点为中国之要求与交换条件。要求有以下三点：第一，关于满洲领土与行政之完整。为中苏共同利益，中国准备中苏共同使用旅顺军港，大连被辟为自由港，期限20年，旅顺、大连之行政管理权应属于中国。第二，关于新疆。新疆最近一年内所发生之叛乱，导致中苏交通阻隔，商业无法维持。中国希望苏联依照以前之约定，平息叛乱，使贸易交通得以恢复。阿尔泰山原属新疆之部分仍属于新疆。第三，关于中共。中共有其单独之军队及行政组织，即其军令政令不完全属于国民政府之统一。望苏联仅对国民政府予以"精神上与物质上"之援助。交换条件为：中国承认外蒙古之独立，即：

> 中国政府以外蒙问题，既为中苏两国关系症结之所在，为中苏共同利害与永久和平计，愿于击败日本及上述三项由苏联政府接受之后，准许外蒙古之独立。为避免将来纠纷起见，拟采公民投票方式，投票以后，中国政府当宣布外蒙之独立。关于外蒙之区域范围，应以原疆界中国旧地图为准。中国政府深望苏联政府能明了中国之牺牲与诚意，切实谅解，藉以获得两国永久根本之合作。

斯大林在要求将蒋介石之原电抄写一份后给他后，与宋子文首先讨论的是外蒙古问题。斯大林对宋子文将满洲与外蒙古相比表示不悦，并反驳称，在满洲有中国人，而在外蒙古没有。宋子文称，外蒙古也有少数中国人，并强调其与满洲相比之目的为说明"转让领土为一极痛苦之事"。显然，宋子文将外蒙古与满洲相比是为给斯大林增加心理压力。但是，斯大林并不买账，双方又各自强调对于"维持外蒙古现状"之不同解释。宋子文又强调中国之理解与美国相似，显然是为了强调蒋介石之决定承认外蒙古独立为如何重大之举，反而言之，即望苏联满足中国之要求。

斯大林对于满洲问题，再一次表示完全承认中国之主权。对于中共，则称苏联将一如既往地援助国民政府中央，中共问题为中国内部问题，无意干涉，并称"吾人并不愿与中国相戏，吾人愿与中真诚相处维持同盟国间应有之关系"。关于中方所提旅顺、大连及铁路期限，斯大林称20年仓促，为建立苏联在远东之国防系统，30 年为其确实答复，绝对不能少于 30 年。对于旅顺军港则认为只能有一个主人，苏联将在旅顺驻扎陆海空军。对于辽东区域，宋子文称尊重苏方草案，莫洛托夫将地图交给宋子文，并称苏联放弃以前之中立地带，但维持中立区以南之线。斯大林称，"在该线以南地区，行政当属中国，但旅顺口之行政应归苏联，该港应有一主人，应有一军事长官"。

关于铁路，斯大林认为，所有权全部属于中国不公平，理由为该铁路为俄人所建，中国之投资微少，而且已经归还中国。这等于在讨论以往权益问题，宋子文当即反驳，并称"此项权益业已变更，铁路原定期限为 80 年，1924 年改为 60 年，现仅余数十年未满，再则苏联已将中东铁路售予日本"。为此，双方皆在外蒙古问题上讨价还价。宋子文称，蒋介石既然对于外蒙古问题已经让步，必须对国民有所交代，中国人民所遭受的战争摧残，应该有所补偿，所以同意干线共同经营。而斯大林依然以铁路为俄人所建及所投资为理由，称苏联不能同意仅于优惠之下获得共同经营权，不能同意所有权完全属于中国，而应该共有，并称"外蒙人民投票一点，对中国更为不利"。于是，话题又回到外蒙古问题上。

宋子文反驳斯大林称，外蒙古问题已经解决，投票仅为形式，采取这种方式有益于国民政府应付国民。斯大林接下来问，中国所指"外蒙之原疆界"为何。宋子文答以中国旧地图为根据。之后，斯大林要求看宋子文所提之地图。宋子文答称，因为未曾想到会讨论外蒙古问题，故未带地图，"但中国绘旧地图时，尚未积计及今日吾人讨论外蒙问题，故旧地图实属公允。余在莫斯科无此图，但疆界问题可组织一划界委员会解决之"。斯大林对此未做答复，却提起苏联与日本之间曾经发生疆界之争之解决方式。据称，当时苏联提出以旧地图为准，日本不同意，直至在格林郭尔战役中斩掉日本大将松村后，日本才同意苏联之意见。斯大林问宋子文所谓旧地图是否指此图。显然，言外之意，关于疆界希望中方听取苏方之意见。

接下来，斯大林问宋子文上次会谈时苏方所提各项草案之意见。宋子文答称，其中有若干点与中方所预备之草案不同，中方草案具体有：第一，友好同盟条约。中方草案与苏方草案出入不大，但是依中方立法程序，在生效以前应经批准手续，仅需要数日时间，所以无关紧要。第二，关于斯大林表示欢迎中国政府代表参加苏联进入满洲之军队。关于此问题，斯大林答称，待所有问题解决之后。宋子文称，"苏联与捷克所订有关相类之条约，实为一良好前例"。第三，关于大连协定，中方草案系根据蒋介石训令起草。第四，关于旅顺协定。第五，关于铁路管理。宋子文谈毕，将中方草案交给了莫洛托夫。

斯大林最关心的仍然是外蒙古问题。斯大林向宋子文确认，中方是否谓于战败日本后承认外蒙古之独立，并提议"应于现在即行承认，但于日本战败后再为公布"。宋子文答称，"然。将于战败日本并举行公民投票后加以承认，请阁下信赖余言，关于草案之实质，业于此时举定，至于方式容再研讨，吾人并无归避与取巧之意"。斯大林进一步称："此非诚意问题，而为清楚问题，中国可由吾人获得要求之各种保证，亦盼中国在此时予以保证，公布之时间自可较缓。"

因为柏林三头会议日期马上就到，按预定，离柏林会议只剩下三天时间，即莫斯科时间 7 月 10 日至 12 日，从会谈中可以看出斯大林缔结条约之心切。斯大林问宋子文是愿在商妥一切后返国，还是"将此事"延搁先行回国。宋子文答称，如果时间许可，愿商妥一切，但又称，三头会议期间不拟滞留莫斯科。于是，斯大林称，可设法将会议延长至 15 日。但是莫洛托夫称，"甚恐困难"。于是，斯大林对宋子文称，接下来的会谈，如果不能出席时，由莫洛托夫代理。但宋子文称，如果遇到重大问题，仍须与斯大林会谈。

然后，宋子文就铁路问题、新疆问题、中共问题又与斯大林展开讨论。关于铁路，主要分歧点有二。除了上述所有权问题之外，又出现路警问题。宋子文主张路警必须为华人，而斯大林提出安排拥有丰富经验之苏联军官。对此，宋子文以离开重庆前蒋介石之训令为凭，认为如果有外国军队驻扎，无论以任何名义，都将引起无限纠纷，并称 1924 年之协定中路警即规定为华人。斯大林认为铁路在当地法权之外，宋子文予以否认，并称难道苏联希望中国再次出现已废止之治外法权。但斯大林依然坚持苏联路警之重要性。宋子文称中方将安排最优秀人选，并称"吾人不愿在上海或其他任何地点有外国军队或宪警，当阁下能同意此点，将为对中国政府及人民之协助，因为蒋委员长确认此为最重要之条件"。至此，斯大林答称予以考虑。

关于新疆问题，宋子文主要与斯大林谈了以下数点。第一，望苏联设法制止边境军械之走私。斯大林答应予以协助。第二，新疆叛乱即是一政治问题也是一军事问题，政府希望恢复被叛军所占有之土地。第三，在解决民族问题上，有许多地方可向苏联学习。政府愿做若干让步，但是如果不从，将必须用武力。斯大林答应汇集东土耳其斯坦共和国情报。关于中共问题，国民政府之方针为寻求政治方式解决，斯大林同意中国有一个政府一支军队，苏联援助国民政府。

这次会谈结束之前，中苏双方彼此表示拘束刊物上互相攻击之言论。莫洛托夫告知宋子文于 7 月 10 日下午 2 时会谈，宋子文同意并要求在斯大林离开莫斯科前再晤斯大林。最后斯大林又提到外蒙古问题，提议在击败日本后再公布关于外蒙古独立之协定，其他协定在 8 月底公布。宋子文向斯大林询问关于外蒙古协定应拟之具体内容。斯大林答称："可说明外蒙经过公民投票手续后，中国不反对其独立，但可在日本战败后再公布，吾人可觅得协定之适当格式，余对公民投票并无所惧。"不难想象，宋子文之询问目的可能原本仅为表示诚意，以促使中方要求之顺利进行，但适得其反，不仅把主导权交给了苏联，而且从斯大林的"余对公民投票并无所惧"话语中感受到了压力。

这次会谈后，蒋经国致蒋介石电报称，斯大林对于中方所提各种问题皆有具体答复，"中苏协定想必可以成立"；同时告知蒋，苏联各机关都开始忙于参加远东作战之军事准备，外蒙古代表也曾经去莫斯科商讨对日作战计划；并推测苏联对日作战日期大概在 8 月底；其将与宋子文于 8 月 20 日可以返回重庆。①

蒋介石于 7 月 10 日晚接到宋子文关于第四次谈判情形的报告后，于 7 月 11 日晨考虑好对苏外交方针，并嘱咐侍从室秘书陈布雷拟定复宋子文电报并立即发出。电报内容如下：

午青及 21，22 号电均悉。（甲）外蒙问题可照原来电于战后以适当方式宣布。（乙）关于旅顺大连及铁路问题：（1）旅顺军港在中苏同盟期间由中苏两国共同使用，对于纯粹军用部分，委托苏联管理，但行政权则属于中国，又为中苏两国共同使用旅顺军港，在同盟期内组设一中苏两国军事委员会；（2）大连必须为纯粹自由港，其行政权必须属于中国，至（于）仓库运输等事，可用商业方式酌定办法；（3）中东南满铁路之所有权完全属于中国。（丙）中苏互助同盟条约期限可定为 30 年。（丁）下列三点应特别注意，并向苏方说明：（1）19 号（午佳）电甲七项目所谓旅大以外之区域中国所派主要行政人员应得苏联承认一节，中国绝不能承认；（2）同电乙项所称中东南满路联恢复包括一切产业等，此所云产业应以机械车辆、工业机场、建筑物为限，至土地当然应归中国所有，而帝俄时代在沿线所开发之小煤矿及已开发之森林亦不应包括在内；（3）史

① 《事略稿本》第 61 册，7 月 9 日，第 455 页。

达林元帅前对兄已面允铁路在平时不运兵，但观 19 号午佳来电彼方条件，甲四项有苏联有权派陆海空军驻扎，此点前后有出入，如其再要求时，应重申平时铁路不能运兵之原则。（戊）关于中共问题苏方所为之承诺，应商请其列入谈话记录，或其他书面中，并宜明白声明，不仅不能供给武器，即在宣传、经济与交通各方面苏方亦不得与中共以支援。（己）订约以后，苏方应宣告保证尊重我东北领土主权与行政之完整。以上各点请兄尽力折冲并权宜办理，倘非万不得已，希勿轻予变更迁就为要。午真。①

关于此封电报内容，应该强调指出的是：第一，同意于战后以适当方式宣布外蒙古之独立。第二，旅顺军港同盟期间中苏共同使用，"纯粹军用部分，委托苏联管理"，但是行政权必须属于中国。值得注意的是，其中首次提出在同盟期间组设"中苏两国军事委员会"这一新的主张，不难推测，蒋介石之真正意图为在形式上尽量避免苏联"单独"使用"纯粹军用部分"。第三，同意同盟条约期限为 30 年，但是条约为"同盟互助"性质。第四，应详细注意之三点：（1）中国绝对不能承认在旅大以外区域所派驻之主要行政人员应该得到苏联之承认之苏方主张；（2）苏联在中东南满铁路恢复产业，不应包括一切，尤其是"帝俄"时代在沿线所开发之小煤矿及森林不应包括在内，只能限制在"机械车辆、工业机场、建筑物"，而且土地所有权必须属于中国；（3）斯大林虽然当宋子文面称"铁路平时不运兵"，但是据"19 号午佳来电"，②苏联有权派陆海空军驻扎，这一出入应该严加注意，如果苏方再提出时，"应重申铁路平时不能运兵之原则"。第四，关于中共问题之苏方承诺，应该商请苏方"列入谈话记录，或其他书面中"，并且明白声明不仅不能供给武器，即使"在宣传、经济与交通各方面"也不得支援中共。第五，签约之后，苏方应"宣告"保证中国东北领土、主权与行政之完整。在此电文的最后，蒋介石请宋子文根据指示"尽力折冲并权宜办理"，"倘非万不得已，希勿轻予变更迁就为要"。可见，蒋介石此时之判断为，下一次谈判签约的可能性较大，虽然要求宋子文尽力坚持中方主张，但是仍然心存余虑。

---

① 《清稿》，T. V. Soong Papers，Box 58，Folder 17；《事略稿本》第 61 册，第 457～460 页。
② 《上委员长电》，第十九号，原稿，T. V. Soong Papers，Box 58，Folder 17。

五

7月11日晚上9时至11时30分，双方举行了第五次会谈。根据中方记录，会谈几乎进入最终阶段。双方围绕以下几个问题举行了会谈：（1）外蒙问题，（2）友好同盟条约问题，（3）苏联军队退出满洲问题，（4）中国代表派驻苏联军队问题，（5）铁路问题，（6）大连问题。

第一，关于外蒙问题。莫洛托夫认为中方草案较为含糊，而苏方草案比较接近于谈话内容，所以主张不必对苏方草案加以修改。对此，宋子文说明双方草案有两点不同之处，即：（1）中方草案为单方之宣言，而并不是与苏方之协定。（2）中方不反对外蒙古独立，但是不承认外蒙古宪法。因中方从未承认外蒙古1924～1930年对宪法之宣言，而且苏联在1924年中苏协定中承认外蒙古为中国领土之一部分，所以如果承认外蒙古宪法，双方将同样难堪。关于宋子文这一说明，简而言之，即如果说承认外蒙古宪法，就等于中国早已承认外蒙古之独立，这是中方严词拒绝苏方草案的重大理由之一。接下来斯大林虽然与莫洛托夫持同样主张，但没有继续追究，而是向宋子文确认中方草案中"将不反对之"的"之"字是否指"公民投票"；宋子文答称指"独立"而言，斯大林随即要求写清楚，宋子文立即表示同意。斯大林关于中方草案又提出另外一个问题，即关于"疆界"问题。斯大林称，应该删掉或者说"现在之疆界系指现状而言"。显然，斯大林之主张为不提或者认为不存在"疆界"问题。又经过长时间讨论，最后，双方同意下列文字，即："兹因外蒙古人民叠（迭）次表示其独立之愿望，中国政府声明在日本战败后，如外蒙人民以公民投票方式证实此项愿望，中国政府当承认外蒙之独立。双方决定不提疆界问题，并同意苏联政府答复收到上项声明后，即申述苏联政府当尊重独立外蒙古国之政治独立与领土完整。"苏方将俄文复文草案立即交给了宋子文。

第二，关于友好同盟条约草案。中苏双方同意核定前一日互换之草案，但是文字上如果有变更，"必要时似可以修改"。

第三，关于苏联军队退出满洲问题。中方草案中有要求在"三个月之内撤退"之文字，斯大林对此非常不悦，认为如果是询问在日本战败之后尚需驻留多久，其答复为二三星期。

如果中美双方均无延长驻留之要求，除旅顺之外，将于三个星期之内撤退。当宋子文询问撤退完毕所需具体时日时，斯大林答称，可在两个月内撤退完毕，而宋子文却要求苏方声明确实可以在三个月之内撤退完毕。对此，斯大林表示，若无日本方面破坏交通路线等意外事件发生的话，仍然"以两个月为撤退最后一人之最大时限"。苏方希望迅速撤退之理由为，苏联已经作战四年，同时又称，"美国方面希望吾人在满洲有甚多之军队，彼等不愿在中国登陆，吾人讨论美国之计划时，彼等并未预计在中国登陆而预计在日本登陆"。言外之意，显然是在强调苏联参加对日作战之作用。

第四，关于中国代表派驻苏联军队问题。斯大林问中方草案中所谓中国派驻苏联在军队之代表"指挥"中国军队与苏联军队之合作事项之具体内容为何；宋子文答称，系中方代表协助苏军总司令建立合作关系，并将草案照此意修改。

第五，关于铁路问题。莫洛托夫称，如果苏方将引言内苏联对铁路之"所有权"文字删去，中方是否可以接受。宋子文答以大体可以接受。这是苏联在"所有权"问题上的重大妥协。

然而在关于是否利用铁路运输军队、路警问题、理事会及理事长问题上，当初双方分歧很大，前两者于这次谈判中以苏方之妥协达成协议，而在理事会及理事长问题上，苏方却不肯让步，宋子文提出在斯大林参加柏林会议期间，他回国向蒋介石请示。

首先是关于铁路运兵问题。宋子文称，7月7日向斯大林询问时，斯大林曾经表示将不会通过铁路运输军队，而斯大林却称如果不能利用铁路，旅顺驻兵事实上办不到，此外还需要运输军火与轮流更换士兵，此前所称不运输军队指不运输额外军队而言，苏方需要将最低限度人数之军队由海参崴运往旅顺，而对日作战结束后，还需要将军队撤退。

但是宋子文称其所询问者为"平时"，并建议将军队经海路运出。而斯大林却称应该以何者运输较为便捷为基准。宋子文当然清楚铁路运输较为便捷，但原因是"中国人民对于外国军队之显见于其土地之上，将感甚大之疑惧"。斯大林称，宋子文所言之情况为军队驻留时，如果军队仅限于通过则不然。宋子文认为即使军队通过亦然。至此，斯大林称可限制军队之通过数量，并称为此可专订一个协定，而且注明除了旅顺之外，不得在中国领土登陆。但是宋子文坚持苏方主张与此前谈话内容不同，需要再向蒋介石请示。虽然斯大林与莫洛托夫仍设法想通过铁路运输军队，宋子文认为无论以何种方式，"外国军队在中国领土，中国人民均能见到"。斯大林认为将人数减至一年之内限定两个师至三个师，中国人民将不会恐惧。此时，宋子文以中国已经在外蒙古问题上做出最大让步，而且必须顾及中国人民为由，予以拒绝。斯大林称，"外蒙原已独立"，但是宋子文以"但中国人民不作如是想，阁下不知彼等思想"极力反驳。至此，斯大林终于妥协，关于铁路之利用，改为运输军用品，而不运输军队。可是马上又提出利用铁路将第一次驻兵运至旅顺可否，宋子文答称仅限于一次。而斯大林仍不以此为满足，甚至提出："运输军队穿着便衣如何？"宋子文丝毫没有让步，称："阁下希望扫除一切纠纷与摩擦之原因，故阁下愿将外蒙问题解决而了之，余尊重此意。倘用海道运输，实属至易。"至此，斯大林才又回到妥协点，但坚持运输应该以军用物资为限。

其次是关于路警问题。宋子文首称，中方坚持由中方保护，除旅顺之外，"吾人不愿在中国领土上有任何武装军队"，并称1924年以后中东铁路已经没有苏籍路警，中方可以保证保卫铁路之能力。虽然斯大林认为日本人如战败后的德国人一样会进行破坏活动，但是并未坚持路警为苏联人，而是建议加入"中国与苏联政府特别协定保证铁路之保护"；宋子文建议改为"与苏联政府咨商"，以表示此为中国政府所采取之措施。对此，莫洛托夫认为是中国政府负责铁路安全之意，予以赞同。

最后是关于铁路理事会与理事长问题。宋子文建议理事会5人为华人，5人为苏联人。莫洛托夫提出，如果出现分歧，理事会将无法进行。此时，斯大林称，则理事长应该有投决定票之权。宋子文问理事长应为何人，莫洛托夫称，苏方草案中理事长为苏籍。对此，宋子文称蒋介石之指示为所有行政均应由华人担当，虽然斯大林称不妥，但是宋子文称"此系余接得之训令，两铁路之理事长及经理均为华人"。莫洛托夫以路警已为华人且苏联军队又不能使用铁路为由，坚决反对。

至此，宋子文首先确认斯大林赴柏林之日确为14日后，以有数事必须向蒋介石请示为由，建议在斯大林赴柏林期间，他将与彼得洛夫同飞重庆，待斯大林自柏林返回后再来莫斯科继续谈判，并且强调"至现阶段，余必须当面报告蒋委员长"。但是斯大林称这种可能性较小，理由为在柏林会谈时，必将提到苏联是否出兵攻日问题，所以必须在赴柏林之前与宋子文签订条约及协定。但是关于向蒋介石之必要请示，宋子文称于11日晚请示，至少13日才能收到复电。此时，斯大林称其可以等候，于15日离开莫斯科赴柏林。接下来，莫洛托夫提出苏方所列铁路附属事业清单，此点双方马上达成共识。但是关于铁路理事长及经营铁路问题，宋子文坚持必须向蒋介石请示。

第六，关于大连问题。宋子文提出了一个新的方案，因为大连为满洲主要港口，所以蒋介石希望由中方管理，但可聘用苏联专家。此时，斯大林提出与旅顺之相关问题。宋子文称蒋介石希望旅顺由中方管理，但是他本人认为斯大林所提旅顺应有一统一之军事指挥官非常合理，并称其将陈请蒋介石接受此意见，但是关于区域范围，不应该包括大连，应在大连以南，此外，旅顺应该有一中国军事指挥官，人选由中方征得苏方之同意。关于宋子文同意有"统一之军事指挥官"及"应有一中国军事指挥官"之建议，似乎如宋子文所言为其建议。笔者认为，这其实等于蒋介石所提"中苏两国军事委员会"之建议，宋子文试图通过这种方式与苏联达成共识。

但是关于苏联在大连之"优越权益"，苏方解释为大连以及铁路之经理为苏籍，即管理权属于苏联。莫洛托夫重复主张此为苏联最低限度之要求与最低限度之利益，"大连为吾人在远东热水地带能使用之唯一港口"。但宋子文认为，"优越权益"非指苏联对大连之管理权，而旅顺军港应该有苏联之指挥官。但斯大林认为，"旅顺军港必须有一后地并必须辅之以一民用港口"。虽然宋子文强调，关于旅顺，中方已经竭尽一切迁就苏方，但斯大林仍表示不满，"吾人必须保护此最狭小之部份（分）"。于是，宋子文坚持必须向蒋介石请示。[①]

宋子文在 7 月 11 日致蒋介石电报中报告会谈内容称：

> 今晚与史达林会谈经过报告如下：（一）苏联撤兵问题，职提议应在停战后三星期内，史谓停战后两三星期可开始，除非中美两国要求多留时日，二个半月可撤完，职要求此点用换函规定，史表示同意。（二）东北新疆中共三点，候一切问题上商妥后，史允以书面表示。（三）铁路管理，史极坚持，对董事局长表示均应为苏联人，经职反复辩难，史对铁路警察全操中国表示同意，并重行（新）声明平时不愿输军队，董局长仍未解决，职谓铁路管理事与钧座指示不符。（四）大连职坚持为纯粹自由港，但中国政府可聘用苏联技师，职并告史旅顺旧军港包括大连区域太广，同时大连既为自由港，自应包括在内，史谓如不照原军港区，不能有适当防卫。（五）职最后谓史离苏在即，若干问题固已圆满解决，但仍有若干问题须向钧座详细请示，拟乘机返国请示，候史柏林返苏联时再来莫斯科作最后决定，史先似表示同意，继谓如中苏不能在三头会议前签订协定，则对日军事问题无从与英美讨论，彼原拟元（13）晨启程，现可改

至删（15）晨动身等语，会谈后，接奉钧座真电拟遵照指示明日再往见史谨陈。①

六

根据蒋介石 11 日真电指示，宋子文与苏方于莫斯科时间 12 日午夜 12 时至 12 时 45 分举行了第六次会谈。宋子文首先声明，接到了蒋介石的电报，虽然不是回复其昨晚会谈后所发电报，但是包括以往所曾提出之若干问题，即使蒋介石对其复电，内容也不会与此有迥异差别后，对电报内容说明如下：第一，关于铁路。理事长应为华人，但是无投决定票之权，此种方式不过是对中国表示谦让而已。中东铁路之经理可为苏联人，另外加一华籍协理。南满铁路之经理应为华人，另设一华籍之协理。同意期限为 30 年。第二，关于大连。为自由港，由中方管理，但聘用若干苏联技术人员，仓库栈房可长期租给苏方使用，为商业之租用办法，期限可为 30 年，以使苏方有效控制所需设备。第三，关于旅顺。在中苏同盟期间，由中苏共同使用。至于军用部分，中国可"委托"苏联办理，避免"租借"字样，民事行政应归中国。此外，为共同使用旅顺军港起见，蒋介石建议设立一个"中苏军事委员会"，支配共同使用适宜。旅顺口之区域不应包括大连及通至大连之铁路，"俾使大连成为一完全自由港，而有由陆地自由直达之便"。关于苏方草案中所规定之本区域重要人员之任用，应该得到苏联军事当局之同意一点，蒋介石认为影响中国主权，不能允诺。第四，关于同盟条约之期限。既然大连、旅顺及铁路之期限均改为 30 年，蒋介石建议同盟期限也改为 30 年。

以上四点之中，第一点关于理事长为华人，而"无投决定票权"之方式，前者为对苏方向中国表示谦然之要求，后者为对苏联之妥协。中东、南满之铁路人事安排可谓既考虑到历史又考虑到平等问题。第二点为中方一贯之坚持。第三点中尤其值得注意的是，"中苏军事委员会"这一建议，即正面提出了此前蒋介石"中苏两国军事委员会"之主张。第四点即关于条约期限达成了一致。至此，宋子文认为，"尚未解决之问题"，仅为铁路问题、大连行政问题、旅顺区域范围问题，并且说对于其关于昨晚谈话后向蒋介石发出的请示电报，相信蒋介石之复示与上述复电不会有所不同，因此，向苏方提出其与彼得洛夫大使兼程返国，直接向蒋介石报告一切，并做一二次会谈，为最妥当之办法。"余深知史

---

① 《上委员长电》，第十九号，原稿，T. V. Soong Papers, Box 58, Folder 17。

达林统帅如何急于在柏林会议以前获得解决"，斯大林到达柏林时，宋子文也会抵达重庆，因此宋子文称："余可赖彼得洛夫大使之助，与彼通讯。"

莫洛托夫当即回答不同意宋子文的提议，但是斯大林说"余同意宋院长之计划"。宋子文称可以指定人员在莫斯科继续商谈，设法使双方争持之问题接近。斯大林称"吾人同意同盟条约之期限为30年，但阁下其他提议不能接受"，言外之意是，宋子文不能解决的问题，其他权威较小的人员何以能够解决。此时，宋子文改称："彼等可讨论业已商妥之问题，将其整理就绪。"斯大林接下来问宋子文："阁下切盼避免谈判中有决裂之印象乎？"宋子文答称，并无谈判决裂之事，斯大林做出较为满意之表示。宋子文称将留傅秉常大使与胡世泽次长与苏方指定人员接洽，莫洛托夫表示同意，然后提出，中苏双方应该商定在报纸上发表公报，宋子文表示同意。斯大林认为，公报内容较为笼统即可。关于公报之措辞，莫洛托夫称，可以宣称谈判已经进行，关系已见改善，谈判仍当继续，双方有互相谅解及友谊存在。斯大林补充说，在公报内可说明，因其与莫洛托夫赴柏林，谈判暂停。并且斯大林要求宋子文拟就公报草稿，明晚彼此比较。

值得注意的是，斯大林在要求其参加柏林会议期间，中苏双方报纸均不能登载任何有关谈判信息，苏联报纸也当缄默，"吾人知道孙科将所有谈判内容告知延安驻渝代表，此实属不妥"。①

此外，在这次会谈中，斯大林取出旅顺口地图称，旅顺口以南缪岛、雷岛为中立，以往原属中立区域范围。莫洛托夫取出关于此问题之协定草案，具体内容如下：

> 两缔约国兹于签订旅顺大连及其邻区协定之时，同意关于在旅顺港以南半径一百公里之内之岛屿，如建筑海军根据地，必须双方同意始能实行，本宣言作为本日签订之旅顺大连及其邻区协定之一部分。②

关于这次会谈，宋子文致蒋介石电称：

> 今晚与史大林会谈，空气极为和欢，仍尚有数问题必须当面请示钧

---

① 《事略稿本》，第 492～507 页。
② 《事略稿本》，第 506 页。

座，拟乘史赴柏林三头会议时返国一行，会后再来苏作最后决定，史今日表示甚赞成，职定寒（十四）日与苏联大使经国等返回，约铣（十六）日可抵渝，胡次长留此。关于苏联交涉一事，务乞钧座专饬各报勿加评论，苏方已同样通知苏联报纸，谨闻。①

7月13日，中苏发表公报，宗旨为柏林美英苏三国会议后再继续协商。②

七

宋子文等于莫斯科时间7月14日乘机返重庆，归国后，宋子文于重庆时间7月17日上午向蒋介石报告了对苏交涉始末。③ 18日，蒋经国又向蒋介石详细报告了与苏联交涉一般情况，蒋介石之总结为："俄国政策一、求战后20年之安全与苦干；二、希望我为其友而不与美国为敌也。其对我之贡献意见：一、干部重要；二、战后民族工业之建立不为外国商品之市场也。"④ 当天上午，蒋介石审阅与斯大林第二次至第六次谈话记录，认为有数处缺点，对外蒙古问题以公民投票方式解决尤其认为不妥，并后悔当时其自身之指示之不检。⑤ 19日下午宋子文见蒋介石表示，如果中苏谈判不能按照中方要求办到，则其不愿再赴苏联。⑥

19日下午，蒋介石研究对苏联大使的谈话方针⑦后，于下午6时至8时，接见彼得洛夫大使进行了谈话。关于谈判情况，蒋介石首先强调了中国承认苏联要求外蒙古独立及中国之目的，即：

> 保持现状就是照目前情状中国有宗主权之谓，而绝非独立之意，若外蒙独立则于我国牺牲甚大，我国人民和党内一部分人都会反对的，但为增进中苏友谊，为消除障碍中苏友谊合作的原因。虽然牺牲很大，我可克服一切反对的意见，解决外蒙问题。不过这样的决定，将使中国政府限于困

---

① 《事略稿本》，第492页。
② 《蒋介石日记》，1945年7月13日。
③ 《蒋介石日记》，1945年7月17日。
④ 《蒋介石日记》，1945年7月18日。
⑤ 《蒋介石日记》，1945年7月18日。
⑥ 《蒋介石日记》，1945年7月19日。
⑦ 《蒋介石与彼得罗夫大使谈话稿》，T. V. Soong Archives，Box 68.6。

难的地位，所以同时必须苏联协助我东三省领土主权与行政权的完整，及解决国内共产党问题，使国家真正统一，和新疆变乱的解决。

蒋同时称："这三点做到，我才可排除一切反对的意见，解决外蒙问题，而且外蒙问题只有在我当政时代由我手里可以解决，除我以外，任何人和任何政府都不敢解决这个问题，希望史达林元帅了解我国之牺牲重大。"

蒋接着称，对于中国须要解决的三件事，对第二、第三两项斯大林已经有恳切之表示，但是关于第一项即中国东三省的领土主权及行政之完整一点，双方意见还有出入。具体问题有四点，即：第一，关于旅顺。中方要求为领土行政主权必须完整，行政人员由中方指派，先得到苏方之同意，则主权便不能完整。第二，关于旅顺港。既然共同使用，则必须组织"中苏军事委员会"，负责处理有关各种问题。第三，关于大连。必须为纯粹自由港，但是某仓库和运输工具等可租给苏方使用，并可聘用苏联专门技术人员和顾问。第四，关于由大连至沈阳的铁路，不可列入军港范围内，并称"本人明白该地军事的形势，军港如果没有其北至金州狭小海股一段地域在内，那是要受威胁的。不过在这段狭小海股以北九公里地域在内可由中苏军事委员会来协商办法，终不使旅顺军港因此减少他的价值"。

关于"中苏军事委员会"，彼得洛夫大使询问，是否设在旅顺及其是否会长期存在。蒋介石关于前者予以肯定，关于后者称，以中苏盟约有效期限为限，决不会妨碍旅顺军事，而且可以协助苏方满足各种军事上的需要，同时称，中东和南满铁路的董事长必须由中方指派，但是中东路局局长可派苏联人充任，至于南满铁路局局长须由中方指派。最后，蒋介石称，"本人的意见大概如此，这是我最诚恳的意思，希望大使报告史达林元帅"。

关于蒋介石所言内容，彼得洛夫大使强调，在斯大林与宋子文之谈话中，曾经两次强调苏联政府只承认与国民政府的关系，只承认蒋介石为中国的领袖后。对于外蒙古与东三省问题，他向蒋介石提出苏方主张与中方主张之区别及其原因，并且强调其主张为中苏互利，即：第一，关于外蒙古问题。不仅因为其为中苏之间一切误会之根源，还因为对于外蒙古人民屡次表示其独立愿望，苏联认为是合理的。关于此一问题，斯大林重视中方意见，即现在决定外蒙古独立的原则，待战争结束及外蒙古人民投票表示独立愿望之后，再宣布外蒙独立。第二，关于中国在东三省领土主权及行政之完整。苏联一向不怀疑，斯大林亦郑重表示过，但是"因为顾虑日本失败后可能再恢复势力"，苏联才拟于旅顺港内建立对日本的强有力海军根据地，为期30年，在此期间苏联预备在海参崴以北各港建立足以对付日本的海军根据地，在大连港，苏联拟获得优势地位。并称，"关于两条铁路和两个海港的使用问题，主要是为对付今后日本之可能的侵略，所以苏联在旅顺力量强大不仅对苏联有利，且对中国一样是有利的"。

蒋介石坚持两条铁路和两个海港的中国主权与行政一定要完整，否则将引起许多误会，并且如果苏联要在旅顺巩固力量，必须与中国密切合作，其基础条件为苏联必须尊重中国领土主权与行政之完整。若能如此进行，中方一定不会妨碍苏联的军事，并且会给予苏方各种军事上的便利。此外关于"外蒙疆界"问题，蒋介石提出应根据前清以来民国初年中国所划定区域之地图为标准，"因为这张地图是最公平的，后来的许多地图都有变动，都不正确"。对此，彼得洛夫称，宋子文在莫斯科也提过一种地图，但是苏方始终并没有见到，"现在最重要的是决定外蒙独立的原则，至于外蒙疆界问题可待日后来解决"。关于疆界问题，彼得洛夫提出了与斯大林之"承认现状"之不同的主张，即非"承认现状"，而为暂时搁置。蒋介石又称，外蒙古独立以后中国可与外蒙古正式建立国交。彼得洛夫回称，中苏两国都应与外蒙古建立友好的外交关系。

在这次谈话的最后，蒋介石对彼得洛夫大使称，将把此次谈话的内容通知杜鲁门总统，因为中国须要答复美国所送来之《雅尔塔协定》有关中国问题的备忘录，这无疑是试图通过美国牵制苏联之表示。此外，蒋介石又请彼得洛夫大使向斯大林报告，"中国外交是自主的，中国事情将由中国自己决定，别人不能左右我们的主张，所以这次柏林会议，如果讨论有关中国的问题而有所决定，因为中国并未参加会议，中国决不承认"。即中国对苏外交之"自主与牵制"的原则在此表述无疑。这一点在柏林会议后的中苏会谈方针与谈判过程中体现得更加清楚。

八　结语

在没有"美国的援助"这一非常不利的情况下所进行的中苏直接谈判，蒋介石不得已做出以承认外蒙古独立，作为向苏联换取其保障东北领土主权之完整、不支持中共、不接济新疆叛乱的重大决策。但是在以此为基础的谈判过程中，经过中方的不懈努力，不能不说中方不仅在向国民说明在外蒙古独立的策略上取得了一定成果，在关于东北问题上也获取了某些确实的权益保障，其性质是以捍卫民族主义为主，同时兼顾现实。关于旅顺军港，蒋介石提出

"中苏军事委员会"之建议，① 就是一个明显的例子。可以说中方一直在捍卫民族主义与获得现实性利益之间不断地进行权衡与抉择，这是对苏交涉的最大特点。同时，还必须强调指出，在这一谈判中，苏方除了再不"租借"旅顺而与中方共同使用军港方面做出让步之外，在其他重大问题上，例如，同意中方战后公布承认外蒙古独立之主张、不通过铁路运兵等也有一定的让步，无疑，这也是中方对苏交涉努力之结果。

---

① 在柏林会后的谈判中得到苏方之同意。

"二战"结束前后旅意华侨的救济与赔偿

台北中研院近代史研究所　张　力

1937 年第二次中日战争爆发以前，中国和意大利维持颇为密切的关系。南京国民政府与墨索里尼（Benito Mussolini，1883～1945）执政的意大利政府，发展多方面的交流。在政治方面，中意两国于 1934 年 9 月 27 日同意，将中国驻意公使馆及意大利驻华公使馆，各自升格为大使馆，由刘文岛（1893～1967）出任中国首任驻意大使，罗亚谷诺（Lojacono）出任意大利首任驻华大使。意大利是继苏联之后，第二个在华派驻大使的国家，国民政府行政院院长兼外交部部长汪兆铭（1883～1944）是以"代表东西最古文化的两国邦交，益增亲密"，[①] 深予期许。文化方面，1934 年 11 月下旬于斌（1901～1978）、徐悲鸿（1895～1953）等 30 余位学术界人士发起筹组中意文化协会，意大利方面则由墨索里尼的女婿，曾任驻华公使的齐亚诺（Ciano）大力推动，于 1934 年 5 月 23 日在罗马成立中意协会。此外，意大利派有军事顾问，协助中国进行军事的现代化。因此，在 1930 年代的前半期，中国派出教育、军事、航空、交通考察团，到意大利访问，另有留学生的派遣、教授的交换、展览会的举办、教育电影在华推广等活动，均显现密切往来的中意关系。

1930 年代中期以后，中意关系开始受到考验。1935 年意大利出兵埃塞俄比亚（Abyssinia），国际联盟宣布其为侵略者，对之实施经济制裁。中国因有东三省被日本占领的惨痛经验，对于意大利占领埃塞俄比亚，如何做出适当的响应，颇感为难。此时又有柏林－罗马轴心的建立，以及德国和日本签订防共

---

① 《中央日报》，1934 年 9 月 29 日，第 1 张第 2 版。

协议，德、意、日三国关系更加密切。七七事变爆发后，《九国公约》签字国和后来的签署国于布鲁塞尔集会，共 19 国，意大利成为未出席的日本之代言国，力促中日谈判。墨索里尼和齐亚诺对奉命寻求争取意大利支持的中国特使蒋方震（1882～1938）、陈公博（1892～1946），冷嘲热讽，甚至在 11 月 30 日决定承认伪满。中国对意大利承认伪满之举虽不感到意外，但仍受到打击。两国邦交日趋冷淡，勉强维持到 1941 年 7 月意国承认汪伪政权，12 月太平洋战争爆发后，中国正式对意大利宣战。

既无邦交，又处于战争状态的中意两国，在"二战"期间虽然并未真正兵戎相见，但仍会在国际法的范围内，处理敌产和敌人。1943 年 9 月 8 日，意大利向盟军投降，中国成为战胜国，首先对于曾被意政府视为敌人的华侨，展开救济，继而又向意政府交涉，进行华侨财产损失之索赔。本文即对中国政府与驻外人员在这两方面的努力做一探讨。

一　"二战"结束前旅意华侨之救济

意大利向盟国投降前半个多月，就有国际红十字会驻意代表向瑞士日内瓦总部报告，有 42 名中国旅意侨民被拘于意大利梵拉梦迪（Ferramonti），已有一年半，生活困苦，希望中国政府稍予救济。[①] 外交部遂请主管机关赈济委员会设法救济，并电侨务委员会查照。[②] 赈济委员会直到 11 月 26 日才依侨务委员会提示的救济意见，回复外交部。因为此时英美联军已经进入意大利，故而赈济委员会请外交部迅速电饬驻瑞士公使馆，分别转商英美联军司令部，将被拘华侨查明解放。再由赈济委员会拨相当款项，酌予救济。如果华侨本身的志愿、技能、年龄尚可服务者，可听盟邦就近酌派服务；如不堪服务者，即遣送回国。若是交通不便，一时不能遣返回国，将暂时送往安全地带。万一环境不允许，侨民尚未获得解放，就先予救济。赈济委员会依此建议，决定发给每位被拘侨胞救济费法币 2000 元，共计法币 8.4 万元，结汇后汇交驻瑞士公使馆，查明按名发给。领款侨胞的姓名、年龄、籍贯、职业、原居留地，应分别造册具体报送赈济委员会备查。被拘侨胞如已获解放，迁往他处，或因意大利局势变化而被移居他地，以致无法救济，则将此救济款项暂存驻瑞士公使馆，作为救济侨胞

---

①　《1943 年 8 月 17 日驻瑞士公使馆电外交部》《1943 年 8 月 21 日任起莘电外交部》，《意大利集中营华侨救济案》，台北，"国史馆"藏，外交部档案：0671. 50/8040. 01 - 01（以下同）。

②　《1943 年 8 月 28 日外交部代电振济委员会、侨务委员会》，《意大利集中营华侨救济案》。

准备金，随时准备动用。① 外交部遂通过外汇管理委员会购买 4200 美元，汇寄驻瑞士公使馆，并令其与驻教廷公使谢寿康（1893～1974）商洽办理。②

根据教廷习惯，各国驻教廷使节不得兼顾保护其旅意侨民。中国驻教廷公使谢寿康鉴于意大利已屈服，就集中营的华侨释放和善后事宜均待解决，乃建议外交部恢复驻米兰领事馆，或另设总领事馆，专管侨务，但外交部表示此事暂不考虑。③

驻瑞士公使馆秘书任起莘在收到国内汇款之前，已函请国际红十字会查出集中营是在意卡拉布里亚（Calabre）省的 Terramonti Itarsia 地方，属盟军占领区。但由于意大利和瑞士之间的铁路交通在 1943 年 9 月意政变后阻断，国际红十字会无法探查这些难民已否被放，或已迁至意北部，救济品也就无法送去。④ 此外，任起莘也指出，驻瑞士公使馆无法与英美联军在意司令部直接通信，需要经由本国主管机关代转，即由中国外交部径电驻美、英大使，转商英、美外交部。⑤

而在此时，驻阿尔及尔（Algiers）领事陈忠钧来电报告，当地的英、美军事当局向他询问，意大利占领区集中营有华侨多名，该如何处置。陈忠钧遂与该军事当局商洽，在这些侨民可能回国之前，请其设法给予相当工作，以维持生活。⑥ 外交部并未反对陈忠钧的处理方法，但要求他径洽驻瑞士公使馆，看看能否与联军取得联系。⑦

由于外交部尚未同意恢复或新设领馆，专管侨务，因此在集中营之被拘华侨，仍由驻教廷公使非正式照料。据探查所得情况，Terramonti 原有华侨 40 余人，部分为船舶水手，其余为浙江青田籍商人，但因交通断绝，无法探悉真实情形。而在 Gransasso 集中营，尚有华侨 200 余人，多为青田籍商人。该处情况原属良好，不过 9 月政变之后，集中营几乎无人管理，生活转为艰苦，由教廷设法救济，另有中国政府捐助 500 美元，可以暂时维持。驻教廷公使馆遂拨 6 万里拉意币，托交教廷外交部转发救济。又托英、美驻教廷使节，电请其政

---

① 《1943 年 11 月 26 日振济委员会电外交部》，《意大利集中营华侨救济案》。
② 《1943 年 12 月 1 日外交部电驻瑞士公使馆》《1943 年 12 月 1 日外交部函外汇管理委员会》，《意大利集中营华侨救济案》。
③ 《1943 年 9 月 9 日谢寿康电外交部》，《意大利集中营华侨救济案》。
④ 《1943 年 12 月 17 日任起莘电外交部》，《意大利集中营华侨救济案》。
⑤ 《1943 年 12 月 14 日任起莘电外交部》，《意大利集中营华侨救济案》。
⑥ 《1943 年 11 月 22 日陈忠钧电外交部》，《意大利集中营华侨救济案》。
⑦ 《1943 年 12 月 27 日外交部电陈忠钧》，《意大利集中营华侨救济案》。

府转将梵拉梦迪（Ferramont）华侨全部释放，并于必要时酌予救济。[①]

国内对于集中营华侨的救济，原只限于最初得知的 42 人。经进一步调查，集中营华侨约 300 人，如此将有多人无法获得救济。谢寿康乃建议外交部，拨款平均分配，可勉强敷用。外交部同意其照办。[②]

1944 年 4 月谢寿康得知，Gransasso 华侨被德军征调到 Pescara 前线做防御工程，情况狼狈。谢寿康当即往晤教廷外交部部长，托其向德方交涉释放，并交给意币以便救济。教廷外交部部长向他表示最近将派员前往视察该区教务，将借此机会调查慰问当地华侨，不过建议由谢寿康备文，以凭办理。谢寿康于是拟就备忘录，指出过去德国对于德、法、比华侨，向持温和态度，德国政府也知道中国政府对德侨待遇宽厚。德国对中国应有所报答，故而对于在德军势力范围内的华侨，亦采同样待遇。如果德军在意不从速改变这种处置，中国政府对德侨之待遇将不得不重加考虑。[③] 不过德国军方表示，不知这些华侨下落。到了 5 月，谢寿康自教廷方面得知，Gransasso 尚有华侨 100 人，因意政府只发生活费，以致经济困难，不过行动较自由，可在附近城镇贩卖零星物品，维持生活。谢寿康提出每人发救济费 1000 里拉。该处华侨称，另有 50 余人被德方征送到意大利中部 Kydomaz，工作情况尤为艰困，教宗派员至该处视察，并发放救济费，而前款不敷之数，由教廷捐赈。[④]

二　战后意侨损失索赔之交涉

旅意华侨在战争期间不仅人身自由受到限制，而且其财产损失也值得注意。1944 年 8 月，联军管制委员会难民司的中国代表朱英九就开始向侨民调查战时财产损失情况。1945 年 8 月，第二次世界大战结束，开始筹备和平会议的召开，这时驻教廷公使谢寿康已初步依照华侨之呈报，统计财产损失为 349987 美元，但并无详目。[⑤]

1945 年 10 月驻意使馆代办薛光前（1901～1978）抵任后，再依照外交部

---

① 《1944 年 1 月 29 日谢寿康电外交部》，《意大利集中营华侨救济案》。
② 《1944 年 1 月 29 日谢寿康电外交部》，《意大利集中营华侨救济案》。
③ 《1944 年 4 月 3 日谢寿康电外交部》，《意大利集中营华侨救济案》。
④ 《1944 年 5 月 10 日谢寿康电外交部》，《意大利集中营华侨救济案》。
⑤ 《1945 年 9 月 13 日外交部电驻伦敦大使馆》，《对义和约案（一）》，台北，"国史馆"藏，外交部档案：172－1/2300－1（以下同）。

所颁格式，重行调查。1946 年 3 月驻意大使于焌吉（1899～1968）抵任，继续进行调查。7 月调查结果显示，受战争损失者 570 人，财产损失总计为 89.95 万美元，其中因受联军轰炸损失者 36.67 万美元。① 此一数字即为巴黎和平会议期间，中国要求赔偿的根据，亦仅是在华侨财产损失方面的诉求。

1946 年 7 月 29 日，巴黎和平会议揭幕。关于赔偿问题，中国首席代表王世杰（1891～1981）于 7 月 30 日发表大会演说时指出，中国对意不拟提出任何赔偿，中国人民所受一切损失，将由中意自行解决，吾人对意之赔偿能力应加注意，不应在条约中规定将来不能履行之办法，并应念及意大利最后系与盟国共同作战者。如赔偿数目要求过大，不但意不能履行其义务，而战败国经济之混乱，必助长国内反动分子之活动，影响世界经济之平稳。是以中国代表团深望各国对意赔偿之要求从宽讨论，俾意得以继续其经济之生存。②

意大利对于同盟国之赔偿问题，在意大利经济委员会之中讨论。和平条约草案第 64 条，分（A）对苏联赔偿，（B）对苏联以外的 12 个其他同盟之赔偿。在后者的讨论中，中国代表于发言中再次声明：

> 对义赔偿要求应就义经济能力予以考虑，盖一国经济之破产势必影响全世界之经济，中国代表团不要求义国赔偿，并准备与义签订有关赔偿之协定。吾人犹忆庚子年义国丧失数人生命，竟向中国榨取 28000000 美元之赔款，此次战争我国丧失人命之数倍于此，而吾人并不要求赔偿。和会之至高目的，在建立永久和平。因此吾人不应将不能实行之条款，订入合约中，况世界任何部分之经济生活，无论距离如何遥远，将无疑的影响世界其余部份之经济安定。如战败国被迫担任不能担负之经济责任，将有使其国内政治局势，引起反动势力或竟至法西斯主义或纳粹主义死灰复燃之可能。为预防此种发展，吾人应于此缔结和约之时，先事加以注意。

中国代表对意大利表现善意，但旅意华侨则提醒参与会议的王世杰部长，应向意方要求赔偿损失及改善华侨的待遇。曾经在 1946 年 2 月 12 日汇集侨胞损失调查表，呈报驻意大使馆的旅意华侨工商联合会，并于 8 月 3 日通过驻意使馆呈报王世杰，说明意大利给予华侨的待遇，"战前姑置弗论，战后仍持苛刻，或

---

① 《1946 年 7 月 11 日于焌吉电外交部》，《对义和约案（一）》。
② 《中央日报》1946 年 8 月 1 日。

竟过之。诸如人民之排华行动，警厅之偏护义人，报纸之攻击我国家及我人民，非法拘禁华侨，没收华侨财产，强占华侨住宅等等，不一而足"。① 中国代表也不断表示，意侨损失，一定索取赔偿。会议将结束，意大利国务总理兼外交部部长盖斯帕里（Alcide De Gasperi，1881～1954）于10月5日接见于焌吉，对中国于和会中迭次发言，对意主持正义公理，极为感谢。并先语赔偿旅意华侨损失等问题。

和会结束时，中国代表团致意大利备忘录一件，提出两项赔偿：（1）战时旅意华侨损失费130万美元；（2）中国政府战时垫支在华意侨管理费18498.16美元。两者合计为1318498.16美元。并声明意政府应于和约开始生效后之6个月内，与中国方面进行谈判。否则中国政府将依据和约草案第69条之规定，没收所有意国在华官产，以资清偿。②

巴黎和会闭幕后，驻意大使馆即根据对意所提备忘录，开始进行向意国政府提出华侨赔偿之要求。中国所要求之华侨损失赔偿款项共为130万美元，具体分类项目见下表。

旅意华侨损失偿款明细表

项　　目	意币（万里拉）	折合美元（万元）
（一）1940年被意法西斯政府拘于集中营华侨207人之财产损失：		
1. 货物之损失	88.3	8.83
2. 意币现款之损失	16.9	1.69
3. 外币之损失	—	22.38
（二）因被强迫劳工及迫害而死之华侨21人 　　每人赔偿2万美元	—	42
（三）战时遭法西斯政府劫掠与迫害者94人，其财产损失：		
1. 货物之损失价值	1241	12.41
2. 意币现款之损失	281	2.81
3. 外币之损失	—	2.95
（四）在意大利北部遭飞机轰炸而损失者260人，其财产损失：		
1. 货物之损失	3041	30.41
2. 意币之损失	108	1.08
3. 外币之损失	—	5.45
合计		130.01

---

① 《1946年8月3日旅义华侨工商联合会函王世杰》，《对义和约案（一）》。
② 驻意大利大使馆编《旅义华侨战时财产损失赔偿案总报告》，民国三十八年七月，《旅意大利华侨二次大战损失赔偿》，台北，中研院近代史研究所藏，外交部档案：363.1/0001（以下同）。

驻意大使馆代表与意外交部代表先后会商多次，关于应赔偿数额，彼此意见相距甚大。意政府提出以下理由：（1）对旅意华侨战时财产损失，原则上可磋商赔偿方式。（2）对中方备忘录所列死亡 21 位华侨，不承认赔偿，其理由为此项赔偿应仅以财产损失为限，精神上、生命上之损失无价可计，无法赔偿。（3）财产损失项下之约 88 万美元中，有外币损失达 30.78 万美元，意政府认为该国法律禁止外币流通，私人无故携带外币，依法应受惩处，故关于此项，意政府不负赔偿之责。（4）因轰炸而致损失之财产，其发生于 1943 年 9 月 8 日意投降以后者，意政府不负赔偿之责。（5）备忘录所列华侨货物、财物及意币现款之损失，共计 56.96 万美元，意方以为过巨，不拟以为计算赔偿之标准。（6）华侨有 700～800 人，申报损失者有 560 人，意方认为实际受损失之人数不致如此之多，如以意全国统计，平均每 3 人仅 1 人受损为根据，则华侨受损失者，估计当仅为 300 人左右。（7）财产损失必须组织一委员会进行调查，证明确实，提出合法证据者方予赔偿；财产损失较巨者，其营业者必须持有营业执照，曾依法缴纳营业税，有一切合法证据。（8）如不经上项调查手续即行赔偿，则赔偿数额须较中方所提者为少。意方根据这 8 项理由，以华侨受损失者 300 人计算，平均每人战时损失估计每人为 5000 里拉。物价上涨以 20 倍计，赔偿其 2/3，估计应赔总数为 2000 万里拉。经双方迭次交涉，意方才同意每人损失 10000 里拉计，得 4000 万里拉。最后至多只愿赔偿 6000 万里拉。①

中国方面之主张则为：（1）战时华侨损失之赔偿费，以 1 亿里拉为最低限度，不能再少。（2）中意此项谈判，应以政治态度寻求解决，"意方不应斤斤从事于损失数字之计较"。基于中国在巴黎和会中对意之道义援助，以及今后中意友好邦交之重新树立，意政府应该无条件接受中方所提出之最低要求。（3）万一意方不能照 1 亿里拉之数赔偿，则将组织委员会进行调查，照实在损失数字十足赔偿。（4）如意方故意延宕，中方将考虑采取报复手段。②

意政府对中方坚持至少应赔偿 1 亿里拉之要求，一时无法决定。至 1947 年 3 月初，意外交部与财政部召开联席会议，商讨此事，结果名义上愿照中方

---

① 驻意大利大使馆编《旅义华侨暂时财产损失赔偿案总报告》，民国三十八年七月，《旅意大利华侨二次大战损失赔偿》。

② 驻意大利大使馆编《旅义华侨暂时财产损失赔偿案总报告》，民国三十八年七月，《旅意大利华侨二次大战损失赔偿》。

要求，赔偿 1 亿里拉，但付款方式则欲照各国赔款先例，只付全款的 2/3，仍是只愿赔偿 6700 万里拉左右。驻意使馆认为不能接受，乃由于焌吉大使亲访意国务总理德盖斯帕里及外交部部长史福卓（Carlo Sforza，1872～1952），说明 1 亿里拉之数不能减少。于焌吉又在 3 月 18 日举行盛大宴会，邀请意国务总理和各部部长，当面促其接受中方意见。

其后意外交部及财政部再度开会，商讨结果，决定完全接纳中方要求。4月底意外交部负责人正式口头通知中方，称意政府已决定：（1）赔偿旅意华侨战时财产损失意币 1 亿里拉；（2）偿还中国政府在战时对在华意侨之管理费 18498 美元。中方对此予以同意，认为本案可就此解决，同时应意外长之请，就此项交涉订一协议，将来由双方签字，共同发表。

因中意双方交涉已久，在意各地华侨希望早日签订，以便意方早日付款。但意方以既经允诺赔款为理由，于 5 月间提出请中国政府发还意在华官产。此后双方再经交涉，最后彼此同意：（1）由中意双方签一换文，意方表示赔款，中方表示接受；（2）意外长致函中国驻意大使，请中国政府发还意在华官产，由大使函复同意。1947 年 7 月 30 日，于焌吉大使与意外长史福卓在意外交部将两项换文正式签字，互换文，战后旅意华侨损失赔款交涉，至此告一段落。

三　意大利赔款之分配与发放

意政府承允赔偿旅意华侨战时财产损失之换文，虽经双方签字，但在手续上尚有待于 9 月 10 日意国会复会通过该案后，始能由财政部拨发此款。事实上意政府因政治上之原因，一时未将该案提交国会。驻意使馆为把握时间，早日确定赔款分配办法起见，于 1947 年 8 月 2 日召集罗马、米兰各地华侨代表陈绍安、周灿明、林上科、叶长青、林日初、华金玉、陈一仙、陈竹廷、胡志贤、吴镇廷、吴式中、吴历山、潘志明 13 人，在大使馆开会商讨，以期拟定一公允分配办法，呈送外交部核定。会议自 8 月 2 日至 5 日，前后开会 4 次。大使馆出席者有大使于焌吉、参事罗世安、秘书高尚志、顾问米莫，及驻米兰领事颜景生。由于华侨所报并非均属实，若干华侨所报数字过大，大使馆人员与华侨代表详细讨论，最后公决了代表和一般华侨表示满意并认为公允妥善的赔款分配办法。9 月17 日，行政院核准《赔款分配办法》。9 月 20 日驻意大使馆将此办法通告旅意华侨，并说明一俟意国会通过并拨款后，大使馆即可发放。[①] 但是直到12月5日意国会始行通过。

1947年12月5日意国会通过对中国旅意华侨战时损失赔偿后，意政府因拨款仍有种种手续，年底不及拨付，而华侨在年底急需金钱。于是驻意大使馆向意外交部预支意币1000万里拉，于1947年12月26日分发各应领赔款侨民每人3万里拉。[②] 1948年2月13日，驻意大使馆收到意国政府拨给之剩余9000里拉，当即立专户存入罗马商业银行，凭支票发款。自2月21日起分发罗马及附近各地华侨赔款，3月9日派员赴米兰分发。发款手续系由领款人邀同侨民两人担保，填具三联收据，亲自持护照向驻意使馆具领。领讫后使馆在护照上加盖戳记并发给支票。至1948年5月，所有在意侨民均已依此方法具领完毕。

而旅意侨民战时落难者，生活无法维持，不得不在罗马联合国善后救济总署与其后之国际难民会会所设之难民收容所居住，以待遣送返国。自1946年至1948年的三年间，驻意使馆同该署遣送返国者共556人，遣送船费除该署拨付一部分外，大部由中国政府负担。返国侨民中未及具领赔款者有300余人，均于1946年遣送返国者，籍隶浙江青田、瑞安、永嘉诸县。已返国和战时殉难侨民以及返国后死亡之侨民，驻意使馆特于1947年2月20日订定《返国旅意侨民及死亡侨民家属具领赔款办法》，约分两类。

（1）侨民来函愿委托其在意友人代领意币者：驻意使馆于1948年3月间备就通知领款函，内包括赔款分配办法、已返国侨民具领赔款办法、委托代领书三种，分别寄往国内各该侨民住所，饬其将委托代领书填妥，盖字签章，并由各该县政府加盖关防证明，寄交在意友人，至本馆具领。至于死亡者，按照《中华民国民法典》第1138条至1146条规定，确定遗族身份，其愿委托在意友人代领者，再照一般代领办法办理。至1948年度止，已经托人将应领款代领的返国华侨，总计约150人。

（2）侨民来函请由银行汇寄者：至1948年7月底，共达160余人，需款意币2800余万里拉。

1949年1月以后，各返国侨民之尚未具领赔款者，或请驻意使馆以美元

---

① 驻意大利大使馆编《旅义华侨暂时财产损失赔偿案总报告》，民国三十八年七月，《1947年8月6日驻义大使馆电外交部》，外交部档案：172-1/2300-1，《对义和约案（一）》。

② 《1948年3月26日驻义大使馆电外交部》，外交部档案：172-1/2300-1，《对义和约案（一）》。

汇票径寄国内，或委托友人来大使馆领取美元汇票，均经使馆一一发放。至1949年8月3日止，全部返国侨民之尚未具领赔款者仅16人，因其住址均在浙江"共军"占领之下，邮信断绝，赔款无从寄发。此16人赔款共计4658.14美元，暂由驻意使馆代为保存，准备等邮电恢复或知其确实地址后，再继续发放。

宋美龄访美外交成功之背后：
心身疾病与蒋家政治

日本中央大学　土田哲夫

一　前言

抗战期间，蒋夫人宋美龄以特殊的身份与才识，在外交、宣传、翻译工作等领域充分发挥了其内助之作用。尤以 1942 年 11 月至 1943 年 7 月的访美外交活动，为其一生对外活动中最成功之事，也是对抗战做出最大贡献之事。作为中国的第一夫人宋美龄在访美期间受到了美国朝野的热情款待和特殊关注。其间，宋美龄就战时的各项重要问题除了与罗斯福总统等政要进行交涉、在美国国会两院发表演说以外，还在美各地做了巡回演讲等。特别在与罗斯福总统等美国政要进行会谈之际，就盟军的战略及战后问题等强有力地提出了中方的各种要求。这些活动在当时引起美国媒体、舆论界的高度关注，并进行了善意的报道。基于此，大多数的学者皆将宋美龄之访美活动定位为一种正式的外交、宣传活动，并给予了很高的评价。①

---

① 有关宋美龄的传记研究为数较多。其中代表性的著作有杨树标、杨菁《宋美龄传》，浙江大学出版社，2010；林博文《跨世纪第一夫人宋美龄》，台北，时报文化，2000；Hannah Pakula, *The Last Empress：Madame Chiang Kai-Shek and the Birth of Modern China*，London：Weidenfeld & Nicolson，2010 等。已出版的宋美龄专题讨论会论文集有秦孝仪主编《蒋夫人宋美龄女士与近代中国学术讨论集》，台北，中正文教基金会，2000。此外，专门探讨宋美龄访美的论文有吴圳义《蒋夫人访美演讲之宣传功能》，（香港珠海学院）《珠海学报》第 16 期，1988 年 10 月；T. C. Jespersen, *American Images of China，1931 - 1949*，Stanford，Cal.：Stanford University Press，1996，pp. 91 - 102；石之瑜《从蒋夫人宋美龄对美外交论中国的地位》，《近代中国》第 113 期，1996 年 6 月；石之瑜《美国媒体如何报道蒋夫人访美行——一九四三年二月二十日》，《近代中国》第 116 期，1996 年 12 月；马晓华《幻の新秩序とアジア太平洋》，東京，采流社，2000；石川照子《米中関係と宋美齢：日中戦争時期の対中支援要請活動をめぐって》，《大妻比較文化》第 2 号（2001）；等等。

本稿于此之外欲明示另一事实，即宋美龄出国访美的第一目的并非从事外交等公务活动，而是纯粹为了自身的私事——治疗疾病。事实上宋美龄一到纽约就马上住进医院接受治疗，此后在大约三个月的时间里，谢绝与各方往来，专心治病，于病稍好出院后才开始其公开的活动。[①]

在运用史料方面，本稿立足于斯坦福大学胡佛研究所所藏的《蒋介石日记》、"宋子文档案"和"居里档案"[②] 等第一手资料，尝试理清以下鲜为人知的诸事实，即：1942～1943 年宋美龄访美的来龙去脉与逗留美国的公私缘由，在其出色而显眼的外交活动之背后所隐藏的个人难言的病情和苦恼，以及美国医生对她所施行的各种诊断、医疗处置等实情，宋美龄的疾病与蒋介石的政治运用模式之间的内在联系等。

二 宋美龄访美的经纬

（一）抗日战争与宋美龄的活动

抗日战争爆发后，宋美龄的活动范围并不仅仅停留于其领袖夫人分内的协助性交际活动、指导妇女运动等领域，而广泛涉及国际宣传、对外联络、政府的外交交涉，以及美国志愿援华航空队的创设与管理等政治性活动的各方面。长年生活于美国、接受过美式教育、英语"比大多数的美国人都流畅"、[③] 且为基督教徒的宋美龄，当时在对美之国际宣传、外交交涉上无疑是最理想的人选。

宋美龄除了以其流利的英语多次发表对美广播演讲外，还通过接受英美报社记者的采访、向海外报纸杂志投稿、对外树立中国的形象、向美国朋友以及各种援华组织的成员投函等方式，明确且有力地宣传中国的抗战主张。1938

---

① 关于宋美龄的疾病，杨天石教授在其著作《找寻真实的蒋介石》（香港，三联书店，第 464～465、479～482 页）中，利用《蒋介石日记》的有关记载做了若干阐述，但其侧重于蒋宋夫妻之间的关系，并未全面地分析宋美龄的疾病及其治疗问题等。另外，论及蒋介石健康问题的著作，则有其"侍医"的回忆录和一些专论等。参照熊丸（陈三井访问）《熊丸先生访问纪录》（台北，中研院近代史研究所，1998）、皮国立《抗战前蒋介石的日常医疗经验与卫生观》（吕芳上编《蒋介石的日常生活》，台北，政大出版社，2012）等。

② 本稿将 T. V. Soong Papers 略称"宋档"，将 Lauchlin Currie Papers 略称"居里档"。

③ 资料根据为 1941 年采访了宋美龄的美国记者 Annalee Jacoby 的回忆和 Stephen R. Mackinnon and Oris Friesen, *China Reporting*: *An Oral History of American Journalism in the 1930s and 1940s*, Berkeley, Cal.: University of California Press, 1978, p. 91。

年 6 月前后发行的英文版战时宋美龄言论集 *War Messages and Other Selections by May-ling Soong Chiang（Madame Chiang Kai-shek）*，[①] 收录了抗战以来大约 11 个月间，宋美龄所发表的 44 篇各种文章、演讲稿，以及 24 封书信等。这些宋美龄的书信、文章对当时的美国产生了多大的影响呢？仅举史汀生（Henry L. Stimson，1929 ~ 1933 年任美国国务卿，1940 ~ 1945 年任美国陆军部部长）的一个反应举动为例，即可知晓。史汀生接到宋美龄于长期不断遭受日军飞机惨炸的重庆亲手执笔的信件后，发出无限感慨，留下以下的记录。"宋美龄是一位多么了不起的女性啊。其夫君领导下的中国向世界所展示的勇气与坚定的意志是一种何等的榜样啊！"[②]

于外交方面，宋美龄不仅充当蒋介石的翻译，而且精力充沛地直接参与了各种对外联络、外交交涉等活动。

1941 年初，美国罗斯福政权为应对世界大战的扩大与日本进一步展开的军事扩张政策，明确显示支援中国抗战的意向。为此，罗斯福总统派遣经济学家居里（Lauchlin Currie）访中，为正式支援中国而做应有的调查。[③] 居里访华为蒋介石的外交战略的展开创造了一个重要的时机。此时正逢"皖南事变"不久，国共之间有可能再次出现冲突。蒋介石需要给居里提供一个好印象。让美国相信中国不会陷入内战危机，且具有坚决持续抗战的意志与能力，而向中国提供援助。在《蒋介石日记》里，蒋就多次记载了居里访华前应办的各种准备事项，显示其内心的紧张状态。[④]

1941 年 1 月 29 日，居里来华，2 月 26 日至蒋处告别，翌日离开中国。[⑤] 逢此难得的重要时机，在香港疗养的宋美龄即于 2 月 12 日飞来重庆，参与接待居里、与其进行交涉，以及展开联络等各种工作。在大约四周的访华日程里，居里精力旺盛地执行了各项公务，其间蒋"与之交涉谈话约在十二次以上"，宋美龄即作为翻译辅助蒋介石。[⑥] 蒋介石在日记中谈到自己之所以能让

---

① Hankow：The China Information Committee，1938？

② H. L. Stimson to C. V. Vickrey，1940. 2. 9（日期的顺序为年、月、日，以下亦同），Henry Lewis Stimson Papers，Yale University（耶鲁大学所藏"史汀生档案"）。

③ 陈立文：《抗战期间中国争取国际地位之努力论文集》，台北，东北文献出版社，2000，第 5 ~ 22 页。

④ 《蒋介石日记》，1941 年 1 月 23 日，《上星期反省录》，1 月 23 日、26 日、27 日各条。

⑤ 秦孝仪编《总统蒋公大事长编初稿》卷 4（下），台北，中国国民党中央委员会党史委员会，1978，第 637 ~ 646 页。

⑥ 《蒋介石日记》（1941 年 2 月 26 日条）："晚与居里谈话自七时至十一时半方毕，由妻任译自觉有条不紊也。"

居里理解中国的实情，多归功于宋美龄。日记原文为："其智慧明敏实超常人，此我内人协助之效力收效甚大耳。"[1]

居里此时还携带了罗斯福总统给蒋介石的信函，以及罗斯福夫人埃莉诺（Anna Eleanore Roosevelt）邀请宋美龄访美的邀请函。对此，宋美龄回信表示，非常遗憾的是眼下不能即刻离开中国，但可相会于不久的将来。[2]

在居里访华后，重庆的蒋介石与华盛顿白宫之间的联络网即得以形成。经济援助、美国志愿援华航空队的编成、交通线路的修筑，以及大量有关中美关系的通信联络工作等皆得以展开与实施。采用这种非正式的交流方式——不通过正式的政府外交机构来建构两国关系的方法，是欲避免在日美尚未开战的情况下，中美两国之间的反日军事、经济合作活动成为正规化；蒋介石、罗斯福两人都有不愿委任政府外交当局而喜欢亲自统括的倾向。宋美龄此时期即活跃于繁忙的对美国交涉、对美联络之第一线上。宋美龄承蒋介石之意，由重庆经美国顾问拉铁摩尔（Owen Lattimore）与在美国的居里展开联络，或者通过旅居美国的兄长宋子文与白宫联系等。在宋子文及居里档案文件中就保留了大量的双方往来的电文。

1941 年秋冬日美两国交涉之际，美国最终放弃了向日本妥协的方案，而转向实行强硬的对日政策，使交涉决裂成为现实。蒋介石自身就认为，此时能使美国转换方向的一大原因，就是得助于宋美龄与宋子文的努力。[3]

然而，如亲身参与外交、宣传、辅助蒋介石等活动所示，繁忙的工作与过度的疲劳，也给宋美龄的身体带来了很大的负担。以下，就抗日战争期间宋美龄的健康状况，做详细的分析。

（二）抗战期间宋美龄的病状与赴海外治疗情况

虽然对宋美龄的出生年月有诸种说法，但无论怎样都无法否定的一个事实，即宋美龄是活过百岁的长寿人物，其身体应该是极为健康的。实际上，抗战期间，宋美龄却常常为自己的疾病所烦恼。这是至今为止仍鲜为人知的事实。特别是移居重庆后，其健康状况逐渐恶化，自 1939 年至 1941 年间，就有 4 次赴香港接受治疗的经历。统计抗战期间宋美龄出外治疗的次数、逗留期间

---

① 《蒋介石日记》，1941 年 3 月 7 日条。

② Mayling Soong Chiang to Mrs. Roosevelt，1941. 2. 26，居里档，第 3 盒。

③ 《蒋介石日记》（1941 年 11 月 28 日条）："此时美国对倭态度之强化，全在于自我态度之坚定与决心之强毅，尤在于不稍延迁时间得心应手究理致知，乃得于千钧一发时旋转于顷刻也，而内子力助于内、[宋] 子文辅佐于外最为有力，否则如胡适者则未有不失败也。"

的长短等情况（见下表），明显可以看出宋美龄出外治疗的日程，逐次在延长。单从这一点来看，即可推测其病情并未趋于好转，而呈日益恶化之势。

抗战期间宋美龄出国接受治疗的情况表

序号	时　期	逗留期间	目的地
1	1939 年 3 月前后	不明	香港
2	1939 年 6 月 3 日至 7 月 4 日	约 1 月	香港
3	1940 年 2 月 12 日至 3 月 31 日	约 40 天	香港
4	1940 年 10 月 6 日至 1941 年 2 月 12 日	约 4 个月	香港
5	1942 年 11 月 18 日至 1943 年 7 月 4 日	约 8 个月	美国
6	1944 年 7 月 9 日至 1945 年 9 月 5 日	约 14 个月	巴西、美国

资料来源：

1. 《朝日新闻》1939 年 3 月 20 日。

2. 在香港日本总领事馆编《要人来往状况表（自昭和十四年七月一日至昭和十四年七月三十一日）》，亚洲历史资料中心，Ref. code：B02031670700。

3. 《蒋中正总统档案·事略稿本》(43)，台北，"国史馆"，2010，第 145、331 页。

4. 《蒋中正总统档案·事略稿本》(44)，台北，"国史馆"，2010，第 391 页；同书，第 45、502 页。

5. 启程日期依据《陈布雷先生从政日记稿样》（以下略称《陈布雷日记》，新北，"国史馆"专藏史料，全宗号 134，档案号：0161.40/7540.01－04）（四），1942 年 11 月 18 日所记载；归国日期依据《蒋介石日记》1943 年 7 月 4 日所记载。

6. 秦孝仪编《总统蒋公大事长编初稿》第 5 卷（下），台北，中国国民党党史会，1978，第 556、816 页。

就抗战期间宋美龄多次前赴外接受治疗的理由，可解释为如下几点。

第一，宋美龄的身体不适应重庆高温多湿的气候环境，因慢性老病的皮肤疾患渐趋恶化，而欲换地方接受治疗。当时重庆长期蒙受日军的空袭。为避免遭受轰炸而不得不长时间避难于潮湿的防空洞之中，这又使她的皮肤病日趋恶化。[①]

第二，在当时的重庆，宋美龄得不到自己所需的具有近代先进水准的医疗服务。因此宋美龄曾数度前往香港，接受当地西洋医学的治疗。而当香港失陷后，宋美龄就失去了除美国以外的、能安心接受治疗的场所。

第三，宋美龄生长于西方化的富裕的家庭，分别在上海和美国长期居住过，已经习惯于西方的消费文化，而这在当时的重庆是享受不到的。因此，不

---

① May to Laura（宋美龄致宋子文夫人英文信），1941.6.22，宋档，第 63 盒。

难想象宋美龄的那种渴望西方消费文化的心情。抗日战争期间，宋美龄等宋氏三姊妹，就经常委托宋子文与其夫人为她们寄来美国流行的服装、化妆品、日用品等物。①

之后，日军发动太平洋战争，攻陷香港，并占领了东南亚各地，自重庆赴海外变得极为困难。宋美龄自然不能转地疗养，也无法充分接受近代先进的医学技术的治疗。又因参加诸种活动过度劳累，身体的健康并没有得到完全恢复。自 1941 年以后，除了皮肤疾患的老病外，其他各种疾病也同时发生，使其健康状况更加恶化。

1941 年 2 月，为接待居里访中，而从香港回到重庆，此时宋美龄的健康状况还未完全得到恢复，② 自夏季至秋季其病情出现恶化。8 月 10 日，蒋介石在日记中记道："妻病甚苦更使此心不安矣。" 11 月 16 日又写道："妻病疟与牙痛昨夜几不能安眠盖其神经灵敏异常，故感觉痛苦亦较常人为激也。" 也即此时期宋美龄除了身体患有数种疾病外，还忍受着因神经过敏导致疼痛感觉器官敏感度上升所带来的痛苦。1942 年 3 月，对于联合援华会（United China Relief）的访美邀请，宋美龄回信写道："非常遗憾，以现在的身体状况来看，并不能尽力于美国国内做巡回演讲。"③

（三） 健康状况的恶化与赴美接受治疗

1941 年 12 月 8 日，太平洋战争爆发后，中国与美英正式结为同盟，中日战争成为第二次世界大战的一部分。因此，中国对美英两国的外交活动急剧频繁起来，且重要性日趋增大。作为领袖夫人的宋美龄也越来越繁忙，而使病情未能得到好转。距离最近的可前赴疗养的小 "西洋" 香港也于同年 12 月 25 日，遭日军的攻击而陷落了。

在美国一直担心着宋美龄的健康状况，使其访美治疗得以实现的是宋子文和居里两人。1941 年 10 月末，宋美龄希望能与家姐宋霭龄一起前往香港或美国接受治疗，却因时局关系无法出国。此消息传到了居住于美国的兄长宋子文

---

① T. V. Soong to Mme Chiang Kai-shek, 1942.8.20, Mme（Chungking）to T. V. Soong, 1942.10.2, Cables，宋档，第 64 盒。

② 《陈布雷日记》1941 年 2 月 12 日条；Mayling Soong Chiang to Mrs. Roosevelt, 1941.2.26，居里档，第 3 盒。

③ Hu Shih to T. V. Soong, 1942.3.7，宋档，第 64 盒。

之处。① 宋子文甚至抱怨其家妹的病情是因蒋介石的脾气暴躁所致的。②

另外，居里于 1941 年 2 月访中以后，负责罗斯福政权的援华工作，每日埋头于处理中国问题，与宋美龄一直保持着密切的联系，因此对其健康状况是否出现恶化甚为挂念。居里在 1942 年 1 月初寄给亲友的书信中，甚为担心地写道："未能与夫人取得联系。根据最新的报告消息，夫人宋美龄的新陈代谢日趋衰弱，对药物有强烈的过敏。最主要的治疗措施应该是，无论如何要使她消除紧张的心理、保持心情轻松。"③

1942 年 2 月，蒋介石出国访问印度，宋美龄也抱病同行。在蒋与英领印度军、政当局及印度民族运动领导人等交流之际，宋美龄充当翻译工作，并应酬各类事务。④

1942 年 7 月 21 日至 8 月 7 日，居里再度访华，逗留中国期间与蒋介石会谈多达 14 次。⑤ 居里亲眼见证了宋美龄的实际健康状况。回国后，居里向罗斯福总统夫妇建议邀请蒋夫人赴美接受治疗。他的想法得到总统夫妇的赞同。1942 年 9 月 16 日，罗斯福总统在发给蒋介石的邀请信的末尾写道："福与内子重新热烈邀请蒋夫人来访美国与白宫，福等必能为彼尽除外界之搅扰也。"⑥罗斯福夫人埃莉诺还另寄函给宋美龄，信中写道："居里告知，在此夏季您的健康状况非常不佳，若能来我国治疗，至少也能换换心情。我与夫君想在白宫设宴招待您。您觉得如何？若能实现的话，我们也能进一步理解您和中国国家的问题，也有助于宣传报道的广泛推行。令姊孔夫人若希望与您同行的话，特此同时恭谨地向孔夫人发出邀请。"信中以明确的宗旨与真挚的希望劝说宋美龄来美接受治疗。⑦ 此信事实上是由居里起草后，再签上埃莉诺夫人的名字后寄出的。⑧

的确，此时期宋美龄的身体需要治疗，也需要必要的休养，再者能重回青

---

① 《古达程（渝）致宋子文电》，1941.10.27，宋档，第 46 盒。

② Michael Schaller, *The U. S. Crusade in China, 1938–1945*, New York：Columbia University Press, 1979, p. 119.

③ 1942.1.4 Currie to Vincent（Chungking），居里档，第 1 盒。

④ 《蒋介石日记》（1942 年 2 月 3 日条）："妻病可虑。"有关战时蒋介石访问印度的论述，参照杨天石《找寻真实的蒋介石——蒋介石日记解读》（二）香港，三联书店，2010，第 300～331 页。

⑤ 《总统蒋公大事长编初稿》卷 5（上），台北，中国国民党中央委员会党史委员会，1978，第 174～149 页。

⑥ 《罗斯福致蒋函》（译文由拉铁摩尔呈），1942.9.16，秦孝仪主编《中华民国重要史料初编——对日抗战时期》第三编（一），台北，中国国民党中央委员会党史委员会，第 722 页。

⑦ Eleanor Roosevelt to Madame Chiang, 1942.9.16，居里档，第 3 盒。

⑧ Currie's memorandum for Mrs. FDR, 1942.9.16，居里档，第 5 盒。

少年时代生活过十余年的美国，也是其一大心愿。然而作为战时中国的最高领导人蒋介石的夫人，她的每日几乎都极其繁忙。尤其是，蒋介石认为宋美龄"对我而言，简直与 20 师的价值相匹敌"，而不愿其离开身边赴美访问。①

然而最终使宋美龄访美成为可能的则是以下两大因素：一是对战时中国而言，宋美龄访美即为一个将中国的重要主张向美国倾诉的最好机会，而对其寄予很高的期待；二是宋美龄的病情日益加重，蒋介石等周围的人开始怀疑她是否罹患了癌症。

太平洋战争爆发后，中国虽然与美英建立起正式的同盟关系，而中国领导人认为美方采取欧洲第一、亚洲第二的战略方策，无视将全力投入对日作战的中国方面的危机状况，对华援助的比例，远不如英国、苏联，而产生对美方的不满情绪。蒋介石从 1942 年 5 月左右开始，几乎每日在日记中发泄其对美国的不满情绪，说美国对中国的援助，只是停留于口头而已，并没有实际上的行动，美方是受了英国之骗。②

在此情况下，蒋夫人宋美龄的访美，即成为中国向美国政府与舆论界诉说本国主张的最后一张王牌了。当然，罗斯福总统夫妇向宋美龄发出诚恳的访美邀请，也是搁在心头的一件事。1942 年 10 月，对重庆进行访问的美国特使温德尔·威尔基（Wendell L. Willkie）对宋美龄赞不绝口，认为中国若在美国进行宣传呼吁，宋美龄就是一位"完美的使节"了，并保证比起其他任何的中国人，美国人"都会更热心地倾听宋美龄的演说"，而极力建议宋美龄访美。③

另外，抗战时期与蒋介石夫妇关系最密切的传教士，也是国际宣传处的合作人之一的毕范宇（Frank Wilson Price）也致书宋美龄，力劝其访美。"我们要将中国的大义与抗战的必要性以及中国战线的重要性，如丘吉尔的行动一样，更富有魄力地表现、宣传出去。……若要唤起美国政府决策者的注意，使其改变战略方针等，中国人之中一定得有谁奔赴华盛顿。而这个人就是您。眼下虽有健康上以及其他各种各样的困难，还是希望您能考虑在不久的将来访问美国。"④

---

① Hollington K. Tong（董显光），*Dateline CHINA*，New York，1950，p. 187。

② 例如，《蒋介石日记》1942 年 6 月 11 日等。

③ Barbara W. Tuchman，*Stilwell and the American Experience in China，1911 - 1945*. N. Y.：Macmillan，1970，pp. 334 - 335.

④ Frank Price to Madame Chiang，1942. 10. 1，Frank W. Price Collection，George Marshall Library，Lexington，VA，Box 2 File 12. 就传教士毕范宇及其对战时中国国际宣传的贡献情况，请参看拙稿《フランク・プライスと戦時中国の国際宣伝》（〔日〕斋藤道彦编《中国への多角的アプローチ》，八王子，中央大学出版部，2012）。

因有美国总统夫妇的盛邀、威尔基与毕范宇的力劝等，宋美龄也认识到，若能亲自赴美访问，向美国明白地提出战时中国的主张，定能收到较大的效果。

至 1942 年秋，宋美龄的病情日益加重，像似得了癌症一样的重病。在美国的宋子文极为挂念宋美龄的病情而回到国内，苦口婆心地向其劝说，认为其已到"重病"（serious illness）地步，非赴美治疗不可，并着手帮宋美龄做各种出国的准备。① 深得蒋介石之信任，担任战时国际宣传工作，后与宋美龄同行访美的董显光，就当时宋美龄的病状，曾在他的回忆录中写道："我们皆非常担心是否得了癌症，这也即总统［指蒋介石］考虑到有必要让宋美龄赴美接受诊断、治疗的理由。因此，到达美国入院中后的一段时间内，大家还甚为不安⋯⋯"② 如此，至 10 月 31 日，蒋介石终于同意让宋美龄访美治病一事。当日，蒋介石在日记中记下："晚决定妻飞美医病，恐其有癌不如早割也。"

综观今日，医学、公共卫生与预防疾病等科学技术日新月异，癌症只要得到早期的发现与适当的治疗，并非就是一种致命的疾病。然而，在当时癌症还是一种"不治之病"，医生告诉病人得了癌症，就等于向其宣布死刑。据美国加州州立卫生局统计，癌症患者经治疗后，在五年内的生存率，现今（2013 年）为四分之一以上，而 1930 年代则为五分之一以下，1940 年代为四分之一。③ 其他国家的情况也不会好于此。因此，被怀疑得了癌症是一件非常让人担心的事，让宋美龄赴美，在最有可能的条件下让其接受最佳的治疗，毫无疑问应是顺理成章之事。

三　宋美龄赴美就医

（一）从启程赴美到入院治疗

宋美龄访美治疗一事被决定下来后，宋子文就立即打电报给罗斯福总统的亲信哈里·霍普金斯（Harry Hopkins）。宋子文在电报的开端写道："（以下的内容为仅提供给阁下与罗斯福总统夫妇的秘密消息）鄙人一直为蒋夫人的病情加重而深忧，此次终于能说服其赴美就医，希望贵方能派出蒋夫人访美用的专机。蒋夫人抵达美国后应即刻入院接受治疗，待病情好转后，再赴华盛顿访问。"④

---

① T. V. Soong（Chungking）to T. A. Soong, Cable, 1942.11.1, 宋档，第 64 盒。

② Tong, *op. cit.*, pp. 187 – 188.

③ Http：//www.cdph.ca.gov/HEALTHINFO/DISCOND/Pages/Cancer.aspx.

④ T. V. Soong（Chungking）to Harry Hopkins, 1942.11.1, Cable, 宋档，第 64 盒。

　　霍普金斯一接到此电报，即向罗斯福总统做了报告。据当时往来信件可知，"总统听到此消息后也极为担心"，指示部下急速准备好飞机，竭尽全力协助宋美龄的访美。[①] 这样，一架当时最先进的高空飞行客机（stratoliner）经由英领印度卡拉奇（Karachi）飞到了成都。当初霍普金斯还出于一番好意预定让美国的医生和护士随同该机飞往成都，但因宋美龄欲带自己的医生与护士同往，而放弃了。[②] 至于宋美龄抵达美国后的接待工作，如住院手续、护理等，宋子文之弟宋子安及其夫人则按其兄的指示，与霍普金斯共同来安排。[③]

　　11 月 18 日，宋美龄乘坐美方为其提供的专机秘密地离开成都，飞往美国。该机飞行的路线为：重庆—成都—阿拉哈巴德（英领印度）—卡拉奇—喀土穆（苏丹）—纳塔尔（巴西东北部）—阿特金斯机场（英属圭亚那）—莫里森机场（美国佛罗里达州）—纽约。不难明白，这是一次为绕开太平洋而做的与地球自转反向飞行的长途旅行。[④]

　　宋美龄乘坐的专机飞行极为秘密。飞行途中，为安全起见，在飞越英属印度上空之际也不做事先的通告，事后美军还因之受到英领印度军方的抗议。[⑤]

　　11 月 26 日早，宋美龄的专机抵达美国佛罗里达州的莫里森机场（West Palm Beach），其两位弟弟宋子良、宋子安即赴机场迎接。当天傍晚宋美龄又由当地出发飞往纽约。[⑥] 也即 11 月 27 日，宋美龄自成都出发后的第 9 天，她终于抵达纽约机场。受到罗斯福总统亲信霍普金斯的亲自迎接，并在其伴随下，即刻前往医院。[⑦]

　　中国政府对于宋美龄访美就医一事极为保密，就连其驻美机关也未被告知，即欲防止流言的产生。[⑧] 宋子文也在暗地里要求亲华派之时代出版公司（Time Corporation）的亨利·卢斯（Henry Luce）与《纽约先驱报》（New York Herald

---

① Lois M. Berney, Secretary to Hopkins to Szeming Sze, Secretary to T. V. Soong, 1942. 11. 4, Secret, 宋档，第 64 盒。

② Lois M. Berney, to Szeming Sze, 1942. 11. 6, Szeming Sze to Lois Berney, 1942. 11. 9, 宋档，第 64 盒。

③ Szeming Sze to Lois Berney, 1942. 11. 18, 宋档，第 64 盒, Tong, p. 188。

④ Memorandum for Trip（Typed, 2p.）n. d.，宋档，第 61 盒。乘机人员及宋美龄一行的名单，参看 Memorandum by M. W. Rnold（?），no date［prob. 1942. 11. 23］，宋档，第 64 盒。

⑤ Gauss to General Stilwell, 1942. 12. 1, Attached to T. G. Hearn to Shang Chen, Chungking, 1942. 12. 2, Memorandum, 宋档，第 64 盒。

⑥ T. G. Hearn to T. V. Soong, 1942. 11. 27, 宋档，第 61 盒。

⑦ Hopkins' Message, T. G. Hearn to T. V. Soong, 1942. 11. 30, Chungking, 宋档，第 64 盒。

⑧ Tong, *Dateline*, p. 187.

Tribune）的里德（O. Reid）等人，未及蒋夫人治疗完毕，不要公开报道此事。[1]

为此，美国政府也致力于保证宋美龄的安全而坚守秘密，从赴机场迎接到抵达医院的全程，皆有白宫的特勤处人员（Secret Service）专门护卫。[2]

（二）住院后的诊断与接受治疗状况

11 月 27 日，宋美龄住进了纽约曼哈顿的纽约长老会医院（亦称哥伦比亚大学医疗中心）（New York-Presbyterian Hospital/Columbia University Medical Center）。该医院为全美技术最高的医疗机关之一，人才辈出，已有 12 名毕业生及 9 名医务人员荣获了诺贝尔医学/生理学奖。[3] 宋美龄的病房被安置于该院哈克那斯大楼（Harkness Pavilion）的第 12 层，宋美龄及其护理人士等包揽了第 12 层整层的房间。[4]

负责为宋美龄诊治的是哥伦比亚大学医学系的罗伯特·勒布（Robert F. Loeb，1895～1971）教授与达纳·阿奇利（Dana W. Atchley，1892～1982）教授。勒布教授是一位当时研究糖尿病和爱迪生氏病（Addison's disease，肾上腺疾病）等疾病之最著名的医学家、生理学家，1947～1960 年就任该大学医学系主任、院长等职。阿奇利教授是其研究伙伴，也是一名内科医生，以严谨的临床检查态度与出色的医学教育经验而著称。[5] 可知勒布教授承担了宋美龄治疗过程的全责，阿奇利教授则担任其临床主治医。

于此，宋美龄究竟是罹患了何种疾病，又接受了如何的诊治呢？以下就此做详细分析。

宋美龄住院后，勒布、阿奇利两位医师虽对其做了种种的诊断与检查，事实上却无法找出导致其症状恶化的、明确的器官上疾患，[6] 而症状也难以得到

---

[1]　Secretary to T. V. Soong to Henry R. Luce，1942. 11. 20，Secretary to T. V. Soong to Mrs. Ogden Reid，1942. 11. 20，宋档，第 64 盒。

[2]　T. A. Soong to Hopkins，1942. 11. 21，宋档，第 64 盒；Szeming Sze to T. A. Soong，1942. 11. 27，宋档，第 64 盒。

[3]　http：//www. wikicu. com/Nobel_ Prize#Medicine.

[4]　Jay Taylor，*The Generalissimo*：*Chiang Kai-shek and the Struggle for Modern China*，Cambridge，Mass. ：Harvard University Press，2009，p. 219.

[5]　A. G. Bearn，*Robert Frederick Loeb 1895 – 1973*，*A Biographical Memoir*，Washington，D. C. ：National Academy of Sciences，1978；Columbia University Medical Center，*P&S Journal*，v. 14，n. 3（Fall 1994），v. 17. n. 3（Fall 1997）.

[6]　"器官上"疾病，指机体某一器官或某一组织系统发生的疾病，通常能以肉眼或显微镜等机器看到其器官或组织结构发生病理性变化。"功能上"疾病，则指由于支配器官的神经系统失调或荷尔蒙（激素 hormone）失衡等原因而引起的疾病，其机体器官或组织系统未发生病变。

改善。在白宫的居里甚为挂虑宋美龄的病情与治疗状况，并密切关注着治疗的进展状况，至 1942 年底，他才听到主治医说还需要两个月的住院治疗。[①] 于是，居里决定协助改善宋美龄的治疗状况。1943 年 1 月 16 日，居里在与罗斯福总统夫人埃莉诺见面之际，诚恳地诉说了以下自己的见解，并希望得到夫人的协助："蒋夫人之大多数的症状一般是与精神状态相关联的。对此，就鄙人所知，从诊断的结果，即并未发现有任何器官上的疾患这一事实来看，即可间接得知"。然而，其又听说主治医阿奇利博士"经验欠丰富，几乎不解神经医学方面的医疗方法"。另外，从常与蒋夫人见面的人士处听到的是，其健康状态并没有出现丝毫的好转，甚至还陷入体重减轻与气力衰弱、神情冷漠（apathy）的状态。因此，"求助于能理解精神上因素之重要性的人，是极为重要的事"。只是这是一个极为敏感的问题，也须考虑主治医的情感，还要保证不能传出夫人有精神上的疾病等这类流言蜚语。为之，可否向阿奇利医生建议，听听著名的精神科教授巴克（Dr. Barker）的意见。也可以向其强调"就患者于国际上的重要地位，吾人为帮助其恢复健康应采取各种可能的手段"。[②]

罗斯福总统夫人埃莉诺随即与阿奇利医师联系，两人进行了交谈。[③] 会谈后，2 月初埃莉诺到医院探望宋美龄，见其健康状况比以前有所好转，并听到宋美龄欲于牙齿治疗完毕后到白宫访问的想法。[④]

其间，居里与埃莉诺的努力究竟起到了怎样的作用？虽然还未得到确认，但不管怎样，宋美龄于 2 月 12 日出院后，就开始其正式的公事活动。

同年 5 月 2 日，勒布与阿奇利两位医师在寄给蒋介石的书函中，报告了宋美龄的具体病状与治疗的过程，即：

> 我们在此有幸能向阁下保证，并未发现有严重的器官上的疾病。夫人罹患了较严重的肠部包囊型阿米巴痢疾。另有难受的鼻腔疾患，此为阁下已知的，是由以前做副鼻腔炎外科手术时所留下的后遗症。夫人所忍受的剧烈的腹痛是由胃病发作而引起的。以下接着说明导致这些疾病产生的根本原因——精神压力所带来的其他疾患。夫人的荨麻疹是一种血统性的遗传病，依据过敏症检查的结果，可断定病因中不具有特定的环境因素。另

① Hollington K. Tong to Lauchlin Currie, 1942. 12. 30, 居里档，第 1 盒。
② 依据居里与总统夫人会谈后写的信件：Currie to Mrs. Roosevelt, 1943. 1. 16, 居里档，第 1 盒。
③ Dana W. Atchley to Mrs. Roosevelt, 1943. 1. 20, 居里档，第 3 盒。
④ Currie's Memo, 1943. 2. 2, 居里档，第 3 盒。

外，从荨麻疹的症状来看，也带有因疲劳、精神紧张而导致病情恶化的特征。当然还有全面治疗牙齿的必要性。

从以上来看，虽然夫人没有罹患严重的器官上的疾病，而入院之际却已陷入重病的状态。夫人完全处于一种极度的疲劳状态，甚至不能安眠，腹痛发作几乎成为常态。夫人的体重因此而不断减轻，就连适当的饮食也变得很困难。此种状态，毫无疑问，即由长期性的疲劳与精神上的过度紧张所导致的。针对此种症状，在治疗上所做出的明确的指示，即需要长期的休息，且其间必须避免承担任何重责等。

书函中还仔细说明了整个的治疗过程：

夫人入院后的最初两周情形较为艰巨，而夫人因接受各种必要的诊断，几乎没能得到休养的机会。此后，接受了：（1）两周的极为不快的抗阿米巴菌治疗；（2）10日间吃预防性磺胺类药物的治疗，以及在承受药物反应痛苦之时所施行的外科手术；（3）长时间的牙科治疗等。待牙科治疗完毕，应是对夫人的身心疲惫状况进行根本性治疗的理想时期。然而，夫人随即就得担负起与其地位相符合的重责。出院后仅过5天，夫人就前往到华盛顿。事实上，夫人在住院期间，自后半期起就开始准备以我国国民为对象的演讲稿。此工作甚为辛劳（后略）。①

从上述可知，宋美龄罹患了阿米巴痢疾、鼻腔疾病、腹痛、荨麻疹、牙病等复合性的身体疾患，并非得了器官、组织病变之类的严重疾病。尽管如此，导致其身体陷入极度衰弱状态的则是，"长期积累下来的身心疲劳和过度的精神紧张"，因之，也致使上述疾病的症状趋于恶化。在当今的医学领域，此种病症被视为"心身疾病"（psychosomatic disease）的一种症状。"心身疾病，即一种在其发病、病情发展的过程中，心理上的、社会性的因素与其密切相关的，身体器官上或组织机能上的疾病。"② 长期的持续性的精神压力与疲劳将加大身体上的各种病症——器官上的病变或机能上的障碍等发生、恶化的可能性。

---

① R. F. Loeb and D. W. Atchley to Chiang Kai-shek，1943.5.2，宋档，第64盒。

② 由日本心身医学会所下的定义。〔日〕野村忍编《心疗内科入门》，东京，金子书房，1993，第5～7页。

当今，受心理上、社会性因素的刺激而引起身体上病症的出现，这种结构已经被弄清。① 除了宋美龄的腹痛被明确记为紧张性的腹痛以外，现代医学认为，她的其他病症如头痛、牙痛、胃溃疡、荨麻疹等疾病即因心理因素而发病并逐渐恶化的。

在 1943 年，虽然所谓的"心身疾病"之医学术语没有被使用，而勒布、阿奇利两位医师得出的结论认为，宋美龄的病症是长期性精神压力与过度疲劳的结果，能使其完全恢复健康需要长期的静养与休息，这才是根本的治疗方法。

（三）出院后的静养指示

实际上，就宋美龄身体上罹患的各种疾病，即使在对症治疗结束后，也不能说已经达到完全恢复健康的地步。尽管如此，宋美龄还是希望能尽快出院。宋美龄急欲展开对白宫访问、于美国各地做演讲等公事活动。

为此，在宋美龄出院时勒布教授就做出严格的指示，出院后仍需继续静养、服药以及限制活动量等。不仅对其本人，而且对担任护理的孔令侃（1916～1992）和亲属宋子文等人发出信函，要求严格遵守。在寄给宋子文的信中如此写道："夫人长年处于精神紧张状态之中"，"即使是出院之际，我们也不认为令妹的病症已经治愈，已经向夫人与其家人说明，在今后的数月内疗养、恢复健康乃为第一要事"。为此，做出了"严格且具体的指示"。②

而向宋美龄做出的指示也被附在该信内，具体内容为如下（参照资料 1）。

资料 1　主治医生对宋美龄的"严重而具体的指示"

服药

（1）弱性氯醛 A（weak chloral A），每日早午餐后各服一茶匙，服用一个月，必要时可延长。

（2）强性氯醛 B（strong chloral B），睡前服两浅茶匙，必要时可加服半匙。服用药量可逐渐减少，难以安睡之时可恢复初期的药量。

（3）托兰提尔（trantil），于出院后一周内，每餐后服两粒。之后如荨麻疹复发，亦须服用。

（4）维生素片（vitamin），每餐后各服一粒，服用三周。

---

① 可以认为这种结构如下：由内或自外刺激→大脑新皮质→视床下部（hypothalamic）→自律神经系统、内分泌系统（荷尔蒙）失调→身体病症。〔日〕野村忍编《心疗内科入门》，第 21～29 页；《南山堂 医学大辞典》第 18 版，1998，东京，南山堂，第 1052～1053 页。

② Robert F. Loeb to T. V. Soong, 1943. 2. 25, Letter, 宋档, 第 64 盒。

（5）葡萄糖酸钙（calcium gluconate），每日早晚各服一粒，服用三个月。

（6）阿司匹林（aspirin），随时服用。

休息

（1）每日不要于十点半以前起床。并尽可能于较长时期内坚持这一点。

（2）每日午餐与晚餐之间，至少休息一个小时。

（3）每周必须定一日为休息日。当天并非需要就寝休息，但要避免从事有责任性的工作。

活动

（1）于美国国内的演讲，以五次以内为限。

（2）必须避免做即席演讲或与他人共同登坛讲演等。

（3）参加外交性晚餐，以一个月不超过一次为限。

（4）参加大型招待会，亦以一个月不超过一次为限。避免与列队的公众握手。

（5）参加带有紧张性的会议，以一日不超过一次为限。

室外活动

（1）宜多坐车外出兜风或外出散步。

（2）每日尽可能坐车外出散心一二个小时。

资料来源：**Robert F. Loeb to T. V. Soong, 2/25/1943**，附件，宋档，第64箱。

　　如上所示，主治医除了指示宋美龄按时按量服用安眠药、镇静催眠药（氯醛）、抗皮肤炎症药剂（托兰提尔）、止痛药（阿司匹林）、营养剂（维生素片、葡萄糖酸钙）等以外，就出院后整个疗养生活也做出了严格的指示，即取得充分的休息时间、限定对外活动量、过没有疲劳与精神压力的生活等。在治疗荨麻疹方面，并没有使用现在被广泛使用的抗组胺剂，可以理解为当时医药技术水平的局限性。① 另外，长期服用阿司匹林可导致荨麻疹与肠胃病的

---

① 〔日〕大桥淑宏：《抗ヒスタミン药总说［抗组胺药评价］》（《鼻アレルギーフロンティア［鼻过敏症前沿］》第6卷第4号，2006）。Also see：Carl W. Laymon and Harry Cumming, "Histaminase in the Treatment of Urticaria and Atopic Dermatitis," *The Journal of Investigative Dermatology*, 2，1939.

发生，① 以阿司匹林为万能药，而指示"随时服用阿司匹林"一事，并非恰当之举。不管如何，医师做出的诊断是，精神压力为引发宋美龄身体的各种疾病，以及为导致病情恶化的主要因素，除了注重治疗让症状好转以外，可以看出更为重视的是让宋美龄安静地休养。

四 访美期间宋美龄的正式活动及其病情

（一）"蒋夫人旋风"

1943 年 2 月 12 日，宋美龄从纽约长老会医院出院后，被邀在纽约郊外的罗斯福总统别墅小住数日。同月 17 日即前赴华盛顿，罗斯福总统夫妇亲自出外迎接。当日宋美龄访问了白宫，又在美国国会发表了演说，开始展开其出色的公开活动。② 宋美龄也告别了秘密入院就医的私事访美生活，而以中国政府代表的身份在美国展开了政治、宣传等公事活动。其活动的具体情况，参照资料2。

资料2 宋美龄出院后的正式活动情况表（1943 年 2 月至 4 月）

日期	活动内容
2 月 12 日	从哥伦比亚大学医院出院后，乘车赴纽约郊外长岛（Long Island）的罗斯福总统之私人别墅，约休养一周
2 月 17 日	开始从事公务活动；当天乘列车到达华盛顿，罗斯福总统夫妇及中国驻美大使魏道明等人于车站迎接；之后住进白宫
2 月 18 日	于美国国会演讲（先参议院，后众议院）
2 月 19 日	在白宫与罗斯福总统夫妇一起接受各报记者的采访
2 月 22 日	在罗斯福总统夫妇的陪同下，访问阿灵顿国家公墓，华盛顿总统旧居及其墓地等
2 月 24 日	与罗斯福总统夫人一起接受美国女性记者的采访
2 月 26 日	赴中国大使馆主办的欢迎蒋夫人之宴会；参加者多达 2300 余名，其中多数为华盛顿政界要人；当天"为保存体力，她未起立迎客"，而是坐着迎接来宾
2 月 28 日	由副总统华莱士陪同赴范理教堂（Foundry Methodist Church）做礼拜；当晚乘坐由华盛顿开往纽约的列车，前往纽约

---

① 《南山堂 医学大辞典》，第 22 页。

② *The First Lady of China：The Historic Wartime Visit of Mme. Chiang Kai-shek to the United States in 1943*，New York：International Business Machines Corp，1943.

续表

日期	活动内容
3 月 1 日	清晨抵达纽约车站，拉瓜迪亚（Fiorello LaGuardia）市长等人前来迎接；之后住进华道夫 - 阿斯多里亚酒店（Waldorf-Astoria Hotel）；当天于市政府厅舍参加该市主办的欢迎宴会；在宴会上做完演讲后，突然昏倒在地；会后继续访问当地的唐人街，受到华侨五万余人的欢迎
3 月 2 日	于麦迪逊广场（Madison Square Garden）做演讲
3 月 3 日	参加由纽约华侨团体主办的欢迎会
3 月 4 日	于华道夫 - 阿斯多里亚酒店，参加中国驻纽约总领事于焌吉主办的宴会；于焌吉总领事在宴会开始时致辞，并称："蒋夫人因有医生之劝告，不能与众一一握手。"
3 月 5 日	于华道夫 - 阿斯多里亚酒店召开记者招待会
3 月 6 日	乘列车离开纽约赴波士顿；接受当地援华团体之捐款；当天乘车访问母校威尔斯利学院（Wellesley College）
3 月 7 日	于母校威尔斯利礼堂（Wellesley Alumnae Hall）做演讲
3 月 8 日	由母校出发；在波士顿出席欢迎典礼，并致辞。当天又前往纽约，于纽约静养十多天
3 月 19 日	到达芝加哥联合车站（Union Station），住进德雷克酒店（Drake Hotel）；当晚，出席由中国总领事主办的欢迎宴会
3 月 20 日	接受记者采访；一名富豪向其捐款十万美元
3 月 21 日	访问芝加哥唐人街；晚，在芝加哥体育馆（Chicago Stadium）做演讲，到场的市民多达 2.3 万人；演讲后，当晚即坐上横贯美国大陆的列车前往旧金山，乘坐的是 Pullman 式豪华车厢
3 月 25 日	抵达加州奥克兰（Oakland），随后乘坐美国海军的军舰赴旧金山，入住皇宫酒店（Palace Hotel）；午后，于市政府厅舍出席该市的欢迎典礼，做简短的致辞
3 月 26 日	召开记者招待会；晚，出席旧金山市商会主办的欢迎宴会；未致辞
3 月 27 日	于旧金山市礼堂做演讲，到场者约一万人
3 月 28 日	为当地华侨举办活动，以北京话发表演说，并做广播演讲
3 月 29 日	出席中国驻旧金山冯总领事主办的宴会
3 月 30 日	从旧金山出发，前往洛杉矶
3 月 31 日	到达洛杉矶；于市政府厅舍，出席该市的欢迎典礼；并有军队列队出场表示欢迎；入住大使酒店（Ambassador Hotel）
4 月 1 日	于酒店举办宴会，招待好莱坞电影界名人
4 月 2 日	午后，召开记者招待会；晚，出席官方举办的宴会，未做演讲
4 月 4 日	午后，于好莱坞室外音乐厅（Hollywood Bowl）做演讲，到场者多达 3 万人
4 月 日	抵达纽约，静养

资料来源：*The First Lady of China：The Historic Wartime Visit of Mme. Chiang Kai-shek to the United States in 1943*，New York：International Business Machines Corp，1943。

　　宋美龄在美国国会发表演说，使议员们听得入迷，博得满场喝彩；于全美各地受到成千上万民众的欢迎，并召开了各种演说会；得到各报社、杂志社的多方且善意的报道；在美国民间深受大众的欢迎；等等，已为人所知。巴巴拉·W. 塔奇曼是这样形容宋美龄的，宋美龄"自查尔斯·林白飞越大西洋（1927 年 5 月）以来，刮起了一阵比谁都强烈的备受赞扬与欢迎的旋风"。宋美龄在以流畅且富有表现力的英语向美国人传达的信息中，总是强调中国在努力抗战，美国应该更加支持、援助中国，日本才真正是主要的敌人，美国应该采取非欧洲第一，而是太平洋第一（即中国第一）的战略方针等。其自身的魅力与绝妙的用语，引起了极大的反响。①

　　对于宋美龄出院后的活动日程，中国驻美大使馆在其出院前夕就开始与美国国务院、民间团体等协议，同时进行了安排。早在出院前的 2 月 9 日，中国公使级参事刘楷走访了美国国务院远东司司长汉密尔顿（Maxwell Hamilton），留下了与其商议宋美龄出院后活动的记录。② 在宋美龄访问白宫、赴各地做演讲的全程中，皆由其外甥孔令侃陪同，并担任其秘书长，负责与美国政府、民间团体联络的任务。③

　　自华盛顿启程，赴纽约、波士顿、芝加哥、旧金山、洛杉矶等全美各地做演讲的长途旅行中，有大队人马与其同行。具体是孔令侃、孔令伟（即"孔二小姐"，又名孔令俊）、宣传部副部长董显光、中国大使馆参事刘楷、护士和用人数名、记者和摄影师计 8 名，以及美方派出的特勤处要员等。记者之中，宣传部驻美机构、中国新闻社（Chinese News Agencies）的詹妮·莱昂（Jean Lyon）与中央社华盛顿特派员卢琪新（David Lu）两人，在支援宋美龄一行的宣传活动方面，起了很大的作用。美国的《合众社》（United Press）、《美联社》（Associated Press）、《先锋论坛报》（Herald Tribune）、《芝加哥太阳报》（Chicago Sun）等报社各派出 1 名记者，战时新闻处（O. W. I.）派出了 1 名记者和 1 名摄影师，计有 6 名与宋美龄同行。如此，宋美龄的一举一动便立

① Barbara W. Tuchman, *Stilwell and the American Experience in China, 1911 – 1945.* New York：Macmillan, 1970, p. 349.

② Memorandum of Conversation by the Chief of the Division of Far Eastern Affairs（M. Hamilton），1943. 2. 9, Department of State, *Foreign Relations of the United States：Diplomatic Papers 1943 China*, Washington, D. C.：United States Government Printing Office, pp. 3 – 4.

③ Tong, *Dateline CHINA.*, p. 188. 孔令侃（1916～1992）为宋霭龄与孔祥熙的大儿子，时在哈佛大学留学。

即得到报道，通过报纸、广播、新闻纪录片等传到了全美各地。[①]

宋美龄在美国受欢迎的程度，早在住院期间就显得很不一般。全美巡回演说的活动开始后，通过新闻报道的热炒，美国大众对宋美龄的狂热状态竟使担任宋一行活动报道的人员也感到非常震惊。董显光在回忆录中记下了以下的一段话："宋美龄在美国受到的称赞程度，……竟使我大吃一惊，几乎无法相信。美国人谁都想与其见面，或写信询问其病状如何等等。"因寄给宋美龄的书信数量实在太多，董显光暂时借调到中国大使馆，与中国新闻社的人员一起，设立了专门的事务局来处理，到后来一天之中竟收到超过 1000 封的来信，完全呈被压倒之状。[②]

美国的民间团体与富豪们中为支援中国而提出要捐款的人也为数不少。在波士顿对宋美龄做出邀请的援助中国团体捐献了一万美元，芝加哥的当地富豪捐献了 10 万美元。[③] 美国各地的民间团体都组织了欢迎蒋夫人委员会，安排了大规模的欢迎集会与演讲会等。在华盛顿，宋美龄除了与总统夫妇见面，还会见了国会有关人员、各国驻美大使、各领域的要人等不少人物。在各大城市，另有市长、州长、电影明星、经济界要人、民间团体干部等严阵以待，召开了欢迎典礼、谈话会等。[④]

自华盛顿到各个地方城市，宋美龄所到之处皆如明星登场一样，备受关注与欢迎。这种现象，无疑在美国刮起了一阵"蒋夫人旋风"。[⑤]

（二）艰难的演讲旅程与病情恶化

宋美龄一出院就与医师的指示逆向而行，对美积极展开了各种政治、宣传活动，这也给她虚弱的身体带来了很大的负担。

2 月 17 日至 28 日在访问华盛顿期间，宋美龄在美国国会以堂堂正正的姿态登上讲台，以流畅的英文完成了其轰轰烈烈的访美活动之首次演说。此时宋美龄的身体还未完全康复，在中国大使馆召开的欢迎宴会上，"为保存体力，她未起立迎客"，而是坐着迎接来宾。细看当天拍摄的纪念照，照片上的宋美

---

① Tong, *op. cit.*, pp. 188，191 – 192.

② Tong, *Dateline CHINA*，p. 188.

③ *The First Lady of China*：*The Historic Wartime Visit of Mme. Chiang Kai-shek to the United States in 1943*，New York：International Business Machines Corp，1943.

④ Tong, *op. cit.*，p. 189.

⑤ 林博文：《跨世纪第一夫人宋美龄》，第 185 页。

龄很明显看起来身体非常不佳。① 当宋美龄接受邀请居住于白宫的期间，也曾出现紧急呼唤医生的情况。② 因此，居里与罗斯福总统夫人就宋美龄的健康状况以及今后的活动日程交换了意见，决定通过其兄宋子文来敦促宋美龄注意自己的身体。③

2月25日，勒布医师在寄给宋子文的信中直言不讳地倾吐了心中的想法，并请其协助帮忙让宋美龄早日恢复健康。信中说，在宋美龄出院之际曾给其送去有关今后的静养与制限活动量的"严格且具体的指示"，"这些指示皆被其完全搁置一旁，阿奇利博士和我本人都感到非常困惑。请务必以阁下的影响力，使夫人取得恢复健康之不可缺少的休息时间"。④ 之后，宋子文在回信中这样写道："为让蒋夫人恢复健康，鄙人将竭尽全力来说服她须听从阁下的医疗指示，而如阁下所知，夫人已经习惯过这种出外活动的外向式生活，也许不可能成功地说服她。"⑤

接着，宋美龄于3月1日起开始访问纽约。抵达纽约的首日，于市政府主办的欢迎宴会上做完演讲后，突然昏倒在地，由护士陪同回到了饭店。第二天，于麦迪逊广场，在数万名听众面前举行了演说。此后，宋美龄几乎每天出席各种欢迎宴会，发表演讲。其间，3月4日晚在中国总领事主办的欢迎宴会上，宋美龄没有做演讲，也没有与与会者握手，"因有医师劝告在先，不能握手"。

3月6日至8日，宋美龄访问波士顿，在走访了母校威尔斯利学院（Wellesley College）后，即回到纽约，之后十余日过着静养的生活。⑥ 此时期，勒布医师在给宋美龄以及孔令侃的书函中，强烈要求减少妨碍静养生活的活动，以恢复健康为第一；并提醒他们，如此频繁的活动若被继续下去，势必引起劳累倒下等严重的后果。⑦

---

① *The First Lady of China*：*The Historic Wartime Visit of Mme. Chiang Kai-shek to the United States in 1943*，New York：International Business Machines Corp，1943.

② Eleanore Roosevelt，*This I Remember*，New York：Harper，1949，p. 285. 但本书没有说明宋美龄之具体症状如何。

③ Memorandum for Mr. Currie, by E. R. （罗斯福夫人写给居里的备忘录），no date，居里档，第5盒。

④ Robert F. Loeb to T. V. Soong，1943. 2. 25，宋档，第64盒。

⑤ ［T. V. Soong］to Dr. Loeb，1943. 2. 26，宋档，第64盒。

⑥ 以上见 *The First Lady of China*：*The Historic Wartime Visit of Mme. Chiang Kai-shek to the United States in 1943*，New York：International Business Machines Corp，1943。

⑦ R. F. Loeb to Madame Chiang，1943. 3. 4；R. F. Loeb to L. K. Kung，1943. 3. 4，宋档，第64盒。

然而，宋美龄的全美巡回演讲的日程早已被安排好。3 月 19 日至 21 日，宋美龄顺利完成在芝加哥的访问、演说等活动。在芝加哥的最后一天，即 21 日当晚，在芝加哥体育馆做演讲，到场的市民多达 2.3 万人。演讲后，当晚即坐上横贯美国大陆的列车前往旧金山。

借董显光之语，即这是一次"艰难的旅行"，就连同行的人员也经常为伤风感冒（含流行性感冒）、劳累等所烦恼。这对于一位刚出院不久的女性而言，无疑更是一个"历史上最困难的计划"。在美国国内各地活动的过程中，宋美龄为拟写和推敲讲稿，往往至深夜也不能入睡。①

3 月 25 日，宋美龄抵达加州奥克兰（Oakland），接着到达旧金山。与此同时，官方正式欢迎会上的演说、面向华侨的中文演讲、广播演说、欢迎仪式上的致辞、记者招待会以及各种活动等，排满了每天的日程。② 这对长途旅行中积劳过度，又是带病之身的宋美龄而言，无疑是一次严峻的考验。从孔令侃发给宋子文的电报里也证实了这一点。孔令侃在信中写道："在旧金山姨妈（宋美龄）旧病发作，总算又支撑了过来。"③

于旅途的最后一站洛杉矶，宋美龄召开了盛大的宴会，邀请了当地政府与经济界的要人、新闻人士，以及包括电影明星在内的好莱坞著名人士等。4 月 4 日，于好莱坞室外音乐厅举行大型演讲会，到场的听众多达 3 万人。演讲完毕来宾持花束登上讲坛向其献花，此时的宋美龄也是坐着来答礼。④ 待完成以上日程安排后，宋美龄疲惫至极而倒了下来，巡回演讲至此才走到了终点。此后，虽然有再次访问华盛顿的计划，但因力不从心而被取消。宋美龄返回纽约，在郊外疗养地熊山休养了一段时间。⑤ 其间，宋子文指示取消了其访问加拿大的计划。⑥

5 月 2 日，负责治疗宋美龄的勒布、阿奇利两位医师向蒋介石发去信函，报告了宋美龄的病状与整个治疗过程，并建议中止于此之后的访问英国等政治

---

① Tong, *Dateline CHINA*, p. 189.

② Tong, *Dateline CHINA*, p. 189.

③ [Kung] Lingkan to T. V. Soong, 1943.3.29，宋档，第 64 盒。

④ *The First Lady of China*：*The Historic Wartime Visit of Mme. Chiang Kai-shek to the United States in 1943*, New York：International Business Machines Corp, 1943.

⑤ Tong, *op. cit.*, p. 193. *Los Angeles Times*, 1943.4.7.

⑥ Shun, Legation at Ottawa to T. V. Soong, 1943.3.28，宋档，第 64 盒。此后，由于驻加拿大公使刘师舜的极力要求，宋美龄决定自 6 月 15 日至 17 日访问渥太华（Ottawa）。Shun to T. V. Soong, 1943.6.11，letter，宋档，第 64 盒。

性活动，应该尽快让其回国，专心静养早日恢复健康。[1] 在信函的末尾这样写道：

〔夫人从出院后〕到现在为止，一刻也没有脱离责任、安静且自由轻松地休息过。对夫人将来的幸福如此关键的治疗，在其回国前似乎不能得以确保。因此，我们提醒夫人好好考虑以下的问题，即病愈的疗养，实际上不等回国后是不可能真正得以实现的。我们还确信，如果在二至四个月之间，不管在中国还是在美国，夫人能从缠绕自身、使自身疲惫不堪的工作中解脱出来的话，即能达到所期待的恢复程度。但是，即使痊愈后若是夫人仍然身处一种与引发现病症相类似的环境中的话，也许一些症状就会复发。

眼下正是决定可否让夫人访问英国的时期。鉴于此信上所写的事实，身为医师的我们，在此做出郑重地劝告，夫人必须直接回到中国，并立刻开始必要的疗养。

至于蒋介石收信后的反应如何，并不太明确。总之，宋美龄对英国甚为反感，岂止是访问英国，就连蒋介石、宋子文的劝说也不听，拒绝与同在华盛顿访问的丘吉尔会谈。[2]

宋美龄接着又在美国逗留了将近两个月的时间，并没有任何显眼的活动。6月底，宋美龄自迈阿密出发踏上了归国的旅途，7月4日，"载誉归来"抵达重庆。[3]

五　结语：宋美龄的病因及蒋家政治

综观 1942 年至 1943 年的宋美龄访美活动，可分为入院治疗的前期与从事公开的政治活动的后期两个部分。以往的研究，主要偏重于宋美龄出院后的政治、宣传活动方面。本稿则把焦点对准宋美龄访美的主要目的——治疗疾病，

---

[1] R. F. Loeb and D. W. Atchley to Chiang Kai-shek, 1943, 5.2, 宋档, 第 64 盒。

[2] T. V. Soong to Mme, 1943.4.20, Washington, 宋档, 第 64 箱；宋致蒋电稿 1943.5.26、宋档，第 61 盒；《蒋介石日记》1943 年 5 月 18 日条。

[3] Tong, *Dateline CHINA*, p. 193；唐纵：《在蒋介石身边八年：侍从室高级幕僚唐纵日记》，"蒋夫人载誉归来"，群众出版社，1991，第 367 页。

就访美就医的经纬、其具体的病症与接受治疗的情况、出院后的活动与健康关系等展开论述。医师的诊断显示，宋美龄罹患的疾病，是长期的过度疲劳与精神压力促使身体上的各种病症显现出来，并发生恶化所导致的结果。由此可知，宋美龄所得之病即现代医学上所谓的"心身病"。

除了老病——皮肤病以外，相当健康、长寿的宋美龄，在战争期间其健康状况却极为不佳，身体上出现了心身病的各种症状。究其原因，一般认为除在生理上的原因以外，此时期的心理、社会、环境方面的因素所占的比例更大。围绕着个人的心理、社会、环境等因素，即首先为家庭，其次为工作单位与当地社会进行研究，可以认为，对宋美龄而言，蒋、宋、孔三家之亲属关系，战时中国的最高决策者蒋介石的政治经营与对外关系（蒋家政治）等，是导致其"心身病"各种症状出现的原因。

战时蒋家政治之特征为：第一，蒋介石集各种权力于一身。战争期间，蒋介石不仅拥有军事、外交、政治上的最高决策权，而且在宣传、文化、地方党务等其他领域，也明显地具有由他自己来统管的倾向。[①] 为了达到将所有政务集于自身来处理之目的，蒋介石于军事委员会里设置了侍从室，其发挥的作用宛如清朝中央的军机处一样。而蒋介石手下的工作人员所承担的工作量皆非常大，陈布雷就毫无休息地每日都在工作，因过度疲劳、忧虑等常受头痛、失眠与神经衰弱等病症的折磨。[②] 据唐纵日记所载，陈布雷就此现象曾明言告之："委座处理政治，如同处理家事，事事要亲自处理，个人辛苦固不辞，但国家大政，不与各主管商定，恐将脱节。近来许多事，都在黄山由〔陈〕布雷先生办。"[③]

第二，采取关系主义（personalism）式的处理政务之手段。蒋介石个人总揽了各部门的大权，结果就出现须要处理大量政务的现象，而蒋介石并非按照政府机构、职业官僚通常所采用的办事方法来处理，而是任意委托自己信赖的人或亲属来担任。于外交事务方面，虽然外交部、宣传部等政府机构里有许多专家、精通英文之人的存在，[④] 但蒋介石将外交信息、决策权集于一身，喜欢

---

① 《陈布雷日记》（1942 年 6 月 29 日条）的内容："到官邸，参加党政会报。委座对宣传、文化与思想问题，及渝党务、团务，均令诸人报告，并有指示。"

② 1940 年代的《陈布雷日记》中，随处写到其病痛之苦。

③ 唐纵：《在蒋介石身边八年：侍从室高级幕僚唐纵日记》，1944 年 8 月 15 日条。

④ Theodore H. White（白修德），*In Search of History：A Personal Adventure*，New York：Harper & Row，1978，pp. 72 - 73。

用设置私人顾问、秘书，或派遣自身信得过的使节等方式来处理事务。对蒋介石而言，宋美龄正是一位在外交涉上的最可信赖且优秀的翻译、助手，又是一位可直接充当交涉任务的人才。因之，这给宋美龄带来了极大的处理事务的工作负担。另外，战时中美两国同盟，两国之间的关系既密切又复杂，各种纷争随时发生，当然也给交涉人员带来了很大的负担。

第三，宋美龄沉重的心理负担——对内、对外皆须扮演"伟大领袖"蒋介石的、美丽且贤明的夫人之角色。撰写了宋美龄传记的一位美国女性回忆说，宋美龄在记者面前总是预先充分准备好发言稿，再刻意发言与表现。① 某美国记者曾冒昧地向宋美龄提问："欲扮演好一位人们所期待的、伟大的、英雄式的人物，阁下偶尔也不觉得疲倦吗？"宋美龄回答道："如果把这句话公开地发表出去的话，恐怕要扯断阁下的头了！嗯嗯，您说对了。真的很累。"②

在此之上，蒋、宋、孔三家的亲戚关系也很复杂，政治上的问题与家庭关系、夫妇关系搅在一起，不难想象这也给宋美龄增添了不少精神压力。访美之前与回国之后，因孔祥熙的问题曾引发宋美龄与蒋介石夫妇关系的僵化。③

综上所述，宋美龄身患的疾病即由蒋介石个人权力的过度集中与复杂的家庭、亲戚关系所带来的一种产物。不可否认，宋美龄于出院后在对美外交活动方面做出了出色的贡献。但正如医师所言，回国后的宋美龄，因再次置身于跟以前同样的、既繁忙又要承担繁重的精神压力的环境中而引起心身病复发。自1944 年 7 月至 1945 年 9 月，在这一段较长的期间内，宋美龄再次赴海外，重新接受治疗。

---

① Emily Hahn, *China to Me: a Partial Autobiography*, Garden City, New York: Doubleday, 1944, Reprint ed., New York: Da Capo Press, 1974, p. 123.

② Stephen R. Mackinnon and Ovis Friesen, *China Reporting: An Oral History of American Journalism in the 1930s and 1940s*, p. 92.

③ 比如，唐纵在其日记 1942 年 1 月 27 日条中写道："闻为此事（因孔祥熙而起的学潮），委座与夫人闹意气者多日。自古姻戚无不影响政治，委座不能例外，难矣哉！"参看唐纵《在蒋介石身边八年：侍从室高级幕僚唐纵日记》（第 252～253 页）与杨天石前引书。关于蒋、孔、宋三者关系，参照汪朝光、王奇生、金以林《天下得失：蒋介石的人生》，山西人民出版社，2012，第 7 章。

"琉球返还"中的美国因素与钓鱼岛问题

中国社会科学院近代史研究所 李 理

钓鱼岛全称为"钓鱼台群岛",由钓鱼岛、黄尾屿、赤尾屿、南小岛、北小岛和大南小岛、大北小岛、飞濑岛 8 个无人岛礁组成,分散于北纬 25°40′~26°和东经 123°~124°34′之间,总面积约 6.344 平方公里。这些岛屿在地质构造上,与花瓶屿、棉花屿及彭佳屿一样,是台湾北部近海的观音山、大屯山等海岸山脉延伸入海后的突起部分,在历史上作为中日航海指针被中国古籍所记载,本为中国台湾岛的附属岛屿,与古琉球没有任何的关系。资料已经确凿证明,日本在明治维新后,曾多次想建立国标占有该群岛,但迫于清政府的压力而没能实施。1895 年日本利用《马关条约》,偷偷将该群岛纳入其领土范围。而所谓的 1895 年 1 月 14 日内阁决议及 1896 年 4 月 1 日的"敕令 13 号",都没有明确提及"钓鱼台群岛"。直到 1902 年,日本才以天皇敕令的形式将"钓鱼台群岛"正式并入领土。而所谓的古贺家族的"租赁契约",更是以后的事情。这些历史史实都有力地证明,在 1945 年"二战"结束以前,"钓鱼台群岛"与古琉球没有所谓的"所属"关系。战后,按照盟国的一系列宣言,日本领土将限于本土四岛及其邻近小岛之内,此外原属于日本之领土,其归属问题,盟国间已经协议,但有两块地区悬而未决,第一为小笠原群岛,第二为琉球群岛。而琉球本为中国藩属国,1879 年被日本吞并。故中华民国政府积极主张收回琉球,但美国暗中教唆菲律宾政府提出反对,并以"台湾自决"相抗衡,致使风雨飘摇的中华民国,连退而要求将中琉分界线划在"钓鱼台列岛"以外的想法,也没有实现。这样"钓鱼台群岛"就被裹挟到琉球群岛中,进而以琉球的一部分,最后被美国所托管。

一 "二战"后期对日本领土疆域的界定与
琉球及"钓鱼台群岛"

（一）《开罗宣言》为战后琉球的划定提供最初的国际法依据

战后日本疆域领土的划定，最早的法理依据为 1943 年 12 月 1 日的《开罗宣言》。该宣言是由美国总统特别助理霍普金斯，根据美国总统罗斯福、英国首相丘吉尔和中华民国政府主席蒋介石三人会谈的内容而起草的，其中在关于日本疆域问题中涉及中国之部分，其拟初稿明确表示："被日本人背信弃义地所窃取于中国之领土，例如满洲和台湾，应理所当然地归还中华民国。"①

英国代表贾德干爵士，在参加修改意见时，建议将草案中的"归还中华民国"，修改为"必须由日本放弃"。中国代表王宠惠据理力争，美国代表哈里曼附议中国之观点，将宣言草案的文字表述为："被日本所窃取于中国人之领土，特别是满洲和台湾，应归还中华民国。"

丘吉尔本人，又对宣言草案文字做了进一步的修改，将文中的"特别是"改为"例如"，又在"满洲和台湾"两个地名后，加上了"澎湖"。《开罗宣言》就这样定了稿。为征求斯大林的意见，《开罗宣言》并未签字，开罗会议结束后，罗斯福、丘吉尔即刻前往德黑兰，同斯大林会晤。

1943 年 11 月 30 日，丘吉尔就《开罗宣言》的内容，询问斯大林的意见，斯大林回答称他"完全"赞成"宣言及其全部内容"，并明确表示：这一决定是"正确的"，"朝鲜应该独立，满洲、台湾和澎湖等岛屿应该回归中国"。②

第二天，即 1943 年 12 月 1 日，《开罗宣言》由重庆、华盛顿、伦敦向外界正式发表。其内容如下：

> 三国军事方面人员关于今后对日作战计划，已获得一致意见，我三大盟国决心以不松弛之压力从海陆空各方面加诸残暴之敌人，此项压力已经在增长之中。我三大盟国此次进行战争之目的，在于制止及惩罚日本之侵略，三国决不为自己图利，亦无拓展领土之意思。三国之宗旨，在剥夺日

---

① 《美国对外关系文件》，FRUS1943，开罗和德黑兰，美国威斯辛大学数位收藏，第 401 页。
② 《美国对外关系文件》，第 566 页。

本自从一九一四年第一次世界大战开始后在太平洋上所夺得或占领之一切岛屿；在使日本所窃取于中国之领土，例如东北四省、台湾、澎湖群岛等，归还中华民国；其他日本以武力或贪欲所攫取之土地，亦务将日本驱逐出境；我三大盟国稔知朝鲜人民所受之奴隶待遇，决定在相当时期，使朝鲜自由与独立。根据以上所认定之各项目标，并与其他对日作战之联合国目标相一致，我三大盟国将坚忍进行其重大而长期之战争，以获得日本之无条件投降。[①]

虽然目前各方对《开罗宣言》还存有异议，但不可否认的是，战后履行日本领土处理方式的《波茨坦宣言》，其国际法理依据即为此宣言。

此宣言中虽然没有明确言及琉球及"钓鱼台群岛"，但其所规定的"窃取于中国之领土"及"以武力或贪欲所攫取之土地"之内容，成为战后对"被吞并的琉球"的处理，及中国海峡两岸对被日本"偷偷窃取的钓鱼台群岛"要求权力的最初法理基础。

在开罗会议上，美国总统罗斯福曾多次向蒋介石提出，要把琉球交给中国。23 日，美国总统罗斯福在与蒋介石商量日本投降后的领土处理问题时，首次涉及琉球问题。根据美国官方公布的记录，其内容如下："总统（指罗斯福）……提及琉球群岛问题并数次询问中国是否要求该岛。委员长（指蒋主席）答称将同意与美国共同占领琉球，并愿将来在一个国际组织（即后来的联合国）的托管制度下，与美国共同管理（该地）。"[②]

复旦大学历史系和斯坦福大学胡佛研究所合作的"宋子文档案"系列新书之一《宋子文生平与资料文献研究》中也记载，1943 年底的开罗会议期间，罗斯福就琉球群岛，对蒋介石说："琉球系许多岛屿组成的弧形群岛，日本当年是用不正当手段抢夺该群岛的，也应予以剥夺。我考虑琉球在地理位置上离贵国很近，历史上与贵国有很紧密的关系，贵国如想得到琉球群岛，可以交给

---

① 《新华日报》1943 年 12 月 3 日。《开罗宣言》原文收录在美国国务院出版的《美国条约汇编》（参阅 Charles i. Bevans, *Treaty and Other International Agreements of the United States of America 1776 – 1949*, vol. 3, Multilateral, 1931 – 1945, Washington, d. c.：US），日本国会图书馆已经影印保存，网页上也有原件扫描档。另外在日本外务省所汇编的《日本外交年表并主要文书》下卷也有官方译文。

② 转此自丘宏达《琉球问题研究》，《政大法学评论》，1970 年 6 月，第 2 页。原文参见 Foreign Relations of the United States, *Diplomatic Papers*：The Conferences at Cairo and Tehran 1943, Washington, D. C.：Government Printing Office, 1961, p. 324。

贵国管理。"①

另外，在 1946 年顾维钧发给国民政府外交部部长王世杰的电报中，也曾回忆罗斯福有将琉球交还中国统治的意向："回忆两年前，罗斯福对钧曾询及我与琉球关系，并谓美无意参加代治，中国愿意接受否。"②

通过以上内容分析来看，罗斯福对琉球表态，表明美国在此时期（1943年），已经明确琉球不属于日本，而有意将琉球交由中国治理。这也从另一角度说明，美国对历史上中琉关系的密切有所了解，甚至承认中国在历史上对琉球的宗藩关系，具有近代国家意义上的主权关系。

（二）《波茨坦公告》明确规定日本的领土范围

《波茨坦公告》是中、美、英三国在战胜德国后，致力于战胜日本，以及履行《开罗宣言》等对日本的处理方式的决定。它是 1945 年 7 月 26 日在波茨坦会议上，由美国总统杜鲁门、国民政府主席蒋中正和英国首相丘吉尔，联合发表的一份公告，其名称为《中美英三国促令日本投降之波茨坦公告》，简称《波茨坦公告》或《波茨坦宣言》。

该公告宣布：盟国对日作战将继续到日本完全停止抵抗为止，日本政府必须立即投降。该公告还规定了盟国接受日本投降的条件，即铲除日本军国主义；对日本领土进行占领；实施《开罗宣言》之条件，解除日本军队的武装，惩办战争罪犯；禁止军需工业；等等。

《波茨坦公告》方的三国为"中、美、英"，与《开罗宣言》的"中、美、英、苏"不同，这有着深刻的背景。当时法西斯德国已经投降，日军在亚洲和太平洋战场屡遭失败。而美国的原子弹已经试爆成功。美方认为不借助苏联的力量，促使日本投降的条件已经具备。由急切希望苏联对日作战之情况，已经转为担心苏联对日参战，将会影响其独占日本及在远东的战略地位。

《波茨坦公告》的发出，使日本政府十分恐慌。还没有来得及回应之时，8 月 6 日、9 日，美国分别在广岛和长崎长投下原子弹；9 日，苏联对日作战。日本政府被迫于 10 日通过中立国瑞士，向中、美、英、苏发出乞降照会。8 月 15 日，日本天皇发表接受《波茨坦公告》的停战诏书，宣布无条件投降。

---

① 《宋子文档案揭秘：罗斯福提出"琉球群岛归还中国"》，《新民晚报》2010 年 5 月 21 日。
② 《纽约顾维钧电》，《琉球问题资料》，台北，中研院近代史研究所档案馆所藏，《外交部档案》：419/0008。

《波茨坦公告》第八条明确规定："开罗宣言之条件必将实施，而日本之主权必将限于本州、北海道、九州、四国及吾人所决定其它小岛之内。"[①] 此条明确规定了日本的主权领土范围，但"吾人所决定其它小岛"，是一个模糊的概念。而在这个模糊的概念中，是否包含琉球及"钓鱼台群岛"，没有明文规定。

（三）琉球在盟军指令中明确在日本的领土范围之外

《波茨坦公告》虽然明确了战后日本领土的范围，但"吾人所决定其它小岛"内容尚不明确，故盟军于1946年1月29日发布"关于非日本领域各岛屿分离之文件"，来确定"其它小岛"之范围，这份文件即是"对日本政府指令（SCAP-N-六七七）"，其内容如下：

一、兹指令日本帝国政府停止其行使与停止其企图行使在日本以外地域之政治的与行政的权限，及在该地域内之政府官吏雇员以及其他人员等之政治的及行政的权限。

二、除盟军总司令部准许之场合外，日本帝国政府不得同日本以外地域之政府官员雇员以及其他人员等通信，但经总部准许之航行通信气象关系之日常业务不在此限。

三、本指令之目的在规定日本领有日本四个主要岛屿（北海道本州四国九州）及对马岛、北纬三十度以北琉球（南西）群岛（口之岛除外）约一千以内之邻近群岛。

下列各岛不属于日本。

A. 郁林岛、竹岛、济州岛。

B. 北纬三十度以南之琉球（西南）群岛（包括口之岛）、伊豆、南方小笠原、火山（硫黄）群岛及其它所有在太平洋之上岛屿（包括大东群岛、冲鸟岛、南鸟岛、中之岛）。

C. 千岛群岛、哈火马（？）（ハホマセ）群岛（包括水晶、勇留、秋勇留、志发、多乐群岛）、伊凡岛（色凡岛）

四、下列各地域应不属于日本帝国政府之政治上及行政上之管辖。

A. 日本于一九一四年世界大战开始接受委任统治或以任何名义夺取

---

① 《波茨坦宣言英文原文与日文翻译》，日本国立国会图书馆：http://www.ndl.go.jp/constitution/etc/j06.html。

占领之太平洋上之一切岛屿。

B. 东北四省（满洲）台湾及澎湖列岛（ヘスカナール）。

C. 朝鲜。

D. 桦太。

五、关于日本之定义，除盟军总部另有规定外，今后凡该部所颁发之训令、指令、备忘录等，均以本指令所定为标准。

六、本指令内诸记载不得认为系盟国间波茨坦宣言第八项所述关于各岛最后规定之政策。

七、日本政府对本指令规定日本以外地域有关日本国内之政府机关应准备向本司令部提出报告。

八、关于上列第七项所述各机关之全部纪录须加保存以备本部之检查。①

该份指令除停止日本在本土及诸外占领地的行政权外，主要明确规定了日本的领土范围。此份文件中关于日本领土的规定，使原有的、被日本吞并的琉球王国被分解为两个部分，即北纬30°以北之琉球（西南）诸岛属日本（口之岛除外），但北纬30°以南之部分，并没有明确的规定。这也就是说，在北纬25°40′~26°之钓鱼台群岛，不属于日本领土，但具体属于哪里，没有明确规定。

（四）麦克阿瑟的指令再次明确琉球及"钓鱼台群岛"不属于日本

在盟军指令下达几天后，麦克阿瑟将军在1946年2月2日再次下达指令，就"日本领土"再次进行明确，其具体内容如下；

一、日本领土限定于北海道、九州、四国、本州及附近之约一千个小岛。

二、"南方"对马及北纬三十度以北之琉球（西南）诸岛属日本，但ケチノ（口之）岛除外（ケチノ岛疑系口永良部岛）。

除外之岛屿如下：

（甲）郁林岛、竹岛、济州岛。

---

① 《日本疆域问题》，《盟总指定日本疆界》，台北，中研院近代史研究所档案馆所藏，《外交部档案》：073.3/0006。

（乙）北纬三十度以南之琉球诸岛（包含口之岛）伊豆、南方小笠原、火山群岛及其他太平洋诸岛（包含大东岛群岛、冲之岛、南鸟岛、中之岛）。

三、"北方"除外诸岛。

（甲）千岛诸岛（约为北纬四十四度以北，东经百四十六度以东）、マボマイ群岛（水晶岛、勇留岛、秋勇留岛、オヒベツ、多乐群岛）及色丹岛。

四、"东方"除外诸岛。

（甲）日本委任统治诸岛。

（乙）日本战时占领之太平洋诸岛（如南鸟岛）。①

麦克阿瑟将军的指令，全部内容就是规定与明确日本的领土范围。与"盟军指令"有所不同的是，第四项"'东方'除外诸岛"中，规定为"日本委任统治诸岛"及"日本战时占领之太平洋诸岛"。由于这个指令没有明确的具体的时间，故似乎比"盟军指令"的范围更扩大些。

综上内容分析来看，《开罗宣言》时期，中国本有要求收回琉球的时机和条件，但由于蒋介石在琉球问题上的暧昧，致使《开罗宣言》没有公开提及琉球的归属，这为琉球未来的托管埋下了伏笔。《波茨坦公告》虽然规定了战后日本的领土范围，但没有明确规定琉球将来的地位。笔者认为，此时期"琉球地位未定"，并不能影响到"钓鱼台群岛"，因在历史上即1895年以前，"钓鱼台群岛"本为中国之岛屿。而《开罗宣言》及"盟军指令"中，已经明确将台湾归还中华民国，故其所附属的"钓鱼台群岛"，理所为中国领土。但由于中华民国交涉"琉球返还"的失败，最终使"钓鱼台群岛"莫名其妙地成了琉球的领土而被美国托管。

二　中华民国争取"琉球返还"及钓鱼岛划界

（一）琉球归属问题浮出水面

前文曾多次提到，在开罗会议期间，罗斯福有将琉球交还中国的意向，

---

① 《日本领土》，《盟总指定日本疆界》，台北，中研院近代史研究所档案馆所藏，《外交部档案》：073.3/0006。

并向中国统帅蒋介石提出。根据以上记载分析，罗斯福似对中国与琉球在历史上的宗藩关系有所了解与承认，并认为战后中国有权力要求归还琉球，同时，似乎也认为以蒋介石所代表的中国，在会议时可能会主张琉球应归属中国，但令人遗憾的是，蒋介石当时仅要求与美国共同管理琉球群岛。

蒋介石究竟出于何种原因，笔者没有深入的研究，推断可能与"大西洋宪章"有关。此宪章中的"领土不扩大原则"以及"对国民意志的尊重"，可能是蒋介石没有提出对琉球领土要求的根本原因。

蒋介石早在抗日战争期间，就对琉球在中国国防上的重要性，有着深刻的认识："以国防的需要而论，上述的完整山河系统，如有一个区域受异族的占据，则全民族，全国家，即失其天然屏障。河、淮、江、汉之间，无一处可以作巩固的边防，所以琉球、台湾、澎湖……无一处不是保卫民族生存的要塞。这些地方的割裂，即为中国国防的撤除。"[①] 从此上述内容分析来看，蒋介石早就从地缘政治上认识到，琉球对中国国防的重要作用。

但琉球与台湾在历史上与中国的关系是不同的。台湾在历史上明确为中国之领土，而琉球虽与中国有着宗藩关系，但在 1879 年被日本吞并以前，名义上是独立的主权国家。如果蒋在此时对琉球有领土要求，可能会引起以前曾是中国藩属国的国家的疑惧，也会引起其他国家的反感，故蒋介石要求与美国共同占领琉球。这也表明他认为中国对于琉球应该享有相关权利。

1945 年 4 月，美军开始进攻琉球本岛，6 月美军占领了整个琉球。8 月 15 日，美军以琉球知识分子为核心组成了冲绳咨询会，来负责琉球本岛的民生工作。这表明日本投降之时，美军已经完全接收琉球。

1946 年 1 月 29 日，盟军发布对日政府指令，规定日本领土为四个主要岛屿（北海道、本州、四国、九州）及对马岛北纬 30°以北之琉球群岛（口之岛除外）约一千个小岛。根据该指令，北纬 30°以南之琉球，已经不再属于日本。故琉球的归属问题再次浮出水面。

美国对琉球的未来也曾一度考虑。1946 年 4 月 16 日，麦唐纳爵士在下院主张琉球是中国领土，中国应该收回琉球。[②] 另外"当时美国若干官方人员认为，如果琉球群岛转移主权，应当交予中国或将该群岛交联合国委托管理，而

---

① 蒋介石：《中国之命运》，台北，正中书局，1953，第 6~7 页。
② 《伦敦电报》，《琉球人对琉球归之态度》，台北，中研院近代史研究所档案馆所藏，《外交部档案》：419/0002。

中国单独执掌行政事宜，则美国亦将同意"。①

以上美国方面于琉球归属上的表态，表明在琉球归属问题浮出水面后，美国有一部分人以历史上琉球与中国的关系为根据，支持中国收回琉球。这也是当时中国内部收回琉球论一时沸起之外部因素。

（二）中华民国政府意欲收回琉球

而此时"中国朝野几乎一致的主张要收回琉球，用的字眼为'归还'。理由大概是：'琉球不论在历史上，地理上，都应该是中国的'"。②另外，中华民国政府也有利用琉球革命同志会等琉球内部的组织，"掌握琉球政权，冀于将来和会时，琉民能以投票方式归我统治，或由琉球地方政府自内向以保持我在太平洋之锁钥"。③

当时中华民国政府积极开始相关活动，密电驻琉红十字会代表团收集相关资料（1946年11月26日）："我国收回该群岛领土主权之一切资料，似可密饬就地搜集，分电呈报国防部。"④

在国内，1947年1月30日，永春县参议会通过琉球应归属中国之决议案，并致电给国民政府主席蒋中正，请求政府早日收回琉球。

中央政府受此影响，策动琉球革命同志会，在1948年9月8日，向各省参议会发电，在全国各地自下而上地发起了收回琉球的运动。其电报内容如下：

> 全国各省市参议会公鉴：琉球为中国属地，琉球人民即中国人民。琉球与中国，息息相关。自明万历三十七年日寇第一次侵琉以来，三百余年间，琉球同胞，时受日寇凌辱，痛恨日寇，深入骨髓，诚欲食其肉而寝其皮。不幸至清光绪五年竟沦为日本郡县，七十余年间，琉球同胞日处水深火热中，过着奴隶不如之生活，文字被灭，姓名被改，然而民族正气长

① 《琉球群岛及其他自日本划出岛屿处置问题》，《盟总指定日本疆界》，台北，中研院近代史研究所档案馆所藏，《外交部档案》：073.3/0006。
② 《论琉球归属问题》，《琉球问题资料》，台北，中研院近代史研究所档案馆所藏，《外交部档案》：419/0009。
③ 《中央执行委员会秘书处给王部长世杰之电报》，《琉琉问题》，台北，中研院近代史研究所档案馆所藏，《外交部档案》：419/0005。
④ 《为电转红十字会日本代表团来函请转知物资供应局冲绳岛储整处由》，《琉球问题资料》，台北，中研院近代史研究所档案馆所藏，《外交部档案》：419/0008。

存，革命精神永固，琉球革命志士无时不与日寇作殊死斗，以图反抗强暴，复兴民族，杀身成仁，前仆后继，英烈史实，可以惊天地而泣鬼神。惟以祖国海洋遥隔，呼吁无门，仅有翘首云天，吞声饮泣而已。八年抗战，日寇败降，全琉人民，不分男女老幼，无不庆幸今后可以拨云雾而见天日，重返祖国怀抱，呼吸自由空气，享受幸福生活。兹者对日和会尚无确期，琉球归属问题，亦尚乏明显决定，谨此签请全国父母兄弟诸姑姊妹，深切注意：琉球与中国有千余年关系，情同父子骨肉，琉球同胞归还祖国之愿望，誓必促其实现，绝不容任何人来分离；且从国防地理上说，琉球与祖国，更应成为一体，祖国无琉球，海防将遭威胁，琉球无祖国，民族将不能生存，琉球之应归属中国，于情于理，毫无疑义。全琉同胞，誓必继续努力，争取民族自由解放，敬乞全国同胞益加重视琉球问题，惠赐声援与协办，中琉同胞密切联系，共同努力，俾能早日达成归还祖国之最后目标，国家甚幸民族甚幸。琉球革命同志会敬叩。①

在琉球革命同志会的呼吁下，其他各省市议会也陆续发电给国民政府，要求政府收回琉球。同年 12 月 31 日，永春县参议会一致通过收回琉球之决议案。1948 年 1 月 14 日，北平市参议员将决议案，致电南京政府外交部部长王世杰，表示中央政府应表明收回琉球之意志。1948 年 1 月 21 日，崇安县参议会；22 日，河北省临时参议会；29 日，热河省临时参议会；2 月 5 日，湖南省参议会；24 日，江西省参议会；3 月 1 日，福建省汀县参议会等，都通过琉球应予归还中国的决议案，并将其公文寄给国民政府外交部，吁请尽快使琉球归属中国。②

虽然中华民国政府主张收回琉球，但对外没有发布任何正式声明。只是经由国内媒体积极表明中央政府对琉球的见解。而官方的正式表态，则是在1947 年 10 月 18 日。当时行政院院长张群参加国民参政会驻会委员会第七次会议，在提到琉球关系时，他表示："琉球群岛与我国关系特殊，应该归还我国。"③ 这是国民党政府要员首次明确表示对琉球领土的态度。

如前所述，当战后琉球归属问题再次浮出水面时，中国各地方政府似乎一

---

① 《快邮代电》，《签请收回琉球》台北，中研院近代史研究所档案馆所藏，《外交部档案》：019.12/0018。
② 《琉球问题》，台北，中研院近代史研究所档案馆所藏，《外交部档案》：419/0005。
③ 《琉球》，行政院新闻局，1947，第 1 页。

致希冀琉球的归还，当时的中华民国政府也为收回琉球，进行各种活动，探讨琉球归属中国的可行性。同时，也密令外交部当局调查同盟各国对于琉球归属问题的想法，并就琉球回归中国进行具体的研究分析。另外有相当多的档案资料证明，当时国民政府意欲收回琉球之时，还就琉球的领土划界问题及归属问题进行具体的研究。

（三）琉球与中国划界中涉及"钓鱼台群岛"

不管中国是否收回琉球，都必须先就琉球本身的范围进行界定。当时的中华民国政府积极就此进行研究，提出自己的见解。

首先，琉球的区域范围见于国民政府外交档案中的《琉球群岛及其他自日本划出岛屿处置问题》，这份文件用纸上注有"国防部第二厅"，故推断可能为国防部所提出。它对战后琉球领土的界定分为"琉球本部及其所属岛屿"：

> （一）琉球群岛本部原分为北中南三部，中部为冲绳群岛（包括伊平屋诸岛及庆良间群岛）；南部为先岛群岛（宫古群岛、八重山诸岛、尖阁诸岛位于东经一百二十三度至一百二十四度及北纬二十五度三十分至二十六度间及赤尾屿位于东经一百二十四度至一百二十五度北纬二十五度三十分至二十六度之间）；在日本占领时代合称冲绳县北部诸岛，可分为种子诸岛、吐噶喇列岛、奄美群岛三部，过去均属于九州之鹿儿岛管辖。盟军总部指令脱离日本之琉球群岛范围系在北纬三十度以南包括口之岛在内即为琉球原有之区域。
>
> （二）琉球所属东南之大东群岛（北大东岛南大东岛及冲大东岛）距大球约二百海里，为琉球之前卫，在行政系统上原属琉球岛（尸加九）郡管辖，故仍应属琉范围。①

值得注意的是，尽管此文件将"钓鱼台群岛"放在琉球领土范围内，但却将其经纬度细致地标写出来。

其次，就琉球与中国的划界问题，中华民国驻日代表团曾在《关于解决

---

① 《琉球群岛及其他自日本划出岛屿处置问题》，《盟总指定日本疆界》，台北，中研院近代史研究所档案馆所藏，《外交部档案》：073.3/0006。

琉球问题之意见》中，提出琉球与中国的划界问题。此问题包括两个部分：第一为琉球与日本之划界问题；第二为琉球与中国之划界问题，此部分涉及"钓鱼台群岛"。其内容如下：

> （甲）本问题之焦点在于八重山列岛及宫古列岛是否应划入琉球之范围。对于此问题，我方似可提出如下之意见：此二岛昔当 1878 至 1880 年间中日交涉琉球问题时，日方因美总统格兰特调停，曾建议将此二岛割让中国，因此二岛位于琉球群岛南部与中国领土相接近，归我国似可，根据此点要求将此二岛划归我领土。
>
> （乙）如八重山及宫古二列岛未能划归于我，则尖阁诸岛（位于东经一百二十三度至一百二十四度及北纬二十五度至二十八度之间）及赤尾屿（位于东经一百二十四度至一百二十五度及北纬二十五度至二十八度之间）二地之划归问题似亦值得注意谈。二地琉球史上未见记载，日本详细地图（如昭和十二年一月十日订正发行之最近调查大日本分县地图并地名）虽亦载有该二地，然琉球地名表中并未将其列入且该地距台湾甚近。目下虽划入盟军琉球占领区，但究能否即认为属于琉球，不无疑问。①

从以上内容分析来看，中华民国政府对琉球的划界，基本上是按照"盟军指令"，但就中琉之界线，则有不同的考量。

要求八重山列岛及宫古列岛归于中国，即是将中国与琉球的界线由历史上的"黑水沟"，推到八重山、宫古列岛，而此种划分要求的法理根据，是 1880 年日本曾表达愿意将此二列岛划给中国。另外，当时驻琉美军以冲绳本岛为主要统治区，位于琉球群岛南部的宫古诸岛及八山重诸岛，尚未处于美军的统治之下。

而值得我们特别重视的是，中华民国政府确定在上述要求不能达到之时，又退而要求将"钓鱼列岛""赤尾屿"划归给中国，也就是欲将"钓鱼台群岛"作为中琉的边界中方的一部，理由是"二地琉球史上未见记载""该地距台湾甚近"等。从其理由来看，当时的中华民国政府，似乎对历史上中琉以"黑水沟"作为边界的事实并不清楚，另外对日本偷偷窃取"钓鱼台群岛"的历史更不了解，虽认为琉球历史上没有相关记载，但是否为中国领土，有疑

---

① 《关于解决琉球问题之意见》，台北，中研院近代史研究所档案馆所藏，《外交部档案》：419/0009。

问，也不敢确定，故不能理直气壮地将原本为中国领土的"钓鱼台群岛"索回！

三　美国教唆菲律宾反对国民政府收回琉球

中华民国政府虽积极谋划收回琉球，但基本上都是以民间议会的形式出现。由政府出面主张收回琉球，只有行政院张群院长在国民参政会上提及。张群此言并不是专门就琉球归属而说的，只是提出自己的见解。尽管这样，国外马上出现不同的声音。

1947 年 11 月 15 日，《益世报》报道："对我收回琉球要求，美认系'讨价手段'，竟主张理论琉球归日。"同一天的《东南日报》也同样地报道："我要求收回琉球，美竟视为讨价手段，认我在和会中可能让步。"①

就连当时的战败国日本，也在 1947 年 11 月，以备忘录的形式，向盟军总部提出："未来日本有机会要求收回琉球。"② 笔者没有查阅到此份文件的原档，但此记载出于中华民国外交部的文书，故推断可能是日本政府，得到张群院长对琉球的发言之消息后，马上向盟军司令部表达自己对琉球未来的想法。而明确提出反对国民政府收回琉球的，则是菲律宾。

1947 年 11 月 3 日，《马尼拉公报》第一版上登载记者霍金斯（Rolph. G. Hawkins）的报道，称："由菲律宾外交部职员方面探悉，菲律宾政府将反对中国收回琉球群岛，菲外部人员并已准备采取步骤，在对日和会中提出反对，并在联合国中表明其立场，盖琉球之特殊地位足以影响菲律宾之安全，故菲律宾政府主张，如美国放弃琉球，则菲律宾将提议将该岛交联合国托管。又关于台湾问题，则菲律宾政府主张民族自决云。"③

从此篇报道的内容分析来看，似乎是菲律宾政府反对中华民国收回琉球，但蹊跷难解的是，此项报道揭出当日下午，菲律宾外长发表书面声明，否认其事："谓菲外部人员未发表此项声明，亦未采取任何步骤，以反对中国之

---

① 《琉球问题剪报》，台北，中研院近代史研究所档案馆所藏，《外交部档案》：019.1/0020。

② 《日本对琉球活动情形》，《签请收回琉球》，台北，中研院近代史研究所档案馆所藏，《外交部档案》：019.12/0019。

③ 《菲政府反对中国收回琉球之内幕》，《琉球问题资料》，台北，中研院近代史研究所档案馆所藏，《外交部档案》：419/0008。

要求。"①

　　菲外长的书面声明明确显示，菲律宾方面似无反对中华民国收回琉球，但次日《马尼拉公报》再次发表社论"强调反对中国收回琉球，并主张台湾民族自决"，"略谓菲外部之动议，似系继籍中国行政院长张群最近发表收回琉球之主张而来，中国之理由不外该岛在历史上曾受中国一度之统治而已，张院长之声明乃系用以试探国际政治舆情之动向者。琉球在经济上，并无价值，惟在军事上则价值殊大。此次战事，已经证实美军在该岛牺牲流血，为数甚巨，战后建设耗费亦多，为是，盖朝鲜之民族自决，已成为世界问题，台湾人民或许愿受中国统治，不过在国际会议中，应给台湾人民以表示其意志之机会耳"。②

　　不但菲律宾方面，日本方面也于当时"发表收回琉球及共管台湾之谬论"。③ 此消息记录于台北中研院所收藏的外交部档案《日本对琉球活动情形》中。笔者没有查到更详细的相关资料，但连日本都提出"共管台湾"之言论，可推想这不太可能是出自日本政府的主张，而最好的隐形提议者，就是实际占领琉球的美国。

　　而此推断更由菲方报纸的主办人得到证明。《马尼拉公报》敢于与菲外交部相抗衡，自有其深刻之背景，即它是旅菲美国人所创办。而该报道之记者霍金斯的消息来源，是由奉命研究对日和会菲方主张的菲外交部职员普罗帕度（Generoso Prorido）提供。

　　该人曾就此问题提出相关报告，内容属秘密档，没有公开发表，但其在私人谈话时曾有所流露。对于琉球问题，其主张交联合国托管，认为"谨将历史上该岛曾受中国管辖，似不充分，若谓琉球为中国之屏藩，则该岛亦系菲律宾之屏藩，以军事而论，互有唇亡齿寒之感，故应以归联合国托管为是"。④

　　由于普罗帕度的言论早于张群所发表的谈话，而其内容与《马尼拉公报》又大致相同，故国民党政府对未来菲律宾在琉球问题上的主张，持怀疑态度，

---

① 《菲政府反对中国收回琉球之内幕》，《琉球问题资料》，台北，中研院近代史研究所档案馆所藏，《外交部档案》：419/0008。

② 《菲政府反对中国收回琉球之内幕》，《琉球问题资料》，台北，中研院近代史研究所档案馆所藏，《外交部档案》：419/0008。

③ 《日本对琉球活动情形》，《签请收回琉球》，台北，中研院近代史研究所档案馆所藏，《外交部档案》：019.12/0019。

④ 《日本对琉球活动情形》，《签请收回琉球》，台北，中研院近代史研究所档案馆所藏，《外交部档案》：019.12/0019。

也认为这可能出自美国的授意。

那么美国为什么不再愿意将琉球交还中国？笔者认为可能是出自以下几个原因。

第一，战后不久，同盟国各国尚未抹掉日本侵略之记忆，因此各国认为为阻止日本再侵犯，在日本附近需要军事据点，美国国防部基于各国之意见，强硬主张美国不得放弃琉球群岛。

第二，驻琉美军在冲绳本岛逐步建设军事设施，逐渐扩大其规模，琉球已经逐渐成为美军在东亚的主要军事基地。

第三，战后美国虽单独占领了日本，但将日本改造为符合美国在亚洲和远东战略需要的附属国，需要一段时间，故强大的军事基地存在，可起着威慑作用。

第四，在冷战格局下，苏联与美国是敌对的，而琉球军事基础是美国形成对苏联战略包围及对亚洲军事威慑的基础与保障。

第五，1945 年 9 月，美军登陆朝鲜半岛，受朝鲜半岛问题的羁绊，美国意识到必须保有琉球的军事基础。

第六，国民党政府当时国内内战吃紧，美国无法预知其未来，恐其国民政府自身难保殃及琉球。

基于以上几点，尽管当时美国政府内没有对琉球群岛一致的政策，但驻琉美军在冲绳本岛逐步地建设军事设施，扩大其规模，琉球成为美军在东亚的主要军事据点与前沿阵地。而国民党军在大陆节节败退，美国自不放心将琉球交还中华民国。

四　风雨飘摇的中华民国政府态度的转变

美国在挑唆菲律宾政府，以"台湾民族自决"为利器，阻断中华民国政府收回琉球的同时，又向国民政府的外交部门进行施压。在外交部呈交给政府主席蒋中正及行政院院长张群的《关于处置琉球群岛之意见》中，言："至于琉球群岛，美对之亦甚注意，（近日）曾一再向我探询态度。"①

另外，顾维钧也向外交部发电表示："两年各方面情形已变，但美亦不赞

① 《关于处置琉球群岛之意见（附琉球问题节略）》，《关于处理琉球群岛之意见》，台北，中研院近代史研究所档案馆所藏，《外交部档案》：419/0011。

成苏联染指。为中美计，最好改为联合国讬（托）地，于若干年内助其独立。但为应付苏联，请先由我根据历史地理关系，要求为代治国，如苏联反对，改为中美代治，再不能同意，则最后先为联合国直接代治，以图根本打消苏联野心。但此层须先与美方密商，彼此谅解后，由我提出书面意见为妥。"①

根据这些资料分析可以看出，美国在战后完全掌握了琉球归属问题的主导权，是唯一能够决定琉球将来地位的国家。特别是在苏联与美国形成冷战的态势下，苏联有可能拿一些问题制衡美国。② 在此情况下，作为美国盟友的中华民国，肯定无法忽视美国对琉球归属问题之意见。

根据王海滨在《琉球名称的演变与冲绳问题的产生》中的研究，当时美国政府内部，对琉球未来的归属，没有取得一致的意见，美国国务院和国防部存在着严重的分歧，故对琉球的未来地位，没有最后确定，但美国政府此时已经决定，在处理琉球地位的过程中，排除中国的影响。③

1948 年 4 月 24 日，《新民报》报道："我收回琉球议案，美国务院不评论。"④ 对美国的相关资料，笔者没有查到，但单从此报道来看，表明美国政府不再愿意承认中华民国政府对琉球有正当要求，故也可反证当时美国政府，已开始阻止中国收回琉球，并企图单独占领琉球。

而此时期国民党政府正处于风雨飘摇中，内战吃紧，更需以美国为首的西方国家的支持，自不敢轻视美国之意见。同时，自身难保的中华民国政府，也认为目前讨论"琉球的复归"可能性也不存在，故当时民国党政府外交部门，经反复研究，以《联合国宪章》为法理依据，尊重民族自决之精神为前提，以《联合国宪章》中的国际托管制度，探讨能否以托管制度来统治琉球群岛。⑤ 为未来能够有机会收回琉球创造条件。这样即平息国内要求解决琉球问题之呼吁，同时也避免与其他国家的矛盾，特别是与琉球实际占领国美国之间的暗斗。

---

① 《纽约顾维钧电》，《琉球问题资料》，台北，中研院近代史研究所档案馆所藏，《外交部档案》：419/0008。

② 苏联似意欲就地中海及太平洋取得托管治协定，曾投反对票，并声明根据该项协定而成立托治理事会，为违反宪章，似存心力争，意图要挟，俾于将来处理美国属地及日本太平洋岛屿时，坚持其要求作为取消反对之交换条件。参见《纽约顾维钧电》，《琉球问题资料》，台北，中研院近代史研究所档案馆所藏，《外交部档案》：419/0008。

③ 王海滨：《琉球名称的演变与冲绳问题的产生》，《日本学刊》2006 年第 2 期。

④ 《琉球问题剪报》，台北，中研院近代史研究所档案馆所藏，《外交部档案》：019.1/0020。

⑤ 《吁请收回琉球》，台北，中研院近代史研究所档案馆所藏，《外交部档案》：019.12/0019。

1948 年 3 月，中华民国政府外交部向行政院院长张群提交了《关于琉球问题审议结论摘要》，建议政府以单独托管为主。其内容如下：

> 关于琉球问题之解决办法，是资我国考虑之主张不外以下数端：
>
> 甲、归还我国或交我讬管。
>
> 程序、一、我与美先行协商，先要求归还，次主张由中国讬管。因美已讬管日前委任统治地，且可能讬管小笠原、硫黄诸岛，如再要求琉球讬管，易遭反对，好似不能获同意则可考虑准美国在琉球若干据点于一定期间内，建立军事基地。
>
> 二、由对日和会决议琉球交中国讬管。
>
> 三、中国提出讬管琉球之协定草案提请联合国核准。
>
> 乙、中美同共讬管。
>
> 丙、美国讬管。
>
> 丁、琉球为联合国保护下之自由领土。
>
> 办法：一、盟国及日本承认琉球为自由区，并由联合国安全理事会保证该区之完整及独立。
>
> 二、自由区之总督或行政长官，由安全理事会任命之，总督人选且必须获及中国之同意，总督不能为日人或自由区之公民，总督任期五年不能连任，薪津津贴由联合国负担。
>
> 三、自由区应绝对保持中立化，及非军事化之原则，除及（没）安全理事会训令外，不准驻有武装军队。
>
> 四、自由区不准有军事组织或与任何国家订立或商议任何军事协定。
>
> 五、详细办法规定可比照脱里斯自由区议定。①

从"摘要"内容分析来看，中华民国外交部参照联合国托管制度的相关规定，认为有四种办法，但其重点是探讨由中国单独托管琉球的可行性。其内涵为若联合国承认中国以托管制度管理琉球，即中国能够以间接方式收回琉球，将来可以享有对琉球的领土主权，且可以在未来以合法程序，由美国移交琉球管辖权。

---

① 《关于琉球问题审议结论摘要》，《琉球问题资料》，台北，中研院近代史研究所档案馆所藏，《外交部档案》：419/0009。

另外，外交部门也将最后的研究报告，上报给蒋介石及行政院院长张群：

> 经本部慎重研究，琉球与我止于朝贡关系，种族、文化，亦非相同，况盟国在战时曾有不为自身扩张领土之宣言。我如要求归并琉球，理由似尚欠充分。惟琉球隶我藩属，历有年所（？），过去日本强行吞并，我国迄未承认，且地处我东海外围，密近台湾，国防形势，颇为重要，我似可主张由我托管，以扶植琉民之自治与独立，必要时并可将其中大琉球一岛，供给美方作为军事基地，共同使用，此似可作为我对琉球之第一号办法。
>
> 另有考虑者，琉球地瘠民贫，经济上本难自足，我国今日实力未充，保卫及治理或恐难期周到，且美军在攻占琉球时，牺牲重大，近并建有永久性军事设备，甚有作为该国在西太平洋基地之趋势，我如不拟独负托管责任，或美方不能同意由我托管琉球，此似可作为我对琉球之第二步办法。①

从外交部提交给蒋介石的报告中可以看出，当时的中华民国政府，已经向美国妥协，认为要求收回琉球的"理由似尚欠充分"，不再要求收回琉球，而是要求成为托管国，以扶持"自治与独立"，但也做出最后放弃之考虑，即是"我如不拟独负托管责任，或美方不能同意由我托管琉球，此似可作为我对琉球之第二步办法"。这就是说，当时中华民国政府内部，已经怀有最终由美国托管琉球的准备。

随着国民党败退到台湾，1950～1951 年美国对日和约时，"中华民国"政府没有作为，任由美国处理琉球问题。

美国于 1950 年 10 月 20 日由国务院顾问杜勒斯向驻美"大使"顾维钧提出对日和约七项原则节略，其中就琉球地位的一节规定："同意将琉球及小笠原群岛交由联合国托管，以美国为治理国。"② 后又于次年 3 月 28 日向顾维钧提交对日和约初稿时，在第四条中将琉球未来改由美国自行决定是否要交"托管"："美国得向联合国建议，将……琉球群岛……置于托管制度之下，并以美国为其管理当局。……美国有权对此等岛屿之领土暨其居民，

---

① 《关于处置琉球群岛之意见（附琉球问题节略）》，《关于处理琉球群岛之意见》，台北，中研院近代史研究所档案馆所藏，《外交部档案》：419/0011。

② 《金山和约与中日和约的关系》，《中日外交史料丛编》（一八），台北，"中华民国"外交问题研究会，1966，第 10 页。

包括此等岛屿之领水，行使一切行政、立法及管辖之权力。"① 而对于美国单独对琉球的决定，"中华民国"政府表示"完全予以赞同"。②

综上所述，在开罗会议期间，琉球归属问题第一次浮出水面，但由于蒋介石的失误，致使在《开罗宣言》中琉球未来未有回归"中国"的定位。"二战"结束以后，中华民国政府也曾积极地主张收回琉球，这其中就包括"钓鱼台群岛"，更在中琉划界问题上，提出以"钓鱼台群岛"作为中国与琉球之中方边界，但由于美国教唆菲律宾政府提出反对，并以"台湾自决"相抗衡，致使风雨飘摇的中华民国，连退而要求将中琉分界线划在"钓鱼台列岛"以外的想法，也没有实现。这样"钓鱼台群岛"就被裹挟到琉球群岛中，进而以琉球的一部分，最后被美国所托管。美国担心中华民国政府自身难保，更怕苏联染指琉球，更提出日本对琉球有"剩余主权"，这为日后将琉球交给日本埋下伏笔，更为"钓鱼台群岛"之争种下了隐患之种。

---

① 《金山和约与中日和约的关系》，《中日外交史料丛编》（一八），第 15 页。
② 《金山和约与中日和约的关系》，《中日外交史料丛编》（一八），第 32 页。

不确定的开端：内战末期中共
对美政策再探讨

北京大学国际关系学院　牛　军

　　本文的主旨是考察 1948～1949 年夏季中共对美政策的变动，揭示其形成机制的主要特点。这个时期的中共对美政策不是新的研究课题，以往论著中的争论也很多了，诸如美国与中共和解的机会是如何失去的，这个机会真的存在过吗，等等。在中国近些年对此时段中共对美政策的研究成果并不多见，美国学界也大体如此。已有的论著主要是强调了冷战、中共与苏联的关系、毛泽东的意识形态和革命理念等，如何影响了中共对美政策的确立及其后果，这里不再做具体分析。[①]

　　本文不拟重复此时期中共对外政策（包括对美政策）的宏观背景，而是聚焦于政策发展各阶段的具体事件和中共领导人处理这些事件的具体过程，包括中共内部的政策形成机制的复杂性，通过具体地分析连续出现的个案和中共领导人具体且不同的处理方式，更加完整地呈现中共走上与美国对抗之路的过程。做这样的呈现也是为了说明，从中共意识形态的视角展开的分析固然很深刻，但是，仍然有一些更具体的因素是不容忽视的。进一步说，意识形态作为决策中的重要因素，在不同的历史条件中的影响力是不同的，它并不取代对其他历史条件的研究。

　　近年来中国出现了一些新的历史档案，特别是地方档案部门出版了一些有

[①] Chen Jian, "The Myth of American lost chance in China," *Mao's China and The Cold War*, Chapter Two, (Chapel Hill: University of North Carolina, 2001), pp. 39 – 48；杨奎松：《中华人民共和国建国史研究》（2），第二章《美领馆事件与新中国对美政策的确立》，江西人民出版社，2009，第 51～77 页。

重要价值的历史文件集，这使得有条件更深入细致地考察此时段的中共政策。[①] 那些新出现的历史文献也足以说明，中共对美政策的演变和内容比以往研究所证明的要复杂得多，中共领导人在新中国成立前夕最终决定断绝同美国发展起正常关系这一点，在本文研究的这个时期里很长时间都不是确定不移的。

一 从"承认"到"挤走"

1948 年春夏，中共军队开始相继攻占华北一些大中城市，中共领导人终于不得不直接面对如何处理同外国官方机构的关系，对美政策的持续变动也从此开始，因为与以往不同，他们此后必须要解决的不仅仅是继续用反帝口号进行政治动员，以取得战争的最后胜利，而且还必须要思考如何处理与外国政府的外交关系，包括为未来取得国家政权后制定外交政策。从这时起，在对美政策方面，具体地说就是既要继续贯彻之前避免、防止美国军事干涉的策略，又不得不开始考虑与美国官方机构打交道，后来并由此延伸到思考新中国成立后与美国的关系，包括是否以及在什么条件下与美国发展正常关系。当然，后一个问题这时在中共领导人心目中既不明确，也不急迫，最初的重点是中共地方政权如何处理与所攻占城市中美国政府机构的关系。毕竟这时还只是中共革命的胜利和建立新国家这两者进入时间上相互重叠时期的开端。

在防止美国军事介入中国内战的问题上，中共中央的政策一如既往地在宣传上言辞激烈而政策极为谨慎细腻，特别是在涉及与美军冲突或纠纷的问题上，中共领导人明确重申必须严格执行事前请示之原则。1948 年 3 月 24 日，中共中央在给华东局有关谈判处理扣押 5 名美军人员的指示中，详尽阐述了何为"有利有礼有节"，并特别指出"任何外交谈判，从中央到地方，外交代表绝不能不经请示，便可宣布谈判破裂"，"以后一切外交文稿，均应先由中央批准，然后发表"。[②] 相比较而言，如何处理与中共军队占领地区的外国（包括美国）政府机构的关系，要复杂得多。

从当时中共中央给有关地区领导人的指示内容看，中共领导人最初有意愿

[①] 中国新出版的历史文献集主要包括：南京档案馆编《解放南京》（上、下），中国档案出版社，2009；中共南京市委党史工作办公室编《二野大军与南京》，中共党史出版社，2009；中共中央文献研究室、中央档案馆编《建党以来重要文献选编》第 25 册，中央文献出版社，2011；还有一些地方编辑的文集，不赘述。

[②] 《中央关于对美国外交斗争策略的指示》，1948 年 3 月 24 日。

在地方政权的层次上同美国等国家建立官方关系。目前能看到的最早的文件是1948年2月7日中共中央下发的一份指示，就在华北地区攻占的城市中如何处理与外国侨民、政府机构的关系做出了相当具体的规定，其中一些内容表明，中共领导人并没有表现像后来那样深刻的敌意。特别是针对外国政府代表机构，指示要求地方当局对未撤走的外国领事馆要加以保护，"对其财务、文件，不得没收和损坏。也不得随便进去施行检查"。只有在对方采取敌对行动并被证实，才可"按情节轻重，分别处置"。其中有两个重要内容与后面的分析有关。其一是由于军事需要，外国领事馆内不得设立无线电台，"如有违犯，以破坏疑问论罪"，这一规定显然同战争时期军事行动的保密有关；其二是不论外国领事馆是否承认中共政权和军队的合法地位，只要是为侨务交涉者"我概以外交代表视之"，意即承认对方作为政府代表的合法地位。[①] 显然，中共中央此时并没有打算奉行更为激进的政策，并有意善待攻占城市中的外国侨民。

此后一段时间，中共中央连续下达了一些有关城市工作的指示，涉及外交的内容甚少。直到7月下旬，华北局报告中共中央称，有法国领事向他们表示，希望与中共华北当局建立"正式外交关系"。至于何为"正式外交关系"，大概可以理解为正式的官方关系。中共中央在周恩来起草的电报中告诉华北局，可以表示"非正式的同意"，并与对方讨论进一步谈判的内容。中共领导人认为，法方很可能是受美国之托来"试探"，故华北局可以"表示出华北解放区愿意与各国建立外交关系"。中共领导人这种反应很难说是经过深思熟虑的。他们在这方面既不了解多少情况，也很缺乏经验，所以在行动上比较谨慎，对不同情况的回应是观望式和试探性的。例如规定上述原则应限于华北地区，并且"不忙订立具体的协定"，以便留下调整政策的空间。[②] 此后英国使馆也向华北局提出双方展开贸易之问题，中共中央亦做出类似之答复。[③] 据此可判断，中共中央的这种态度应适用于在地方一级处理对美关系，即并不排斥与美国官方机构往来。

---

① 《中共中央关于对待外国在华侨民的指示》，1948年2月7日，中共中央文献研究室、中央档案馆编《建党以来重要文献选编》第25册，第89～90页。

② 《中共中央关于法国领事要求与我建立外交关系问题给华北局的指示》，1948年7月28日，中共中央文献研究室、中央档案馆编《建党以来重要文献选编》第25册，第389～390页。

③ 《中共中央关于与英方商谈贸易问题给方方等的指示》，1948年9月25日，中共中央文献研究室、中央档案馆编《建党以来重要文献选编》第25册，第507页。

　　中共中央在华北地区的上述原则很快延伸到东北地区，并出现了积极的变化。中共东北野战军攻占沈阳后，东北局直接面对处理沈阳的美国领事馆问题，中共中央由此而首次明确提出了迫使美英法等承认中共地方政权合法性的方针。东北野战军于11月2日攻占沈阳。此前三天，中共中央专门就美英法等国的领事馆和侨民问题电令东北局，要求必须要建立起专门的外事机构，必须遵守中央的指示，以及在采取任何措施之前必须请示，而"不要草率决定"。从电报的内容看，中共中央这时的意图不是要断绝同美国的关系，而是通过各种具体措施"逼使这些资本主义国家的外交机关，不得不承认我解放区地方政府的政府地位和权力"。① 这是这个阶段中共中央有关在地方层级与美国建立官方联系的明确表述，此节标题中的"承认"即指通过特定的交往方式迫使美方承认中共地方政权的合法地位。

　　11月1日，在接到中共中央的指示后，东北局发给中央一份有关占领沈阳后如何处理外事问题的请示，其中包括是否关闭外国银行和派兵警卫美英等领事馆。报告说，东北局在沈阳是首次遇到苏联和美英法等国商业机构同时存在的情况，此外他们也担心，国民党特工会袭击外国领馆，给中共沈阳军事管制委员会制造外交纠纷。② 周恩来当天草拟了一封很长的电报，他在此电报中专门叮嘱东北局，一定要特别重视沈阳地区的特殊情况，在那里的特殊性是中共首次遇到苏联和美英法等国领事馆、外交机构、商业机构等同时存在。为了慎重起见，东北局应暂时不停止外国银行的营业，对外国领事馆均应提供武装保护，并不得对其人员和室内实行检查。电报坦诚中共领导人并不了解应该如何处理外交问题，即"许多外交事宜和国际惯例，我们甚不熟悉"。这一情况加重了中共地方当局对苏联人的依赖，周恩来告诉东北局应多向苏方人员请教。不过他也很明确地指出，外交事务的决定权在中共中央，苏联人的意见也"只做参考"而已，"凡与政策有关者均应先报告中央请示"。周恩来在电报中要求东北局派人通知各领事馆，"不得设立无线电台"，如有电台应向中共报告并交中共方面保存，待他们归国时再交还他们。周恩来估计美英等领事馆会有秘密电台，但东北局采取行动前必须秘密侦查证实，并报中央批准后，"才

---

① 《中央关于对英、美、法等国领事馆及侨民的态度和方针应按丑虞电处理给东北局的指示》，1948年10月29日。
② 《东北局关于处理外国银行、领事馆的请示》，1948年11月1日。

得进入其内检查"。①

　　11月5日，中共沈阳市市长朱其文事先未经请示就接待了美英法等国驻沈阳的领事，并于3天后回访了这些国家的领事机构。客观地看，朱其文的这些行动并不能说是完全违背了中共中央此前的政策，因为他不这样做就很难执行中共中央10月29日指示中的一些要求，即向英美法人员转达东北局的有关规定，并达到迫使对方承认中共沈阳政权合法性的目的。当时东北局即对朱其文进行了严厉的批评并报中共中央。② 中共中央很重视东北局的报告，不过他们这时关注的重点是朱其文事前不请示便以市长身份与美英法官方代表接触，而不是他根本就不能与对方来往的问题。显然，中共中央与东北局内部还没有在处理对外关系问题上做到上下步调一致，地方负责人对外交纪律的敏感和重视程度远没有达到中共领导人的要求。中共内部的这种情况是导致后来政策发生重大转变的一个至关重要的原因。

　　11月10日，中共中央根据东北局的报告，曾提出利用军事管制来限制美英法人员活动，相信经长期相持他们会被迫撤走。至于为什么出现这种想法，主要是同东北局与美英法等领事馆打交道的情况有关。从间接披露的电文内容看，东北局报告说，美英法领事馆没有承认中共沈阳政权的合法地位，所以中共中央指示东北局针锋相对，也不承认它们是外交机构，同时谆谆告诫东北局，在涉外事务上一定要行事谨慎，并做到事前请示。③ 这时中共领导人可能已经有迫使美英法领馆撤出沈阳的初步想法，但对采取何种具体措施和到底需要用多长时间等，均无确切的看法，而且十分谨慎小心。从后来的情况看，这种谨慎部分是因为对外交领域的无知，缺少处理这类问题的经验。

　　15日，中共沈阳军管会向美英法领事馆发出通告，限其36小时内交出所存之电台。导致东北局采取此措施的原因之一是执行前述中共中央有关收缴外国政府机构电台的指示，这种军事上的保密需求在东北正变得十分紧迫。在辽沈战役即将结束时，毛泽东已经与林彪等开始讨论第四野战军秘密入关参加平津战役。11月中旬，中共中央决定东北野战军主力部队提前结束休整，尽快秘密进入华北。从中共中央同东北野战军司令部的来往电报中可以看出，保密

---

① 《中央关于处理外国银行及领事馆问题给东北局的指示》，1948年11月1日，参阅中共中央文献研究室编《周恩来年谱1898～1949》，人民出版社、中央文献出版社，1989，第794页。
② 参阅杨奎松《中华人民共和国建国史研究》（2），第52～53页。
③ 参阅中共中央文献研究室编《周恩来年谱1898～1949》，第796页；杨奎松《中华人民共和国建国史研究》（2），第55页。

是这项战略决策的关键之一。毛泽东本人极为关注沈阳外国领事馆的电台，他甚至为此指示在沈阳附近的部队，"宜推迟出发时间，因沈阳有敌电台，我一行动，敌必警觉"。① 在取得战争胜利压倒一切的历史时刻，外交只能配合军事行动；在无法配合时则必须让步。这是决定中共政策转变和美领事馆后来命运的至关重要的战略背景，军事压倒一切的战略优先顺序决定了中共中央在面对复杂局面时宁可选择相对简单但对保密来说最有效的办法。

苏联方面的要求也起了重要的作用，东北地区的特殊性决定了中共中央尤为重视苏联的态度。就在沈阳军管会发出通告的第二天，苏联驻哈尔滨总领事马里宁向在那里的东北局领导人高岗提出，应该没收沈阳美英法领事馆的电台。他说，"这是关系苏联很大的事情"，而且暗示是苏联高层的想法。高岗当即告诉前者，已经向三国领事馆发出收缴电台的通告，东北局对美国领事馆的方针是将其"挤走"，而收缴电台就是为了"挤走"它们。他随后即打电报给中共中央，请求考虑他在谈话中提出的"挤走"美国领事馆的建议。② 从这个报告的行文看，使用"挤走"这个术语更像是高岗的创新。至于什么是"挤走"则语焉不详，反正是请美英法领事馆走人就是了。

中共中央很快就回电，表示对苏联的意见十分重视，并同意高岗"所取挤走美、英、法领事馆的方针"。他们要高岗转告马里宁，中共的外交政策"一定和苏联协商处理"。"挤走"美国领事馆的方针似乎就这样定下来了。不过从过程看，中共中央决定同意"挤走"美英法领事馆的过程至少也是相当仓促的。在这个电报的最后部分可以看到这样的内容，即提醒高岗还是要保持一些谨慎态度，"关于整个外交方针及策略，另电告"。③ 这表明中共领导人认为，还有必要从更大范围来考虑"挤走"方针的确切含义，以及如何对其影响加以必要的限制。

上述件事的更重要的含义是，中共的外交政策形成机制变得复杂了，或者说是雏形已现，即在中共中央、地方当局和苏联之间，形成了一种三角关系。东北地区领导人可以直接受苏联的影响，而中共中央在东北地区涉外事务上的领导权该如何维持和运行，实际上成为一个问题。对中共中央来说，虽然能认

---

① 毛泽东：《先以四个纵队夜行晓宿秘密入关》，1948 年 11 月 20 日，中共中央文献研究室、解放军军事科学院编《毛泽东军事文集》第五卷，中央文献出版社、军事科学出版社与中央文献出版社，2010，第 253 页。

② 《友方要求没收美英法在沈电台》，1948 年 11 月 16 日。

③ 《同意挤走沈阳美英法领事馆的方针》，1948 年 11 月 17 日。

可高岗那个"挤走"方针，但不能容忍沈阳军管会在涉外事务上事前不请示的做法，其实质则是要确保对东北地区处理外交事务的控制权。

11月17日，沈阳军管会在通告发出超过36小时之后向中共中央发了一个电报。报告说，美方回函称，美侨民中无电台，领事馆中是否有电台则未谈，也没有交出电台。他们请示在这种情况下，中央是否批准沈阳军管会进入美领事馆强取。① 中共中央在回电中严厉批评沈阳军管会在15日发出通告之前就没有向中央请示，在美领馆超过36小时不交电台后，又不执行已发通告的内容，反而请示中央如何处理，这些做法"实为大错"。电报要求沈阳军管会应向美领事馆发出警告，在若干小时后如继续不交出电台，沈阳军管会将进入领事馆查收，并告美领馆人员，因其蔑视沈阳军管会命令而禁止"与外界自由来往"。中共中央认为"如此办理"才能达到"挤走"美领事馆的目的，"首先给美国旧领事以限制，使其知难而退"。②

接获中央电报后，沈阳军管会副主任伍修权很快就接见美领事华德，要求美方交出电台。后者予以拒绝，称那是美国政府财产，需要得到美国务院批准才行。东北局立即请示中共中央，是否可以进入美领事馆强行取出。毛泽东显然有些犹豫，因为缺乏处理此类涉及国际法问题的经验。18日，毛泽东在东北局的来电上写了自己的意见，从中可以看出他心情已略平静，且落笔慎重。他写道："电台所有权可仍属美方，我接收暂时代管，将来两国建立外交关系退还。似较妥当。"③ 这段批注再清楚不过地表明，中共领导人并不是很了解该如何应对这类涉及领事馆财产所有权的问题，以及这时他们不打算在电台问题上升高对抗。

第二天，周恩来起草了回电，措辞缓和且内容十分周到。电报要求沈阳军管会进入美领事馆收缴电台时，应明确声明"决不承认"对方为外交机构，只视之为侨民，并保护他们的安全和进行"非正式外交往来"，如对方有违反法令的行为，军管会有权限制其人身自由，直到"驱逐出境"。特别重要的是，这份电报要求沈阳军管会应声明，收缴的电台是由中共方面保管而非没收，"待将来双方建立外交关系或旧领馆人员自沈阳回国时，当予发还"。这是目前能看到的中共中央首次提到未来存在与美国建立外交关系的前景，并打算向美方表达。电报还要求沈阳军管会行动必须特别严谨，不给美方任何借

① 《请即示对外领电台处理方法》，1948年11月17日。
② 《关于沈阳旧领事馆交出电台问题》，1948年11月18日。
③ 《林罗陈关于到美领事馆强取电台向中央的请示》，1948年11月18日。

口，以生不测。① 目前无从确定，中共领导人真的考虑过未来会同美国建交，还是仅仅为了顺利地收缴电台。很遗憾历史并没有留下多少时间可供事态向前延伸，否则不论最终结果是什么，后人毕竟可以看到一些更丰富的中美关系内容。

东北局到第二天下午6时才收到中共中央的指示电报。在5个小时以前，沈阳军管会已经按照此前的指示进入美领馆，他们不仅查收了电台及相关设备等，而且开始对美领馆实行封锁，限制美领馆人员的行动自由，并切断供电和电话等。查收电台之外的种种措施是按照苏联人的建议实施的，东北局在给中共中央的电报中说，苏联人告诉他们，当年国民政府为了赶走苏联人，就是用这种办法对付苏联驻沈阳机构的。东北局还报告说，在查收电台过程中，"美领态度一般尚乖"，不过"似乎已有逐其出境之理由存在"。② 看来东北局是十分支持甚至更希望尽快将美国领事馆"挤走"，而且他们的措施几乎是"赶走"了，这恐怕更符合他们的真实愿望。从他们因此事所受中共中央反复之批评看，外交对于中共地方领导人来说，实在是巨大的麻烦，以致他们很可能宁愿选择比较简单易行的解决办法，最好就是辖区内没有美国人（甚至没有外国人），此为人之常情，并不难理解。这里有必要强调，忽视地方领导人在处理具体问题时面临的困难和他们做出的反应，就有可能造成的长期影响，会导致对中共对外政策的解读简单化。

中共中央显然认为沈阳军管会采取的措施超出了授权的范围，尽管比较18日和19日的电报内容，可以看出中共中央的态度的确是有过变化的，即曾经同意东北局采取更强硬的态度，直至"挤走"美国领事馆。所以，在获知沈阳军管会封锁美领馆后，毛泽东首先就提出，对英法领事馆的态度应该比对美领事馆更缓和一些。同时又一次严厉批评东北局无视中央的权威，"沈阳外交行动至今仍是事先不请示（如割断电灯电话），实在太危险了"。③

正是在这个背景下，23日，中共中央致电东北局领导人，系统阐述了对美政策。电报又一次首先强调了中央在涉外事务上的绝对权威，即任何地方的外交行动都必须要事前请示，而东北局切断美领事馆电话、供电等行动"实属违背中央关于一切外交行动必须事先请示的规定"，今后任何事情"均必须事先请示中央，否则相当危险"。从中共中央一再批评东北局违背外事纪律这

---

① 《中央关于沈阳旧美领事馆拒交电台处理办法给林彪等同志的指示》，1948 年 11 月 19 日。
② 《东北局常委关于接收旧美国领事馆电台情况的报告》，1948 年 11 月 20 日。
③ 《对英法态度应较对美稍微和缓些》，1948 年 11 月 21 日。

一点也可说明，沈阳军管会的行动的确偏离了中共中央的政策轨道，而且不仅仅是在执行外事纪律方面。中共中央在这封电报中进一步详细阐述了对未来与美国可能发展官方关系的方针，要求目前东北局在东北地区的涉外行动必须要"照顾全局，急躁鲁莽不得"。中共中央提出了三个重要的原则：第一，对美国与英法要有所区别；第二，东北地区有特殊之处，在东北对美领馆实行的"挤走"方针不一定在其他地区也实行；第三，不承认国民政府与美国等国家的外交关系，"并不等于我们永远不与这些帝国主义国家发生外交关系"。①

如前所述，中共中央在 11 月 17 日的电报中曾经告诉东北局领导人，将另电告之"关于整个外交方针及策略"。经过 5 天的考虑和这期间处理各种意外事件后，中共领导人终于比较系统地阐述了他们对未来与美国关系的设想。从电报的内容看，他们是经过认真考虑的，而且他们的思考远不像公开发表的措辞激烈的反美口号那么简单。至少可以说他们也是考虑过为未来的政策选择保留一些可回旋的空间。

此后不久，东北局报告，他们于 21 日抓获了几名间谍和破获了间谍小组，并称这些间谍已经承认与沈阳美领馆有联系，东北局还估计美领事馆中可能还有秘密电台。东北局表示非常迫切地希望能尽快查清间谍小组与美国人的联系，并明显倾向尽快将美领馆"挤走"。中共领导人很快复电，对东北局的果敢行动表示"欣慰"，并告知中央早已获知沈阳地区有间谍组织的电台，很担心间谍组织会危及东北野战军进入华北的军事行动。与此同时，他们在电报中也指出，在未能证明该间谍组织确实与美领馆有直接关系，以及不能证明美领馆有秘密电台时，不赞成东北局完全隔绝美领馆人员之间的往来，也不允许沈阳军管会检查华德的私人住宅。东北局则坚持为破获间谍案线索，仍须禁止领馆人员之间的往来。12 月下旬，中共中央还指示东北局，在间谍案没有新发现的情况下，应从圣诞节当日起适当放松对美领馆人员的限制。② 其后的事态表明，如何处理沈阳美领馆一事在当时实际上被暂时搁置起来。

处理沈阳美领馆的过程表明，中共此时的政策既不清楚也不稳定，波动十分明显。在缺乏外交知识和经验的情况下，中共领导人固然相当谨慎，有时甚至是紧张的。另外，在中央与东北局、沈阳军管会之间，政策远不能说是协调

---

① 《中央关于挤走美英法领事馆问题给东北局电》，1948 年 11 月 23 日，参阅中共中央文献研究室编《周恩来年谱 1898~1949》，第 799~800 页。

② 《中央关于对沈阳之美英法旧领事馆人员的对策给东北局的指示》，1948 年 12 月 25 日。

和顺畅无碍的，加上东北苏联外交人员的影响，中共领导人有时很难直接控制住东北地方当局的作为。他们一直在避免激化与美方的关系，同时也希望在沈阳的做法不要自动地蔓延到其他地区。

二 "不承认"与"不断绝"

在处理沈阳美领馆问题后期，相继发生了一些与此事无关的事情也在影响中共中央的决策。12 月初，中共中央接到一份来自香港的秘密报告。该报告记录了一位叫雷和文的美国记者的谈话。他告诉中共在香港的代表说，现在美国对华政策的核心就是如何在未来的中共政权中"造成一有效的反对派"，美国政府有意承认未来的中共政府，条件是这个政府中要有美国可以接受的反对派，以及允许美国有上海和青岛的驻军权。毛泽东对此反应强烈。他断定美国的政策已经从单纯扶蒋，改变为一面帮助国民政府在军事上负隅顽抗，一面在中共革命队伍内部组织反对派，所以中共必须百倍警惕，并粉碎美国的"政治计划"。他要求他的战友们传阅这份报告。①

1947 年秋季，中共军队发动全面反攻并宣布将夺取全国政权后，毛泽东一直在思考未来的新国家走什么道路，他认为在这个战略性的问题上同美国的矛盾越来越深刻，而且美国一直在施展各种阴谋诡计。1948 年 12 月 30 日，毛泽东在他撰写的新年献词中，将美国的行动描述成中共面对的一种主要危险。他说美国正"在革命阵营内部组织反对派"，以使中共"务必要不太多地侵犯帝国主义及其走狗的利益"，使反动派获得喘息的机会，"然后在一个早上猛扑过来，将革命扼死"，所以中共必须要"将革命进行到底"。②

在 1949 年 1 月上旬召开的政治局会议上，中共领导人主要还是在如何取得战争最终胜利的框架下思考和讨论与美国之间的相互"承认"问题。上述谈话强化了他们的对美国的疑虑，他们认为雷和文可能是在为美国政府传递信息，美国此刻提出建交问题是另有图谋，它有可能"甚至不惜用承认人民共和国的方法以取得合法地位"，目的则是实施"内部破坏"，所以要警惕"这

---

① 毛泽东：《对〈雷和文谈话摘要〉的批语》，1948 年 12 月 4 日。

② 毛泽东：《将革命进行到底》，1948 年 12 月 31 日，见《毛泽东选集》第四卷，人民出版社，2001，第 1375 页。

一帝国主义的阴谋计划"，"并坚决将其击破"。① 另外，在沈阳遇到的复杂局面使中共领导人体会到对美外交虽不紧迫却十分麻烦，暂时搁置是成本最低的选择。所以他们在这次会议中确定了"不必忙于要"美国承认，既是因为"我们是打倒它，不是承认它"，也是因为还缺乏外交经验，故"不忙于解决"。毛泽东甚至提出"不承认为好"。日益高昂的革命民族主义在会议发言中反映明显，这也对"不承认"原则的提出有重要的影响。会议结束后，中共中央起草并发布了一项"关于外交工作的指示"，第一次明确提出"不能承认"美国等"派在中国的代表为正式的外交人员"，即对所有未建立外交关系国家的驻华使领馆和外交人员，"我们一概不予承认"。对美国则尤须防范，美国武官甚至不享受侨民待遇，"应派兵监视，不得给以自由"。②

会议结束后不久，苏共中央政治局委员米高扬访问西柏坡，与中共领导人举行数日秘密会谈。这次秘密访问一方面极大地密切了中共与苏联的关系；另一方面，由于米高扬转达了斯大林关于中共未来将肩负领导东亚革命之重任的信息，这导致中共领导人开始形成新的认同，即他们不仅是中国革命的领袖，还将成为东亚革命的头羊。③ 这种新的认同无疑也在强化中共领导人的上述倾向，导致随后召开的中共七届二中全会将"不承认"原则确定下来。

在3月召开的七届二中全会期间，毛泽东发表了带有结论性的讲话，他说中共将不急于解决美国的"外交承认"问题，"就是在全国胜利以后的一个相当时期内也不应急于去解决"。④ 从中共领导人的言论看，一方面，他们这时相信，搁置"承认"问题比"迫使"美国承认中共政权更有利；另一方面，中共中央提出"不承认"原则被证明也不都是无的放矢的，因为这时美国政府中的确有建议称，应将"承认"作为与中共政权"讨价还价"的筹码。⑤

尽管如此，中共军队打过长江前后的一些事态发展表明，中共七届二中全会提出的"不承认"方针并不是那么坚定不移的。实际上，在前述1月19日

① 《目前形势和党在1949年的任务》，1949年1月8日，中央档案馆编《中共中央文件选集》第18册，中央党校出版社，1992，第17~18页。
② 《中共中央关于外交工作的指示》，1949年1月19日，中共中央文献研究室、中央档案馆编《建党以来重要文献选编》第25册，第55~56页。
③ 参阅牛军《冷战与新中国外交的缘起：1949~1955》（修订版），社科文献出版社，2013，第175~176页。
④ 毛泽东：《在中国共产党第七届中央委员会第二次全体会议上的报告》，1945年3月5日，《毛泽东选集》第四卷，第1435页。
⑤ 《石博思谈话备忘录》，1949年1月6日，陶文钊主编《美国对华政策文件集》第一卷（上），世界知识出版社，2003，第66~67页。

指示下达后仅 6 天，中共中央即发一补充文件，明显倾向于暂缓执行涉及美国等国武官的规定，其内容包括对平、津两市美国领事馆的电台"暂置不理"；对北平美武官处实行监视，并查询有无电台，实际上就是暂不收缴电台；对美国记者"亦暂取放任态度"；等等。[①] 在如此短时间内出现波动，多少反映了毛泽东等中共领导人处理对美关系是犹豫不定的，对美国意图的判断并不像会议谈话中反映的那么确定无疑。

七届二中全会后不久，4 月 17 日，周恩来就向将要参加新政协会议的民主人士通报说，虽然在外交上原则问题"决不让"，特别是对美国"一定要采取严肃的态度"，但在具体执行中"又要很谨慎，有理有利有节地去处理问题"。他透露"美国也不是不要和中国交往，司徒雷登一直到处找我们拉关系"，中共中央的态度是"既不断绝，也不急于建立外交关系，就是要按平等原则进行谈判"。[②] 中共中央这时也已决定选派燕京大学毕业的黄华去南京，在中共南京市委中负责外事工作，包括同司徒雷登接触。可以说"不承认"此时已经延伸出"不断绝"，即不断绝同美国的交往、联系，为同美国发展关系留下回旋的余地。中共领导人这种言行至少不能说是敌对的。

这时美国驻华使馆仍然留在南京，没有随国民政府迁到广州。美国大使司徒雷登本人也提出并在寻找同中共建立联系的各种渠道，他的行动也获得美国务院同意。[③] 根据中共方面向苏联方面的通报，司徒雷登本人曾于 4 月 25 日向中共方面发过电报，表达希望与中共代表建立联系的意愿。[④] 美方的行动足够引人注目，不过仅此一点还不足以解释中共对美政策何以如此快地出现重大变化。还存在一些其他更重要的原因，即毛泽东与斯大林之间互信的增加，导致苏联方面不打算妨碍（甚至希望）中共中央缓和同美国的关系。

4 月 13 日，苏联代表科瓦廖夫打电报给斯大林，汇报了他同毛泽东等中共领导人谈话的内容。毛泽东在介绍七届二中全会确定的"不承认"政策时说，为了恢复经济的需要，中共将不得不同资本主义国家保持一些事实上的关

① 《中共中央关于外交工作的补充指示》，1949 年 1 月 25 日，中共中央文献研究室、中央档案馆编《建党以来重要文献选编》第 25 册，第 80~81 页。

② 周恩来：《关于和平谈判问题的报告》，1949 年 4 月 17 日，中共中央文献编辑委员会编《周恩来选集》（上），人民出版社，1997，第 321~322 页。

③ 时殷弘：《敌对与冲突的由来——美国对新中国的政策与中美关系由来（194~1950）》，南京大学出版社，1995，第 66~67 页。

④ 〔苏〕A. M. 列多夫斯基著，陈鹤编译《1949 年在南京与黄华的三次谈话》，《中共党史资料》2005 年第 4 期。

系，但不建立合法的"关系"，他称这是"半放手的外交"。为了避免引起斯大林的怀疑，他告诉科瓦廖夫，这还不是最后的决定。另外，4 天前他得到从香港那边来的电报说，由美国前副总统华莱士介绍的美国贸易公司要同中共商谈贸易，以及还有消息说美国要通过花旗银行向中共贷款。总之，毛泽东谈了不少经济方面的问题、困难和中共中央的应对措施。显然，经济方面的困难正促使中共领导人考虑采取更灵活的"半放手外交"，他们需要了解苏联方面的态度，所以毛泽东告诉科瓦廖夫，中共中央"还没有回复呢"。①

4 月 19 日，斯大林回电告诉毛泽东，中共中央"不应该拒绝与包括美国在内的一些资本主义国家建立官方关系"。他列举的重要理由包括：第一，这样做有利于完成国家统一，可防止那些国家支持其他政权；第二，不应拒绝资本主义国家的贷款和贸易，只要不影响中国的主权和民族工业就好；第三，苏联暂时还无法向中共提供贷款，苏联政府需要同中方的政府签协议才行。换句话说就是，中共中央还不能指望很快就能从苏联得到贷款。② 斯大林的这种表态不论基于何种考虑，都使中共中央在对美政策方面有了更大的选择空间。

渡江战役发起前后对美国军事干涉的担心和防范也在推动中共中央考虑同美方接触。4 月 20 日、21 日，中共军队在长江三江营地区同数艘英国军舰发生激烈炮战，东亚国际形势顿时紧张起来，美英苏等国驻东亚的军队都进入紧急战备的状态，局势有一触即发的感觉。中共中央在 21 日接获了关于外国军舰在长江游弋情况，曾指示渡江战役前线指挥部，凡进入战区妨碍作战的军舰，不论是哪个国籍，均可予以炮击。③ 斯大林获知这一决定后，立刻发电提醒毛泽东，当前最危险的是美国的军事干涉，具体地说就是美军有可能在华北地区的港口登陆，从背后攻击中共军队。④ 如何防止在紧张局势下发生美国的军事干涉等，就因长江炮战这一突发事件，成了中共中央面对的一个突出的问题。

中共军队攻占南京后发生的涉外事件加剧了中共领导人的担忧。4 月 25

---

① "Bable, Kovalev to Filippov（Stalin），" 13 April, 1949, *Cold War International History Project Bulletin*（after here *CWIHP*），Issue 16, pp. 159 – 160.

② "Bable, Kovalev to Filippov（Stalin），" 17 April, 1949, *CWIHP*），Issue 16, pp. 160 – 161.

③ 《凡妨碍我渡江作战的兵舰均可袭击》，1949 年 4 月 21 日，参阅逄先知主编《毛泽东年谱 1893 ~ 1949》下卷，中央文献出版社、人民出版社，1993，第 485 页。

④ 〔苏〕尼·特·费德林、伊·弗·科瓦廖夫、安·梅·列多夫斯基：《毛泽东与斯大林、赫鲁晓夫交往录》，彭卓吾译，东方出版社，2004，第 167 ~ 169 页。

日，中共中央向渡江战役总前委发出专门指示，叮嘱军队入城后不与外国官方机构"发生任何正式的往来"云云。① 当天，攻占南京的中共三十五军一部在一位营长的带领下，进入美国驻华大使司徒雷登官邸。这引起一场轩然大波，来自国际舆论的压力加剧了气氛紧张。第二天，中共中央即从外电报道获知情况，即电令总前委通报各部队，未经中央及总前委一级批准，任何人不得进入外国人住处，外国使、领馆亦不得进入，以及一级一切涉及外侨之事"必须事先请示"。② 27 日，毛泽东本人亲自去电，严词批评总前委未及时对下属官兵进行外交政策方面的教育。电报最后说："此事必须立即引起注意否则可能出大乱子。"③ 时隔不久，中共中央又从外电获悉，中共南京驻军通令不允许外国记者向外发电报稿。中共中央立即电令总前委，必须取消不许外国记者发电报的规定，并告诫说："南京为各国大使公使集中地区，中外观瞻所系，如此妄为极为危险。"④ 此后，中共中央就第三十五军涉外事件处理问题再次指出，对外交事务如此擅自处理，"影响所及，至为危险"。⑤

从"可能出大乱子""极为危险""至为危险"等这些用词中可以看出，中共领导人对外交事务极为重视、极为谨慎，对南京发生的情况极为不满。中共军队进入南京后的一些行动证明，中共中央在指战员中进行反美教育是卓有成效的，他们的确没有了惧怕外国人的心理而且士气高昂，否则第三十五军官兵未必有胆量闯入司徒雷登的官邸并感到理直气壮，以及对外国记者心存敌视。问题是在中共中央看来，如不及时控制住这种情绪，而任其自由宣泄，就有可能酿成招致外国军事干涉的事件，而这恰恰是中共中央要全力避免的。不仅如此，即使没有导致外国军事干涉，也会限缩中共领导人在外交上可以选择的空间，这时他们未必完全没有这方面的念头。问题是他们应如何控制这些反美情绪高昂的官兵。

实际上，在南京地区的基层官兵对中共中央的批评并不是完全服气的，他

---

① 《中共中央关于南京解放后的外交问题的指示》，中共中央文献研究室、中央档案馆编《建党以来重要文献选编》第 25 册，328～329 页。

② 《中共中央、军委关于对待驻华外交机关人员及外侨政策的指示》，1949 年 4 月 26 日，中共中央文献研究室、中央档案馆编《建党以来重要文献选编》第 25 册，第 340～341 页。

③ 《速查告三十五军派兵进入司徒雷登住宅经过》，1949 年 4 月 27 日，参阅逄先知主编《毛泽东年谱 1893～1949》下卷，第 489 页。

④ 《外交事件不论大小均须经中央同意方能办理》，1949 年 4 月 29 日，参阅逄先知主编《毛泽东年谱 1893～1949》下卷，第 489、492～493 页。

⑤ 《对三十五军擅自处理外交事件等重大问题的处理意见》，1949 年 5 月 3 日，参阅逄先知主编《毛泽东年谱 1893～1949》下卷，第 495 页。

们能理解推翻帝国主义并坚定地为之战斗，但对中共中央指示中所说的"灵活性"颇感费解。例如，受命调查此事的华东野战军第八兵团司令陈士榘就描述说，第三十五军所部进入司徒雷登官邸后与司徒雷登恶言相向是因为当时带队的营长"胸中涌现出"帝国主义分子"入侵中国""屠杀中国人民的罪行"，以至于"气的嘴唇发抖，脸色发青，便以牙还牙，愤怒斥责"，等等。① 邓小平在给中共中央的报告中，专门解释了在南京出现外交违纪的原因。他说渡江前部队是做过政策教育的，但"大都抛在到九霄云外了"，而且下级官兵对中央的一般原则"是很难理解的"，第三十五军官兵说"要我们灵活，就是灵活不来；要上级规定死一些"。邓小平说，这种反映"是真实的合理的"，应该做出非常具体的规定以便能够执行。② 总前委在给中共中央的报告中亦承认，"南京出乱子的就是一个外交问题"。③

军队内部的这种状况也会增加中共中央的压力，推动他们在努力控制部队官兵的行动，随后发布的有关规定之具体令人吃惊，其中甚至包括除指定人员外，"其他任何人不得与外侨来往，不得与外侨谈话"；警卫部队在任何时候"对外侨无权使用武器，严禁开枪"；等等。④ 第三野战军专门发布指示称："凡属于涉及外人问题的任何细小事件，一定要先请示并得到前委以上机关后，方去执行"，以及"任何人不得进入外人住宅及使馆"，等等。⑤ 总前委的回电也再次证明，在解读中共中央政策形成过程时，的确须要重视地方领导人在具体事件中的反应，他们如何处理面对的问题往往会导致十分复杂的局面。

后来的发展表明，中共中央严格控制部队官兵的原因并不仅是为了防止出现意外，导致外国军事介入；他们力图缓和军队官兵脱轨行动造成的与美国之间的紧张气氛，而是为了配合随后将要展开的与美方的秘密交往。4 月 28 日，毛泽东已经打电报告诉总前委负责人邓小平，美国已经"托人请求和我方建立外

---

① 陈士榘：《天翻地覆三年间——解放战争回忆录》，中共中央党校出版社，1995，第 314 页。
② 《邓小平关于渡江后工作情况的综合报告》，1949 年 5 月 10 日，中国人民解放军历史资料丛书编审委员会《渡江战役·文献》，解放军出版社，1995，第 287 页。
③ 《人民解放军总前委关于南京情况呈中央军委之电报》，1949 年 4 月 29 日，南京市档案馆编《解放南京》（上），中国档案出版社，2009，第 131 页。
④ 中共中央文献研究室编《邓小平年谱 1904～1974》（中），中央文献出版社，2009，第 822～823 页。
⑤ 钟期光：《钟期光回忆录》，解放军出版社，1995，第 386 页。

交关系"，如果美国能断绝同国民政府的关系，中共将考虑同美国建交。① 4 月
30 日，毛泽东以"李涛"之笔名，就英舰在长江被击伤一事发表声明，即史
称"李涛声明"。毛泽东在该声明中宣布，新政权愿意考虑同外国政府建立外
交关系，条件是外国政府必须与国民政府断交和从中国撤军。② 周恩来于 4 月
中旬已经告诉即将前往南京处理涉外事务的黄华，可以同司徒雷登接触，"看
看他有什么要求和愿望"。③ 至此，中共与司徒雷登在南京的接触拉开了序幕，
目的就是探寻发展双方关系的途径。

三　南京秘密交往与结局

　　黄华被专程派往南京领导该市的外事工作是一个标志性的事件，黄华此后
与司徒雷登的秘密会谈对中共政策的确造成了很有分析价值的影响，这段交往
在史家看来还是相当精彩的。

　　5 月 7 日，司徒雷登的秘书傅泾波如约走访了黄华的办公室，转达司徒雷
登盼与中共方面直接接触的愿望。他当时说，司徒雷登之所以没有随着国民政
府去广州，就是希望能与中共建立联系，而且司徒雷登的这个行动获得了美国
国务卿艾奇逊的首肯。可见此正是"美国对华政策改变的时期"，司徒雷登则
是促成此次转变的最佳人选。④ 根据苏联驻南京领事列多夫斯基的建议，黄华
于三天后造访，通报了与傅泾波谈话的内容。黄华说，他照例指责了美国政府
帮助国民政府打内战，中共无法相信美国会改变政策，等等。不过他还是有可
能会见司徒雷登本人。⑤ 傅泾波的谈话转达到北平后，中共领导人做何思考尚
无从考证，但可以肯定的是这大大超出中共领导人头脑中对美国人的负面
想象。

　　对于一直在思考如何防范美军登陆华北攻击中共军队后方和防止美国人钻

---

①　毛泽东：《如果美英断绝同国民党的关系，可考虑和它们建立外交关系》，1949 年 4 月 28 日，
　　中华人民共和国外交部和中共中央文献研究室编《毛泽东外交文选》，世界知识出版社、中央
　　文献出版社，1994，第 83 页；逢先知主编《毛泽东年谱 1893～1949》下卷，第 490 页。
②　毛泽东：《中国人民解放军总部发言人为英国军舰暴行发表的声明》，1949 年 4 与 30 日，见
　　《毛泽东选集》第四卷，第 1461 页。
③　黄华：《亲历与见闻——黄华回忆录》，世界知识出版社，2007，第 79 页。
④　黄华：《亲历与见闻——黄华回忆录》，第 80 页。
⑤　〔苏〕A. M. 列多夫斯基著，陈鹤编译《1949 年在南京与黄华的三次谈话》，《中共党史资料》
　　2005 年第 4 期。

到"铁扇公主肚子里"进行内部破坏的毛泽东来说，傅泾波的谈话的确造成了重要的影响。他于三天后亲笔写了包括七点指示的回电，明确放宽了与司徒雷登接触的范围。他指示黄华可以接受邀请，前往会见司徒雷登，目的是"侦查美国政府的意向"。对于司徒雷登愿意继续做大使与中共办交涉和修改中美商约等，则"不要表示拒绝的态度"。毛泽东似有欲身临现场的感觉，他的指示事无巨细，包括黄华遇到不同的情境时应该如何变换态度等。例如他说，如果司徒雷登态度友善的话，黄华也"应取适当的友善态度"，即一种"庄重而和气的态度"。① 显然，毛泽东这时是很认真的，至于黄华如何为之则不得而知了。

5月13日晚8点，黄华以私人身份到司徒雷登官邸访问，与后者会谈两个小时。从南京市委在这次会谈后发给中共中央的报告内容可以看出，双方讨论的中心问题是驻华美军将何去何从和外交"承认"等两个问题。司徒雷登说明，美使馆留在南京是经国务院批准的，而他本人希望促成"中美双方平等互利的外交关系"，并"盼联合政府广泛团结民主分子参加"。在黄华问他对"李涛声明"的看法时，司徒雷登表示，美国目前无法宣布断绝同国民政府的关系，因为中共的新政府还没有成立，只有新政府成立后提出要求，美国"才能承认"。傅泾波这时插话，询问新政协何时召开和新政府何时成立，并说新政府成立后，司徒雷登将回国一趟，再由国内派来，则外交"承认"问题"自然解决"。这段插话是否司徒雷登授意，不得而知，至少他当时没有反驳。关于驻华美军，司徒雷登直言，美国撤军"已不是问题"。对中共中央非常关注的美军登陆华北之可能性，司徒雷登说，青岛美军在中共军队到达后即撤走。当时中共中央正急于了解驻上海美军的动向。② 司徒雷登对此表示，那里有陆战队几百人，目的是保护美国侨民，中共军队"一到他们就撤走"；崇明岛以南的美军舰完成撤侨后即离开。司徒雷登还说，他本人并不介意第三十五军官兵进入官邸的行为。南京市委的报告最后将司徒雷登的谈话综合为：青岛和上海的美军会在中共军队到达前"先撤出一步"，外交上要求非正式往来并承认领事地位，司徒雷登不会在南京久留，他本人不会介意侵犯其住宅事，以及"联合政府内应吸收美帝走狗"，等等。至于司徒雷登的态度，报告描述

---

① 毛泽东：《黄华同司徒雷登谈话应注意的几个问题》，1949年5月10日，中华人民共和国外交部和中共中央文献研究室编《毛泽东外交文选》，第87～88页。
② 毛泽东：《要做好接收上海的准备工作》，1949年4月27日，中共中央文献研究室、中国人民解放军军事科学院编《毛泽东军事文集》第五卷，第560页。

说是"惯用的友善"。① 傅泾波在会谈中的一些表示应该说代表了司徒雷登的设想，那些是后者碍于身份不便表达的。

黄华会见司徒雷登的结果导致中共领导人增加了对司徒雷登的信任，尽管他们在言辞上仍然是犀利无比和充满敌意的。这种信任主要反映在中共中央的军事决策中。在黄华与司徒雷登会见发生之前，中共中共曾经电令总前委，在攻占吴淞和嘉兴等重要城镇时，应"极力注意避免和外国兵舰发生冲突"。② 在会见后，中共中央因确信美军无意军事介入，大大放宽了同外国军舰作战的限制，即不允许任何外国军舰进入黄浦江。

5月20日，毛泽东电令总前委，"有敢进入并自由行动者，均得攻击之；有向我发炮者，必须还击。直至击沉击伤或驱逐出境为止"。③ 第二天，总前委即向吴淞口驻军传达命令，对黄浦江"实施炮火封锁，如炮击我者，更应还击"。值得注意的是，总前委的命令中解释说，实施封锁是因为外舰多为国民党海军假冒，司徒雷登已"作个人负责的表示，吴淞口内已无美军"。④ 23日，中共中央指示第三野战军，"迅速准备提前入闽"，而且只要占领上海、宁波、福州和青岛等地，"美国出兵干涉的可能性就很少了"。⑤ 第三野战军原准备应付在华北登陆的美军，故渡江战役后未采取积极的军事行动。当然，还不能说这时毛泽东就因为司徒雷登的说明便完全放心了。28日，中共中央再次向各野战军发出"帝国主义国家有联合干涉的某些象征"的警告。⑥ 不过，华东局和总前委在第二天给中央的报告中即表达了某种程度的不同看法，他们认为，"今后最大的困难，恐将是帝国主义从经济方面所施的压力"，当然，中央做"有备无患的谨慎部署"也是"完全必要的"。⑦ 直到6月初，青岛美军如司徒雷登所说，在中共军队即将到达之前便自动撤出后，毛泽东才基本打消了对美国军事干涉的顾虑，这也是事实。

---

① 《黄华访司徒接谈要点》，1949年5月17日。
② 毛泽东：《占领吴淞嘉兴等地应注意的问题》，1949年5月6日，中共中央文献研究室、中国人民解放军军事科学院编《毛泽东军事文集》第五卷，第575页。
③ 毛泽东：《对外国军舰轮船进入黄浦江的处理办法》，1949年5月20日，中共中央文献研究室、中国人民解放军军事科学院编《毛泽东军事文集》第五卷，第589页。
④ 《总前委关于对敌舰应施行炮火封锁致粟张、军委电》，1949年5月21日。
⑤ 毛泽东：《对各野战军的进军部署》，1949年5月23日，中共中央文献研究室、中国人民解放军军事科学院编《毛泽东军事文集》第五卷，第591页。
⑥ 毛泽东：《预筹帝国主义武装干涉的对策和部署》，1949年5月28日，中共中央文献研究室、中国人民解放军军事科学院编《毛泽东军事文集》第五卷，第600页。
⑦ 《华东局总前委关于入川闽及攻青岛等部署向中央军委报告》，1949年5月29日。

　　这期间，苏联方面没有对中共代表与司徒雷登的接触表示任何负面评价。5 月 23 日，毛泽东向苏联方面通报了黄华与司徒雷登会谈的情况。他告诉科瓦廖夫，黄华已经同司徒雷登有过数度会谈，主要内容涵盖三个方面，即美国不得继续支持国民政府、美军应撤出中国、建立联合政府等。他介绍了司徒雷登阐述的主要观点，后者表示：美国已经停止支持国民政府，美国使馆留在南京就是证明之一；美军将从中共军队到达的城市撤出，如青岛、上海等，美军现在驻扎是因为那里有很多美国的财产需要保护。司徒雷登还表示，希望未来的联合政府有更广泛的代表性等。然后，毛泽东说司徒雷登在"撒谎"，而且与麦克阿瑟的行动不一致，如果所有资本主义国家的大使馆都撤出中国，"我们会很高兴"。① 毛泽东后来的那些话更像是政治表态，目的是避免引起苏联方面的猜疑。

　　6 月 3 日，中共中央就司徒雷登回国一事给南京军管会发出指示。从这项指示的内容看，美军撤出青岛后，黄华同司徒雷登的接触已经集中到双方未来能否建立官方关系。毛泽东就司徒雷登要求访问上海一事电告南京市委，黄华可见司徒雷登，并告同意他前往上海视察，但同时要说清楚，美方不得向国民政府提出对日和约问题。他特别指示黄华，可以以私人身份向司徒雷登透露，新政协可能在中共军队占领广州后召开。② 这最后一点暗示性是很强的，因为 4 天前，毛泽东刚刚亲自在新华社的社论《祝上海解放》中加了一段话："这些外国政府如果愿意开始从中国事变中吸取教训，那么，它们就应当着手改变干涉中国内政的错误政策，采取和中国人民建立友好关系的政策。"③ 此时，被搁置一段时间的美沈阳领事馆事件也出现缓解的迹象，该领馆被允许与南京和北平的美国官方机构进行明码通信，华德等人员不久后被沈阳军管会允许离开沈阳。④

　　6 月 6 日，黄华按照毛泽东的指示，与司徒雷登举行第二次会谈，内容涉及广泛。关于司徒雷登提出去上海和傅泾波去美国，黄华表示中共均可安排。关于黄华提出对日和约问题，司徒雷登表示，美国没有改变开罗会议的决定，

<hr>

① "Bable, Kovalev to Filippov Stalin, Report on May 22 CCP CC Poliburo Discussion," 23 May, 1949, *CWIHP*, Issue 16, p. 165.

② 《可允许司徒及傅泾波赴美》，1949 年 6 月 3 日，参阅逄先知主编《毛泽东年谱 1893～1949》下卷，第 514 页。

③ 参阅逄先知主编《毛泽东年谱 1893～1949》下卷，第 511 页。

④ 参阅时殷弘《敌对与冲突的由来——美国对新中国的政策与中美关系由来（194～1950）》，第 90～91 页。

在对日和约签订后就将台湾"交还中国"。关于黄华要求美国政府断绝同国民政府的关系，司徒雷登再次表示，美国大使馆留在南京就已经表明态度，而且今后不论国民政府迁都何处，他"可肯定申明美国代表不拟随往"；由于中国政局未明朗，美只能"现采被动"观望。至于在华美援，则是去年的决定，现在已经所剩无几。黄华则照例对美国援助国民政府痛加指责一番，司徒雷登也说明了美国在建交问题上的障碍，即美国人"害怕共产主义"和"希望今后尽量吸取一切民主开明人士参加"新政府。黄华再次予以批驳，然后谈话"乃告结束"。①

从上述报告的记录看，如果说双方在某些具体问题上尚可找到重合之处的话，在谈到"承认"问题时则矛盾不仅突出而且相当尖锐。实际上，美国政府和中共中央此时的基本态度都是不急于解决建立外交关系的问题，尽管司徒雷登本人作为一位曾经的传教士，可能比华盛顿的意愿要强烈一些。中共中央如前述，在1月就有了"不急于建交"的考虑，在3月召开的七届二中全会上，又确认了"不承认"的方针，所以很难通过与司徒雷登的几次接触就根本改变态度。

在美国方面，5月13日，司徒雷登向国务院提出有关美国驻华使领馆地位的六点建议，其要旨包括只要国民政府"没有明白无误地灭亡"，美国与中共的接触就只能限于"美国人的福利、财产方面的咨询与抗议"。换句话说，也还是要观望下去。② 与此同时，艾奇逊提出了美国承认新政府的三项条件：（1）事实上控制该国的领土和行政机构；（2）有能力并愿意履行国际义务；（3）得到该国人民的普遍接受。③ 结果就有了后来在会谈中的双方各说各话。黄华说应由"美国首先采取行动与人民民主政府建立关系"，司徒雷登则声称美国"只好处于被动地位"。④ 这种关于谁"先走第一步"的争议后来一直延续了几十年。

双方的分歧虽已十分明显，中共中央并没有做出断绝接触的决定，而是进一步推动双方的接触。6月8日，傅泾波会见黄华，提出司徒雷登在回国前，希望能访问北平。他还详细地陈述了对美国政府内部有关对华政策问题的看

---

① 《黄华与司徒谈话内容》，1949年6月7日。

② Kenneth W. Rea and John C. Brewer edited, *The Forgotten Ambassador: The Reports of John Leighton Stuart*, *1946 – 1949*, （NY: Westview Press, Inc, 1981）, p. 323.

③ "The Secretary of State to Certain Diplomatic and Consular Officers," Washington, May 6, 1949, *FRUS*, p. 5; "The Secretary of State to the Ambassador in China（Stuart）," Washington, May 13, 1949, *FRUS*, pp. 17, 22 – 23.

④ Kenneth W. Rea and John C. Brewer edited, *The Forgotten Ambassador: The Reports of John Leighton Stuart*, *1946 – 1949*, pp. 322, 325, 328.

法，并说"司徒需要知道中央更高级方面的意见，回去讲话才有力量"。黄华当时告傅泾波，他认为由于美国还没有表示要断绝同国民政府的关系，司徒雷登去北平"并非易事"。① 第二天，南京市委将会谈内容电告中共中央。

中共中央接到南京市委的电报后，认为通过非官方渠道与司徒雷登接触更方便一些，也更有回旋余地，故通过燕京大学校长陆志伟邀请他访问燕京大学。② 6月12日，陆志伟起草了一封给司徒雷登的信，其内容和措辞都很值得关注。陆志伟在信中说，他11日上午见到周恩来，而且毛泽东也已经知道司徒雷登要来燕京大学。他说"我推测政府将会同意你的"。③ 但是，在陆志伟的信未发出之前，6月14日，周恩来指示南京市委，司徒雷登和傅泾波如果再提出要求访问北平，可以表示同意他返美前"至燕京大学一行"，至于能否与周恩来会见，等他到北平后"再定"。④ 15日，毛泽东在新政协筹备会上发表讲话。他在一如既往地谴责了帝国主义的干涉和阴谋之后说，中共反对的只是帝国主义制度和"阴谋计划"，"任何外国政府"只要接受"李涛声明"的立场，就可以"谈判建立外交关系的问题"。⑤ 陆志伟的信是16日寄出的，这种时间上的巧合的确比较容易扩展人们的想象空间。

6月18日，傅泾波再次访问黄华，他在这次会见中对美国在外交"承认"问题上的态度的陈述，引起南京市委的重视。傅泾波说，司徒雷登"最近得到国务院的指令，赞成其与中共联络"，并希望他返美两个月后，暂以私人身份回北平，将来两国建交后即可"重新任命其为驻华大使"。南京市委当天即报告中共中央，并询问由于傅泾波没有再提返美前访问北平之事，是否要"予以暗示"，让他主动提出访问北平的要求。⑥

6月21日，中共中央复电南京市委说：司徒雷登可能还会提出返美前访问北平，陆志伟也去信暗示他如果愿意来访，有"可能得到许可"。如果他不再提，"我们暂时不必表示，以观其变"。下面一句至关重要，为毛泽东亲自加上："待他返美前约十天左右，可表示如他欲去平，可获允许并可望与当局

---

① 中共中央文献研究室、中央档案馆编《建国以来周恩来文稿》第一册，中央文献出版社，2008，第21页；黄华：《亲历与见闻——黄华回忆录》，第83页。

② 黄华：《亲历与见闻——黄华回忆录》，第83页。

③ 参阅朱梦熊《司徒雷登与中国政局》，新华出版社，2001，第262～263页。

④ 中共中央文献研究室、中央档案馆编《建国以来周恩来文稿》第一册，第21页。

⑤ 毛泽东：《在新政治协商会议筹备会上的讲话》，1949年6月15日，《毛泽东选集》第四卷，第1466页。

⑥ 中共中央文献研究室、中央档案馆编《建国以来周恩来文稿》第一册，第21～22页。

会晤。"① 这封电报是中共中央政策出现变化的一个重要信号，不过这个变化持续的时间并不长。

同一天，南京市委再次写报告请示中共中央，应如何处理司徒雷登访问北平的要求。南京市委分析认为，司徒雷登要求访问北平，最有可能的原因是美方担心，将来承认中共政权后，中共"不接受彼任驻华大使"。这一分析显示，至少南京市委对美国政策的估计较为积极，而且分析得相当细致深入。由于还没有收到中共中央当天发出的指示，他们对毛泽东是否同意司徒雷登访燕京大学一事并不知情，所以在报告中进一步询问中共中央，是否需要"试探司徒赴北具体任务"。从电报的行文看，他们是明显地倾向于同意司徒雷登访问北平的。②

陆志伟 12 日起草的信 16 日发出，信在途中几经辗转，26 日才到司徒雷登手中。司徒雷登在当天的日记中写道，他从与周裕康谈话中听说，他去北平的话，毛泽东会视他为"老朋友"，而这天收到的陆志伟的信"也提到关于我要往北平旅行的事"。③ 这些中间人传递的信息看来还不足以使司徒雷登得出明确的结论，他本人似乎也感到困惑。这期间，司徒雷登也请陈铭枢给中共领导人带话，转达希望会见之意。他为了再试探中共中央对他访平要求的态度，还曾邀请黄华参加他的生日宴会。中共中央当时指示黄华拒绝了这一邀请，因为他们决定再等待一段时间，此时黄华去参加宴会，难免会碰到如何回答司徒雷登访问北平的难题。

有必要指出，这时中共与美国驻华机构之间的关系也不是很明朗的。一方面，此时司徒雷登与中共之间的秘密接触虽有积极的进展，但似乎没能稀释中共与美国舆论之间的对抗气氛，中共方面谴责美国的声调一如既往的高亢。6 月中旬，双方因原本出现缓和的沈阳领事馆事件再次升级而陷入激烈的舆论大战。随着美军撤出青岛，中共中央已无军事方面的顾忌，遂于 6 月中旬公布了沈阳美国领事馆卷入间谍案，结果立即引起美国驻华使、领馆和美国舆论的强烈反弹，尤其是美国舆论高调指责中共的行为违反了国际法。作为反击，中共公开宣布将审判美领事馆涉案人员。6 月 22 日，中共中央指示东北局，不再

---

① 周恩来：《中央关于司徒雷登欲来北平事给南京市委的电报和批语》，1949 年 6 月 21 日，中共中央文献研究室、中央档案馆编《建国以来周恩来文稿》第一册，第 19 页。

② 《司徒对黄华邀请处理请示》，1949 年 6 月 21 日。

③ 〔美〕司徒雷登：《司徒雷登日记——美国调停国共争持期间前后》，陈礼颂译，傅泾波校订，香港，文史出版社，1982，第 75 页。

允许沈阳美领事馆任何人员离开沈阳。① 第二天，中共中央电告上海、南京等市委，说"帝国主义者正在采取利诱和胁迫的两种手法争取合法地位（以便从内部进行破坏）"等。② 处理沈阳间谍案可以解释为中共中央向美国发出一个强烈警告，即使它不打算进行军事干涉了，也不要企图"从内部进行破坏"。另一方面，一些地方的美国官方机构此一时期并没有受到特别的冲击，它们办的图书馆还可以开放供各方人士阅览和借阅，在礼堂举办音乐会、放映电影，汉口美国新闻处还受当地医院之邀，给解放军伤员放电影，等等。③ 据此也可以做另一种推测，即针对沈阳领事馆的行动和宣传也包含了向司徒雷登施加压力以增加其紧迫感的意图。

6月27日，傅泾波携陆志伟给司徒雷登的信会见黄华，他告诉后者，司徒雷登接到这封信后感到突然，故希望了解中共的意图。黄华解释说，他曾经向北平报告司徒雷登的愿望，但还未接获指示。如果司徒雷登仍然有此要求，他可以代为禀报。傅泾波这时做了堪称史上最差的外交姿态，尽管他也许只是基于习惯。他说司徒雷登原来有前往北平的愿望，但现在行期紧张，中共如同意"须尽早决定"。第二天，黄华经请示周恩来后会见了司徒雷登。会见中，黄华严格遵循周恩来的指示，按照复电中的原文，逐字告诉司徒雷登北平的决定："同意准许司徒去燕京一行，彼希望与当局晤面事亦有可能。"司徒雷登当时极为高兴，立即表示虽然有很多困难，他仍决定上报艾奇逊做出决定。④然而，随后的发展却是全面逆转。

中共领导人的态度在随后两天出现了剧烈变化。6月28日，黄华将27日、28两天的会谈情况汇总后，报告给中共中央。周恩来阅后即起草回复，认为傅泾波27日所持之陆志伟信内容不实。他说陆志伟给司徒雷登的信"曾由我同志交来一份"，内容与傅泾波所说不一样，而且周6月14日、15日两天没有见过陆，"更从未与陆谈司徒问题"，故须要详查该信的内容，他并怀疑或是陆"以假信示我"，或是傅泾波"故加数语，以抬高司徒身价"。他告诉黄华，必须谨守前电既定原则，说明中共系"准许司徒去燕京一行"，而不

---

① 《不要让美领馆任何人离沈》，1949年6月22日。

② 《对紫石英号的处理方针》，1949年6月23日，参阅逄先知主编《毛泽东年谱1893～1949》，下卷，第520～521页。

③ Shanghai USIS-USIE Central Office Report For March 1949, April 26, 1949; Hankou USIE Branch Office Report for May, 1949, October 14, 1949, NACP; June 1949, RG59, Central Decimal Files 1945 – 1949, 811. 20200（D），Box 4567, NACP.

④ 《司徒谈话经过》，1949年6月28日。

是邀请和欢迎他；司徒雷登希望"与当局晤面亦有可能"（即不是确定的），但这些都是他提出，"决非我方邀请"，这一点"不能丝毫含糊"。这封30日发出的电报的最后一句话尤为关键："我们对美帝亦决无改变其政策的幻想。"① 可以说这是中共中央砰然关闭秘密接触大门的句号。

从目前公开的历史档案中还无法找到中共政策在两天时间里急剧变化的最直接的原因。就陆志伟信的内容这件事而言，有一种可能是傅泾波在传递信息过程中，把陆志伟的信和周裕康对司徒雷登讲的话混淆在一起，从而造成了某种混乱。实际上在黄华与司徒雷登交往的全过程中，不能排除傅泾波有夸大司徒雷登与中共交往和推动双方相互承认的意愿的可能。周恩来还曾为此要求秘书杨超阅陆志伟给司徒雷登信的中英文稿，以便查明谁是"阴谋挑拨者"。② 不过重要的是中共领导人的行为方式表明，他们已经基本结束与美国发展外交关系的想法，不打算继续南京的秘密会谈了。

6月30日，就在周恩来发出上述电报当天，毛泽东发表了他的《论人民民主专政》，并发出了一项党内通报，说通过审理沈阳间谍案证明"美使馆过去确曾从事间谍工作"。③ 当然，另一个重要的背景是不应忽视的，即这时刘少奇已经启程赴莫斯科，毛泽东在两周后告诉邓小平，在南京与司徒雷登接触不过是为了迫使美国"就范"，"而一个多月的经验看出，帝国主义就我之范亦非易事"，所以要尽快把"一边倒"落实到行动上，以打破美国的封锁。④ 这表明，对毛泽东来说，此刻的当务之急是尽快与苏联结盟，搁置与司徒雷登的前途未卜的交往有利无害。

从美国方面看，当时傅泾波曾提出先斩后奏的建议，即司徒雷登先去北平，然后再向国务院报告。司徒雷登未敢如此行事，他还是于6月30日向艾奇逊发出了一份内容很乐观积极的请示电报，希望能被批准北上。结果是他的北平之行被否决，艾奇逊第二天即复电要求司徒雷登务于7月25日赶到华盛顿，中途不得停留，"在任何情况下都不得访问北平"。⑤ 当时艾奇逊并不了解

---

① 周恩来：《中央关于司徒雷登欲来北平事给南京市委的电报和批语》，1949年6月30日，中共中央文献研究室、中央档案馆编《建国以来周恩来文稿》第一册，第20页。

② 周恩来：《中央关于司徒雷登欲来北平事给南京市委的电报和批语》，1949年6月30日，中共中央文献研究室、中央档案馆编《建国以来周恩来文稿》第一册，第21页。

③ 《美使馆曾从事间谍工作》，1949年6月30日。

④ 邓小平：《打破帝国主义封锁之道》，1949年7月19日，《邓小平文选》第一卷，人民出版社，1994，第134页。

⑤ *Foreign Relation of United States*, States Department edited, 1949, vol. 8, pp. 377, 766 – 769.

毛泽东已经发表《论人民民主专政》，毛泽东在其中宣布中共就是要" 一边倒"向苏联阵营。①

如果说美国务院不允许司徒雷登访平和中共中央 6 月 30 日电报及毛泽东当日发表《论人民民主专政》等象征中共与美国接触的终结，那么美国政府于 8 月 5 日发表《美中关系白皮书》和毛泽东随后发起并亲自参与的对《美中关系白皮书》的批判运动，则标志着后来长达 20 年的中美全面对抗的开始。

四 结论

本文试图利用新发现的档案更详尽地揭示此时期中共对美政策发生和演变的过程，尽管复原是不可能做到的，但作为个案分析还是凸显了一些有意义的内容。首先就是中共对美政策是在持续的变动之中，其过程并不是连贯、清晰和一成不变的，在不同地区有不同的重点，并与不同地区的特殊条件有密切关系。例如，在东北地区，因为与苏联在那里有着特殊的联系，所以中共中央不得不考虑苏联的需求，而此处形成的处理问题模式又多少会影响到中共在其他地区的思考和行为。其次是对美政策在中共中央的战略表列中显然排序不高，这个排序大致是军事优于其他，内政优于外交，对苏优于对美，所以对美政策变化并不总是取决于双方在具体时间进行的具体交往本身，经常会受到其他一些事件的影响、牵制，这是导致中共中央难有连贯的政策表述和行为的重要原因。指出这个战略排序问题非常重要，因为以往的研究将聚焦于中共与美国的双边交往时，往往忽略此一在任何决策中都影响重大的要素。此文的个案研究证明，处理对美官方关系对中共领导人来说是一个缺乏专业知识和经验的领域，而且他们并不总能集中精力思考和处理相关问题，这一方面导致他们通常行事谨慎，另一方面也有可能是他们宁可选择暂不与美国交往的原因，"不承认"其实也是一种比较简单易行的办法。

---

① 毛泽东：《论人民民主专政》，1949 年 6 月 30 日，《毛泽东选集》第四卷，人民出版社，1991，第 1472 页。

1949 年中共革命视野下的国际法

——以美国驻华使馆若干问题为中心

浙江农林大学马克思主义学院　程　珂

对于 1949 年新中国成立前后的中国共产党对外关系，学术界基本上是从政治关系的层面进行研究，而具体到从国际法的角度来考量其对外关系，则相关研究成果还较为缺乏。本文试从国际法的角度来探讨 1949 年中国共产党对美国驻华使馆若干问题的处理，以从中透视这一时期中国共产党处理外交关系的某些特性。这对深化这一时期中国共产党对外关系史的研究是有益的。

一

1949 年伊始，国民党政权在中国大陆的败局已定。美国国务院却训令驻华大使司徒雷登继续留在南京，并试图与中共进行直接接触，以 "确定他们与共产党人肯定将在今后几个月内建立起来的新政权未来外交和商业关系的性质"，[①] 继续保持和施加美国在华的影响力，以维护其在华利益。其他西方国家纷纷效仿。

4 月 23 日午夜，南京解放。随即成立的南京市军管会承担着建立新秩序、有效进行接管的任务。军管会下设外国侨民事务处（以下简称 "外事处"），黄华任处长。

如何对待在南京的各国使馆问题摆在中共面前。《维也纳外交关系公约》

---

① *Foreign Relations of the United States*, 1949, vol. 8, Washington, D. C., 1978, pp. 173 – 177.

第二十二条规定："使馆馆舍不得侵犯。接受国官吏非经使馆馆长许可，不得进入使馆馆舍"，"接受国负有特殊责任，采取一切适当步骤保护使馆馆舍免受侵入或损害，并防止一切扰乱使馆安宁或有损使馆尊严之情事"。① 当时第三野战军第八兵团兼任南京警备任务，而负责城内警戒的第三十五军对入城政策教育不够深入，初进南京一周内发生六起涉外问题，② 其中以 4 月 25 日晨该军第一〇三师第三〇七团第一营营长、教导员等为部队安排食宿而误闯美国大使馆事件最为典型。③ 事件引起驻华外国使节的不安。

中共中央在处理外交关系具体问题上非常慎重，以免造成列强干涉中国革命的借口。4 月 26 日，中央军委致电总前委："据美国广播称，我人民解放军曾进入南京美大使馆施行室内检查，并宣称，该室器具不久将为人民所有云云。不管此事是否确实，你们均应立即传令全军，凡对外国大使、公使、领事和一切外交机关人员及外国侨民施行室内检查，采取任何行动必须事先报告上级，至少须得到中央局及野战军前委一级的批准，方得实施；凡上述行动未经中央规定者，更须电告中央请求批准。对待各国驻华大使馆、公使馆、领事馆及其他外交机关，早经规定一律予以保护，非经特许不得施行室内检查。此次南京检查如果属实，应认为为违犯纪律行为，迅予查究。"④ 总前委查明事情经过，并做了自我批评。4 月 29 日，总前委电告中央军委："其原因是我党外交政策没有在部队教育，我派到各大使馆门口警卫的哨兵禁止外国人出入。有的管理人员打房子跑到外人住宅，争执即由此起。我们到后，中央几个指示亦已转到陈士榘等处，已引起严重注意。"⑤ 中央指示第八兵团司令员陈士榘、副政委兼政治部主任江渭清调查处理。为慎重起见，除向当事人调查，还向使

① 刘颖、吕国民编《国际法资料选编》，中信出版社，2004，第 499 页。

② 《钟期光回忆录》，解放军出版社，1995，第 388～389 页。

③ 关于事件的经过，可参阅第三野战军第八兵团司令员陈士榘的《天翻地覆三年间——解放战争回忆录》（中共中央党校出版社，1995，第 314 页）、第八兵团第三十五军第一〇四师第三一一团书记何振茂的《过去并不遥远》（2004，175～177 页）、〔美〕肯尼斯·雷、约翰·布鲁尔编《被遗忘的大使：司徒雷登驻华报告，1946～1949》（尤存、牛军译，江苏人民出版社，1990，第 293 页）。各方说法在具体细节上有不同，但对解放军官兵在未先通知美国使馆、未经对方同意的情况下进入馆内的事实的叙述是一致的。据何振茂回忆，4 月 24 日晚第三一一团第一营教导员等人为部队找住房就已误入美国使馆。

④ 《中共中央、军委关于对待驻华外交机关人员及外侨政策的指示》（1949 年 4 月 26 日），中共中央文献研究室、中央档案馆编《建党以来重要文献选编》第 26 册，中央文献出版社，2011，第 340～341 页。

⑤ 《总前委关于南京情况呈中央军委的报告》，1949 年 4 月 29 日，南京市档案馆编《解放南京》（上），中国档案出版社，2009，第 137 页。

馆内的中国工作人员了解情况。在查明事情原委以后，由中央作了通报。[1]

南京市军管会及下属部门采取有力措施保护外国使、领馆和外侨的安全。鉴于一系列事件发生的重要原因是入城前上级没有制订涉外问题的具体处置措施，5 月 13 日，中央军委批准了 5 月 7 日南京市委上报的《卫戍部队在执行勤务时处理外侨问题守则》。该守则规定卫戍部队负责保护一切守法外侨及其财产（包括原外国派驻国民党政府的公使馆、领事馆、外侨住宅、医院、教堂、学校及工商事业等），防止匪徒及特务分子进行破坏。非经军管会外侨事务处、警备司令部和市公安局之指示或批准，我方任何人员不得进入外国大使馆、公使馆、领事馆、外侨住所、教堂，不得占用外侨房屋。并对房产权、火警、匪警情况，每日宵禁时间内外侨的活动，外侨在市区范围以内的活动，外侨携带包裹来往，汽车登记问题等，都规定了详细的处置办法。[2] 为严格涉外问题处置的集中统一，5 月 15 日华东局又发出指示，应严厉告诫全党全军干部，必须严格执行报告请示制度，"对外交问题……必须 [执行] 报告请示制度"。[3]

同时，南京市军管会对外侨保护部署了强有力的警备力量。5 月 1 日，刘伯承等接见金陵女子大学校长吴贻芳时指出："我方保护一切守法外侨，是肯定的，反对的只是美帝国主义政策。"[4] 南京警备司令部将第三十五军予以换防，原驻城外的第三十四军接管城内警备任务。接防后，第三十四军党委非常重视，将违纪现象通报各部，要求引以为戒，机关组成数个工作组分别到各团检查帮助，进行战斗队和工作队的思想教育学习。该军警备期间，严格执行各项制度政策，顺利完成任务。中原军大第二期的 100 多名学员，接受了外事管理和外事治安保卫任务。学员们严格执行外事政策和外事纪律，日夜警卫、巡逻在使馆区。6 月初，司徒雷登从南京去上海，南京市公安局派人暗中护送。[5] 有关部门收到的各国使馆、领馆和外侨来的信件，均转外事处，不得撕毁信纸

---

① 《七十年征程——江渭清回忆录》下卷，江苏人民出版社，1996，第 325 页。
② 《中央军委对南京市委关于卫戍部队处理外侨问题守则报告的批示》，1949 年 5 月 13 日，中共中央文献研究室、中央档案馆编《建党以来重要文献选编》第 26 册，第 399～401 页。
③ 《中共中央华东局关于对入城部队加强政策纪律教育的指示》，1949 年 5 月 15 日，中共温州市委党史研究室编《二十一军在温州·文献》，中共党史出版社，2010，第 40～41 页。
④ 《刘陈饶接见吴贻芳等报告及黄华与傅谈话》，1949 年 5 月 10 日，中国外交部档案馆藏，档案号：111 - 00001 - 06。
⑤ 中共南京市委党史工作办公室等编《二野军大与南京》，中共党史出版社，2009，第 26、27 页。

信封，亦不得批注任何字迹。① 为确保司徒雷登安全离华，第三十四军副军长兼警备司令部参谋长饶子健率军司政机关作战、侦察、保卫、宣传科有关干部各一人和一个全副美式装备连，护送司徒雷登至机场出境。② 对于其他国家原使节提出的希望旅行平、沪问题，南京外事处也表示，如有困难我方可予帮助。③

不过，中共对误入美使馆事件的批评和调查，是从教育官兵注意外事纪律的角度进行的，并不否定他们的反对美帝国主义的思想和高昂的革命热情。对事件的调查，江渭清指示，到部队调查主要是弄清事实真相，调查中可以讲清楚涉外政策，要部队注意遵守城市守则，但不要过多批评，要保护部队反对帝国主义的斗志，防止挫伤部队的健康情绪。④

特别是在美方面前，中共更着重强调新政权和美国没有外交关系，以及在军事管制状况之下解放军行为的正当性。对司徒雷登以大使的身份提出的抗议，军管会不仅没有予以理睬，而且市警备司令部立刻派战士在司徒雷登家周围放起了监视哨，凡出入行人一律盘查。⑤ 在与美方的非正式接触中，中共表达了对解放军战士进入美国使馆的关切，声明保护合法外侨的政策，同时也明确肯定了解放军应有的职权。5 月 13 日，黄华以私人身份同司徒雷登会晤，询问了解放军进入他住宅的情况。司徒雷登对此事表现平静，只说有几个年轻士兵进来了，他见到了他们，问他们要干什么，他们说看一看，态度还好。黄华回答，在军管期间，解放军有权进入一切可疑的中外居民住宅检查，在未同新中国建交前，原外国使节不再享有外交特权，但作为外侨，安全自会得到保护，请他放心。⑥ 司徒雷登之所以留在南京不走，正是想同中共新政权建立关系，所以在谈话中淡化这一事件。但是中共不承认其大使的身份，只从保护普通外侨的角度说明了己方的纪律。

而对西方国家在华外交官来说，一方面他们以自己理解的国际法准则来与中共新政权的交往，要中共方面承认其作为外交官而拥有的特权；另一方面，

① 《南京市军管会关于外事工作的通告》，1949 年 7 月 14 日，南京市档案馆编《解放南京》（下），中国档案出版社，2009，第 336 页。
② 史守愚：《忆司徒雷登出境》，《党史纵览》2000 年第 1 期。
③ 《澳大使与黄华谈话内容》，1949 年 7 月 23 日，中国外交部档案馆藏，档案号：111 - 00026 - 01。
④ 王振林：《渡江前后亲历三事》，《南京党史》1994 年第 2 期。
⑤ 洪沛霖主编《剑啸石城——国民党老巢覆灭前后》，群众出版社，1991，第 396 页。
⑥ 《亲历与见闻——黄华回忆录》，世界知识出版社，2007，第 81 页。

晚清以来中外关系的不平等也使他们很难放下对中共的偏见和傲慢。5 月 7 日，前法国驻华使馆武官雷蒙无视南京市公安局发布的交通管制令，驾车超速行驶而撞伤中国小孩，并在公安机关处理过程中仗着武官的身份大吵大闹，法国使馆也提出了"抗议"。5 月 13 日司、黄见面后，美方又派原使馆二等秘书高立夫，以私人名义对解放军进入司徒住宅事再次向南京外事处递交了一份备忘录。5 月 26 日，英国、法国、印度、加拿大等国驻华大使决定向南京中共方面提交有关外交官特权照会的中文本。①

　　以美国为首的西方国家对中共新政权表现的傲慢和敌视，反而推动中共采取更加强硬的态度。中共中央对此做出了非常明确的指示。5 月 27 日，中央电告南京市委："美大使因我承认调查解放军侵入司徒住宅一事（当时承认调查是不妥的）故彼仍加以口头书面抗议，逼我认错藉而取得资本。为打消美帝此项企图，我绝对不能认错，更不能承认有事因此而给部队处分。不管美帝来任何形式的抗议，我概以无外交关系将其原件退回，如高立夫等以私人名义请求我将调查结果见告，我应答以此事无结果可告。因在军管时期，我人民解放军有权进入一切可疑之中外人民住宅，施行检查或盘问。如高立夫再来纠缠，完全置之不理。""市委军管会 5 月 22 日电所告最近部队侵入外国使馆职员住宅及你们采取的办法甚妥，必须尽可能堵塞一切足以引起帝国主义者向我报复及引起麻烦的藉口，但军管会主任应毋庸议处。""对一切资本主义国家外交人士的无理进攻，故意找麻烦及各种非友好态度必须理直气壮地对待之，切不可稍有示弱之处。"②

　　7 月 6 日，上海百万军民举行庆祝上海解放大游行时，原美驻沪总领事馆副领事欧立夫无视交通法令，寻衅滋事，破坏交通秩序，并在提篮桥公安分局处接受讯问时殴打警员、损坏公物。上海市公安局予以拘留三天，责令其做出书面认错道歉，在报刊上公开刊载，照价赔偿毁坏的公私财物。7 月 9 日、10 日，《解放日报》全文刊登了欧立夫的认错道歉书和提篮桥公安分局判处书，并发了题为《警告美帝国主义者》的短评。拘留欧立夫这样身份的外国人，在中国近代史上尚属首次。此事很快在全市、全国引起轰动，也引起国际舆论的关注。此后，外国在华外交官和侨民都变得谨慎起来。美驻青岛领事馆每逢

---

① 《司徒雷登日记——美国调停国共争持期间前后》，陈礼颂译，傅泾波校订，黄山书社，2009，第 133、134 页。

② 《对美使馆抗议及黄司会谈之指示》，1949 年 5 月 27 日，中国外交部档案馆藏，档案号：11 1 - 00001 - 08.

该市的节日、集会、游行，便关门一天，并事先通告其职员与侨民不要外出，以免上海欧立夫事件重演。上海地方政府规定的地价税、房捐、车捐，外侨也大多照缴，即使是前使领馆及联合国机关也是一样。中共在国际关系中树立起了中国外交和中国法律的尊严。

二

1949 年伊始，中共在新中国与各国的外交关系问题上制订了"另起炉灶"的方针。1 月 19 日，中共中央发出的《关于外交工作的指示》指出："凡属被国民党政府所承认的资本主义国家的大使馆、公使馆、领事馆及其所属的外交机关和外交人员，在人民共和国和这些国家建立正式外交关系之前，我们一概不予承认，只把他们当作外国侨民待遇，但应予以切实保护。对于这些国家的武官，应与外交人员同样看待。但对美国武官，因其直接援助国民党打内战，则应派兵监视，不得给以自由。"① 这一独立自主的外交方针，使得中共对包括国民党政府与苏联外交关系在内的任何旧外交都采取了坚决的"不承认"政策。而共产党领导的中国革命具有的反对帝国主义的性质，和以美国为首的西方国家对新中国所抱的敌视态度，更使得中共在旧中国政府与西方国家的外交关系问题上持上述立场。

新中国在外交上掌握主动权，不受过去屈辱外交传统的束缚。对中共中央的不承认旧外交的决策，即将指挥解放军南下的华野前委 1 月 25 日做出的相应决议也要求："要警惕和粉碎美蒋反动派的和平阴谋，要警惕和粉碎美帝国主义者从内部破坏革命的反动政策，要在党内和党外，在人民群众和一切民主人士中有说服力地进行宣传教育工作。要更加坚定地站在人民的立场，要有鄙视美蒋的英勇气概，对地主资产阶级以及帝国主义对我们的捧场与人民群众对我们的赞扬和感谢要加以严格的区分……准备和击破美蒋反动派的一切阴谋计划和危害人民利益的行动，要准备向江南向全国大进军，将革命进行到底。"②

据南京市公安局外侨管理科 1949 年 5 月统计，包括美、英、法等 32 个国

---

① 《中共中央关于外交工作的指示》，1949 年 1 月 19 日，中共中央文献研究室、中央档案馆编《建党以来重要文献选编》第 26 册，第 56 页。

② 《华野前委扩大会议关于拥护中央一月八日政治局会议对于目前形势和党在一九四九年的任务决议的决议》，1949 年 1 月 25 日，中国人民解放军历史资料丛书编审委员会编《渡江战役·文献》，解放军出版社，1995，第 56 页。

家使、领馆人员 352 人在内，南京有外侨 563 人。南京新政权一律不承认大使馆、公使馆、领事馆外交人员的身份，而作为普通外国侨民对待。来访必须表明是以侨民身份才予接待。

而南京解放后，一些西方国家使、领馆人员依旧以外交官面目出现，整日出车兜风，探听解放军情况，活动频繁，甚至有意挑衅。美国驻南京使馆也试图通过各种渠道与中共接触。多年的反帝教育和渡江前的外交政策学习，使得中共不承认旧外交的方针得到普遍遵守。第三十五军第一〇四师参谋长张绍安于 4 月 24 日凌晨率部进入南京挹江门时，天还没有亮，遇到四五个人打着灯笼过来，其中一个外国人通过翻译介绍说："我是美国大使司徒雷登，是美利坚合众国的全权代表，欢迎贵军入城。"张绍安对翻译说：我们不需要你们欢迎，这是战斗区，你们赶快离开，不得在此停留。① 第三十五军第一〇三师侦察科长沈鸿毅在乘坐南京维持治安委员会征用的美国使馆的车执行任务时，美籍司机对他说："我们司徒雷登大使先生，想见见你们，和你们谈谈。并通过你们，见见你们长官，请予合作。"根据战前的政治学习，沈鸿毅说："我不知道什么美国大使馆，我们只承认你们是住在中国的侨民。"② 解放军误入美使馆事件发生后，司徒雷登通过口头及书面形式向南京市军管会提出抗议。美国国务院也令驻华使馆陆军参赞素尔向中共方面提出强硬抗议。③ 美使馆官员把附有财产清单和大使馆工作人员名单的信件带去军管会，要求刘伯承一到南京就同司徒雷登会晤，以便司徒雷登抗议解放军闯入大使宅邸。④

针对各国的多方试探举动，4 月 25 日，中共中央电告总前委："对驻在南京的各国大使馆，公使馆，我人民解放军，军管会及市政府仍本我中国人民革命军事委员会和他们并无外交关系的理由，不要和他们发生任何正式的外交来往，也不要在文字上和口头上做任何承认他们为大使或公使的表示。""我方人员对各国大使馆，公使馆及其中外交人员仍采取冷淡态度，绝不要主动地去理睬他们。我军管会及市政府成立，只贴布告，发报纸，发广播，绝不要以公文通知他们。但他们如果经过中国有关朋友（如吴贻芳，陈裕光等人）向我

---

① 张绍安：《解放南京的日日夜夜》，《南京史志》1984 年第 2 期。
② 沈鸿毅：《解放南京亲历记》，樊易宇主编《震撼人心的历史瞬间：解放军报"光荣传统"版回忆录选编》，长征出版社，2005，第 264 页。
③ 《司徒雷登日记——美国调停国共争执期间前后》，陈礼颂译，傅泾波校订，第 121 页。
④ 〔美〕肯尼斯·雷、约翰·布鲁尔编《被遗忘的大使：司徒雷登驻华报告，1946～1949》，尤存、牛军译，第 295 页。

们表示意见，我们可从旁听取，但不表示态度，如果他们找来我市政府，外国侨民事务处接洽，我们可以把他们当做外国侨民接待，听取他们的意见，转达上级，但须声明绝不承认以他们为外交人员来接待。"① 这种状况一直持续到1950 年 3 月美国驻南京大使馆关闭。

中共中央注意到了美方一再做出的试探，同意与之接触，同时强调这一接触的非正式性。5 月 10 日，中共中央指示："与司徒雷登谈话应申明是非正式的，因为双方尚未建立外交关系。"② 因此，从 5 月至 7 月与美使馆人员的多次接触中，黄华均强调双方接触的非官方性，并十分注意言行，以免被对方利用。但是 5 月 13 日第一次与黄华见面后，司徒雷登即在南京外交界中吹嘘说，彼已同中共方面取得联络，借以抬高其地位，要外国使节与他一致行动。傅泾波亦曾片面地吹嘘说，黄华带来周恩来回信。南京外事处认为，"美、英、法对我试探很积极，彼等现系经过傅及司徒以私人身份出面，其目的主要在获得我方反应"。③ 对美方的吹嘘，黄华向法新社记者说明，未带任何信件来南京，与司徒雷登纯系私人会见。④ 对美方人员在接触中提出的并非以外交官身份出面而执行的是领事职务的理由，企图让中共方面承认其合法性的举动，中方也不予理会。6 月，法国大使梅里霭邀集原各国驻南京使馆有关人员开会，美、英、法等国代表提出以步步紧逼的方式，向市军管会外事处交涉准予各国外交使节享受外交特权等问题。针对这一情况，外事处发出严正声明：如果外国政府与国民党政府断绝来往，则中国新政府愿在"平等互利"的原则下与各国政府建立外交关系。一旦外交关系确立，则各国政府在华之外交使团成员都可享有根据国际公法所规定之外交权利。⑤ 6 月 20 日，傅泾波邀请黄华去参加 6 月 24 日司徒雷登的生日宴会。也许是考虑到这种场合过于公开和敏感，中共中央指示，"同意黄华以私人身份致函司徒道谢，说明因事不能赴宴会"，⑥ 婉拒了这一邀请。不过，6 月 24 日美国使馆参赞克罗弗却正式抗议中共不让黄

① 《中共中央关于南京解放后的外交问题的指示》，1949 年 4 月 25 日，中共中央文献研究室、中央档案馆编《建党以来重要文献选编》第 26 册，第 328 页。
② 中共中央文献研究室：《毛泽东文集》第五卷，人民出版社，1996，第 294 页。
③ 《傅泾波与黄华谈话内容》，1949 年 5 月 18 日，中国外交部档案馆藏，档案号：111 - 00001 - 07。
④ 《黄华与司徒雷登谈话报告》，1949 年 6 月 7 日，中国外交部档案馆藏，档案号：111 - 00001 - 10。
⑤ 丁龙嘉主编《南下》，中共党史出版社，2010，第 46 页。
⑥ 《同意黄华以私人身份函司徒谢宴》，1949 年 6 月 30 日，中国外交部档案馆藏，档案号：111 - 00001 - 18。

华出席午餐会。①

　　侨民有旅行、迁移及居留的权力，但必须服从居住国的管理，这既是国家主权的体现，也为国际公法所规定。在不平等条约和特权的保护下，外国侨民、法人、团体在中国境内曾享受所谓"国民待遇"，拥有一大批工商企业和金融机构，占有大量房地产。为此，南京市公安局在入城之初就按中央规定，开始规范和加强对外侨旅行、迁移及居留的管理。出于对当时国内外形势的考虑和保卫新生政权的需要，公安局对外侨的旅行、迁移及居留做了必要的限制，对原各国在华外交官也以普通侨民的身份一同进行管理。南京市公安局制定了《外侨旅行申请书》，规定外侨去外地须到当地公安机关登记，经审查批准，发给旅行证，逾期不返者，限令返回原居住地。为防止外侨特别是帝国主义国家侨民非法旅行及偷运违禁物品，公安机关在南京下关火车站和镇江火车站设外侨检查站，检查来往外侨护照、旅行证件及其所带行李。② 对外国使馆汽车进行登记管理，限额使用。中共中央对各国使馆的出行也做了具体规定："各国大使馆、公使馆如要求发个人出城通行证及汽车通行证，在军事戒严解除后，可以告诉他们，如果以私人名义请求，可发给特别通行证，个人出城限在南京四周一定区域，汽车通行须有一定范围，数量每个大、公使馆容许其使用一个至两个汽车。"③ 根据这一原则，南京市公安局对美国使馆的汽车进行了登记，汽车的"使"字牌被拿掉。外侨车辆如能提出国民政府车辆监理所所发之产权证件或该国使馆之证明文件，审验属实后即予登记，发给绿色外侨车通行证。④ 美国使馆的 15 辆汽车，全部都被注明公用私用，限制到只能通行一辆。⑤ 美使馆还一再以水被切断、停电、车子在马路上行驶受阻拦等为借口提出抗议。经调查，均无此事，故中共南京方面一一予以驳回，并示以警告：如再发生上述行为，当予严处。美方的行为才有所收敛。⑥ 对外国使节提出的希望给予通信便利，外事处声明因无外交关系，及处于军事时期，电台不

---

① 《司徒雷登日记——美国调停国共争持期间前后》，陈礼颂译，傅泾波校订，第 146 页。
② 江苏省地方志编纂委员会编《江苏省志·公安志》，群众出版社，2000，第 523 页。
③ 《中共中央关于南京解放后的外交问题的指示》，1949 年 4 月 25 日，中共中央文献研究室、中央档案馆编《建党以来重要文献选编》第 26 册，第 329 页。
④ 洪沛霖主编《剑啸石城——国民党老巢覆灭前后》，第 289 页。
⑤ 洪沛霖主编《剑啸石城——国民党老巢覆灭前后》，第 401 页。
⑥ 史守愚：《忆司徒雷登出境》，《党史纵览》2000 年第 1 期。

能收发密电①。对外侨的管理工作，是地方新政权依国际法而拥有的一项重要的司法管辖权，体现了中国应有的法律尊严，也有利于地方维护新政权和社会的稳定。

三

《维也纳外交关系公约》第三十一条规定：外交代表对接受国之刑事管辖享有豁免。在一般情况下，"外交代表对接受国之民事及行政管辖亦享有豁免"。② 而南京市公安局拟定的《外侨出境暂行办法》规定，外侨外出旅行须事先提出申请，经批准后才能成行；外侨申请出境，须觅两家殷实铺保填具保单，以便解决未了刑、民事案件及其他事宜；行李须经检查。除履行一定手续外，还须登报声明三日。

但是，美国使馆并不想遵守公安局的规定。6 月初司徒雷登在上海之行前，就试探突破有关规定："我的外交同僚都想知道我是如何成功抵达上海的，有几个人甚至计划效仿我。因此我决定在外交豁免权等问题上大做文章，借此来躲避行李搜检等程序。共产党方面则表态：我们没有这些权利，我们仅仅是普通外国公民，这无疑是观念冲突的又一例证。幸运的是，事态并未扩大。但是，在我的特别通行证上却写着'前美国大使'。"③ 在早已明确知道中共方面不承认他们的外交官身份和外交特权的情况下，司徒雷登的试探无非是想继续显示其特殊身份。

7 月 2 日，司徒雷登接到国内来电，要求他必须于 7 月 25 日前回国。7 月 8 日，司徒雷登向外事处申请要求于 7 月 18 日上午 8 时由南京搭美国运输机离境，申请同时离境的共 8 人。司徒雷登还打算将三个月来积累的绝密官方文件和所有人员的私人信件带走，而不受任何检查。

7 月 11 日，司徒雷登收到了南京市公安局要求出境人员填写的空白离境申请表，表的末尾有一个"铺保"项。虽然司徒雷登本人只需"人保"，④ 但对于这一担保问题，他认为"完全表明了毫不妥协"，"共产党武断地决定将

---

① 《澳大使与黄华谈话内容》，1949 年 7 月 23 日，中国外交部档案馆藏，档案号：111 - 00026 - 01。

② 刘颖、吕国民编《国际法资料选编》，第 501 页。

③ 〔美〕司徒雷登：《在华五十年》，常江译，海南出版社，2010，第 232 页。

④ 《司徒雷登日记——美国调停国共争持期间前后》，陈礼颂译，傅泾波校订，第 154 页。

外国的外交人员都只看作是各自国家的公民。他们打算要所有的外国人都填写，而没有想过（或者根本不知道）外交人员离开一个国家的时候，有豁免权利的惯例"。① 7 月 14 日，司徒雷登邀请英联邦集团国家驻华使节开会，"关于外交官的反对铺保或个人担保，他们感觉的强烈，尤甚于我"。② 南京市公安和外事机关并非不知国际法的有关规定，而是在不承认旧外交关系的情况下，强调原外国外交官的出境手续必须按普通侨民来办理。

对以上规定，7 月 12 日，南京外事处给中央并华东局的电报，就司徒雷登返美出境手续问题提出意见：按一般外侨出境手续，须找两家殷实铺保，填具保单，保证其无任何未了债务或民事刑事案件。行李须经检查。对司徒雷登"拟允彼觅私人作保，大件行李，事先交付检查，至于随身携带提箱皮包之类，则实际上不加检查。如有属于违禁或纳税物品，仍按海关规定办理"。③ 7 月 13 日，南京市委给中央并华东局的电报又说：对司徒雷登要求准许携带邮件、官方邮件及大使馆机要资料共约二百五十磅出境事，已告以行李须先期送检加封口。至邮件及资料问题尚未答复。我们拟告之，因军事时期，一切邮件资料均须经过检查手续。④ 7 月 14 日，中央回电同意。⑤

美国使馆曾向两家中国私人银行和一两个其他公司寻求铺保，但没有成功。使馆方面向外事处报告情况，外事处说美国的公司也行。美使馆又征询美国的商号能否接受，如索康尼吸尘设备公司、加州得克萨斯公司等，然而也未如愿。7 月 14 日，司徒雷登电告国务卿艾奇逊："离我计划动身的日期只剩下三天。我越来越担心，也许不能为我的随行人员在当地物色到任何保人。甚至如我最初的理解，对我也不放弃这种要求。傅在前两天已无法与黄联系磋商此事及其他与我撤离有关的次要问题。这样我们就无法接触到任何主管人员。如果黄华都不采取措施，我将按共产党对担保人个人或其他方面的规定行动，我想国务院会同意我的意见。另外，国务院还可以考虑，如果我按期启程，并避免与共产党当局进一步纠缠，能否就委托留在南京的随员作我们大家的担保人

---

① 〔美〕司徒雷登：《在华五十年》，常江译，第 81 页。

② 《司徒雷登日记——美国调停国共争持期间前后》，陈礼颂译，傅泾波校订，第 155~156 页。

③ 中共中央文献研究室、中央档案馆编《建国以来周恩来文稿》第一册，中央文献出版社，2008，第 67~68 页。

④ 《宁请示司徒离境问题续报》，1949 年 7 月 13 日，中国外交部档案馆藏，档案号：111 - 00001 - 21。

⑤ 《同意宁对司徒离境手续之办理》，1949 年 7 月 14 日，中国外交部档案馆藏，档案号：111 - 00001 - 21。

一事，提供方便。我还不能完全肯定这能否被接受。除非得到不同的指示，如果这里行得通，我就着手为我的随行人员办理'担保商号'这件事。"① 但是，美国国务院电示："一行中的任何美国人都不能接受任何担保人，即便是大使馆作保也不行。"②

7月16日，傅泾波找到黄华称："司徒雷登接美国务院电，因司徒雷登为美政府任命之大使，虽我不承认，但对美国而言，彼系大使身份故不能履行任何保证人或铺保，及出境行李检查手续。因此举有损美政府尊严。要求豁免。"③ 7月17日，外事处给中央并华东局的电报对此做了汇报，并提出：如允司徒雷登等人免除铺保，即须豁免全体外国外交人员。这将增加美帝骄横，甚至诬蔑宣传，对我威信有损。如不免除铺保，可能闹僵，美帝可能借此拉拢各外国使节团结对我，在国外大肆宣传。因原来之大使公使，其本国仍视作国家代表，出境可予以方便。故建议对各国原大使公使出境，可免除觅保手续，本人随身行李一件，可不检查。凡此均以个别申请，个别特殊形式办理。其他一般外交人员仍照规定办理。④ 显然对于这个不合国际法的措施，外事处也感到棘手，既要减少可能发生的国际摩擦，又要维护中共外交方针政策的严肃性。

7月19日，中共中央电告南京市委并华东局及上海市委："同意你们对各国大使公使出境免除觅保手续，但其他外交人员仍须履行觅保手续的规定。检查范围仍照前电办理。你们对于各国外交人员的管理制度，必须与上海军管会外侨事务处速开联席会决定统一办法，不要给他们以任何钻空子的机会。如朝令夕改，必致失去主动，给帝国主义者以乘机进攻的机会，对我极为不利。本来外交人员请求出境，可以不必觅保检查，因为你们已经宣布在先，故目前只能免除大使公使而不免除全部外交人员，只免除检查随身行李而不免除全部检查，以免助长帝国主义者气焰，并给他们以不能不接受的困难。如他们再不接受，宁可僵一个时候再说。以后对于这类事情，必须仔细考虑，不要冒昧决定。决定做的事，非情况有变，决不更改，而且凡非例行公事，必须事先请示

① 〔美〕肯尼斯·雷·约翰·布鲁尔编《被遗忘的大使：司徒雷登驻华报告，1946～1949》，尤存、牛军译，第312～313页。
② 〔美〕司徒雷登：《在华五十年》，常江译，第237页。
③ 《司徒请求豁免履行出境手续》，1949年7月17日，中国外交部档案馆藏，档案号：111－00001－21。
④ 中共中央文献研究室、中央档案馆编《建国以来周恩来文稿》第一册，第68～69页。

勿违。又，检查外交人员的行李物件，连无线电、手枪在内都应放行，其他文件物品亦可放松。"① 中共中央清楚外交官在出境时享有的豁免权，但为体现不承认旧中国外交的严肃性，同意了南京方面的规定，必须以普通侨民的身份来办理美方人员的出境手续，同时考虑到实际情况，给予比较宽松的检查。

7 月 23 日上午，司徒雷登在南京市公安局外侨管理科接受问讯，包括姓名、来华时间、来华目的、申请离境的原因等。外侨科通知美籍侨民司徒雷登，他的离境申请已被批准，须于当年 8 月 3 日前离开中国，此前，还必须登报声明。②

7 月 26 日，外事处给中共中央并华东局的电报报告了 7 月 25 日司徒雷登携傅泾波拜访黄华的情况。司徒雷登称，虽然他个人已拟免出境觅保检查手续，但美政府及同行人员希望全体均免办上述手续。黄华解释"上述手续系公安局对各国侨民之一般规定，亦系过渡时期暂行办法，对原系外交身份外侨尚无具体规定，且国民党政府逃走时携走所有档案，公安局对离境侨民，一时难以查明有无未了债务纠纷。为便利外侨离境，故规定觅保证明。此次为照顾司徒及原各国大使公使离境，按实际情况临时规定，允许彼等免除觅保及检查手续，同行人员随身携带之行李亦可不加检查"。③

7 月 28 日，美国驻华使馆收到国务院来信，核准以大使馆作为"铺保"，使馆电话通知黄华。④ 同日，中共中央电告南京市委并华东局：关于司徒雷登及其随员回美的手续和检查问题，不能一改再改。美国务院电司徒严令拒签保单。不论有无此事，均系威胁性质，因司徒、傅泾波见黄华时，"傅尚提出可否允许觅私人担保，显见司徒已准备为其随员觅保。本来按照中央指示原则，黄华当场即可给以肯定答复，现既云与公安局研究，望即招见傅泾波，告以军管会允许司徒以外人员觅私人担保，如傅泾波自己转弯，当场愿给其他外人签具保单，而他自己又找到中国私人保单，亦可当场应允。总之，原则不能再改，方法不妨灵活，检查手续亦同此例"。⑤ 中共方面同意司徒雷登以美国大使馆的名义为同行者担保。虽然如此，司徒雷登还是奉命提出了强烈的抗议。

---

① 中共中央文献研究室、中央档案馆编《建国以来周恩来文稿》第一册，第 65～66 页。
② 江苏省地方志编纂委员会编《江苏省志·外事志》，江苏人民出版社，2001，第 684 页；江苏省地方志编纂委员会编《江苏省志·公安志》，第 518 页。
③ 中共中央文献研究室、中央档案馆编《建国以来周恩来文稿》第一册，第 69 页。
④ 《司徒雷登日记——美国调停国共争持期间前后》，陈礼颂译，傅泾波校订，第 164 页。
⑤ 中共中央文献研究室、中央档案馆编《建国以来周恩来文稿》第一册，第 66～67 页。

而中共的态度也很坚定，再一次拒绝承认司徒雷登的外交官身份。①

7月29日，在办理手续过程中又出现冲突。由于不承认旧中国外交，南京市公安局"反对用大使馆的印章，于是我们除了作为大使馆代表之外，每个人都要签上名字"。②8月2日，在市公安局外侨管理科外事干警的监护下，在明故宫飞机场候机室里，司徒雷登一行接受了外侨管理科检查站的例行离境检查，乘机离开中国。③

四

从以上对中共和美国驻华使馆接触中涉及的几个国际法问题的考察看，在1949年中国革命取得决定性胜利、新中国成立之际，中共对新政权处理与国际法的关系，已经有鲜明的立场和一定的方针政策考虑。中共一方面慎重地保护在华外侨的合法权益，另一方面又相当坚定地不承认国民党政府与各国的外交，坚决不承认外国在华外交机关和外交人员的合法性，他们的身份和一切活动只以普通侨民来对待。在处理有关国际法的一系列问题上，中共新政权采取了不同于国民政府的方针政策。

考察中共在建立新中国之际对国际法的基本立场，必须注意到以下两个因素。首先，旧中国与国际法的不正常关系。国际法是近代欧洲历史发展的产物，其原则、规则和制度被认为主要只适用于西方国家之间的关系中，中国被认为是"非文明国家"，不适用于国际法。列强通过战争和武力威胁攫取到种种非法权益，在华建立起一整套殖民主义的统治秩序，并以国际法的名义强迫中国遵守。国际法事实上成为维护不平等的中外关系的法律原则。其次，在新中国成立前后，国际法又成为西方国家对新中国进行要挟的工具。4月29日，司徒雷登向艾奇逊建议："有必要在适当的时机抢先告知他们，是他们而不是更具有优良传统和公认的国际规范的其他国家在接受审查。"他建议美国应动员尽可能多的国家同意参与这一行动，"这种团结会使中国共产党的领导人感到困窘"。另外，"可以要求联合国以对新的申请者的审慎态度，来考察那些由于军事斗争而使政府发生了急剧变动的成员国，以确保维护基本的自由和人权"。中国共产党的"解放""新民主""真正的人民政府"等词，"仍有待于

---

① 司徒雷登：《在华五十年》，常江译，第239页。
② 《司徒雷登日记——美国调停国共争持期间前后》，陈礼颂译，傅泾波校订，第164页。
③ 洪沛霖主编《剑啸石城——国民党老巢覆灭前后》，第406页。

在联合国这个世界论坛上进行讨论和确定"。①

由此，中共将以新的态度来对待国际法。从国际法的角度讲，新中国是旧中国的延续，作为国际法的主体没有变。然而，从旧中国到新中国，政权的性质改变了，中国与国际法的关系也发生了质的变化。

一方面，中共新政权并没有否定国际法和国际惯例通行的一般准则。国际法具有普遍性与合理性的一面，新中国必须考虑到传统上对国家关系加以调整与规范的行之有效的国际法原则。虽然外国的外交机关和外交人员不被承认，但中共也注意到了他们毕竟是前官方机构和前官方人员，按照国际惯例给予了保护。实际上，对于反映国际社会一般行为规范的国际法的基本原则和制度，新中国是接受和遵守的，从来没有否定。1949 年 4 月 25 日发布的《中国人民解放军布告》明确宣布：中国人民解放军"保护外国侨民生命财产的安全。希望一切外国侨民各安生业，保持秩序"。② 误入美使馆事件发生后，中共立刻进行内部调查，并以此为戒对南下部队进行了认真的外事纪律教育。在进入大城市上海前，对于如何对待外侨及领事馆人员，总前委吸取南京的教训，做出了具体规定，明令采取保护政策，其合法权利完全予以保障，不许侵犯。按中央指示，在军管时期，为了防止特务与坏人捣乱，我军应有派兵保护其领事馆安全之责任，并应派人向其说明我们的此种责任。如他们不需武装保护，则由其出具证明文件，说明发生意外，我们不负责任。但在站岗保护其领事馆时，对其领事馆出入人员及领事馆内部，都不实行人身和内部检查，而只应注意有无捣乱分子在领事馆附近或向领事馆捣乱。应教育部队，对领事馆人员，须以礼相待，不得调侃讥笑或故意留难。如发现他们之中有特务间谍嫌疑和破坏行为，亦应报告上级处理，不得擅自行动。③ 中国政府对保护外侨合法权益一直是很重视的，包括多方面的内容，如保护外国人的人身自由、住宅不受侵犯、通信自由，以及在开放区的旅行自由、经济利益、财产权等，特别是保护外国人的人身及生命安全。这一系列措施表明，新中国成立前后，中共实际上承认国际法的约束力和作用，在外交关系和国际交往中严格按照国际法基本原则处理国家间的关系，在中国努力建立良好的国际法律秩序。

另一方面，中共新政权又以革命性的态度来对待国际法。如前所述，在旧中国不平等的中外关系之下，国际法实际上成了列强维护其在华侵略权益、控

---

① 陶文钊主编《美国对华政策文件集》第一卷上册，世界知识出版社，2003，第 68~69 页。
② 《毛泽东选集》第四卷，人民出版社，1991，第 1459 页。
③ 《张震回忆录》上册，解放军出版社，2003，第 372 页。

制中国政府和中国人民的工具。抗战胜利后，西方国家在华特权并没有得到肃清，中国与它们的不平等关系并没有实质性的变化。特别是奉行扶蒋反共政策的美国取得的特权比以前更多更广泛。对列强来说，所谓遵守国际法和国际惯例，都是以其利益为转移的。一些西方国家，面对1949年中国发生的巨变，既不愿承认新中国政府，又不想撤走其外交人员，还要求新中国政府给其在华原外交人员以正式外交官的待遇，目的都是试图在其认定的国际法权威下继续维护其在华的权益和影响。如果中共全盘继承旧政府的外交，则无异于给自己套上绳索，中国的独立和自由将化为乌有。中共决不能受这样的国际法原则的羁绊。中共采取了"另起炉灶"的方针，不承认国民党政府同各国建立的旧的外交关系，而要在新的基础上同各国另行建立新的外交关系。对于帝国主义国家在中国遗留的侵略权益，中共制订了"打扫干净屋子再请客"的方针，在全国范围内分步骤有秩序地取消帝国主义在华的一切特权。在解放军所到的每一个城市、每一个地方，帝国主义者享有的非法的政治、经济、文化的权益完全被自动取消了。对外国在华外交机关和外交人员，中共之所以不予承认，对提出的抗议、交涉不予理会和回复，而一再声明军管的特殊性和只能以普通外侨身份对待之，就是为了更便利地执行清除帝国主义在华侵略权益的任务。而消除列强在中国的侵略权益，结束中国半殖民地的历史，恢复国家主权的完整性，才能形成在中国"适用国际法的正常环境"，① 为新中国同世界各国在平等互利的基础上建立和发展政治、经济和文化关系开辟道路。

　　总之，中共在新中国成立前后对国际法的态度，体现了新中国立国伊始外交的某些特性。

　　第一，中共确立了对待国际法的独立自主的原则。"独立就是国家主权在对外一面的特性的表现。"② 中共认为，近代中国历史是一部丧权辱国的历史，在革命取得决定性胜利的时刻，中共要确立起中国独立自主的地位，"我们对外交问题有一个基本的立场，即中华民族独立的立场，独立自主、自力更生的立场"。③ 对于帝国主义国家在华的侵略权益，要"主动的、不束缚自己，考虑利害，有利于我者则一件件的处理之"，④ 不承认国民党执政时期的任何外交机关和外交人员的合法地位，不承认国民党执政时期的一切卖国条约的继续

---

① 邓正来编《王铁崖文选》，中国政法大学出版社，2003，第332页。
② 周鲠生：《国际法》（上），武汉大学出版社，2009，第160页。
③ 《周恩来选集》上卷，人民出版社，1980，第321页。
④ 《杨尚昆日记》（上），中央文献出版社，2001，第9页。

存在，取消一切帝国主义在中国开办的宣传机构，统制对外贸易，改革海关制度，做了这些以后，"中国人民就在帝国主义面前站立起来了"。① 对于外交承认问题，只要西方国家不改变敌视的态度，就不承认它们在中国的合法地位。西方国家欲与我国建交，则必须通过谈判，断绝与国民党残余势力的一切外交关系，接受平等、互利和相互尊重主权的原则。独立自主的原则对中国在新的基础上创建新型对外关系具有特殊重要的意义。

第二，中共在对待国际法时，首先考虑的是国内革命斗争的需要。国际法体现了国家之间共同的意志，对国际行为主体具有约束效力。而美国承认新中国的最重要的条件是要后者承担所谓的"国际义务"，这一义务"在 1949 年和 1950 年初，条件扩展到包括遵守清朝政府和国民党政府订立的条约，这些条约承诺保护美国个人的财产权、美国的外交官和外交财产。如果中共承担这些义务，他们的行动将会被美国的舆论和美国政府理解为一个信号，它表明中共的共产主义将较为负责任，较少反美和走极端情绪。到了那时，承认不仅在外交上是需要的，也许在政治上也是令人愉快的"。② 但是，中共的革命目标就是赢得民族的独立和人民的解放，维护国家主权和领土的完整，捍卫民族尊严。显然，中共在对待国际法时，考虑更多的是赢得革命胜利的需要，而不是博得列强的好感。中共也认识到，不承认各国在华的外交机关和外交人员，会产生一些问题，"各国侨民感觉不便，许多人请求出境，同时，我们自己也有一些不方便"。但是中共认为这一方针在总体上是正确的，它有利于彻底摆脱旧中国的屈辱外交，肃清帝国主义在华残余势力及其影响，"这样执行的结果，使人民感觉到中国已站立起来，中共是不怕帝国主义的，使我们免去许多麻烦……"③

第三，中共对国际法的实践，反映了当时其对国际法的理解程度。中共还缺乏处理有关国际法问题的经验。黄华向在南京的苏联原驻华大使馆秘书 A. M. 列多夫斯基提出了一些涉及国际法的问题：当一个国家建立了新的制度，外国人是否还享有某些新政权不承认的特权？这些外国人是这个国家的公民吗？在苏俄与其他国家建立外交关系以后是如何解决外国人的权利与特权问题的，上述外国人属于国民吗？东欧人民民主国家是如何解决这些问题的？黄

---

① 《毛泽东选集》第四卷，第 1434 页。
② 陶文钊主编《美国对华政策文件集》第一卷上册，第 205～206 页。
③ 中共中央文献研究室、中央档案馆编《建国以来刘少奇文稿》第一册，中央文献出版社，2005，第 13 页。

华说，新中国政权在上述问题上需要这种咨询性的帮助，因为他们是第一次面对这些问题，而苏联在这方面有丰富的经验。① 干部队伍的构成、决策的程序和习惯都不同程度地影响着中共对国际法的实践。中共队伍的主体来自农民，特别是中下级干部和一般战士的知识水平较低，对上级制定的方针政策的理解有一定难度。在检查第三十五军所出的外交乱子时，该军中下级干部和战士反映说："上级要我们灵活，我们就是灵活不来；要求上级规定死一些。"② 外事干部的工作经验也主要来自以往不多的外事实践的积累，缺乏更系统更深入的学习。而中央虽然一再强调外事工作的集中统一，但是在当时战争尚未结束、政权没有巩固的情况下，全国统一的外事工作体制并不完善。这些也导致在处理外国使馆外交豁免权问题上出现偏差。南京外事处也认为："要外交人员离境觅保检查手续，确属不当，与国际一般惯例相违，实际执行上，亦有困难。离境后如发现有刑事案件，保人不能代其负责，且极易予帝国主义分子以攻击诬蔑借口，故终须更改。"③ 7 月 29 日，中共中央电告南京市委并华东局："此事为自己引起的麻烦，你们必须主动地与上海联合规定新的统一办法，报告中央批准，然后公开宣布，以代替旧的不适合的办法。"④

① 〔苏〕A. M. 列多夫斯基著，陈鹤编译《1949 年在南京与黄华的三次谈话》，《中共党史资料》2005 年第 4 期。
② 《邓小平关于渡江后工作情况的综合报告》，1949 年 5 月 10 日，中国人民解放军历史资料丛书编审委员会编《渡江战役·文献》，第 287 页。
③ 中共中央文献研究室、中央档案馆编《建国以来周恩来文稿》第一册，第 69 页。
④ 中共中央文献研究室、中央档案馆编《建国以来周恩来文稿》第一册，第 66～67 页。

外交史研究的趋向

—— 近十年来民国外交史研究综述（2002～2011）

复旦大学历史系硕士研究生　唐云路

民国外交史是指 1912～1949 年中国与外国交往的历史，有狭义与广义之分。狭义的民国外交史，过去往往着眼于重大外交事件的交涉，国家外交政策的制定、实施与转变。就外交行为主体而言，主要侧重于政府、政党以及外交家的外交思想与活动。入江昭认为，国际关系实际上是一种世界不同文化交流碰撞的关系，[①] 从这个层面看来，广义的外交史不仅可以将所有中国对外力挑战的反应之种种内政举措列入考察范围，还可以将文化交流、经济交往、教育合作、国际组织、国际运动等纳入研究视野。民间群体外交、社会团体外交以及国民外交在近十年来亦成为广义外交史研究的对象。

20 世纪 90 年代，学者们的研究大多突破了以往完全以意识形态为出发点的思想束缚，开始较为客观、全面地审视民国外交，但由于研究者外语能力与个人精力的限制，大部分的深入研究局限在中国与大国之间的交往，学科内各个专门领域的研究发展是不平衡的。近十年来，民国外交研究已从狭义的政治方面延伸至更为广阔的范围，但国际环境变迁、国内政治变革与中国外交演进三者之间的交互作用仍是当前研究民国外交的基本线索。值得关注的是经济外交、文化外交、国民外交等新领域的研究虽仍显薄弱，但其成果不容小觑。本

[①] 入江昭：《用文化方法研究国际史》，《国外社会科学文摘》1991 年第 5 期。

学科覆盖范围广阔，研究成果众多，难免挂一漏万，笔者学识有限，只能在此做一简要总结，唯望以此抛砖引玉，恳请方家指正。①

一 文献整理与著述概略

近十年来，民国外交史研究因大批新史料的出现而凸显新意。

海外近年来新开放的重要档案有斯坦福大学胡佛研究所收藏的《蒋介石日记》、"宋子文档案"，美国哥伦比亚大学的"张学良资料"，哈佛大学燕京图书馆的"胡汉民资料"，前苏联所存共产国际与中国关系档案，亚细亚历史资料中心公布的日本外务省外交部档案，美国外交部档案近年来解密的大量涉及民国时期中美交往的档案，等等。台湾在民国史研究上一直占有资料上的优势，近年来，台北"中央研究院"近代史研究所档案馆和台湾"国史馆"的档案数字典藏计划成果颇丰，所藏"外交档案""蒋中正档案""国民政府档案""阎锡山档案"均已制成数据库并陆续向公众开放，国民党党史会藏对外交涉档案的数字计划亦正在进行当中，这些档案的开放与数字化为海内外学者的研究提供了极大的便利。在大陆地区，全国图书馆微缩文献复制中心近年来出版了一大批专题珍稀档案史料汇编，有《民国外交部国际联盟交通议事密档》②《近代邮电交涉档案汇编》③《清末民初外国在华银行交涉档案》④《清末民初通商口岸档案汇编》⑤《清末民初外国在

---

① 本文的写作参考了学界近年来在近代史研究方面的自我反思之作，如谢维《中国近代史研究三十年——过去的经验与未来的走向》（《近代史研究》2010 年第 2 期）一文，梳理了近代史研究在过去三十年的发展脉络，对未来近代史研究的走向做出了判断；陈红民《回顾与展望：中国大陆地区的民国史研究》（《安徽史学》2010 年第 10 期）一文，重点比较分析了大陆学界民国史研究中的几种史观，认为未来民国史研究要突破瓶颈就要建立新的解释体系、拓宽研究领域，并加强国际的交流与合作；王建朗、郦永庆《50 年来的近代中外关系史研究》（《近代史研究》1999 年第 5 期）叙述了中外关系史学科 50 年来的发展历程，提出要将中外关系史研究继续向前推进，需要更宽广的视野、更宏观的思维和更严谨的学风；左双文、王杰《改革开放以来的中华民国外交史研究》（《史学月刊》2010 年第 1 期）对改革开放以来的外交史研究进行了系统性回顾。此外，唐启华在《全球化下外交史研究的省思》（《兴大历史学报》第 15 期，2004 年 10 月）一文中分析了全球化背景下民国外交史研究的范式与走向。这些高屋建瓴式的总结与反思，对本文的写作启发很大。然笔者学力有限，在此只能不避浅陋，勉力述之，希望能抛砖引玉。

② 陈湛琦编《民国外交部国际联盟交通议事密档》，全国图书馆微缩文献复制中心，2009。

③ 陈湛琦编《近代邮电交涉档案汇编》，全国图书馆微缩文献复制中心，2009。

④ 陈湛琦编《清末民初外国在华银行交涉档案》，全国图书馆微缩文献复制中心，2010。

⑤ 国家图书馆文献开发中心编《清末民初通商口岸档案汇编》，全国图书馆微缩文献复制中心，2009。

华商号洋行档案汇编》①《清末民初铁路档案汇编》②《外交文牍》③《驻外各使馆星期报告》（附驻外文牍）④ 及《国家图书馆藏民国孤本外交档案》⑤《国家图书馆藏民国孤本外交档案续编》⑥《国家图书馆藏民国税收税务档案史料汇编》⑦《外交部收发电稿》⑧《民国外交档案文献汇览》⑨《民国中日交涉密档》⑩《民国外交部第一次世界大战档案汇编》⑪ 等数十种。

随着资料的互通有无，中国学者与海外学者的交流合作进一步加强，一批高水平的民国外交史专题研讨会频繁举办，如"民族主义与近代外交"国际学术研讨会、"北洋时期的中国外交"国际学术讨论会、"第三届近代中国与世界国际学术研讨会"、"中外关系史百年学术回顾与展望"国际学术研讨会、第二届"近代中外关系史"国际学术研讨会、第三届"近代中外关系史"国际学术研讨会、"中美关系中的人物"学术研讨会、"中日战争国际共同研究"会议、"宋子文与战时中国"国际学术研讨会等。国际学术研讨会的频繁举办推动了国内外学术界的交流，以复旦大学历史系、亚洲研究中心与美国史坦福大学胡佛研究所联合举办的"复旦－胡佛近代中国：宋子文与战时中国1937～1945"国际学术研讨会为例，来自海内外的学者以胡佛研究所收藏的珍贵史料的共同研究为基础，围绕宋子文与抗日战争中的中国外交、财经和政治活动展开了广泛且深入的讨论，有力地推动了相关研究的深入。

这些学术研讨会的论文结集出版，以研讨会的主题集中了这一领域的优秀研究成果，充分展现了学术前沿动态。如金光耀、王建朗编《北洋时期的中

---

① 陈湛琦编《清末民初外国在华商号洋行档案汇编》，全国图书馆微缩文献复制中心，2009。

② 陈湛琦编《清末民初铁路档案汇编》，全国图书馆微缩文献复制中心，2009。

③ 姜亚沙编《外交文牍》（全七册），全国图书馆微缩文献复制中心，2004。

④ 陈湛琦编《驻外各使馆星期报告》（全十册），全国图书馆微缩文献复制中心，2004。

⑤ 孙学雷、刘家平编《国家图书馆藏民国孤本外交档案》（全二十六册），全国图书馆微缩文献复制中心，2003。

⑥ 陈湛琦编《国家图书馆藏民国孤本外交档案续编》，全国图书馆微缩文献复制中心，2005。

⑦ 陈湛琦编《国家图书馆藏民国税收税务档案史料汇编》（共三十八册），全国图书馆文献微缩复制中心，2008。

⑧ 全国图书馆文献缩微复制中心编《外交部收发电稿》，全国图书馆文献微缩复制，2003。

⑨ 全国图书馆文献缩微复制中心编《民国外交档案文献汇览》，全国图书馆文献微缩复制中心，2005。

⑩ 全国图书馆文献缩微复制中心编《民国中日交涉密档》，全国图书馆文献微缩复制中心，2006。

⑪ 国家图书馆文献开发中心编《民国外交部第一次世界大战档案汇编》，全国图书馆文献微缩复制中心，2009。

国外交》① 一书，是"北洋时期的中国外交"国际学术讨论会的论文集，汇集了近年来北洋时期中国外交研究的最新成果，这些研究成果一方面揭示了北洋外交的本来面目，并做出实事求是的评价；另一方面并不把北洋时期的中国外交局限于政府这一外交主体的对外交涉上，还将国民外交、舆论与外交的关系、国内派系政治与外交的互动纳入探讨框架，既深化和拓宽了对北洋时期中国外交的认识，也从一个侧面揭示了近十年来民国外交研究的趋向。

新史料的不断发掘使近十年来的民国外交史研究愈加丰富与客观，许多研究成果对国内外资料的引用越来越重视，新刊布的资料常被迅速利用。有的学者利用新开放的档案对旧有的结论提出商榷，修正以往错误或者偏颇的结论；有的学者将新开放的资料作为既有研究成果的有力补充，如关于《雅尔塔协定》的签约过程，学界已有较为成熟的分析，郑会欣使用《蒋介石日记》探讨了蒋介石在《雅尔塔协定》前后的心路历程，将蒋介石对《雅尔塔协定》的态度更加直观地展现出来。② 总的来看，近十年来民国外交史研究著作呈现以下两个特点。

第一，与大国交往的研究仍是研究热点。

从现有的研究成果来看，近十年以来民国外交史研究依然主要围绕中国与美国、苏联、英国、日本等大国之间的关系展开。通史类的著作主要有陶文钊著《中美关系史》③、项立岭著《中美关系史全编》④、沈志华编《中苏关系史纲》⑤、陈仁霞著《中德日三角关系研究》⑥、栾景河编《中俄关系的历史与现实》⑦、薛衔天著《民国时期中苏关系史（1917～1949）》⑧、黄定天著《中俄关系通史》⑨，亦有不少专题著作着眼于大国关系，如彭敦文著《国民政府对日政策及其变化：从九一八事变到七七事变》⑩、韩永利著《战时美国大战略

① 金光耀、王建朗编《北洋时期的中国外交》，复旦大学出版社，2006。
② 郑会欣：《"忍气吞声，负重致远"：从蒋介石日记看他对雅尔塔协定的态度》，《社会科学》2008 年第 7 期。
③ 陶文钊：《中美关系史》，中国社会科学出版社，2007。
④ 项立岭：《中美关系史全编》，华东师范大学出版社，2002。
⑤ 沈志华编《中苏关系史纲》，新华出版社，2007。
⑥ 陈仁霞：《中日德三角关系研究》，三联书店，2003。
⑦ 栾景河编《中俄关系的历史与现实》，河南大学出版社，2004。
⑧ 薛衔天：《民国时期中苏关系史（1917～1949）》，中共党史出版社，2009。
⑨ 黄定天：《中俄关系通史》，黑龙江人民出版社，2007。
⑩ 彭敦文：《国民政府对日政策及其变化：从九一八事变到七七事变》，社会科学文献出版社，2007。

与中国抗日战场：1941~1945》①、张维慎著《国民政府资源委员会与美国的经济技术合作（1945~1949）》。②

第二，在实证研究中注重史料的运用。

综观近十年来的民国外交史研究，我们可以看到，越来越多的研究者注意使用史料的客观性与全面性，在研究双边关系时注意同时利用双方文献进行比照。在传统外交史主题下，学者们尽量避免党派观念、狭隘民族主义等先入为主的观念，爬梳档案史料，注重实证研究。在研究对象的选择上，呈现以个案分析为主流的态势，讲求以小见大、见微知著，从微观个案观照中国近代外交的整体脉络。

二　主要问题研究举隅

近年来有不少外交综合性专著出版，如台湾"国史馆"编《中华民国外交史志》③，李育民《近代中外关系与政治》④《中国废约史》⑤，熊志勇、苏浩编《中国现代外交史》⑥，黄凤志《中国外交史：1840~1949》⑦、赵佳楹《中国现代外交史》⑧，石源华《近代中国周边关系史论》⑨，方连庆、王炳元、刘金质编《国际关系史》（战后卷、近代卷）⑩ 等。

除此之外，近十年来的研究进展，主要体现在出版与发表的大量专题性著论上，下面笔者将分专题择要进行介绍。

1. 国别关系研究

周旋于各国之间，寻求自己的国际地位并维持国家主权独立是民国外交的主题，国别外交则是民国外交史研究的传统热点，近年来中国与美国、日本、苏联、英国的关系研究仍属热门，对与其他西方世界国家的交往则着墨不多。在中国与周边国家关系的研究方面，中韩关系每年均有多篇高质量的作品发

①　韩永利：《战时美国大战略与中国抗日战场：1941~1945》，武汉大学出版社，2003。
②　张维慎：《国民政府资源委员会与美国的经济技术合作（1945~1949）》，人民出版社，2009。
③　"国史馆中华民国外交志编纂委员会"编《中华民国外交史志》，"国史馆"，2002。
④　李育民：《近代中外关系与政治》，中华书局，2006。
⑤　李育民：《中国废约史》，中华书局，2005。
⑥　熊志勇、苏浩：《中国近现代外交史》，世界知识出版社，2005。
⑦　黄凤志：《中国外交史：1840~1949》，吉林大学出版社，2005。
⑧　赵佳楹：《中国现代外交史》，世界知识出版社，2005。
⑨　石源华：《近代中国周边关系史论》，上海辞书出版社，2006。
⑩　方连庆、王炳元、刘金质编《国际关系史》（战后卷、近代卷），北京大学出版社，2006。

表。此外，关于中暹关系、中印关系的研究亦有逐年增多的趋势。

中苏关系方面，俄罗斯将苏联档案中有关中国问题的资料解密，充实了中苏关系研究。2009 年之后，中俄在近代史研究方面的交流增多，进一步推动了中苏外交研究的深入。除了前述通史类著作之外，还有王永祥著《雅尔达密约与中苏日苏关系》，[①] 在"二战"后国际秩序变动的背景下考察了这一时期的中苏与日苏关系。左双文考察了盛世才与苏联交恶时国民政府乘机收回新疆主权的活动，认为抗战中后期中苏关系复杂多变，国民政府的对苏外交因之备受考验。[②] 李丹阳通过分析苏俄在华发表的《二月指示》文本内容的变化，揭示苏联美制日的策略，指出了美国在华报人希图借此利用舆论工具遏制日本扩张。[③] 刘显忠对中东路事件提出了进一步商榷，认为不能将中东路事件简单归结为帝国主义联合反苏的结果，事件的发生是由中苏矛盾、地缘政治与中方决策等多种因素造成的。[④] 围绕 1924 年中俄的重新修约，亦有不少研究成果。[⑤]

中日关系方面，关捷主编了"近代中日关系史丛书"。[⑥] 鹿锡俊将 1935 年国民政府对日、对苏关系的转折合在一起做了多边性的综合分析，认为华北事变后日、苏两国在中国的国家主权与国民党政权问题上的不同姿态是这一外交转折的决定性外因。[⑦] 2011 年是九一八事变八十周年纪念，围绕九一八事变前后的外交转折，近十年来出现了一些颇有新意的研究。彭敦文《国民政府对日政策及其变化：从九一八事变到七七事变》，[⑧] 依次梳理了国民政府面对日本侵华所采取的不抵抗政策、有限抵抗政策、向国联的申诉政策、对日交涉政策、对日交涉政策的调整和转变、大国合作制日政策等形成的国内外历史性前

① 王永祥：《雅尔达密约与中苏日苏关系》，台北，东大图书公司，2003。
② 左双文：《盛苏新疆交恶与国民政府对苏外交》，《史学月刊》2011 年第 1 期。
③ 李丹阳：《苏俄在华发表的第一个文件——关于文本内容与发表背景的研究》，《历史研究》2003 年第 4 期。
④ 刘显忠：《中东路事件研究中的几个问题》，《历史研究》2009 年第 6 期。
⑤ 高艳萍、杨红林：《北京知识界与"中俄解决悬案大纲协定"（1919～1924）》，《廊坊师范学院学报》2007 年第 2 期；唐启华：《1924 年〈中俄协定〉与中俄旧约废止问题——以〈密件议定书〉为中心的探讨》，《近代史研究》，2006 年第 3 期；唐启华：《1924～1927 年中俄会议研究》，《近代史研究》2007 年第 4 期。
⑥ 关捷编"近代中日关系史丛书"由社会科学文献出版社于 2006 出版。
⑦ 鹿锡俊：《蒋介石与 1935 年中日苏关系的转折》，《近代史研究》2009 年第 3 期。
⑧ 彭敦文：《国民政府对日政策及其变化：从九一八事变到七七事变》，社会科学文献出版社，2007。

提和制约因素。左双文考察了九一八事变后南京政府创立的临时性外交决策机构，[①] 崔海波对九一八事变期间日本、中国与国联的交涉进行了梳理，认为三方的交涉对九一八事变的爆发原因与性质的界定、事变期间的演变趋向、事变的解决等都产生了重要影响。[②]

中美英关系方面，比较突出的是关于西藏问题交涉的研究，张值荣、渠怀重利用美英档案，考察了国民政府与美英在西藏问题上的交涉。[③] 蒋耘利用大量档案史料，叙述和分析了1943年中英之间关于西藏危机交涉的过程，认为宋子文在其中发挥了重要的作用。[④] 民国时期边疆与民族地区往往聚集多方角逐势力，对地方外交问题的考察几乎都涉及多国外交关系。

中德关系方面，柯伟林《德国与中华民国》[⑤] 具有很高的参考价值，左双文围绕中德外交有多篇研究成果发表，勾勒了德国的外交选择与国民政府外交方针之间的关联性。[⑥] 张开森考察了北京政府和以英法为代表的协约国盟友，围绕如何处置在华德侨展开的一场外交交涉，作为盟友的双方为敌国侨民态度不断反复，折射出"一战"期间北京政府与协约国盟友关系的实质。[⑦]

研究者围绕外交事件分析中外交往中的外交选择与动因，本是民国外交史研究的传统理路，多边关系视角的引入则是近年来一大亮点。陈仁霞使用多方档案，还原了陶德曼调停一波三折的交涉场景，分析了其间中日德三方关系的紧张与走向。[⑧] 王建朗、栾景河主编的《近代中国、东亚与世界》[⑨] 是2006年"近代中国、东亚与世界"国际学术研讨会的论文集，与会论文探讨了近代外交中列强与中国之间、列强彼此之间的相互影响和制约的关系，集中展现了近年来研究中对多边外交的关注逐渐增多的趋势。

① 左双文：《"九·一八"事变后南京国民政府设立的特种外交委员会》，《近代史研究》2003年第1期。
② 崔海波：《"九·一八"事变期间日本、中国与国联的交涉》，博士论文，吉林大学，2011。
③ 张值荣、渠怀重：《抗战前后中美英西藏问题的交涉》，《抗日战争研究》2007年第1期。
④ 蒋耘：《宋子文与战时西藏问题交涉》，《民国档案》2008年第1期。
⑤ 柯伟林：《德国与中华民国》，陈谦平、陈红民等译，江苏人民出版社，2006。
⑥ 左双文：《德国承认伪满问题与国民政府的对外方针》，《史学月刊》，2008年第11期；左双文：《转向联德，还是继续亲英美？——滇缅路事件后国民党内曾谋划调整外交路线》，《近代史研究》2008年第2期。
⑦ 张开森：《1918年在华德侨处置案引发的中外交涉》，《近代史研究》2011年第3期。
⑧ 陈仁霞：《陶德曼调停新论》，《历史研究》2003年第6期。
⑨ 王建朗、栾景河编《近代中国、东亚与世界》，社会科学文献出版社，2008。

2. 抗日战争时期外交与中共外交

学界对抗日战争时期的外交研究已相当丰富，2005 年是抗日战争胜利 60 周年，与之相应的纪念活动推动了战时国际关系的研究。已经出版的专著有陶文钊、杨奎松、王建朗《抗日战争时期中国对外关系》，[①] 彭敦文《国民政府对日政策及其变化：从九一八事变到七七事变》[②] 等。围绕《日苏中立条约》的签订，李嘉谷分析了条约签订的国际背景及其对中苏关系的影响；[③] 左双文考察了国民政府应对这一事件展开的内外"肆应"；[④] 邓野则探讨了《日苏中立条约》在中国的争议与政治延伸，认为至今仍然很难根据某一方面的立场对这一条约做出完全肯定或者否定的评价。[⑤] 关于战时的伪政权问题，曹大臣以汪伪驻日大使馆档案与日本外事警察报告为核心资料，考察了汪伪大使馆在日之"外交"活动；[⑥] 左双文则考察了德国承认伪满问题，梳理了国民政府因之发生的外交方针的转变。[⑦]

学界已经关注到国民政府和蒋介石在"二战"时期的外交成果，并多有积极评价。杨天石依据新开放的《蒋介石日记》等材料，提出抗战爆发后虽然对和平解决中日战争存在某种幻想，但坚持抗战到底仍是他思想的主导部分。[⑧] 亦有不少学者关注到战时外交与战后外交的延续性，将中国为争取抗战胜利所做出的外交努力与战后谋求国际地位的努力结合起来。王建朗认为，这一时期的中国在重构自己国际角色的外交活动中虽有若干稚嫩之处，但对于缺少作为大国外交经验和与大国地位相适应的实力基础的中国而言，是可以理解的。[⑨] 抗战后期中国国际地位的提高与中美关系的紧密不无关系，但是盟友关系的背后，亦有许多不为人知的艰辛。从齐锡生对"史迪威事件"[⑩] 的考察，

---

① 陶文钊、杨奎松、王建朗：《抗日战争时期中国对外关系》，中国社会科学出版社，2009。

② 彭敦文：《国民政府对日政策及其变化：从九一八事变到七七事变》，社会科学文献出版社，2007。

③ 李嘉谷：《"苏日中立条约"签订的国际背景及其对中苏关系的影响》，《世界历史》2002 年第 4 期。

④ 左双文：《〈苏日中立条约〉与国民政府的内外肆应》，《中山大学学报》（社会科学版）2010 年第 2 期。

⑤ 邓野：《日苏中立条约在中国的争议及其政治延伸》，《近代史研究》2009 年第 6 期。

⑥ 曹大臣：《汪伪驻日大使馆考论》，《历史研究》2009 年第 4 期。

⑦ 左双文：《德国承认伪满问题与国民政府的外交方针》，《史学月刊》2008 年第 11 期。

⑧ 杨天石：《蒋介石对孔祥熙谋和活动的阻遏——抗战时期中日关系再研究之二》，《历史研究》2006 年第 5 期。

⑨ 王建朗：《大国意识与大国作为——抗战后期的中国国际角色与外交努力》，《历史研究》2008 年第 6 期。

⑩ 齐锡生：《日记、档案中的蒋介石、宋子文和史迪威》，吴景平编《宋子文生平与资料文献研究》，复旦大学出版社，2010，第 157～175 页。

就可以看出中美外交中没有永远的盟友，选择外交策略的出发点总是国家利益。中日、中苏、中美关系都是战时国际关系研究的热点，但对中法、中加、中印战时关系的研究还比较少，深度和广度上亦有待进一步拓展。

从国际法的角度来看，民国外交的主体是中华民国政府，但中国共产党在抗日战争开始后的对外交往中，扮演着越来越重要的角色，以往的研究多未能突破党史研究与民国史研究的学科界限，造成研究的片面化；近年来，越来越多的学者将中共外交纳入民国外交史的范围，在研究视角上取得了突破。牛军将国共关系与中外关系综合考察，认为美苏国共关系的变动严重冲击着战后东亚的国际形势。①

关于抗战后期中共与美国的合作，于化民分析了中共与美国由短暂合作走向对抗的过程，认为合作未成的原因是美国希望借蒋介石主导的亲美中国政府来对抗苏联扩张；② 刘中刚、孟俭红则认为中共争取与美合作失败的原因除了共同利益的逐渐丧失之外，还与意识形态的差异、蒋介石的阻挠有关。③

3. 北洋外交

对北京政府的外交政策和外交活动进行客观的叙述与重新评价，是近年来北洋外交研究中取得的重要进展。

石源华评价了袁世凯的"维持外交"，肯定了袁世凯时期中国外交制度的改革对民国时期外交的影响。④ 吕慎华以中日"二十一条"交涉为中心，探讨了北洋外交决策者的外交策略与理念。⑤ 唐启华在中国国际化历程与北洋"修约外交"方面取得了一定成果，梳理了外交档案中北京政府与二十多个国家谈判、签订及修改条约的过程，以此建构北洋时期收回国权外交思想的发展及实践。⑥ 徐国琦《中国与大战：寻求新的国家认同与国际化》⑦ 是一部采用国际史视角探讨北洋时期外交的著作，讲述了北京政府在"一战"期间应对复

① 牛军：《1945~1949 年的美苏国共关系》，《历史研究》2002 年第 2 期。

② 于化民：《短暂的合作：抗战后期中共与美国关系解析》，《抗日战争研究》2007 年第 3 期。

③ 刘中刚、孟俭红：《抗战后期中共对美援的争取》，《抗日战争研究》2007 年第 1 期。

④ 石源华：《略论袁世凯与北京政府外交》，金光耀、王建朗编《北洋时期的中国外交》，第 157~168 页。

⑤ 吕慎华：《袁世凯的外交策略》，金光耀、王建朗编《北洋时期的中国外交》，第 169~193 页。

⑥ 唐启华：《北洋外交与"凡尔赛－华盛顿体系"》，金光耀、王建朗主编《北洋时期的中国外交》，第 47~80 页；唐启华：《1924 年〈中俄协定〉与中俄旧约废止问题——以〈密件议定书〉为中心的探讨》，《近代史研究》，2006 年第 3 期；唐启华：《1924~1927 年中俄会议研究》，《近代史研究》2007 年第 4 期。

⑦ 徐国琦：《中国与大战：寻求新的国家认同与国际化》，马建标译，上海三联书店，2008。

杂的国际环境、整合国内各种政治力量积极参战及战后追求中国国际化的努力。这一时期的外交并非仅由北洋政府进行，许多研究者将"外交政策群体"引入考察范围，应俊豪认为，有相当自主权的外交官们与国内公共舆论界热烈的互动，在某种程度上伤害了北京政府外交决策权，政府、外交官与公众舆论界共同形塑了北洋外交。①

4. 国民外交

在以往的研究中，民国外交的行为主体主要是民国政府与外交家群体，近十年来较有新意的是，有不少学者对外交中的非政府因素进行了探讨，对国民外交的关注是这一时期在研究领域上的一大突破。

印少云认为国民外交运动指的是国民以舆论、运动等手段来影响政府的外交决策，有别于一般的民族主义运动。② 王美平考察了太平洋国际学会中日学会在东北问题上的交锋，认为国际非政府组织为民间外交提供了平台，即使是民间外交性质的学会亦具有争取国家主权的斗争性，对国际舆论产生了重要影响。③ 马建标考察颜惠庆在华盛顿会议开幕前与关心外交的国民舆论的互动，分析了外交官利用民意进行外交运作的特例。④ 杨红林通过考察关税特别是会议期间的上海舆论，指出处于虚弱统治状态的中央政府在进行外交运作时处处受到舆论界的影响，近代史上国民外交的黄金时期因此形成。⑤ 何艳艳认为，1923～1924 年中苏建交谈判中加拉罕提出的以"中国人民"为外交对象虽不符合国际外交谈判的正常程序，却符合中国各界民众要求参与外交的心理，在此"国民外交"的背景下中苏恢复了外交关系。⑥ 陈廷湘则认为，国际环境的变化、运动思想基础的转变、舆论对不利外交消息的传播、握有舆论导向权的文化人态度的变化等因素造成国民外交运动的起伏。⑦ 朱蓉蓉也持同样的观点，认为九一八事变后国民政府外交的受挫促进了民间外交的复兴，为全面抗战爆发后民间外交的发展奠定了基础，抗战期间国民政府官方外交困难重

① 应俊豪：《公众舆论与北洋外交——以巴黎和会山东问题为中心的研究》，台北，政治大学历史学系出版，2001，第 247 页。
② 印少云：《北洋政府时期国民外交运动研究》，博士论文，苏州大学，2004。
③ 王美平：《太平洋国际学会与东北问题——中、日学会的交锋》，《近代史研究》2008 年第 2 期。
④ 马建标：《谣言与外交——华盛顿会议前"鲁案直接交涉"初探》，《历史研究》2008 年第 4 期。
⑤ 杨红林：《朝野纠葛：北京政府时期的舆论与外交——以关税特别会议为个案的考察》，《史学月刊》2005 年第 12 期。
⑥ 何艳艳：《"国民外交"背景下的中苏建交谈判（1923～1924）》，《近代史研究》2005 年第 4 期。
⑦ 陈廷湘：《1920 年前后两次争国权运动的异样形态及形成原因》，《近代史研究》2005 年第 2 期。

重使得民间外交愈加重要。①

5. 外交人物与外交思想

职业外交家群体的出现是民国外交史之显著特征，近十年来随着重要人物档案资料的开放与外交活动家们日记的发掘，外交人物研究可谓硕果累累。②

吴景平主编的"复旦－胡佛近代中国人物与档案文献研究系列"是对斯坦福大学胡佛研究所所藏宋子文档案的翻译整理，为宋子文研究提供了丰富的资料。③ 傅铱华以国民政府最后一任驻苏大使傅秉常的珍贵日记为主要资料，探讨了1945年美英苏在雅尔塔达成的有关战时和战后远东问题的协议，对于中国的重要影响。④ 陈永祥以宋子文为中心，考察了国民政府争取国际援助的外交活动，拓展了战时外交的研究范畴，为中美关系史研究提供了一个新的视角。⑤《一代外交家顾维钧》⑥ 收录了大量珍贵的图像资料，记录外交家顾维钧的生平与他对20世纪中国对外关系的贡献。陈元珍《民国外交强人陈友仁》⑦ 一书将家史与国史结合，关注了中国革命与海外华人外交活动之间的联系。除关注个别外交人物的活动之外，亦有著作对职业外交家进行了群体性研究，⑧ 如金光耀对1920年代活跃在北京政坛上"外交系"群体进行了考察，以此为切入点来探讨职业外交官群体对国内政治的介入及他们在派系政治中的作

---

① 朱蓉蓉：《抗日战争时期的民间外交研究》，博士论文，苏州大学，2010。

② 近十年来外交人物的研究已不局限于主要外交人物，在研究范围上取得了突破，仅举几篇为例：关注经济方面，如刘相平《金问泗与关贸总协定》，《南京大学学报》（哲学人文社会科学版）2002年第6期；学者方面，如〔美〕麦金农《陈翰笙与太平洋国际学会》，王建朗、栾景河主编《近代中国、东亚与世界》下卷，第810～816页；甚至在宗教人物方面亦有涉及，如苏庆华《从外交官到伊斯兰宣教士——伊布拉欣·马天英》，中国伊斯兰文化与教育的传承国际学术研讨会，香港中文大学，2009。

③ 包括：吴景平编《宋子文驻美时期电报选》，复旦大学出版社，2008；吴景平编《宋子文与外国人士往来函电稿（1940～1942）》，复旦大学出版社，2009；吴景平编《战时岁月：宋子文与外国人士往来函电稿新编（1940～1943）》，复旦大学出版社，2010；吴景平编《风云际会：宋子文与外国人士会谈记录（1940～1949）》，复旦大学出版社，2010。

④ 傅铱华：《雅尔塔远东问题协议重探——以傅秉常为中心的讨论》，《南京大学学报》（哲学·人文·社会科学）2008年第1期。

⑤ 陈永祥：《宋子文与美援外交（1911～1945）》，世界知识出版社，2004。

⑥ 金光耀：《一代外交家顾维钧》，上海辞书出版社，2006。

⑦ 陈元珍：《民国外交强人陈友仁》，香港，三联书店，2009。

⑧ 关于民国职业外交家群体的研究还有戴洁颖、卢高《民国职业化外交成效的检验：以陈介外交活动为考察中心》，《内蒙古农业大学学报》（社会科学版）2011年第1期；岳谦厚《学人外交官：国民政府外交使节组成的新变化》，《山西师大学报》（社会科学版）2003年第4期；石源华《论留美归国学人与民国职业外交家群体》，《复旦学报》（社会科学版）2007年第4期。

为。① 陈雁亦考察了由留学生构成的职业外交官群体，认为在派系政治的背景下，他们无法保持自我标榜的独立性。②

在人物研究之外，近十年来学界亦对民国外交思想有所关注。陈廷湘以1928～1937 年《大公报》等媒体为观察视角，通过对自南京国民政府成立至七七事变期间舆论对中苏关系演变的考察，指出中国社会对苏联的认识经历了由政治意识到国家权益为中心的重大转变。③ 罗珍则以抗日战争时期知识界的外交思想为研究对象，将其置于国人近代外交观念的嬗变中去探讨。④ 毛维准、庞中英通过对民国时期发表的国际关系研究的文献进行分析，参考近年来大部分的民国外交人物研究成果，对民国关心外交的知识分子知识建构与外交实践进行了较为全面的诠释。⑤

6. 外交制度

除了对外交事件、外交活动的关注，亦有学者在中国外交近代化的命题下，对民国时期的外交制度展开了研究。

李兆祥从外交立法的角度探讨了民国外交体制的形成，认为民国政府虽然在对外关系方面不得不接受晚清政府的外交遗产，但是其以外交立法为动力，加强外交制度化建设的做法，促使中华民国的外交发生了新变化，这也是中国外交近代化的一部分。⑥ 岳谦厚的专著《民国外交官人事机制研究》⑦ 是民国外交人事制度的重要研究成果，填补了研究的空白，在外交官群体的社会结构层面，对民国各个时期外交官的基本社会构成进行了实证性与比较性的研究。陈雁则从分析蒋介石参与外交活动的过程入手，探讨了战时国民政府外交制度的调整对具体外交活动的影响，认为战时的"人身外交"之滥用削弱了"元首外交"理应起到的决定性作用。⑧ 申晓云通过分析蒋介石外交用人观念及用人方式的

① 金光耀：《外交系初探》，金光耀、王建朗主编《北洋时期的中国外交》，第 194～224 页。
② 陈雁：《卷入与互动：内政、外争与 1920 年代的北洋外交》，金光耀、王建朗主编《北洋时期的中国外交》，第 225～244 页。
③ 陈廷湘：《1928～1937 年〈大公报〉等报刊对中苏关系认识的演变》，《近代史研究》2006 年第 3 期。
④ 罗珍：《历史学视野下的中国知识界外交思想研究：1931～1945》，博士论文，华东师范大学，2008。
⑤ 毛维准、庞中英：《民国学人的大国追求：知识建构和外交实践——基于民国国际关系研究文献的分析（1912～1949 年）》，《世界经济与政治》2011 年第 11 期。
⑥ 李兆祥：《中华民国早期（1912～1928）的外交立法述论》，《民国档案》2007 年第 2 期。
⑦ 岳谦厚：《民国外交官人事机制研究》，人民出版社，2004。
⑧ 陈雁：《蒋介石与战时外交制度》，《民国档案》2002 年第 1 期。

变化，如从外交用人方式由亲信路线过渡到幕僚制的过程，透视这一时期外交之得失与外交用人体制之间的互动关系。①

7. 条约订立、交涉与国际法

不平等条约的废除与条约交涉是近代中外关系史的基础性问题，条约关系是体现近代性质的国际关系模式，对民国时期的废除不平等条约与改订新约的交涉的研究在近十年来继续受到关注。已出版的专著有李育民《中国废约史》② 与单冠初《中国收复关税自主权的历程：以 1927 ～1930 年中日关税交涉为中心》③。

相关的专题研究亦不在少数。有学者梳理了关税会议的事实和问题，指出北洋外交家借助舆论的支持，成功地突破了华府会议条约的规定，一定程度上取得了外交的成功。④ 关于北洋时期治外法权的存废，有学者认为就法权会议而言，北洋政府撤废治外法权的努力是一种带有改良色彩的"修约外交"。⑤ 刘利民则较系统地梳理了中国近代领水主权在条约时代的丧失与限制，认为民国时期尤其是废约后的领水交涉问题的研究还须加强。⑥

李育民在梳理三十年来废约史研究后指出，今后亟须加强相关理论的探讨，注重相关概念的规范性界定，并且加强与国际法学的融合。⑦ 侯中军在这方面做出了有益的探索，对不平等条约的认定进行了界定。⑧ 罗志田则立足于帝国主义侵略所及的中国当地条件，从文化视角考察了不平等条约体系形成及其发生作用的过程，并据此分析内争与外力在中国这一场域的纠结、互动及其发展演化。⑨

———————————

① 申晓云：《蒋介石"领袖集权"制下的外交用人方式转换透视》，《浙江大学学报》（人文社会科学版）2009 年第 2 期。

② 李育民：《中国废约史》，中华书局，2005。

③ 单冠初：《中国收复关税自主权的历程：以 1927 ～1930 年中日关税交涉为中心》，学林出版社，2004。

④ 杨天宏：《北洋外交与华府会议条约规定的突破——关税会议的事实梳理与问题分析》，《历史研究》2007 年第 5 期。

⑤ 杨天宏：《北洋外交与"治外法权"的撤废——基于法权会议所作的历史考察》，《近代史研究》2007 年第 3 期。

⑥ 刘利民：《中国近代领水主权问题研究》，博士论文，湖南师范大学，2004。

⑦ 李育民：《近代中外条约相关概念和理论述略》，《近代史研究》2011 年第 5 期。

⑧ 侯中军：《近代中国不平等条约研究中的准条约问题》，《史学月刊》2009 年第 2 期；侯中军：《近代中国不平等条约及其评判标准的探讨》，《历史研究》2009 年第 1 期；侯中军：《不平等条约研究的若干理论问题之一——条约概念与近代中国的实践》，《人文杂志》2006 年第 6 期。

⑨ 罗志田：《帝国主义在中国：文化视野下条约体系的演进》，《中国社会科学》2004 年第 5 期。

三 既有研究的局限性

综上所述，近十年来的民国外交史研究在研究对象、研究方法、研究视角上都有了新的突破，逐步摆脱过去成见的限制，广泛运用中外各方史料，中外关系上重要事件的交涉几乎均已涵盖在研究领域之内，取得了一定的成就。但回顾现有的研究成果，我们也应看到在研究理论与研究取径上，既有的研究亦有可提高的空间。

首先，系统性的理论审视有所缺失。

近十年来的外交史料比以往更为丰富，如蒋介石与宋子文的研究都因两人的档案开放成为民国外交史研究中的"显学"。诚然，新史料的利用能够补足近代史事的空白，为未来的研究提供更多新的可能性，但是研究的推进并不只关乎新资料的挖掘，还涉及研究范围、研究途径、研究方法等各方面的讨论与探索。过去，外交史研究与政治史、社会史、文化史等研究方向的对话不够，缺乏沟通与合作，近十年来的民国外交史研究在客观性上有很大的进步，但仍未能在学科对话上有所突破，未能建立起全面的理论规范。当前国际政治学科内以多边外交、外交理论、政策建议为主题的研究不在少数，但多着重理论框架而少有与史实结合，外交史与国际关系学需要加强交流与互补。

有些学者以实证研究回应这一缺失，坚持以史论史，尽量避免偏见。但不可避免，还有不少研究无法摆脱脸谱化的"革命话语"，或是仍以旧的视角看问题，造成在若干问题上大量出现缺乏创新的重复研究。这亦与整个学科的建设有关，学者往往是关注具体课题的研究多过关注整个学科的研究，外交史研究群体相对地缺乏对整个学科自觉的思考。民国外交史研究的深化有赖于较为系统的理论的成熟，更离不开学者们高屋建瓴的总结与反思。

其次，研究时段上的连续性有待加强。

在具体个案研究中，史料扎实、分析得当的优秀成果屡见不鲜，但比较缺乏在宏观层面上对整体进行把握的作品，而且现有的许多作品在历史叙述的连续性上有所欠缺。

夏明方认为，推进近代史的研究深入要注意"研究时限的历史化"，将历史时期的划分与历史视野进行贯通，不拘泥于断代的固定节点，从历史的长时段来探讨近代中国变迁的历程。① 民国外交史研究，一方面要关注各个时期外交在中国近代化进程中的特殊性，另一方面也不可忽视不同时期外交在某些方面的发展性。打通民国及其前后时代的外交研究，将在宏观层面提供更为丰硕的学术新见。川岛真《中国近代外交之形成》② 一书，注意到了民初外交与其前后时代外交的连续性，跳脱出北洋时期国内分裂的政局与晚清民国分期的时间断裂，作者运用第一手的外交档案，观察民国的外交如何迈向现代化。该著作是在宏观上把握近代外交发展脉络的有益尝试。

最后，研究范围可以进一步拓宽。

近十年来，民国外交史的研究逐步从狭义的外交史拓宽到广义外交史，取得了不小的成果，但仍可以进一步拓宽。

以人物研究为例，外交人物的研究一直是民国外交史的重要组成部分。近十年来重要外交"大人物"的研究，资料更为丰富、视角更为多元、探究更为深入，亦有不少研究亦对外交家进行了一定的群体性分析，但是对民国外交中的"小人物"则着墨无几。已有的研究多流于表面，对外交人物思想与实践的互动关系探讨不够深入。无论是在具体的外交政策的执行上，还是在因外交发起的大众政治活动中，中层的外交参与者都大有考察的空间。民国外交的近代化进程既有制度的变迁，也有人的"近代化"。外交中下层人物的研究在国民外交研究中有进一步深入的必要。此外，近十年来民国外交史研究对中国与周边国家、与国际组织③的关系以及中国参与国际运动的情况等领域，虽有着墨，但亦不多，尚属研究的冷门。

四　对未来的展望

回顾近十年来的民国外交研究成果，新档案的开放、新史料的进一步应用，使原有的课题暴露许多值得加以再探讨的地方，未来该领域仍有向前推进的空间。结合近代中国的发展脉络和学界的发展趋向，未来民国外交史研究的深入，可以从以下几个方面继续着力。

1. 国际秩序的变动

中国的 20 世纪是一个"国际化"的时段，亦即中国人寻求新的国家认

---

① 夏明方：《中国近代历史研究方法的新陈代谢》，《近代史研究》2010 年第 2 期。
② 〔日〕川岛真：《中国近代外交的形成》，田建国译，北京大学出版社，2012。
③ 王德春：《联合国善后救济总署与中国：1945～1947》，人民出版社，2004。

同，有意识地主动参与国际体系，成为国际社会平等成员的历史进程。民国时期，面对一个急剧变动的世界，中国从未如此密切地与世界联系起来。中国政治与国际关系同时发生翻天覆地的变化，可以归结为三个动态的层次：首先，两次世界大战深刻地改变了世界秩序；其次，在传统的以中国为中心的东亚秩序中，中国据有绝对的大国地位，而面对列强在东亚的扩张，旧的朝贡体系被打破，旧的中华帝国国际秩序崩溃，东亚秩序亦随之一变，在远东地区，先后出现了日、英、美、苏等几个大国争夺势力范围和控制权的争斗，这些争斗正是发生在中国的场域之中；最后，在中国内部，一直存在着不同政治势力围绕国家政权而进行的斗争。这三个层次的秩序变动是相互关联的。①

以往的研究常常着重双边关系的研究而忽视了多边关系的影响，这一方面是受到后殖民主义的影响，未能跳出原有的"侵略与反侵略"的"革命话语"；另一方面则是忽视了近代中国已被纳入国际关系的网络，国与国的交往必然涉及整体国际秩序这一背景。最近已有一些研究注意到这一点，如王建朗《太平洋战争爆发后国民政府外交战略与对外政策》②一书，以中国国际地位的变迁作为研究的主线，将中国争取大国地位的过程完整地阐述出来。张启雄在《东西国际秩序原理的冲突——清末民初中暹建交的名分交涉》③一文中指出，中暹两国在清末民初建交时产生的外交分歧，是传统朝贡体系下的两国被纳入现代国际秩序之后，因其各自代表的东西秩序原理而产生冲突的。吴翎君近年来致力于美国跨国企业与近代中国关系之研究，指出当来自西方的美国和东方崛起的日本在民国初年的电信事业中相遇时，需要从东亚本位的角度认识中、美、日三方互动，重新诠释民国的外交史。

中国在世界秩序的重构中起到怎样的作用？断裂的东亚秩序与变动中的国际秩序这一大一小两个"世界"如何影响了中国人的"世界观"？重新构建国际秩序的过程如何影响中国的外交策略、外交实践以及国内各方势力的角逐？最近已有不少专题研究关注到上述问题，期待出现更宏观的著作，在系统性和理论性上有所兼顾。

2. 作为内政之延伸的外交

民国时期，每当国际体系发生重大变动的时候，中国内部也正出现深

---

① 章百家：《改变自己影响世界——20 世纪中国外交基本线索刍议》，《中国社会科学》2002 年第 2 期。

② 王建朗：《太平洋战争爆发后国民政府外交战略与对外政策》，武汉大学出版社，2010。

③ 张启雄：《东西国际秩序原理的冲突——清末民初中暹建交的名分交涉》，《历史研究》2007 年第 1 期。

刻的变化。变动的世界与变动的中国之间存在着怎样的直接或间接的互动关系？在未来的民国外交研究中要进一步将内政变化与外交选择综合起来进行把握。柯伟林指出，民国时代的中国历史是由其对外关系所界定和塑造的，且最终必须由此来解释，无论是外交作为、对外关系的内部化，还是文化和经济的国际化等层面，中外关系与国际力量都对中国有着重大影响。

一国的外交是其国内政治的延伸。随着对外关系的发展，外交对内政的影响也越来越大；反之，随着国内政治和内部社会的变迁，内政对外交的影响也越来越大。内政与外交的互动是十分明显的。① 外部环境的变动引发了中国内部的变革，而内部变革的需要又支配着中国外交的发展。内政与外交之间的影响是相互的。内政对外交的影响主要表现在哪几个方面？内政和外交相互影响与作用的方式出现了怎样的变化？这些都是考察作为"内政之延伸"的外交时应注意的问题。现在已有一些研究注意到这一点，如杨红林分析北洋外交困境时所指出的，北京政府的外交交涉之所以无功而返，很大程度上是缘于国家自身的内耗。②

柯伟林曾指出，1912 年中华民国建立后，其与更为宽广的世界的相互作用以决定性的方式影响着中国的发展面貌，正如中国在世界历史发展过程中所起的作用一样。③ 未来应将外交史研究置于 20 世纪国际关系史与中华民国整体史的研究中，以国际化的视角重新审视民国时期的内政与外交，有助于更好地理解这段历史的复杂面向。

3. 民族主义与近代外交

如费正清所指出，中国是通过调适传统来应对 19 世纪中叶的种种问题而不是抛弃帝制时代的传统，从而进入近代世界的；此后，中国又花了二十年才在外交史上进入以欧洲为中心的国际秩序，并开始显现近代民族主义的征兆。④

近十年来的一系列外交史研究实践表明，历史研究者可以抛开狭隘的民族

① 章百家：《中国内政与外交：历史思考》，《国际政治研究》2006 年第 1 期。

② 杨红林：《朝野纠葛：北京政府时期的舆论与外交——以关税特别会议为个案的考察》，《史学月刊》2005 年第 12 期。

③ 柯伟林：《中国的国际化：民国时代的对外关系》，《二十一世纪》总第 44 期，1997 年 12 月。

④ 费正清：《中国的世界秩序中的早期条约体系》，费正清编《中国的世界秩序》，杜继东译，中国社会科学出版社，2010，第 277～293 页。

主义，对中外交往与冲突进行相对客观的、实证的研究。但是在考量民国时期的外交活动时，不能忽视中国民族主义的产生与发展这一影响民国历史进程的重要因素。正如余英时指出的，百年来中国一个最大的动力就是民族主义，"一个政治力量是成功还是失败，就看它对民族情绪的利用到不到家"。① 建立主权独立和政权稳定的现代民族国家是近代中国政治变迁的重要线索。随着亡国灭种危机的不断加剧和西方民主独立思想的传入，传统中国的世界秩序观已经瓦解，中国被抛入新的国际秩序中，民族主义②成为近代中国政治变迁中不可或缺的意识形态，民族主义者则以重申中国为中心的国际秩序观的努力来影响中国政局变动与外交策略。蒋廷黻曾指出：近百年的中华民族根本只有一个问题，那就是：中国人能近代化吗？能赶上西洋人吗？能废除我们家族和家乡观念而组织一个近代的民族国家吗？③

罗志田认为，从内政外交互联互动的角度而言，中国民族主义的御外一面与实际政治运作的关联非常密切。④ 川岛真曾指出，在中国近代史研究中，应该勇于选择这样的课题：中国如何能够存在？⑤ 对民国前期的中国而言，国家的维持与生存是最重要的课题。外交活动对外是维持国家存在，对内则是将其外交行为的主体角色彰显于国民面前，成为自身正当性的一种资源，在此背景下，民族主义思潮深刻地影响了当时外交的起伏与选择。

总而言之，我们分析近代中国外交活动时必须关注过去常被忽略的中国外交思想因素，应将外交政策的选择与国内民族主义的舆论相结合，将近代民族主义的内涵与环境结合起来，因为任何一种"主义"在历史发展中的作用都受其所在的时空语境所限。因此结合特定的时空环境去思考民族主义与近代外交的形成、产生与发展的互动关系，将是未来民国外交史研究进一步深入的可能取径之一。

---

① 转引自罗志田《民族主义与民国政治》，《开放时代》2000 年第 5 期。
② 关于近代民族主义与民族国家建构的梳理，参见谢维《2002～2010 年近代民族主义与民族国家部分论文阅读报告》，《清帝逊位与民国肇建一百周年国际学术研讨会论文集》，陈礼颂译，傅泾波校订，第 651～662 页。
③ 蒋廷黻：《中国近代史》，上海古籍出版社，2006，总论第 2 页。
④ 罗志田：《民族主义与民国政治》，《开放时代》2000 年第 5 期。
⑤ 〔日〕川岛真：《中国近代外交的形成》，田建国译，绪论第 19 页。

图书在版编目（CIP）数据

近代中国：思想与外交：全2册/栾景河，张俊义主编.
—北京：社会科学文献出版社，2013.12
（中国社会科学院重点学科.近代中外关系史学科）
ISBN 978 – 7 – 5097 – 5460 – 3

Ⅰ.①近…　Ⅱ.①栾…②张…　Ⅲ.①中外关系 –
国际关系史 – 近代 – 文集　Ⅳ.①D829 – 53

中国版本图书馆 CIP 数据核字（2013）第 303799 号

中国社会科学院重点学科·近代中外关系史学科

近代中国：思想与外交（上、下卷）

主　　编／栾景河　张俊义

出 版 人／谢寿光
项目统筹／宋月华　吴　超
责任编辑／吴　超

出　　版／社会科学文献出版社·人文分社（010）59367215
　　　　　　地址：北京市北三环中路甲 29 号院华龙大厦　邮编：100029
　　　　　　网址：www.ssap.com.cn
发　　行／市场营销中心（010）59367081　59367090
　　　　　　读者服务中心（010）59367028
印　　装／三河市尚艺印装有限公司

规　　格／开　本：787mm × 1092mm　1/16
　　　　　　印　张：60.5　字　数：1084 千字
版　　次／2013 年 12 月第 1 版　2013 年 12 月第 1 次印刷
书　　号／ISBN 978 – 7 – 5097 – 5460 – 3
定　　价／168.00 元（上、下卷）